桓台县公安志

桓台县公安志编纂委员会　编

方志出版社
Publishing House of Local Records

图书在版编目（CIP）数据

桓台县公安志 / 桓台县公安志编纂委员会编. -- 北京 ：方志出版社，2017.12
ISBN 978－7－5144－2810－0

Ⅰ. ①桓… Ⅱ. ①桓… Ⅲ. ①公安工作—概况—桓台县 Ⅳ. ①D631

中国版本图书馆 CIP 数据核字(2017)第 308597 号

桓台县公安志

编　　者： 桓台县公安志编纂委员会
责任编辑： 黄　彦

出 版 人： 冀祥德
出 版 者： 方志出版社
地址　北京市朝阳区潘家园东里 9 号（国家方志馆 4 层）
邮编　100021
网址　http://www.fzph.org
发　　行： 方志出版社图书经销中心
电话（010）67110500
经　　销： 各地新华书店
印　　刷： 济南黄氏印务有限公司

开　　本： 889×1194　1/16
印　　张： 48.5
字　　数： 1336 千字
版　　次： 2017 年 12 月第 1 版　2017 年 12 月第 1 次印刷
印　　数： 0001～3000 册

ISBN 978－7－5144－2810－0　**定价：** 588.00 元

编纂委员会

主　　任	张京义					
执行主任	白向强					
副 主 任	姜恒泉	马洪光	张秀光	张林平	朱久爱	王功训
	高　涛	王旭东	赵　岩	肖红广		
委　　员	（按姓氏笔画为序）					
	于光庆	王　涛	尹圣杰	左传东	田　岗	邢延涛
	巩汝山	伊茂锋	伊继亮	刘　兵	刘　波	刘　斌
	刘书亮	李　鹏	张玉新	张连起	张连祥	张金勇
	陈　永	金　永	赵学鹏	荆茂堂	荆树峰	荆德金
	徐　锋	徐天慈	徐书连	魏　江		

编审人员

主　　审	张林平	王旭东				
主　　编	张玉新					
编　　辑	张晓芳	荆梓颖	魏　威			
特约编审	单联国	董　杰	常德功			
特约编辑	牛智君	段　然	魏启海	李文博	崔亦芳	刘　博
	牟建伟					
摄　　影	黄有宝					
外调人员	黄有宝	田宜锋	张玉海	魏光水	刘东朋	
资料收集	巩子肖	殷佃臣	任登武	王玉华	孟秀玲	魏建国

序

《桓台县公安志》的出版，是桓台公安史上的一件大事，也是新时期桓台警营文化建设的一项重要成果。

桓台人民公安从抗日烽火中走来，在抵御外敌侵略、保卫新生政权以及保障社会主义建设和改革开放的历史进程中，全县公安民警、武警部队和保卫干部始终保持忠于党、忠于祖国、忠于人民、忠于法律的政治本色，始终围绕党委、政府中心工作，认真履行职责使命，为维护国家安全、社会稳定和服务经济建设做出了重要贡献，一代代公安民警用生命和热血书写了桓台公安辉煌的历史。他们的事迹可歌可泣，将永载史册！他们的无私奉献和牺牲精神，后人当牢记并继承和发扬下去。

盛世修志是中华民族的优秀文化传统。在经济社会飞跃发展的今天，我们有责任为后人留下一部系统、翔实的公安历史资料，从而为现在、将来的公安工作和队伍建设提供借鉴。桓台县公安局成立75周年之际，我们启动了《桓台县公安志》的编纂工作，成立了志书编纂委员会，抽调精干人员参与编辑。全体修志人员追本溯源，实事求是，尽职尽责，不怕困难，历时一年零六个月，终于完成了编纂任务。《桓台县公安志》编纂工作是一项综合性的系统工程，志书的出版是全局民警通力合作的结果，志书资料搜集和编辑得到许多老领导、老同志以及有关部门的大力支持、热心帮助，特别是后期总纂阶段，得到了市公安局和县政府史志部门专业人员的精心指导。在此，我谨代表全县公安民警向关心、支持公安志编纂工作，以及为编纂工作付出辛勤劳动的同志们表示衷心的感谢和崇高的敬意！

《桓台县公安志》准确记载了桓台公安75年的发展历程，内容记述完整翔实，具有明显的时代特征、部门特点和地方特色，必将成为我们今后加强和改进公安工作的重要参考，同时也是对公安民警进行爱国主义、社会主义和革命传统教育最现实、最生动、最富有说服力的教材。全县公安民警要认真阅读志书，了解桓台公安的光荣历史，继承桓台公安的优良传统，坚定做好公安工作的信心，增添攻坚克难的决心和勇气，把桓台公安工作做得更好，让党委、政府和人民群众更满意，更放心。

在新的历史时期，公安机关承担着维护社会大局稳定、促进社会公平正义、保障人民安居乐业的重大政治和社会责任。全县公安民警在马克思列宁主义、毛泽东思想、邓小平理论、“三个代表”重要思想、科学发展观、习近平新时代中国特色社会主义思想的指引下，按照忠诚、担当、务实、创优的桓台公安工作总要求，坚决做到对党忠诚、服务人民、执法公正、纪律严明，努力为建设平安桓台、法治桓台、和谐桓台作出更大贡献！

是为序。

桓台县人民政府副县长

桓台县公安局局长

2017年11月

1997年8月，公安部副部长牟新生（前排右六）与淄博市公安局党委成员及各区县公安局局长合影（三排右四桓台县公安局局长伊若健）

2000年3月10日，省委常委、政法委书记，省公安厅厅长、党委书记高新亭（右三）在市委书记阎启俊（左三）、县委书记薛安胜（右二）陪同下，到桓台县公安局索镇分局调研

2008年3月17日，武警部队副司令员何映华（前排右二）到桓台县看守所和武警中队调研

2008年12月1日，省委副书记刘伟（右三）在市委书记刘慧晏（左三），市委常委、县委书记陈勇（右一）陪同下，到桓台县公安局指挥中心调研

2009年5月12日，武警部队副司令员刘红军（右四）到桓台县看守所视察

2009年10月15日，武警部队司令员吴双战（右一）在市长周清利（左二）陪同下，到桓台县看守所和武警中队视察

2012年7月10日，省人民检察院检察长吴鹏飞（右三）到驻桓台县看守所检察室调研

2015年8月27日，武警部队副政治委员、纪委书记王长河（右二）到桓台县武警中队调研

2017年7月6日，副省长、省公安厅厅长孙立成（中）在市委常委、政法委书记韩国祥（左二），副市长、市公安局局长申延军（右三），县委副书记、县长边江风（左一）陪同下，观摩桓台县公安局基层基础建设三年攻坚工作

1993年4月3日，省公安厅厅长孟庆丰（前排右四）等厅领导与全省优秀公安局代表合影（后排左三为桓台县公安局局长徐洪本）

2007年7月25日，省长助理、省公安厅厅长曲植凡（前排右二）等厅领导到山东汇丰石化集团有限公司指导内部安全保卫工作

2013年4月24日，省长助理、省公安厅厅长徐珠宝（中）在省公安厅党委委员、指挥中心主任王金城（右三），市公安局局长丁冠勇（右二）、县委书记王可杰（右一）陪同下，到山东金诚石化集团有限公司调研内部安全保卫工作

1987年9月，省公安厅副厅长王子成（前排右四）在市公安局局长张玉林（前排右三），桓台县副县长陈宁之（前排左三）、县委政法委书记蔡温普（前排右二）、县公安局局长王庆伟（前排右一）陪同下，到县公安局起凤派出所调研，与起凤派出所民警合影

2000年7月12日，公安部刑侦局局长张新枫（前排左五）在省公安厅副厅长王献增（前排右五）、刑警总队总队长秦黎（前排右四）、市公安局副局长于洪德（前排左三）陪同下，到桓台县公安局调研刑侦工作，与县公安局负责人和刑警队员合影

2000年9月7日，省公安厅党委委员、政治部主任姜永梅（左一）在市公安局副局长顾国星（左三）陪同下，到桓台县公安局督导“三项教育”活动。图为姜永梅在户籍科调研

2000年10月19日，公安部法制局局长郝赤勇（中）在市公安局副局长桑培伦（左一）陪同下，到桓台县公安局索镇分局调研

2006年11月2日，省公安厅副厅长王献增（中）在副市长、市公安局局长岳华东（前排右一），县委书记王树武（前排左一）陪同下，到桓台县消防大队果里中队调研

2011年3月21日，省公安厅副厅长任学增（左一）在市委常委、政法委书记、市公安局局长岳华东（右四），市公安局副局长于洪德（右二）陪同下，到桓台县公安局起凤派出所指导执法规范化建设工作

2011年8月2日，省公安厅副厅长张志华（右一）到桓台县公安局指导工作。图为张志华在“六小警务”流动工作站调研

2014年9月3日，省公安厅副厅长王兆玉（左二）检查指导桓台警卫工作

2015年1月8日，省公安厅党委副书记、副厅长毕宝文（中）检查指导桓台公安工作

1996年5月，市委书记李新泰（右）陪同省公安厅厅长孟庆丰（中）在淄博驾训中心检阅桓台县公安局民警方队

2000年11月28日，市委书记阎启俊（右）到桓台县公安局索镇分局调研

2001年4月26日，市委副书记、市长张建国（左二）到桓台县督导严打整治斗争。图为张建国慰问参加夜查行动的民警

2005年11月12日，市委副书记、纪委书记刘池水（中）在县委书记王树武（右）陪同下，到桓台县公安局索镇派出所调研

2008年9月18日，市委副书记侯法生（中），市委常委、政法委书记陈家金（前排右一）等到山东汇丰石化集团有限公司调研内部安全保卫工作

2008年10月21日，市委书记刘慧晏（前排右一）到桓台县公安局少海社区警务室调研

2011年4月24日，市委常委、政法委书记、市公安局局长岳华东（右三），在市公安局政治委员、常务副局长桑培伦（左一），市公安局副局长周立华（右一）、副局长柳奇（左二）陪同下，到桓台县公安局果里派出所点评执法规范化建设工作

2012年7月4日，市委副书记周连华（右三）在市公安局党委委员张少克（右一）陪同下，到桓台县公安局果里派出所调研社会管理创新工作

2015年7月13日，市委书记王浩（左二）到桓台县公安局马桥派出所调研

2016年3月28日，市委常委、政法委书记韩国祥（中）在县委常委、政法委书记李向东（左二）陪同下，到桓台县公安局调研

2016年10月8日，市委副书记于海田（中）到桓台县公安局经侦大队调研

2017年6月23日，副市长、市公安局局长申延军（中）指导桓台县公安局指挥信息中心建设工作

1997年3月3日，市公安局局长王振华（左二）到桓台县公安局指挥中心调研

2000年9月21日，市公安局局长郭仁友（中）到桓台县检查公安派出所执法规范化建设工作

2014年8月20日，市政府党组成员、市公安局局长丁冠勇（左三）到桓台县公安局督导基层基础工作

1993年3月16日，县委书记吴明君（中），市公安局党委书记、副局长梁文兴（右五），县委副书记、县长李奎封（左五）等领导出席桓台县公安局授衔仪式

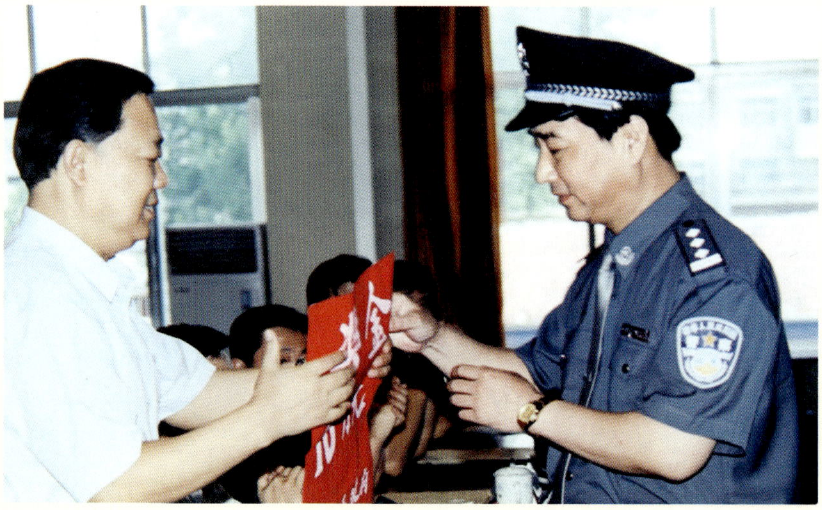

2001年6月30日，县委、县政府召开桓台县公安局荣获全国优秀公安局庆祝大会。图为县委书记薛安胜（左）为县公安局颁发奖金

2007年8月6日，市委常委、县委书记陈勇（前排左一）到桓台县看守所建设工地调研

2013年11月1日，县委书记王可杰（中）参加桓台县公安局“抓五严创双优”活动

2016年6月30日，县委书记贾刚（前排左三），县委副书记、县长边江风（前排左二）出席全县夏季社会治安大巡防启动仪式

2016年9月29日，桓台县公安局局长张京义向县人大常委会报告社会治安工作情况

1946年6月，张店解放后，桓台县委书记孙铁民（前排左）、县长相子正（前排右）、胶济铁路大队副大队长耿子安（前排中）、县公安局局长宋鲁源（后排右）、政卫队队长韩干（后排左）在张店合影

1946年10月，渤海行署公安会议期间，部分县公安局局长合影。后排左三桓台县公安局局长宋鲁源

1949年3月，渤海区三专区公安局局长宋鲁源与专区公安局干部在驻地合影。前排右二政卫队队长王振祥、右三局长宋鲁源、右四副局长王文彪、右五侦察科科长崔文（化名侯庆林），后排右四审讯科科长马兴山、右五政卫队指导员张鸣

1949年3月，桓台县公安局局长张祥南下。1951年3月，任浙江省高级人民法院台州分院常务副院长期间，张祥（后排右三）与同事合影

1950年，桓台县公安局南下干部孙思美（前排左一）在上海与同事合影

1985年，桓台县公安局南下干部刘兴忠（前排右二）在舟山与同事合影

1950年5月31日，淄博专区公安局局长会议期间，桓台县公安局代理局长宋振起与参会人员合影。一排左起：左玉亭、李光明、张玉亭、袁超、杨子虹、张会芬、杨文英、袁震；二排左起：崔景仙、姜源、宋振起、樊树楠、李芸生、杨维栋、梅景生、冯梅五；三排左起：苏明、薛亮、韩洁石

1953年7月30日，桓台县公安局干部合影。前排左起：鲁志家、张宝德、张聿祯、何恒淑、巩昌经、田秀界、岳福云；二排左起：于文鹏、荆象谓、盖纯恭、刘玉信、胡建章、张光功、荆象德、陈玉荣、张堃；三排左起：张培堂、李东声、高庆香、韩家新、王兆宝、董玉孝、曹继杰、徐学叶

1958年11月15日，桓台县公安局领导与部分干警合影。前排右起：刘志瑞、王友贵、巩昌经、王晋升；后排右起：伊允强、薛廷森、王光均、祝兆贤、崔曰惠

1972年军管期间，桓台公安机关欢送吴法通合影。前排右一陈宁之、右三前军管小组组长吴法通、右四军管小组组长程美山、右五金树瑨、右七薛廷森；中排右三起：高翠英、李秀兰、关玉珍、韩发新、胡建章、李佃富、刘仕成；后排右起：巩芳林、潘德成、王新京、逯玉厚

1973年5月30日，军管结束时，桓台县公安机关全体人员合影。二排左六为军管小组组长程美山

1977年6月1日，胡宝华离职、陈宁之任职时，桓台县公安局机关干部合影。二排左二起：王恩然、李兴俭，副县长王维科、县委副书记刘法林，胡宝华、陈宁之、张仲俊、于长远

1978年1月，桓台县公安局机关干部与县领导合影。二排右四起：王恩然、李兴俭、陈宁之，县委常委、副县长王维科，蔡温普、原副局长于长远、张仲俊

1979年12月，桓台县公安局局领导与新警训练班成员及桓城派出所干警合影。二排右起：祝兆贤、逯玉厚、宋振顺、李兴俭、蔡温普、王恩然、巩子肖

1986年6月，桓台县公安局领导与参加麦收安全保卫工作的消防人员合影。前排右二起：宋振顺、祝兆贤、王庆伟、袭建忠、潘德成、孔祥礼

1990年，王庆伟主持召开桓台县公安局党委会。左起：付汉光、王国新、巩曰龙、王庆伟、徐洪本、袭建忠、伊茂盛

1991年，徐洪本主持召开桓台县公安局党委会。左起：伊茂盛、王国新、徐洪本、袭建忠、伊若健

1993年8月，桓台县公安局局长徐洪本（中）、政治委员李执福（右四）、副局长袭建忠（左四）、政工科科长伊茂盛（右一）与离退休干部合影

1995年5月，桓台县委常委、县公安局局长曹永振（右三）与副局长王国新（左二）、张鲁闽（左一），纪委书记甘明新（右二）、城区派出所所长胡安富（左三）、户籍科科长张奎清（右一）在研究工作

1997年，伊若健主持召开桓台县公安局党委会。左起：王玉华、李黎英、张鲁闽、王国新、伊若健、徐洪本、岳端玉、荆宁、甘明新

2003年4月，肖永刚离职时，桓台县公安局中层以上负责人合影。前排左起：荆树明、吴英亮、王玉华、岳端玉、秦志博、肖永刚、李黎英、孙仕秀、金宗良、胥涛

2004年，秦志博主持召开桓台县公安局党委会。左起：陈恒斌、岳端玉、王玉华、吴英亮、秦志博、罗光友、李黎英、孙仕秀、胥涛、金宗良、荆树明

2011年，桓台县公安局党委成员合影。前排左起：荆树明、郭华、吴佩林、罗光友、刘西军、陈恒斌；后排左起：姜恒泉、李四海、张秀光、马洪光、荆春、张林平、周焕诚

2013年7月，白向强任职，郭华、王亚玮、周焕诚离职时，桓台县公安局中层以上负责人合影。前排左起：张林平、马洪光、荆树明、周焕诚、白向强、张京义、郭华、王亚玮、陈恒斌、姜恒泉、张秀光

2015年1月，桓台县公安局党委成员合影。左起：赵岩、高涛、朱久爱、张秀光、姜恒泉、张京义、白向强、马洪光、张林平、王功训、王旭东、肖红广

2017年1月10日，桓台县公安局党委书记、局长、督察长张京义（左）与群众交流安全防范知识

2016年1月30日，桓台县公安局政治委员、党委副书记白向强（左）深夜慰问办案凯旋民警

2015年12月24日，桓台县公安局党委委员、副局长姜恒泉（中）参加消防夜查行动

2015年10月25日，桓台县公安局党委委员、副政治委员马洪光（左一）督导指挥信息中心建设

2014年12月27日，桓台县公安局党委委员、副局长张秀光（右一）约谈网贷平台负责人（右二）

2015年6月24日，桓台县公安局党委委员、纪委书记张林平（中）接待上访人员

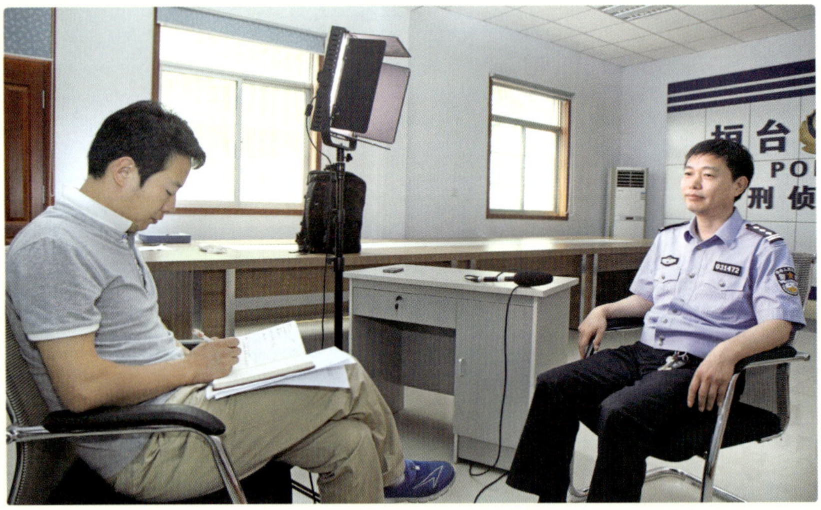

2015年6月17日，桓台县公安局党委委员、副局长朱久爱（右）接受中央电视台采访

2015年10月8日，桓台县公安局党委委员、政工室主任王功训（左一）护送王玉峰、陈兰芳进京参加全国“好警嫂”表彰大会

2016年12月28日，桓台县公安局党委委员、治安大队大队长高涛（左一）带队接受廉政教育

2015年12月11日，桓台县公安局党委委员、指挥中心主任王旭东（右三）调度并指挥处置警情

2016年7月21日，桓台县公安局党委委员、法制大队大队长赵岩（中）走访人大代表

2016年11月14日，桓台县公安局党委委员、副局长肖红广（左）突击检查看守所监室安全工作

1945年9月，桓台县公安局在邢家坡子天主教堂重建

1946年7月，桓台县公安局移驻荆家庄张启通宅

1948年4月，桓台县公安局迁至桓城庞家宅

桓台县公安局驻地庞家宅内景

1950年4月，桓台县公安局迁至东镇村高家大院

1979年10月，桓台县公安局迁至原县干部招待所

1988年5月，桓台县公安局迁至公安街512号

公安街512号后院

公安街512号主楼

2017年9月，桓台县公安局迁至张北路、渔洋街路口东北侧。图为县公安指挥信息中心外景

全国优秀公安局
中华人民共和国公安部
二〇〇〇年度

全国优秀公安局
中华人民共和国公安部
二〇一七年五月

桓台县公安局
全省优秀公安局
山东省公安厅

全省优秀公安局
山东省公安厅
一九九九年三月

桓台县公安局
2011年度全省优秀公安局
山东省公安厅
二〇一二年一月

桓台县公安局
2014年度全省优秀公安局(县级)
山东省公安厅
二〇一五年二月

全国一级责任区刑警队
中华人民共和国公安部
二00三年

一级公安派出所
中华人民共和国公安部颁

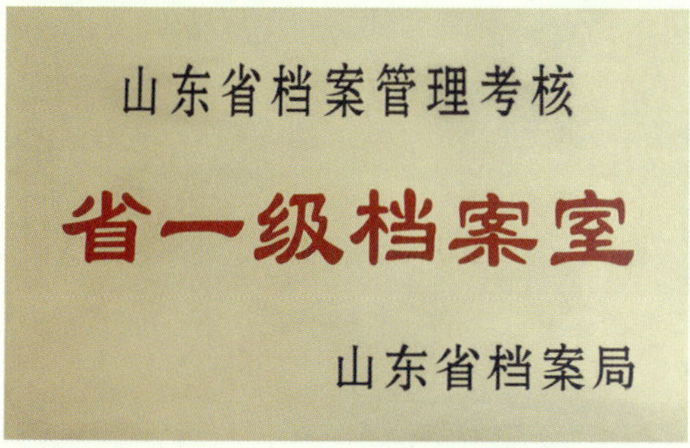
山东省档案管理考核
省一级档案室
山东省档案局

全国一级刑事科学技术室
中华人民共和国公安部
二00七年

2008年度特级巡警大队
山东省公安厅治安总队
二OO九年五月

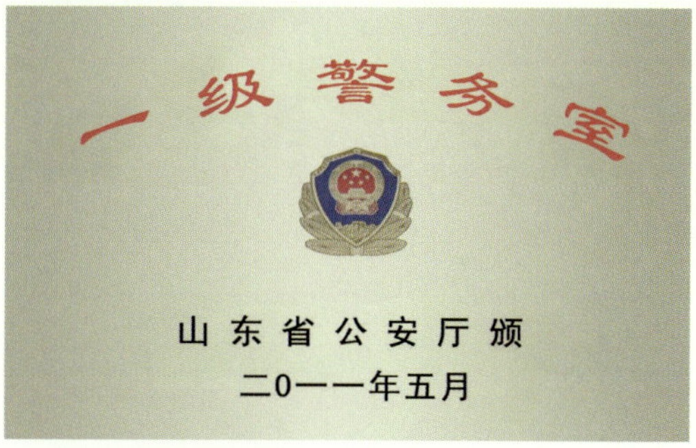
一级警务室
山东省公安厅颁
二0一一年五月

全国县级公安机关一级经侦大队
公安部经济犯罪侦查局
2014年7月

全国公安机关
一级机要室
公安部办公厅
二0一五年十二月

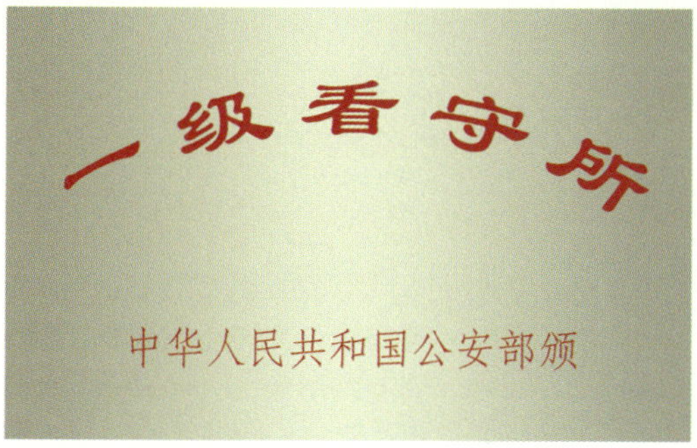
一级看守所
中华人民共和国公安部颁

桓台县公安局民警训练基地
一级基地
山东省公安厅
2016年1月

1977年，桓台县路社联防工作受到省公安厅表彰。后排中为桓台县公安局治安股干警巩芳林

1990年2月，桓台县交警队部署交通安全管理工作后，全体干警合影

1990年8月25日，桓台县公安局召开全县治安巡逻工作经验交流表彰大会，局领导和受表彰单位及个人合影

1993年4月，桓台县公安局对荆家镇陈桥村进行为期一个月的社会治安专项整治。图为在陈桥村召开就地揭露犯罪大会

1995年12月25日，桓台县公安局《警界传真》开办仪式暨文明管理优质服务活动汇报会

1996年5月25日，桓台县公安局举办“严打”第一战役战果展示大会。左起：市公安局局长王振华、县委副书记赵水清、县公安局副局长伊若健

1996年12月24日，桓台县公安局局长伊若健（左二）、政治委员徐洪本（左三）参加110宣传活动

1997年11月28日，全市刑侦突破工作交流会在田庄派出所召开。桓台县公安局作典型发言

2002年7月25日，全市公安派出所工作会议在桓台县召开，推广桓台县公安局派出所规范化建设经验做法

2003年6月30日，桓台县公安局防治“非典”一线民警与其他部门工作人员留影

2006年11月9日，桓台县通过省公安厅、科技厅第一批科技强警示范县建设验收

2007年8月27日，全市治理自行车机动车专项行动现场会在桓台县召开。图为参会人员观摩山东东岳集团有限公司对自行车管理情况

2010年4月16日，全市公安机关扁平化指挥体系暨110规范化建设工作现场会在桓台县召开

2012年10月22日，全市公安机关巡逻防控工作会议暨党的十八大社会面安保巡防机制启动仪式在桓台县召开（举行）。会议推广桓台县公安局打防控一体化经验做法

2013年2月19日，桓台县公安局召开公安工作研讨会，提出实施现代警务理念的工作思路

2013年7月12日，全市公安经侦系统执法规范化建设现场会在桓台县召开

2013年8月29日，全市直接联系群众做好信访工作暨执法规范化建设现场会议召开。桓台县公安局局长张京义（左一）介绍经验做法

2013年11月1日，桓台县公安局开展“抓五严创双优”集中宣传活动暨严打整治冬季攻势

2014年6月28日，桓台县公安局开展防范网络电信诈骗活动

2014年8月14日，省公安厅在桓台县召开会议，推广桓台县公安局反邪教工作经验做法

2015年5月22日，全市公安机关食药环侦工作向派出所延伸推进会在桓台县召开，省公安厅食药环侦总队总队长张月波（中）出席会议。会议推广桓台县公安局经验做法

2015年12月17日，全市公安机关非经营安全保护技术措施落实工作推进会在桓台县召开。会议推广桓台县公安局经验做法

2016年11月16日，桓台县公安局进行应急演练。图为“剑锋”突击队在行动

2017年5月19日，桓台县公安局被公安部评为全国优秀公安局。5月24日，省公安厅在桓台宾馆举行授奖仪式

1961年12月，桓台县公安局干警祝兆贤（后排右二）在山东省警校学习时与同学合影

1980年，桓台县公安系统擒敌拳培训班留念

1984年6月，淄博警校学生到桓台县公安局实习结束留念

1987年9月，桓台县公安局年轻干警参加全市公安机关歌咏比赛

1994年6月，桓台县公安局举办庆“七一”文艺晚会

1996年7月31日，桓台县公安局组织公安民警、武警官兵到小清河抗洪

1997年1月16日，桓台县公安局表彰“十佳民警”

2006年6月23日，桓台县公安局举办“社会主义法治理念在我心中”演讲比赛

2007年4月23日，桓台县公安局举办首届读书朗诵会

2008年3月11日，桓台县公安局青年民警为灾区青少年捐款

2009年元旦，桓台县公安局举办摄影书法比赛

2009年9月，桓台县公安局合唱团获全县庆祖国六十华诞歌咏比赛一等奖

2009年11月，桓台县公安局代表队获淄博市第四届警体运动会拔河比赛冠军

2010年1月，桓台县公安局民警金海军当选2009“感动淄博”年度人物

2010年5月21日，桓台县公安局民警参加市公安局“我心飞扬”主题演讲比赛

2011年6月26日，桓台县公安局合唱团获县直机关唱红歌比赛一等奖

2014年3月1日，桓台县公安局成立学雷锋志愿服务金盾分队

2014年3月5日，桓台县公安局女警到敬老院看望老人

2015年2月，桓台县警嫂陈兰芳当选2014“感动淄博”年度人物

2016年1月，桓台县公安局举办“好警嫂”评选活动

2016年2月，桓台县公安局协勤张恩武当选2015“感动淄博”年度人物

2016年5月10日，桓台县公安局召开史志工作会议，部署《桓台县公安志》编修工作

2017年9月29日，《桓台县公安志》志稿评审会参会人员合影。前排左起：桓台县公安局党委委员、指挥中心主任、县公安志主审王旭东，县地方史志办编辑张胜利，县地方史志办主任董杰，副县长、县公安局局长、县公安志编委会主任张京义，市公安局史志办主任单联国，县地方志史办编辑高大新，县公安局政治委员、县公安志编委会执行主任白向强；后排左起：县公安志编辑荆梓颖，县公安志主编张玉新，县公安志编辑田宜锋，淄博警察训练基地高级讲师常德功，县公安志编辑黄有宝，县保密局局长鲍勇

《桓台县公安志》编修人员合影。前排左起：黄有宝、张玉新、田宜锋、魏光水；后排左起：刘东朋、魏威、荆梓颖、张晓芳

2017年3月19日，张玉新（左）、田宜锋（右二）到浙江省台州市走访原副局长栋良山女儿栋红兵（左二）、女婿王思伟（右三）留影

2016年7月12日，魏光水走访原局长蔡温普

2017年5月20日，原局长宋鲁源之子宋鹏伟（左）在兰州向桓台县公安局赠送历史资料

《桓台县公安志》编修人员在整理材料

2017年1月3日，张玉新、黄有宝走访原治安股内勤荆义箴（中）

2017年2月10日，张玉新走访烈士柴裕禄之子柴兴东

2017年2月15日，张玉新到东营市走访烈士王占魁堂弟王修魁

2017年3月3日，张玉新、田宜锋到济南市走访94岁原股长李中一(左二)

2017年3月7日，张玉新到鲁中监狱干部宿舍走访94岁原股长王正轩

2017年3月27日，张玉新、张玉海到黑龙江省泰来县走访原局长张祥夫人夏昭娥（中）留影

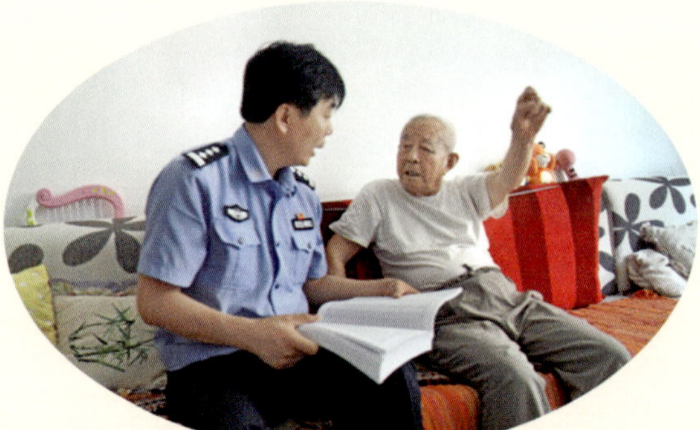

2017年6月2日，张玉新到张店走访94岁原秘书尹克选

凡　例

一、本志以马克思列宁主义、毛泽东思想、邓小平理论、“三个代表”重要思想、科学发展观、习近平新时代中国特色社会主义思想为指导，坚持辩证唯物主义和历史唯物主义的立场、观点和方法，遵循志书编纂体例，体现部门特点、地方特色，展示时代风貌。

二、本志上限自1941年4月15日桓台县抗日民主政府公安局成立，个别内容适当上溯，某些事项自发生之日起述；下限止于2016年4月15日，个别事项适当后延。记事立足当代，详近略远，详独略同。

三、本志采用述、记、志、传、图、表、录等体裁，以志为主。全书共设21章，首置总述、大事记，末设附录，图表穿插其中，各章设无题序，重要案（事）件及专项工作设专记。

四、本志为章节条目结合体，分章、节、条目、子目4个层次，以类系事，横排竖写，不受行政隶属限制。

五、本志总述、无题序采用有叙有议、叙议结合体；大事记采用编年体；其余均采用记述体，只记事实，不作评述，寓观点于材料之中。

六、本志采用公元纪年，1948年前加注历史纪年（机构沿革示意图、人物任职表、人物传、人物简介、人物名录及图片说明除外）。行文中桓台县解放前（后）系指1948年3月前（后）。

七、本志的行政区及机关单位名称，均用当时名称，凡使用简称的，参考机构全称与简称对照表。地名，除必要时用历史名称外，均用时行标准地名。

八、人物分为传、简介、名录三类，男性、汉族均省略。

九、本志在1997年3月14日《中华人民共和国刑法》修改前，法律术语的表述依据当时有关政策法规表述，如“反革命分子”“坏分子”“四类分子”“违法犯罪分子”等；此后，一律按时行的法律法规规定表述。

十、本志中公安干部身份表述，参照历史称谓、档案记载及《中华人民共和国人民警察法》《公安机关组织管理条例》等相关规定。

十一、机关人员一览表、派出所（分局）人员一览表、公安特派员（公安员、治安员、公安助理员）一览表列单位、职务、姓名、籍贯及任职时间，公安干部籍贯表述为本籍到镇、客籍到县（市、区），女性、少数民族、挂职、下派、兼职加注。因非领导职务人员身份多样，职务栏中概不注明职务。

十二、因筹建机构及职务任免时间推迟等原因，客观存在机构设立、撤销与人员任职、免职时间不一致等情况，编修时一概尊重事实。

十三、本志资料主要来源于山东省、淄博市、滨州市、桓台县及外地档案馆资料，省、市、县公安机关统计资料，桓台县公安局档案资料和访问当事人、知情人征得的口碑、文字资料及图片，所属单位提供的资料。资料均经整理、选择、考证后使用，概不注明出处。

机构全称与简称对照表

中国共产党中央委员会	中共中央或中央
中央人民政府政务院	政务院
中华人民共和国国务院	国务院
中国共产党中央军事委员会	中央军委
中国共产党第十一届中央委员会第三次会议	中共十一届三中全会
中国共产党第十六次全国代表大会	中共十六大
中国共产党第十七次全国代表大会	中共十七大
中国共产党第十八次全国代表大会	中共十八大或党的十八大
全国人民代表大会常务委员会	全国人大常委会
中国人民政治协商会议全国委员会	全国政协
中国共产党中央纪律检查委员会	中纪委
中国共产主义青年团中央委员会	团中央
中华全国总工会	全国总工会
中华全国妇女联合会	全国妇联
中华人民共和国公安部	公安部
中央社会治安综合治理委员会办公室	中央综治办
中国民主建国会中央委员会	民建中央
中国共产党山东省委员会	省委
山东省革命委员会	省革委会
山东省人民政府	省政府
山东省社会治安综合治理委员会	省综治委
中国共产党山东省委员会政法委员会	省委政法委
山东省机构编制委员会办公室	省编办
中国共产主义青年团山东省委员会	团省委
山东省公安厅	省公安厅或省厅
山东省人力资源和社会保障厅	省人社厅
山东省青年联合会	省青联
中国共产党渤海区委员会	渤海区党委
渤海区行政主任公署	渤海行署
中国共产党清河区委员会	清河区党委
清河区行政主任公署	清河行署
清河区专员公署	清河专署
中国共产党淄博地区委员会	淄博地委
中国共产党惠民地区委员会	惠民地委
惠民地区革命委员会	惠民地革委
山东省人民政府淄博区专员公署公安处	淄博专署公安处

续表

山东省人民政府惠民区专员公署公安处	惠民专署公安处
山东省人民政府惠民专员公署公安处	惠民专署公安处(1954.04后)
中国共产党淄博市委员会	中共淄博市委或市委
淄博市人民政府	市政府
中国共产党淄博市委员会政法委员会	市委政法委
淄博市公安局	市公安局或市局
淄博市人力资源和社会保障局	市人社局
中国人民武装警察部队山东省总队淄博市支队	市武警支队
淄博市公安交通警察支队、淄博市公安局交通警察支队	淄博交警支队或市交警支队
中国共产党桓台县委员会	中共桓台县委或县委
桓台县人民政府	县政府
桓台县人民委员会	县人委
桓台县革命委员会	县革委会
桓台县人民代表大会常务委员会	县人大常委会
中国人民政治协商会议桓台县委员会	县政协
中国共产党桓台县纪律检查委员会	县纪委
中国共产党桓台县委员会政法委员会	县委政法委
桓台县社会治安综合治理委员会办公室	县综治办
中国人民解放军桓台县人民武装部	县人武部或县武装部
桓台县机构编制委员会办公室	县编办
中国共产主义青年团桓台县委员会	团县委
中国共产党桓台县公安局委员会	县公安局党委或局党委
桓台县公安局	县公安局
中国人民解放军山东省桓台县公安机关军事管制小组	县公安军管小组
中国共产党桓台县公安局纪律检查委员会	县公安局纪委或局纪委
中共共产主义青年团桓台县公安局委员会	县公安局团委或局团委
淄博市桓台县公安消防大队	县消防大队或消防大队
淄博市公安局交通警察支队桓台县大队	县交警大队或交警大队
中国人民武装警察部队淄博市消防支队桓台县中队	县消防中队或消防中队
中国人民武装警察部队桓台县中队	武警中队或县中队、中队
山东省桓台第一中学	桓台一中
桓台县人民法院	县人民法院
桓台县人民检察院	县人民检察院
桓台县工商行政管理局	县工商局
桓台县交通局	县交通局
桓台县油区工作办公室	县油区办

目录

第三章　国内安全保卫

第四章　经济犯罪侦查

第五章　治安管理

第六章　刑事侦查

第七章　城管和食药环侦查

第八章 网络安全保卫

第九章 禁毒工作

第十章 预审和监管

第十一章 巡特警工作

第十二章 消防管理

第十三章 公安派出机构

第十四章 交通管理

第十五章 武装警察

第十六章 公安法制

第十七章 警务保障

第十八章 警务监督

第十九章 党建工作

第二十章 政治工作

第二十一章 公安人物

附　录

Contents

Chapter XIV Traffic Management

Chapter XV Armed Police

Chapter XVI Police Legality

Chapter XVII Policing Guarantee

Chapter XVIII Police Monitoring

Chapter XIX Party-building Work

Chapter XX Political Work

Chapter XXI Public-security Personage

总 述

桓台县位于山东省中部偏北，淄博盆地北部边缘。地理坐标为北纬36°51′至37°06′，东经117°50′至118°10′，南北延伸26.5千米，东西相距31.5千米。北邻博兴、高青两县，东靠临淄区，南连张店区、周村区，西接邹平县。2016年，全县辖索镇、起凤、荆家、马桥、新城、果里、田庄、唐山8个镇和城区街道，总人口50.15万，民族以汉族为主，满、彝、蒙古、回、拉祜、佤、苗等少数民族27个、548人。

一

桓台是人类早期生活、居住区之一，境内史家遗址出土中国最早的甲骨文。商为蒲姑地，周属齐国，汉为西安、高苑、临济、会城、博昌县辖，隋属临淄、长山、高苑县管。蒙古孛儿只斤·托雷监国元年、南宋绍定元年(1228年)，置新城县，隶属济南府。元世祖忽必烈中统年间(1260—1264年)属淄州路，元至元二年(1265年)属淄莱路，元至元二十三年(1286年)改属济南府。明洪武九年(1376年)属淄州，次年改属济南府。清代，沿袭明制。民国2年(1913年)，废府、州，存县、道，新城县隶属济南道。民国3年(1914年)1月，易名耏水县；4月，改称桓台县，因境内有"齐桓公戏马台"遗址得名。民国17年(1928年)，废道制，直属山东省。民国27年(1938年)7月，中国国民党别动总队华北游击纵队第十三支队第十二梯队在棘托置县政府，隶属山东省第十专员公署。10月，中国共产党成立长(山)桓(台)临(淄)益(都)四县边区行政联防办事处，隶属中共清河特委，辖桓台县一、二、三区和长山县九区及临淄、益都部分村庄。民国29年(1940年)4月28日，撤销长桓临益四县边区行政联防办事处，成立桓台县抗日民主政府，隶属清河专员公署，辖桓台县一、二、三区及北四区、五区。年末，改属清河行政主任公署清西专署。民国31年(1942年)1月，中共清河区委决定桓台县撤销县、区建制，成立长桓军政工作团，隶属清河行政主任公署清中专署。7月，改属清西专署。民国32年(1943年)6月，复置桓台县抗日民主政府，隶属未变。民国33年(1944年)1月，清河区与冀鲁边区合并，称渤海行政区，桓台县属渤海行政区第六专区。民国34年(1945年)10月，改属渤海行政区第三专区。民国36年(1947年)3月，张店划出。1949年7月，第三专区改称清河专区。1950年5月，撤销清河专区，桓台县隶属淄博专区，张店划入。11月，张店划归张周市。1954年1月，七区划归淄川县。1953年7月，桓台县划归惠民专区。1958年11月，桓台县并入博兴县，隶属淄博专区，江西道人民公社、石桥人民公社和卫固人民公社部分村庄划归淄博市张店区。1961年1月，博兴县隶属惠民专区。9月，复置桓台县，隶属未变。1983年10月，桓台县划归淄博市。2003年7月，果里镇6个村、周家镇2个村划归张店区。

二

民国30年(1941年)4月15日，桓台县抗日民主政府设立公安局。时值抗战艰苦时期，中共长桓县委成立30余人的公安政治保卫队(简称政卫队)，主要任务是在县公安局直接领导下，镇压汉奸，打击投降分子，保卫党政机关和工作人员安全。民国31年(1942年)1月，桓台对敌斗争形势急剧恶化，县、区政权和武装建制撤销，县公安局政卫队编入长桓军政工作团，坚持在长桓边区开展隐蔽斗争，寻机惩治汉奸、特务，袭击日伪据点，鼓舞抗日群众。民国32年(1943年)6月，桓台县抗日民主政府恢复并重设公安局，主要任务是宣传发动群众，开展对敌武装斗争，镇压汉奸，打击日寇，原政卫队队长王毓森奉命回桓台开展武装斗争，组织武装力量，在桓台西部与日伪展开坚决斗争，取得系列胜利。民国33年(1944年)8月，宋鲁源主持桓台县公安工作，实行镇压与宽大相结合的政策，分化瓦解敌人，取得显著成效。县公安局成立武工队，除奸反特并积极配合县大队作战，歼灭伪二十四旅驻罗斜村通讯二中队、驻古城村通讯总部，炸毁红埠顶日伪据点，夺取东埠岭土矿炸药，夜袭卫固日伪中队、伪警察所，袭击石桥日军教练飞机场，张(店)桓(台)公路段伏击日军，均取得重大战果，受到渤海军区嘉奖，郭正财、王占魁、高延洪被授予战斗英雄称号。

民国34年(1945年)8月27日，县公安局武工队参加解放桓台城战斗，配合主力部队向守敌发起攻击，全歼顽敌。9月，重新组建县公安局，机构逐渐完善。抗日战争胜利后，国民党不断向桓台境内派遣特务，逮捕杀害干部、群众，制造惨案。在县委、县政府的领导下，县公安局投入保卫抗日胜利果实的斗争，配合县大队及主力部队抗击国民党军队和政权，组织群众开展“减租减息”“反奸诉苦”“动员参军”“土地改革”“支援前线”运动。民国35年（1946年）7月，国民党军队向解放区大举进攻。县公安局在县委、县政府统一领导下，主动出击，深入敌后，开展反蚕食、反伪化斗争。先后在路山、金岭镇伏击武装匪特，在军屯、王庄伏击蒋军、“还乡团”抢粮队。民国36年（1947年）4月，宋鲁源统一指挥益（都）临（淄）桓（台）淄（川）边区联合剿匪行动。民国37年（1948年）3月，配合主力部队全歼桓台城守敌，迎来桓台县的最后解放。随即，围绕社会治安、城镇管理，开展反特治安运动，教育敌伪党团军政警宪人员投诚、自首、脱离敌军、登记具结、悔过自新。同时，继续开展剿匪工作，全县政权逐渐稳定，社会治安趋于好转。

中华人民共和国成立后，县公安局以崭新风貌投入到巩固人民民主政权、打击各类犯罪、维护社会稳定、恢复国民经济、建设社会主义的伟大事业中。1950年12月，根据政务院和最高人民法院《关于镇压反革命活动的指示》，县委成立镇压反革命（以下简称镇反）领导小组，下设军事法庭。以公安、司法为主，对土匪、恶霸、特务、反动党团骨干、反动会道门头子及杀人凶犯，予以搜捕和镇压。至1954年年底，将境内现行和历史反革命（除潜逃者外）大部分逮捕。1955年4月，桓台县开展第二期镇反运动，公安机关集中搜捕残余和漏网的反革命分子及各类犯罪分子。镇反期间，县公安局参加土地改革、抗美援朝运动，集中取缔反动会道门，配合有关部门清理潜伏在党政机关、企事业单位中的反革命分子，参加内部“三反”（反贪污、反浪费、反官僚主义）“五反”（反行贿、反偷税漏税、反盗骗国家财产、反偷工减料、反盗窃国家经济情报）运动。同时，贯彻党在过渡时期的总路线，加强公安保卫工作，开展保卫统购统销和农业合作化运动。1956年2月，中共中央发布《关于开展斗争肃清暗藏反革命分子的指示》，县公安局参加“肃反”运动，进一步挖出一批反革命分子和成分不纯分子，确保内部单位安全，保障社会主义事业顺利进行。按照县委《关于地主 富农入社问题的规划意见》，加强对“四类分子”（地主分子、富农分子、反革命分子、坏分子）的管制教育、改造工作。1957年，参加整风运动和反右派斗争，同时加强内部单位安全保卫工作。

1958年11月，县公安局合并到博兴县公安局，在加强社会治安管理的同时，查清国民党中统、军统在桓台的6个外围组织，彻底肃清国民党反革命残余势力。1961年9月，桓台县公安局复设后，主要精力投入到打击刑事犯罪、加强治保组织建设、强化内部安全保卫、严格安全检查、规范户口管理、维护灾区秩序、保卫人民群众生命财产安全等工作中去，保障全县社会稳定、经济社会发展。

1967年，受“文化大革命”冲击，县公安局领导班子被改组，公、检、法合并，时称桓台县革委会保卫部。之后，中国人民解放军对公、检、法部门实行军事管制。期间，公安工作受到干扰和破坏。

1973年5月，县公安军管小组撤离。6月，县公安局复设。相继召开全县公安会议和治安保卫工作会议，加强公安机关内部管理和治保组织建设，打击流窜犯罪活动，公安工作逐步恢复正常。1975年，重点整顿铁路治安秩序，确保经济动脉安全。1976年，开展防震斗争安全保卫工作，坚持战备值班，全县治安秩序平稳。

中共十一届三中全会后，县公安局将工作重点转移到保卫人民、打击敌人、惩治犯罪、服务“四化”建设上来。1979年，落实中共中央文件精神，组织人员复查“文化大革命”期间的政治案件和申诉案件，平反冤假错案。同时，开展为“四类”分子摘帽工作。全县呈现出政治清明、社会安定、治安平稳的良好局面。

20世纪80年代初，随着改革开放和经济发展，流动人口大量增加，流窜犯罪、车匪路霸、经济犯罪和黄赌毒案件突出，治安形势严峻。1983年8月，根据党中央、国务院统一部署，开展为期三年的严打斗争。至1987年1月，全县公安机关组织三大战役，抓捕犯罪分子578人，侦破刑事案件997起，社会治安秩序好转。

20世纪80年代后期，贯彻全国公安厅(局)长会议精神，继续保持“严打”态势，先后开展反盗窃、扒窃，打击流氓犯罪，打击刑释、解教人员重新犯罪，打击拐卖妇女、儿童犯罪，打击抢劫、强奸犯罪等专项斗争。同时，落实人防、物防、技防措施，加强治安联防队伍建设，实施道路交通管理体制改革和派出所体制改革，推行居民身份证制度，强化暂住人口管理和特种行业管理，开展百日安全竞赛活动，社会管理进一步加强，全县治安、安全形势逐步平稳。

20世纪90年代初，贯彻中共中央《关于加强公安工作的决定》，组织开展打击拐卖妇女儿童犯罪、围剿追捕重大逃犯等集中行动，开展陈桥、于家等小区域专项治理和金家油田集中整治，均取得重大战果。以派出所巡逻队为依托，组建民办消防队，实行消防、治安一体化管理。同时，深入推进公安派出所正规化建设，全面完成派出所硬件建设、体制改革任务。以建立适应社会主义市场经济体制的新型公安运行机制为目标，探索实行警长制和探长制，成立指挥中心、巡警大队，开通运行110报警服务系统。1995年，开展学赶济南交警“文明管理，优质服务”活动，向社会推出36项服务承诺，公安民警精神面貌大为改观，服务态度明显改善。

1996年，开展收缴非法枪支弹药专项行动，消除危害治安的重大隐患。5—7月，根据中共中央部署，开展第二次严打斗争。1997年，开展“为人民服务、树公安新风”活动，争创文明单位，争创文明岗位，争创文明警察，公安机关和公安民警服务水平明显提高。110快速反应机制向农村延伸，派出所工作实现重大突破。推进刑侦改革，实行侦审一体化，刑警中队沉到派出所，刑警队伍战斗力提升。1998年，全面深化110社会联动工作，户政信息化建设迈出步伐。1999年，规范特种行业管理和暂住人口、租赁房屋管理，推进警务公开工作，保障当事人和办事群众的合法权益，群众满意度逐步提升。

进入21世纪，面对经济犯罪多发新态势，整顿规范市场经济秩序，加大打击经济犯罪力度，优化经济发展环境。2000年，针对违规生产烟花爆竹造成重大损失和存在重大风险情况，落实党委、政府要求，关停县内烟花爆竹生产厂家和个体业户，清除涉爆危险隐患。2001—2002年，根据中共中央部署，开展第三次严打斗争，严厉打击有组织犯罪、流氓恶势力犯罪，爆炸、杀人、抢劫、绑架等严重暴力犯罪及盗窃等严重影响群众安全的多发性犯罪。组织35次专项斗争，破获各类案件1941起。2003年，在“非典”防治期间，全面加强社会面治安防控，有力维护全县社会稳定。2004年，推进平安桓台建设，深入实施科技强警战略。2005年，集中换发第二代居民身份证，110、119、122“三台合一”，参加高致病禽流感防治工作。

2006年，全县公安机关唱响和谐、落实、有为主旋律，推进县级公安机关机构改革，创新实施保安巡防机制，通过全省第一批科技强警示范县建设考评验收。2007年，推进公安信息化建设、执法规范化建设、和谐警民关系建设，推行公安质量管理体系。推进“三基”工程(抓基层、打基础、苦练基本功)建设，实施社区警务战略，正规化管理水平不断提升。2008年，实施固本强基维稳工程、治安安民工程，加强110接处警规范化建设，建立扁平化指挥体系，社会面治安掌控能力、打击犯罪能力、服务群众能力明显提升。是年，圆满完成奥运会安保任务。2009年，新建警察训练基地、巡特警大队办公楼、机关综合楼，配备大批先进装备，完成全运会和新中国成立60周年大庆等重大活动安保任务。2010年，紧紧围绕转方式、调结构、促改革、惠民生、保稳定经济社会发展大局，推动社会矛盾化解、社会管理创新、公正廉明执法三项工作，推进执法办案场所规范化建设，完成省运会安保任务。2011年，以开展“清网行动”为抓手，清剿社会面违法犯罪，消除大量治安隐患。2012年，开辟网上斗争新阵地，加强网警队伍建设，形成网上网下一体化作战模式。严厉打击涉众型经济犯罪，查处一批非法吸收公众存款案件。

2013年，县公安局践行现代警务理念，以忠诚、担当、务实、创优为工作总要求，推进基础信息化、警务实战化、执法规范化、队伍正规化建设，推进刑责治安、刑责治污、刑责治非，强化电信网络诈骗案件的打击和预防工作。创新实施经侦案管中心模式、食药环侦联动执法模式、反邪工作模式，均取得良好执法效果和社会效果。2014年，

110工作提速提质增效，实施“万名治安志愿者”工程、视频监控全覆盖工程，立体化治安防控水平明显提升。参加百城禁毒会战、重大逃犯追捕行动，取得优异成绩。2015年，以确保公共安全为目标，全面推进消防安全管理、监所安全管理、交通安全管理和食药环侦查工作，开展秋冬治安“百日会战”，消除大量社会安全隐患。2016年，建设警务信息指挥中心和刑事办案中心，县公安局硬实力和软实力持续增强。连续17年执法质量位居优秀等次，连续11年命案全破。

三

公安队伍建设和思想政治工作是公安任务顺利完成的重要保证。建局之初，县公安局重视数量上发展队伍，忽视以忠诚为核心的政治思想教育，给党的事业造成损失。民国33年（1944年）8月，宋鲁源主持全县公安工作后，注重培养一批对党忠诚、英勇无畏的干部。民国34年（1945年）9月，重建桓台县公安局，选拔重用一批久经考验的业务骨干。民国35年（1946年）8月，县公安局增设干部股，专门负责教育和管理干部。制定《工作方法规定》《公安人员组织纪律》，激励干部战士完成各项战斗任务，为夺取革命战争最后胜利作出贡献。中华人民共和国成立后，公安局历届党组织把忠于党、忠于祖国、忠于人民、忠于法律作为政治思想教育的主要内容，成立政治协理室，配备政治教导员，加强党的思想建设、组织建设、制度建设和作风建设，开展内部肃反、反腐倡廉教育和评先创优、立功创模活动，队伍更加纯洁，更加可靠，更加有战斗力。“文化大革命”期间，正常的公安政治工作制度被批判和否定，政工机构被撤销，公安人员多数被解散。

中共十一届三中全会以后，重建政工机构，成立纪检机构和警务督察机构，全县公安思想政治工作健康发展。县公安局坚持政治建警、依法管警、从严治警、从优待警，在公安队伍中深入开展社会主义思想教育，以讲学习、讲政治、讲正气为主要内容的党性党风教育，以全心全意为人民服务的宗旨教育、实事求是的思想路线教育、严格公正文明执法的法制教育为主要内容的三项教育活动，共产党员先进性教育及党的群众路线教育，全县公安民警在思想上、政治上、行动上与党中央保持高度一致，始终自觉接受党对公安工作的绝对领导。按照政治过硬、业务过硬、责任过硬、纪律过硬、作风过硬的要求，实施人才战略，深入开展练内功、强素质、创满意活动，进一步加强队伍正规化、专业化、职业化建设，打造出一支信念坚定、执法为民、敢于担当、清正廉洁，党和人民满意的公安队伍。2013年起，树立人人尽可成才、人人尽展其才，对民警最大关心是帮助其成长进步、最优惠待遇是丰富其知识积累的新型人才观，培养出一批在全国、全省叫得响的实战型、教官型业务能手，在各级各类大比武、大练兵和执法活动中取得优异成绩。

建局75年来，一代又一代桓台“公安人”忠于职守，无私奉献，经受住血与火、生与死的考验。在党的领导下，为中华民族独立事业、中国人民解放事业、社会主义建设事业立下不朽的功勋，先后有43名公安干部、战士壮烈牺牲或因公殉职，涌现出3名战斗英雄、2名全国优秀人民警察，8个单位被评为省（部）级先进集体，239个单位被评为市（厅）级先进集体；14人受到省（部）级奖励，369人受到市（厅）级奖励，80个单位荣立集体二、三等功，352人荣立一、二、三等功。2001年、2017年，县公安局两次被公安部评为全国优秀公安局，1992年度、1998年度、2011年度、2014年度，被省公安厅评为全省优秀公安局，2012年被省公安厅记集体二等功，被省精神文明委员会评为全省文明单位。同时，民警队伍连续15年无重大违法违纪，群众对公安工作满意率一直位居全省、全市及全县各行业前列。实践证明，桓台公安队伍是一支听党指挥、服务人民、能打硬仗、不怕牺牲的队伍，是一支党和人民群众完全可以信赖的有坚强战斗力的队伍。

回顾历史，桓台公安一路艰险，一路凯歌，肩挑正义，涤荡邪恶，满腔热忱，服务社会。展望未来，桓台公安机关坚持对党忠诚、服务人民、执法公正、纪律严明，努力开创公安工作新局面，为全县经济社会发展和安全稳定作出新的贡献。

大事记

清光绪三十一年(1905 年)

新城县始建巡警局,局址在城里兴国寺。

清宣统二年(1910 年)

新城县衙改称县署,下设刑名,代知县办理刑案;设老将,专管城镇治安。巡警局略有扩大。

民国元年(1912 年)

6 月 民国新城县沿旧制,巡警局设区官 1 名、巡官 1 员、巡弁 10 员、警兵 20 名。

民国 2 年(1913 年)

冬 社会不宁,各村筑圩、练团。

是年 巡警局区官改为一等警佐,巡官改为二等警佐。局址迁县公署以西原典吏署。

民国 8 年(1919 年)

中国国民党桓台警备队成立,下设 6 个分队,每个分队 20 人,驻桓台县城(以下简称桓城)里兴国寺。

民国 15 年(1926 年)

1 月 中国国民党桓台县巡警局改称警察所。

民国 16 年(1927 年)

中国国民党桓台警备队改称桓台县武装警察大队,并入警察所,设张店、索镇、岔河 3 个分所。

民国 17 年(1928 年)

6 月 中国国民党桓台县警察所改称公安局,公安局下设张店公安分局及索镇、岔河分驻所。武装警察由警察所分出,改称自卫团。

民国 22 年(1933 年)

中国国民党桓台县政府公安局和张店公安分局、索镇、岔河分驻所改组。

民国 23 年(1934 年)

5 月 中国国民党桓台县政府公安局有警官、警士 94 人,配备匣枪 14 支、长枪 67 支。

是年 张店公安分局改称分驻所。

民国 26 年(1937 年)

初 中国国民党桓台县政府公安局改称警察局。

12 月 中国国民党桓台县警察局解体。

12 月 日军在张店组建日伪桓台县政府,成立伪桓台县警务局,王凤章任局长。

民国 27 年(1938 年)

5 月 中共清河特委成立,胡维鲁负责党内锄奸保卫工作,清河区开始党的保卫工作。

11 月 中共长桓临益四边县委成立,隶属中共清河特委,孙铁民任书记。

民国 28 年(1939 年)

2 月 19 日 日伪桓台县警务局随日军进占桓城,在张店组建分局。

4 月 24 日 清河行署社会部三科科长王墨亭在桓台县江西道村活动,发展张东峰(张正桐)为中共党员,张东峰负责桓台县党内保卫工作。

10 月 日伪桓台县警务局改为警察所,下设张店、索镇 2 个分所及鱼龙分驻所。民国 29 年(1940 年)、民国 30 年(1941 年),先后增设岔河分驻所、卫固派出所。

民国 29 年(1940 年)

4 月 28 日 桓台县抗日民主政府在中埠村成

立。一、二、三、五区选派锄奸干事，建乡村锄奸网员。

5月 中共长桓临益四边县委、桓台县抗日民主政府成立张子浩、韩干(原名张亿武)为正副队长的特务队，张裕安、张宇良为正副队长的公安队。

11月 张裕安系伪警察出身，队伍纪律涣散。县委派马憨生任公安队政治指导员，不久被排挤回县。

11月 清河区党委指示各县社会科改为社会部，张东峰任中共长桓临益四边县委社会部部长。

民国30年(1941年)

2月22日 张裕安、张宇良叛变投敌，捕杀共产党员和抗日积极分子，桓台县中共党政组织遭受损失。

2月 中共长桓临益四边县委改称中共长桓县委。

3月 日寇在小清河以南地区推行第一次“治安强化运动”，成立乡村反共自卫团，下设保甲组织，清查户口，发放“良民证”“身份证”“旅行证”。至民国31年(1942年)10月，日寇推行五次“治安强化运动”，实行“掠夺战”“铁壁合围”“经济封锁”“三光政策”政策。

4月15日 遵照山东战时工作推行委员会指示，桓台县抗日民主政府成立公安局(以下简称县公安局)，社会部部长张东峰兼任局长。县公安局组建30余人的政治保卫队(以下简称政卫队)，王毓森(化名刘海)任队长，寇於璞(化名刘敏)任政治指导员，王毓树、邹大志任副队长。各区锄奸干事改称公安特派员。

5月 张东峰在临淄县耿家坡一带失踪。

7月 王应声(原名王建华，化名克欣)任县公安局局长。

10月 清河区党委在博兴开会，因王应声诬告，政卫队被改编，王应声兼任队长，王斌任政治指导员，王毓森、寇於璞到中共清河区党校学习。

11月 桓台县抗日斗争形势恶化，政卫队副队长王毓树、邹大志和一区、三区公安特派员叛变投敌，一名公安干事和新四区公安特派员妥协回家。

11月 日军在金岭铁矿组建矿警大队。

12月 桓台县抗日活动陷入停顿状态，县、区、乡党政机关人员撤至小清河以北整顿，二区公安特派员于明坚持隐蔽斗争。

民国31年(1942年)

1月 中共清河区委决定撤销长桓县的县、区政权和武装组织，政卫队随境内武装力量改编为长桓军政工作团。

2月 王应声叛变革命，投靠日军张店宪兵队刘荣刚部，带宪兵队破坏中共地下组织，桓台县抗日工作遭受严重破坏。

12月31日 长桓军政工作团、长山独立营在内线协助下，夜袭日伪南石桥据点，烧死、毙、擒叛徒张裕安、曹功久(原二区区长)等30人。

年底 韩干调任博兴县公安局政卫队队长。

民国32年(1943年)

6月 桓台县抗日民主政府重建，相子正任县长兼县大队大队长、县公安局局长。清河行署公安局政卫队政治指导员王毓森受命回桓台开展武装斗争，因无公安机构，任县大队政治指导员。根据县委安排，王毓森在桓台西部、相子正在桓台东部活动。

7月 王毓森利用日伪矛盾，挤走院上据点王毓树伪特务队。

9月 王毓森带队伏击、吓走南石桥据点伪二十四旅某部，确保县大队东西活动区联络畅通。

11月 王毓森等在北石桥村西埋设地雷，炸伤汉奸刘荣刚特务队数人，制约敌伪清乡活动。

12月 王毓森等夜袭北石桥据点日商“组合社”，缴获日币80余万元，解决军政经费问题。

12月 王毓森利用张店日军战俘收容所内线吴宣庭，参与营救被日军关押的清河行署公安局局长李震和临淄县长李铁锋。民国33年(1944年)春，渤海区党委用日俘飞行员山田井马将李震、李铁锋等换回。

民国33年(1944年)

1月11日 清河区与冀鲁边区合并为渤海行

政区，全区辖六个分区，桓台县属第六分区。

2月25日 相子正、王毓森等通过内线徐德仁、徐大奎，夜袭周村朱庆云伪军大队机枪班，俘9人，缴获机枪1挺、步枪8支及弹药一宗。

3月 王毓森带领13名战士在郝家园伏击敌清乡队，俘13人，缴获枪弹一宗。

5月 王毓森等夜袭王毓树驻张店特务队，炸伤王毓树，炸毁楼房2栋。内线吴宣庭被捕牺牲。

6月 王毓森调任渤海行署公安局侦察队队长。

7月 宋鲁源（化名魏群英）任桓台县公安局副局长（主持公安工作）、县大队政治指导员。8月，宋鲁源到任。

8月 宋鲁源组建公安武装工作队（简称武工队），韩干任队长，调县大队高延洪、郭正财、张宇桐、初廷芳及蒲台县公安局王占魁等任队员。

12月 通过内线关系，宋鲁源夜袭古城伪二十四旅特务队，缴获机枪1挺、步枪20余支。

冬 借叛徒张方笃葬父之机，武工队员初廷芳化装潜入解家庄张家灵堂，处决张方笃。

民国34年（1945年）

1月 伪中队长吕希涵将公安干部于明、韩干和区委书记傅赤先等20余人的家属抓到卫固据点关押。王占魁等抓吕希涵家属，韩干抓伪区长张汝臣家属为人质，迫吕希涵释放抗日军属。

5月18日 在内线崔佃志配合下，宋鲁源带武工队、县大队全歼伪二十四旅驻古城通讯队，毙伤7人，俘40余人，缴获长短枪56支。

7月11日 为支援渤海军区春季攻势，武工队、县大队在长山独立营的配合下，袭击湖田东埠岭矾土矿，歼灭伪军30余人、日军7人，夺取炸药124箱6000余斤，缴获机枪1挺、小炮1门、步枪31支，受到渤海军区通报表扬。

7月20日 宋鲁源带队奇袭石桥日军教练飞机场，毙伤日军3人，夺扫射机枪1挺、步枪4支、子弹100余发，受到渤海军区六分区嘉奖。

7月31日 孙铁民、宋鲁源带领县大队、武工队，伏击自张店去石桥飞机场的日军，击毙日军中队长金池以下9人，缴获机枪1挺、步枪7支。

7月 宋鲁源、傅赤先、韩干等带领武工队、五区区中队袭击卫固日伪据点，毙伪区长边道际，俘日军特务队队长圣田三郎、翻译孟庆连及伪军20余人。

8月初 孙铁民、宋鲁源带领县大队、武工队在张桓公路伏击日军，毙伤日军13人，缴获机枪1挺、步枪5支、短枪1支、指挥刀1把、子弹若干。

8月上旬 宋鲁源带武工队，包围黄家（现果里镇）据点伪二十四旅一部，迫伪副团长巩子岭等100余人投降，缴获机枪1挺、步枪70余支、短枪2支。

8月27日 桓城解放，日伪警察所覆灭。宋鲁源组织搜捕战犯，清查户口。郭正财等在临淄县北金召村抓获叛徒王应声。

8月下旬 渤海军区第六军分区在高苑县陶塘口召开英模大会，县公安局武工队王占魁、郭正财、高延洪被授予战斗英雄称号。

8月 桓台县抗日民主政府颁发布告，明令溃散与藏匿之日伪军政人员向县政府、县公安局登记自首。截至民国35年（1946年）8月，登记2992人。

9月 桓台县抗日民主政府改称桓台县人民政府。以武工队为基础，在邢家坡子教堂重建县公安局，宋鲁源任局长（11月正式公布任职），设政卫队、侦察队、纠察队、公安分队、文书、审讯及差犯管理员，全局70余人。

秋末 公安分队清剿潜伏在麻大湖的伪二十四旅改编的国民党三十五纵队残部，俘参谋长齐子良等30余人，缴获步枪1500余支、机枪30余挺、迫击炮2门。

10月 栋良山任桓台县公安局副局长。

11月20日 公安分队长罗茂祥带队到穆家寨起枪时，在起凤桥西"辘轳把子"（地名）处遭到特务伏击，一战士牺牲，一战士突围，罗茂祥受伤被俘，被驻张店国民党三十五纵队炮兵营长赵淑武杀害。济南战役中，俘赵淑武，押回桓台县，在"辘轳把子"处决。

11月 宋鲁源任县委委员。

11月 李震带领渤海行署公安部队，清剿桓台县日伪残余武装。

11月 县委、县政府在二区于家营子召开万人大会，公审叛徒王应声，随即当场枪决。

12月23日 叛徒王毓树随张店伪军外出抢粮，被鲁中军区四师设伏击毙。

年底 国民党在张店成立流亡桓台县政府，成立警察局，在张店设立警察所。

是年 全县总人口283508人。

民国35年（1946年）

1月 县公安局下设一股（侦察、干部）、二股（武装治安）、三股（审讯）、四股（文牍事务）及政卫队、侦察队、纠察队。

1月 全县5个区及索镇配备5名公安员、3名副公安员，在乡村增设公安员和锄奸小组。

2月23日 宋鲁源主持二区老官庄“反奸诉苦”大会，系全县首个“反奸诉苦”大会。

2月 县公安局捕获国民党派往华北地区特务头目张俊山及国民党蒲台县特务队队长陈书训。

3月 县公安局一个排的便衣武装在曹村、潘庄一带，组织民兵设立10村联防，封锁驻张店的国民党军队活动。

6月7日 张店第一次解放。国民党桓台县警察局局长张伯言逃往济南。

6月中旬 县公安局成立张店、金岭、田庄、岔河公安分局。

7月5日 国民党第八军、七十三军、九十六军进攻张店及周边村镇。7月6日，张店、金岭公安分局转移。

7月15日 县公安局武装力量由桓城迁至邢家坡子教堂，撤销纠察队。县委、县政府抽调县大队和县公安局政卫队部分武装，成立武工队，韩干兼任队长，针对国民党军队的进占，开展反蚕食斗争。

8月 为加强对干部战士的管理，县公安局增设干部股（二股），武装治安股（原二股）改为四股，文牍事务股（原四股）改为五股。

9月8日 国民党武装匪特杀害县公安局情报员、荆家庄农会会长李朋宵及母、子和回家探亲的解放军班长荆聿秋，劫去民兵枪支29支。

9月26日 宋鲁源带领政卫队从荆家庄南一园屋子内，捕获炮制荆家庄惨案、杀害农会会长李朋宵的首犯之一伊允兰，缴获被劫去的民兵枪支29支。12月，处决伊允兰。

12月 岔河公安分局副分局长罗茂德受伤，高云祥接任，岔河公安分局改称荆家公安分局。

12月 国民党桓台县警保大队副队长荆良预谋袭击荆家公安分局和民兵组织。高云祥处决特务分子孙云青、郑黑子，抓获内奸及资敌分子。

民国36年（1947年）

1月13日 宋鲁源、韩干带政卫队在路山伏击国民党武装，韩干及班长张经文、孟宪波牺牲。战后，县委、县政府在索镇召开追悼大会，当地军民编短剧《韩干尽忠》，缅怀烈士英灵。

2月 政卫队在金岭镇伏击敌人，副队长王占魁被内奸击伤，抢救无效，在侯庄村牺牲。

3月 武工队立集体二等功，武工队队员王振祥立一等功，王正轩、高延洪、孙连才立二等功，孟献之、成加文立三等功。

3月 张店、金岭镇再次解放，栋良山、刘玉信分别带队进驻。县公安局在张店整顿政卫队，王振祥任队长。张店市人民政府成立公安局，栋良山任局长。

4月5日 宋鲁源任桓台、张店联合反特剿匪指挥部指挥。

4月12日 山东省公安总局局长杜明组建益（都）临（淄）桓（台）淄（川）四县剿匪指挥部，宋鲁源任指挥，调集480余人枪，清剿盘踞在四县边区结合地带的杨大山等多股匪特。

7月 县公安局在滨湖区设立华沟公安分局，蔡玉璋兼任分局长。

8月16日 国民党军队占领张店，重建桓台县警察局、张店警察所。

8月中旬 国民党占领桓城。9月，张伯言带国民党桓台县警察局迁驻桓城北门里。

8月30日 滨县民政科科长李云生及妻子高学甫（已孕）一行3人夜宿桓台县四区王家庄子。次日晨，3人被匪徒伏击杀害。1958年11月11日，告密者胡象和被判处死刑，胡象水被判处死刑、缓期二年执行，匪徒荆光文被判处无期徒刑。早前，匪徒荆光廷被同伙打死。1974年10月3

日，匪徒崔亦中被判处死刑。

8月 面对国民党进攻，桓台县成立对敌斗争指挥部，李晓光任政治委员，相子正、宋鲁源分任正副指挥，县公安局政卫队改编为县大队一中队。

9月 政卫队在军屯俘国民党1个班，缴获美式冲锋枪2支、卡宾枪6支、步枪4支。

10月22日 国民党桓台自卫大队指导员陈效程带队袭击陈桥、姬桥，抓捕村干部、村民15人，在傅桥村西将他们杀死，史称“傅桥村惨案”。1956年，县公安局抓获陈效程并处决。

10月24日 刘家茅托村刘海亭、刘象正等20余名敌特和被斗分子，杀害三区妇联主任李珍玉、刘家茅托民兵队队长刘士明，裹挟60余名新兵、民兵和干部投靠敌人，史称“刘家茅托暴动”。

10月 驻桓城国民党武装30余人到高王村抢粮。荆家公安分局副分局长高云祥带队在关家村北拦截，夺回粮食。

11月14日 县委在荆家召开会议，发起七天军政攻势。县大队、县公安局打垮11个村的反共自卫团、“还乡团”，20个村的反共自卫团不击自垮。

12月2日 富农分子崔明歧、崔明尧勾结桓城国民党部队包围崔家庄，残杀岔河武委会主任韩学喜等12人，史称“崔家庄惨案”。

民国37年(1948年)

2月初 县大队、县公安局在楼子、于堤反击国民党部队，歼敌一个中队，毙伤60余人。

2月5日 县大队、县公安局开展反扫荡行动。在陈桥战斗中，政卫队副政治指导员柴裕禄等4人牺牲。

3月11日 张店解放，国民党桓台县警察局张店警察所覆灭。

3月17日 县大队、政卫队配合渤海纵队、渤海军区，向桓城守敌发起攻击。次日解放桓城，歼敌1800余人，结束国民党在桓台的统治。

3月20日 宋鲁源组织小分队赶赴周村，抓获国民党军统局山东站中心组少将组长赵崇德等特务8人及20名试用通讯员，缴获电台1部。

3月 撤销华沟、荆家公安分局。

4月 县公安局迁驻桓城庞家宅(现城南村)。

4月 县公安局增设索镇、桓城派出所。

5月 宋鲁源离任，在索镇组建渤海区三专区公安局，任副局长(主持工作)兼三地委社会部副部长。张祥任县公安局局长。

11月 县公安局迁索镇同兴油坊。

12月 宋鲁源任渤海区三专区公安局局长兼三地委社会部副部长。

1949年

2月 张祥参加南下干部培训，蔡玉璋任副局长。

3月8日 张祥、刘兴忠、孙思美等3名公安干部及通讯员牟良鸿自索镇五里庄南下。

3月 蔡玉璋任县公安局局长。

5月13日 县看守所26名犯人越狱，被当场打伤抓获1人，两昼夜被抓回4人，其他陆续被抓回。审讯股副股长任德和被判刑一年六个月，看守员刘心铎被关押。8月27日，局长蔡玉璋被撤职。

7月 县公安局迁回桓城庞家宅。

8月 宋振起由羊口市公安局局长调任县公安局副局长，代理局长。

10月1日 中华人民共和国成立。清河地委、专署在索镇，县委、县政府在桓城召开庆祝大会，组织庆祝游行活动，县公安局做好保卫工作。

12月 县公安局开展取缔反动会道门行动。

1950年

3月1日 中央人民政府颁布《惩治反革命条例》。截至10月10日，县公安局查出反革命分子2229人，为镇压反革命做好准备。

4月17日、18日 清河专区公安局先后下达《关于取缔一贯道工作的具体计划》《取缔一贯道的宣传提纲》。桓台县成立治安委员会和以公安为主的逮捕、审讯、宣传、登记组织，19—20日集中搜捕。

5月 淄博工矿特区公安局与清河专区公安局合并，组建淄博专署公安处，县公安局受县委、县政府和淄博专署公安处领导。

5月 张店市划入桓台县，编为第九区，张店市公安局改称桓台县公安局张店分局，樊树楠任县公安局副局长兼张店分局局长。

5月 县司法科成立看守所，主要关押县司法科自办案件刑事犯和公安机关起诉的一般刑事犯。

5月 县公安局由桓城庞家宅迁东镇高家大院。

7月23日 政务院、最高人民法院联合发布《关于镇压反革命活动的指示》。12月，县委设立9人军事法庭，县公安局代理局长宋振起任庭长。

9月 县公安局开展特种户口管理工作。

10月10日 中央发布《关于纠正镇压反革命运动中的右倾偏向指示》。县委在桓城区东贾、西贾和田庄区胡家组织镇反试点，随后在全县展开。

11月 张店区划归张周市，张店公安分局归属张周市人民政府公安局领导，改称张周市公安局张店分局。

12月3日 县公安局机关留部分人员处理积案、从事日常工作，其余干部参加土地改革工作。

1951年

5月1日 县公安局组织干部、武装人员和民兵，完成“五一”游行保卫任务。

5月3日 省政府发布“所有会道门都是反动组织，一律予以取缔”的命令。5月10日，桓台县集中逮捕反动道首63人，登记处理40人，宣布管制53人。

6月1日 桓台县清理反革命分子积案。截至8月3日，处理295件。

7月3日 驻桓台县部队康复医院伤病员在乌河云涛看戏，县公安队将20余名闹事伤病员关押，数十名伤病员冲击县公安局3天，淄博专署专员王云生调解平息。史称“7·3”事件。

7月21日 国民党特务陈鑫堂勾结反动会道门，在吉托村召集反革命组织“中国革命义勇军”成员，预谋暴动。8月3日22时，该伙匪徒分五股暴动，在临淄、博兴打死乡村干部15人，劫去民兵长枪14支，在桓台、淄川、利津暴动未遂。8月5日，县公安局抓获以一心天道龙华圣教会道徒为主的匪徒25人。

8月6日 随着镇反运动的开展，县公安局开展内部整顿，法办、清洗干部、战士14人。

9月7日 淄博专署决定，县公安局代理局长宋振起调淄博专署公安处工作。

10月1日 县公安局完成庆祝国庆节会场和游行队伍保卫任务。

11月8日 淄博专署决定，宋振起任专署公安处劳改科副科长，盖纯恭任县公安局副局长。

11月21—26日 中国共产党桓台县第二次代表会议在索镇召开。侦保股3名干部组成大会保卫股。

11月28日 桓台县各界代表大会召开，县公安局做好会场、住地安全保卫工作。

11月 桓台县成立劳改队，由县公安局管理。

1952年

1月4日 县公安局开展“三反”运动。

春 金岭镇汉族男青年刘某与回族女青年马某通婚。在少数人煽动下，当地出现骚乱，前往处理的副县长张勋臣遭到殴打，史称“刘马事件”。公安机关宣传党的民族政策，及时平息事态。

7月 盖纯恭任县公安局局长。

8月 桓台县开展追捕外逃反革命分子工作。截至1953年4月，捕回22名，其中自外省捕回10名。

9月13日 县公安局整顿管制工作，管制漏管分子557人。

9月 县内取缔19种会道门。逮捕119人，登记具结340人。

11月15日 县政府司法科改称县人民法院，审理一般刑事案件，反革命案件仍由县公安局审理。

11月16日 县公安局制定实施民主制度、会议制度、财务制度、办公制度、请示报告制度、核查制度、奖惩制度。

11月 公安队整编为中国人民解放军山东省桓台县公安队。

12月 根据中央人民政府公安部、司法部指示，县人民法院将看守所及差犯移交县公安局管理。

1953 年

2月5日 省公安厅下达禁烟、禁毒指示。县公安局认真落实指示精神，县内种、吸、贩毒现象杜绝。

4月10日 淄博专署公安处召开各县公安局局长联席会议，整顿管制工作。县公安局纠正乱用乱管现象。至5月，全县被正式管制人员424名。

4月14日 公安部发出全国使用统一户口簿的通知。年内，县公安局完成更换户口簿工作。

4月 县公安局设政治协理室，负责思想政治和人事工作。

7月22日 盖纯恭离任，刘玉信任县公安局副局长。

7月 县公安局设立乡级治保委员会111个，委员1232名，治安小组594个，组员2057名；在10个企业单位设立保卫委员会4个，委员21名，安全小组10个，成员54名。

7月 县公安局划归惠民专署公安处领导。

7月 县劳改队犯人到桓城修理临时监狱，看押人员和管教干部粉碎一起预谋暴狱事件。

9月 王世彪任县公安局副局长，主持工作。

10月 县公安局打击破坏统购统销政策非法活动，逮捕五区卫固油坊经理王福彬等投机奸商。1954年4月1日，王福彬被判处死刑。

11月26日 县看守所在押犯王立仁、张华亭、于相书等策划越狱，县公安局果断处置。

12月 县公安局在二、六区摧毁3个破坏农田水利建设犯罪团伙，逮捕10人，破获盗窃水车案件80余起。1954年，处决惯犯胡宝善。

12月 县公安局对反动会道门二贯道立案侦察。1954年9月破案，抓获成员50余人。

1954 年

春 县公安局在索镇东镇村新建监狱1处，是年秋竣工，使用至1986年。

4月 县公安局立案侦察古天圣道复辟案件。1955年1月30日破案，判处道首荣祥云死刑，判处有期徒刑11人，管制26人。

5月 胡家庄胡淑英携女去济南探夫后，自周村车站雇佣小车推送回家，途中被推车人李庆吉劫杀。县公安局逮捕李庆吉，在其原籍周村枪决。

5月 县公安局逮捕惯匪崔凤山。1952年，崔凤山枪杀干部1名；1954年，盗割电线900米。

6月 县委下发通知，凡刻制公章一律到公安机关备案。

7月 县公安局加强对劳改队保外就医人员的监督管理工作。

10月17日 县公安局落实冬季粮食、棉花、油料统购政策，打击破坏分子122名。

12月18日 县政府建立户政工作制度。

1955 年

1月10日 县公安局检查五、六、七区管制工作。经座谈评审，撤销管制4人，缩短管制1人，延长管制3人。

1月 县公安局开展保卫农业合作化运动，查出破坏分子99人，逮捕5人。

1月 县公安局逮捕一、二、六、七区抢购、囤积、拒售粮食的富农分子5人，刑事拘留5人。

1月 结合普选，全县101个乡均设立治安保卫委员会，设正副主任、委员897名。

2月6日 桓台县首次治安代表会议召开，传达贯彻第六次全国公安会议决议报告提纲，县长孙子轩作国际国内形势和任务报告，县公安局通报敌情，总结和部署工作。

3月1日 县公安局调查文保情况，全县文保单位389家(处)，职工813人。

3月 王世彪到中央人民公安学院武汉分院学习，刘玉信主持县公安局工作。

4月19日 县公安局整顿管制反革命分子工作，撤销管制33人，延期管制5人，管制漏网分子1人，逮捕5人。

7月15—16日 县公安局协助县人民法院召开公判大会，在3处刑场处决4名反革命杀人犯。

8月18日 县委成立镇反联合办公室，开展第二期镇压反革命运动。

8月20日 县委召开县公安局、县人民检察院、县人民法院全体干部会议,传达公安部部长罗瑞卿《关于对敌情分析及政策界限的报告》,刘玉信通报全县敌情,提出工作意见。

8月 县人民检察院成立,全县刑事案件批捕、起诉权由县公安局移交县人民检察院行使。

9月12日 全县治安代表会议召开。会议通报镇反工作及贯彻敌情政策界限情况,奖励治安模范。

9月 县公安局清理428处农业社,清洗混入其中的伪、特、警、宪及奸商、地主、杀人犯、会道门头子、反动党团分子、兵痞等32人。

10月26日 县公安局制定《关于保卫互助合作社的意见》。

12月 桓台县人民政府改称桓台县人民委员会,继设公安局等职能部门。

12月 王茂盛任县公安局局长,王友贵任副局长。

1956年

1月 县公安局对全县101个乡的483名治安保卫人员分两批进行为期11天的集中训练。

4月 县民政科将农村户口移交县公安局管理。

4月 桓台县成立以县公安局局长王茂盛、县人民法院副院长王博为正副主任的9人破案办公室,发动群众,开展侦查破案工作。

4月 县委成立县委副书记魏斌、县长苗仲德任正副组长,县公安局局长王茂盛等为成员的7人肃反领导小组,开展肃清暗藏反革命分子运动,简称肃反运动。

4—12月 在县直机关、厂企单位和区级干部中开展第一批和第二批肃反运动。

5月 桓台县七区一镇发生封建迷信“神丸子”事件,县公安局组织力量处置。10月,平息事态。

5月16日 省委、地委工作组到桓台县复查1955年镇反案件。复查工作历时17天,复查已结案件250件、未结案件44件、不起诉案件21件。

7月 县公安局成立警衔办公室,副局长王友贵任办公室主任。年底,评衔工作暂停。

8月4日 贯彻惠民专署公安处“打击现行犯是今后对敌斗争的主要锋芒”的方针,在县委领导下,县公安局依靠和发动群众,开展政治攻势。截至月底,破获刑事案件139起,其中大案48起。

8月21日、23日 为体现“坦白从宽、抗拒从严,过去从宽、今后从严”政策,县公安局分别在城关、刘家茅托召开万人大会,公开处理10名投案的反革命分子,减刑1人,免刑3人,不处理6人,并逮捕拒不投案的惯盗犯崔凤五。

9月10日 县公安局总结推广卫固区尹家乡胜利农业社成立义务消防队的做法。

9月 王茂盛离任,王友贵任县公安局局长。

11月11日 索镇举办物资交流大会,县公安局设立由公安干部、镇政府干部和民兵组成的大会治安股,完成治安保卫任务。

11月 县公安局用7天时间,先后召开全县乡文书户口管理会议和农业社保卫员训练会议。

11月 桓台县撤销区级建制,划分为1镇(索镇)、38乡,设7个工委,公安特派员按工区配备。

12月9—15日 县公安局举办农业社治保员训练班。县长苗仲德通报国内外形势和农业社成绩,局长王友贵报告农业社保卫工作,副局长刘志瑞作总结报告。全县农业社保卫股长、保卫员及各区供销社保卫干部等566人参加训练班。

12月 镇反运动结束,全县逮捕当地五类反革命分子1250名,外地转入140名,1950年10月10日前在押未决犯94名,总计1484名。

1957年

3月12日 第三批肃反运动开始。至10月底,分两期对26处完小教员进行集训和审查。

5月 根据中共中央《关于整风运动的指示》,县公安局开展以反对官僚主义、宗派主义和主观主义为主要内容的整风运动。

6月13日 县人民检察院全面检查县公安局监所管理、预审工作执行法律政策情况。

11月中旬 第四批肃反运动开始。初小教员为一期,至1958年3月结束;1958年3—9月,乡村、商业、供销、卫生等系统干部为第二期。

11月26日 桓台县成立防火保卫委员会。

1958年

1月5日 县公安局开展整风反右运动，分机关干部2个组、民警队1个组进行，5月结束。

1月25日 桓台县人民委员会下发《关于加强消防工作的通知》，部署开展群众性冬春防火宣传运动，贯彻以防为主、以消为辅的工作方针。

3月 桓台县撤销工委，39个乡（镇）改划为21个乡（镇）。9月，改建为12处卫星人民公社。公安特派员仍按原七个工区配备。

10月31日 撤销桓台县建制，江西道、石桥人民公社及卫固人民公社部分村庄划归张店区，其余9处人民公社并入博兴县。

11月 桓台县公安局合并到博兴县公安局，王友贵任博兴县委政法部副部长，于文鹏、刘志瑞任博兴县公安局副局长；保留索镇派出所，刘志瑞兼任所长。

1959年

4月 王友贵任博兴县公安局局长。

5月 博兴县公安局调查国民党中统外围组织"桓台县学行社"。经过系统清理，该组织的组织演变、罪恶活动、垮散情况、50名成员下落均查清。1961年10月28日，桓台县公安局呈请结案。

1960年

1月3日 根据省公安厅指示，博兴县公安局确定以索镇人民公社为公安业务档案下放试点，派两人到索镇派出所，历经9天完成试点工作。

3—7月 博兴县公安局对国民党军统"6585"第二指挥室驻桓台县办事处及外围组织郝秀廷小组、曹家秀小组、索镇组、警卫队开展调查。截至1961年10月，除郝秀廷小组2人、警卫队1人下落不明外，各组织的组织演变、罪恶活动、垮散情况、成员下落均查清。

7—8月 博兴县公安、劳动、民政部门调查1958年至1960年上半年人口外流情况。全县外流5117人，田庄人民公社属于外流最为严重的四个人民公社之一。

10月 博兴县公安局调查摸底桓城人民公社五类分子情况。532人中，表现较好的111人。

11月 索镇人民公社龙凤大队凤鸣村150余户社员全部参加会道门，公安机关专项打击。

1961年

5月24日 田庄人民公社牛旺大队牛汝良之子（7岁）在庄西牛家坟遇害。

7—8月 因连降大暴雨，原桓台县区域受灾严重。同时，治安形势严峻，公安机关加强打击犯罪工作，8月抓获犯罪分子14人。

8月 取缔反动会道门后天道反革命复辟活动，逮捕道首何同山。

9月1日 桓台县恢复建制，王友贵继任县公安局局长。县公安局设政治协理室、民警队及秘书股、政保股、预审股、治安股、户籍股，机关干部22名，派出所干部1名，公安特派员7名。

10月25日 治安股、索镇派出所打掉以刘国和为首的5人盗窃团伙。刘国和等流窜东北、河北、山东等地，盗窃马、骡子、驴、牛14匹（头）。

11月27日 治安股打掉以赵经礼为首的5人盗窃团伙。赵经礼等先后流窜高青、桓台等地，作案20余起，盗窃牛、驴、猪、羊23头（只）及胶轮车1辆、其他物品一宗。

11月29日 索镇派出所破获驻桓台县唐山雷达部队军用电话线被盗案，抓获犯罪分子田某。

1962年

1月18日 县公安局组织干警38名、治保干部和民兵22名，分成3个小组，清查61个"黑店"、92处窑洞、庙宇、机井房，查获犯罪分子15名。

1月 采取大分散、小集中形式，以区为单位，利用3～5天时间，对治保人员集中训练。

4月12日 县公安局《公安简报》正式创刊。

6月28日 唐山区罗家斜沟村赵宗林为报复本队会计史广怀，乘机将史广怀之子（7岁）投入井中杀害。经过侦查，抓获赵宗林。

7—8月 桓台县出现严重涝灾，农村地区流窜犯罪突出，县公安局组织专项打击。

11月30日 县公安局执行《最高人民法院 最高人民检察院 公安部关于公 检 法三机关受理普通刑事案件的职责范围的试行规定》。

12月14日 里仁大队第九生产队饲养室夜间失火，烧死牛5头、驴3头，烧毁房屋4间，损失7700余元。系饲养员火柴棒余火引燃干草所致。

12月16日 县公安局出台《关于生产队财物安全制度的意见》，并开展专项检查。

1963年

2月7日 县公安局打掉一个来自甘肃省的贩毒团伙，刑事拘留5人。

3月1日 县公安局开展预防牲畜被盗、被烧死烧伤工作，组织公安特派员、索镇派出所对饲养室进行安全检查。

3月16日 县公安局清理监所赃款赃物，除未决犯的赃物外，其他涉案财物全部缴县财政科。

3月30日 起凤区夏庄人民公社第二大队第一生产队饲养室夜间起火，烧毁饲养室1间、场棚3间，烧死烧伤牲畜4头，损失3862元。系灯笼罩引燃箔帐草叶所致。

4月3日 县公安局开展打击流窜犯罪专项行动。截至5月31日，抓获作案分子50人，破获刑事案件134起、小案件304起。

4月24日 县公安局制定保密守则，规范文电、印章、会议、干警日常行为和机关秩序。

5月12日 起凤区乌河大队第12生产队副队长陈方义遇害。县公安局抓获凶手孙信学。

5月 县公安局整建户口队伍，全县兼职户籍员395名。其中，区7名、人民公社37名、派出所1名、生产队350名。

6月8日 县公安局召开区、社秘书会议，总结上半年户口工作，部署人口统计任务。

7月4日 县公安局检查小清河渡口安全工作，对船工政治审查，发放《渡船守则》。

7月19—21日 县公安局举办刑事技术业务培训班，集中培训全局干部。

7月24日 县武装部、县公安局、县水利科联合调查摸底全县保护测量标志情况。

9月16日 县公安局印发《关于加强经常户口管理工作的意见》，建立完善出生、死亡、迁出、迁入、变更等制度和校对制度。

11月1日 县供销社、县公安局联合开展黄烟、棉花安全保卫工作。年内，黄烟、棉花收购、储存工作未发生大的安全问题。

11月24日 桓台县治保大会召开。集中对全县303名治保主任进行为期11天的训练。县委书记刘林祥作关于阶级斗争的报告，县委副书记姜芳萍传达农村社会主义教育运动政策规定，县委常委、监察委员会书记郑宝瑞传达中共中央关于农村若干问题的决定，曹继杰作治保工作报告，王友贵部署治安保卫工作。

1964年

1月9日 陈庄区黄郭大队治保会抓获惯偷分子金某。经深挖，打掉一个10人偷盗团伙，破案68起。

2月 县公安局侦破陈庄区后金大队殷佃会、殷佃之兄弟为首的反动圣贤道案。该案涉及桓台及周边数十个村庄，成员1600余人。提请批准逮捕道首10人，管制36人，戴反革命分子“帽子”60人。

4月14日 县公安局对进入运输市场的胶轮马车、人力车、三轮车，各机关、学校、企业自货运输车辆及副业运输车辆实行登记发证制度。

5月11日 县人民委员会批转县公安局《关于对鱼龙四大队加强集体农具的管理 减少损失损害情况的报告》，要求各社、队改进物资管理工作。

5月14日 县公安局召开全县治保主任会议，推广鱼龙四大队农具挂牌保管工作经验。

5月 县公安局破获圣贤道麦士姜献岭复辟活动案，提请批准逮捕道首8人。1965年4月25日，姜献岭被判处有期徒刑二十年。

6月24日 县公安局整顿县城集体户口，坚持以户为单位和在常住地登记为常住户口的原则。

7—8月 县公安局参加抗洪排涝救灾工作。同时，针对敌情暴露、案件抬头、纠纷较多、迷信突出等问题，发动群众开展安全保卫工作。

8月1日 索镇西雅和大队与博兴县曹营大队因排水问题发生矛盾。8月2日晚，西雅和大队打伤并扣留曹营大队干部、社员6人，曹营大队扣留西雅和大队社员1人，县、区主要负责人平息事态。

8月13日 山东省人民委员会公布山东省旅店业、印铸刻字业、旧货业、修理业四个特种行业管理暂行办法。县公安局迅速贯彻实施。

10月19日 贯彻公安部关于户口迁移规定，不限制城市、集镇户口迁往农村，城市迁往集镇，大城市迁往小城市；严格限制农村迁往城市、集镇，集镇迁往城市；适当限制从小城市迁往大城市。

12月7日 惠民专署公安处批转《桓台县公安局关于对治保干部集中进行训练情况的总结报告》。11月1—27日，县公安局对全县298名治保主任、88名委员进行集中训练。

1965年

1月18日 县公安局印发《关于做好春节期间安全保卫工作的通知》，系首份红头文件。

1月22日 县人民委员会下发《关于结合社教运动 整顿健全治保调处组织的通知》，各大队设治保、调处委员会，生产队设治保、调处小组。

3月11—26日 县公安局联合县农林、卫生、供销等部门，在全县24个人民公社、49个大队开展以防火、防盗、防毒为中心的安全大检查。

4月24日 县公安局、县供销社、县农业科、县卫生科联合印发《关于制止农药中毒的通知》，规范农药销售、保管、使用情况，购买、收缴私人手中的砒霜和剧毒农药。

5月16日 全县大队治保主任会议召开。县长魏斌作形势报告，王友贵总结1—5月治保工作。

7月28日 惠民专署公安处"四清"（清政治、清经济、清组织、清思想）会议召开，县公安局18名干警参加会议。会后，在全县公安机关开展"四清"运动，9月1日结束。

8月13日 针对部分生产队过夜现金连续被盗情况，县公安局整顿生产队会计室，要求各队过夜现金不得超过5元。

8月 县公安局贯彻中央"依靠群众专政、少捕、矛盾不上交"方针，交群众处理、改造犯罪分子27人，县公安局回访17名问题较重案犯，帮教效果良好。

1966年

2月15日 县公安局开展向王杰、焦裕禄学习活动及活学活用毛泽东思想活动。

2月23日 王友贵离任，曹继杰任县公安局局长。

7月23日 撤销区公安特派员，人民公社设公安助理员，公安特派员改任公安助理员或调任他职。

7月25日 惠民专署公安处在桓台县公安局设立技术点，由5名干警组成，薛廷森任组长，负责桓台、博兴、邹平、高青四县的刑事技术工作。

1967年

2月 县公安局被红卫兵组织夺权。

3月18日 县公安局、县人民检察院、县人民法院合并，成立县革委会保卫部，县人武部部长巩献让任主任，胡保华、冯文会任副主任，保卫部设侦破组、刑事审判组、秘书组、看守所。

4月 县革委会保卫部撤销，县公安局、县人民检察院、县人民法院分设。

4月27日 因取缔红卫兵造反派组织，桓台一中红卫兵200余人与数名邮电工人到县公安局静坐绝食，县、地领导劝离。

夏 桓台县、博兴县、临淄县、广饶县发生投寄反动传单案。四县公安机关经过半年联合调查，逮捕博兴县店子乡马兴庄谢某。

10月11日 县公安局侦破唐山人民公社新生大队王念某等人成立反革命组织"中华人民互助同盟会"案件。

1968年

2月10日 中国人民解放军6024部队对县

公安局、县人民检察院、县人民法院统一军事管制，成立中国人民解放军山东省桓台县公安机关军事管制小组（简称县公安军管小组），军代表陈秀先任组长，有公、检、法干部45名。

5月5日 县公安局、县人民检察院、县人民法院联合选举产生7人政法领导小组，县公安局原局长曹继杰任组长，县公安局原股长张仲俊、县人民法院原书记员宗学森任副组长，县人民法院原院长胡保华、县人民检察院原副检察长巩昌经等4人任组员。随后，县公安局、县人民检察院、县人民法院合并。

6月5日 通过机构整合，桓台县公安机关设侦察组、治安组、审判组、办公室及索镇法庭、田庄法庭、索镇派出所，共40名干部。

9月2日 县公安机关逮捕果里人民公社小官庄大队张尔廷。自1959年起，张尔廷强奸作案87起。9月15日，张尔廷被判处死刑。

9月17日 桓城人民公社城南大队王立勇因婚恋纠纷，将本村恋爱对象孙玉珍家人杀死1人、杀伤4人，作案后投井自杀。

10月18日 耿桥人民公社刘家大队饲养室起火，烧毁房屋10间，烧死牲畜17头，损失8800元。系饲养员生火取暖不慎引起火灾。

12月 县公安军管小组交由县武装部负责，县公、检、法部门各自办公。

1969年

3月 桓台县“工宣队”“红卫兵”进驻县公、检、法机关，成立桓台县革委会保卫组。随后，对公安机关改组，机关留3人，其他参加党校学习班或打发回家。

3月 索镇派出所撤销。

7月 桓台县革委会保卫组撤销。中国人民解放军6018部队对县公、检、法机关统一军事管制，县公安军管小组组长吴法通，下设侦破组、治安组、审判组、民事组、办事组、看守所。

9月5日 县公安机关处决胡西大队杀人犯胡庆泽。

12月 县公安机关成立临时中共党支部，蔡温普任书记，巩昌经、王瑞之任副书记。

1970年

2月 桓台县成立革委会生产指挥部，公安机关改为县革委会生产指挥部职能部门。

3月20日 县公安机关在田庄人民公社召开公判大会，依法判处有期徒刑9人、管制1人。

3月24日 桓台县田庄粮所会计周某携赃款30035元到公安机关投案自首，交代自1964年4月至1969年6月贪污公款35000元。根据党的政策和其表现，免予刑事处罚，定为贪污分子，开除党籍、政籍，不戴帽子。此案社会反响较大。

4月16日 县公安机关在索镇原职工俱乐部召开公判大会，依法判处严重危害治安的12名犯罪分子5～20年有期徒刑。

5月4日 县公安机关根据耿桥人民公社永安大队“一打三反”（打击反革命破坏活动，反对贪污盗窃、反对投机倒把和反对铺张浪费）运动中揭发出的问题，破获民国35年（1946年）4月6日晚永安村农会干部徐学忠、高延到、牟际林遇害案，该案犯罪分子12人，已死3人。1973年，判处死刑2人、有期徒刑4人、管制1人，监毙2人。

10月5日 县公安机关改组，仅留原县公安局6人、原县人民法院1人。而后，调入一批人员，公安工作受到影响。

10月 桓台县撤销刘家、傅桥人民公社，两名公安助理员分别调任荆家、田庄人民公社公安助理员。

1971年

9月20—24日 县公安军管小组安排交通、供电安全宣传车，在沿公路大队和用电大队开展交通规则、安全用电知识宣传活动。

9月23—26日 县公安军管小组抽调公安、工业、商贸单位干部14人，分四组检查全县机关、财贸单位、工厂、生产大队安全管理情况。

1972年

1月15日 起凤人民公社乌北大队第二生产

队鞭炮加工作坊发生爆炸事故，烧伤9名社员、5名儿童，炸毁3间房屋，损失近3000元。

1月22日 田庄供销社宗王门市部夜间被盗棉布1100余尺，价值650元。1月24日，县公安军管小组联合县商业局整顿供销系统保卫工作。

2月5日 县公安军管小组在索镇工人俱乐部召开万人公判大会，宣判16名犯罪分子。

3月18日 县公安军管小组、县工商局下发《关于印发"特种行业"管理办法的联合通知》，整顿特种行业，建立健全管理制度。

3月 索镇派出所复设，编制5人，实配4人。

春 程美山任县公安军管小组组长。

9月27日 惠民地区公安军管会护送罗马尼亚外宾经过张北路索镇南1.5千米处时发生事故。地、县两级公安、交通部门共同勘查现场，行政拘留肇事司机刘某。

10月1日 县公安机关建立汽车肇事现场勘查报告制度，在电话报告地区公安军管会的同时，及时会同交通部门勘查现场，将勘查记录报送地区公安军管会。

10月21日 县公安军管小组集中治安股、政保股、派出所干警和公安助理员，学习现场勘查、侦查破案业务和有关政策界限，为公安助理员配备简易勘查箱。

12月21日 县公安、粮食、商业部门组成5人人口统计小组。1973年1月20日，全县81912户397275人，其中男195962人，女201313人，非农业人口9429人。

12月23日 唐山人民公社前大王大队张新民一家4人因煤气中毒死亡。

12月 县公安军管小组对"四类分子"年终评审。经县革委会批准，对积极改造、表现好、十多年不做坏事的"四类分子"予以摘帽。

1973年

1月11日 果里人民公社张埠大队社员张希华遇害。7天后，公安机关抓获杀人犯李向坤。

3月 县公安机关从唐山人民公社新建大队挖出投寄通敌挂钩信的犯罪分子徐某。

4月17日 县公安机关召开全县调解工作经验交流会，田庄、荆家等2个人民公社和高王、侯庄等8个大队作典型发言。

5月30日 县公安军管小组撤销。

6月1日 县委决定，恢复桓台县人民法院，县公安局原干部张仲俊任副院长。

6月18日 中共桓台县公安机关支部委员会成立，王钦德任书记，王恩然任副书记。

7月23日 中共桓台县公安局核心小组成立，胡保华任组长，蔡温普、王钦德任副组长。胡保华任县公安局局长，蔡温普、王钦德任副局长。县公安局设秘书股、治安股、政保股、预审股、检察股。

7月 县公安局8名老干部归队，从党政机关调入干部15名。

8月8—14日 全县公安会议召开，公安、法院全体干警及公安助理员，各人民公社党委、有关单位分管保卫工作负责人参加会议。会议贯彻第十六次全国公安会议和中级法院院长座谈会精神，系定方向、转变并加强公安工作的重要会议。

8月17日 县公安局、县工商局联合发出通知，企业刻制公章应持营业执照，由人民公社革委会介绍，经县公安局批准，按批准式样刻铸。8月24日，惠民地区推广该做法。

11月4日 县委批转县公安局党的核心小组关于对"四类分子"年终评审的意见，生产大队党支部统一领导，支部书记、革委会主任、民兵连长、贫代会主任、治保会主任组成评审领导小组。

11月6—13日 全县治安保卫工作会议在县委党校召开，各大队、县直、社直治保主任及公安干部519人参加会议，主要进行路线教育，交流工作，培训业务，部署任务。县委副书记杜成祥、邹显刚及惠民地区公安局副局长王智常讲话。

11月15日 胡保华向在押人犯宣读毛泽东主席关于废除法西斯式审查方式的重要批示和周恩来总理的指示。

12月20日 县公安局党的核心小组印发文书档案和印章、财经、公物、赃物、监所、枪支、机关保卫、保密、会议、请假、学习等内部管理规定。

1974年

6月28日 索镇酒厂露天油池发生火灾。解放军部队、淄博消防队、干部职工扑灭大火，3 人受伤，损失 8000 余元。

7 月 30 日 全县批林批孔保卫工作会议召开。传达中央领导关于山东问题的指示要点，贯彻地委批林批孔保卫工作会议精神。

11 月 6 日 全县治安保卫工作会议召开。

12 月 27 日 县公安局成立取缔反动会道门一炷香专案，该案涉及桓台、博兴、高青及淄博等地。截至 1975 年 7 月，查获道首 5 人，逮捕 4 人，戴反革命“帽子”1 人，具结 127 人。

1975 年

3 月 县公安局在东镇大队打掉一个 57 人偷盗犯罪集团，逮捕首犯、主犯 4 人，破案 193 起。

4 月 14 日 县革委会成立桓台县整顿铁路治安秩序领导小组，领导小组办公室设在县公安局，蔡温普兼任办公室主任。

5 月 27 日 县公安局选择 4 类案件 8 名罪犯，在 13 个人民公社进行历时 7 天的巡回批斗。

8 月 1 日 县公安局成立 3 个破案组，开展破案战役，重点打击流窜惯犯、集团首犯主犯、窝赃销赃主要分子及教唆犯。

8 月 23 日 全县铁路治安工作会议召开，胡保华出席会议并讲话。会议推行邹县铁路安保工作经验，部署打击整治专项斗争。

8 月 25 日 县委成立整顿铁路社会治安秩序领导小组，于长远兼任领导小组办公室主任。

9 月 8 日 根据惠民专署通知，以人民公社为单位，由派出所、公安助理员、市管所组成自行车管理机构，日常管理以市管所为主。

10 月 1 日 桓台县启用新制的户口专用章和迁移证。

10 月 12 日 县革委会自行车牌照管理办公室成立，由县公安局、县工商局、县交通局、县财政局、县广播站等部门组成，办公室设在县公安局。

12 月 24 日 县中队由县武装部管理转为由县公安局管理，王兴义任队长，庄春兴任政治指导员。

1976 年

1 月 12 日 索镇麦秸货场失火，县公安局联系张店、辛店消防队出动 4 辆消防车灭火，受伤 1 人，损失 1000 余元。

6 月 12 日 县中队更名为“桓台县公安局人民武装警察中队”。

7 月 28 日 唐山、丰南发生强烈地震，县公安局投入抗震救灾斗争，开展防震安全保卫工作。

7 月 29 日 在张北公路东边坊饭店南 250 米处，果里人民公社韩庙大队牟炳孝驾驶的 14—46432 拖拉机与昌潍地区粮食局宋承森驾驶的 14—34689 汽车相撞，造成 2 人死亡、8 人受伤。

9 月 9 日 毛泽东主席逝世。县公安局组织学习党中央《告全党全军全国各族人民书》，坚持战备值班，保卫悼念活动顺利进行。

10 月 16 日 县委召开全县公安工作会议。传达贯彻省委紧急会议精神，分析阶级斗争新动向，统一对敌斗争思想。

10 月 23 日 县委在桓台一中体育场召开大会，庆祝党中央一举粉碎江青反革命集团。县公安局全体干警参加庆祝大会，并开展保卫工作。

1977 年

1 月 25 日 县委成立清查打击流窜犯领导小组，县委副书记邹显刚任组长。

4 月 8 日 惠民地区各县公安局局长、法院院长会议在桓台县召开。

4 月 12 日 全县公安、司法干警会议召开，传达贯彻全国第二次铁路治安工作会议精神及地委公安局局长、法院院长会议精神，揭发批判江青反革命集团破坏公安、司法工作、破坏铁路罪行，研究铁路治安、城乡治安工作措施。

5 月 1 日 恢复桓城派出所、田庄派出所，接受县公安局和人民公社党委双重领导，每所配备干部 5 人。7 月 1 日开始办公。

5 月 4 日 桓台县成立打击城乡资本主义活动、取缔反动会道门领导小组，邹显刚任组长，王恩然任办公室主任。5—7 月，捣毁“中道”活动点 11 处，查获“中道”分子 153 人。

5 月 11 日 胡保华离任，陈宁之任县公安局局长、党的核心小组组长；李兴俭、张仲俊任县公安局副局长、党的核心小组副组长。

6 月 1—6 日　县公安局组织 51 名干部整党整风，是月调整中层干部。

7 月 5 日　县公安局组织破案会战。截至 8 月 20 日，抓获犯罪分子 150 人，打掉反革命集团、偷盗集团 8 个，查破案件 156 起。

8 月 9 日　全县公安工作会议召开。贯彻十届三中全会精神，研究部署对敌斗争，继续清查江青反革命集团及余党帮派体系。

11 月 1 日　县公安局党的核心小组改称桓台县公安局党组，党的核心小组组长、副组长、成员分别改称党组书记、党组副书记、党组成员。

12 月 14 日　起凤人民公社乌南大队第八生产队鞭炮作坊加工人员违章作业，引燃火药，当场烧伤 7 人，直接经济损失 4000 余元。

1978 年

1 月 29 日　桓台县成立铁路治安联防领导小组，宋元贵任组长，办公室设在火车站，王恩然任办公室主任。

2 月 27—28 日　惠民地革委在桓台县召开铁路治安工作现场会议，推广桓台县路社联防工作经验。

3 月　陈宁之任县委常委。

3 月　县革委会生产指挥部撤销，公安局改为县革委会职能部门。

4 月 26 日　县公安局整顿全县内保组织。

4 月　县公安局 24 名干警出席惠民地区“双代”会，其中正式代表 15 人，列席 9 人，获奖旗一面。

4 月　县人民检察院恢复，县公安局撤销检察股。

5 月 4—27 日　外交部组织各国驻华使节分四批乘火车到胜利油田参观旅游，县公安局完成铁路沿线二级警卫任务。

5 月 23—27 日　县公安局举办整顿思想、整顿纪律、整顿机关学习班，全局干警参加。

5 月 31 日　惠民地区公安战线先进集体、先进工作者代表会议召开。县公安局和武装民警中队被评为先进集体，王在山等 13 人被评为先进工作者，赵仕诚、梁俊红等介绍经验。

7 月 10—22 日　梁俊红参加惠民地区公安局“双先”报告团，到 12 个县公安局、东营公安局、地区公安干警训练班和地直机关巡回报告。

7 月 12 日　因婚姻纠纷，耿桥人民公社西雅和大队王庆湖持械潜入张景浩院内，杀死 2 人、重伤 4 人。

7 月 17 日　马桥人民公社五庄大队小清河渡口发生沉船事故，11 人落水，4 人遇难。

7 月 25 日　根据公安部《关于自行车管理工作的通知》和惠革发〔1978〕85 号文件精神，自行车管理由公安机关负责。8 月 1 日，县工商局、县公安局交接，各人民公社配备专职车管员 1 名。

8 月 23—28 日　全县治安保卫工作会议召开。公安干警、治保主任、保卫干部、护路员、车管员 558 人参加会议，重温毛泽东、周恩来对公安保卫工作系列指示，华国锋“要加强公安工作和社会主义法制”题词精神及十七次全国公安会议精神，表彰治安保卫工作先进集体和先进个人。

8 月　田庄人民公社胡中大队、文庄大队因对“1605”农药管理不慎，食物中毒死亡 4 人。

9 月　县公安局开展破案会战，破案 60 起，挖出偷盗集团 3 个。

10 月　干警梁俊红、刘丙炎及县武警中队政治指导员庄春兴、县石油站保卫科科长宗立成参加省委召开的公安司法战线先进集体、先进个人代表大会。

11 月 8 日　县公安局开展学大庆、学大寨、学雷锋、学硬骨头六连、学东莱派出所、学诸暨“六学”运动。

11 月 22 日　省公安系统先进事迹报告团到桓台宣讲，公安干警和治保干部 600 余人聆听事迹报告。

12 月　索镇石油站成立 17 人经济民警队，负责保卫、消防工作。

1979 年

2 月 27 日　根据中共中央〔1979〕5 号文件精神，县公安局为“四类分子”摘帽 3302 人，继续戴帽 23 人；纠正错划和错戴地主、富农分子“帽子”112 人；对地主、富农家庭出身 11301 人，地主、富农家庭子女 12771 人，改定为人民公社社员。

2—6月 按照中共中央〔1978〕78号文件精神，县公安局复查纠正1966—1978年的政治案件和部分申诉案件，全错全平27人，部分错部分平46人，不错不平98人。

3月29日 起凤人民公社乌南联中3名男生路过乌南大队副业组时，将用过的电石放入嘎斯罐内搅拌，用火柴点燃，引起爆炸，3人当场死亡。

4月10日 周家人民公社李王大队铁厂翻砂车间职工用水浇地上的高温铁水，引起爆炸，重伤2人，烧毁15间厂房。

5月21—24日 县公安局联合有关部门，检查全县要害部位安全工作，县石油站等5个单位被评为先进单位。

6月 县公安局部署夏收保卫工作，局长跑片，一人一社，查处扰乱夏收秩序、交通秩序案件各1起，行政拘留2人，全县未发生火灾事故。

7月下旬 县公安局在耿桥人民公社试点特种行业登记管理工作。截至11月，全县核发特种行业营业执照167个。

9月21日 索镇人民公社后毕大队代销点售货员张某遇害。9月23日，抓获抢劫杀人犯张建忠。

9月29日 桓城人民公社徐家大队社员麻启军遇害。10月1日，抓获杀人犯麻启宝。

10月10日 惠民地区公安局在桓台县开展为期38天的刑法、刑事诉讼法(以下简称“两法”)试点工作。县公安局选择张建忠、麻启宝两起凶杀案件，按照“两法”要求办案。

10月13日 陈宁之离任，蔡温普任县公安局局长。

10月 县公安局迁至张北路以西、县直机关中心驻地原干部招待所(现公安街398号)。

10—11月 遵照国务院《关于职工升级问题的通知》，县公安局23名干部各升一级。

12月7日 县公安局24名新警在桓城旅馆接受为期23天的封闭式培训，重点学习“两法”。

12月20日 全县治安工作会议召开，部署整顿城镇治安工作。

1980年

1月27日 桓城人民公社昝家大队女社员王振荣遇害。经过侦查，抓获杀人犯宋开学(死者之夫)。

3月5日 荆家人民公社荆二大队女青年荆淑云遇害。当日，抓获杀人犯高臣奎。

4月7日 全县经济文化保卫工作会议召开。贯彻全国、省、地经济文化保卫工作会议精神，肯定经济文化保卫重要地位。

4月18日 蔡温普任县公安局党组书记。

5月 桓台县革委会撤销，成立桓台县人民政府，县公安局系政府职能部门。

9月2日 县公安局召开全体干部会议，传达国务院关于渤海二号事故处理决定和省公安厅关于打击流窜犯的指示，组织开展破案会战。

9月 县公安局整顿城区特种行业并建档。

11月 惠民地区治安工作会议召开，推广桓台县公安局特种行业管理工作经验。

12月11—13日 惠民地区公安处组织全区12个县公安局的预审股股长到桓台县公安局复查年内预审终结的案件。

12月24日 县公安局会同县安全、经委等8部门组成5个工作组，利用7天时间，检查全县1368处重点部位，发现安全隐患107条。

1981年

1月4日 县政府在县招待所召开推广安装自动报警器现场会。

1月17日 县公安局在起凤人民公社查处一起赌博案件，拘留并没收赌资5人，罚款、警告并没收赌资22人。县广播站进行宣传，狠刹赌博歪风。

1月19—20日 县公安局组织开展如何保证“在经济上实行进一步的调整，在政治上实现进一步的安定”大讨论。

2月15日 县公安局组织为期1个月的破案战役，查破侯庄人民公社龙北大队圣贤道反革命复辟案及一批刑事犯罪案件。

2月25日 县政府批转县公安局《内部安全防范工作条例》。

3月 县公安局开展“五讲四美三热爱”文明礼貌月活动。

5月　根据公安部关于“为便利执行任务，做好工作，凡有条件的省、市可逐步着装”的指示，县公安局行政在编干部全部着“七八”式警服。

7月6日　县公安局召开全体干警会议，学习中共中央《关于建国以来党的若干历史问题的决议》。

8月2—3日　桓台县召开表彰公安干警、治安干部、治安积极分子大会，19名公安干警、43名大队治保主任、4名厂企专职保卫干部被评为先进个人，惠民地区公安处副处长冯宝璞出席会议，县委副书记、副县长王钦德讲话。

10月22—23日　全县政法工作会议召开。分析治安形势，部署依法办事、严打行动、综合治理等工作。县委书记徐学汉，县委副书记、副县长王钦德出席会议并讲话。

12月3日　县公安局打掉一个盘踞在县城驻地的抢劫、偷盗、流氓、走私、滋事、强奸、轮奸犯罪团伙，涉及30余单位113人。

1982年

1月10日　县公安局、索镇人民公社联合召开群众大会，公开处理违法人员29人。

3月3日　县公安局部署开展“文明礼貌月”活动，这是第一个“全民文明礼貌月”活动。

3月31日　经省编委、省公安厅批准，各人民公社公安助理员归属县公安局编制，改称公安特派员，4月5日前工资关系转至县公安局。

5月10日　经省编委、省公安厅批准，县公安局在陈庄、马桥、周家、唐山、果里、侯庄、起凤7个人民公社设公安派出所，桓城派出所更名为新城派出所。

5月20日　惠民地区公安处通报侯庄人民公社公安特派员王在山的先进事迹。

5—6月　县公安局完成夏收治安保卫任务，查处哄抢小麦案件3起，行政拘留12人，警告15人，退赔小麦2300公斤。

7月29日　县工商局、县公安局清理整顿特种行业，全县特种行业316家。

9月13日　县公安局在新城人民公社邢庙大队召开现场会，推广安全责任制做法。截至1983年5月，全县11747个部位落实安全责任制。

10月22日　县政府在荆家人民公社召开苇秋保卫工作会议。索镇、荆家、田庄、起凤人民公社负责人、人武部部长、派出所所长及县公安局治安股、消防股、秘书股负责人参加会议，副县长王维科讲话。

10月26日　县政府召开会议，学习惠民行署《清理收缴散失在社会的枪支 弹药 爆炸物品及其他凶器的通知》，部署开展清理收缴工作。

11月1日　县公安局开通到惠民地区公安处的长途电话、会议电话、传真机等公安通讯专线。

11月3日　果里人民公社王斜家大队张连滨因家庭矛盾，持刀闯入西果里大队岳母家，将岳母于秀英、妻子李青芬捅死，张连滨跳井自杀未遂。

11月27日　陈庄人民公社西史大队发生哄抢油田物资事件。12月3日，县公安局对4名为首人员给予行政拘留、罚款处罚并责令赔偿损失，对20余名参与者给予罚款处罚并责令赔偿损失。

12月25日　周家人民公社荣家大队棉织厂违规操作，发生重大火灾，烧毁织布机14台、厂房7间及物资一宗，损失近2万元。12月28日，县政府召开火灾现场会。

12月　县公安局成立行政拘留所。

1983年

1月9日　县轴承厂职工3伙15人以贺喜、闹洞房为借口，侮辱本厂一职工新婚妻子，造成恶劣影响。1月22日，县委在轴承厂召开县直干部会议和县轴承厂职工大会，县委副书记、副县长王钦德要求加强青少年教育，落实治安责任制。

1月30日　局领导带队，慰问18名老治保主任、4名退休治保主任、1户已故治保主任遗属。

2月　县公安局查处县城驻地16人赌博团伙，行政拘留5人，警告11人。

3月21日　全省公安史志工作会议召开，县公安局介绍史料征集经验做法。

3月　人民公社文书代管的农村户口陆续交公安派出所管理，各公安派出所配备户籍员1名。

4月1日　起凤人民公社穆寨大队放映电影散场时，女青年穆翠兰遇害。县公安局奋战29个小时，抓获犯罪分子魏玉江等3人。

5月5日 县公安局组织学习《三中全会以来重要文献选编》，开展以学习张海迪事迹为主要内容的学先进活动。

6月 县公安局设耿桥、邢家、荆家公安派出所。至此，全县各人民公社均成立派出所。

8月2—4日 惠民地区公安处在桓台县公安局召开公安历史资料汇编工作现场会议。

8月8日 新城人民公社昝家大队第六生产队苹果园4万多公斤苹果和7亩蔬菜被部分社员哄抢。县公安局、县人民法院、县农业局联合调查，行政拘留8人，警告3人，60余社员自觉退赃。

8月10日 根据中央部署，桓台县开展“严打”第一仗。截至9月25日，抓获犯罪分子203人，破案528起，其中大案29起；三次公判74人，判处死刑4人、无期徒刑1人、有期徒刑69人。

8月12日 县公安局收容审查县建筑公司职工张继林。张继林伙同他人从事盗窃、流氓、滋事活动，对抗审查，威胁干警。是年12月28日，张继林被依法执行死刑。

10月1日 桓台县划归淄博市，县公安局归县委、县政府和淄博市公安局领导。

10月5日 县委政法委员会筹备小组成立，张俊山任组长，蔡温普任副组长。

11月1—15日 县公安局贯彻公安部《对部分刀具实行管制的暂行规定》，收缴匕首30把、弹簧刀13把、三棱刮刀21把、类似管制刀具88把。

1984年

1—2月 县公安局印发11万份宣传材料，教育群众抵制台湾方面“心战”宣传。

3月4日 果里人民公社西埠大队社员李尚太与妻、子、女加工饲料时，因吸烟不慎引起火灾，致4人死亡。

4月6日 全县政法工作会议召开。总结前段“严打”经验，部署继续开展严打斗争。县委副书记国家森讲话。

4月 蔡温普离任，王庆伟任县公安局党组书记。

5月31日 县十届人大常委会第一次会议任命王庆伟为县公安局局长。

6月5日 全县“严打”第一战役结束。抓获犯罪分子300人，判刑173人，其中死刑6人、死缓2人。

6月 县公安局开展夏收安全保卫工作，实现麦场“五无、一通、三满意”（无火灾、无事故、无重伤、无死亡、无哄抢，公路畅通，党委、干部、群众都满意）工作目标。

8月 县公安局各股改科，增设户籍科，临设史志办公室。

9月10日 在全市缉查行动中，县公安局从索镇旅馆抓获通缉在逃犯王成某、王伟某，缴获自制短土枪1支。

9月30日 桓台县召开国庆35周年庆祝大会。县公安局组织41名干警，完成联欢晚会、燃放烟花礼花等系列活动安保任务。

9月 桓台县组织“严打”第二战役第一仗，收捕犯罪分子31人。

10月25日 侯庄乡东傅村少女田新清在面窝村桑地遇害。当日，抓获犯罪分子刘文远。

10月30日 王庆伟向县十届人大常委会第五次会议报告“严打”和社会治安情况。

11月26—27日 全县治安保卫工作会议召开。传达中共中央、全国人大常委会、中央政法委关于“严打”系列指示精神，交流治安保卫工作责任制和帮教违法青少年经验做法。

12月 县公安局撤销党组，设立党委，下设18个支部、110名党员，王庆伟任党委书记。

1985年

1月20日 索镇五里村村民张某夜间潜入县人民银行，被警卫人员开枪击伤，撬盗金库未遂。

2月9日 县公安局和索镇人民政府成立索镇城区治安联防领导小组，抽调驻县城的市、县、镇直103个单位182人，组成镇东、镇西两个治安联防办公室，划片巡逻。

3月4日 中共中央政治局委员、全国人大常委会委员长彭真到祖籍桓台县视察。根据市公安局部署，县公安局组织110名干警做好警卫工作。

7月13日 全市公安系统警民共建经验交流

会召开，印发起风派出所等7个单位典型材料。

7月13日 县政府成立副县长陈宁之任组长的暂住人口和自理口粮户口工作领导小组，从有关部门抽调19人组成办事机构，先在索镇派出所试点。

7月18—19日 60名公安干部分6片，检查县直141个管钱物的单位、203个重点部位，查出无人值班及超额存放现金单位62个。副县长陈宁之、周华珍，县委政法委书记蔡温普参加行动。

7月23日 县公安局对县城驻地暂住人口全面调查、登记、发证、建卡，一个月内登记暂住人口3000人，发证2930人。

7月30日 县公安局党委和13个派出所党支部分别成立整党领导小组。

8月10—12日 桓台县举行锦秋湖荷花观赏会，6万人参加活动。县公安局完成保卫任务。

10月18—24日 宋鲁源回到桓台县，参加中共桓台县地方党史大事记审稿会。

11月19日 荆家镇里仁村村民李孙氏遇害。11月22日，抓获抢劫杀人犯范立武。

1986年

1月11日 县看守所两名在押人犯越狱。当晚，将两犯抓回。

2月 桓台县开展"严打"第三次战役。

2月18日 县委政法委书记蔡温普兼任县公安局政治委员、党委副书记。

2—5月 省公安厅在全省供销系统开展以棉花安全为重点的"百日安全"竞赛活动。县公安局被省、市公安机关评为先进单位。

4月20日 中共桓台县公安局纪律检查委员会成立，副政治委员宋振顺兼任纪委书记。

6月9日 唐山造纸厂因管理不善失火，烧毁麦秸139.7吨，经济损失11176元。

6月30日 县委、县政府召开大会，表彰各行业先进人物。起风派出所所长李庆勇立大功1次，晋升1级工资。

7月19日 县委、县政府成立反破坏社会治安秩序斗争指挥部，县委书记魏光荣任指挥。截至9月10日，抓获犯罪分子28人，54人主动投案，破案55起。

7月28日 县委召开落实知识分子政策、解决历史遗留问题总结会议。近8年，县公安局为370名知识分子家属办理户口农转非手续。

8月14日 桓台县召开宽严兑现大会，耿桥乡小辛村村民李某因携赃款投案，被依法从宽处理，免予刑事处分。

8月29日 桓台县社会福利花炮厂发生爆炸事故，死亡2人，重伤1人，轻伤2人，8个操作间受损，直接损失800余元。

10月4—7日 县公安局召开公安政治纪检工作会议，贯彻各级公安政治纪检工作会议精神。

10月15日 县公安局预审科、县看守所、武警中队迁至县公安局大院西侧新址。

11月10日 共青团桓台县公安局总支部委员会成立，伊若健任书记，下设机关、刑警队、派出所等3个团支部。

11月 县公安局制定加强精神文明建设实施意见，推动自身精神文明建设。

1987年

1月12—16日 县公安局开展"严打"第三战役第三仗集中打击行动，三年"严打"斗争结束。

1月15日 邢家乡演马村妇女李贤芳遇害。经现场勘查，抓获犯罪分子张峰(死者之夫)。

1月 县公安局推行目标化管理责任制。

2月28日 刑警队侦察员张善亮抓获一名持刀拒捕的重大流窜盗窃犯，被市公安局记三等功。

3月14日 蔡温普离任。

3月19日 原桓台县交通监理站、交通运输管理队、山东省52号检查站(耿桥)合并，组建桓台交通管理队，直属淄博市公安局交通民警大队领导。

3月22日 县公安局制定《实施新的治安管理处罚条例内部规定》，明确案件管辖、审批权限、处罚幅度、文书制作、拘留程序等事项。

3月28日 徐洪本任县公安局政治委员、党委副书记，巩曰龙任县公安局副政治委员兼纪委书记。

4月7日 县委、县政府召开严打斗争理论研讨会。县委、县政府、县人大常委会及县政法部门负责人探讨“严打”战役和治安情况。

4月18日 县委、县政府奖励严打斗争先进集体和先进个人,县公安局2个单位、4名个人被记功,14个单位、51名个人受到表彰。

4月中旬 县公安局为离家失散42年的黑龙江省巨浪牧场工人李清水找到亲人。

4月下旬 在全国总工会组织的专业项目比赛中,县公安局干警魏建国获法律知识竞赛三等奖。

5月9日 市编委批复桓台县设立交通警察队,科级单位。

5月15日 县公安局举行“人民警察之歌”演唱会。

7月10日 县政府印发《颁发居民身份证工作实施方案》,成立颁发居民身份证工作领导小组,副县长郭洪江任组长,县政府办公室主任宋呈平、县公安局局长王庆伟任副组长。

7月10日 县化肥厂发生抢购事件,索镇五里村近百名村民强装化肥228袋,造成400余人围观。县公安局行政拘留3名组织煽动者。

8月2日 耿桥乡河崖头村窑厂职工发现一个台湾“心战”空飘气球,保护现场并向公安机关报告,受到市公安局奖励。

9月 县公安局招聘19名乡镇交通管理人员。交通管理人员负责交通安全宣传、维护交通秩序、纠正交通违章、管理机动车和驾驶员。

10月 县公安局(公安街512号)四层办公大楼竣工,建筑面积2678平方米,造价47万余元。1988年5月,启用该办公大楼。

11月8日 桓台县抽查验收耿桥乡颁发居民身份证试点工作。

11月12日 县公安局干警逯玉厚出席省公安厅三年“严打”和保卫十三大表彰大会。

12月20日 县公安局成立交通车辆管理所,在13个乡镇成立交通车辆管理站。

1988年

1月1日 县公安局开展“防盗、防火、防交通事故、防其他灾害事故”百日安全竞赛活动。4月,被市政府表彰为竞赛活动先进单位。

1月11日 各乡镇配备1名专职消防监督员,业务隶属当地派出所和县公安局消防科领导,其他关系归当地乡镇政府。

1月20日 县公安局侦破“龙帮”系列敲诈勒索案件,抓获犯罪分子徐某。2月10日,县委、县政府通报表扬县公安局。

3月22日 市公安局在桓台县召开道路交通三级管理现场会。

3月 县公安局完成34万人口的居民身份证发放工作,被评为全市三个优胜单位之一。

4月13日 马桥乡后金村妇女孙某在村头祭祖烧纸,飞火引燃柴草,烧毁烧坏24户村民54间房屋,直接经济损失1.24万元。

4月19日 桓台县改革公安派出所管理体制,乡镇派出所由乡镇党委、政府管理为主,业务工作由县公安局统一管理。6月,13个乡镇派出所的财务和党团关系移交各乡镇。

4月26日 因“建设淄博立志立功”竞赛活动成绩突出,市委、市政府为县公安局刑警队记集体二等功,为侦察员张善亮记个人二等功。

5月17日 全市监所设施改革现场会在桓台县召开,推广桓台县看守所改进报警设施经验做法。市公安局副局长张克义出席会议并讲话。

6月16日 田庄镇关家村发生火灾,烧毁房屋44间、小麦8250公斤,直接经济损失5.2万元。当日,全县发生火警、火灾10起,县委相继召开麦收保卫领导小组成员会议、县委常委会议、乡镇党委书记会议,落实防火措施。

6月 县公安局查破一起传播淫秽物品案件,挖出团伙成员52人,缴获淫秽录像带12盘、淫秽扑克及裸体磁带600余张(盒)、涉案设备30台。

7月10日 县保险公司、县公安局联合开展居民家庭财产治安保险业务,投保47811户。

7月30日 县编委同意设立县公安局水利派出所,县公安局业务指导并选派所长,县水利水产局实行行政管理,办公地点设在县水利水产局。

7月30日 县编委同意设立城区派出所。10月1日,城区派出所对外办公。

8月24日 县委召开案件通报会,县大班子领导、县直部门主要负责人参加会议。县公安局通报一起诈骗案、一起传播淫秽录像团伙案。县委书记王玉良要求加强对青少年和干部子女教育，严格机关内部安全管理和社会治安综合治理。

9月29日 淄博市委第35次常委会议决定，基层派出所正所级干部选配副科级干部担任。12月17日，县委批准，县公安局21名派出所所长、政治指导员晋升为副科级。

9月 县公安局筹建淄博市保安服务公司桓台分公司。11月，公司正式成立，注册资本30万元，为全民所有制小型(一)企业。

10月15日 桓台县在全省道路交通三级管理现场会议上作典型发言。

10月 县公安局在县城重要路口建设治安岗亭2个，起凤派出所在辖区建设治安岗亭11个。

11月11日 县公安局荣获全市公安机关第二届业余文艺汇演优秀组织奖，杨云凤获最佳演员奖，巩子肖等中老年迪斯科、毕春香等女声演唱节目获表演奖。

12月2日 因用水问题，田庄镇大庞村部分村民与县第二造纸厂发生纠纷，150余名村民进入厂内，损坏财物，殴打职工。徐洪本带队平息，行政拘留6人，罚款3人。

12月6日 县委、县政府召开社会治安情况通报会，落实社会治安领导责任制。

12月28日 县公安局开展学习梁学章活动。

是年 13个派出所成立13支治安联防队，县直部门、企事业单位组建33个保卫科。

1989年

2月14日 两名蒙面人打伤邢家乡东营村贸易公司第三门市部值班人员，持刀抢劫现金及物资折款3000余元。3月14日，县公安局破案。

2月16日 陈庄乡南薛村村民常延胜夜间持菜刀闯入本村金梅香(女)家中，杀死金梅香及长女，杀伤其次女，常延胜在逃。

3月4日 县公安局设立行政科、法制科，分别于3月10日、4月1日办公。

3月14日 县公安局警车开始配挂白底红字“GA”专用车牌。

3月14日 县公安局、县保险公司在田庄镇召开家庭财产治安保险、治安防范经验交流会。市公安局副局长王振华出席会议，表彰田庄派出所等6个派出所。

4月5日 新城镇韩家村妇女王秀荣误将毒鼠磷作淀粉用，致亲属10人中毒，5人死亡。

4月10日 县公安局改革户口“农转非”审批办法，实行三榜定案。

4月23日 起风镇乌东村村民赵立奎、李文惠夫妇违规碾压爆竹引芯引起爆炸，李当场死亡，赵受重伤，经济损失5000余元。

4—6月 县公安局昼夜备勤，加强治安管控，全县秩序平稳。

5月 桓台县成立消防中队，编制15人，设中队长、政治指导员各1人。年内，县财政拨款42万元，购置3.6吨东风牌消防车2部。

8月1日 全市开展看守所、拘留所“两所”百日安全竞赛活动，县看守所达到“无行凶、无暴狱、无脱逃、无自杀、无互殴、无中毒、无中暑”安全标准，被市公安局通报表彰。

8月3日 县公安局在新城镇召开技术预防犯罪工作现场会，推广新城镇在重点单位、要害部位安装防盗报警器的做法。

8月20日 县公安局开展以反贪污、反受贿为主要内容的反腐败斗争。

9月12日 市人大常委会副主任王秀带领市人大代表，视察桓台县社会治安和消防管理。

10月 桓台交通警察队设立果里、起凤交警分队，12月挂牌办公。

11月1日 县公安局调研员祝兆贤参加全市公安英模事迹报告团，赴各区县公安局、企业公安处作巡回报告。11月10日，县公安局党委开展向祝兆贤等四名报告团成员学习的活动。

1990年

1月6日 县社会治安综合治理领导小组开展以防盗窃、防火灾、防滋事、防“六害”蔓延为重点的安全竞赛活动。

1月20日 县面粉厂保险柜被撬盗现金2000余元、粮票5750公斤。5月11日晚，耿桥派出所联防队抓获作案分子王金洲。

1月23日 邢家乡郇家村场院发生火灾，2名小学生被困。邢家派出所干警胥涛3次冲进火海，救出2名被困学生(1人死亡)。胥涛被省公安厅记二等功，把300元奖金捐给灾区。

2月26—27日 县公安局对合同制干警进行以端正思想、整顿作风、加强纪律为主要内容的思想纪律作风教育整顿。

3月21日 县看守所在押重大盗窃犯田平在外劳动收监时，趁机逃跑。7月17日，抓获田平。

3月 县公安局开展办理临时身份证业务。

4月12日 县公安局警犬训导员陈恒斌带警犬"克海"参加全省警犬考核比赛，获第二名。

4月 桓台县开工建设消防中队新营房。12月，消防中队搬迁。

5月5日 中央政法委召开电话会议，部署开展严打斗争。

5月30日 县公安局、县人保公司开展自行车失窃保险业务。

6月10日 县政府在果里乡召开"三夏"防火安全保卫工作现场会。市武警支队支队长窦学平、市农机局局长吕承祥及县领导潘公仁、周惠亭、李奎封、苏英华出席会议。

7月16日 县公安局油区派出所成立，与马桥派出所合署办公。

7月16日 桓台县部署"严打"第一战役，集中整治重点地区、重点单位。至7月20日，抓获犯罪分子27人，破案42起，其中大案8起。

7月20日 县公安局制定治安安全单位十项标准，在全县机关、团体、企事业单位开展创建治安安全单位活动。11月6日，在县水泥厂召开现场会。

8月25日 全县治安巡逻工作经验交流表彰大会召开，7个单位、2名个人介绍经验，10个集体、20名个人受到表彰。

8月27—31日 县公安局开展"严打"第二次集中打击行动，收捕犯罪分子26人，破案45起，其中大案12起。

8月30日 全县政法系统妇女委员会成立，县公安局秘书科干警孟秀玲任主任。

10月23日 出租汽车司机张玉涛在索镇遇害。1992年1月，县公安局先后从江西省、天津市抓获犯罪分子刘忠民、崔殿河。

10月25日 全县人民群众见义勇为与犯罪分子作斗争先进分子表彰大会召开。

10月 桓台县交通警察队更名为桓台县交通警察大队。

11月2日 因宅基地纠纷，起风镇夏二村村民田茂某将夏一村田宜某家人砍致2人重伤、2人轻伤。11月3日晚，田茂某投案自首。

12月8日 桓台县在周家乡召开治安联防现场会议，推广周家、起凤、耿桥3个乡镇经验做法。市委政法委副书记沈德胜，市公安局副局长王振华，县领导潘公仁、陈宁之、苏英华出席会议。

是年 投资280万余元，为14个基层派出所116名干部配齐手持机，每所一部基地台。

1991年

1月25日 索镇赵家村李光泽伙同于家磨村刘恩贵，杀害收购国库券的陈玉凤并埋尸，抢劫1400元潜逃。是年8月28日，李光泽被判处死刑；刘恩贵被判处死刑，缓期二年执行。

3月6日 县公安局开展争创"无违纪年"活动。

3月28日 县政府批转县公安局《关于进一步加强专业治安联防巡逻队伍建设的意见》，要求各乡治安联防巡逻队不少于20人，县城驻地和各镇不少于25人，队员每月报酬不少于120～150元，资金来自乡镇财政或提留。

3月 县公安局开展打击盗窃自行车、破坏农用电力设施犯罪专项行动，破获现案40起、积案41起，缴获自行车80余辆、赃款4万余元。

4月 县委、县政府召开严打斗争表彰大会，表彰6个先进单位、18个先进集体，为68人记功。

5月6日 县公安局开展为期两个多月的社会主义思想和党规、党法、反和平演变教育活动，被市、县分别评为社教活动先进单位。

5月23日 县公安局在田庄镇召开全县人口分层次管理、文书档案管理现场会。

5月31日 王庆伟离任。

5月 县公安局在新城召开农用变压器防盗现场会。

6月　县公安局消防科改建为消防大队，直接领导消防中队，在县公安局和市消防分局领导下，开展消防监督和安全防火工作。

7月26日　徐洪本任县公安局党委书记、局长、政委。

7月27日　县委召开打击拐卖妇女儿童犯罪活动紧急会议。截至11月，摧毁拐卖妇女儿童犯罪团伙5个113人，解救妇女儿童85名。

8月26日　全市治安联防现场会在桓台宾馆召开。市委常委、政法委书记张守增，市公安局局长张玉林出席会议，桓台县、县公安局及周家、起风、耿桥等乡镇分别介绍经验。

11月2日　县公安局组织180名干警，完成国务院总理李鹏视察桓台警卫任务。

11月23日　桓台县在耿桥乡召开公安派出所规范化建设现场会。县委副书记王子林、县委政法委书记苏英华出席会议。

11月30日　市公安局召开全市专职治安巡逻队经验交流会，耿桥乡、周家乡及华沟村治安联防队受到表彰，耿桥乡和华沟村介绍经验。

1992年

1月7日　果里镇东店村李修成及妻、子3人遇害。1月8日6时，抓获犯罪分子管庆山。

1月13日　县公安局调整中层班子，提拔43名，任命正股级侦察员4名，交流14名。

2月2日　荆家镇陈桥村陈之收向亲家陈守帮索要孙子，双方发生吵斗，陈之收将陈守帮砍死。

2月17日　县公安局破获一起与境外人员勾结拐卖妇女的特大案件，抓获王某（缅甸人）等境外犯罪分子3人。

2月　交警分队改为中队，增设新城中队。

3月3日　全县公安会议召开。学习贯彻中共中央《关于加强公安工作的决定》及全国“十八公”、全省“十九公”、全市公安会议精神，研究加强桓台公安工作的意见。

3月19日　县公安局在起风派出所召开清理整顿治安联防队现场会。

3月25日　全县公安信息通讯报道总结表彰会在唐山镇召开，干警王春省受到表彰，其作品《勇擒罪犯》荣获新华社1991年度全国“建设杯”新闻摄影大赛特等奖，作品《打击拐卖妇女》荣获法制日报社新闻摄影大赛一等奖。

3月26日　起风镇乌北村发生爆炸事故，鞭炮非法生产业户孙献波死亡，其妻、妹受伤，炸毁房屋6间，炸死毛驴1头，直接经济损失1万余元。

3月　县公安局集中整治金家油田治安秩序，挖出盗抢油田物资违法犯罪团伙6个23人，挽回经济损失10余万元。

4月14日　县公安局召开21家县属企业主要负责人座谈会，征求对安全保卫工作的意见和建议。县委常委、政法委书记杨树俊出席活动。

4月18日　县公安局邀请市英模报告团作事迹报告，干警深受教育。

5月17日　台胞夏应龙与侯庄乡西傅村高爱华到济南市民政局涉外婚姻登记处登记结婚，系淄博市首例大陆与台湾居民婚姻。

6月　全县麦收防火安全保卫工作实现无火灾、无事故、无损失，系桓台麦收史上初次。

6月　山东省召开“打拐”工作经验交流会，桓台县介绍经验。

7月15日　县公安局组织为期40天的破案会战，抓获犯罪分子26人，打掉犯罪团伙4个17人，破获刑事案件69起。

7月17日　全县公安派出所规范化建设流动现场会召开。年内，投资600万元，10个派出所完成硬件建设任务，派出所硬件基本达标，平均使用面积900平方米。

8月18日　徐洪本任副县级侦察员。

8月　桓台县民办消防队试点联席会议召开，部署在起风、田庄、马桥3个乡镇成立民办消防队。

9月1日　县公安局全体干部学习人民警察警衔条例，分三批脱岗培训。

9月18日　县编委批复，刑警队升格为刑警大队，副科级。1993年8月，正式组建刑警大队。

9月　县公安局处理唐山镇巴王村部分村民扰乱济南化工厂桓台分厂生产秩序案件。

11月1日　县公安局指挥中心试运转，赋予其直接指挥权、先期处置权、合成作战指挥权、调用公安装备器材权。

11月 全市公安机关举行破案竞赛，县公安局破案284起，其中大案59起，成绩列全市第二名。

12月 县公安局局长徐洪本、新城派出所联防队队长张建国被省委、省政府表彰为山东省社会治安综合治理先进个人。

1993年

1月18日 县公安局调研员祝兆贤被市公安局评为全市“十佳民警”。

1月18日 市公安局为桓台交警大队41名干部授衔。

3月3日 县公安局组建新城水库治安办公室，隶属新城派出所领导。

3月11日 李执福任县公安局政治委员、党委副书记，王国新、伊若健任正局级侦察员，安乃平任纪委书记。

3月16日 县公安局举行首批授衔仪式，208名干部分别被授予警督、警司、警员警衔。

4月3日 县公安局被评为全省优秀公安局。

4月21日 县公安局成立25人专案组，对荆家镇陈桥村进行为期一月的社会治安专项整治，破获刑事案件140起，查处治安案件76起，抓获违法犯罪嫌疑人55人，提请批准逮捕6人，治安处罚及其他处理49人，陈同军、陈同洲被判处死刑。

4月25日 全国政协副主席孙孚凌一行18人到桓台县视察。县公安局完成警卫任务。

5月23日 全市农村防火工作经验交流会在起凤镇召开，推广桓台县民办消防队建设和麦收保卫工作经验做法。县公安局介绍麦收防火经验，起凤镇介绍成立民办消防队做法。

7月20日 县公安局集中整顿金家油田治安秩序，打击处理违法犯罪人员13人。

7月21日 县公安局部署开展夏季治安整顿和破大案、挖团伙、打流窜、追逃犯专项斗争。

8月2日 县公安局专案组进驻索镇于家村，经过一个月的专项治理，刑事拘留3人，治安处罚12人，破获刑事案件36起。

8月4日 县编委批复，县公安局成立新城水库派出所，所长由县公安局选派，办公地点设在新城水库工程处。

8月16日 县公安局探索实行“两长”制，刑警大队实行探长负责制，城区派出所、索镇派出所实行警长负责制。

8月27—31日 县公安局会同县油区办、胜利油田纯梁派出所，排查8个乡镇30余村庄，抓获违法犯罪分子5人，取缔非法炼油厂7家。

9月11日 全国人大常委会副委员长王丙乾到桓台县视察。县公安局完成警卫任务。

9月13日 全县公安工作会议召开。围绕反腐败斗争、打击走私、维护社会治安等重大问题，研究具体措施。县领导薛安胜、杨树俊等出席会议。

9月13日 县公安局打掉在兴桓路北首玉米地内抢劫恋人、轮奸妇女的巩曰强等特大犯罪团伙。判处死刑3人、无期徒刑1人、有期徒刑2人。

10月1日 桓台县改革机关事业单位工作人员工资制度。1994年起，县公安局执行新的工资制度，干警收入明显增长。

10月15日 县公安局保卫科副科长巩昌驰在张田路新城段拓宽工程执勤时，不幸因公殉职。10月19日，桓台县在烈士陵园召开追悼大会，市公安局党委书记梁文兴，县领导赵水清、杨树俊、高素贞、尹德喜及全县公安干警参加悼念活动。

11月26—30日 县公安局组成工作组，专项治理非法盗用金家油田天然气问题。

12月18日 县委、县政府召开治安保卫工作总结表彰大会。32个集体、45名个人受到表彰，其中10人被表彰为“十佳联防队员”。

1994年

1月 县公安局干警王春省拍摄的新闻照片《除霸安良》获人民公安报社万特杯公安新闻摄影大赛一等奖。

3月 县公安局集中整治卖淫嫖娼等社会丑恶现象。

3—6月 县公安局开展破大案、挖团伙、打流窜百日专项斗争，破案314起，其中大要案55起，抓获犯罪分子166人，打掉团伙17个86人。

4月20日 桓台县平息马桥镇西岔村村民阻挠张田公路施工事件，行政拘留11人，罚款1人。

4月28日 中共中央政治局原常委宋平到起凤镇和淄博万祥集团股份有限公司考察。县公安局完成警卫任务。

4月 县公安局在基层执法单位创新实施法制员制度。

5月13日 县公安局正式成立指挥中心、巡警大队，建制级别均为副科级。10月20日，巡警大队升格为正科级。

5月21日 全市麦收保卫暨民办消防队建设工作会议在桓台县召开。副市长张守增、省公安厅消防局局长张铭德出席会议，桓台县、县公安局分别介绍创办民办消防队经验。

5月23日 县公安局召开反腐倡廉工作会议，完善“两公开一监督”制度和违法违纪“一票否决”制。

6月21日 博兴县妇女姜琼芝不慎跌入周家镇李王村西一深19米、直径0.4米的机井中。周家派出所联防队员闫超下井救出姜琼芝。经市公安局特批，闫超由农村户口转为城镇户口。

7月 县公安局组织开展收缴枪支弹药专项行动。至1995年年底，收缴枪支1570支。

8月5日 邢家乡郭店村两名9岁女孩失踪。县公安局抓获犯罪分子刘某，从其家中地窖内救出两个女孩。刘某将两个女孩骗至家中地窖，企图趁机拐卖。

8月 按照“干什么学什么，练什么精什么”的要求，县公安局开展岗位练兵活动，8人受到省、市公安机关表彰。

9月1日 县公安局开通110报警服务台，主要负责指挥调度和城区110报警服务工作。9月29日，110报警服务台正式运行。

9月18日 全国政协副主席邓兆祥率领50多名全国政协委员到桓台县视察引黄济淄工程。县公安局完成警卫任务。

10月 县公安局在部分乡镇举办法制教育学习班，集中帮教200余名轻微违法人员。

11月8日 县公安局召开指挥中心暨巡警体制建设新闻发布会。县委副书记薛安胜、市公安局纪委书记窦学平、县公安局局长徐洪本通报情况。

11月 交警大队增设马桥中队。

11月 桓台县保安服务大楼竣工，建筑面积2500平方米，位于公安街398号。

12月1日 县公安局抽调30名干警，开展为期1个月的城区治安整治，破获刑事案件91起，其中大案27起，抓获违法犯罪分子12人。

1995年

1月11日 全县政保基础工作现场会在起凤派出所召开。

2月16日 省公安厅组织岗位练兵活动，县公安局干警张修森、姜恒泉、王沛分获户政系统内勤岗位第二名、预审系统预审岗位第七名、通信系统有线岗位第九名，被评为全省公安系统岗位练兵标兵。

2月20—23日 县公安局组织治保会评选活动，评出一类治保会180个、二类治保会142个、三类治保会21个。

2月23日 巩向波被公安部评为全国优秀人民警察。

3月1日 周家镇楼里村孙炳武在家中遇害。3月12日，县公安局抓获抢劫杀人犯杜涛。

3月23日 县公安局开展“无违纪年”活动，逐级签订责任书，解决重点单位、重点人、重点事问题。

3月 县公安局在全市巡警工作经验交流会上作《加快巡警体制建设 提高治安控制能力》典型发言。

3月 王春省作品《拯救生命的战斗》《勇救落井妇女》分获1994年全省专业报刊好新闻一等奖、第十三届山东省新闻摄影展览三等奖。

4月 刑警大队、索镇派出所打掉以高庆博为首的7人特大盗窃犯罪团伙，破获案件39起，缴获汽车12辆，案值33万元。

5月8日 侯鑫铁矿塌方，矿工边希波被埋井下。侯庄派出所所长张善亮下井救出边希波。

5月23日 田庄镇大庞村铝制厂价值1.7万元的半成品铝锅被盗。经侦查，县公安局打掉以毕绪强为首的23人特大犯罪团伙。

5月26日 县委常委曹永振兼任县公安局党委书记、局长，徐洪本改任政治委员、党委副书记，李执福离任。

6月30日 桓台县“122”道路交通事故报警电话开通。

9月 县公安局掀起学赶济南交警“文明管理、优质服务”活动，推出36项服务承诺、30条文明用语、15条服务忌语。

9月 县公安局开展争创文明户籍室活动。

11月3日 全县治保组织规范化建设现场会议在田庄镇召开，徐洪本主持，王国新总结工作，县委常委、政法委书记杨树俊讲话。

12月5日 全市贯彻实施妇女权益保障法经验交流会召开，县公安局作《充分发挥职能作用维护妇女合法权益》典型发言。

12月10日 起风镇乌东村一户村民在家制作烟花爆竹时发生爆炸，2人当场死亡。

12月13日 县公安局召开中层干部调整大会，对119名中层干部实行聘任制，聘期1年。

12月26日 县城银花大酒店因电路故障引起火灾，消防中队迅速灭火，抢救遇险人员12名。是日，县政府在银花大酒店召开防火现场会。

是年 泰安市原市委副书记孙庆祥因涉案在县看守所关押，省人民检察院致函肯定看守工作。

1996年

1月1日 县公安局与桓台电视台联合举办“警界传真”栏目，宣传公安工作和公安队伍典型事迹。

1月1日 桓台县实施新生儿凭出生医学证明落户制度。

1月12日 城区、索镇、起凤、荆家、田庄派出所成立刑警中队，各3名民警。

2月2日 田庄派出所被市公安局评为“十佳爱民模范单位”，城区派出所民警胡安富被市公安局评为淄博市“十佳民警”，邢家派出所胥涛之妻巩兰玲被评为淄博市“十佳警嫂”。

3月20日 县公安局在马桥镇召开全县公安派出所规范化建设现场会。

3月25日 果里镇甘家村4号机井内发现王绪光遇害尸体。经过侦查，县公安局抓获犯罪分子张翠兰、赵成金。

3月 桓台县交通警察大队更名为淄博市公安局交通警察支队桓台县大队。

4月3日 县公安局落实省公安厅禁酒令，对违反禁酒令的民警实施警诫等措施。

5月5日 根据中央部署，桓台县召开严打斗争动员大会，县委书记吴明君讲话。5—7月，县公安局破案633起，其中大案164起，抓获违法犯罪分子282人。

5月27日 G205国道615.5千米处，发生拖挂车和51路客车相撞事故，造成客车乘客7人死亡、14人受伤。11月，拖挂车司机赵某被判处有期徒刑七年。

5月 刑警大队副大队长巩向波被省委、省政府表彰为模范军队转业干部。

6月17日 淄博凤宝有限公司发生火灾，5楼车间被烧毁，直接损失25万元。

6月 王春省摄影作品《冬冬回家了》荣获1995年度公安部“金盾文化工程”新闻奖二等奖。

7月12日 为配合严打斗争，县妇联召开“好警嫂”座谈会，县妇联主席孙荣梅、县公安局政治委员徐洪本及11名警嫂参加活动。

7月17日 省公安专科学校96级校外专业证书教学班在桓台县公安局开班，99名学员参加开班仪式。副校长谭永洪讲话。

7月31日 因上游洪水，马桥镇金家村附近小清河漫堤，青沙湖以南桑公堤出现重大险情。县公安局190名民警和中队战士第一时间赶到现场，控制险情。

8月13日 淄川区高升长夫妇在桓台县遇害。8月20日，抓获犯罪嫌疑人宋振刚。

8月 县公安局全体民警参加向国家公务员过渡考试。

10月16日 县公安局进行警务制度改革，推行“一警多能、一警多用，既管治安、又管户口”的警务区工作模式。

10月17日 全市政保基层基础工作经验交流会在起凤镇召开。市公安局副局长陈洪茂出席会议并讲话，县公安局作典型发言。

10月18日 曹永振离任。

10月 县公安局收缴枪支弹药。至1999年年底，收缴枪支1417支、子弹3469发、雷管127支。

11月7日 市公安局局长王振华、副局长王成波、政治处主任王子芝到桓台检查指导公安工作。县委副书记赵水清，县委常委、副县长尹德喜，县委常委、政法委书记杨树俊陪同活动。

11月9日 县十三届人大常委会第三十三次会议任命伊若健为县公安局局长。

11月9日 市委党校副校长王允利教授对全局民警进行学习建设有中国特色社会主义理论纲要及党的十四届五中全会精神专题宣讲。

11月14日 县公安局成立巡警110先期处置机动队，工作范围是城区及周边地区。

11月16日 伊若健任县公安局党委书记，王国新任党委副书记。

11月 田庄派出所、唐山派出所试运行110向农村延伸机制。

11月 县公安局开展冬季严打整治行动，破案1075起，打掉犯罪团伙52个，抓获犯罪分子545人。

1997年

1月13日 县人大常委会主任魏光荣，副主任耿佃和、郝子敏一行视察县公安局指挥中心、巡警大队、县消防大队、县看守所。

1月24日 县公安局党委成员向全局民警述职。

1月24日 局、所两级人口信息计算机管理网络投入运行。

1月29日 县政府决定，撤销索镇、城区派出所，合并成立县公安局索镇分局，内部称索镇派出所，王国新兼任索镇分局局长。3月17日，合并工作结束；4月5日，挂牌办公。

2月19日 山东颖汇集团有限公司货场发生火灾，市、县消防部门经过8个小时战斗，将火扑灭。

3月4日 巡警机动队、刑警机动队救出两名因塌方被埋民工。

3月5日 桓台县110报警服务全面向农村延伸，各派出所设立110值班室，成立110处警队，配备110处警车。

3月5日 全县公安基层基础工作规范化建设现场会在田庄派出所召开。省公安专科学校教授、《山东公安》丛刊主编李锡海参加会议，从公安研究理论角度对基层基础工作给予充分肯定。

4月6日 全市公安派出所建设突破工作会议召开，田庄派出所作《建设乡村110 快速出警保平安》经验介绍。

4月21日 市委常委、政法委书记王玉良到田庄派出所调研公安基层基础规范化建设工作。

4月24日 市委政法委副书记邱延佐带领各区县政法委书记到桓台参观警务区建设、110建设、安全文明村镇创建等公安基层基础工作。

5月9日 县公安局召开队伍建设汇报研讨会。市公安局局长王振华、纪委书记窦学平出席并讲话。

5月11日 县公安局在县职业中专举办第一期全员计算机培训班。

5月15日 博兴县幸福镇兴四村赵某(女)在索镇大集失踪。5月25日，县公安局抓获犯罪分子张希珠，带破1991年张某被害案。

5月30—31日 县领导赵水清、尹德喜、杨树俊、高素贞、毕淑平、郝子敏、马英庆、宋元亮、张方仲等调研公安工作。

5月 县消防大队在工业街东首新建1600平方米执勤楼。

5月 看守所女警张秀云参加全县英模座谈会，被誉为“高墙深处敬业人”。

6月3日 淄博市公安局副局长李永江、肖慧芳到田庄镇调研安全文明村镇创建工作。

6月6日 县公安局举行“连续无违纪单位”授牌仪式。市公安局纪委书记窦学平，县领导杨树俊、郝子敏、马英庆为14个科所队授牌。其中，田庄派出所连续二十年无违纪。

6月19日 中央综治办综合组副组长季勤到唐山镇、田庄镇、起凤镇考察110建设情况。

6月25日 县公安局“庆七一·迎港归”大型综艺晚会在桓台影院公演。

6月29日 县公安局召开“庆七一·迎港归”功模代表座谈会，42名功模代表参加活动。

6月 县公安局打掉一个特大拐卖妇女犯罪

团伙,抓获嫌疑人 5 人。该团伙先后从云南省拐卖妇女 13 人,得赃款 8.18 万元。

7 月 8 日 市人大常委会副主任于润义视察桓台 110、交警兴桓岗及田庄、邢家派出所。县委书记吴明君等陪同活动。

7 月 14 日 县公安局在索镇和城区开展破案会战,重点打击白天入室盗窃及盗窃计算机、机动车等犯罪。

7 月 30 日 全县政保基层基础工作经验交流会在新城派出所召开。

7 月 县公安局外事科改称出入境管理科,国保部门移交出入境管理业务。

8 月 15 日 公安部在广东佛山召开全国部分省市民办消防队建设经验交流会,桓台县作《立足实际 适应转变 大力加强民办消防队伍建设》典型发言。

8 月 27 日 全市 110 建设经验交流会召开,县公安局作《构建乡村快速反应网络 实现桓台镇镇响起 110》典型发言。

8 月 县公安局推进刑侦改革,预审科整建制并入刑警大队,实行刑侦部门统一立案侦查、审讯犯罪嫌疑人、提请逮捕、移送起诉新机制。

9 月 3 日 全市保安工作会议在桓台县召开,市公安局副局长肖慧芳出席会议。

10 月 1 日 县公安局警务督察队执证上岗。

10 月 29 日 全市城区安全文明创建会议召开,索镇公安分局介绍落实楼群门卫责任制做法。

10 月 在淄博市第十二届运动会上,桓台巡警于昌有夺得 4 枚金牌,被市公安局记三等功。

11 月 11 日 全县公安派出所突破工作经验交流会在田庄派出所召开,市公安局副局长刘新云出席会议。

11 月 12 日 田庄镇胡西村发生一起阻碍公安民警执行职务违法犯罪案件。县公安局成立专案组,追究刑事责任 4 人,行政处罚 8 人。

11 月 28 日 全市刑侦突破工作经验交流会在田庄派出所召开。市公安局副局长、刑警支队支队长于洪德出席会议,各分县局刑警大队大队长参加会议。

12 月 4 日 县公安局在唐山派出所召开基层档案管理工作现场会。县档案局局长刘汝崇讲话。

1998 年

1 月 县委办公室、县政府办公室印发《关于共建桓台 110 的通知》,县直 16 个部门和单位联合发出《关于共建桓台 110 的倡议书》。

3 月 3 日 寿光市出租车司机魏长德在桓台县遇害。县公安局抓获抢劫杀人犯罪嫌疑人赵长龙、刘学山、陈永贵。

4 月 21 日 县公安局 100 多名民警深入辖区一百个企业学校、一百个村庄进行“双百”治安调查,利用两周时间,形成 21 篇调查报告。

5 月 19 日 县公安局开展向省级青年文明号新城派出所和全省优秀青年民警郭华学习活动。

6 月 6 日 中央政治局委员、省委书记吴官正到耿桥镇睦和村视察。县公安局完成警卫任务。

6 月 8 日 县公安局邀请县医院内科主任医师耿佃胜主讲卫生健康知识,机关民警和离退休干部 170 余人听取讲座。

8 月 4 日 桓台突降暴风雨,耿桥镇睦和窑厂、起凤镇乌南窑厂烟囱倒塌,2 名民工死亡,14 人受伤;田庄镇、邢家镇部分村民家中进水,房屋受损。各派出所展开救援行动。

8 月 17 日 全局民警为长江、松花江、嫩江流域遭受特大洪涝灾害的灾民捐款 39525.5 元。

8 月 24 日 伊若健离任,徐洪本退居二线,秦志博任县公安局党委书记,肖永刚任政治委员、党委副书记。

9 月 11 日 县十四届人大常委会第四次会议任命秦志博为县公安局局长。

9 月 12 日 县看守所进行“防暴狱、防逃跑”实战演习,肖永刚现场观摩。

9 月 市公安局、县公安局、派出所实现常住人口、暂住人口信息三级联网。

10 月 21 日 县人大常委会副主任魏衍华带领驻桓市、县人大代表 13 人视察桓台 110。

10 月 23 日 桓台县召开 110 联动工作会议,通报 110 建设情况,副县长王传春与 17 个联动单位签订责任书,县委副书记尹德喜提出要求。

10 月 县公安局参加全省多种形式消防队伍建设经验交流会,县消防大队被评为全省“十佳消防大队”。

11月4日　县公安局召开城区技术防范工作现场会，推广应用新的技术产品。

11月18日　县公安局、县烟草专卖局成立烟草专卖管理稽查大队。

11月　县公安局在县实验中学和实验小学设立两处消防教育示范学校。

12月3日　县公安局与重庆市忠县公安局结为友好公安局。

12月　田庄派出所等7个派出所档案室达到全省公安机关档案管理规范化标准。

1999年

2月23日　唐山镇西马村荣钦新报复杀害本村荣华英。次日，荣钦新投案自首。6月28日，荣钦新被判处死刑，缓期二年执行。

3月下旬　县公安局部署开展春季严打斗争。至4月底，破获刑事案件69起，抓获犯罪嫌疑人38人。

3月　县公安局被省公安厅评为全省优秀公安局。

3月　县公安局组织竞争上岗，113人走上中层领导岗位，194人参加优化组合，3人下岗受训。

4月15日　县公安局召开治安案件公开审理观摩现场会，参会人员观摩索镇分局公开审理2起治安案件。

4月28日　市人大常委会副主任张守增带领部分省、市人大代表，对桓台公安工作进行为期三天的调查研究。

5月14日　县公安局开展为期3个月的全县常住户口清理整顿工作。

5月25日　越南社会主义共和国政府常务副总理阮晋勇率领越南党政代表团一行16人到唐山镇参观考察。县公安局完成警卫任务。

6月13日　市委常委、政法委书记王玉良，市公安局副局长刘新云检查桓台县清理整顿基金会保卫工作。县委副书记尹德喜，县委常委、政法委书记任德盈，县公安局局长秦志博汇报工作。

6月23日　江泽民总书记视察黄河专列往返经过桓台。县公安局完成一级警卫任务。

7月13日　县公安局建立领导干部廉政档案，建档范围为中层正职以上干部。

7月29日　田庄派出所打掉李以功、赵杰等13人犯罪团伙，破获杀人、抢劫案件100余起。

8月26日　县公安局在唐山派出所召开警务公开经验交流会。4—8月，全县公开处理治安案件166起，占案件总数80%，上访案件同比下降37%。

8月　起凤派出所等6个单位档案室达到全省公安机关档案管理规范化标准。至此，全县所有派出所档案管理工作跨入省级先进行列。

9月15日　县公安局在田庄派出所召开创满意活动经验交流会，与会人员参观田庄派出所规范化建设和警务公开工作。

9月27日　县公安局成立治安联防巡逻大队，下设4个中队，负责城区联防工作，由索镇分局管理。2006年1月，撤销。

11月1日　全市刑侦工作会议在桓台县召开，县公安局被市公安局评为全市刑侦改革工作先进集体。

11月9日　县政协主席王敬銮带领县政协7位副主席到县公安局视察。

2000年

1月12日　县公安局抽调100名警力，开展基金会存单置换、存款兑付现场保卫工作。

2月　县公安局党委组织开展讲学习、讲政治、讲正气教育活动。

3月　田庄派出所所长胥涛被公安部评为全国优秀人民警察。

3月10日　省委常委、政法委书记，省公安厅厅长高新亭，在市委书记阎启俊，市委常委、政法委书记王玉良，市公安局局长郭仁友陪同下，视察桓台县公安局。

4月29日　县公安局部署推进基层基础工作资料规范化建设，建立28类工作台账。

5月1日　县公安局开展身份证快证业务，暂停办理临时身份证。

5月3日　县公安局抓获杀害唐山镇宋店村孙树红的犯罪嫌疑人王玉凤、张守海。12月16

日，王玉凤、张守海被判处死刑。

5月19日 县公安局开展以制止刑讯逼供、滥用枪支和滥用强制措施为主要内容的“三项治理”活动。6月底，活动结束。

6月30日 南非共产党中央政治局委员萨姆森·曼塔谢率领南非共产党高级干部代表团到桓台县考察访问。县公安局完成警卫任务。

7月12日 公安部刑侦局局长张新枫调研桓台公安工作。省公安厅副厅长王献增、刑警总队总队长秦黎，市公安局局长郭仁友陪同活动。

7月28日 县公安局部署“破大案、破现案、打团伙、除霸治乱”严打整治斗争。至8月底，抓获犯罪嫌疑人37人，破案72起。

8月7日 邢家镇演马村北一房内发生私制烟花爆竹爆炸事故，致5人死亡、3人重伤。次日，县委、县政府召开现场会。8月13日，全县查禁非法生产、销售、运输烟花爆竹。

8月31日 县公安局召开执法执纪监督员会议，对监督员的意见和建议，当场落实整改措施。

9月1日 县公安局召开企业负责人座谈会，征求公安机关服务经济建设的意见。市公安局副局长于洪德，县领导任德盈、孙元亮，部分企业家参加座谈会。

9月7日 省公安厅党委委员、政治部主任姜咏梅到县公安局督导工作。

9月12日 县公安局开展为期三个月的“三项教育”（全心全意为人民服务的宗旨教育、实事求是的思想路线教育、严格公正文明执法的法制教育）活动。

9月21日 市公安局局长郭仁友为县公安局全体民警作“三项教育”辅导报告。

9月26日 肖永刚带领部分中层干部及民警代表到聊城参观孔繁森纪念馆，倡导爱岗敬业、无私奉献精神。

10月9日 县公安局出台规定，禁止公安民警业余时间13种行为，5类事项应当及时报告。

10月19日 公安部法制局局长郝赤勇到县公安局调研指导法制工作。

11月 公安部办公厅推广桓台县公安局警务公开经验做法。

12月17日 起风镇西三村1户村民在家中制作鞭炮时发生爆炸，造成2人死亡。

2001年

2月 县公安局开展“三个代表”（中国共产党要始终代表先进社会生产力的发展要求，代表先进文化的前进方向，代表中国最广大人民的根本利益）重要思想学习教育活动。

2月10日 索镇永和村崔爱兰在家中遇害。6月21日，抓获犯罪嫌疑人张光洲，带破1起杀人案、2起抢劫案。

2月19日 县公安局推行案件主办人制度、执法岗位任职资格制度。162名民警获得刑事执法任职资格，185名民警获得行政执法任职资格，161名民警同时获得两个岗位执法任职资格。

3月1日 县公安局被公安部评为全国优秀公安局。6月30日，县委、县政府召开庆祝大会，县政府为县公安局记集体三等功，奖励10万元。

3月27日 耿桥镇并入索镇，侯庄镇并入果里镇。6月25日，耿桥派出所并入索镇派出所，侯庄派出所并入果里派出所。

4月2日 中央召开全国社会治安工作会议，部署第三次严打斗争。至2002年年底，全县破获刑事案件1746起，其中杀人案件23起，抓获犯罪嫌疑人948人，打掉犯罪团伙66个257人。

4月22日 前金村部分村民围堵淄博金城石化有限公司大门，县公安局立案调查。4月27日，前金村部分村民围攻马桥派出所，县公安局成立专案组查处。

4月26—28日 桓台县开展严打斗争第一次集中统一行动，抓获犯罪嫌疑人24人，破获刑事案件45起。市长张建国及县领导王树武、尹德喜等到一线督导。

6月15日 起风劳务市场发生一起伤害案。6月17日，县公安局抓获犯罪嫌疑人陈亚新及同行人员金铁范。是年6月4日，金铁范在吉林省图们市杀死2人在逃。

7月6日 县公安局开展百日破案会战，重点打击涉黑涉恶犯罪、严重暴力犯罪、多发系列性犯罪、夏季多发性犯罪，追捕重大逃犯。

8月7日 县公安局部署派出所规范化建设。

10月 县公安局全面检查起凤镇“三乌”村，查处非法生产、储存烟花爆竹专业户15家。

10月24—31日 县公安局开展追逃专项斗争第一次集中统一行动，抓获犯罪嫌疑人8人。

11月16日 市公安局在桓台宾馆举行王勤利事迹报告会，全县公安民警聆听报告。

2002年

2月4日 秦志博、肖永刚任副县级侦察员。

3月28日 县公安局部署开展“进百家门、认百家人、知百家事、解百家忧”“送民警情、保一方平安”等系列情系民心活动，走访企业500家、群众5600户，救助失学儿童19人。

3月 县公安局增设森源林场派出所。

6月11日 山东贵和纸业集团有限公司发生火灾，损失500余万元。市消防支队调集10个消防中队及齐鲁石化、博汇集团消防队36辆消防车，历时18个小时，扑灭大火。

6月15日 根据公安部部署，县公安局开展为期一个月的“做合格民警，让母亲放心”主题讨论教育活动，提高民警自身修养。

6月25日 全县机构改革动员大会召开，公安机关按照10%比例精简编制，以精简的行政编制核定工勤编制。

6月 淄博市公安局交通警察支队桓台县交警大队高速公路中队成立。

7月12—18日 县公安局圆满完成第七届中国国际儿童电影节安全保卫工作任务。

7月25日 全市公安派出所工作会议在桓台县召开。副市长陈家金、市公安局局长郭仁友、省公安厅治安总队政委王金城出席会议。秦志博介绍派出所规范化建设经验。

8月11日 桓台县接收重庆市开县渠口镇坪浪村和小河村三峡库区移民35户138人。随迁2人，只迁移户口，不计移民数，不享受移民待遇。

8月 县公安局成立打击邪教组织“灵灵教”专案，抓获“灵灵教”淄博地区负责人等骨干成员34人。

9月8日 滨州至博山高速公路通车，桓台县境内长23.515千米。桓台路段110警情由新城派出所先期处置，122警情由桓台交警大队处置。

9月 桓台公安信息网站建立，实现公安内网链接。

10月5日 博山区一青年酒后驾驶桑塔纳轿车，沿S803省道由北向南行至果里镇姜坊村路段超车时，与一辆正面行驶的大货车相撞，导致桑塔纳轿车报废，6人死亡，1人重伤。

10月13日 起凤镇西巩村村民巩方平在村外博兴地界一养鸡棚内遇害。10月20日、21日，桓台、博兴警方联手抓获嫌疑人田兴颂、田茂涛。

2003年

1月22日 公安部发布“五条禁令”，2月1日起正式实施。县公安局随即召开会议，贯彻落实“五条禁令”。

4月8日 县公安局开展“贯彻十六大，全面建小康，公安怎么办”大讨论活动。

4月11日 肖永刚离任。

4月29日 罗光友任县公安局政治委员、党委副书记。

4月下旬 县公安局成立防治“非典”应急机动队，设立3处检查点，整顿公众娱乐场所和劳务市场。

5月 全市公安督察工作会议在桓台县召开。县公安局介绍督察工作经验做法。

6月 县公安局依托公安网建立电子邮局，实现办公自动化。同时，开展警车GPS定位业务。

7月4日 果里镇阎高村、小官村、韩庙村、刘斜村、罗斜村、甘家村和周家镇杨楼村、郭家村等8个村庄划归张店区石桥街道办事处管辖，治安管理业务随之划转。

7月 索镇派出所被公安部评定为一级公安派出所。

8月19日 市委常委、政法委书记陈家金调研桓台公安工作，县委书记王树武、县委政法委书记伊茂彦陪同活动。

8月 刑警大队二中队被公安部评定为全国一级责任区刑警队。

9月24日 县公安局抓获犯罪嫌疑人于利、于军，破获“4·1”抢劫杀害江苏东海出租车司机案件。

11月18日 县人大常委会党组副书记任德盈及各位副主任到县公安局视察。

2004年

3月 县委、县政府作出《关于建设"平安桓台"的决定》，县公安局投入"平安桓台"建设。

4月14日 6名昌乐、寿光籍人员乘车路过县城西外环，因大雾不慎扎进3米多深的公路沟内。县公安局110报警服务台指令多个派出所出警，救出4名受伤人员，2人遇难。

4月27日 邢利妹及女儿孙某(5岁)在邢家镇后诸村遇害，犯罪嫌疑人罗光福窜至新疆维吾尔自治区哈密地区躲藏。2005年8月12日，罗光福将工友米某杀死。8月27日，县公安局押回罗光福审理。

5月27日 荆茂堂被省政府表彰为执法为民先进个人并记一等功。

5月 县公安局围绕基本知识、基本技能、基本体能、专业知识和业务技能进行项目练兵。

6月28日 索镇崔茅村部分村民因污染问题，将海明化工厂砸毁。县公安局立案查处。

8月22日 桓台县接收第二批三峡移民21户81人，随迁1人。

9月26日 县公安局82名青年民警组成手枪徒步方队，参加全市公安机关大练兵汇报表演，接受省、市领导检阅。

10月14日 副市长、市公安局局长岳华东到桓台县出席人大代表、政协委员座谈会，到基层单位实地调研，慰问公安民警。

10月 县公安局制定《科技强警总体规划》，加快发展公安科技事业。

12月10日 县公安局被省公安厅、科技厅确定为第一批科技强警示范县建设单位。

2005年

1月1日 山东省建立县级公安机关公用经费保障机制。是年，桓台县执行二类标准，2万元/人·年。

1月11日 县公安局部署为期3年的16周岁以上公民换发第二代居民身份证(简称"二代证")工作。

2月17日 县公安局党委召开以实践"三个代表"重要思想为主要内容的保持共产党员先进性教育活动动员大会。6月底，活动结束。

3月15日 省公安厅、省财政厅建立一线公安民警体检制度。自此，县公安局每年为民警组织一次集中体检活动。

5月1日 县公安局开展打击抢劫、抢夺、盗窃等"两抢一盗"犯罪专项斗争，年底结束。

5月11日 县公安局建立法医学人身伤情鉴定公开制度。

5月 按照公安部要求，县公安局确定每周三为局长公开接访日。

6月16日 邹平县长山镇柳寺村李涛在新城镇遇害。6月19日，抓获犯罪嫌疑人孔灵通。

6月30日 在全县建立刑警、大地保险公司共同打击盗抢机动车犯罪联动工作机制。

6月下旬 桓台县被省公安厅确定为全省首批科技强警示范建设区县。

6月 县公安局集中清理编划安装城区门(楼)牌和农村户牌。

7月13日 各派出所开展定期述职述廉和评职评廉活动，每半年一次。

8月 县公安局打掉宋某、赵某等11人特大盗窃、抢劫犯罪团伙，该团伙窜至莱芜、滨州、淄博等地，作案60余起，案值100余万元。

8月26日 山东东岳集团有限公司保卫科科长于丽君当选"平安淄博"建设"十大杰出卫士"。

10月7日 刑警大队侦破"10·2"绑架杀害小学生案件，抓获犯罪嫌疑人李国强。

10月 桓台县110、119、122实现"三台合一"。

11月8日 根据县政府统一部署，县公安局抽调警力投入高致病禽流感防治工作。

11月22日 秦志博离任，吴佩林任县公安局党委书记、局长。

12月21日 县长徐建祥、县委副书记张善忠调研公安工作。

12月26日 索镇派出所被市公安局评定为

科技强警一级派出所。

12 月 县公安局取消自行车挂牌落户制度。

2006 年

1 月 1 日 县公安局建立机关科队与派出所结对工作制度。

1 月 19 日 县公安局抓获犯罪嫌疑人李桂华、杨修海。1 月 16 日，李桂华伙同杨修海杀死丈夫石光家(新城镇小石家村)并抛尸猪龙河。

1 月 19 日 在陈庄镇南薛村两处机井内分别发现陈庄镇辛马村郝子亮无头尸和头颅。1 月 20 日夜，县公安局抓获犯罪嫌疑人杨秀华、杨勇。

1 月 21 日 索镇派出所户籍室主任荆敏被市政府表彰为全市公安系统"十佳民警"。

2 月 7 日 副市长、市公安局局长岳华东到县公安局指挥中心调研。

4 月 10 日 县公安局开展为期 100 天的打击盗抢汽车犯罪"百日会战"专项行动。

4 月 12 日 全县公安会议召开。县委出台《关于进一步加强和改进公安工作的实施意见》，县委书记王树武、市公安局副局长于洪德出席会议并讲话。

4 月 14 日 桓台县召开公安基层基础暨打黑除恶工作会议。副县长蒲先农讲话。

4 月 28 日 县政协第十一届三十五次主席会议在县公安局召开，听取创建"平安桓台"及公安工作情况通报，并视察县公安局。

5 月 19 日 全国人大常委会副委员长韩启德到山东东岳集团有限公司调研。县公安局完成警卫任务。

5 月 31 日 副市长、市公安局局长岳华东到唐山派出所、果里派出所、刑警二中队及果里交警中队调研。

6 月 12 日 县公安局成立维护公安民警正当执法权益委员会。

6 月 20 日 县公安局正式开通县局—派出所视频会议系统，并召开全局第一次视频会议。

6—12 月 县公安局开展社会主义法治理念教育学习活动。

8 月 13 日 县公安局打掉一个特大盗抢、轮奸犯罪团伙，破案 70 余起。

9 月 26 日 县公安局档案室被评省公安厅评定为一级档案室。

10 月 8 日 县公安局与辖区 4 家县级主要医院建立公安民警因公负伤急救绿色通道。

10 月 19 日 全市公安机关"三项排查""三个专项治理""双述双评"警务公开工作经验交流会在桓台县召开。桓台县公安局等 3 个单位发言。

10 月 19 日 省公安厅经济犯罪侦查总队政治委员朱晨曦调研桓台县内部保卫工作，市公安局政治委员桑培伦、副局长顾国星陪同。

10 月 23 日 县公安局对 56 个副科级领导职位实行竞争上岗。

11 月 2 日 省公安厅副厅长王献增在县委书记王树武陪同下，到果里消防中队调研工作。

11 月 10 日 县公安局开展班子建设好、民警素质好、执法执勤好、队伍管理好、警务保障好的"五好基层所队"创建活动。

11 月 24 日 市保密局副局长李慎勇到县公安局实地检查涉密计算机使用情况。

11 月 桓台县被省公安厅、省科技厅评为全省科技强警示范县。

11 月 索镇派出所被共青团中央、公安部命名为全国青年文明号，被公安部、国家老龄委命名为全国老年维权示范岗。

12 月 19 日 马桥镇五庄村发生一起入室抢劫案件，致 1 死 1 伤。12 月 31 日，县公安局抓获犯罪嫌疑人张福军。

12 月 25 日 县公安局购置人像采集设备、"二代证"读写机具各 12 套，在全市率先实现人像自主采集。

2007 年

1 月 9 日 公安民警王玉华、田宜锋、陈同旺、牟际广、孔晓辉等被县人大常委会评为"十佳人民干警"。

1 月 10 日 县公安局举行"爱民月"活动启动仪式。

2 月 19 日 县公安局整合机构，33 个单位精简为 24 个，提拔 76 名科级干部，另有 19 名科级干部、68名民警轮岗。

2月下旬 县公安局为返乡群众集中办理“二代证”200余个，上门送证1000余个。截至5月5日，全县办理“二代证”328379个，提前完成换证、办证任务。

3—12月 桓台县开展治理自行车、机动车被盗问题专项行动。8月27日，全市治理自行车、机动车专项行动现场会在桓台县召开。

3月27日 在桓台县柳泉北路发生一起轿车追尾事故，4人遇难。

4月13日 县公安局实行警务督察联络员制度，20人被任命为警务督察联络员。

4月26日 起风派出所副所长王旭东被团县委评为“桓台县十大杰出青年”。

5月1日 全县公安机关正式运行执法与监督信息系统，全面推行网上办案。

5月10—12日 县公安局到安丘市及青岛市城阳区、崂山区等地考察质量管理体系建设。10月29日，公安质量管理试运行。

5—6月 桓台县3家企业先后发生保险柜被撬盗案件。经侦查，打掉一个广西籍10人跨省撬盗保险柜犯罪团伙，破案50起。

6月26日 县公安局部分文艺骨干在周家镇太平村举办以“走进社区、共创和谐”为主题的警民联欢文艺晚会。

7月1日 市、县公安机关圆满完成山东东岳集团有限公司创建20周年文艺晚会安全保卫工作。

7月7日 田庄派出所召开建所30周年座谈会，该所连续30年无违纪。市公安局纪委及县、局、镇领导，历任所长、群众代表参加活动。

7月12日 县公安局部署开展集中整治夏季治安秩序行动。整治重点区域7个，整改治安隐患208条，破获刑事案件339起，抓获犯罪嫌疑人113人。

7月25日 省政府党组成员、省长助理，省公安厅厅长曲植凡带领参加全省“三基”工程建设现场会议的各地市公安局局长，参观山东汇丰石化集团有限公司内部治安保卫工作。

7—12月 县公安局开展打击盗窃破坏电力电信广播电视设施违法犯罪专项斗争，破案24起，抓获犯罪嫌疑人15人。

8月6日 市委常委、县委书记陈勇到县公安局调研工作，实地查看基层所队建设。

9月18日 市委副书记侯法生，市委常委、政法委书记陈家金带领全市维护稳定工作流动现场会与会人员，参观山东汇丰石化集团有限公司内部保卫工作，观摩巡特警大队警犬表演。

10月11日 全国政协副主席、全国工商联主席黄孟复视察山东东岳集团有限公司。县公安局完成警卫任务。

10月13日 罗光友带领警种负责人到县广播电台参加“政风行风热线”节目，系桓台公安机关首次参加该类活动。

10月16日 县公安局规范社区和农村警务室建设。10月底，完成警务室外观标识工作。

11月7日 国内成品油供需矛盾突出，县公安局部署加油站安保工作。

11月14日 省公安厅决定，2008年起山东省普通大中专院校录取本省新生不再迁移户口。

11月15—16日 省公安厅副厅长秦黎带队到桓台县城区街道办事处、马桥派出所、山东东岳集团有限公司考核社会治安综合治理暨平安建设工作。

12月25日 全县公安机关部署开展学习实践科学发展观活动。2008年4月，活动结束。

12月29日 县长王可杰、县委副书记王树银到唐山派出所、索镇派出所、刑警二中队、S803省道治安检查站指导节日安全保卫和严打整治工作。

12月30日 县公安局警察训练基地项目奠基。2009年6月，投入使用。

2008年

1月10日 县公安局以“完善110，和谐警民情”为主题，开展“110宣传日”活动。

1月24日 县公安局部署“打盗抢、抓逃犯”专项斗争。至4月底，抓获违法犯罪嫌疑人101人，破案298起。

2月1日 各派出所慰问因南方地区遭受严重雪灾而无法返乡过年的外地民工。

2月5日 市委常委、县委书记陈勇到少海派出所慰问公安民警，检查指导春节安保工作。

2月28日 县公安局中层以上负责人到鲁中监狱开展反腐倡廉警示教育活动。

3月17日 武警部队副司令员何映华在市委书记刘慧晏，副市长、市公安局局长岳华东陪同下，视察县看守所和武警中队。

4月17日 县公安局刑事科学技术室被评定为全国一级刑事科学技术室。

4月25日 县看守所整体搬迁，125名在押人员被安全押解到新看守所（县城东南原石油公司旧址）。

4月28日 胶济铁路周村至王村区间发生特大交通事故。至5月18日，县公安局完成其中8名遇难者、8名受伤者善后处理及保卫工作。

5月9日 县公安局完成中共中央政治局常委、国家副主席习近平途经淄博警卫任务。

5月19日 全国哀悼日。14时28分，全局民警在办公场所就地默哀，执行任务的警车停车鸣笛。全体党员缴纳特殊党费，支援"5·12"汶川大地震灾区。

6月11日 县公安局筹资15万元，协助共建帮扶单位唐山镇石店村新打1眼深水井，石店村送"焦渴送甘泉，铭记掘井人"锦旗。

6月18日 县长王可杰到县看守所指导工作，实地检查基础设施和装备配置情况。

7月6日 县公安局召开奥运安保动员会。截至9月20日，全面完成奥运会、残奥会安保任务。

7月9日 国家疾病防治控制中心主任助理、中国妇幼保健中心证件办主任樊延军到少海派出所调研《出生医学证明管理办法》实施情况。

7月23日 县公安局抽调81名民警，完成在济南举行的奥运火炬传递活动安全保卫任务。

8月2日 中共中央政治局委员、中央书记处书记、中组部部长李源潮到马桥镇调研科学发展观情况。县公安局完成警卫任务。

8月3日 唐山派出所被公安部评定为一级派出所。

8月上旬 县公安局投资200余万元，建成果里、耿桥、新城3个治安检查站。

8月17日 县公安局打掉一特大盗抢货车柴油犯罪团伙。该团伙驾车窜至潍坊、东营、淄博、济南、滨州等地，作案300余起，案值50余万元。

8月28日 县公安局首次招聘30名文职人员。11月，文职人员经培训后上岗。

9月6日 县公安局在县博物馆广场举行单警装备和警用车辆配发仪式，为基层配发241套单警装备和13辆处警车。

9月20日 中央电视台《激情广场》走进桓台暨国学经典诵读大型文化广场展演活动在县文体中心举行。县公安局组织警力完成保卫任务。

10月5日、29日 省委副书记刘伟分别到马桥派出所及少海社区警务室、黄家警务室指导公安基层基础工作。

10月16日 县公安局召开深入学习实践科学发展观活动动员大会。

10月21日 市委书记、市人大常委会主任刘慧晏到少海警务室调研。

11月1日 全县公安机关部署开展冬季严打整治集中行动。截至2009年1月20日，查获违法犯罪嫌疑人180人，破案554起。

11月3—4日 中共中央政治局常委、国务院副总理李克强到桓台县调研和指导深入学习实践科学发展观活动情况。县公安局完成警卫任务。

11月8日 全县实施治安安民工程。按照"一年抓建设、打基础，两年抓巩固、促提高，三年抓完善、见成效"基本思路，用三年时间，构建完善的社会治安防控体系。

12月1日 省委副书记刘伟到县公安局调研学习实践科学发展观情况。

12月9日 县公安局专题研究扁平化指挥体系建设。12月13日起，首先在城区推行扁平化指挥机制。

2009年

1月11日 全省经侦、经文保工作会议在济南召开。县公安局经侦大队作《实行案件告知回访制度 树立经侦部门良好执法形象》典型发言。

1月22日 市公安局政治委员、常务副局长桑培伦实地查看果里派出所基础建设、警营文化建设及果里治安检查站监控系统运行情况。

2月16日 县公安局完成对百岁以上老人的核实工作，全县百岁以上老人13人，其中男性2人，女性11人，最大年龄105岁。

2月16日 县公安局部署开展“猎鹰一号”追逃专项行动，一个月内抓获在逃人员23人。

3月16日 中共中央政治局委员、国务院副总理回良玉考察桓台县春季麦田管理、春耕春备、农资供应和农机服务工作。县公安局完成警卫任务。

3月26日 张店至桓台天然气主管道被施工人员不慎挖断，造成天然气严重泄漏。县公安局110报警服务台迅速调集附近警力，3分钟内封锁现场周边路口，确保人车安全。

4月1日 副市长、市公安局局长岳华东到桓台县检查全运会安保工作。

4月27日 巡特警大队迁至县看守所监区旧址，新楼建筑面积600余平方米。

5月12日 武警部队副司令员刘红军视察县武警中队、县看守所。

5月15日 县公安局破获“5·5”华沟村特大绑架儿童案，抓获嫌疑人张某，两名儿童安全获救。5月19日，桓台县召开表彰会，县领导陈勇、王可杰、尹德喜、任德盈、王树银等出席会议，刑侦大队和3名民警被记三等功，17名民警被嘉奖。

5月21—30日 吴佩林参加第六期全国县级公安局局长“学习实践科学发展观、推动公安工作上新水平”专题培训班，被评为优秀学员。

6月10日 县政协主席任德盈及各位副主席、秘书长调研全县公安工作。

6月10日 山东警察学院实习基地在县公安局挂牌。警察学院党委副书记、副院长王庆功，县委副书记刘春杰参加挂牌仪式。

6月27日 中共中央政治局常委、国务院总理温家宝到山东东岳集团有限公司调研。县公安局完成警卫任务。

8—10月 全县公安机关圆满完成第十一届全运会桓台赛区排球比赛安全保卫任务。

8月20日 县公安局召开科级干部竞争上岗动员大会。通过竞争上岗，提拔重用52名副科级干部；民主推荐7名正科级干部。

8月29日 中央督察调研组到县公安局检查深入学习实践科学发展观活动情况，对公安工作表示满意。

9月1日 县公安局打掉一个重大持枪抢劫犯罪团伙，破案20余起，抓获犯罪嫌疑人4人，缴获钢珠枪1支、赃物一宗。

9月30日 县公安局指挥中心从四楼迁至三楼(原大会议室)。新指挥大厅建筑面积150平方米，投资300余万元。

10月15日 武警部队司令员吴双战视察县武警中队。

10月17日 中共中央总书记、国家主席胡锦涛到桓台县视察。在市公安局统一领导下，县公安局完成警卫任务。

11月18日 县人大常委会主任尹德喜一行视察县公安局。11月26日，吴佩林向县十六届人大常委会报告治安安民工程及社会治安综合治理情况。

11月20—21日 “全球通”杯第四届淄博公安(警体)运动会在桓台县警察训练基地举行，桓台县公安局代表队获总分第一名。

11月23日 桓台县交通安全宣传教育基地揭牌仪式在桓台县顺通驾校举行。市公安局交警支队政治委员秦志博，县委常委、政法委书记赵霞出席活动。

11月24日 中共中央政治局原常委、中纪委原书记吴官正到山东东岳集团有限公司调研。县公安局完成警卫任务。

11月27日 省公安厅原副厅长吕玉明在市公安局副局长周立华陪同下调研桓台公安工作。

11月 县公安局文保及警卫、经保业务由经侦部门分别划归国保、治安部门。

12月10日 少海派出所民警杨光成被团县委评为“桓台县十大杰出青年”。

2010年

1月10日 全县公安机关以“危难见真情，请拨110”为主题，以警营开放活动为主要载体，开展“110宣传日”活动。是日，组织第一次警民恳谈活动。

1月22日 荆家派出所民警金海军当选扳倒井杯2009“感动淄博”年度人物。

1月 省公安厅委托省社情民意调查中心调查全省公安机关2009年度群众满意度，桓台县群众满意率96.66%，位列全省第八、全市第一。

2月8日 县公安局专项治理警用车辆和涉案车辆违规问题。是年11月结束。

2月20日 县公安局建立警情会商制度。

3月20日 全省公安机关办公自动化系统投入运行。

4月16日 全市公安机关扁平化指挥体系暨110规范化建设工作现场会在桓台县召开。副市长、市公安局局长岳华东出席会议并讲话。

4月21日 武警部队政治部干部部部长谢新义、武警山东总队副政治委员李玉良到县武警中队调研指导工作。

5月7日 全国政协副主席、全国工商联主席黄孟复视察淄博美中美木业有限公司。县公安局完成警卫任务。

5月27日 公安部十一局副局长兼互联网信息中心主任赵世强到县公安局调研。

6月28日 县政协主席张明到县公安局视察。

7月28日 全市拘留所管理教育新模式推进会在桓台县拘留所召开。10月22日，县拘留所受到公安部通报表彰。

7月30日 县消防大队马桥中队成立，省公安厅消防局司令部副参谋长杜奉年、市公安局副局长于洪德，县委常委、政法委书记赵霞出席揭牌仪式。

8月15日 公安部督察专员刘林华到县公安局督导校园安保、严打整治、执法规范化建设、涉案人员非正常死亡集中整治等工作。

9月13日 根据东西警务合作计划，新疆维吾尔自治区乌恰县公安局指挥中心副主任伯光军到县公安局跟班学习，为期三个月。县公安局民警邹毅、李沛源到对方单位协助工作。

10月25日 市公安局政治委员、常务副局长桑培伦到县公安局检查指导涉案车辆停车场建设工作。

10月27日 新疆维吾尔自治区克州公安局副局长崔新保一行24人到县公安局考察。

10月29日 县公安局抓获盗窃变压器铜芯犯罪嫌疑人2人，破案182起，案值500余万元。

11月8日 G205国道桓台县与博兴县交界处南侧发生重大事故，鲁C02712号客车与鲁E06698罐车相撞，客车上民工13人遇难，8人受伤。

12月6日 经省公安厅政治部认定，县公安局民警训练基地达到县级公安局一级训练基地标准。

2011年

1月10日 县公安局爱民月、“110宣传日”暨警民恳谈周年纪念启动仪式在博物馆广场举行，110宣传活动以“开门评警，走进110”为主题。

3月21日 省公安厅副厅长任学增到县公安局调研指导执法规范化建设。市委常委、政法委书记、市公安局局长岳华东陪同活动。

4月24日 市委常委、政法委书记、市公安局局长岳华东等到果里派出所、起凤派出所、桓台交警大队事故处理科观摩点评执法规范化建设。

4月 县公安局投资30余万元，建成执法监督指挥中心。

5月5日 县公安局开展为期40天的集中打击整治“四车”（汽车、农用机动车、电瓶车、自行车）犯罪专项行动，破案158起，抓获犯罪嫌疑人13人，查获被盗抢车辆50辆。

5月19日 淄博公安服务在线与鲁中网联合邀请吴佩林做客“警民在线”，解答51名网友提出的问题。

5月26日 县公安局开展“清网行动”。截至12月13日，桓台县网上在逃人员数量下降90.5%，受到市公安局通令嘉奖。

6月14日 县公安局在县博物馆广场举行仪式，向一线实战单位集中配发33辆警车，其中向少海、索镇、果里派出所各配发1辆流动警务车。

6月15日 市委常委、政法委书记、市公安局局长岳华东及市公安局领导桑培伦、于洪德、柳奇、张宇海到桓台指导“六小警务”流动工作站建设工作。

7月26日 县公安局建成涉案物品保管中

心。该中心面积近60平方米,配备档案橱12个、货架8个,对一般性及特殊涉案物品分别保管。

8月2日 省公安厅副厅长张志华到山东汇丰石化集团有限公司警企联络室检查指导工作。

8月5日 县公安局抓获潜逃辽宁、海南、山东等地8年的命案逃犯耿庆明。

8月31日 市委副书记陈家金到唐山镇调研校园安保工作。

9月11—12日 《大众日报》编委、新闻采编中心主任张军等到起凤派出所体验民警生活。

9月 县公安局互联网信息监控中心运行。

10月19—27日 巡警王强荣获全国公安机关警务实战教官技能比武二等奖,被公安部政治部评为全国公安机关全能警务实战教官。

10月28日 县公安局抓获在逃7年抢劫杀人犯罪嫌疑人刘新安。

11月 县公安局招聘60名交通巡逻协勤人员,培训合格后分配给交警、巡警部门各30名。

12月13日 逃亡12年命案逃犯张波到果里派出所投案自首。

12月22日 县公安局首次举办优秀技战法评审会,评出"十佳网上技战法"。

2012年

1月10日 县公安局在县博物馆广场集中开展110暨"三访三评""五访创满意"宣传活动。

1月11—12日 吴佩林参加全省公安工作会议,县公安局被评为全省优秀公安局,吴佩林被评为全省优秀公安局长。

3月1日 县公安局立案侦查桓台浦发投资有限公司非法吸收公众存款案。桓台浦发投资有限公司未兑付资金2.1亿余元,涉及616人。

3月12日 桓台县国弘重工机械有限公司发生塔机套架坠落事故,造成5人死亡、3人受伤。

3月21日 省公安厅经侦总队总队长韩杰一行到桓台指导打击经济犯罪破案会战工作。

4月22日 中共中央政治局常委、中央纪委书记贺国强到果里镇后埠新村、山东东岳集团有限公司调研。县公安局完成警卫任务。

5月25日 新疆维吾尔自治区乌恰县公安局考察团到县公安局对口交流。

6月27日 县公安局110报警服务台被评为全县为民服务、创先争优"十佳窗口"。

7月4日 市委副书记周连华到果里派出所调研社会管理创新工作。

7月10日 省检察院检察长吴鹏飞在市委书记刘慧晏、市检察院检察长黄敬波、市公安局局长丁冠勇陪同下,到县看守所调研。

8月10日 桓台县森林公安局成立,实行林业和公安部门双重领导,列入县公安局序列,对内称"桓台县公安局森林警察大队"。2013年3月1日,李君任县森林公安局政治委员。

8月25日 山东国金化工厂双氧水生产装置发生爆炸,3人死亡,7人受伤。

10月22日 全市公安机关巡逻防控工作会议暨党的十八大社会面安保巡防机制启动仪式在桓台县召开(举行)。县公安局作《以巡固防 以防带控 打防结合 着力构建打防控一体化巡防工作新格局》典型发言。

11月1日 县公安局抓获潜逃14年的命案逃犯许俊生。

12月19日 市社情民意调查中心电话调查测评2012年度群众满意度。"全县社会治安状况"评价得分在受测项目中位列第一。

12月 县公安局被省精神文明委员会命名为省级文明单位。

12月 全省公安机关社情民意调查,群众对桓台公安工作满意度98.95%,居全省县级行政区划公安局第一名。

2013年

1月20日 县公安局被省公安厅记集体二等功。

2月3日 吴佩林、罗光友离任,张京义任县公安局党委书记、督察长、副县级侦察员。

3月19日 县十七届人大常委会第十次会议任命张京义为县公安局局长。

4月1日 县公安局召开全体民警会议,确定"148"工作思路,践行现代警务理念。

4月2日 县公安局在全省公安机关"两保一

创”大走访活动总结电视电话会议上作典型发言。

4月10—11日 张京义带领治安、消防、交警及相关派出所负责人调研“警务双进”工作。

4月16日 中共中央政治局常委、全国人大常委会委员长张德江到唐山镇示范田视察。县公安局完成警卫任务。

4月19日 张京义主持召开全县公安文秘宣传工作会议。

4月24日 省长助理、省公安厅厅长徐珠宝在省公安厅党委委员、指挥中心主任王金城，治安警察总队总队长李文勇陪同下，到马桥镇调研城镇化进程中的户籍制度改革问题。市委常委、政法委书记尚龙江，市政府党组成员、市公安局局长丁冠勇参加活动。

5月10日 县公安局召开第一期网上警民恳谈会，张京义带领各部门负责人通过淄博公安民生服务在线与网友交流。

5月13日 县公安局聘请省公安民警心理健康服务中心专家组成员、山东警察学院副教授程亮为民警心理健康工作首席顾问。8月8日，程亮等“心理健康走基层”5人专家组与县公安局民警交流。

5月14日 全国政协副主席、全国工商联主席、中国民间商会会长王钦敏到山东东岳集团有限公司、鸿嘉星城调研。县公安局完成警卫任务。

5月14日 张京义带领中层以上负责人到县廉政教育基地接受廉政教育。

6—11月 县公安局开展取保候审突出问题专项督察行动。

7月12日 全市公安经侦系统执法规范化建设现场会在桓台县召开，与会人员观摩经侦大队案管中心。

7月16日 白向强任县公安局政治委员、党委副书记、副县级侦察员。

7月22日 县公安局召开空缺科级职位选拔动员大会。9月，28人被提拔到正科级岗位。

8月8日 县公安局部署电动自行车实名登记打码服务工作。

8月28日 张京义参加“当一天看守所所长”活动。

8月29日 全市直接联系群众做好信访工作暨执法规范化建设现场会议召开。县公安局局长张京义作《以“六化”为抓手 扎实推进执法规范化建设》典型发言。

8月30日 市政府党组成员、市公安局局长丁冠勇带队观摩点评桓台视频监控全覆盖工程暨大巡防机制建设。

9月27日 张京义向县十七届人大常委会第十五次会议报告治安管理处罚法贯彻执行和公安工作情况。

10月16日 县公安局部署“十艺节”安全保卫工作。

10月23日 全市公安反邪教“飓风行动”现场推进会在桓台县召开。市公安局党委副书记、副局长于洪德讲话，县公安局作典型发言。

11月1日 县公安局在县文体中心举行“抓五严创双优”集中宣传活动暨严打整治冬季攻势启动仪式。县领导王可杰、贾刚、刘春杰、高连义出席活动。

11月18日 县公安局组建禁毒大队，禁毒大队承担县禁毒委办公室日常工作。

11月22日 县公安局11人通过司法考试。

11月26日 刘继磊代表山东省公安厅参加“公正在我心、共筑法制梦”全国公安机关法制员业务技能竞赛总决赛，获集体一等奖（团体第一名）、个人二等奖。

12月5日 市委副书记周连华，市委常委、政法委书记尚龙江带领全市“三大工程”建设观摩团到马桥镇观摩指导治安防控体系建设。

2014年

1月10日 淄博公安进企业警民恳谈会在山东泰宝集团有限公司（起凤镇）举行，市政府党组成员、市公安局局长丁冠勇出席恳谈会，与企业家代表、职工代表交流。

1月12日 省公安厅副厅长王兆玉到县公安局指导经侦工作。

2月12日 县公安局召开110工作研讨会，出台加强110建设的十二条规定。

2月28日 全省公安经侦工作会议暨执法规范化建设现场会在淄博市召开，推广县公安局经侦大队案件管理中心经验做法。

3月7日　武警山东总队司令员李苏鸣到县武警中队检查指导工作。

3月12日　县公安局召开党的群众路线教育实践活动动员大会。

3月21日　张京义向县政协十三届十一次常委会通报公安机关优化服务质量、保障全县经济社会发展情况。

3月27日　县公安局启动武装巡逻工作。

3月28日　全市公安政治工作会议召开。县公安局作典型发言。

3月31日　中国前卫体协副主席兼秘书长孙杭南等到县警察训练基地调研警体达标工作。

4月10日　省公安厅巡视组副组长、治安总队调研员管山一行到县公安局巡视。

5月4日　市委常委、政法委书记韩国祥带领社会治安综合治理调研组到直属大队调研工作。

5月4日　刑事案件审核业务归口法制大队。

5月15日　县公安局民警王玉峰家庭荣获淄博市"最美家庭"称号。

5月17日　央视《朝闻天下》栏目专题报道索镇派出所"民警赶大集快板说法"工作。

5月21日　青海省公安厅经侦总队副总队长赵冬一行60余人在省公安厅经侦总队副总队长韩卫华陪同下，到县公安局交流工作。

5月26日　全县社会治理工作推进会议决定，加快视频监控全覆盖工程建设，实施"万名治安志愿者"工程，开展"平安村居（社区）"创建活动。

6月3日　县公安局对传销可可甲壳素胶囊案立案侦查，发起全国集群战役，抓获犯罪嫌疑人14人，系桓台公安机关侦破的首起网络传销案件。

6月17日　桓台县法律援助中心看守所工作站挂牌成立。

7月8日　桓台县"万名治安志愿者"工程启动仪式在县文体中心举行。

7月　县公安局建成全市首个区县级联动执法指挥部，接入食药环重点区域视频监控72路数据。

8月5日　山东省公安民警心理健康服务中心专家程亮、丁文俊、王成义等到桓台警察训练基地开展"心理工作进基层，危机干预送健康"活动。

8月13日　县公安局抓获在逃10年命案逃犯李洪德。

8月28日　市公安局副局长宁治坤到马桥派出所祁家警务室检查指导工作。

9月3日　省公安厅副厅长王兆玉、警卫局局长舒明指导桓台公安警卫基层基础工作。

9月3日　中央电视台新闻频道《午夜扫描》栏目，报道索镇派出所以科技为支撑，搭建治安防控"天网"工程的做法。

9月4日　全县社会治理工作现场会召开。参会人员实地观摩索镇、唐山镇视频监控全覆盖工程及果里镇治安志愿者工作情况。

9月17日　市公安局党委委员、纪委书记曲卫东为县公安局民警上廉政党课。

9月22日　经侦大队在全省打击非法集资犯罪工作交流推进会议上介绍经验。

9月26日　受县政府及县公安局局长张京义委托，白向强向县十七届人大常委会第二十四次会议报告贯彻执行人民警察法和公安工作情况。

10月26—28日　国保大队庞允凤等5名民警代表山东参加全国县级公安国保大队业务技能比武竞赛，获集体一等奖。

10月　公安部组织百城禁毒会战，2015年3月结束。县公安局抓获涉毒犯罪嫌疑人110人，战果排名位居全省第三序列65个县级公安机关第三名。

11月11日　县委组织部副部长、老干部局局长李相书为离休民警祝兆贤颁发全省"五好"离退休干部党员奖牌证书。

11月14日　县公安局在广东省佛山市抓获潜逃15年的命案逃犯马林。

12月8日　县政府批复同意，桓台县保安服务公司资产整体移交县金海公司。

12月18日　经侦大队案件动态管控系统、马桥派出所农村社区房屋管理系统获2014年度山东公安科学技术进步奖应用技术类三等奖。

12月23日　全市社区民警比武竞赛，县公安局12人进入全市前40名，4人被市公安局评为全市"双十佳社区民警"。

12月31日　省公安厅政治工作调研座谈会

召开，县公安局局长张京义介绍人才工作情况。

2015 年

1月7日 人民公安报社《动态清样》刊发《桓台警嫂陈兰芳十载不离不弃呵护植物人丈夫创造奇迹——0.05%的希望变成100%的现实》。省委书记、省人大常委会主任姜异康作出批示。

1月8日 省公安厅党委副书记、副厅长毕宝文在省公安厅消防总队长马先宏陪同下，到桓台县督导消防安全隐患整治工作。

2月 县公安局被省公安厅评为全省优秀公安局。

4月10日 县看守所被公安部评定为一级看守所。

5月22日 全市公安机关食药环侦工作向派出所延伸推进会在桓台县召开，省公安厅食药环侦总队总队长张月波及市公安局党委委员张少克、指挥中心主任李栋贤出席会议。是月，直属大队建成全市首个食药环安全教育基地。

6月18日 市政府党组成员、市公安局局长丁冠勇观摩桓台县立体化社会治安防控体系建设情况。

7月9日 省公安厅党委副书记、常务副厅长毕宝文率领全省消防安全管理"四化"建设现场会暨夏季消防检查工作推进会参会人员，到淄博市社会福利院老年服务中心(果里镇)检查指导消防工作。

8月22日 山东润兴化工科技有限公司电解车间试生产时，滗析器发生爆燃事故，1人死亡，9人受伤，直接经济损失430万元。

8月28日 市公安局党委书记申延军到桓台县调研指导公安工作。县领导王可杰、贾刚、李向东陪同活动。

10月8日 公安部、全国妇联举行首届"好警嫂"推选宣传活动揭晓仪式，桓台警嫂陈兰芳等120名警嫂荣获"好警嫂"荣誉称号，受到孟建柱、沈跃跃、郭声琨等党和国家领导人亲切接见。

10月10日 县公安局开展秋冬治安"百日会战"。截至2016年1月20日，破获刑事案件452起，刑事拘留356人，行政拘留395人，缉捕逃犯91人。

10月17日 县公安局举行全县秋冬治安大巡防启动仪式。县领导刘春杰、李向东、王晓平出席。

10月29日 CCTV《新闻直播间》《中国新闻》分别播放县公安局破获系列网银木马盗窃案节目。

11月4日 公安部老干局巡视员韩鹏、宣传局文化处副处长林树龙，省公安厅副巡视员冯瑞青、基层工作处处长高飞等到县公安局督导"秉公执法、人民公安为人民"主题教育活动。

11月15日 市政府党组成员、市公安局党委书记申延军检查督导桓台县公共安全、监所安全管理及秋冬治安"百日会战"工作。

11月30日 省公安厅副厅长王兆玉凌晨突击检查县看守所、县拘留所。

12月11日 省禁毒委员会副主任、省卫生和计划生育委员会副主任宋新强，省禁毒办常务副主任、省公安厅禁毒总队总队长邵浩浩督导桓台禁毒工作。

12月17日 全市公安机关非经营安全保护技术措施落实工作推进会在桓台县召开。县公安局介绍建设经验，演示非经营无线管控平台功能。

12月22日 县公安局破获一起系列医疗保险诈骗案，刑事拘留6人，挽回损失155万余元。

12月24日 县公安局指挥中心机要室被公安部评定为县级公安机关一级机要室。

12月29日 公安部消防局副局长亓延军到淄博市社会福利院督导消防工作，副市长刘东军，县委副书记、代县长边江风陪同活动。

是年 桓台县无命案。

是年 县政府将张北路、渔洋街路口东北角原建国大厦改建为县公安局信息指挥中心，建筑面积9700平方米。

2016 年

1月9日 县公安局在惠仟佳广场开展以"群众的110，你我的30年"为主题的"110宣传日"活动。

1月10日 市政府党组成员、市公安局局长申延军到天齐汽车博览园参加淄博公安走进企业警民恳谈会。县委常委、政法委书记李向东，张京义、白向强陪同活动。

1月26日 人民公安报刊发《新常态下 看桓台如何打造活力警队》，整版报道桓台公安队伍情况。

1月 县公安局民警训练基地被省公安厅评定为一级基地。

2月2日 辅警张恩武当选2015“感动淄博”年度人物。

2月6日 县委副书记、县长边江风慰问巡特警大队、110指挥中心值班民警，听取公安工作汇报。

2月22日 县公安局荣获“今天我在岗”全市公安电视专题片评选活动优秀组织奖，《火眼神探——于孝诚》《亲民所长——张连祥》分获一、二等奖。

3月30日 公安部治安管理局十一处处长陈浩一行调研桓台县户籍人口城镇化工作。

4月7日 县公安局成立“剑锋”突击队，张京义向突击队授旗。

4月8日 市委副书记于海田到经侦大队调研化解经济领域矛盾纠纷工作。县委书记贾刚，县委副书记石东升，县委常委、政法委书记李向东陪同。

4月15日 县公安局启动桓台县公安志编纂工作。5月10日，召开全县公安史志工作会议，张京义、白向强及市公安局史志办主任单联国、淄博警察训练基地高级讲师常德功、县地方史志办主任董杰出席会议并讲话。

4月15日 果里镇东马村马祖学及妻子姜丽萍在家中遇害。4月19日，犯罪嫌疑人李亮投案自首。

4月 县公安局在后院东北角开工建设刑事执法管理中心，建筑面积1500平方米，投资600万元。12月5日，投入使用。

9月8—9日 泰国第九警区警察局副局长提拉萨及各府、市警察局局长一行9人到桓台县参观访问。

10月18日 县公安局局长张京义在全省公安局处长座谈会上作《打造新型警务共同体 推动社区警务工作升级发展》典型发言。

11月16日 市政府党组成员、市公安局党委书记、局长申延军率全市公安机关基层基础建设观摩点评团观摩指导桓台公安工作。

12月5日 县公安局档案室在全县首家顺利通过省档案科学化测评先进单位验收。

2017年

1月6日 索镇派出所“爱心警察妈妈”团队当选2016“感动淄博”年度人物。同时，获“中国网事·感动山东”2016年度网络人物评选提名奖。

1月19日 张京义当选桓台县人民政府副县长。

5月19日 县公安局被公安部评为全国优秀公安局。5月24日，省公安厅在桓台宾馆举行授奖仪式。6月6日，县政府为县公安局记集体三等功一次，奖励100万元。6月21日，市委政法委在全市政法系统开展向桓台县公安局学习活动。6月30日，县委、县政府开展向县公安局学习的活动。

7月6日 全省公安机关基层基础建设三年攻坚战现场推进会与会人员到县公安局执法办案管理中心、果里派出所后埠村警务服务站观摩。副省长、省公安厅厅长孙立成，省公安厅党委委员、巡视员、厅直有关单位主要负责人，各市副市长、市公安局局长，各直属公安局局长，各市公安局及直属公安局攻坚办主任参加观摩。

8月26日 县公安局指挥信息中心投入使用，在新址开展“迎接十九大 忠诚保平安”誓师大会。

9月29日 《桓台县公安志》志稿专家评审会召开。副县长、县公安局局长张京义，县公安局政委白向强，县公安局党委委员、指挥中心主任王旭东及来自市公安局史志办、县政府地方史志办、县保密局的6位专家出席会议。

第一章　机构沿革

清朝末年，新城县设立专门警察机构——巡警局。中华民国初期，新城县警务沿用清制。民国30年(1941年)4月，桓台县抗日民主政府成立公安局，未及完善内设机构，即因抗日斗争形势恶化而撤销建制。民国32年(1943年)6月，复设县公安局，实行以作战为主要任务的精干武装工作队模式。抗日战争胜利后，内设机构和派出机构逐步完善。1958年11月，撤销桓台县公安局建制，并入博兴县公安局。1961年9月，恢复桓台县公安局建制。"文化大革命"中，县公安局受到严重冲击，与县人民检察院、县人民法院合并成立保卫部，后由中国人民解放军对县公安局、县人民检察院、县人民法院实行统一军事管制。1973年6月，恢复县公安局建制。根据形势任务的需要，县公安局内设机构和派出机构不断发展和完善。

第一节 旧制警政

清末警察机构

清朝末年，新城县设县公署。县公署设知县1员，下设县丞1员，掌管粮马、税收、户籍、巡捕；刑名1员，代知县办理刑案；老将(又名城守营)1员，专管城镇治安；典吏1员，专管刑狱；另设钱谷1员，账房1员，教谕1员，训导1员。办事机构有吏、户、礼、兵、刑、工六房，快、状、皂三班。六房中，户房掌管户籍、财税，刑房掌管法律、刑狱。三班各有20～30人，快班分头快、二快，主管急案捕办；状班分头状、二状，主管民事案件、缉拿案犯；皂班分头皂、二皂，主管升堂镇堂、施刑逼供、鸣锣开道、保护知县。

清光绪三十一年(1905年)十一月，新城县成立巡警局，设巡官1名、巡兵10名，局址在城里兴国寺。宣统二年(1910年)，巡警局略有扩大，增区官1名、巡官1名、巡目2名、警兵20名。

民国警察机构

民国元年(1912年)，新城县警务沿清制，巡警局设区官1名、巡弁1名、巡兵10名、警兵20名。民国2年(1913年)，区官改为一等警佐，巡官改为二等警佐，局址由兴国寺迁至县公署西原典吏署。民国7年(1918年)秋，大雨成灾，民不聊生，桓台县社会秩序混乱。县知事王右弼呈准成立保卫团，设6队，每队20人。民国8年(1919年)，县知事田晋铎呈准改保卫团为警备队，增设马队，马警20人。民国15年(1926年)1月，巡警局改为警察所，一等警佐改称警察所长，由县知事兼任所长。6月改称公安局局长，局长刘相周。民国16年(1927年)，警备队奉命改为武装警察，并入警察所。随着人员增多，下设张店、索镇、岔河3个分驻所，每所60人。

民国17年(1928年)，武装警察由警察所分出，改称县自卫团。6月，国民革命军北伐成功，县公署改为县政府，改县知事为县长，改警察所为公安局、公安队两部分。国民党桓台县公安局设局长1名，下设课长、课员各2名，一、二、三等巡官各1名，一、二、三等巡长各2名，并设张店分局及索镇、岔河分驻所。民国19年(1930年)，公安队、自卫团改组为民国大队部。民国22年(1933年)，县公安局奉命改组，设局长、事务员、书记员、巡官、三等巡官各1名，巡长3名，一、二、三等巡警共44名，马警6名。继设张店分局及索镇、岔河分驻所。张店分局设分局长1名，三等巡官1名，巡长2名，一、二、三等警兵28名，马警2名。索镇、岔河分驻所各设一等巡官1名、书记员1名、巡长1名，一、二、三等警兵28名，马警2名。

民国26年(1937年)年初，县公安局改称警察局。抗日战争爆发后，国民党桓台县县长吴景寿撤逃，警察局自行解体，县内处于无政府状态。民国27年(1938年)春，桓台县以胡凤林为首，组建中国国民政府军事委员会华北别动总队第十三游击支队第十二梯队，胡凤林任司令，以司令部名义行使政权管理。是年夏，奉命成立国民党桓台县政府，执行国共合作抗日民族统一战线政策。为维护治安秩序，设立保安队、刑警队。民国28年(1939年)2月9日，日军侵占桓城、索镇等重要城镇，桓台县沦陷，国民党警察机构再度解体。

民国34年(1945年)8月28日，桓城解放，国民党山东挺进军三十五纵队(原二十四旅)司令隽宇澄在张店成立国民党桓台县政府，隽宇澄任县长，并建立警察局，营长张伯言任局长，设司法科、行政科、督察室、总务科、警察保安大队、刑警队、看守所。民国35年(1946年)6月,张店解放,隽宇澄等被俘,张伯言等逃亡济南。7月,张伯言等随国民党军队东进张店。民国36年(1947年)3月,张店再次解放,张伯言等二次逃亡济南。8月,国民党军队占领张店,张伯言在张店复立桓台县警察局,下设行政科、司法科、警察保安大队、督察室、总务科、刑警队,约100人。9月,张伯言与县长柴克清返回桓城,警察局设于北门里,并增设看守所、城关派出所,撤销刑警队。警察保安大队设3个中队,200余人,张伯言兼大队长。桓台县警察局张店警察所设行政、庶务、督察、户籍巡官,巡官下设警长,警长下有4个警士,全所20余人,所址张店斜马路,警察保安大队一个排30余人守卫张店警察所。11月,司法科并入行政科。桓城四关分四保,每保设保长、保副各1人,从四保内各抽4人,分户籍组、情报组、火警组(后改为消防组)、卫生组,每组4人,穿便衣,戴黄袖章,上写"义勇警察"字样,每月由本保付粮30公斤作为薪饷。义勇警察直属警察局、派出所领导,主要任务是协助警察局、派出所办理、清查户口,刺探共产党情报,在桓城四门盘查出入人员,消防灭火,管理卫生,督促居民清扫街道。

警察局进驻城里后,张伯言多次率警察跟随国民党军队、县自卫大队对解放区扰乱蚕食。民国37年(1948年)3月18日,桓台县全境解放,国民党桓台县政府及警察局被彻底摧垮。

附:

日伪警察

民国26年(1937年)12月,日军侵占张店,成立伪桓台县警务局,局长王凤章,下设督察长、警务股、警法股、拘留所,100余人。民国28年(1939年)2月,日军侵占桓城,警务局随日伪县政府迁至桓城北门里,下设张店警务分局,40余人。10月,警务局改称警察所,设督察系、警务系、警法系、警政系、特务系,辖张店、索镇分所。民国29年(1940年)3月,增设情报员3名。8月,日伪县政府成立"剿共班",情报员由3人增至5人,增设岔河分驻所。民国30年(1941年)5月,所长王凤章调走,程金铭任所长,改督察系为督察室,岔河分驻所改为派出所,增设卫固派出所。民国31年(1942年)3月,增设经济系,改特务系为特别保安系。民国33年(1944年)11月,增设石桥分驻所,特别保安系改为特高系,撤销经济系。民国34年(1945年)2月,所长程金铭调走,杨东海任所长,下设督察、警务、保安、警法、特高5个系,辖桓城、张店、石桥、索镇、岔河、卫固6个分所,每所10余人。日军投降后,日伪桓台县政府和警察所被国民党山东挺进军三十五纵队接收。

第二节　人民公安

内设机构

民国30年(1941年)4月,根据中共山东分局指示和山东省战时工作推行委员会命令,桓台县抗日民主政府设立公安局,并成立政卫队。民国31年(1942年)1月,政权建制撤销,政卫队随同境内武装力量改编为长桓军政工作团。民国32年(1943年)6月,恢复桓台县抗日民主政府,复设县公安局。民国33年(1944年)8月,组建桓台县公安武装工作队(简称武工队)。民国34年(1945年)9月,桓台县抗日民主政府改称桓台县人民政府,桓台县人民政府公安局设政卫队、侦察队、纠察队、公安分队、文书、审讯及差犯管理员。全局70余人,其中政卫队50余人。10月,成立一股。11月,撤销公安分队。民国35年(1946年)1月,局机关设一股(管侦察和干部)、二股(管武装和治安)、三股(管看守和审讯)、四股(管文牍和事务)和政卫队、侦察队、纠察队。7月,撤销纠察队。8月,增设干部股为二股,原二股改为四股,原四股改称五股。9月,成立武工队。民国36年(1947年)8月,撤销武工队。民国37年(1948年)5月,撤销二股。县公安局设侦察股、治安股、审讯股、秘书室、政卫队、侦察队。

1950年5月,桓台县划归淄博专署管辖。9月,侦察股更名为侦保股。1951年5月,政卫队改为公安队。11月,增设劳改队、人事股。1952年2月,侦察队并入侦保股。7月,侦保股与审讯股合并,称侦审股。9月,增设保卫股,秘书室改称秘书股。11月,公安队划归中国人民解放军山东省公安纵队,称中国人民解放军山东省桓台县公安队。1953年4月,增设政治协理室,撤销人事股。7月,县公安局划归惠民专署公安处管辖。1954年12月,增设执行股,撤销侦审股,分设政保股、预审股。1955年5月,撤销保卫股。8月,公安队改为中国人民武装警察部队山东省桓台县部队,简称民警队,归县公安局领导。12月,桓台县人民政府改称桓台县人民委员会,桓台县人民政府公安局改称桓台县公安局。是月,撤销执行股。1956年7月,增设户籍股。1958年11月,桓台县公安局并入博兴县公安局,受淄博专署公安处管辖。1961年1月,受惠民专署公安处管辖。9月,恢复桓台县公安局建制,设政保股、治安股、预审股、户籍股、秘书股、政治协理室和民警队。1966年7月,民警队整编为中国人民解放军山东省桓台县中队,归县武装部领导。

1967年3月,县公安局受"文化大革命"冲击,领导班子瘫痪。县公安局、县人民检察院、县人民法院合并,称桓台县革委会保卫部。4月,撤销保卫部,县公安局分设,内设机构实不存在。1968年2月,中国人民解放军6024部队对桓台县公、检、法实行军事管制。12月,移交县人民武装部军管。1969年3月,称桓台县革委会保卫组。7月,撤销保卫组,由中国人民解放军6018部队对桓台县公、检、法实行军事管制。1973年5月,军管小组撤销;6月,恢复县公安局建制,设政保、治安、预审、检察、秘书5个股。1975年12月,桓台县中队由县武装部移交县公安局领导。

1978年4月,县人民检察院恢复建制,县公安局撤销检察股。1979年10月,县公安局增设消防股、内保股和刑警队,复设政治协理室。1980年1月,组建消防股、刑警队。1982年12月,增设行政拘留所。1983年6月,消防股转为现役。10月,县公安局划归淄博市公安局管辖。1984年8月,职能股改为科,政治协理室改称政工科;增设户籍科,临设史志办公室。1989年3月,增设法制科、行政科。1991年6月,消防科改称消防大队。1992年1月,增设监察科。9月,刑警队改称刑事警察大队(简称刑警大队),为副科级。10月,增设外事科,与政保科合署。1993年8月,组建刑警大队,下设调度室、技术科和4个探区。1994年5月,设指挥中心、巡逻警察大队(简称巡警大队),均为副科级。10月,巡警大队升格为正科级,下设办公室、警务科和3个中队。1995年7月,指挥中心增设秘书科、机要通讯科、档案资料科、信访科。8月,刑警大队改探区为中队建制,设办公室和6个中队。12月,增设老干部管理科、财务审计科、自行车管理所。1996年3月,增设审计室。12月,刑警大队升格为正科级。1997年7月,增设督察队;外事科改称出入境管理科,与户籍科合署。8月,预审科与刑警大队合并,刑警大队设办公室和7个中队。1999年4月,增设宣传科。2000年1月,撤销保卫科,设立经济犯罪侦查大队(简称经侦大队),为正科级,下设办公室和4个中队;档案资料科改称档案统计科。2001年2月,增设计算机安全管理监察科。5月,增设网络管理中心。

2003年12月,撤销政工科、老干部管理科,设政治处,为副科级;撤销机要通讯科、网络管理中心,设通讯网络科;计算机安全管理科改称公共信息网络安全监察科;撤销政保科,设国内安全保卫大队(简称国保大队),为正科级;治安科改称治安警察大队,为正科级,下设3个中队和办公室。县公安局设指挥中心(内设通讯网络、秘书、档案统计3个科)、政治处、宣传科、信访科(监察科)、督察队、行政科、财务审计科、法制科、户籍科、出入境管理科、公共信息网络安全监察科、看守所、自行车管理所、治安拘留所、刑警大队、经侦大队、巡警大队、国保大队和治安大队。治安大队下设技防办公室、护路办公室。

2007年2月,县公安局机构改革完成,设指挥中心、政治处、警务督察科、法制科、警务保障科5个正科级内设机构,国保大队、刑侦大队、经侦大队、治安大队、看守所、巡逻特警大队、刑事科学技术大队(简称刑事技术大队)、城市管理警察大队(简称城管大队)8个正科级直属机构,其内设机构均为副科级。2008年6月,政治处更名为政工室,法制科更名为法制室,警务保障科更名为警务保障室,警务督察科更名为监督室。2009年8月,成立科技网监大队(简称网监大队),为正科级,与指挥中心合署办公,撤销治安大队特行网监中队。2010年4月,成立环境保护警察大队(未组建,简称环保大队)，为正科级。7月，成立战训大队，为副科级，由政工室管理；指挥中心设指挥调度室、机要室、秘书室、情报信息室、宣传室5个股级机构。12月，撤销城管大队和环保大队。2011年3月，成立拘留所(撤销治安大队拘留所)、直属大队、禁毒大队，均为正科级；法制室更名为法制大队，监督室更名为警务督察大队，战训大队升格为正科级，指挥中心指挥调度室、机要室、秘书室、情报信息室、宣传室升格为副科级；9月，网监大队更名为网络安全保卫大队(简称网安大队)。2012年8月，组建桓台县森林公安局(桓台县公安局森林警察大队)，实行林业和公安部门双重领导体制，党政工作以林业部门管理为主，公安业务工作以公安部门管理为主，列入县公安局序列。

派出机构

民国35年(1946年)6月，县公安局增设张店、金岭、田庄、岔河分局。12月，岔河分局改称荆家分局。民国36年(1947年)3月，组建张店市公安局(受张店市人民政府管辖)。7月，增设华沟分局。民国37年(1948年)3月，撤销华沟、荆家分局。4月，增设索镇、桓城派出所。1949年2月，桓城派出所改称桓城分局。10月，索镇派出所更名为直属镇派出所。1950年5月，张店市公安局划归桓台县公安局，改称张店分局；撤销直属镇派出所。11月，张店分局划归张周市。1951年11月，桓城、田庄、金岭公安分局改称派出所。1952年9月，桓城派出所改称城关派出所。11月，撤销田庄派出所。1953年4月，复设索镇派出所。1954年1月，金岭派出所划归淄川县公安局。11月，撤销索镇派出所。1955年12月，撤销城关派出所。1958年9月，恢复索镇派出所。1969年3月，撤销索镇派出所。1972年3月，恢复索镇派出所。1977年5月，复设桓城、田庄派出所。1982年5月，设立起凤、马桥、周家、果里、侯庄、唐山、陈庄派出所，桓城派出所更名为新城派出所。1983年6月，设立耿桥、荆家、邢家派出所。1988年7月，增设城区派出所、水利派出所。1989年4月，增设油区派出所，与马桥派出所合署办公。1993年8月，增设新城水库派出所。1994年5月，撤销油区派出所。1997年3月，撤销索镇、城区派出所，合并成立索镇分局，为正科级。下设办公室、户籍室和5个警区。2001年6月，侯庄派出所并入果里派出所；耿桥派出所并入索镇分局，索镇分局辖办公室、户籍室、案件侦查中队和7个警区。2002年3月，增设森源林场派出所。2003年12月，增设博汇派出所。

2006年8月，县级公安机关机构改革，撤销博汇、森源林场、水利派出所；设索镇、少海、果里、唐山、马桥、田庄、起凤、新城、荆家、邢家、周家、陈庄派出所，均为正科级；设新城水库派出所，为副科级。2007年2月，完成机构改革。2013年11月，陈庄派出所更名为红莲湖派出所。

公安特派员

民国29年(1940年)4月，桓台县抗日民主政府在一、二、三、五(原长山九区)选派锄奸干事，主要任务是在党委和社会科领导下，锄奸、防奸和建立基层锄奸网。民国30年(1941年)4月15日，根据山东省战时工作推行委员会命令，各区锄奸干事为公开的公安特派员。是年冬，桓台县抗日形势严竣，一区、三区公安特派员叛变投敌，新四区公安特派员妥协。桓台县党政军机关和干部奉命撤离，二区公安特派员于明坚持隐蔽斗争。民国35年(1946年)1月，县公安局建立和加强基层公安保卫工作，相继向5个区和索镇派设公安员。各乡村也选举公安员，建立锄奸小组，全县146个村有公安员373人。6月，全县以数字划为八区，即崔楼一区、石桥二区、乌河三区、岔河四区、铁山五区、田庄六区、金岭七区、滨湖八区和索镇，一区为敌占区，未设公安员。随后，岔河四区、田庄六区、金岭七区、滨湖八区相继设岔河分局、田庄分局、金岭分局、华沟分局。二区、三区、五区和索镇仍设公安员。民国36年(1947年)7月，八区设公安员。10月，桓台县以区驻地名设区，一区为崔楼区，二区为石桥区，三区为乌河区，四区为岔河区，五区为铁山区，六区为田庄区，七区为金岭区，八区为滨湖区，崔楼区增设公安员。民国37年(1948年)3月，桓台县解放，崔楼区、石桥区、乌河区、岔河区、铁山区、滨湖区选派公安员，其他区设公安分局。在区保卫机构加强后，整顿和发展乡村公安员，截至1949年5月，全县有乡公安员32

名、村公安员192名。

1949年10月,各区公安员改称公安特派员,增设高楼区、金岭区公安特派员,特派员受县公安局和区公所双重领导,编制在县公安局,以县公安局领导为主。1950年5月,各区以序数命名,区公安特派员改称公安员,编制在区公所,以区公所领导为主,业务上受县公安局领导。1952年6月,各区公安员统称治安员。1955年5月,各区治安员改称公安特派员,以受县公安局领导为主。1956年11月,桓台县撤销区级建制,划分为1镇、38乡,设7个工委,公安特派员按工区配备。1958年3月,桓台县撤销工委,将39个乡(镇)改划为21个乡(镇)。9月,21个乡(镇)改建为12处卫星人民公社。公安特派员仍按原七个工区配备。11月,桓台县并入博兴县,原二区、五区、七区划归张店市。1961年9月,桓台县恢复建制,设索镇、唐山、桓城、田庄、陈庄、高王、起凤7区,各区设公安特派员。1966年7月,撤销区公安特派员,在索镇、耿桥、起凤、桓城、唐山、傅桥、田庄、荆家、刘家、马桥、陈庄、周家、果里、侯庄、邢家15个人民公社设公安助理员,原区公安特派员改任公安助理员或调任他职。公安助理员以人民公社党委领导为主,编制在各人民公社。1970年10月,撤销刘家、傅桥两处人民公社,两社公安助理员分别调任荆家、田庄人民公社任公安助理员。1972年3月,恢复索镇派出所,主要负责城区治安保卫工作,保留索镇人民公社公安助理员。1977年6月,桓城、田庄人民公社撤销公安助理员。1982年3月,基层公安助理员归县公安局编制,改称公安特派员。5月,设立起凤、马桥、周家、果里、侯庄、唐山、陈庄7处派出所,原公安特派员改任所长或他职。1983年6月,设立耿桥、荆家、邢家3处派出所,公安特派员主持派出所工作或任他职。此后,未设公安特派员。

【特稿】

清河专区公安局

民国33年(1944年)1月,经中共中央批准,中共山东分局、山东军区决定,将清河区和冀鲁边区合并,组建渤海区。全区辖6个专区,其中六专区辖桓台、青城、高苑、邹平、长山、齐东全部及章丘、历城、济南、惠民、蒲台各一部。民国34年(1945年)10月,渤海区划分为4个专区,其中三专区辖桓台、青城、高苑、邹平、长山、齐东、章历、博兴、临淄、广饶、羊口、益寿、昌潍、寿光等县,三专区公安局局长于海东、副局长张剑,专区公安局随三专区地委、专署驻桓台县索镇东镇村南门里路东高家宅(后为桓台县委党校)。专区公安局主要任务是:组织反特剿匪,打击敌人,配合开展群众性减租减息运动。民国35年(1946年)9月,撤销专区公安局,改为公安督察员,三专区督察员王斌,后换亓星辰。民国37年(1948年)5月,撤销专区公安督察员,重建专区公安局,原桓台县公安局局长宋鲁源任三专区公安局副局长(主持工作),辖桓台、高青、邹平、长山、齐东、章历、博兴、临淄、广饶、羊口、益寿、昌潍、寿光等县,设小清河公安分局。12月,宋鲁源任三专区公安局局长。1949年7月,三专区改称清河专区,专区公安局干部、战士130余人,其中机关干部40余人。

专区公安局领导所辖公安机关,剿灭股匪,追捕散匪,支援前线,打击会道门的破坏和阶级敌人的复辟活动,保卫群众翻身斗争果实,保障党的中心工作和群众运动顺利进行。济南战役前夕,专区公安局收集国民党情报,建立内线联系,抓获国民党第二绥靖区司令官、山东保安司令王耀武派往鲁中地区的7个特务支队头目,起获机枪20余挺、匣枪20余支。济南战役期间,专区公安局组织精干小分队,带上内线关系,随大部队进入济南,抓回土匪头子和特务30余人,其中包括国民党益寿临广边区警备司令、济南城防司令徐振中及副司令、参谋长,杀害桓台县公安局公安分队队长罗茂祥的赵淑武,已隐姓改名、参加工作的叛徒马三子(马相臣)。济南战役后,部署各县市公安局设卡盘查济南外逃之敌。民国37年(1948年)9月28日,寿光县公安局在沧潍公路洱河桥上查获王耀武,受到华东军政委员会、山东省政府、渤海区党委通令嘉奖。

1950年5月,根据上级命令,撤销渤海行政区,清河专区公安局与淄博工矿特区公安局合并,组建淄博专署公安处,完成领导清河专区公安工作的历史使命。

桓台县公安机构沿革示意图

- 桓台县抗日民主政府公安局（1941.04—1945.09）
  - 政卫队（1942.01 撤销）
  - 武工队（1944.08 成立）
  - 一区公安特派员
  - 二区公安特派员
  - 三区公安特派员
  - 新四区公安特派员
- 桓台县人民政府公安局（1945.09—1946.05）
  - 政卫队
  - 侦察队
  - 纠察队
  - 公安分队（1945.11 撤销）
  - 文书（1946.01 撤销）
  - 审差（1946.01 撤销）
  - 一股（侦查、干部，1945.10 成立）
  - 二股（武装、治安，1946.01 成立）
  - 三股（看守、审讯，1946.01 成立）
  - 四股（文书、事务，1946.01 成立）
  - 一区公安员（1946.01 设立）
  - 二区公安员（1946.01 设立）
  - 三区公安员（1946.01 设立）
  - 四区公安员（1946.01 设立）
  - 五区公安员（1946.01 设立）
  - 索镇公安员（1946.01 设立）
- 桓台县人民政府公安局（1946.05—1946.08）
  - 政卫队
  - 侦察队
  - 纠察队（1946.07 撤销）
  - 一股
  - 二股
  - 三股
  - 四股
  - 张店分局（1946.06 成立，1946.07 撤离）
  - 金岭分局（1946.06 成立，1946.07 撤离）
  - 田庄分局（1946.06 成立）
  - 岔河分局（1946.06 成立）
  - 一区公安员（1946.06 撤销）
  - 二区公安员
  - 三区公安员
  - 四区公安员（1946.06 撤销）
  - 五区公安员
  - 索镇公安员

- 桓台县人民政府公安局（1946.08—1948.05）
  - 政卫队
  - 侦察队
  - 一股（侦查）
  - 二股（干部）
  - 三股（看守、审讯）
  - 四股（武装、治安）
  - 五股（文书、事务）
  - 武工队（1946.09 成立，1947.08 撤销）
  - 张店分局（1947.03 改称张店市公安局，划归张店市）
  - 金岭分局（1947.03 复设，1947.08 撤离，1948.03 复设）
  - 田庄分局
  - 岔河分局（1946.12 改称荆家分局，1948.03 撤销）
  - 华沟分局（1947.07 成立，1948.03 撤销）
  - 索镇派出所（1948.04 成立）
  - 桓城派出所（1948.04 成立）
  - 崔楼区公安员（1947.10 设）
  - 二区（1947.10 改称石桥区）公安员
  - 三区（1947.10 改称乌河区）公安员
  - 岔河区公安员（1948.03 设）
  - 五区（1947.10 改称铁山区）公安员
  - 八区（1947.10 改称滨湖区）公安员（1947.07 设）
  - 索镇镇公安员
- 桓台县人民政府公安局（1948.05—1951.11）
  - 侦察股（1950.09 更名侦保股）
  - 治安股
  - 审讯股（辖看守所）
  - 秘书室
  - 政卫队（1951.05 改编为公安队）
  - 侦察队
  - 田庄分局
  - 金岭分局
  - 张店分局（1950.05 划归桓台县，1950.11 划归张周市）
  - 桓城派出所（1949.02 改称桓城分局）
  - 索镇派出所（1949.10 改称直属镇派出所，1950.05 撤销）
  - 以下各项：（1949.10 改称公安特派员；1950.05 改称公安员）
    - 崔楼区（1950.05 改称一区）公安员
    - 石桥区（1950.05 改称二区）公安员
    - 乌河区（1950.05 改称三区）公安员
    - 岔河区（1950.05 改称四区）公安员
    - 铁山区（1950.05 改称五区）公安员
    - 高楼区（1950.05 改称六区）公安特派员（1949.10 设）
    - 金岭区（1950.05 改称七区）公安特派员（1949.10 设）
    - 滨湖区（1950.05 改称八区）公安员
    - 索镇镇公安员

- 桓台县人民政府公安局（1951.11—1955.12）
  - 侦保股、审讯股（1952.07 合并为侦审股，1954.12 撤销）
  - 治安股
  - 人事股（1953.04 撤销）
  - 公安队（1952.11 划归部队，1955.08 改编为民警队，划归县公安局）
  - 秘书室（1952.09 更名为秘书股）
  - 保卫股（1952.09 成立，1955.05 撤销）
  - 政治协理室（1953.04 成立）
  - 预审股（1954.12 成立）
  - 执行股（1954.12 成立）
  - 政保股（1954.12 成立）
  - 侦察队（1952.02 并入侦保股）
  - 劳改队
  - 桓城派出所（1952.09 更名为城关派出所）
  - 田庄派出所（1952.11 撤销）
  - 金岭派出所（1954.01 划归淄川县）
  - 索镇派出所（1953.04 复设，1954.11 撤销）
  - 一区公安员、二区公安员、三区公安员、四区公安员、五区公安员、六区公安员、七区公安员（1954.01 撤销）、八区公安员（1954.12 改称七区治安员）、直属镇治安员（1955.01 设）（1952.06 改称治安员，1955.05 改称公安特派员，1955.09 以区驻地为区名）
- 桓台县公安局（1955.12—1958.11）
  - 政保股
  - 治安股
  - 秘书股
  - 民警队
  - 劳改队
  - 政治协理室
  - 预审股（辖看守所）
  - 户籍股（1956.07 成立）
  - 索镇派出所（1958.09 复设）
  - 直属镇公安特派员
  - 崔楼区公安特派员
  - 石桥区公安特派员
  - 乌河区公安特派员
  - 陈庄区公安特派员
  - 卫固区公安特派员
  - 高楼区公安特派员
  - 起凤区公安特派员

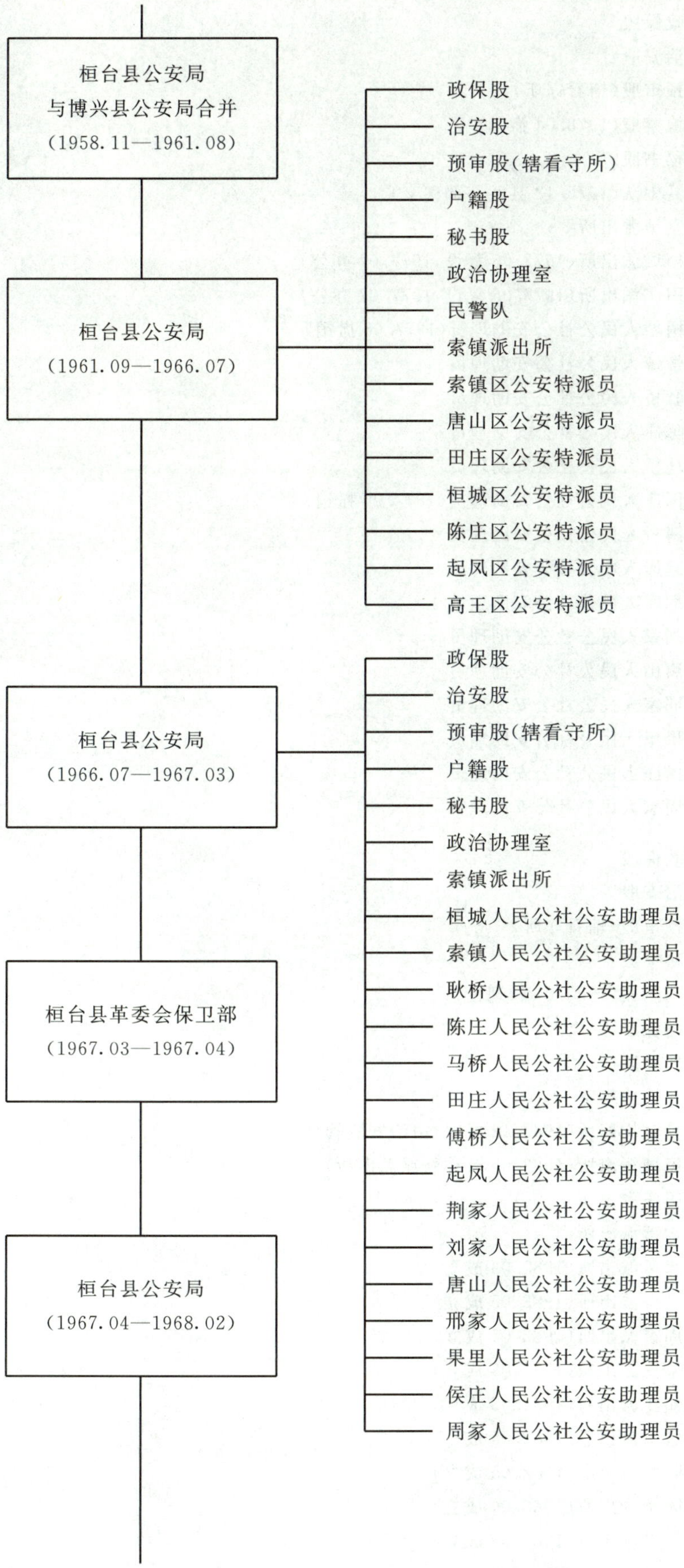
桓台县公安局
与博兴县公安局合并
(1958.11—1961.08)
桓台县公安局
(1961.09—1966.07)
政保股
治安股
预审股(辖看守所)
户籍股
秘书股
政治协理室
民警队
索镇派出所
索镇区公安特派员
唐山区公安特派员
田庄区公安特派员
桓城区公安特派员
陈庄区公安特派员
起凤区公安特派员
高王区公安特派员
桓台县公安局
(1966.07—1967.03)
政保股
治安股
预审股(辖看守所)
户籍股
秘书股
政治协理室
索镇派出所
桓城人民公社公安助理员
索镇人民公社公安助理员
耿桥人民公社公安助理员
陈庄人民公社公安助理员
马桥人民公社公安助理员
田庄人民公社公安助理员
傅桥人民公社公安助理员
起凤人民公社公安助理员
荆家人民公社公安助理员
刘家人民公社公安助理员
唐山人民公社公安助理员
邢家人民公社公安助理员
果里人民公社公安助理员
侯庄人民公社公安助理员
周家人民公社公安助理员
桓台县革委会保卫部
(1967.03—1967.04)
桓台县公安局
(1967.04—1968.02)

- 中国人民解放军桓台县公安机关军事管制小组（1968.02—1969.03）
- 桓台县革委会保卫组（1969.03—1969.07）
- 中国人民解放军桓台县公安机关军事管制小组（1969.07—1973.05）
- 桓台县公安局（1973.06—1979.10）
  - 政保股
  - 治安股
  - 预审股（辖看守所）
  - 检察股（1978.04 撤销）
  - 秘书股
  - 县中队（1975.12 县武装部移交）
  - 索镇派出所
  - 桓城派出所（1977.05 复设，1977.07 办公）
  - 田庄派出所（1977.05 复设，1977.07 办公）
  - 桓城人民公社公安助理员（1977.06 撤销）
  - 索镇人民公社公安助理员
  - 耿桥人民公社公安助理员
  - 陈庄人民公社公安助理员
  - 马桥人民公社公安助理员
  - 田庄人民公社公安助理员（1977.06 撤销）
  - 傅桥人民公社公安助理员
  - 起凤人民公社公安助理员
  - 荆家人民公社公安助理员
  - 刘家人民公社公安助理员
  - 唐山人民公社公安助理员
  - 邢家人民公社公安助理员
  - 果里人民公社公安助理员
  - 侯庄人民公社公安助理员
  - 周家人民公社公安助理员
- 桓台县公安局（1979.10—1984.08）
  - 政保股
  - 治安股
  - 预审股（辖看守所）
  - 秘书股
  - 消防股（1983.06 转现役）
  - 内保股
  - 刑警队
  - 政治协理室
  - 行政拘留所（1982.12 成立，由治安股管理）
  - 桓城派出所（1982.05 改称新城派出所）
  - 田庄派出所
  - 索镇派出所
  - 起凤派出所（1982.05 成立）
  - 马桥派出所（1982.05 成立）
  - 周家派出所（1982.05 成立）
  - 果里派出所（1982.05 成立）
  - 侯庄派出所（1982.05 成立）
  - 唐山派出所（1982.05 成立）
  - 陈庄派出所（1982.05 成立）
  - 耿桥派出所（1983.06 成立）
  - 荆家派出所（1983.06 成立）

- 邢家派出所（1983.06 成立）
- 索镇人民公社公安助理员（1982.03 转任公安特派员；1983.03 撤销）
- 起凤人民公社公安助理员
- 唐山人民公社公安助理员
- 马桥人民公社公安助理员
- 周家人民公社公安助理员
- 果里人民公社公安助理员
- 侯庄人民公社公安助理员
- 陈庄人民公社公安助理员
  - （1982.03 转任公安特派员；1982.05 撤销）
- 邢家人民公社公安助理员
- 耿桥人民公社公安助理员
- 荆家人民公社公安助理员
  - （1982.03 转任公安特派员；1983.06 撤销）

桓台县公安局（1984.08—1994.05）

- 政保科
- 治安科
- 预审科（1992.01 前辖看守所）
- 秘书科
- 消防股（1984.10 改称消防科；1991.06 改建消防大队）
- 保卫科
- 刑警队（1993.08 改建刑警大队）
- 政工科
- 行政拘留所（1988.05 改称治安拘留所）
- 史志办公室
- 户籍科
- 法制科（1989.03 成立）
- 行政科（1989.03 成立）
- 看守所（1992.01 独立运行）
- 监察科（1992.01 成立）
- 外事科（1992.10 成立）
- 新城派出所
- 田庄派出所
- 索镇派出所
- 起凤派出所
- 荆家派出所
- 马桥派出所
- 周家派出所
- 果里派出所
- 侯庄派出所
- 唐山派出所
- 邢家派出所
- 陈庄派出所
- 耿桥派出所
- 城区派出所（1988.07 成立）
- 水利派出所（1988.07 成立）
- 油区派出所（1989.04 成立）
- 新城水库派出所（1993.08 成立）

- 桓台县公安局（1994.05—2003.12）
  - 指挥中心
  - 政工科
  - 监察科
  - 法制科
  - 行政科
  - 政保科
  - 治安科
  - 刑警大队
  - 预审科（1997.08 并入刑事警察大队）
  - 保卫科（2000.01 改建经侦大队）
  - 户籍科
  - 外事科（1997.07 改称出入境管理科）
  - 看守所
  - 巡逻警察大队
  - 消防大队
  - 治安拘留所
  - 史志办公室
  - 老干科（1995.12 成立）
  - 财务审计科（1995.12 成立）
  - 自行车管理所（1995.12 成立）
  - 审计室（1996.03 成立）
  - 督察队（1997.07 成立）
  - 宣传科（1999.04 成立）
  - 计算机安全管理监察科（2001.02 成立）
  - 网络管理中心（2001.05 成立）
  - 城区派出所、索镇派出所（1997.03 合并成立索镇分局）
  - 唐山派出所
  - 新城派出所
  - 果里派出所
  - 马桥派出所
  - 起凤派出所
  - 田庄派出所
  - 荆家派出所
  - 邢家派出所
  - 周家派出所
  - 陈庄派出所
  - 耿桥派出所（2001.06 并入索镇分局）
  - 侯庄派出所（2001.06 并入果里派出所）
  - 水利派出所
  - 新城水库派出所
  - 森源林场派出所（2002.03 成立）

- 桓台县公安局（2003.12—2007.02）
  - 指挥中心
  - 政治处
  - 宣传科
  - 信访科（监察科）
  - 督察队
  - 行政科
  - 财务审计科
  - 法制科
  - 户籍科
  - 出入境管理科
  - 公共信息网络安全监察科
  - 看守所
  - 自行车管理所
  - 治安拘留所
  - 国保大队
  - 经侦大队
  - 治安大队
  - 刑警大队
  - 巡警大队（2006.03 改称巡特警大队）
  - 消防大队
  - 索镇分局（索镇派出所）
  - 唐山派出所
  - 新城派出所
  - 果里派出所
  - 马桥派出所
  - 起凤派出所
  - 田庄派出所
  - 荆家派出所
  - 邢家派出所
  - 周家派出所
  - 陈庄派出所
  - 新城水库派出所
  - 水利派出所（2006.08 撤销）
  - 森源林场派出所（2006.08 撤销）
  - 博汇派出所（2006.08 撤销）

桓台县公安局（2007.02—2016.04）

- 指挥中心
- 政治处（2008.06 改称政工室）
- 警务督察科（2008.06 改称监督室；2013.09 改建警务督察大队）
- 法制科（2008.06 改称法制室；2013.09 改建法制大队）
- 警务保障科（2008.06 改称警务保障室）
- 国保大队
- 经侦大队
- 治安大队
- 刑侦大队
- 看守所
- 巡逻特警大队
- 刑事技术大队
- 城管大队（2010.12 撤销）
- 拘留所（2011.03 治安大队拘留所独立运行）
- 网监大队（2009.08 成立，2011.09 更名为网安大队）
- 环保大队（2010.04 成立；2010.12 撤销）
- 战训大队（2010.07 成立）
- 直属大队（2011.03 成立）
- 禁毒大队（2011.03 成立；2013.11 组建）
- 消防大队
- 森林警察大队（2012.08 成立）
- 索镇派出所
- 少海派出所
- 果里派出所
- 唐山派出所
- 马桥派出所
- 田庄派出所
- 起凤派出所
- 新城派出所
- 荆家派出所
- 邢家派出所
- 周家派出所
- 陈庄派出所（2013.11 改称红莲湖派出所）
- 新城水库派出所

桓台县公安局班子成员任职情况一览表

表 1—1

职　务	姓　名	籍　贯	任职时间
局　长	张东峰(兼)	淄博张店	1941.04—1941.05
	王应声	淄博临淄	1941.07—1942.01
	相子正(兼)	淄博临淄	1943.06—1944.07
	宋鲁源	山东寿光	1945.11—1948.05
	张　祥	江苏丹阳	1948.05—1949.02
	蔡玉璋	山东高青	1949.03—1949.08
	宋振起(代)	山东博兴	1949.08—1951.09
	盖纯恭	山东东营	1952.07—1953.07
	王茂盛	山东青州	1955.12—1956.09
	王友贵	山东沾化	1956.09—1958.11 1961.09—1966.02
	曹继杰	桓台马桥	1966.02—1967.03
	胡保华	桓台马桥	1973.07—1977.05
	陈宁之	桓台荆家	1977.05—1979.10
	蔡温普	山东高青	1979.10—1984.04
	王庆伟	山东肥城	1984.05—1991.05
	徐洪本	山东昌邑	1991.07—1995.05
	曹永振	桓台果里	1995.05—1996.10
	伊若健	桓台荆家	1996.11—1998.08
	秦志博	山东广饶	1998.09—2005.11
	吴佩林	山东文登	2005.11—2013.02
	张京义	淄博张店	2013.03—
政治委员	蔡温普	山东高青	1986.02—1987.03
	徐洪本	山东昌邑	1987.03—1993.03 1995.05—1998.08
	李执福	淄博张店	1993.03—1995.05
	肖永刚	山东章丘	1998.08—2003.04
	罗光友	淄博淄川	2003.04—2013.02
	白向强	淄博淄川	2013.07—
副政治教导员	于仁善	山东莱阳	1962.06—1966.11
	崔曰惠	山东惠民	1966.03—1967.03
	李兴俭	桓台新城	1977.07—1984.04
	宋振顺	桓台田庄	1984.04—1986.02

续表 1—1

职　务	姓　名	籍　贯	任职时间
副局长	宋鲁源	山东寿光	1944.07—1945.11
	栋良山	桓台马桥	1945.10—1947.03
	蔡玉璋	山东高青	1949.02—1949.03
	樊树楠	山东高青	1950.05—1950.11
	盖纯恭	山东广饶	1951.11—1952.10
	刘玉信	淄博张店	1953.07—1956.08
	王世彪	山东莱芜	1953.09—1956.05
	王友贵	山东沾化	1955.12—1956.11
	于文鹏	桓台田庄	1956.07—1958.11 1961.09—1962.05
	刘志瑞	山东博兴	1956.07—1958.11
	曹继杰	桓台马桥	1961.09—1966.02
	蔡温普	山东高青	1966.03—1967.03 1973.07—1979.10
	王钦德	山东东营	1973.07—1975.06
	王恩然	山东东营	1974.01—1980.12
	于长远	山东邹平	1975.05—1977.09
	李兴俭	桓台新城	1977.05—1977.07
	张仲俊	桓台唐山	1977.05—1981.10
	薛廷森	淄博临淄	1977.07—1978.08
	宋振顺	桓台田庄	1979.01—1984.04
	祝兆贤	淄博张店	1981.10—1987.05
	袭建忠	桓台新城	1981.10—1995.05
	王庆伟	山东肥城	1983.08—1984.04
	王国新	桓台果里	1987.03—1998.12
	付汉光	桓台田庄	1987.03—1991.05
	李执福(市局挂职)	淄博张店	1991.04—1993.03
	伊若健	桓台荆家	1991.05—1996.10
	张鲁闽	山东沾化	1995.05—2000.08
	李黎英(女)	山东寿光	1995.05—2006.08
	王纪庆(市局挂职)	淄博博山	1995.05—1996.10
	荆　宁(市局挂职)	山东长清	1997.05—1999.03
	岳端玉	桓台果里	2000.01—2006.08
	孙仕秀	桓台起凤	2000.01—2006.08

续表 1—1

职　务	姓　名	籍　贯	任职时间
副局长	王长利(市局挂职)	淄博淄川	2000.04—2000.09
	吴英亮	桓台果里	2000.09—2005.11
	刘西军	山东临沂	2005.11—2013.03
	郭　华	桓台荆家	2006.08—2013.07
	王玉华	山东高青	2006.08—2007.04
	陈恒斌	桓台马桥	2006.08—2013.08
	姚　鸣(市局挂职)	山东费县	2006.09—2008.12
	姜恒泉	淄博张店	2007.10—
	李四海(市局挂职)	淄博淄川	2009.09—2011.05
	荆　春(省厅挂职)	山东蓬莱	2010.05—2012.04
	王亚玮(市局挂职)	淄博淄川	2011.12—2013.07
	荆树明	桓台荆家	2013.08—2014.02
	张秀光	桓台唐山	2013.08—
	朱久爱	淄博临淄	2014.11—
	肖红广	山东冠县	2014.12—
副政治委员	宋振顺	桓台田庄	1986.02—1987.05
	巩曰龙	桓台起凤	1987.03—1991.05
	岳端玉	桓台果里	1995.05—2000.01
	王玉华	山东高青	2000.01—2006.07
	荆树明	桓台荆家	2006.07—2013.08
	马洪光	山东博兴	2013.08—
纪委书记	宋振顺(兼)	桓台田庄	1986.01—1987.03
	巩曰龙(兼)	桓台起凤	1987.03—1991.05
	安乃平	桓台索镇	1993.04—1994.12
	甘明新	桓台田庄	1994.12—2000.08
	王玉华(兼)	山东高青	2000.08—2001.02
	胥　涛	桓台起凤	2001.02—2007.02
	马洪光	山东博兴	2007.09—2013.08
	张林平	桓台索镇	2013.08—
局长助理	郑　君(省厅挂职)	山东费县	2004.01—2004.12

桓台县公安局机关人员一览表

表1—2

单 位	职 务	姓 名	籍 贯	任职时间
政治保卫队	队 长	王毓森	淄博张店	1941.04—1941.09
		王应声（兼）	淄博临淄	1941.09—1942.01
		韩 干	淄博张店	1945.09—1947.01
		王振祥	山东东营	1947.03—1948.05
		周云翠	山东博兴	1949.05—1951.05
	政治指导员	寇於璞	淄博张店	1941.04—1941.09
		王 斌	山东寿光	1941.09—1942.01
		于 明	淄博张店	1945.09—1946.06
		李中一（兼）	桓台马桥	1947.08—1948.05
		曹继文	淄博周村	1948.05—1948.08
	副队长	王毓树	淄博张店	1941.04—1941.11
		邹大志	淄博张店	1941.04—1941.11
		王占魁	山东东营	1945.09—1947.02
		王正轩	淄博张店	1947.03—1947.04
		金茂增	桓台马桥	1947.03—1948.05
		张京连	桓台果里	1948.05—1949.10
	副政治指导员	柴裕禄	淄博张店	1947.08—1948.02
		裴帮文	山东寿光	1948.05—1949.05
		徐呈冉	山东高青	1949.05—1950.04
武工队	队 长	韩 干	淄博张店	1944.08—1945.09 1946.07—1947.01
		王振祥（兼）	山东东营	1947.03—1947.08
公安队	队 长	周云翠	山东博兴	1951.05—1951.07
	副政治指导员	曲棉学	山东牟平	1951.08—1952.06
公安分队	队 长	罗茂祥	桓台新城	1945.09—1945.11
	政治指导员	初廷芳	淄博张店	1945.09—1945.11
侦察队	队 长	郭正财	淄博张店	1945.09—1947.03
		毕兴华	淄博张店	1947.03—1948.05
		胡庆荣	桓台田庄	1949.10—1952.02
	副队长	毕兴华	淄博张店	1946.06—1947.03
		李恒秀	桓台果里	1945.09—1946.01
		任德和	桓台果里	1945.09—1947.08
		罗茂德	桓台马桥	1945.09—1946.01

续表 1—2

单　位	职　务	姓　名	籍　贯	任职时间
侦察队		刘兴忠	淄博张店	1946.06—1947.03
		高云祥	桓台果里	1946.06—1946.12
		于中川	桓台唐山	1946.07—1947.02
		张蒿兴	桓台起凤	1947.03—1947.07
		王德良	山东博兴	1949.02—1950.11
		祝兆贤	淄博张店	1950.01—1950.05
		张鸿斌	山东蒲台	1950.04—1952.02
一股	股　长	栋良山(兼)	桓台马桥	1945.10—1946.05
		蔡玉璋	山东高青	1946.06—1947.06
		李中一	桓台马桥	1947.06—1948.12
	副股长	蔡玉璋	山东高青	1945.12—1946.06
		吴玉民	山东广饶	1946.01—1947.02
		相修宝	淄博张店	1946.06—1947.07
侦察股	股　长	高云祥	桓台果里	1949.12—1950.09
	副股长	张亿万	淄博张店	1949.04—1950.09
		周云翠	山东博兴	1948.05—1949.05
		伊允纪	桓台新城	1948.05—1951.03
		孙思美	淄博张店	1948.12—1949.02
		赵振岳	山东博兴	1949.02—1950.09
		于文鹏	桓台田庄	1949.12—1950.09
		耿秉鹏	桓台索镇	1949.06—1950.09
		仇同训	淄博张店	1948.05—1950.09
侦保股	股　长	高云祥	桓台果里	1950.09—1952.07
	副股长	张亿万	淄博张店	1950.09—1952.07
		赵振岳	山东博兴	1950.09—1951.11
		耿秉鹏	桓台索镇	1950.09—1951.08
		仇同训	淄博张店	1950.09—1952.07
		徐士平	淄博临淄	1950.09—1952.07
		于文鹏	桓台田庄	1950.09—1952.07
		张希武	桓台果里	1951.11—1952.07
		缪敬堂	山东博兴	1951.11—1952.07
		韩志诚	桓台起凤	1951.11—1952.07
侦审股	股　长	高云祥	桓台果里	1952.07—1954.12
	副股长	赵振岳	山东博兴	1952.09—1954.12

续表 1—2

单 位	职 务	姓 名	籍 贯	任职时间
侦审股	副股长	于文鹏	桓台田庄	1953.05—1954.12
		韩志诚	桓台起凤	1952.07—1953.11
		崔曰惠	山东惠民	1952.07—1953.11
		张培堂	山东寿光	1952.07—1954.12
		王兆宝	桓台唐山	1952.07—1953.02
		仇同训	淄博张店	1952.07—1954.04
		杨汝修	桓台马桥	1952.07—1953.11
		徐学叶	桓台新城	1952.07—1954.04
		张希武	桓台果里	1952.07—1953.03
		徐士平	淄博临淄	1952.07—1953.04
		于中川	桓台唐山	1952.07—1953.05
		于文鹏	桓台田庄	1952.11—1954.12
		缪敬堂	山东博兴	1952.11—1954.12
		尹佃瑞	桓台马桥	1952.11—1953.11
		祝兆贤	淄博张店	1953.09—1954.12
		梁树槐	淄博张店	1953.09—1954.12
		张聿祯	桓台新城	1953.11—1954.12
		何恒淑	桓台马桥	1953.11—1954.12
		万瑞亭	桓台果里	1954.06—1954.12
政保股	股 长	高云祥	桓台果里	1954.12—1956.01
		于文鹏	桓台田庄	1956.01—1956.07
		韩志诚	桓台起凤	1961.09—1965.01
	(预审股)股长	张宝德	桓台新城	1965.01—1966.03
	股 长	张宝德	桓台新城	1966.03—1967.03
		薛廷森	淄博临淄	1973.07—1977.07
		巩子肖	桓台起凤	1977.09—1984.08
	副股长	于文鹏	桓台田庄	1954.12—1956.01
		韩志诚	桓台起凤	1956.11—1958.11
		张宝德	桓台新城	1961.09—1964.08
	(预审股)副股长	张宝德	桓台新城	1964.08—1965.01
	副股长	张聿祯	桓台新城	1964.08—1967.03
		张奎吉	淄博张店	1973.07—1980.12
		王新京	桓台荆家	1973.07—1977.10
		胡树茂	山东高青	1977.06—1984.08

续表 1－2

单　位	职　务	姓　名	籍　贯	任职时间
	副股长	荆　斌	桓台荆家	1981.05—1984.08
		伊若健	桓台荆家	1984.05—1984.08
政保股		张聿祯	桓台新城	1954.12—1958.11 1961.09—1964.07
		何恒淑	桓台马桥	1954.12—1958.11
		缪敬堂	山东博兴	1954.12—1957.11
		梁树槐	淄博张店	1954.12—1955
		祝兆贤	淄博张店	1954.12—1958.08
		韩志诚	桓台起凤	1955.05—1956.07
		张奎吉	淄博张店	1955.05—1958.11 1962.12—1967.03
		李长兴	桓台马桥	1952.05—1952.09 1955.05—1958.07
		孙沐泽	桓台马桥	1956.01—1956.07 1961.09—1962.05
		童玉海	山东无棣	1956.05—1957.12
		刘明芝	桓台果里	1956.05—1957.07
		巩昌经	桓台起凤	1956.07—1957.12
		彭元乾	淄博张店	1957.06—1958.11
		郑佐文	淄博临淄	1961.09—1963.07
		孙仁庭	山东高青	1961.09—1967.03
		徐祥祝	山东荣城	1966.10—1967.03 1973.06—1977.06
		庞曰文	桓台田庄	1973.06—1982.05
		荆　斌	桓台荆家	1973.06—1981.03
		徐学录	桓台索镇	1973.06—1984.08
		陈公训	桓台荆家	1973.06—1978.08
		魏茂珂	桓台唐山	1973.06—1977.05
		伊若健	桓台荆家	1976.08—1984.05
		孙树伟	桓台唐山	1980.05—1983.03
		田晨湖	桓台起凤	1980.11—1984.11
		张孝和	淄博张店	1980.12—1984.08
		胡安富	桓台马桥	1982.03—1984.08
		许有宏	桓台唐山	1983.03—1984.08

续表 1—2

单　位	职　务	姓　名	籍　贯	任职时间
政保科	科　长	巩向尧	桓台起凤	1985.10—1999.03
		王春省	山东博兴	1999.03—1999.06
		马洪光	山东博兴	1999.08—2004.02
	副科长	胡树茂	山东高青	1984.08—1985.10
		伊若健	桓台荆家	1984.08—1985.10
		胡安富	桓台马桥	1985.12—1988.05
		荆树明	桓台荆家	1992.01—1994.04
		马洪光	山东博兴	1995.12—1999.08
		荆树峰	桓台荆家	1998.04—1999.03
		毕海燕(女)	桓台果里	1999.03—2003.12
		张银恒	桓台索镇	2001.02—2003.12
		张　平	桓台马桥	2001.06—2002.07
		庞允凤	桓台田庄	2002.03—2007.02
		荣若富	桓台唐山	1984.08—1988.04
		荆　斌	桓台荆家	1984.08—1992.10
		许有宏	桓台唐山	1984.08—1984.12
		胡安富	桓台马桥	1984.08—1985.12
		马明正	桓台荆家	1985.06—1987.09
		王世亮	淄博张店	1985.07—1988.05
		荆树明	桓台荆家	1988.03—1992.01
		刘思英	桓台索镇	1988.05—1995.12
		马洪光	山东博兴	1990.11—1995.12
		毕海燕(女)	桓台果里	1994.11—1999.03
		庞曰文	桓台田庄	1996.01—2002.07
		于孝诚	桓台索镇	1996.07—1997.08
		李崇银	桓台新城	1997.07—1999.02
		巩向尧	桓台起凤	1999.03—2002.07
		王传敏	淄博张店	1999.03—2002.07
		付　慧(女)	桓台田庄	1999.03—2001.06
		寇祖宝	桓台新城	1999.09—2003.12
		陈国辉	桓台索镇	2000.01—2002.03
		许领章	淄博临淄	2003.01—2003.08
国保大队	大队长	马洪光	山东博兴	2004.02—2007.10
		齐廷新	桓台唐山	2007.10—2008.09

续表 1—2

单　位	职　务	姓　名	籍　贯	任职时间
国保大队	大队长	田宜锋	桓台起凤	2008.09—2013.09
		刘　斌	桓台唐山	2013.09—
	政治教导员	成立三	山东高青	2003.12—2007.02
		齐廷新	桓台唐山	2007.02—2007.09
		荆树明(兼)	桓台荆家	2007.09—2008.08
		陈　林	桓台荆家	2008.08—2013.09
		庞允凤	桓台田庄	2013.09—
	副大队长	曹效连	淄博临淄	2007.02—2008.09
		毕海燕(女)	桓台果里	2008.09—2013.09
		窦钦才	桓台唐山	2009.10—
		巩曰兵	桓台起凤	2013.11—
纠察队	队　长	王占魁(兼)	山东东营	1945.09—1946.07
	政治指导员	初廷芳	淄博张店	1945.09—1946.07
二股(武装治安)	股　长	韩　干(兼)	淄博张店	1946.01—1946.08
		李恒秀(化名高瑞峰)	桓台果里	1946.01—1946.08
		王希龙	桓台果里	1946.01—1946.08
四股(武装治安)	股　长	韩　干(兼)	淄博张店	1946.08—1947.01
	副股长	王正轩	淄博张店	1947.06—1948.05
		李恒秀	桓台果里	1946.08—1947.12
		王希龙	桓台果里	1946.08—1948.05
		万瑞亭	桓台果里	1947.05—1948.05
治安股	股　长	王正轩	淄博张店	1948.11—1949.11
		刘玉信	淄博张店	1950.08—1953.07
		李益三	淄博临淄	1953.07—1954.12
		刘志瑞	山东博兴	1954.12—1956.07
		赵中太(回)	淄博临淄	1956.07—1956.08
		王光钧	山东东营	1956.08—1958.11
		刘乐温	山东博兴	1961.09—1961.11
		张仲俊	桓台唐山	1962.06—1966.03
		岳福云	淄博张店	1966.03—1967.03
		孙沐泽	桓台马桥	1973.07—1977.06
		祝兆贤	淄博张店	1977.06—1980.01
		郑佐文	淄博临淄	1980.01—1984.08
	副股长	金宗香	桓台马桥	1952.09—1952.12

续表 1—2

单 位	职 务	姓 名	籍 贯	任职时间
治安股	副股长	欧洪臣	山东惠民	1955.12—1956.07
		邵德贞(公安部下派)	不 详	1956.05—1956.11
		韩志诚	桓台起凤	1956.07—1956.11
		刘俊禄(回)	淄博临淄	1956.07—1958.11
		王晋升	山东东营	1956.11—1958.11
		张仲俊	桓台唐山	1961.09—1961.11
		薛廷森	淄博临淄	1962.02—1965.09
		郑佐文	淄博临淄	1973.07—1980.01
		潘德成	桓台唐山	1977.06—1979.11
		巩芳林	桓台起凤	1977.06—1984.08
		王庆伟	山东肥城	1977.06—1980.01
		张守柱	桓台果里	1981.10—1984.08
		田宜河	桓台起凤	1982.05—1984.08
		王希龙	桓台果里	1948.05—1950.04
		崔日惠	山东惠民	1949.01—1951.11
		万瑞亭	桓台果里	1949.02—1949.05
		伊丕怀	桓台新城	1949.02—1951.10
		曹继杰	桓台马桥	1950.04—1953.11
		王光钧	山东东营	1950.08—1953.08
		赵仕祺	桓台新城	1951.08—1951.10 1952.11—1953.05
		伊允强	桓台马桥	1951.09—1951.11
		李东声	桓台马桥	1951.10—1953.02 1956.07—1958.08
		赵仕诚	桓台新城	1952.01—1952.11 1954.01—1956.12 1964.11—1967.03
		董玉孝	桓台新城	1952.05—1953.04
		张 堃(女)	淄博淄川	1952.10—1955.05
		邢荣德	桓台索镇	1952—1956
		岳福云	淄博张店	1953.03—1958.11 1961.09—1966.03
		刘希俭	桓台索镇	1953.03—1953.11 1954.11—1956.03

续表 1—2

单　位	职　务	姓　名	籍　贯	任职时间
治安股		孙　俊	桓台马桥	1953.04—1954.02
		胡庆显	桓台田庄	1953.05—1954.01
		薛廷森	淄博临淄	1953.05—1958.11 1961.09—1962.02
		田秀界	桓台起凤	1953.08—1956.05
		尹佃瑞	桓台马桥	1953.11—1954.12
		李文常	桓台起凤	1953.11—1958.11
		桑元祥	桓台马桥	1954.11—1956.11
		刘心铎	桓台果里	1954.12—1956.07
		徐士平	淄博临淄	1955.03—1956.07
		张仲俊	桓台唐山	1955.09—1957.03
		朱云智	淄博张店	1956.04—1958.01
		彭元乾	淄博张店	1956.05—1956.07
		张绪永	桓台果里	1956.05—1957.06
		尹德津	桓台果里	1956.05—1957.01 1962.02—1962.06
		张宝经	桓台唐山	1956.07—1958.04
		刘修双	桓台荆家	1956.11—1958.08
		鲁志家	桓台索镇	1956.11—1958.11
		伊允强	桓台马桥	1957.06—1958.11 1961.09—1963.05
		陈瑞林	淄博张店	1957.11—1958.11
		祝兆贤	淄博张店	1958.08—1958.11 1961.09—1967.03 1973.06—1977.06
		李树常(公安部下派)	北京顺义	1961.09—1962.03
		荆聿箴	桓台起凤	1962.05—1965.08
		李天锡	山东广饶	1962.08—1964.10
		郑佐文	淄博临淄	1963.07—1964.07
		武贞俊	山东曲阜	1963.07—1967.03 1973.06—1976.12
		孙丙训	山东高青	1964.01—1965.02
		胡树茂	山东高青	1966.01—1967.03
		张奎清	桓台唐山	1966.02—1967.03 1973.06—1980.01

续表 1—2

单　位	职　务	姓　名	籍　贯	任职时间
治安股		孙传久	桓台果里	1966.07—1967.03
		巩芳林	桓台起凤	1973.06—1977.07
		王庆伟	山东肥城	1973.06—1977.06
		殷佃臣	桓台田庄	1973.06—1992.01
		张守柱	桓台果里	1973.06—1981.09
		巩向尧	桓台起凤	1973.06—1980.01
		李守和	桓台果里	1973.06—1980.01
		李树孝	桓台果里	1973.06—1980.01
		王春省	山东博兴	1975.12—1979.08
		沙占峰	山东滨城	1976.05—1980.01
		刘丙炎	桓台索镇	1976.07—1977.06
		牛建国	桓台田庄	1976.12—1977.07
		耿　毅	桓台唐山	1976.12—1980.01
		徐　军	桓台索镇	1978.07—1984.08
		荣佑勤	桓台唐山	1978.11—1982.07
		贾爱生	桓台索镇	1978.12—1984.08
		刘秉文	桓台荆家	1979.12—1982.05
		陈　林	桓台荆家	1981.01—1984.08
		赵洪明	山东邹平	1981.08—1982.05
		李　明	桓台马桥	1982.02—1982.06
		耿玉记	桓台索镇	1982.04—1983.03
		舒乐远	山东博兴	1982.04—1984.08
		郭法玉	桓台田庄	1982.05—1984.08
		刘　军	山东莱阳	1982.05—1984.08
		李黎英(女)	山东寿光	1982.10—1984.08
		郑建兴	桓台马桥	1983.05—1984.08
治安科	科　长	巩向尧	桓台起凤	1984.08—1985.10
		李守和	桓台果里	1985.10—1988.04
		伊若健	桓台荆家	1988.05—1991.05
		王玉华	山东高青	1992.01—1992.11
	周家派出所所长	郭法玉	桓台田庄	1993.08—1994.05
	科　长			1994.06—2002.03
		陈　林	桓台荆家	2002.03—2004.02
	副科长	张守柱	桓台果里	1984.08—1995.12

续表 1—2

单 位	职 务	姓 名	籍 贯	任职时间
治安科	副科长	田宜河	桓台起凤	1984.08—1987.10
		王玉华	山东高青	1985.10—1992.01
		于亦森	桓台唐山	1992.01—1992.09
		陈 林	桓台荆家	1992.01—1994.10
		张孝和	淄博张店	1993.08—1995.06
		胡瑞国	山东高青	1995.12—1999.03
		朱玉坤	山东阳信	1995.12—1999.03
		齐廷新	桓台唐山	1995.12—1998.04
		王信水	桓台荆家	1997.03—2003.12
		王玉峰	桓台果里	1998.04—2003.12
		耿英华(女)	桓台索镇	1999.03—2000.07
		高 涛	桓台果里	2000.07—2003.12
	市场管理治安办公室主任	舒乐远	山东博兴	1992.01—1999.03
	技防办公室主任	高 涛	桓台果里	2001.02—2003.12
	技防办公室副主任	王 涛	桓台马桥	2001.02—2003.12
	护路办公室主任	李泉业	桓台果里	2000.05—2003.12
		郭法玉	桓台田庄	1984.08—1988.05
		郑建兴	桓台马桥	1984.08—1988.03
		陈 林	桓台荆家	1984.08—1992.01
		巩芳林	桓台起凤	1984.08—1992.07
		田宜河	桓台起凤	1984.08—1987.10
		舒乐远	山东博兴	1984.08—1992.01
		贾爱生	桓台索镇	1984.08—1985.12
		徐 军	桓台索镇	1984.08—1995.12
		张修森	桓台田庄	1986.07—1987.07
		牛建国	桓台田庄	1988.05—1999.03
		胡茂营	桓台荆家	1988.07—1995.12
		赵 岩(女)	桓台新城	1990.07—1992.01
		齐廷新	桓台唐山	1991.07—1995.12
		巩芳林	桓台起凤	1992.08—1997.12
		耿英华(女)	桓台索镇	1993.07—1999.03
		窦钦才	桓台唐山	1993.08—1997.03
		付敬锋	桓台果里	1995.07—1999.03
		杜 伟	桓台新城	1995.07—1998.05

续表 1—2

单　位	职　务	姓　名	籍　贯	任职时间
治安科		赵成刚	桓台田庄	1996.12—2000.04
		高　涛	桓台果里	1997.03—2000.07
		刘法树	桓台果里	1998.04—2002.07
		周善永	桓台索镇	1998.12—1999.06
		刘书玉	桓台荆家	1999.03—2001.02
		王　涛	桓台马桥	1999.03—2001.02
		孙丰宁	桓台唐山	2000.05—2003.12
		张学东	桓台索镇	2000.08—2002.12
		宋振刚	桓台起凤	2001.04—2003.12
		王　平	桓台果里	2002.03—2003.12
		张连毅	桓台起凤	2003.01—2003.12
		高　欣(女)	桓台索镇	2003.01—2003.11
		张　进	桓台果里	2003.11—2003.12
治安大队	大队长	陈　林	桓台荆家	2004.02—2007.02
		陈同旺	桓台荆家	2007.02—2013.09
		高　涛	桓台果里	2013.09—
	政治教导员	姜恒泉	淄博张店	2003.12—2006.08
		陈　林	桓台荆家	2007.02—2008.08
		陈　永	桓台马桥	2008.08—2013.09
		刘　桂	淄博淄川	2013.09—
	副大队长	伊茂锋	桓台新城	2007.02—2013.09
		荆德金	桓台荆家	2007.02—2008.09
		毕春香(女)	桓台索镇	2008.09—2009.10
		李　滨	桓台新城	2008.09—2013.11
		许晋卿	桓台唐山	2009.10—2013.11
		于　洋	桓台唐山	2013.11—
		周善永	桓台索镇	2013.11—
		陈庆豪	桓台索镇	2013.11—
	刑侦大队副大队长	于昌有	桓台索镇	2013.11—
	果里派出所副所长	巩昌国	桓台索镇	2013.11—
	办公室主任	段　然(女)	桓台马桥	2003.12—2007.02
		姚素娟(女)	桓台荆家	2013.11—
	副主任	荆　敏(女)	桓台荆家	2008.09—2009.09
		付　慧(女)	桓台田庄	2009.09—2013.11

续表 1－2

单　位	职　务	姓　名	籍　贯	任职时间
治安大队		沈　宁(女)	桓台果里	2007.02—2008.09
	一中队(公共场所管理)队长	高　涛	桓台果里	2003.12—2007.02
		荆德金	桓台荆家	2007.02—2008.09
		陈庆豪	桓台索镇	2009.10—2013.11
	政治指导员	张银恒	桓台索镇	2003.12—2007.02
	副队长	陈庆豪	桓台索镇	2008.09—2009.10
	副政治指导员	孙丰宁	桓台唐山	2008.09—2013.11
	二中队(爆炸物品管理)队长	王玉峰	桓台果里	2003.12—2007.02
		许晋卿	桓台唐山	2007.02—2013.11
		李向利	桓台果里	2013.11—
	政治指导员	曹效连	淄博临淄	2003.12—2007.02
		徐　华	桓台果里	2013.11—
	三中队(案件查处)队长	张连毅	桓台起凤	2003.12—2007.02
		伊茂锋	桓台新城	2007.02—2009.10
		张　昆	桓台马桥	2009.10—2013.11
		刘攀峰	桓台新城	2013.11—
	政治指导员	孙丰宁	桓台唐山	2003.12—2007.02
		李树博	淄博张店	2013.11—
	副队长	张　昆	桓台马桥	2008.09—2009.10
	特行网监中队队长	高　成	桓台索镇	2007.02—2009.10
	四中队队长	王　坤	桓台马桥	2013.11—
	政治指导员	徐　华	桓台果里	2013.11—
	五中队队长	巩昌国	桓台索镇	2009.10—2013.11
		孟　君	桓台索镇	2013.11—
	政治指导员	王家军	桓台新城	2013.11—
	户政室主任	毕春香(女)	桓台索镇	2007.02—2008.09
	副主任	高　欣(女)	桓台索镇	2008.09—2009.09
	六中队队长	张修森	桓台田庄	2009.10—
	出入境管理室主任	魏启海	桓台田庄	2007.02—2009.10
	副主任	付　慧(女)	桓台田庄	2008.09—2009.09
	七中队队长	王艳霞(女)	桓台果里	2013.11—
	技防办公室主任	王　涛	桓台马桥	2003.12—2007.02
	护路办公室主任	李泉业	桓台果里	2003.12—2007.02
		宋振刚	桓台起凤	2003.12—2007.02

续表 1—2

单　位	职　务	姓　名	籍　贯	任职时间
治安大队		王　平	桓台果里	2003.12—2010.01
		张　进	桓台唐山	2003.12—2005.08
		齐廷新	桓台唐山	2003.12—2004.02
		田文东	桓台田庄	2004.11—2007.02
		高　欣(女)	桓台索镇	2004.11—2008.09
		孟秀玲(女)	桓台起凤	2006.01—2006.10
		陈庆豪	桓台索镇	2006.01—2008.09
		胡正学	桓台田庄	2006.05—2009.09
		张呈銮	桓台荆家	2006.07—2010.05
		张　昆	桓台马桥	2007.02—2008.09
		盖　健	山东东营	2007.02—2013.11
		荆　敏(女)	桓台荆家	2007.02—2008.09
		孙丰宁	桓台唐山	2007.02—2008.09
		付　慧(女)	桓台田庄	2007.02—2008.09
		荆晓洲	桓台荆家	2007.02—2008.09
		徐　华	桓台果里	2007.02—2013.11
		张银恒	桓台索镇	2007.02—2007.11
		王　坤	桓台马桥	2008.01—2013.11
		孟　君	桓台索镇	2008.01—2013.11
		王艳霞(女)	桓台果里	2008.09—2013.11
		邓　倩(女)	桓台荆家	2009.09—
		张　蔚(女)	山东青岛	2009.09—2011.09
		徐菁忆(女)	山东章丘	2009.09—2013.11
		崔　辉	桓台田庄	2009.09—
		陈斐然	桓台荆家	2009.09—2010.10
		丁　凯(女)	淄博周村	2010.10—
		乔珊珊(女)	山东泗水	2010.10—
		路兴凯	淄博周村	2010.10—
		周晓燕(女)	山东微山	2011.09—
		陈国辉	桓台索镇	2013.11—
		牟建伟	桓台索镇	2013.11—
		孙长科	山东梁山	2013.11—
		郭大圣	淄博周村	2013.11—
		刘　蒙	山东河东	2013.11—

续表 1—2

单　位	职　务	姓　名	籍　贯	任职时间
治安大队		孙秀昕(女)	桓台马桥	2013.11—
		刘丽丽(女)	桓台新城	2014.05—
自行车管理所	所　长	徐　军	桓台索镇	1995.12—2002.03
		张呈銮	桓台荆家	2002.03—2006.07
	政治指导员	贾爱生	桓台索镇	2002.03—2005.08
		牛建国	桓台田庄	1999.03—2002.07
户籍股	股　长	王光钧	山东东营	1956.07—1956.08
		赵中太(回族)	淄博临淄	1956.08—1958.11
		陈仲奎(公安部下派)	不　详	1961.09—1962.03
		孙沐泽	桓台马桥	1956.07—1958.11
		彭元乾	淄博张店	1956.07—1957.06
		李东声	桓台马桥	1956.12—1958.05
		伊允强	桓台马桥	1961.09—1962.03
户籍科	科　长	张奎清	桓台唐山	1992.01—1995.12
		孟秀玲(女)	桓台起凤	1995.12—2006.01
	副科长	段淑武	桓台田庄	1984.08—1992.01
		李黎英(女)	山东寿光	1992.01—1995.05
		张修森	桓台田庄	1995.12—1997.03
		郑建兴	桓台马桥	1995.12—1999.03
		李新玉(女)	桓台果里	1999.03—2007.02
		魏启海	桓台田庄	2000.07—2007.02
		巩昌驰	桓台起凤	1984.06—1992.01
		李黎英(女)	山东寿光	1984.08—1988.05
		郑佐文	淄博临淄	1984.08—1993.07
		徐文胜	桓台索镇	1986.07—1988.07
		孟秀玲(女)	桓台起凤	1987.07—1988.04
		金慧萍(女)	桓台马桥	1988.07—1992.07
		张方舜	淄博临淄	1988.07—1996.03
		郑建兴	桓台马桥	1992.01—1995.12 1999.03—2002.07
		李新玉(女)	桓台果里	1992.07—1999.03
		魏启海	桓台田庄	1997.01—2000.07
		郭修业	桓台马桥	1998.05—2002.07
		胡　静(女)	桓台田庄	2000.07—2007.02

续表 1—2

单　位	职　务	姓　名	籍　贯	任职时间
出入境管理科	科　长	孟秀玲(女,兼)	桓台起凤	1997.07—2006.01
	副科长	魏启海(兼)	桓台田庄	2000.07—2007.02
		荆晓洲	桓台荆家	2001.12—2007.02
拘留所	所　长	王守宽	桓台果里	1982.12—1984.08
		徐学录	桓台索镇	1987.08—1988.05
		荣若富	桓台唐山	1988.05—1995.12
		胡瑞国	山东高青	1995.12—2005.08
		史继德	淄博张店	2007.02—2013.09
		陈　永	桓台马桥	2013.09—
	政治指导员	曹效连	淄博临淄	2008.08—2009.09
		徐文胜	桓台索镇	2009.09—2013.11
	政治教导员	张孝和	淄博张店	2013.09—
	副所长	许领章	淄博临淄	2001.02—2002.03
		巩本鑫	桓台起凤	2002.03—2005.08
		魏连凡	桓台起凤	2013.11—
	副政治教导员	徐文胜	桓台索镇	2013.11—2014.10
		李　明	桓台马桥	1983.02—1986.02
		张光远	桓台索镇	1991.11—2002.07
		张方圆	桓台起凤	1996.07—2007.12
		伊善堂	桓台新城	1998.03—2002.07
		张守柱	桓台果里	1999.03—2002.07
		赵红军	桓台新城	2002.07—2005.12
		张　双(女)	桓台索镇	2009.02—
		张彦华(女)	桓台唐山	2009.02—
		高海霞(女)	桓台索镇	2010.10—2016.03
		袁　波	桓台索镇	2011.11—2013.12
		王树平	桓台新城	2013.07—2013.12
		史继德	淄博张店	2013.09—2013.11
		李海刚	桓台荆家	2013.11—2014.10
		耿振华	桓台索镇	2013.11—
		宗　凯	桓台唐山	2013.11—
		孟祥军	桓台唐山	2013.11—
		刘思英	桓台索镇	2013.11—
		金宗庆	桓台马桥	2015.03—

续表 1—2

单　位	职　务	姓　名	籍　贯	任职时间
拘留所		文士钊	桓台田庄	2015.03—
		徐文胜	桓台索镇	2015.03—
三　股	股　长	李中一	桓台马桥	1947.01—1947.06
		吴玉林	山东广饶	1947.07—1948.05
	副股长	李中一	桓台马桥	1946.01—1947.01
		高云祥	桓台果里	1948.03—1948.05
		吴玉山	不　详	1945.09—1945.12
		李中一	桓台马桥	1945.09—1946.01
		杨华三	桓台马桥	1945.09—1946.07 1946.12—1947.03
		温贵卿	桓台马桥	1945.10—1946.08
		相修宝	淄博张店	1946.01—1947.02
		于中川	桓台唐山	1946.09—1947.01
审讯股	股　长	王正轩	淄博张店	1948.08—1948.11
		李益三	淄博临淄	1949.05—1949.12
		刘玉信	淄博张店	1949.12—1950.08
		杨华三	桓台马桥	1951.11—1952.07
	副股长	高云祥	桓台果里	1948.05—1949.02
		任德和	桓台果里	1948.11—1949.05
		杨华三	桓台马桥	1950.08—1951.11
		赵振岳	山东博兴	1951.11—1952.07
		牟良鸿	不　详	1948.05—1949.02
		刘兴忠	淄博张店	1948.07—1949.02
		万瑞亭	桓台果里	1949.05—1951.11
		王光钧	山东东营	1949.05—1950.08
		伊丕怀	桓台新城	1949—1949
		张培堂	山东寿光	1950.02—1952.07
		于中川	桓台唐山	1950.06—1952.07
		王兆宝	桓台唐山	1951.11—1952.07
预审股	股　长	崔日惠	桓台惠民	1951.11—1952.07
		张俊岭	山东沾化	1956.07—1958.11
		崔日惠	山东惠民	1961.09—1964.08
		崔日惠（兼）		1966.03—1967.03
		张宝德	桓台新城	1973.07—1975.08

续表 1—2

单 位	职 务	姓 名	籍 贯	任职时间
预审股	股 长	逯玉厚	桓台索镇	1977.06—1982.12
		孙沐泽	桓台马桥	1982.12—1984.08
	副股长	赵振岳	山东博兴	1954.12—1956.07
		张培堂	山东寿光	1956.03—1956.06
		徐统敏	桓台马桥	1987.08—1992.01
		任登武	山东寿光	1980.12—1984.08
		田承金	桓台唐山	1980.12—1981.05
		胡正森	桓台马桥	1982.05—1982.12
		刘汝茂	桓台荆家	1982.05—1984.08
		李子林	山东东营	1982.12—1984.08
		张培堂	山东寿光	1954.12—1956.03
		万瑞亭	桓台果里	1954.12—1958.05 1961.11—1962.08
		相修学	淄博张店	1956.05—1958.11
		张善用	山东博兴	1961.09—1965.09
		杨延华	淄博张店	1963.12—1964.07
		刘希俭	桓台索镇	1965.08—1965.12
		孙传久	桓台果里	1966.10—1967.03
		逯玉厚	桓台索镇	1973.06—1977.06
		袭建忠	桓台新城	1977.04—1980.01
		任登武	山东寿光	1978.04—1980.12
		徐统敏	桓台马桥	1979.09—1984.08
		王仲德	桓台马桥	1979.11—1982.05
		刘 军	山东莱阳	1979.12—1982.05
		李 旭	桓台果里	1979.12—1984.08
		荣若祥	桓台新城	1979.12—1983.04
		李 明	桓台马桥	1982.06—1983.02
		李翠芹(女)	桓台唐山	1982.07—1982.10
		魏守敏	桓台田庄	1983.07—1983.10
		刘明良	山东广饶	1983.09—1984.08
		王 沛	江苏睢阳	1983.09—1984.08
		胡正森	桓台马桥	1983.11—1984.08
		姜恒泉	淄博张店	1984.07—1984.08
预审科	科 长	田承金	桓台唐山	1984.08—1995.12

续表 1—2

单 位	职 务	姓 名	籍 贯	任职时间
预审科	科 长	姜恒泉	淄博张店	1995.12—1997.08
	副科长	任登武	山东寿光	1984.08—1992.07
		岳端宝	桓台果里	1984.08—1985.08
		边和喜	桓台果里	1984.08—1988.05
		徐统敏	桓台马桥	1987.08—1992.01
		李业成	江苏淮安	1988.05—1992.01
		姜恒泉	淄博张店	1992.01—1995.12
		陈同旺	桓台荆家	1995.12—1997.03
		荆德金	桓台荆家	1995.12—1997.08
		赵 岩(女)	桓台新城	1997.03—1997.08
		胡正森	桓台马桥	1984.08—1993.03
		刘明良	山东广饶	1984.08—1988.05
		李 旭	桓台果里	1984.08—1988.02
		王 沛	江苏睢宁	1984.08—1987.08
		姜恒泉	淄博张店	1984.08—1992.01
		孟繁禄	桓台唐山	1985.02—1986.02
		陈同旺	桓台荆家	1986.07—1995.12
		徐统敏	桓台马桥	1984.08—1987.08
		王树福	桓台马桥	1988.10—1997.08
		王传敏	淄博张店	1988.12—1991.12
		巩昌国	桓台索镇	1990.02—1995.12
		王信水	桓台荆家	1990.07—1997.03
		王世亮	淄博张店	1990.08—1992.02
		魏建国	桓台田庄	1992.01—1996.01
		任登武	山东寿光	1992.07—1994.09
		张 昆	桓台马桥	1993.07—1997.08
		王希冰	桓台果里	1994.07—1996.10
		赵 军	淄博张店	1996.01—1997.07
		巩汝山	桓台起凤	1996.07—1997.09
		曹 阳	山东梁山	1996.12—1997.08
执行股	股 长	赵振岳	山东博兴	1954.12—1955.12
		万瑞亭	桓台果里	1954.12—1955.12
看守所	所 长	刘兴忠	淄博张店	1947.03—1948.07
		王子元	桓台新城	1949.05—1951.04

续表 1-2

单位	职务	姓名	籍贯	任职时间
看守所	所长	寇丕财	淄博张店	1951.08—1952.09
		冯怀清	山东寿光	1952.11—1953.07
		胡庆显	桓台田庄	1954.12—1955.04
		胡建章(代)	山东高青	1961.09—1962.05
		杨延华	淄博张店	1964.07—1966.05
		刘乐温	山东博兴	1982.05—1982.12
		胡正森	桓台马桥	1982.12—1983.10
		边和喜(兼)	桓台果里	1984.08—1988.05
		李业成(兼)	江苏淮安	1988.05—1992.01
		徐统敏	桓台马桥	1992.01—1995.12
		王怀秋	桓台唐山	1995.12—1998.04
		宋丰乾	桓台起凤	1998.04—2007.02
		张元明	山东济阳	2007.02—2013.09
		于光庆	桓台田庄	2013.09—
	政治指导员	王在山	山东新泰	1992.01—1995.12
		刘丙炎	桓台索镇	1995.12—1998.04
		张秀云(女)	桓台果里	1998.04—2005.01
	政治教导员	徐　军	山东诸城	2007.02—2013.09
		金　明	桓台马桥	2013.09—
	副所长	王子元	桓台新城	1948.05—1949.05
		徐祥祝	山东荣城	1977.06—1983.11
		田家湖	桓台田庄	1985.10—1987.06
		张秀云(女)	桓台果里	1995.12—1998.04
		崔佃华	桓台田庄	1997.03—2001.02
		段淑武	桓台田庄	1997.03—1999.10
		王树福	桓台马桥	1999.03—2004.05
		张英锋	桓台马桥	2001.02—2007.02
		车林杰	桓台唐山	2001.06—2007.02
		张　伟	桓台果里	2005.12—2008.09
		梁　波	桓台起凤	2007.02—
		刘兆东	桓台果里	2008.09—
		荣庆禄	桓台唐山	2009.10—2013.11
		张玉深	桓台马桥	2013.11—
	办公室主任	宗学英(女)	桓台田庄	2007.02—2008.01

续表 1—2

单位	职务	姓名	籍贯	任职时间
	巡特警大队办公室主任	伊学艳(女)	桓台果里	2008.01—2008.09
	办公室主任	伊学艳(女)	桓台果里	2008.09—2009.10
	办公室主任	任光辉	桓台索镇	2009.10—
	一中队队长	金宗庆	桓台马桥	2007.02—2009.10
	一中队队长	蔡　泳	桓台索镇	2013.11—
	政治指导员	荆树钢	桓台荆家	2013.11—
	二中队队长	徐文胜	桓台索镇	2008.09—2009.10
	二中队队长	田茂强	桓台田庄	2013.11—
	政治指导员	吴成彬	桓台果里	2007.02—2013.03
	政治指导员	鲁传武	安徽肥东	2013.11—
	三中队队长	毕斌鹏	桓台索镇	2013.11—
	政治指导员	王向明	山东泰安	2013.11—
看守所		杨贯卿	不　详	1946.01—1947.02
看守所		相修珠	淄博张店	1947.02—1947.08
看守所		任德和	桓台果里	1947.08—1948.11
看守所		万瑞亭	桓台果里	1948.05—1948.08
看守所		刘心铎	桓台果里	1949.03—1949.05
看守所		王玉田	淄博张店	1949.06—1952.05
看守所		巩举运	桓台起凤	1949.10—1951.11
看守所		尹德津	桓台果里	1949.12—1950.12
看守所		赵东林	淄博张店	1950.06—1952.12
看守所		王兆宝	桓台唐山	1953.02—1953.12
看守所		徐士平	淄博临淄	1953.11—1955.03
看守所		鲁志家	桓台新城	1954.11—1956.05
看守所		赵仕诚	桓台新城	1955.02—1956.05
看守所		魏衍启	桓台起凤	1956.05—1956.12
看守所		尹佃瑞	桓台马桥	1956.11—1958.11
看守所		张宝经	桓台唐山	1958.04—1958.08
看守所		赵仕诚	桓台新城	1958.06—1958.11
看守所		张奎吉	淄博张店	1962.05—1962.12
看守所		杨延华	淄博张店	1963.06—1964.07
看守所		张善用	山东博兴	1965.09—1967.03
看守所		赵曰爱	桓台田庄	1973.06—1982.07 1983.02—1990.12

续表 1—2

单位	职务	姓名	籍贯	任职时间
看守所		毕永茂	桓台索镇	1979.12—1988.05
		张秀云(女)	桓台果里	1979.12—1995.12
		张聿林	桓台索镇	1979.12—1983.02
		徐统敏	桓台马桥	1984.08—1986.07 1995.12—2001.04
		刘仕成	桓台索镇	1985.04—1997.09
		贾爱生	桓台索镇	1985.12—1989.03
		孟繁禄	桓台唐山	1986.02—2002.07
		石作修	桓台索镇	1987.02—1987.10
		张善法	桓台马桥	1988.03—1992.05
		李　旭	桓台果里	1988.03—1991.12
		白玉玺	山东博兴	1989.03—1998.06
		胡建坤	桓台索镇	1989.09—2002.07
		陈　永	桓台马桥	1990.10—1992.01
		荆树钢	桓台荆家	1992.05—1997.03 2010.10—2013.11
		孔祥礼	桓台田庄	1993.08—2001.04
		张英锋	桓台马桥	1995.07—2001.02
		荣若祥	桓台唐山	1995.09—2002.07
		田茂坤	桓台田庄	1995.10—2002.07
		卢　起	山东沂水	1996.03—2002.07
		庞维来	桓台田庄	1997.03—2002.07
		金振田	桓台马桥	1997.08—2001.05
		王树福	桓台马桥	1997.08—1999.03
		王怀秋	桓台唐山	1998.04—2002.07
		荣佑勤	桓台唐山	1999.02—2002.07
		巩崇文	桓台起凤	1999.02—2002.07
		王长木	桓台马桥	1999.02—2002.07
		于洪志	桓台唐山	1999.02—2002.07
		舒乐元	博兴曹王	1999.03—2002.07
		伊　波	桓台果里	2000.10—2008.01
		田颜承	桓台起凤	2001.04—2003.12
		宗　凯	桓台唐山	2001.12—2013.11
		徐　军	桓台索镇	2002.03—2006.07

续表 1—2

单　位	职　务	姓　名	籍　贯	任职时间
看守所		王传敏	淄博张店	2002.07—2005.08
		于国平	桓台起凤	2002.07—2004.09
		朱玉坤	滨州阳信	2002.07—2006.07
		宗学生	桓台田庄	2002.07—2005.08
		任光辉	桓台索镇	2002.07—2004.03
		伊茂群	桓台荆家	2002.07—2016.01
		孟祥军	桓台唐山	2002.07—2013.11
		高现亮	桓台起凤	2002.07—2003.09
		王韦坪	天津蓟县	2002.07—2004.07
		孙　震	桓台荆家	2002.12—2003.12
		张方圆	桓台起凤	2003.01—2007.02
		史继德	淄博张店	2003.12—2007.02
		田茂强	桓台田庄	2003.12—2013.11
		宋鲁梁	桓台起凤	2004.09—2005.12
		胡庆水	桓台荆家	2004.10—2007.02
		李　鹏	桓台果里	2004.10—2007.02
		刘春征	桓台唐山	2005.01—2009.09
		于守德	桓台田庄	2005.08—2013.08 2015.03—
		张学建	桓台起凤	2005.09—
		梁　波	桓台起凤	2005.09—2007.02
		王家军	桓台新城	2005.12—2009.09
		王　凯	桓台索镇	2006.08—2007.04
		田茂水	桓台唐山	2006.08—2008.08 2015.03—
		车林杰	桓台唐山	2007.02—2014.10 2015.03—
		马明正	桓台荆家	2007.02—2012.09
		李海刚	桓台荆家	2007.02—2013.11
		王克军	桓台索镇	2007.04—2008.01
		许领章	山东临淄	2007.04—
		宗福山	桓台田庄	2007.09—2008.01
		蔡　泳	桓台索镇	2007.12—2013.11
		袁　波	桓台索镇	2007.12—

续表 1—2

单 位	职 务	姓 名	籍 贯	任职时间
看守所		郑 波	山东临朐	2008.01—2008.12
		何志刚	桓台马桥	2008.03—
		陈 广	淄博张店	2008.03—2010.10
		李 骥	淄博张店	2008.08—2009.10
		周守军	河北昌黎	2008.09—2009.02
		朱艳文	桓台索镇	2008.09—
		赵红军	桓台新城	2009.02—
		鲁传武	安徽肥东	2009.09—2013.11
		张连城	桓台索镇	2009.09—2013.11
		王正刚	桓台荆家	2009.09—2010.10
		毕斌鹏	桓台索镇	2010.10—2013.11
		王书力	河北石家庄	2011.09—
		刘 永	淄博淄川	2012.03—2013.11 2016.01—
		王向明	山东泰安	2013.02—2013.11
		史继德	淄博张店	2013.11—
		王树平	桓台新城	2013.11—2015.12
		常桂勇	河北衡水	2015.12—
		宋振桥	桓台起凤	2015.12—
劳改队	队 长	熊家珂	山东潍坊	1951.11—1952.07
		胡建章(兼)	山东高青	1952.07—1953.04
		金宗湘	桓台马桥	1953.07—1953.11
		胡建章	山东高青	1955.12—1958.11
	副队长	冯怀清	山东寿光	1953.07—1955.05
		巩举运	桓台起凤	1951.11—1954.04
		万瑞亭	桓台果里	1951.11—1954.06
		王玉田	淄博张店	1952.05—1954.03
		吕沐清	桓台荆家	1954.03—1958.11
		杨永村	淄博张店	1953.11—1958.11
		张宝经	桓台唐山	1954.10—1956.02
		鲁道修	淄博张店	1956.04—1958.11
		李继在	山东广饶	1956.07—1958.11
秘 书	文 书	赵锦堂	淄博临淄	1945.09—1945.12
		曹继文	淄博周村	1945.09—1946.01

续表 1—2

单位	职务	姓名	籍贯	任职时间
秘书		王正轩	淄博张店	1945.09—1946.01
		张亿万	淄博张店	1945.09—1946.01
四股(秘书)	文书	尹克选	山东高青	1946.01—1946.08
		高允俭	淄博张店	1946.01—1946.08
		曹继文	淄博周村	1946.01—1946.05
		王正轩	淄博张店	1946.01—1946.08
		张亿万	淄博张店	1946.01—1946.07
五股(秘书)	股长	温贵卿(代)	桓台马桥	1946.08—1947.03
		温贵卿		1947.03—1948.05
		尹克选	山东高青	1946.08—1948.05
		王正轩	淄博张店	1946.08—1947.01
		高允俭	淄博张店	1946.08—1948.05
		荆象增	桓台荆家	1948.03—1948.05
秘书室	主任	温贵卿	桓台马桥	1948.05—1948.10
	秘书	尹克选	山东高青	1948.05—1952.01
	助理秘书	胡建章	山东高青	1951.04—1951.11
		高允俭	淄博张店	1948.05—1949.10
		荆象增	桓台荆家	1948.05—1952.01
		王正轩	淄博张店	1948.05—1948.08
		韩家新	桓台田庄	1948.10—1952.09
		荆象德	桓台荆家	1949.02—1952.09
		田秀界	桓台起凤	1949.02—1952.09
		巩昌经	桓台起凤	1949.08—1952.09
		张冠英	淄博张店	1949.10—1951.06
		魏凡泉	桓台起凤	1950—1952
		张连传	桓台起凤	1950—1952
		于中川	桓台唐山	1950.04—1950.06
		祝兆贤	淄博张店	1950.05—1952.03
		荆象谓	桓台荆家	1951.04—1952.09
		张聿祯	桓台新城	1951.09—1952.09
		张宝经	桓台唐山	1951.10—1952.09
秘书股	股长	李益三	淄博临淄	1952.11—1953.05 1954.12—1956.03
		荆象谓	桓台荆家	1953.05—1954.12

续表 1—2

单　位	职　务	姓　名	籍　贯	任职时间
秘书股	股　长	曹继杰	桓台马桥	1956.08—1958.11
		蔡温普	高青高城	1964.04—1966.03
		王常镇	山东阳信	1966.03—1967.03
		王恩然	山东东营	1973.07—1974.01
		王恩然(兼)		1974.01—1977.06
		田承贵	桓台索镇	1977.06—1980.12
		荣若富	桓台唐山	1981.05—1984.08
	副股长	荆象谓	桓台荆家	1952.09—1953.05
		曹继杰	桓台马桥	1956.03—1956.08
		巩昌经	桓台起凤	1957.12—1958.11
		蔡温普	高青高城	1961.09—1964.04
		田承贵	桓台索镇	1973.07—1977.06
		魏衍荣	桓台果里	1977.06—1979.11
		梁俊红(女)	山东惠民	1977.06—1982.06
		田承金	桓台唐山	1981.05—1984.08
		田家湖	桓台田庄	1982.05—1984.08
		李业成	江苏淮安	1983.05—1984.08
		韩家新	桓台田庄	1952.09—1955.10
		荆象德	桓台荆家	1952.09—1958.11
		田秀界	桓台起凤	1952.09—1953.08
		张宝经	桓台唐山	1952.09—1953.08
		巩昌经	桓台起凤	1952.09—1956.07
		张聿祯	桓台新城	1952.09—1953.11
		曹继杰	桓台马桥	1953.11—1956.03
		张光功	桓台起凤	1953—1954
		孙传久	桓台果里	1956.02—1958.11
		荆聿箴	桓台起凤	1956.03—1958.03 1961.10—1962.05
		李建立	淄博张店	1956.04—1958.01
		刘明芝	桓台果里	1957.07—1958.08
		周庆广	桓台索镇	1957.？—1958.11 1961.09—1967.03
		李成实	山东广饶	1957—1958
		朱云智	淄博张店	1958.01—1958.11

续表 1—2

单 位	职 务	姓 名	籍 贯	任职时间
秘书股		钟可美	山东惠民	1961.11—1962.11
		王在山	山东新泰	1962.05—1967.03
		焦兆敬	山东博兴	1962.07—1966.07
		王新京	桓台荆家	1966.08—1967.03
		刘仕成	桓台索镇	1973.06—1984.07
		李秀兰(女)	桓台新城	1973.06—1973.08
		胡树茂	山东高青	1973.06—1977.06
		梁俊红(女)	山东惠民	1973.08—1977.06
		魏衍荣	桓台果里	1975.12—1977.06
		毕永茂	桓台索镇	1977.11—1979.12
		王春省	山东博兴	1979.08—1982.09
		郑建兴	桓台马桥	1979.10—1983.05
		李黎英(女)	山东寿光	1979.12—1982.10
		张善法	桓台马桥	1979.12—1984.08
		于亦淼	桓台唐山	1980.01—1984.08
		徐爱国	山东诸城	1982.09—1984.08
		李翠芹(女)	桓台唐山	1982.10—1984.08
		赵红军	桓台新城	1983.04—1984.08
		舒乐远	山东博兴	1983.06—1984.08
		王　平	桓台果里	1983.09—1984.08
		文士钊	桓台马桥	1983.11—1984.08
		逯玉厚	桓台索镇	1983.11—1984.08
		李守平	山东沂水	1984.01—1984.08
秘书科	科　长	刘汝茂	桓台荆家	1984.08—1989.03
		孙仕秀	桓台起凤	1992.01—1995.07
	副科长	李业成	江苏淮安	1984.08—1988.05
		于亦淼	桓台唐山	1987.08—1992.01
		徐学录	桓台索镇	1988.05—1989.03
		孟秀玲(女)	桓台起凤	1992.01—1993.03
		赵红军	桓台新城	1984.08—1985.08
		逯玉厚	桓台索镇	1984.08—1995.06
		徐爱国	山东诸城	1984.08—1986.05
		张善法	桓台马桥	1984.08—1988.03
		文士钊	桓台马桥	1984.08—1989.03

续表 1－2

单　位	职　务	姓　名	籍　贯	任职时间
秘书科		王　平	桓台果里	1984.08—1989.03
		李守平	山东沂水	1984.08—1990.06
		李翠芹(女)	桓台唐山	1984.08—1988.05
		于亦淼	桓台唐山	1984.08—1987.08
		李子林	山东东营	1984.08—1990.03
		张春孔	桓台荆家	1984.11—1991.09
		毕春香(女)	桓台索镇	1985.07—1986.07
		车林杰	桓台唐山	1985.10—1988.04
		魏凡让	桓台索镇	1985.12—1989.07
		李　明	桓台马桥	1986.02—1987.10
		于芳红(女)	桓台起凤	1986.07—1992.10
		孔祥礼	桓台田庄	1986.11—1989.03
		刘桂华(女)	桓台荆家	1987.07—1989.06
		张奎友	桓台唐山	1987.08—1989.03
		徐文胜	桓台索镇	1987.09—1988.07
		刘献浩	山东阳信	1987.12—1989.03
		王　沛	江苏睢宁	1987.08—1989.03
		孟秀玲(女)	桓台起凤	1988.04—1992.01
		宗学英(女)	桓台田庄	1988.07—1992.07
		胡瑞国	山东高青	1988.10—1989.03
		孙仕秀	桓台起凤	1989.12—1992.01
		王同生	桓台荆家	1990.10—1995.07
		赵　岩(女)	桓台新城	1992.01—1995.07
		王世亮	淄博张店	1992.02—1994.02
		巩本鑫	桓台起凤	1992.03—1995.07
		毕海燕(女)	桓台果里	1992.07—1994.11
		张林平	桓台索镇	1994.07—1995.07
		周　春(女)	桓台新城	1994.07—1995.07
		王希冰	桓台果里	1994.10—1995.07
指挥中心（副科）	主　任	孙仕秀	桓台起凤	1994.11—1995.12
		巩本鑫	桓台起凤	1995.12—1998.12
		吴英亮	桓台果里	1998.12—2000.09
		吴英亮(兼)		2000.09—2004.02
		张林平	桓台索镇	2004.02—2007.02

续表 1－2

单位	职务	姓名	籍贯	任职时间
指挥中心（副科）	副主任	王　沛	江苏睢宁	1995.07—1999.03 2001.02—2007.02
		李守和	桓台果里	1998.04—1999.03
		张林平	桓台索镇	1999.03—2004.02
		张振平	桓台唐山	1999.03—2002.07
		徐　锋	桓台荆家	2003.12—2007.02
	秘书科科长	巩本鑫	桓台起凤	1995.07—1995.12
		巩本鑫（兼）	桓台起凤	1995.12—1998.12
		徐　锋	桓台荆家	1999.03—2003.12
		徐　锋（兼）	桓台荆家	2003.12—2007.02
	副科长	赵　岩（女）	桓台新城	1995.12—1997.03
		张林平	桓台索镇	1997.03—1999.03
		宗学英（女）	桓台田庄	1999.03—1999.11
		魏军青	高青常家	2000.04—2002.03
		王振东	桓台田庄	2003.12—2007.02
		张林平	桓台索镇	1995.07—1997.03
		周　春（女）	桓台新城	1995.07—1998.05
		王希冰	桓台果里	1995.07—1998.02
		王同生	桓台荆家	1995.07—1996.05
		于　洋	桓台唐山	1996.12—1998.08
		徐　锋	桓台荆家	1997.01—1999.03
		王　涛	桓台马桥	1997.01—1999.03
		徐　慧（女）	桓台索镇	1997.03—1998.09
		王旭东	桓台田庄	1998.01—1998.04
		张　玲（女）	桓台唐山	1998.05—2001.02 2003.01—2006.05
		宗学英（女）	桓台田庄	1998.10—1999.03
		魏军青	山东高青	1998.12—2002.03
		巩本鑫	邹平起凤	1998.12—1999.02
		吕　超	山东邹平	2001.03—2004.03
		刘俊忠	济南章丘	2001.03—2004.12
		陈斐然	桓台荆家	2002.12—2003.12
		王振东	桓台田庄	2003.07—2003.12
		崔亦芳（女）	桓台起凤	2004.02—2007.02

续表 1—2

单　位	职　务	姓　名	籍　贯	任职时间
指挥中心（副科）	通讯科科长（1995.07—1995.12 机要通讯科科长）	王　沛（兼）	江苏睢宁	1994.12—1999.03
		王　坤	桓台马桥	1999.03—2000.04
		伊学艳（女）	桓台果里	2001.02—2003.12
	副科长	张振平	桓台唐山	1997.03—1999.03
		伊学艳（女）	桓台果里	1999.03—2001.02
		高　成	桓台索镇	2000.07—2001.05
		许领章	淄博临淄	2002.03—2003.12
		殷佃臣	桓台田庄	1992.01—1998.09
		张孝和	淄博张店	1992.03—1993.07
		刘承达	桓台荆家	1992.10—2001.05
		魏启海	桓台田庄	1994.12—1997.01
		高　成	桓台索镇	1994.12—2000.07
		徐　慧（女）	桓台索镇	1995.07—1997.03
		耿　欣（女）	山东邹平	1995.07—1997.01
		伊学艳（女）	桓台果里	1995.07—1999.03
		段　然（女）	桓台马桥	1995.07—1999.03
		张奎清	桓台唐山	1995.12—2002.07
		张　璇（女）	河南濮阳	1996.12—2001.02
		甘学静（女）	桓台田庄	1997.08—1998.05
		刘金花（女）	桓台索镇	1998.05—1999.05
		刘丽丽（女）	桓台新城	1999.03—2003.12
		孙丰宁	桓台唐山	1999.07—2000.05
		崔洪美	桓台索镇	1999.09—2002.07
		王克军	桓台索镇	2000.04—2003.12
		张　进	桓台唐山	2001.06—2003.11
		张　平	桓台马桥	2002.07—2010.01
		张　双（女）	桓台索镇	2002.07—2003.12
		张彦华（女）	桓台唐山	2002.07—2003.12
	通讯网络科科长	伊学艳（女）	桓台果里	2003.12—2007.02
	副科长	许领章	淄博临淄	2003.12—2007.02
		张　双（女）	桓台索镇	2003.12—2006.01
		刘丽丽（女）	桓台新城	2003.12—2005.12
		张彦华（女）	桓台唐山	2003.12—2007.02
		王克军	桓台索镇	2003.12—2007.02

续表 1—2

单位	职务	姓名	籍贯	任职时间
指挥中心（副科）		赵红军	桓台新城	2005.12—2007.02
	档案资料科副科长	赵　岩（女）	桓台新城	1995.07—1995.12
		段　然（女）	桓台马桥	1999.03—2000.01
	档案统计科科长	何志刚	桓台马桥	1999.03—1999.06
		段　然（女）	桓台马桥	2000.01—2003.11
		高　欣（女）	桓台索镇	2003.11—2004.11
	副科长	张　璇（女）	河南濮阳	2001.02—2007.02
		刘金花（女）	桓台索镇	2005.05—2007.02
	信访科科长	逯玉厚	桓台索镇	1995.07—1995.12
		刘　军	山东莱阳	1995.12—2003.12
		王玉安	桓台马桥	1998.04—2002.07
指挥中心（正科）	主　任	张林平	桓台索镇	2007.02—2013.09
		王旭东	桓台田庄	2013.09—
	网安大队政治教导员	张玉新	桓台马桥	2013.09—
	副主任	王　沛	江苏睢宁	2007.02—2008.01
		张玉新	桓台马桥	2007.02—2013.09
		田　岗	桓台索镇	2009.10—2013.09
		伊学艳（女）	桓台果里	2013.11—
		李文博	山东郯城	2013.11—
		赵红军	桓台新城	2007.02—2009.02
		张彦华（女）	桓台唐山	2007.02—2009.02
		刘金花（女）	桓台索镇	2007.02—2013.11
		周　春（女）	桓台新城	2007.02—2013.11
		崔亦芳（女）	桓台起凤	2007.02—2008.09
		王克军	桓台索镇	2007.02—2007.04
		陈斐然	桓台荆家	2007.02—2009.02
		崔　辉	桓台田庄	2007.02—2009.02
		王　凯	桓台索镇	2007.04—2013.11
		伊　波	桓台果里	2008.01—2013.11
		邹　毅	山东昌邑	2008.09—2013.11
		张晓芳（女）	桓台新城	2008.09—2013.11
		李文博	山东郯城	2009.02—2013.11
		周守军	河北昌黎	2009.02—2013.11
		司云山	桓台新城	2009.02—2013.11

续表 1—2

单　位	职　务	姓　名	籍　贯	任职时间
指挥中心（正科）		陈　鹏(女)	山东平邑	2011.09—2013.11
		李　丽(女)	山东章丘	2011.12—2013.11
	指挥调度室主任	周守军	河北昌黎	2013.11—
		伊　波	桓台果里	2013.11—
		司云山	桓台新城	2013.11—
	机要室主任	周　春(女)	桓台新城	2013.11—
		徐菁忆(女)	山东章丘	2013.11—
	情报信息室主任	王　凯	桓台索镇	2013.11—
		李　丽(女)	山东章丘	2013.11—
	秘书室主任	邹　毅	山东昌邑	2013.11—
		赵新星	淄博博山	2013.11—
		陈　鹏(女)	山东平邑	2013.11—
		张晓芳(女)	桓台新城	2013.11—
		荆树明	桓台荆家	2014.10—2015.03
		魏守敏	桓台田庄	2014.10—2015.03
		徐　军	山东诸城	2014.10—2015.03
		吴成彬	桓台果里	2014.10—2015.03
		徐文胜	桓台索镇	2014.10—2015.03
史志办	主　任	巩子肖	桓台起凤	1984.03—1992.01
		殷佃臣	桓台田庄	1992.01—1992.02
	副主任	任登武	山东寿光	1984.03—1992.02
		王玉华	山东高青	1984.01—1985.07
		殷佃臣	桓台田庄	1984.03—1992.01
		魏建国	桓台田庄	1984.03—1986.10
		孟秀玲(女)	桓台起凤	1986.01—1987.07
二　股(干部)	股　长	蔡玉璋(兼)	山东高青	1946.08—1948.05
人事股	股　长	胡建章	山东高青	1951.11—1953.04
	副股长	高云峰	桓台果里	1951.11—1953.02
		陈玉荣(女)	山东临朐	1951.11—1953.04
		于中川	桓台唐山	1952.07—1953.04
政治协理室	协理员	赵中太(回)	淄博临淄	1953.04—1956.07
		赵振岳(代)	山东博兴	1953.11—1954.12
		于仁善	山东莱阳	1956.07—1958.11
		张仲俊	桓台唐山	1961.11—1962.06

续表 1—2

单位	职务	姓名	籍贯	任职时间
政治协理室	协理员	崔曰惠	山东惠民	1964.08—1966.03
		荣若富	桓台唐山	1980.01—1981.04
		伊茂盛	桓台新城	1981.04—1984.08
		于中川	桓台唐山	1953.04—1953.05
		伊允强	桓台马桥	1955.02—1957.06
		张仲俊	桓台唐山	1955.09—1957.02
政工科	科　长	伊茂盛	桓台新城	1984.08—1995.12
		王玉华	山东高青	1995.12—2001.02
		荆树明	桓台荆家	2001.02—2003.12
	副科长	胡树茂	山东高青	1985.10—1992.01
		李翠芹(女)	桓台唐山	1995.12—1998.04
		毕春香(女)	桓台索镇	1995.12—2000.07
		王旭东	桓台田庄	1998.04—2000.07
		耿英华(女)	桓台索镇	2000.07—2003.12
		刘　波	桓台新城	2000.07—2003.12
		刘昌法	淄博淄川	1984.12—1988.05
		毕春香(女)	桓台索镇	1986.07—1988.07
		杨云凤(女)	山东济南	1987.11—1995.12
		李翠芹(女)	桓台唐山	1988.05—1994.04
		文士钊	桓台马桥	1989.03—1992.01
		张　平	桓台马桥	1992.01—1995.12
		于守德	桓台田庄	1994.02—1997.03
		刘　波	桓台新城	1995.12—2000.07
		伊茂盛	桓台新城	1995.12—2000.12
		于　洋	桓台唐山	1996.01—1996.12
		周守军	河北昌黎	1996.05—1996.11
		吴成彬	桓台果里	1997.03—2001.02
		徐　慧(女)	桓台索镇	1998.10—2003.12
		李维良	桓台果里	1999.07—2000.07
		胡正学	桓台田庄	2002.12—2003.12
政治处	主　任	荆树明	桓台荆家	2003.12—2006.07
		张秀光	桓台唐山	2007.02—2008.06
	副主任	刘　波	桓台新城	2003.12—2007.02
		耿英华(女)	桓台索镇	2003.12—2007.02

续表 1—2

单位	职务	姓名	籍贯	任职时间
政治处	副主任	徐　锋	桓台荆家	2007.02—2008.06
	国保大队一中队政治指导员	杜　伟	桓台新城	2007.02—2008.06
		徐　慧(女)	桓台索镇	2003.12—2007.02
		胡正学	桓台田庄	2003.12—2006.05
		张　玲(女)	桓台唐山	2006.05—2008.06
		路全华	淄博临淄	2007.02—2008.06
		甘学静(女)	桓台田庄	2007.02—2008.06
		崔爱荣(女)	桓台田庄	2007.02—2008.06
		刘东朋	山东惠民	2007.02—2008.06
政工室	主　任	张秀光	桓台唐山	2008.06—2013.09
		王功训	山东青州	2013.09—
	副主任	徐　锋	桓台荆家	2008.06—2013.09
		魏光水	桓台田庄	2009.10—
		毕春香(女)	桓台索镇	2013.11—
		甘学静(女)	桓台田庄	2013.11—
	国保大队一中队政治指导员	杜　伟	桓台新城	2008.06—2013.11
	网监大队一中队政治指导员	甘学静(女)	桓台田庄	2009.09—2013.11
		甘学静(女)	桓台田庄	2008.06—2009.09
		路全华	淄博临淄	2008.06—2009.09
		张　玲(女)	桓台唐山	2008.06—2015.05
		崔爱荣(女)	桓台田庄	2008.06—2013.11
		刘东朋	山东惠民	2008.06—
		王艳艳(女)	山东牟平	2008.09—
		胡正学	桓台田庄	2009.09—
		刘　博	山东鱼台	2012.01—2013.11
		曹译文(女)	桓台马桥	2013.11—
		成　娜(女)	山东邹平	2014.05—
战训大队	副大队长	荆　敏(女)	桓台荆家	2013.11—
	一中队队长	崔爱荣(女)	桓台田庄	2013.11—
	二中队队长	刘　博	山东鱼台	2013.11—
		刘西军	桓台临沂	2014.10—2015.03
		魏建国	桓台田庄	2014.10—2015.03
		陈　林	桓台荆家	2014.10—2015.03
		马明正	桓台荆家	2014.10—2015.03

续表 1－2

单　位	职　务	姓　名	籍　贯	任职时间
战训大队		金宗庆	桓台马桥	2014.10—2015.03
老干科	科　长	杨云凤(女)	山东济南	1995.12—2003.12
	副科长	于守德	桓台田庄	1997.03—1999.03
		张　进	桓台唐山	1999.03—1999.06
		魏凡让	桓台索镇	1999.06—2002.07
工　会	主　席	宋振顺	桓台田庄	1985.10—1988.05
		胡树茂	山东高青	1988.05—2001.02
		吴成彬	桓台果里	2001.02—2013.03
		张元明	山东济阳	2013.10—2014.04
党总支	书　记	徐　军	山东诸城	2013.10—2014.04
宣传科	科　长	王旭东(兼)	桓台田庄	1999.04—2000.07
		李维良	桓台果里	2000.07—2007.02
	副科长	于　洋	桓台唐山	1999.04—2003.12 1998.08—1999.04
		王春省	山东博兴	1999.06—2000.05 2002.07—2003.01
		孙明文	桓台索镇	2002.12—2003.12
		陈斐然	桓台荆家	2003.12—2007.02
保卫股	股　长	金宗湘	桓台马桥	1954.01—1955.05
	副股长	任曰升	桓台索镇	1952.09—1953.07
		金宗湘	桓台马桥	1952.12—1953.07
		李长兴	桓台马桥	1952.09—1955.05
		李东声	桓台马桥	1953.02—1954.01
内保股	股　长	赵仕诚	桓台新城	1982.05—1984.08
	副股长	魏衍荣	桓台果里	1979.11—1981.12
		徐学录	桓台索镇	1979.10—1984.08
		王新京	桓台荆家	1979.10—1983.03
		段淑武	桓台田庄	1982.02—1984.06
保卫科	科　长	刘　军	山东莱阳	1992.01—1994.05
		刘丙炎	桓台索镇	1994.06—1995.12
		段淑武	桓台田庄	1995.12—1997.03
		岳端宝	桓台果里	1997.03—2000.01
	副科长	田家湖	桓台田庄	1984.08—1985.10
		岳端宝	桓台果里	1985.12—1986.09

续表 1－2

单位	职务	姓名	籍贯	任职时间
保卫科	副科长	刘　军	山东莱阳	1987.06—1992.01
		巩昌驰	桓台起凤	1992.01—1993.10
		李　明	桓台马桥	1995.12—2000.07
		李海刚	桓台荆家	1995.12—1999.06
		蔡玉川	桓台马桥	1998.04—2000.07
	税务侦查队队长	李海刚(兼)	桓台荆家	1997.12—1999.06
	金融侦查队队长	蔡玉川(兼)	桓台马桥	1998.04—2000.07
		赵仕诚	桓台新城	1984.08—1988.09
		刘　军	山东莱阳	1984.08—1987.06
		徐学录	桓台索镇	1984.08—1987.08
		宋丰乾	桓台索镇	1986.03—1992.01
		李　明	桓台马桥	1987.10—1988.05
		刘明良	山东广饶	1988.06—1993.07
		岳丽芹(女)	桓台新城	1990.07—1992.09
		李海刚	桓台荆家	1992.01—1995.12
		魏　江	山东博兴	1997.12—2000.07
		张呈銮	桓台荆家	1998.09—2000.07
		胡　锋	桓台马桥	1998.10—2000.07
		刘体铸	桓台索镇	1998.11—1999.03
		赵学鹏	桓台田庄	1998.12—2000.07
		刘献利	桓台唐山	1999.03—2000.07
		巩昌国	桓台索镇	1999.06—2000.07
		李守平	山东沂水	1999.06—2000.07
经侦大队	大队长	陈恒斌	桓台马桥	2000.01—2006.08
		周焕诚	桓台荆家	2006.08—2008.09
		刘　桂	淄博淄川	2008.09—2013.09
		李　鹏	桓台果里	2013.09—
	政治教导员	岳端宝	桓台果里	2000.01—2006.07
		魏守敏	桓台田庄	2008.08—2013.03
		陈同旺	桓台荆家	2013.09—
	副政治教导员	刘兆东	桓台果里	2007.09—2008.08
	副大队长	姜恒泉	淄博张店	2000.07—2004.02
		朱久爱	淄博临淄	2001.02—2002.01
		刘兆东	桓台果里	2002.01—2007.09

续表 1－2

单　位	职　务	姓　名	籍　贯	任职时间
经侦大队	副大队长	李　鹏	桓台果里	2003.12—2007.02
		王业盛	淄博张店	2007.02—
		田茂亮	桓台起凤	2007.02—2013.11
		刘　兵	桓台索镇	2009.10—2013.09
		刘　华	桓台马桥	2013.11—
		李新玉(女)	桓台果里	2013.11—
	国保大队副大队长	田茂亮	桓台起凤	2013.11—
	办公室主任	魏　江	山东博兴	2001.02—2007.02
		李新玉(女)	桓台果里	2008.09—2009.10
	副主任	胡　锋	桓台马桥	2001.02—2007.02
		甘学静(女)	桓台田庄	2001.02—2007.02
		胡　锋	桓台马桥	2000.07—2001.02
		李新玉(女)	桓台果里	2007.02—2008.09
		高　欣(女)	桓台索镇	2009.09—2013.11
		于素珍(女)	桓台唐山	2013.11—
		魏守敏	桓台田庄	2015.03—
		马明正	桓台荆家	2015.03—
	税务侦查中队队长	胡茂营	桓台荆家	2000.07—2007.02
	政治指导员	田　岗	桓台索镇	2001.02—2007.02
	副队长	刘书玉	桓台荆家	2008.09—2009.09
	副政治指导员	田文东	桓台田庄	2008.09—2009.10
		李　明	山东桓台	2000.07—2002.07
		胡茂营	桓台荆家	2007.02—2009.10
		田文东	桓台田庄	2007.02—2008.09
		张　敏(女)	山东利津	2008.07—2009.08
	金融侦查中队队长	李　滨	桓台新城	2000.07—2007.02
	政治指导员	蔡玉川	桓台马桥	2000.07—2002.10
	副队长	胡　锋	桓台马桥	2008.09—2009.10
	副政治指导员	胡安华	桓台田庄	2008.09—2009.10
		魏　江	山东博兴	2000.07—2001.02
		陈国辉	桓台索镇	2002.03—2009.10
		李　滨	桓台新城	2007.02—2008.09
		刘书玉	桓台荆家	2007.02—2008.09
		史　磊	桓台田庄	2008.01—2009.10

续表 1—2

单位	职务	姓名	籍贯	任职时间
经侦大队		王　伟	桓台唐山	2008.01—2009.10
	内保侦查中队队长	史继德	淄博张店	2000.07—2001.12
		荆树峰	桓台荆家	2002.03—2007.02
	政治指导员	刘献利	桓台唐山	2000.07—2002.03
		巩昌国	桓台索镇	2002.03—2007.02
	副政治指导员	黄　峰	桓台马桥	2008.09—2009.09
		巩昌国	桓台索镇	2000.07—2002.03 2007.02—2009.10
		李守平	山东沂水	2000.07—2002.07
		崔佃华	桓台田庄	2002.02—2002.07
		刘丙炎	桓台索镇	2002.02—2002.07
		胡　锋	桓台马桥	2007.02—2008.09
		胡安华	桓台田庄	2007.02—2008.09
	公司企业管理中队队长	荆德金	桓台荆家	2000.07—2007.02
	政治指导员	荆树峰	桓台荆家	2000.07—2002.03
		刘献利	桓台唐山	2002.03—2007.02
		赵雪丽(女)	淄博临淄	2002.07—2003.06
	一中队队长	胡茂营	桓台荆家	2009.10—2013.11
		刘书玉	桓台荆家	2013.11—
		李俊杰	淄博淄川	2009.09—2013.11
		史　磊	桓台田庄	2009.10—2013.11
		张　敏(女)	山东利津	2011.09—
		刘传统	山东寿光	2013.11—2014.10
	二中队队长	刘　兵(兼)	桓台索镇	2009.10—2013.09
		田文东	桓台田庄	2013.11—
	副政治指导员	田文东	桓台田庄	2009.10—2013.11
		刘书玉	桓台荆家	2007.02—2008.09
		胡茂营	桓台荆家	2008.08—2009.10
		王　伟	桓台唐山	2009.10—2013.11
		胡安华	桓台田庄	2009.10—
		丁乃勇	淄博淄川	2009.12—2013.11
		曹译文(女)	桓台马桥	2010.09—2013.11
		孙志博	桓台索镇	2013.11—
		王明文	山东招远	2013.11—

续表 1—2

单位	职务	姓名	籍贯	任职时间
经侦大队		高　坤	山东荣城	2013.11—
	三中队队长	李俊杰	淄博淄川	2013.11—
	副队长	刘书玉	桓台荆家	2009.09—2013.11
		王　亭	桓台马桥	2009.07—2013.11
		陈国辉	桓台索镇	2009.10—2013.11
		杨　凯	山东邹平	2013.11—
		赵光生	淄博张店	2013.11—
		田振华	桓台索镇	2013.11—
检察股	副股长	李子林	山东东营	1973.07—1977.06
		孙述诚	桓台马桥	1977.06—1978.04 1973.06—1977.06
		任登武	山东寿光	1973.08—1978.04
消防股	股　长 副股长	潘德成	桓台唐山	1983.06—1984.10 1979.11—1983.06
		孔祥礼	桓台田庄	1984.06—1984.10
		胡建坤	桓台索镇	1979.11—1984.10
消防科	科　长	潘德成	桓台唐山	1984.10—1991.06
	副科长	孔祥礼	桓台田庄	1984.10—1987.12
		胡建坤	桓台索镇	1984.10—1989.08
刑警队	队　长	王庆伟	山东肥城	1980.01—1983.08
		张奎清	桓台唐山	1984.08—1992.01
		成　军	桓台果里	1992.01—1993.08
	政治指导员	祝兆贤	淄博张店	1980.01—1981.10
		李守和	桓台果里	1984.08—1985.10
		伊若健	桓台荆家	1985.10—1988.05
		岳端玉	桓台果里	1992.01—1993.10
	副队长	袭建忠	桓台新城	1980.12—1981.10
		巩向尧	桓台起凤	1980.12—1984.08
		张奎清	桓台唐山	1981.11—1984.07
		边和喜	桓台果里	1982.05—1984.08
		巩向波	桓台起凤	1984.08—1992.01
		金宗良	桓台马桥	1985.10—1992.11
		魏守敏	桓台田庄	1992.01—1993.08
		张元明	山东济阳	1992.01—1993.08

续表 1—2

单 位	职 务	姓 名	籍 贯	任职时间
刑警队	副队长	田茂亮	桓台起凤	1992.01—1993.08
	副政治指导员	李守和	桓台果里	1980.12—1984.08
		王有红	桓台新城	1988.05—1992.01
		巩向波	桓台起凤	1980.01—1984.08 1992.01—1992.07
		沙占峰	山东滨城	1980.01—1980.09
		张奎清	桓台唐山	1980.01—1981.11
		李守和	桓台果里	1980.01—1982.06
		巩向尧	桓台起凤	1980.01—1980.12
		张聿营	桓台索镇	1980.01—1982.05
		李树孝	桓台果里	1980.01—1982.05
		李子林	山东沾化	1980.01—1982.12
		袭建忠	桓台新城	1980.01—1980.12
		张光远	桓台索镇	1980.01—1982.05
		张钦佩	淄博张店	1980.01—1983.03
		耿　毅	桓台唐山	1980.01—1981.11
		金宗良	桓台马桥	1980.07—1985.09
		王　沛	江苏睢宁	1980.12—1984.08
		岳端宝	桓台索镇	1980.12—1984.08
		王传敏	淄博张店	1980.12—1988.03
		张奎友	桓台唐山	1981.11—1987.08
		田茂坤	桓台田庄	1982.02—1984.07
		崔佃华	桓台田庄	1982.04—1988.03
		巩昌驰	桓台起凤	1982.04—1984.05
		赵洪明	山东邹平	1982.05—1983.06
		王春省	山东博兴	1982.09—1993.08
		宋丰乾	桓台索镇	1983.01—1986.03
		成　军	桓台果里	1983.06—1988.05
		魏守敏	桓台田庄	1983.10—1992.01
		刘思英	桓台索镇	1984.07—1988.05
		刘昌法	淄博淄川	1984.07—1984.12
		刘　桂	淄川太河	1984.07—1993.08
		张元明	山东济阳	1984.07—1992.01
		黄有宝	淄博张店	1984.07—1993.08

续表 1—2

单　位	职　务	姓　名	籍　贯	任职时间
刑警队		张　锋	山东邹平	1984.07—1988.10
		边宗亮	淄博临淄	1984.07—1986.11
		孙沐泽	桓台马桥	1984.08—1993.03
		牛建国	桓台田庄	1984.08—1988.05
		张善亮	桓台马桥	1985.04—1992.01
		王有红	桓台新城	1985.05—1988.04 1992.01—1993.08
		陈恒斌	桓台马桥	1985.07—1993.03
		徐爱国	山东诸城	1986.05—1988.09
		田宜锋	桓台起凤	1986.07—1993.07
		王淑香（女）	山东荣成	1986.07—1993.08
		田茂亮	桓台起凤	1987.07—1992.01
		马明正	桓台荆家	1987.09—1993.08
		张鲁闽	山东沾化	1987.12—1992.01
		张孝和	淄博张店	1988.05—1992.03
		王　平	桓台果里	1988.07—1992.01
		高晨明	桓台荆家	1988.07—1992.11
		田茂水	桓台唐山	1988.09—1993.08
		徐爱国	山东诸城	1989.10—1992.01
		徐书连	桓台索镇	1990.07—1993.08
		李　鹏	桓台果里	1990.07—1993.08
		李海刚	桓台荆家	1990.11—1992.01
		巩　震	桓台起凤	1991.01—1993.08
		魏光水	桓台田庄	1992.01—1993.08
		徐文胜	桓台索镇	1992.01—1993.08
		刘书亮	桓台马桥	1992.05—1993.08
		李仁国	桓台果里	1993.07—1993.08
		庞允凤	桓台田庄	1993.07—1993.08
		田　岗	桓台索镇	1993.07—1993.08
		张连起	桓台索镇	1993.07—1993.08
刑警大队（2007.02 改称刑侦大队）	大队长	成　军	桓台果里	1993.08—1998.04
		张鲁闽（兼）	山东沾化	1998.04—1998.12
		金宗良	桓台马桥	1998.12—2007.02
		朱久爱	淄博临淄	2007.02—2013.09

续表 1—2

单 位	职 务	姓 名	籍 贯	任职时间
刑警大队（2007.02 改称刑侦大队）	大队长	魏 江	山东博兴	2013.09—
	政治教导员	岳端玉	桓台果里	1993.10—1995.12
		李守和	桓台果里	1995.12—1998.04
		成 军	桓台果里	1998.04—2003.02
		魏守敏	桓台田庄	2003.11—2007.02
		金宗良	桓台马桥	2007.02—2008.08
		李 鹏	桓台果里	2008.08—2013.09
		巩曰华	桓台唐山	2013.09—
	副大队长	魏守敏	桓台田庄	1995.07—2003.11
		巩向波	桓台起凤	1995.12—1998.04
		姜恒泉	淄博张店	1997.08—2000.07
		郭 华	桓台荆家	1997.08—1998.12
		巩曰华	桓台唐山	2000.07—2007.02
		李 鹏	桓台果里	2000.07—2003.12
		金 永	桓台马桥	2004.02—2007.02
		高 涛	桓台果里	2007.02—2008.09
		张连祥	桓台索镇	2007.02—2013.09
		巩汝山	桓台起凤	2007.02—2013.09
		刘 兵	桓台索镇	2008.09—2009.10
		魏 江	山东博兴	2009.10—2013.09
		崔国峰	桓台新城	2013.11—
		李泉业	桓台果里	2013.11—
		蔡光普	桓台马桥	2013.11—
	调度室副主任	田宜锋	桓台起凤	1993.08—1995.07
		田茂水	桓台唐山	1993.08—1995.07
		王淑香（女）	山东荣成	1993.08—1993.12
		巩 震	桓台起凤	1993.08—1995.07
		吴成彬	桓台起凤	1994.10—1995.07
	办公室主任	田宜锋	桓台起凤	1997.03—1999.03
		张秀光	桓台唐山	1999.03—2000.07
		王旭东	桓台田庄	2000.07—2003.12
		沈 宁（女）	桓台果里	2003.12—2007.02 2009.10—2013.11
		段 然（女）	桓台马桥	2008.09—2009.10 2013.11—

续表 1－2

单　位	职　务	姓　名	籍　贯	任职时间
刑警大队（2007.02 改称刑侦大队）	副主任	田宜锋	桓台起凤	1995.07—1997.03
		田茂水	桓台唐山	1999.11—2006.08
		沈　宁（女）	桓台果里	2001.02—2003.12
		张　亮	桓台马桥	2003.12—2007.02
		吴成彬	桓台果里	1995.07—1995.10
		田茂水	桓台唐山	1995.07—1999.11
		沈　宁（女）	桓台果里	1995.07—2001.02
		魏　林	桓台索镇	1997.03—1998.04
		刘　华	桓台马桥	1997.07—2000.07
		张奎友	桓台唐山	1997.08—1997.09
		巩向波	桓台起凤	1998.04—2002.07
		李守平	山东沂水	1998.12—1999.06
		许　磊	山东兖州	1999.03—2001.03
		何志刚	桓台马桥	1999.06—2000.08
		伊继亮	桓台果里	2000.08—2003.12
		崔　辉	桓台田庄	2002.12—2007.02
		张　亮	桓台马桥	2003.12—2007.02
		段　然（女）	桓台马桥	2007.02—2008.09
		姚素娟（女）	桓台荆家	2007.02—2008.09
		王　胜	烟台栖霞	2007.02—2010.10
		郑龙海	淄博博山	2010.10—2013.11
		郑　波	山东临朐	2013.11—2016.03
		王小菁（女）	山东广饶	2014.05—
	索镇探区探长	田茂亮	桓台起凤	1993.08—1993.11
		李　鹏	桓台果里	1993.08—1995.07
		田　岗	桓台索镇	1993.08—1995.07
		马明正	桓台荆家	1993.08—1995.07
		徐天慈	桓台起凤	1993.11—1995.07
	新城探区探长	刘　桂	淄博淄川	1993.08—1994.10
		魏光水	桓台田庄	1993.08—1995.07
		李　滨	桓台新城	1993.08—1995.07
		庞允凤	桓台田庄	1993.08—1995.07
		金　永	桓台马桥	1994.07—1995.07
	起凤探区探长	张元明	山东济阳	1993.08—1994.10

续表 1—2

单　位	职　务	姓　名	籍　贯	任职时间
刑警大队（2007.02 改称刑侦大队）		郭　华	桓台荆家	1993.08—1995.07
		刘书亮	桓台马桥	1993.08—1995.07
		张连起	桓台索镇	1993.08—1995.07
	马桥探区探长	徐文胜	桓台索镇	1993.08—1995.07
		王业盛	淄博张店	1993.08—1995.07
		宗　凯	桓台唐山	1993.08—1995.07
		巩曰华	桓台唐山	1993.08—1995.07
	技术科科长	魏守敏	桓台田庄	1993.08—1995.07
	副科长	黄有宝	淄博张店	1993.08—1995.07
		王春省	山东博兴	1993.08—1995.07
		王有红	桓台新城	1993.08—1995.07
		徐书连	桓台索镇	1993.08—1995.07
		李仁国	桓台果里	1993.08—1995.07
	一中队队长	徐文胜	桓台索镇	1995.07—2002.03
		张玉深	桓台马桥	2002.03—2007.02
		崔　凯	桓台索镇	2013.11—
	政治指导员	刘　兵	桓台索镇	1999.03—2000.07
		张玉深	桓台马桥	2000.07—2002.03
		赵成刚	桓台田庄	2002.03—2007.02
		刘　华	桓台马桥	2007.02—2008.08
		耿晓明	桓台唐山	2013.11—2016.03
	副队长	王业盛	淄博张店	1997.08—1998.03
	副政治指导员	崔　凯	桓台索镇	2008.09—2013.11
		段秀毅	桓台马桥	1995.07—2000.07
		王业盛	淄博张店	1995.07—1997.08
		吴成彬	桓台果里	1995.10—1997.03
		张　昆	桓台马桥	1997.08—1999.03
		刘　兵	桓台索镇	1997.08—1999.03
		魏　林	桓台索镇	1998.05—1999.03
		庞允凤	桓台田庄	1998.07—2000.07
		曹　阳	山东梁山	1998.08—1999.05
		牟际广	桓台索镇	1998.12—1999.03
		伊继亮	桓台果里	1999.03—2000.08
		王　鹏	桓台果里	2000.02—2003.02

续表 1—2

单位	职务	姓名	籍贯	任职时间
刑警大队（2007.02 改称刑侦大队）		周善永	桓台索镇	2000.08—2002.11
		何志刚	桓台马桥	2000.08—2002.11
		张　晋	桓台果里	2001.04—2003.11
		张连城	桓台索镇	2001.04—2002.04
		毛志军	桓台索镇	2007.02—2008.09
		伊茂苗	桓台荆家	2007.02—2009.09
		崔　凯	桓台索镇	2007.02—2008.09
		孙秀泽	桓台马桥	2007.02—2009.09
		王钰磊	淄博博山	2007.03—2013.11
		金　童	山东泗水	2008.07—2013.11
		尹　恒	淄博张店	2008.09—2013.11
		巩　磊	桓台起凤	2009.07—2013.11
		路全华	淄博临淄	2009.09—2013.11
		王　强	淄博张店	2009.09—2013.11
		王　超	桓台周村	2009.09—2013.11
		孙志博	桓台索镇	2010.10—2013.11
		于　超	桓台索镇	2010.10—2012.05
		刘　霄	淄博周村	2012.12—2013.11
		荆晓洲	桓台荆家	2013.11—
		高　斌	山东临朐	2013.11—
		张关键	山东荣成	2013.11—
		张延杰	桓台田庄	2013.11—
		张志伟	桓台唐山	2016.03—
	二中队队长	郭　华	桓台荆家	1995.07—1998.04
		郭　华(兼)	桓台荆家	1998.04—1998.12
		金　永	桓台马桥	1999.03—2004.02
		张连祥	桓台索镇	2003.12—2007.02
		刘　兵	桓台索镇	2008.09—2009.10
		张连祥	桓台索镇	2009.10—2013.11
		刘体铸	桓台索镇	2013.11—
	政治指导员	于　军	桓台唐山	1999.03—2003.12
		牟际广	桓台索镇	2003.12—2007.02
		左传东	桓台马桥	2007.02—2008.08
		罗怀梁	桓台马桥	2016.03—

续表 1—2

单 位	职 务	姓 名	籍 贯	任职时间
刑警大队（2007.02 改称刑侦大队）	副队长	金 永	桓台马桥	1997.08—1999.03
		伊继亮	桓台果里	2003.12—2007.02
		周善永	桓台索镇	2003.12—2007.02
		王德山(市局挂职)	山东高密	2007.04—2009.04
	副政治指导员	赵成刚	桓台田庄	2008.09—2013.11
		金 永	桓台马桥	1995.07—1997.08
		徐天慈	桓台起凤	1995.07—1997.03
		巩 震	桓台起凤	1995.07—1998.05
		刘书亮	桓台马桥	1995.07—1999.03
		刘 华	桓台马桥	1997.02—1997.07
		于 军	桓台唐山	1997.08—1999.03
		高现亮	桓台起凤	1997.08—1999.03
		蔺克新	桓台新城	1997.08—1999.03
		刘书玉	桓台荆家	1997.08—1999.03
		巩汝山	桓台起凤	1997.09—2000.07
		蔡光普	桓台马桥	1998.05—2008.09
		张 宾	桓台索镇	1999.03—2003.12
		张天忠	桓台唐山	1999.03—2005.10
		张学建	桓台起凤	1999.06—2003.09
		李 滨	桓台新城	1999.12—2000.07
		张 刚	桓台果里	2001.04—2007.02
		张 亮	桓台马桥	2001.04—2003.12
		徐 海	桓台索镇	2001.06—2003.12
		赵成刚	桓台田庄	2001.12—2002.03
		毛志军	桓台索镇	2001.12—2007.02
		张连城	桓台索镇	2002.04—2007.02
		周善永	桓台索镇	2002.11—2003.12
		何志刚	桓台马桥	2002.11—2003.12
		张 晋	桓台果里	2007.02—2013.11
		寇祖宝	桓台新城	2007.02—2007.04
		沈云栋	桓台唐山	2007.02—2013.11
		岳大金	桓台新城	2007.02—2013.11
		刘东记	山东鱼台	2007.03—2010.11
		伊惠冉	桓台新城	2008.07—2013.11

续表 1－2

单位	职务	姓名	籍贯	任职时间
刑警大队（2007.02 改称刑侦大队）		朱先林	山东商河	2010.09—2013.11
		李馥伸	淄博张店	2010.11—
		赵悦磊	淄博临淄	2013.11—
		王　珂	桓台荆家	2013.11—
		王　强	桓台唐山	2013.11—
		张　琳	桓台索镇	2016.03—
	三中队队长	魏光水	桓台田庄	1995.12—1997.03
		刘兆东	桓台果里	1997.03—1999.02
		张连祥	桓台索镇	1999.03—2003.12
		于　军	桓台唐山	2003.12—2007.02
		牟际广	桓台索镇	2008.09—2009.10
		崔国峰	桓台新城	2009.10—2013.11
		沈云栋	桓台唐山	2013.11—2016.03
		陈之滨	桓台荆家	2016.03—
	政治指导员	高现亮	桓台起凤	1999.03—2002.07
		胡安华	桓台田庄	2003.11—2007.02
		刘体铸	桓台索镇	2009.09—2013.11
	副队长	张连祥	桓台索镇	1997.08—1999.03
		李树博	淄博张店	2003.12—2007.02
		刘攀峰	桓台新城	2003.12—2007.02
	副政治指导员	刘体铸	桓台索镇	2008.09—2009.09
		魏光水	桓台田庄	1995.07—1995.12
		刘兆东	桓台果里	1995.07—1997.03
		田　岗	桓台索镇	1995.07—1999.02
		许　磊	山东兖州	1997.03—1999.03
		王振东	桓台田庄	1997.08—2000.05 2001.10—2003.07
		曹　阳	山东梁山	1999.05—2000.08
		伊茂苗	桓台荆家	1998.12—2007.02
		许　磊	山东兖州	2001.03—2004.06
		李树博	淄博张店	2002.03—2003.12
		王　鹏	桓台果里	2003.02—2007.02
		刘　兵	桓台索镇	2007.02—2008.09
		徐　海	桓台索镇	2007.02—2008.09

续表 1—2

单 位	职 务	姓 名	籍 贯	任职时间
刑警大队（2007.02 改称刑侦大队）		张 宾	桓台索镇	2007.02—2008.09
		罗怀梁	桓台马桥	2007.02—2013.11
		宗福山	桓台荆家	2008.01—2013.11
		周旺达	山东邹平	2010.09—2013.11
		孙 昌	桓台马桥	2010.10—2013.11 2016.03—
		李 学	桓台唐山	2011.09—2013.11
		张志伟	桓台唐山	2013.11—2016.03
		王 毅	山东曲阜	2013.11—2016.03
		张志豪	山东高青	2013.11—2016.03
		郑龙海	淄博博山	2016.03—
		韩兆亮	山东济宁	2016.03—
		田东明	山东章丘	2016.03—
		巩向峰	桓台起凤	2016.03—
		王 克	山东章丘	2016.03—
		陈斐然	桓台荆家	2016.03—
	四中队队长	王春省	山东博兴	1995.07—1995.12
		巩曰华	桓台唐山	1995.12—1997.08 1999.03—2000.07
		荆德金	桓台荆家	1997.08—1999.03
		刘 兵	桓台索镇	2000.07—2007.02
		牟际广	桓台索镇	2007.02—2009.10
		李泉业	桓台果里	2009.10—2013.11
		岳大金	桓台新城	2013.11—2016.03
	政治指导员	张玉深	桓台马桥	1999.03—2000.07
		张连起	桓台索镇	2000.07—2003.12
		于 洋	桓台唐山	2003.12—2009.10
		罗怀梁	桓台马桥	2013.11—2016.03
	副队长	张玉深	桓台马桥	1997.08—1999.03
		何志刚	桓台马桥	2003.12—2005.11
		李向利	桓台唐山	2003.12—2007.02
	副政治指导员	蔡光普	桓台马桥	2008.09—2009.10
		张连起	桓台索镇	1995.07—2000.07
		巩汝山	桓台起凤	1995.07—1996.07

续表 1—2

单　位	职　务	姓　名	籍　贯	任职时间
刑警大队（2007.02 改称刑侦大队）		宗　凯	桓台唐山	1995.07—1997.03
		崔国峰	桓台新城	1997.03—1999.03
		王树平	桓台新城	1997.08—1999.03
		曹　阳	山东梁山	1997.08—1998.08
		李树博	淄博张店	1999.03—2002.03
		牟际广	桓台索镇	1999.03—2003.12
		周善永	桓台索镇	1999.06—2000.08
		刘攀峰	桓台新城	2000.02—2007.02
		李向利	桓台果里	2000.02—2003.12
		张　晋	桓台果里	2003.11—2004.05
		许　磊	山东兖州	2004.06—2007.02
		赵　新	桓台新城	2007.02—2013.11
		吴宗振	桓台果里	2007.02—2013.11
		刘体铸	桓台索镇	2007.02—2008.09
		孙秀泽	桓台马桥	2009.09—2013.11
		王秀奎	山东莒南	2010.09—2013.11
		王　克	山东章丘	2010.10—2016.03
		王　宁	淄博张店	2011.09—2013.11
		巩向峰	桓台起凤	2013.11—2016.03
		郑龙海	淄博博山	2013.11—2016.03
		张　琳	桓台索镇	2013.11—2016.03
	五中队队长	李　鹏	桓台果里	1995.07—1997.08
		巩曰华	桓台唐山	1997.08—1999.03
		荆德金	桓台荆家	1999.03—2000.07
		曹效连	淄博临淄	2000.07—2003.12
		张连起	桓台索镇	2003.12—2007.02
		张　宾	桓台索镇	2009.10—2013.11
		陈之滨	桓台荆家	2013.11—2016.03
	政治指导员	胡茂营	桓台荆家	1999.11—2000.07
		胡安华	桓台田庄	2001.02—2003.11
		张　宾	桓台索镇	2003.12—2007.02
		赵成刚	桓台田庄	2007.02—2008.09
	副队长	张连起	桓台索镇	2007.02—2008.09
		张　宾	桓台索镇	2008.09—2009.10

续表 1—2

单　位	职　务	姓　名	籍　贯	任职时间
刑警大队（2007.02 改称刑侦大队）	副政治指导员	徐　海	桓台索镇	2008.09—2013.11
		李　滨	桓台新城	1995.07—1997.12
		李庆勇	桓台荆家	1998.04—2002.07
		李守和	桓台果里	1999.03—2002.07
		王春省	山东博兴	2003.01—2010.01
		赵成刚	桓台田庄	2007.02—2008.09
		姚素娟（女）	桓台荆家	2008.09—2013.11
		巩向峰	桓台起凤	2010.10—2013.11
		王　胜	山东栖霞	2010.10—2013.11
		陈斐然	桓台荆家	2010.10—2013.11
		韩兆亮	山东金乡	2013.11—2016.03
		田东明	山东章丘	2013.11—2016.03
		孙　昌	桓台马桥	2013.11—2016.03
		马　康	淄博张店	2013.11—2016.03
	六中队队长	李　鹏	桓台果里	1997.08—2000.07
		田茂亮	桓台起凤	2000.07—2007.02
		段秀毅	桓台马桥	2008.09—2009.10
		魏　江（兼）	山东博兴	2009.10—2013.11
		宗福山	桓台荆家	2013.11—2014.05
	政治指导员	田茂亮	桓台起凤	1999.11—2000.07
		刘　华	桓台马桥	2000.07—2003.11
		段秀毅	桓台马桥	2007.02—2008.08
		左传东	桓台马桥	2008.08—2013.03
		耿　欣（女）	山东邹平	2013.11—2014.05
	副队长	段秀毅	桓台马桥	2003.12—2007.02
		马明正	桓台荆家	1995.07—1997.03
		魏　江	山东博兴	1997.07—1997.12
		田承金	桓台田庄	1997.08—2002.07
		田茂亮	桓台起凤	1999.06—1999.11
		王振东	桓台田庄	2000.05—2001.10
		段秀毅	桓台马桥	2000.07—2003.12
		张学东	桓台索镇	2002.12—2009.09
		李　冲	桓台田庄	2007.02—2013.11
		孙　昌	桓台马桥	2009.09—2010.10

续表 1—2

单　位	职　务	姓　名	籍　贯	任职时间
刑警大队（2007.02 改称刑侦大队）		乔珊珊（女）	山东泗水	2010.05—2010.10
		王小青（女）	山东广饶	2010.05—2014.05
		耿　欣（女）	山东邹平	2010.06—2013.11
		高　姣（女）	桓台索镇	2010.09—2013.11
		刘　霄	淄博周村	2010.09—2012.12
		宋鲁梁	桓台唐山	2010.10—2013.11
		王向明	山东泰安	2012.06—2013.02
		董运芳	山东章丘	2013.02—2013.05
		刘丽丽（女）	桓台新城	2013.11—2014.05
		王　强	淄博张店	2013.11—2014.10
		王　胜	山东栖霞	2013.11—2016.03
		陈斐然	桓台荆家	2013.11—2016.03
		周文强	淄博周村	2015.12—2016.03
	视频侦查中队队长	岳大金	桓台新城	2016.03—
	政治指导员	耿晓明	桓台唐山	2016.03—
		郑　波	山东临朐	2016.03—
		马　康	淄博张店	2016.03—
		周文强	淄博周村	2016.03—
		王　胜	山东栖霞	2016.03—
	大要案中队队长	沈云栋	桓台唐山	2016.03—
		王　毅	山东曲阜	2016.03—
		张志豪	山东高青	2016.03—
	六中队（技术）中队长	黄有宝	淄博张店	1995.07—1999.03
	副队长	徐书连	桓台索镇	1997.03—1999.03
		徐书连	桓台索镇	1995.07—1997.03
		王有红	桓台新城	1995.07—1999.03
		庞允凤	桓台田庄	1995.07—1998.07
		田海琳（女）	桓台荆家	1995.07—1999.03
		李仁国	桓台果里	1995.07—1999.03
		路全华	淄博临淄	1995.07—1999.03
		王胜军	桓台索镇	1996.05—1999.03
		于孝诚	桓台索镇	1997.08—1999.03
	七中队队长	徐书连	桓台索镇	1999.03—2007.02
	政治指导员	于孝诚	桓台索镇	1999.03—2007.02

续表 1—2

单　位	职　务	姓　名	籍　贯	任职时间
刑警大队（2007.02 改称刑侦大队）	副队长	李仁国	桓台果里	2000.07—2007.02
		路全华	淄博临淄	2003.12—2007.02
		李仁国	桓台果里	1999.03—2000.07
		王有红	桓台新城	1999.03—2002.07
		路全华	淄博临淄	1999.03—2003.12
		田海琳(女)	桓台荆家	1999.03—2007.02
		王胜军	桓台索镇	1999.03—2007.02
		田丽华(女)	桓台起凤	2000.05—2007.02
		李沛源	桓台索镇	2001.02—2007.02
		王胜军	桓台索镇	2003.11—2007.02
		于　毅	山东高青	2006.11—2007.02
刑事技术大队	大队长	魏守敏	桓台田庄	2007.02—2008.09
		徐书连	桓台索镇	2013.09—
	政治教导员	黄有宝	淄博张店	2007.02—2009.10
	副大队长	徐书连	桓台索镇	2007.02—2013.09
		于孝诚	桓台索镇	2013.11—
		李仁国	桓台果里	2013.11—
	办公室	田丽华(女)	桓台起凤	2007.02—
	一中队(法医)队长	李仁国	桓台果里	2008.09—2013.11
		王胜军	桓台索镇	2013.11—
	副政治指导员	王胜军	桓台索镇	2008.09—2013.11
		李仁国	桓台果里	2007.02—2008.09
		王胜军	桓台索镇	2007.02—2008.09
		于　毅	山东高青	2007.02—
		张宇鹏	吉林临江	2008.07—
	二中队(痕检)队长	于孝诚	桓台索镇	2007.02—2013.11
		李沛源	桓台索镇	2013.11—
		李沛源	桓台索镇	2007.02—2013.11
		王　毅	山东曲阜	2008.07—2013.11
		魏　振	山东泗水	2009.12—
		李　麟	山东招远	2010.09—
		张文水	桓台新城	2011.07—
	资料室副主任	田海琳(女)	桓台荆家	2008.09—
		田海琳(女)	桓台荆家	2007.02—2008.09

续表 1—2

单　位	职　务	姓　名	籍　贯	任职时间
纪委	副书记	张　平(兼)	桓台马桥	1995.12—1998.04
		陈　林	桓台荆家	1999.04—2002.03
		罗光明(兼)	桓台唐山	2009.11—2014.04
法制科	科　长	刘汝茂	桓台荆家	1989.03—1992.11
		梁俊红(女)	山东惠民	1993.04—1997.03
		陈同旺	桓台荆家	1997.03—1999.03
		刘　桂	淄博淄川	1999.03—2000.07
		张秀光	桓台唐山	2000.07—2007.02
		赵　岩(女)	桓台新城	2007.02—2008.06
	副科长	段淑武	桓台田庄	1992.01—1994.05
		巩昌国	桓台索镇	1995.12—1997.03
		张秀光	桓台唐山	1997.03—1999.03
		赵　岩(女)	桓台新城	1997.03—1999.03
		田茂亮	桓台起凤	1999.03—1999.11
		陈　永	桓台马桥	1999.03—2000.07
		毕春香(女)	桓台索镇	2000.07—2007.02
		赵学鹏	桓台田庄	2000.07—2008.06
	行政复议办公室主任	赵学鹏(兼)	桓台田庄	2001.06—2007.02
	副主任	耿　欣(女)	山东邹平	2001.06—2007.02
		李　旭	桓台果里	1992.02—2001.04
		刘汝茂	桓台荆家	1994.05—2002.07
		王艳霞(女)	桓台果里	1994.10—1998.12
		付　慧(女)	桓台田庄	1998.10—1999.03
		耿　欣(女)	山东邹平	1999.03—2001.06
		曹　阳	山东梁山	2000.08—2008.06
		胡　静(女)	桓台田庄	2007.02—2008.06
		耿晓明	桓台唐山	2008.01—2008.06
法制室	主　任	赵　岩(女)	桓台新城	2008.06—2013.09
	副主任	赵学鹏	桓台田庄	2008.06—2013.09
		王信水	桓台荆家	2009.09—2013.09
		曹　阳	山东梁山	2008.06—2008.09
		胡　静(女)	桓台田庄	2008.06—2013.11
		耿晓明	桓台唐山	2008.06—2013.11
		侯文娟(女)	淄博博山	2009.08—2013.11

续表1—2

单 位	职 务	姓 名	籍 贯	任职时间
法制大队	大队长	赵 岩(女)	桓台新城	2013.09—
	政治教导员	田宜锋	桓台起凤	2013.09—
	副主任	王信水	桓台荆家	2013.09—
	副大队长	段秀毅	桓台马桥	2013.11—
	办公室主任	侯文娟(女)	淄博博山	2013.11—
	一中队队长	胡 静(女)	桓台田庄	2013.11—
		董运芳	济南章丘	2014.05—
	二中队队长	刘继磊	山东邹城	2013.11—
	刑侦大队六中队队长	宗福山	桓台荆家	2014.05—
	刑侦大队六中队政治指导员	耿 欣(女)	山东邹平	2014.05—
		荆 忠	桓台马桥	2014.05—
行政科	科 长	刘法树	桓台果里	1989.03—1992.01
		李业成	江苏淮安	1992.01—1995.12
		文士钊	桓台马桥	1995.12—1999.03
		郑建洲	桓台马桥	1999.03—2005.08
	副科长	徐学录	桓台索镇	1989.03—1992.01
		王 沛	江苏睢宁	1992.01—1995.07
		文士钊	桓台马桥	1994.06—1995.12
		车林杰	桓台唐山	1995.12—2001.06
		金宗庆	桓台马桥	1998.04—1999.03
		胡安华	桓台田庄	1999.03—2001.02
		马明正	桓台荆家	1999.06—2007.02
		蔡 泳	桓台索镇	2003.12—2007.02
		王 沛	江苏睢宁	1989.03—1992.01
		刘献浩	山东阳信	1989.03—1995.12
		张奎友	桓台唐山	1989.03—1992.01
		孔祥礼	桓台田庄	1989.03—1993.07
		胡瑞国	山东高青	1989.03—1992.01
		贾爱生	桓台索镇	1989.03—1993.05
		徐文胜	桓台索镇	1989.03—1992.01
		魏凡让	桓台索镇	1989.07—1995.12
		姚 颐(女)	浙江杭州	1990.10—1991.03
		朱玉坤	滨州阳信	1991.08—1995.12
		王 平	桓台果里	1992.01—1994.05

续表 1—2

单位	职务	姓名	籍贯	任职时间
行政科		徐学录	桓台索镇	1992.01—1993.06
		宗学英(女)	桓台田庄	1992.07—1995.12
		徐　慧(女)	桓台索镇	1992.07—1995.07
		耿　欣(女)	山东邹平	1993.07—1995.07
		伊学艳(女)	桓台果里	1993.07—1995.07
		段　然(女)	桓台马桥	1993.07—1995.07
		金宗庆	桓台马桥	1993.08—1998.04
		胡安华	桓台田庄	1994.06—1999.02
		袁　波	桓台索镇	1994.12—2007.02
		李业成	江苏淮安	1995.12—2002.07
		李庆勇	桓台荆家	1995.12—1998.04
		李守平	山东沂水	1996.12—1998.12
		蔡　泳	桓台索镇	1996.12—2007.12
		张学东	桓台索镇	1996.12—2000.08
		任光辉	桓台索镇	1997.07—2002.03
		胡　锋	桓台马桥	1997.08—1998.10
		牟际广	桓台索镇	1998.07—1998.12
		王　胜	山东栖霞	2000.05—2007.02
		刘东朋	山东惠民	2001.06—2007.02
		高　欣(女)	桓台索镇	2001.07—2003.01
		孙秀昕(女)	桓台马桥	2002.12—2007.02
财务科	科　长	刘献浩	山东阳信	1995.12—2003.08
	副科长	宗学英(女)	桓台田庄	1999.11—2003.11
		牟际广	桓台索镇	1995.10—1998.07
		宗学英(女)	桓台田庄	1995.12—1998.10
财务审计科	副科长	宗学英(女)	桓台田庄	2003.11—2007.02
		任光辉	桓台索镇	2004.03—2007.02
		任秋萍(女)	山东莱州	2006.11—2007.02
警务保障科	科　长	李翠芹(女)	桓台唐山	2007.02—2008.06
	副科长	文士钊	桓台马桥	2007.02—2008.06
		任光辉	桓台索镇	2007.02—2008.06
		袁　波	桓台索镇	2007.02—2007.12
		任秋萍(女)	山东莱州	2007.02—2008.06
		孙秀昕(女)	桓台马桥	2007.02—2008.06
		魏树航	山东东平	2008.01—2008.06

续表 1—2

单　位	职　务	姓　名	籍　贯	任职时间
警务保障室	主　任	李翠芹(女)	桓台唐山	2008.06—2013.09
		徐天慈	桓台起凤	2013.09—
	战训大队政治教导员	李翠芹(女)	桓台唐山	2013.09—
	副主任	文士钊	桓台马桥	2008.06—2010.05
		金　明	桓台马桥	2009.10—2013.09
		胡茂营	桓台荆家	2013.11—
		任秋萍(女)	山东莱州	2013.11—
	看守所办公室主任	宗学英(女)	桓台田庄	2008.01—2008.09
	城管大队办公室主任			2008.09—2011.06
		任光辉	桓台索镇	2008.06—2009.09
		任秋萍(女)	山东莱州	2008.06—2013.11
		孙秀昕(女)	桓台马桥	2008.06—2013.11
		魏树航	山东东平	2008.06—2013.05
		刘春征	桓台唐山	2009.09—
		文士钊	桓台马桥	2010.05—2015.04
		王晓琳(女)	桓台果里	2011.09—
		荆　忠	桓台马桥	2013.11—2014.05
		石向斐(女)	淄博周村	2013.11—
		杨　成	山东诸城	2013.11—
		徐爱国	山东诸城	2014.10—2015.03
		张元明	山东济阳	2014.10—2015.03
		曹效连	淄博临淄	2014.10—2015.03
		陈恒斌	桓台马桥	2014.10—2015.03
		李海刚	桓台荆家	2014.10—2015.03
监察科	科　长	胡树茂	山东高青	1992.01—1995.12
		张　平(兼)	桓台马桥	1995.12—1998.04
		齐廷新	桓台唐山	1998.04—1999.12
		张呈銮	桓台荆家	2000.07—2002.03
	起凤派出所政治指导员	罗光明	桓台唐山	2002.03—2004.03
	科　长			2004.03—2007.02
		胡树茂	高青花沟	1995.12—1999.11
		魏凡让	桓台索镇	1997.03—1999.06
信访科	科　长	刘思英	桓台索镇	2003.12—2007.02
		刘丽丽(女)	桓台新城	2005.12—2007.02

续表 1－2

单 位	职 务	姓 名	籍 贯	任职时间
审计室	主 任	刘献浩(兼)	山东阳信	1996.03—2003.01
审计室		宗学英(女,兼)	桓台田庄	1996.03—2003.11
审计室		胡树茂(兼)	山东高青	1996.03—1999.09
督察队	队 长	甘明新(兼)	桓台田庄	1997.08—1999.03
督察队	队 长	梁 波	桓台起凤	1999.03—2002.03
督察队	队 长	张修森	桓台田庄	2002.03—2007.02
督察队	副队长	陈庆豪	桓台索镇	1997.07—1999.03 2000.08—2006.01
督察队	副队长	张 进	桓台唐山	1999.06—1999.09
督察队		李树博	淄博张店	1997.08—1999.03
警务督察科	科 长	罗光明	桓台唐山	2007.02—2008.06
警务督察科	副科长	刘思英	桓台索镇	2007.02—2008.06
警务督察科		刘丽丽(女)	桓台新城	2007.02—2008.06
监督室	主 任	罗光明	桓台唐山	2008.06—2013.09
监督室	刑事技术大队政治教导员	黄有宝	淄博张店	2009.10—2013.09
监督室	副主任	刘思英	桓台索镇	2008.06—2013.09
监督室		刘丽丽(女)	桓台新城	2008.06—2013.09
监督室		曹 阳	山东梁山	2008.09—2009.09
监督室		王 涛	桓台马桥	2010.08—2013.09
监督室	直属大队办公室主任	宗学英(女)	桓台田庄	2011.06—2013.09
警务督察大队	大队长	徐 锋	桓台荆家	2013.09—
警务督察大队	刑事技术大队政治教导员	黄有宝	淄博张店	2013.09—
警务督察大队	副政治教导员	贾玉红(女)	桓台果里	2013.11—2014.08
警务督察大队	指挥中心副主任	贾玉红(女)	桓台果里	2014.08—
警务督察大队	副大队长	张 昆	桓台马桥	2013.11—
警务督察大队	一中队队长	王 涛	桓台马桥	2013.11—
警务督察大队		王 涛	桓台马桥	2013.09—2013.11
警务督察大队		刘丽丽(女)	桓台新城	2013.09—2013.11
警务督察大队		宗学英(女)	桓台田庄	2013.09—
警务督察大队		崔 晶(女)	淄博周村	2013.11—
警务督察大队		吴成彬	桓台果里	2015.03—
巡警大队 (2006.03 改称 巡特警大队)	大队长	吴英亮	桓台果里	1994.10—1998.12
巡警大队 (2006.03 改称 巡特警大队)	大队长	徐爱国	山东诸城	1998.12—2007.02
巡警大队 (2006.03 改称 巡特警大队)	大队长	于光庆	桓台田庄	2007.02—2013.09

续表 1—2

单 位	职 务	姓 名	籍 贯	任职时间
巡警大队（2006.03 改称巡特警大队）	大队长	荆德金	桓台荆家	2013.09—
	政治教导员	付汉光	桓台田庄	1994.10—2003.02
		李 波	桓台起凤	2003.12—2007.02
		魏建国	桓台田庄	2007.02—2013.03
		齐廷新	桓台唐山	2013.09—
	副大队长	宋丰乾	桓台起凤	1994.10—1998.04
		成立三	山东高青	1996.03—1998.04
		王 凯	桓台果里	1998.04—2000.05
		朱久爱	淄博临淄	2000.07—2001.02
		邢延涛	淄博淄川	2008.09—2009.10
		曹效连	淄博临淄	2009.10—2013.11
		张玉海	桓台荆家	2009.10—
		牟际广	桓台索镇	2013.11—
	副政治教导员	贾爱生	桓台索镇	1998.04—2002.03
	办公室主任	贾爱生	桓台索镇	1995.06—1998.04
		贾爱生(兼)	桓台索镇	1998.04—2001.02
		于守德	桓台田庄	2001.02—2003.08
		伊学艳(女)	桓台果里	2007.02—2008.01
		朱淑芳(女)	桓台荆家	2013.11—
	副主任	金海军	桓台马桥	1995.12—1999.03
		朱淑芳(女)	桓台荆家	2008.09—2013.11
		魏建国	桓台田庄	2015.03—
	警务科科长	张孝和	淄博张店	1995.06—1995.12
		赵红军	桓台新城	1995.12—1997.03
		王 凯	桓台果里	1997.03—1998.04
		王 凯(兼)		1998.04—2000.04
		李海刚	桓台荆家	2000.04—2007.02
	一中队队长	李 波	桓台起凤	1995.06—1997.03
		王 坤	桓台马桥	1997.03—1999.03
		于守德	桓台田庄	1999.03—2001.02
		巩建平	桓台起凤	2001.02—2002.10
		张英锋	桓台马桥	2007.02—2009.10
		巩 震	桓台起凤	2009.10—2013.11
		王 强	桓台荆家	2013.11—

续表 1－2

单位	职务	姓名	籍贯	任职时间
巡警大队（2006.03 改称巡特警大队）	政治指导员	于昌有	桓台索镇	1999.03—2001.04
		王　强	桓台荆家	2009.09—2013.11
		曹元征	桓台索镇	2013.11—
	副队长	刘献利	桓台唐山	1997.03—1999.03
	副政治指导员	徐　海	桓台索镇	1995.12—1997.08
		王　强	桓台荆家	2008.09—2009.09
	二中队队长	王　凯	桓台果里	1995.06—1997.03
		张连毅	桓台起凤	1997.03—2003.01
		马承良	桓台新城	2007.02—
	政治指导员	巩建平	桓台起凤	1999.03—2001.02
		周庆峰	桓台索镇	2013.11—
	副队长	张连城	桓台索镇	2001.02—2001.04
	副政治指导员	魏　林	桓台索镇	1995.12—1997.03
		周庆峰	桓台索镇	2008.09—2013.11
	三中队队长	张连毅	桓台起凤	2009.09—2013.11
		毕宜明	桓台唐山	2013.11—
	政治指导员	金宗庆	桓台马桥	2009.09—2013.04
	副队长	王旭东	桓台田庄	1995.06—1998.01
		王　坤	桓台马桥	1995.12—1997.03
	机动中队队长	徐天慈	桓台起凤	1997.03—2000.07
		金海军	桓台马桥	2001.02—2002.10
	政治指导员	金海军	桓台马桥	1999.03—2001.02
		毛志军	山东青岛	2001.02—2001.12
	副队长	巩道锋	桓台起凤	1997.03—2000.07
		于昌有	桓台索镇	1997.03—1999.03
		何志刚	桓台新城	1994.07—1999.03
		宋振刚	桓台起凤	1994.07—1997.01 2013.11—
		周庆峰	桓台索镇	1994.07—1997.07 2006.06—2008.09
		边　强	桓台索镇	1994.07—1997.08
		陈国辉	桓台索镇	1994.07—1998.12
		周善永	桓台索镇	1994.07—1998.12
		张学东	桓台索镇	1994.07—1996.12

续表 1—2

单　位	职　务	姓　名	籍　贯	任职时间
巡警大队（2006.03 改称巡特警大队）		伊　波	桓台果里	1994.07—2000.10
		胡　锋	桓台马桥	1994.07—1997.08
		金海军	桓台马桥	1994.07—2002.10 2006.02—2006.06
		许　磊	桓台索镇	1994.07—1997.03
		刘　华	桓台马桥	1994.07—1997.03
		刘体铸	桓台索镇	1994.07—1998.11
		魏　林	桓台索镇	1994.07—1995.12
		马承良	桓台新城	1994.07—1997.07
		毛志军	桓台索镇	1994.07—2001.12
		牟际广	桓台索镇	1994.07—1995.10
		王旭东	桓台田庄	1994.07—1995.06
		孙丰宁	桓台唐山	1994.07—1997.07
		王　超	桓台新城	1994.07—1997.01
		王　坤	桓台马桥	1994.07—1999.03
		王　涛	桓台马桥	1994.07—1997.01
		张连城	桓台索镇	1994.07—2001.04 2013.11—
		任光辉	桓台索镇	1994.07—1997.07
		魏启海	桓台田庄	1994.07—1994.12
		徐　海	桓台索镇	1994.07—1997.08
		许晋卿	桓台唐山	1994.07—1997.05
		刘献利	桓台唐山	1994.07—1997.03
		李树博	淄博张店	1994.07—1997.08
		于昌有	桓台索镇	1994.07—1997.03
		张　刚	桓台果里	1994.07—2001.04
		高　成	桓台索镇	1994.07—1997.07
		陈庆豪	桓台索镇	1994.07—1997.07
		陈之滨	桓台荆家	1994.07—2001.02
		巩道锋	桓台起凤	1994.07—1997.07
		崔　凯	桓台索镇	1996.08—2001.06
		甘学静(女)	桓台田庄	1996.08—1997.08
		李泉业	桓台果里	1996.08—2000.05
		李向利	桓台果里	1996.08—2000.02

续表 1—2

单 位	职 务	姓 名	籍 贯	任职时间
		梁 波	桓台起凤	2003.09—2005.09
		于守德	桓台田庄	2003.09—2005.09
		高现亮	桓台起凤	2003.09—2004.05
		张学建	桓台起凤	2003.09—2005.09
		王克军	桓台索镇	2008.01—2011.05
		毕宜明	桓台唐山	2010.11—2011.05
	城管大队大队长	刘 斌	桓台唐山	2011.05—2013.09
	大队长	荆茂堂	桓台唐山	2013.09—
	城管大队政治教导员	徐爱国	山东诸城	2011.05—2013.03
	副大队长	付敬锋	桓台果里	2013.11—
直属大队	副政治教导员	李 滨	桓台新城	2013.11—2014.08
	网安大队副大队长			2014.08—
	办公室主任	高 欣(女)	桓台索镇	2013.11—
		王克军	桓台索镇	2011.05—
	一中队队长	曹 阳	山东梁山	2013.11—
		毕宜明	桓台唐山	2011.05—2013.11
		马明正	桓台荆家	2011.05—2013.11
	刑侦大队六中队政治指导员	左传东	桓台马桥	2013.03—2013.11
	二中队队长	安 涛	桓台索镇	2013.11—
		徐 海	桓台索镇	2013.11—
		李 鹏	桓台果里	2013.11—
禁毒大队	大队长	荆树峰	桓台荆家	2013.09—
	政治教导员	罗光明	桓台唐山	2013.09—
	副大队长	张 宾	桓台索镇	2013.11—
	办公室	崔亦芳(女)	桓台起凤	2013.11—
	中队长	吴宗振	桓台果里	2013.11—
		李 冲	桓台田庄	2013.11—
		徐 军	山东诸诚	2015.03—
保安公司	经 理	宋振顺	桓台田庄	1989.10—1992.01
		李庆勇	桓台荆家	1992.01—1995.12
		张鲁闽	山东沾化	1995.12—1997.03
		荣庆禄	桓台唐山	1997.03—2002.03
		郭法玉	桓台田庄	2002.03—2007.02
		陈 林	桓台荆家	2007.02—2013.11

续表 1—2

单　位	职　务	姓　名	籍　贯	任职时间
保安公司	书　记	李庆勇	桓台荆家	1992.01—1995.12
		刘法树	桓台果里	1995.12—1998.04
		刘丙炎	桓台索镇	1999.06—2002.03
		梁　波	桓台起凤	2002.06—2003.09
		荣庆禄	桓台唐山	2011.10—
	副经理	赵仕诚	桓台新城	1989.10—1992.01
		胡瑞国	山东高青	1992.01—1995.12
		周敬义	桓台起凤	1992.01—1996.01
		陈恒斌	桓台马桥	1994.03—1995.12
		崔佃华	桓台田庄	1994.03—1997.03
		李学林	桓台马桥	1994.03—2003.10
		孙允禄	桓台果里	1996.01—2004.07
		刘昌海	桓台果里	1997.03—2014.12
		梁　波	桓台起凤	2002.03—2002.06
	办公室主任	刘昌海(兼)	桓台果里	1997.03—2002.03
		任光辉	桓台索镇	2002.03—2002.07
		荆向敏	桓台起凤	1994.05—2002.07
		王春省	山东博兴	2000.05—2002.07
		陈　林	桓台荆家	2015.03—
	保安大队大队长	陈恒斌	桓台马桥	1993.04—1995.12
		崔佃华(兼)	桓台田庄	1995.12—1997.03
		徐　军	山东诸城	1998.04—1999.03
		张善亮	桓台马桥	1999.03—2002.03
		王　平	桓台果里	2002.03—2011.10
		荣庆禄	桓台唐山	2011.11—
	政治指导员	金宗庆	桓台马桥	1999.03—2001.06
	副大队长	魏凡让	桓台索镇	1995.12—1997.03
		徐　军	山东诸城	1997.03—1998.04
	会　计	张善法	桓台马桥	1994.03—1997.07

桓台县公安局派出机构人员一览表

表1—3

单　位	职　务	姓　名	籍　贯	任职时间
金岭分局	局　长	刘玉信	淄博张店	1946.06—1946.07 1947.03—1948.03
		吴英民	山东高青	1948.03—1949.02
		高云祥	桓台果里	1949.02—1949.12
		李益三	淄博临淄	1949.12—1951.11
		李文常	桓台起凤	1947.03—1951.11
		徐士平	淄博临淄	1947.03—1950.09
		寇丕财	淄博张店	1949.02—1951.11
		魏凡泉	桓台起凤	1949.02—1950.?
		祝兆贤	淄博张店	1949.03—1949.12
		李东声	桓台马桥	1950.03—1950.10
		韩志诚	桓台起凤	1950.07—1951.11
金岭派出所	所　长	李益三	淄博临淄	1951.11—1952.11
		崔曰惠	山东惠民	1953.04—1953.08
		寇丕财	淄博张店	1953.10—1954.01
	副所长	崔曰惠	山东惠民	1952.11—1953.04
		寇丕财	淄博张店	1951.11—1952.09
		伊允强	桓台马桥	1951.11—1953.05
		李文常	桓台起凤	1951.11—1951.12
		邢玉荣	淄博张店	1952.10—1954.01
		徐士平	淄博临淄	1953.04—1953.07
		高云峰	桓台果里	1953.02—1954.01
张店分局	局　长	栋良山(兼)	桓台马桥	1946.06—1946.07
		樊树楠(兼)	山东高青	1950.05—1950.11
	副局长	王成邦	山东博兴	1950.05—1950.11
	秘书股股长	曹瑞图	淄博张店	1950.05—1950.11
	人事股股长	郭兴华	桓台	1950.05—1950.11
	侦察股股长	王成邦(兼)	山东博兴	1950.05—1950.11
	治安股股长	郑家鸿	淄博博山	1950.05—1950.11
	审讯股副股长	杨华三	桓台马桥	1950.05—1950.08
岔河分局	副局长	罗茂德	桓台马桥	1946.06—1946.10
		杨明修	桓台马桥	1946.06—1946.12
荆家分局	副局长	高云祥	桓台果里	1946.12—1948.03

续表 1—3

单位	职务	姓名	籍贯	任职时间
荆家分局		张蒿兴	桓台起凤	1946.12—1947.03
		荆象增	桓台荆家	1946.12—1948.03
田庄分局	局长	于明	淄博张店	1946.06—1947.03
		吴英民	山东高青	1947.03—1948.03
		刘玉信	淄博张店	1948.03—1950.04
		张亿万(兼)	淄博张店	1950.04—1950.05
		胡建章(代)	山东高青	1950.05—1951.04
		罗茂德	桓台马桥	1947.05—1948.05
		张连进	桓台起凤	1947—1950
		缪敬堂	山东博兴	1948.10—1949.04
		于文鹏	桓台田庄	1949.01—1949.12
		胡庆显	桓台田庄	1949.03—1951.11
田庄派出所	所长	赵仕诚	桓台新城	1977.06—1982.05
		刘承达	桓台荆家	1984.09—1994.05
		王玉华	山东高青	1994.05—1995.12
		王春省	山东博兴	1995.12—1998.04
		胥涛	桓台起凤	1998.04—2001.02
		陈同旺	桓台荆家	2001.02—2007.02
		齐廷新	桓台唐山	2008.09—2013.09
		巩汝山	桓台起凤	2013.09—
	政治指导员	刘承达	桓台荆家	1977.06—1984.09
		王怀秋	桓台唐山	1992.01—1995.12
		巩曰珩	桓台起凤	1995.12—1998.04
		李翠芹(女)	桓台唐山	1998.04—2007.02
	副所长(主持工作)	陈永	桓台马桥	2007.02—2008.08
	副所长	王怀秋	桓台唐山	1982.04—1987.09
		梁波	桓台起凤	1992.01—1994.05
		巩曰珩	桓台起凤	1992.01—1995.12
		张玉海	桓台荆家	1995.12—1999.03
		张玉新	桓台马桥	1995.12—1999.03
		付敬锋	桓台果里	2007.02—2013.11
		张英锋	桓台马桥	2009.10—
		王超	桓台新城	2013.11—
	副政治指导员	王怀秋	桓台唐山	1987.09—1992.01

续表 1—3

单　位	职　务	姓　名	籍　贯	任职时间
田庄派出所	副政治教导员	耿英华(女)	桓台索镇	2007.02—2009.09
		巩道锋	桓台起凤	2009.09—
	警　长	张玉海	桓台荆家	1999.03—2002.04
		张玉新	桓台马桥	1999.03—2007.02
		窦钦才	桓台唐山	1999.03—2007.02
		于昌有	桓台索镇	2002.12—2007.02
		李树博	淄博张店	2008.09—2013.11
		王　超	桓台新城	2008.09—2013.11
		胡庆显	桓台田庄	1951.11—1952.11
		荣佑勤	桓台唐山	1977.07—1978.10 1982.07—1999.02
		薛庆水	淄博临淄	1978.08—1982.05
		王长木	桓台马桥	1978.09—1982.05
		张经会	桓台索镇	1979.11—1984.08
		张丙益	桓台唐山	1982.03—1994.05
		巩曰珩	桓台起凤	1984.08—1992.01
		梁　波	桓台起凤	1986.07—1994.05
		张玉海	桓台荆家	1987.07—1995.12
		巩曰华	桓台唐山	1988.07—1990.09
		张连毅	桓台起凤	1990.07—1997.03
		于孝诚	桓台索镇	1992.07—1996.07
		高　涛	桓台果里	1994.07—1997.03
		刘丽丽(女)	桓台新城	1995.07—1997.01
		孙云峰	桓台起凤	1996.12—2007.02
		沈云栋	桓台唐山	1997.01—2005.12
		高现亮	桓台起凤	1997.03—1997.08
		张奎友	桓台索镇	1997.03—1997.08
		宋振刚	桓台起凤	1997.07—2001.04
		于昌有	桓台索镇	2001.04—2002.12
		张晓芳(女)	桓台新城	2002.12—2008.09
		孙　昌	桓台马桥	2005.12—2009.09
		宋鲁梁	桓台唐山	2005.12—2010.10
		邓占武(市局下派)	淄博张店	2006.05—2008.05
		魏树照	桓台唐山	2006.12—2013.11

续表 1—3

单　位	职　务	姓　名	籍　贯	任职时间
田庄派出所		李树博	淄博张店	2007.02—2008.09
		陈　广	桓台果里	2007.02—2009.02
		王　超	桓台新城	2007.02—2008.09
		郭伟娟(女)	山东济宁	2008.07—2010.10
		王国伟	山东郯城	2009.07—2011.09
		王云侠(女)	山东郯城	2010.09—
		安　涛	桓台索镇	2010.09—2013.11
		马　康	淄博张店	2012.03—2013.11
		尹　恒	淄博张店	2013.11—
		王正刚	桓台荆家	2013.11—
		荆树春	桓台荆家	2013.11—
华沟分局	局　长	蔡玉璋(兼)	山东高青	1947.07—1948.03
		张蒿兴	桓台起凤	1947.07—1948.03
桓城派出所	所　长	金宗湘	桓台马桥	1948.04—1949.02
桓城分局	局　长	徐呈冉(代)	山东高青	1949.02—1951.11
		缪敬堂	山东博兴	1949.09—1951.11
		尹德津	桓台果里	1950.12—1951.05
桓城派出所	所　长	徐呈冉	山东高青	1951.11—1952.09
		赵仕祺	桓台新城	1951.11—1952.09
城关派出所	所　长	寇丕财	淄博张店	1952.09—1953.10
		金宗湘(代)	桓台马桥	1953.11—1954.01
		胡庆显(代)	桓台田庄	1954.01—1954.12
		崔曰惠	山东惠民	1955.05—1955.12
		赵仕祺	桓台新城	1952.09—1952.11
		赵仕诚	桓台新城	1952.11—1955.01
		伊允强	桓台马桥	1953.05—1955.02
		张奎吉	淄博张店	1953.05—1955.05
		巩昌俗	桓台起凤	1953—1954
		张宝经	桓台唐山	1954.04—1954.10
新城派出所（1982 年 5 月前为桓城派出所）	所　长	刘乐温	山东博兴	1977.06—1982.05
		李树孝	桓台果里	1982.05—1984.09
		王玉安	桓台马桥	1984.09—1988.05
		李守和	桓台果里	1988.05—1995.12
		陈恒斌	桓台马桥	1995.12—2000.01

续表1—3

单位	职务	姓名	籍贯	任职时间
新城派出所（1982年5月前为桓城派出所）	所长	刘斌	桓台唐山	2000.07—2007.02
		王功训	山东青州	2010.06—2013.09
		伊继亮	桓台果里	2013.09—
	政治指导员	荆向敏	桓台起凤	1977.06—1988.05
		王玉安	桓台马桥	1988.05—1992.01
		崔洪美	桓台索镇	1992.01—1994.05
		朱久爱	淄博临淄	1994.05—1997.03
		王传敏	淄博张店	1997.03—1999.03
		巩本鑫	桓台起凤	2000.07—2002.03
		荣庆禄	桓台唐山	2002.03—2007.02
	副所长（主持工作）	王功训	山东青州	2007.02—2010.06
	副所长	王玉安	桓台马桥	1982.04—1984.05
		史继德	淄博张店	1987.08—1990.09
		庞维来	桓台田庄	1992.01—1997.03
		朱久爱	淄博临淄	1992.01—1994.05
		崔洪美（兼）	桓台索镇	1995.12—1999.03
		牛智君	桓台田庄	1995.12—1999.03
		金明	桓台马桥	1997.03—1999.03
		巩道锋	桓台起凤	2007.02—2007.10
		李谞（市局挂职）	淄博临淄	2007.04—2009.04
		李向利	桓台果里	2009.10—2013.11
		张亮	淄博张店	2013.11—
		张永平	山东五莲	2013.11—
	副政治教导员	于军	桓台唐山	2007.02—2007.03
		巩道锋	桓台起凤	2007.09—2009.09
		贾玉红（女）	桓台果里	2009.09—2013.11
	警长	金明	桓台马桥	1999.03—2002.04
		牛智君	桓台田庄	1999.03—2000.07
		巩汝山	桓台起凤	2000.07—2003.12
		魏连凡	桓台起凤	2003.12—2007.02
		孟君	桓台索镇	2003.12—2007.02
		李向利	桓台果里	2008.09—2009.10
		岳端宝	桓台索镇	1977.06—1980.12
		宗学生	桓台田庄	1978.08—1988.03

续表 1—3

单　位	职　务	姓　名	籍　贯	任职时间
新城派出所（1982年5月前为桓城派出所）		许有宏	桓台唐山	1978.09—1983.03
		尹佃佩	桓台马桥	1980.04—1997.03
		张　晋	桓台唐山	1982.02—1982.04
		孙树伟	桓台唐山	1983.03—1997.03
		庞维来	桓台田庄	1984.10—1992.01
		史继德	淄博张店	1985.07—1987.08
		朱久爱	淄博临淄	1986.07—1992.01
		张修森	桓台田庄	1988.05—1995.12
		魏光水	桓台田庄	1989.07—1992.01
		于青峰	桓台唐山	1990.07—1995.10
		王业盛	淄博张店	1991.07—1993.08
		于　军	桓台唐山	1992.07—1997.08
		牛智君	桓台田庄	1993.07—1995.12
		于　洋	桓台唐山	1994.07—1996.01
		田茂强	桓台田庄	1995.07—2003.12
		崔爱荣（女）	桓台田庄	1996.12—2007.02
		周庆峰	桓台索镇	1997.07—2002.08
		巩曰兵	桓台起凤	1998.05—2004.08
		巩本鑫	桓台起凤	1999.02—2000.07
		徐文胜	桓台索镇	2002.02—2003.12
		王　强	桓台荆家	2002.09—2006.03
		巩向峰	桓台起凤	2004.09—2010.10
		王忠海	桓台唐山	2005.11—2010.04
		张　亮	淄博张店	2005.12—2013.11
		王　岩（市局下派）	山东邹平	2006.05—2008.06
		张永平	山东五莲	2006.11—2007.02
		李向利	桓台果里	2007.02—2008.09
		侯文娟（女）	淄博博山	2007.02—2009.08
		郑龙海	淄博博山	2008.01—2010.10
		李文博	山东郯城	2008.07—2009.02
		郭大圣	淄博周村	2009.07—2013.11
		崔　晶（女）	淄博周村	2009.08—2013.11
		高　坤	山东荣成	2009.10—2013.11
		刘　垒	山东沂水	2010.09—

续表 1—3

单　位	职　务	姓　名	籍　贯	任职时间
新城派出所（1982 年 5 月前为桓城派出所）		张显慧	山东蓬莱	2010.10—
		王　峰	山东济阳	2011.09—2016.01
		巩　磊	桓台起凤	2013.12—
		白露蕾（女）	山东高青	2013.12—
		孙　帅	淄博周村	2016.01—
索镇派出所	所　长	相修珠	淄博张店	1948.04—1948.12
		寇丕财		1948.12—1949.02
		胡建章	山东高青	1949.08—1949.10
直属镇派出所	所　长			1949.10—1950.05
索镇派出所	所　长	胡建章	山东高青	1953.04—1954.11
		崔曰惠	山东惠民	1958.09—1959.04
		张俊岭	山东沾化	1959.05—1959.11
		刘志瑞（兼）	桓台博兴	1959.11—1960.04
		王超甫	不　详	1960.10—1961.05
		刘乐温	山东博兴	1961.11—1966.05
		孙沐泽	桓台马桥	1966.07—1969.03 1977.06—1982.05
		赵仕诚	桓台新城	1972.03—1977.06
		王国新	桓台果里	1982.05—1987.03
		刘法树	桓台果里	1987.08—1989.02
		岳端宝	桓台果里	1989.02—1995.12
		孙仕秀	桓台起凤	1995.12—1997.03
		金　永	桓台马桥	2008.09—2013.09
		赵学鹏	桓台田庄	2013.09—
	政治指导员	张宝德	桓台新城	1972.03—1973.06
		孙沐泽	桓台马桥	1982.05—1982.12
		梁俊红（女）	山东惠民	1988.10—1991.12
		刘汝茂	桓台荆家	1992.11—1994.05
		张元明	山东济阳	1994.10—1997.03
	政治教导员	牛智君	桓台田庄	2013.09—
	副所长（主持工作）	金　永	桓台马桥	2007.02—2008.09
	副所长	刘修双	桓台荆家	1977.06—1981.12
		王钦甫	山东博兴	1982.05—1985.10
		梁俊红（女）	山东惠民	1982.07—1985.11

续表 1－3

单　位	职　务	姓　名	籍　贯	任职时间
索镇派出所	副所长	刘思明	桓台唐山	1983.07—1985.12
		刘法树	桓台果里	1986.05—1987.12
		岳端玉	桓台果里	1987.08—1988.05
		岳端宝	桓台果里	1988.07—1989.02
		郑建洲	桓台马桥	1992.01—1993.08
		史继德	淄博张店	1995.12—1997.03
		巩曰兵	桓台起凤	1995.12—1997.03
		贾玉红(女)	桓台果里	2007.02—2009.09
		宗利华(市局挂职)	淄博沂源	2007.04—2009.04
		胡　震(市局挂职)	山东金乡	2007.04—2009.04
		段　然(女)	桓台马桥	2009.10—2013.11
		王振东	桓台田庄	2009.10—2013.11
		蔡光普	桓台马桥	2009.10—2013.11
		刘东峰(省厅挂职)	山东临清	2010.05—2012.04
		沈　宁(女)	桓台果里	2013.11—
		孙云峰	桓台起凤	2013.11—
		杨光成	桓台荆家	2013.11—
		伊惠冉	桓台新城	2013.11—
	副政治指导员	梁俊红(女)	山东惠民	1985.11—1988.10
		伊善堂	桓台新城	1992.01—1993.08
	副政治教导员	王信水	桓台荆家	2007.02—2009.09
		牛智君	桓台田庄	2009.09—2013.09
	警　长	郑建洲	桓台马桥	1993.08—1994.05
		伊善堂	桓台新城	1993.08—1995.12
		徐　军	山东诸城	1993.08—1995.12
		史继德	淄博张店	1994.06—1995.12
		王振东	桓台田庄	2008.09—2009.10
		孙云峰	桓台起凤	2008.09—2013.11
		王　涛	桓台马桥	2009.09—2010.08
		董玉孝	桓台新城	1953.04—1955.05
		桑元祥	桓台马桥	1953.04—1954.11
		鲁志家	桓台索镇	1953.04—1954.11 1959.08—1959.11
		陈玉荣(女)	山东临朐	1953.04—1953.07

续表 1—3

单　位	职　务	姓　名	籍　贯	任职时间
索镇派出所		赵仕祺	桓台新城	1953.04—1954.11
		张宝经	桓台唐山	1953.08—1954.04
		刘修双	桓台荆家	1958.08—1965.05
		孙洪庆	淄博张店	1963.10—1972.10
		刘希俭	桓台索镇	1965.12—1969.03
		白玉玺	山东博兴	1972.05—1982.05
		沙占峰	山东滨州	1972.08—1976.05
		岳端宝	桓台果里	1972.12—1977.06
		刘思明	桓台唐山	1974.10—1982.06 1985.12—1988.10
		荣佑勤	桓台新城	1976.01—1977.07
		刘丙炎	桓台索镇	1977.06—1987.10
		徐　军	山东诸城	1979.12—1993.08
		刘法树	桓台果里	1982.04—1986.05
		伊善堂	桓台新城	1982.04—1992.01 1995.12—1997.03
		张孝和	淄博张店	1982.05—1988.05
		赵曰爱	桓台田庄	1982.07—1983.02
		张聿林	桓台索镇	1983.02—1988.09
		岳端玉	桓台果里	1983.06—1987.06
		魏建国	桓台田庄	1983.07—1992.01
		刘仕成	桓台索镇	1984.07—1985.04
		孟秀玲(女)	桓台起凤	1985.09—1986.01
		王钦甫	山东博兴	1985.10—1988.05
		郑建洲	桓台马桥	1986.01—1992.01
		伊丕连	桓台荆家	1986.02—1987.08
		田家湖	桓台起凤	1987.09—1997.03
		毕春香(女)	桓台索镇	1988.07—1995.12
		朱玉坤	山东阳信	1989.01—1991.08
		于守德	桓台田庄	1991.02—1994.02
		巩曰兵	桓台起凤	1991.07—1995.12
		张奎友	桓台唐山	1992.01—1997.03
		张玉新	桓台马桥	1993.07—1995.12
		胡　静(女)	桓台田庄	1993.07—1997.03

续表 1—3

单　位	职　务	姓　名	籍　贯	任职时间
索镇派出所		蔡　泳	桓台索镇	1994.05—1996.12
		盖　健	山东东营	1995.12—1997.03
		王振东	桓台田庄	1996.07—1997.03 2007.02—2008.09
		宋振慧	桓台唐山	1996.12—1997.03 2007.02—2009.09
		蔺克新	桓台新城	2007.02—2013.11
		宋振刚	桓台起凤	2007.02—2013.11
		张　刚	桓台果里	2007.02—2013.11
		李　鹏	桓台果里	2007.02—2013.11
		胡庆水	桓台荆家	2007.02—2008.01
		王艳霞(女)	桓台果里	2007.02—2008.09
		胡　斌	山东栖霞	2007.09—2013.11
		刘志刚	桓台荆家	2008.01—2009.12
		董文韬	淄博张店	2008.01—2013.11
		田东明	山东章丘	2008.07—2013.11
		张　双(女)	桓台索镇	2008.09—2009.02
		徐菁忆(女)	山东章丘	2008.09—2009.03
		乔珊珊(女)	山东泗水	2008.09—2010.05
		张　蔚(女)	山东青岛	2009.01—2009.09
		夏侯薇薇(女)	淄博博山	2009.03—
		伊　斌	桓台荆家	2009.07—2013.11
		张启国	山东高青	2010.08—2013.11
		王家强	山东章丘	2010.09—
		周晓燕(女)	山东微山	2010.10—2011.09
		高　腾(女)	桓台果里	2011.09—
		孙晓雯(女)	桓台索镇	2011.09—
		周文强	淄博周村	2013.11—2015.12
		宋鲁梁	桓台唐山	2013.11—2016.01
		王钰磊	淄博博山	2013.11—
		张　猛	桓台果里	2013.11—
		王克波	桓台果里	2014.03—
		李维良	桓台果里	2015.03—
		王玉华	山东高青	2015.03—

续表 1—3

单位	职务	姓名	籍贯	任职时间
索镇派出所		王　沛	江苏睢宁	2015.03—
		许　飞	淄博淄川	2015.12—
		伊茂群	桓台荆家	2016.01—
起凤派出所	所　长	李庆勇	桓台荆家	1982.05—1992.01
		张鲁闽	山东沾化	1992.01—1995.05
		王玉安	桓台马桥	1995.12—1998.04
		王春省	山东博兴	1998.04—1999.03
		荆茂堂	桓台唐山	1999.03—2007.02
		王旭东	桓台田庄	2009.10—2013.09
		伊茂锋	桓台新城	2013.09—
	政治指导员	任德敏	桓台索镇	1987.08—1988.05
		崔洪美	桓台索镇	1988.10—1992.01
		王玉安	桓台马桥	1992.01—1995.12
		张　进	桓台唐山	1995.12—1999.03
		罗光明	桓台唐山	1999.03—2002.03
		王信水	桓台荆家	2003.12—2007.02
	政治教导员	荣庆禄	桓台唐山	2007.02—2009.09
	副所长(主持工作)	王旭东	桓台田庄	2007.02—2009.10
	副所长	张光远	桓台索镇	1982.05—1984.09
		吴英亮	桓台果里	1988.05—1989.03
		徐爱国	山东诸城	1992.01—1994.05
		张秀光	桓台唐山	1995.12—1997.03
		马明正	桓台荆家	1997.03—1999.03
		窦钦才	桓台唐山	2007.02—2009.10
		马　翔(市局挂职)	山东乳山	2007.04—2009.04
		于　洋	桓台唐山	2009.10—2013.11
		孙秀泽	桓台马桥	2013.11—
		金海军	桓台马桥	2014.08—
	副政治指导员	崔洪美	桓台索镇	1985.12—1988.10
		孟祥军	桓台唐山	1995.12—1999.03
	副政治教导员	刘献利	桓台唐山	2009.09—2013.11
		杜　伟	桓台新城	2013.11—
	警　长	陈庆豪	桓台索镇	1999.03—2000.07
		王家军	桓台新城	1999.03—2005.11

续表 1—3

单位	职务	姓名	籍贯	任职时间
	警长	付敬锋	桓台果里	1999.03—2007.02
		庞允凤	桓台田庄	2000.07—2002.03
		孟　君	桓台索镇	2002.03—2003.03
		王树平	桓台新城	2003.12—2007.02
		张　亮	桓台马桥	2008.09—2013.10
		刘茂虎	桓台索镇	2008.09—2013.10
起凤派出所		刘洪坤	桓台索镇	1982.05—1985.10
		吴云友	桓台荆家	1982.05—1987.04
		石作修	桓台索镇	1984.07—1987.05
		吴英亮	桓台果里	1985.07—1988.05
		宗　凯	桓台唐山	1986.07—1987.07
		王同生	桓台荆家	1987.07—1990.10
		任德敏	桓台索镇	1988.05—2000.12
		郭　华	桓台荆家	1989.07—1993.10
		姚　颐(女)	浙江杭州	1989.07—1990.10
		孟祥军	桓台唐山	1989.07—1995.12
		张秀光	桓台唐山	1990.07—1995.12
		荆德金	桓台荆家	1990.07—1995.12
		曹元征	桓台索镇	1992.07—1999.03
		李　冲	桓台田庄	1992.07—1999.02
		赵学鹏	桓台田庄	1993.07—1998.12
		魏　江	山东博兴	1994.07—1997.08
		朱淑芳(女)	桓台荆家	1995.10—2006.01
		孙秀泽	桓台马桥	1996.12—2004.03
		陈国辉	桓台索镇	1999.03—2000.03
		孟　君	桓台索镇	1999.07—2002.03
		史继德	淄博张店	2002.01—2003.12
		刘茂虎	桓台索镇	2002.03—2008.09
		胡小兵	桓台荆家	2004.03—2005.04
		沈云栋	桓台唐山	2006.01—2007.02
		乔珊珊(女)	山东泗水	2006.01—2008.08
		毕斌鹏	桓台索镇	2006.03—2010.10
		常桂勇	河北枣强	2006.11—2015.12
		王树平	桓台新城	2007.02—2008.10

续表 1—3

单 位	职 务	姓 名	籍 贯	任职时间
起凤派出所		张 亮	桓台马桥	2007.02—2008.09
		司云山	桓台新城	2008.01—2009.02
		刘 博	山东鱼台	2008.07—2012.01
		王彦婷(女)	山东沂水	2008.07—2013.12
		周文强	淄博周村	2009.07—2013.12
		李 阁	山东曲阜	2010.09—
		王正刚	桓台荆家	2010.10—2013.12
		皮文娟(女)	山东临沂	2011.09—
		孙 帅	淄博周村	2012.01—2016.01
		刘 永	淄博淄川	2013.12—2015.12
		金海军	桓台马桥	2013.12—2014.08
		胡庆水	桓台荆家	2013.12—
		刘 霄	淄博周村	2013.12—
		胡 鹏	桓台荆家	2014.06—
		徐腾跃	淄博张店	2015.12—
		王 峰	山东济阳	2016.01—
马桥派出所	所 长	王仲德	桓台马桥	1982.05—1994.05
		梁 波	桓台起凤	1994.05—1995.12
		徐爱国	山东诸城	1995.12—1998.12
		成立三	山东高青	1999.03—2004.02
		田宜锋	桓台起凤	2004.02—2006.08
	索镇派出所副所长	刘 桂	淄博淄川	2006.08—2007.02
	所 长			2007.02—2008.09
		荆德金	桓台荆家	2010.06—2013.09
		刘 波	桓台新城	2013.09—
	政治指导员	刘秉文	桓台荆家	1988.12—1994.05
		徐爱国	山东诸城	1994.05—1995.12
		罗光明	桓台唐山	1995.12—1998.04
		成立三	山东高青	1998.04—1999.03
		田宜锋	桓台起凤	1999.03—2003.12
		徐天慈	桓台起凤	2003.12—2007.02
	政治教导员	魏启海	桓台田庄	2013.09—
	副所长(主持工作)	荆德金	桓台荆家	2008.09—2010.06

续表 1—3

单 位	职 务	姓 名	籍 贯	任职时间
马桥派出所	副所长	刘秉文	桓台荆家	1982.05—1984.12
		周焕诚	桓台荆家	1992.01—1994.05
		王家军	桓台新城	1995.12—1998.03
		王功训	山东青州	1998.06—1999.03
		崔国峰	桓台新城	2007.02—2009.10
		田 岗	桓台索镇	2007.02—2009.10
		牟际广	桓台索镇	2009.10—2013.11
		边 强	桓台果里	2013.11—
		魏 林	桓台索镇	2013.11—
		王振东	桓台田庄	2013.11—
		王 伟	桓台唐山	2013.11—
	副政治指导员	刘秉文	桓台荆家	1984.12—1988.10
	副政治教导员	张修森	桓台田庄	2007.02—2009.09
		魏启海	桓台田庄	2009.09—2013.09
	警 长	王功训	山东青州	1999.03—2000.07
		王业盛	淄博张店	1999.03—2007.02
		马承良	桓台新城	1999.11—2007.02
		宗 凯	桓台唐山	2000.07—2001.12
		刘体铸	桓台索镇	2002.03—2007.02
		魏 林	桓台索镇	2008.09—2013.11
		于洪志	桓台新城	1982.05—1984.10
		伊继德	桓台马桥	1983.07—1991.06
		杨长荣	桓台荆家	1984.12—1997.10
		王信水	桓台荆家	1987.07—1990.08
		周焕诚	桓台荆家	1988.07—1992.01
		魏连凡	桓台起凤	1989.07—1999.03
		王家军	桓台新城	1990.07—1998.03
		王树平	桓台新城	1991.07—1997.08
		徐 锋	桓台荆家	1992.07—1997.01
		王仲德	桓台马桥	1994.05—1998.12
		刘秉文	桓台荆家	1994.05—2002.07
		赵 军	山东临沂	1994.07—1995.12
		黄 峰	桓台马桥	1996.12—2007.02
		巩建平	桓台起凤	1997.01—1999.03

续表 1—3

单　位	职　务	姓　名	籍　贯	任职时间
马桥派出所		马承良	桓台新城	1997.08—1999.11
		王业盛	淄博张店	1998.03—1999.03
		刘体铸	桓台索镇	1999.03—2002.03
		王艳艳(女)	山东牟平	2003.01—2008.09
		左传波	桓台马桥	2005.01—2013.11
		王　凯	桓台索镇	2006.01—2006.08
		田茂荷(市局下派)	桓台起凤	2006.05—2008.05
		侯文娟(女)	淄博博山	2006.11—2007.02
		于昌有	桓台索镇	2007.02—2008.01
		宗福山	桓台荆家	2007.02—2007.10
		韩兆亮	山东金乡	2007.03—2013.11
		刘梓北(市局下派)	山东龙口	2007.10—2010.01
		魏　林	桓台索镇	2008.01—2008.09
		高　斌	山东临朐	2008.01—2013.12
		公敬一	山东沂水	2008.07—2013.12
		孙晓雯(女)	桓台索镇	2008.07—2009.07
		曹　阳	山东梁山	2009.09—2013.12
		张斐斐(女)	山东德州	2009.07—
		赵悦磊	淄博临淄	2009.08—2013.12
		王军辉	山东荣成	2010.09—
		陈　旭	山东新泰	2010.09—
		李庆伟	淄博周村	2011.07—2013.09
		白露蕾(女)	山东高青	2011.07—2013.12
		王　亮	淄博周村	2013.11—2015.08
		刘　丹(女)	山东荣成	2013.11—
		刘　林	山东文登	2013.11—
		张甜甜(女)	山东邹平	2013.11—
		张　玲(女)	桓台唐山	2015.05—
		边靖凯	桓台果里	2015.12—
陈庄派出所	所　长	卢　起	山东沂南	1988.10—1992.11
		于国平	桓台起凤	1992.11—1995.12
		王　平	桓台果里	1995.12—1999.03
		刘兆东	桓台果里	1999.03—2002.01

续表 1—3

单 位	职 务	姓 名	籍 贯	任职时间
陈庄派出所	所 长	朱久爱	淄博临淄	2002.01—2007.02
		荆树峰	桓台荆家	2010.06—2013.09
	政治指导员	卢 起	山东沂南	1992.11—1994.05
		于光庆	桓台田庄	1994.05—1998.04
		罗光明	桓台唐山	1998.04—1999.03
		徐 军	山东诸诚	1999.03—2007.02
	副所长(主持工作)	荆树峰	桓台荆家	2007.02—2010.06
	副所长	卢 起	山东沂南	1984.09—1988.10
		于光庆	桓台田庄	1992.01—1994.05
	荆家派出所副所长	王长木	桓台马桥	1992.01—1999.02
	副所长	金 明	桓台马桥	1995.12—1997.03
		胡茂营	桓台荆家	1995.12—1999.03
		巩昌国	桓台索镇	1997.03—1999.03
		边 强	桓台果里	2007.02—2013.11
		许 磊	山东兖州	2009.10—2013.11
	副政治指导员	王长木	桓台马桥	1982.05—1992.01
	副政治教导员	毕海燕(女)	桓台果里	2007.02—2008.08
		刘 华	桓台马桥	2008.08—2013.11
	警 长	巩 震	桓台起凤	1999.03—2007.02
		田 岗	桓台索镇	1999.03—2001.02
		刘书玉	桓台荆家	2001.02—2007.02
		许 磊	山东兖州	2008.09—2009.10
		庞维来	桓台田庄	1982.05—1984.10
		郭修业	桓台马桥	1982.12—1998.05
		董 升	淄博张店	1985.07—1990.09
		于光庆	桓台田庄	1988.07—1992.01
		齐廷新	桓台唐山	1988.07—1991.07
		金 明	桓台马桥	1989.07—1995.12
		李 滨	桓台新城	1990.07—1993.07
		蔺克新	桓台新城	1993.07—1997.08
		卢 起	山东沂南	1994.05—1996.04
		张 宾	桓台索镇	1995.07—1998.05
		岳大金	桓台新城	1996.12—2005.01

续表 1—3

单　位	职　务	姓　名	籍　贯	任职时间
陈庄派出所		田颜承	桓台起凤	1999.03—2001.04
		周　春(女)	桓台新城	1998.05—2007.02
		宗福山	桓台荆家	2005.01—2007.02
		尹　恒	淄博张店	2005.12—2008.09
		杨　刚(市局下派)	淄博张店	2006.05—2008.06
		巩建贤	桓台起凤	2006.12—2013.11
		许　磊	山东兖州	2007.02—2008.09
		张永平	山东五莲	2007.02—2013.11
		周晓燕(女)	山东微山	2007.03—2010.10
		刘　林	山东文登	2008.09—2013.11
		刘　丹(女)	山东荣成	2010.09—2013.11
果里派出所	所　长	任德敏	桓台索镇	1982.05—1984.09
		王在山	山东新泰	1984.09—1992.01
		吴英亮	桓台果里	1992.01—1994.10
		金宗良	桓台马桥	1994.11—1998.12
		陈同旺	桓台荆家	1999.03—2001.02
		周焕诚	桓台荆家	2001.02—2006.08
		姜恒泉	淄博张店	2006.08—2007.10
		荆茂堂	桓台唐山	2007.10—2013.09
		金　永	桓台马桥	2013.09—2016.12
	政治指导员	金宗良	桓台马桥	1992.11—1994.11
		刘　桂	淄博淄川	1994.11—1997.06
		梁　波	桓台起凤	1997.06—1999.03
		文士钊	桓台马桥	1999.03—2007.02
	政治教导员	荆茂堂	桓台唐山	2007.02—2007.10
		毕海燕(女)	桓台果里	2013.09—
	副所长	刘思明	桓台唐山	1982.05—1983.07
		张振平	桓台索镇	1992.01—1995.12
		陈　永	桓台马桥	1995.12—1999.03
		张连祥	桓台索镇	1995.12—1997.03
		巩曰兵	桓台起凤	1997.03—1997.09
		牛智君	桓台田庄	2007.02—2007.10
		刘献利	桓台唐山	2007.02—2009.10

续表 1—3

单位	职务	姓名	籍贯	任职时间
果里派出所	副所长	王 璟(女，市局挂职)	淄博博山	2007.04—2009.04
		伊继亮	桓台果里	2008.09—2013.09
		张连起	桓台索镇	2009.10—2013.11
		曹玉金(市局挂职)	淄博临淄	2011.12—2013.12
		蔺克新	桓台新城	2013.11—
		张学东	桓台索镇	2013.11—
		许 磊	山东兖州	2014.08—
	周家派出所副所长			2013.11—2014.08
	副政治指导员	李崇银	桓台新城	1988.05—1992.01
		张 进	桓台唐山	1992.01—1995.12
	副政治教导员	牛智君	桓台田庄	2007.09—2009.09
		耿英华(女)	桓台索镇	2009.09—2013.09
	警 长	蔺克新	桓台新城	1999.03—2007.02
		崔国峰	桓台新城	1999.03—2007.02
		孟祥军	桓台索镇	2001.02—2002.07
		王 坤	桓台马桥	2001.06—2007.02
		赵成刚	桓台田庄	2001.12—2002.03
		魏 林	桓台索镇	2002.03—2007.02
		丁乃勇	淄博淄川	2008.09—2009.12
		张振平	桓台唐山	1982.05—1992.01
		李崇银	桓台新城	1982.12—1984.07
		薛庆水	淄博临淄	1983.07—1988.05
		张广胜	桓台果里	1984.07—1987.05
		宗 凯	桓台唐山	1987.07—1993.07
		徐书连	桓台索镇	1987.07—1990.07
		张 进	桓台索镇	1988.03—1991.12
		郑建兴	桓台马桥	1988.03—1989.03
		巩天鹤	桓台起凤	1990.05—1993.05
		王克军	桓台索镇	1990.07—2000.04
		张连祥	桓台索镇	1992.07—1995.12
		盖 健	山东东营	1993.07—1995.12
		邢延涛	淄博淄川	1995.12—1999.03
		周守军	河北昌黎	1996.11—2008.09

续表 1—3

单　位	职　务	姓　名	籍　贯	任职时间
果里派出所		巩曰兵	桓台起凤	1997.09—1998.05
		张　宾	桓台索镇	1998.05—1999.03
		姚素娟(女)	桓台荆家	1998.09—2007.02
		孟祥军	桓台索镇	2000.04—2001.02
		成　涛	桓台果里	2004.10—2013.11
		胡　斌	山东栖霞	2005.06—2007.09
		邹　毅	山东昌邑	2005.12—2008.09
		王　强	淄博临淄	2006.12—2009.09
		伊继亮	桓台果里	2007.02—2008.09
		孟　君	桓台索镇	2007.02—2008.01
		于素珍(女)	桓台唐山	2007.02—2008.09
		孙志博	桓台索镇	2007.03—2010.10
		丁乃勇	淄博淄川	2007.09—2008.09
		高海霞(女)	桓台索镇	2008.01—2009.08
		刘　蒙	山东河东	2008.01—2013.11
		魏　振	山东泗水	2008.07—2009.12
		李馥伸	淄博张店	2008.07—2010.11
		王小菁(女)	山东广饶	2008.07—2010.05
		赵新星	淄博博山	2008.09—2013.11
		陈　鹏(女)	山东平邑	2009.08—2011.09
		刘志刚	桓台荆家	2009.12—
		孙　岗	桓台新城	2009.12—2013.11
		荆树钢	桓台荆家	2009.12—2010.10
		刘　康	山东济南	2010.09—
		陈　广	淄博张店	2010.10—2012.04
		张关键	山东荣成	2010.10—2013.11
		聂晓晨(女,市局下派)	山东东营	2010.10—2012.05
		刘东记	山东鱼台	2010.11—2013.11
		王　强	桓台唐山	2010.12—2013.11
		高希勇	桓台索镇	2010.12—
		刘传统	山东寿光	2011.08—2013.11
		成　娜(女)	山东邹平	2011.09—2014.05
		孙亚赛(女)	淄博淄川	2011.09—2016.09

续表 1—3

单　位	职　务	姓　名	籍　贯	任职时间
果里派出所		毛志军	桓台索镇	2013.11—
		吕世新	湖南安乡	2013.11—
		董文韬	淄博张店	2013.11—
		高艺真(女)	桓台索镇	2014.02—
		周　菁(女)	淄博淄川	2015.02—
		岳端玉	桓台果里	2015.03—
		张呈銮	桓台荆家	2015.03—
		成立三	山东高青	2015.03—
		宋鲁梁	桓台唐山	2016.01—
		吕　涛(市局下派)	桓台田庄	2016.03—
周家派出所	所　长	牛建国	桓台田庄	1982.05—1984.04
		郭法玉	桓台田庄	1988.10—1993.08
		巩向波	桓台起凤	1994.05—1995.12
		于国平	桓台起凤	1995.12—1997.07
		荆树明	桓台荆家	1997.07—2001.02
		张元明	山东济阳	2001.02—2007.02
		巩曰华	桓台唐山	2007.02—2013.09
		邢延涛	山东淄川	2013.09—
	政治指导员	巩向波	桓台起凤	1992.11—1994.05
		荣庆禄	桓台唐山	1994.05—1997.08
		巩曰珩	桓台起凤	1998.04—1999.02
		黄有宝	淄博张店	1999.12—2007.02
	副所长	白玉玺	山东博兴	1982.05—1982.11
		吴云友	桓台荆家	1984.09—1992.01
		郭法玉	桓台田庄	1988.05—1988.10
		荣庆禄	桓台唐山	1992.01—1994.05
		王玉峰	桓台果里	1995.12—1998.04
		邢延涛	淄博淄川	2007.02—2008.09
		张连起	桓台索镇	2008.09—2009.10
		段秀毅	桓台马桥	2009.10—2013.11
		丁乃勇	淄博淄川	2013.11—
		张　亮	桓台马桥	2013.11—
		张连毅	桓台起凤	2014.08—

续表 1—3

单位	职务	姓名	籍贯	任职时间
周家派出所	副政治教导员	薛庆水	淄博临淄	1992.01—1992.09
		伊茂锋	桓台新城	1995.12—1999.03
		张玉海	桓台荆家	2007.02—2009.09
		伊学艳(女)	桓台果里	2009.09—2013.11
		张连毅	桓台起凤	2013.11—2014.08
	警长	李　滨	桓台新城	1999.03—1999.12
		许晋卿	桓台唐山	1999.12—2001.02
		陈之滨	桓台荆家	2001.02—2007.02
		左传东	桓台马桥	2003.12—2007.02
		刘攀峰	桓台新城	2008.09—2013.11
		曹元征	桓台索镇	2008.09—2013.11
		张广胜	桓台果里	1981.03—1984.07
		张　进	桓台唐山	1982.04—1984.09
		荣若祥	桓台新城	1983.04—1988.05
		李崇银	桓台新城	1984.07—1987.04
		赵红军	桓台新城	1985.08—1995.12
		赵建峰	桓台马桥	1986.07—1991.07
		荣庆禄	桓台唐山	1987.07—1992.01
		车林杰	桓台唐山	1988.04—1993.11
		王玉峰	桓台果里	1989.07—1995.12
		伊茂锋	桓台新城	1991.07—1995.12
		吴云友	桓台荆家	1992.10—2000.12
		崔国峰	桓台新城	1993.07—1997.03
		田茂亮	桓台起凤	1994.07—1999.03
		刘丽丽(女)	桓台新城	1997.02—1999.03
		许晋卿	桓台唐山	1997.05—1999.12
		张　双(女)	桓台唐山	1999.02—2002.07
		张学建	桓台起凤	1999.03—1999.06
		左传东	桓台马桥	2001.06—2003.12
		史　磊	桓台田庄	2002.07—2008.07
		曹　阳	山东梁山	2004.05—2007.02
		丁　凯(女)	淄博周村	2005.12—2008.08
		刘元坤(市局下派)	淄博周村	2006.05—2008.05

续表 1—3

单　位	职　务	姓　名	籍　贯	任职时间
周家派出所		王　超	淄博周村	2006.11—2009.09
		刘攀峰	桓台新城	2007.02—2008.09
		曹元征	桓台索镇	2007.02—2008.09
		王　亮	淄博周村	2008.01—2013.11
		崔　晶(女)	淄博周村	2008.07—2009.08
		刘继磊	山东邹城	2008.07—2013.11
		高海霞(女)	桓台索镇	2009.08—2010.10
		逯　娜(女)	山东博兴	2010.03—
		罗光礼	桓台起凤	2010.10—2012.05
		孙　岗	桓台新城	2013.11—
		王　宁	淄博张店	2013.11—
		王　平	桓台果里	2015.03—
侯庄派出所	所　长	王在山	山东新泰	1982.05—1984.09
		张光远	桓台索镇	1984.09—1988.12
		张善亮	桓台马桥	1992.01—1995.12
		梁　波	桓台起凤	1995.12—1997.07
		刘　桂	淄博淄川	1997.07—1999.03
		黄有宝	淄博张店	1999.03—1999.12
		齐廷新	桓台唐山	1999.12—2001.06
	政治指导员	张光远	桓台索镇	1988.05—1991.11
		王玉华	山东高青	1992.11—1994.05
		李崇银	桓台新城	1994.05—1997.06
		张　平	桓台马桥	1998.04—2001.06
	副所长	张聿营	桓台索镇	1982.05—1983.06
		薛庆水	淄博临淄	1988.05—1992.01
		宋丰乾	桓台索镇	1992.01—1994.10
		曹效连	淄博临淄	1995.12—1997.03
		李　滨	桓台新城	1997.03—1999.03
	副政治指导员	李崇银	桓台新城	1992.01—1994.05
		孟　君	桓台索镇	1995.12—1999.03
	警　长	孟祥军	桓台索镇	1999.03—2000.04
		李海刚	桓台荆家	1999.06—2000.04
		赵成刚	桓台田庄	2000.04—2001.12

续表 1－3

单位	职务	姓名	籍贯	任职时间
侯庄派出所	警长	王　坤	桓台马桥	2000.04—2001.06
		巩向洛	桓台起凤	1982.05—1991.09
		卢　起	山东沂南	1982.06—1984.09
		罗光明	桓台唐山	1984.07—1988.03
		李海刚	桓台荆家	1985.08—1990.11
		曹效连	淄博临淄	1987.03—1995.12
		王世亮	淄博张店	1988.05—1990.08
		张林平	桓台索镇	1989.07—1994.07
		孟　君	桓台索镇	1990.07—1995.12
		窦钦才	桓台唐山	1990.10—1993.08
		刘书玉	桓台荆家	1994.07—1997.08
		付　慧(女)	桓台田庄	1994.07—1997.01
		高明东	淄博张店	1994.12—1997.02
		赵红军	桓台新城	1996.06—2002.07
		耿　欣(女)	山东邹平	1997.01—1999.03
		孙丰宁	桓台唐山	1997.07—1999.07
		魏　林	桓台索镇	1999.03—1999.06
		巩昌国	桓台索镇	1999.03—1999.06
		刘金花(女)	桓台索镇	1999.06—2001.06
唐山派出所	所长	庞曰文	桓台田庄	1982.05—1988.05
		张聿营	桓台索镇	1988.05—1991.02
		付汉光	桓台田庄	1991.05—1994.10
		陈　林	桓台荆家	1994.10—1999.03
		魏建国	桓台田庄	1999.03—2007.02
		高　涛	桓台果里	2010.06—2013.09
		张连祥	桓台索镇	2013.09—
	政治指导员	庞曰文	桓台田庄	1988.05—1994.05
		段淑武	桓台田庄	1994.05—1995.12
		张孝和	淄博张店	1995.12—1999.03
		赵　岩(女)	桓台新城	1999.03—2007.02
	政治教导员	耿英华(女)	桓台索镇	2013.09—
	副所长(主持工作)	李　鹏	桓台果里	2007.02—2008.09
		高　涛	桓台果里	2008.09—2010.06

续表 1—3

单 位	职 务	姓 名	籍 贯	任职时间
唐山派出所	副所长	巩崇文	桓台起凤	1982.05—1984.08
		刘昌法	淄博淄川	1988.05—1989.12
		史继德	淄博张店	1990.10—1994.05
		王　平	桓台果里	1994.06—1995.12
		张银恒	桓台索镇	1995.12—1997.03
		魏建国	桓台田庄	1995.12—1999.03
		张连祥	桓台索镇	1997.03—1997.08
		张连毅	桓台起凤	2007.02—2009.10
		于昌有	桓台索镇	2008.09—2013.11
		胡　锋	桓台马桥	2009.10—2013.11
		王　红(女,市局挂职)	桓台索镇	2011.12—2013.12
		孙丰宁	桓台唐山	2013.11—
		刘茂虎	桓台索镇	2013.11—
		伊茂苗	桓台荆家	2013.11—
	新城派出所副所长	巩建平	桓台起凤	2014.11—
	副政治教导员	刘　波	桓台新城	2007.02—2009.09
		毕春香(女)	桓台索镇	2009.09—2013.11
	警　长	伊茂锋	桓台新城	1999.03—2007.02
		张　伟	桓台果里	1999.03—2005.11
		边　强	桓台果里	2001.02—2003.12
		刘书亮	桓台马桥	2003.12—2007.02
		王　鹏	桓台果里	2008.09—2013.11
		薛庆水	淄博临淄	1982.05—1983.07
		杨长荣	桓台荆家	1983.01—1983.11
		荆树明	桓台荆家	1983.07—1988.03
		巩崇文	桓台起凤	1984.08—1987.12
		于洪志	桓台新城	1984.11—1989.02
		何象斌	桓台荆家	1987.07—1991.11
		白玉玺	山东博兴	1987.12—1989.02
		许领章	淄博临淄	1988.03—1999.02
		李　波	桓台起凤	1990.07—1995.06
		张银恒	桓台索镇	1991.07—1995.12
		金震田	桓台马桥	1992.01—1997.08

续表 1—3

单 位	职 务	姓 名	籍 贯	任职时间
		庞曰文	桓台田庄	1994.05—1996.01
		高 欣(女)	桓台索镇	1994.07—2001.07
		刘 波	桓台新城	1995.10—1996.01
		徐 华	桓台果里	1996.12—2007.02
		边 强	桓台果里	1997.08—2001.02
		曹元征	桓台索镇	1999.03—2007.02
		刘金花(女)	桓台索镇	2001.06—2006.01
		何志刚	桓台马桥	2005.12—2008.03
		李 骥	淄博张店	2005.12—2008.01
		张 双(女)	桓台索镇	2006.01—2008.08
		吴海生(市局下派)	河南三门峡	2006.05—2008.05
		方树令(市局下派)	山东昌邑	2006.05—2008.05
		周 林	淄博周村	2006.11—2009.11
		王 坤	桓台马桥	2007.02—2008.01
		魏 林	桓台索镇	2007.02—2008.01
		王 鹏	桓台果里	2007.02—2008.09
唐山派出所		王正刚	桓台荆家	2008.01—2009.09
		杨 凯	山东邹平	2008.01—2013.11
		孙长科	山东梁山	2008.07—2013.11
		赵悦磊	淄博临淄	2008.07—2009.08
		石向斐(女)	淄博周村	2008.07—2013.11
		孙晓雯(女)	桓台索镇	2009.07—2009.09
		伊茂苗	桓台荆家	2009.09—2013.11
		巩建平	桓台起凤	2009.11—2014.11
		牟建伟	桓台索镇	2009.11—2013.11
		张 琳	桓台索镇	2010.09—2013.11
		宋小雨(女)	淄博张店	2011.09—
		曲照兴	山东烟台	2011.09—
		公敬一	山东沂水	2013.11—
		王 亭	桓台马桥	2013.11—
		朱先林	山东商河	2013.11—
		巩本鑫	桓台起凤	2015.03—2015.05
		朱玉坤	山东阳信	2015.03—2016.01

续表 1—3

单位	职务	姓名	籍贯	任职时间
荆家派出所	主持工作	蔡之普	山东高青	1983.06—1988.12
	所长	于国平	桓台起凤	1988.10—1992.11
		田晨湖	桓台起凤	1992.11—1994.05
		郑建洲	桓台马桥	1994.05—1995.12
		张善亮	桓台马桥	1995.12—1997.03
		荆茂堂	桓台唐山	1997.07—1999.03
		张孝和	淄博张店	1999.03—2007.02
		刘 波	桓台新城	2010.06—2013.09
		刘书亮	桓台马桥	2013.09—
	政治指导员	田茂坤	桓台田庄	1988.10—1994.05
		荆茂堂	桓台唐山	1994.05—1997.06
		张修森	桓台田庄	1998.04—2002.03
	政治教导员	成立三	山东高青	2007.12—2010.04
	副所长(主持工作)	魏光水	桓台田庄	2007.02—2009.10
		刘 波	桓台新城	2009.09—2010.06
	副所长	田茂坤	桓台田庄	1984.07—1988.10
		于国平	桓台起凤	1987.08—1988.10
		张玉深	桓台马桥	1992.01—1995.12
		徐 军	山东诸城	1995.12—1997.03
		刘思英	桓台索镇	1995.12—1999.03
		张修森	桓台田庄	1997.03—1998.04
		徐文胜	桓台索镇	2007.02—2007.10
		巩曰兵	桓台起凤	2009.10—2013.11
		寇祖宝	桓台新城	2013.11—
		左传波	桓台马桥	2013.11—
	副政治指导员	徐文胜	桓台索镇	2003.12—2007.02
	副政治教导员	徐文胜	桓台索镇	2007.02—2008.09
		张 伟	桓台果里	2008.09—2013.11
		许晋卿	桓台唐山	2013.11—
	警长	许领章	淄博临淄	1999.03—2001.02
		刘书亮	桓台马桥	1999.03—2003.12
		张 昆	桓台马桥	1999.03—2007.02
		王 超	桓台新城	2002.03—2007.02

续表 1—3

单　位	职　务	姓　名	籍　贯	任职时间
	警　长	周庆峰	桓台索镇	2003.12—2006.06
		毛志军	桓台索镇	2008.09—2013.11
荆家派出所		蔡之普	山东高青	1988.12—1997.03
		田颜承	桓台起凤	1982.02—1999.03
		巩曰珩	桓台起凤	1982.05—1984.08
		于国平	桓台起凤	1982.12—1988.11
		张玉深	桓台马桥	1987.07—1992.01
		宗学生	桓台田庄	1988.03—2002.07
		陈　永	桓台马桥	1988.07—1990.10
		巩建平	桓台起凤	1988.07—1997.01
		高现亮	桓台起凤	1990.07—1997.03
		刘　兵	桓台索镇	1992.07—1997.08
		邢延涛	淄博淄川	1994.07—1995.12
		寇祖宝	桓台新城	1996.12—1999.09
		付　慧(女)	桓台田庄	1997.01—1998.10
		王　超	桓台新城	1997.07—2002.03
		王艳霞(女)	桓台果里	1998.12—2001.02
		张　玲(女)	桓台唐山	2001.02—2003.01
		张方圆	桓台起凤	2002.02—2003.01
		周庆峰	桓台索镇	2002.08—2003.12
		巩曰兵	桓台起凤	2004.08—2009.10
		于素珍(女)	桓台唐山	2005.12—2007.02
		魏　健	桓台田庄	2006.03—2012.12
		金海军	桓台马桥	2006.06—2013.11
		徐菁忆(女)	山东章丘	2006.11—2008.09
		朱艳文	桓台索镇	2006.12—2008.09
		张连城	桓台索镇	2007.02—2009.09
		王书力	河北石家庄	2008.02—2011.11
		王　克	山东章丘	2008.07—2010.10
		刘　林	山东文登	2008.07—2008.09
		陈　鹏(女)	山东平邑	2008.09—2009.08
		张　敏(女)	山东利津	2009.08—2011.09
		杨　青(女)	山东牟平	2010.09—

续表 1-3

单　位	职　务	姓　名	籍　贯	任职时间
荆家派出所		王明文	山东招远	2010.10—2013.11
		张志豪	山东高青	2011.09—2013.11
		张甜甜(女)	山东邹平	2011.09—2013.11
		魏树照	桓台唐山	2013.11—
		巩建贤	桓台起凤	2013.11—
		王秀奎	山东莒南	2013.11—
邢家派出所	所　长	任德敏	桓台索镇	1984.09—1987.08
		刘丙炎	桓台索镇	1988.10—1994.05
		胥　涛	桓台起凤	1994.05—1998.04
		刘　斌	桓台唐山	1998.04—2000.07
		于光庆	桓台田庄	2000.07—2007.02
		徐天慈	桓台起凤	2009.10—2013.09
		左传东	桓台马桥	2014.11—
	政治指导员	胥　涛	桓台起凤	1992.01—1994.05
		田晨湖	桓台起凤	1994.05—1995.08
		刘　斌	桓台唐山	1995.12—1998.04
		于光庆	桓台田庄	1998.04—2000.07
		刘　桂	淄博淄川	2000.07—2001.02
		齐廷新	桓台唐山	2001.06—2003.12
		魏光水	桓台田庄	2003.12—2007.02
	副所长(主持工作)	徐天慈	桓台起凤	2007.02—2009.10
		左传东	桓台马桥	2013.11—2014.11
	副所长	白玉玺	山东博兴	1982.11—1984.09
		刘丙炎	桓台索镇	1987.08—1988.10
		罗光明	桓台唐山	1992.01—1995.12
		张　伟	桓台果里	1995.12—1999.03
		巩　震	桓台起凤	2007.02—2009.10
		陈之滨	桓台荆家	2009.10—2013.11
		付　慧(女)	桓台田庄	2013.11—
		刘东记	山东鱼台	2013.11—
	副政治指导员	荣若祥	桓台唐山	1988.05—1992.01
	副政治教导员	徐　慧(女)	桓台索镇	2007.02—2009.05
		荆　敏(女)	桓台荆家	2009.09—2013.11

续表1—3

单位	职务	姓名	籍贯	任职时间
	副政治教导员 新城水库派出所所长	刘献利	桓台唐山	2013.11—2014.08 2014.08—
	警长	贾玉红(女)	桓台果里	1999.03—2007.02
		荆树峰	桓台荆家	1999.06—2000.07
		巩道锋	桓台起凤	2000.07—2003.12
		金宗庆	桓台马桥	2001.06—2007.02
		边　强	桓台唐山	2003.12—2007.02
		王　涛	桓台马桥	2008.09—2009.02
		陈之滨	桓台荆家	2008.09—2013.11
邢家派出所		崔洪美	桓台索镇	1983.06—1985.12 1999.03—1999.09
		张经会	桓台索镇	1984.08—1987.09
		白玉玺	山东博兴	1984.09—1987.12
		曹效连	淄博临淄	1985.07—1987.03
		马洪光	山东博兴	1986.07—1990.11
		巩崇文	桓台起凤	1987.12—1999.02
		罗光明	桓台唐山	1988.03—1992.01
		张　伟	桓台果里	1988.07—1999.03
		胥　涛	桓台起凤	1989.12—1998.04
		荣若祥	桓台唐山	1992.01—1995.09
		沈云栋	桓台唐山	1994.07—1997.01
		伊茂群	桓台荆家	1995.07—2002.07
		田文东	桓台田庄	1996.12—2004.11
		贾玉红(女)	桓台果里	1997.01—1999.03
		荆树峰	桓台荆家	1999.02—1999.06
		王　伟	桓台唐山	2005.04—2008.01
		赵光生	淄博张店	2005.12—2013.11
		王　涛	桓台马桥	2007.02—2008.09
		陈之滨	桓台荆家	2007.02—2008.09
		邓　倩(女)	桓台荆家	2007.03—2009.09
		路兴凯	淄博周村	2008.01—2010.10
		郑　波	山东临朐	2008.12—2013.11
		史肖辉	山东宁津	2009.07—

续表1—3

单位	职务	姓名	籍贯	任职时间
邢家派出所		孙晓雯(女)	桓台索镇	2009.09—2011.09
		董运芳	山东章丘	2010.09—2013.02
		罗　鑫(女)	桓台新城	2011.09—
		李　学	桓台唐山	2013.11—
		张元明	山东济阳	2015.03—
耿桥派出所	所长	张聿营	桓台索镇	1984.09—1988.05
		成　军	桓台果里	1988.10—1992.01
		刘法树	桓台果里	1992.01—1995.12
		郑建洲	桓台马桥	1995.12—1999.03
		周焕诚	桓台荆家	1999.03—2001.02
		刘　桂	淄博淄川	2001.02—2001.06
	政治指导员	荆向敏	桓台起凤	1988.05—1994.05
		刘　军	山东莱阳	1994.05—1995.12
		周焕诚	桓台荆家	1995.12—1999.03
		朱玉坤	山东阳信	1999.03—2001.06
	副所长	张聿营	桓台索镇	1983.06—1984.09
		李崇银	桓台新城	1987.08—1988.05
		成　军	桓台果里	1988.05—1988.10
		王传敏	淄博张店	1992.01—1994.06
		周焕诚	桓台荆家	1994.05—1995.12
		张振平	桓台唐山	1995.12—1997.03
		蔡玉川	桓台马桥	1995.12—1998.04
		张玉深	桓台马桥	1997.03—1997.08
		王家军	桓台新城	1998.03—1999.03
	警长	魏连凡	桓台起凤	1999.03—2001.06
		王树平	桓台新城	1999.03—2001.06
		张　进	桓台唐山	1984.09—1988.03
		田晨湖	桓台起凤	1984.12—1991.12
		许领章	淄博临淄	1985.07—1988.03
		吴云友	桓台荆家	1987.05—1987.07
		张学建	桓台起凤	1987.07—1999.03
		李　明	桓台马桥	1988.05—1995.12
		蔡玉川	桓台马桥	1989.08—1995.12

续表 1—3

单 位	职 务	姓 名	籍 贯	任职时间
耿桥派出所		王 凯	桓台果里	1991.07—1995.04
		王 燕(女)	桓台果里	1994.07—1995.12
		魏军青	山东高青	1996.07—1998.03
		赵 新	桓台新城	1996.12—2001.06
		徐 海	桓台索镇	1998.08—2001.06
		王成东	山东沂源	2000.08—2001.06
		张振平	桓台唐山	2000.08—2001.06
城区派出所	所 长	胡安富	桓台马桥	1988.05—1995.11
		岳端宝	桓台果里	1995.12—1997.03
	政治指导员	岳端玉	桓台果里	1988.10—1991.12
		梁俊红(女)	山东惠民	1991.12—1993.04
		孟秀玲(女)	桓台起凤	1993.04—1995.12
		王传敏	淄博张店	1995.12—1997.03
	副所长	边和喜	桓台果里	1988.05—1993.08
		岳端玉	桓台果里	1988.05—1988.10
		荆茂堂	桓台唐山	1992.01—1993.08
		荆树峰	桓台荆家	1995.12—1997.03
		张玉深	桓台马桥	1995.12—1997.03
	警 长	荆茂堂	桓台唐山	1993.08—1994.05
		刘 斌	桓台唐山	1993.08—1995.12
		边和喜	桓台果里	1993.08—1995.12
		王传敏	淄博张店	1994.06—1995.12
		王钦甫	山东博兴	1988.05—1997.03
		伊丕连	桓台荆家	1988.05—1997.03
		李黎英(女)	山东寿光	1988.05—1992.01
		荆茂堂	桓台唐山	1988.07—1992.01
		刘 斌	桓台唐山	1988.07—1993.08
		刘书柏	淄博临淄	1989.07—1990.12
		李守平	山东沂水	1990.06—1996.12
		贾玉红(女)	桓台果里	1991.07—1997.01
		荆树峰	桓台荆家	1991.07—1995.12
		陈 永	桓台马桥	1992.01—1995.12
		荆 敏(女)	桓台荆家	1993.07—1997.03

续表 1—3

单　位	职　务	姓　名	籍　贯	任职时间
城区派出所	局　长	王功训	山东青州	1993.07—1997.03
		王振东	桓台田庄	1995.07—1996.07
		陈　广	淄博张店	1996.12—1997.03
索镇分局 （索镇派出所）		王国新（兼）	桓台果里	1997.03—1998.12
		孙仕秀	桓台起凤	1998.12—2000.01
		孙仕秀（兼）		2000.01—2005.09
	所　长	郭　华	桓台荆家	2005.09—2006.08
	马桥派出所所长	田宜锋	桓台起凤	2006.08—2007.02
	副局长 （副所长）	朱久爱	淄博临淄	1997.03—2000.07
		张元明	山东济阳	1997.03—2001.02
		李　波	桓台起凤	1998.12—2003.12
		陈　永	桓台马桥	2000.07—2007.02
		刘　桂	淄博淄川	2001.06—2006.08
	政治教导员	孙仕秀	桓台起凤	1998.04—1998.12
		郭　华	桓台荆家	1998.12—2005.09
	副政治教导员	孙仕秀	桓台起凤	1997.03—1998.04
	副政治教导员 办公室主任	梁俊红（女）	山东惠民	1998.06—2003.12 1997.03—1999.03
	办公室主任	杜　伟	桓台新城	2000.07—2007.02
	户籍室主任	李　波	桓台起凤	1997.03—1999.03
		荆　敏（女）	桓台荆家	2000.07—2007.02
	警　长	魏光水	桓台田庄	1997.03—2003.12
		曹效连	淄博临淄	1997.03—2000.07
		史继德	淄博张店	1997.03—2000.07
		宗　凯	桓台唐山	1997.03—2000.07
		张银恒	桓台索镇	1997.03—2001.02
		王功训	山东青州	2000.07—2004.08
		牛智君	桓台田庄	2000.07—2003.12
		徐天慈	桓台起凤	2000.07—2003.12
		许晋卿	桓台唐山	2001.02—2007.02
		王树平	桓台新城	2001.06—2003.12
		魏连凡	桓台起凤	2001.06—2003.12
		巩道锋	桓台起凤	2003.12—2007.02

续表1—3

单　位	职　务	姓　名	籍　贯	任职时间
索镇分局（索镇派出所）	警　长	巩汝山	桓台起凤	2003.12—2007.02
		徐　海	桓台索镇	2003.12—2007.02
		邢延涛	淄博淄川	2003.12—2007.02
		崔　凯	桓台索镇	2004.08—2007.02
	巡逻大队大队长	于国平	桓台起凤	1999.09—2002.07
		王功训	山东青州	2004.08—2007.02
	巡逻大队政治指导员	张　进	桓台果里	1999.09—2001.06
		朱玉坤	山东阳信	2001.06—2002.07
	巡逻大队中队长	巩道锋	桓台起凤	1999.09—2000.07
		荆树钢	桓台荆家	1999.09—2007.02
		邢延涛	淄博淄川	2000.07—2007.02
		宋振慧	桓台唐山	2002.07—2007.02
		崔　凯	桓台索镇	2002.07—2004.08
		吴宗振	桓台果里	2004.08—2007.02
	巡逻大队副中队长	邢延涛	淄博淄川	1999.09—2000.07
		杜　伟	桓台新城	1999.09—2000.07
	案件侦查中队中队长	牛智君	桓台田庄	2003.12—2007.02
	案件侦查中队政治指导员	高现亮	桓台起凤	2004.08—2007.02
		边和喜	桓台果里	1997.03—1999.02
		张善亮	桓台马桥	1997.03—2002.07
		王钦甫	山东博兴	1997.03—2001.11
		伊丕连	桓台荆家	1997.03—2002.07
		伊善堂	桓台新城	1997.03—1998.03
		窦钦才	桓台唐山	1997.03—1999.03
		舒乐元	山东博兴	1997.03—1999.03
		盖　健	山东东营	1997.03—2007.02
		胡　静（女）	桓台田庄	1997.03—2000.07
		荆树钢	桓台荆家	1997.03—1999.09
		王功训	山东青州	1997.03—1998.06
		荆　敏（女）	桓台荆家	1997.03—2000.07
		陈　广	淄博张店	1997.03—2007.02
		荆树峰	桓台荆家	1997.03—1998.04
		王振东	桓台田庄	1997.03—2000.07

续表 1—3

单位	职务	姓名	籍贯	任职时间
索镇分局（索镇派出所）		宋振慧	桓台唐山	1997.03—2002.07
		张聿林	桓台索镇	1997.06—2002.07
		巩道锋	桓台起凤	1997.08—1999.09
		巩　震	桓台起凤	1998.05—1999.03
		杜　伟	桓台县城	1998.05—1999.09
		甘学静(女)	桓台田庄	1998.05—2001.02
		罗怀梁	桓台马桥	1998.05—2007.02
		吴宗振	桓台果里	1998.05—2004.08
		杨光成	桓台荆家	1998.05—2007.02
		姚素娟(女)	桓台荆家	1998.06—1998.09
		巩曰珩	桓台起凤	1999.02—2002.07
		李　冲	桓台田庄	1999.03—2007.02
		邢延涛	淄博淄川	1999.03—1999.09
		王艳霞(女)	桓台果里	2001.02—2007.02
		王成东	山东沂源	2001.06—2001.12
		崔　凯	桓台索镇	2001.06—2002.07
		赵　新	桓台新城	2001.06—2007.02
		巩建平	桓台起凤	2002.10—2007.02
		金海军	桓台马桥	2002.10—2006.02
		于守德	桓台田庄	2003.08—2005.08
		高现亮	桓台起凤	2003.09—2004.08
		张学建	桓台起凤	2003.09—2005.09
		孙秀泽	桓台马桥	2004.03—2007.02
		张　晋	桓台果里	2004.05—2007.02
		于国平	桓台起凤	2004.09—2010.01
		岳大金	桓台新城	2005.01—2007.02
		荆　忠	桓台马桥	2005.01—2007.02
		吕世新	湖南安乡	2005.11—2007.02
		李俊杰	淄博淄川	2005.12—2007.02
		朱淑芳(女)	桓台荆家	2006.01—2007.02
		夏侯薇薇(女)	淄博博山	2006.11—2007.02
		耿晓明	桓台唐山	2006.11—2007.02
少海派出所	所　长	田宜锋	桓台起凤	2007.02—2008.09

续表 1—3

单　位	职　务	姓　名	籍　贯	任职时间
少海派出所	所　长	周焕诚	桓台荆家	2008.09—2013.07
		刘　兵	桓台索镇	2013.09—
	政治教导员	张孝和	淄博张店	2007.02—2013.09
	副所长	魏　江	山东博兴	2007.02—2009.10
		刘书亮	桓台马桥	2007.02—2013.09
		宋守淮(市局挂职)	山东邹平	2007.04—2009.04
		沈　宁(女)	桓台果里	2008.09—2009.10
		邢延涛	淄博淄川	2009.10—2013.09
		李新玉(女)	桓台果里	2009.10—2013.11
		周善永	桓台索镇	2009.10—2013.11
		巩　震	桓台起凤	2013.11—
		王　鹏	桓台果里	2013.11—
		成　涛	桓台果里	2013.11—
		赵　新	桓台新城	2013.11—
	副政治教导员 红莲湖派出所副所长	张　伟	桓台果里	2013.11—2014.08 2014.08—
	警　长	李泉业	桓台果里	2008.09—2009.10
		周善永	桓台索镇	2008.09—2009.10
		巩建平	桓台起凤	2007.02—2009.11
		荆树钢	桓台荆家	2007.02—2009.12
		孙云峰	桓台起凤	2007.02—2008.09
		周善永	桓台索镇	2007.02—2008.09
		王玉峰	桓台果里	2007.02—
		李俊杰	淄博淄川	2007.02—2007.04
		耿晓明	桓台唐山	2007.02—2008.01
		朱淑芳(女)	桓台荆家	2007.02—2008.01
		王艳霞(女)	桓台果里	2007.02—2008.09
		李泉业	桓台果里	2007.02—2008.09
		夏侯薇薇(女)	淄博博山	2007.02—2009.03
		张　璇(女)	河南濮阳	2007.02—2009.09
		高现亮	桓台起凤	2007.02—2013.11
		杨光成	桓台荆家	2007.02—2013.11
		寇祖宝	桓台新城	2007.02—2013.11

续表 1—3

单　位	职　务	姓　名	籍　贯	任职时间
少海派出所		荆　忠	桓台马桥	2007.02—2013.11
		吕世新	湖南安乡	2007.02—2013.11
		鲁传武	安徽肥东	2008.01—2009.09
		毕宜明	桓台唐山	2008.01—2010.11
		王　珂	桓台荆家	2008.07—2013.11
		丁　凯(女)	淄博周村	2008.08—2010.10
		崔亦芳(女)	桓台起凤	2008.09—2013.11
		荆晓洲	桓台荆家	2008.09—2013.11
		于素珍(女)	桓台唐山	2008.09—2013.11
		耿振华	桓台索镇	2008.12—2013.11
		丁　斌	山东青州	2008.12—
		张志伟	桓台唐山	2008.12—2013.11
		宋　超	淄博临淄	2008.12—2013.12
		徐菁忆(女)	山东章丘	2009.03—2009.09
		李　屹(女)	淄博张店	2009.07—2010.06
		田振华	桓台田庄	2009.07—2013.11
		王家军	桓台新城	2009.09—2013.11
		张学东	桓台索镇	2009.09—2013.11
		周　林	淄博周村	2009.09—
		张　猛	桓台果里	2009.12—2013.11
		王　萍(女)	山东威海	2010.09—
		张延杰	桓台田庄	2010.09—2013.11
		郭伟娟(女)	山东济宁	2010.10—
		陈　铖(市局下派)	桓台荆家	2010.10—2012.05
		王国伟	山东郯城	2011.09—
		史　磊	桓台田庄	2013.11—
		张　刚	桓台果里	2013.11—
		金　童	山东泗水	2013.11—
		胡　斌	山东栖霞	2013.11—
		张启国	山东高青	2013.11—
		王彦婷(女)	山东沂水	2013.11—
		高　姣(女)	桓台索镇	2013.11—
		周旺达	山东邹平	2013.11—

续表 1—3

单位	职务	姓名	籍贯	任职时间
少海派出所		巩端乐	桓台起凤	2014.02—
		荆树明	桓台荆家	2015.03—
		宋丰乾	桓台起凤	2015.03—
		郑建洲	桓台马桥	2015.03—2015.06
水利派出所	所　长	张聿林	桓台索镇	1992.01—1997.07
		于国平	桓台起凤	1997.06—1999.03
		王　平	桓台果里	1999.03—2002.03
		张秀光(兼)	桓台唐山	2004.02—2006.08
	政治指导员	刘献浩(兼)	山东阳信	1998.04—1999.03
		王　沛	江苏睢宁	1999.03—2001.02
	副所长	张聿林	桓台索镇	1988.10—1992.01
新城水库派出所	所　长	崔洪美	桓台索镇	1994.05—1999.03
		金　明	桓台马桥	2002.04—2009.10
	政治指导员	魏连凡	桓台起凤	2007.02—2013.11
		高现亮	桓台起凤	2013.11—
		王树福	桓台马桥	2004.05—2014.12
		刘西军	山东临沂	2015.03—
森源林场派出所	所　长	张玉海	桓台荆家	2002.04—2007.02
博汇派出所	所　长	齐廷新	桓台唐山	2004.02—2007.02
	政治指导员	王旭东	桓台田庄	2003.12—2007.02
红莲湖派出所	副所长	张连起	桓台索镇	2013.11—
		胡　锋	桓台马桥	2013.11—
		陈恒斌	桓台马桥	2015.03—
		胥　涛	桓台起凤	2015.03—
		金宗良	桓台马桥	2015.03—2016.03
		徐爱国	山东诸城	2015.03—

注:1.2007年机构改革,科级干部宣布及到职时间均为2007年2月,科所队长、室主任(含副职)行文任职、免职时间均为2007年4月;

2.油区派出所与马桥派出所一套班子,故未单列;

3.1950年5—11月,张店分局人员仅列中层以上负责人;

4.职务与工作岗位不一致的,其信息列实际工作部门

桓台县公安特派员(公安员　治安员　公安助理员)一览表

表1—4

单　位	职　务	姓　名	籍　贯	任职时间
一　区	公安特派员	马　玉(杨惠东)	桓台果里	1941.04—1941.10
一　区	公安特派员	不　详	不　详	1941.10—1941.11
一　区	公安员	毕兴华	淄博张店	1946.01—1946.06
一　区	副公安员	于赞修	淄博张店	1946.01—1946.06
崔楼区	公安员	王树林	桓台田庄	1947.10—1949.02
崔楼区	公安员	周振堂	桓台马桥	1949.02—1949.10
崔楼区	公安特派员	曹永岩	淄博张店	1949.10—1950.05
一　区	公安员	曹永岩	淄博张店	1950.05—1951.05
一　区	治安员	王光钧	山东东营	1953.08—1955.05
一　区	治安员	崔曰惠	山东惠民	1953.08—1955.05
一　区	公安特派员	王光钧	山东东营	1955.05—1955.09
崔楼区	公安特派员	王光钧	山东东营	1955.09—1956.08
崔楼区	公安特派员	刘希俭	桓台索镇	1956.04—1958.11
桓城区	公安特派员	刘希俭	桓台索镇	1961.09—1965.08
桓城区	公安特派员	刘修双	桓台荆家	1965.05—1966.07
桓城人民公社	公安助理员	刘修双	桓台荆家	1966.07—1977.06
二　区	公安特派员	于　明	淄博张店	1941.04—1946.01
二　区	副公安员	张经祥	桓台果里	1946.01—1946.12
二　区	公安员	初廷芳	淄博张店	1946.08—1947.10
二　区	公安员	王正轩(兼)	淄博张店	1947.04—1947.06
石桥区	公安员	初廷芳	淄博张店	1947.10—1948.03
石桥区	公安员	王正轩(兼)	淄博张店	1947.10—1948.03
石桥区	公安员	尹德津	桓台果里	1949.02—1949.10
石桥区	公安特派员	尹德津	桓台果里	1949.10—1949.12
石桥区	公安特派员	熊家珂	山东潍坊	1949.12—1950.05
二　区	公安员	熊家珂	山东潍坊	1950.05—1951.05
二　区	公安员	李文常	桓台起凤	1951.12—1952.06
二　区	公安员	金宗湘(代)	桓台马桥	1951.12—1952.06
二　区	治安员	李文常	桓台起凤	1952.06—1953.11
二　区	治安员	金宗湘(代)	桓台马桥	1952.06—1953.09
二　区	治安员	韩志诚(代)	桓台起凤	1953.11—1955.05
二　区	公安特派员	于孝起	桓台果里	1955.07—1955.09
石桥区	公安特派员	于孝起	桓台果里	1955.09—1958.11

续表 1—4

单　位	职　务	姓　名	籍　贯	任职时间
石桥区	公安特派员	金宗湘	桓台马桥	1956.04—1956.11
三　区	公安特派员	不　详	不　详	1941.04—1941.11
	公安员	苏　华	桓台果里	1946.01—1947.08
		巩乃圣	山东博兴	1947.08—1947.10
乌河区	公安员	苗世棣	桓台果里	1947.10—1948.09
		耿玉哲	桓台索镇	1949.04—1949.10
	公安特派员	任曰升	桓台索镇	1949.10—1950.05
三　区	公安员			1950.05—1952.06
	治安员			1952.06—1952.09
		刘心铎	桓台果里	1952.09—1954.12
		赵仕祺	桓台果里	1953.06—1954.11
		尹佃瑞(代)	桓台马桥	1954.12—1955.05
	公安特派员			1955.05—1955.09
乌河区	公安特派员			1955.09—1956.11
		杨延华	淄博张店	1955.09—1958.11
索　镇	公安员	苗世棣	桓台果里	1946.01—1947.10 1948.09—1949.09
直属镇	治安员	胡建章	山东高青	1955.01—1955.05
	公安特派员			1955.05—1955.09
		金宗湘	桓台马桥	1955.05—1955.09
		鲁志家	桓台索镇	1956.05—1956.11
		张宝经(代)	桓台唐山	1956.02—1956.07
		赵仕诚	桓台新城	1957.02—1958.06
索镇区	公安特派员	杨延华	淄博张店	1961.09—1963.06
		孙宝怀	山东广饶	1964.07—1965.07
		董玉孝	桓台新城	1965.03—1966.07
索镇人民公社	公安助理员	孙宝怀	山东广饶	1966.07—1970.10
		李子林	山东东营	1970.02—1973.03
		周春元	桓台新城	1973.03—1977.09
		李继扬	桓台果里	1977.09—1981.04
		王国新	桓台果里	1981.04—1982.03
	公安特派员			1982.03—1983.03
耿桥人民公社	公安助理员	于长远	山东邹平	1966.07—1975.05
		伊茂盛	桓台新城	1975.05—1981.04

续表 1—4

单位	职务	姓名	籍贯	任职时间
耿桥人民公社	公安助理员	卢洪岭	桓台起凤	1981.04—1982.03
耿桥人民公社	公安特派员	卢洪岭	桓台起凤	1982.03—1982.05
耿桥人民公社	公安特派员	张奎桐	桓台果里	1982.05—1983.06
四　区	副公安员	罗茂德	桓台马桥	1946.01—1946.06
岔河区	公安员	胡庆荣	桓台田庄	1948.03—1949.10
岔河区	公安特派员	冯怀清	山东寿光	1949.10—1950.05
四　区	公安员	冯怀清	山东寿光	1950.05—1951.08
四　区	公安员	尹德津	桓台果里	1951.05—1952.06
四　区	治安员	尹德津	桓台果里	1952.06—1954.02
四　区	治安员	桑元祯(代)	桓台马桥	1953.11—1955.05
四　区	治安员	王光钧(兼)	山东东营	1954.04—1954.07
四　区	治安员	童玉海	山东无棣	1954.07—1955.05
四　区	公安特派员	桑元祯(代)	桓台马桥	1955.05—1955.09
四　区	公安特派员	童玉海	山东无棣	1955.05—1955.09
陈庄区	公安特派员	童玉海	山东无棣	1955.09—1956.05
陈庄区	公安特派员	桑元祯(代)	桓台马桥	1955.09—1956.11
陈庄区	公安特派员	缪敬堂	山东垦利	1957.11—1960.03
陈庄区	公安特派员	孙传久	桓台果里	1960.11—1966.09
陈庄区	公安特派员	刘乐温	山东博兴	1965.05—1966.07
陈庄区	公安特派员	荣若富	桓台唐山	1966.04—1966.07
陈庄人民公社	公安助理员	刘乐温	山东博兴	1966.07—1977.05
陈庄人民公社	公安助理员	付煜勋	山东历城	1970.02—1970.07
陈庄人民公社	公安助理员	魏茂珂	桓台唐山	1977.05—1982.03
陈庄人民公社	公安特派员	魏茂珂	桓台唐山	1982.03—1982.04
陈庄人民公社	公安特派员	庞维来	桓台田庄	1982.03—1982.05
陈庄人民公社	公安特派员	王长木	桓台马桥	1982.05—1984.05
马桥人民公社	公安助理员	荣若富	桓台唐山	1966.07—1980.01
马桥人民公社	公安助理员	于洪志	桓台新城	1976.10—1982.03
马桥人民公社	公安助理员	巩曰珩	桓台起凤	1979.10—1982.03
马桥人民公社	公安特派员	于洪志	桓台新城	1982.03—1982.05
马桥人民公社	公安特派员	巩曰珩	桓台起凤	1982.03—1982.05
新四区	公安特派员	邢乐英	淄博张店	1941.04—1941.08
新四区	公安特派员	曹恒业	淄博张店	1941.08—1941.11
五　区	公安员	于　明(兼)	淄博张店	1946.01—1946.06

续表 1—4

单　位	职　务	姓　名	籍　贯	任职时间
五　区	公安员	刘玉信	淄博张店	1946.03—1946.06
				1946.07—1947.03
	副公安员	相修棣		1946.01—1947.10
铁山区	公安员			1947.10—1949.07
		金宗湘		1949.07—1949.10
	公安特派员			1949.10—1950.05
五　区	公安员	魏家科	桓台起凤	1950.05—1950.11
		赵中太(回族)	淄博临淄	1951.11—1952.06
	治安员			1952.06—1953.04
		刘俊禄(回族,代)		1952.11—1955.05
	公安特派员			1955.05—1955.09
卫固区	公安特派员			1955.09—1956.07
		陈瑞林	淄博张店	1956.04—1957.11
		尹德津	桓台果里	1957.01—1958.11
高楼区	公安特派员	付光城	桓台田庄	1949.10—1950.05
六　区	公安员			1950.05—1951.11
	治安员	胡庆显		1952.11—1953.05
		肖明瑞	桓台果里	1953.04—1955.09
		徐士平	淄博临淄	1953.07—1953.11
	公安特派员	董玉孝	桓台新城	1955.05—1955.09
高楼区	公安特派员	肖明瑞	桓台果里	1955.09—1956.06
		董玉孝	桓台新城	1955.09—1958.11
田庄区	公安特派员			1961.09—1965.03
		金立坤	桓台马桥	1965.03—1966.07
田庄人民公社	公安助理员			1966.07—1973.07
		张善用	山东博兴	1970.10—1976.10
		刘承达	桓台荆家	1976.03—1977.06
傅桥人民公社	公安助理员	张善用	山东博兴	1966.07—1970.10
金岭区	公安特派员	赵中太(回族)	淄博临淄	1949.10—1950.05
七　区	公安员			1950.05—1950.11
		魏家科	桓台起凤	1950.11—1952.06
	治安员			1952.06—1954.01
八　区	公安员	巩举运		1947.07—1947.10
滨湖区	公安员			1947.10—1949.10

续表 1—4

单　位	职　务	姓　名	籍　贯	任职时间
滨湖区	公安员	张蒿兴	桓台起凤	1948.03—1948.05
滨湖区	公安特派员	魏家科	桓台起凤	1949.10—1950.05
八　区	公安员	金宗湘	桓台马桥	1950.05—1950.11
八　区	公安员	赵中太(回族)	淄博临淄	1950.11—1951.05
八　区	公安员	熊家珂	山东潍坊	1951.05—1951.11
八　区	公安员	耿秉鹏	桓台索镇	1951.08—1952.06
八　区	公安员	曹永岩	淄博张店	1951.09—1952.06
八　区	治安员	曹永岩	淄博张店	1952.06—1953.11
八　区	治安员	耿秉鹏	桓台索镇	1952.06—1954.01
八　区	治安员	刘希俭(代)	桓台索镇	1953.11—1954.01
七　区	治安员	刘希俭(代)	桓台索镇	1954.01—1954.11
七　区	治安员	耿秉鹏	桓台索镇	1954.01—1955.05
七　区	治安员	尹德津	桓台果里	1954.07—1955.05
七　区	治安员	赵仕祺	桓台新城	1954.11—1955.05
七　区	公安特派员	耿秉鹏	桓台索镇	1955.05—1955.09
七　区	公安特派员	尹德津	桓台果里	1955.05—1955.09
七　区	公安特派员	赵仕祺	桓台新城	1955.05—1955.09
起凤区	公安特派员	尹德津	桓台果里	1955.09—1956.05
起凤区	公安特派员	耿秉鹏	桓台索镇	1955.09—1958.07
起凤区	公安特派员	赵仕诚	桓台新城	1956.05—1957.02
起凤区	公安特派员	张仲俊	桓台唐山	1957.02—1958.09
起凤区	公安特派员	王晋升	山东利津	1958.09—1958.11
起凤区	公安特派员	王晋升	山东利津	1961.09—1966.07
起凤区	公安特派员	杨延华	淄博张店	1966.05—1966.07
起凤人民公社	公安助理员	杨延华	淄博张店	1966.07—1970.02
起凤人民公社	公安助理员	宗学森	桓台唐山	1970.02—1977.11
起凤人民公社	公安助理员	李庆勇	桓台荆家	1977.09—1982.03
起凤人民公社	公安特派员	李庆勇	桓台荆家	1982.03—1982.05
高王区	公安特派员	尹德津	桓台果里	1961.09—1962.03
高王区	公安特派员	张奎吉	淄博张店	1961.11—1962.05
高王区	公安特派员	孙沐泽	桓台马桥	1962.05—1966.07
荆家人民公社	公安助理员	李象文	桓台果里	1966.07—1973.05
荆家人民公社	公安助理员	田承贵	桓台索镇	1970.10—1972.07
荆家人民公社	公安助理员	巩子肖	桓台起凤	1972.07—1977.09

续表 1—4

单位	职务	姓名	籍贯	任职时间
荆家人民公社	公安助理员	牛建国	桓台田庄	1977.05—1980.12
荆家人民公社	公安助理员	蔡之普	山东高青	1980.12—1982.03
荆家人民公社	公安特派员	蔡之普	山东高青	1982.03—1983.06
刘家人民公社	公安助理员	田承贵	桓台索镇	1966.07—1970.10
唐山区	公安特派员	赵仕诚	桓台新城	1961.09—1964.07
唐山区	公安特派员	郑佐文	淄博临淄	1964.07—1966.07
唐山人民公社	公安助理员	郑佐文	淄博临淄	1966.07—1969.10
唐山人民公社	公安助理员	刘明良	山东广饶	1969.10—1980.12
唐山人民公社	公安助理员	巩崇文	桓台起凤	1980.12—1982.03
唐山人民公社	公安特派员	巩崇文	桓台起凤	1982.03—1982.05
唐山人民公社	公安特派员	郭法玉	桓台田庄	1982.03—1982.05
邢家人民公社	公安助理员	李天锡	山东东营	1966.07—1977.09
邢家人民公社	公安助理员	王国新	桓台果里	1977.09—1981.04
邢家人民公社	公安助理员	吕兆海	桓台田庄	1981.04—1982.03
邢家人民公社	公安特派员	崔洪美	桓台索镇	1982.07—1983.06
果里人民公社	公安助理员	焦兆敬	山东博兴	1966.07—1970.01
果里人民公社	公安助理员	孙传久	桓台果里	1970.01—1977.05
果里人民公社	公安助理员	王致凤	淄博张店	1977.05—1980.12
果里人民公社	公安助理员	任德敏	桓台索镇	1980.12—1982.03
果里人民公社	公安特派员	任德敏	桓台索镇	1982.03—1982.05
侯庄人民公社	公安助理员	王晋升	山东利津	1966.07—1970.02
侯庄人民公社	公安助理员	王在山	山东新泰	1970.02—1982.03
侯庄人民公社	公安特派员	王在山	山东新泰	1982.03—1982.05
侯庄人民公社	公安特派员	巩向洛	桓台起凤	1982.03—1982.05
周家人民公社	公安助理员	刘方军	山东崂山	1966.07—1968.07
周家人民公社	公安助理员	赵仕诚	桓台新城	1968.07—1972.03
周家人民公社	公安助理员	蔡之普	山东高青	1974.11—1980.12
周家人民公社	公安助理员	牛建国	桓台田庄	1980.12—1982.03
周家人民公社	公安特派员	牛建国	桓台田庄	1982.03—1982.05

第二章　指挥决策

指挥中心民警合影。前排左起：张晓芳、徐菁忆、周春、王旭东、伊学艳、陈鹏、李丽；后排左起：赵新星、伊波、王凯、司云山、周守军、张玉新、李文博、邹毅　（2016年4月　摄）

2017年新建的指挥大厅　（2017年9月　摄）

民国30年(1941年)4月,桓台县公安局成立后,设干事1名,负责日常事务处理。民国34年(1945年)9月,县公安局机关设文书1名,负责汇总情况、登记敌伪军政警宪特及反动党团。民国35年(1946年)1月,设四股,主管文牍。是年8月,四股改为五股。民国37年(1948年)5月,五股改为秘书室。1952年9月,秘书室改为秘书股,充实秘书人员,建立新的秘书工作制度,承担公文管理、文件拟定、调查研究、外事接待、来信来访、会务管理、上传下达等任务,同时负责机关的行政管理和党务工作。1984年8月,秘书股改为秘书科,将政治思想教育、党团活动、业务学习、爱民活动等职责移交政工科。1989年3月,将后勤保障职能分交行政科。1992年11月,试运行指挥中心机制,指挥中心挂靠秘书科。1995年7月,秘书科和行政科通讯机要岗位合并,正式成立指挥中心。9月,正式开通110报警服务台。县公安局建立完善以指挥中心为龙头,以情报信息为依托,信息、决策、指挥、服务、保障五位一体,精干高效、反应快速的指挥决策系统。20世纪初,指挥中心牵头实施公安信息化建设,公安工作效能明显提升。2008年,建立扁平化指挥体系,110接处警规范化建设和处突水平迈上新台阶。2013年11月,指挥中心下设指挥调度室、情报信息室、机要室、秘书室、宣传室,指挥中心工作更加规范化、精细化、效能化,服务领导、服务机关、服务基层能力进一步提升。

第一节 指挥调度

110指挥

1992年11月1日,县公安局指挥中心成立运转,主要处置全县重大警情和城区刑事、治安警情,重大节日期间向县委、县政府、市公安局报告值

1994年初建的指挥调度室

班备勤和社会治安情况。1996年1月11日,省公安厅下发《关于进一步加强全省公安机关指挥中心建设的意见》,指挥中心职责进一步明确。4月,指挥中心接71路公交车乘客被一伙赌博人员抢劫的报警。值班民警立即指令新城派出所处警,抓获5名犯罪嫌疑人。11月7日,县公安局制定《关于指挥中心运行机制若干问题的规定》,指挥中心系局领导对各警种、各部门执勤作战实施统一指挥的办事机构,也是常年运转、随时接受紧急报警、随时做出指挥调度的最高值班部门。指挥中心主要职责是坚持昼夜值班,随时接受、处置各科、所、队报告的有关情况和来自社会各方面的紧急警情、群众求助等;协助局领导指挥、协调各警种合成作战,处置突发事件、暴力犯罪案件、重大治安事件;遇有大型治安保卫任务和重要警卫任务,协助局领导调集警力,统一指挥调度;遇抗洪、抢险、救灾任务,做好通讯联络、信息传递和指挥调度工作;搜集掌握各类公安信息,及时整理,上报下达,编发《值班信息》《电话纪要》;综合制定处置突发事件、暴力犯罪案件、重大治安事件等工作预案,并不断补充、完善;指导、监督、检查各派出所指挥室和各有关科、队值班情况;完成局领导交办的其他任务。指挥中心根据局长授权和批准,行使直接指挥权、先期处置权、越级指挥权、合成作战指挥权、调用公安装备器材权等五种权力。刑警、巡警、交警、消防、武警、治安、派出所等警种相应设立值班调度室或指挥室,开通有线、无线通讯,配备必要交通工具,保持一定的值班机动力量,无条件服从指挥中心调动。1997年2月,按照全省公安局处长会议精神和省公安厅《关于进一步加强全省110建设的实施意见》要求,不断加大110指挥调度室硬件投入,充实指挥调度力量,值班人员由11人组成,遇有重大警情由值班局领导坐镇指挥。县公安局印发《桓台县关于处置突发事件的工作预案》,对应对突发事件的方针、处置

措施等做出具体规定。

2000年，县公安局坚持以科技强警为支撑，加大科技投入，不断提升指挥体系信息化水平。同时，按照“警力跟着警情走”的思路，汇总分析110接处警数据，并根据高发案件类型、区域、时间，定期编辑《110警情分析》，提出对策建议，针对性打击防范，实现动态环境下对社会治安的有效控制。2002年，公安部出台《县市级公安机关指挥中心工作规范》，细化接警指挥调度工作职责，突出值班、调度、指挥功能；受理群众对正在发生的人民警察违法违纪或者失职行为的投诉，登记并及时移交相关部门处理；协助制定各类重大突发事件、严重暴力犯罪案件和重大治安事件（案件）处置预案；部署、指挥本县设卡、堵截、协查、通缉等重大紧急活动；具体开展110社会服务联合行动工作，确保联动工作有序高效运作；负责分析、研判、通报接处警情况，为社会治安防控提供预警信息；负责检查、指导各基层单位处警工作；处理在逃人员、通缉通报对象等系统的自动比对报警；处理防盗报警

2004年改建的指挥大厅

系统的报警。2005年，指挥中心完善110接处警月分析报告制度，比对前期和本期的发案数及具体警情数据。各处警单位通过接处警月分析报告，找准打防管控薄弱环节，及时调整工作措施。

2007年6月27日，公安部印发《县市级公安机关指挥中心工作规范（试行）》，授予指挥中心先期处置权、直接指挥权、通报协调权、装备调用权、检查督导权、信息归口权。2008年，市公安局出台指挥调度警务规范，细化和规范指挥权限、值班备勤、110接处警、受理投诉等事项。3月，县公安局印发《局领导值班规范》《指挥长工作规范》《指挥大厅值班岗位规范》，制定实施10个突发事件应急预案。是年，派出所110接处警室、值班室、监控室“三室”合一。2009年9月30日，新的指挥大厅投入使用，集110接派警系统、警情分析研判系统、GPS卫星定位系统、GIS电子地理地图系统、自动报警系统、道路及重点部位监控系统、视频指挥调度系统、部门联动系统等八位一体。2010年5

2009年建成的指挥大厅

月14日22时30分，2名歹徒持枪抢劫建设街“小博士”文具店后逃跑。指挥中心指令少海派出所迅速处置，民警抓获歹徒，缴获钢珠枪1支、子弹208发、胶带1卷、迷药喷剂1桶、匕首1把。

2013年，加强对不安定因素、重要敏感警情的指挥调度和分析研判，第一时间向上级业务部门、应急部门报告，内部信息高效运转。2014年5月，省、市、县三级公安机关1号调度台正式启动，1号调度台设在110报警服务台，发生重大突发事件，省公安厅值班领导第一时间联系县公安局值班局长，实现即时调度、扁平指挥。2015年6月，指挥调度室进一步完善110信息研判机制，健全情报信息主导打防管控一体化运行机制。11月19日凌晨，果里镇一网吧内发生抢劫案件。通过分析研判，刑侦大队、网安大队、果里派出所、少海派出所密切配合，当日18时将两名犯罪嫌疑人抓获。是年，完成13个应急预案编修工作，视频巡查与指挥调度有机结合，根据交通、道路情况，调整优化治安卡点，加强布控堵截预案的实战演练。2016年2月23日，县公安局规范紧急警情处置和紧急信息报送工作，形成以指挥调度为核心，以启动应急处置预案为手段，以事发地派出所、指挥中心主任、值班局领导、业务局领导、局长、市公安局

指挥调度室、市县公安情报信息室、县政府应急办、县委办信息科、县委宣传部、业务警种及相关部门为信息传递对象的快速反应网络，保障人民群众生命财产安全。

110 报警服务

中华人民共和国成立初期，桓台县各村庄或单位发生案件，主要由当事人或通过单位向乡(镇)、区公安员(公安特派员)报案。发生重大案件，由区公安员(公安特派员)利用区公所电话，通过县政府值班室转报县公安局。1950 年后，区公安特派员电话直报县公安局。1982—1983 年，各人民公社普遍成立派出所，每个派出所安装一部手摇电话，派出所可向县公安局电话直报重要警情。20 世纪 90 年代初，程控电话开始普及居民家庭，居民可直接拨打派出所电话报警。

1994 年 7 月 21 日，县公安局投资 20 万元，安装 110 报警服务台设备。9 月 29 日，110 报警服务台正式运行，形成集 110 报警服务、调度指挥、信息通讯传输于一体，功能、设备齐全的 110 指挥调度服务体系，110 报警服务主要面向城区居民。11 月 8 日，全县公安指挥系统暨巡警体制建设新闻发布会召开，正式向社会推介 110 服务。1995 年 9 月，制定《指挥中心运行机制制度汇编》《110 值班人员交接制度》《关于处置 110 报警的规定》，110 报警服务台全天候服务，随时接受紧急报警和群众求助。投资 10 万元，指挥中心安装空调，配备 586 微机 1 台、传真机 1 部、直拨程控电话 1 部、公安专线电话 2 部、警车 1 辆。10 月，制作 110 报警提示牌 3000 张，在居民区、单位办公楼、公用电话亭及宾馆饭店客房、商场、学校等公共场所张贴，提高 110 知名度和利用效率。

1996 年 8 月，公安部在漳州市召开全国城市 110 报警服务台建设工作现场会。县公安局学习借鉴漳州 110 工作经验，确定有警必接、有难必帮、有险必抢、有灾必救的“四有四必”工作方针。11 月 14 日，成立 16 名巡警组成的 110 先期处置机动队，配备机动车辆和通讯器材，与 110 报警服务台配套联动，昼夜备勤，随时接受处警指令。是月，县公安局在唐山派出所、田庄派出所探索 110 向农村延伸运行机制，两个派出所设立 110 值班室，组建 110 处警队伍，建立 110 工作规范，加大 110 宣传力度，在农村尚未开通 110 专线情况下，分别以 8510110、8581110 作为 110 值班室接警电话，通过试运行，形成 110 效应，得到群众拥护。是年，投资 25 万元，整修 110 指挥调度大厅，投资 140 万元，在 13 个派出所设立 110 值班室，配备 15 辆 110 处警车，成立由民警带队的 110 处警队，统一食宿，24 小时备勤，专人、专室、专车。

1997 年，确定每年 1 月 10 日为“110 宣传日”。是年 1 月 10—16 日，桓台 110 第一个宣传周，在车站、商场等流动人口较多的公共场所设置大型广告牌，在公共汽车、出租车、公用电话等部位张贴报警提示牌，在电视台、广播电台及《淄博公安报》开设专栏，使群众了解 110、正确使用 110、共建 110。3 月 4 日 7 时 45 分，县市政工程队在县运输公司挖污水管道时发生塌方事故，施工人员周广义、张金义遇险。110 报警服务台指令巡警机动队、刑警机动队出警，同时联系县医院急救

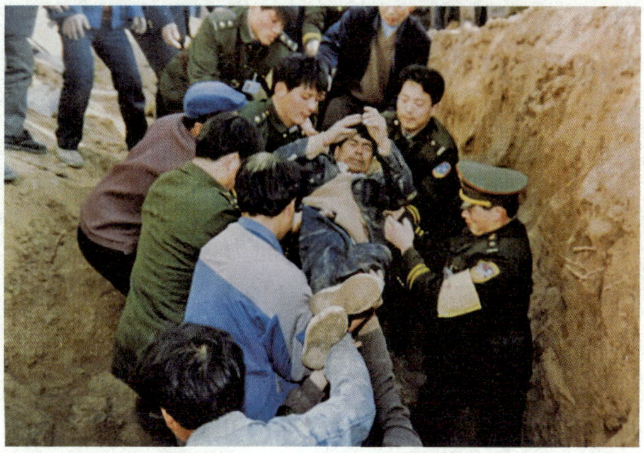

1997 年 3 月 4 日，抢救遇险人员

中心。2 分钟后，各警种赶到现场处置。8 时 30 分，两名被埋人员脱险。3 月 5 日，桓台 110 接处警服务向农村全面延伸，处警时间为“城区 5 分钟、郊区 10 分钟、农村地区尽快到达”，形成以指挥中心为枢纽，巡警机动队与 13 个基层派出所 110 值班室为支撑的 110 处警网络。4 月 19 日 21 时 20 分，110 报警服务台接报，有人在周家镇苇河村西麦地里盗割农用线，周家派出所 110 处警队 3 分钟赶到现场，嫌疑人未下电线杆即被抓获。8 月，县公安局制定《110 报警服务台接警处警暂行办法》《110 接警制度》《110 机动队值班制度》，110 报警服务工作逐步规范化。

2000 年 3 月 1 日，根据公安部《关于认真做好 110 报警服务台受理人民群众电话投诉工作的通知》及《淄博市公安机关 110 报警服务台受理人民群众电话投诉工作具体实施办法》，110 报警服务台增加受理投诉功能，2 个工作日内答复投诉人。2002 年 5 月，投资 8 万余元，升级改造 110 接处警系统，处警车安装 GPS 卫星定位系统，增加移动电话 110 报警服务功能，电话连续自动录音，消除县内用手机拨打 110 经市公安局中转环节。2003 年 5 月，公安部制定《公安机关 110 接处警工作规则》，明确公安机关接警范围、受理求助事项。2004 年 9 月，公安部办公厅印发《县市级公安机关“三台合一”接处警系统技术规范》标准。

2005 年 1 月，县公安局升级改造 110 接处警系统。7 月，投资 10 万元，13 个派出所购置微机，安装 110 接处警终端，110 报警服务台信息传递由有线、无线向电脑终端发展。10 月，桓台交警大队 3 名 122 接警员到县公安局 110 服务台接警，形成“两台合并”“一台监听”（指 110、122 合并，119 监听）的接警模式，完成“三台合一”，群众报警只需拨打 110、122、119 中的任意一个，即得到 110 报警服务台响应，避免多头报警、重复报警等问题。是年，县公安局出台《110 处警现场取证工作规范》，提升 110 民警处警取证能力。2006 年 7 月 1 日，交警大队接警员撤回，110、122 接警任务由 110 报警服务台承担。

2007 年 1 月 10 日，在县博物馆举行“110 宣传日”暨爱民月活动启动仪式，集中配发 12 辆处警车，发放 110 宣传材料。5 月 15 日，县公安局下

2007 年 1 月 10 日，配发 110 处警车

发《指挥中心和 110 系统基本功考核办法》，考核 110 接警员和处警民警接处警录入和 110 终端操作能力。2008 年 1 月 10 日，县公安局以“完善 110，和谐警民情”为主题，开展“110 宣传日”活动。8 月 15 日，市公安局下发《淄博市公安局 110 涉外接处警工作预案》，规范 110 涉外接处警工作，完善涉外警情应急处置体系和运行机制。8 月 28 日，魏红月、耿红霞、田艳飞、吴玉晴、李菲、王颖颖、王珊珊、王琳琳等 8 名文职人员上岗，替换民警从事接警工作。9 月，县公安局下发《关于进一步严格执行指挥调度工作规范的通知》，明确 110 受理报警和求助的范围，遵循“一级处警”“分类处警”“就近处警”原则。9 月 6 日，为基层民警集中配发 241 套单警装备和 13 辆福特全顺 110 处警车，提升 110 处警装备水平。12 月，省公安厅印发《山东省公安机关 110 接处警工作规范（试行）》，县公安局规范 110 接警和调度处置、现场取证、着装携装、监督管理工作，接处警工作程序化、标准化、制度化。是月，在城区推行扁平化指挥模式，落实“有警出警，无警巡逻”的 24 小时动态处警机制。2009 年 3 月 26 日，张店至桓台天然气主管道被施工人员挖断，造成天然气严重泄漏。22 时 19 分，110 报警服务台调集少海、唐山、果里派出所和交警、巡警，3 分钟内封锁现场周边路口，确保人车安全。4 月 23 日，县公安局举办 110 接处警技能培训班。5 月，规范民警便民卡和 110 处警现场取证笔记本，印制 110 处警现场情况登记表、110 处警现场处结备案单，注重现场取证、规范处置。6 月，县公安局改革 110 接处警模式，升级 110 接处警软件，实行接警与派警岗位分设，文职人员负责接警和信息录入，民警负责派警和调度，实现报警、接警与派警人员的三方通话、录入数据同步。对警情实行三级处置，按照案事件性质、规模、可控程度、可能造成的危害、影响等因素，分为一般警情、一般性紧急警情、重大紧急警情三级。110 报警服务台接警席位按照接听报警、询问情况、判别性质、分派席位、录入警情程序做好工作。110 报警服务台处警席位按照下达指令、跟踪调度、反馈备案等程序做好工作。处警民警遵循立即响应、核实警情、现场处置、请求支援、追缉堵截、汇报回告的基本程序开展工作，并及时反馈。7 月，印发《桓台县公安局 110 现场取证和现场证据管

理工作规范(试行)》,强化证据意识,提高办案水平。10 月,在果里派出所召开全县 110 接处警规范化建设工作现场会。

2009 年 10 月 13 日,县公安局在果里派出所召开 110 规范化建设工作现场会

2010 年 3 月,县公安局 110 报警服务台被省公安厅评为全省公安机关 110 接处警规范化建设先进单位。4 月 16 日,全市公安机关扁平化指挥体系暨 110 规范化建设工作现场会在桓台县召开。2011 年 2 月始,110 报警服务台每日回访有效警情,通报扁平化指挥处警情况,及时改进 110 工作。是年,群众对 110 满意率 94.6%。2012 年 6 月,在桓台县创先争优争做桓台

先锋活动表彰大会上,110 报警服务台被县委评为为民服务、创先争优"十佳窗口"。

2013 年 7 月,全市公安机关实行"市公安局统一接警、公安分县局同步派警"的警务指挥模式,在市公安局接警的同时,各分县局 110 指挥中心后台在 5 秒内响应,同步接听报警电话、即时派警,进一步缩短派警时间。同时,县内 122 警情由桓台交警大队直接派警。11 月,县公安局 110 报警服务台接受 12110 短信报警。2014 年 2 月,县公安局召开 110 接处警工作研讨会,局长张京义要求率先突破 110 工作,会后出台《桓台县公安局加强和改进 110 接处警工作十二条规定》《110 接处警常见警情处置规范》,发挥 110 作为规范执法办案的起点、联系服务群众的警务平台、掌控社会治安的依据、改进公安工作的载体等四个基础性作用,桓台 110 继续走在全市前列。7 月,县公安局印发《关于规范警情分流工作的意见》,指导处警民警做好执法办案衔接工作。2015 年 8 月,根据《淄博市公安机关警情现场处置操作指引》,县公安局提高新形势下警情现场处置规范化水平。2016 年 1 月 9 日,县公安局在惠仟佳广场开展以"群众的 110,你我的 30 年"为主题的"110 宣传日"集中宣传活动。《鲁中晨报》《桓台大众》分别以《110 人民和城市的守护者》《群众的 110 你我的 30 年》为题,宣传报道桓台县 110 报警服务台发展历程及打击犯罪、服务群众情况。

1995—2015 年桓台县 110 有效警情统计表

表 2—1　　　　单位:起

年度	合计	刑事	治安	纠纷	求助	举报	咨询	交通	火灾
1995	182	26	65	32	36	6	17		
1996	553	115	182	44	141	31	17	13	10
1997	3629	316	1265	1216	326	95	95	296	20
1998	3783	321	1366	939	694	96	26	307	34
1999	3866	435	848	1337	781	48	36	364	17
2000	3409	323	1255	875	590	103	96	138	29
2001	2981	343	1105	885	376	139	73	37	23
2002	3353	502	1317	938	307	67	168	34	20
2003	3429	424	1243	1025	464	95	94	55	29

续表 2—1

年度	合计	刑事	治安	纠纷	求助	举报	咨询	交通	火灾
2004	5502	825	2145	1540	595	110	152	96	39
2005	5285	859	2041	1452	552	85	169	86	41
2006	5665	1133	1990	1586	510	114	239	58	35
2007	6435	1424	2292	1520	467	98	532	80	22
2008	5945	1204	2084	1694	515	95	282	63	8
2009	9096	1647	1892	3909	1200	362	3	70	13
2010	8841	1643	4098	1020	938	607	495	29	11
2011	9087	1487	5770	672	827	214	74	41	2
2012	9297	1390	3703	2596	1076	452	3	69	8
2013	11265	1396	4780	2522	1781	603	25	110	49
2014	14975	1489	6478	3066	2338	1327	66	102	109
2015	14252	1608	6162	3098	2301	875	28	95	85

110 社会联动

1997 年 1 月，县公安局落实全市公安机关快速反应机制建设工作会议精神，与县邮电、医疗、供水、供气、供暖、城建等部门建立共建关系，110 社会联动工作初步展开。12 月，县委、县政府下发《关于共建桓台 110 的通知》，成立由县委、县政府主要领导任组长，公安、城建、邮电、电业、卫生等 15 家联动单位主要负责人任成员的 110 共建领导小组。卫生部门接到 110 指令后，救护车 10 分钟内出车，对 110 警情中的急、危、重伤患者先救治、后收费；供电部门及时受理有关配电变压器、配电线路、电器设备等方面的报警求助，接到客户用电事故报警或 110 指令后，服务抢修队立即赶到现场处置；民政部门及时收容、妥善安置 110 送去的痴呆、精神病人、弃婴、盲流等人员；城建、供水、供气等部门及时处理漏水、漏气等故障的报警求助；邮电部门为 110 提供线路、技术服务等；宣传部门宣传 110 有关常识以及各联动部门的服务承诺内容，让群众更加了解 110，同时宣传报道 110 报警服务、社会联动中的典型事例；交通、商业、金融等服务行业对 110 通报的投诉举报快速查处。各联动单位设立联动值班室，安排人员 24 小时值班备勤，接到 110 指令后迅速出动处置。是年，全县 15 家 110 社会联动单位备勤人员 116 人，备勤车辆 18 辆。1998 年 1 月，县委办公室、县政府办公室制定下发《桓台县 110 社会联动工作规范》，调整充实桓台 110 共建领导小组，县公安局等 15 家单位发出《关于共建桓台 110 的倡议书》。8 月 4 日下午，全县普降大到暴雨，伴有 9 级大风，部分镇通讯、通电线路中断，人员受伤，房屋进水。110 报警服务台及时向相关单位下达指令，公安、邮电、电业、交通、卫生、民政等部门配套联动，及时处警，灾情损失降到最低限度。10 月 23 日，县委、县政府召开全县 110 联动工作会议，印发《桓台县 110 社会联动工作考核办法》，并将共建情况纳入单位年度综合考核。

2000 年以后，为优先处置需要紧急救助的群众，减少非紧急求助电话数量，各联动单位相继设立特服电话，直接受理群众求助，使 110 接处警更加专业化。2012 年 11 月，县公安局与县卫生局联合印发《桓台县医疗急救机构与 110 报警服务台联动机制》，以 110 报警服务台为纽带，建立 110 与医疗急救一体化应急救援体系，充分发挥医疗急救和 110 报警服务台维护社会和谐稳定的职能作用。2013 年 7 月，全县有 110 联动公共服务热线 34 条。2016 年 2 月，为加强涉公共安全重要信息共享、行动同步，县政府召开应急信息报送协调会，县公安局指挥中心设立飞信平台，与县政府应急办、县委办信息科、县委宣传部实现信息联动处置，110 社会联动成效更加明显。

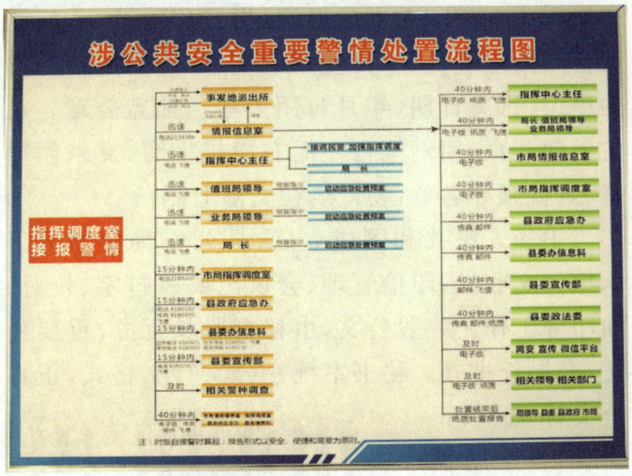

重要警情分流联动

【专记】

扁平化指挥

2008 年 11 月，县公安局决定建立指挥中心直接指挥路面执勤警力的扁平式指挥体系。调研基础上，印发《桓台县公安局扁平式指挥体系建设意见(征求意见稿)》，广泛征求意见和建议。12 月，印发《桓台县公安局扁平式指挥体系建设意见(试行)》，在城区推行扁平式指挥警务模式。

2009 年 6 月，印发《关于推进全县公安机关扁平化指挥体系建设的实施意见》，出台《桓台县公安局警情分级指挥和处置工作规范》《桓台县公安局领导日常勤务制度》《桓台县公安局勤务检查和绩效考核办法》《桓台县公安局勤务指挥规定》《桓台县公安局社会面治安防控工作规范》等五个规范性文件。扁平化指挥体系由指挥机构和实战单元两部分构成，指挥机构包括县公安局指挥中心，实战单元包括巡逻警力(巡防组)和防暴警力(防暴组)。指挥机构以指挥中心为龙头，按照规范化、标准化的勤务指挥机制要求，担负不同性质、等级警情及勤务的分类处置和组织工作，承担辖区 110、122 接警任务。负责组织全县“三高”(高发案地域、高发案时段、高发案类型)警情监测、防控指令下达、防控措施监督，落实市公安局防控指令、勤务指令，负责警卫任务、专项行动、重要安全保卫任务等全局性警务活动的警力调集和突发紧急案事件处置的指挥，监督检查扁平化指挥体系运行情况。实战单元包括巡防组和防暴组，主要负责城区巡逻出警和对处置突发暴力性案件的增援。根据城区治安实际，科学划分巡区，配备巡逻出警车辆和必要装备，在巡区内实行 24 小时巡逻、出警、防控，随时接受指挥中心指令，完成紧急警情处置、设卡堵截等工作。在巡特警大队，设立专门防暴力量，每天备勤待命，重要节假日、敏感时期开展武装巡逻，直接接受指挥中心指令，在巡防组和其他警力处置暴力性案件时给予支援。

2009 年 6 月 30 日，举办扁平化指挥业务培训班

县公安局在指挥中心设立警务管理岗位，强化防控指令落实情况的督导检查，评估、会商防控效果，监督检查巡防组、防暴组到岗到位情况，审核、备案各类警务活动的警力需求，并完成警力调集。同时，为接警、调度、警情监测岗位使用的科技辅助系统提供技术保障。按照 5 分钟内到达现场的要求，根据城区人口分布、地理环境和治安状况，划分为三个巡区，由巡特警大队、少海派出所、索镇派出所各成立一个巡防组，配备安装 GPS 终端的巡逻出警车，统一标识、统一装备(无线手持机和车载台，摄像和录音设备，移动路障、交通标识牌、救生器材和灭火设备)，按照至少 1 名民警、2 名保安巡防队员的比例配备巡逻出警力量，实行 24 小时巡逻，并统一编号登记，在指挥中心备案，随时接受指挥中心指令。索镇派出所负责张北路以东、乌河以西城区范围，巡特警大队负责张北路以西、中心大街以北城区范围，少海派出所负责张北路以西、中心大街以南城区范围，巡特警大队 2 辆摩托车分别负责城区张北路和索镇大街。巡防组、防暴组非经指挥中心批准，其他单位和人员不

得指挥使用。

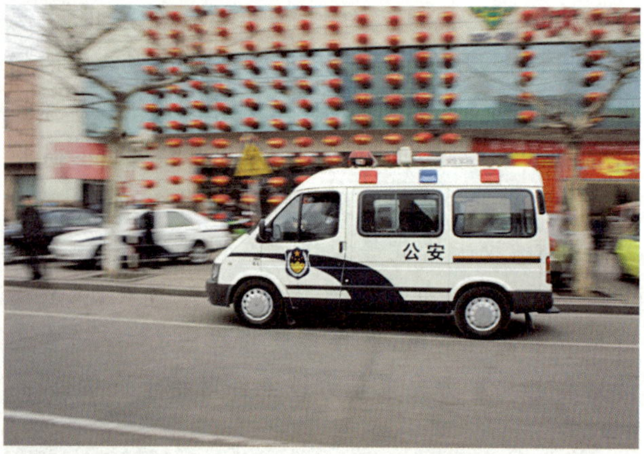

出警巡逻车辆

实行扁平化指挥，改革110接处警模式，减少指挥层级，实战效果明显。2009年7月24日13时50分，接到一嫌疑车辆沿G205国道向桓台方向逃窜的警情。县公安局指挥中心通过350兆无线对讲，指令果里派出所、巡特警大队、索镇派出所、少海派出所堵截。13时59分，在索镇睦和村外控制嫌疑人、车，移交办案部门。2014年11月6日15时35分，在海圣春天小区门口，一女子的背包被2名骑摩托车男子抢走。指挥中心通过监控视频，指挥少海派出所、巡特警大队协同作战。4分钟后，抓获一名犯罪嫌疑人车某。根据另一嫌疑人的逃跑路线，指令唐山派出所堵截抓获犯罪嫌疑人随某。

第二节　文秘工作

公文处理

县公安局成立初期，由1名干事负责文书传递工作。民国33年(1944年)秋，渤海军区政治委员景晓村、渤海行署公安局局长李震要求宋鲁源到任后，以抗日民主政府名义发布通告，鼓舞群众抗日情绪。宋鲁源与坚持地下工作的二区公安员于明镇压1名死心塌地投靠日军的伪保长，宋鲁源以桓台县抗日民主政府名义，公布伪保长的3条罪状，将写有罪状的纸条留在现场，此为有记载的县公安局最早的通告类文书之一。民国34年(1945年)9月，重建县公安局，赵锦堂为首任文书，负责公文和印信管理，以县政府名义撰写布告，号召敌伪人员自首登记。民国35年(1946年)1月，成立四股，负责文书工作。新中国成立前，公文纸张为32开，无专门标识，格式相对统一，标题页自右而左直行竖写，使用钢笔书写文件名称、行文单位、行文日期(年月日用大写)、加盖公章。正文另起一页，用钢笔自左而右横排横写，文末领导签名、盖领导名章，装订线在文稿上侧。

中华人民共和国成立后，县公安局秘书部门承担公文收发、印信管理、会议纪要及打字、校对、油印等工作。一般公文，由秘书股长批办；重要公文，交局长批办。秘书室统一公文行文格式，正式公文标题页、正文使用专用稿纸，一律自右而左直行竖写，非正式文稿正文仍自左而右横写，在正文尾注明行文单位、行文日期，盖公章，正文用复写纸。需以县委、县政府名义发文的，逐级审核后，由县委、县政府刻钢板印制成文。文稿采用有红色文武线边框和红色竖线的B5材料纸。1952年1月1日，县公安局再次规范行文格式，标题页使用公文字号，如安侦(52)字第〇〇九号，文件标题如有发文单位名称，则标题自右而左横写，日期在标题下一行，亦自右向左横写；标题如无发文单位名称，则标题在正中稍靠上位置竖写，行文单位在左下角，左空三行，下空4字，行文日期在行文单位左下角，正文尾落款单位和日期。10月，公文字号改为桓公×(52)字第×××号，行文单位在标题页盖公章。1953年9月，县公安局出台《公文处理试行办法》，来往公文，除电报外，一律由秘书股收发人员登记编号，统收统发。同时，对公文收发、传递、审批、传阅、拟办、催办、发文编号等方面作出相应规定，重要文件呈领导批示，一般文件直送相关业务部门办理，并一律记录备查，对收文定期清查、

1951年，县公安局文件正文

装册、登记归档。1956年3月1日，省公安厅办公室下发通知，自4月1日起，一切文书改为横写横排，左侧装订，采用16开单页或8开双页。布告、通告用纸大小，根据需要而定。县公安局参照执行。

1953年，县公安局文件标题页

1962年年初，县公安局正式公文实现人工打字油印。是年，针对公文处理工作管理不严、质量不高的问题，出台《文电处理和保管工作规定》，县公安局及各股如需印制文电，须经分管局长批准，印制份数压缩到最低限度。1965年1月1日起，使用“桓台县公安局文件”公文标识，红色小标宋字体，公文标识左上角标注密级，正文末页增设版记，标注发、报、送单位及印数。1月18日，县公安局下发《关于做好春节期间安全保卫工作的通知》，系桓台县公安史上第一份红头文件。

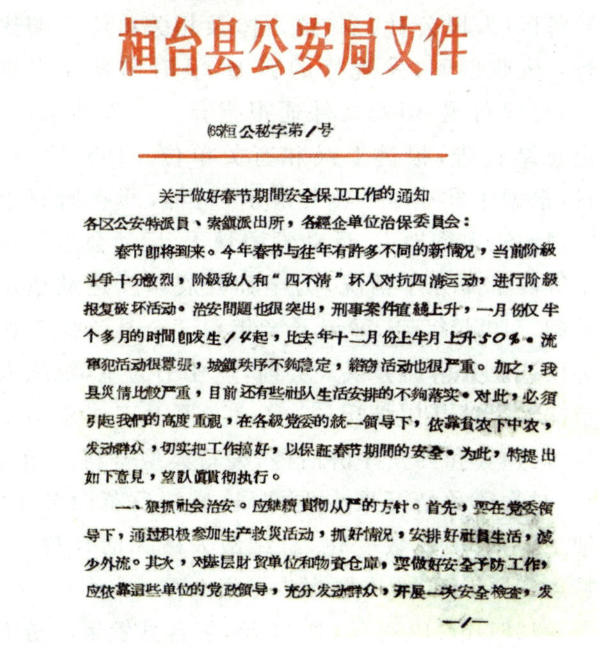

桓台县公安局文件

(65)桓公秘字第1号

关于做好春节期間安全保卫工作的通知

各区公安特派員、索鎮派出所，各經企单位治保委員会：

春节即将到来。今年春节与往年有許多不同的新情况，当前阶級斗争十分激烈，阶級敌人和“四不清”坏人对抗四淸运动，进行阶級报复破坏活动。治安問題也很突出，刑事案件直綫上升，一月份仅半个多月的时間即发生14起，比去年十二月份上半月上升50%。流窜犯活动很嚣張，城鎮秩序不夠穩定，綹窃活动也很严重。加之，我县災情比較严重，目前还有些社队生活安排的不夠落实。对此，必須引起我們的高度重視，在各級党委的統一領导下，依靠貧农下中农，发动群众，切实把工作搞好，以保証春节期間的安全。为此，特提出如下意見，望認眞貫徹执行。

一、狠抓社会治安。应継續貫徹从严的方針。首先，要在党委領导下，通过积极参加生产救災活动，抓好情况，安排好社員生活，減少外流。其次，对基层財貿单位和物資仓庫，要做好安全予防工作，应依靠這些单位的党政領导，充分发动群众，开展一次安全检查，发

—1—

1965年1月18日，县公安局印发第一个红头文件

“文化大革命”期间，公安文书管理制度遭到破坏，公文印制和收发一度混乱。公文格式有鲜明的时代特点，行文时首先刊用一条最高指示，如：千万不要忘记阶级斗争，提高警惕、保卫祖国等。1974年，整顿公文处理工作，印发《传阅文件注意事项》，严格借阅登记制度、印信管理制度，杜绝失密、泄密问题发生。

1980年2月，建立文书管理制度，严格收文、发文登记。凡向上级业务部门发送的文件和案卷材料，一律通过机要通信传递，严禁平信寄发。对上级来文及时批示、传阅、催办。1994年1月1日，《国家行政机关公文处理办法》施行。县公安局结合《淄博市公安局公文处理规定》，对公文的种类、格式、行文规则、发文及收文办理、公文归档等事项，逐一明确规定。2001年7月，县公安局落实国务院修订后的《国家行政机关公文处理办法》及《国家行政机关公文格式》《山东省公安厅公文格式细则》《淄博市公安局公文处理规定》，进一步规范公文格式，重新印制桓台县公安局文件、中共桓台县公安局委员会文件标识，公文用纸由B5改为国际标准A4。2002年，淄博市公安局编印《淄博市公安局文件主题词表》，县公安局随即在制作文件时参照使用。2004年1月1日，市公安局公安信息网办公自动化系统开通，接收市公安局非涉密文件资料，不再用机要、传真形式，全部通过办公自动化浏览、下载，涉密文件仍通过邮政部门机要员传递。

2005年11月，县公安局在公安信息网开通网上办公系统，通过该系统发布公文、信息、简报等非

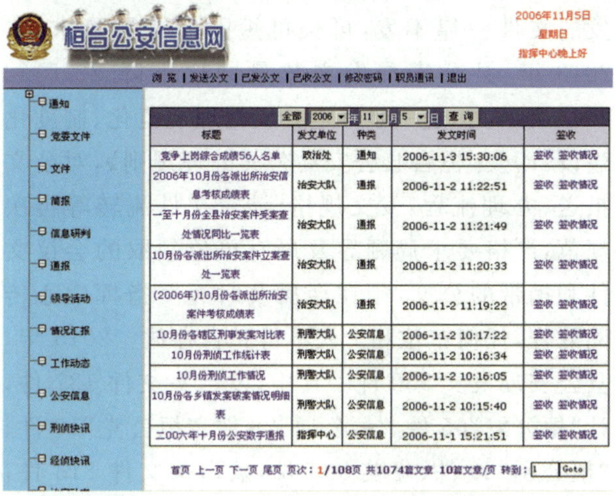

2005年11月，设立网上办公系统

涉密信息文件，实现内部无纸化办公。网上公文处理采用指挥中心发文号、各单位自行审核上传的方式，出现公文版式不规范、文字不严谨等问题，影响公文的严肃性。2007 年 4 月，印发《桓台县公安局公文处理规范》，规范公文办理、执行、管理、归档工作，所有文件由指挥中心统一审核、发布。2010 年 4 月 1 日，所有非涉密公文通过淄博市公安局电子政务系统上传、审核、签发、印发和流

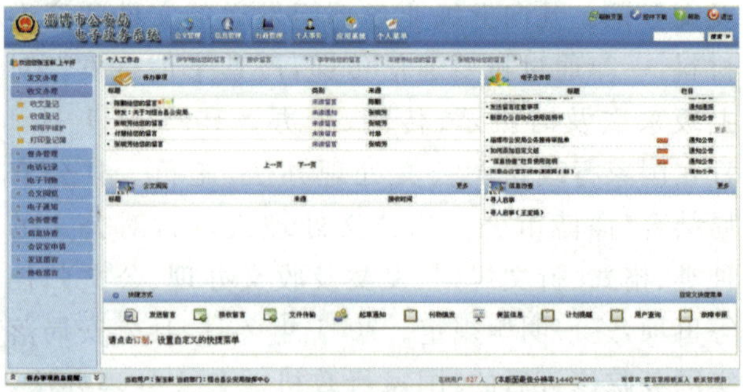

2010 年 4 月 1 日，应用淄博市公安局电子政务系统

转。2012 年 7 月，国家标准化管理委员会公布《党政机关公文格式》，党政机关公文格式实现统一，纸张 A4，页边距为上边距为 37 毫米、下边距 35 毫米、左边距 28 毫米、右边距 26 毫米，版心一般为 22 行，每行 28 个字，字体为标题 2 号方正小标宋，正文一级标题 3 号黑体，二级标题用 3 号楷体，三级及以下标题用仿宋 3 号，不加粗。12 月，县委办公室、县政府办公室研究制定《关于进一步改进机关公文处理工作的实施意见》，规范机关公文处理。县公安局参照以上规定执行。

中共十八大后，县公安局贯彻落实中央八项规定，进一步精简文件，没有实质内容、可发可不发的文件一律不发，可长可短的公文尽量求短。2013 年，县公安局发文数量同比下降 32.5%。2014 年 4 月，进一步推进公文处理规范化、制度化建设，印发《桓台县公安局公文处理规则》，对公文报送、办理流程、发文规格、涉密文件流转等再次规范，严格要求局领导及局直单位领取的会议文件和捎带的公文，须在会后及时送交指挥中心传阅处理，任何单位和个人不得私自存放。2015 年，县公安局发文 950 件。其中，发红头文件 137 件，计“桓公发”65 件、“桓公通”28 件、“桓公党”10 件、“桓公函”29 件、嘉奖令 5 件，发白头文件 813 件；收红头文件 780 件、白头文件 520 件、密码电报 624 件。2016 年 4 月，升级电子政务系统（办公自动化系统），进一步优化文件传输功能。

调查研究

民国 30 年（1941 年）4 月，桓台县抗日民主政府成立公安局，调查研究工作主要围绕汉奸、叛徒和特务、奸细的破坏活动及匪情展开，提出对策，服务决策，宣传政策，动员一切可团结的力量参加抗日斗争。民国 34 年（1945 年）9 月，县公安局重建，下设文书职位，负责总结分析打击敌特、剿匪及社会治安情况。

中华人民共和国成立初期，全县敌、社、政情复杂，反革命破坏活动时有发生，县公安局秘书通过调查研究，摸清反动党、团、特组织活动规律和治安规律，明确打击对象，制定破案计划，为领导指挥、督导工作发挥参谋助手作用。每年第一季度，研究全县社会治安情况，分析治安苗头和动向，写出调查报告，为领导提供信息。每年 6 月及年底，秘书汇总各股、所、队、室工作总结，在平时调研基础上，按照上级指示和局领导意图，结合本县实际，总结全局工作，提出下步意见，同时报告上级公安机关和县委、县政府。桓台县是产麦区，每年 5 月，县公安局组织人员专题调研麦收治安保卫工作，秘书根据调查掌握的情况，拟定以防火为中心的麦收保卫工作意见，报请县委、县政府批转各区（人民公社、乡、镇、村）及相关单位贯彻执行。麦收期间，发现好的典型，及时印发简报推广，发现问题，印发文件通报指导。麦收结束，写出总结报告，报送上级和有关单位。1950 年 10 月，根据中共中央“双十指示”精神，调查研究土匪、特务、恶霸地主、反动党团骨干、反动会道门头子等反革命分子情况，为全面开展镇反运动奠定基础。1955 年起，每年下半年召开全县治保工作会议或业务培训会议。会前，以秘书为主，组织人员深入了解基层情况，拟定治安保卫工作总结报告、局领导和县领导讲话稿，编写典型材料。1957 年，对索镇敌情开展专题调研，摸清反革命分子、地主、富农等人数变化，总结敌人破坏活动规律、特点和原因，形成专题报告呈报上级。

1961 年、1962 年、1964 年，桓台县发生洪涝灾害，社会治安问题反弹，神汉、巫婆及“四类分子”

破获活动猖獗，县公安局开展专题调研，分析原因，提出对策，以简报形式呈报县委、县政府和惠民地区公安处。“文化大革命”期间，公安调研工作受到严重影响，调研活动较少。

1973 年 6 月，恢复县公安局建制，调查研究工作逐步正规。1975 年 9 月 1 日，撰写关于取缔反动会道门一炷香案件的总结报告。1978 年 10 月，按照惠民地区公安局要求，组织各人民公社开展敌情调研，摸排全县地、富、反、坏分子 3652 人，其中表现好的 906 人、表现一般 2407 人、表现不好 349 人，形成调研报告呈报地区公安局、县委。

20 世纪 80 年代，随着改革开放深入推进，县公安局调查研究重点是围绕新时期社会治安新特点，如何发挥好公安工作服务经济社会发展职能。1980 年 8 月，撰写加强废品收购管理工作的调研报告。11 月，惠民地区召开治安工作会议，推广桓台县公安局特种行业管理工作经验做法。1981 年 5 月，县公安局党组成员及部分股、所、队负责人到县城驻地 48 个单位走访调研，了解社会各界对公安工作的意见和建议。1983 年，党中央组织开展严打斗争，秘书部门制定实施方案，并对斗争中的新情况、新问题、新成绩及时整理成文，提供领导参考。1984 年 2—3 月，根据省、市公安机关统一部署，深入基层调查“严打”情况，摸清犯罪分子新动向和突出治安问题，分析和评估斗争形势，为继续开展严打斗争提供决策依据。

20 世纪 90 年代，县公安局围绕保障和服务经济建设，通过问卷调查、走访等形式，经常性调研社会治安形势、人民群众对公安机关的评价、如何改进公安工作等问题。1992 年，组织科所队长赴南方考察学习开放城市社会治安治理的做法，形成考察调研报告，呈报局党委研究。是年，加强专职治安巡逻队建设，总结耿桥、周家乡及华沟村治安联防队伍建设经验做法，在全市会议上作典型发言。1993 年 3 月，专题调研全县农村社会问题，围绕农村多发案件、暂住人口管理等问题形成调研报告。5 月，县内发生多起群体性事件，秘书科及时调研情况，形成报告呈报领导。1994 年 3 月，针对上年全县刑事案件大幅上升情况，县公安局政治委员李执福带队调研，形成专题报告，建议县委实行综合治理。4 月，按照市公安局《关于围绕稳定问题开展专项调查的紧急通知》要求，围绕企业因停产、半停产引发的不安定因素、非法传教现象、农村换届选举和团伙犯罪、暴力犯罪等影响稳定的问题，开展调查研究，形成调查报告。

1997 年 4 月，专项调研公安派出所经费问题，根据各派出所 1995—1996 年经费拨付数据，发现派出所经费严重不足、民警和联防队员待遇低、影响公安业务开展，提出收回派出所经费管理权限或者由县政府确定划拨经费标准的建议。1998 年 4 月，组织 100 余名民警利用两周时间，深入辖区一百个企事业单位、一百个村庄进行“双百”治安调查，形成 21 篇调查报告。针对 110 建设、创安活动、严打与破案率、队伍建设、派出所改革、暂住户口、出租房屋管理、社会丑恶现象等问题，县公安局认真梳理研究，制定相应措施。是年，公交张店—田庄与张店—荆家两条线路因部分重叠，为争夺客源，两线司机和车主之间多次发生集体斗殴。田庄派出所查处案件的同时，撰写《客运张店—田庄线与张店—荆家线之间矛盾重重 需要有关部门协调解决》的调研报告，在《县领导参阅》第 4 期刊登，县领导协调化解。1999 年 9 月，针对群体性事件多发态势，组织人员调研 1998 年以来发生的 25 起群体性闹事事件，剖析其表现形式、特点及产生原因，提出打防对策，形成《关于处置群体性闹事事件的调查报告》。

进入 21 世纪，指挥中心围绕不安定因素和突出治安问题，结合省公安厅、市公安局下发的调研题目，定人、定题、定时间开展调研，形成一批有数字、有分析、有观点、有建议、有对策的调研文章。2004 年，为全面提升调研信息工作水平，服务各级领导科学决策，县公安局制定《关于进一步加强公安调研信息工作的意见》。2006 年年初，调研桓台县三峡移民情况。2007 年 6 月，县公安局开展“调查研究月”活动，确定加强执法规范化建设、公共关系建设等 7 个课题，各单位主要负责人带头调查研究，形成 25 篇高质量调研报告。为谋划 2008 年全县公安工作思路，确定 7 个调研课题，成立 7 个调研组，分别由局领导带队，深入基层调查研究，形成调研报告。2008 年 4 月，《怎样充分发挥民警的工作积极性》等 12 篇调研报告，被市公安局评为优秀调研报告。

2010年4月，市委常委、县委书记陈勇对周家派出所《侦办一起涉法上访案件情况的调研报告》作出批示："解决问题是最好的维稳，也是最有效的关注民生"。2012年7月9—11日，开展公安队伍建设专题调研，通过综合测评、问卷调查、座谈调研等方式，了解民警最真实的思想状况、幸福感满意度，根据民警的客观需求，提出改进公安队伍管理的思路和方式方法。2013年起，县公安局以培养人作为政治工作的根本目标，在人才工作方面取得丰硕成果。2014年12月31日，在全省公安政治工作调研座谈会上，县公安局介绍经验做法。2015年5—6月，围绕执法安全问题，先后开展一线民警现场执法问题调研、警务装备配备使用情况调研，相应加强警务实战训练和实用警务装备配备。2016年6月13—28日，局长张京义、政治委员白向强带队，深入基层单位调研，采取"看、听、找、讲"等方式，掌握基层工作情况及问题，谋划部署公安工作。7月，按照省公安厅、市公安局《关于开展基层基础工作调研的通知》要求，把脉影响基层基础工作开展的"瓶颈"和"短板"问题，提出合理化建议，形成高质量调研报告。

2016年6月15日，局领导到荆家派出所调研

信息简报

建局初期，县公安局战斗任务繁重，无暇编印信息简报材料。中华人民共和国成立后，县公安局秘书部门手写和油印专题性业务简报，无刊头、版记，与一般文书格式相同。1955年12月15日，县公安局编发《深入镇反工作情况简报》，作为一种特殊文种出现，随后通报阶段性工作和重大案件时，固定使用该文种，是年编发简报16期。1958年5月29日，县公安局编发《五月份敌情简报》，报送省公安厅、专署公安处、县委委员、副县长、公安特派员。截至9月10日，共编发《敌情简报》8期。9月15日，县公安局正式创刊《情况简报》，以楷书空心字体作为刊头，刊头右侧标注期数、密级、发刊单位和时间。11月，桓台、博兴公安机关合并，桓台县公安局《情况简报》停刊，共刊发7期。是年，编发各类简报48期。

1960年起，连续三年发生自然灾害。12月5日，博兴县公安局以县生产救灾指挥部治安办公室名义编发《治安情况简报》。1961年9月1日，桓台县公安局分设，参照博兴模式，设立《治安情况简报》。11月13日，编发第1期《省灾区治安工作会议贯彻行动情况》，自第3期起，刊头由黑色换为红色。1962年4月3日，《治安情况简报》停刊，共刊发14期。4月12日，县公安局《公安简报》正式创刊，刊头字体为红色方正小标宋繁体，加版记，主要通报案情、敌情、社情和工作动态、重大事故，第1期为《作风深入 发动群众 方法对头成效显著》，年内刊发8期。1963年，农村抢劫、贩毒、纵火等刑事案件频发，简报以反映治安类问题为主，如《当前刑事案件上升》《宫庄大队发生纵火案一起》《查获一伙贩毒犯》《当前贩卖毒品 金银案件增多》等，共刊发33期。2月16日，第9期简报刊头更名为《桓台公安简报》，版记部分增加发、报范围，自此《桓台公安简报》格式基本固定。1964年，桓台县开展取缔反动圣贤道行动，县公安局以县委取缔反动圣贤道领导小组名义，编发《取缔工作简报》8期，主要刊发预警和打击整治反动会道门信息。是年，编发《桓台公安简报》25期。1965年，编发《桓台公安简报》15期。

"文化大革命"期间，简报信息内容和版式很不规范。1967年，《桓台公安简报》停刊。随着县公安局、县人民检察院、县人民法院合并、分离、合并，先后编发《保卫简报》2期、《简报》11期、《公安简报》12期。1973年6月1日，恢复桓台县公安局建制，秘书股负责编发《桓台公安简报》，刊头字体恢复为方正小标宋，简报纸张16开，内容多为敌社情动态，单面油印，文印质量有所提高。7月24日，自第4期起，《桓台公安简报》改为《公安简报》。是年，编发《公安简报》12期。1975—1976

年，编发《公安简报》15 期。1977 年，编发《公安简报》20 期，刊头由黑色改为红色，并编发《情况反映》1 期。1978 年，编发简报 12 期。1979 年，《公安简报》刊头字体变为行书，主要为会议部署及贯彻情况。

20 世纪 80 年代，公安工作服务保障经济社会发展，简报内容多体现这一主题。1980 年，编发 4 期《公安简报》后，改为《公安工作简报》。1981 年，编发简报 28 期，字体改为简体。1982 年，开展第一个“全民文明礼貌月”活动，编发《采取有力措施动员全体干警参加“全民文明礼貌月”活动》等简报 25 期。1983—1987 年，全国第一次“严打”，简报内容以打击刑事犯罪为主，共编发简报 84 期、《情况反映》10 期，《情况反映》刊头套红，标注期数、编印日期，有版记。1984 年，《公安工作简报》更名为《桓台公安简报》，适当增加业务培训和队伍建设内容。1986—1987 年，县公安局加强精神文明建设，开展大练兵活动，简报内容有所侧重，共编发《开展创建文明单位检查 促进党风警风根本好转》《全县治保消防干部训练全部结束》等简报 51 期。1988—1992 年，县公安局推进专职治安联防队伍建设，简报多刊发联防队伍建设情况，如《我县治安联防工作成绩显著 市委在我县召开现场会议》《耿桥乡治安联防队员勇擒歹徒又立新功》等，共编发简报 174 期，增发社会主义思想教育专刊 5 期。1988 年 9 月 23 日，提倡局领导带头写公安信息、通讯报道，设立《情况反映》刊物和《公安工作简报》信息专辑。是年，县委政法委刊物《政法情况》设公安特刊，由公安机关自行编审。

1989 年 1 月，县公安局《公安信息》创刊，每期由 2～3 篇 500 字左右信息构成，涉及会议、活动、典型案例、好人好事、工作动态等内容。至 1992 年，编发《公安信息》100 期。

1993 年，推进公安队伍正规化建设，编发队伍专项治理特刊 3 期。是年，编发简报 31 期、麦收保卫专刊 3 期、《公安信息》11 期。1994 年，重点打击团伙犯罪和暴力犯罪，编发专项斗争专刊 4 期。是年，编发简报 30 期、麦收保卫专刊 5 期、《公安信息》11 期。1995 年，公安机关开展文明管理、优质服务活动，编发《文明管理 优质服务专刊》3 期，全年编发简报 38 期、麦收保卫专刊 2 期、《公安信息》12 期。1996 年，全国第二次“严打”，以县严打办名义编发《严打专报》20 期。是年，编发简报 32 期、《公安信息》22 期。1997 年，县公安局 110 快速反应、高效服务群众，编发《110 快速反应 扶危救难 赢得群众好评》等简报 35 期，编发《公安信息》41 期。8 月 18 日，开始使用微机打字、排版、编印简报、信息，存档资料中再无手写草稿。1998 年，县公安局 110 联动工作取得进展，简报突出 110 建设内容，年内编发简报 41 期。是年，继续加强队伍思想整顿工作，编发教育整顿专刊 5 期，另发麦收防火专刊 2 期、其他专刊 4 期。1999 年，开展换位思考活动，围绕群众满意开展公安工作，编发《创满意迎评议专刊》6 期，《桓台公安简报》设置破案快讯、110 传真、工作动态、巡逻成果、好人好事、简讯 6 个专栏，全年编发 50 期，另发《公安信息》36 期。

不同时期的信息简报式样

进入 21 世纪初，社会治安和刑事犯罪活动出现新特点，县公安局利用简报平台，刊发解决治安突出问题类调研文章和典型案例研判材料，牵引公安工作和队伍建设。2000—2004 年，围绕公安队伍正规化建设、第三次“严打”、防治“非典”等三项重点工作，编发《我局广大民警奋战在抗击“非典”第一线》《精心组织 严格训练 我局大练兵汇报演练工作成绩显著》等简报 77 期、“三项”教育专刊 29 期、停业关闭烟花爆竹工作专刊 2 期、严打整治斗争专报 13 期、派出所规范化建设专刊 3 期、高致病性禽流感防控工作专刊 1 期。2003 年 6 月 30 日，开始采用 A4 纸打印简报材料。

2005 年，开通桓台公安网站和网上办公系统，网站设置《警务要闻》《警务动态》等栏目，编发精短信息，体现新闻特点。改《公安信息》为《桓台公安信息》，内容偏重于总结性、指导性较强的文章和重要案事件。《桓台公安简报》《桓台公安信息》通过网上办公系统发布。是年，编发简报 21 期、《桓台公安信息》2 期。2006 年，简报内容突出治安防控体系建设情况，编发《完善巡控网络 压降街面案件 桓台县公安局城区治安巡控工作效果凸现》等简报 55 期，编发《基层基础建设专刊》7 期、《桓台公安信息》26 期。2007 年，开展集中整治夏季治安秩序行动，编发专刊 6 期、简报 40 期。2008 年，突出奥运安保工作，增发奥运安保专刊 17 期，编发简报 45 期、《桓台公安信息》42 期。7 月 8 日起，《桓台公安简报》设置调研园地、民警论坛、工作动态、工作交流、经验交流及调查研究栏目。2009 年，简报内容更加灵活，刊发警营论坛、警务论坛类材料较多，全年编发《桓台公安简报》49 期、《桓台公安信息》60 期。

2010 年，公安机关专项行动较多，增发社会治安“冬季行动”专刊 6 期、预防整治重大事故重大案件重大隐患百日行动专刊 1 期，编发《桓台公安简报》45 期、《桓台公安信息》17 期，刊发单位“桓台县公安局”改为“桓台县公安局指挥中心”。是年 4 月，《桓台公安简报》通过办公自动化系统上传、编辑、印发。2011 年，编发《桓台公安简报》36 期、《“打黑恶 反盗抢”安民行动专刊》3 期、《集中整治治安混乱地区场所部门专项行动专刊》5 期、《桓台公安信息》6 期。2012 年，中共十八大召开，编发十八大安保专刊 8 期、《桓台公安简报》40 期、《桓台公安信息》2 期。2013 年，开展“抓五严创双优”活动暨夏秋严打整治行动，编发行动专刊 6 期。是年，编发《桓台公安简报》40 期、《桓台公安信息》7 期。2014 年，多刊发创新性经验做法，如实施“万名治安志愿者”工程、视频监控向农村延伸、户籍 110 等，编发简报 28 期，增发“五项整治”行动专刊 2 期，编发《桓台公安信息》3 期。2015 年，继续落实中央八项规定，精简简报数量，提高简报质量，除重要会议简报外，多刊发争创一级看守所、突破网安工作等典型做法，全年编发简报 10 期。2016 年，截至 4 月 15 日，编发《连续 10 年命案全破》等简报 3 期。

1974—2016 年上级公安机关采用重点信息一览表

表 2—2

年度	被采用信息题目	采用刊物
1974	中共桓台县委转批关于 1974 年对“四类分子”进行年终评审的意见	惠民地区《公安工作简报》
1981	桓台县龙东大队夏收防火工作搞的好	惠民地区《公安工作简报》
1983	侯庄派出所在打击刑事犯罪斗争中是怎样发挥作用的	惠民地区《公安工作简报》
1983	桓台县公安局在斗争中加强公安队伍的建设	《淄博公安简报》
1986	桓台县采取措施加强麦收安全保卫工作	《淄博公安简报》
1987	桓台县公安局加强交通管理工作的重要措施	《淄博公安简报》
1988	桓台县田庄镇全面实行居民家庭财产治安保险	《淄博公安信息》
1988	桓台县公安局改革监所报警设施	《淄博公安简报》
1992	桓台县公安局采取有力措施积极为油田开发建设保驾护航	《淄博公安简报》
1993	桓台县公安局引入竞争机制促进专项斗争开展	《淄博公安信息》
1994	全市麦收保卫暨民办消防队建设工作会议在桓台召开	《淄博公安简报》
1994	周家派出所治安联防队员闫超舍己救人和助人为乐的事迹	《淄博公安简报》
1994	桓台县耿桥乡举办轻微违法人员法制学习班	《淄博公安信息》
1994	桓台县公安局实行“探长制”的经验做法	《淄博公安简报》

续表 2—2

年度	被采用信息题目	采用刊物
1996	桓台县召开“好警嫂”座谈会	《淄博公安简报》
1996	桓台县采取有力措施集中收缴非法枪支	《淄博公安简报》
1996	桓台县公安局召开派出所规范化建设现场会	《淄博公安信息》
1996	桓台县参加公安部召开的部分省市县办、镇办消防队现场交流会	《淄博公安信息》
1997	桓台县公安局开展争创“连续无违纪单位”活动	《淄博公安信息》
1997	桓台县110向农村延伸，城乡一体的报警服务系统初步形成	《淄博公安简报》
1997	桓台县公安局召开派出所突破工作经验交流会	《淄博公安简报》
1998	桓台县公安局与重庆市忠县公安局缔结友好单位	《淄博公安信息》
1998	桓台县确立暂住人口管理“四位一体”新模式	《山东公安简报》
2001	桓台县公安局注重提高民警的教育和使用，分离培训取得良好效果	《淄博公安简报》
2002	索镇公安分局认真做好辖区学校安全保卫工作	《淄博公安信息》
2002	桓台县公安局全力打造城区治安防控体系	《淄博公安信息》
2004	桓台县公安局开门纳谏	《淄博公安简报》
2005	桓台县公安局推行个案评判制度，提高执法办案质量	《淄博公安简报》
2008	关于桓台县三峡移民情况的调查	《山东公安简报》
2009	桓台县公安局着力提升“四力”实现“四好”	《山东公安简报》
2010	桓台县公安局探索经侦工作向派出所延伸，提高打击经济犯罪整体效能	《山东公安简报》
2010	桓台县公安局着力打造“六型”公安队伍建设取得明显成效	《山东公安简报》
2011	桓台县公安局深入开展“五比五创”营造创先争优浓厚氛围	《山东公安简报》
2013	桓台县公安局创新实行“六统一”经济犯罪案件管理模式	《山东公安简报》
2013	桓台县公安局主动服务保障全县重大项目建设	《淄博公安简报》
2013	桓台县公安局打黑恶除霸痞专项行动战果显著	《淄博公安简报》
2014	桓台县公安局实施万名治安志愿者工程	《山东公安简报》
2014	发挥110的基础性作用，唱响公安第一服务品牌	《淄博公安简报》
2014	对成功破获一特大系列冒充公安人员电信诈骗案件的分析与思考	《淄博公安简报》
2014	桓台县公安局索镇派出所实现视频监控村村通	《淄博公安简报》
2014	对“7・14”涉警舆情处置的思考	《淄博公安简报》
2014	浅析串通投标案件特点及打防对策	《淄博公安简报》
2015	桓台县公安局多措并举，大力加强教育训练工作	《山东公安简报》
2015	桓台县公安局积极打造执法规范化建设升级版	《淄博公安简报》
2015	桓台县公安局食药环侦工作向基层延伸成效显著	《淄博公安简报》
2016	桓台县公安局创新完善立体化社会治安防控体系	《山东公安简报》
2016	桓台县公安局实现连续十年命案全破	《淄博公安简报》
2016	桓台县公安局互联网天网工程建设取得实效	《淄博公安简报》

督办件办理

督办件办理是落实上级领导意见或要求，及时回应群众期待，赢得群众满意的重要渠道。1982年起，县公安局开始办理人大代表建议（以下简称建议）、政协委员提案（以下简称提案）。是年，建议、提案涉及加强社会治安、搬迁索镇派出所办公场所等方面。县公安局积极回应，公开处理违法犯罪案件，震慑违法犯罪，向县政府提交索镇派出所迁址报告。1983年，建议主要涉及整治索镇中心大街路口交通秩序、加强社会治安等内容。县公安局向县政府提交成立交通大队请示，并根据中央部署，开展严打斗争。1984年，建议、提案要求破除封建迷信、在路口安排交警执勤并限制车速等。是年，全县开展打击封建迷信行动，谋划在张北路、索镇大街十字路口设置交通警察岗。1985年，建议涉及村镇治安整治问题。公安机关即加强乡村夜间巡逻守候，重点打击入室盗窃犯罪。1986年，人大代表、政协委员要求破除封建迷信。治安科、派出所查处抽贴、算卦案件15起，行政拘留1人。1987年，建议、提案较多，主要涉及捕犬、破除封建迷信、加强康乐球摊点管理、湖区治安管理及户口政策问题。县公安局有针对性的加强治安管理，并积极解释户籍政策，为知识分子家属办理户口农转非手续。1988—1989年，人大代表、政协委员要求继续加强社会治安管理，整治盗割农用电力线等问题。县公安局在城区建设治安岗亭2个，各乡镇积极推进专职治安联防队建设，开展打击盗割电力线专项行动，打掉一个6人犯罪团伙，破案10余起。

1990—1991年，建议和提案主要涉及办案效率、治安队伍管理、农村消防等问题。县公安局专题研究执法办案工作，强化民警业务训练，谋划民办消防队伍建设，发展壮大治安巡逻队伍。1992年，建议多涉及社会治安问题。7月，部署破案会战；11月，开展破案竞赛。是年，县公安局指挥中心试运行，督办上级机关和局领导批办事项。1993年，有建议提出把农转农户口转为农转非户口，报经县委、县政府批准，将该部分户口转为地方城镇户口；有建议提出城区派出所与索镇派出所地域管辖不明，影响群众报案和办理相关业务。县公安局开展专题调研，启动城区派出所、索镇派出所合并工作。

1994年，县公安局正式成立指挥中心，督办件由指挥中心承办，接到督办件、投诉件后，登记所办事项，由秘书科科长或指挥中心主任批办，复杂事项由局长批办，承办单位按照批办要求和办结期限报告办理结果，答复意见由局领导审阅签字后加盖公章回复，遇特殊情况不能按时办结的，及时报告办理进度。是年，建议和提案要求禁燃烟花爆竹、严格管理联防队伍。县公安局调研禁燃烟花爆竹情况，依据上级政策答复；根据县委、县政府关于治安联防队只能加强不能削弱的决定，继续充实和加强治安联防队建设，并组建巡警大队。群众投诉个别干警协助乡镇收取集资方法简单、粗暴，县公安局下发《关于进一步密切警民关系的通知》，严格落实省政府《制止用强迫命令和不法手段向农民收取提留》紧急通知精神，拒绝执行收取集资提留任务。1995年，建议、提案要求整治唐索路夜间治安问题和油区治安问题。唐山派出所加强夜间对唐索路的治安巡逻，县公安局对油区综合治理，并充实马桥派出所警力。1996年，提案要求解决县开发区自行车被盗案件多发问题。县公安局安排巡警大队巡逻路线北移，在开发区布建看车棚，选建110报警点。1998年，提案要求妥善处理进城人员户口管理问题。县公安局提请县政府成立城区居委会并协管城区户口，待条件成熟时实施。1999年，提案要求保障第二小学学生过马路安全。县公安局在第二小学设立1处助学岗，安排2名民警值勤。是年7月1日，县政府投诉中心成立，县公安局指挥中心承办转办事项，是月办理21件，是年办理60件。

2000—2002年，提案多要求整治社会治安。2001年4月始，县公安局开展为期两年的严打整治斗争。2003—2004年，政协委员提出盗窃电力通讯线路案件较多，开放式小区需要加强治安防范。县公安局开展打击“三电”犯罪专项斗争，破获盗割电力线案件182起，打掉犯罪团伙5个31人；在城区成立30人的巡逻大队，重点加强居民小区防控工作。2005年，提案涉及打击公交车扒手、民警进驻社区、加强青少年教育管理等问题。县公安局实施社区民警担任学校法制辅导员制度，各派出所深入校园为师生上法制教育课，开展打流反扒专项行动。

2006年，政协委员提出加强校园安全保卫。县公安局落实公安部维护校园及周边治安秩序“八条措施”，强化校园周边治安管理和巡逻防范。是年，办理市政府市民投诉中心转办件1件、市公安局领导批办件14件、县委领导批办件1件。2007年，政协委员建议简化居民落户手续，加大打击黑恶势力力度。在2006年打掉3个恶势力犯罪团伙15人的基础上，继续保持对黑恶犯罪的高压态势，同时提高户籍窗口办事效率。是年，办理市公安局领导督办件6件、县领导督办件5件。2008年，建议、提案主要涉及规范上访秩序、管理保安人员、治理网吧、管理宠物、打击刑事犯罪等问题。县公安局均积极答复，落实相关工作措施，确定维护信访秩序主体，责成保安公司认真履行保安合同，为全县58家网吧安装实名上网管理系统，处罚违法经营网吧6家。是年，办理领导批办件和投诉件19件。2009年，建议、提案要求建立乡村治安防控信息网络化系统，创建365天不关门的户籍室。县公安局推进社会治安动态监控系统建设，监控探头逐步向乡村延伸；全县户政部门实行延时服务、预约服务、上门服务和急事急办制度。是年，办理其他督办件7件。

2010年，建议、提案内容涉及打击村霸沙霸地霸、在城区内限制燃放烟花爆竹、规范宠物豢养等方面。县公安局排查各类霸痞人员52名，建立台账，实行动态管控，开展4次社会治安整治集中统一行动，打掉一个4人沙霸团伙；答复、处理其他政策性事项和个案。2011年，政协委员提出建立完善社会综合治税平台。县公安局与税务部门建立联合办案机制，立查涉税案件35起，抓获犯罪嫌疑人26人，案值2亿元。是年，办理领导批办件、群众投诉件等53件，均及时调查、回应。2012年，办理领导督办件、投诉件、咨询件77件，内容涉及户籍业务咨询、养犬扰民等，均第一时间办理答复。2013年，政协委员和群众要求，严厉打击暴力讨债违法犯罪和电信诈骗犯罪。县公安局对因非法吸收公众存款案件引发的暴力讨债案件，以侵占房产等形式的逼债纠纷，依法立案查处或积极调处。对电信诈骗案件，在串并打击的同时，印发10万份预警材料，做好宣传防范工作。是年，办理其他督办件98件。2014年，建议、提案提出，加强网络监管和医院警务等工作。县公安局核实处理散发不实言论网民22名，删除有害信息76条。对发生的医患纠纷和起凤整骨医院“医闹”案件均及时依法处置。是年，办理其他督办件130件。2015年，建议和提案主要涉及城市道路交通卡口建设、打击非访等方面。县公安局积极推进视

2015年5月，走访答复人大代表

频监控全覆盖工程，全县建成视频监控探头1.4万个，利用图侦平台破案600余起。以法治思维和法治方式解决非访问题，加大对非访人员的打击力度，因势利导，化解矛盾，维护社会稳定。是年，办理其他督办件85件。

1982—2015年桓台县公安局办理人大代表议案、政协委员提案统计表

表2—3　　单位：件

年度	人大代表建议	政协委员提案	年度	人大代表建议	政协委员提案
1982	3	1	1999		1
1983	4		2000		2
1984	1	1	2001		2
1985	2		2002		2

续表 2—3

年度	人大代表建议	政协委员提案	年度	人大代表建议	政协委员提案
1986	1	1	2003		3
1987	8	2	2004		2
1988	1	2	2005		7
1989	2	3	2006		3
1990	4	3	2007		4
1991	2	3	2008	3	5
1992	4		2009	1	1
1993	4		2010	1	5
1994	1	2	2011		2
1995	4	1	2013		6
1996		1	2014	3	2
1998		1	2015	1	2

印章管理

民国 30 年(1941 年)4 月,县公安局成立,未发现印章记载。民国 34 年(1945 年)9 月,重建公安局,刻制“桓台公安局图章”印章和“桓台县人民政府公安局”印章,前章形状为菱形,主要在内部使用,后章形状为正方形,主要对外使用。1950 年 10 月,启用“桓台县人民政府公安局”长方形印章,原菱形印章作废。1951 年 4 月,重刻“桓台县人民政府公安局”印章,比原印章稍小。12 月,重刻“桓台县人民政府公安局印”正方形章,启用“桓台县人民政府公安局”圆章,两枚印章同时使用,作用同上,原印章作废。1953 年 9 月 14 日,制定《桓台县人民政府公安局公文处理试行办法》,公文经局长签发或授权代签,由秘书股印制后用印。秘书股监印人员负责保管本局正副局长及本局各式印章,凡以县公安局名义印发的公文、函件等,须经秘书股加盖正副局长或县公安局各式印章,他人不得私盖。1955 年 12 月,启用“桓台县公安局”圆章,原印章作废。10 月,启用“桓台县公安局索镇派出所户口专用”印章。1958 年 11 月,与博兴县公安局合并,封存“桓台县公安局”“桓台县公安局索镇派出所户口专用”印章。

1961 年 9 月,启用“桓台县公安局”印章,形状为圆形,“县”为简化字,原印章作废。1962 年 1 月 13 日,启用“桓台县看守所”“桓台县公安局户口专用”“桓台县公安局索镇派出所”“桓台县公安局索镇派出所户口专用”四枚印章,两枚户口专用章的“县”“专”二字为繁体字“縣”“專”。1963 年 4 月 24 日,县公安局建立印信登记制度,每 10 天送局长审查一次,外出调查材料,一事一信,禁止盖用空白信,未经领导批准,不得用公章办私事等。

1967 年 3 月,启用“桓台县革命委员会保卫部”印章。4 月 9 日,启用“桓台县革命委员会保卫部索镇派出所”“桓台县革命委员会保卫部索镇派出所户口专用”“桓台县革命委员会保卫部调查材料专用章”“桓台县革命委员会保卫部信访专用章”“桓台县革命委员会保卫部索镇法庭”“桓台县革命委员会保卫部田庄法庭”6 枚印章,“桓台县公安局索镇派出所”“桓台县公安局索镇派出所户口专用”“桓台县人民法院田庄法庭”三枚印章停用。6 月,停用“桓台县革命委员会保卫部”等以上印章。1968 年 6 月,启用“中国人民解放军山东省桓台县公安机关军事管制小组”“中国人民解放军桓台县公安机关军事管制小组户口专用章”“中国人民解放军桓台县公安机关军事管制小组调查材料专用章”“中国人民解放军桓台县公安机关军事管制小组索镇派出所”“中国人民解放军桓台县公安机关军事管制小组索镇派出所户口专用章”5 枚圆章，原印章停用。1973年5月30日，军管小组撤出。为便于工作，以上5枚印章继续使用。7月，重新启用“桓台县公安局”“桓台县公安局户口专用”“桓台县公安局索镇派出所”“桓台县公安局索镇派出所户口专用”4枚印章。

1973年12月20日，在《桓台县公安局党的核心小组关于几项制度问题的试行规定》中，要求严格印章的管理和使用，不得盖空白信笺，对正常业务用章由秘书股审查，非业务工作用章需经县公安局负责人批准。1976年6月12日，原县中队体制改变，启用“桓台县公安局人民武装警察中队”印章。1977年5月，恢复桓城、田庄派出所，7月1日起启用“桓台县公安局桓城派出所”“桓台县公安局桓城派出所户口专用”“桓台县公安局田庄派出所”“桓台县公安局田庄派出所户口专用”4枚印章。1978年2月，各人民公社自行车管理站启用印章。4月16日，因县公安局印章磨损严重，启用新印章，旧章作废。9月12日，启用“中国共产党桓台县公安局党组”印章。

1980年，启用中间带五角星的“桓台县公安局”木质圆形印章，原印章作废。县公安局严格印章管理、使用，管理人员离开办公室将印章锁好，对正常业务盖章，由秘书股审查办理，对非正常业务盖章，由分管局长批准。1982年5月10日，启用桓台县公安局起凤、马桥、陈庄、周家、唐山、果里、侯庄派出所印章，桓城派出所更名为新城派出所，更换印章1枚，索镇、田庄派出所各刻制新章1枚。7月，启用桓台县公安局新城、唐山、周家、起凤、陈庄、侯庄、果里、马桥派出所户口专用印章。1983年6月，启用桓台县公安局耿桥、邢家、荆家派出所印章和户口专用章。1984年10月，党组印章更换为“中国共产党桓台县公安局委员会”印章。是年，市公安局消防处统一刻制“桓台县公安局消防监督专用章”，自12月25日起启用。1986年11月10日，成立共青团桓台县公安局总支部委员会，启用“中国共产主义青年团桓台县公安局总支部委员会”木质圆形章。1987年10月16日，启用桓台县公安局刑警队、治安科、政保科、户籍科、保卫科、政工科、秘书科、预审科、史志办公室、行政拘留所10枚印章。12月20日，县公安局遵照市公安局《关于加强乡镇道路交通管理有关问题》通知精神，启用“桓台县公安局交通车辆管理所”“桓台县公安局交通车辆管理所经济专用章”及桓台县公安局索镇、耿桥、起凤、荆家、田庄、唐山、邢家、新城、陈庄、马桥、果里、侯庄、周家交通车辆管理站15枚印章，各人民公社自行车管理站等15枚印章作废。1988年8月11日启用“桓台县公安局财务专用章”。9月26日，启用桓台县公安局城区派出所印章、户口专用章和桓台县城区交通车辆管理站印章。1989年4月26日，制定《秘书科工作程序及制度》，县公安局公章存放于秘书科办公室，由文书人员管理，各科所队外出办事用章需经有关负责人同意后拟文，经有关领导同意，由秘书科文书人员登记后用印。1989年5月1日，据上级指示，启用桓台县索镇、城区、起凤镇、荆家镇、新城镇、唐山镇、田庄镇、耿桥乡、邢家乡、马桥乡、陈庄乡、周家乡、侯庄乡、果里乡公安交通管理站14枚印章，14枚城区和乡镇交通车辆管理站印章停止使用。

1993年5月，启用“桓台县公安局”塑质印章，原印章作废。1997年1月27日，根据省公安厅《关于落实公安消防部队编制方案有关问题的通知》要求，启用市公安局刻制的“淄博市桓台县公安消防大队”印章。2004年，加制“桓台县公安局”印章，专供行政服务中心使用。2007年，应用执法管理综合信息系统，县公安局公章和办案单位公章在系统内自动生成，相关法律文书不再另行用印。2006年5月24日，县公安局印发《关于加强县公安局印章用印管理的通知》，以县公安局名义盖章须经审核把关程序，重大事宜须经县公安局分管领导、主要领导同意。2008年，县公安局印发《关于进一步规范执法行为提升执法质量的工作意见》，建立授权盖章登记制度。清理已经加盖单位公章的法律文书及未加盖公章的空白法律文书，统一封存，指挥中心对未经法制部门授权的各类法律文书不再加盖公章和局长个人印鉴，对经授权盖章的法律文书逐一登记备查。

2014年，县公安局修订公章管理规定，公章使用范围包括以县公安局名义签发的文件、文书及各类通知、通报、报告、决定、计划、纪要、函件、报表等，代表县公安局对外联系工作的介绍信、需证明的各类材料，县公安局与外单位的各类合同、项目协议、授权书、承诺书，其他需加盖县公安局公章的情形。使用公章时，指挥中心严格登记以县公安局名义开具的介绍信，在车辆管理、财务用章、办案单位法律文书、新闻宣传、证明事项、户籍业务证明中用印的，均需负责人审核，按程序用章。公章由专人保管，建立公章使用登记簿，按照规定程序用印，不得脱离专管人员视线。

附：

桓台县公安机关用过的公章印模

章内印文：桓台县人民政府公安局
形状尺寸：正方形，43 毫米×43 毫米
使用时间：1945.09—1951.12

章内印文：桓台公安局图章
形状尺寸：菱形，30 毫米×30 毫米
使用时间：1945.09—1950.09

章内印文：桓台县人民政府公安局
形状尺寸：长方形，43 毫米×30 毫米
使用时间：1950.10—1951.04

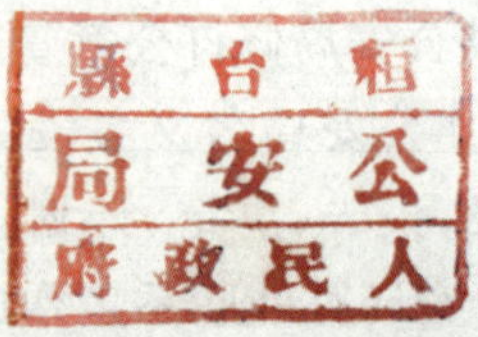

章内印文：桓台县人民政府公安局
形状尺寸：长方形，40 毫米×27 毫米
使用时间：1951.04—1951.12

章内印文：桓台县人民政府公安局印
形状尺寸：正方形，60 毫米×60 毫米
使用时间：1951.12—1955.12

章内印文：桓台县人民政府公安局
形状尺寸：圆形，ϕ40 毫米
使用时间：1951.12—1955.12

章内印文：桓台县公安局
形状尺寸：圆形，ϕ40 毫米
使用时间：1955.12—1958.11

章内印文：桓台县公安局
形状尺寸：圆形，ϕ40 毫米
使用时间：1961.09—1967.03
1973.07—1979.12

章内印文：中国人民解放军山东省桓台县公安机关军事管制小组
形状尺寸：圆形，φ45 毫米
使用时间：1969.07—1973.06

章内印文：桓台县公安局
形状尺寸：圆形，φ43 毫米
使用时间：1980.01—1993.05

章内印文：桓台县公安局
形状尺寸：圆形，φ40 毫米
使用时间：1993.05—

统计工作

抗日战争时期，县公安局没有建立规范的统计制度，多系临时调度或上报数据。民国 35 年（1946 年）7 月，王正轩任统计干事，负责统计业务数据。

1950 年，侦察股建立刑事业务统计制度，治安股建立火灾、户口、特业、交通等 20 余项数据统计制度。1951 年，建立镇压反革命、取缔反动会道门等统计制度。1953 年 4 月，根据政务院《全国人口调查登记办法》和公安部《关于使用户口簿 册 表格 证件的通知》精神，按总户数、总人数、出生率、死亡率、增长率、年平均人口数等 6 个项目统计人口数据。7 月，依照中央人民政府政务院关于清理现行调查统计表格及乱发调查统计表格的指示，清理不符合公安部规定的表格。1954 年 5 月，统计报表确定为 13 种，其中刑事犯罪报表包括各种缴获统计月报表、罪犯成员分类处理情况统计月报表、地富反坏戴帽批判斗争统计月报表、清理来历不明分子打击流窜犯统计月报表、未发生破坏案件的地区单位统计月报表、被盗物资分类统计表、破案力量统计表、破案进度表、地富反坏处理情况进度表、刑事案件发生破获进度表、收容劳动教养分子统计月报表、投案自首分子统计表、刑事案件发生破获进度统计报告表。1956 年，根据公安部《关于执行新的消防统计报表的通知》，火灾统计季报表每季度统计一次，工企及居民群众志愿消防人员统计表每半年统计一次，消防器材装备统计报表每年统计一次。起火火灾报告表和重大火灾报告表，按照规定时间上报，如情节严重之重大火灾须先电话报告省公安厅，随后填报重大火灾报告表。

1961 年 12 月，惠民专署公安处出台《关于进一步加强请示报告统计报表制度的通知》，明确重大刑事案件发生登记报告书、重大刑事案件破获登记表、重大治安灾害事故报告表的报送时限，对各种犯罪分子打击情况统计表、政治案件发生破获统计表、刑事案件发生破获统计表、治安灾害事故统计表、作案成员分析统计表、人口出生死亡和人口死亡原因统计表、人口自由流出和返回情况统计表、敌蒋特务清理进度情况统计表等 8 种月报表，监狱劳改队看守所在押案犯统计表、刑满解除劳教留场就业人员统计表、劳动教养分子统计表、人口变动统计表等 4 种季报表，公安干部及人民警察（不包括武装民警）数量半年报表、外侨国籍职业分类统计表、公安干部及人民警察（不包括武装民警）构成情况年报表、各种人口统计表等 3 种年报表的报送时间作出要求。1962 年 1 月，按照公安部要求，统计上报公安保卫干部及人民警察（不包括武装民警）数量半年报表、公安干部及人民警察（不包括武装民警）构成情况年报表。

“文化大革命”期间，公安统计工作受到一定影响，仅统计反革命案件、刑事案件、火灾、交通事故、治安灾害事故、打击处理违法犯罪分子等基本数据。1973年3月20日，根据中国人民解放军惠民地区公安机关军管会的规定，统一治安业务统计标准。如盗窃案件主要是根据案情性质、作案成员确定，小城市和农村损失折款15元的标准立案统计；损失折款1000元以上，损失粮食（粮票）1000斤以上，布（布票）500尺以上及其他情节严重的案件，列为重大案件统计。发生火灾，县城、集镇、农村一次损失3000元以上，一次受灾30户以上，烧死一人以上，凡有以上情形之一的，均按重大火灾填报。火灾事故增加重大火灾报告表，一般火灾只填报火灾统计月报表。重大火灾发生后，先电话汇报，后填重大火灾报告表一式三份，同时报公安部和省、地公安机关军管会。10月1日，根据省公安厅《关于恢复填报“重大治安灾害事故报告表”的通知》规定，重大治安灾害事故报告表由县公安局填报省公安厅。发生重大治安灾害事故，对伤10人以上，死亡1人以上，农村损失3000元以上，死亡牲口3头以上，粮食损失5000斤以上的，5日内填报重大治安灾害事故报告表。特别重大的治安灾害事故，书面报告。1975年9月23日，公安部下发《关于修改公安业务报表的通知》，将打击犯罪分子统计月报表并入看守所收押处理案犯统计月报表，撤销重大火灾报告表，充实反革命案件、刑事案件、火灾和治安灾害事故等四种统计报表中有关“内部”项目，这四种“内部”数字不再单独另行填报；对其他报表，除城市交通事故统计月报表外，都稍作修改、增删。自1976年1月起，填报修改后的公安干警统计年报表。1979年1月起，使用公安部修订后的打击犯罪分子统计月报表、看守所收押处理案犯统计月报表、反革命案件统计月报表、刑事案件统计月报表、刑事案件作案成员统计季报表、火灾统计月报表、治安灾害事故统计月报表、城市交通事故统计月报表、专政对象统计年报表、外侨（眷）分类统计年报表等14类表格，每月25日为当月截止时间。

1980年1月起，违反治安管理案件统计月报表、行政拘留人员情况统计表单列。1983年12月8日，第六届全国人民代表大会常务委员会第三次会议通过统计法，公安统计工作步入规范化、法制化轨道。按照公安部〔1984〕公（厅）字108号文件要求，1985年统计表增加交通事故死亡情况分析表、城市纠正交通违章统计月报表、华侨外籍华人港澳台同胞定居统计半年报表等报表。公安部业务局原制发的相关人口统计年报表及中国公民因私出境统计半年报表编入公安业务统计报表序列。1988年2月1日，公安部颁布《公安统计工作规则》。县公安局根据该规则，规范统计工作。

1990年，公安部制发23种公安业务统计报表。1991年，县公安局填报公安部新的治安案件统计月报表、治安拘留人员统计月报表。1992年4月1日起，县公安局贯彻执行《公安部关于修改盗窃案件立案统计办法的通知》，在掌握和分析全县社会治安情况时，将刑事案件和治安案件两部分数字联系起来研究使用，统称为“公安机关发现和人民群众报警的扰乱社会治安案件”，简称“报警案件”。在全面分析“报警案件”时，列出刑事案件数、破获刑事案件数和查获作案成员数、经检察院批准逮捕人数以及治安案件数、查处数和治安处罚人数、送劳动教养人数。是年，公安部下发《关于印发公安经费装备统计年报表的通知》，新的年报表作为公安后勤统计报表序列。1993年，启用公安部修改后的公安工作几项主要统计指标快报表，每月填报一次。1994年7月底至8月底，县公安局开展统计法执行情况大检查，清理报废报表和重复报表。至1999年，公安统计内容主要包括人口统计、案件统计、治安事故统计、安全防范统计、公安教育统计、公安装备及被装统计、民警队伍统计等大类。

2000年1月，根据公安部统计工作会议精神，公安统计数据实行对口上报，归口指挥中心统一管理，安装公安统计报表计算机信息系统，统一管理、汇总全县刑事案件、治安案件、报警及收缴情况、抓获情况、所内监管人员、所外监管人员情况、逮捕情况、群体性事件八项数据，每月25日前报市公安局。是月，新增公务用枪丢失被盗（抢）统计月报表、违反外国人入境出境管理法人员统计季报表、计算机信息网络国际互联网安全管理情况统计季报表。3月，按照公安部《关于采取有力措施从根本上纠正统计不实问题的通知》要求，县公安局把刑事案件、治安案件、群体性事件、火灾和交通事故等方面的统计作为统计不实工作的重点，落实责任制，补立2000年漏立案件。4月，按照省公安厅《关于如实立案的紧急通知》要求，组织刑警、经侦、治安业务部门自查，补立1—3月漏立案件。5月9日，按照《公安部关于刑事案件如实立案的通知》要求，各受案单位按时如实上报受案、立案数据，严禁任何单位、个人干涉、干扰如实立案和统计上报工作。2002年1月，实行公安督察工作统计报表制度，由警务督察部门负责统计填报。是月，按照省公安厅、市公安局要求，开始按月、季度、半年、全年分析统计数据。2003年5月19日，公安部修订《公安统计工作规则》，公安统计内容包括公安业务统计、公安科技统计、公安队伍建设统计、公安后勤装备统计、社会治安及其相关的社会情况统计。县公安局加大统计工作综合管理力度，保障统计人员行使职权，严禁统计弄虚作假，进一步规范公安统计调查方法和公安统计资料的管理与公布。根据公安部和省公安厅统一部署，自2005年起，修改和补充部分公安业务统计报表，试行网上直报群体性事件原始数据信息。2005年1月12日，市公安局指挥中心在桓台县公安局举办北片分县局2005版公安统计报表计算机信息系统培训班。是月起，县公安局各业务大队、看守所通过登录公安信息网的直报系统，填报各种业务报表。

2007年3月30日，县公安局制定《关于进一步加强和规范档案统计工作的意见》，规范公安统计工作。11月23日，公安部办公厅印发《公安部关于修改2008年部分公安统计报表的通知》，修改报警情况和刑事案件统计报表、行政案件和违反治安管理案件统计报表、抓获处理违法犯罪人员和逮捕统计报表、群体性事件统计报表、监所统计报表，修改和增加其他统计报表，2008年1月1日起施行。同时，公安统计计算机信息系统2008版启动运行。2011年5月21—23日，县公安局统计人员参加省公安厅在烟台举办的全省公安统计业务培训班，启用公安统计计算机信息系统2011版。2013年5月17日，每月业务数据统计周期从上月26日至下月25日调整为上月21日至下月20日，统计数据截止时间调整为每月20日24时。2015年，启用新版统计报表，撤销所外监管报表，新增拐卖妇女、拐卖儿童月报表及家庭暴力等项目。

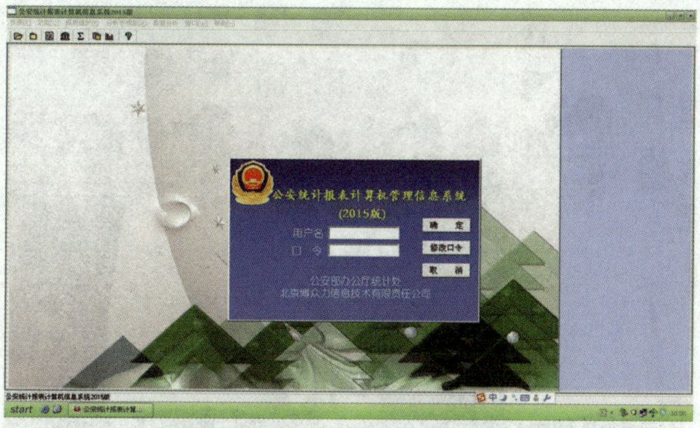

2015版公安统计系统

指挥中心在原有报表基础上，将禁毒、法制、直属、网安业务数据一并纳入报表系统，培训各单位报表人员，统计数据更加准确完善。

公安史志

1982年2月，县公安局启动史志工作。按照省公安厅《关于征集抗日战争和解放战争时期公安保卫工作历史资料的通知》和惠民地区公安处要求，从事史志工作2人，后增至5人，副局长祝兆贤分管，邀请2名离休干警当参谋，每季度向党组汇报一次工作进展情况。史志工作规划确定《历史资料长编》《历史资料汇编》两个综合材料和历史背景及区域沿革、机构设置及沿革、重大事件案例战例、英烈传略及名录、老干部回忆录、历史文件选编等六个专题，按照征、管、核、总四字法穿插进行。征，即面向全体干警和在桓台从事过公安工作的老干部广泛征集资料，摘抄相关历史文献，访问老同志，尽可能多的征集材料；管，即分门别类管理材料，做到多而不乱，便于使用；核，即对资料分析、研究、考证、核实，使资料符合历史真实面目，经得起历史检验；总，即整理单个材料的同时，按照两个综合材料、六个专题要求进行汇编。工作中，坚持实事求是、秉笔直书，分清主次、突出重点，科学分析、认真研究，集思广益、反复修改，领导把关、加强指导五大原则。史料征集班子成立和明确工作思路之后，到上海、浙江、甘肃和本省各地走访老干部，去省、地区、各县查抄历史资料。截至1983年3月，历史资料征集基本结束，共摘抄历史文件资料30余份13.7万字，访问老干部39人，召开座谈会4次，整理访问记录48份7.8万字，征集老同志回忆录6份4.2万字，发出访

1982 年 9 月，到兰州访问原局长宋鲁源（中）

问信 36 封，回信 28 人，浙江省舟山地区公安局刘兴中撰写 2600 字回忆材料寄回，潍坊生运机械厂近 80 岁高龄的老干部温桂卿在年老多病不能书写的情况下，委托其子回信。通过广泛搜集和鉴别认证，澄清桓台县公安史上的几个重大问题，如桓台县公安保卫工作的起源，在众说纷纭和记载不一致的情况下，史志工作人员找到开辟桓台县公安保卫工作的第一人王墨庭，结合省档案馆 197 号卷记载，确定桓台县公安局成立日期是民国 30 年（1941 年）4 月 15 日，第一任局长是张东峰；再如蔡玉璋职务问题，1949 年 5 月发生犯人越狱事件后，专署通令是撤销其副局长职务，多人证实其当时职务为局长，遂细查地区公安处档案，发现公布其局长的任命文件，证实专署通令中撤销其副局长职务的说法是错误的。1983 年 3 月 21 日，县公安局在全省史志工作会议上作典型发言。5 月，惠民地区公安处推动汇编工作全面开展，要求桓台县公安局先行一步，在三个月内写出两个综合材料和六个专题。是月，桓台县召开第一次地方志工作会议，县公安局承担《桓台县志》政法篇公安章及清代、民国警察局章组稿任务。8 月 2 日，惠民地区公安处在桓台县召开史志工作现场会议，省公安厅史志办主任到会指导。会后，因严打斗争任务繁重，史志办公室人员逐步调出，史志工作停顿。11 月 29 日，淄博市公安局在周村召开全市公安史志工作现场会议后，县公安局史志办增至 6 人，含干警 4 人、借调 2 人，继续开展资料整理和编辑工作，并请求县政府办公室、县人大常委会办公室、县经委、人民银行等 19 个单位协助打印。至 11 月底，共访问老干部 72 人次，录音 34 盘，整理访问记录 51 份 8 万余字，查阅历史档案 41 卷，抄录材料 40 份，约计 15.5 万字，摘抄敌伪档案资料 1 份 3000 余字，摘抄报刊资料 9 份 2.5 万字，填写资料卡片 113 张 3.5 万字，收集和拍摄历史资料、人物图片 15 种，征集历史地图 2 幅、清朝及民国时期三种版本县志 18 本，搜集其他有关史志资料和英烈传略、名录及老干部回忆录 8 份，内部汇编整理 22 万字，总计 84 万字。12 月 28 日，完成历史资料长编（附大事记）和六个专题的历史资料汇编一、二册。是日，县政府召开编志工作经验交流会，县公安局介绍经验。

1984 年 3 月，县公安局成立宋振顺任组长，祝兆贤、巩子肖任副组长，荣若富、任登武、李守和为成员的史志领导小组，下设办公室，巩子肖兼任办公室主任，任登武兼任副主任，殷佃臣任主编，魏建国任资料员。1987 年 3 月，完成《桓台县志》供稿任务，被县地方史志编纂委员会评为史志工作先进集体。《桓台县志》公安章分公安机关、政权保卫、治安管理、刑事侦查、监所管理、消防 6 节 21 个条目，清代、民国警察局章分 2 个条目，共 1.7 万字。是年，根据市公安局部署，县公安局在前期史志工作基础上，为《淄博市志》公安分志供稿，1989 年年底完成供稿任务。1990 年，史志办公室精简至 1 人，主要负责编辑年鉴工作。是年，任登武被省公安厅评为全省公安史志工作先进个人。

1991 年 8 月，召集部分老公安座谈公安历史

1992 年，撤销史志办公室，《山东公安年鉴》供稿工作由秘书科负责。

2003 年，全国掀起第二轮修志高潮。3 月 27 日，桓台县部署续编《桓台县志（1988—2002）》工作。4 月 29 日，市公安局召开史志工作会议，部署编纂《淄博市公安志》工作。县公安局抽调 6 人，再次设立临时机构史志办公室，配备微机、电话机，制定计划，确定分工，有序推进，8 月 20 日完成《桓台县志》公安部分初稿，9 月 20 日定稿，提前 3 个月完成撰稿任务。2004 年 8 月，《淄博市公安志》桓台公安篇形成基础材料，年底完成初稿。2005 年，补充完善初稿，形成校样，年底完成撰稿任务，该篇共分概述、机构沿革、区域警务、争先创优等 4 章，3 万余字。

2007 年起，在县级公安机关机构改革中，史志办公室被撤销。《山东公安年鉴》《淄博公安大事记》《桓台年鉴》《中共桓台年鉴》编纂工作由指挥中心牵头负责，均按时完成组稿任务。其中，2011 年、2012 年《山东公安年鉴》专稿分别刊发县公安局局长吴佩林署名文章——《对全县治安防控体系建设的谋划与思考》《浅谈村“两委”换届选举安保背景下的公安保障和服务大局能力建设》。

2016 年 4 月 15 日，是桓台县公安局建局 75 周年纪念日，县公安局党委决定，启动《桓台县公安志》通志编纂工作，成立由局长张京义任主任，政治委员白向强任执行主任，其他党委委员任副主任，各单位主要负责人任成员的编纂委员会，由指挥中心牵头，抽调人员组成史志办公室。5 月 10 日，县公安局召开史志工作会议，部署《桓台县公安志》通志编纂工作，市公安局史志办公室单连国、常德功，县地方史志办公室董杰出席会议并指导。在原史志材料基础上，采取各单位供稿，史志办通稿方式，撰写基础材料。9 月中旬，基础材料搜集工作完成。10 月，史志办从各单位抽调人员，对县公安局档案室、国保大队档案室 1949—2016 年的档案材料逐页筛用、核对，基础材料充实至 120 万字。11 月，进入通稿编辑程序。2017 年 2—5 月，到浙江、江苏、黑龙江、甘肃等地及省内各市进行外调。是年 9 月，经过核稿、通纂、修改和彩页编排，交付出版单位承印第一次校样。是月，《桓台县公安志》送审稿通过专家评审。

2016 年 6 月 13 日，走访原政工科科长伊茂盛

2017 年 9 月 29 日，召开《桓台县公安志》专家评审会

第三节　档案管理

档案室建设

民国 34 年（1945 年）9 月，县公安局重建后，收发文较少，收到上级公文后，或及时销毁，或由文书放在一个木制文件箱内妥善保管。民国 36 年（1947 年）8 月，国民党发动重点进攻，县公安局把文件分门别类，视情送交县委、县政府和渤海行署公安局保存，把其他文件和档案材料一并放在文件箱内转移。

中华人民共和国成立初期，县公安局没有专门档案室和档案管理制度，档案资料分散在各业务部门，由各部门内勤临时保管，档案管理较为混乱。

1956 年，秘书股在县公安局后院平房设档案室 4 间，面积约 60 平方米。1958 年 11 月，桓台县并入博兴县，档案资料送博兴县公安局档案室统一保管。1961 年 8 月 31 日，桓台、博兴分县后，把桓台县公安档案材料运回原档案室，以社为单位分橱按类管理。1963 年，秘书股档案室改为县公安局档案室，建立各种规章制度。“文化大革命”

1956 年，县公安局秘书股档案室

中，公检法部门合并，三家档案统一保管。县人民法院和县人民检察院复设后，取回各自档案材料。

1976 年，档案室完善借档归还手续，避免档案管理失控。1980 年后，随着业务部门增多、业务量增大，档案室无法容纳更多档案，除业务报表外，其余档案资料由各业务单位自行立卷存放。至 1985 年，县公安局档案室保管文书档案 1307 卷，计永久卷 314 卷、长期卷 330 卷、短期卷 663 卷；刑警队存放 700 余卷（份），治安科存放 300 余卷（份），政保科存放 150 卷。

1986 年 10 月，县公安局档案室迁至原县人民检察院办公楼内。1988 年，县公安局迁至新办公楼，档案室设在一楼，库房 2 间 32 平方米，保管 1973 年 4 月以后档案，1973 年 4 月以前档案仍在

1988—2008 年，县公安局档案室

原档案室保存。1992 年，档案室配备 20 个铁制档案橱、5 个木质卡片橱，存放档案 3935 卷，计永久卷 3264 卷、长期卷 234 卷、短期卷 437 卷。1993 年，县公安局档案室增配 2 个铁制档案橱、1 个铁制卡片橱及空调、温湿度自动记录仪、吸尘器、灭火器、安全门窗等设施。1994 年，有档案室 2 间 37 平方米，档案人员办公室 2 间，存放各类档案 4303 卷。1997 年，设立综合档案室，隶属指挥中心，各科室内勤专管本单位档案工作。投入 5 万元，购置 586 微机、打印机，应用江苏省公安厅档案管理软件，把所有档案案卷目录输入微机，实现档案编目、检索现代化管理，整理改造档案库房，综合档案室面积 80 平方米，与档案员办公室、阅档室分设，添置录像机、照相机、除湿机、防磁橱、铁制卡片橱、装订机、切纸机等设备，落实“八防”措施。是年，各派出所按照统一标准建设档案室。

2008 年，县公安局档案室从一楼迁至二楼，总面积 72 平方米，按照“九防”要求，更新档案室硬件，库房使用密集架，并设置实物档案陈列室。2014

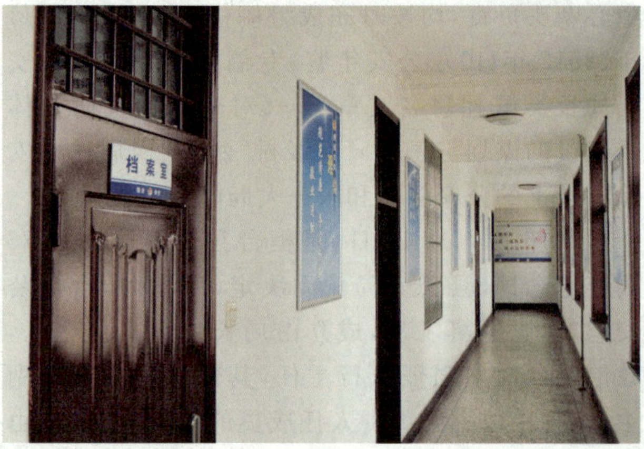

2008 年建成使用的县公安局档案室

年 9 月 17—18 日，县公安局逐项检查各派出所档案室硬件设施配备、各类档案入库及档案分类、编号、管理情况，对发现的问题提出整改意见，并限期整改。2015 年 5 月，按照公安机关档案信息化建设方案要求，配备档案管理涉密单机、激光打印机、针式打印机、高速文档扫描仪、数码相机、移动硬盘，建设数字档案室。至 2016 年 4 月，综合档案室保存档案 17290 卷（不含 1973 年 4 月前卷和 2015 年卷），计文书档案 1534 卷 4029 件、专业档案 9122 卷、会计档案 1831 卷、声像档案 447 张、科技档案 57 卷、实物档案 259 件。11 个派出所档案室保存档案 25934 卷，国保大队档案室保存档案 690 卷。

档案规范化管理

1953年，秘书股清理1951—1952年淄博专署公安处发来的指示、通报、通知等文件920份，入档42份，其余按规定登记，经局领导批准销毁。1956年，根据中共中央办公厅《县级机关文书处理和档案工作暂行办法（草案）》和县公安局《保密工作各项制度的规定》，秘书股全面清理公安文书资料。1957年，把镇反、肃反及清查敌伪组织中积累的资料整理建档，共计敌伪档案556份。

1960年，博兴县公安局按照省公安厅《公安业务档案材料下放公社管理的初步意见（草稿）》要求，在索镇派出所试点公安业务档案下放工作。经9天普查核对，下放1628份档案，含重点人员档案86份、被管制人员档案86份、其他人员档案1456份。1963年，县公安局根据惠民专署公安处县公安局秘书会议纪要精神，把分散的档案资料集中清理建档，文书、业务档案（敌伪档案并入业务档案）资料分橱存放并编写索引。1965年，根据国家档案局《国家机关一般档案材料保管期限的暂行规定》、省政府《文书处理部门立卷工作试行办法》及省公安厅《档案简则》，在县档案管理部门指导下，秘书股重新整理原有文书、业务档案。文书档案按文件来源、成文时间和性质，以年为限，填写目录，装订立卷，按永久、长期、短期性档案和资料性档案归档管理。业务档案继续以原人民公社为单位编写索引，以姓氏笔画为序编写目录。档案室收回下放到索镇人民公社管理的1628份业务档案，统一管理业务部门的部分档案资料，其余由业务部门自行整档保存使用。

1973年，公安机关恢复建制后，秘书股根据局党组《关于几项制度问题的试行规定》，重新整理档案资料，继续以人民公社为单位分橱按类管理档案，每年6月前对上年度文书资料整理归档。1976年，重新整理敌伪档案，立648卷。对1950—1972年文书档案重新鉴定清理，重新印制文书档案目录。

1980年，县公安局依照公安部《公安业务文件材料立卷 归档 管理试行办法》，对业务档案分类立卷归档。是年2月，县公安局完善档案管理制度，对查阅档案的，根据规定办理，案卷原则上不予借阅，特殊情况需借阅者，须持单位介绍信，经分管局长签字批准；本局工作人员，不准携档外出。1989年1月3日，省公安厅印发《关于文书材料立卷归档的暂行规定》《关于文件材料归档和不归档的暂行规定》《关于机关档案保管期限的规定》《关于声像档案管理的暂行办法》，县公安局严格管理文书档案和声像档案。

1992年8月，省公安厅、省档案局对县级以上公安机关档案实行综合管理和升级达标考核。县公安局根据业务档案由业务部门立卷、综合档案室统一管理的原则，以公安部《公安业务档案管理办法》《公安机关档案类别划分与档号编写办法》《山东省机关档案工作定级 升级试行办法》《山东省机关档案工作登记标准（试行）》为标准，开展档案管理达标创建工作，成立副局长伊若健任组长，秘书科科长孙仕秀任副组长，综合档案室孟秀玲、赵岩为成员的档案工作领导小组，建立健全档案工作网络，完善档案管理制度，编制多形式的检索工具，完成组织机构沿革和全宗介绍。是年，县公安局档案室达到省三级先进单位标准，被省档案局评为机关档案工作省级先进单位，被县委、县政府表彰为全县档案和保密工作先进单位。1993年，建立历年机关大事记、文件汇集和基础数字汇集，县公安局档案室晋至省二级档案室，再次被省档案局评为机关档案工作省级先进单位。

1995年7月，县公安局指挥中心内设档案资料科，专门负责档案管理工作。1996年，省公安厅印发《山东省公安机关档案工作规范化合格单位考核办法（试行）》，县公安局一并部署开展省级档案管理一级先进单位、公安机关档案工作规范化合格单位达标创建工作。1997年3月28日，县公安局成立局长伊若健任组长，指挥中心主任巩本鑫任副组长，专职档案员徐慧、高成为成员的档案管理领导小组。4月8日，下发《关于全县公安机关档案管理工作达标升级的意见》，抽调各科室内勤和5名警校实习生，重新整理1991年后的业务档案，补充完善会计、实物、声像等档案。12月4

日，在唐山派出所召开全县公安基层档案规范化管理工作现场会。是年，县公安局档案室达到省级档案管理一级先进单位和山东省公安机关档案工作规范化合格单位标准，9个派出所达到省三级先进单位标准，县公安局被县委、县政府表彰为档案工作先进单位。1998年，开展公安派出所档案工作规范化建设大会战，成立政委肖永刚任组长，副局长荆宁任副组长，指挥中心等相关单位负责人任成员的领导小组。各派出所确定专班，集中时间整理档案，田庄、唐山、邢家、荆家、新城、马桥、侯庄派出所档案室率先达到山东省公安派出所档案工作规范化先进单位等级，果里、耿桥派出所档案室达到合格单位等级。1999年，县公安局综合档案室和13个派出所档案室达到山东省公安档案工作规范化先进单位标准。

进入21世纪，根据档案法及上级公安机关档案工作强制性技术标准，推进档案工作规范化建设。按照公安部《公安声像档案管理办法》及《山东省公安机关实物档案管理办法》要求，全面收集、规范整理声像、实物档案。根据公安部《公安专业档案管理办法》《公安机关档案类别划分与档号编写办法》《公安业务档案管理办法(修订版)》《公安机关档案类别划分与档号编写办法》，将业务档案更名为专业档案，类别号由Y变更为Z。市公安局抽查索镇、周家派出所档案室，均良好。2008年，省公安厅改革县级以上公安机关文书立卷方法，对2007年起的档案材料以“卷”为整理单位变为以“件”为整理单位，采用年度—机构(问题)—保管期限的分类方法，保管期限由永久、长期、短期改为永久、30年、10年，对每件档案编号时，归档章加盖在归档文件首页上端空白位置。把2007年起的档案录入省公安厅新的档案管理系统，案卷目录、全引目录采用微机检索、打印。6月，公安部印发《公安机关文件材料归档范围和公安文书档案保管期限规定》。

2013年，省公安厅印发《山东省公安机关档案类别划分与档号编写细则(试行)》《山东省公安声像档案管理细则》，县公安局进一步规范档案类别、档号编写及信息化条件下声像档案的利用工作。2014年，出台《桓台县公安局档案归档管理规定》，规范公安档案种类界定、归档范围、立卷分工、整理要求与方法、保管与保密、查(借)阅利用、鉴定销毁。2015年5月，按照《全市公安机关档案信息化建设方案》要求，县公安局成立张京义任组长，白向强、张林平、王旭东任副组长，指挥中心、督察、保障、网安等部门负责人为成员的档案信息化建设工作领导小组，配备档案管理涉密单机和配套硬件设施，开展纸质档案数字化和新增档案电子化工作。2016年，推进档案“存量数字化”，将2000年后的文书、专业档案文件及目录录入新档案系统，启动档案数字化加工项目第一期扫描工作；推进“增量电子化”，将2015年度文书归档的同时，电子扫描上传，电子文件与纸质等传统载体档案同步进室。

2015年12月，档案员在整理档案

档案业务培训

县公安局重视专兼职档案员队伍建设，定期组织业务培训，提高业务技能。1997年4月8日，邀请县档案局业务指导科培训各科室队所内勤，带领部分单位负责人到张店、淄川、周村等地考察公安机关档案达标创建工作。各级档案员加强业务学习，积极参加练兵比武活动。2000年12月28日，县公安局档案员徐慧获全市公安档案岗位练兵比赛微机操作第二名，段然获笔试第三名。2004年8月，开展全县公安档案业务练兵活动，采取笔试和操作两种形式，考核基层档案员的基本知识、基本技能，均取得优良以上成绩。2010年，开展派出所档案管理攻坚战，县公安局举办档案员业务培训班，细化派出所档案工作流程，提高档案管理质量。2014年11月20—21日，县公安局档案员参加全市公安档案工作会议暨档案业务骨干培训班，学习贯彻市公安局领导关于档案工作的重要批示和省公安厅《关于贯彻落实中办 国办〈关于加强和改进新形势下档案工作的意见〉的通知》《关于加快推进公安档案信息化建设的意见》精神。是年，省公安厅组织开展以“忠诚履职，争创佳绩”主题征文、“记录精彩瞬间，留下难忘回忆”主题摄影、“创新警务机制，铸就辉煌业绩”主题录像为主要内容的全省公安档案系统“三项展评”活动，县公安局档案员徐菁忆《我与档案共成长》获得主题征文三等奖，宣传室胡正学《千里追凶》和姜晓丽《为民服务》分获主题摄影二等奖和优秀奖。2016 年 3 月 10 日，县公安局举办新档案管理系统业务培训班，保障全局档案管理提档升级。

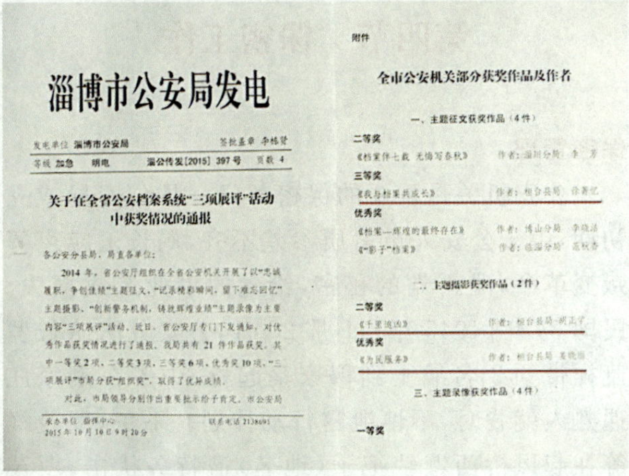
淄博市公安局发电

发电单位 淄博市公安局　签批盖章 李栋贤

等级 加急　明电　淄公传发[2015] 397 号　页数 4

关于在全省公安档案系统“三项展评”活动中获奖情况的通报

各公安分县局，局直各单位：

2014 年，省公安厅组织在全省公安机关开展了以“忠诚履职，争创佳绩”主题征文、“记录精彩瞬间，留下难忘回忆”主题摄影、“创新警务机制，铸就辉煌业绩”主题录像为主要内容“三项展评”活动。近日，省公安厅专门下发通知，对优秀作品获奖情况进行了通报，我局共有 21 件作品获奖。其中一等奖 2 项、二等奖 3 项、三等奖 6 项、优秀奖 10 项，“三项展评”市局分获“组织奖”，取得了优异成绩。

对此，市局领导分别作出重要批示给予肯定。市公安局

承办单位 指挥中心　联系电话 2138691

2015 年 10 月 10 日 9 时 20 分

附件

全市公安机关部分获奖作品及作者

一、主题征文获奖作品（4 件）

二等奖

《档案伴七载 无悔写春秋》　作者：淄川分局 李 芳

三等奖

《我与档案共成长》　作者：桓台县局 徐菁忆

优秀奖

《档案—辉煌的最终存在》　作者：博山分局 李晓洁

《“影子”档案》　作者：临淄分局 高秋香

二、主题摄影获奖作品（2 件）

二等奖

《千里追凶》　作者：桓台县局 胡正学

优秀奖

《为民服务》　作者：桓台县局 姜晓丽

三、主题录像获奖作品（4 件）

一等奖

1950—2015 年桓台县公安局综合档案室归档情况统计表

表 2—4

年份	卷	年份	卷	年份	卷
1950	1	1974	10	1996	467
1951	3	1975	13	1997	389
1952	3	1976	11	1998	468
1953	7	1977	11	1999	464
1954	7	1978	22	2000	370
1955	14	1979	14	2001	445
1956	26	1980	15	2002	476
1957	21	1981	13	2003	337
1958	15	1982	19	2004	379
1961	13	1983	32	2005	433
1962	27	1984	30	2006	552
1963	17	1985	23	2007	948
1964	28	1986	74	2008	1202
1965	14	1987	73	2009	1210
1966	7	1988	53	2010	1143
1967	5	1989	77	2011	1111
1968	2	1990	52	2012	1232
1969	3	1991	116	2013	1484
1970	7	1992	232	2014	2281
1971	14	1993	287	2015	2375
1972	15	1994	348		
1973	22	1995	360		

第四节　保密工作

保密管理

公安机关是重要的保密部门。县公安局成立初期，由于公安人员素质参差不齐，局长王应声等叛变革命，泄露党的秘密，给党的事业造成损失。民国34年(1945年)11月20日，公安分队队长罗茂祥带领2名战士到穆家寨起枪，中午在荆家庄遇熟人就餐时，不慎泄露行动计划。下午，罗茂祥等在起凤桥西辘轳把子(地名)遭特务伏击，罗茂祥被俘遇害。1949年5月13日晚，桓台县发生犯人越狱事件。看守人员泄露处决犯人情况，造成在押犯人恐慌，系导致越狱事件发生的原因之一。事后，县公安局根据渤海行署公安局通报精神，强化保密教育。

中华人民共和国成立后，县公安局个别干警产生麻痹思想，出现失泄密隐患和问题。1950年，侦察股违规召开情报员会议，县公安局发现后，责令纠改。1952年8月12日，省公安厅转发公安部《关于严禁机密事件由公开邮寄 明码发报的通报》，县公安局组织学习，对照检查，严格密件管理。12月8日，侦审股一干部去洪沟工作时，丢失全县侦察工作计划和张店匪特夺枪案的线索材料。根据淄博专署公安处批示精神，给失密人员记过一次，并追究领导责任。1953年，秘书股负责人和各股内勤组成保密小组，清查所有文件和业务材料，共缺失密件11份，遂记过处分、警告处分各1人，与其他行为一并处理行政记过、党内警告1人，做检查1人。1955年11月4日，县公安局制定政保股保密工作制度、材料管理制度、口头保密制度，每月一次检查，严防失泄密。1956年5月7日，省公安厅出台《关于保密范围和保密等级划分具体管理办法的若干规定》，划分13类绝密事项、21类机密事项、9类秘密事项，对秘密文件的寄递、保管及电讯通报、通话保密办法作出具体规定。绝密、机密件必须通过机要交通员传递，秘密件须经邮局挂号寄发或通过军邮投送，涉密文件与一般文件分别保管。县公安局各股负责人核稿签发文件时，同时审核秘密范围和等级。秘书股长负责修正，局长负责核定。

1962年，县公安局根据公安部〔1962〕57号文件精神，制定《文电处理和保管工作意见》，建立严格的文电处理保密制度，规范文件阅读范围及公文办理、文件管理、文件印制等事项，特别要求到印刷厂印制秘密文件时，需经局务会同意并监印，各股统一收存干部记录本，不准自存。1963年4月24日，制定《桓台县公安局保密守则》5条，包括文电管理、印信管理、会议保密及严禁口头泄密、加强组织纪律等内容，干警如有违犯，轻者批评教育，重者纪律处分。

1973年12月20日，局党组为加强档案资料管理，制定《关于几项制度问题的试行规定》，凡发往上级业务部门的文件和呈批案卷，一律通过机要通信传递，严禁平信寄发。1976年，档案室建立借阅登记簿、调卷登记簿、外转材料登记簿、外调人员登记簿、借阅档案催要单，防止档案材料丢失。1983年1月，县公安局印发《关于清退一九八二年文件的通知》，各单位全面清查文件、材料，按清退单立卷归档保管。暂不收交的，各单位清理登记，装订成册，杜绝外传外借。至1985年，未发生失泄密问题。1988年3月，干警李翠芹被县委保密委评为保密工作先进个人。

1991年5月23日，在派出所所长、内勤会议上，县公安局副政治委员、保密领导小组组长巩曰龙传达公安部、国家保密局关于《公安工作中国家秘密及其密级具体范围的规定》《公安工作中国家秘密保密期限的暂行规定》文件精神，要求各单位拟定密件密级和保密期限，秘书科负责监督检查，局领导审定。各科室提报国家秘密事项清单，主管领导审批，印发国家秘密事项通知书，秘书科依据报批意见，向有关单位发放通知书，各单位接通知书后指定专人(主要是内勤)严格管理。1994年1月，按照《山东省公安机关保密工作细则暂行规定》要求，进一步规范秘密文电、印信、通信、计算机、涉外科技、办案、宣传报道、档案管理等事项的保密工作。1995年，县公安局贯彻落实《淄博市公安局保密工作细则(试行)》《淄博市公安局会议保密制度》，专门强调部署并严格落实。1999年，制定《桓台县公安局保密工作规定》，对文电、通信、办案、宣传报道及其他保密事项做出具体规定。

随着计算机网络技术的广泛应用，公安信息化建设应用领域的保密工作出现新情况、新问题。2003年，县公安局下发《关于进一步加强公安保密工作的意见》《桓台县公安局保密工作责任规定》，把保密工作尤其是计算机安全工作列入重要议事日程，定期研究、解决问题。2004年11月，围绕禁止公安业务用计算机“一机两用”（计算机或网络设备既连接公安网，又连接互联网）问题，部署开展经常性检查。2006年，县公安局转发省公安厅《保密工作“二十个必须二十个严禁”》，开展纪念保密法实施17周年保密“宣传教育月”活动，组织开展公安网络和信息安全保密大检查。2007年4月，根据《山东省公安机关保密要害部门 部位保密管理办法》，县公安局保密办确认和备案保密要害部门、部位，规范岗位人员使用条件、政审工作和日常监督教育管理。6月，以“铸忠诚警魂，做忠诚卫士”为主题，开展为期一周的“忠诚教育周”活动，教育民警增强敌情观念，维护政治纪律，整改涉密安全隐患和漏洞，切实防策反、防渗透、防泄密。2008年5月，县公安局开展保密“宣传教育月”活动，编发《桓台县公安局保密工作规范》，明确县公安局保密委员会职责、国家秘密及其密级、警务工作的具体范围，规范密件管理、涉密移动存储介质管理、涉密计算机管理、保密教育、警务保密、密码保密、通信和办公自动化设备保密、新闻报道保密、外事保密、会议保密、手机使用保密、政府信息公开保密等事项以及奖惩。6月3日，县公安局举办保密机要培训班，局领导与各单位签订保密工作责任状。8月，全局民警参加保守国家秘密法颁布20周年网上答题活动。2009年4月7日，县公安局印发《关于规范密件管理 确保密件安全的通知》，组织学习《公安工作国家秘密范围的规定》。县公安局建立密件发放、传递、保管、回收、销毁、通报、考核、处分机制，杜绝丢失密件问题。同时，建立新警、文职、协勤、警院学员岗前保密教育制度。7月13日，县公安局成立吴佩林任组长，荆树明、张林平任副组长的保密检查和隐患整改工作领导小组，制定《隐患整改方案》和《保密检查工作方案》，与各单位签订《保密工作整改责任书》，涉密重点岗位人员签订《保密承诺书》。拨付专项资金，购买计算机深度违规检查工具，为7个涉密重点单位配备涉密计算机及涉密移动硬盘、涉密优盘，由县公安局保密办统一备案，列入日常监管。随后，运用先进检查技术和检查手段，检查计算机356台，移动存储介质195个，发现37台计算机存在失泄密隐患，当即监督整改。

2009年7月13日，县公安局召开保密检查工作会议

2009年9月17日，县公安局对新警进行保密培训

2010年8月，修订《桓台县公安局保密工作规范》，组织涉密岗位民警学习《保密技术防范常识》《信息化条件下保密工作读本》《保密知识百题问答》等读物，把保密法知识列为警务技能培训班的培训和考核内容。2012年1月，县公安局保密办总结“五五”期间保密普法经验，制定“六五”保密法制宣传教育规划，各基层单位制定适合本警种、本单位的保密法制宣传教育工作计划。5月25日，县公安局保密办和警卫、国保部门共同研究制定《警卫信息资料保密处理规范》《国保信息资料处理规范》，预防国家秘密和敏感信息失密问题。2013年4—10月，组织开展保密工作“调查研究年”活动，县公安局保密办深入基层一线，实地查看涉密重点单位、保密问题较多的要害部位，召开

座谈会或个别访谈，听取基层单位对保密工作的意见和建议，督促整改保密安全隐患。2014 年 5 月 27 日，开展保密警示教育，各单位分管负责人及涉密岗位民警 50 余人观看保密警示片。7—11 月，根据《全省公安机关开展保密知识“大普及”活动实施方案》，在全县公安机关开展保密基础知识学习和测试活动。11 月，组织学习中共中央办公厅、国务院办公厅《手机使用保密管理规定》，完善保密制度，查找失泄密隐患，确保涉密人员和涉密场所相关手机符合保密规范要求。2015—2016 年，县公安局持之以恒抓好保密教育和保密检查工作，重点要求全体民警正确使用公安数字证书、公安信息网信息，一律不得因私使用，防止发生失泄密问题。

机要密码

1994 年，县公安局开通密码传真业务。1995 年 7 月，指挥中心机要通讯科负责密码值班和收发工作。9 月，开通微机存储发报系统。1997 年，县公安局党委成立党委书记任组长，指挥中心主任、通讯科长任副组长的密码通讯领导小组。此后，随着县公安局党委班子和指挥中心人员调整，及时变更党委领导下的密码通讯领导小组。2002 年 10 月，购买密码设备 1 套，实现机要文件网络传输。2003 年 9 月，根据市公安局《关于进一步加强电报传输和使用管理的通知》，规范电报撰写、电报发送规则、签发以及电报管理工作。2007 年 5 月，机要室被省公安厅评定为县级公安机关三级机要室。2008 年 1 月，公安部印发《关于加强新形势下公安密码工作的意见》，具体规定密码配用和管理、通信系统建设、保障机制建设、密码干部队伍建设等事项。县公安局严格密码工作纪律，推行密码工作标准化管理，确保党和国家秘密安全。2009 年，投资 15 万元，升级改造机要室，阅报室、值班室、机要通信机房相对独立、集中配套，办公面积 50 平方米。2010 年 7 月，设立指挥中心机要室（股级）。2011 年 3 月，指挥中心机要室升格为副科级。2012 年 2 月，机要室被公安部评定为县级公安机关二级机要室。2015 年 12 月，机要室被公安部评定为县级公安机关一级机要室。

指挥中心机要室实行 24 小时值班制度，配备 6 名专（兼）职密码工作人员，其中 2 名为专职人员（含 1 名专业技术人员）。密码干部严格落实岗前政审、岗前必训、持证上岗制度。日常工作中，实行日巡查、月检查管理，指挥中心分管领导定期召开工作例会，点评密码工作。对密码干部开展忠诚教育、保密教育和优良传统教育，打造政治思想过硬的机要干部队伍。密码电报由局领导签发，阅

2010 年，密码干部接受忠诚教育

办密码电报严格履行登记签发手续，一律在阅报室进行。专人负责密码电报传阅、清退、销毁工作。传发密码电报坚持“密来密复”的原则，严禁通过电话和手机谈论密码电报。《机要值班和交接班规定》《机要机房管理规定》《密码电报使用管理规定》《机要人员保密守则》等管理制度悬挂上墙，机要室配备监控及报警设施，严禁非机要人员随意进入机要室，确保密码通讯绝对安全。

第五节　网上公安

互联网站

2014 年 4 月 15 日，县公安局依托淄博市公安局网上公安局互联网网站开通子网站，建立桓台县公安局网上公安局，制定《桓台县公安局网上公安局运行管理工作规范》，举办维护人员业务培训班，由指挥中心牵头，负责日常维护工作。

为发挥互联网站作用，县公安局从业务需要和群众需求出发，走访群众和基层民警 500 余人次，征求栏目设置的意见和建议。经过一个月的调研论证，制定网上公安局建设方案，设置县公安局简介、警方公告、警务要闻、媒体聚焦、警方提示、

2014 年 4 月 15 日，县公安局开通网上公安局

防范体验室、服务大厅、走进警营、警界人物、便民查询、艺术殿堂、市公安局主页等 12 个板块，服务大厅板块涵盖交警、户政、出入境、网安、治安、消防、法制、看守所、禁毒、刑侦、信访、督察、纪委等 13 个子板块。便民查询板块可为市民提供交通违法查询、交通违法代码查询、公安机关地址查询、车辆信息查询、身份证信息查询、身份证和居住证办理进度查询、驾驶人信息查询、公民姓名重名查询、护照/港澳通行证/赴台通行证办理进度查询等 9 项查询服务。警民在线栏目围绕公安中心工作和社会群众关注的热点问题，定期邀请各警种负责人同网民互动交流，答疑解惑。至 2016 年 4 月 15 日，组织上线 40 场次，答复网友问题 470 个，当场处理具体事项 9 件。针对电信网络诈骗犯罪高发，诈骗手段形式多样，严重危害群众财产安全实际，精心设置防范体验室板块，将防范网购诈骗、

防范体验室

退还汽车购置税诈骗、QQ 视频诈骗、冒充公检法诈骗方法制成动漫，群众更加直观了解电信网络诈骗实质，防止上当受骗。该板块得到市公安局的充分认可，并链接在市公安局网站推广。2015 年 5 月 18 日，张京义局长作出批示：“网上公安是现实公安的网络版，通过网络服务群众、维护稳定是一项非常有意义的工作，希望再接再厉，多出精品，为桓台公安打造网上品牌”。

政务微信

2015 年 3 月 8 日，县公安局“平安桓台”微信公众号开通运行，紧扣群众关注的涉公安、涉治安等热点话题，宣传安全防范知识，正确引导舆论，密切警民关系。5 月，县公安局制定“平安桓台”政务微信推广方案。通过内部推广、家属及朋友微信圈推广、窗口单位推广，走进山东工业职业学院、山东泰宝集团、惠仟佳购物广场宣传，微友人数

2015 年 5 月，“平安桓台”政务微信进校园

3000 余人。7 月，“平安桓台”政务微信增设“交通违法查询”“车辆信息查询”“身份证信息查询”等 8 类查询功能，群众点击查询，即可获取相关业务信息。9 月，开通“户政业务”咨询服务，单列 22 项户政业务，群众根据需求，在对话框内回复对应数字，便可查到所需业务信息。至 2016 年 4 月，平台先后为 6300 人次提供查询服务。

“平安桓台”政务微信开通后，成为警务报道的权威阵地、改善民生的权威渠道、回应民意的权威窗口。至 2016 年年底，“平安桓台”编发信息 211 期 466 条，政务微信关注人数突破 4 万人。其中，《红莲湖“越狱”鳄鱼被成功捕获》阅读人数 7441 人，《辟谣！近日网传“警察田间抓人”视频发生在桓台县系谣言 请勿轻信传播》阅读人数 7534 人，《桓台警花 A4 腰 教您遇骗不中招》阅读人数 8316 人，其他平台纷纷转发，实际阅读人数均超过 2 万人。新华网、鲁中网、新浪微博等网络媒体纷纷转载《桓台警花 A4 腰 教您遇骗不中招》，淄博电视台《今晚 18 点》追踪报道。

2016年5月，县公安局尝试与县内其他微信公众号建立微信联盟，定名为“平安连万家”桓台公益宣传微联盟，并制作精美Logo，发倡议书和邀请函，与本地20余家政府机关、金融、通信、媒体、高校等微信公众号联盟。“平安桓台”发布预警信息、防范常识、辟谣信息的同时，推送给联盟成员微信公众号转发，提升受众数，提高“平安桓台”关注度。

民生警务平台

2013年7月19日，省公安厅整合互联网政务网站、政务微博、警务QQ群、警务服务热线，开通民生警务平台和9600110服务热线。该平台集咨询建议、举报投诉、回访落实、监督考核、决策服务等功能为一体，对群众民生诉求“一网受理、一站办结、一口回复、一线回访、统一考核、统一研判”。作为一线维护单位，县公安局落实上级公安机关部署要求，构建倾听民声诉求、畅通民意渠道、解决民生问题、赢得群众满意的民生警务机制。

2014年8月，市民通过民生警务平台反映：临时身份证制发时间过长，给生活带来不便，希望缩短临时身份证制发时间。接到情况反映后，指挥中心平台维护人员对接户政部门。户政部门公开承诺，临时身份证由3个工作日缩短为2个工作日，对公民申请办理临时居民身份证且符合发证范围的，派出所当场受理，县公安局收到申请后2个工作日内完成制证工作；同时开通“制证绿色通道”，对于急需用证人员，县公安局当场办证。

2015年7—9月，县公安局按照省公安厅、市公安局《山东民生警务平台开通2周年系列宣传活动工作方案》要求，印制防范宣传袋、即时贴、鼠标垫1万余份，开展系列宣传活动。利用各派出所、户政、出入境窗口，《桓台大众》、桓台电视台、桓台广播937、《鲁中晨报》等媒体，广场大屏幕及金融机构营业网点、医疗机构、出租车、公交车LED显示屏等社会资源，广泛开展社会面宣传。至2016年4月，县公安局通过民生警务平台办理各类咨询投诉1350件，群众对服务事项满意率100%。

第六节　情报信息

公安情报工作

抗日战争时期，县公安局高度重视敌情搜集工作，利用抗日积极分子和侦察员、情报员、锄奸网员、联络点、内线人员，开展情报与反情报斗争，掌握日伪军事部署、动态，及时清除敌伪情报点和情报人员，服务军事行动、锄奸反特、政权保卫。民国30—31年(1941—1942年)，日军先后推行五次“治安强化运动”，实行“铁壁合围”政策，在乡村成立反共自卫团，地主、汉奸、地痞、流氓、伪保长提供抗战组织和人员情报，加之当时“左”的错误倾向，桓台抗日工作遭受严重损失。面对敌强我弱局面，县委和县大队、县公安局把建立内线、长期潜伏、获取情报、适时进攻作为重要的战术手段，把惩处汉奸、破坏敌人地下情报站作为孤立敌人的重要举措，在正面战场和锄奸战场取得一个又一个的胜利。相继镇压多个村庄的日伪情报站(网)负责人。通过查训教育，争取部分敌伪情报员反正，把伪村政权改造成革命的两面政权，打破抗日被动局面。是年底，渤海行署公安局局长李震和临淄县长李铁锋被俘，关押在张店日军特别第六混成旅团长潘井部队战俘收容所内，内线吴宣庭给王毓森送出情报，王毓森转报渤海区党委，为渤海区党委掌握情况，利用日俘飞行员山田井马交换李震、李铁锋作出贡献。民国33年(1944年)4月，在夜袭张店日伪特务队后，吴宣庭不慎暴露身份，壮烈牺牲。8月，县委分配给公安局的任务，主要是在敌人内部建立关系，了解敌人活动情况，把情报工作作为制胜的关键。为控制日伪唐山据点情况，宋鲁源在于堤村于宏敦家建立秘密情报点，于家父子以开锅饼铺和串乡卖油为掩护，搜集大量情报，同时掩护革命同志，购买军用物资。日寇投降后，于家父子报告并带领地方武装起出伪二十四旅在徐店周围埋藏的大批军用物资。民国34年(1945年)5月18日，在内线崔佃志配合下，宋鲁源带队全歼伪二十四旅驻古城通讯队总部。7月20日，武工队在秘密侦察基础上，在抗日积极分子朱秀兰(女)配合下，掌握日军活动规律，遂决定奇袭石桥日军教练飞机场，宋鲁源带领武工队员王占魁、郭正财、王振祥、张宇桐、高延洪、杜所文，在内线日军炊事员王克强、刘淑均配合下，毙日军 2 名，伤 1 名，夺取扫射机枪 1 挺、步枪 4 支、子弹 100 余发，将扫射机枪上交渤海军区

1945 年 7 月 20 日，奇袭日军石桥教练飞机场战斗遗址　（1983 年 12 月　摄）

警备七旅，成为全旅"第一枪"。7 月 31 日，根据张店内线情报，孙铁民、宋鲁源带领县大队、武工队伏击自张店去石桥飞机场的 15 人日军小队，歼灭日军中队长金池以下 9 人。

民国 34 年（1945 年）9 月，县公安局成立侦察队，在张店等重点地区搜集敌人情报，各公安分局也建立情报网络，在各村设立锄奸小组和锄奸网员。民国 35 年（1946 年），荆家公安分局抓获为国民党桓台县"还乡团"送情报的荆聿仓、荆广顺和勾特分子荆德恒、窝特分子荆光文。荆家公安分局利用设在桓城的情报力量，获取国民党部队和"还乡团"侵犯荆家庄的情报，早作准备，争取主动，取得"六保荆家庄"的胜利。民国 37 年（1948 年）3 月，桓城解放后，根据线索，宋鲁源带领一股股长蔡玉璋等人赶赴周村，经过两天一夜战斗，将潜伏在鲁中、鲁北地区，专门收集解放军行动情报的国民党军统情报组织一网打尽，抓获曾参与谋杀廖仲恺的军统少将赵崇德等 8 人。

中华人民共和国成立后，县公安局依然高度重视情报工作，坚持专门工作和群众路线相结合，巩固人民民主专政政权。20 世纪 50—60 年代，从局长做起，每名侦察员都有自己的情报网络。侦察股及后来的侦保股、侦审股、政保股负责搜集地、富、反、坏及匪特、反动会道门等政治情报，形成敌情报告；治安股、侦审股负责搜集一般刑事犯罪活动情报，形成治安情况简报和刑事犯罪分析报告；在国家政策调整或者重大行动期间，形成社情周报、月报、敌情旬报，各级公安机关及党委、政府再以《情况简报》刊发，部署相关工作。通过情报搜集，继续深挖潜伏下来的敌特组织和反革命分子，改造"四类分子"，掌握犯罪规律特点，打掉一批违法犯罪分子。

"文化大革命"期间，公安情报工作瘫痪。1973 年，全县公安工作逐步恢复正常，政保股、治安股广泛搜集坏分子、历史反革命、会道门破坏政策、破坏生产、攻击党和社会主义制度的情报信息，分析归纳流窜犯罪等重要警情，编发《当前敌情动态》，为侦破反革命案件、打击反动会道门、掌控治安局势、巩固无产阶级政权服务。

中共十一届三中全会以后，公安机关落实复查纠正冤假错案政策，但是少数历史反革命分子和"四类分子"企图翻案，在社会上制造政治谣言，邪教组织、反动会道门蠢蠢欲动。县公安局全面搜集以上情报，服务上级正确决策，维护安定团结的政治局面。1978 年 2 月，建立敌情报告制度，每月一次综合敌情报告，重点掌握敌情特点、规律和新的动向，出现紧急重大敌情，及时报告县委、地区公安局。20 世纪 80 年代，治安问题比较突出，公安机关根据现场勘查、走访群众、治安巡逻，掌握犯罪分子活动规律特点，在现行打击的同时，提前预警，主动防控，推动"严打"深入开展。

20 世纪 90 年代起，社会深刻转型，各类矛盾突出，公安机关主动介入，找准矛盾关键点和利益平衡点，形成有价值的情报，报告党委、政府，协助化解大量矛盾纠纷。1992 年 11 月 1 日，指挥中心建立信息报告、信息登记、信息跟踪、信息反馈、信息综合、信息编发等工作制度，广泛搜集和掌控敌情、政情、社情、警情等"四情"信息。1995 年 8 月 22 日，县公安局出台《关于严格请示报告制度的规定》，各科所队确定一名信息员，负责搜集、整理、上报各类信息，做到上情下达，下情上报，使局领导和上级公安机关能够及时准确掌握基层情况、社会动态，有效预防和控制突发性事件。是年，省公安厅一处发布《情报信息工作暂行规定》，对情报信息的性质和任务、搜集获取情报信息的渠道、

情报信息工作的范围和重点、情报信息的管理、评估和奖惩等事项做出详细规定。

进入21世纪，情报信息引领警务，“大情报、小行动，先情报、后行动”成为警务活动重要原则，情报工作广泛应用于反恐斗争、维稳领域、治安防控、风险评估和行政管理。县公安局指挥中心成立情报信息研判中心，制定《重要信息报送规范》，对危害国家安全和影响社会政治稳定的信息，严重刑事案件、重大治安问题、重大安全事故、治安灾害事故、疫情及其他重要工作、重要情况方面的信息，迅速报告、深度研判和统一出口，对刑事警情日通报、周研判、月分析，及时预警布防。2005年11月，依托公安信息网，建立情报信息网，开辟预警防控、信息研判两个栏目，先后编发《情报信息研判》刊物313期，《预警防控》类刊物358期，为精确打击提供方向。2006年3月，建立5万元的情报信息专项奖励基金，对每条重要信息提供(撰写)人员给予50～300元奖励。

随着经济社会全面发展，群众对公共安全问题格外关注，上级对此类信息报送时限要求越来越严格。2009年3月23日，桓台县久久化工有限公司发生一起爆燃事故，因多方原因，县公安局对口上报信息迟缓，造成市公安局工作被动。在深刻分析原因基础上，3月31日出台《桓台县公安局敏感信息报送处理规范》，厘清各级、各岗位情报信息报送责任，严格落实重要信息报告制度，争取上级决策和舆情工作主动权。

2010年3月起，在重要节点，开展警情会商，各警种交换情报，警务行动步调一致。7月，县公安局设立指挥中心情报信息室(股级)，公安情报工作向专业化发展。10月，部、省、市、县四级公安机关情报平台实现联动。2011年3月，指挥中心情报信息室升格为副科级。2013年11月，情报信息室专业队伍正式组建。情报信息室利用大情报平台，整合社会资源信息，指导派出所及相关警种对犯罪活动实行立体化防控。情报信息室总结提炼、推广各类优秀技战法，增强民警利用信息化手段搜集情报的意识，提高侦查破案能力。2014年，针对电信诈骗案件高发实际，多次开展专门警情会商，印发10万份预警宣传材料，增强群众防范意识。8月28日，局长张京义主持召开情报信息工作推进会议，全面部署信息化条件下的公安情报工作，把情报工作融入现代警务，支撑合成作战体系建设。2016年1月，省公安厅、市公安局组织情报信息红色指令比武追逃竞赛，县公安局成绩位列全市第二名。

2010年3月1日，第一次警情会商

2015年12月，情报室民警分析研判警情

政府信息公开

2007年4月5日，国务院发布《中华人民共和国政府信息公开条例》，自2008年5月1日起实施。按照县政府办公室《关于做好施行〈中华人民共和国政府信息公开条例〉有关工作的通知》要求，2008年2月25日，县公安局制定《政府信息公开工作实施方案》，成立由政治委员罗光友任组长，副局长姚鸣、指挥中心主任张林平任副组长，局直各单位主要负责人为成员的政府信息公开工作领导小组，领导小组下设办公室，指挥中心副主任张玉新任办公室主任。3月20日，编制完成《政府信息公开指南》《政府信息目录》，经局领导审核后，报县政府办公室。

公安机关主动公开下列政府信息：公安机关机构设置及主要职能情况，机构领导及分工情况；与公安机关职责相关的法律、法规、规章，以公安机关名义发布或者公安机关作为主办部门与其他部门联合发布的规范性文件等；公安机关阶段性工作计划、工作重点安排等；公安机关各项行政许可的事项、依据、条件、数量、程序、期限以及申请行政许可需要提交的材料目录及办理情况，行政事业性收费的项目、依据、标准，政府集中采购项目的目录、标准及实施情况，重大建设项目的批准和实施情况，突发公共事件的应急预案、预警信息及应对情况等；公安机关专项统计报告、年鉴等；公安机关重要会议、活动的主要情况、人事任免事项、公安机关公务员招考录用计划、程序、结果等，

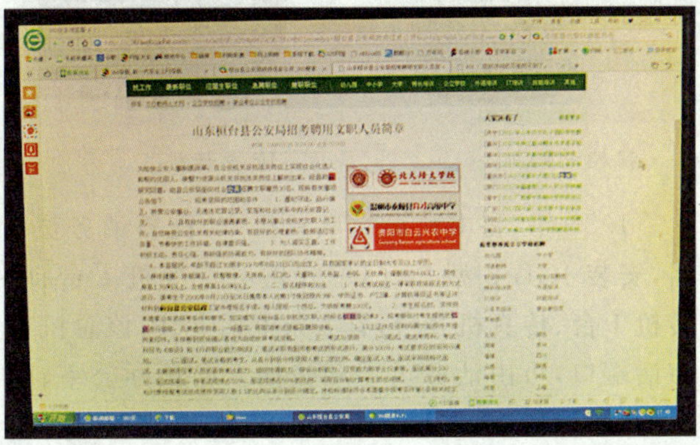

网上公开招聘信息

以及公安机关职责范围内依法应当公开的其他信息。除依法免予公开的公安类政府信息外，以上各类信息均遵循及时、便民的原则，予以公开或者依申请予以提供。对属于主动公开的政府信息，县公安局采取以下一种或者几种形式及时公开：政府网站，政府工作年报或者其他报纸、杂志，新闻通报会以及广播、电视等公共媒体，在承担治安、公安管理职能部门的接待窗口设立信息索取和查阅点、电子屏幕等设施，其他便于公众及时准确获取信息的形式。

依申请公开的信息为：警务秘密文件中不包含免予公开内容，且可以明确区分的部分可公开内容；相关政府信息，权利人或者相关当事人同意公开的，或者公开后的公共利益超过可能造成的损害的，以及法律、法规规定可以公开的；相关政府信息，如果公开后公共利益不会造成实质性损害的。

下列公安政府信息免予公开：属于国家秘密、警务秘密的；属于个人隐私或者公开可能导致对个人隐私权造成不当侵害的；正在调查、研究、处理过程中的治安、行政管理事项；与治安、行政管理执法活动有关，公开后可能会影响检查、调查、取证等执法活动或者威胁个人生命安全的；涉及商业秘密或者公开后可能对社会正常经济活动造成损害的；法律、法规、规章规定免予公开的其他情形。

县公安局治安、户政、出入境、消防接待窗口归口受理职责范围内的政府信息公开申请，信访接待室现场接受其他政府信息公开申请，在2日内转交有关业务部门审核确定是否受理。2个工作日内，将以上接受申请情况向县公安局政府信息公开工作办公室备案。当场收到政府信息公开申请后，认真做好登记。属于主动公开范围的，告知申请人获取该政府信息的方式和途径；属于不予公开范围的，告知申请人并说明理由；依法不属于公安机关公开或者该政府信息不存在的，告知申请人；对能够确定该政府信息的公开机关的，告知申请人该行政机关的名称、联系方式。公安机关收到政府信息公开申请，能够当场答复的，当场予以答复。公安机关不能当场答复的，自收到申请之日起15个工作日内答复；需延长答复期限的，经县政府政府信息公开工作办公室同意，并告知申请人，延长答复的期限最长不超过15个工作日。申请公开的政府信息涉及第三方权益的，公安机关征求第三方意见所需时间不计算在15个工作日内。

公安机关依申请提供政府信息，除可以收取检索、复制、邮寄等成本费用外，不收取其他费用。公安机关不通过其他组织、个人以有偿服务方式提供政府信息。申请公开政府信息的公民确有经济困难的，经本人申请、县公安局政府信息公开工作办公室审核同意，可以减免相关费用。

每年2月底前，各有关警种部门按照县公安局政府信息公开目录要求，对本单位的政府信息按主动公开、依申请公开和免予公开分类全面梳理完成。对公开后的政府信息及时清理更新，属于主动公开的政府信息自形成或变更之日起20个工作日内予以公开，具体的办事程序和手续自

形成或变更之日起 2 个工作日内予以公开，法律、法规和有关文件对政府信息公开的期限另有规定的，从其规定。每年 3 月 20 日之前，县公安局政府信息公开工作办公室完成《政府信息公开指南》《政府信息公开目录》编制工作，每年 3 月 31 日前提交并公开年度工作报告，在报县政府办公室的同时，将主动公开的信息通过政府网站、政府公报、公安网站、新闻通报会及报刊、广播、电视、服务窗口、LED 显示屏等多种方式公开。

县公安局成立政府信息公开保密审查领导小组，主管公安政府信息公开保密审定工作，需要公开的信息经过保密审查后方可公开。指挥中心负责县公安局公文类信息公开保密审查，政工室负责公安新闻动态类信息公开保密审查，政府信息公开工作办公室负责其他信息公开保密审查。

2008 年，县公安局公开政府信息 105 条。其中，依申请公开 1 条，主动公开 104 条，计机构职能 4 条、政策法规 5 条、业务工作 90 条、统计数据 2 条、其他信息 3 条。2016 年 3 月 29 日，县公安局规范公函、信件接收制度，对以公函、信件等形式申请政府信息公开的，由政府信息公开工作领导小组办公室转有关单位处理，并加强督办催办。至 2016 年 4 月，县公安局主动公开信息 1007 条。

第七节　通讯保障

有线通讯

建局初期，县公安局传达命令、传递信息靠口头、信件或文件来完成。局长、副局长，分局局长、副局长，政卫队长、副队长、政治指导员、副政治指导员各配备 1～2 名通讯员，负责报告情况、传达作战命令。

1950 年，县公安局机关迁至索镇高家大院后，秘书股安装首部磁石手摇电话机，承担对外联系、上传下达、接报火警、匪警等职责。1972 年，治安股安装 1 部磁石手摇电话机。1979 年 10 月，县公安局机关由东镇村迁至原县委招待所，预审股、刑警队、政保股、看守所各安装 1 部手摇电话。1982 年 10 月，根据国务院关于 1980—1983 年建成公安部到市、县公安专用通讯网络的指示精神，县财政拨款 33604 元，购置专用电话会议终端 1 部、真迹传真机 2 台和公安专用电话线等设备。11 月 1 日，开通到惠民地区公安处、省公安厅的内部专线电话。1983 年 10 月，开通到淄博市公安局的内部专线电话。

磁石手摇电话机

拨号电话机

程控电话机

IP 电话机

1985 年，秘书科设通讯总机室，配备话务员 4 名，安装 JGL-8 型 50 门单式供电交换机 1 台、中转机 1 台、传真机 2 台，有 2 条电话专线，该总机有市话端口，可由话务员手动拔插。局长办公室、政工科、政保科、治安科、刑警队、户籍科、看守所、史志办、值班室及在职正、副局级领导家中各安装电话 1 部，全局共安装电话机 15 部。是年 5 月，开通到市公安局的长途专线 1 条，与电话会议并用，设有话务、传真等业务，话务员 24 小时值班，保障日常信息传递、传真收文和召开电话会议。1988 年，总机室配备机械式滚筒传真机 1 台。是年 5 月，新办公楼启用，各科室队均安装电话，全局电话机 42 部。

1989 年 3 月，通讯业务划归行政科。1990 年 5 月，县公安局派人到天津光电公司学习三类传真机业务，并购买价值 1.5 万元的 UF-200 型通讯传真机 1 台。1991 年，投资 9.8 万元，购置有线无线转换汇接机和微机各 1 台，在办公楼三楼辅楼建立电话会议系统。是年，因对公用电话管理不严格，电话费占公务费的 90%，致使办公经费及差旅费等得不到保障，县公安局将 51 部（机关 44 部，家庭 7 部）公用电话削减为 22 部（含家庭电话）。1992 年，经县政府批准，为局长安装工作用家庭程控电话机 1 部。1993 年，行政科副科长王沛被市公安局评为优秀值机员，干警徐慧被评为优秀话务员。1994 年 1 月，投资 38.9 万元，安装 SOPHO-250 数字程控交换机 1 台，开通中继线 10 条，安装分机 242 门，购置 DDN 传输设备 1 套，内部电话由人工转接改为全自动等位拨号。县公安局各科室队及宿舍区干警家中均安装内线电话，在机房安装 1 台用于管理机房设备和打印电话清单的计算机，同时安装话务统计与计费系统，方便工作，减少话费开支。

机房　　　　　　　　　　　　　(2016 年 4 月　摄)

1994 年 10 月，通讯业务划归指挥中心。1995 年 8 月 1 日，县公安局出台《程控电话管理办法(试行)》。1998 年，各派出所统一安装传真机，实现局、所明传电报通讯。2000 年 8 月，市公安局开发淄博公安综合宽带业务，并组建全市公安虚拟电话网，为县公安局开通“2189”号码开头电话机 11 部。2001 年 11 月，市公安专网号码段扩容，县公安局增加“2139”号码开头电话机 34 部。12 月，投资 30 余万元，在三楼会议室建成面积 120 平方米电视电话会议室，开通电视电话会议系统。该系统采用 MPEG2 编解码方式，传输速率为 8Mbps，图像质量达到广播级，具有方便、直观、快捷、信息量大等特点，实现多媒体通信和图像实时传输。2005 年 4 月，市公安局配发连接公安网的 IP 电话机 48 部，全部安装到刑警责任区中队及派出所。2008 年，投资 15 万元，购置 KDV800V 电视会议设备。2009 年 2 月，电视电话会议室迁至原址北侧综合楼三楼。8 月，建成覆盖全县的 IP 电话网，为基层所队安装 IP 电话机 60 部。2010 年 2 月，投资 50 余万元，全面改造通讯机房的照明配电、综合布线、新风空调、接地防雷系统及交换设备等，安装 ZSY2000-06 数字程控交换机 1 台。6 月，投资 40 余万元，完成覆盖 12 个派出所的四级网视频会议系统建设，实现公安部、省公安厅、市公安局、县公安局到派出所的四级视频传输，派出所民警可在本单位参加电视电话会议。2011—2013 年，县公安局安装“2138”号码开头公安专网电话机 2 部、“2135”号码开头公安专网电话机 63 部。2016 年 4 月，全局共安装长途直拨电话机 4 部、“2134”“2135”“2138”“2139”号码开头公安专网电话机 115 部。

2001 年 12 月，建成的电视电话会议室

2009 年 2 月建成的电视电话会议室

无线通讯

1985 年，县公安局在秘书科办公室前竖立 20 米无线架 1 个，购置双功无线收发机 3 部、450 兆模拟对讲机 5 部，组建第一个无线通讯网，因无中继台，转发信号较弱。1987 年，购置潍坊华光信息科技有限公司生产的 UP450 型 450 兆赫频率中继台，增配 450 兆模拟对讲机 20 部、车载台 1 部，提高对讲质量。1988 年 10 月，田庄、新城、起凤派出

所安装无线发射塔，组建本所无线通讯网。1990年，侯庄、果里、耿桥、邢家、马桥、周家等派出所陆续组建无线通讯网。1991年7月，县公安局为部分科室及派出所配置7005型手持话机4台、C450型手持话机4台、C412型手持话机18台，非涉密信息通过手持话机联络。1993年6月，县公安局在机关后院竖立1座高79米的通讯铁塔，建立覆盖全县的公安无线通讯网络。7月，投资9万元，购置150兆无线双功能基地台1部，县公安局保卫科3名干警、城区派出所5名干警与30家内部单位分管保卫工作领导、保卫科长配备对讲机，组建内部保卫通讯网。1994年3月，局领导配备模拟移动手机5部，各科室所队长配备126数字或汉字人工无线寻呼机。1995年8月20日，无线寻呼改为126人工寻呼、127自动寻呼。是年，各派出所所长和刑警、治安、巡警、户政、保卫等科室队负责人配备模拟移动手机，部分民警配备寻呼机。1996年1月16日，县公安局印发《关于启用新编无线呼号及有关规定的通知》，加强无线电通讯管理。1997年，数字通讯手机逐步代替模拟通讯手机，局党委成员及刑警大队正副职、巡警大队大队长、治安科长、索镇分局正副职、各派出所所长每人配备移动电话1部，民警配备寻呼机。1998年，无线寻呼并入市公安局专网，节省寻呼费用。1999年3月16日，制定《关于加入公安寻呼网的暂行规定》，严格审批手续，严禁非公安用户入网。

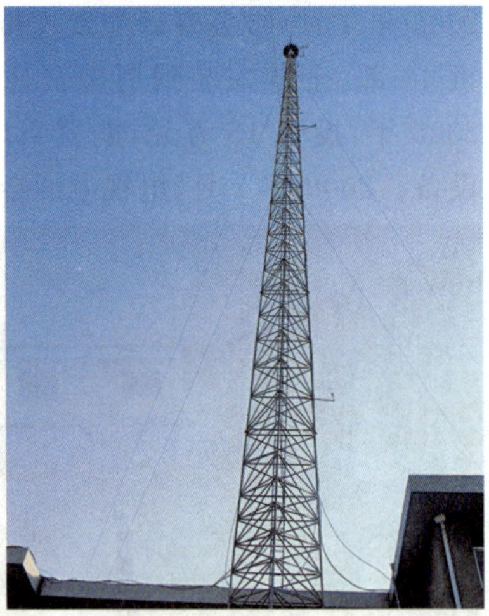
1993年6月，县公安局在机关后院竖立79米高通讯铁塔

2000年3月6日，省公安厅印发《山东省350兆警用自动级移动通信网建设方案》，对网络级别及系统基本要求、信令、网络组织结构、设备选型及基本配置、联网及网络管理、号码编排及使用方法等作出明确规定。10月，部分民警办理使用20元市话包月小灵通。2002年9月，建设GPS定位监控调度网络。是年，寻呼机停用。2006年2月，市公安局配发移动警务通电话40部，发放给局党委成员，各业务大队大队长、政治教导员及中队长、政治指导员，各派出所所长、政治指导员。2007年，县公安局投资10万元，购置350兆无线对讲机40部，为建设覆盖本地的公安350兆集群系统做准备。2009年，县公安局建立四信道基站，购置80部移动台，建成覆盖全县的公安350兆集群系统。是年5月，拆除县公安局无线发射塔，在县工商银行信号塔安装公安无线对讲基站。

2010年，县公安局购置350兆无线对讲机150部。是年4月，巡特警大队武装巡逻车安装车载3G无线图传设备，为出警民警配备单兵无线视频传输设备，保证城区发生突发事件时，实时传输现场图像至指挥中心。2013年，为各基层所队配发移动警务笔记本23台；投资60余万元，购置、调装应急通信指挥车1辆；投资120余万元，购置350兆数字集群无线通信装备。2014年，完成350兆数字集群基站建设任务，配发数字对讲机70部。

对讲机

2015年，市公安局配发350兆数字对讲机150部，为社区民警配备治安云采集用PAD73部。12月，全局385名在职民警均配备移动警务终端，移动警务系统由市公安局负责统一规划和管理，县公安局信息通信部门负责维护管理。至2016年4月，全局移动警务终端379部、警用PAD76部、对讲机225部。

信息网络

1996年3月，县公安局以租用邮电局DDN网的方式，建立公安三级计算机网，实现与市公安局信息中心不间断连接，传输速率19.2K。1999年8月，利用华为综合业务接入网提供的V.35接口设备，建成 SDH 光传输网络，实现县公安局与市公安局网络连接（即公安三级网），传输速率为 128K。2000 年 9 月，各基层单位安装 Dlink 交换机、NT1 和 ISDNVigor128，并利用 ISDN 方式开通 128K 数据链路，经光纤连接到县公安局，开通公安部、省公安厅、市公安局、县公安局四级公安信息网络。是年，购买传输速率为 10Mbps 的北电交换机，建立局域网。

2002 年，县公安局通过 IBAS 综合宽带业务，接入三级网提供的 10Mbps 以太网接口，计算机三级网宽带由 2 兆升级为 10 兆，四级网升级成百兆网。9 月，利用 asp 动态技术，建立桓台公安局信息

2002 年 9 月，桓台公安信息网初版

网站，实现公安内部网站链接。2003 年 11 月，完成公安三、四级网升级改造工程，三级网速率达到 100 兆，基层所队至县公安局四级网实现光纤直联。2005 年 11 月，在公安网站设立网上办公系统和信息研判网站，提升信息网络应用效能。

2007 年 6 月，更换公安网专用网卡 232 个，增强公安网络保密功能，防止“一机两用”。10 月，投资 3 万余元，依托公安信息网，自行研发 V2 视频会议系统，在公安网终端计算机上安装话筒和摄像头，实现声像平台上传，先后利用该系统召开会议 15 次，举办业务讲座 5 次，随着开通基层派出所四级视频会议系统，该系统被淘汰。2008 年，县公安局网站核心技术升级为 .net，访问更加快捷。公安信息网页改版，开通执法管理、政工之窗等网站，并增设部分专项工作网页。各业务单位根据各自系统软件，及时录入、修改和补充数据，实现信息、数据资源共享。铺设县公安局至新看守所办公点光缆 3.5 千米，安装光缆终端机 1 个，新购机房网络转化设备，县看守所、县拘留所、县武警中队及刑事技术大队、民警训练基地开通公安信息网。

2008 年 1 月，桓台公安信息网改版

2009 年 11 月，投资 3 万元，购置 H3C 公司的 S5500-E1 型以太网交换机及光模块 1 个，代替 1648 核心交换机，全面提升网络防御能力。扩大宽带及网络接入覆盖面，网络速率达到 100 兆，为四级网的运行铺设“高速公路”，全县 17 个基层所队专线接入，达到全县公安市话与专网电话统一，实现一机双号功能。

2010 年 2 月，县公安局制定计算机管理制度，落实计算机管理责任，杜绝“一机两用”等网络安全事故发生。3 月，投资 3 万余元，升级改造机房到机关各办公楼之间的网络传输，安装 8 芯电缆 900 米、光纤收发器 20 个，将五类网线传输改为光纤传输，提高网络信息传输质量。12 月，统一公安网计算机使用人与注册人，为各单位配备中间机 38 台，杜绝公安网、互联网移动载体混用问题。2011—2012 年，加快信息化应用步伐，依托公安信息网，开发警综平台、情报信息综合应用平台、警用地理信息基础平台、图像信息综合应用平台。2013 年 10 月，投资 20 余万元，更换核心交换机，配备万兆光模块，提升全局公安网络数据交换能力，保障各项公安业务顺利开展。2014 年 4 月，采用更先进的 .net 技术，升级改版县公安局信息网站，新网站以蓝色为基调，设计简单清爽，版面简洁大方，栏目设置公安要闻、派出所警务、战果快报、政工动态、警营文化、公安法制等板块。2015 年，所有公安网计算机安装“一机两用”监控程序，逐级签订计算机保密安全责任书，各单位建立计算

2014 年 4 月，桓台公安信息网改版

机及移动存储介质台账。加强网络保密安全及计算机安全检查，下达《失泄密隐患整改通知书》5 份。至 2016 年 4 月，全局公安网计算机 498 台、互联网计算机 132 台、公安网移动存储介质 345 个、互联网移动存储介质 152 个。

科技强警

县公安局科技强警工作始于 1988 年。是年 6 月，省公安厅在淄博市试点违法犯罪信息系统计算机管理，县公安局制定违法犯罪信息系统计算机管理工作方案。8 月，组建犯罪信息资料库。1989 年 4 月，投资 5 万元，购置浪潮 0530 型 286 计算机 1 台，在办公楼四楼设立微机室，铺设地毯，安装空调、防盗门。该计算机主要功能是录入、存储、检索、查询违法犯罪资料信息，为侦查破案和治安管理服务。

县公安局使用过的 286 浪潮计算机

1994 年，县公安局成立人口信息计算机管理领导小组，建设人口信息计算机管理系统和网络系统，14 个派出所各配置联想 286 计算机 1 台，录入常住人口及迁入、迁出等信息，为实现系统联网作准备。1995 年 6 月，在县委党校对全县户籍员进行人口微机化管理培训，各派出所计算机安装鸿达人口系统（单机版），全部推到前台办公。1997 年 1 月 24 日，县公安局户籍科、派出所户籍室两级人口信息计算机管理网络投入运行。12 月，县公安局与市公安局实现人口信息联网，所有户籍计算机鸿达人口系统升级至联网版，安装 MODEM 调制调解器，将人口数据转化成标准数据传至公安网，通过 MODEM 拨号上网，为办理案件和户籍业务提供查询服务。

1997 年 5 月 11 日，在县职业中专举办第一期微机培训班

1998 年，县公安局制定“金盾工程”建设规划，“金盾工程”一期（1999—2002 年）主要完成公安基础通信设施和网络平台建设。6 月，通过 DDN 网开通被盗抢机动车计算机查询系统。2002 年，研制以台账管理为依托，以四级网络为载体的综合信息管理系统。2003 年 10 月，市公安局确定桓台县作为治安管理综合信息系统应用试点单位，县公安局按照信息系统九大功能模块，对 210 类信息集中采集，完成试点任务。

2004 年，县委、县政府把科技强警建设纳入全县经济社会发展总体规划。投资 1300 万元，开发推广派出所综合信息管理系统、高清晰公安电视图像综合应用系统、350 兆集群系统以及 GPS 卫星定位系统等一系列应用系统，为基层配备计算机、数码照相机、数码摄像机、移动警务终端、活体指纹采集仪等科技装备，升级改造警务查报站建设。在居民区、党政首脑机关、重点要害部位、企事业单位内部推广应用技术防范设施及系统，并与110指挥中心联网，建成集接处警系统、重点路段及要害部位电视监控等于一体的指挥中心调度室。建立计算机应用培训中心，在基层所队完善科技管理制度，实现网上办公自动化。12月，县公安局被省公安厅、科技厅确定为全省第一批科技强警示范县建设单位。2005年，各派出所根据《淄博市科技强警示范派出所建设标准》，加大资金投入和培训力度，民警科技素质、科技应用能力明显增强。11月，开发情报信息研判系统，实现情报信息的系统集成、数据整合及深层次分析研判。12月，索镇派出所被评为全市科技强警一级示范派出所。2006年11月，桓台县通过全省第一批科技强警示范县考评验收，马桥、田庄派出所被评为全市科技强警二级示范派出所。

2007年2月，公安部下发《关于深入实施科技强警战略的决定》，对公安科技强警战略提出指导性意见。县公安局全面推进落实，为每个执法单位配备活体采集仪、数码照相机、金属探测器、笔记本电脑等警务设备，增配计算机47台，基本实现每所一台摄像机，每室一台打印机，每人一台计算机、一部数码相机、一支录音笔。在基层派出所处警车及巡特警巡逻车上安装17部GPS卫星定位终端，准确、实时定位，提升警力和警用装备的准确调度、统一指挥和督察检查水平。完成GIS地理信息系统数据测绘工作，为GPS卫星定位系统

GPS定位系统终端

提供支持。是年，县公安局被评为全省科技强警先进单位。2008年4月，新建看守所投入使用，配备应急报警系统、周界控制系统、巡视管理系统、全方位指挥系统及必要的通信、信息和电教设施。7月，开发民警档案管理系统和看守所民警绩效考核系统。10月，市公安局下发《关于深入实施科技强警战略的意见》，规划科技研发与应用、基础建设、机制建设、人才建设、科技普及等工作，县公安局提出深化意见。是月，马桥派出所被评定为全市科技强警一级示范派出所，唐山、果里派出所被评为全市科技强警二级示范派出所。

2009年，县公安局投资300余万元，新建科技含量较高的110指挥大厅，升级改造报警系统，增设四色预警与布警平台。将重点单位及交警部门重要路段监控信息调入指挥中心，实时监控重点单位、重要部位和路段。建成刑侦综合信息系统、网上追逃系统、活体采集系统，引进多波段光源等先进技术装备，完善指纹远程查询工作站建设，用于日常十指指纹、现场指纹和可疑人员指纹的提取、录入、检索、比对。是年4月，在80余家旅馆安装旅馆业信息系统，服务追逃和侦查破案工作。

2010年2月，县看守所投资17万元，建成由1个主显示器、9个摄像探头组成的电子监控系统，在监区安装应急报警系统、在押人员监听系统，对在押人员全方位监控。是年，县公安局在主要路口安装“电子警察”，为一批车辆安装集交通违章信息采集、现场拍照、实时测速等功能于一体的“移动电子警察系统”。投入50余万元，购置台式机、笔记本电脑97台，民警入网微机配备率108.9%。2011年，县公安局建成警综平台、情报信息综合应用平台、警用地理信息基础平台，情报信息综合应用平台与市公安局平台实现对接联网。通过警综平台，受理刑事案件756起、行政案件335起，为警用地理信息基础平台采集录入110351条标准地址数据。开展数据采集录入大会战，采集录入治安类信息4535条，居全市第一，户政类数据293507条，居全市第三。4月，投资30余万元，建成集执法远程监督、言词证据核查、执法各环节动态指挥于一体的执法监督指挥中心，实现对民警执法行为的远程实时监督。投资30余万元，为208辆公用车辆安装“巡逻鹰”警用GPS定位系统。是年起，县公安局每年举办以信息化手段为牵引的优秀技战法评审会，增强民警在侦查破案和社会管理中的科技应用意识。2012年，强力推进警综平台推广应用工作，加强日常管理维护，采集录入信息33万余条。开展警用地理信息基础平台应用工作，采集完善标准地址库数据，

2013 年 12 月 20 日，举办优秀技战法评审活动

2014 年 5 月 20 日，举办科技讲堂

刑侦部门利用平台进行刑事案件标注上图及轨迹分析。建成监控系统数字管理平台，接入市公安局图像监控点 117 个。是年，组织信息化基础应用、专业应用、实战应用培训班 12 次，参训民警 480 余人次，参训率 100%。

2013 年，采集录入警综平台信息 39 万余条。投资 550 万元，实施视频监控全覆盖公共部位一期工程，在指挥中心建设监控中心集中管理平台。2014 年，建设公共部位高清视频监控探头 1860 路、治安卡口 16 处、制高点 2 处，接入市公安局视频图像 2208 路，居全市第一。是年，经侦大队研发的经侦案件动态管控系统、马桥派出所研发的农村社区房屋管理系统被省公安厅评为科技应用技术类三等奖。2015 年，按照市公安局警务云建设方案要求，为基层派出所民警配备治安云采集用 PAD73 部，并组织各单位进行移动警务安全和日常使用培训。12 月，研发金融单位智能报警系统，接入辖区建设银行、齐商银行、东营银行 9 个金融网点、7 个 ATM 室的 128 路视频监控和报警及环境控制信号。至 2016 年 4 月，协助金融单位发现整改安全隐患 5 次（处），过滤误报警情 213 起，误报率由 94.3% 降至 9.6%。该项目获全市公安创意警务三等奖。2016 年，县公安局以指挥中心业务用房建设为契机，建设可视化指挥、合成化作战、智能化管理、人性化服务的应用系统，提高科技应用含量。

第三章　国内安全保卫

2014年10月，国保大队荣获全国县级国保大队业务技能比武竞赛一等奖。图为省公安厅送奖上门

2016年8月，国保大队入社区开展反邪教教育警示活动

民国28年(1939年)春,中共长桓临益四边县委及各区委相继成立锄奸反特组织。民国30年(1941年)4月,桓台县公安局成立政治保卫队,设立区公安特派员,主要任务是惩治汉奸、特务和叛徒,打击瓦解日伪军,保卫中共政权。民国34年(1945年)10月,正式组建一股,负责政治保卫工作,随后相继改称侦察股、侦保股、侦审股、政保股、政保科、国家安全保卫大队。中华人民共和国成立后,先后开展取缔反动会道门、镇反、肃反、清特、打击现行反革命等斗争,为巩固人民民主专政政权,保护革命成果做出贡献。20世纪60年代,国民党台湾当局指使驻香港等地的特务机关,加紧开展反革命"心战"宣传活动。县公安局对师生和职工、社员进行大规模的反"心战"宣传教育,提高人民群众的反腐蚀能力。"文化大革命"期间,公安政保工作受到严重影响。中共十一届三中全会后,公安机关政治保卫工作重心转到预防和打击境内外各种敌对势力和敌对分子的破坏活动,抵制和粉碎西方敌对势力"西化""分化""和平演变"的阴谋上来,建立情报、侦察、保卫"三位一体"的工作机制,打击各类邪教势力及其他危害政权稳定的违法犯罪行为,为维护国家安全和全县政治稳定作出新贡献。

第一节　武装斗争

除奸反特

民国28年(1939年)7月,为适应锄奸反特和保卫工作需要,中共长桓临益四边县委在一、二、三区民主政权增设锄奸干事,在抗日基础较好的村庄及党支部内设立锄奸委员,村内设立3～5人的锄奸网员。民国29年(1940年)11月,张东峰任县委社会部部长。民国30年(1941年)2月22日,县公安队正副队长张裕安、张宇良率领部分队员叛变投敌,使桓台抗日形势遭受严重破坏。4月15日,桓台县抗日民主政府成立公安局,张东峰兼任局长。为严厉打击汉奸,抵制投降势力,成立以王毓森为队长、寇於璞为政治指导员的30余人公安政治保卫队,各区锄奸干事均改为公开的公安特派员。12月,全县除奸反特斗争进入低潮。民国31年(1942年)12月31日,长桓军政工作团与长山独立营联合袭击南石桥伪据点,击毙叛徒张裕安、曹功久等,俘获30余人枪。

民国32年(1943年)6月,王毓森奉清河行署公安局命令,回到桓台开展武装斗争。秋,贯彻宣传群众、扩大影响、主动进攻、积蓄力量、等待时机、准备反攻的方针,相继镇压披甲乡伪自卫队长王湘芹、联五乡伪乡长商孝谨、叛徒乡长国纪彦,活捉叛徒马二子(马相会)和朱其诚。11月,王毓森带领3名战士把地雷埋在北石桥西门外公路上,次日早,张店日本宪兵特务队长刘荣刚等30余人,骑自行车沿路西行时,踏响地雷,炸伤汉奸特务多人,使刘荣刚恐慌不安,派出董家庄伪保长找王毓森讲和,送部分匣枪子弹,随日军外出亦不敢肆意抢劫民财和抓捕群众。民国33年(1944年)2月,王毓森通过县大队落伍战士徐德仁,争取随朱庆云叛变投敌的徐大奎做内应,袭击驻周村天主教堂朱庆云伪军大队机枪班,俘伪军9人,缴获轻机枪1挺、步枪8支、子弹3800发、手榴弹32枚。3月,王毓森带领长枪班取得郝园村伏击战的胜利,俘虏伪军小队长1人、班长1人、士兵11人,缴获步枪10支、子弹700余发、指挥刀1把。4月,借助张店内线吴宣庭关系,掌握叛徒王毓树驻地情况,夜间潜入张店王毓树住处,炸伤王毓树,使敌特昼夜不安。

民国33年(1944年)8月,宋鲁源任县公安局副局长、县大队政治指导员后,带领武工队在敌后开展锄奸反特斗争,取得系列战斗胜利,并镇压部分日伪村长和情报员。12月,借叛徒张方笃葬父之机,宋鲁源派武工队员初廷芳化装潜入敌穴,处决张方笃,震慑和教育动摇分子。至民国34年(1945年)8月,宋鲁源带领县大队、武工队先后袭击伪二十四旅等部,在罗家斜沟俘虏70多人,缴获机枪1挺、步枪49支;在古城毙伤俘敌人50余人,缴获长短枪56支;在卫固俘虏人枪各20余,击毙伪区长边道际;在黄家庄俘虏伪军100余人,缴获步枪70余支、机枪1挺;在湖田俘虏人枪各30余,缴获炸药6000多斤、机枪1挺。是年夏,宋鲁源在敌战区成立7个秘密武装锄奸小组,保卫政权建设。

民国34年(1945年)8月27日,宋鲁源、韩干带领武工队参加解放桓城的战斗,后配合渤海行署公安武装围剿国民党山东挺进军三十五纵队(原伪二十四旅)散兵。同时,在锄奸小组配合下,搜捕战犯35人。武工队郭正财等在临淄县北金召村抓获叛徒原县公安局局长王应声。12月,清剿匪特开始后,锄奸干部发动群众,相继成立4个以苦主、难主、妥协战士和干部的社会关系为主的秘密武装锄奸小组。果子里小组一个月内搜捕特务2人,缴获长枪10支、短枪3支、手榴弹2枚,打击和限制汉奸特务的破坏活动。老官庄锄奸干部结合反奸诉苦运动,深入发动群众,教育动员34名有问题分子主动向群众悔过,组织积极分子800余名、民兵40名,粉碎两次匪特进村破坏行动。老官庄由出名的特务窝变成锄奸反特的模范村,周围村庄在老官庄的影响下,积极开展锄奸反特工作。中埠村在锄奸反特诉苦运动中,挖出民国27年(1938年)2月向张店日军告密,制造"黑铁山惨案",杀害群众207人、伤21人、绝户32户的大地主汉奸王际烈。宋鲁源等在田庄召开一、四、六区2000余群众参加的大会,追悼被匪特杀害的村干部,公审处决勾特分子郑同云。宋鲁源宣布锄奸政策,并布告悬赏缉拿特务孟宪家、胡考业、伊丕亭。这次大会激发起群众锄奸反特、保卫政权的积极性,5个区设立村公安员372名、锄奸小组156个、锄奸人员323名,各机关也设立3~5人的锄奸网员。各区先后成立民兵联防组织,昼夜站岗放哨,对匪特实行封锁。同时发动群众,管制伪特属487家,归劝200余名伪军悔过自新,弃恶从善,仅吴磨村就有14名伪军回乡为民。宪兵特务队长刘荣刚的父亲,在共产党政策感召下,从济南跑回家,声明与刘荣刚脱离父子关系,交出长枪10支、子弹700发。二、五区的民兵在唐山一带全歼匪特30余人,一区逮捕潜伏特务分子王冠五。

民国35年(1946年)7月,国民党向解放区发动进攻后,军统特务、国民党桓台县警保大队副大队长荆良勾结荆家庄地下武装特务,妄图消灭荆家公安分局和当地民兵组织,进而摧垮农村政权。荆家公安分局副局长高云祥带领分局战士,在民兵、农救会、姐妹团、儿童团密切配合下,打击特务破坏活动,查获资敌分子小王庄村长胡象浩,逮捕为敌通风报信的荆聿仓、荆广顺和勾特分子荆德恒、窝特分子荆光文,处决特务分子郑黑子、孙子云。荆良不甘失败,亲率警保大队、自卫大队,与国民党军队合作,先后六次包围攻打荆家庄。高云祥带领分局战士和民兵,发动和依靠群众,用土枪土炮击退敌人。民国37年(1948年)3月28日,解放桓城后,荆家公安分局自县城西南角一户人家地窖内活捉荆良。经过形势和政策教育,荆良低头认罪,交代出潜伏在周村一带的军统特务组织。宋鲁源请示上级批准后,立即带领7人侦破小组,与当地公安机关密切配合,经过一天两夜的紧张战斗,抓获参与杀害廖仲恺先生的赵崇德等国民党军统特务8人。

1950年年初,县公安局对县内反革命分子调查摸底,查出特务106人。中共中央"双十"指示下达后,继续深入调查特务组织,结合群众检举和犯人交代,又清理出特务94人,逮捕18人,处决3人,关押13人,管制1人,在押1人。1953年,镇反运动中,查出国民党特务80人。其中,中统特务21人,已处理1人,外逃和不知下落20人;军统特务22人,在家4人,死亡3人,下落不明15人;国民党国防部二厅特务2人,关押1人,在家1人;党网4人,在西安扣押2人,下落不明2人;国民党国防部绥靖总队6585部队组长以上特务29人,处决3人,关押5人,死亡2人,在家5人,下落不明14人;其他特务2人,处决1人,下落不明1人。

1954年,县公安局进一步查明国民党特务在桓台县的发展情况。民国33年(1944年),国民党伪二十四旅以桓台县三青团为基础,选拔40人到安徽省临泉和陕西省西安中美合作所受训。经查,该组织在桓台县特务分子155人,计国民党中统17人、军统19人、国防部二厅1人、中美合作所训练班特工28人、国防部绥靖总队6585部队第二指挥室组员34人、队员56人。1956年,在全县敌社情摸底中,又查出特务44人。在清理特务组织专项行动中,查出6585部队组织人员163人。在家43人中,管制3人,未管制39人,释放1人;在外地39人中,社会上24人,内部3人,地址不明12人;处决及死亡19人,含处决10人、监毙1人、病死8人;在押6人,其中外地扣押3人;判刑劳改17人;下落不明39人。

1956年1月16日，公安局政保股人员合影。前排右起缪敬堂、于文鹏、高云祥、韩志诚，后排右起张聿桢、何恒淑、李长兴、祝兆贤

1957年6月，县公安局清理国民党军统外围组织“桓台县民众救国团”，在原74人基础上，再次清查出115人。其中，判刑9人，在押6人，在家和外地各64人，死亡29人，下落不明17人。7月，清理国民党中统外围组织桓台县“特殊教育协会”（简称“特教”），原有30人，新清查出41人。其中，处决3人，在家22人，外地35人，死亡11人。

1959年春，博兴县公安局奉上级指示，在肃反基础上，全面调查清理原桓台县境内敌特组织，又清理出敌特271人。其中，国民党中统38人，认定特务分子15人；军统106人，认定特务分子61人。同时，对国民党零散特务进行清理登记，属中统28人，认定特务分子5人；军统32人，认定特务分子21人。清查出日本特务组织1个，伪特务组织2个，共有成员67人，认定特务分子31人。系统清理国民党中统特务外围组织“特教”和国防部绥靖总队6585部队第二指挥室驻桓办事处及5个外围组织。清查出“特教”学校8处，“特教”骨干6人，一般成员58人，潜伏人员30人，死亡8人，各区处理17人，下落不明12人。1960年，清理出“特教”成员131人，逮捕4人，判处管制8人，监督生产18人，其他处理101人。1961年，对6585部队第二指挥室驻桓办事处和5个外围小组进一步清理，清理出成员71人，处决17人，判刑劳改21人，监毙1人，死亡1人，判处管制5人，控制1人，监督生产13人，教育释放1人，在家4人，病死1人，逃往台湾2人，民国37年（1948年）解放桓城击毙2人，下落不明2人。

1972年3月，县公安局调查摸底全县敌社情，登记敌特人员352人。1973年，登记敌特人员316人，定为反革命分子90人，不定反革命分子129人，在外地75人，下落不明22人。1980年，以上在世人员丧失或基本丧失活动能力。

【专记】

荆家庄保卫战

民国35年（1946年）7月，国民党向桓台农村地区渗透，四区对敌斗争形势恶化。12月，岔河公安分局副局长罗茂德被敌特打伤，宋鲁源委派高云祥接替罗茂德工作，高云祥在荆家庄附近村庄重新组建民兵组织和村政权，打掉一批匪特，斗争形势好转，岔河公安分局改称荆家公安分局，荆家庄被称为“小延安”。桓台县国民党武装寝食难安，军统特务荆良（荆家庄人，又名荆德甫、荆德孚）等先后六次率队攻打荆家庄全遭失败。

民国36年（1947年）秋，根据情报，驻桓城的国民党部队和自卫大队要到荆家庄抢粮。荆家公安分局决心守卫荆家庄，保卫附近各村民兵组织、基层干部和人民群众。荆家庄是个八九百户人口的大村，地处锦秋湖西口，西北、北、东北是湖区，东南面是壕沟台田和芦苇荡，四周有完整的围墙。该围墙系民国31年（1942年）春，日军抓1万余民

荆家庄保卫战遗址　　　　（2016年7月20日　摄）

工修建，长2.5千米，宽8米，高3米，墙外有护村河，易守难攻。高云祥发动群众在围墙上修筑掩体工事，疏通护村河，河宽8米，水深2米。同时，封锁备战消息，没有村农会的证明信，村民不准出

入围子。把荆家庄的船只集中到村东北湖边，做好疏散入湖准备。组织民兵把土枪、土炮、台杆、五子炮集中到围墙上，备好火药，严阵以待。10月上旬一天上午，国民党桓台县自卫大队到达荆家庄西南，开始向庄内进攻。高云祥带领公安战士、民兵、联防队利用有利地形，沉着应战，打退敌人数次进攻，并派人到傅庙村向县指挥部求援。下午3时多，县公安局李中一、王振祥带政卫队增援荆家，敌人仓皇撤回桓城。为防敌再犯，高云祥安排人员自制火药，并到东孙庄购买火药，到小清河以北根据地购买军火，到附近各村搜集台枪、雁枪、土炮、五子炮，武装民兵、联防队各式枪炮100余支。召开群众大会，阐明保卫政权和胜利果实的重大意义，激发保卫家乡热情。

数日后，驻桓城国民党一〇一团马振铎部配合国民党桓台县自卫大队二攻荆家庄。敌人从东南到西北三面进攻，高云祥带领公安战士和500余民兵应敌，公安战士频频移动位置，增援危险地带。战斗从早晨打到黄昏，敌人撤退。

敌人两次失败，仍不死心，过了数日，纠集国民党高苑县大队和“还乡团”，在马振铎部配合下，冒雨三打荆家庄。县大队三中队及田庄公安分局局长吴英民带队到荆家庄协同作战。敌人从东南到西北三面进攻，数次冲到护村河边，均被战士和民兵击退。关键时刻，高云祥派警卫员小向和自愿参战的返乡探亲解放军战士荆聿永占领村南屋子，牵制敌人。战至下午4时，两人仅剩一发子弹，高云祥组织12个民兵将他们接应下来。天色渐晚，雨越下越大，敌人只好撤退。战后，小向和荆聿永受到表扬。

三保荆家庄后，高云祥带病工作，保持严防敌人进攻的警惕性。10余日后一天拂晓，敌人再次包围荆家庄。得到锻炼的公安战士、民兵、联防队据守围墙，寻找战机，还击敌人。一股敌人插到围墙外侧徐文太家，爬上墙头从墙角向村内射击、投手榴弹。高云祥带领突击队，集中数支五子炮，向徐文太家的墙头位置射击，把敌人压制在墙下。时近中午，敌人增援兵力。高云祥面对强敌，做好巷战和撤退准备。转移中，敌人冲到围墙跟前，怕中伏而不敢贸然进村。民兵郭良友撤退前把台枪和土炮一一点燃，枪炮猛烈扫向敌人，敌人以为中计，吓得向南逃窜。闻讯后，高云祥带队出南门，一直追至高王村北，取得四保荆家庄的胜利。

民国37年(1948年)1月27日，情报反映，敌人又要攻打荆家庄。上午，高云祥召集群众作战前动员，下午将护村河内的冰块砸碎并搬到濠外地里，避免敌人从冰上直接抵达围墙。当晚下雪，高云祥和吴英民带领公安战士巡逻查哨，多名国民党特务沿护村河由南往北朝村内窥视。高云祥命令民兵放枪炮驱逐，并带人冲出围子搜捕，特务窜至北门石桥向村内射击，由于村内应战准备充分，敌特撤退。

民国37年(1948年)1月31日，农历腊月二十一荆家庄大集。为严密设防、封锁消息，荆家公安分局下令将集市迁至北门外。国民党桓台县警保大队副大队长荆良纠集国民党桓台、高苑县大队及还乡团，仍由国民党正规部队配合，自上午八九点钟，向村内进攻，高云祥、吴英民带领公安战士、联防民兵、自卫团、农会干部上围墙迎敌，骨干战士根据敌情巡回作战，使敌人摸不清村内力量。敌人虽然几次冲过护村河，却始终未能爬过围墙。下午2时多，县大队和政卫队从东南方向赶来增援。敌人不敢恋战，向西溃退，第六次攻打荆家庄以失败告终。

1986年10月，高云祥(前排右二)与老战友蔡玉璋(前排左三)、张亿万(前排右一)等合影

刘家茅托反革命暴动

民国36年(1947年)，刘家茅托(现称刘茅村)是中共桓台县党、政、军根据地，也是敌人千方百计破坏的重点村庄之一。10月24日，在“大动参”运动中，由于国民党特务分子刘象正及部分坏分

子的破坏，该村发生一起震惊渤海大地的反革命暴动案件。暴动分子杀死干部2名，夺走步枪3支、手榴弹1枚，使120名报名参军的青年不仅没有入伍，部分反而被裹挟投敌。

民国36年(1947年)10月，在国民党对解放区大举进攻之际，上级指示在解放区内动员适龄青年参加中国人民解放军。桓台县首先在索镇开展动参拥参活动，数日即有200余名青年参军。刘家茅托地主分子刘海亭和伪顽分子刘兆聚、刘象友等多次秘密开会，破坏动参，扬言到张店找“还乡团”杀光民兵、干部和积极分子，致使刘家茅托无人敢报名参军。三区区委派干部李敬堂、刘士明等4人到刘家茅托动员。期间，国民党特务分子刘象正安排8名被斗和成见分子伪装积极，报名参军。区干部未经考察，误认为系积极分子，让他们带头扩军。刘象正也“积极”参与，暗中捣鬼，该村动参主动权被刘象正掌握。该村农会会长刘象芹被特务利用，不向区干部反映真实情况。事件发生前，刘兆聚曾被多次举报要投敌，区干部既未汇报上级，也未果断镇压，仅在事发前两天派民兵将刘兆聚捆绑到民兵队部。由于上述原因，少数伪顽坏人混入新军队伍。

10月24日上午，区干部李敬堂在刘家茅托主持召开欢送120名新兵大会，会场到处乱喊口号，坏分子煽动抵制参军，会议被迫中断。区干部和民兵撤到民兵队部后，坏分子煽动不明真相村民包围队部，刘兆聚等夺去民兵队长刘象忍的步枪、手榴弹，一伙暴动分子追打干部、民兵，李敬堂撤离时步枪丢失，被刘士乾拾去扔到井里。区干部刘士明、民兵刘茂关跑到村西后，见追赶人员较多，刘茂关鸣枪无效，即到区里报告。刘士明欲回村制止事态发展，被暴动分子刘象儒、刘兆聚等夺去步枪，用铁耙打倒致昏，刘兆森用斧头砍伤其腿部，刘象儒用夺来的步枪打死刘士明，将尸体拖到河沟里。暴徒回村，又将在刘耀东家中养病的区妇联主任李珍玉拖到村外，用棍棒和砖块砸死。刘兆聚、刘象儒等裹挟新兵及家属300余人，携带夺取的枪支，喊着“蒋介石万岁”口号，去桓城投敌。经武装拦截，仍有60余人投敌，受到国民党县长柴克清接见，暴徒刘兆聚、刘象儒得到20万元伪币的奖赏。

事件发生后，县公安局通过调查，确定为首暴动分子系刘象正、刘兆聚、刘象儒、刘象友、刘兆英、刘象珠、刘兆俭、刘海亭等，积极参加者有刘象芹、刘兆贵、刘兆顶、刘士乾、刘见英等，杀害区干部的主要凶手是刘兆聚、刘象儒，全案主要涉及20多人。暴动事件影响大，给革命造成重大损失，但由于历史原因，首要分子逃往敌占区，或者藏匿，当时无法全案处理。在处理案件中，充分体现“首恶必办、协从不问”和“坦白从宽、抗拒从严”的政策。11月，将刘海亭、刘兆英、刘象友、刘象珠、刘兆俭等5人镇压。在此后历次政治运动中，部分暴徒落网，刘兆聚上报死刑未及批准即监毙，刘见英、刘希晏监毙，刘象正、刘象芹、刘子玉、刘希堂等未及处理即病死，刘希乐被雷击死，刘象儒、刘兆贵、刘兆顶、刘见堂、刘兆森等被判刑，刘希肖带反革命帽子，刘士乾、刘希军未作处理，杀害李珍玉的凶手之一刘象见的小妾下落不明。

破获军统特务潜伏案

民国37年(1948年)3月，桓城解放，县公安局抓获军统特务荆良。宋鲁源、李中一在审讯中，通过形势和政策教育，荆良表示认罪，并供出在周村潜伏着的一个军统特务组织。该组织是国民党国防部保密局山东站中心组，正式成员8名，试用通讯员20名，由曾参与谋杀廖仲恺的老牌特务赵崇德任组长，配备电台1部。周村解放前夕，全组奉命潜伏下来，活动范围西起济南，东到潍县，主要任务是刺探中共军事情报。

经上级批准，县公安局成立搜捕小分队，宋鲁源带领蔡玉璋、李中一、金茂增等人，深入敌人内部，进行侦破。在渤海行署公安局局长汤镛指导和周村公安机关协助下，首先控制该特务组织一号联络点——周村福鹤街仁德中药铺，突审老板刁元瑞，掌握赵崇德在三号联络点的住处和联络暗号。之后，宋鲁源安排行署公安局韩振东和周村市公安局侦察员严密控制一号联络点，带领蔡玉璋和侦察员小苗等，以潍县特务组织刘先生的身份，让药铺老板带路直奔三号联络点。小分队机智进入三号联络点，迅速将刚接上头的赵崇德密捕。同时，一号联络点韩振东密捕联络接头特务赵惠卿。经过分析敌情，决定蔡玉璋以赵先生的

1979 年，汤镛（前排中）和宋鲁源（前排右）在上海合影

身份留在中药铺，并让药铺老板照常营业。次日晨，蔡玉璋密捕特务杨老四。黄昏时分，蔡玉璋和韩振东密捕特务蒋跃岭、王玉经。

经突审赵崇德，阐明党的政策，迫使其交代特务组织的全部名单。按照线索，抓获报务员刘建民、电台台长崔启升，查获电台 1 部和密码等文件，并缴获短枪 10 支。军统特务组织 8 名成员及 20 名试用通讯员被一网打尽。此案为反特战线典型案例。

二区 五区反伪化斗争

民国 35 年（1946 年）7 月，国民党军队进占周村、张店后，沿铁路东进，在桓台县二区、五区部分村庄修筑 11 个据点，不到 10 天，伪化 9 乡 47 个村庄。村内伪顽办公人员、成见分子趁机勾结地下武装特务进行破坏。商家庄办公人员威胁民兵交枪，洪沟村向敌交出鲁中军区第四师插存的小麦，抓去抗属 3 名，石家茅托倒算出全部斗争果实。在敌军飞机大炮威胁和特务坏分子谣言恐吓下，二区、五区干部群众普遍产生变天思想。20 余村民兵插存枪支，干部带领武装撤到安全地带，4 名村干部、8 名民兵被捕后叛变，二区、五区工作处于停顿垮台局面。三五成群的敌军和零星特务趁机到村内抢掠民财，奸污妇女。

10 月，县委根据渤海区党委关于“在边沿区要坚决锲入敌后活动，紧抓边沿斗争，粉碎反动派蚕食”的指示，成立李晓光、宋鲁源、傅赤先、王玉伦、王立亭 5 人对敌斗争委员会。以县公安局政卫队为主，抽调精干武装 70 余人组建武工队，分成三个工作队，组成长枪组、短枪组、地雷组各 2 个组。其中，公安干部韩干、于明、王占魁、郭正财 4 人带领 40 余人支持二区、五区边沿工作。韩干等首先在敌据点附近建立军屯、商庄、凤凰庄 3 个活动基地和 10 个村的隐蔽根据地，并组建由 2 名荣军、2 名落伍战士、1 名青年组成的 2 个秘密武装小组。武工队在民兵、秘密武装小组配合下，包围封锁敌据点和交通路口，阻击敌军，搜捕特务，摧毁伪军政权。驻玉皇山据点 80 名敌人被困 3 天，少吃无喝，被迫撤走。特务头子张伯言、毕子久虽分带匪特 50、150 余人，亦不敢出据点骚扰，金岭镇长被吓跑。反伪化斗争 30 天，武工队转战二区、五区所有村庄，与敌交战 8 次，毙敌 4 人，伤 7 人，俘 24 人，捕获地下特务 4 人，镇压卫固村资敌主谋齐兴堂，缴获美式冲锋枪 2 支、长枪 5 支、美式手榴弹 20 枚、子弹 363 发、军毯 20 套等物资，摧垮伪村政权 36 个，恢复村政权 15 个，树立革命两面派村政权 10 个，改造反动两面派村政权 6 个、两面不办公的村 14 个。经过反伪化斗争，粉碎敌人的伪化阴谋，国民党军队退缩到胶济线一带。

武工队在二区、五区反伪化斗争间隙，突然跃进北大湖区，清剿三昼夜，打垮荆林选等 3 股匪特，俘特务头子伊云兰等 3 人，缴获长短枪 12 支、法币 97.9 万元。在反伪化斗争中，武工队战绩显著，受到军分区嘉奖。

清剿武装匪特

第一次清剿　民国 34 年（1945 年）8 月 27 日，桓台县解放。国民党山东挺进军三十五纵队被击溃，其司令隽宇澄为首的军政残余逃亡张店后，接受特务沙仁甫（国民党西北报社主任，到张店活动）反共第一号命令，改编“灭共军剿共委员会”“情报站”，收拢散兵，联络三青团员，发展地下特务，有组织、有计划地向县内 5 个区派遣武装匪特，欲复占桓台地区。至民国 35 年（1946 年）3 月，12 股匪特杀害干部、群众 63 人，伤 5 人，捕去 41 人，抢劫为八路军运粮的大车 1 辆、牲口 4 头、小麦 1000 余公斤。向各区派遣便衣特务 5 人，依靠伪特家属、封建势力、兵痞流氓、万善救国会等反动会道门，窃取部分村的农救会领导权，进行破坏活动。三区 20 余村农救会被封建势力掌握，并普遍资敌。大围子里百余村资敌，一区、四区组织大小暴动10余次。一区乘桓城选镇长之机，封建势力、坏分子煽动、迷惑不明真相的50余村约2000人参加暴动。绑架毒打群众运动积极分子、镇长候选人乔家村耿聿武，用石灰瞎其双眼。敌特在封建势力、会道门配合下，乘四区挖河之机，用欺骗、威胁手段迫使60余村约5000人到陈家庄，以开会为名组织暴动，他们冲进区公所，捆绑毒打副区长张千庭，抢去公款和所有物资，放出各村参与预谋暴动的被扣押分子。

县委根据上级反特清剿、保卫巩固农村政权指示，在武装平息暴动的同时，以公安机关为主，6个月内逮捕战犯35名，内有国民党军委派往华北地区的大特务张俊山、蒲台县特务队长陈书训、叛徒王应声、伪副官刘子玉等。民国34年(1945年)11月，开展反奸反特清剿工作，限制特务活动，扩大党的政治影响。民国35年(1946年)1月，以县公安局为主，进行为期1个月的集中清剿，行署公安局局长李震带领公安武装协助，县武委会派部分民兵配合。政卫队长韩干带领一支武装在一区、四区清剿30余村，后转到荆家庄一带驻剿。3月，在总结前两次清剿经验教训基础上，县公安局组织一个排的便衣武装，在曹村、潘庄一带组织民兵建立10村联防，封锁张店匪特活动，控制和减少敌特偷袭和侵扰，取得一定成绩。

第二次清剿　民国35年(1946年)4月，第一次清剿后，隽宇澄又向县内派遣胡志清、尹丕亭、吕会川、付义德等数股匪特，活动于县内6个区，联络原伪军人员、三青团团员做情报工作和掌握村政权，布置暗探了解中共军队和工作人员活动情况，白天携枪分散活动，把守主要路口，捕杀中共军政人员，夜间潜入村中召开村干部会议，威胁村干部停止给中共办公，保证为其提供情报，勒令每村限期交款30万～50万元。仅两个月打死区、村干部20名，伤1名。二区隽家庄被特务捕去10余名，杀死9名。一、三、四、六区2/5村庄资敌。

针对匪特的罪恶活动，民国35年(1946年)10月，县委成立栋良山、徐品三、何青、郭荣斋、罗茂德、于明、齐守法、张华锋、张经祥9人清剿委员会，确定三、四、六等3个边区为清剿基地，24个村为清剿重点，以政治清剿为主，辅之军事活动，建立情报网，加强情况控制。徐品三带领县大队一个中队在六区胡家、宗王、关史二庄活动，并作为机动部队。田庄公安分局局长于明带领一个班在六区田庄、沟里、旬召、三吕埠一带活动。张华锋带领三区中队一个班在三区前后七里庄、前后诸、吉托一带活动。岔河公安分局副局长罗茂德带领半个班常驻马桥、前后金、小五庄、北营、杨家庄一带。县公安局副局长栋良山带领侦察组6人活动于陈桥、姬桥、高王、北岭、东孙、岔河、黄郭等村。11月，清剿开始后，普遍建立侦察“关系”，掌握匪特活动情报，逮捕地下特务，管制坏分子，开展政治攻势，组织坦白运动，教育地痞流氓分子戴罪立功。各武装部队夜间监视主要路口，侦察暗娼、赌局、戏房和特务常去地方30余次，组织便衣窃听或越墙侦察，并实行远路奔袭包围一村的办法，给特务以威胁打击，使其不敢明目张胆的到村内活动。清剿两个月，捕获特务胡安宗、罗相珍、朱玉华、史茂官等，搜捕国民党暗探王守明、罗茂明、罗维洪等20余人，争取8人，前刘村刘秀岩、刘秀斋交出长枪1支。在玉皇阁村，利用关系逮捕地下特务曹家学等3人，搜出长枪2支、短枪1支、手榴弹10枚。召开伪特属座谈会15次，阐明中共宽大政策，进行分化瓦解。召开反特宣传教育大会20余次，荆家庄召开村民大会，被捕的地下特务史若兰、王维球、荆向生坦白交代罪行，会后3人悔过。三、四、六区共登记伪特属暗探200余人。清剿队在张店以北设封锁线，查扣资敌款法币13.3万元、棉絮5公斤。

益临桓淄联合剿匪　民国34年(1945年)8月，日本投降后，淄川伪军杨大山部接受国民党国防部绥靖总队第三大队(代号6585部队)第二指挥室收编，杨大山任国民党剿共义勇大队大队长。民国35年(1946年)6月7日，第一次解放张店后，杨大山率匪特79人，携机枪3挺、长短枪80余支，逃回老巢淄川县廖河区，盘踞在淄河以西黎金山、卧虎山和周边的边河、王家集等57个村庄。金岭镇张延贵、毕衍永等残匪在临淄、桓台、淄川、益都四县结合部活动。国民党益都残匪蔡正德、蔡兆福等股匪特130余人，携机枪1挺、长短枪130余支，盘踞在益都县普通区南部，控制普通区三分之二的山区和55个村庄，他们也接受6585部队收编，与杨大山部相互勾结，抢劫民财，派遣课报员刺探中共军政情报，组织南仇村暴动，杀害干部战士 9 名，捕去民兵 21 名，夺去长短枪 23 支，使东西 40 余里、南北 25 余里的山区民主政权遭受破坏。另外，在临淄县、益都县、益寿县境内还有多股残匪制造恐怖，敲诈勒索，挑拨党群关系，长期与人民为敌。

民国 35 年(1946 年)6 月，中共华东局社会部在临淄县召开联合剿匪委员会和剿匪指挥部筹备会议。7 月初，在金岭镇成立五县联合剿匪指挥部，桓台县公安局局长宋鲁源任指挥，淄川县公安局局长晏兴堂任政治政委，益寿县公安局局长刘欣、益都县公安局局长娄家庭任副指挥，临淄县公安局局长赵文卿任政治部主任，指挥部研究联合进剿作战计划。未及调动兵力，国民党第八军沿胶济铁路大举西犯，杨大山等部跟随进占金岭、张店，剿匪行动停止。

民国 36 年(1947 年)3 月，华东野战军在莱芜大捷后，乘胜向北挺进，张店之敌弃城逃窜，杨大山和蔡正德等重回廖河区、普通区。3 月底，在中共华东局社会部的领导下，渤海区、鲁中区公安机关成立以桓台县公安局局长宋鲁源任指挥，淄川县公安局局长晏兴堂任副指挥，临淄县公安局局长赵文卿任政治部主任，清河专署公安督察室督察员刘斌、益都县五区区长刘喆、益都县独立营陈副政治委员为成员的益(都)、临(淄)、桓(台)、淄(川)四县联合剿匪指挥部，四县调集武装力量 480 余人枪，集中进驻南仇镇，配合当地土改运动，长期清剿匪徒。清剿前，宋鲁源派出侦察员，摸清匪特活动情况和规律。4 月 12 日，清剿开始后，匪特即把长枪集中埋藏，少数匪特带短枪三五成群，靠山洞、山沟、夹墙和顽伪保甲长掩护或窜入剿匪部队驻地活动。清剿部队根据匪特活动特点，进行严密搜查。历时两个多月，清剿 211 个村庄，对复杂村庄反复清剿 5 次，捕获匪特 86 人(内有排长 4 人，班长 1 人，队长 1 人，传令兵 1 人)，捕获顽伪乡保甲长、“还乡团”员、斗争对象等 400 余人，缴获长短枪 49 支、机枪 1 挺、粮食近万斤及其他大量物资。清剿后，每个区发展民兵 200 名，培养提拔区、联防村干部计 230 名，改造村干部 40 名，进一步巩固农村政权。

民国 36 年(1947 年)8 月 16 日，国民党三十二师进犯张店及周边地区。杨大山残余暗中活动，收买和拉拢民兵叛变，收容残兵和叛变民兵 160 余人，进占淄河以东文登村，“还乡团”、地主、被斗分子及家属 400 余人随返文登村。已经转移至小清河边的宋鲁源调集县公安局政卫队和铁山武工队，在鲁中军区一个主力连配合下，集中 300 余人精干武装，于 8 月 18 日夜急行军奔袭文登村，杨大山部仅逃出 40 余人，其他人员被毙俘。在转移俘虏过程中，部队遭敌伏击，宋鲁源面部受轻伤，高延洪腿部受重伤。民国 37 年(1948 年)，山东大部解放，杨大山等数名匪首化妆潜逃。至 1951 年 6 月，以上匪患逐步被肃清。

第二节　惩治反革命

管制汉奸 特务 地主 恶霸

民国 34 年(1945 年)8 月，桓台县第一次解放。为稳定治安秩序，县公安局在城乡开展反特治安运动，宣传中共宽大政策，勒令汉奸、特务、地主、恶霸自首自新登记，具结悔过，并揭发坏人坏事。10 月，用半月时间举办训练班，参加训练的汉奸、特务、地主、恶霸 80 余人。11 月，用 25 天的时间训练 180 余人。经过教育训练，使他们认识到以前的罪恶，相信中共政策，决心站在人民一边。

在改造村政权中，公安机关组织乡村公安员和积极分子对汉奸、特务、地主、恶霸实行严格管控，宣布他们没有选举权和被选举权。同时进行善恶登记，详细登记姓名、地址、成分、恶迹；对较坏者实行武装警告教育；一般的以村为单位，每月两次会议教育，要求写悔过书，登记三代宗亲，同时宣布其罪恶行径，允许戴罪立功；对次要分子，进行前途时局教育；对屡教不改者，呈请地委批准后，予以镇压；对逃跑在外分子，通过家属和社会关系争取，待其回家再教育，政府保证其生命财产安全。民国 35 年(1946 年)6 月 11 日，县政府在张店召开逃亡地主和敌公务人员家属座谈会，县委书记孙铁民、县长相子正等先后阐述民主政府的土改政策和对逃亡地主、敌公务人员的宽大政策。会后，59 名逃亡地主和敌公务人员返乡。通过对汉奸、特务、地主、恶霸的管制和教育，他们绝大部分认清形势，改造思想，转入工农，表现积极，戴罪立功，从而巩固农村政权。

敌伪党团军政警宪人员登记

民国 34 年(1945 年)8 月，桓台县抗日民主政府印发布告，宣传中共宽大政策，号召敌伪党团军政警宪人员到县公安局自首登记、悔过自新。在中共政策感召和政治攻势下，1474 名敌伪党团军政警宪人员自首登记，靠拢人民政府。10 月，县公安局印发《山东伪军伪组织人员自首悔过自新条例》，召开各种会议，宣传"首恶者必办、胁从者不问、立功者受奖"的宽大政策，号召敌伪党团军政警宪人员认清形势，相信共产党的政策，主动到人民政府自首登记。经过宣传教育，至民国 35 年(1946 年)10 月，桓城附近村庄 1518 人自首悔过登记。在登记审查基础上，责令逐人写出悔过书，用 7 天时间进行一次集体教育。为稳定桓城治安秩序，在桓城四关举办一期伪军、伪组织人员训练班，一期二、三、五区伪保长、自卫团长训练班，学习时局和自首悔过自新条例及共产党的宽大政策。在两期训练班的推动和影响下，全县 375 名敌伪村长、自卫团长等伪办公人员到人民政府自首悔过登记。

民国 37 年(1948 年)3 月，渤海行署公安局向各县发布指示，在对国民党、三青团分子取缔登记中，按照实际情况区别对待：自首投案、自首登记，又无严重罪行者，从宽处理给予公民权；对被迫登记，但无明显罪行，又声明退出组织者，考验一段时间，如无不法行为，恢复公民权；对民国 37 年(1948 年)3 月后仍进行组织活动的，强迫登记具结，宣布脱离组织，登记后仍继续活动的，依法逮捕。1949 年春，县公安局在桓城、索镇、金岭设立登记站。全县国民党员自首登记 417 人，其中骨干分子 61 人；三青团自首登记 758 人，其中骨干分子 132 人。

附：

桓台县国民党组织

国民党　民国 14 年(1925 年)4 月，桓台县杜科村教员张迎舟在济南加入国民党。张迎舟回桓台后，秘密活动，宣传党义。民国 17 年(1928 年)10 月，张迎舟赴泰安城会见国民党山东省党部常务委员王立哉，张迎舟被委任为中国国民党山东省直属桓台县区分部党务指导办事处指导员。指导办事处下设组训、总务、宣传股和农民协会、妇女协会等 5 个办事机构。张迎舟回到桓台，联络、发展国民党员 8 名。嗣后，根据省党部指示，指导办事处改为国民党桓台县党务临时登记处，田绪藩任常务委员，有党员 40 余人。民国 18 年(1929 年)10 月，临时登记处改为桓台县党务整理委员会，李修玺任常务委员。民国 19 年(1930 年)7 月，桓台县党务整理委员会停止活动，宣传委员王霄霆留守负责。民国 20 年(1931 年)2 月，建立中国国民党山东省直属桓台县区党部筹备委员会，赵若谦任常务委员，另有组训委员和宣传委员。下辖一区、二区、三区、四区分部及 1 个特别支部(张店车站)。民国 21 年(1932 年)4 月，召开国民党桓台县第一次代表大会，正式成立国民党桓台县党务执监委员会，王泽甫当选常务委员，另有组训委员、宣传委员、监察委员和候补执行委员、候补监察委员。民国 22 年(1933 年)4 月，党务执监委员会改为国民党桓台县党务整理委员会，张开三任常务委员，另有组训委员和宣传委员。民国 23 年(1934 年)，山东省主席韩复榘下令停止党务活动，桓台县国民党即转入秘密活动。

民国 26 年(1937 年)春，桓台县政府教育科举办小学教师训练班，桓台县国民党借此分为"复兴社"和"CC 团"两派发展。8 月，增补岳纲为县党部副书记。民国 27 年(1938 年)年初，国民党复兴社成员胡凤林为首组织桓台县抗日游击队，随后被编为国民党别动总队华北游击纵队十三支队第十二梯队，胡凤林任司令。9 月，胡凤林在花山与日军作战中牺牲。民国 28 年(1939 年)1 月，王自衡任十二梯队司令。嗣后，十二梯队被改编为山东保安第二十四旅，王自衡任旅长兼国民党桓台县党部书记，王自衡派部下宋希惠、孙子玉、苏英林、张银堂等 30 余人到历城国民党山东省政法干部学校训练。3 月 18 日，王自衡在华沟村南与日军作战中阵亡。5 月，张景琪任旅长，"CC 团"分子孙子玉任党部书记。是年冬，组建区党部 3 个，区分部 50 余个，发展党员 1600 人。民国 29 年(1940

年)3月,二十四旅与日军作战失败,领导人员忙于整编军队,党务活动暂时停止。是年冬,县党部书记孙子玉到青城国民党山东省十专区联系后,县党部恢复活动,并公开破坏抗日民族统一战线,把斗争矛头对准共产党,后来直接投降日军。民国30年(1941年),孙子玉继任桓台县党部书记,下设10个区分部。民国34年(1945年),全县国民党员700余人。桓城首次解放后,国民党桓台县党部重要分子逃往张店,成立4个分部,并成立一个女党员支部,在市民中发展女党员。民国35年(1946年)7月,全县有国民党员100余人。

民国36年(1947年)1月,孙子玉继任县党部书记,下设组训、总务、宣传等3个股和6个区分部、3个直属小组。7月,国民党与三青团争权夺利,彼此之间矛盾加剧,蒋介石下令党团合并。8月,桓台县国民党和三青团在济南合并后,孙子玉任党部书记长,岳纲任副书记长,下设总务干事、组训干事、正副秘书和宣传股长。组织成立后,随国民党军队由济南东进复占桓城,继续与人民为敌,残杀革命干部和群众、抢劫人民财产。

民国37年(1948年)3月,桓城第三次解放,国民党桓台县党部及其下属组织垮台。据调查和自新登记,桓台县共有国民党员700余人。

三青团 民国28年(1939年)9月,三青团山东省支团部派吕少恒等到桓台县鱼龙湾,在二十四旅内发展隽宇澄等20余人为三青团员,随即编为山东省支团部直属桓台县区队,隽宇澄任队长,下设3个分队。自此,三青团在桓台县开始活动。

民国29年(1940年)1月,三青团桓台县分团部成立,隽宇澄任主任,王辅忱任书记,下设总务、宣传和组训股,18个分队,3个直属分队,有团员200余人。隽宇澄等三青团分子和国民党桓台县党部书记孙子玉破坏抗日民族统一战线,并向共产党统战人员刘冲开枪,杀害共产党员胡适光,公开向日军妥协投降。民国30年(1941年)春,三青团在桓台县公开活动,并在二十四旅内,以复兴社为核心,发展团员200余人,按照寓团于政、寓团于军、军政统一的原则,成立5个区队,设立30余人的武装区队。同时,设立3个战工小组,分布在张店、济南和桓台,以特务手段搜集共产党和日军的情报。

民国31年(1942年),二十四旅内部因争权夺利发生内讧,参谋长兼二团团长隽宇澄与营长王奎生勾结临淄县王砚田部,袭击旅长张景琪部,张景琪带领部分武装投降驻桓城的日军,被改编为桓台县日军警备大队,张景琪任副大队长。随后,隽宇澄派王奎生带领部分武装投降驻张店的日军,被编为"建国军第三团",桓台县的三青团组织停止活动。民国32年(1943年)春,桓台县三青团发展外围组织—青年服务社,扩大力量。民国34年(1945年),桓台县三青团成立8个区队、50个分队,有三青团和青年服务社员500余人。

民国34年(1945年)8月,日本投降,伪山东省保安二十四旅被改编为国民党山东省挺进军三十五纵队,隽宇澄任司令。桓城解放后,隽宇澄带领部分残余逃到张店,三青团在桓台县设分团部,隽宇澄任主任,岳纲任书记。隽宇澄在张店边整边发展,按照寓团于军的原则实行团的组织军事化。在三十五纵队内设4个区队。全县辖9个区队、3个直属分队和3个战工小组,三青团员发展到500余人。民国35年(1946年)6月,解放张店时,隽宇澄外逃至章丘被俘,岳纲任县分团部书记。民国36年(1947年)3月,再次解放张店,县分团部随国民党逃亡济南。6月,县分团部调整,岳纲任主任,付子英任书记。8月,根据蒋介石的命令,党团合并。国民党复占桓城,县分团部首要分子之间矛盾加剧,即以"民众救国团"的组织代替三青团发展。

民国37年(1948年)3月,桓台县三青团员共计700余人。

青年服务社 青年服务社是特务性质的反革命组织。民国30年(1941年)冬,桓台县三青团分团部接到省团部发展青年服务社的指示,团部书记王辅忱提议过但未发展。民国31年(1942年)春,付子英由昌邑游击四纵队介绍到桓台县三青团团部任宣传股长,开始发展青年服务社,成为三青团的外围组织,执行团的任务,开展调查、检举、争取、破坏等特务性质的活动。7月,团部通令各区分队发展青年服务社组织,省团部派匡伯余到桓台督导。付子英、岳纲督导重点区,各区正副队长督导分队,公布蔡捷生、劳仲举、熊孟起、宋子明为区督导员。民国32年(1943年)春,各区普遍发展青年服务社。对共产党活动区、革命根据地采取秘密慎重发展的原则，吸收社员须经支团部领导考核、谈话，履行填表、宣誓手续，全县发展273人。民国34年（1945年）日军投降前，付子英、岳纲、王辅忱、蔡杰生研究潜伏任务。8月28日，桓台县解放，潜伏任务未及布置，即组织垮散。

自卫大队　民国34年（1945年）8月，日本侵略军宣布投降后，桓城随即解放，国民党山东省挺进军三十五纵队被击垮，其司令隽宇澄带领部分残余窜至张店，兼任国民党桓台县县长。民国35年（1946年）7月，邵子荣（邵兴吉）至张店接任县长职位，以三十五纵队残部为主，成立桓台县保安大队（即"还乡团"），邵子荣兼任大队长，营长李德孚任副大队长。

民国36年（1947年）3月，张店第二次解放。驻张店的国民党军政残余溃退济南。7月，国民党重点进攻山东解放区。9月，国民党桓台县长柴克清与县警察局长张伯言、6585部队第二指挥室指挥员李德孚等随国民党军队进占桓城，桓台县保安大队改称桓台县自卫大队，柴克清兼大队长，李德孚任中校大队副，李学孟、牛庭法任少校大队副，陈效程任上尉大队指导员。大队部设中尉副官李子佩、中尉军需于念九、中尉军械孙化南、中尉军医王茂启、中尉书记张建三、上士文书张润生、上士军需孙孝仁、中士看护田占亭、下士司机王永家、下士传达曹永衍，另传达兵、看护兵、炊事员、附员等10人。大队下设八个中队，各中队设上尉中队长、中尉指导员、中尉分队长和少尉分队长。中队部设特务长、文书、传令兵或传达兵、看护兵、司机兵、炊事员等8～12人。各中队下设三个分队，每分队设三个班，全大队共537人。

桓台县自卫大队的主要任务是：配合国民党军队扫荡解放区，掩护和协助区自卫分队扩建地方武装，抢征粮食，推行反动政治，建立保甲制度，搜捕和镇压共产党员、基层干部和革命群众。

民国37年（1948年）3月，桓城解放时，除柴克清等少数分子漏网潜逃外，大部被俘或击毙。

镇压反革命运动

中华人民共和国成立后，反革命分子不甘心失败，不断从事各种破坏活动，继续与人民为敌。1950年3月1日，中央人民政府颁布《惩治反革命条例》。至10月10日，县公安局查出反革命分子2229人，计土匪110人，恶霸756人，反动党团骨干63人，反动会道门头子442人，汉奸4人，叛徒27人，敌伪党政宪警人员中的反革命423人，包庇反革命及被反革命利用178人，地主中的反革命分子89人，富农中的反革命分子24人，坚持反动立场的反革命家属1人。此次调查摸底为镇压反革命（以下简称镇反）做好准备。7月23日，政务院和最高人民法院联合发布《关于镇压反革命活动的指示》，对反革命实行镇压与宽大相结合的政策，即"首恶者必办、胁从者不问、立功者受奖"。县委成立以县委书记张哲民任组长的镇反领导小组，领导小组下设9人军事法庭，县公安局代局长宋振起任庭长，教育科科长李桂林为副庭长，办事员5人，战士2人，具体负责材料审查、逮捕、判刑等工作。全县八个区各设军事法庭一处，负责本区的镇反运动。10月10日，中共中央发布《关于纠正镇压反革命运动中的右倾偏向的指示》，集中打击土匪、恶霸、特务、反动党团骨干分子和反动会道门分子等五方面的反革命势力。

镇反运动开始后，县委遵照上级关于坚持首长负责、发动群众与专门机关相结合的群众路线，各区、乡、村利用代表会、干部会、群众座谈会、群众大会等形式，广泛宣传镇反运动的意义和党的方针政策。通过群众控诉、罪证展览等活动，提高群众政治觉悟，检举揭发反革命分子。公安机关组织力量，深入搜集材料，讯问被管制分子，提审在押犯，组织犯人坦白运动。在发动群众、调查取证基础上，首先在桓城区的东贾、西贾和高楼区的胡家庄搞镇反试点，然后在全县展开。

桓台县的镇反运动分两期四个阶段。1950年10月10日至1954年年底为第一期，分三个阶段。1950年10月10日至1951年6月为第一阶段，系镇反运动的高潮阶段，逮捕反革命分子940人。1951年6月—1952年12月为第二阶段，主要任务是消化积案，成立桓台县审查反革命案件委员会，委员以县人民代表大会常委为主，吸收各团体代表、民主人士、公安、司法负责人参加。第二阶段搜捕五类反革命分子49人，计恶霸6人、反动会道门首领1人、反动党团骨干7人、敌伪军政人员28人、包庇反革命罪犯1人、被反革命分子利用3人、叛徒2人、汉奸1人。1953年1月—1954年12月为第三阶段，主要任务是进一步调查摸底，搜捕漏网的反革命残余和追捕外逃反革命分子，期间逮捕五类反革命分子29人，计恶霸地主6人、反动会道门首领1人、反动党团骨干1人、敌伪军政人员17人、被反革命分子利用1人、叛徒3人。第一期镇反运动共逮捕五类反革命分子1018人，外地转入132人，共计1150人。

镇反领导小组和军事法庭根据《惩治反革命条例》及党的政策，按照“杀、关、管、放”四字法，打击处理1209人（包括原在押犯）。其中，判处死刑217人，判处死刑缓期执行21人，关押劳动改造继续审查636人，判处管制133人，教育释放178人，转外地处理4人，病死20人。1951年5月10日，分别在金岭、田庄、索镇、崔楼、江西道处决反革命分子60人。

第一期镇反运动不够彻底，漏网反革命分子藏在阴暗角落，继续兴风作浪，制造谣言，蛊惑群众，破坏互助合作、统购统销，破坏社会主义革命和建设。1955年4月21日，国务院第九次会议通过《关于加强镇压反革命分子和各种犯罪分子的斗争的决议》。县镇反领导小组遵照指示，开展第二期镇反运动。县委副书记魏斌挂帅，县长、县兵役局局长、县人民检察院检察长、县人民法院院长、县公安局局长、县委宣传部部长等七人组成镇反运动联合办公室，下设审查、审判、宣传、材料四个小组。8月20日，县委召开公安、监察、司法三部门全体干部会议，传达学习公安部长罗瑞卿《关于对敌情分析及政策界限》的报告。随后召开各区公安特派员和驻村工作组长会议，明确第二期镇反运动的任务，深挖漏网的反革命残余分子和各种犯罪分子。同时，召开全县党团员代表会议，培训业务骨干。在党委领导下，抽调干部、教师组成工作组，深入重点区、乡、村，以党员、团员、积极分子为骨干，利用会议、有线广播、黑板报、张贴标语、印发布告、漫画展览罪行及公判大会等形式，广泛发动群众，搜集检举、揭发材料300余份。部分反革命分子和犯罪分子在强大政治攻势和党的政策感召下开始动摇，反革命分子139人主动到公安机关投案自首。

县镇反联合办公室在掌握材料和罪证基础上，经调查研究，核实材料，确定逮捕人员名单，完备呈捕手续。8月29日，镇反办公室抽调30名干部，分成5个执行组，拘捕反革命分子50人。9月24日，县委组织干部300余人，集中逮捕残余反革命分子22人、阶级敌对分子中新产生的反革命分子17人、刑事犯罪分子37人。11月15日，县委组织400余人，统一搜捕反革命分子79人、阶级敌对分子59人、刑事犯罪分子45人。通过两次集中搜捕，又一次掀起群众性的镇反高潮，逮捕五类反革命和犯罪分子232人，外地转入8人。县公安局积极配合第二期镇反运动，通过刑事和政治侦察，逮捕现行破坏分子168人。

1956年12月，桓台县镇反运动结束。从当地逮捕五类反革命分子1250人，外地转入140人，“双十”指示前在押未决犯94人，共计1484人。根据《惩治反革命条例》规定，判处死刑226人，判处死缓22人，判处有期徒刑819人，判处管制174人，释放214人，死亡21人，转外地处理8人。

1950—1956年桓台县镇反运动打击情况统计表

表3—1　　单位：人

类别	调查摸底	逮捕	双十前在押	死刑	死缓	关押	管制	释放	死亡	转出
土匪	110	108	26	5	2	93	15	16	3	3
恶霸	756	733	52	186	6	366	86	117	13	
特务	106	23	2	2	1	20	6			
反动党团骨干	69	38	4	7	1	27	5	6	1	
反动会道门头子	442	176	10	7		104	23	42		

续表 3—1

类　别	调查摸底	逮捕	双十前在押	死刑	死缓	关押	管制	释放	死亡	转出
汉奸	4	4		1	1	1	1			
叛徒	27	12		1	2	7	1	1		
伪军政人员	423	235		16	9	165	11	29	4	4
包庇与被反革命利用	178	42		1		16	22	2		1
反动地主	89	9				14	1			
反动富农	24	10				6	3	1		
反革命家属	1									
合　计	2229	1390	94	226	22	819	174	214	21	8

肃反运动

开展镇反运动，基本消灭残余的国民党反革命势力，但一部分暗藏的反革命分子以各种手段，混进国家机关、团体、企业、部队、学校等，伺机进行反革命活动。1955年，中共中央先后发布《关于展开斗争肃清暗藏的反革命分子的指示》《关于彻底肃清暗藏的反革命分子的指示》《关于肃清暗藏反革命分子的运动已经发动起来之后必须注意保证运动的健康发展的指示》，为肃反运动指明方向。

1956年2月，县委遵照中共中央指示，在全县机关、学校、工厂和企事业单位内部，深入发动干部、职工和群众，采取全党动员、群众动员同专门工作相结合的工作路线，根据先党内后党外，先领导后群众，先县直机关后基层单位的原则，分四批开展大规模的内部肃反运动。县委成立由县委副书记魏斌、县长苗仲德、组织部长张方源、宣传部副部长郭秉亨、监察委员会副书记魏林同、公安局局长王茂盛、检察长张景兰等7人组成的肃反领导小组。魏斌、苗仲德任正副组长，下设办公室，张方源任办公室主任，赵振岳任副主任，并设专案指导和甄别定案两个小组。

1956年4—12月，桓台县在县直机关、厂企单位和区级干部中开展第一批和第二批肃反运动。参加第一批肃反运动的20家县直机关、工厂企事业单位的1111名干部、职工。运动前，抽调政治历史清白的231名干部作为肃反运动的骨干力量，利用11天的时间，集中学习和专门训练，掌握中央“有反必肃、有错必纠”和“坦白从宽、抗拒从严、立功折罪、立大功受奖”以及肃反运动“十二种清查对象标准”等方针政策。肃反运动开始，首先在干部、职工和群众中进行全面思想发动，讲明肃反的方针政策，相继开展强有力的政治攻势和检举揭发活动。在提高认识和阶级觉悟的基础上，576人书面或口头检举揭发，取得检举材料774份，221人主动向组织交代问题。领导小组根据掌握的材料，开展“和平谈判”和“小组斗争”。对照上级清查对象标准，确定382名调查对象。经内查外调，查清371人历史问题，领导小组对其作出正确结论。对有严重政治历史问题的11人，确定为肃反对象，转入专案处理。11人中，含特务1人，杀人犯3人，反革命分子和坏分子7人。

肃反领导小组根据中央“不冤、不纵、不错、不漏”的方针政策，于1956年10月中旬，组织专门力量深入基层单位，通过排队摸底和调查研究，全面复查第一批肃反运动错、漏两方面情况。

第二批肃反运动的范围是全县7个区和直属镇的722名干部。运动前发现和掌握具有明显政治历史问题的干部23名。运动开始，将以上23名干部集中到县城进行学习和审查。经过调查核实材料，有18人降为有历史问题的好人，有2人被地委批准为肃反对象，有3人暂不定性。肃反领导小组抽调6名干部，用20天的时间，全面复查第二批肃反运动情况，确定有政治历史问题的102人。其中，审干运动中已有结论的3名，正在审查的23名，属一般历史问题的47名，属一般问题的17名，需进一步调查了解的12名。

第三批肃反运动范围是完小教员，分两期进行。1957年2月12—22日，10处完小105名教员参加第一期肃反集训，14人交代过去未交代的历史问题，写出检举材料35份。根据调查核实情况，确定反革命分子5人、反革命重大嫌疑3人。5名反革命分子中，1人阴谋杀害村农会会长，1人是国民党区分部书记，2人是区分部委员。5人虽定为反革命分子，均因坦白较好，没受任何处分。1957年10月20—30日，16处完小155名教员参加第二期肃反集训，27人交代过去未交代的历史问题，写出检举材料124份，清查出历史反革命分子4人、反革命嫌疑11人。其中，反革命重大嫌疑6人，1人是国民党区分部书记，1人是"特教"团员，4人是直接或间接杀人犯。肃反领导小组复查第三批肃反运动，定案处理反革命分子和坏分子31人。其中，逮捕、判刑、劳教、开除回家13人，留机关使用、听候处理的18人。

全县第四批肃反运动范围是直接或基本上从国家领取工资的2903人。1957年11月—1958年3月，小学教员721人为第一期；1958年3—9月，乡干、商业、供销、卫生系统2182人为第二期。肃反运动开始前，用2个月的时间，重点进行材料调查和政治思想工作，用5天的时间，以报告会、讨论会形式，培训200名积极分子、骨干力量。根据材料，全面调查143名嫌疑对象，报经上级批准，51人为肃反清查对象。肃反运动一开始，结合前三批肃反运动实例，讲明方针政策，使干部、职工提高思想认识和阶级觉悟，消除思想顾虑，598人提供1119份书面和口头检举材料。领导小组运用已掌握的材料，开展"和平谈判"和"小组斗争"。根据调查核实材料，上级批准肃反清查对象59人，查清定案57人，定为反革命分子和坏分子51人，定为政治历史问题6人。在51名反革命分子和坏分子中，属伪顽军政警宪人员24人、特务间谍14人、反动党团骨干1人、投敌叛变2人、敌对阶级中的反革命分子6人、其他现行反革命分子2人、会道门头子1人、恶霸1人，并在肃反运动中清理特务组织"国民党桓台民众救国团"残余。

桓台县肃反领导小组在核实材料和查清问题性质的基础上，按照中共中央十人小组《关于反革命分子和其他坏分子的解释及处理的政策界限的暂行规定》，依据犯罪事实和方针政策，对51名反革命分子和坏分子分别处理，逮捕判刑19人，判处管制8人，开除回家21人，继续留用3人。第四批肃反运动查清31人属一般反革命分子，领导小组作出正确结论，不作处理。查清199人的一般政治历史问题，使他们放下多年的政治思想包袱。肃反运动证明，桓台县机关、工厂、学校、企业内部确实潜藏下来部分反革命分子、特务分子和血债累累的杀人犯以及现行破坏分子。如供销社的卢善堂系梁山县追捕未获的曾杀过11名革命干部和群众的凶犯。混入卫生医疗部门的一贯道坛主孙某，自1952年起不断参加反动组织活动。

县肃反领导小组经过准备、思想发动、开展斗争、甄别定案、复查处理等五个阶段，经上级验收，达到中央规定的结束肃反运动的七项标准，于1958年9月20日结束肃反运动。

第三节　取缔反动会道门

会道门种类起源和分布

会道门组织是以封建迷信思想蒙骗群众，以道首崇拜、精神控制、编造邪说、敛钱图财、秘密结社、危害社会为特征的非法组织。新中国成立前后，桓台县会道门主要有一贯道、圣贤道、中央万善道、古天圣道、后天道、中道、一心天道龙华圣教会、二贯道、一炷香道，另外还有先天道、土妒道、老爷门道、安清道义会（三番子）、良卦道、表仙堂、西伯仙门道、黄教会、同善社、真空道、皇极道等。

一贯道　又名中华道德慈善会，是全国流传最广、势力最大、破坏活动最突出、危害最严重的反动会道门组织。起源于清朝光绪年间的"东震堂"，清末陆中一（第十七代祖师，山东济宁人）取《论语》中"吾道一以贯之"改名一贯道。民国14年（1925年）后，陆之弟子张光壁自称"济公下凡而奉天承运办理道务"，号称"世尊"，在山东、河北两省传道。抗日战争期间，该道迅速扩展到华北、东北及南方各地。民国27年（1938年）后，济南"天天坛"发展桓台崔凤藻入道，石桥设立"蕴宫坛"，在张店设"新立佛堂"，在桓台县立坛154处，发展道徒6882人，分布在全县60%以上村庄。

圣贤道　又称好好道、还乡道、娃娃道、学好会、鑚当会等近10个名称。起源于山东巨野县，清光绪六年(1880年)从山西居鲁县传至阳信县小刘家庄和商丘县班家庄。清光绪十六年(1890年)后传入新城县，以金家庄殷振森为首，又传于大河南、里仁庄、黄郭庄、大元庄、前金庄、牛旺庄、索镇、高苑桥、刘家庄、起凤桥、桓城及临淄金召等地，发展道首271人、道众7066人。圣贤道组织体系错综复杂，道内最高首领为“皇上”，下设男职务为“法场”“麦场”“秋场”“户场”“年供”“号官”“麦士”“秋士”“户士”“明人”，女职务为“大贤”“贤孝”“石一贤”等。

一炷香道　正名子午道，又名花生道、阴天道。明朝始有信奉，正式成立于清顺治七年(1650年)。创始人为济南府邓四海，又名邓吉隆。二世徐名扬死后，道分绍峪山派和凤峪山派，明末清初绍裕山派高青县庄科传至新城县前金庄，在黄郭、高王、北岭、华沟、罗家、岔河等地设道场10处(男道场6处，女道场4处)。民国22年(1933年)，凤峪山派瞿玉忠(河北省故城县人)到桓台刘家圈建庙，从事道务活动。两个派系在桓台、博兴两县共发展大小道首23人、道徒1831人。一炷香供奉的对象是“大王”(蛇)，只要相信“大王”者，即可参加活动。

一心天道龙华圣教会　又名一心堂、正心慈善会、一心学社堂等13个名称。民国2年(1913年)，长山县马士伟创立，初名为一心堂。民国16年(1927年)夏，马士伟发展演马村耿曰汉入道，封为六十六大贤，先后在桓台县东北部20多个村发展大小道首10余人、道徒600多人。民国21年(1932年)，道首马士伟与军阀吴佩孚、张效坤勾结成立普化救世佛教会。又派亲信陶云祥等去天津与日租界警察署署长山野和特务横山勾结，将一心堂改名为一心天道龙华圣教会。

中央万善道　民国元年(1912年)，李寨人刘宗义依靠韩复榘势力，领圣贤道部分道徒，将道名改称中央万善道。主要活动于济南、惠民、邹平、淄川、博山、蒙阴、沂水、桓台等地，下设五会八帅。桓台县有李寨、郭家、闫家、苇子河、红庙、李王等村大小道首12人、道众200余人。

古天圣道　民国33年(1944年)，西马村圣贤道秋士荣祥云自创，活动于桓台、高青、邹平、周村、淄川5县42个村庄，在桓台发展大中小道首38人、道徒232人。

后天道　原是圣贤道系先天道派，民国22年(1933年)由高青县河东村乍某改为后天道，下属四大贤。民国34年(1945年)，前大贤张孝忠在桓台县陈桥村开设药铺，发展何同山、陈之现、陈孝典等入道。1951年取缔会道门时，何同山匿居，先后在田庄、陈庄及高青田镇等地发展3股，有道首及办道骨干16人、道徒223人。

中道　1950年，天津一贯道首胡桂金将一贯道改称中道。1953年，章丘县道首苗光润在济南发展桓台籍徐坤远、胡义亭、刘树箴等10人入道。1953年5月，徐坤远派李伯言、周敬臣回桓台县发展道徒。至1955年3月，发展中小道首37人、道徒392人。

二贯道　又名金线派、接金线师母派。民国35年(1946年)秋，一贯道首张光壁之妾孙月慧在济南创办。民国37年(1948年)，桓台县人崔凤兰、石作山在周村入道，在索镇、北王庄、老官庄等地发展道首6人、道徒50余人。

其他会道门大多在新中国成立后销声匿迹，故无法详细考证其起源分布情况。

会道门罪恶

一贯道　抗日战争期间，第十八代祖师张光壁(张天然)在日本特务山满提出“万教归一”的口号下，叛国附逆，充当汉奸汪伪政府的“外交顾问”，大汉奸褚民谊、周佛海、常玉清、王辑堂等入道。日本投降后，国民党政府下令取缔该道，但不久被国民党特务机关控制利用，改名为中华道德慈善会，很快传遍全国。民国34年(1945年)，桓台解放后，道首崔凤藻下令取消道内活动，暗中继续活动。民国37年(1948年)，又化整为零，分头领导，在地区上分为乾德、天德、新德、丙德、仁德等5个坛口，以开药铺等职业为掩护，抗拒登记具结，公开散布反动谣言，迷惑群众，胡说“世界是苦海，一贯道是宝筏，只有入道才能得救”；破坏参军运动，散布“好人不当兵，好铁不打钉，八路军，子弟兵，扛着炸药轰据点，不去不中”；破坏土改运动，散布“易财不发薄命人”，意思是不让群众参加土改运动，不能分要斗争果实；还胡说“第三次世界大战就是三期末劫，不经这三次世界大战，世界不得和平”等反动言论，在社会上造成很坏影响。1950年，政府明令取缔。1951年，该道演变为“二贯道”。1953年，又演变为“中道”进行复辟活动。

圣贤道　传入早，发展快，活动频繁，为非作歹，造谣惑众，处处与人民为敌，反共反革命。造谣说“民国二十九，两党都没有，民国四十年，两党都要完”。民国34年（1945年），桓台县圣贤道道首鲍荣臣、高代臣，勾结伪二十四旅特务，煽动12个村庄道徒，围攻渤海军区第三军分区驻地，夺去桓台县政府秘书科长张精忠短枪1支，打伤联防人员2名。中华人民共和国成立后，圣贤道破坏土

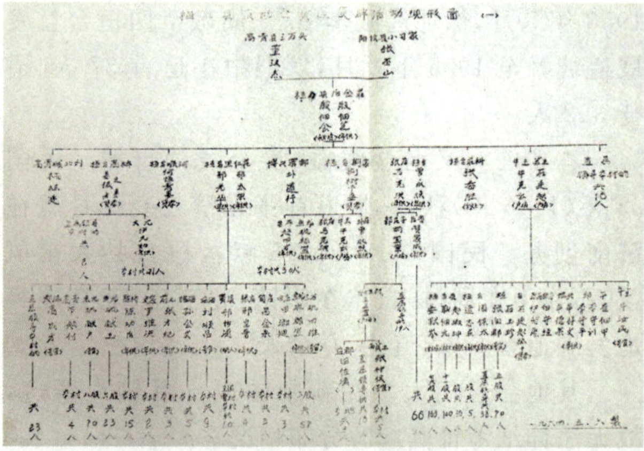

圣贤道活动网络图

改工作和抗美援朝，搜刮道徒钱财，要求道徒在每年腊月三十和立春、立夏、立秋、立冬日加上三月三、七月二十五都要上贡。1951年取缔会道门时，麦士姜献岑假登记、暗活动。1954年，姜献岑与大道首牛克云取得联系，活动于吴家磨等12个村庄，串联道首、道众100余人，送亡灵100余个，收敛亡灵费、道费3700余元，交牛克云2900余元，自费800元。同时，自称是朱洪武落世，为“大重国皇帝”，分封“四大阁老”“八大朝臣”和“三宫六院七十二嫔妃”，建都“中京”（索镇），年号“寿春”，待机明道。

一心天道龙华圣教会　抗日战争胜利后，一心天道龙华圣教会被国民党特务机关控制，改名为正心慈善会。中华人民共和国成立初期，该会做出应变部署，建立许多秘密据点，企图在“明道”借口下，组织武装暴动。1951年8月3日，一心天道龙华圣教会在桓台县东北部的骨干以胥立业、胡凤德为首，参加广饶、博兴、临淄、桓台四县会道门组织的武装暴乱。是年，华沟村一心天道龙华圣教会记账先生宋述驰自称“皇帝”，封两个女儿和胡庆兰为“皇姑”，分封“正宫”“西宫”“东宫”和“娘娘”4人。

古天圣道　民国37年（1948年），道首荣祥云自称“龙皇”，分封“正宫”“东宫”“西宫”“宾宫”和“吏部天官”“国老”“国母”“阁老”“太保”“巡府”“府尹”等职，以交皇粮、纳国税的方法骗取钱财1984元，以配姻缘做娘娘的手段奸污妇女66名，2人因怀孕自杀。

中央万善道　首创刘宗义以“抗洋灭党以通治世”为幌子，发展道徒，搜刮民财。在桓台修“八卦宫”，造谣说：“刘斯瑛（哑吧）是弥勒祖师下世，因他泄露天机，不叫他说话，待天时已到，他即执掌天朝，政府就给他修下《说法亭》明道，那时他才说话”。民国35年（1946年），万善救国联合会桓台支会长孙庆元，把道徒编好名单，准备联络起来暴动。在五月节，妄图配合国民党剿共，被粉碎。1951年8月，中央万善道部分道徒参与“8·3”反革命暴动。

一炷香　性质反动，造谣说“看乱世就在眼前，有功的迅速行起，有账的就该早算”，妄图建立“独立王国”。同时，利用“大王”给群众看病，欺骗道徒拿钱消灾或跪香，或拿钱买灵丹仙药（香灰）治病，致死人命，骗吃骗喝，收敛财物，骗奸妇女。

中道　和其他会道门一样，亦妄想组织暴乱做皇帝，狂叫“道传万国、普广全球、完成大同世界”，提出“继师志代母忧，明传四书暗传道”的策略。道内组织秘密，不分前人体系，不分派别支系，不集会，取消一切形象，提倡万道归一，造谣说“八路军帽徽八一，就是八路军打天下，一贯道坐天下，要等待时机入明道”。

后天道　1951年取缔会道门时，道首何同山潜逃，继续传道，伺机暴动当“皇帝”。分封领兵“大元帅”“副元帅”“先行官”“武官”“撩衣侯”“九门提督”“总镇”“县长”“军师”和“正宫娘娘”等职。

打击会道门

1949年6月28日，省政府印发《关于取缔反动会道门的布告》，宣布所有会道门都是反动组

织，一律予以取缔。1950 年 7 月，省公安厅发布《关于贯彻取缔会道门工作的指示》，县公安局调查摸底，开展登记工作。是年，登记会道门坛堂 11 个、道首 19 人、道徒 4610 人。1951 年 5 月 3 日，省政府部署打击会道门统一行动，重点打击政府明令取缔后仍进行复辟活动的反动道首和骨干分子，对确已停止活动的不再追究。行动中，坚持“坦白从宽，抗拒从严，立功折罪，立大功受奖”。5 月 10 日，逮捕道首 63 人，计圣贤道 46 人、一炷香 2 人、一贯道 5 人、一心天道龙华圣教会 2 人、中央道 1 人、九宫道 1 人、三番子 5 人、老爷门 1 人。是年，登记会道门坛堂 193 个、道首 264 人、道徒 10444 人。1952 年 9 月，取缔县内 19 个会道门。是年，登记会道门道首 268 人、道徒 7829 人。

会道门复辟案卷宗

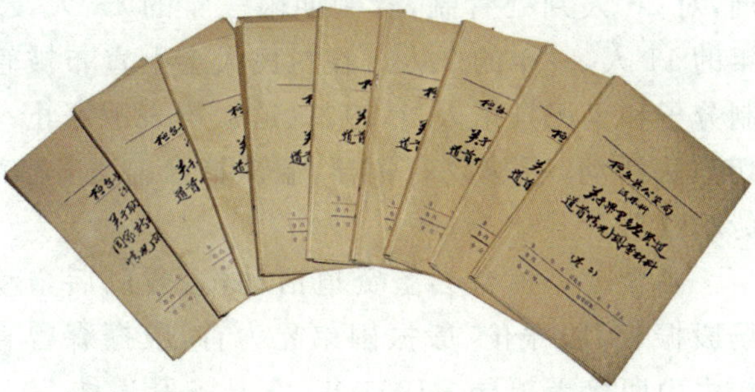

会道门道首调查材料

1950—1981 年，桓台县对进行复辟活动的圣贤道、一贯道、中央万善道、古天圣道、后天道、一心天道龙华圣教会、中道、二贯道、一炷香道、老爷门道、白阳道等 11 种会道门 27 股打击 40 次。处理大道首 27 人，中小道首和办道骨干 595 人；逮捕 287 人，判处死刑 10 人，判处有期徒刑 201 人，判处管制 206 人；被欺骗参与活动道徒 4548 人，登记具结声明退道。其中，取缔打击圣贤道 10 股 14 次，一贯道 5 股 4 次，中道 4 次，一炷香道 2 股 7 次。各种会道门虽经多次打击，但仍有死灰复燃迹象，县公安局时时摸底、教育、打击。

1989 年，全县尚存圣贤道、中道、一贯道、一炷香、后天道、古天圣道、一心天道龙华圣教会等 7 个会道门道首、骨干分子 203 人，分布在 133 个村庄。县公安局从中选择 9 名道首骨干，正面接触了解其思想现状和现实表现，为预防会道门复辟活动打下基础。1994—1996 年，针对部分会道门残余分子利用群众封建迷信思想，混淆宗教、封建迷信、会道门界限，重新吃斋守道，企图恢复反动会道门组织，进行复辟活动的情况，县公安局组织 3 次调查摸底，结合取缔邪教专项斗争，掌握会道门原道首、道徒基本情况，利用各种力量，加强教育监管，预防发展和复辟活动。

至 2016 年，以上会道门已无组织活动，原有道徒绝大多数死亡，尚存人员年老体弱、无法活动，亦未发现新的成员加入。

1950—1981 年桓台县取缔打击会道门情况统计表

表 3－2　　　　单位：人

起止时间	逮　捕	死　刑	监　毙	有期徒刑	教育释放	管　制	登记具结
1950.04—1952.09	119	8	9	54	23	78	340
1952.09—1956.09	71	2		50	19	41	2440
1956.10—1966.12	74			74		74	1551
1967.01—1981.12	23			23		13	217
合　计	287	10	9	201	42	206	4548

注：逮捕判刑释放后增加管制 25 人

会道门复辟案件

古天圣道　古天圣道创始人荣祥云，生于清光绪三十四年(1908 年)，系唐山镇西马村人，6 岁加入圣贤道，13 岁入场，15 岁升为“秋士”。民国 33 年(1944 年)自称明人，联络 200 余名道徒，改称古天圣道徒，以城关和乔家为基地从事道务活动。民国 37 年(1948 年)自封“龙皇”，称白阳节“皇帝”。前世名是黄甫明，圣名为“绵公合善正心古佛”(道内名称)，家住河南省开封府正兰县黄家铺，今世名荣祥云，是“八宝还原，慧光返照”(系明人及明君)，家住桓台县一区马家庄。还欺骗道众说：“加入古天圣道就是进入末劫世界，要修下天上的福音，养地下的财”“人要阳寿送福牌，送福花”“人间是一日天堂地狱，三灾八难”“为人要三从四德，三纲五常，划蟠排增”等封建迷信谎言愚弄道徒。1949—1951 年，明令取缔会道门时，荣祥云曾两次登记具结，但却隐匿组织转入秘密活动。1949 年，在乔家庄被民兵察觉后又秘密迁至成家坟，教唆数处道徒专司集会联络和通风报信活动。1951 年，建立家谱卷，对女道徒以配姻缘做娘娘的手段奸污 66 人，2 人怀孕自杀。以交皇粮纳国税等方法诈骗道徒财物 1980 多元，拉拢腐蚀乡村干部，1 名乡支书、1 名乡长、3 名党员被拉下水，道内 7 名骨干打入基层政权，充任乡村干部。1952 年，荣祥云将成家坟命名为“卧龙村”“卧龙厅”“讲经馆”“卧龙床”“天大佛堂”。利用道徒的自然职业和社会关系，以走亲探友、经营商贩、请大夫看病等形式掩护道务活动。对积极活动的道徒封官赐爵，加封“正宫”“东宫”“西宫”“宾宫”“吏部天宫”“国老”“国母”“阁老”“太保”“巡府”“府尹”等职。

1954 年 4 月，县公安局对古天圣道立案侦察。1955 年 1 月 22 日凌晨，在惠民专署公安处直接领导下，与友邻地区密切配合，完成统一逮捕任务。随即在各点留下骨干力量，召开各种会议，展开宣传教育工作，并进行登记具结。在各逮捕点上，利用搜出的道产道具、元宝衣物等，召开村民大会进行实物展览。春节期间采用编快报、演双簧、黑板报、喊话筒及各类杂耍作宣传，基本达到家喻户晓，人人痛恨该道罪行，一致要求枪毙荣祥云。在登记点上，仅 15 天时间，桓台、长山两县 230 名道徒，除逮捕 17 人、死亡 28 人、外出 12 人和老人小孩及有病退道的 62 人外，其余 111 人登记。从成分看，有贫农 37 人、中农 58 人、地主 8 人、富农 8 人；以圣名分，有“老母”87 人、“罗汉”13 人、“西宫”3 人、“国老”1 人、“国母”1 人、“二品府尹”1 人、“三品侍郎”1 人、“四品郎中”1 人。在登记中，道徒均彻底交代圣名、何时何地何人介绍入道、活动次数、有何罪恶，交出大印和未结功条子，检举出 4 支圣贤道 25 名道徒。依法管制抗拒登记及部分办道骨干 26 人，计“国老”1 人、“国母”1 人、“罗汉”1 人、“二品府尹”1 人、“三品侍郎”1 人、“四品郎中”1 人、“西宫”2 人、“老母”14 人、其他骨干 4 人。

1955 年 1 月 30 日破案，判处荣祥云死刑，对 11 名中小道首和有罪恶的办道骨干判处有期徒刑，对 26 人判处管制，管制期限三年的 13 人，二年的 11 人，一年的 2 人。在村民大会上宣布被管制分子和登记具结人员，道首、道众均表示停止一切非法活动，听从政府领导，服从群众监督，老实劳动改造。

圣贤道　桓台县圣贤道活动，主要以后金秋场殷振森、殷振伦、殷振国弟兄为首，殷振森曾直接去山西接受领导。1951 年，全县圣贤道徒 7066 人。殷振森生前传道给儿子殷佃会、殷佃芝。殷振森死后，博兴县湾头董汉某、阳信县小司家张丕某继续向殷佃会、殷佃芝传道，二人成为桓台县圣贤道大道首。至 1964 年，秋场发展 10 大股，包括高青县北刘家庄和博兴县郝寨两大股。1956—1962 年，县公安局 9 次打击圣贤道复辟活动，捕判道首 43 人，管制 28 人，但殷佃会、殷佃芝仍然暗中活动。1962 年 9 月 2 日，县公安局了解到殷佃

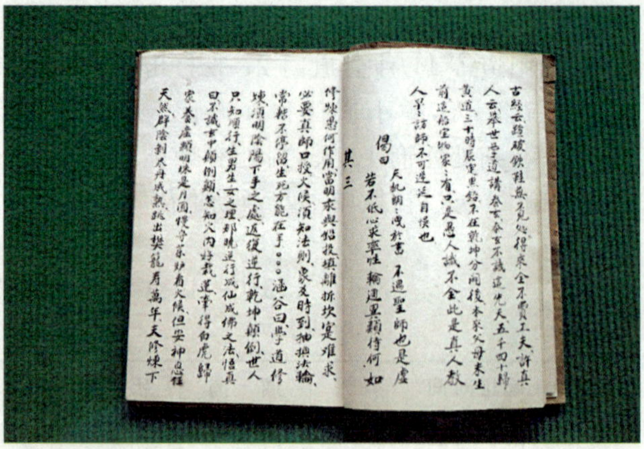

收缴的道书

会、殷佃芝行动诡秘，道内人员来往频繁，收入明显不符，有复辟活动迹象，遂展开调查。1963 年 8 月 23 日，惠民专署公安处批准立案。经教育相关道徒，掌握圣贤道活动内幕。1964 年 2 月 25 日，惠民专署公安处批准破案，逮捕道首殷佃会、殷佃芝。随着工作深入，由公开取缔转为全面控制、深入侦察，刑事拘留领导道徒较多的“秋场”姜献岭、“户场”牛克云等 4 人。公安机关集中优势兵力，组织惠民专署公安处 9 人、县公安局 7 人、其他部门干部 6 人及相关区公安特派员，分为调查材料、审讯等 5 个组，查清案件涉及全县 7 个区 28 个人民公社以及淄博、临淄、博兴、高青、邹平等 24 个县市 1600 余人。其中，桓台县 1113 人，含道首 547 人、道徒 566 人。通过取缔，逮捕 10 人，管制 36 人，戴反革命帽子 60 人。姜献岭被判处有期徒刑二十年。1980 年 4 月，县公安局对以侯庄人民公社龙北大队张守挺为首的圣贤道复辟活动案件立案侦查。在前期工作基础上，1981 年 2 月 23 日—3 月 15 日，组成 13 人专案组，集中取缔圣贤道。82 岁的道首张守挺，曾因积极办道，受过多次打击。1975 年，指派其子张令某和办道骨干张守某等人四处串联，恢复旧有组织及成员 63 人，其中“护场”2 人、“官号”2 人、“明人”1 人、“秋士”2 人、“年贡”1 人、办道骨干 4 人、道徒 51 人，新发展道徒 38 人，道徒涉及张店区 3 个人民公社、桓台县 3 个人民公社及部分企业单位。张守挺等宣传“十恶八邪”“七情五戒”等反动内容，污蔑社会主义是花花世界，鼓动“旧戏演开了，我也摘帽了，政府不管了，咱要大干起来”，拜请田庄人民公社牛王大队大道首牛克云、邢家人民公社张茂大队大道首耿佃奎去其家传授道务，以送“亡灵”方式诈骗钱财。这次复辟活动，拉入退休工人 2 人、国家职工 3 人、共青团员 3 人、民办教师 1 人、干部职工家属近 20 人，个别干部家属让自己及亲戚家几岁的孩子入道。取缔工作中，公安机关严格依照新施行的“两法”规定，逮捕道首 2 人、有罪恶的办道骨干 2 人，其他中、小道首登记具结，全部道徒声明退道。

1981 年 3 月，侯庄人民公社龙北大队圣贤道道众登记具结场面

中道　1957 年，县政府取缔中道后，少数道首、道徒仍不思悔改，四处联络，秘密接头，继续非法活动。1958 年，道首、点传师毛太某被逮捕判刑，1962 年监外就医，回家后即找到藏匿在史家大队史某家中的大道首岳宗某，一块学习“中道秘法”，先后与道首巩子某、张正某、胡安某、孔祥某、陈义某等秘密接头。1968 年，道首胡安某病后，毛太某 3 次看望，接受胡安某传授的“中道歌”和胡死后由其领导桓台道务活动的任务。1945 年桓台县第一次解放后，点传师巩子某潜逃陕西、甘肃两省，从事中道活动，1958 年被甘肃公安机关逮捕，判刑 10 年。1962 年提前释放后，与岳宗某接上头，接受“中道秘法”，以行医为名，到桓台各人民公社及张店等处，秘密串联策划，劝说田淑某、巩同某、巩端某等人继续行道。果里人民公社刘斜大队中道骨干分子张若某顽固坚持反动立场，其家成为桓台南部、张店北部的道务活动点，先后窝藏、串联道首 10 余名。1960 年秋，新泰县大道首李象某在其家中举办“中道总路线学习班”。1977 年 3 月 6 日，张若某接受张店区北岭大队反动道首朱玉某传授的“中道单训”抄本，组织全家学习，两个女儿舍身办道，一个 40 多岁，一个近 30 岁不结婚。“文化大革命”中，该道趁乱兴道，污蔑科学种田，诋毁领袖著作和领导人讲话。中道联络员李某以赶桓城大集为幌子，联系各地中道分子，污蔑无产阶级专政，恶毒攻击社会主义制度。李王村中道骨干李可某先后窝藏李象某、岳宗某，被李象某培养为接班人。

1977 年 5 月 4 日，县委成立副书记邹显刚挂帅的打击城乡资本主义活动、取缔反动会道门 10 人领导小组，抽调 35 名骨干力量，进行 6 天的政治、业务训练后，全面开展取缔工作。各相关人民公社也成立领导小组，参与取缔工作。5 月 19 日，全县统一行动，9 名中道骨干无一漏网。同时，组织67名干部、100余民兵，搜查涉案人员住所，查获办道纲领、章程等11种50余份近千页材料及道服5件、香炉1个。从中道分子胡正保处搜出原大道首胡安某遗留的100克金元宝1个、银圆67块及犀角、羚羊角、熊胆、海马、玛瑙、龙牙等贵重药品一宗、书籍一箱。本次行动，县公安局捣毁中道活动点11处，查获道徒153人，逮捕道首9人，管制7人，戴帽6人，定为反革命戴帽2人，漏管戴回帽子2人，对其他道徒批判、登记具结。

案件审结后，县公安局组织9人宣传队伍，绘制48个板面的宣传栏，在全县巡回展出，宣传中道的演变过程、历次打击取缔情况、现行罪恶活动，揭批会道门的反动本质，生动教育群众，瓦解各类会道门组织，打击敌人现行破坏活动，维护全县大局稳定。

第四节　现实斗争

侦破反革命案件

1955年，公安部部署打击现行反革命破坏活动任务。县公安局结合镇反、肃反运动，积极侦破反革命案件，现行反革命案件逐步减少。

20世纪60年代初期，暂时经济困难。盘踞在台湾的国民党趁机叫嚣窜犯大陆，国内一小撮反革命分子遥相呼应，组织反革命集团，涂写反动标语，散发反革命传单，扰乱社会政治稳定。1965年9月，县公安局发现一反动组织线索，经深入调查，打掉反革命组织“中华平等自由革命军”，抓获周某、赵某等7名主要成员，该组织自1963年开始活动，妄图成立一个武装组织，打倒共产党，夺取政权，并安排国家主席、副主席、财政部长等职务。1967年夏，博兴县、桓台县、临淄县、广饶县多次发生投寄反动传单案。四地公安机关联合办案，经过半年摸排调查，破获此系列案件，逮捕博兴县店子乡马兴庄的赤脚医生谢某。1967年10月11日，县公安局查处一起盗窃案件时，发现现行反革命案件线索。经查，是年7月15日，唐山人民公社新生大队王念某、王汝某发起成立以推翻共产党领导为目的的反革命组织“中华人民互助同盟会”，制定组织纲领章程、加入组织誓言和“告全国同胞书”，刻制“中华人民互助同盟会司令部”公章，吸收被共产党打击处理过的人员参加该组织，并预谋夺取唐山雷达部队枪支暴动，因无经费即盗窃粮食被抓获。王念某被判处有期徒刑。

1970年1月，中共中央发布《关于打击反革命破坏活动的指示》。桓台县公安机关根据敌情动向，发动群众开展“一打三反”运动，依法打击各类反革命破坏活动，维护国家安全和政权稳定。5月，根据耿桥人民公社永安大队老党员回忆，工作组获取中华人民共和国成立前一起残害农会干部的案件线索。民国35年(1946年)4月6日晚，该村农会干部徐学忠、高迎来、牟继林3人被敌人用铡刀杀害焚尸。公安机关通过座谈会，进行忆苦思甜阶级教育，鼓励检举揭发，排查梳理出13名重点嫌疑对象。经过政策攻心、分化瓦解、各个击破，查清以地主分子于保祥为首的12人反革命集团残忍杀害农会干部的犯罪事实，抓获骨干成员9人(另外3人已死亡)，王端章、崔佃瑞被判处死刑，张聿水、崔佃祯二犯监毙，其他人员被判处有期徒刑。1971年1月，抓获潜逃多年的历史反革命杀人犯崔亦忠。民国35年(1946年)8月11日，崔亦忠杀害西埠村农救会长赵曰左；8月19日夜，伙同国民党特务胡安宗(已被处决)杀害文庄村李功会；民国36年(1947年)8月31日，参与在四区王家庄北杀害3名过路革命工作人员。民国37年(1948年)，崔永忠潜逃。1974年10月，崔亦忠被依法执行枪决。1972年2月24日，县公安机关抓获长期潜逃的历史反革命杀人犯车林喜，车于民国35年(1946年)勾结张店匪特杀害本村3名革命干部，民国36年(1947年)畏罪潜逃，先后在山东、山西等八省流窜作案，从事破坏活动。1975年9月20日，车林喜被执行枪决。

粉碎江青反革命集团后，公安机关清除极“左”路线的影响，根据中共十一届三中全会精神，认真复查“文化大革命”中办理的政治案件。在纠正错误、落实政策的同时，对攻击党的路线、方针、政策，确属阴谋策动叛乱，煽动推翻中国共产党，颠覆人民民主专政和社会主义制度，向海外敌特机关密报党和国家重要机密的现行反革命案件，继续贯彻坚决侦破、严厉打击的方针。1977年，先后侦破多起与敌特挂钩案件，多系收听敌台广播后，同敌特勾连，从事反革命活动。索镇人民公社张茅村徐某等人长期收听敌台，与对党不满分子张某密谋，策划成立反革命组织“自由党”，组织成员4人，他们搞武器妄图路劫和抢劫供销社，进行暗杀活动。阴谋败露后，策划分两批潜逃云南边境，企图叛国投敌。7月2日夜，组织成员张聿某、张若某携短枪1支、子弹26发、雷管3个，仓皇出逃时被查获。7月25日，除张若某系盲从外，徐某、张聿某、张某被刑事拘留，缴获土手枪3支、三棱刀1把、用红蓝墨水绘制的“山东省桓台县公安局”“中国人民解放军三四〇二部队司令部”“中华人民共和国国务院”等4枚公章图案、1本大队公章空白信纸及其他反革命罪证一宗。

1980年1月，《中华人民共和国刑法》实施，公安机关用刑罚同一切反革命行为作斗争。1982—1996年，县公安局共破获反革命案件5起，抓捕现行反革命分子5人。1982年9月，侦破一起通敌挂钩信案，抓获田庄烟站犯罪分子曹某。1985年6月22日，接市公安局通报线索，侦破署名“田AB”的通敌挂钩信案，抓获长期收听敌台而走上犯罪道路的犯罪分子田某。1989年6月，北京发生政治风波期间，某企业职工王某在县城驻地张贴《北京消息》《北京最新消息》《告同胞书》《北京惨案录》等反动小字报19张，在张北路两侧用毛笔刷写24条反动标语，传播谣言，蛊惑人心，煽动推翻党的领导，企图造成社会混乱。县公安局迅速立案侦查，将其抓获，王某被判处有期徒刑十年。是月，协助张店公安分局侦破桓台县果里镇张某煽动反革命暴乱案。1989年，协助淄博市国家安全局侦破台湾国民党派遣大陆间谍案，将敌特分子黄某逮捕归案。1992年7月30日，县公安局协助济南市公安局侦破省、市高度重视的“3·31”反动传单案，将作案人员王某查获。

20世纪90年代中期以后，随着经济社会发展和严打斗争逐渐深入，全县政治安定、治安稳定、群众富裕，反革命犯罪案件杜绝。

反“心战”斗争

20世纪50年代，国民党台湾当局派遣飞机到大陆上空侦察，空投反动宣传品，诋毁共产党的领导，妄图反攻大陆。1957年11月20日夜，敌机自西北至东南进入桓台县上空，飞临锦秋湖、麻大湖及周边地区，空投大批物资。县政府组织公安干部12名、人武干部5名及乡干民兵，细致搜索相关地区。经过20天工作，搜出布包、麻包30个，每包内有蓝布6尺、反动册子4～8张，有的还有儿童玩具和衣物，收集到“中国青年报”等反动宣传品18张。1959年，敌机再次窜至桓台上空盘旋，散发大量反动传单，进行“心战”和策反活动。

20世纪60年代，国民党台湾当局武力反攻大陆的幻想破灭后，指使驻香港等地的特务机关，加紧开展反革命“心战”宣传活动。国民党特务机关利用专设的电台，昼夜进行反革命广播，同时在东南风季节，利用气球空飘反革命传单和各种实物，攻击诽谤社会主义制度，挑拨党群关系，煽动反革命分子和坏分子向海外敌特机关写信挂钩，提供情报或叛逃台湾。

1962年6月，县公安局印发《关于加强对敌斗争做好当前战备工作的意见》，部署反“心战”工作，对收听敌台广播人员，由宣传部门和基层组织进行教育，对主动与海外敌人通信联系及其他特务活动嫌疑分子，逐个查清，确系特务的，由县公安局积极侦察。8月6日，省公安厅召开各专署公安处处长、市公安局局长会议，部署反“心战”、反谣言斗争，要求对群众加强正面宣传，使群众正确认清形势，坚定信心，提高警惕，自觉不听信、不宣传敌人的反动宣传。积极调查与敌台谋取联系的分子，对已查清的立案侦察，及时处理。1971年，受国际国内形势影响，国民党“心战”活动加剧，通过电台广播腐蚀拉拢青少年与敌特机关勾联，组织反动力量，妄图破坏社会主义建设。县公安局专门部署对在校学生的教育工作。

1977年，蒋帮敌特“心战”活动越来越嚣张，攻击党中央，吹捧江青反革命集团，抨击社会主义制度，制造反革命舆论，造成极大危害，在其煽动和教唆下，不少人走上通敌挂钩的违法犯罪道路。县公安局在县委统一领导下，组织宣传、教育、人武、工农、青妇、广播、法院等部门，共同开展反“心战”斗争，揭露敌特机关的“心战”阴谋。“五一”“十一”及新年等重要节日，对群众进行形势、敌情和法制教育，及时批评、制止收听敌台行为。对发现的徐某等违法犯罪线索立案调查，大张旗鼓处理，以教育群众。是年，县公安局收缴“心战”反宣品3000余件(张)及饼干、罐头、香烟、汗衫等物品50多种，唐山人民公社缴获完整气球1个，荆家人民公社上空发现未落气球7个。

1980年，积极开展反“心战”斗争，发动群众收缴蒋帮空飘物资，共收缴空飘传单500余张、收音机1部、气球仪1个及其他物资一宗，如数上交惠民地区公安处。1981年，敌特机关加紧政治登陆，叫嚣以三民主义统一中国，乘大陆国民经济政策调整之际，进行“心战”破坏，编印大量宣传三民主义的小册子，以空飘、海飘、邮寄和特务带入等方式向内地散发。县公安局针对性加强反“心战”斗争。1982年，针对台湾国民党“心战”活动特点，县公安局狠抓宣传教育，配合县委宣传部、团委、妇联、教育等有关部门，联合印发《积极开展反“心战”斗争的宣传提纲》1000余份，发到各人民公社、大队、县直单位，提高广大干部群众反“心战”斗争的自觉性，对“心战”物品做到不吃、不用、不信、不传，立即上交。全县共收缴蒋帮空飘传单74种118份及手表、食品、衣物等物品一宗。8月19日，新城人民公社建材厂冯金凤散步时捡到空飘手表一只，立即送交新城派出所。1983年1月，针对青少年违法犯罪新特点，印制《警惕敌人反动宣传破坏活动》提纲，发到全县98处联中和高中。印发10万份《关于不准收听敌台广播的九项规定》，送到全县持有收音机的人和户。入夏后，针对空飘特点，印发2000份《搞好反“心战”斗争的通知》，教育干部群众对敌台不收听、不宣传，发现“心战”物品立即上交。是年，收缴“心战”宣传品70种3000份、手表2只及其他物资一宗。

1984年1—2月，县公安局铅印11万份《关于不准收听反动广播的几项规定》，发到全县有收音机的农户和五金交电修理部。印发500份《警惕敌人的“心战”阴谋》宣传提纲，对联中以上师生普遍进行一次反“心战”教育。6月，铅印2000份《提高警惕 彻底粉碎敌特机关心战破坏阴谋》材料，连同市公安局600份宣传画，发至每个村庄、联中学校及县、乡(镇)机关等单位，配合司法、宣传、文化等部门，在繁华场所进行图片宣传。是年，收到“心战”宣传品55种146张、食品4件及其他物资一宗。1985年，铅印6000份反“心战”宣传材料，

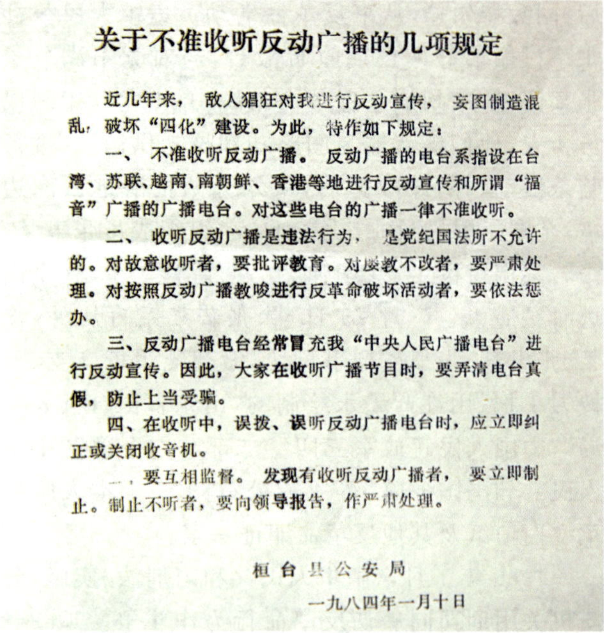
关于不准收听反动广播的几项规定

近几年来，敌人猖狂对我进行反动宣传，妄图制造混乱，破坏“四化”建设。为此，特作如下规定：

一、不准收听反动广播。反动广播的电台系指设在台湾、苏联、越南、南朝鲜、香港等地进行反动宣传和所谓“福音”广播的广播电台。对这些电台的广播一律不准收听。

二、收听反动广播是违法行为，是党纪国法所不允许的。对故意收听者，要批评教育。对屡教不改者，要严肃处理。对按照反动广播教唆进行反革命破坏活动者，要依法惩办。

三、反动广播电台经常冒充我“中央人民广播电台”进行反动宣传。因此，大家在收听广播节目时，要弄清电台真假，防止上当受骗。

四、在收听中，误拨、误听反动广播电台时，应立即纠正或关闭收音机。

一，要互相监督。发现有收听反动广播者，要立即制止。制止不听者，要向领导报告，作严肃处理。

桓台县公安局

一九八四年一月十日

关于不准收听反动广播的几项规定

在公共场所张贴宣传，播放录音94次，出黑板报15块，放电影280场，受教育群众10.4万人。7月20日、22日，果里乡甘家村退休干部孙登山两次收到空飘反动传单，步行20里交到县公安局。是年，收缴反动传单12张、气球1个、定时引爆器1个、背心1个。

1986年，重点对全县72所初中以上学校师生进行一次大规模的反“心战”宣传教育，反复发放《提高警惕 彻底粉碎敌特机关的“心战”破坏阴谋》宣传材料，收缴“心战”宣传单23种35张、手电筒2个、手表3块、收音机1台、秋裤1条、圆珠笔1支及食品一宗。1987年，编发1万份宣传材料，使全县人民明晰台湾当局“心战”阴谋的反动性。8月2日凌晨，耿桥乡河崖头村窑厂飘落一气球，窑厂职工耿玉汝深夜跑到派出所报告情况，派出所及时收缴空飘物品，市公安局给予耿玉汝物质奖励。是年，收缴反动宣传单13472张、手表1只及首饰、衣物、毛巾等“心战”品一宗。1988年1月，县公安局、县教育局联合下发《关于对中学生进行反“心战”宣传教育的通知》，与县委宣传部联合编写《提高警惕 粉碎台湾当局“心战”破坏阴谋》的宣传提纲，印发15000份广泛张贴宣传。1989年，台湾当局妄图通过“心战”宣传搞乱大陆，特别是平息反革命暴乱后，变本加厉加强“心战”活动。6月，县公安局对50个企事业单

位、学校进行政治“消毒”。7月10日，侯庄乡官中村玉米地里降落一空飘气球，接到报告后，县公安局收缴宣传品3千张及药品、毛巾、裤子、儿童玩具一宗，干警现场揭露敌特机关“心战”宣传品的欺骗性和危害性。7月13日，从桓台县化肥厂收缴“心战”食品一袋。

1990年4月21日，县公安局向各派出所和县直单位保卫科部署开展反“心战”宣传教育工作。5月，在全县政法工作会议上，下发反“心战”宣传材料5000份，增强干部群众反渗透、反“心战”意识。1991年，受敌“心战”宣传的影响，县内收听敌台人员较多，1人给敌台写信联系。县公安局印发3000份《反“心战”宣传提纲》，派人到学校宣传，提高群众的反腐蚀能力。是年末，台湾当局调整对大陆的反攻政策，不再采用海飘、空飘、广播等形式进行“心战”活动。

打击邪教专项斗争

20世纪90年代，桓台县陆续出现一些不法分子，打着宗教旗号，发展邪教组织，欺骗不明真相的群众，从事违法犯罪活动。县公安局根据法律和政策，依法取缔和打击。

邪教组织“被立王”是“呼喊派”骨干吴扬明于1988年创立的，散布“世界末日就要到来，只有信‘被立王’才能得救；若不信就要受惩罚，遭屠杀”等歪理邪说，蛊惑群众，诈骗钱财。1994年2月，“被立王”的奉差“清洁”“开心”等人在桓台县“开荒布道”。1995年7月，县公安局侯庄派出所、侯庄乡部分村党支部书记先后收到题为“赏罚在神，神必报应”的“被立王”匿名信件。公安机关开展侦察，将设在侯庄乡南王村和新城镇刘三里村的两处窝点端掉，治安处罚3名骨干成员。

1996年3月，邪教组织“观音法门”由张店区传入桓台县，在县城相继发展信徒12人。1997年10月，桓台县10名信徒在张店李某带领下赴泰国曼谷参加“清海日”活动，参加“大法师”释清海举行的大型法会。1998年5月22日，县公安局取缔打击“观音法门”，确定重点人员12人，收缴录像带31盘、书籍35册、杂志41本、师傅法像13张、其他19张(个)。

1996年，桓台县境内发现邪教“三班仆人派”。是年冬，博兴县湖滨乡安柴村魏某到起凤镇东巩村传教，后在东巩村、华沟村、夏一村设立聚会点3处，发展成员16人。1999年9月，县公安局查明“三班仆人派”邪教组织在桓台县活动情况，对王某某等3名骨干分子治安处罚。

1998年年初，邪教组织“灵灵教”由博山区传入桓台县新城、陈庄等镇，先后发展信徒13人。2002年8月，县公安局将该邪教组织摧毁，处理其主要成员，基本查清“灵灵教”在全市乃至全省的组织活动情况。

2003年，县公安局对邪教组织“美兰神”立案查处，该邪教组织在2年内发展信徒1000余人，范围涉及济宁、滨州、东营及淄博大部分区县，收取“奉献款”30余万元。

2005年7月，县公安局发现陈庄镇部分人员参与邪教组织“门徒会”非法活动，遂立案侦察。经过2个多月的调查取证，挖出以罗某、高某、王某、杨某等人为首的“门徒会”邪教组织，涉及高青县、邹平县及桓台县陈庄、马桥、荆家、新城、田庄、索镇等镇，查获涉案人员37人。

1997年，“实际神”邪教组织传入桓台县后，成立以桓台县为中心，辐射周边区县的“桓台小区”，建立完整、严密的“教会带领”“传福音”“后勤保障”等三大组织体系。县公安局迅速开展地毯式排查，全面掌握“桓台小区”13个教会、“新城小区”14个教会、“马桥小区”17个教会的组织网络、骨干成员、活动规律等基本情况。通过侦察，成功锁定化名为“实现”的“桓台小区”带领魏某的真实身份，并掌握核心骨干成员和重要窝点。开展10余次专项行动，至2013年抓获“实际神”邪教组织重要骨干193人，刑事拘留85人，行政拘留76人，具结悔过72人，教育训诫被裹挟人员400余人，收缴宣传品36200余册(份)，基本摧毁“实际神”邪教组织在桓台县的地下网络体系。

在打击处理邪教的同时，公安机关注重宣传和教育转化工作。对抓获的邪教组织成员，逐一进行耐心细致的教育引导，使其认清邪教组织的反动本质，真正脱离该组织。会同民宗、宣传、610办公室、驻村网格化管理干部、村企负责人等多方面的力量，对已被打击处理、教育训诫的信徒定期回访，巩固转化成果，防止死灰复燃。在邪教组织活跃地区，大张旗鼓开展反邪教宣传警示活动，教育群众认清邪教危害，积极检举揭发邪教人员，营造群防群治、齐抓共管的良好社会氛围，为夺取反邪教组织战役的全面胜利打下坚实的基础。

2014 年 7 月，索镇压派出所反邪教宣传进校园

第五节　文保工作

文物保卫

桓台县历史悠久，境内有一批历史价值较高的古文化遗址、古墓葬、古建筑和古石刻。“文化大革命”中，红卫兵开展“破四旧”活动，打砸破坏古典建筑、文物古迹，哄抢焚烧文化馆、图书馆的图书。1967 年 7 月 2 日，县革委会根据中共中央指示，向全县发出《关于在“文化大革命”中保护文物 图书的意见》，一批有价值的文化遗产和文化馆、图书馆、书店的图书被保存。

“文化大革命”结束后，为加强文物古迹的保护工作，县公安局、县文化局根据文物保护法，在重点文物古迹保护单位和村庄，设立义务保护小组，制定保护措施。县公安局加强对文物古迹安全保卫工作的监督指导和安全防范检查，消除隐患，确保安全。

1986 年 2 月，桓台县文物管理所成立。5 月，县公安局、县文化局联合发布《关于加强保护文物古迹的通告》，当时境内有小庞遗址 1 家省级文物保护单位，忠勤祠、王士禛纪念馆、四世宫保砖牌坊、高楼华严寺、唐山遗址、前埠遗址等 6 家市级文物保护单位，元南遗址等 4 家县级文物保护单位。9 月，县文化局、县公安局在“忠勤祠”召开桓台县第一次文物安全工作会议，贯彻文物保护法和省、市文物安全会议精神，部署全县文物古迹的安全保卫工作。县公安局副局长祝兆贤、消防科长潘德成、保卫科副科长岳瑞宝等参加会议。1987 年 9 月，县文物库房由索镇迁往新城忠勤祠。为加强文物安全保卫工作，新城派出所在县文物库房设立治安保卫室，配备保卫员 1 名、门卫 1 名，购置灭火器 6 个，并训练 2 名消防员，加固文物展室和库房门窗，安装报警器。1990 年 4 月，王士禛纪念馆被市文化局、市公安局评为文物保护先进单位。

2016 年，省级重点文物保护单位忠勤祠外景

1991 年，县公安局检查全县文物管理工作，督促落实安全制度，预防重点文物被盗抢、破坏。在全市文物管理工作会议上，桓台县介绍经验做法。1999 年 7 月 1 日，县政府印发《桓台县文物保护管理办法》，对在地下、水下及其他场所发现文物隐匿不报，不上缴国家的，由公安部门根据规定处理，对盗窃、盗掘、走私、破坏文物行为立案查处。2006 年，投资 6 万元，建设“四世宫保”牌坊防护栏。是年，王士禛纪念馆报警设备与县公安局指挥中心联网，并增配夜间值班巡更器。2007 年 4 月，新增 1 套电子巡更器，购置远红外线报警设备，实现与新城派出所 110 联动。2013 年，桓台县推

保护文物安全

进古县城开发，王士禛故居对外开放。县公安局国保大队、县消防大队与新城派出所加强对王渔洋故里景区的治安安全和消防安全保卫工作，督促安装和架设视频监控及红外探测等技防设备4套、监控探头160个。重要节假日，安排警力到景区执勤，确保文物不被盗抢、损坏。2014年，国家文物局对“四世宫保”牌坊安防工程立项。

史家遗址位于桓台县田庄镇史家村西南。1996

2016年，全国重点文物保护单位史家遗址

年4—11月，市文物局、市博物馆、县文物管理所组成考古工作队，对该遗址进行勘探和抢救性清理发掘，发掘面积1300余平方米，出土岳石文化甲骨文，将甲骨文的契刻年代至少提前300年，为鲁北地区的先商文化研究提供重要资料。采集标本有商代鬲足、陶器沿、周代陶器腹、汉代陶片及龙山文化、岳石文化陶器沿等。发掘过程中，田庄派出所维护现场秩序，确保文物安全。2014年，市、县文物、公安部门查处史家遗址违规建设等问题，国保大队对遗址工作人员进行系统的安保业务培训，建立日常巡逻制度。

1999年9月，桓台县博物馆正式对外开放，系淄博市第一个区县级综合性博物馆，县公安局将其列为安全保卫重点单位。10月，安装远红外线报警装置一套。2000年，建成消防和电视监控系统。2004年，县政府投资17.5万元，改造馆内消防喷淋系统。2007年6月21日，市政府调整桓台县博物馆为淄博市二级保卫重点单位。2008年，投资10万元，对馆内电视监控升级改造，增加监控摄像机5台、探测器6个，安装电子巡更系统，购置防范伸缩棍。2011年，因安全保卫工作突出，桓台县博物馆被市公安局记三等功。现馆藏珍贵文物5000余件，一级文物6件(套)、二级文物15件(套)、三级文物76件(套)，包括陶器、瓦当、青铜器、钱币、铜镜、书法、绘画、玉器、瓷器、陶文、印章等15个门类。

2016年，检查县博物馆安全情况

2013年，县政府将文物保护工作经费纳入财政预算，在8个镇设立文物保护管理站，相关村庄成立文物保护管理小组，聘请专职文物保护人员100余名。县公安局国保大队和派出所业务指导，形成县、镇、村三级文物保护监管网络。是年，“四世宫保”牌坊和史家遗址被国务院公布为第七批全国重点文物保护单位。至2016年4月15日，桓台县重点文物保护单位共181处，含国家级2处、省级7处、市级33处、县级139处，登记一级文物9件(套)、二级文物23件(套)、三级文物231件(套)、未定级文物3151件(套)。

文化保卫

新中国成立后，县公安局把文化安全保卫纳入工作范畴。1952年，在淄博专区联立师范学校(桓城)成立治安保卫委员会，在其他较大规模学校设立保卫员，半月召开一次保卫会议，检查和布置工作，进行保密教育和加强文件管理。1955年2月29日，惠民专署公安处下发《关于对文保系统内有关材料的收集报告问题的通知》。3月1日，全县机关、医院、文化馆、文化站、中学各1处，初小359处，高小24处；教职员工813人，计职工15人，教员768人，劳务人员30人。其中，调查对象12人，计反动党团骨干4人、特务分子5人、历史极为复杂可疑分子3人，对以上人员予以清洗或者纳入专门管理。

20世纪60年代初，县公安局加强文保工作，文保系统未发生重大治安问题。“文化大革命”开始后，全县中小学校纷纷停课，学生组成红卫兵到处串联。教师学生分为两派，经常发生武斗，正常教学秩序被打乱。1967年3月，全县中小学校复课，但是武斗行为时有发生。1968年9月，“工人宣传队”和“贫下中农宣传队”进驻中小学，实行工人、贫下中农管理学校，学校秩序逐步好转。

1977年，桓台县恢复高等学校招生考试制度，每年在高考期间，县公安局一名副局长参加桓台县招生委员会，负责领导高考招生保卫和保密工作，派2～3名公安干部参加保卫组，负责押运护送和保管试卷工作，协助监场人员维护考场秩序。1978年4月26日，县委批转县公安局党组《关于加强内保组织整顿和建设的请示报告》，按照中央〔1978〕4号文件要求，成立学校内保组织，规模较大学校配备专兼职保卫干部。1980年4月7日，全县经济文化保卫工作会议召开，进一步明确文化保卫工作的方针和任务，在桓台一中成立保卫科，其他高中配备专职保卫干部。1989年，北京春夏之交政治风波期间，县公安局加强对学校稳定情况的控制，各校平稳有序。1994年，县公安局保卫科直接管辖中学以上学校42处、文化保卫单位7个，各单位均成立保卫科或者配备保卫人员。

2016年，高考安保执勤

2003年5月，由省政府批准、教育部备案，山东工业职业学院在果里镇成立。县公安局保卫、消防部门和果里派出所经常深入校园，进行安全检查和法制教育，指导学院保卫处做好内部安全保卫工作。2007年6月21日，市政府调整山东工业职业学院为淄博市二级保卫重点单位。2008年

2006年9月，到山东工业职业学院进行防盗抢宣传

2月16日—3月3日，全国普通高校艺术专业测试淄博考点设在山东工业职业学院，全国93所艺术类院校、4万余名考生在该校进行招生和考试。县公安局制定安全保卫方案和处置突发事件预案，做好安全保卫工作，确保艺考顺利进行。12月，果里派出所与山东工业职业学院签订《德育教育实践基地共建协议书》，果里派出所成为山东工业职业学院的德育基地，派出所一名负责人作为学校的德育顾问，数名民警作为兼职老师，定期到学校开展德育法制讲座。

2009年9月，文化保卫业务由经侦大队移交国保大队。2011年2月，省公安厅召开全省文保工作会议，调整文保工作分工，国保部门负责指导、监督高等学校、社会科学研究、广播电视、新闻出版等领域的安保工作。2012年6—12月，开展“平安高校”建设年活动。围绕山东工业职业学院及周边，开展不稳定因素排查、情报预警等工作。8—9月，涉日维稳期间，县公安局走访山东工业职业学院和各中学，向学校派驻警力46人，协同校方做好学生情绪引导工作。9月22—23日，全市1405名考生在山东工业职业学院参加司法考试。县公安局协助市司法局、市无线电管委会排除2起利用无线电作弊情况。2014年11月25日及2015年5月15日、10月22日，县公安局惠民法治宣讲团三次走进山东工业职业学院，分别围绕师生餐饮安全、拒绝毒品、预防青少年犯罪、校园反恐、防盗、防抢、防骗及法治建设等主题进行安全教育，现场指导学院保卫勤务活动、处置突发事件工作，增强学生法律意识、自我保护意识，提高校园安全保卫水平。

第四章 经济犯罪侦查

经侦大队民警合影。前排左起：刘华、王业盛、陈同旺、李鹏、田茂亮、李新玉；二排左起：李俊杰、孙志博、刘书玉、田文东、于素珍、张敏；三排左起：王明文、赵光生、胡安华、杨凯、田振华

（2014年12月　摄）

经侦大队办公楼　（2017年5月　摄）

中华人民共和国成立后，桓台县公安局在内部单位组建保卫机构，强化内部安全防范。1950 年 9 月，侦保股 1 名股员专职内保工作，打击经济犯罪业务由治安股承担。1952 年 9 月，增设保卫股，在内部单位开展防奸、防特、防火、防破坏的"四防"安全保卫工作。1955 年 5 月，撤销保卫股，保卫业务归政保股。1979 年 10 月，设内保股，侦破内部单位发生的一般刑事案件，打击经济犯罪业务由刑警队承担。1984 年 9 月，内保股改称保卫科，贯彻预防为主、确保重点、打击敌人、保障安全的方针，开展反盗窃、反破坏斗争，推行治安保卫责任制，开展创建治安安全单位活动，保卫经济文化建设顺利进行。2000 年 1 月 13 日，撤销保卫科，成立经济犯罪侦查大队，负责经济犯罪侦查和内部安全保卫。2009 年 11 月，经济保卫、文化保卫职责分别划归治安大队和国保大队，经侦大队专司经济犯罪侦查工作。经侦大队加强执法规范化建设，创新案管中心工作经验，打击经济领域犯罪，维护正常经济秩序，为全县经济发展创造良好环境。

第一节　打击经济犯罪

立　案

1996 年 7 月 15 日，县公安局贯彻公安部《关于调整经保局 刑侦局对经济犯罪案件管辖分工的通知》要求，将金融诈骗案件，财税方面的诈骗案件，伪造股票、债券等有价证券案件及股票期货诈骗案件，伪造国家货币、贩运倒卖伪造的国家货币案件，各种形式的融资、集资犯罪案件等 5 类经济案件由刑警大队划归保卫科管辖。1997 年，全国人大常委会修订《中华人民共和国刑法》《中华人民共和国刑事诉讼法》，把 88 种经济犯罪管辖权赋予公安机关。县公安局围绕经济领域制假、售假、走私贩私、偷税骗税、合同诈骗、非法经营、诈骗金融机构、侵犯知识产权、破坏公司企业管理秩序等经济犯罪开展立案侦查工作。

2000 年 1 月，经侦大队成立后，依照刑法规定，对 88 种经济犯罪案件立案侦查，由于刑法规定过于笼统，执法实践中与县人民检察院、县人民法院对立案追诉标准问题经常出现分歧。2001 年 4 月 18 日，最高人民检察院、公安部颁布实施《关于经济犯罪案件追诉标准的规定》，对 77 种经济犯罪案件追诉标准作出规定。经侦大队组织民警学习贯彻，依照规定对经济犯罪立案侦查。常见经济犯罪立案追诉标准如下：

走私假币案。走私伪造的货币，总面额在二千元以上或者币量二百张(枚)以上的，应予追诉。

隐匿、销毁会计资料案。隐匿或者故意销毁依法应当保存的会计凭证、会计账簿、财务会计报告，涉嫌下列情形之一的，应予追诉：1. 隐匿、销毁的会计资料涉及金额在五十万元以上的；2. 为逃避依法查处而隐匿、销毁或者拒不交出会计资料的。

公司、企业人员受贿案。公司、企业的工作人员利用职务上的便利，索取他人财物或者非法收受他人财物，为他人谋取利益，或者在经济往来中，违反国家规定，收受各种名义的回扣、手续费，归个人所有，数额在五千元以上的，应予追诉。

对公司、企业人员行贿案。为谋取不正当利益，给予公司、企业的工作人员以财物，个人行贿数额在一万元以上的，单位行贿数额在二十万元以上的，应予追诉。

伪造货币案。伪造货币，总面额在二千元以上或者币量二百张(枚)以上的，应予追诉。

出售、购买、运输假币案。出售、购买伪造的货币或者明知是伪造的货币而运输，总面额在四千元以上的，应予追诉。

持有、使用假币案。明知是伪造的货币而持有、使用，总面额在四千元以上的，应予追诉。

变造货币案。变造货币，总面额在二千元以上的，应予追诉。

非法吸收公众存款案。非法吸收公众存款或者变相吸收公众存款，扰乱金融秩序，涉嫌下列情形之一的，应予追诉：1. 个人非法吸收或者变相吸收公众存款，数额在二十万元以上的，单位非法吸收或者变相吸收公众存款，数额在一百万元以上的；2. 个人非法吸收或者变相吸收公众存款三十户以上的，单位非法吸收或者变相吸收公众存款一百五十户以上的；3. 个人非法吸收或者变相吸收公众存款,给存款人造成直接经济损失数额在十万元以上的,单位非法吸收或者变相吸收公众存款,给存款人造成直接经济损失数额五十万元以上的。

集资诈骗案。以非法占有为目的,使用诈骗方法非法集资,涉嫌下列情形之一的,应予追诉:1.个人集资诈骗,数额在十万元以上的;2.单位集资诈骗,数额在五十万元以上的。

贷款诈骗案。以非法占有为目的,诈骗银行或者其他金融机构的贷款,数额在一万元以上的,应予追诉。

信用卡诈骗案。进行信用卡诈骗活动,涉嫌下列情形之一的,应予追诉:1.使用伪造的信用卡,或者使用作废的信用卡,或者冒用他人信用卡,进行诈骗活动,数额在五千元以上的;2.恶意透支,数额在五千元以上的。

保险诈骗案。进行保险诈骗活动,涉嫌下列情形之一的,应予追诉:1.个人进行保险诈骗,数额在一万元以上的;2.单位进行保险诈骗,数额在五万元以上的。

偷税案。纳税人进行偷税活动,涉嫌下列情形之一的,应予追诉:1.偷税数额在一万元以上,并且偷税数额占各税种应纳税总额的百分之十以上的;2.虽未达到上述数额标准,但因偷税受过行政处罚二次以上,又偷税的。

抗税案。以暴力、威胁方法拒不缴纳税款的,应予追诉。

虚开增值税专用发票、用于骗取国家出口退税、抵扣税款发票案。虚开增值税专用发票或者虚开用于骗取出口退税、抵扣税款的其他发票,虚开的税款数额在一万元以上或者致使国家税款被骗数额在五千元以上的,应予追诉。

伪造、出售伪造的增值税专用发票案。伪造或者出售伪造的增值税专用发票二十五份以上或者票面额累计在十万元以上的,应予追诉。

非法出售增值税专用发票案。非法出售增值税专用发票二十五份以上或者票面额累计在十万元以上的,应予追诉。

非法购买增值税专用发票、购买伪造的增值税专用发票案。非法购买增值税专用发票或者购买伪造的增值税专用发票二十五份以上或者票面额累计在十万元以上的,应予追诉。

假冒注册商标案。未经注册商标所有人许可,在同一种商品上使用与其注册商标相同的商标,涉嫌下列情形之一的,应予追诉:1.个人假冒他人注册商标,非法经营数额在十万元以上的;2.单位假冒他人注册商标,非法经营数额在五十万元以上的;3.假冒他人驰名商标或者冒用药品商标的;4.虽未达到上述数额标准,但因假冒他人注册商标,受过行政处罚二次以上,又假冒他人注册商标的;5.造成恶劣影响的。

销售假冒注册商标的商品案。销售明知是假冒注册商标的商品,个人销售数额在十万元以上的,单位销售数额在五十万元以上的,应予追诉。

侵犯商业秘密案。侵犯商业秘密,涉嫌下列情形之一的,应予追诉:1.给商业秘密权利人造成直接经济损失数额在五十万元以上的;2.致使权利人破产或者造成其他严重后果的。

串通投标案。投标人相互串通投标报价,或者投标人与招标人串通投标,涉嫌下列情形之一的,应予追诉:1.损害招标人、投标人或者国家、集体、公民的合法利益,造成的直接经济损失数额在五十万元以上的;2.对其他投标人、招标人等投标招标活动的参加人采取威胁、欺骗等非法手段的;3.虽未达到上述数额标准,但因串通投标,受过行政处罚二次以上,又串通投标的。

合同诈骗案。以非法占有为目的,在签订、履行合同过程中,骗取对方当事人财物,涉嫌下列情形之一的,应予追诉:1.个人诈骗公私财物,数额在五千元至二万元以上的;2.单位直接负责的主管人员和其他直接负责人员以单位名义实施诈骗,诈骗所得归单位所有的,数额在五万元至二十万元以上的。

职务侵占案。公司、企业或者其他单位的人员,利用职务上的便利,将本单位财物非法占为己有,数额在五千元至一万元以上的,应予追诉。

挪用资金案。公司、企业或者其他单位的人员,利用职务上的便利,挪用本单位资金归个人使用或者借贷给他人,涉嫌下列情形之一的,应予追诉:1.挪用本单位资金数额在一万元至三万元以上,超过三个月未还的;2.挪用本单位资金数额在一万元至三万元以上,进行营利活动的;3.挪用本单位资金数额在五千元至二万元以上，进行非法活动的。

挪用特定款物案。挪用用于救灾、抢险、防汛、优抚、扶贫、移民、救济款物，涉嫌下列情形之一的，应予追诉：1.挪用特定款物价值在五千元以上的；2.造成国家和人民群众直接经济损失数额在五万元以上的；3.虽未达到上述数额标准，但造成人民群众的生产、生活严重困难的。

随着经济社会发展，经济犯罪呈现出许多新特点和新变化。2010 年 5 月 7 日，最高人民检察院、公安部制定《最高人民检察院公安部关于公安机关管辖的刑事案件立案追诉标准的规定(二)》，对公安机关经济犯罪侦查部门管辖的刑事案件立案追诉标准作出新的规定，2001 年 4 月 18 日最高人民检察院、公安部印发的《关于经济犯罪案件追诉标准的规定》废止。县公安局依照新的规定立案侦查。部分常规经济犯罪案件立案追诉标准和案别出现变化：

隐匿、故意销毁会计凭证、会计账簿、财务会计报告案。隐匿或者故意销毁依法应当保存的会计凭证、会计账簿、财务会计报告，涉嫌下列情形之一的，应予立案追诉：1.隐匿、故意销毁的会计凭证、会计账簿、财务会计报告涉及金额在五十万元以上的；2.依法应当向司法机关、行政机关、有关主管部门等提供而隐匿、故意销毁或者拒不交出会计凭证、会计账簿、财务会计报告的；3.其他情节严重的情形。

非国家工作人员受贿案。公司、企业或者其他单位的工作人员利用职务上的便利，索取他人财物或者非法收受他人财物，为他人谋取利益，或者在经济往来中，利用职务上的便利，违反国家规定，收受各种名义的回扣、手续费，归个人所有，数额在五千元以上的，应予立案追诉。

对非国家工作人员行贿案。为谋取不正当利益，给予公司、企业或者其他单位的工作人员以财物，个人行贿数额在一万元以上的，单位行贿数额在二十万元以上的，应予立案追诉。

伪造货币案。伪造货币，涉嫌下列情形之一的，应予立案追诉：1.伪造货币，总面额在二千元以上或者币量在二百张(枚)以上的；2.制造货币版样或者为他人伪造货币提供版样的；3.其他伪造货币应予追究刑事责任的情形。

出售、购买、运输假币案。出售、购买伪造的货币或者明知是伪造的货币而运输，总面额在四千元以上或者币量在四百张(枚)以上的，应予立案追诉。在出售假币时被抓获的，除现场查获的假币应认定为出售假币的数额外，现场之外在行为人住所或者其他藏匿地查获的假币，也应认定为出售假币的数额。

持有、使用假币案。明知是伪造的货币而持有、使用，总面额在四千元以上或者币量在四百张(枚)以上的，应予立案追诉。

变造货币案。变造货币，总面额在二千元以上或者币量在二百张(枚)以上的，应予立案追诉。

非法吸收公众存款案。非法吸收公众存款或者变相吸收公众存款，扰乱金融秩序，涉嫌下列情形之一的，应予立案追诉：1.个人非法吸收或者变相吸收公众存款数额在二十万元以上的，单位非法吸收或者变相吸收公众存款数额在一百万元以上的；2.个人非法吸收或者变相吸收公众存款三十户以上的，单位非法吸收或者变相吸收公众存款一百五十户以上的；3.个人非法吸收或者变相吸收公众存款给存款人造成直接经济损失数额在十万元以上的，单位非法吸收或者变相吸收公众存款给存款人造成直接经济损失数额在五十万元以上的；4.造成恶劣社会影响的；5.其他扰乱金融秩序情节严重的情形。

贷款诈骗案。以非法占有为目的，诈骗银行或者其他金融机构的贷款，数额在二万元以上的，应予立案追诉。

信用证诈骗案。进行信用证诈骗活动，涉嫌下列情形之一的，应予立案追诉：1.使用伪造、变造的信用证或者附随的单据、文件的；2.使用作废的信用证的；3.骗取信用证的；4.以其他方法进行信用证诈骗活动的。

信用卡诈骗案。进行信用卡诈骗活动，涉嫌下列情形之一的，应予立案追诉：1.使用伪造的信用卡，或者使用以虚假的身份证明骗领的信用卡，或者使用作废的信用卡，或者冒用他人信用卡，进行诈骗活动，数额在五千元以上的；2.恶意透支，数额在一万元以上的。本条规定的“恶意透支”，是指持卡人以非法占有为目的，超过规定限额或者规定期限透支，并且经发卡银行两次催收后超过三个月仍不归还的。恶意透支，数额在一万元以上不满十万元的，在公安机关立案前已偿还全部透支款息，情节显著轻微的，可以依法不追究刑事责任。

抗税案。以暴力、威胁方法拒不缴纳税款，涉嫌下列情形之一的，应予立案追诉：1.造成税务工作人员轻微伤以上的；2.给税务工作人员及其亲友的生命、健康、财产等造成损害为威胁，抗拒缴纳税款的；3.聚众抗拒缴纳税款的；4 其他暴力、威胁方法拒不缴纳税款的。

假冒注册商标案。未经注册商标所有人许可，在同一种商品上使用与其注册商标相同的商标，涉嫌下列情形之一的，应予立案追诉：1.非法经营数额在五万元以上或者违法所得数额在三万元以上的；2.假冒两种以上注册商标，非法经营数额在三万元以上或者违法所得数额在二万元以上的；3.其他情节严重的情形。

销售假冒注册商标的商品案。销售明知是假冒注册商标的商品，涉嫌下列情形之一的，应予立案追诉：1.销售金额在五万元以上的；2.尚未销售，货值金额在十五万元以上的；3.销售金额不满五万元，但已销售金额与尚未销售的货值金额合计在十五万元以上的。

侵犯商业秘密案。侵犯商业秘密，涉嫌下列情形之一的，应予立案追诉：1.给商业秘密权利人造成损失数额在五十万元以上的；2.因侵犯商业秘密违法所得数额在五十万元以上的；3.致使商业秘密权利人破产的；4.其他给商业秘密权利人造成重大损失的情形。

串通投标案。投标人相互串通投标报价，或者投标人与招标人串通投标，涉嫌下列情形之一的，应予立案追诉：1.损害招标人、投标人或者国家、集体、公民的合法利益，造成直接经济损失数额在五十万元以上的；2.违法所得数额在十万元以上的；3.中标项目金额在二百万元以上的；4.采取威胁、欺骗或者贿赂等非法手段的；5.虽未达到上述数额标准，但两年内因串通投标，受过行政处罚二次以上，又串通投标的；6.其他情节严重的情形。

合同诈骗案。以非法占有为目的，在签订、履行合同过程中，骗取对方当事人财物，数额在二万元以上的，应予立案追诉。

组织、领导传销活动案。组织、领导以推销商品、提供服务等经营活动为名，要求参加者以缴纳费用或者购买商品、服务等方式获得加入资格，并按照一定顺序组成层级，直接或者间接以发展人员的数量作为计酬或者返利依据，引诱、胁迫参加者继续发展他人参加，骗取财物，扰乱经济社会秩序的传销活动，涉嫌组织、领导的传销活动人员在三十人以上且层级在三级以上的，对组织者、领导者，应予立案追诉。本条所指的传销活动的组织者、领导者，是指在传销活动中起组织、领导作用的发起人、决策人、操纵人，以及在传销活动中担负策划、指挥、布置、协调等重要职责，或者在传销活动实施中起到关键作用的人员。

挪用特定款物案。挪用用于救灾、抢险、防汛、优抚、扶贫、移民、救济款物，涉嫌下列情形之一的，应予立案追诉：1.挪用特定款物数额在五千元以上的；2.造成国家和人民群众直接经济损失数额在五万元以上的；3.虽未达到上述数额标准，但多次挪用特定款物的，或者造成人民群众的生产、生活严重困难的；4.严重损害国家声誉，或者造成恶劣社会影响的；5.其他致使国家和人民群众利益遭受重大损害的情形。

2011 年，根据刑法修正案（八）及刑事诉讼法规定，最高人民检察院、公安部制定《关于公安机关管辖的刑事案件立案追诉标准的规定（二）的补充规定》，增加虚开发票案，虚开刑法第二百零五条规定以外的其他发票，涉嫌下列情形之一的，应予立案追诉：1.虚开发票一百份以上或者虚开金额累计在四十万元以上的；2.虽未达到上述数额标准，但五年内因虚开发票行为受过行政处罚二次以上，又虚开发票的；3.其他情节严重的情形。增加持有伪造的发票案，明知是伪造的发票而持有，具有下列情形之一的，应予立案追诉：1.持有伪造的增值税专用发票五十份以上或者票面额累计在二十万元以上的，应予立案追诉；2.持有伪造的可以用于骗取出口退税、抵扣税款的其他发票一百份以上或者面额累计在四十万元以上的，应予立案追诉；3.持有伪造的第 1 项、第 2 项规定以外的其他发票二百份以上或者面额累计在八十万元以上的，应予立案追诉。

在各个时期，县公安局按照法律规定，畅通案件来源渠道，主动受理和查处经济犯罪案件，保障全县经济健康发展。

2000—2015 年桓台县经济犯罪案件立案统计表

表 4－1　　　　　　　　　　　　　　　　单位：起

年度	立案	年度	立案
2000	140	2008	35
2001	67	2009	145
2002	39	2010	68
2003	33	2011	66
2004	45	2012	638
2005	47	2013	33
2006	129	2014	68
2007	33	2015	106

破　案

中华人民共和国成立后较长时间内，桓台县经济犯罪案件主要由检察机关和公安机关治安部门侦办。20 世纪 50 年代，根据中央统一部署，桓台县相继开展"三反""五反"运动，一批经济违法犯罪干部、职员受到法律处理，经济违法犯罪问题得到遏制。1953 年 10 月 16 日，中共中央作出关于实行粮食计划收购和计划供应（简称统购统销）的决议。县公安局在前期掌握情况基础上，对破坏统购统销政策进行非法活动的案件进行侦查，逮捕五区卫固油坊经理王福彬、四区裕民油坊经理何福成、三区姜庙村被管制分子田福安等多人。1955 年 1 月，在一、二、六、七区逮捕抢购、囤积、拒售粮食的富农分子 5 人，刑事拘留 5 人。

20 世纪 60 年代初，由于"大跃进"和三年自然灾害，国民经济和人民生活遇到暂时困难，食品供应紧张，有的下放职工、被开除的国家干部和奸商、落后群众勾结，从事投机倒把、买空卖空等违法犯罪活动，县公安局有针对性的打击。1963 年，查处贩卖银圆案件 3 起。1964 年，查处囤粮高价出售及黑市高价贩卖布票、布料、棉花、牲口等案件 20 起。1965 年，桓台县开展"四清"运动，处理多吃多占、贪污盗窃、投机倒把的县、区、社、大队、小队干部 519 名。

1979 年，《中华人民共和国刑法》《中华人民共和国刑事诉讼法》颁布，刑警队负责公安机关管辖的经济犯罪案件。1988 年，落实全国人大常委会《关于严惩破坏经济犯罪的决定》。1991 年 6 月 9 日，县公安局刑警队、城区派出所破获一起特大贩运、使用伪造货币案件，犯罪分子苗某、任某、王某用 1 万元从广东省陆丰县购买假币 1.82 万元，先后到东营、潍坊、滨州、济南等地门市、饭店，以购物找钱方式兑换真币，破案时已使用假币 9650 元，收缴假币 8550 元。1992 年，县公安局打掉起凤镇夏三村王某、夏五村田某、辛泉村宗某犯罪团伙，3 人用拓印技术制造假币 7800 元，案发时已使用 3000 余元。1998 年，经济犯罪案件增多，影响经济健康发展，县公安局及时调查研究，确定打击重点，查处经济犯罪案件 62 起，追回赃款及赃物折款 420 万元。1999 年 4 月 2 日，县公安局保卫科接到中国银行桓台支行报案，有人持假承兑汇票在该行要求贴现承兑 498 万元。保卫科迅速抓获犯罪嫌疑人王某、陈某、冯某。是年，侦破经济犯罪案件 147 起，抓获犯罪嫌疑人 96 名，挽回经济损失 896 万元，避免经济损失 1000 余万元。

2000 年 1 月，县公安局成立经侦大队，根据公安部《关于刑事案件管辖分工的规定》和省公安厅《关于明确经侦（经保）部门案件管辖的通知》精神，确定经侦大队管辖 86 类 88 种案件。经侦大队贯彻广泛调查、积极侦查、及时破案、坚持严打的工作方针，通过媒体宣传，主动搜集案源，破获公司职工詹某、方某合同诈骗案及王某、寇某职务侵占案，公司职工金某职务侵占案，为企业挽回经济损失 120 余万元。2001 年，经济犯罪案件数量呈上升趋势，合同诈骗、虚开增值税发票、票据诈骗类犯罪日趋严重，经侦大队对经济犯罪展开猛烈攻势，相继破获市公安局挂牌督办的李某合同诈骗案、巩某虚开增值税发票案、张某合同诈骗案、耿某信用卡诈骗案、于某非法印制发票案。2002 年，坚持以"严打经济犯罪，服务经济建设"为中心，相继侦破一批影响大、案值高的经济犯罪案件。张店区孙某假冒"淄博市南定调煤组"法定代表人与淄博三信水泥集团签订水泥购销合同，低价卖出后携款逃匿，给淄博三信水泥集团造成损失 191 万元。县公安局立案后，9 月 12 日将孙某抓

2002 年 9 月，开展退赃活动

获。2003 年，非法集资、金融诈骗、传销等涉众型经济犯罪及涉税犯罪、职务侵占等犯罪多发。经侦大队整顿和规范市场秩序，重点打击扰乱税收征管秩序的偷税和虚开增值税专用发票犯罪，集中整顿烟、盐、药品市场的假冒伪劣行为。

2006 年 4 月，县公安局接报某金融单位职工荆某挪用客户还贷资金案线索。经立案侦查，荆某挪用客户还贷资金 50 余万元购买彩票。9 月，县国税局移交任某偷税案，涉嫌偷税 165 万元。经侦大队经过两个月的侦查，辗转河北、北京等 6 省市，收集相关证据，将任某抓获。2007 年，经济犯罪形势更为严峻。经侦大队落实破案责任制，及时侦破一批涉案金额大、涉及面广、涉及群众切身利益的严重经济犯罪案件。其中，破获涉案 8119 万元的“8·25”特大虚开增值税发票案，为国家挽回经济损失 115 万元。2008—2009 年，国际金融危机向更深层次、更大范围扩展，桓台县经济受到严重冲击，部分企业经济效益下滑，经济主体违规和违法行为增多，给社会稳定带来诸多不利因素。同时，村干部经济犯罪问题比较突出，多次引发村民上访事件，县公安局先后处理唐山镇巴王村、果里镇三龙村、唐山镇唐三村、田庄镇李寨村村委成员腐败窝案。2009 年 6 月，经侦大队破获某集团公司副总经理黄某受贿 70 万元的商业贿赂案。通过扩大战果，破获该公司中层管理人员商业贿赂案件 3 起，涉案金额 200 余万元。

2010 年，县公安局加强与税务、金融部门合作，查处常某、王某虚开增值税发票案，抓获犯罪嫌疑人 9 人，打掉一个制造、贩卖伪造的增值税专用发票、普通发票的犯罪窝点，当场抓获犯罪嫌疑人徐某，缴获伪造的增值税专用发票、普通发票 2.8 万份、伪造的公司印章 216 枚。打击假币犯罪，收缴假币 47715 元，占银行临柜收缴比例的 85%(规定完成银行临柜收缴的 50%)。是年，经侦大队被确定为山东省公安经侦系统执法规范化建设示范点。2011 年 10 月，侦办部督杨某生产销售伪劣产品案，杨某利用砌砖灰冒充水泥，向个体经营户销售假水泥 5 万余吨，涉案金额 126 万元。2012 年，县内非法吸收公众资金案件集中爆发。县公安局从各警种抽调民警，开展打击经济犯罪破案会战。2013 年，经侦大队围绕全县经济发展大局，改革创新警务模式，打击经济犯罪更加精准高效，案管中心模式在全市经侦系统推广。2014 年，立商业贿赂案件 9 起，追回赃款 500 万元。2015 年，经济案件数量大幅增加，新型犯罪不断出现，经侦大队依托专项行动，发挥专业优势，进一步加大打击力度。7 月 8 日，对苗某伪造医疗文书骗取医疗保险金案件立案侦查，经到北京各大医院取证，证实 2013 年 5 月—2014 年 12 月，张店区孙某、房某、祁某伙同桓台县苗某、高青县邵某等 7 人先后 14 次伪造医疗文书，从张店区、市高新区、桓台县、高青县医疗保险处骗取医疗保险金 300 余万元。

2000—2015 年县公安局破获经济犯罪案件统计表

表 4—2

年度	破案(起)	抓获(人)	挽回损失(万元)	年度	破案(起)	抓获(人)	挽回损失(万元)
2000	140	80	627	2008	36	26	207
2001	41	61	713	2009	128	46	1300
2002	41	55	506	2010	64	29	45
2003	30		458	2011	64	72	1000

续表 4-2

年度	破案(起)	抓获(人)	挽回损失(万元)	年度	破案(起)	抓获(人)	挽回损失(万元)
2004	42		340	2012	106	908	23600
2005	42		524	2013	26	63	1650
2006	129	32	605	2014	48	88	1180
2007	42	26	492	2015	47	94	2444

专项打击

1998 年，县公安局相继开展打击信用卡恶意透支违法犯罪专项治理统一行动、涉税犯罪专项治理行动，重点打击金融诈骗犯罪、破坏金融秩序犯罪、骗税犯罪、公司犯罪、利用合同犯罪及偷税、抗税、逃税犯罪。1999 年 6—7 月，开展打击经济犯罪专项斗争。县公安局从刑警大队、保卫科抽调 12 名民警参战，立查经济犯罪案件 27 起，为企业挽回损失 229 万元。

2000 年 1 月，经侦大队成立后，会同税务、金融、工商、质量技术监督等部门，开展打击妨害公司、企业管理秩序犯罪、扰乱市场秩序犯罪和反窃电专项斗争。侦办马某合同诈骗案、巩某职务侵占案等多起经济犯罪案件，为企业挽回损失 120 万元。10 月，会同中国人民银行桓台支行开展打击信用卡恶意透支犯罪专项治理行动，通过发表电视讲话、报纸通告、书面通知等各种方式，搜集信用卡恶意透支违法犯罪线索，立案 40 起，传唤违法犯罪嫌疑人 35 人，挽回经济损失 507 万元。是年，集中开展打击涉税犯罪专项行动和保护电力设施暨反窃电专项治理行动。

2002 年，合同诈骗、职务侵占等经济犯罪活动

2002 年 9 月，县公安局打掉 1 个制售假发票窝点

严重影响公司、企业正常经营发展，县公安局开展打击危害公司、企业利益的违法犯罪专项治理行动，侦破省公安厅挂牌督办的孙某、张某合同诈骗案等一批案件，为企业挽回损失 250 余万元。开展协税护税打击偷、逃税犯罪专项治理行动，侦破县国税局移送的胡某虚开增值税专用发票案，缴获伪造的山东省淄博市服务（娱乐）定额专用发票 8 本，破获虚开增值税专用发票案 12 起、偷税案 2 起及非法制造、销售发票案 1 起，追缴税款 100 余万元。2003 年，开展打击制售和购买假发票违法行为专项行动、打击非法经营和假冒注册商标等犯罪专项斗争，侦破一批涉案价值高、危害大的经济犯罪案件。9 月 20 日，抓获犯罪嫌疑人金某、陈某，两人合伙窜至河南省购买 4 万元假币，陆续卖出 2 万余元。2005 年，公安部开展打击侵犯商标专用权“山鹰”行动，县公安局与县工商、质量技术监督、药品监督等部门协作配合，形成打击合力。邹平县某厂非法获取淄博国信轻工机械有限公司的转鼓式水力碎浆机图纸，生产同类产品，并到多家单位参加投标，低价销售产品，给淄博国信轻工机械有限公司造成 400 余万元的重大损失。经侦查，抓获犯罪嫌疑人 4 人。

2007 年，县公安局、县工商局联合开展打击传销违法犯罪集中统一行动，摧毁一个近 2000 人参与的非法传销团伙，抓获 A 级传销头目 4 人。2008 年，县公安局开展打击制售假发票和非法代开发票专项行动、打击传销和变相传销犯罪专项行动。4 月，侦破顾某等非法经营案，抓获犯罪嫌疑人 4 人，追回涉案财物 70 余万元，查封房屋 1 套。9 月，查破黄某出售非法制造发票案，查缴假发票 300 余份、假公章 50 余个。2009 年，开展打击假币犯罪专项行动，收缴假币 49155 元。

2010 年，按照国家工商行政管理总局、公安部

《关于进一步做好2010年打击传销违法犯罪活动工作意见的通知》精神，开展"迎世博、禁传销"专项执法行动，破获以荆某为首的广西北海"资本运作"传销犯罪团伙，抓获犯罪嫌疑人9人。2月，开展打击银行卡犯罪专项行动，立案17起，破案13起，为银行挽回经济损失30余万元。侦破孙某利用POS机套现，从中赚取手续费的非法经营案，涉案金额1000余万元。11月，在打击整治发票犯罪专项行动中，捣毁以许某为首的制造假发票犯罪窝点，收缴假发票11.9万份。

2011年，开展打击侵犯知识产权和制售伪劣商品犯罪"亮剑"专项行动。4月，破获杨某、何某冒充"早春"暖气片供货销售假冒注册商标案，查获假冒暖气片1万余片。7月，破获高某等17人向博汇集团销售伪劣煤案。9月，抓获涉嫌生产、销售假化肥的牛某犯罪团伙10人，捣毁制假窝点1处、生产线2条。"亮剑"行动中，破案14起，抓获犯罪嫌疑人33人，打掉犯罪团伙5个，捣毁制假窝点7个，移交工商部门处理12起，移交药检部门处理2起，涉案总价值6000余万元。开展反假币和打击银行卡犯罪"天网－2011"专项行动，会同金融部门，重点打击银行卡恶意透支和利用POS机非法套现行为，侦办信用卡诈骗案9起，抓获犯罪嫌疑人10人。

2010年8月，破获POS机套现非法经营案，收缴的POS机

2012年3—8月，公安部开展严厉打击经济犯罪破案会战，县公安局围绕"多破案、办大案、办好案"的总体目标，成立由局长任组长，分管经侦、治安业务的副局长任副组长的"破案会战"领导小组，抽调各单位、各警种300余人(次)直接参与"破案会战"。破获桓台某公司财务管理员张某利用职务之便侵占公司价值27万元福利购物卡、现金15万元案件，同时挖出该公司财务管理员刘某侵占公司200余万元案件。与辖区金融部门建立定期会商机制，强化对银行持卡人登记资料、银行催收、交易、人员关联信息的比对分析，及时发现、锁定犯罪嫌疑人，立查信用卡诈骗案件72起，为金融单位挽回经济损失80余万元。会战期间，破当年案件89起，破部督案件4起，抓获犯罪嫌疑人532人，刑事拘留78人，取保候审、监视居住485人，逮捕27人，移送起诉473人。

2013年，开展打击侵犯知识产权和制售伪劣商品犯罪专项行动，对假食品、假化肥、假农药、假冒品牌服装等涉假领域违法犯罪活动保持"零容忍"，侦破淄博山河医药公司生产销售假药案、王某销售假冒注册商标案等商品涉假案件8起，捣毁涉假窝点9个，案值近300万元。2014年，开展打击整治传销专项行动，侦破曹某组织传销案、刘某网络传销案，捣毁传销窝点3处，抓获犯罪嫌疑

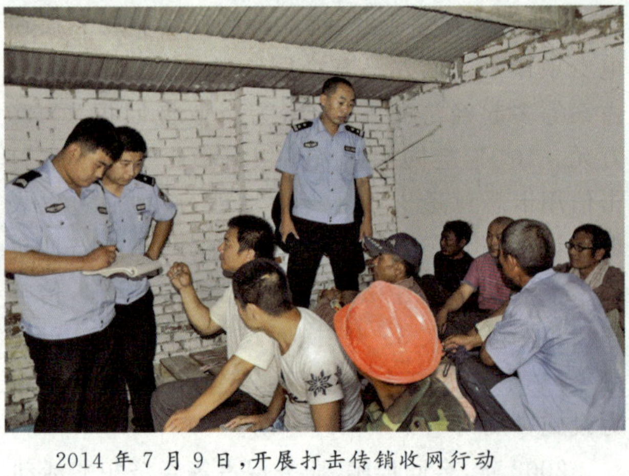

2014年7月9日，开展打击传销收网行动

人7人，清查遣散传销人员36人，案值2000余万元。提请公安部对刘某网络传销案发起集群战役，并成功收网。4月，根据省公安厅和市公安局部署，集中优势兵力开展打击发票违法犯罪专项行动。6月，成立"6·16"专案组，对洛阳申豪工贸公司虚开增值税发票案件发起全国集群战役，抓获犯罪嫌疑人19人，为国家挽回税款625万元。专项行动中，立案9起，破案17起，抓获嫌疑人25人。2015年，开展打击侵犯知识产权专项行动，破获1起特大销售假冒注册商标案，抓获犯罪嫌疑人7人，查获涉案物品2000余件，涉案价值4500

2015年11月，侦破华德公司假冒注册商标案

万元。开展打击持有使用假币犯罪专项行动，串并多起持有使用假币案件，收缴假币3.5万元，警银收缴比率达到90%。开展打击保险诈骗专项行动，办理保险诈骗犯罪案件14起。

【专记】

樊某等系列串通投标案

2012年3月，桓台某企业报称，艾特高科（江苏）电子有限公司以1600万元取得实际价格200万元的招标项目，存在串标嫌疑。经初查，该案涉及人员多、企业多、资金多，案情复杂，县公安局成立以分管副局长为组长的10人专案组。专案组多次向市公安局、省公安厅及公安部汇报案情，公安部将该案列为督办案件，有关省市警方给予配合。经侦大队抓获主犯樊某后，面对零口供局面，深入调查其组织的18次投标活动，全面搜集和固定证据，书证上千份3100余页。历经3年，查实以樊某为首的14人犯罪团伙以串标、合同诈骗及行贿为主要手段，以非法占有财物为目的，交叉结伙作案，案值达7500余万元的犯罪事实。2016年7月4日，樊某犯串通投标罪、合同诈骗罪、对非国家工作人员行贿罪，判处执行有期徒刑十一年，并处罚金一百五十万元。

该案是山东省公安机关成功侦破的首起串标案，被省公安厅评为2015年度“十大典型案例”。

打击非法吸收公众存款犯罪

2005年后，桓台县企业投资规模扩大与资金短缺矛盾凸显，伴随国家银行利率下调，一批投资、担保、小额贷款公司以高息吸引群众存款，为非法吸收公众存款案的集中爆发埋下隐患。

2011年，县公安局排查摸底全县151家投资公司，发现该行业普遍违规经营，存在严重运行风险和重大稳定风险，遂及时预警。8月16日，对淄博神洲经贸有限公司非法吸收公众存款案件立案侦查。经查，2003年11月至2009年5月，李某等人先后在张店区、淄川区、临淄区、桓台县设立7个墓地销售处，以出卖墓地穴位、灵位权证的方式非法吸收存款。2009年，资金链断裂，无法向存款人兑付本息，公司被迫停止运营。11月3日，破获该案，案件涉及1627人、7531万元。

2012年3月1日，县公安局立案侦查桓台浦发投资有限公司非法吸收公众存款犯罪案件。5月18日，将该案移诉检察机关。数月内，县内13家投资公司非法吸收公众存款案件集中爆发。是年，侦破该类案件11起，涉案金额9.6亿元，抓获犯罪嫌疑人113人，挽回经济损失10219万元。

2013年，开展打击防范非法集资活动。立非法吸收公众存款案4起，破案5起，涉案金额3296余万元，抓获犯罪嫌疑人9人。2014年，桓台县非法集资犯罪向农村蔓延，多利用互联网平台实施犯罪，更具有欺骗性、诱惑性、隐蔽性。县公安局在侦办案件的同时，及时捕捉社会不稳定信息，采取有效措施，维护社会稳定。9月9日，针对以“P2P”网贷平台为掩护的非法集资类犯罪，经侦大队提前谋划部署，印发《风险提示》2000份，张贴在全县投资公司、银行、重点企业等显要位置，提示投资者慎重投资。是年，立非法吸收公众存款案件3起，破案2起，涉案金额3050余万元，抓获犯罪嫌疑人3人，挽回经济损失100余万元。2015年1月—2016年4月，全县非法吸收公众存款案发案率明显降低，共立案3起，破案6起，涉案金额1279余万元，抓获犯罪嫌疑人9人。

【专记】

浦发公司非法吸收公众存款案

2012年2月29日，桓台县浦发投资有限公司（以下简称浦发公司）总经理宋佃涛在江苏镇江被枪杀，镇江警方请求县公安局协查宋佃涛遇害前的基本情况。初查发现，浦发公司通过民间借贷方式向社会高息融资并投放高利贷，涉嫌非法吸收公众存款犯罪。3月1日，县公安局立案侦查，专案组下设指挥协调组、取证组、抓捕组和追赃组，各小组分工明确，协作配合，15天内将23名涉案人员传唤到案。该案涉及未兑付存款人628人，未兑付资金2.13亿元。专案组贯彻迅速查封、顺线追踪、分类追赃、灵活处置的十六字追赃方针，冻结、扣押现金9131万元，扣押汽车8辆、房产5处，冻结股权2000余万元。结合案件进展情况、存款人诉求和有关法律精神，提请县委、县政府成立公、检、法、财政、审计、纪检、土管等部门参与的浦发专案协调小组，统一处置涉案财物。6月7日，在广泛征求集资人和涉案人员意见基础上，出台涉案资产分配方案，除涉案人员不参与第一次分配外，按照集资本金50%的比例，第一次兑付先期追回的9000余万元现金。经司法会计鉴定，2010年1月7日—2012年3月4日期间，浦发公司面向社会吸收1628人存款金额7.675亿元。2013年4月18日，县人民法院以非法吸收公众存款罪判处巩某有期徒刑五年，并处罚金二十万元；判处叶某有期徒刑五年，并处罚金二十万元；分别判处其他15名涉案人员有期徒刑三年至三年三个月，并处罚金五万至十五万元。

2011—2016年桓台县非法吸收公众存款案件统计表

表4—3

年　度	案　名	涉案人数	未兑付资金(万元)
2011	张继某非法吸收公众存款案	1327	2700
2012	张若某、张英某非法吸收公众存款罪案	819	12844
	张科某非法吸收公众存款案	1700	1778
	桓台浦发投资有限公司非法吸收公众存款案	628	21349
	桓台安氏蔬菜有限公司非法吸收公众存款案	1700	14000
	桓台万金投资有限公司非法吸收公众存款案	2000	10130
	桓台长诚投资有限公司非法吸收公众存款案	680	17600
	淄博德亿投资有限公司非法吸收公众存款案	80	1200
	淄博德丰化工有限公司非法吸收公众存款案	189	35100
	荆某非法吸收公众存款案	37	3242
	耿某非法吸收公众存款案	32	3636
2013	董某非法吸收公众存款案	70	2090
	耿某、徐某非法吸收公众存款案	70	2412
	淄博中泽基础工程有限公司非法吸收公众存款案	50	500
	陈某非法吸收公众存款案	30	345
2014	于某非法吸收公众存款案	40	150
	孙某非法吸收公众存款案	13	1900
	荣某非法吸收公众存款案	30	2000
2015	刘某非法吸收公众存款案	20	161
	窦某非法吸收公众存款案	10	100
	王某非法吸收公众存款案	10	1019

注：涉案人数系未兑付资金人数，非全部存款人数

第二节　警务机制创新

警企联络室

县公安局依托山东博汇集团有限公司、山东汇丰石化集团有限公司、山东东岳集团有限公司三家大型企业，设立3个警企联络室，紧紧围绕企业发展、安全、稳定及满意等因素，从办理小案件、排查小纠纷、整改小隐患入手，推进警企协作机制建设，为企业创造良好的生产经营环境。2008年2月，设立山东汇丰石化集团有限公司警企联络室，该联络室辐射县开发区300余家大中小企业，经侦大队实行定期坐班制，每周固定两天，安排挂片经侦联络员在联络室接受企业报案咨询，主动上

2013年12月，民警在汇丰石化警企联络室工作

门宣传法律法规，进行告知回访，并填写工作台账。是年，警企联络室上门法制宣讲38场，收集情报线索50余条，侦破经济犯罪案件30余起。2010年2月21日，县公安局印发《关于进一步加强公安经侦基层基础工作的意见》。经侦大队不断完善外部协作机制，与重点企业建立联席制度，协助企业预防经济犯罪，避免遭受外来经济犯罪侵害。经侦大队积极行动，设立山东博汇集团有限公司警企联络室，民警依托该联络室，坚持服务靠前、预警在先、打击主动、严惩犯罪的工作理念，深入马桥化工园区各企业排查矛盾纠纷，动态掌控重点行业、重点群体动向，将可能影响企业发展的安全隐患消除在萌芽状态，为企业提供上门办理居住证、现场采集信息、接待咨询等服务，适时组织法制宣传进企业、警企座谈会等活动。是年，成立山东东岳集团有限公司警企联络室，该联络室辐射氟硅材料工业园及周边100余家大中小企业。

警企联络室建设实现办案平台前移，大小案件兼顾。民警根据辖区经济案件发案态势和企业需求，帮助企业解决实际问题。对涉企经济案件，坚持"抓大不放小"，凡侵犯企业合法权益的合同诈骗、职务侵占、知识产权等案件，按照最快时间立案、最短时间破案、最大程度追赃的要求，减少企业经济损失。警企联络室成立后，改变辖区企业报案要向城里跑的局面，案值不大的经济犯罪案件不用出镇即可解决。警企联络室建立警企定期会商制度、联络室民警走访制度，每月召开一次警企联络会议，每周走访1家以上企业，掌握企业生产经营状况，落实安全制度，堵塞生产经营中的安全漏洞。结合合同诈骗、集资诈骗、职务侵占、挪用资金等可防性案件，以案释法，对企业进行风险提示，提升企业抵御经济犯罪侵害、化解经营风险的能力。警企联络室为企业挽回经济损失1000余万元，处理小矛盾、小纠纷及各类不稳定因素40余件。警企联络室工作得到省公安厅、市公安局和企业的认可。2010年6月27日，市委常委、政法委书记、市公安局局长岳华东带领市公安局党委委员及各公安分县局局长、政治委员、政工室主任观摩点评警企联络室工作。8月2日，省公安厅副厅长张志华、经侦总队总队长韩杰到山东汇丰石化集团有限公司警企联络室检查指导工作。

2010年9月，民警在警企联络室与企业代表座谈

案管中心

2007—2012年，县内经济犯罪总量大幅增加，

县公安局经侦大队研究解决新形势下如何提升办案速度与办案质量问题。2012年，提出实行管办分离、全程监督、网上运作、一口对外的经侦执法办案管理思路，成立经侦案件管理中心，一名副大队长和两名民警专司案件监控管理。案管中心成立后，完善规章制度，研发与警综平台融合互补的经侦案件管理系统，案件受理、分配、监督、统计、分析实现制度化、信息化、程序化、科学化，对执法办案全程跟踪、即时服务，内部监管更加到位、服务侦查效能凸显、工作考评臻于科学，群众满意度大幅提升。2013年5月，公安部经侦局《经济犯罪侦查》刊发经验做法，省公安厅副厅长王兆玉作出批示。7月12日，市公安局现场会推广该做法。2014年2月，在全省推广该系统平台。

2013年7月12日，全市公安经侦系统执法规范化建设现场会与会人员参观案管中心

2015年，案管中心设立阳光警务查询平台，向社会公开经济犯罪案件受案范围、立案标准、证据标准和办理程序、个案流程等信息，方便律师自助查询相关案件进程、法律文书。建立法律服务平台，将8家律师事务所59名律师的基本信息导入平台，报案人通过平台自由选择、咨询律师，困难群众可由案管中心代为申请免费咨询及法律援助。每季度召开一次公安、律师联席会，探讨经济案件适用法律问题。通过律师咨询解答服务，提高公安执法公信力。案管系统设置自动预警功能，实行红黄颜色滚动字幕预警，红色提示强制措施及侦办期限已超期天数，黄色提示强制措施及侦办期限即将到期。黄色预警倒计时10天开始，通过短信提示主办民警所办案件已经倒计时，民警统筹安排案件进度，避免因办理不及时、办案不规范，导致当事人不满意和信访投诉问题。

建设规范的涉案物品、随身物品管理室。对每件涉案物品扫描生成验证码并上传至案管系统，系统按涉案财物的类别、名称、数量、价值自动归档登记。经侦大队法制员与中队法制员对所有案件及涉案物品实行轨迹监控和回溯监督，监督触角纵向延伸到执法办案全过程，横向拓展到执法办案全领域。在办案区设置随身物品储存柜，证人、当事人可凭密码纸，自己取放随身物品，嫌疑人在随身物品明细表上签字后，连同密码纸一并交案管中心，由工作人员代为通知其亲属凭密码纸提取。

2016年，在案管中心建立警务公开、视频互动、法律自助、接受案管理四个平台，进一步规范受立案流程、拓宽监督领域。案管中心集体议案成为进入受理初查程序的必经阶段，从源头上把好受案环节，杜绝人情案及插手经济纠纷问题。当事人如对案管中心的结论提出异议，可以申请经侦大队提请县公安局执法监督委员会集体议案。执法监督委员会认为应当立案的，经侦大队必须受理初查，认为不应立案的，案管中心向当事人出具《执法监督委员会集体议案意见表》。案管中心结论和《不予立案通知书》需在3日内通知当事人，当事人如仍有异议，可通过法律援助平台，自主选择律师咨询。律师从第三方角度为当事人答复，化解报案人与公安机关之间的矛盾。如果律师认为应当受理立案的，案管中心须再次提请县公安局议案会商。县公安局作出结论后，如律师和当事人仍有异议的，由案管中心告知当事人及律师根据刑事案件复议、复核程序或检察院立案监督程序办理。

第五章　治安管理

治安大队民警合影。前排左起：王艳霞、姚素娟、刘丽丽、李向利、李树博、陈庆豪、于洋、高涛、刘桂、于昌有、周善永、巩昌国、周晓燕、丁凯、邓倩；后排左起：孙秀昕、崔辉、张修森、孟君、王坤、牟建伟、路兴凯、孙长科、刘蒙、郭大圣、陈国辉、刘攀峰、王家军、徐华、乔珊珊　　（2014年12月　摄）

2014年7月，县公安局举行“万名治安志愿者”工程启动仪式

民国34年(1945年)8月，桓城解放后，桓台县公安局组织人员，一面逮捕战犯，一面清查户口，稳定社会秩序，这是治安管理工作的开始。民国35年(1946年)1月，县公安局设立二股，负责武装和治安工作；8月，二股改为四股。民国37年(1948年)5月，四股改称治安股，负责治安保卫和城区户籍管理工作，组建乡村治保会，管理"四类分子"，剿匪反特，查禁黄赌毒，打击刑事犯罪，巩固新生政权。中共十一届三中全会后，治安管理工作重心转移到服务经济建设上来，全面加强人口管理及特种行业、公共场所、危爆物品、管制刀具等管理工作，打击涉黄涉赌违法犯罪，推行家庭财产保险，成立治安联防队伍，推进派出所规范化建设，推行社区警务制度，开展安全创建活动，整顿油区治安秩序，维护全县治安稳定。进入21世纪，深化派出所规范化建设和社区警务制度改革，依法处置各类群体性事件，推进"三基"工程建设和立体化治安防控体系建设，规范实有人口管理和出入境管理，严密管控危化物品，大力维护公共安全，认真做好要人警卫和重大活动安全保卫工作，保障全县经济社会健康发展。

第一节　公共场所管理

公共娱乐场所管理

中华人民共和国成立后，桓台县饭店、露天影院、戏院等场所发展较快，县公安局根据有关规定，加强治安安全管理。20世纪50年代，治安股牵头，各区公安员(公安特派员)组织民兵，加强对公共场所的安全检查和保卫工作。在重要节假日，会同有关部门，加强对浴池、剧场、戏场、影院的检查，确保节日期间群众娱乐活动安全。1950年9月，县公安局张店分局登记管理铁厂俱乐部、饭店业。

1962年11月27日，公安部颁发《城市治安管理工作细则(试行草案)》，县公安局正式把公共场所纳入管理范围，协同有关部门，维护车站、码头、公园、影剧院、市场等公共场所治安秩序，防止发生治安安全问题。"文化大革命"期间，个人所办公共场所被当做资本主义尾巴，受到强烈冲击，全县公共场所数量锐减。"文化大革命"结束后，随着商业发展，公共场所逐渐兴起。1977年10月，桓台影院建成，承办重要活动期间，公安机关安排人员到场执勤，防止拥挤踩踏等事故发生。

20世纪80年代初，少数社会青年到影院、饭店、录像放映点结伙斗殴、持刀滋事、敲诈勒索、侮辱妇女、参与赌博，影响公共场所秩序和群众安全。县公安局加强执勤巡逻，及时查处相关案件。1982年1月，公开处理29名在公共场所闹事人员，震慑违法犯罪。1983年，结合严打斗争，加大对公共场所检查力度，开展禁赌、扫黄行动。1985年，有的录像放映点为吸引观众，暗中播放淫秽录像，造成严重精神污染。10月，县公安局整顿县内所有营业性录像放映点。

1986年8月26日，省政府颁布《山东省公用娱乐游览场所治安管理办法》。县公安局联合有关部门，加强对文化娱乐、饮食服务、营业性游览场所管理，对发现的治安问题，督促现场整改，拒不整改的，责令停业整顿。1987年，贯彻谁主办、谁负责原则，召开17家公共场所负责人会议，学习公共场所治安管理规章制度，为12家检查合格的单位颁发备案登记证。是年，4次整顿文化市场，取缔无证经营书摊3个，查扣非法出版物39种62册、非法录音录像磁带204盘、禁映录像磁带18盘、淫秽录像带1盘。1988年，随着经济繁荣，全县文化娱乐场所增多，录像放映点、影院、舞厅、书刊销售点51家。县公安局配合县文化、广播、工商等部门，对文化娱乐场所不间断治理，停业整顿3家，清理图书室183个、报刊图书摊点13个，收缴反动、色情、封建迷信出版物832册、违规录像带12盘。

1992年11月3日，省政府颁布《山东省公共场所治安管理办法》。县公安局部署治安审查工作，对审查合格的，颁发"公共场所安全审查合格证"，为23家大型公共场所建立标准化管理档案。对发生在公共场所的案件，从重从快依法处理。1993年5月28日，桓台影院职工王某酒后闯入放映室，殴打值班人员，致使不能正常放映，影院被迫给观众退票，造成较坏影响，城区派出所对王某处以行政拘留十五日。8月，清理整顿舞厅、录像放映室、游戏室、饭店、理发店等公共场所300余家，对发现的违法犯罪线索逐一审查、立案处理。1994年，登记公共场所345家，其中饭店182家、卡拉OK歌舞厅21家、录像放映室16家、电子游戏室6家。对未经审查许可私自营业的房产大酒店、聚园大酒店、金城酒村等场所进行处罚，查封不符合安全标准的公共场所86家，向77家下发隐患通知书。1996年，核发“公共场所治安审查合格证”356个，登记舞厅83家、饭店160家、影院4家、放像厅12家、浴室6家、理发店115家。是年，治理整顿饭店、舞厅、夜总会色情服务突出问题，与场所法人代表签订无违法责任书，一律拆除娱乐场所包厢，一律清退有劣迹、身份不明服务员，一律停业整顿有前科、劣迹、现实表现不好人员开办的舞厅，一律处理“三陪”(陪吃、陪舞、陪宿)行为。依法对30余家非法经营者实施治安处罚和停业整顿，拆除9家舞厅内的包厢、包间。1999年，全县公共场所无证经营、非法经营问题突出。3—6月，开展清理整顿行动，完善基层基础档案，规范证照管理，准确摸清底数，分期分批培训527名从业人员。通过集中治理，扭转经营混乱局面。

进入21世纪，县公安局进一步加强公共娱乐场所安全监管工作，吸取焦作“2000·3·29”天堂俱乐部特大火灾、洛阳“2000·12·25”东都商厦特大火灾事故惨痛教训，特别注重安全设施建设。2000年4月26日，县公安局、县工商局、县文化局联合下发《关于切实加强公共娱乐场所安全管理工作的紧急通知》，限定人员容量及营业时间，严格贯彻落实《淄博市加强娱乐服务场所管理暨电子游戏经营场所专项治理“十项规范”》，自7月起，不再审批新的歌舞娱乐、桑拿洗浴按摩、电子游戏、录像放映场所。2002年，县公安局清查娱乐服务场所213家，签订治安责任书213份，审查清理“三无”(无身份证，无暂住证，无用工证明)人员等89人。年末，全县公共娱乐服务场所451家，计宾馆饭店225家、桑拿浴4家、歌舞厅8家、练歌房3家、酒吧2家、洗脚房19家、茶楼25家、美容美发165家。2003年，配合防治“非典”疫情，严格公共场所治安管理。全面推行消防安全管理员持证上岗制度，组织开展消防夜查“平安行动”，对公共娱乐场所逐一下发消防安全检查记录，责令限期整改安全隐患。

2004年7月15日，省政府修订《山东省公共场所治安管理办法》，取消开办公共场所申请治安审查的有关规定。县公安局重新核查登记公共娱乐场所，开展为期一个月的集中整治专项行动。2006年3月1日，国务院修订《娱乐场所管理条例》，县公安局通过专题讲座、分类培训等形式，提高依法监管水平和守法经营自觉性。开展娱乐场所集中清查行动，发现整改安全隐患8条。2008年，转变工作模式，举办《娱乐场所治安管理办法》条文培训班，提高民警行政管理能力，突出事中监督和事后查处。2009年，以新中国成立60周年大庆和第十一届全运会安全保卫工作为主线，持续抓好娱乐服务场所的治安管理工作，备案登记娱乐服务场所106家。

2011年，规范娱乐服务场所管理制度，落实从业人员责任，大型娱乐场所配备正规保安人员20名。重视群众投诉，开展明察暗访，集中整治桓台农贸市场一条街及寿济路前毕村段、东果里村段，取缔违规洗头房23家。2012年，建立治安大队一季度一检查、派出所一月一检查的娱乐场所安全监管制度，对安全设施不符合要求的，限期整改，经复查仍不改正的，联合文化、工商等部门予以取缔。先后对龙鼎茶楼、云鼎娱乐会所、金沙滩洗浴中心等4家场所责令停业整顿。2015年，根据行业场所规范标准，组织业主自查自纠，做好保安配备、员工培训工作，清除不符合规定设施设备，重新绘制场所内部结构平面图，填写淄博市公共娱乐服务场所摸底表、场所基本信息资料、场所平面图，登记娱乐场所13家、棋牌茶楼14家、足疗店

2016年。检查娱乐场所

19家、洗浴中心3家。2016年，对全县娱乐服务场所开展基础信息采集，继续绘制场所地理位置图和内部结构平面图。上半年共采集13家歌舞娱乐场所、19家足疗场所、3家洗浴场所、13家棋牌室及233名从业人员信息。

市场治安管理

民国47年(1948年)，桓台县集市20余处。中华人民共和国成立初期，全县集贸市场发展到43处，是群众商品交易的主要场所。在重要节点，各公安分局、公安派出所、区公安特派员组织力量到集市执勤，防止盗抢问题发生。1951年7月3日，索镇举办大型物资交流会，县公安局安排公安队和民兵到会执勤，驻桓台部队康复医院部分伤员在云涛看戏时起哄闹事，执勤人员工作方法简单，

"7·3"事件旧址——云涛　(2016年6月17日　摄)

与伤病员发生冲突，公安队扣押20余名伤病员，致使大批伤病员包围县公安局，造成不良社会影响。以此为教训，随后举办物资交流会等大型活动时，由治安股牵头，制定保卫方案和处置事件预案，组织人员巡逻看护，维护活动秩序。

1953年12月，桓台县实行统购统销粮油政策，取缔粮油自由市场。部分投机奸商造谣惑众、巧言花语，半路截购、夜间收购，低价购买、高价售出，反革命分子、会道门也趁机破坏国家统购统销政策，挑拨离间，鼓动骚乱。根据中央和县委部署，县公安局调查投机奸商、反革命分子、会道门破坏统购统销政策非法活动。至1954年4月25日，处理122名犯罪分子，其中，逮捕投机奸商18人、反革命分子15人、干部3人、其他13人，判处大奸商五区卫固油坊经理王福彬死刑，判处有期徒刑19人，管制4人，没收粮食、罚金12人，教育释放14人。

1956年6月，索镇、马桥、田庄、桓城恢复粮食市场，由粮食部门和供销社收购落市粮，集贸市场再次活跃。11月中旬，举办较大规模的索镇物资交流会，县政府成立筹备委员会，县公安局牵头成立大会治安股，县公安局、直属镇从东镇、西镇两村安排8名精干民兵从事保卫工作，负责剧场安全和大会巡逻，夜间集中看管大会物资，民兵每班3小时巡逻放哨查店，保证物资交流大会安全。20世纪60年代初，县公安局以集市为重点，打击投机倒把活动和流窜扒窃犯罪，保证贸易安全。1966—1976年，全县70%集市被关闭。

中共十一届三中全会以后，集市贸易和物资交流会逐步恢复，每个集市赶集人数1万～10万人。各派出所加强市场治安巡逻，调解矛盾纠纷，查缴淫秽物品，打击流窜犯罪，维护市场秩序。市、县公安机关定期组织打流人员到索镇、新城、田庄、马桥等规模较大集市打流反扒。每到年集，派出所组织警力，审查烟花爆竹销售手续，查缴非法烟花爆竹，制止哄抢行为，同时合理设置烟花爆竹销售点，预防烟花爆竹爆炸事故发生。每秋，1～3个乡镇举办物资交流会，一般6天，赶会人员数十万人。为做好物资交流会安保工作，县公安局治安部门牵头，各派出所、工商部门参与，组织干警、联防队员、民兵、治保干部参与执勤，制止滋事人员，查处盗窃、打架斗殴、色情演出等违法行为。

20世纪90年代初，索镇农贸市场规模渐大，当地少数菜贩敲诈勒索、欺行霸市，引起市民强烈不满。1991年5月，县公安局打掉一个索镇籍6人欺行霸市团伙，大张旗鼓就地揭露，分别给予行政拘留十五日、十日处罚，工商部门吊销其营业执照。是年，6个较大的农贸市场配备专职治安员。1992年1月，县公安局成立市场管理治安办公室，负责索镇农贸市场治安管理。7月，桓台县在索镇中心大街开办夜市，方便群众生活的同时，出现许多治安问题。城区派出所把夜市作为治安重点，每晚加强巡逻，依法打击市霸和寻衅滋事行为。9月，市场管理治安办公室配合县工商局，查处以付某为首的制售假酒团伙，缴获假茅台酒84瓶、假五粮液酒60瓶。10月，索镇、马桥举办物资交流

会，县公安局抽调40余干警加强保卫工作，抓获流窜盗窃犯21人，为群众追回现金1800余元、粮票161.5公斤，制止打架斗殴案件7起，收缴刀具3把。1993年10—11月，马桥、新城、起凤、索镇等乡镇举办物资交流会，县公安局与财委、工商部门及四乡镇协作配合，部署治安保卫力量，未发生被盗案件和治安案件。1994年10月，巡警大队成立后，把索镇夜市作为巡逻重点，夜市治安好转。是年秋，先后在马桥、新城、荆家、起凤、田庄、索镇举办物资交流会，持续41天，到会200余万人次，文艺团体30个，演出100余场。县公安局出动干警1000余人次，坚持现场办公、会场吃住，所有交流会均无案件和事故发生。1995年5月18—23日，桓台县在鲁中建筑商城举办物资交流大会。本届交流大会上市人数39万人次，总成交额超过148万元。县公安局制定安保方案，成立安保领导小组，抽调18名干警和联防队员，分设2个治安段，采取定人定责、划段包干的方法，昼夜执勤，盘查嫌疑57人，当场抓获2名违法人员，查处1起打架斗殴案件和1起扒窃案件。

随着桓台县建筑业发展，外来务工人员增多。至1998年，起凤、田庄、马桥、索镇、果里等镇相继成立劳务市场。务工人员多来自内蒙古、河北、黑龙江、吉林、四川、河南等省区及山东各地市。建筑施工旺季，全县日用工量1万余人。外地务工人员成分复杂，多散居当地村民家中，有的未被录用者四处游荡，酗酒滋事、打架斗殴、盗窃案件时有发生，许多不法之徒、在逃人员掺杂其中，出现抢劫、强奸、杀人等恶性案件。1999年，县公安局结合暂住人口、租赁房屋管理，由派出所协同镇政府和有关村委会，设立5处劳务市场管理办公室，对外来务工人员加强管理。依据《山东省暂住人口管理办法》《暂住证申领办法》《租赁房屋治安管理规定》等法律规章，制定以证管人、以房管人为主的劳务市场管理制度。起凤派出所选择典型治安案件，在劳务市场公开审理，教育务工人员知法、守法；帮助鱼三村村委建起劳务市场宿舍，务工人员集中住宿。田庄劳务市场由田庄村委管理，日上市人员近3000人。田庄派出所落实租赁房屋治安管理责任制，每季度召开一次由出租人参加的治安情况通报会，对容留无身份证件人员住宿的，依法行政处罚；定期清理劳务市场及住宿点，登记外来务工人员，从中抓获抢劫杀人犯崔占胜等多名在逃人员；协助劳务市场组建5人巡逻队，派出所民警一早、一晚到劳务市场执勤；社区民警了解务工人员困难，先后为民工追讨工资1.5万余元，赢得民工对公安工作的理解和支持。对劳务市场发生的各类案件，县公安局组织警力快侦快破，先后侦破起凤劳务市场“3·5”“10·13”杀人案等重大案件10起，抓获犯罪嫌疑人12人。2008年8月14日凌晨，田庄劳务市场发生一起轮奸案，田庄派出所连夜侦查，当日抓获3名犯罪嫌疑人。是年，田庄派出所从劳务市场巡获违法犯罪人员16人，调解劳资纠纷65起。

2014年，针对农村集贸市场治安问题多、人员流动大的特点，县公安局组织开展“民警赶大集”活动，梳理全县60个农村集市开市日期，合理安排警力到集市治安巡逻、调处纠纷、宣传法律，民警自编自演的“快板说法”，精心编制“顺口溜”“情景剧演绎”等，向赶集群众宣传法律知识、传授防范技巧。是年，组织警力、巡防力量和治保人员3500余人次，张贴和悬挂标语275条，发放宣传材料5万余份，答疑解惑230余人次，解决问题180个，征求意见和建议87条，现场调解纠纷240余起，抓获违法犯罪嫌疑人28人，集市内的可防性案件下降23%。2015年4月下旬，果里劳务市场发生2起抢劫务工人员案件。刑侦大队及时成立专案组，5月12日，抓获抢劫犯罪嫌疑人杨某、许某。

2004年3月，民警赶大集

大型群众性活动安保

1949年10月1日，清河地委、桓台县委分别在索镇、桓城举行庆祝中华人民共和国成立大会，县公安局组织索镇派出所、桓城公安分局及武装人员做好大会保卫工作，防止敌特破坏。20世纪50—70年代，县公安局做好重要节点群众游行示威活动的安全保卫工作，其他大型活动较少。

1985年8月10—12日，桓台县在锦秋湖举办荷花观赏会，游客10万余人次，其中特邀嘉宾430余名。会前，县公安局勘查现场，制定保卫方案，抽调80名干警，成立指挥组、联络组和夏庄、华沟、鱼龙3个保卫组。11日晚，在鱼龙联中操场燃放焰火，观众3万余人。县公安局班子成员现场指挥。市公安局消防大队出动照明车、消防车，派出消防官兵协同作战，未发生挤死、挤伤、烧伤事故。1986年元宵节期间，桓台县举办灯展、民间艺术表演、乡镇篮球赛、书法展览、燃放烟花爆竹等5项大型活动。其中，灯展历时5天，活动场所长达600米，参加灯展单位82个，观灯群众40万人次。县公安局100余名干警分工把守，责任到人，秩序井然。进城扮玩队伍800余人，外地表演队伍200余人，观众15万人，全局干警执勤，确保扮玩活动安全进行。自20世纪80年代末，每逢元宵节，许多村庄的文艺宣传队自发走上街头，表演高跷、大型锣鼓、大头娃娃等节目，数万人涌到县城中心大街、兴桓路观看节目，县公安局认真做好安保工作。每年农历三月十八，起凤镇马踏湖景区举行五贤祠庙会，桓台及周边近万人到五贤祠进香许愿，县公安局安排警力加强庙会安保，防止拥堵、溺水和火灾事故发生。

2007年5月，民警在五贤祠庙会执勤

1992年9月，第三届中国淄博陶瓷琉璃艺术节期间，部分宾客在桓台县住宿、旅游参观，“海峡两岸裘派艺术群英会”在桓台影院举行。县公安局制定艺术节安全保卫工作方案，抽调警力43人，加强对宾客居住、游览活动场所、影院的安全保卫。1997年6月30日，为庆祝中国共产党成立76周年和对香港恢复行使主权，早春集团等4个单位沿索镇中心大街进行大型鼓乐表演，1200人参加表演，5万余观众，当晚县政府在城标广场举办焰火晚会。县公安局成立由局长任总指挥的庆祝活动安全保卫工作指挥部，抽调200名民警、联防队员、保安队员，完成安全保卫任务。

进入21世纪，全县经济社会快速发展，人民群众精神文化需求不断增加，文、体、商大型活动逐年递增，规模不断扩大，规格不断提升。2007年7月1日，山东东岳集团庆祝建厂20周年，在县文体中心举办大型文艺晚会，观众4万人，市公安局从各区县抽调1200名警力协助安保工作。10月1日，《大型群众性活动安全管理条例》施行，坚持“承办者负责、政府监管”的原则，改变过去公安机关大包大揽大型活动安全工作、承担无限安全责任的做法，把工作重心转移到安全监管上来。县公安局依法履行安全许可、安全监督检查、维持周边秩序、突发治安事件预防处置、查处违法犯罪活动等职责，对不符合安全条件的大型活动一律不予许可，对政府组织的大型群众性活动，安排警力做好安全保卫。对未经许可擅自举办的活动，依法取缔和处罚，切实保障公共安全。为保障正常交通秩序，防止踩踏事故，确保群众安全，自2008年始，元宵节集中展演活动在县文体中心举行，县公安局每次抽调200余名警力做好安保执勤工作，确保活动零事故、零伤亡。2008年9月10日，

2011年2月，民警在元宵节展演现场执勤

中央电视台《激情广场》栏目组在县文体中心举办大型文艺活动，观众7000余人。市公安局抽调900名警力，配合县公安局完成安全保卫工作。2009年10月25日，第十一届全运会男子排球9—12名排名赛在县文体中心体育馆举行，县公安局制定场馆及住地安保工作方案，抽调警力222人，

2009年10月，民警在县文体中心执勤

完成赛事安保任务。2010年7—9月，第二十二届省运会手球和篮球比赛在县文体中心体育馆举行，县公安局抽调200名警力参与安全保卫。10月3—14日，亚足联U19青年足球锦标赛决赛小组赛、四分之一淘汰赛及半决赛中的15场比赛在临淄齐都文化体育城举行。根据市公安局总体部署，县公安局参与其中8天的执勤任务，每天抽调100名警力，负责维护现场秩序及在10个检票口检票，圆满完成执勤任务。

2011年9月24日，2011"魅力鲁中，爱的绽放"大型演唱会在市体育中心举行。根据市公安局部署，县公安局抽调100名警力，负责维护9个看台区的秩序。2012年6月23日晚，"鲁中飞歌、古韵淄博"夏季演唱会在市体育中心举行。县公安局抽调150名警力，负责维护内场16个观众区、2个歌迷互动区、隔离水幕墙处的秩序及东南、西南两个入口的安保检票工作。2013年7月27日至8月25日，俄罗斯大马戏全球巡演淄博站演出在桓台鸿嘉星城湖心岛举行。此次巡演历时一个月，共演出70场，每场1200人，县公安局严格安全许可，抽调警力70余人参与安全保卫。2013年10月11—26日，第十届中国艺术节4场次剧目展演和评比活动在县文体中心大剧院进行，县公安局制定《"十艺节"演出场馆和住地安保工作方案》，60余警力参与演出场馆和住地安保执勤，确保演评活动顺利进行。

第二节　特种行业管理

旅店业管理

中华人民共和国成立初期，县公安局要求全县车马店等行业依法经营，根据规定报告住宿情况，违者予以处分。1950年9月，县公安局张店分局对违反特行管理行为，罚一警百，严格监管双盛、裕泰、诚顺、聚兴等大车店，解决来客不报问题。是月，成东、中兴大车店开业，及时纳入管理。1951年，桓城车马店发展到45家，从业人员100人，索镇及各区也有大的发展。7月16日，公安部印发《城市户口管理暂行条例》，旅栈、客店均须配置旅客登记簿，于每晚就寝前，送当地公安机关备查。县公安局结合剿匪、反霸、镇反、肃反等运动，检查、整顿旅馆业，清除隐藏其中的反革命分子和坏分子。1956年，索镇建起第一家旅馆"合作旅馆"，随后县供销社在桓城、陈庄、田庄、起凤、唐山、果里先后建成6处旅馆，县公安局在各旅馆确定保卫人员，建立住宿登记制度、财物保管制度、值班门卫制度、旅客出入制度。

1962年，公安部颁发《城市治安管理工作细则（试行草案）》，明确将旅店业纳入特种行业管理，从事旅店业，必须经过工商部门或服务部门批准，并向公安局登记备案，非法营业的，一律取缔。对城镇中的旅店行业人员，经常召开会议进行教育和定期检查，防范其与犯罪分子勾结。1963年2月4日，索镇一旅馆报告，有4名身份不明人员出入旅馆。县公安局通过调查，打掉以蔡来福为首的跨省贩毒犯罪团伙7人。1964年，省人民委员会施行《旅店业 印铸刻字业 旧货业 修理业管理暂行办法》，旅店业等特种行业经营管理走向正规。

1967年，受"文化大革命"冲击，特种行业管理制度大部分被破坏，有的旅馆出现认钱票、不认证件的混乱状况。1972年3月18日，县公安军管小组和县革委会工商局联合下发通知，教育整顿特种行业管理人员和从业人员，继续落实登记措施。1976年后，旅馆业恢复正常经营，公安机关管理逐

步规范。1978 年，桓台旅社大楼落成，建筑面积 4590 平方米，121 间客房，425 个铺位，索镇派出所及时纳入管理，并成立保卫组织。1979 年 7 月，根据国家工商总局、公安部等七部门《关于特种行业企业进行登记管理的通知》，县公安局与县工商局密切配合，在耿桥人民公社试点后，全县普遍登记管理，11 月底结束，33 家旅店被核准颁发营业执照。

1982 年 7 月 29 日—8 月 25 日，县工商局、县公安局联合检查整顿全县特种行业。以人民公社为单位，采取分片包干、逐队逐家、定人定时方法，进行调查摸底，全县旅店业 38 家，多数车马店无住宿登记手续。县公安局落实安全防范措施，每个旅店设立 1～3 名治保人员，桓台旅社成立治保会，制定负责人守则、门卫守则、登记员守则、财物保管员守则。1983 年，县公安局印发旅馆业登记簿，发至各从业单位，规范营业登记制度，各派出所定期巡查，处罚不按规定登记者。1984 年 9 月 10 日，从索镇旅馆查获昌乐县公安局通缉在逃犯王成某、王伟某，缴获自制短土枪 1 支、小口径子弹 13 发，受到市公安局表扬。1985 年 11 月，县公安局、县工商局联合印发《关于加强特种行业管理的通知》，各派出所对辖区旅店逐个检查，核实营业执照和经营管理制度、安全责任制度及治保组织成立情况，检查合格的，申领特种行业登记证，检查不合格的，限期整改，补办手续，年底未办特种行业登记证的，视为非法经营，一律取缔。经过整顿，全县办证旅店业 38 户。

1987 年，全县旅店业发展迅速，但是从业人员业务素质普遍较差。4 月，县公安局举办旅店行业培训班，35 家旅馆、饭店、宾馆负责人和要害岗位服务员共 40 人参加培训，主要学习旅店业治安管理基本制度、安全保卫岗位责任制、预防和识别犯罪分子技巧、旅店业消防安全常识，聘请食品卫生防疫站讲授食品卫生常识，工商局讲授工商企业管理登记条例。桓台旅社经营思想、管理、制度方面存在问题，多次发生案件，县公安局决定对其停业整顿。治安科、索镇派出所及商业部门联合指导整顿工作，协助设立专职门卫，落实安全措施，成立负责人参加的治保组织。12 月 3 日，桓台旅社通过验收，恢复营业。是年，向 43 家旅店颁发备案登记证。1988 年，责令无证经营、违规经营的索镇全聚德旅馆等 3 家旅馆停业整顿。1989 年，配合各项专项斗争，加强对旅馆业的治安管理，先后 6 次检查全县 40 余家旅馆，查处违法犯罪人员 24 人，整改治安隐患 7 条。

1990 年，检查整顿全县特种行业，对验收合格的 42 家旅馆重新换发特种行业许可证。为配合严打斗争，4 次清查全县旅馆、车马店，查获违法犯罪人员 13 人，整改安全隐患 15 条。1991 年，重新更换旅馆业登记簿，并制定严格的送交制度、登记身份证制度、奖惩制度、治安保卫制度和岗位责任制，减少内部管理漏洞，消除不安全因素。处罚管理制度混乱、不按规定登记住宿的水泥厂招待所、旅游招待所。1992 年 7 月，在全县开展“安全旅店”活动，对制度不健全、管理混乱的 2 个旅店限期整改。1994 年，6 次治理整顿全县旅店业，对旅店业加强消防审核。年底，全县旅店业 65 家。1995—1999 年，完善旅馆业办理许可证、安全培训、登记备案、监督检查四项制度，全县旅馆业未发生大的管理漏洞和安全问题。

2000—2002 年，县公安局重视旅馆业消防安全工作，重新审核、确定消防通道标准，督促配备应急灯、灭火器、消防栓等消防设施，对达不到消防安全条件的，不予核发新的特种行业许可证，达标旅馆业 107 家。2004 年 12 月 8 日，桓台县行政服务中心试运行，县公安局派驻一人负责特种行业许可证件的核发工作。2006 年 6 月 9 日，举办治安管理信息系统使用培训班。至 2008 年，103 家旅馆安装治安管理信息系统。2009 年，召开三次旅店业主及分管民警旅馆业信息系统应用培训工作会议，市公安局治安支队技术人员现场讲解信

2011 年 8 月，民警检查旅店业登记情况

息系统的应用传输业务。是年，新增办证旅馆17家，取缔7家，对旅馆经营业户统一换发特种行业许可证。

2010年，继续推进旅馆业信息系统应用工作，通过该系统，抓获网上逃犯2名。是年，查处无证旅馆非法经营案件7起，新办旅馆业特种行业许可证25个，有证旅馆91家。2011年6—9月，开展清理整治旅馆业专项行动，全县94家旅馆统一安装二代身份证读卡器。针对部分经营业主不熟悉微机操作，无法上传旅客信息的状况，两次集中培训业主，保证信息录入和上传及时有效。通过旅馆业信息系统，抓获网上逃犯2人。2012—2013年，核发旅馆业特种行业许可证17家，全县旅馆总数109家。2014年，核发旅馆业特种行业许可证10家，责令未进行消防验收的6家小旅馆停业。2015年2月24日，国务院取消第七批行政审批项目，旅馆业特种行业许可证核发由前置审批改为后置审批。是年，核发旅馆业特种行业许可证4家，全县旅馆总数达到105家。

印刷刻字业管理

1951年8月15日，公安部发布《印铸刻字业暂行管理规则》，把铸造厂、制版社、印刷局、证章店、刻字店、刻字摊等纳入特种营业范围，由县级公安机关核发许可证，另向工商机关申请营业执照，刻制、印制、铸造机关、团体、学校、公营企业有关印章、钢印、文件等，经公安机关核准备案后方得印制。根据规则，县公安局把索镇华通、复兴等6家私营印刷局（社）及多家私营刻字店纳入管理范围。1954年6月，山东省公安厅鲁公治〔1954〕字第339号代电批示下发后，县公安局联合县工商科，对索镇5户私营印铸、刻字业统一检查，发现存留党政机关、工企部门、部队承印的表格证件、文件和刻制公章、手章之底样、印样、废品等共942件，其中属党政机关429件、工企部门509件、部队4件。检查发现，因颠倒词句造成政治倾向问题较多，如："抗美援朝"颠倒为"抗朝援美"，"遵章纳税是工商业的光荣义务"颠倒为"违章纳税是工商业的光荣义务"，"违章偷税是最可耻的行为"颠倒为"遵章偷税是最可耻的行为"等，各类问题严重。报经县委研究决定，整顿以上行业，凡刻制公章一律持公章印模到县公安局备案，以区别公章真伪和防止私刻公章现象发生。县公安局召开私营印刷、刻字业业主会议，凡承印机关秘密文件、表格及刻制机关公章，一律不准存留底样和印模，并对承印的表格文件词句详加校对，严防出错；各机关刻印公章须持本单位介绍信，报经公安机关核准后，凭相关信件刻制；各业户如发现异常，立即报告公安机关。1955年，工商业进行社会主义改造，大部分特种行业公私合营，公安机关缩小特种行业管理范围，印铸刻字业已开业者，不再换发特种行业许可证，对新开业者，由工商管理部门批准营业范围，向县公安局备案。

1962年11月27日，公安部颁发《城市治安管理工作细则（试行草案）》，将印铸、刻字、誊写、晒图社等纳入特种行业管理范围，经营以上行业，必须经过工商部门或服务部门批准，并向公安局登记备案，非法营业的，一律取缔。刻制公章、印信，印刷证件、重要票证，必须经有关机关批准，县公安局出具证明，定厂、定店印刷。"文化大革命"期间，印铸刻字业失控漏管。

1973年8月17日，县公安局、县革委会工商局联合下发《关于加强社队企业登记管理和刻铸公章制作招牌的通知》，企业刻铸公章，应持营业执照，由人民公社革委会介绍，经县公安局批准。各人民公社公安助理员和工商所负责核查队办企业铸刻的企业公章、招牌是否已核准登记，是否符合规定，不符合规定者，即行销毁，对违反规定的企业，一次检核处理。通过整顿，刻字业管理逐步规范。8月22日，惠民地区公安局转发该做法。1979年7月，贯彻公安部、商业部、国家工商行政管理局、供销合作总社等部门联合印发的《关于特种行业企业进行登记管理的通知》，核准颁发印铸刻字业特种行业营业执照13户。

1982年8月，全县印铸刻字业23家。县公安局在印铸刻字单位落实规章制度和安全防范措施，统一使用印刷、刻字行业登记簿。1985年11月，县公安局、县工商局联合印发《关于加强特种行业管理的通知》，各派出所对辖区印铸刻字行业逐个检查，为25户合格印铸刻字业办理特种行业许可证。1987年，县公安局治安科负责介绍个体户刻章业务，所有印章一律在介绍信上捺印印模，介绍信送治安科查存，堵塞随意更改章文和不按规定刻章的漏洞。是年，向5家刻字社、23家印刷厂颁发备案登记证。

特种行业许可证

1990年1月8日，县公安局印发《关于印刷物品编号方法　位置的规定》，统一印刷编号顺序、位置，统一编号字体。通过清理整顿，为验收合格的36家印刷厂换发特种行业许可证。1996年3月4日，省政府颁布实施《山东省旅店　刻字　旧货业管理办法》，刻字业范围是对外营业的刻制公章、钤记、钢印、火印、专用章、名章业户。承制公章，须经公安和工商部门批准。是年，全县印刷业75家。针对印刷行业发展快，管理滞后，易出现问题等情况，1998年3—9月，清理整顿印刷行业，整顿重点是印刷品是否按规定编码、留样、存档，并填写印刷样品登记表、资料档案留样目录，印刷品编码是否齐全且在规定位置，是否非法印制宣传品、证件、介绍信等，处罚违规企业1家。

2000—2001年，县公安局对特种行业严格落实年度审验制度，整改安全隐患。2001年年底，全县印刷业116家，印章业6家。2002年11月1日，根据国务院《关于取消第一批行政审批项目的决定》，取消印刷企业特种行业许可证及个人从事印刷活动特种行业许可证的审批手续，县公安局对印刷业的管理重点转向安全检查及预防、打击违法犯罪行为。2005年，县公安局指定保安公司刻字社安装印章治安管理信息系统。2月24日，国务院取消第七批行政审批项目，公章刻制业特种行业许可证核发由前置审批改为后置审批。

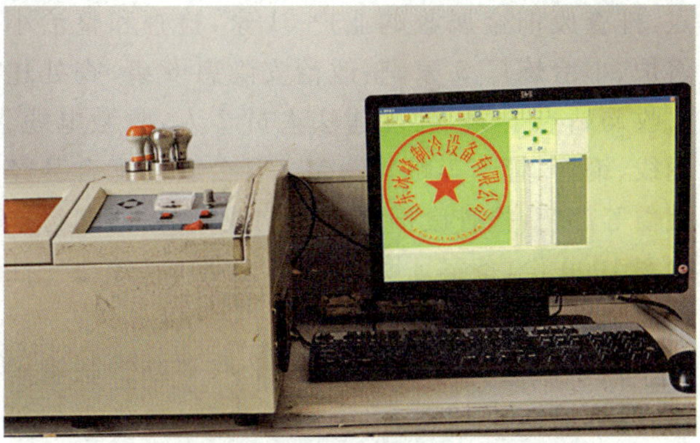
印章治安管理信息系统

废旧业管理

中华人民共和国成立初期，根据上级指示精神，县公安局将废品旧货业纳入特种行业管理。1952年，县供销社开始经营废旧物资收购业务，县公安局对其重点管理。1953年，根据公安部指示，将旧自行车行、旧钟表行也列为废品旧货业管理。1956年7月，根据公安部规定，县公安局不再将废品旧货业列入特种行业管理。

1961年年底，根据上级指示，将废品旧货业重新列入特种行业管理。1962年，公安部颁发《城市治安管理工作细则（试行草案）》，明确将旧货业纳入特种行业治安管理，旧货业范围是旧货店、古玩店、寄售行和废品收购站，收受贵重物品和重要物资要凭证明进行登记。是年，索镇废旧物品收购站、起凤区乌河头门市部通过收购废铜，向公安机关提供线索，破获金岭铁矿8起高压线被盗案件。1963年11月2日，全省治安工作会议要求，特种行业不允许私人经营，对私人经营的特种行业，逐步改组为公私合营或者生产合作社、合作小组。1972年3月18日，县公安军管小组和县革委会工商局联合下发通知，教育整顿特种行业管理人员和从业人员，并将修鞋、修锁、修农业机械作为特种行业进行管理，发给特种行业许可证。

中共十一届三中全会以后，旧货业、修理业迅速发展，同时销赃、毁赃案件时有发生。根据形势发展需要，县公安局加强对旧货业的治安管理。1979年7月，推行旧货业登记管理工作，全县旧货业16家。1980年8月10日，检查整顿废品收购业，供销、物资和人民公社工业管理部门自查，县公安局、县工商局重点检查城镇、铁路沿线和工矿区附近的废品收购单位。机关、企事业单位出售生产性废旧金属器材和工业交通电讯器材，须凭本单位介绍信到人民公社采购站出售。索镇多个废旧物品收购点向公安机关提供破案线索，协助破案30余起，抓获犯罪分子21名，挖出盗窃团伙1个，缴获赃物生铁1万余斤。张店机务段先后被盗7个价值4880元的注水器，索镇、桓城两个废品收购站协助查获全部赃物。1982年7月29日—8月25日，贯彻省供销合作社、省公安厅、省工商局《关于加强生产性废旧金属回收管理的通知》精神，县公安局、县工商局联合检查整顿生产性废旧金属回收业，多数废品收购站存在违规收取废旧金属问题，公安机关依法处罚。

20世纪80年代中期，桓台县小冶炼厂、小铸造厂发展迅猛，公安机关办案中发现，部分厂家成为盗割电力线等案件的销赃渠道。1987年，进行专项治理。4月22日—5月7日，组织19人联合工作组，重点清理整顿周家、新城两个乡镇的42家小冶炼厂，召开厂家动员大会4次，组织表态发言和检举揭发活动2次，各厂家写出保证书42份，检查揭发线索14条，查处违法厂家2家。1988—1989年，取缔废旧收购站2处、销赃门市1处，行政拘留3人。1990年，根据全市反盗窃专项斗争的总体部署，会同县工商、供销、供电、邮电等部门，突击检查14个废旧收购站、20个铝制品厂、43个铸造厂和29个小冶炼厂，取缔无证收购业户3家，对制度不健全、管理混乱、违法收购的周家乡麻家铝制品厂、银粉厂和郭家铸造厂等11家业户给予停业整顿处罚，对2个小冶炼厂、铝制品厂就地查封。新城镇城南铝制品厂非法收购农用铝电线3.3吨，对该厂3名负责人行政罚款，没收非法所得1.8万元和查获的铝线。县公安局深入调查废旧物资收购业，取缔59家，限期整改2家，处罚32家，没收非法所得2万余元。7月13日，将自行车翻新行业纳入特种行业管理。

1991年，县公安局开展公安工作“基础年”活动，针对全县废旧物资收购业管理混乱，收赃、销赃和破坏农用电力设施问题突出等情况，调查果里、周家、新城等重点乡镇废旧物资收购业，取缔无证经营非法业户45家。1992—1993年，针对废旧金属收购业暴露出来的问题，加强建章立制工作和经常性管理，限期整改2家，取缔14家，没收非法所得2万余元。1994年1月25日，公安部发布《废旧金属收购业治安管理办法》，设立生产性废旧金属收购业需向县级公安机关申请特种行业许可证，设立非生产性废旧金属收购业需向公安机关备案。是年，县公安局依法对20余家非法经营者实施治安处罚和停业整顿，查获无证经营、非法运输废旧金属12吨。年底，全县旧货业96家。1996年3月4日，省政府颁布实施《山东省旅店刻字 旧货业管理办法》，旧货业范围是生产性废旧金属和经营旧货委托、寄卖的行业。1997年3月，停止审批新的废旧金属收购站点，清理整顿既有站点，严厉打击盗窃破坏冶金、油田、电力、通讯、铁路、市政等设施的犯罪活动。

随着市场经济体制改革深入推进，2002年11月1日，国务院取消第一批行政审批项目，其中取消设立生产性废旧金属收购企业特种行业许可。2003年2月27日，国务院取消第二批行政审批项目和改变一批行政审批项目管理方式，取消非生产性废旧金属收购业向公安机关备案制度。县公安局遂加强日常治安管理，依法处置废旧金属收购业收赃行为。2006年2月22日，索镇花园村吴某、孙某经营的废品收购站多次收购他人盗窃的摩托车、电动自行车，涉案价值1万余元，公安机关将2人刑事拘留。3月20日，抓获收购赃物的废旧物品收购点负责人张丽某，其先后收购价值6万元的赃物。是年，对8个废旧收购点9名从业人员采取刑事强制措施。2008年，为有效遏制盗窃破坏“三电”设施等违法犯罪，开展废旧金属收购业集中清理整顿行动，30余名民警通过为期一周的拉网式调查摸底，登记收购站点220家、从业人员333名，其中无证经营165家。在分级培训基础上，与业户签订治安责任书，登记具备经营条件的216家收购站点，基础档案纳入微机信息化管理，处罚不按规定查验出售单位证明、不登记出售人信息的7家收购站点，查处5起收购赃物案件，处理违法犯罪人员5名。2009年，新城派出所以淄博市五金市场为重点，整顿废旧金属收购站点，排查废旧金属收购业户61家，检查和整治小熔炉、小冶炼厂5家，整改治安隐患6条，查处违法收购站点6家，处理违法人员7人，收缴电缆、铜线、钢管、管卡等赃物一宗。县公安局配合县经贸委等部门，检查废旧金属收购业，统一印制行业档案1000份，备案证明500份，全县137家生产性废旧金属回收企业备案登记。

2010—2016年，各派出所采取举办法制培训班、签订治安责任书、治安安全检查、台账登记等形式，加强对旧货业日常监管，堵塞管理漏洞。2010

2015 年 12 月，民警检查废旧收购点

年 4 月 10 日，新城派出所在淄博市五金市场召开警民恳谈会，100 余业户参加恳谈会，通过宣传法律知识，增强依法经营自觉性。是年，县公安局向废旧业下发整改通知书 30 余份，行政处罚 3 人，刑事拘留 2 人。2015 年，全县废旧金属收购业 111 家。

第三节　扫除社会丑恶现象

扫黄打非

旧政权时期，桓台县城镇明暗娼较多。民国 35 年（1946 年）春，县公安局纠察队清理桓城四关户口，查明暗娼 33 家、明娼 1 家，均是反动统治者和流氓、恶棍逍遥作乐的场所。民国 37 年（1948 年）后，县公安局取缔明暗娼，妓女全部改良，卖淫嫖娼行为清除。

20 世纪 80 年代，由于流动人口增多，加上西方腐朽思想和生活方式的侵蚀，桓台县出现制作、复制、传播淫秽物品和色情服务、卖淫嫖娼行为。1983 年 10 月，县公安局打击制造、贩卖、传播淫秽物品违法犯罪活动，查获淫秽物品 42 件。起凤人民公社鱼龙村田某利用办照相馆之机，给照相女青年看裸体照片，趁机奸污 2 名女青年，公安机关将其逮捕。1987 年，县公安局、文化局整顿文化市场，查处 1 起录像点公开播放淫秽物品案、1 起 18 名青年职工和在校学生传看淫秽扑克案，查扣淫秽录音磁带 204 盘、录像带 8 盘、裸体扑克 1 副。1988 年 6 月下旬，县公安局打掉一个 52 人违法犯罪团伙，缴获淫秽录像带 12 盘、淫秽扑克牌及裸体磁带封面 600 余张，没收播放淫秽录像使用的电视机 13 台、录放机 5 台、收录机 9 台、照相机 4 部。自 1987 年起，该团伙从外地购进淫秽物品到处贩卖传播，组织观看淫秽录像后进行流氓活动，严重扰乱社会治安秩序。该案共劳动教养 6 人，行政拘留 26 人，罚款 3 人，具结悔过 15 人。8 月 24 日，县委召开案件通报会，县委书记王玉良要求各级领导干部加强对青少年、青年职工、干部子女的教育管理和社会治安综合治理工作。

1991 年 9 月 30 日，县公安局查处以起凤镇起北村董某、鱼龙三村田某为首的传播淫秽录像并流氓团伙，依法没收录放机 1 台、摩托车 1 辆，对 3 名为首分子处以行政拘留和罚款处罚，对其他 13 名团伙成员分别给予罚款、具结悔过和批评教育处理。1992 年秋，G205 国道耿桥乡段多个路边店存在卖淫问题，县公安局成立整治卖淫嫖娼活动专案组，捣毁卖淫嫖娼窝点 9 个，处理卖淫妇女 18 人、嫖客 98 人、容留妇女卖淫窝主 3 人。其中，提请批准逮捕 1 人，劳动教养 5 人，行政拘留 20 人。1993 年 4 月，县公安局在陈桥小区域治理中，立案查处荆家狮子楼饭店传播淫秽录像等多起涉黄案件，查获卖淫妇女 8 人、嫖客 131 人。1994 年，桓台县舞厅娱乐业发展迅猛，达到 21 家，部分舞厅存在卖淫嫖娼问题。同时，少数理发店从业人员从事卖淫行为。3 月，县公安局成立专案组，查处卖淫妇女 13 人、嫖客 84 人。是年，根据群众反映，捣毁 4 处播放淫秽录像点，查处播放、传看淫秽录像人员 80 人，批评教育 50 人，没收淫秽物品 245 件、电视机 7 台、录放机 4 台。1995 年 8—9 月，贯彻公安部、文化部、国家工商行政管理局和全国妇联联合召开的查禁卖淫嫖娼、色情活动会议精神，重点打击城区及 G205 国道两侧的饭店、歌舞厅、卡拉 OK 厅、酒吧等公共场所的卖淫嫖娼活动，抓获卖淫妇女 9 人、嫖客 13 人，捣毁淫秽录像点 4 处，查处播放、传看淫秽录像人员 5 人，没收淫秽录像带 9 盘及电视机、录放机等涉案物品一宗。

1996 年 3 月，县公安局成立 18 人的专项治理组，以城区为重点，对舞厅进行为期一月的专项治理，查处存在卖淫嫖娼和色情服务行为的舞厅 12 家，审查卖淫妇女 30 人，处理嫖客 75 人，取缔放映淫秽录像窝点 2 处，收缴淫秽录像带 3 盘。

1997年，专项治理城区公共场所，审查卖淫妇女12人，处理嫖客27人，查封舞厅3家、淫秽录像放映点1处，收缴淫秽录像带206盘。1998年，全县公共场所剧增，舞厅达到92家，洗头、洗脚房41家，卖淫嫖娼、色情服务问题较多，县公安局抽调3名民警成立扫黄打丑专案组，抓获卖淫嫖娼人员15人、色情服务人员5人，查封违法出租或出售录像带、影碟经营点10处，淫秽、反动书刊摊点14个，缴获淫秽影碟、录像带65盘，处理业主10人。1999年，查处卖淫嫖娼案件5起10人、传播淫秽物品案件4起4人，缴获淫秽物品30件。

2000年7月，县公安局结合夏季严打整治斗争，开展严厉打击卖淫、嫖娼等社会丑恶现象专项行动，查处卖淫嫖娼案件48起63人，查处非法贩卖、传播淫秽物品案件6起，收缴淫秽光盘220余张、非法出版物5000余册。2003年，查处出售、贩卖淫秽光碟案件23起。2004—2005年，开展2次集中整治娱乐服务场所专项行动，查处容留介绍卖淫犯罪案件9起，刑事拘留12人，缴获淫秽光碟3000余张，查处违法经营场所6处。

2006年1月，周家派出所在某家电门市部查获淫秽影碟35张，索镇派出所在3家音像店查获淫秽影碟70张，对相关人员行政处罚。2008年，县公安、新闻出版、文化、工商、城管等部门协调配合，20余次集中清查出版物市场，缴获淫秽光盘778张，查处卖淫嫖娼案件10起。根据群众举报，捣毁3处容留卖淫窝点，刑事拘留3人，取保候审3人。2009年，开展打击容留介绍妇女卖淫专项行动。12月7日晚，端掉果里镇前鲁村某宾馆卖淫嫖娼窝点，当场抓获卖淫女3人、嫖客3人，宾馆老板万某被刑事拘留。

2010年，县公安局开展“扫黄打非”专项行动，查处容留介绍卖淫案件1起，查处卖淫嫖娼案件4起，刑事拘留1人，行政处罚21人。2011年，查处金沙滩洗浴中心卖淫嫖娼问题，依法处理违法人员4人。2012年，开展为期50天的涉黄涉赌专项整治，查处段某、陈某组织卖淫案，刑事拘留2人。2013年，按照市公安局统一部署，打掉位于淄博市张店区联通路上的卖淫嫖娼窝点1处，抓获卖淫嫖娼人员2人。2014年，开展打击涉黄违法犯罪和“打黄赌、铲源头”专项行动，打掉卖淫赌博窝点6处，立涉黄涉赌刑事案件4起、行政案件4起，刑事拘留6人，行政拘留27人。异地查处张店某宾馆洗浴中心卖淫嫖娼窝点，打掉许某、许某某容留、介绍妇女卖淫团伙。7月，按照市公安局异地用警要求，查处淄博高新技术开发区某大酒店二楼足疗中心，打掉以福建籍汪某某为首的组织卖淫团伙。2015年，集中打击涉黄违法犯罪行为，出动警力1800余人次，检查KTV80家次、旅馆630家次、洗浴中心20家次，查处涉黄违法犯罪场所3家，立查涉黄案件6起，刑事拘留29人，行政拘留64人。查处张店区西四路上一家卖淫嫖娼窝点，打掉以王某某为首的组织卖淫团伙。按照市公安局《关于下放淫秽物品鉴定权限等有关问题的通知》要求，11月9日，县公安局成立淫秽物品鉴定委员会，从治安大队确定3名民警成立淫秽物品鉴定小组，负责对淫秽物品的审查鉴定工作，年内受理淫秽物品鉴定案件1起，鉴定淫秽光碟23张，出具鉴定报告1份。2016年上半年，打掉涉黄场所3处，刑事拘留16人，提请批准逮捕8人，行政处罚87人。

查禁赌博

民国35年(1946年)年初，县公安局清查桓城四关户口，共有赌局7个。民国37年(1948年)，桓台解放后，全部取缔。1953年，县公安局打击赌博违法行为，赌博恶习明显减少。1957年，赌博惯犯又开始活动，县公安局组织力量及时打击。1958年，查破起凤区鱼龙村赌博案件2起，2名主犯被判处有期徒刑。1959年，唐山镇唐四大队王某同、王某敏聚赌，被依法判处有期徒刑。1962年夏，高王区高桥大队赌博成风，治保主任抓获3名聚赌人员，通过教育，制止一起因赌博欠债引发的预谋盗窃、抢劫案件。县公安局大力宣传赌博案件查处情况，加强日常教育管理，赌博歪风再次被刹住。

20世纪70年代末，随着村集体作业模式的解体，村庄游手好闲人员逐渐增多，利用扑克、麻将赌博现象沉渣泛起，公安机关及时打和进行教育。1980年1月30日，县公安局、县工商局联合下发通知，对利用套圈、打彩、赌九牌、看纸牌、叠博等形式的一切赌博行为，轻者批评教育，没收赌资赌具，重者依法处理。1981年，起凤人民公社起凤南村大队魏衍某、魏凡某，起凤北村大队魏密某、夏庄大队田宜某及鱼龙四大队巩守某等31人赌博团伙，输赢3000余元，5名为首者分别被行政拘留十五日，对其他人员进行法制教育。公安机关以此案为例，向全县厂、企单位和大队、生产队印发3000份通告，县广播站根据县政府的指示，专题广播教育。1982年5月，查处荆家人民公社荆家庄以荆某为首的赌博团伙，行政拘留4人，没收赌具和赌资2550元，对29名参与者据情罚款。1983年，依据省公安厅《关于禁赌的通知》精神，发动群众自觉抵制和揭露赌博违法犯罪活动。上半年，查获索镇蔬菜市场以周某为首的16人赌博团伙，行政拘留、没收赌资5人，警告、没收赌资11人，印发1000份通告，发至各社队，利用有线广播进行反复宣传。10月，查获惯赌分子王某同、王某敏、郭某成为首的40余人赌博团伙，给予王某同等7人行政拘留处罚。1985年9月27日夜，在索镇镇北饭店查获福建省莆田县到桓台县推销竹品的蒋某等13人赌博团伙，没收赌资858元，行政拘留3人。1989年12月12日晚，县公安局开展除“六害”打击统一行动，城区派出所从桓台旅社208房间，当场抓获正在赌博的浙江省乐清县余某等4人，分别处以行政拘留并罚款。

20世纪90年代初期，农闲季节赌博行为较严重，影响家庭、社会和谐。各派出所梳理赌博案件线索，对赌博行为严厉打击。1996年10月10日，中共十四届六中全会通过《中共中央关于加强社会主义精神文明建设若干重要问题的决议》。县公安局开展安全文明村居创建活动，扫除黄赌毒社会丑恶现象。各村居把抵制黄赌毒作为评选“五好”村民、“五好”家庭的重要条件，赌博问题得到遏制。

20世纪90年代末期，在城镇出现以游戏机为掩护的赌博活动，公安机关依法清理具有赌博功能的游戏机。1998年1月，根据群众举报，查封宝利源商场四楼具有赌博性质的开心天地游戏城，抓获参赌人员3人，查封赌博机11台、功放机1台、吹球机1台。2003年，查处赌博案件10起。2008年10月7日，果里派出所在果里大道与华山路口两个小卖部内，收缴用于赌博活动的老虎机4台。2009年5月，少海派出所检查实验学校周边公共场所，取缔赌博性质的电子游戏厅1家，收缴具有赌博功能的游戏机2台。

2010年，网上赌博盛行。县公安局梳理线索，破获一起公安部督办的特大网络赌博案件。该案系重大网络犯罪，服务器设在菲律宾，1300余名涉案人员分散于全国各地，活动范围涉及境内20余省、市、自治区及澳门特别行政区、菲律宾，操作人员作为菲律宾太阳城网站的下线代理，通过发展下线、吸收会员的方式进行网上聚赌，并为下级代理和会员银行转账、上分投注，从中获取利润，涉案金额1000余万元。县公安局抓获作案成员25人，县人民法院分别以开设赌场罪、帮助毁灭证据罪判处有期徒刑一至五年不等。2012年，开展“查赌患、正风气”专项行动，整顿全县游艺场所，各派出所开展远离赌博宣传活动，查处荣某、王某开设赌

2012年12月，销毁赌博游戏机

场案。2013年，查处电子游戏厅开设赌场案件3起，刑事拘留3人，查扣赌博游戏机36台，整顿场

2013年5月，查扣电玩城赌博游戏机

所6家。2014年3月31日，县公安局对“盈丰国际娱乐城”网上开设赌场案立案侦查。公安部治

安管理局将此案列为2014年“打黄赌，铲源头”百日行动第一批部督案件。该案资金数额巨大，代理人员涉及地域广，犯罪手段新颖。历经2年侦查取证，刑事拘留52名赌博网站工作人员、代理人员、掩饰隐瞒犯罪所得人员，提请批准逮捕17人，移送起诉30人，判决24人，追缴涉案资金5000万元。

取缔封建迷信

旧社会，封建迷信在桓台县城乡盛行。神汉、巫婆和阴阳先生借天灾人祸扶乩、画符、拆字、相面、算命、抽贴，装神弄鬼，妖言惑众，奸淫妇女，残害人命，骗取钱财，甚至从事反动活动。

中华人民共和国成立后，县公安局禁止封建迷信活动，揭露真相，戳穿骗局，教育群众，对从事封建迷信人员以批评教育为主，对利用封建迷信从事违法犯罪活动，或者以封建迷信为掩护，危害国家安全活动的，查清事实后，依法追究法律责任。1952年2月，一区徐家店水湾里出现取“神水”活动，取“神水”者日均千人左右，涉及一、二、三、六区及张店市。县公安局按照淄博专署公安处要求，组织人员调查，开展宣传教育，劝阻群众前往，迅速平息事态。1954年4月6日，五区尚庄乡解家庄东湾内又有人取“神水”治病。取水人员来自淄川、长山、桓台等县。县公安局派两名干部前往平息，并追查谣言，副局长王世彪到附近村庄，召开村民会议，进行揭发教育，逮捕法办街子村一巫婆。1955年7月17日，一、四、五区5个村部分村民采取用水刷簸箕、抬椅子、摆桌子上供等形式，到庙内、大湾求雨。县公安局制止并教育疏散群众，在求雨村庄召开大会，组织党团员、治保会、武委会分街分巷教育落后群众。是年，在第二次镇反运动中，逮捕6名屡教不改的巫婆、神汉。

1956年5月17日，数名妇女到五区铁山西南一庙内寻找“神丸子”治病，谣传炉姑从铁山回家，带着两麻袋丸子搭救百姓，哑巴吃了能说话，瞎子吃了能睁眼。取“神丸子”者日均200人左右，后达三四百人。县公安局向县委汇报后，组织力量劝阻平息。6月18日，二区玉皇台上又发生20多名妇女儿童扒“神丸子”事件，次日即达到800余人。至9月，全县7区、1镇13处地点陆续发生“神丸子”事件，人员来自济南、潍县、广饶、齐东、博兴、淄川、张店及本县89乡，最多一地日达千人，迷信活动向博兴、齐东两县蔓延。经查，所谓“神丸子”多系松树子、碎砖破瓦块、草种子、羊屎蛋、树皮、颗粒肥等，崔家庄一名男子和齐东县丁夏区程家村一名妇女吃“神丸子”后死亡，病者多名，16棵树被扒皮，10余亩苗田被踩踏，严重破坏生产和危害群众生命安全。事件发生后，县委安排医务人员下乡巡诊，组织公安局、法院、兵役局开展教育，现场制止，追查谣言，逮捕造谣者1人，10月平息事态。1957年3月1日，在起凤区夏三村一湾内出现装“神水”现象。3月4日，演马乡永安桥村东北角、西南角两个湾内，四五百人挖土蚕卵等作为“神丸子”用来治病。公安局驻村干部立即制止，教育群众反对迷信、相信科学。“神水”事件经过10天，“神丸子”事件经过7天彻底平息。

1960—1964年，生活暂时困难时期，迷信活动猖獗，公安机关现场揭发骗人把戏，正面教育封建迷信职业者，使其自愿改正。1961年4月28日，博兴县公安局发布关于防止神汉、巫婆聚众活动影响生产的通报。唐山人民公社阎高大队田某从事巫婆活动，以神看病为名，诈骗群众钱财，影响范围南至张店，西至章丘，东至益都，北至高城等地，最多一天受骗400余人，共骗款2000余元。公安机关到村宣传教育，揭发田某诈骗事实，将事态平息。1964年1月，桓城人民公社昝家大队神汉王某为首，组织个别村民，胡说“张老仙师”显灵，用地瓜面、甘草制造“神丸子”，骗取380余人钱物，影响生产并致死1人。区公安特派员立即制止，发动群众批斗王某等人。7月27日，孝妇河决口，桓台县100余村被水包围，4个区发生67起巫婆、神汉活动事件，他们利用群众受灾后惶惶不安的心理，敛钱敛物，烧香烧纸，装神弄鬼，求“刘大王”退水，参加活动人员少者10余人，多者800余人。有的架机扶乩，惑乱群众，少数村干部和党团员放弃防汛工作，影响抗灾自救。各区公安特派员召开社员大会，揭发批判巫婆、神汉，责令为首人员当众检讨，封建迷信活动得到逐步平息。

“文化大革命”中后期，封建迷信活动死灰复燃。1972年5月，周家、荆家人民公社出现巫婆“下神看病”等问题，骗吃骗喝骗财。公安干部组织群众批斗神汉、巫婆。“文化大革命”结束后，加强法制建设，依法打击封建迷信行为。1980 年 1 月 30 日，县公安局、县工商局联合下发《关于加强社会治安和取缔封建迷信活动的通知》，取缔一切测字、占卜、相面、算卦、抽贴等散布天命论、欺骗群众的迷信活动，依法打击利用封建迷信扰乱社会治安行为。1983 年 11 月 2 日，侯庄乡西龙村某村民以捉妖拿邪为名，用暴力手段将一未婚女青年强奸，被判处死刑。1986 年，桓台县少数乡镇封建迷信活动有所抬头，县公安局组织治安科、相关派出所，查处抽贴、算卦案件 15 起，批评教育、没收非法收入 14 人，行政拘留 1 人。7 月，索镇不断有人出售封建迷信品，经立案调查，系索镇前毕村毕某从外地贩进高价出售，获利后又通过索镇印刷厂非法印刷 2 万套 6 万张，安排多人到东营、张店、济南及本县销售。县公安局对索镇印刷厂副厂长张某处以警告、罚款处罚，没收索镇印刷厂非法收入 900 元，没收毕某等非法收入 250 元。

20 世纪 90 年代，街头算卦、占卜时有发生，公安机关批评教育街头算卦的神汉，打击屡教不改、骗取钱财者。1991 年，桓台县北部村庄封建迷信活动频繁，马桥乡北岭村多处迷信活动点，设有神位、供品，许多妇女信奉烧香拜佛看病、行事，甚至预测孩子能当皇帝和皇娘，给孩子身心造成不良影响。县公安局依法查处以上封建迷信行为。1992 年 4 月 30 日，县委、县政府开展取缔算命等封建迷信活动，并纳入乡镇精神文明建设工作经常性考核。1994 年 4 月，县公安局查处利用封建迷信手段骗取钱财案件 4 起，警告 4 人。2003 年，破获 2 起利用封建迷信破坏法律实施案。

2009 年 7 月 1 日，拆除封建迷信设施

21 世纪初，外地流窜人员装扮尼姑、“神医”，以消灾为名，多次骗取老年人和妇女钱财，造成重大损失。2008—2015 年，县公安局接报类似案件 29 起，涉案 68 万元，其中 5 万元以上案件 6 起。2008 年 12 月 27 日，常某被以开光消灾为名骗走现金 9 万元。2010 年 10 月 14 日，王某被以看病消灾为名，骗走现金及首饰案值 11.65 万元。2012 年 5 月，县公安局抓获两名安徽籍利用封建迷信手段诈骗犯罪嫌疑人，破案 9 起。2015 年 12 月 8 日，马桥镇康杨村罗某报案称，被起凤镇鱼一村宋某以看病消灾为由骗取现金 8 万元。经查，自 2011 年 9 月 15 日起，宋某利用封建迷信手段，以罗某身后拖有一条蛇尾巴有癔症为由，造成罗某精神恐慌，并利用罗某看癔症心切心理，非法获取现金人民币 5.2 万元及其他物资一宗。

第四节　危险物品管理

烟花爆竹管理

桓台县具有 200 多年的生产烟花爆竹历史，生产地主要集中在起凤镇乌河村（乌东、乌南、乌北三个行政村）。清末至民国时期，乌河村爆竹制造业 50 余户，村民自制火药，冬闲季节生产，春节前后销售，年制爆竹 500 万响。20 世纪 50 年代初期，有 100 余户应时操业，年制爆竹 700 余万响。此后，每年冬季均有生产，但数量减至百余万响。由于生产和管理不规范，事故时有发生。1972 年 1 月 15 日，起凤人民公社乌北大队第二生产队爆竹加工作坊发生爆炸事故，烧伤 9 名社员、5 名儿童，炸毁 3 间房屋，损失近 3000 元。

20 世纪 80 年代初，随着市场搞活，烟花爆竹作为传统行业重新兴起。1983 年元旦前后，利用 10 天时间，县公安局会同有关部门进行摸底和安全检查，起凤、索镇、唐山 3 个人民公社 7 个村庄 32 个生产队及部分农户生产爆竹，存在火种、炸药随意堆放，违规使用氯酸钾等诸多安全隐患，现场收缴氯酸钾 1800 余斤，就地销毁使用氯酸钾制成的成品、半成品。随后，转发《省公安厅关于连续发生鞭炮爆炸事故的通报》，以教育群众。1 月 14 日，起凤人民公社乌北大队社员孙某私自生产爆竹，蜡烛照明引起爆炸，造成一死三伤，烧毁房屋3间及其他物品一宗。县公安局会同有关部门，督促相关农户落实安全措施。1983年12月5日，县安全委员会、县经济委员会、县公安局、县工商局、县供销社、县税务局联合下发《关于进一步做好烟花爆竹安全管理工作的通知》，建立生产、经营、运输烟花爆竹审批制度、定点销售制度、统一质量标准制度，严禁个体户生产烟火药和爆竹。1984年，起凤镇为集中管理、生产烟花爆竹，投资163万元，成立桓台县社会福利花炮厂。1985年10月24日，正式批量生产，生产35种烟花爆竹产品，是山东省生产花炮定点厂家之一。1986年8月29日，该厂107车间第七、八号生产工房发生爆炸事故，造成两死三伤。经现场勘查和市县联合组调查，系管理不严、职工违章作业造成的责任事故，对3名厂领导和1名车间主任追究行政责任。

1987年12月15日，县公安局印发《关于销售烟花爆竹安全须知》，烟花爆竹由县供销社土产公司统一组织货源，办理批发业务，不准其他行业、单位擅自经营；经销烟花爆竹，须持有营业执照和烟花爆竹销售证，专库、专柜、专人销售，防火防爆，确保安全；不得销售非法制造的烟花爆竹。1988年12月15日，省政府颁布《山东省烟花爆竹安全管理办法》，全县加强学习和宣传工作。1989年2月，县公安局在起凤镇乌东村及集市上查获非法生产销售的爆竹2.5万响。4月23日，起凤镇乌东村一户村民违规碾压爆竹引芯引起爆炸，造成一死一伤，经济损失5000余元。县公安局制定取缔非法生产烟花爆竹工作方案，8月30日至9月3日，联合起凤镇召开乌南、乌北、乌东三村村“两委”成员联席会议，统一思想认识，张贴宣传《中华人民共和国民用爆炸物品条例》《山东省烟花爆竹管理办法》《起凤镇人民政府关于取缔非法生产烟花爆竹的通知》，排查非法生产烟花爆竹户，62户办理具结手续，收缴烟花爆竹原材料、半成品一宗。

1991年年初，县公安局下发《关于对烟花爆竹严格实行安全管理的通告》，联合县供销社、县工商局检查摊点336个，查处无证销售烟花爆竹、非法销售土制鞭炮案件83起，没收、销毁40万响。1992年3月26日，起凤镇乌北村孙献波使用氯酸钾配制火药，发生爆炸事故，造成一死两伤，炸毁房屋6间，直接经济损失1万余元。10月16日，县公安局、县安全办、县工商局、县供销社印发《关于加强烟花爆竹安全管理的联合通知》，烟花爆竹批发业务由县土产公司专营，零售网点凭公安机关销售许可证和工商部门营业执照到县土产公司进货。11月，县公安局、县安全办、县教育局联合下发《关于严格禁止向学生非法销售 派卖土制鞭炮的通知》，一经发现，严肃追究相关责任。1994年，县公安局两次开展查缴烟花爆竹行动，抽调180名干警和联防队员，逐户具结登记，没收、销毁非法生产的爆竹74万余响。12月10日，起凤镇乌东村一户村民在家制作烟花爆竹时发生爆炸，2人当场死亡。1996年，县公安局治理销售烟花爆竹摊点198处，取缔非法摊点123处，没收烟花爆竹21万响，春节、元宵节期间安全无事故。1997年12月10日，县公安局、县安全办、县工商局、县供销社再次通知，取缔无证销售和外地进货行为，严禁销售私制烟花爆竹。1998年11月3日，起凤镇乌南村发生私自生产烟花爆竹爆炸事故，造成多人伤亡。县公安局组织民警、治保人员25人，重点针对乌河村开展烟花爆竹安全大检查，查出非法生产户5家，扣押氯酸钾5.4千克、银粉8千克、硫磺2千克、引信64包、发射花20包。

2000年6月30日，县政府印发《桓台县烟花爆竹安全监督管理办法(暂行)》，规范烟花爆竹生产、储存、运输、销售、燃放，明确职能部门分工。8月7日晚，邢家镇演马村一护园屋内发生非法生产烟花爆竹爆炸事故，5人死亡，3人重伤。8月8日上午，县委、县政府召开现场会，部署开展拉网式安全生产大检查，决定关闭县内烟花爆竹生产企业。8月9日，桓台县社会福利花炮厂停业，就地封存成品、半成品、原材料及生产工具。起凤镇政府与乌河村1800户村民逐一签订不再违法生产、私藏烟花爆竹责任书。经过清查，查处非法生产、运输、储存烟花爆竹案件17起，行政拘留7人，警告3人，查缴烟花爆竹成品354万余响、半成品276万余响、砂炮33万余个、烟花600余箱及原材料、生产工具一宗。8月13日，县政府发布《关于在全县查禁非法生产 销售 运输烟花爆竹的通知》。县公安局查处违反爆炸物品管理规定案件 112 起，行政处罚 114 人，追究刑事责任 1 人，取缔非法业户 32 家、非法运输户 9 家。12 月 17 日，起风镇西三村一地下作坊非法制造鞭炮时发生爆炸，造成 2 人死亡。为做到工作无死角，县公安局会同起风等镇在传统村庄粉刷固定标语 120 条，设立举报电话，动员群众积极参与，根治烟花爆竹安全隐患。2001 年 3 月，检查烟花爆竹非法制售点 113 家，收缴成品、半成品 60 余万响、原材料 400 千克。2002 年，非法运输、制贩烟花爆竹在部分镇村抬头，县公安局设卡盘查，严查销售单位台账。全县查处相关违法案件 112 起，处理 142 人。2003—2004 年，组织烟花爆竹安全检查 17 次，下发隐患整改通知书 320 份，查处非法生产、运输、储存烟花爆竹案件 110 起，处罚 126 人。2006 年 9 月 5 日，根据群众举报，突击检查乌东村，从李某家中查获非法烟花爆竹 280 余箱 150 万余响，价值 3 万余元。2007 年 11 月 27 日，根据群众举报，检查张某在索镇义和村的租赁房屋，查

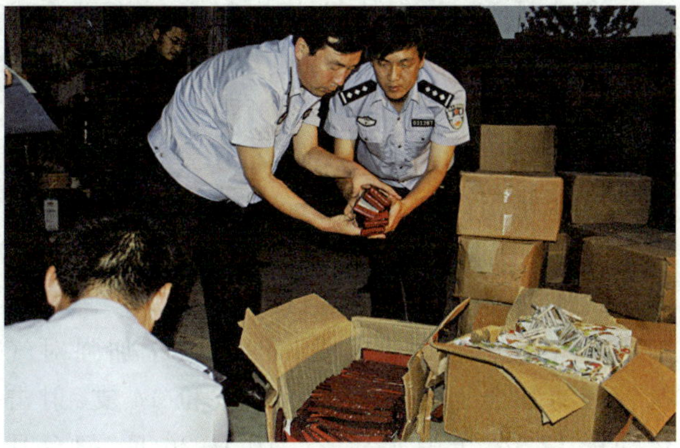

2006 年 9 月，查获非法烟花爆竹

获非法储存烟花爆竹 1245 万响，价值 25 万元。2008 年 3 月 21 日，法院以非法经营罪判处张某有期徒刑一年，缓刑一年，并处罚金一万元。

2010 年 11 月 15 日—2011 年 3 月 5 日，县公安局集中开展整治非法生产经营烟花爆竹问题专项行动。2011 年，针对非法生产经营烟花爆竹活动越来越隐蔽的特点，县公安局投资 40 余万元，购进 5 台摩尔探测仪，按照村不漏户、户不漏房要求，对传统村庄开展“地毯式”安全排查，打压非法生产、经营烟花爆竹活动空间。1 月，查处唐山镇西莫王村、果里镇急公村两处非法烟花爆竹储存点，收缴烟花爆竹 200 箱 580 余万响及烟花礼炮

2011 年 12 月，民警持摩尔探测仪排查烟花爆竹

6400 余个，2 名涉案人员被刑事拘留。12 月，在唐山镇唐三村一村民车库内、果里镇玉皇阁村一超市内查获非法烟花爆竹 110 余箱、彩珠筒 94 个、礼花弹 30 个。2012 年 7 月 1—2 日，按照市公安局夏季危险物品管控工作要求，县公安局会同县安监局、县土产公司等单位，检查烟花爆竹销售点 43 个，发现安全隐患 16 条，现场整改 11 条，下发整改通知书 5 份。2013 年，开展烟花爆竹打非专项行动，查处非法销售、储存烟花爆竹案件 3 起，行政拘留 3 人，收缴 363 万响。1—2 月，唐山派出所查处 3 起非法储存烟花爆竹案件，收缴烟花爆竹 141 箱 223 万响、礼花弹 93 箱。2014 年 1 月，县公安局制定群众举报涉枪涉爆烟花爆竹违法犯罪奖励标准，设立专项奖励基金，对群众检举揭发烟花爆竹违法犯罪线索，经查证属实的，及时兑现奖励。1 月 15 日，县公安局根据举报，在索镇张桥村马某家中查获非法储存烟花爆竹 43 箱、礼花 7 箱、开天雷 23 个，将 3 名涉案人员行政拘留，奖励举报人 1000 元。

2015 年 1 月，县公安局部署开展烟花爆竹百日安全专项整治行动，印发《致全县中小学生及家长的一封信》《群众举报涉危涉烟花爆竹违法犯罪奖励标准》等宣传材料 11 万份、《淄博市公安局关于严厉打击非法生产经营烟花爆竹的通告》2000 份，依靠摩尔探测仪，“拉网式”排查闲置厂房、仓库、重点村庄、闲置院落。依托烟花爆竹流向监管信息系统，核查烟花爆竹运输单位资质、营业执照、烟花爆竹品种、数量及运输线路等报备情况，从严审批“烟花爆竹道路运输许可证”。2 月 11 日，在马桥镇五庄小区一车库内查获非法储存的 28

集中引爆销毁非法烟花爆竹

箱30万响烟花爆竹，邢某被行政拘留。2016年1月，为做好烟花爆竹销售旺季的安全管理工作，县公安局深入烟花爆竹储存、销售单位，全面检查储存管理制度、证照以及有无销售超标、伪劣、假冒产品等违法违规行为。走访酒店、婚庆公司、烟花爆竹经销点，讲授安全燃放、储存烟花爆竹的方式方法，杜绝烟花爆竹安全事故发生。

民警检查烟花爆竹销售网点

枪支弹药管理

自民国35年(1946年)起，县公安局对地方干部、民兵所持有及缴获的枪支、弹药实行登记管理。1950年，通过打击土匪、特务，收缴短枪5支、长枪4支、短枪弹42发、长枪弹223发、土枪6支、手榴弹6枚。1951年6月27日，公安部颁布实施《枪支管理暂行办法》，枪支弹药属于军用品，任何个人、团体或企业不准制造、改装、私藏，社会上的枪支弹药一律收缴。根据配枪规定，除军队、民兵系统、公安机关和相关要害部门外，各区区长、书记、人武部长、财粮助理、公安员可以佩戴短枪1支。县公安局会同县人武部等有关部门，对枪支弹药实行经常性管理，严防敌人捣乱破坏。

1961年11月2日下午，索镇区张桥人民公社任家庄大队办公室发生一起枪击事件。保管员任江成与大队副队长兼保卫股长任德宗打闹时，步枪(任德宗保管使用)走火，致使任德宗死亡。县公安局、县人武部在调查基础上，下发通报，组织各区对民兵武器进行安全大检查。1962年10月，为改变枪支弹药使用管理混乱局面，县公安局发出《关于严格枪支弹药管理和签发枪证的通知》，对配枪人员实行签发持枪证制度。持枪人员到县公安局申领持枪证，并填写申领持枪证审批表，注明枪支种类、号码、口径、膛线及子弹数，县公安局审查后发给持枪证，严禁将枪支私借、赠送他人，不准随便摆弄，不准用配枪打猎，严禁在集市、居民点、风景游览区和交通沿线及公共场所任意鸣枪，因病休或离职学习，将枪支弹药交回单位统一保管。用枪单位须有专用库房和保险柜，夜间有人看管，落实防盗、防火、防潮和防破坏安全措施。1973年5月10日，农林部、卫生部、公安部联合发出《关于注射枪管理规定的通知》，将注射枪纳入公安机关持枪证申领范围。1977年7月，县公安局在破案会战中，缴获枪支6支、子弹26发。

1981年4月25日，施行《中华人民共和国枪支管理办法》，对非军事系统的枪支佩带和配置、制造和购买、管理和处罚进行规范。1982年，县公安局遵照公安部、国家经委、计委《关于加强对气枪管理的联合通知》精神，查缴气枪14支、射击运动枪12支、子弹420发。10月26日，桓台县召开会议，传达惠民行署《关于清理收缴散失在社会的枪支 弹药 爆炸物品及其他凶器的通知》，收缴长短土枪9支、子弹47发、炮弹1发。1983年8月，县公安局、县体委发出《关于迅速收缴小口径运动枪支的通知》，全县收缴小口径运动枪支13支、子弹370发。是年，清理检查全县枪支，验枪428支，收缴不符合规定配枪9支、子弹180发，登记检验公安干警所用枪支，并重新签发持枪证。1984年10月15日，索镇石油站保卫干部宗某一支51式手枪和19发子弹被其子从家中带出。10月17日，查明情况后，县公安局收其枪支弹药，索镇石油站将该保卫干部调离岗位，给予处分。

1987年，县公安局审验公务枪支218支、猎气枪402支。1988年，加强对干警和保卫干部枪支管理，检查验收干警、保卫干部配枪177支，收缴54式手枪3支。同时，审验猎枪、气枪270支，收缴治安危险分子持有的和其他不合格枪支6支。1989年，公安内部及用枪单位逐人签订枪支使用安全合同书，检验276支自卫枪支。1991年8月6日，针对企业保卫干部胡某乱用枪支问题，县公安局收其枪支，下发通报，整顿全县保卫组织、经济民警和治安人员。

1994年7月15日，县委、县政府下发《关于在全县彻底查缴社会非法枪支的意见》及《查缴工作实施方案》。县政府与13个乡镇政府及14个大系统、单位的负责人签订查缴非法枪支工作目标责任书。7月22日，在陈庄乡召开查缴社会非法枪支现场会，推广陈庄乡上下齐动员、党员干部“四带头”、村村设立检举箱、一户一张明白纸、一家一个知情人的经验做法。全县召开各级动员会300场，印发宣传材料5.5万份，出动宣传车127辆次，通过广播、电视宣传29次。县公安局抽调180余名干警和联防队员，查缴枪支1160支，计猎枪192支、气枪297支、土枪516支、钢珠枪50支、催泪枪16支、电击枪59支、小口径步枪2支、其他枪支28支，子弹一宗；查处违反枪支管理规定案件12起，行政处罚8人，其他处理5人。

1996年7月5日，枪支管理法颁布，10月1日施行。为贯彻法律精神，结合严打斗争，县公安局开展收缴社会非法枪支专项行动，印发《关于认真贯彻执行枪支管理法的通告》8000份，悬挂横幅57条，张贴标语7000余张，出动宣传车30台，设立举报箱678个，举报电话274个。行动中，收缴非法枪支718支、子弹117发，查处涉枪案件2起，处理违法人员22人。耿桥派出所打掉一个17人贩枪团伙，刑事拘留12人，收缴非法枪支19支、黑火药2580斤、铁砂1900斤、底火1.2万枚。1997年，党的十五大安保期间，收缴民用枪支3支、子弹32发，全县21家公务用枪单位签订枪支安全管理责任书，县农行、工行、建行、人行等8家业务用枪单位签订枪支安全管理责任合同书。1998年，检查金融系统业务用枪，突出“四个核对，一个严查”，即核对枪支总数、型号、弹药数、枪证是否齐全一致，严查保管使用情况，纠改隐患问题。1999年，对配枪民警重新办理持枪证，枪支统一保管，用枪层层审批，确保万无一失。1997—1999年，收缴社会枪支699支、子弹3352发。

2001年5月22日，县公安局组织民警学习《最高人民法院关于审理非法制造 买卖 运输枪支 弹药 爆炸物等刑事案件具体应用法律若干问题的解释》，准确把握办理有关涉爆涉枪犯罪案件的立法精神和执法标准。是年，全县收缴枪支92支、子弹4181发。2003年，规范武器库及枪支弹药保管工作，各用枪单位完善武器库（室）设立、防盗、监控、值班制度和枪支管理档案制度。2006年6月2日，公安部召开专项整治爆炸物品枪支弹药管制刀具电视电话会议。6—9月，县公安局开展专项整治行动，收缴各类枪支4支、手榴弹4枚、子弹52发。9月20日，治安大队到市公安局统一销毁枪支59支、子弹2435发、手榴弹4枚。2007年，开展缉枪治爆专项行动，收缴各类枪支13支、子弹321发、手榴弹4枚。2008年，围绕奥运安保工作，县公安局收缴各类枪支7支、子

对收缴的非法枪支登记造册

2007年12月，集中销毁非法枪支

弹757发。1月29日至2月1日，县公安局召开金融系统保卫科长会议，检查7家公务用枪单位枪支，督促落实枪支管理档案和枪支领用审批等制度。2009年9月7日，根据网监部门线索，治安大队查获一起利用网络买卖仿真枪案件，收缴仿真枪11支。2009—2011年，收缴各类枪支10支、仿真枪18支、子弹414发、炸弹1枚。2011年9月27日，治安大队聘请淄博岭子爆破公司销毁收缴的2枚炸弹和1枚手雷。2012年6月12日，将收缴的非法枪支34支、弓弩2支、管制刀具32把押运到张店钢铁厂集中销毁。

2013年11月29日，检查全县金融系统及武装押运单位业务用枪，重点检查枪库"枪弹分离""三铁一器""双人双锁"等枪支弹药存放情况和监控系统、值守保管、领用审批、持证携枪、使用枪支报告、维护保养、日常检查、安全教育等制度落实情况，检查枪弹库(室、柜)3个，核对枪支26支、枪证26张、持枪证57张。2014年4月，县公安局部署开展集中打击整治非法制贩管制器具和仿真枪、枪支违法犯罪行动。7月3日，抓获非法制造、买卖枪支犯罪嫌疑人刘某、刘某某，查获枪支配件一宗。两人非法制造美国"秃鹰"气枪3支，私藏钢珠弹500余发及组装枪支散件80余件。是年，收缴枪支13支、子弹1520发。2015年1月，落实《山东省公务用枪数字化监管实施意见》，治安大队检查全县公务用枪单位枪支弹药专用保险柜情况，推进枪弹库智能化改造工作，确保金融系统、押运单位枪支弹药安全。4月21日，向县内金融、押运、法院、检察院、邮政等公务用枪单位传达公安部《关于全面开展公务用枪清理整顿工作的通知》，逐一核对人、枪、证信息，逐一签订不私存枪支弹药保证书，确保涉枪人员绷紧"安全弦"。

2015年2月，开展打击涉爆涉枪违法犯罪宣传活动

1982—2015年桓台县收缴枪支弹药统计表

表5—1

年度	枪支（支）	弹药（发）	年度	枪支（支）	弹药（发）
1982	26	420	2008	7	757
1983	26	370	2009	7	227
1984		180	2010	20	200
1988	9		2011	1	
1994	1160		2012	34	
1996—1999	1417	3469	2013		1375
2001	92	4181	2014	13	2040
2006	4	52	2015		311
2007	13	521			

危险物品管理

中华人民共和国成立初期，县公安局加强对金岭铁矿等单位的安全监管，开展经常性安全大检查，督促贯彻执行危险爆炸物品生产、销售、储存、运输、携带和使用管理制度。1957年12月，公安部公布《爆炸物品管理规则》。县公安局会同有关部门做好危险爆炸物品登记、批发和发证工作，生产爆炸物品的，须到公安局申请许可证明；购买爆炸物品的，须申领购买证和运输证。为杜绝爆炸事故，县公安局培训指导生产、销售、储存、运输和使用等环节的操作人员。1962年9月14日，县石灰厂工人徐某未执行雷管不响、不能施工的规定，挖响雷管被炸伤致死。县公安局在全县范围内对相关行业进行整顿。1978年，侯庄人民公社硝酸钾炸药厂历经多次检查，安全生产仍不达标，县公安局勒令企业停业转产。

1982年10月，根据惠民行署《关于清理收缴散失在社会的枪支 弹药 爆炸物品及其他凶器的通知》，县公安局召开各级会议，广泛发动群众，收缴雷管28个、导火线3米、硝酸铵炸药2.5千克。1984年1月6日，民用爆炸物品管理条例颁布实施。2月，县公安局开展爆炸物品管理大检查，查缴县石灰厂存放的1980年结余雷管212个、导火索25千米。对侯庄人民公社原硝酸钾炸药厂存放的1880千克炸药、22216个雷管、12463米导火索,与侯庄人民公社党委、工办、化工厂共同制定储存保管意见,限定10日以内处理。1985年,县公安局为县水利局训练爆破员14人。1986年,县公安局严格民用爆炸物品管理,检查发现不安全因素4112条,责令相关单位整改。1987年,查缴非法储存炸药1000千克、雷管400余个。1999年,县公安局实行涉爆单位自查和治安部门抽查相结合的方式,严格民爆器材使用、运输、审批,重点检查涉爆单位"两厂一矿",下发隐患通知书,责令限期整改。

2000年5月,对矿工进行安全教育

2002年1月26日,国务院发布《中华人民共和国危险化学品安全管理条例》,3月15日施行。公安机关主要负责危险化学品的公共安全管理,核发剧毒化学品购买凭证和准购证、剧毒化学品道路运输通行证和危险化学品运输车辆的道路交通安全管理工作。县公安局及时将生产、使用氰化钠的淄博伟光化工有限公司、淄博申维化工有限公司等企业列管。2005年,公安部发布《剧毒化学品购买和公路运输许可证件管理办法》,县公安局到氰化钠生产和使用单位严格检查,督促落实管理规定,销售和购买剧毒化学品,须审查或持有公安部门核发的剧毒化学品购买凭证、剧毒化学品准购证。

2006年5月,根据全市枪支民用爆炸物品管理信息系统建设工作部署,县公安局落实资金、落实人员、落实基础数据采集措施。7月12—19日,治安大队专管民警参加全省爆炸物品和枪支管理信息系统培训班,掌握系统录入、管理等基本知识。2007年4月11日,举办全县剧毒危险化学品法律法规培训班,各派出所分管领导、专管民警及

2007年4月11日,举办剧毒化学品法律法规培训班

32家剧毒危险化学物品使用单位负责人参加培训,推进剧毒危险化学物品使用规范化建设。2008年2月10—13日,联合国国际禁化武组织核查小组到桓台县,对山东东岳高分子材料有限公司开展化学品生产设施现场核查。4月29日,县公安局登记放射源46枚,签订30份安全管理责任书。5月30日,部署剧毒化学品安全管理信息系统建设试点工作。9月4日,马桥派出所组织辖区危化品企业一线工人,在山东博汇集团海力化工厂进行防氯气泄露实战演练。是年,县安全生产

2007年3月,检查矿井炸药安全

委员会向临淄区移交桓台县侯鑫铁矿安全生产工作监管权。经请示市公安局,2009年2月23日,县公安局将该矿爆破物品管理工作移交临淄公安分局。4月8日,市公安局在山东东岳化工有限公司举办剧毒危险化学品安全管理法律法规培训班,桓台县、高青县、周村区的50家剧毒化学品从

业单位经办人员参加培训。12月,县公安局会同安监、卫生等部门,全面摸排生产、销售、存储、使用剧毒、民爆物品的单位,登记掌握涉剧毒物品单位20家、涉民爆物品单位1家,逐一签订危险品从业单位安全管理责任书、危险品从业人员责任书。是年,审批购买炸药42吨、电雷管110867发,审批购买剧毒化学品60余次。

2010年8月4日5时45分,滨博高速公路40千米处,运载9吨二号岩石乳化炸药的鲁J06171号运输危险物品车发生事故,出现重大险情。民警立即设置隔离带、分流过往车辆。9时30分许,货车上的炸药安全转移到另外一辆专用车上。2010年10月26日,在县政府协调下,集中清理2006年淄博伟光化工有限公司停产后留在地下管道中的氰化钠及罐内液碱,县公安局维持现场秩序,安监、环保等部门处置,11月25日,该隐患彻底消除。2011年,开展剧毒化学品从业单位治安防范达标活动,全县剧毒化学品从业单位100%列管,重点防护部位100%安装监控系统,剧毒化学品存放、保管设施100%达标,有条件接触剧毒化学品的人员100%合格,剧毒化学品各环节的流向登记100%落实,剧毒化学品管理信息系统基础信息100%录入。全面检查危爆物品储存库(室)防火安全,当场整改隐患16条,限期整改6条。督促淄博铁源矿业有限公司购买2台爆炸物品探测仪,预防职工私带私藏爆破物品问题。2011年5月28日21时30分,山东宝源化工股份有限公司硝基甲烷车间发生爆炸事故,造成3人死亡、9人受伤,直接经济损失450万元。2012年8月25日18时46分,山东国金化工厂双氧水车间发生爆炸事故,造成3人死亡,7人受伤,直接经济损失750万元。2014年,将销售散装汽油纳入管理,督促各加油站点落实散装汽油销售实名登记工作,检查加油站17家,当场整改问题7个。4月8日,专项检查全县21家剧毒化学品、放射源存放场所保卫值班室、监控中心实体防范和技术防范工作,逐一签订责任书,发现安全隐患10条,当场整改2条,限期整改8条。

2015年1月20日,县公安局召开全县散装汽油销售实名登记信息系统推广会议,加快散装汽油销售实名登记信息系统安装进度。8月17日,开展民爆物品警示登记标识和流向登记制度专项治理工作,不断提高民爆物品安全监管能力。11月18日,贯彻落实公安部《关于迅速核查清理爆破作业人员的紧急通知》,对淄博铁源矿业有限公司未持有“爆破作业人员许可证”但持有爆炸物品仓库IC卡的人员,立即将卡收回,对IC卡到期未延期的,注销“爆破作业人员许可证”及IC卡。对全县40名爆破工程技术人员、爆破员、安全员、保管员信息与全国违法犯罪人员信息库、全国在逃人员信息系统、全国吸毒人员库、山东省警综平台核实比对,发现吸毒人员1人,即注销其爆破作业资格。12月4日,治安大队会同淄博四海爆破有限公司集中销毁过期炸药2080千克、雷管6317发。2016年3月上旬,桓台县集中开展安全生产专项整治行动,按照“全覆盖、零容忍、严执法、重实效”的要求,县公安局从危爆企业落实人员值班、

2016年1月,检查危化物品

监控报警设施、犬防措施等方面排查安全漏洞,打击非法生产、经营、储存、建设、运输行为。3月27日至4月3日,淄博张钢钢铁有限公司特种爆破拆除高炉炉渣,治安大队加强现场警戒,爆破顺利进行。至4月15日,对县内13家涉剧毒单位、24家易制爆化学品单位、1家民爆物品使用单位、51家加油站、6家公务用枪单位、12家放射源单位、1家烟花爆竹批发企业、1处长途石油管道建档并标注路线图,对危险化学品企业使用化学品的名称、特性、发生事故后扑救措施全部登记造册,实行“户籍式”管理。

刀具管理

1983年8月30日,公安部颁布《关于对部分

刀具实行管制的暂行规定》，将匕首、三棱刀（包括机械加工用的三棱刮刀）、带有自锁装置的弹簧刀（跳刀）以及其他相类似的单刃、双刃、三棱尖刀列入管制范围。10月，贯彻市公安局对部分刀具管制工作会议精神，县公安局会同相关部门印发《关于对部分刀具实行管制的联合通知》。11月1—15日，收缴匕首30把、弹簧刀13把、三棱刮刀21把、类似管制刀具88把，检查、清理和登记经销刀具商店29个、使用刀具单位180个，建立健全安全管理制度。

20世纪90年代初，桓台县发生多起持刀杀人、伤人案件，严重危及人民群众生命安全。1990年5月8日夜，中石化二建公司职工王象金等7人到耿桥乡义和饭店就餐时，持藏刀将在此就餐的耿玉东捅死；1993年7月19日夜，张店道庄张金刚在县中医院门口东侧持匕首将外地民工林吉福杀死。1994年，新城派出所3次清查治安复杂的新城五金市场，抓获贩卖管制刀具违法分子1人；索镇派出所清查索镇大集，收缴匕首、弹簧刀、砍刀等管制刀具42把。

2006年6月2日，公安部召开专项整治爆炸物品枪支弹药管制刀具电视电话会议，按照部署要求，县公安局出动警力720余人次，收缴管制刀具182把、弓弩2把，处理违法人员4人。9月20日，治安大队对收缴的260把管制刀具、2把弓弩

2006年9月，清理收缴的管制刀具

统一销毁。10月，市公安局、市教育局联合下发《关于集中开展禁止刀具进校园活动的通知》，县公安局迅速部署，印制张贴《关于禁止携带管制刀具进入校园的通告》1500余份，各派出所法制辅导员向学生讲清携带管制刀具的违法性和危害性，教育、督促学生主动交出所持刀具，不私存、不携带。2007年，收缴管制刀具43把，查处非法携带管制器具案件16起，行政拘留8人，罚款8人。2008年，根据公安部、教育部《关于对部分校园恶性持刀伤害案件的情况通报》精神，县公安局收缴中小学及学校周边商店管制刀具23把。2009年4月7日，田庄派出所清理整顿集贸市场兜售刀具摊点，收缴管制刀具7把，处理违法人员2人。是年，全县公安机关收缴管制刀具25把，查处非法携带管制刀具案件11起，行政拘留5人，罚款6人。2010年，按照公安部《关于加强管制刀具查缴工作的通知》《关于将陶瓷类刀具纳入管制刀具管理问题的批复》精神，为确保省运会安全，县公安局收缴管制刀具36把，查处非法携带管制刀具案件5起，警告1人，罚款6人。2011—2012年，把管制刀具查缴工作纳入目标管理考核，收缴管制刀具32把，查处非法携带管制刀具案件9起，警告1人，罚款10人。

2013年，全国集中开展打击整治非法贩卖管制器具、仿真枪违法犯罪行动，县公安局成立专项行动小组，排查玩具店30家、五金店158家、超市260家、中小学幼儿园200所，收缴管制刀具30把，查处非法携带管制刀具案件5起，行政拘留1人，罚款4人。2014年，部分川籍藏民到县内非法贩卖管制器具，公安机关依法妥善处置。2015年6月7—8日，县公安局集中开展管制刀具安全管理专项检查，民警严格按照《管制刀具认定标准》，排查商店所售刀具，未发现违法销售管制刀具情况。

第五节　基层基础工作

派出所规范化建设

民国35年（1946年）6月，县公安局成立张店、金岭、田庄、岔河分局，随后成立华沟分局，当时处于战争年代，分局硬件设施简陋，多征用地主房屋或借用民房。民国37年（1948年）3月后，随着政权稳定，公安分局和派出所工作逐步规范。

1951年，山东省人民政府公安厅发布《县属公安派出所工作条例（草案）》，对公安派出所的性

质、职责任务、执法权限、领导关系、人员编制、工作纪律、设立撤销批准权限等作出具体规定，成立派出所须由专署公安处报省公安厅批准设置，派出所主要任务是防止与镇压反革命破坏活动，维持社会治安，保障生产建设，具有维护法令、镇压反革命、指导巡逻、肃清匪特、缉捕偷盗，保卫内部单位、公共建筑、人民财产安全，考察反革命分子、办理户口、管理特业、督导公共卫生、救护群众灾难、保护重大治安案件现场，调查破案、处理轻微案件、调解纠纷、调查了解社情等职责，公安派出所受县公安局局长直接领导。是年 11 月，桓城、田庄、金岭公安分局改称公安派出所。1962 年 11 月，公安部发布《公安派出所工作细则(试行)》，规范公安派出所工作。1978 年 1 月，公安部修订《公安派出所工作细则(试行)》。1981 年 12 月，公安部删改《公安派出所工作细则(试行)》4 处条款，明确派出所职权及户籍民警、治安民警、内勤民警、所长和政治指导员职责、纪律作风要求等，未规定办公、办案场所设置情况。

1982—1983 年，全县各人民公社普遍成立公安派出所。公安派出所办公场所多借用人民公社或者其他单位房屋，仅有办公室数间，工作条件简陋，交通通讯工具匮乏。1988 年，县公安局下派部分干警(包括新分配的毕业生)，充实派出所力量，由原来的 76 名增加到 99 名，占干警总数的 51%。是年，派出所组织、行政权下放后，多数派出所的福利待遇、警用装备和交通工具有所改善，4 个派出所配备汽车，大部分派出所配备无线对讲机和照相机、警用强光手电筒等装备。

1989 年，果里派出所干警、装备和办公场所

1991 年 2 月 19 日，中共中央、国务院发布《关于加强社会治安综合治理的决定》，明确指出，各级人民政府要尽量拿出一些经费，改进政法基层单位的装备，改善其工作条件和生活条件。7 月 29 日，省公安厅召开会议，研究部署公安派出所规范化建设工作。随后，省政府办公厅转发省公安厅等部门《关于解决公安派出所用房意见的报告》；市委、市政府批转《淄博市公安派出所规范化建设标准》，从装备建设、制度建设、队伍建设等八个方面制定标准，派出所办公用房面积，城区派出所应在 350 平方米以上，农村派出所 250 平方米以上，一般应有 14 个办公室、2 个库房，城区派出所 1～2 辆汽车，每 3 人一辆摩托车，农村派出所一辆汽车，每 2 人一辆摩托车，每派出所有线电话一部，基地台一部，手持台每人一部，配备刑事勘查器材、警用器材、防护器材、微型计算机等设备。10 月，市公安局、市计委、市建委、市财政局、市物资局、市土管局联合调查组实地调查桓台县公安派出所用房状况，各派出所用房面积均不符合要求，城区、马桥派出所租借办公，侯庄、果里、陈庄派出所危房办公，10 个派出所与乡镇政府或其他单位同院办公，23 名派出所干警长期租房居住，17 名干警回原籍住宿，干警工作、生活存在许多困难。11 月 8 日，县公安局向县政府专题汇报派出所规范化建设工作，呈报《关于解决公安派出所用房实施意见》，县政府批转各乡镇、有关部门执行，规划两年内完成派出所办公用房规范化建设任务并实现独院办公。其中，城区、荆家、田庄、马桥、唐山、周家、邢家、侯庄等 8 个派出所新建，起凤、索镇、新城、陈庄、果里等 5 个派出所扩建，耿桥派出所改建，初步投资 338 万元，采取财政拿一点、单位筹一点、群众集一点的办法统筹解决，市政府确定两年内达标的派出所，每所补贴 2 万元，县政府给 8 个新建派出所各补助 2 万元，给 6 个扩建、改建派出所各补助 1 万元，其余资金由各乡镇自筹。县政府拨款 35 万元，筹资 25 万元，作为城区派出所建设资金。同时，一并解决干警住房问题。是年，耿桥、起凤、新城、索镇派出所投资 200 余万元，试点办公楼建设。11 月 23 日，在耿桥乡召开全县公安派出所规范化建设工作现场会，总结推广耿桥、起凤两个乡镇经验做法。1992 年，10 个派出所投资 600 余万元，完成办公楼建设任务，14

个派出所硬件基本达标，平均使用面积超过900平方米。同时，进一步完善派出所制度建设，明确干警职责，规范执法办案，加强内务管理。1996年3月20日，县公安局在马桥镇召开全县公安派出所规范化建设现场会。

1997年1月1日，县公安局印发《关于加强基层基础工作的意见》，把完善派出所110指挥室建设放在首位，各派出所建立以110指挥室为中心，以110和无线报警为纽带，以110机动队和治安联防队为骨干，以村、企治保组织为补充的快速反应机制。3月5日，全县公安基层基础工作规范化建设现场会在田庄派出所召开。4月21日，市委常委、政法委书记王玉良到田庄派出所调研公安基层基础规范化建设工作。11月11日，全县公安派出所突破工作经验交流会在田庄派出所召开，

1997年11月11日，桓台县公安派出所突破工作经验交流会

深入推进各派出所业务规范化建设。为改善派出所民警生活环境，落实内务管理责任制，部署派出所“五小工程”建设，所有派出所建成小食堂、小菜园、小娱乐室、小阅览室、小健身房，所容所貌焕然一新。1997—1999年，开展档案工作规范化建设，14个派出所档案室达到全省公安档案工作规范化标准。2000年，加强公安基层基础工作资料规范化建设，建立派出所工作28种台账，实行微机网络化和动态化管理。

2001年7月，桓台县被确定为全市派出所规范化建设试点单位。县公安局印发《关于加强派出所规范化建设的意见》，深化“五小工程”建设，制定业务工作、执法工作、服务工作、队伍建设、所务管理、日常行为等6项建设标准，突出110接警室、治安案件公开调处室、留置室、武器警械室和综合服务大厅“四室一厅”建设。制定完善23本基础工作台账，台账信息输入微机，实现全县公安基层基础信息网上运行。投资300余万元，研发《桓台公安综合信息系统》，包含23个子系统，整合各子系统数据，为全市派出所综合信息系统建设提供试点经验，年内通过信息采集资料破获各类案件515起。6月14日，公安部印发《关于改革和加强派出所工作的决定》。10月31日，公安部印发《公安派出所等级评定办法》，评定工作每年一次。2002年3月31日，公安部印发《公安派出所执法执勤工作规范》，对公安派出所执法执勤工作范围、工作时间、工作要求等进行细化。县公安局结合实际，落实规范要求。5月26日，为实施《山东省公安派出所等级评定考核细则》，局党委委员挂包科室、派出所，围绕人口管理、治安管理、安全防范、执法办案、服务群众、队伍建设、内务管理、后勤保障八个方面的标准及40项考核内容，一一推进落实。7月25日，全市公安派出所工作会议在桓台县召开，实地参观索镇分局及唐山、田庄、起凤、果里等派出所，对桓台县公安派出所规范化建设给予充分肯定。2003年，索镇分局被公安部评定为一级公安派出所。2004年8月4日，公安部印发《公安派出所外观标识管理规范》，统一全国公安派出所外观标识。是月，各派出所完成外观标识规范化建设工作。

2006年是全国公安机关“基层基础建设年”。根据公安部部署，全国公安机关抓基层、打基础、苦练基本功，坚持不懈，一抓三年。县公安局制定《“三基”工程建设三年规划纲要》《“三基”工程建设任务分解》《基层基础建设实施方案》，推进以派出所为重点的基层基础建设，设立155个社区和农村警务室，配备民警113名。一次性投入57万元，为派出所购置人像采集、活体指纹采集设备及防弹背心、防割手套、防暴枪等单警装备。各派出所制作具有鲜明警营特色的警察文化系列挂图，进一步改善基层派出所民警工作、生活条件。5月23日，省公安厅、市公安局派出所建筑外观形象工作验收小组，现场抽查唐山、周家、起凤3个派出所，均符合规范要求，被验收组评为优良工程。11月30日，县公安局印发《关于在县级公安机关开展“五好基层所队”创建活动的实施意见》，打造班

子建设好、民警素质好、执法执勤好、队伍管理好、警务保障好的"五好基层派出所"。2007 年 5 月，公安部下发《公安派出所正规化建设规范》《公安派出所建设标准》，量化规范派出所整体设置、业务工作、内务管理、警务保障、考核监督、建设标准。县公安局对照标准，进行补充、完善和规范。2008 年 8 月 3 日，唐山派出所被公安部评定为一级公安派出所。

2010 年 6 月，县公安局印发《规范公安派出所用房设置实施细则》，按照服务用房、办公用房、办案用房、生活用房，对派出所用房进行功能划分。

2011 年 3 月，周家派出所功能区

年底，完成派出所功能分区工作。2012 年 12 月，起凤派出所被公安部命名为一级公安派出所。2014 年，县公安局印发《关于加强派出所基层工作的指导意见》。2015 年 4 月，进一步规范派出所的职责任务和勤务模式，修缮派出所外观标识和路边标识灯箱，派出所外观标识完整规范，内务整洁有序。2016 年，加强派出所综合勤务室建设，对视频监控、接待群众报警、出警及警情反馈、分流、会商等工作实行"一条龙"运作。唐山、马桥、索镇派出所重新规划修建办公用房，办公区域划分更加合理，功能更加完善。

派出所路标

【专记】

派出所管理体制改革

民国 35 年（1946 年）起，桓台县公安局相继成立张店、金岭、田庄、岔河（荆家）、华沟等公安分局和桓城、索镇等公安派出所，公安分局、派出所作为县公安局巩固人民政权、稳定地方治安的派出机构，一直在县公安局局长直接领导下开展工作。

1977 年 5 月 1 日，县委行文恢复成立桓城、田庄派出所，明确规定，实行县公安局和人民公社党委双重管理。1988 年 3 月 1 日，市委办公室、市政府办公室批转市公安局《关于改革公安派出所管理体制的意见》，在全市范围内改革派出所管理体制。4 月 19 日，县委、县政府行文转发该意见。5 月，县公安局与各乡镇党委、政府办理交接。乡镇派出所由县公安局、乡镇党委双重管理，改为以乡镇党委、政府领导为主，业务上以县公安局领导为主。乡镇派出所干警的党、团组织关系由县公安局划归属地乡镇党、团组织直接管理。乡镇派出所干警的工资、福利、补贴及行政经费，由县财政部门根据乡镇派出所人数，按标准拨给乡镇政府统一管理，保证派出所办案经费，派出所办公和宿舍用房、交通工具、通讯设施、办公用具由乡镇政府根据需要解决。乡镇派出所的干部管理由县公安局和乡镇双重领导，以公安机关领导为主，但干部的提拔、调动、任免、奖惩需征得乡镇党委同意。乡镇派出所的业务工作，干警的业务训练，仍由县公安局统一管理和组织指挥，干警的服装、枪支、弹药、警械由县公安局统一配发和管理。派出所的执法权限和执法程序仍按原规定执行。

各派出所归乡镇党委、政府管理后，索镇派出所无法对城区户口和治安继续统管。1988 年 7 月 20 日，县公安局向县编委请示成立城区派出所。7 月 30 日，县编委同意设立城区派出所。10 月 1 日，城区派出所正式办公，由县公安局直接领导。1997 年 1 月 29 日，城区、索镇合并成立索镇公安分局，索镇党委、政府仍按原索镇派出所编制保障经费，其他由县公安局管理为主。

派出所管理体制改革后，乡镇党委、政府向派出所下达文件和指示，帮助派出所解决困难和问题，统一评定、奖励先进。乡镇派出所主动向所在乡镇党委、政府汇报工作，自觉接受领导监督。各派出所基础设施得到很大改善，大多数干警福利待遇有所提高。但是，管理体制存在不少问题，公安工作受乡镇行政干预多，从事非警务活动多，影响警民关系，警力不足矛盾更加突出。县公安局对派出所缺乏有效监督制约，派出所财务管理出现不少问题，经济较弱乡镇派出所的干警工资不能按时发放，个别乡镇党委、政府疏于对派出所干警教育管理。针对以上弊端，1999 年市公安局和市财政局下发《关于切实加强公安机关财政经费保障工作的通知》，要求将公安派出所的经费纳入区县财政，不得下放到乡镇管理。2000 年 6 月 21 日，县公安局决定，自 7 月始，各派出所经费由县公安局财务科统一管理，采取集中管理、分户核算、定期报账的核算方式。2001 年，公安派出所人事关系、工资关系、财政关系收归县公安局管理，党、团组织关系仍由乡镇管理。

2006 年 4 月 11 日，县委出台关于进一步加强和改进公安工作的实施意见。派出所干部配备由县公安局党委严格考核，提出使用意见，呈报县委严格按照干部管理权限和组织程序任免。公安派出所经费列入县财政预算，镇财政同时给予一定保障，派出所基础设施建设列入全县经济社会发展规划，统筹安排经费，尽力予以保障。

治安保卫委员会

中华人民共和国成立初期，治安保卫委员会（以下简称治保会）作为不脱离生产的群众性的治安保卫组织，在基层政府和公安机关领导下，对群众经常进行防奸、防谍、防火、防盗与镇压反革命活动的宣传教育，组织与领导群众协助政府、公安机关监督和管制反革命分子，对反革命家属进行教育和思想改造，制定爱国公约，维护社会治安。

1951 年 5 月，毛泽东主席在修改第三次全国公安工作决议中指出："全国各地，必须在此镇压反革命的伟大斗争中，普遍地组织群众性的治安保卫委员会……担负协助人民政府逮捕反革命，防奸、防谍，保卫国家和公众治安的责任。"1952 年 8 月 11 日，公安部发布《治安保卫委员会暂行组织条例》。9 月，县公安局指导各区，在全县 45 个乡镇成立治保会，221 个村成立治安小组。1953 年，全县 111 个乡镇均成立治保会，共有治保委员 1232 人，村治安小组 549 个，治保人员 2075 人。10 个厂企单位成立治保会 4 个，治保委员 21 人，成立治安小组 6 个，治保人员 54 人。1954 年 7 月，六区宗傅乡治保会因协助破案和管制工作做得较好，被县公安局树为先进典型。1955 年 2 月 6 日，桓台县首次治安保卫工作代表会议召开，会期 6 天半，参会人员有治保会主任 64 名、治保会委员 118 名、农业社保卫员 10 名、民兵 21 名、护粮组长 6 名、代表 6 名、党团积极分子 10 名、乡长 1 名。会议传达贯彻第六次全国公安会议精神，总结一年半的治安保卫工作，进行政情教育，交流工作经验，部署新的任务。是年，全县 1120 个农业社成立保卫股 4 个、保卫小组 271 个，共有保卫人员 1813 名。1956—1957 年，治保组织带领广大群众加强治安防范工作，控制销赃和复杂场所，监视危险分子，协助公安机关破案 110 起。

1962 年 11 月 27 日，公安部下发《治安保卫委员会工作细则（试行草案）》，农村以生产大队，城市以居民委员会，大型厂矿企业以车间为单位，一般企事业单位按单位设立治保会。1963 年，全县成立治保会 350 个，治保主任和委员 2226 人。其中，党员 820 人，团员 360 人，群众 1046 人。参与破案的治保人员 230 名，破获一般案件 224 起，占破案总数的 20%，缴获赃款和赃物折款 3585 元。治保会在做好"四防"工作的同时，加强"四类分子"管制，成立监督改造小组，在公安特派员和派出所的指导下，发动群众考核和年终评审"四类分子"。全县成立监督改造小组 2091 个，对 3763 名监督改造对象实行"三包一保证"即：包监督劳动、包政治教育、包预防破坏，责令监督改造对象提出改造自己的保证，定期检查汇报。

"文化大革命"期间，治保组织基本被冲垮，治保干部受迫害，治保工作受到严重破坏。1973 年 6 月，县公安局恢复成立后，治保组织逐步恢复正常工作。11 月 7—12 日，召开全县治保干部会议，会期 6 天，参会 519 人。会议统一治保工作指导思想，增强执行党的政策的自觉性。12 月，惠民地区召开治安工作会议，唐山人民公社公安特派员刘明良作《依靠党委领导　狠抓路线教育　充分发挥基层治保组织的作用》典型发言。粉碎江青反革命集团后，县公安局整顿全县治保组织，全县334个大队和180个厂企单位均成立治保会和治保小组，共有保卫干部594人。县公安局协调解决治保干部待遇问题，适当安置年老体弱的治保干部或作退休处理，同时充实一批热爱治安保卫工作、作风正派、年富力强的人员。

1978年，全县治保人员增强对敌斗争责任感，协助公安机关查处一批案件。马桥人民公社康杨治保会在调查一起现金被盗案件中，通过细致工作，将作案分子张某挖出，破案14起。4月，田庄人民公社辕南大队治保主任崔佃彦参加惠民地区公安系统“双代”会。1—8月，治保会查破各类案件160余起。1980年，针对在十年浩劫中基层治保组织受到破坏，治保干部心有余悸、不敢大胆工作，有些新增成员缺乏业务知识及部分治保干部兼职过多等情况，对全县治保组织摸底，逐个整顿，调整治保主任17人。全县治保会贯彻治安管理从严、以防为主的方针，170个大队采取公开与秘密相结合、内部与外部相结合、重点清查与张网守候相结合方法，坚持夜间轮流值班巡逻，盘查形迹可疑人员212人，抓获犯罪分子46人。耿桥人民公社苏王大队发生刑事案件5起，治保主任王广田自己查破4起，为外地查破1起。1981年，全县2729名治保人员和民兵参加夜间巡逻，盘查形迹可疑人员398人，抓获违法犯罪分子188人，现场制止作案284次，缴获赃款和赃物折款8014元。8月2日，桓台县召开表彰公安干警、治安干部、治安积极分子大会，43名大队治保主任、4名厂企专职干部被评为先进个人，周家公社永富大队治安主任胡庆凯、县办公室治安积极分子高兆田、起凤人民公社鱼龙党总支保卫员巩曰宝、索镇

1981年8月2日，县委、县政府表彰治保干部、治保员

人民公社建国大队第七生产队副队长苏继训、索镇人民公社工办委托表店治保组荣获奖状和奖金30元。1982年10月，全县政法工作会议提出，治保主任和大队书记、大队长享受常年固定工分，年终一次参加分配，人民公社每月补贴3～5元。11月5—8日，集中培训全县580名基层治保主任和厂企保卫干部，13人介绍落实治安保卫责任制经验，41个先进治保会受到表彰。11月16日，惠民地区公安处转发《桓台县治保主任训练情况》。

1983年，治保会协助公安机关在社、队重点部位推行岗位安全责任制，帮教394名一般违法人员，协助破案41起，自破一般案件158起，缴获赃款及赃物折款5.1万元，213个村庄和206个厂企单位未发生刑事和治安案件。1985年，县公安局与县乡镇企业局联合下发《关于在乡镇企业中建立健全安全保卫组织的通知》，乡镇企业成立治保组织161个，治保人员369人，村办副业普遍成立保卫小组，97%乡镇企业未发生刑事案件和治安灾害事故。索镇前毕村设立保卫科，配备5名治安员，常年开展巡逻、处置纠纷、帮教后进青年。1987年，采取先整顿、后培训的方式，调整治保会46个，新建治保组织58个，调整治保干部48人，充实治保干部82人。1988年，县委政法委下发《关于认真做好1988年治保 调解组织整训和表彰的通知》，培训治保、保卫干部605人。

1989年，耿桥乡治保主任培训合影

1990—1991年，全县基层治保会协助破案451起，调处纠纷1960起，帮教“两劳”释放人员547人。1992年，新城镇城东村治保会在侦破“3·27”重大强奸杀人案中，向公安机关提供破案线索。1994年，县公安局根据公安部《关于新形势

下加强城乡治保会工作的意见》和市公安局《关于整训治保会工作的意见》，调查摸底全县 343 个村庄治保组织，其中 275 个村庄治保组织健全完善，人员报酬落实，其余村庄不同程度存在组织弱化、发挥作用不明显等问题。12 月 3 日，县委、县政府在唐山召开现场会，交流学习唐山镇、起凤镇治保组织规范化建设经验。是年，治保组织抓获违法犯罪分子 325 名，为公安机关提供破案线索 75 条，调解民事纠纷 295 起，消除隐患 123 处，为群众做好事 421 件。

1995 年 11 月，县公安局召开治保组织规范化建设现场会，推广田庄镇基层治保组织建设经验，狠抓基层治保会组织、待遇、制度、办公地点、办公设施五个落实，评出一类治保会 180 个、二类治保会 142 个、三类治保会 21 个。全年农村治保组织调解民事纠纷 160 起，帮教违法人员 62 人，制止打架斗殴 169 起，监督教育刑释解教人员 62 人，扭送违法犯罪分子 180 人，见义勇为做好事 821 件。1996 年，343 个治保组织达标率 95％以上，治安联防队抓获违法犯罪嫌疑人 286 人，缴获赃款及赃物折款 6.4 万元。1998 年，全县治保会达到组织建设正规化、工作任务目标化、管理工作制度化、教育培训经常化、报酬待遇弹性化“五化”标准，127 个村成立专职治安巡逻队，109 个村成立兼职治安巡逻队。

1999 年 1 月 22 日，索镇分局总结表彰治保会工作

2000 年 12 月，县公安局利用 10 天时间，由派出所集中整训治保会、治安联防队，清退 10 名不合格人员。2002 年，桓台县定为“治安防范年”。3 月 26 日，县委、县政府印发《关于进一步加强基层群防群治组织建设的意见》。3 月 27 日，县综治委印发《关于进一步加强基层群防群治组织建设的实施方案》，细化分解基层群防群治建设任务。11 月 8 日，田庄镇高楼村治保会被省公安厅评为治保工作先进集体。2005 年，全国取消农业税，经济收入较差的村庄，治保队伍建设受到影响，个别治保会形同虚设，有的村庄实行治保工作派工制，工作缺乏系统性。各镇有针对性的采取激励措施，指导治保干部坚持不懈做好治安调解、信息收集、入户调查等工作。2007 年 11 月，借全县村“两委”换届选举基本结束之机，各派出所按照选好治保主任、抓好教育培训、搞好业务指导、建好规章制度、做好当前工作“五好”要求，迅速推动治保组织和工作落实。新城派出所提请镇党委、政府，把村治保会建设纳入村“两委”班子年度绩效考核，派出所每月对治保会工作考核排名，年底综合考评，镇政府划拨治保工作奖励经费，由派出所统一管理，奖励成绩突出集体和个人。果里派出所安排村治保主任到警务室跟班作业，吴磨村新任治保主任李强成功调解村民毕某与李某多年的房屋纠纷问题。索镇派出所指导各村健全完善综治办公室，独立或联村组建 5～7 人的治安巡逻队伍，镇政府制定农村治安防范工作考核办法、治保会例会制度、治保会职责、治保人员守则、抓获违法犯罪奖励办法等制度，规范治保会工作。

2014 年，县公安局推广起凤镇村际联防、邢家镇保安驻村、田庄镇治安承包等办法、模式，全县成立 159 支 754 人的村级治安巡逻队，农村发案率明显下降。2015 年 6 月 9 日，县公安局提请县综治委下发《关于加强基层治保组织建设 提升社会面防控效能的实施意见》，全县各社区、村庄、企业成立治保队伍 329 个，治保队伍参加防范宣传活动 370 余次，参与矛盾纠纷调解 134 次，收集上报信息线索 500 余条。2016 年，将治保人员纳入网格化管理，充分发挥其人熟、地熟、情况熟的优势，重点做好安全隐患排查、流动人口和出租房屋管理、信息线索收集等工作。

社区警务

1993 年 8 月，县公安局探索警务制度改革措施，在城区、索镇派出所取消副所长、副政治指导员职位，试行警长制，分别设立 3 个警务区，经过双向选择、公平竞争、组织研究，各产生3名警长，每个警务区配备2名警员，给予警务区自主工作权和警长当场处罚权，明确警长政治、经济待遇和责任、奖罚措施规定，激发警务区民警工作积极性，案件质量、数量明显上升。1996年10月16日，县公安局印发《警务制度改革实施意见》，在城区、索镇、唐山派出所继续推进警务制度改革，推行所长领导下的警长负责制，引入目标管理机制、竞争激励机制、监察机制，实行“一警多能、一警多用，既管治安、又管户口”的警务模式，警长通过个人自荐、领导推荐、公开答辩、民主测评、组织考核、上级审批、签订责任状等程序产生，任期一年，一年一聘，可连选连聘。1997年3月18日，索镇分局实行竞争上岗，选出5名警长。4月24日，市委政法委副书记邱延佐带领各区县政法委书记到桓台县参观考察警务区等公安基层基础工作。

1998年7月6日，县公安局制定全面推进警务制度改革工作方案，所有派出所不再设置副所长、副政治指导员职位，副所长、副政治指导员参加警长聘任，起凤、田庄、荆家派出所分别设3个警区，其他派出所分别设2个警区。1999年3月，通过中层干部竞争上岗，13个派出所设置警务区36个，配备警长36名、警务区民警83名、联防队员84名，装备警车11辆、摩托车20辆、对讲机21台、电话13部，警务区对各自工作全面负责。2006年8月14日，县公安局印发《关于加强社区警务建设工作的实施方案》，规范社区警务工作。9月19日，公安部作出《关于实施社区和农村警务战略的决定》，推动警力下沉、警务前移，社区和驻村民警主要承担开展群众工作、掌握社情民意、管理实有人口、组织安全防范、维护治安秩序等五项任务，主要工作方式是走访调查、宣传发动、巡逻守护、实地检查、警情通报。

2007年2月，结合公安部决定，县公安局恢复派出所副所长职位，保留警长职位，一名副所长分管社区和农村警务工作，保证警长、警员在社区和农村的工作时间。10月，县公安局印发《社区和农村警务室建设规范》《2007年度关于加强社区警务建设工作的实施意见》，对警务室外观标识统一粉刷，按照“1＋3＋X”模式配齐警务室人员，即每个警务室配备1名以上民警、3名以上联防队员和多名村居或镇办综治干部，社区民警人数达到派出所总警力的40％以上。马桥派出所实行农村警务分类分级管理，少海派出所开展“社区民警支招防范”活动，起凤派出所设立水上流动警务室。2008年，强力推进社区和农村警务工作，设立警务室70个，配备社区民警、驻村民警95人，社区民警超过派出所总警力的60％，6名社区民警挂职居委会副书记，社区和农村警务覆盖率达到100％。警务室统一标识、统一配置，实现全市统一编号，社区和农村警务工作走向正规化。10月21日，市委书

2008年11月21日，索镇花园警务室外景

记刘慧晏到少海社区警务室检查指导工作。10月28日，省委副书记刘伟视察少海社区警务区、邢家派出所黄家村警务区。2009年，警务室72个，社区民警、驻村民警100人。荆家派出所警务室民警金海军当选2009“感动淄博”年度人物。

2010年5月18日，县公安局召开治安防控暨社区农村警务工作推进会，统一规范警务室布局设置、外观标识、制度牌匾、设施装备、工作台账，保证社区民警每周20小时、驻村民警30小时工作时间，杜绝“空巢警务室”现象。少海警务室设立“网上警务室”，开设“知心女警”工作博客和工作QQ。少海派出所设立社区助警员，解决警力不足问题。周家派出所警务室民警曹元征研发社区警务工作平台，警务室业务实现电子化。年内，警务室民警入户走访1万余户，收集登记各类信息10万余条。2011年，重新规划警务室，保留67个，警务室民警115人。4月，唐山派出所郑家警务室被省公安厅评定为2010年度一级警务室。6月，县公安局投资80万元，购置3台流动警务车，配发到少海、索镇和果里派出所，建成集报警求

助、警情处置、巡查执勤、服务群众等功能于一身的“六小警务流动工作站”。市委常委、政法委书记、市公安局局长岳华东先后两次到桓台调研指导和观摩点评“六小警务流动工作站”建设工作。2012年，积极推行“网上警务室”“便携式警务室”，社区和农村警务室调整到57个，警务室民警115人。马桥派出所按照以房管人思路，把社区楼房分为常住人口自购自住房、流动人口自购自住房、常住人口自购出租房、流动人口自购出租房四类，分别标注绿蓝黄红四色，并链接居民人口信息和物品信息，实现对辖区居民层级化管理。8月，马桥派出所金诚警务室被省公安厅评定为2011年度一级警务室。

2012年2月8日，周家派出所社区民警曹元征向辖区居民述职

2013年4月24日，县公安局印发《关于深入推进“社区六进”工作的实施意见》，按照“因地制宜、以点带面、分步实施、整体推进”的原则，确定少海花园社区等5个条件相对成熟的社区作为“社区六进”工作示范点。开展以警务工作进社区、进企业为主的“警务双进”工作。全县成立社区保安队伍119支，配备保安人员634人。2014年，推进标准化警务室建设，完善警务室42个，配备警务室民警63人，警务室民警占派出所总警力的40%，依托网上公安局，所有警务室均设立网上警务室。7月，少海社区警务室被省公安厅评为全省“社区六进”工作示范单位。年底，市公安局组织社区民警比武竞赛，县公安局12名民警进入全市前40名，4名民警被评为全市“双十佳社区民警”，28名民警被评为全市优秀社区民警，社区民警获奖比例全市第一。2015年4月，县公安局印发《关于进一步深化社区警务 夯实派出所基层基础工作的实施意见》《警务云治安管理系统信息采集大会战实施方案》，采集录入“人、事、地、物、组织”等基础信息33万余条。邢家派出所黄家警务室试行超市化服务模式，将业务咨询、预警宣传、法规学习等“商品”摆上货架，固定“营业时间”，居民可根据需求选取服务项目，社区民警及时回应。在年度全市社区民警比武竞赛中，3名民警被评为全市“双十佳社区民警”，12名民警被评为全市优秀社区民警。2016年，继续完善社区警务考核评估机制、警务保障机制，重点加强对标准地址标注、实有人口录入、行业场所日常管理等工作。

社会治安防控

中华人民共和国成立后，县公安局为巩固革命政权，保卫国民经济恢复和发展，积极做好社会面治安保卫工作。1952年，乡、村治安保卫委员会和治安小组监督管制182名土匪、地主恶霸、反动党团骨干、反动会道门头子、特务及其他反革命分子，每年对地主、富农、反革命和坏分子实行评审，实施分化瓦解。1958年，各级治保组织按照县公安局《秋收保卫工作意见》，与民兵组织密切配合，向广大群众进行爱护集体财产的法制宣传教育，协同民兵昼夜值班巡逻，落实“四防”措施。1962年，县公安局按惠民专署公安处《关于当前公安工作的意见》，对县委、县政府首脑机关，重要货场及物资粮仓、重要工厂、企业单位、铁路交通要道和电讯设施等要害部位，加强治安保卫力量，协助各单位治保组织落实安全防范措施。1965年，县公安局会同银行、信用社等部门下发《关于严防会计室现金被盗案件的联合通知》，对会计、出纳进行安全教育，督促建立健全现金保管制度，明确规定生产队会计室过夜现金不得超过5元，厂企会计室过夜现金不得超过15元，会计室、保管室夜间必须有人值班，还规定生产队出售农副产品、购买生产资料等采取非现金结算办法，防止存取、携带现金发生问题。

1977年，针对盗窃案件多发情况，县公安局深入农村和厂、企单位，采取多种形式，开展群众性安全预防工作。全县普遍加固要害部位门窗，重要仓库门锁安装“保险盒”“安全杠”，对地排车、小推车、农机、农药等落实专人管理。在铁路沿线5个人民公社17个村庄普遍进行敌情摸底排队，成立路社联防办公室等保卫组织，保证铁路运输安全畅通。1981年1月4日，在县招待所召开全县技术预防工作现场会议，传达地区技术防范工作会议精神，对推广技术预防工作提出要求。会后，治安股负责人带领15名县、社财贸干部到地区无线电厂训练学习技术设施应用知识。至3月中旬，

1981年，侯庄人民公社公安特派员王在山指导村民开展防范工作

全县安装报警器61部。1982年3月，新城人民公社邢庙大队推行安全合同责任制，由大队与代销点、卫生室、会计室、地毯厂、学校等单位，各生产队与本队饲养处、粮仓、电磨坊、物资仓库等经管人员签订安全合同37份，明确各自看护责任，做到奖罚分明，整个大队秩序井然。9月13日，县公安局在邢庙大队召开派出所所长、公安特派员现场会议，学习借鉴邢庙经验。1983年3—5月，在全县钱物集中的11747个部位落实安全岗位责任制，88%的单位签订安全责任合同，合同责任人11461人。是年5月，全县盗窃案件2起，均发生在未签合同单位，较上月减少案件12起。

1983年12月，省公安厅发布《关于大力推行综合治理措施落实的指示》，县公安局会同县司法、宣传、教育、工会、青年、妇联等部门，在群众中进行社会主义法制和遵纪守法宣传教育、遵守公共秩序和社会主义道德风尚教育。发动干部、职工、群众制定“厂规厂约”“乡规民约”，通过争创文明村、文明单位和开展“五讲四美三热爱”活动，社会治安秩序稳定。为挽救违法犯罪人员，帮教失足青少年，会同有关部门成立帮教小组，安置刑释解教人员，做好接茬帮教改造工作，有效减少重新犯罪。1985年，随着生产责任制的变化和改革、开放形势特点，城乡成立342支治安巡逻队，预防和减少案件发生。全县法制宣传广播317次，出黑板报982期，办宣传栏216期，放电影幻灯420场，召开法制教育座谈会、讨论会185场，出动法制教育宣传车113辆次，给社员、师生、职工上法制教育课573场，受教育者27.3万人次。通过落实综合治理措施，同坏人坏事做斗争人员明显增多，收到群众检举信213封，159人到公安机关检举揭发犯罪线索，2名家长送子归案，3名犯罪分子主动投案，142名违法青少年被解除帮教，其中56名转好，4名被评为先进工作者。

1988年7月10日，县公安局联合县保险公司开展居民家庭财产治安保险业务，首先在田庄镇试点。至年底，6个乡镇完成家庭财产治安保险工作，投保户数47811户，占总户数的50%，投保金额38万余元。10月，县公安局在县城驻地重要路口设立2个治安岗亭，抽调民警24小时值班备勤，方便群众报警求助。是年，起风派出所在辖区重要部位建设11个治安岗亭。1989年，县委、县政府印发实施《关于加强社会治安综合治理工作的意见》，社会治安管理逐步网络化、规范化、制度化。4月，在城区设立职工宿舍治安员。根据公安部《关于使用现代化科学技术预防刑事犯罪的试行规范》和淄博市人民政府〔1989〕99号文件精神，7月30日，县公安局在治安科成立技术预防办公室，负责组织管理各种技术预防设施的产销、引进、安装、维修等工作。8月3日，全县技术预防犯罪工作现场会在新城镇召开，全县176个单位在重点部位安装微波防盗报警器。9月12日，县政府批转县保险公司、县公安局《关于继续推行居民家庭财产治安保

1988年建成的治安岗亭

险工作的意见》，全面部署家庭财产治安保险工作。11月15日，县政府在县工商银行召开现场会，推广在居民宿舍、财务室、重要物资仓库安装防盗安全门。是年，362个单位、1095户居民安装防盗安全门。

1991年5月，县公安局在新城镇召开农用变压器防盗现场会。会后，94家单位安装防盗报警器，587台农用变压器安装防盗安全锁。1993年5月14日，县公安局印发《关于安装汽车 摩托车技术防范装置实施意见》，凡在本市、县核发机动车辆牌证的轿车、吉普车、小客车、客货车必须安装使用技术防范装置，大客车、大货车、机动三轮车、摩托车必须安装防盗锁。出租汽车除安装防盗、防劫持报警装置外，安装防劫持安全隔离网(罩)，各种机动车辆安装驾驶员酒后控制发动器。凡安装技术防范装置的汽车、摩托车，由市公安局发给技术防范装置合格证，县交通安全办公室在行车执照附页上签注并盖章。12月，整顿全县6家安全门生产厂家，保证生产质量。1994年，在城区重点、要害部位安装报警器52个，预防制止犯罪24起。1995年5月，全面推行技术防范工作，城区7300余住户及127个县直企事业单位财务室等要害部位安装防盗门窗；城区派出所安置自动无线报警控制台，在112个单位的重要物资仓库、财务室安装自动强制报警器，新建居民楼无安全防范措施一律不予验工，不予交付使用。存放国家机密的保密室、档案室和机关、团体、企事业单位的财务室安装入侵探测器和报警器，全县大部分野外变压器安装防盗锁。1996年10月5日，桓台县在耿桥镇召开农村治安防范工作现场会，总结全县农村治安防范网络建设情况，耿桥、周家派出所分别介绍联防队建设和技防建设工作经验。

单位财务室报警装置

1996年10月5日，全县农村治安防控工作现场会在耿桥镇召开

1998年，各镇企事业单位、重点要害部位、个体工商户安装无线强制报警器400余台。11月4日，县公安局召开城区技术防范工作现场会，推广应用新的技术产品，最大限度预防和减少入室盗窃案件发生。

2003年11月28日，县委、县政府召开全县社会治安综合治理会议，全面部署“平安桓台”建设，推广安装视频监控系统。2005年，羿景嘉园、西苑小区等3个封闭式小区组建18人的社区保安队，在机动车停放较多的云涛、锦秋、宝发等开放小区建成5个可容纳271辆机动车的露天停车场。2006年4月14日，印发《2006年桓台县社会治安防控体系建设工作意见》，县综治委牵头，县公安局与电业部门联合安装变压器防盗报警装置133套，283家内部单位安装防盗报警装置，统一纳入派出所区域防盗报警系统。2008年，严格落实巡防管控措施，北京奥运会期间全县治安稳定。11月8日，县委、县政府发布《关于实施安民工程的意见》，用三年时间，构建“一个中心、四个一体”为

野外变压器房安装防盗报警装置

基本架构的社会治安防控体系，即以扁平式指挥系统为中心；在防控范围上，城乡内外一体；在防控对象上，人事地物时一体；在防控手段上，人技物心四防一体；在防控措施上，打防管控一体。结合实施固本强基维稳工程，推进视频监控建设。投资500万元，建成集电视监控、报警系统、GPS

2008年12月24日，召开实施治安安民工程工作会议

定位于一体的110指挥大厅。是年，县公安局被评为全省治安防控工作优秀等次县级公安机关。2010年，做好省运会及世博会安保工作，排查化解6起不安定因素。全县监控探头总数达到5000个。县公安局第二次被评为全省治安防控工作优秀等次县级公安机关。2011年，出动警力5200余人次、车辆2100余台次参与执勤，全县335个村顺利完成“两委”换届。县公安局连续三年保持全省治安防控考核优秀等次。

2014年，县综治办下发《关于实施“万名治安志愿者”工程的意见》《关于开展“平安村居（社区）”创建活动的实施意见》。县公安局物建治安志愿者12188名，“万名治安志愿者”工程被评为全市“创意警务”优秀奖。是年，精心谋划村“两委”

2014年9月4日，召开全县社会治理工作现场会

换届安全保卫工作，印发《桓台县村“两委”换届矛盾纠纷排查调处实施方案》，摸排全县335个行政村，按照“选举顺利、可能不顺利、不顺利”三类情况建立台账，排查矛盾纠纷183起，其中可能影响换届的81起。县公安局制定安全保卫工作方案，科学调配执勤警力，为各村顺利换届提供安全保障。2015年，开展以“无命案乡镇（街道）、无刑事案件村居（社区）”为主要内容的综治主题创建活动，全县无命案，308个村居无刑事案件。2016年2月4日，《山东公安简报》刊发桓台立体化社会治安防控体系建设经验做法。

【专记】

视频监控全覆盖工程

2003年12月31日，县委、县政府印发《关于建设“平安桓台”的决定》，要求在居民区逐步安装电视监控系统等科技含量高的技防设施。2004年3月1日，县公安局决定在党政首脑机关、重点要害部位、金融单位、重点路段、重要场所、有条件的居民小区安装防盗报警监控系统，由治安部门牵头实施。山东汇丰石化集团有限公司等320家企业响应，各镇在辖区重点单位、重要路口安装监控设施，各派出所建成镇级监控中心。县公安局指挥中心建成全县监控平台，重要部位、重要路口监控信息接入指挥中心。2005年10月2日，桓台县发生一起小学生被绑架杀害案件，民警利用监控视频，顺线追踪，5日后抓获犯罪嫌疑人李国强。2006年1月10日10时30分，指挥中心通过图像监控，发现在华齐粮机路口有多名出租车司机拦截外地出租车司机，立即指派110处警民警赶赴现场疏导劝说，迅速处置一起群体性矛盾纠纷。

2007年，果里派出所投资15万元，高标准建设中心监控室，指导县开发区63个企业投资400余万元，安装电视监控主机120余台、探头320个及电子报警设施76套、探头198个，企业重点部位探头覆盖率85%以上。是年，全县通过监控系统抓获各类违法犯罪嫌疑人12人。2008年，县公安局进行“三道防线”建设，实施“关门封边”工程，在寿济路桓台与邹平交界处、G205国道桓台与博

2008 年 8 月，耿桥治安检查站外景

兴交界处、柳泉北路桓台与高新区交界处建设三个治安检查站，安装道路监控系统，采用先进的高清摄像技术与智能补光技术，全天候对过往车辆、行人实施查控，实现车辆号牌自动比对、人像识别功能。12 月 25 日，与联通部门签订桓台“安民工程—监控”合作协议，建成高标准治安卡口 6 处，实

2008 年 12 月 25 日，县公安局与县联通公司签订“安民工程—监控”合作协议

现派出所与县公安局监控视频互联互通，为 150 余起案件提供破案线索。在主要道路、繁华路段、开放式小区以及人员聚集、流动性大、易发案件的公共部位建设 165 处 200 万像素的高清数字视频监控点，在县公安局建设监控中心集中管理平台。是年，全县安装监控系统 212 套、监控摄像机 3200 余个，与公安联网 422 个，纳入公安管理 2116 个。2009 年，安装监控系统 570 套、监控摄像机 3600 个，纳入公安管理 2116 个。2011 年 12 月，县公安局开展以视频监控信息应用为主要内容的技战法比武竞赛，刑侦大队路全华的《监控图像轨迹描绘技战法》、沈云栋的《电话轨迹与车辆轨迹重合技战法》分获一等奖、二等奖。以视频信息应用为核心的图侦技术成为一种新的重要侦查手段，多个图侦技战法在省公安厅、市公安局比武竞赛中荣获一等奖。至 2011 年，全县投入 3876 余万元，建成监控平台 720 个，安装监控探头 7000 余个。

2012 年 12 月 19 日，省综治办、省公安厅印发《全省视频监控全覆盖工程指导意见》，在全省部署实施视频监控全覆盖工程。2013 年 3 月 20 日，县委、县政府召开全县政法工作暨“三大工程”推进会，确定由县政府办公室、县公安局牵头组织实施视频监控全覆盖工程建设。一期工程，环城建设 13 个治安卡口，环县域建设 3 个治安卡口，城区建设 2 处监控制高点，接入市公安局图像平台图像监控点 204 个。二期工程，在县城及周边区域新建设治安卡口 16 处，在城区建设监控制高点 2 处，建设电子围栏 20 套，购买无线视频指挥车 1 辆、无线视频单兵设备 2 套。全县共完成一类目标视频监控探头 3445 个，覆盖率 100%；二类目标监控探头 5740 个，覆盖率 80%；三类目标监控探头 951 个，覆盖率 61%。2014 年，县公安局确定视频监控全覆盖向农村延伸工作思路，县综治办下发《关于进一步加快视频监控全覆盖工程建设的通知》，县镇财政投资 2000 余万元，新建农村高清视频监控探头 2700 余个，在全市率先实现农村视频监控全覆盖。9 月 4 日，全县社会治理工作现场会召开，推广索镇、唐山派出所建设应用视频监控系统的经验做法。是年底，全县建成视频监控探头 11043 个，一、二、三类目标视频监控探头分别达到 3550 个、5964 个、1529 个。2015 年 11 月，由县财政投资，县公安局在河道建设 37 个、在城区建设 98 个视频监控探头，接入直属大队部门联动指挥平台。指导社会单位进一步完善视频监控建设规划，新增监控探头 1300 余个，全县视频监控探头总数 1.4 万余个，实现与县公安局指挥中心联网 2580 个。2016 年，县公安局在公交站点及铁路沿线建设视频监控工程，在 119 处公交站点建设 238 个视频监控探头，在铁路沿线桥梁、涵洞、道口建设 25 个视频监控探头。同时，围绕合成作战需求，刑侦大队视频监控中队对全县重要路口、重要部位、重点场所监控探头查缺补漏，推进实施视频监控加密工程，重点做好县周界、城区边界视频监控圈建设工作，方便侦查办案，更好服务群众。

公交站点安装监控探头

1986年3月5日，耿桥派出所干警与联防队员合影

专职治安联防队

治安联防队是群众性的自防、自治组织，是预防、制止、打击犯罪活动，维护社会治安秩序的辅助力量，治安联防队一切活动置于基层组织领导和公安机关指导下。20世纪50—80年代初，巡逻工作主要由民兵和治安积极分子承担，坚持昼夜巡逻。1983年，全面落实农村家庭承包责任制后，各大队以工分制为保障的巡逻制度难以坚持。各人民公社抽调专人组建治安联防队，主要有三种形式：一是人民公社统一抽人，分片定点，昼夜巡逻，人民公社支付报酬；二是人民公社组织治保干部，定期或不定期巡逻，由派出所写条，大队支付报酬；三是人民公社按区域划分，组织所辖单位治保干部巡逻，大队支付报酬。索镇组成9人巡逻队，4个月内抓获犯罪分子6人，制止犯罪5起，审查可疑人员20人。1985年2月9日，县政府批转县公安局《关于实行县直机关及索镇城区治安联防的报告》，由县公安局和索镇人民政府成立索镇城区治安联防领导小组，从所有驻索镇城区的103个单位中抽调182人，组成镇东、镇西两个治安联防办公室，被抽调人员工资福利待遇由原单位负担。索镇派出所划分巡区，制定奖惩办法，民警带班开展治安巡逻。是年，县公安局发动各乡镇成立治安联防办公室。耿桥、起凤、田庄等派出所积极响应，协调乡镇党委、政府和辖区村庄、企业，解决治安联防办公室人员、装备、待遇等问题，治安联防队伍迅速发展。

1988年，国务院批准公安部《关于继续加强群众性治安联防工作的请示》，为治安联防队建设提供政策依据。是年，全县13个乡镇均成立由派出所管理使用的专职治安联防队，共计队员104人，不断改善交通工具、通讯设备及其他装备。1989年，专职治安联防队队员达到140人，统一服装标志，逐步专业化、正规化。9月13—15日，县公安局集训全县治安联防队员，印发《治安巡逻队员管理办法》，加强规范管理。周家派出所划分3个片区，每个片区设立治安联防办公室，配备5～6名联防队员，与联防队员签订治安承包合同书。7月11日夜，城区治安联防队抓获2名盗窃县电器厂漆包线的犯罪分子，带破6人团伙轮奸案。1989年2月2日20时许，耿桥乡治安联防队巡逻抓获1个6人抢劫团伙，该团伙手持刀、七节鞭等凶器，7次路劫400余元。1990年5月8日晚，耿桥乡治安联防队抓获当晚义和村新华饭店杀人案件中的2名涉案人员。5月11日，耿桥乡治安联防队抓获重大盗窃分子王金洲，协助破获系列保险柜盗窃案7起、其他案件14起，案值5万余元。8月25日，全县治安巡逻工作经验交流表彰会议召开，9个单位、2名个人介绍经验，10个单位、20名个人受到表彰。会议要求，乡镇专职治安联防队不少于20～30人，300人以上厂企单位成立3人以上治安巡逻队，由派出所统一领导。12月8日，桓台县在周家乡召开全县治安联防现场会议，总结推广周家、起凤、耿桥3个乡镇治安联防经验做法。1991年3月28日，县政府批转县公安局《关于进一步加强专业治安联防巡逻队伍建设的意见》，要求每个乡治安联防队不少于20人，每个镇和县城驻地治安联防队不少于25人，每人每月报酬不少于120～150元,资金从乡镇财政或者提留中扣除。全县成立乡镇级专职治安联防队15支342人,统一着装,统一食宿,统一管理。同时,成立村级专职巡逻队61支392人。8月26日,全市治安联防现场会在桓台县召开,市委常委、政法委书记张守增,市公安局局长张玉林出席会议,县公安局及周家、起凤、耿桥三个乡镇介绍经验。是年,全县治安联防队抓获违法犯罪分子597人,其中,行政拘留28人,劳动教养4人,转外地处理30余人,调处矛盾纠纷389起,预防和制止各类案件408起,缴获赃款及赃物折款10余万元。1992年1月20日,县公安局表彰治安巡逻成绩突出的耿桥乡治安联防队等15个先进集体和牟维兵等14名先进个人。5月5日,新城镇治安联防队队长张建国等巡逻抓获重大盗窃犯魏复生,协助破案84起,缴获赃款7.6万余元,张建国被省委、省政府表彰为社会治安综合治理先进个人。

1993年,国务院取消农村治安费。新城、田庄等镇响应号召,不增加农民负担,主动协调解决联防队经费。是年起,县政府每年拨付5万元作为城区治安联防队经费。12月18日,县委、县政府召开全县治安保卫工作总结表彰大会,10名联防队员被表彰为“十佳联防队员”,6个治安联防队被表彰为先进治安联防队。1994年,开展治安联防队伍百日安全竞赛活动,全县联防队巡逻抓获违法犯罪分子147人,协破刑事案件224起,其中大案53起,缴获赃款及赃物折款20.5万元。5月26日1时,城区治安联防队抓获安丘市特大盗窃犯郭某,协助破案11起,案值2.8万余元。6月4日凌晨,新城镇治安联防队抓获2名破坏农田电力设施的盗窃犯,协助破案20起,其中大案6起,案值2.5万余元。

1995年,健全完善联防队管理制度,巡逻抓获违法犯罪分子260人,协助破获刑事案件50起,其中大案6起,缴获赃款及赃物折款4.8万元。11月29日23时30分,起凤镇治安联防队盘查可疑人时,遇到3名歹徒持刀反抗,队员穆洪星、宋振刚、巩向国光荣受伤,县公安局开展向穆洪星等三人学习的活动。1997年1月13日,新城镇治安联防队巡逻发现一女出租车司机被抢劫,根据女司机提供线索,抓获抢劫嫌疑人薛某,破获抢劫案

1996年10月5日,联防队员进行队列训练

7起、强奸案2起、盗窃案21起。侯庄派出所对联防队员实行档案管理、精细化管理,签订防事故责任合同,确保队伍不发生问题。1998年5月,县公安局下发《关于整顿治安联防费秩序的通知》,重申在城镇继续收取治安联防费,县属、镇直事业单位按职工人数每人每月缴纳0.5元,个体经营者每人每月缴纳3元,严禁乱收费、乱摊派。11月,县公安局印发《关于集中整顿治安联防队的实施意见》,整改治安联防队伍存在的问题。

1999年9月12日,县政府办公室转发《桓台县公安局关于加强城区治安联防巡查工作的意见》,组织和发动主城区单位开展联防和治安巡查工作,打造专群结合、动静结合、条块结合、点线结合、全方位、全天候的治安防范新格局。索镇分局组建20人专职治安巡逻队,从城区各单位抽调治保干部参与治安巡逻。2001年9月,以索镇分局为依托,以巡警大队为骨干,从城区有关单位抽调人员,组建城区治安联防大队。2003年8月,开展治安联防队集中教育整顿活动,建立统一录用和辞退备案、统一服装标志、统一培训、统一持证上岗等制度。2004年,马桥派出所争取镇财政资金16万元,为治安联防队购置1辆汽车、4辆摩托车及对讲机、警械等装备,将队员工资及治安巡逻经费列入镇财政预算。

2004年9月,公安部下发通知,对联防队伍进行专项清理,3年内将联防队员全部清退。2006年年初,县公安局各派出所将全部联防队员清退。同时,探索巡逻工作新思路,推行雇佣保安巡防制度,确保全县社会面治安不失控。2月24日,县委、县政府召开全县治安防控工作会议,县委办公

室、县政府办公室印发《关于推行保安巡防工作的意见》，各镇成立15人以上的保安巡防队，由镇政府与县保安公司签订雇佣合同，明确双方的责任权利，派出所具体管理使用保安巡防队员。是年，全县成立12支271人的保安巡防队伍。派出所和巡警大队严格保安巡防队伍管理，强化培训、监督和考评，实行“网格化”巡逻，保安巡防队抓获违法犯罪嫌疑人员260余人，协破案件180余起，全县刑事案件发案数比上年下降11.8%，“两抢一盗”等可防性案件数量下降19.5%，做法被省综治办推广。

第六节　专项治安保卫

铁路护路联防

1960年，张北（张店至北镇）轻便铁路通车，主营货运。1966年，改建张北线，轻便轨改为标准轨，改称张东（张店至东营）铁路，货运、客运兼营。“文化大革命”后期，张东铁路桓台沿线治安秩序混乱，东镇大队少数社员到火车站附近哄抢、盗窃铁路运输物资，造成较大经济损失。为确保铁路运输安全畅通，1975年4月，桓台县成立整顿铁路治安秩序领导小组，领导小组办公室设在县公安局，召开铁路沿线社队负责人和治保、民兵干部会议，落实路社联防组织和保卫措施，批判“靠山吃山，靠铁路吃铁路”错误思想，使群众认识到铁路是国家社会主义建设的命脉，保护铁路人人有责。是年，桓台县抽调公安干警10名、脱产与基层干部20名，从整顿铁路秩序入手，在东镇村挖出一个偷盗火车站物资犯罪团伙，破案193起，抓获团伙成员57人，逮捕首犯、主犯，其他治安处罚。缴获粮食9800公斤、方木板125块、钢材2000公斤、煤票7800公斤、煤炭12500公斤及其他物品一宗。通过大检举、大揭发、大清查、大批判活动，基本刹住偷、摸、抢、拿铁路物资恶风。

1977年，桓台县推广邹县经验，开展路社、厂社联防。组织民兵和群众搞好劳护结合（劳动与护路、护线、护坡、护林相结合），制定护路防奸公约，树立“人民铁路人民保”的思想，铁路沿线5个人民公社和17个大队成立路社联防组织。11月24日，桓台县召开整顿铁路治安秩序领导小组成员和沿线5个人民公社公安助理员、人武部部长、铁路派出所、索镇派出所负责人会议，研究讨论路社联防措施，决定春节前建设18个护路房，选派出身好、政治觉悟高的社员担任专职护路员，制定实施护路员守则、铁路治安联防先进个人评比试行条件、铁路治安联防先进集体评比试行条件，护路员分段包干，落实护路措施，保证列车畅通无阻。12月19日，县整顿铁路治安秩序领导小组在索镇火车站召开铁路沿线5个人民公社党委书记、人武部部长、公安助理员和17个大队党支部书记会议，与会人员参观东镇大队护路房。1978年1月29日，桓台县成立铁路治安联防领导小组，县委副书记宋元桂任组长，李延庆、陈宁之任副组长，办公室设在火车站，王恩然任办公室主任，郑佐文、武乐和任副主任。是年，全县建成18个护路房，每个护路房砖瓦房2间，长6米，宽4米，高2.6米，2门4窗，石头房基，用款1000元。每个护路房由2～4名护路员值班。2月27—28日，惠民地区革委会在桓台县召开铁路治安工作现场会，张东铁路沿线4县分管县、社领导，地、县铁路治安办公室，东营、博兴、杜科3个铁路公安派出及索镇人民公社东镇大队负责人等55人参会。

1980年9月26日15时许，由索镇火车站发出的4380次列车，行至车站南部信号处，列车牵引导轮突然脱轨，列车滑出246米，压坏水泥枕402根，中断线路25分钟，列车晚点1个多小时，直接损失1.8万元。事故发生后，县公安局与铁路公安机关查明，系侯庄人民公社吴磨学校学生11岁的周某和12岁的李某所为，两人在出事地点砸砖玩耍，走时将一块半头砖放在轨面上，致使列车脱轨。1981年，索镇火车站周边村庄社员盗抢铁路物资问题抬头。1982年2月，县公安局组织8名干警，与索镇火车站干警密切配合，全面整顿索镇火车站治安秩序，从宣传法律、发动群众入手，召开9次社员大会、2次专题会议，收到检举信40余封，30余人主动到公安机关交代问题。通过深入调查，东辛大队108人参与哄抢盗窃铁路物资，缴获煤炭28吨、木材1立方米、钢材1.5吨、水泥400余公斤。同时，带动东镇、马家、孟家等大队社员交出煤炭40吨、钢材5吨、木材1立方米及其他物资一宗，参与盗抢人员 199 人。县公安局结合情节轻重和个人态度，行政拘留 8 人，罚款 6 人，警告 7 人，其余批评教育。经县委、县政府批准，在火车站成立治安联防办公室，组建 15 人的警卫队，车站秩序恢复正常。20 世纪 80—90 年代，护路员先后处置多起险情，确保火车安全通过。

2016 年，火车站警卫队旧址外景

1995 年，对全县护路房进行调整，张东线（11.1 千米—26 千米）桓台路段设 5 处护路房，实行护路联防责任制，由沿线派出所组织护路员开展护路巡防。1997 年，位于侯庄镇的“淄护 31 号”护路房被市铁路护路联防办公室评为安全文明路段。1998 年 3 月，县公安局召开沿线 4 个派出所分管民警及护路队员会议，传达京九线爆炸事故及胶济线石击列车情况通报，教育护路人员增强“以劳养护”意识，认真落实谁主管、谁负责原则，县公安局与派出所签订铁路安全责任书。5 月，清理整顿护路队伍，建立护路队员档案，并与派出所、护路队员签订聘用责任书。

2004 年 5 月，县护路办组织开展以建设“平安铁路”为主体的“爱路护路宣传月”活动。11 月 16 日，桓台县铁路护路联防领导小组更名为县综治委铁路护路联防工作小组，领导小组办公室设在县公安局。2006 年 2 月，根据省护路办意见，重新布建护路房，将 5 处护路房调整为 3 处，在桓台火车站以南（淄东线 11.1 千米—19.1 千米）8 千米路段上布建 2 处护路房，在桓台火车站以北（淄东线 21 千米—26 千米）5 千米路段上布建 1 处护路房。2007 年 3 月，桓台县境内只设 31 号、32 号 2 处护路房，按照市护路办统一的外观标识，县护路办在耿桥铁路口和侯庄铁路口建设新的护路房，是年 10 月投入使用。2008 年 3 月，清退 9 名年龄较大的护路队员，招聘 8 名年富力强的护路队员。2008 年 10 月，制定实施桓台县铁路护路联防考核办法、桓台县铁路护路联防奖惩制度、桓台县铁路护路联防目标责任制度。2009 年 8 月 17 日—11 月 10 日，县护路办开展铁路沿线治安秩序专项整治行动，实现铁路通畅无事故。2011 年 1 月 19 日，县公安局对优秀铁路队员张衍龙、张源东通报表彰。2012 年 10 月 23 日，开展“保安全保畅通、迎十八大召开”爱路护路主题宣传活动。2013 年 11 月，按照省综治委要求，县铁路护路联防工作整体移交县综治办。

2007 年 10 月建成的侯庄铁路口护路房

油区治安整治

金家油田分布在桓台县马桥、荆家、起凤、田庄、唐山、新城等 6 镇 41 村。20 世纪 70 年代末，试开采。1988 年 8 月，正式开采。由于看护不严，曾出现盗、抢原油、天然气和油区设备、器材问题。县公安局采取整治措施，为油田开发保驾护航。

1982 年 11 月 27 日，胜利油田钻井指挥部 32541 钻井队金四号石油井在陈庄人民公社西史大队东北角作业时，部分村民哄抢价值 5000 余元的油田物资。12 月 3 日，县公安局与陈庄人民公社在西史大队召开群众大会，对 4 名社员处以行政拘留、罚款处罚，对 20 名参与者处以罚款，并赔偿损失。追回被抢物资，退还钻井队。1989 年 3 月，马桥乡部分人员到金家油田闹事，县公安局对 2 名组织者处以行政拘留，对 2 名积极参与者处以罚款，马桥乡政府公开通报案件情况。

油田建设中，因征地用地、道路交通等利益问题引发的油地矛盾、工农纠纷较多。1988—1990年，马桥派出所每年调解此类纠纷约80起。1990年7月16日，县公安局成立油区派出所，与马桥派出所合署办公，负责维护油区治安秩序，协调矛盾纠纷。金家油田为油区派出所配备巡逻警车1辆。1991年，油区派出所转变工作方法，在油田开发入村前，主动与相关村委接洽，签订维护油区开发责任书，提前化解矛盾纠纷。是年，油区新打油井63眼，安装采油机24台，建注气站1处，铺设油、气、水管线35千米，未发生阻碍施工问题。

1990年，干警在油区巡逻

随着金家油田大规模开发，盗窃油田物资问题逐渐突出。1992年3月，县公安局抽调21名干警组成工作组，副局长王国新带队进驻油区，配合马桥派出所整顿油区治安秩序。通过调查摸底、宣传发动、重点打击3个阶段，挖出荆家镇物资收购站销赃窝点，查获非法收购的油田物资200余吨，打掉盗窃油田物资团伙6个，行政拘留11人，罚款17人，清理废旧收购站点2个，取缔非法收购业户8处，92人被没收非法所得，挽回损失10万余元。1993年下半年，对金家油田开展三次集中治理。7月20日—8月6日，以打击盗窃、非法收购原油和取缔非法土炼油为重点，清查8个乡镇30个村庄和单位，抓获违法犯罪分子13人，缴获偷运原油机动车14辆，取缔非法土炼油厂47家，没收油罐76个，捣毁油池47个，为国家挽回损失40余万元。8月27—31日，县公安局会同县油区办、油田纯梁派出所，集中5天时间，对8个乡镇30个村庄和单位再摸底、再检查，抓获违法犯罪分子5人，取缔非法炼油厂7家，没收油罐2个。11月26—30日，县公安局及县油区办、纯梁采油厂抽调干警、联防队员、保卫干部53人，再次整顿油区秩序，清理盗用天然气的企业9个、个体经商户4家及马桥、红庙、姜家、北岭、五庄、罗道村村民724户，拆除、没收输气管线1.5万米，炉具800余个，并赔偿经济损失。同时，处理盗用油田水、电违法行为。通过治理整顿，打消部分村民"靠山吃山，靠水吃水，靠油田吃油田"的错误念头，恢复油区正常生产、生活和工作秩序。

1994年6月，县公安局会同胜利油田公安处，集中一周时间，清理整顿3个乡镇10个村庄的土炼油问题，抓获非法炼油人员20人，取缔土炼油厂16家，没收油罐7个、原油40余吨。是年，县公安局开展4次集中专项治理，抓获违法犯罪分子18人，公开逮捕破坏分子9人，处理盗用气、电、水专业户737个，拆除盗接输气管道1.8万米，没收炉具900余个，取缔"土炼油"厂16家，没收油罐15个，缴获原油50余吨。涉案人员中，判处死刑1人、死缓1人、有期徒刑12人。1995年11月5日，县公安局刑警大队及县油区办、纯梁派出所牵头，从马桥镇派出所、法庭、司法所、土管所等部门抽调精干人员，组成22人综合治理工作组，进驻北岭村，辐射周边村庄，传唤盗窃金家油田物资及销赃违法犯罪分子35人，挖出团伙3个14人，破获案件30余起，提请批准逮捕5人，收容审查9人，缴获赃款及赃物折款13万余元。县公安局在北岭村召开公捕大会，2次就地揭露，受教育群众2万余人，3名违法犯罪分子投案自首。通过此次治理，盗窃油田物资案件基本消除。

2003年8月14日，县政府办公室印发《关于集中开展油区治安秩序及输油气管道专项整治行动实施方案》，县公安局利用3个月时间，集中打击在输油管线上打孔盗油盗气、盗窃油田物资、破坏油井设施等涉油案件，规范油田用电，严格检查油区内证照和手续不全的非法运输户，堵赃截流。2006年2月，打掉1个7人盗窃原油犯罪团伙，该团伙交叉结伙驾驶油罐车盗窃马桥镇及高青县唐坊镇原油30余次80余吨，涉案价值24万余元。2月6日3时许，杨某、巩某等6人驾驶油罐车，窜至马桥镇16-X3油井，采用棍棒威胁值班人员等手段，抢劫原油5吨，涉案价值1.6万元，县公安局迅速出击，将杨某等人抓获。4月16日，针对金家油田治安秩序混乱，盗抢原油案件多发情况，县公安局成立12人专案组，开展严厉打击“油耗子”专项行动，打掉1个3人盗油团伙、1个3人收购赃物团伙。2009年，马桥派出所加强与石油管道企业的协作配合，强化油气田及输油管道巡护，全面清查管道沿线村庄、出租房屋、旅馆等犯罪分子易于藏身落脚的地点、场所。3月21日，胜利油田东胜采油公司在北岭村铺设天然气管道时，挖断地下农灌电缆线，20余户村民因电缆线赔偿问题，锁上东胜公司3号平台大门。马桥派出所平息事态。2010年11月下旬，胜利油田勘探队到马桥镇勘探地质，给当地农业生产造成影响，油地矛盾纠纷类警情数量上升。马桥派出所采取宣传、走访、协调、疏导四项措施，将矛盾纠纷一一化解。

2013年年初，油区盗窃原油案件时有发生。县公安局组织开展为期100天的打击涉油犯罪专项行动，刑侦大队主动与胜利油田桓台金家石油开发有限公司、中石化胜利油田分公司纯梁采油厂、胜利油田鲁胜石油开发有限责任公司对接，在“警企联动、专业管护”框架下，建立完善联合巡逻防范、打击犯罪协作、情报信息共享等工作机制，每月一次专题联席会议，准确把握油区治安动态。5—6月，打掉盗销原油犯罪团伙2个8人。2014年，县公安局定期、不定期的对油区及管道沿线的出租房、闲置房和流动人口等组织开展清理排查，遏制涉油违法犯罪案件。是年，打掉盗窃原油犯罪团伙3个12人，捣毁收购原油窝点3个。2015年3月9日，县公安局开展举报涉油违法犯罪线索专项活动，张贴《关于有奖举报涉油违法犯罪线索的通告》，宣传打孔盗油、破坏油气管道等违法犯罪行为的社会危害性，号召群众检举揭发涉油违法犯罪线索。2016年3月，县公安局打掉1个5人盗窃原油团伙，捣毁收购原油窝点1个，该团伙盗窃原油20余次90余吨。

2016年，缴获的盗油车辆

夏秋苇收治安保卫

桓台县是山东省重点产麦、玉米区之一，北部马踏湖及周边曾广泛种植苇草。民国37年(1948年)前，桓台县无专门组织负责夏收、秋收、苇收安全管理工作，发生火灾，主要靠群众自救。

中华人民共和国成立初期，桓台县农民土地自有、自耕、自种、自收或者以自助组模式小规模联营，“三夏”(夏收、夏征、夏种)、“三秋”(秋收、秋征、秋种)安全隐患较少。1953年12月16日，中共中央作出《关于发展农业生产合作社的决议》。自1954年起，桓台县实行集体耕作、集体收晒、统一收购，以防火为中心的安全保卫任务艰巨繁重。公安机关把保卫“三夏”“三秋”列为中心工作，利用各级治安保卫组织，组织义务巡逻队，落实分段负责制，确保粮食安全。1954年6月3日，县公安局向县委、县政府提交保卫麦收、打击现行破坏活动的专题报告。6月12日，局务会议专题研究防火问题，发出对新麦登场后具体工作的通知，派出3名股长、1名股员赴各区检查保卫麦收情况。各区以区委为核心，以公安、人武干部、党团员、民兵为骨干，以互助合作组织为基础，发动群众订立护场、护坡爱国公约，开展群众性护收运动。民兵不间断活动，青年学生、妇女组织看坡、庄头站岗，看管重点人员，防止反革命分子现行破坏。每个场院均有水罐、水桶。四区孙杨乡西孙庄孙某在场里熏蚊子失火，因人水俱全，20分钟将火扑灭，仅烧掉麦秸百余个，未成大灾。麦收期间，全县火灾6起，偷盗案件9起，被盗小麦约500斤，破获5起，缴获小麦270斤。1955年9—10月，县公安局集中侦破秋收案件，对基层组织和群众进行政策敌情教育，揭发反革命分子破坏活动，掀起群众性保护秋收秋种热潮。

1956年，农业社会主义改造以后，农村以生产队为单位，对夏秋粮食作物集中收割、打场、晒粮、储存，安全保卫任务更加繁重。县委、县政府每年批转公安机关制定的夏秋安全保卫工作方案，公安、司法、人武、粮食等部门抽调力量，组成领导小组，协助人民公社、生产大队治保组织“三护”（护坡、护场、护仓）、“四防”（防火、防盗、防霉、防雨事故）宣传教育和现场监督检查，并与群众订立护麦、护秋安全公约。1958年夏秋，各人民公社成立保卫股（组），县公安局组织基层治保会，在田间、场间、仓库安排政治可靠人员管理。发放85张漫画，教育社员不带火入场、不在场内吸烟或熏蚊，教育儿童不玩火。1964年夏秋，县公安局组织各区、社、队广泛张贴标语口号，提高党、团员和群众安全觉悟，成立以各大队党支部为核心，大队书记为主任、大队长和治保主任为副主任的护麦、护秋委员会，各场成立护场小组，场内准备水缸、水桶、水池，确定专人看护。是年，夏秋秩序良好。

“文化大革命”期间，“三夏”“三秋”保卫工作受到干扰，公安机关精简后，保卫工作主要由区、社、队基层治保组织和民兵负责。1973年7月，县政府组织各人民公社“三护”“四防”大检查，其中把护仓作为检查重点，发现索镇人民公社北王村第一生产队粮仓存小麦4000余斤，门窗用苇席和纸糊遮挡且无人看管；北辛大队、新民大队、东镇大队第五生产队、赵家大队第七生产队存在粮食霉烂现象。11月21—30日，公安机关会同商业、粮食、财金等部门检查重点大队12个，发现部分粮仓缺乏防火设备，部分粮仓小麦霉变或遭虫蚀，护仓问题严重，即报告县委。1974年秋收期间，全县执行中央《关于抓革命 促生产的通知》，各级党组织把“三秋”治安保卫工作作为路线教育的重要内容，狠批“制度无用论”，纠正“不敢管、管不当”的错误倾向，加强对田间、场间及要害部位的保卫。1975年5月24日，县公安局召开全县公安助理员会议，专门部署麦收治安保卫工作，组织8人麦收治安保卫班子，一名副局长靠上，分赴各人民公社巡查。部分人民公社选择典型召开现场会和动力机械、农电单位会议，对司机、电工进行安全生产和安全用电教育，确保丰产丰收。1976年6月13—16日，全县13个人民公社抽调人武、公安、农机、供电、粮所等有关部门负责人和大队治保主任、民兵连长等960余人，分别在本社逐队逐场检查安全，个别社队思想麻痹，在农业机械成倍增加情况下，农机业务培训不到位，部分机械没有防火帽，当月发生2起机车受损事故、2起火灾、4起违章作业造成的人身伤害事故。6月26日，索镇人民公社永安二队拖拉机轧场时，因防火帽与排气管间隙过大，喷火引起火灾，烧毁泰山50拖拉机1台，烧掉小麦1.5万斤，场棚6间。

1977年6月9日，县公安局在田庄召开麦收保卫工作紧急会议，落实“三护”“四防”措施。6月10—13日，各人民公社逐队逐场检查安全，多数大队做到“四不准”（不准在场内吸烟、动火、烧水、做饭，不准小孩、精神病人进场，不准在场间乱安乱拉电灯电线及其他用电设备，不准“四类分子”入场）、“五保证”（保证场间设有醒目的“禁止烟火”的防火标志，保证场间备有充分的灭火用水和灭火工具，保证拖拉机、柴油机安装防火帽并有专人看管，保证场间粮草布局得当，保证场间不离人），有的大队组织红卫兵在村外和主要路口站岗放哨，盘查可疑人，预防偷盗案件。1978年夏，旱情严重。为做好麦收保卫工作，县公安局下发《麦收防火灭火常识》《麦收防火宣传提纲》《麦场防火制度》宣传材料9600份。6月11日，局长带领9名干警分组检查13个人民公社、36个大队、111个场间，多数场间安全情况较好。6月16日，侯庄人民公社拖拉机驾驶员张某在官东三队打场时违章作业，导致发生重大火灾，烧掉小麦3.6万斤、麦穰2万余斤，烧毁25马力拖拉机1台、房屋9间。6月18日，对张某刑事拘留。是年秋，组织各大队加固粮仓，50%粮仓安装保险盒，盗窃粮食案件明显减少。1979年5月21日，县公安局召开公安助理员、派出所所长会议，总结往年麦收保卫工作经验教训，部署麦收治安保卫工作。县级麦收安全保卫领导机构成员11人，人民公社级117人，大队级2366人，护麦队伍中民兵8000余人，社员4000余人，红卫兵3000余人，4500余台进场机械安装防火帽。是年，麦收防火形势平稳。

针对麦收机械增多、安全隐患较多情况，1980年5月28日，县政府召开部门联席会议，早发动，强教育，抓重点，大检查。6月5日，4名局领导带领51名干警深入基层开展麦收治安保卫工作。6月21日，索镇人民公社南辛大队第二生产队麦场电线短路，烧掉小麦1500余公斤、敞棚6间、小屋2间、仓库6间及3间挂面房顶麦草，损失1700元。事故发生后，县公安局急电各社检查整改。

1981年，县公安局分别召开夏收治安保卫联席会议、全体干警会议，抽调35名干警，3名局领导带队，分为3片，赴各社发放《夏收防火宣传提纲》《麦场防火暂行规定》等宣传材料，播放麦收防火幻灯片，推进安全保卫工作。荆家人民公社公安助理员带领5名治保主任与高青县有关社队召开联席会议，在问题复杂边界地片，抽调47名保卫人员安营扎寨，巡逻守护。6月25日，果里粮所、闫家粮所分别发生因交公粮引发的打架斗殴案件。6月26日，行政拘留2人，警告5人。

1982年4月下旬，县公安局召开会议，分析研究夏收治安保卫工作，提请县委、县政府加强对夏收治安保卫工作的领导。县公安局抽调6名干警和3辆摩托车巡回检查，指导夏收保卫工作。周家人民公社郭家大队和侯庄人民公社官西、官中大队部分社员哄抢张店区友邻社员小麦，局长带队依法查处并通报全县。马桥人民公社北营一大队发生哄抢小麦事件，两名局领导带队大张旗鼓处理。以上3起案件，行政拘留12人，警告15人，罚款1300元，赔偿小麦2300公斤。

1982年前，芦苇由各人民公社生产大队统一管理、统一收割，消防隐患和治安隐患较少。1982年起，苇田承包到户，为预防盗割、乱割芦苇及打架斗殴、火灾等治安问题，县政府成立苇秋治安保卫指挥部，各相关人民公社、大队成立苇秋治安保卫领导小组。是年10月22日，在荆家人民公社召开苇秋保卫工作会议，苇收和保卫工作做到"四统一"（统一指挥，统一时间，统一行动，统一纪律）、"六不准"（不准提前行动，不准把柴草私自送人，不准在苇田内发火取暖做饭，不准在苇田内吸烟，不准在收割前带工具下苇田，不准在收割前拾柴），收割时间11月8日（立冬）早5点，鸣枪为号。是年，苇收秩序良好，以后历年把立冬日作为苇收时间。

1983年夏收期间，有村民在公路上打场晒粮，影响交通安全。县公安局、县经委交通科发出通告制止。1984年，县委、县政府成立夏收治安保卫委员会，县公安局印发11万份麦收治安防火公约，县广播站播放麦收防火讲话录音。6月3日下午，果里、周家两乡社员倒场时点燃杂物，大风吹散余火，发生5起火灾，烧毁房屋、草棚44间及其他物资一宗，直接经济损失6993.5元。6月13日，桓台县在侯庄乡龙南村召开麦场防火现场会，要求农机必须具备防火帽，麦场防火工具达到一水缸、两水桶、三块草毡子，无防火工具不得开机打场，严禁在公路上打场晒粮。1985年6月10日，全县组织70余名政法干警，出动13辆摩托车、4辆吉普车、2辆警车、1辆宣传车，对全县13个乡镇开展夏收安全治安巡逻活动。6月12日，桓台县在周家乡李王村召开夏收保卫、麦场防火现场会议，市公安局副局长郭希斌和市驻桓夏收保卫工作组负责人出席会议，推行李王村"三定"（定领导、定任务、定措施）、"三早"（早动手、早发动、早部署）工作经验。是夏，全县无大的火灾和事故。

1987年夏收期间，村头联户场防火设备较少，地头场增多且无防火设备，麦草乱放和乱烧问题突出，公路打场晒粮渐多。6月16日，2处联户场、1处地头场发生火灾，烧毁小麦500余公斤。县麦收保卫办公室紧急部署，抓好以村头联户场为重点的麦场防火安全工作。1988年6月11日，县委、县政府在侯庄乡侯庄村召开麦场防火现场会。6月13日下午，果里乡阎高村一联户场因电线短路引起火灾，烧毁4户小麦1725公斤。6月16日，全县发生火灾火警10起，其中关家村一户小孩玩火，导致麦秸起火烧毁8户36间房屋，损失近万元。县委书记王玉良、副书记杨汝奎、副县长刘有先、郭洪江赴现场组织救火。下午至晚上，县委先后召开常委紧急扩大会议、乡镇党委书记紧急会议，研究控制火灾事故措施。是年，县、镇成立苇秋指挥部，起风派出所提前联系博兴县友邻乡镇，及早处理苇田边界纠纷问题。11月1日，荆三村苇田发生火灾，县政府和公安局指挥灭火并通报有关镇，各派出所查处盗割苇草案件和违规提前收割苇草行为人员。1989年麦收期间，狠抓防火措施落实，全县仅发生火灾2起，烧毁小麦1900公斤，11个乡镇无火灾。

1990年夏收期间，桓台县开展以防火为主要内容的麦收安全竞赛活动，全县无火灾。是年，一年两季平均亩产1020公斤，实现吨粮县目标。1991年，桓台县把做好麦收防火安全保卫工作作为巩固发展吨粮县的重要举措，全县麦收防火形势平稳。9月29日，桓台县在田庄镇召开苇草收割治安保卫工作会议，继续贯彻执行“四统一”“五不准”制度，苇秋秩序良好。1992年，县委、县政府把做好麦收防火安全保卫工作为建设“双千县”（平均亩产过千公斤、平均亩收入过千元）的重要保障手段，参加全省“安保杯”竞赛活动。是年，全县夏秋实现无火灾、无事故、无损失，全县粮田平均亩产1048.6公斤、亩收入1020元，实现由“吨粮县”到“双千县”的跨越。1993—1999年，桓台县重视夏收、秋收安全保卫工作，连续7年实现无火灾、无事故、无损失，1996年全县小麦平均亩产达到504.3公斤，实现“小麦千斤县”计划。

1997年6月7日，县政府召开麦收安全保卫工作会议

20世纪90年代末期，受水文、水质、效益、施工等因素的影响，全县苇田大面积萎缩，荆家、田庄、邢家等镇苇田及起凤镇部分苇田改造成粮田，县、镇不再统一组织苇秋保卫工作。

进入21世纪，联合收割、秸秆还田技术广泛应用于夏收和秋收，取消地头场、联户场，政府机关、企业单位和县内非重要公路向粮农晒粮开放，夏收、秋收效率明显提高，夏收、秋收保卫压力大幅减轻。2008年5—6月，因加油站供油能力不足，造成收割机械不能正常作业，各镇出现抢购柴油事件，影响夏收工作正常进行。县公安局调查摸底全县40家加油站，确定“三夏”定点加油站10家。6月3日起，在每个加油站安排2～3名民警昼夜值班，确保加油站供油秩序平稳。6月中旬，加油站供油逐步恢复正常。

随着经济社会发展，公安机关坚持打击盗收粮食行为，调解夏秋矛盾纠纷，维护正常交通秩序，参与秸秆禁烧工作，预防焚烧麦茬损毁青苗等问题，继续为保障农业丰收、农民增收做出贡献。

抗击“非典”

2003年4月下旬，全国范围内发生非典型肺炎（以下简称“非典”）。县公安局与有关部门密切合作，组织开展“非典”防治工作。4月24日，成立局长任组长、政治委员任副组长的防治“非典”工作领导小组，实行局领导分片包所负责制。县公安局制定《“非典”防治工作应急预案》，与各基层单位签订“非典”型肺炎防治工作责任书，明确防治“非典”工作职责和警种部门分工，成立情况控制组、社会动态控制组、治安控制组、外来人口控制组、出入境控制组、网络监控组和监所管控组等7个专业小组，落实人员、任务、措施、责任，推动“非典”防治工作有序开展。

根据疫情发展，县公安局成立60人防治“非典”应急机动队，并抽调50人参加全市防治“非典”应急机动队。会同卫生、交通等部门，在火车站、S803省道收费站、滨博高速公路收费站设立卡点，24小时监测外地到（经）桓人车卫生情况。抽调40名身体素质好的民警，集体食宿，轮流上岗。同时，下发《关于进一步加强和调整防“非典”设卡检查工作的通知》《公安民警“非典”输入口检查工作规范》，进一步明确检查范围、民警职责、纪律要求。

2003年5月8日，市公安局政治委员刘新云（右二）陪同市领导慰问县公安局防治“非典”一线民警

至6月30日，出动民警999人次，检查登记外来车辆6593台、人员13438名。各派出所组织村治保会加强返乡人员的卫生监测和控制工作，民警和卫生人员共同调查处理110报警服务台受理的涉“非典”举报警情。

桓台县各劳务市场人员流动频繁，对防治“非典”工作产生重大威胁。田庄派出所联系消毒液，到各住宿点消毒、宣传防治“非典”知识。县政府作出临时性关闭劳务市场的决定后，县公安局印发《桓台县关于暂时关闭全县劳务市场的通告》，田庄派出所召开市场管理人员、住宿点业主会议，消除业主和民工抵触情绪，田庄劳务市场顺利关停，全县7处劳务市场2000余外地民工返乡。县公安局印发《关于加强对旅店业出租房屋暂住人口和公共复杂场所“非典”防控工作的通知》，严格对宾馆、饭店及用工单位外来人员的控制，配合卫生部门督促填写淄博市流动人口健康情况调查表、外埠来淄人员统计表，对重点人员及时检测。检查旅馆16家，登记外省市人员49人，登记暂住人口1867人。会同工商、文化部门，整顿全县公共娱乐场所，对全县歌舞厅及28家网吧关闭整顿，通过限制人员流动，消除安全隐患。

重视“非典”防治一线民警的安全，投资2万余元，为检查站执勤民警、户籍等窗口单位民警购置手套、口罩、眼罩及隔离服。加强对机关及家属院的安全管理，落实外来人员登记制度。根据市公安局《关于进一步做好公安监管场所“非典”防治工作的意见》，县公安局制定《监管场所防治“非典”处置方案》，监管部门不断完善预防措施，配备足够的消毒和防护用品，对新收押人员严格身体健康检查，加强监室卫生管理，改善被监管人员的饮食生活条件，增强被监管人员抵御疾病的能力。

县公安局加强情况控制工作，指挥中心、治安科牵头，成立“非典”查控工作办公室，实行24小时值班，全面负责情况调度、搜集、统计、整理工作，保证信息上通下达。设立“非典”防治工作专刊，为全县公安机关及时了解上级精神、各级领导掌控工作动态提供保障。各派出所晚上保留一半警力值班备勤，随时听候上级指令。对哄抬物价、制假贩假，以及散布谣言、蛊惑群众、破坏稳定的，依法从严查处。捣毁一非法经营假冒伪劣口罩窝点，缴获假冒伪劣口罩3万余副，抓获违法人员5人。查处一起殴打“非典”防治工作人员案件，行政拘留1人，行政处罚3人。

至6月30日，抗击“非典”工作取得阶段性胜利，参战民警日夜坚守，连续作战，圆满完成光荣使命。指挥中心副主任王沛年龄最长，始终坚守岗位，为年轻民警作表率；户籍科副科长魏启海腿伤未愈，毅然投入抗击“非典”一线；果里派出所警长崔国峰主动提出到检查站执勤，随后又请战到重点疫区劳务市场疏导务工人员；刑警大队民警蔡光普妻子待产，仍坚守岗位，直到孩子出生，匆匆到医院探视，又立即返岗。县公安局党委被市委表彰为全市防治非典型肺炎工作先进基层党组织，蔡光普被记二等功。6月26日，县公安局对在抗击“非典”斗争一线的民警通令嘉奖。

林业安全保护

中华人民共和国成立后，桓台县公安、农林部门根据职权分工，分别负责林业安全防护工作，公安机关以查处盗伐林木案件和防火为主。1987年，大兴安岭特大火灾发生后，各级高度重视林业防护工作。1989年3月23日，县公安局、县林业局向县政府请示组建林业派出所。1992年4月，桓台县林业局成立林业公安科，因县内林地面积较小，未组建专业公安队伍，实际业务工作由林业局行政执法机构承担，遇到盗伐、滥发林木等重大毁林案件，多移交公安机关处理或者部门联合办案。

2011年12月17日，淄博市编制委员会同意设立桓台县森林公安局（桓台县公安局森林警察大队），建制级别正科级，核增下达政法专项编制6名，配备局长1名、政委1名、副局长1名。2012年8月10日，桓台县机构编制委员会批准成立桓台县森林公安局，实行林业和公安部门双重领导机制，党政工作以林业部门管理为主，公安业务工作以公安机关管理为主，列入同级公安机关序列，对内称桓台县公安局森林警察大队。主要职责是查处非法征占用林地案件，查处盗伐、滥伐林木案件，查处乱捕、乱猎、违法经营加工野生动物案件，检查监督木材和野生动植物运输并查处违法案件，检查监督木材经营、加工用材单位并查处违法违章案件，落实上级关于护林防火的指示，查处有关林木火灾案件。

2013 年 3 月 1 日，李君任桓台县森林公安局政委，主持工作。2015 年 11 月，正式组建森林警察队伍。通过招考，徐腾跃、边靖凯、许飞到桓台县

县森林公安局全体人员合影（左起：许飞、徐腾跃、李君、边靖凯）

森林公安局工作。12 月，三人分别到县公安局起凤派出所、马桥派出所、索镇派出所见习公安业务，县公安局民警徐海、王树平到县森林公安局协助工作。2016 年上半年，受理林木投诉案件 9 起，接报火警 1 起，查处林木行政案件 5 起。加强森林防火宣传，与县内 5 家户外俱乐部签订防火责任书。在马踏湖湿地开展打击破坏鸟类资源违法犯罪活动专项治理，印发宣传材料 1000 份，悬挂宣传横幅 40 条。通过巡逻，捣毁捕鸟网点 3 个，没收捕网工具 7 件，收缴野鸡、斑鸠 21 只，保护、放飞国家二级保护动物大麻鹇 2 只。根据国家林业局森林公安局“净网行动”部署，落实上级移交线索，成功破获 1 起购买、出售濒危野生动物制品案。

森林消防装备

第七节　案事件处理

治安案件查处

1952 年，山东省人民政府公安厅印发《处理违警案件暂行准则（草案）》，规范处理尚未构成刑事犯罪的违警案件，对妨害公共安宁秩序、妨害生产建设、妨害他人身体财产、违反政府法令规章的行为，作出 4 小时以上 12 日以下拘留、1 日以上 7 日以下罚役、一万元（旧币）以上十万元以下罚金、警告等四类主罚，没收、停止营业、强制歇业等三类从罚。公安派出所根据准则，对违警行为有劝止、批评、传讯、警告之权。罚款 5 万元以上、拘留 5 日以上、罚役 3 日以上，需经专署公安处批准执行，停止营业及强制歇业需经县公安局和专署公安处批准执行。违警案件如涉刑事犯罪，县公安局移交县人民法院处理，并向专署公安处备案。

1957 年 10 月 22 日，全国人大常委会公布施行《中华人民共和国治安管理处罚条例》（以下简称条例）。县公安局对扰乱公共秩序、妨害公共安全、侵犯公民人身权利、损害公私财产，情节轻微，尚不够刑事处分的 68 种违反治安管理行为，通过立案、传唤、询问、调查、裁决、决定等程序给予处罚。处罚种类有警告、罚款、拘留。警告可由公安派出所裁决。罚款数额为五角以上二十元以下，加重处罚不得超过三十元。拘留天数为半日以上十日以下，加重处罚不得超过十五日。在农村，五日以下拘留，可由公安派出所裁决，没有公安派出所的地方，县公安局委托乡（镇）人民委员会裁决，执行拘留用劳动代替，劳动对象为公益事业。治安案件追诉期为 3 个月。13 岁以下违反治安管理行为，不予处罚。该条例的颁布施行，使治安管理处罚走上有法可依的道路。该条例实施经历四个阶段。第一阶段，自条例颁布至 1966 年年初，得到较好的施行；第二阶段，“文化大革命”时期，该条例和其他法律一样被破坏；第三阶段，“文化大革命”结束至 1979 年 11 月，拨乱反正，逐步恢复阶段；第四阶段，1979 年 11 月 29 日第五届全国人民代表大会常务委员会第十二次会议通过的《关于中华人民共和国建国以来制定的法律 法令效

力问题的决议》公布，1980年2月23日公安部重新将条例公布执行。县公安局在查处治安案件的同时，严厉打击扰乱治安秩序的犯罪活动。

1986年9月5日，第六届全国人民代表大会常务委员会第十七次会议通过第二部《中华人民共和国治安管理处罚条例》。新条例公布后，县公安局组织全体干警利用三个月的时间，对条例逐条逐句学习。针对执行新条例中出现的问题，县公安局举办治安警和所长学习班，用两天时间学习讨论，取得一致性意见。下发《关于实施新的〈治安管理处罚条例〉中有关问题的具体规定》，对治安案件的管辖分工、审批权限、办案程序、裁决执行、法律文书应用等都做出具体规定。派出所自行裁决对公民处五十元以下罚款治安案件；对公民处五十元以上罚款或拘留，由治安科负责审核，分管局长审批。在严格执行条例，保证办案质量的同时，注重新条例的宣传工作，达到宣传条例、教育群众、处理一案、教育一片的目的。索镇派出所抽调宣传车，录制宣传稿，用3天的时间到全镇26个村宣传。

1994年，县公安局制定《关于各派出所查处治安案件的积分办法》。根据各派出所查处治安案件积分，每月排出名次，提高各派出所查处治安案件的积极性。是年，全县受理治安案件1023起，查处1021起，立案数比上年上升129.9%。为提高办理治安案件水平，县公安局推行法制员制度，法制员负责本单位内部执法监督。1996年，各派出所法制员对每起案件提出审核意见，对不符合法律要求的案件，退回办案人员整改，减少诉讼复议和信访投诉案件发生。1997年，根据行政处罚法、山东省行政处罚听证程序实施办法，对责令停产停业、吊销许可证或者执照，对公民处以五百元以上罚款，对法人或者其他组织处以20000元以上罚款，告知当事人有要求举行听证的权力。1998年起，治安部门承办95种刑事案件。1999年4月，县公安局推行治安案件公开审理，各派出所治安案件公开审理比例80%～95%，取得良好法律效果和社会效果。6月11日，公安部发布《公安机关内部执法监督工作规定》《公安机关人民警察执法过错责任追究规定》，县公安局研究制定《案件审核暂行规定》《内部执法责任追究规定》，法制部门负责审核对公民处五十元以上罚款或拘留、对法人或其他组织处二千元以上罚款、没收违法所得、没收非法财物、责令停产停业的治安案件或虽未达到上述条件，但争议较大，有可能引起行政复议或提起行政诉讼的治安案件。

21世纪初，涉酒类滋事案件上升，行为人借酒耍疯、起哄闹事、发泄不满、随意辱骂殴打他人，甚至谩骂、围攻、殴打民警。2003年7月8日，县公安局制定《涉酒寻衅滋事案件处置规范》，突出现场取证、现场救护，规范执法语言、约束行为，掌握证据规格，坚决依法办事。是年，县公安局印发《全县公安工作提速规范》，对符合简易程序处理的治安案件，可在查清事实后当场处理，当场未处理的，3日以内处理，使用普通程序处理的，在查清事实后5日内处理，案情复杂的10日内处理。需要物价鉴定、法医鉴定作为处理依据的，在鉴定结论出具后5日内处理。2005年，推行案件主办人制度，除必要的审核、审批程序外，主办人具有执法自主权，此做法被市公安局推广。

2006年3月1日，治安管理处罚法实施。7月6日，省公安厅印发《实施治安管理处罚法细化标准(试行)》，细化规定治安管理处罚法有关条款情节较轻、情节较重情形，规范执法自由裁量权。县公安局组织民警认真学习，严格贯彻执行，依法公正查处案件。是年，县公安局推行治安案件网上办理，对执法办案过程实时监督，解决立案不实等问题。2010年，省公安厅经过调研，形成《山东省公安机关实施治安管理处罚法细化标准》。县公安局严格落实，在审核、审批时严格把关，确保案件处罚合法适当。

2011年，县公安局开展“打四黑除四害”(“黑作坊”“黑工厂”“黑市场”“黑窝点”，害百姓、害家庭、害社会、害国家)行动和打击“地沟油”犯罪破案会战。捣毁生产假化肥的造假窝点2处，生产线3条，查封生产假化肥原料100余吨，查实销售点12处，落实销售的假化肥700余吨，涉案价值40余万元，抓获涉案人员15人。2013年，开展打霸治痞专项行动，“地毯式”排查和打击浮在社会面上的霸痞势力，建立60余人的黑恶霸痞前科人员信息库，侦破市霸、地霸、沙霸、雇凶、团伙滋事等涉霸案件8起，打掉恶势力犯罪团伙、霸痞违法团伙各 4 个，抓获涉案人员 35 人，提请批准逮捕 1 人，刑事拘留 12 人，取保候审 3 人，行政拘留 10 人，其他处理 9 人。2014 年，依法处置以堵门、打横幅、摆花圈、烧纸钱、携众、携老、携妇孺、携尸等方式相要挟的聚众闹事案件 33 起，其中聚众冲击国家机关案件 2 起，行政拘留 32 人，刑事拘留 27 人，收到良好社会效果和法律效果。2016 年上半年，查处橡树湾部分居民聚众扰乱单位秩序案、华沟村部分村民聚众扰乱单位秩序案，刑事拘留 8 人，提请批准逮捕 2 人，行政拘留 4 人，警告 1 人。

1980—2015 年桓台县查处治安案件情况统计表

表 5—2

年度	受理（起）	查处（人）	警告（人）	罚款（人）	拘留（人）	其他（人）	年度	受理（起）	查处（人）	警告（人）	罚款（人）	拘留（人）	其他（人）
1980	75	74	12	7	57		1998	650	650	270	345	54	
1981	76	76	32	49	67		1999	473	473	170	400	72	131
1982	85	85	58	224	106		2000	1316	515	169	457	162	
1983	81	81	13	23	115		2001	1415	729	282	691	171	
1984	29	29	4	3	28		2002	1899	1330	546	826	113	
1985	33	33	8	1	40		2003	1230	811	378	532	84	
1986	38	38	25	1	41		2004	925	510	200	433	58	
1987	49	49	6	47	52		2005	901	469	200	468	123	
1988	57	57	2	32	93		2006	948	644	52	692	290	
1989	71	64	0	26	81		2007	2617	2189	9	344	394	39
1990	275	275	0	18	75		2008	4378	4223	16	266	493	97
1991	90	89	84	47	21	15	2009	4639	4497	6	183	374	71
1992	255	228	13	120	138	25	2010	3287	3077	247	133	242	29
1993	477	457	228	240	144	105	2011	10143	9886	6476	76	210	11
1994	1009	1003	676	807	216	76	2012	4259	4110	212	55	221	7
1995	828	822	412	654	159	47	2013	3555	3409	3	193	371	13
1996	1387	1303	1030	922	234		2014	7211	7091	18	155	543	21
1997	711	711	283	636	120	33	2015	10124	9299	3	121	460	17

注：2007 年后受理和查处数据包括现场调解数

群体性事件处置

中华人民共和国成立初期，由于反动势力的影响和少数坏人的挑拨煽动，桓台县金岭镇（现属临淄区）多次发生民族纠纷。1952 年，因汉族男青年刘某同回族女青年马某通婚，在少数人的煽动下，引发金岭镇社会骚动，前往处理的副县长遭到毒打，史称“刘马事件”。公安机关从加强民族团结，协调民族关系发展的大局出发，宣传民族政策，采取有效措施，消除民族隔阂，及时平息事态。

20 世纪 50—70 年代，在大集体经营模式下，桓台县群体性事件较少。20 世纪 80 年代起，因利益关系和人民内部矛盾引发的群体性事件增多，县公安局在县委、县政府和上级公安机关领导下，会同有关部门，努力化解矛盾纠纷，依法打击违法行为，维护社会政治安定、治安平稳。

1983 年 8 月 8 日，新城人民公社昝家大队第 6

生产队苹果园的4万余公斤苹果、7亩蔬菜被社员抢光，损失12850元。县公安局与县人民法院、县农业局及新城人民公社组成联合调查组，查明事件起因是果园承包合同不合理、不合法，生产队长工作作风不正，队内账物管理混乱，导致村民不满。调查组决定，停止第6生产队长职务，检查交代问题，终止果园承包合同；维护6队社员利益，追回被抢物资归6队社员所有；严肃处理哄抢首要分子和带头闹事者。8月15日，调查组在昝家大队召开新城人民公社各大队治保主任及昝家大队全体社员大会，进行公开处理。11名哄抢人员受到行政拘留、罚款、赔偿损失处理。70人主动揭发他人违法犯罪事实，交代自己违法行为，60人主动认错、退赃。同时查明，5名带头哄抢人员，还涉嫌盗窃、放火等犯罪行为，分别被判处有期徒刑。

1989年，县公安局制定《关于处置突发事件的预案》，明确处置群体性事件的原则、策略和职责，培训领导干部和干警，增强驾驭复杂情况的能力。1992—1995年，工农纠纷明显增多，有的居民借口企业占地、污染等问题，趁机向企业伸手要钱要物，阻挠企业生产；有的建筑企业拖欠民工工资，引发聚众斗殴、扣押人质等问题。县公安局及早预警，化解矛盾，并依法查处闹事事件。1992年，唐山镇巴王村部分村民在少数人煽动下，借口济南化工厂桓台分厂污染问题，砸坏工厂设备，哄抢工厂财物，致该厂停产半年，直接经济损失60万元。9月14日，县公安局组织200余名干警，向群众宣传法律政策，在闹事人员不听劝告、拒不撤离情况下，采取果断措施，强行驱散。9月19日，成立专案组，传唤、教育和处罚违法人员，平息事态。

“1992.9.19”专案组干警合影

1993年5月15日，张店区卫固镇北岭村部分运输业户以提高运费为借口，挑动40余名男青年，到桓台县嘉桓水泥厂门口闹事，拦截、掀翻运料车辆，殴打司机，影响企业正常生产。县公安局组织警力，传唤4名带头滋事人员。5月16日，该村又有50余名男青年及20余名妇女参与闹事。县公安局抓获6名为首人员，跟进教育与处罚措施，平息该事件。1994年4月20日，马桥镇西岔村80余名村民，在少数人操纵下，以新建张(店)田(镇)公路占用土地为由，到张田路施工现场闹事。在县委、县政府统一指挥下，县公安局组织150名干警和联防队员，驱散现场闹事人员，行政拘留6名带头者、4名幕后操纵者，保证公路正常施工。1995年2月27日，索镇北辛村部分村民要求县开发区一次性付清占地款，并提出在合资企业安排临时工，在未达目的情况下，阻挠山东森美人造板有限公司施工。县委、县政府组织相关部门，进行法制宣传和政策教育，仍有少数村民不听劝阻，辱骂执法人员。4月12日，县公安局成立专案组，依法传唤19人，行政处罚9人。

20世纪90年代中后期，国家“三农”政策急剧调整，基层干部工作作风、思想观念、法律意识跟不上形势的发展，干群矛盾、承包纠纷、换届选举、旧村改造等问题引发的群体性事件明显增多，1997年发生群体性事件8起，1998年25起。1997年9月1日，县公安局修订《关于处置突发事件的工作预案》，坚持预防为主、尽快平息的方针和疏导化解、教育争取、依法处置、慎用警力、党的领导、绝对安全的原则，对7类突发性事件的预防、控制、化解和组织、协调、处置措施具体化。11月12日，田庄镇胡西村数名村民打伤村会计王某并阻拦医疗人员救治。田庄派出所和治安科处置时，3名民警被村民非法扣留。县公安局组织营救过程中，遭到数百名不明真相村民的围攻、谩骂、殴打、阻拦。11月15日，县公安局传唤部分闹事人员，举办法制教育学习班，4人被追究刑事责任。2000年4月11日，县人民法院开庭审理发生在田庄镇关家村的一起故意伤害案，200余名村民围攻、谩骂法警并抢夺警械，扰乱法院正常办公秩序。县公安局及时处置，追究刑事责任3人。

2002年4月22日，马桥镇前金村部分村民，以淄博金城石化有限公司污染环境为借口，在个别人组织下，用垃圾封堵该公司大门，企业生产经营受到严重影响。4月26日，县公安局拘传扰乱社会秩序人员。4月27日，个别人煽动200余名村民冲击马桥派出所，追打、谩骂民警，砸坏警车，抢夺警械，哄抢食堂。市委政法委、市公安局领导现场指挥，平息事态。县公安局成立专案组，6名组织、带头冲击公安机关的人员被追究刑事责任。事件发生后，县公安局认真反思，进一步完善处置群体性治安事件工作机制。2004年6月28日，因山东海明化工厂污染问题，索镇崔茅村部分村民堵住工厂大门，当晚至次日，砸毁化工厂办公室、生产车间，推倒烟囱、院墙，损坏原材料、产品及反应釜内的半成品，砸坏汽车9辆，损失138万元。县公安局成立专案组调查处理。

2005年5月9日，县公安局制定《关于依法维护县级领导机关和参与维护市级领导机关信访秩序 预防和妥善处置群体性上访事件的预案》，根据群体性上访事件的事由、规模、形式等情况，适时适度出动警力，控制现场时态，维护领导机关办公秩序。10月19日，唐山镇郭家村第五村民小组40余名村民因实验学校征地问题，到省政府上访，连续三天采取下跪、举标语、静坐等手段向政府示威，造成较坏社会影响。县公安局抽调警力赴省处置，行政拘留6人。2006年4月10日，淄博伟光化工有限公司两大股东为争夺经营管理权，双方组织100余人对峙、斗殴。县公安局抽调100余名警力，将46名参与人员强制带离现场，刑事拘留6人。2007年5月，桓台县城市净水厂在唐山镇西毕村村南打6眼深水井，并铺设输水管道，部分村民以打井影响生产和生活为借口阻挠施工。8月29日，施工人员车辆被放气、掀翻，维修工与村民之间、村干部与村民之间发生撕打，水务工作人员被扣留。县公安局连夜工作，有效控制事态，解救被扣人员。8月30日，调取被损车辆，对汽车修理工殴打村民、村民掀翻2部面包车及村干部与村民互相殴打3起案件全面展开调查，成功调解两起殴打他人案件，依法处理损坏面包车案件。同时，宣传政策法律，引导村民理性表达利益诉求，严密控制事态发展，工程顺利施工。

2011年，县公安局制定《重大事项社会稳定风险评估工作制度（试行）》，评估处置各类社会行为的合法性、合理性、可行性、安全性及制定政策、出动警力可能出现的后果等问题，提升决策水平。修订《处置群体性事件应急预案》，坚持属地管理、快速反应、教育疏导、依法处理、分级处理原则，力争把群体性事件解决在萌芽状态。制定《互联网突发舆情事件应急处置预案》，坚持实事求是、公开透明、快速反应、主动引导、密切配合、统一口径原则，第一时间发布消息，把握工作主动权。2013年，针对部分人存在“大闹大解决、小闹小解决、不闹不解决”错误倾向，及信访领域多次出现集体访、重复访、缠访、闹访问题，县公安局提出法制框架内解决问题和“非访不是访”的理念，坚持依法办事。4月1—3日、10月22日—12月4日，索镇花园村部分村民以山东鑫马纸业有限公司拖欠村委承包费为由，采取静坐、堵门等方式阻止公司车辆、人员进出，妨碍公司正常生产，造成重大经济损失。县公安局发布《关于坚决依法查处扰乱社会秩序行为的通告》，向村民进行法制教育，刑事拘留6名组织煽动人员。10月19日，在镇府大街、张北路路口，鱼龙—张店线路车30余名司机、售票员拦截14辆72路（临淄北羊—张店）公交车，数十名乘客被迫滞留或转乘，双方驾驶员、售票员100余人在现场对峙，发生厮打、砸车等行为，72路公交车被迫停运。县公安局迅速反应，查明原因，在规劝无效情况下，强行带离相关人员，并立案调查，刑事拘留4名为首人员。同时，交通部门处理营运问题，事件得以平息。2014年2月15—17日，30余人因事故纠纷到起风整骨医院，采取摆花圈、打横幅、烧纸钱、堵路口等行为向医院施压，要求高额赔偿，引起大量群众聚集。在现场处置过程中，死者亲属拒不服从民警指挥，并对医院工作人员谩骂、推搡。2月18日，县公安局立案查处，拘传涉案人员4人，5名主要参与人员投案自首。民事赔偿部分达成协议，违法人员被依法处理，事件得以平息。

2015年8月，县公安局修订《桓台县妥善处置重大群体性事件应急预案》《异常访及信访突发事件应急处置预案》，突出群体性事件、信访突发事件的预警和研判，根据事件等级，分别响应处置。同时修订《敏感案事件舆情应对处置工作方案》，明确适用范围、工作流程,根据“先发声、早发声、我发声、发正声”原则,抢占舆论高地,形成网上网下工作合力。2016 年 3 月 13 日,起风镇华沟村部分村民用建筑垃圾堵住起风镇仁丰路,影响山东仁丰特种材料股份有限公司货车及社会车辆通行。公安机关耐心教育,印发《致华沟村村民的一封信》《桓台县公安局关于依法维护社会秩序敦促违法犯罪嫌疑人主动投案自首的通告》。3 月 15 日,在劝说无效情况下,强行带离 7 名违法犯罪嫌疑人,刑事拘留 6 人。在侦办案件过程中,个别网民在网上发布“桓台警察田间抓人”视频,散布民警殴打村民谣言,造成不良社会影响。县公安局启动舆情处置应急预案,迅速开展视频溯源工作,确定该段视频发生在外省某地,遂利用宣传阵地公开辟谣,对散布谣言者行政处罚。贴吧、微信、微博网友主动删帖 36 条,相关网络维权群 40 余人主动退群,相关负面文章关注度迅速降温。这起案件成为公安机关打击维稳并重,网上网下一体推进的典型案例。

第八节　人口管理

户口登记迁移

桓台县户口管理,明清两代已有记载。明弘治十七年(1504 年),全县人口 70917 人。清末到民国,户口管理沿用封建王朝保甲户口制度,即 1 村为 1 保,设正副保长各 1 人,25 户为 1 闾,设闾长 1 人,10 户为 1 甲,设甲长 1 人,5 户为 1 邻,设邻长 1 人。国民党对劳动人民实行“五家连环保”制度,即所谓“一家通匪,五家共罪”。把劳动人民的户口作为征粮、征税、抽丁服役的工具,通过清查户口,在政治上管制、束缚劳动人民自由,达到维护反动统治的目的。民国 28 年(1939 年)2 月,日军侵占桓城,成立警务局(后改称警察所),配备保甲户籍员 20 余人,分管户口工作,编制身份证明,编发门牌号和“良民证”,在重要集镇和路口站岗设卡,检验证件,清查户口,敲诈民财,查缉革命者。

抗日战争胜利后,桓台县人民政府重建公安局,一面搜捕战犯,一面清查户口,家中大人、小孩均捺手印证实,及时清理隐藏其间的汉奸、特务和其他坏分子。民国 36 年(1947 年),为适应解放战争和公安工作需要,根据渤海行署指示,县公安局四股(治安股)配股长 1 名,3 名干事分别负责内勤、户籍、治安等工作,自此户口管理由专人负责。1949 年 5 月,县公安局首先清理整顿直属镇户口,在取得经验基础上,指导金岭、田庄区整顿户口,随后全县铺开。

中华人民共和国成立后,桓台县城区户口由县公安局管理,农村户口主要由民政部门管理。1951 年 7 月 16 日,公安部公布实施《城市户口管理暂行条例》,县公安局依此规范户口分类、户口变动、户口报告工作。1952 年 5 月 27 日,省公安厅转发《华东城市户口管理暂行实施细则》,桓台县普遍进行户口登记,健全户口登记簿册制度。1953 年 7 月 1 日,全国第一次人口普查。在此次人口调查登记基础上,1954 年,县民政部门核实全县户口,初步建立常住人口出生、死亡、迁出、迁入四项变动登记制度,为计划供应、镇反运动提供资料。12 月 18 日,县政府建立经常户政工作制度,出生一月以内进行出生登记,死亡十天以内进行死亡登记,迁入五天以内进行迁入登记,迁出事先要登记和办理迁出手续。

1955 年 6 月 22 日,国务院发布《关于建立经常户口登记制度的指示》,统一全国户口登记工作。1956 年 3 月 10 日,公安部召开全国第一次户口工作会议,总结户口管理工作经验,确定户口工作的性质和任务,制定户口登记办法,统一户口登记簿册和迁移证件,建立健全户口管理规章制度。是月,桓台县 202 户约 1000 人迁居黑龙江省泰来县。4 月,全县农村户口由民政部门移交公安机关管理,全县人口登记 370332 人。是月,桓台县 300 余男女青年迁居黑龙江省萝北县,参加边疆建设。6 月,省公安厅发布《关于农村户口登记管理工作的意见》,农村户口登记管理工作由公安机关主管,在设有公安派出所的集镇,公安派出所为户口登记机关,使用户口专用章,未设公安派出所的地区,乡(镇)人民委员会为户口登记机关,指定乡(镇)文书负责办理,使用乡(镇)人民委员会专用章。7 月,县公安局增设户籍股,配股长 1 人,内勤 2 人,外勤 1 人。11 月,县公安局先后两次召开区、乡(镇)文书会议,部署户口管理工作,每乡

(镇)确定专人管理户口,做到人人有户口、变动有登记。同时确定,乡(镇)文书负责迁出、迁入登记,农村大队会计(或记工员)负责出生、死亡登记,一月一次将本大队户口四项变动报乡(镇)秘书,乡(镇)秘书负责四项变动统计工作,区公安特派员和乡(镇)治安主任负责监督检查。县公安局户籍股负责县直21个单位的户口迁移和四项变动登记,管理全县的公共户口。户籍股定期检查指导各乡(镇)户口登记情况,每月核对一次四项变动登记。半年和年终统计之前,各乡(镇)逐户逐人核对,保证户口与实有人口相符,四项变动登记与统计周期内实际变动情况相符,做到户口登记不重、不错、不漏。

1958年1月9日,全国人大常委会颁布《中华人民共和国户口登记条例》,自此户口管理工作具有完整的法律依据。10月,江西道、石桥两人民公社和卫固人民公社部分村庄划归淄博市张店区。是年,全县1万余人支援济南、潍坊、淄博等地工业建设。1959年9月,原桓台县各区300名未婚男女青年迁居辽宁省铁岭县。1960年,因生活困难,又迁居东北等地22592人。1962年,根据省公安厅指示,户口管理由常住户口登记簿换成卡式管理,即分男卡、女卡,大小相同,颜色不同,区公所和大队分别管理卡片,人动卡动,人随卡走,人卡

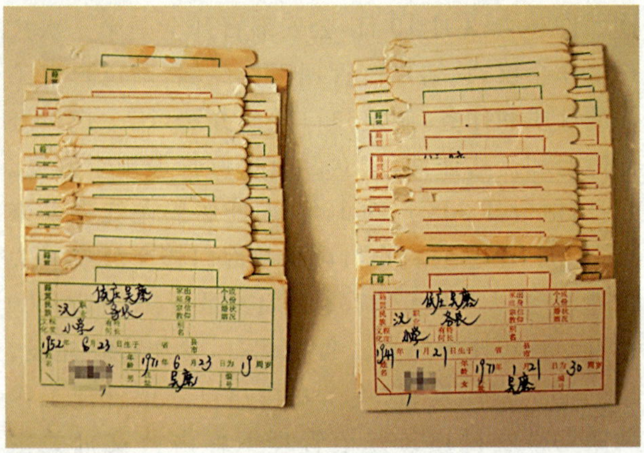

户口卡片

相符。是年3月,撤销户籍股,城区户籍工作由索镇派出所承担。1964年6月28日,县人民委员会批转县公安局《关于整顿县城集体户口和加强今后户口管理意见的报告》。集体户口范围,仅限于机关、团体、企业、事业单位内部居住和在外部集体宿舍居住的单身职工。住在机关、团体、企业、事业单位内部带有家属的职工,在合作商店、社办工厂、较小公私合营企业单位居住的职工,均按居民户口管理。一个家庭同居一处立为一户,分居几处分别立户。9月14日,县公安局印发《关于加强经常户口管理工作的意见》,固定区文书和大队会计负责区、大队的户口登记和人口统计工作,在区、大队分别建立户口卡签簿册。生产队会计是生产大队户口管理的辅助力量,协助核对本队户口,督促申报出生、死亡和户口更正事项。对婴儿出生的,大队审查无误后,填写大、小两张户口卡签和出生登记簿、人口出生报告单,加盖大队公章和户口员章,连同大卡签交申报人到人民公社审查,再到区公所办理出生登记,区公所根据卡签户号查阅卡签簿,将婴儿卡签插入卡签簿,出生报告单由区公所存查,出具人口出生证明,交申报人领取出生照顾物资。公民死亡,大队和区公所分别从户口卡签簿内抽出死亡人员卡签,填写死亡登记簿,出具人口死亡证明。公民申请迁出常住地,生产大队报人民公社审核、转区审批,符合迁出规定的,区公所从户口簿内抽出迁出人的户口卡签,在背面注明迁出时间、地址,另存备查,填写迁出登记簿,办理户口迁移手续。公民申报户口迁入,大队报人民公社审核、转区审批,符合迁入规定准予落户的,区公所填写大、小两张卡签和迁入登记簿,再填写入户通知书,交给申请人到迁入大队入户。户口迁移证由区公所存查,入户通知单由生产大队存查。区内迁移,由生产大队审查批准,区公所变动移居人的户口卡签位置,把小卡签交迁移人,迁入地生产大队将迁移人交来的小卡签插入户口簿。在户口迁移上,严格执行中央和国务院有关户口迁移问题的规定,对农村迁入城市的严加控制,城市迁入农村的一律准予落户,不加限制。

"文化大革命"期间,正常的户口管理工作受到严重干扰和破坏,出现有户无人和有人无户的混乱状态。1966年7月,桓台县撤区并社,人民公社秘书负责户口迁出、迁入登记。1973年3月1日,准迁证作废,使用准予迁入证明"三联单"。从农村迁入市镇,由生产队供应口粮改为国家供应商品粮的,从集镇迁往城市的,从小城市迁往大、中城市的,从内地迁往边防禁区的,凭县公安局签发的"准予迁入证明",办理迁出和迁入手续。

中共十一届三中全会后，全县 13 个人民公社恢复正常的户口管理制度。1980 年 2 月 25 日，公安部印发《关于实行统一的户口准予迁入证明的通知》，凡是从农村迁往市镇，由农业人口转为非农业人口的，一律使用准迁证。1982 年 1 月 1 日起，人民公社与大队之间的“四项变动”，使用三联单联系办理，由人民公社、大队各备一本三联单，存根由迁发单位保存备查，第二联由人民公社（派出所）保存，第三联由人民公社（派出所）完备手续后，发往单位保存。7 月，全国第三次人口普查后，将户口卡片登记管理改为簿册登记管理，每户核发户口簿，由人民公社代管户口登记工作。1983 年，全县 13 个人民公社将代管的农村户口移交公安派出所管理。

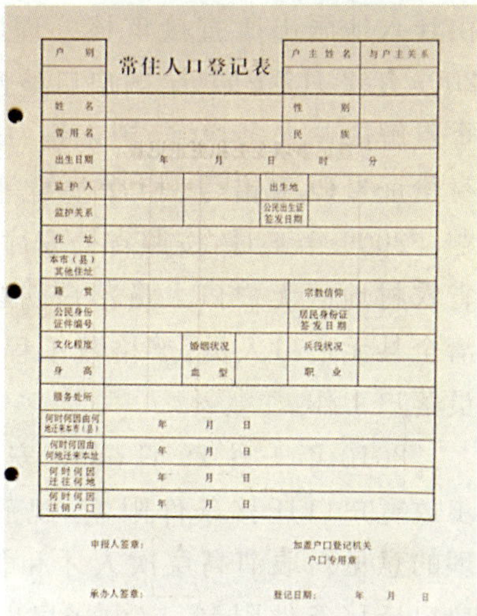
常住人口登记表

户别	户主姓名	与户主关系
姓名	性别	
曾用名	民族	
出生日期	年　月　日　时　分	
监护人	出生地	
监护关系	公民出生证签发日期	
住址		
本市（县）其他住址		
籍贯	宗教信仰	
公民身份证件编号	居民身份证签发日期	
文化程度	婚姻状况	兵役状况
身高	血型	职业
服务处所		
何时何因由何地迁来本市（县）	年　月　日	
何时何因由何地迁来本址	年　月　日	
何时何因迁往何地	年　月　日	
何时何因注销户口	年　月　日	

申报人签章：　　加盖户口登记机关户口专用章

承办人签章：　　登记日期：　年　月　日

1990 年，改革户口管理办法，用常住人口登记表取代户口卡签。1992 年，桓台县推行农村户口城市化管理，在全县城乡规划、编制路标、门牌。1993 年，购置微机，试点微机管理人口，下半年完成核对户口和录入工作，年底实现人口基本信息计算机管理，逐步实现人口管理现代化。4 月，农村户口城市化管理工作基本完成，换发户口簿 128290 个。6 月，省公安厅发布《山东省农村户口管理暂行办法》，全县农村户口实行户口簿、门牌号、村民居住方位图“三位一体”的管理体制，并按户口簿、门牌号、村民居住方位图、常住人口登记表、索引表“五统一”的办法进行管理。8 月，根据十二次县长会议纪要精神，解决淄博第四棉纺厂 707 名农民合同工的双重负担问题，将其户口迁入城区落集体户，户口性质不变。是月，从庆云县迁入一批非农业户口。1994 年 12 月 12 日，启用新的户口迁移证、户口准迁证。是年，6 个派出所各投资 3 万余元，购进微机实行户口微机管理。通过户口管理，发现并抓获混杂在暂住人口中的杀人、抢劫在逃犯等违法犯罪分子 38 人，破案 56 起。1995 年，各派出所购置微机、扫描仪等设备，实现台前办公，全县 472580 人常住户口信息录入微机。11 月 6 日，卫生部、公安部联合发出《关于统一出生医学证明的通知》。1996 年 1 月 1 日，正式启用出生医学证明，新生儿父母或其监护人凭出生医学证明，到所在地派出所办理出生人口登记手续，派出所留存出生医学证明副页。是年，全县完成对常住户口图像扫描和人口数据核对工作。1997 年 1 月 24 日，投资 30 万元，建成县公安局、派出所两级人口信息计算机管理网络，实现全县人口信息资料共享。7 月，户籍管理信息系统实现全市三级联网。1998 年，为 212 名未落户人员办理落户手续。投资 2 万元，购置微机触摸屏，建成户口查询系统，在全市率先实现办事群众自主查询办理户口手续条件、程序等。

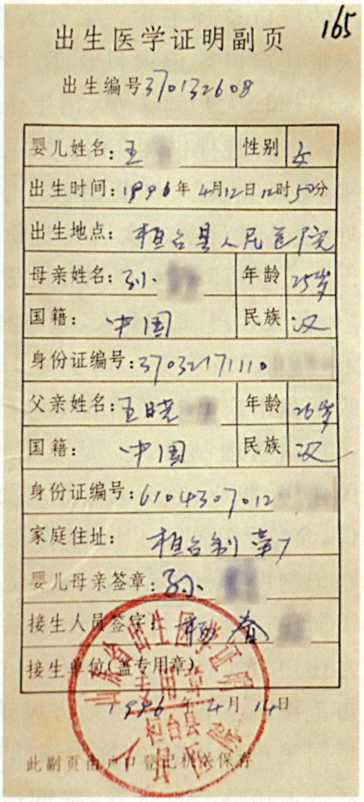
165

出生医学证明副页

出生编号 370132608

婴儿姓名：王		性别	女
出生时间：1996 年 4 月 12 日 12 时 50 分			
出生地点：桓台县人民医院			
母亲姓名：		年龄	25 岁
国籍：中国		民族	汉
身份证编号：370321711110			
父亲姓名：		年龄	26 岁
国籍：中国		民族	汉
身份证编号：6104307012			
家庭住址：			
婴儿母亲签章：			
接生人员签字：			
接生单位（盖专用章）			

1996 年 4 月 14 日

此副页由户口登记机关保存

1996 版出生医学证明副页

1997 年 1 月 24 日，全县人口信息实现微机联网

2000 年 8 月 15 日—9 月 15 日，进行人口普查

前的户口整顿工作。采取入户核对方式，重点解决常住户口登记项目及照片不全、人户分离、“口袋”户口、无户口人员、出生未落、应销未销问题，为人口普查提供翔实、准确、可靠的户籍资料。是年，更新常住人口登记表48万余份。2001年5月，全县进行第二次居民身份证编号清理整顿工作。走访152944户居民，发现有户无人35679户，有人无户35111人，户口登记项目不符30292条，更正29697条。12月6日，市政府出台《关于改革我市户籍制度的通知》，自2002年1月始，改革户籍管理制度。一是改革户口迁移制度，以公民住房、职业、经济来源等主要生活基础为落户条件，实行积极的人口迁移政策；二是改革户籍管理登记制度，按照在居住地登记户口的原则审批城镇居民户口，实行婴儿出生后自愿随母亲或父亲常住户口所在地登记常住户口的原则；三是在全市范围内实行山东省地方城镇居民户口与全国城镇居民户口并轨，统称为城镇居民户口；四是在城区或城镇落户的居民，除购房、婚迁、考学、招工、参军原因外，其他无正当理由的人员，三年内不作城区、城镇间的户口迁移；五是妥善处理农民进城后的承包地、宅基地问题。

2002年8月11日，桓台县接收重庆市开县渠口镇坪浪村和小河村三峡库区移民35户138人，安置在唐山镇西马村7户27人，薛庙村4户17人，田庄镇旬北村3户12人，西埠村4户18人，文庄村5户20人，果里镇东义和村4户11人，甘家村4户15人，东果里村4户18人。随迁2人，分别安置在文庄村、薛庙村，只迁移户口，不计移民数。2003年7月4日，经省政府批准，将果里镇阎高村、小官村、韩庙村、刘斜村、罗斜村、甘家村和周家镇杨楼村、郭家村划归张店区石桥街道办事处管辖，将8村2297户7452人户口移交淄博市高新区公安分局。8月，公安部出台三十项便民利民措施，其中涉及户籍管理有七项，取消一系列户口迁移限制条件，新生儿出生落户可以自愿选择随父或随母，取消注销出国、出境1年以上人员户口的规定（在国外、境外定居的除外），取消注销被判处徒刑、被决定劳动教养人员户口的规定。2004年8月22日，桓台县接收第二批三峡移民21户81人，安置在索镇前毕村5户20人、姜庙村6户21人，邢家镇后诸村5户21人、黄家村5户19人。随迁1人，安置在后诸村，只迁移户口，不计移民数。

2005年4月，人口管理系统由吉林鸿达公安人口操作软件DOS版本升级为上海众恒公安人口WINDOWS操作系统1.0版本。5月，桓台县贯彻淄博市公安局3月29日印发的《关于进一步深化户籍管理制度改革的意见》，推行实有人口管理机制，取消农业户口、非农业户口性质划分，统一登记为“居民户口”，涉及户口性质变更的户口审批一律停止。7月1日，启用新版《出生医学证明》，出生编号采用防伪技术。2006年，众恒公安人口系统由1.0版本升为2.0版本，2007年升为3.0版本。2007年8月，实现全市户口网上迁移，由迁入地派出所直接审核办理。2008年12月至2009年2月，按照《全国户口整顿工作方案》要求，重点解决一人多户、应销未销、应登未登以及公民身份证号码重错号、相片差错等户口登记差错问题。2009年4月，按照省公安厅《关于认真解决我省农村地区无户口人员落户问题的通知》要求，摸清全县无户口人员，严格政策程序，做好无户口人员落户工作。

2010年1月29日，市公安局制定《关于进一步放宽户口迁移条件限制 规范全市常住户口管理的意见》，取消高层次人才和急需紧缺专业人才户口迁移条件限制、市内居民购房迁移户口房屋面积限制、放宽投靠人员户口迁移条件限制，允许集体户口登记地址消失的居民将户口迁移至适当地址，引导和促进人口合理流动。是年，完成第六次人口普查户口整顿工作，全县摸排157881户497437人，登记暂住人口11509人、人户分离19827人，摸排户口待定1339人，解决280人，应销未销2088人，注销1725人，纠正公民身份证号码重错号4人，变更更正户口登记项目16328项，提供破案线索22条，查处治安案件30起，破获刑事案件17起，抓获违法犯罪嫌疑人27人，其中逃犯5人。2011年2月26日，国务院办公厅印发《关于积极稳妥推进户籍管理制度改革的通知》，鼓励更多农村人口到城镇就业和落户，加快城镇化进程。9—12月，县公安局开展户口登记管理专项清理整治。强化警综平台应用，推动人口管理信息化建设，突出抓好常住人口社会信息中的从业状况、经济状况、交通工具、政治面貌、服务场所、服务场所详址和联系电话等信息的完整、规范采集。录入常住人口补充信息302980条、暂住人口信息10598条、出租房屋信息6004条、高危人员信息876条。2012年7月，正式运行淄博市人口信息管理系统网上审批系统。

2013年，根据市政府《关于贯彻鲁政办发〔2011〕40号文件 积极稳妥推进户籍管理制度改革的意见》，逐步建立以居民经常居住地登记常住户口为基本形式，以合法稳定住所、合法稳定职业为户口迁移基本条件，实施更加灵活的户口迁移政策，方便农村人口就近有序转移。同时，严格限制城镇居民到农村落户。开展户口登记管理专项清理整顿工作，全面清理户籍业务档案和人口信息数据，核查132379人次，计核查出生53696人、迁入40487人、死亡38196人，核实注销重户口人员28人。3月，市内跨区县户口迁移不再签发准迁证。是年7月至2014年6月，依托省公安厅人像比对平台，开展疑似问题人员信息清理核查专项工作，清理疑似重人1110人，注销138人，变更照片24人，排除794人，对方处理154人，完成率83.47%；核查16周岁以上未申领居民身份证人员2629人，督促办证1594人；主动与村居、医院、计生部门联系，开展新生儿出生落户督促工作，办理出生落户1585人；清理全县未成年人员单独立户现象，核实18人，清理15人。2014年1月1日，启用新版出生医学证明，采用黑白水印、光学水印、光变油墨、全息洗铝定位烫印、微缩文字、彩虹印刷6项防伪技术。2月28日，实现县内跨所办理户籍证明。6月，在全县推行户籍110服务，对80岁以上老人、未成年人、病残人员、急难求助人员或特殊情况需要上门服务的人员，实行上门服务。依托县公安局网上“户政服务大厅”，建设网上“户籍110”服务平台，开通户籍业务网上申办程序。户籍110服务模式被评为全市公安机关2014“创意警务”三等奖。10月18日，根据市公安局《关于贯彻落实淄政发〔2014〕13号和淄政办字〔2014〕87号文件 全面深化户籍制度改革的意见》，县公安局有序推进农业转移人口市民化工作，实行差异化户口迁移政策，及时解决已经转移城镇居住就业人口落户问题。10月30日，县卫生局、县公安局、县民政局联合下发《关于进一步规范全县人口死亡医学证明和信息登记管理工作的通知》，建立三部门联席会议制度，统筹协调做好死因统计工作，提高人口死亡信息登记管理水平。2015年7月20日，启用2015版户口迁移证。9月24日，启动省内跨地域网上迁移工作，避免群众迁移户口两地奔波之苦。2016年2月1日，全县户籍窗口试行部分户口申请事项“网上审批”，简化审批流程，提高办事效率。

2014年6月，成立户籍110

农转非

1956年7月29日，国务院批转《公安部关于各地执行劝止农民盲目流入城市和紧缩城市人口工作中发生的问题及解决意见的报告》，只允许下列人员从农村迁入城市：由劳动部门统一招收调配或经劳动部门批准招收调配的人员；由中等以上学校招收的学生；由建设委员会分配在城市安置的转业、复员军人；必须与干部、职工一起生活并经所属单位

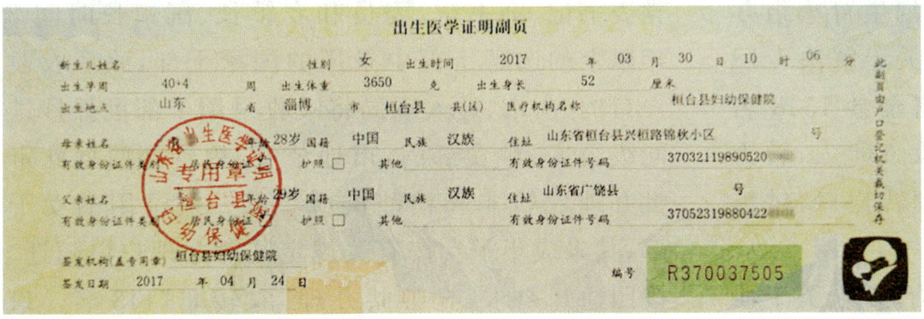

2014版出生医学证明

批准的干部、职工直系亲属。1964年8月，国务院批转《公安部关于处理户口迁移的规定》时提出“农转非”管理从严，对从农村迁往城市、集镇的严加限制，对从集镇迁往城市的严加限制。

1977年，国务院批转修订《公安部关于处理户口迁移的规定》，继续严格控制城市人口。与城镇职工、居民结婚的农村人口，确因长期病残生活难以自理，农村又无亲属可依靠的，可准予在城镇落户，城镇职工在农村的父母，如确无亲属依靠，生活难以自理，必须到城镇投靠子女的，可准予落户。城镇职工寄养在农村的15周岁以下子女，或原在农村无亲属照顾的15周岁以下子女可准予在城镇落户。办理从农村迁往城市的户口，由县公安局受理申请“农转非”报告及相关证明材料，整理呈批报表，会同粮食、计委、人事、劳动等部门负责人，集体研究确定农转非名单，报地区公安局审批后，凭准迁证办理农转非落户手续。办理“农转非”的人数，不得超过当年非农业人口的1.5‰，重点解决城镇居民中“老幼病残”困难户。

1980年5月9日，惠民地区公安局下发《关于解决部分科技人员家属由农业户口转为非农业户口手续问题的通知》，根据鲁发〔1980〕17号文件，凡是正副教授、正副研究员、高级工程师、正副总农业技师、正副主任医师、正副主任技师、正副主任药师、正副主任护师、特级教师，以及40岁以上或具有20年工龄、工作成绩显著的工程师（技师）、农业技师、助理研究员、讲师、主治（主管）医师、主管技师，或者年龄虽不足40岁、工龄不够20年，但有重要发明创造者（需经省地、市科委审核同意），其家属（包括配偶、15岁以下子女、60岁以上必须依靠其生活的父母）是农村户口的应尽先解决，可由本人申请，所在单位提出意见，经有关主管部门审查同意，转报地区公安局审批，办理迁入手续。9月20日，根据国务院计划生育小组办公室和国家劳动总局联合下达的《关于解决专职计划生育子女户口问题的通知》，将全县1548名女性计划生育员中的15岁以下子女634人，转为非农业户口，由公安、粮食部门办理转户口、供粮手续。

1987年7月16日，省委、省政府印发《关于强化县级管理的试行意见》，在规定范围内，县（市）具有“农转非”审批权。9月5日，省公安厅提出贯彻意见，自10月1日起，将每年按辖区非农业人口总数千分之二比例农转非审批权下放给县公安局。是年，全县办理“农转非”667人，计科技干部439人、离休干部46人、落实政策39人、荣立三等功32人、煤矿工111人。1989年4月10日，县公安局印发《关于改革户口“农转非”审批办法的通知》，改革户口“农转非”的申报、审批办法，实行政务、评议、结果“三公开”和“三榜定案”的办理程序，有效堵塞工作漏洞。一榜是公布申请名单，二榜是公布评议和研究意见，三榜是公布审批结果。10月18日，省人事局、省公安厅对知识分子农转非问题提出实行计划管理的意见，年内先办理具有讲师、工程师等中级专业技术职务和具有大专以上学历的知识分子中符合政策规定人员的家属“农转非”。1990年9月，县公安局下发《关于认真做好1990年户口“农转非”工作的实施意见》，各派出所建立“农转非”公示公开栏，继续实行公开评议，共办理“农转非”46户115人。

1990年以后，“农转非”审批权收归市公安局，审批条件仍执行1977年《公安部关于处理户口迁移的规定》。1991年，办理“农转非”191人，计职工亲属104人、离休干部亲属36人、科技干部亲属32人、煤矿工人家属17人、录用干部2人。1992年10月29日，县公安局印发《关于认真搞好1992年户口“农转非”工作的实施意见》，重新选聘评议员，继续实行“三榜定案”，公开有关条件标准。是年，对购买假非农业户口手续落户的，均注销并恢复为农业户口，收缴交易款18000元。1993年，在指标少、申请多的情况下，坚持公开公正公平，办理“农转非”157人。1994年7月16日，省人事厅、公安厅、粮食局联合印发《关于录用乡镇选聘干部“农转非”问题的通知》，从时任乡镇党委书记、副书记、委员和乡镇长、副镇长时间3年以上的选聘干部中录用的国家干部，原系农业户口的，由市、地人事局将吸收录用干部批件抄送同级公安、粮食部门，市地公安、粮食部门据此审批办理农转非和粮油供应手续。被录用的女干部，其未成年子女按有关规定同时办理户口随迁。按照通知要求，全县共办理“农转非”143名。11月20日，根据县政府决定，为县职业中专619名新生办理“农转非”，每人收取增容费2000元。1995年3月1日，省劳动厅、省计划委员会、省公安厅、省粮食局联合印发《关于照顾招收1959年底前参加工作家居农村老工人子女直接办理“农转非”的通知》。县公安局将有限的“农转非”指标用在最困难的群众身上，继续实行“两公开，一监督”制度，杜绝“人情户口”“后门户口”，合理分配指标。1998年，“农转非”条件进一步放宽，为有职称的科技干部及教师家属子女等分期分批办理“农转非”户口。

2002年，实行积极的人口迁移政策，取消“农转非”指标限制。2003年，推进农村人口城市化管理，办理“购房农转非”565人。2005年5月，全县取消农业与非农业户口性质划分，放宽落户条件，取消投靠人员户口迁移条件限制。

自理口粮和地方城镇户口管理

1984年10月13日，国务院发出《关于农民进入集镇落户问题的通知》，有经营能力、有技术专长的农民进入集镇经营工商业，准落常住户口，统计为非农业户口。根据公安部、省公安厅的贯彻意见，县公安局对在集镇有固定住所或在乡镇企业长期务工人员，准落自理口粮常住户口，吃议价粮，办理自理口粮户口簿、加价粮油供应证，统计为非农业人口。至1986年12月31日，全县共审批落户343户1068人。

1992年5月，根据县委、县政府关于农民进城落户的决定，申请办理“农转农”户口的居民，交5000元增容配套费后，落户索镇新民村。县公安局集中20天时间，办理“农迁农”户口1442户1867人。1993年4月7日，县公安局制定《关于进一步加强户口管理工作的暂行规定》，将迁入新民村的“农迁农”户口报批山东省地方城镇户口，对继续办理“农迁农”户口的，仍按5000元标准收取增容配套费。城区不再办理自理口粮户口，对城区既有的1200名自理户口人员，报批山东省地方城镇户口，每人交增容配套费3000元，不交纳者不予转办，并注销自理口粮户口，将户口迁回原单位。进入小区购买商品房落户人员，优惠办理山东省地方城镇户口，每人交纳3000元增容配套费，优惠人数最多不超过4人，且须为购房落户人员的家庭成员。1994年2月9日，省公安厅印发《山东省地方城镇居民户口管理暂行办法》，原则上地方城镇居民户口与城镇居民户口人员享受同等权利，履行同等义务。3月2日，县公安局与多部门联合印发《关于实施地方城镇户口有关问题的规定》，积极稳妥开展办理地方城镇户口工作。是年，办理地方城镇户口12000余人，含新民村、永安村3746人，淄博市第四棉纺厂和人事局、职业中专等单位招收中专班1411人。1995年10月4日，县公安局印发《关于认真做好1995年转山东地方城镇居民户口工作的通知》，根据市政府转户联席会议决定，改变办理山东地方城镇居民户口的审批程序，除公安派出所原审核上报的转户范围外，其他转户材料一律由县直各部门上报市直相关部门审核，统一报市公安局审批，然后到县公安局办理户口准迁手续。

2001年3月30日，国务院批转《公安部关于推进小城镇户籍管理制度改革意见》，已在小城镇办理的蓝印户口、地方城镇居民户口、自理口粮户口等，统一登记为城镇常住户口。6月1日，省政府印发《关于贯彻国发〔2001〕6号文件 积极推进小城镇户籍管理制度改革的通知》，在全省范围内实行山东省地方城镇户口与全国城镇居民户口并轨，统称为城镇居民户口，享受同等权利，履行同等义务。根据以上规定，凡在桓台县城区、索镇及其他建制镇长期居住并从事非农业的农村户口人员，统一改登城镇居民户口。2002年6月，根据市政府文件规定，县内山东省地方城镇户口一律并为非农业户口。

暂住人口管理

抗日战争胜利后，县公安局清查全县户口，外来人员必须及时申报临时户口，走后即销。1956年11月，县公安局规定，迁入人落户前证件丢失或者污损不能认清的，登记为暂住人口，待查明情况后，办理迁入登记。1958年3月中旬，根据惠民专署公安处统一部署，县公安局利用3天时间，初步清查全县外籍人员，共有138人，来自山东、河北、河南、山西、甘肃、吉林6省48县，其中本省118人。1964年6月28日，县人民委员会批转《桓台县公安局关于整顿县城集体户口和加强今后户口管理意见的报告》，对户口在农村、带粮在县城上学的学生和机关临时工、保姆等人员的户口，常住户口仍在农村登记，在外办理寄住户口。

20世纪80年代，流动人口数量急剧增加。1985年7月，公安部印发《关于城镇暂住人口管理的暂行规定》，市公安局制定《关于暂住人口和自理口粮户口的具体管理办法》，到本市暂住三日内不报户口，三个月之内只报暂住户口登记，超过三个月发暂住证，有效期最长不超过一年；建筑队、运输队、包工队不管住宿与否，一律发证管理。是年，县公安局在索镇试点暂住人口登记发证工作。1986年上半年，集中清查暂住人口，登记9000余人，并颁发暂住证。1987年7月21日，市政府颁布《淄博市暂住人口租赁私房管理办法》。县公安局全面清理、登记租赁私房的暂住人口。对离开户口常住地到县城租赁私房，从事务工、经商、服务业的暂住人口，不论时间长短，均按《淄博市暂住人口租赁私房管理办法》进行登记管理。办法下达前已经暂住或租赁的，按照办法规定补办登记手续，拒不办理登记手续的，按规定处理。1988年7月，县公安局加强外地劳务团体和劳务个人管理工作，登记外地劳务人员1.2万余人。1989年，办理暂住登记，开展查验证件工作，清查暂住人口5678人，发现无证人员456人。1990年，办理暂住证5460个，从中查获违法犯罪分子13人。

老式暂住证

1991年6月，贯彻市政府《淄博市对外地劳务团体人员治安管理暂行规定》，劳务团体人员到县城及主要城镇务工三十日以上者，须在三日内，持常住地派出所身份证明或居民身份证，到务工地派出所申报暂住户口；劳务团体人员离开暂住地，及时到公安机关注销暂住户口；农民进城务工、经商、从事服务业的暂住人口，参照执行。是年，全县登记暂住人口5670人，发放暂住证5330个，注销暂住证126个，从中发现违法犯罪分子50人。1993年4月9日，县公安局召开暂住人口管理工作会议，部署暂住人口管理服务现实斗争的具体措施，各派出所设立暂住人口管理站，固定专职管理人员，在用工单位和暂住人口居住村庄确定一名协管员，构建暂住人口管理网格。办理暂住证6432个，通过办证和调查，抓获犯罪分子10人，破案27起。4月下旬，周家派出所办理暂住证时，发现暂住红庙村的张店区房镇镇彭家村村民吴某，无正当职业，花钱大手大脚，昼伏夜出，形迹可疑。经深入调查，吴某盗窃作案15起，案值3万余元。1994年5月26日，县公安局在城区派出所、唐山派出所召开暂住人口专项治理现场会，落实暂住人口“一表、一簿”规定，确定一名派出所领导兼任暂住人口管理站站长，暂住人口较多村设立暂住人口管理分站，用工单位配备暂住人口协管员，暂住人口100人以上劳务团体设立治保会，100人以下劳务团体配备治保人员。6月3日，新城派出所从索镇五里村暂住人员中抓获2名盗割农用线的犯罪分子，破案20起，案值2万余元。

1995年6月2日，公安部发布实施《暂住证申领办法》，离开常住户口所在地、拟在暂住地居住一个月以上年满16周岁的5类人员，在申报暂住户口登记的同时，应当申领暂住证，暂住证为一人一证，有效期限最长为一年。暂住期满需继续暂住的，应当在期满前办理延期或换领手续。是年，桓台县查获混杂在暂住人口中的违法犯罪分子36人，破获刑事案件13起。1996年1月1日，省政府颁布实施《山东省暂住人口管理办法》。4月，县公安局利用一周时间，宣传《租赁房屋治安管理规定》《暂住证申领办法》《山东省暂住人口管理办法》，利用两周时间，对暂住人口逐人见面，填写登记表。6月，县公安局开展暂住人口清查行动，清出未办证460余人。是年，全县登记暂住人口7489人，发证7114人，办证率95%以上。抓获暂住人口中的违法犯罪分子160人，破案187起。1997年3—5月，清理整顿暂住人口和租赁房屋，采取登记、照相、办证“一条龙”措施，登记暂住人口

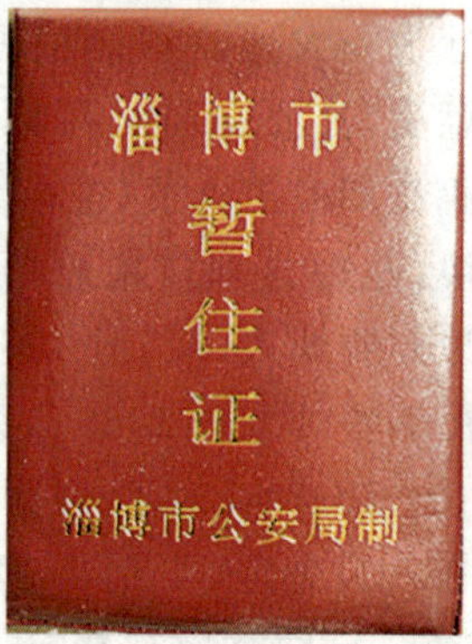

新式暂住证

8417人，发证8303人。1998年，制定暂住人口管理规范化实施方案，推行“四位一体”（填写一个卡片、建立一个档案、绘制一张图、张挂一个门牌）管理模式，全面摸清暂住人口、租赁房屋底数，逐人逐户签订责任书，对无证或人证不符，有违法犯罪嫌疑的，及时向其原籍函查或电话查询。6月，实现暂住人口信息微机管理，派出所与县公安局数据联网共享。通过暂住人口管理，查获违法犯罪人

1998年7月19日，桓台县暂住人口管理工作现场会

员59人，清理“三无”人员163人。1999年上半年，集中两个月时间，清理整顿暂住人口，建立健全暂住人口申报、注销、验证、暂住地址变动以及劳务团体报送登记等管理制度，对市外16岁以上暂住人员发函率95%以上，复函率100%。

2001年5月，田庄派出所检查劳务市场暂住人口时，抓获东营市杀人逃犯崔占胜。2002年，对暂住人口拉网式专项清理整顿12次，及时摸清底数、掌握动态，不断提高登记办证率和协查复函率。3月5日，取消暂住人口管理费，《暂住证》工本费由每证10元下调至5元。2003年，对暂住人口分层次管理，经常变换场所、暂住一个月以内的，属于重点检查和管理对象，与其签订暂住人口治安责任书，并留存身份证复印件或户籍证明，做到一人一档。2006年5月，暂住人口管理系统由DOS版本升级为WINDOWS版本，暂住人口信息和常住人口信息实现链接。2009年，开展流动人口和出租房屋治安管理专项行动。2010年，建立健全清查、稽查、倒查、函查、网查等工作制度，形成流动人口管理长效机制，开展流动人口和出租房屋集中清理整顿专项行动4次，全县新登记流动人口10610人，办理暂住证6207个，从中抓获违法犯罪嫌疑人95人，含逃犯13人。

2012年10月1日，《山东省流动人口服务管理办法》施行，《山东省暂住人口管理办法》废止。流动人口自到达居住地之日起3个工作日内，持本人居民身份证等有效身份证件和有关材料，向居住地公安派出所申报居住登记。流动人口拟在居住地居住30日以上的，公安派出所发放居住证。居住证一人一证，有效期限分别为1年、3年。建立全省统一的流动人口综合信息服务管理平台，实现居住登记、计划生育、劳动保障等信息资源的整合与共享。10月10日，省公安厅印发《山东省居住证制发工作规范（试行）》。县公安局全面推行居住证“一证通”制度，协调有关部门，推进流动人口基本公共服务均等化。充分利用流动人口服务管理信息平台，加大流动人口信息采集力度，完善流动人口“以证管人”“以业管人”“以房管人”“以信息管人”的服务管理模式。10—12月，开展流动人口基础信息采集大会战，原办暂住证7420

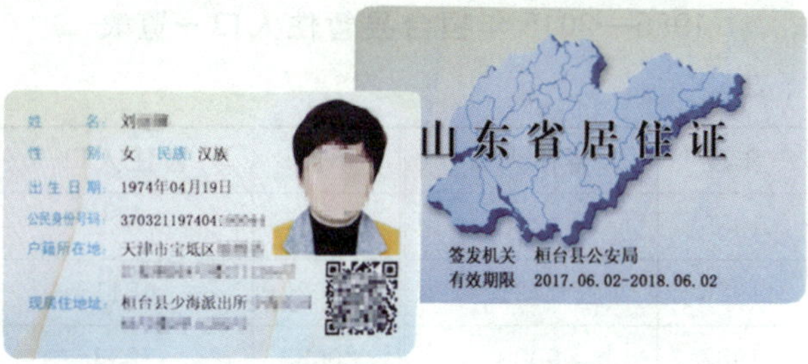

居住证

个，新办居住证1646个。2013年7月29日，县公安局印发《关于在全县范围内建立流动人口信息社会采集点的通知》，重点在流动人口50人以上的社区（村），外来务工人员30人以上的企业、工地、劳务市场设立流动人口信息社会采集点。是年，注册社会采集点181个。2014年8月30日，市公安局印发《关于贯彻落实淄政发〔2014〕13号和淄政办字〔2014〕87号文件 全面深化户籍制度改革的意见》，进一步规范居住证的申领条件，市内、外地公民离开常住户口所在地跨区（县、市）居住半年以上的，可以在居住地申领居住证。是年，全县采集流动人口信息11588人，办理居住证5065个。2015年3月，组织开展流动人口宣传周活动，社区民警、流动人口协管员深入社区、村居、集市、企业、工厂等流动人口聚集地方，宣传居住

证办理及流动人口权利、义务等政策规定。5月，实施居住证办理快递业务，居住证快证办理时限由10个工作日缩短5个工作日。是年，全县采集流动人口信息9326人，办理居住证4038个、快证584个。2016年1月1日，《居住证暂行条例》施行，公民离开常住户口所在地，到其他城市居住半年以上，符合有合法稳定就业、合法稳定住所、连续就读条件之一的，可以申领居住证。居住证是持证人在居住地居住、作为常住人口享受基本公共服务和便利、申请登记常住户口的证明。1月18日，省公安厅转发公安部《关于认真做好〈居住证暂行条例〉贯彻实施工作的通知》，申领居住证时，"居住半年以上"的认定标准为在"山东省流动人口服务管理综合信息系统"办理居住登记满6个月；"其他城市"是指公民常住户口所在地城市以外的其他市、县。上半年，登记流动人口4057人，办理居住证526个。

1985—2015年桓台县暂住人口一览表

表5—3

年度	暂住人口	年度	暂住人口
1985	3000	2001	7022
1986	2721	2002	6841
1987	9000	2003	5233
1988	12000	2004	6022
1989	5678	2005	5495
1990	5460	2006	4205
1991	5670	2007	5083
1992	6875	2008	8200
1993	6432	2009	10779
1994	6843	2010	11025
1995	4588	2011	10488
1996	7489	2012	9419
1997	8941	2013	9478
1998	10344	2014	11588
1999	6069	2015	9326
2000	6428		

租赁房屋管理

1987年7月21日，市政府颁布《淄博市暂住人口租赁私房管理办法》。县公安局全面清理登记出租私房的房主，摸清租赁房屋底数，加大对流动、暂住人口的管理力度，服务现实斗争。1991年，出租房屋管理中，租赁双方签订治安责任合同书，派出所监督执行。1992年，各派出所对出租房屋实行建档管理，档案内容包括出租人、承租人的基本情况、租赁关系、变更及暂住人员变动情况。通过建档管理，预防和减少不法分子利用租赁房屋从事违法犯罪活动。1993年，贯彻《淄博市公安局暂住人口及租赁房屋管理办法》，进一步建立健全租赁房屋管理的规章制度。是年，租赁房屋建档6432份，在全市租赁房屋检查中，被抽查的城区派出所、起风派出所列管率100%。

1995年3月6日，公安部发布实施《租赁房屋治安管理规定》，私有房屋出租的，出租人须持有房屋所有权证或者其他合法证明、居民身份证、户口簿，向房屋所在地公安派出所申请登记；单位房屋出租的，出租人须持房屋所有权证、单位介绍信到房屋所在地公安派出所申请登记，经审核符合出租条件的，由出租人向公安派出所签订治安责任书。各派出所根据规定，规范租赁房屋管理工作。

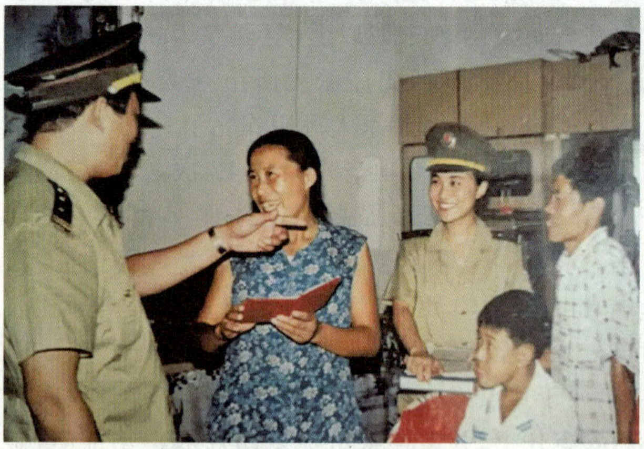

1998年，民警在检查出租房屋

1997年，各派出所排查租赁房屋，列管出租房屋915户。1998年，对暂住人口租赁的房屋逐户签订治安责任书，全年登记租赁房屋1653户。

2000年5月起，集中3个月时间，清理整顿出租房屋，登记列管租赁房屋1931户，从中抓获违法犯罪嫌疑人2人。2001年，对居民小区楼群逐户核查、对旧村改造偏僻闲置的院房、政府职能部门出租的商品门头房、成套单元出租房逐户登记造册，签订出租房屋治安责任书，清查出租房屋1257户，清理“三无”人员414人。2003年2月，国务院取消《租赁房屋治安管理规定》中关于租赁房屋申请登记、审核的规定，租赁房屋治安管理工作采取房屋出租后跟踪登记管理的方式。据此，县公安局重新规定租赁房屋档案内容，主要包括卷皮目录、租赁房屋治安责任书、季度检查记录、承租人及同住人员的身份证复印件、卷内备考表。2004年5月，加强对暂住人口、流动人口及出租房屋的“两口一屋”管理，抓好排查、登记、核查、办证工作。11月12日，公安部、中央综治办、民政部、建设部、国家税务总局、国家工商行政管理总局联合颁布《关于进一步加强和改进出租房屋管理工作有关问题的通知》。根据通知，县公安局各派出所负责登记暂住户口，办理和查验暂住证，了解掌握房屋承租人变动情况，督促出租人与派出所签订治安责任书，开展经常性的出租房屋治安检查，消除治安隐患，查处出租房屋中的违法犯罪活动，指导村(居)民委员会、社会治安辅助力量协助开展出租房屋和暂住人口治安管理工作。

2007年，依托社区警务，创新管理机制，在租赁房屋相对集中的村(居)，成立租赁房屋代办管理服务站，统一管理租赁房屋。摸排容留劳务市场务工人员的出租房屋，统一登记造册。定期培训房屋出租人，禁止将房屋出租给身份不明人员。是年，登记出租房屋3072户，查处违反租赁房屋管理规定案件26起，从中抓获网上逃犯3人。2008年，为迎接“平安奥运”，落实“以房管人”工作机制，全面推行出租房屋登记备案和治安责任书制度，通过责任倒查，及时堵塞治安管理漏洞。2009年，登记出租房屋3893户，全部签订治安责任书。2010年，开展4次出租房屋集中清理整顿专项行动，登记租赁房屋5556户。2013年，利用流动人口服务管理信息平台，最大限度实现出租房屋信息采集全覆盖，全县新签订出租房屋治安责任书3804份，通过多次清查行动，从中抓获网上逃犯76人。2015年，围绕全县劳务市场分布情况、劳务市场人员构成、劳务人员居住情况等开展调研，不断研究租赁房屋管理新思路，全县登记租赁房屋3575户。

人口普查

人口普查是重大的国情国力调查，为科学制定国民经济和社会发展计划及规划提供可靠依据。中华人民共和国成立后，根据国家统一部署，全县先后6次人口普查，县政府均成立公安机关参与的人口普查领导小组及办公室，抽调专人组成普查队伍，进行专门培训，逐村逐居、逐街逐巷、逐户逐人、逐项登记、核对，纠正人户分离、应销未销、户口项目登记错误等问题，按要求汇总统计，完成人口普查任务。

第一次人口普查　1953年4月3日，中央人民政府政务院发布《为准备普选进行全国人口调查登记的指示》和《全国人口调查登记办法》，决定在全国范围内进行第一次人口普查。普查目的是配合全国普选，并为国家经济、文化建设提供确实的人口资料；普查对象是常住人口；普查时间是1953年7月1日零点；普查项目6项，即姓名、与户主关系、性别、年龄、民族和现住址；普查表格分甲乙两种，甲为一般居民普查表，乙为集体户口普查表，由国家统一制定。全县登记总人口311815人，总户数70616户，城镇人口5323人，农村人口306492人，男性151078人，女性160737人，男女性别比为93.99∶100。

第二次人口普查　1964年2月11日，中共中央、国务院发布《关于进行第二次全国人口普查的指示》。普查任务是查清全国人口数和人口的性别、年龄、民族、文化程度，查清当年上半年人口增长情况；普查对象是常住人口，但以户口为基本依据；普查时间是1964年7月1日零点，要求半个月内完成普查登记任务；普查项目比第一次人口普查增加4项，即出生年月日、本人成分、文化和职业，还需普查登记1964年上半年内人口出生、死亡、迁出、迁入4项人口变动情况；普查表格除基础表格外，增加人口变动情况普查统计表、人口年龄普查统计表、各民族人口普查统计表、人口文化程度统计表、城市人口普查统计表和集镇人口普查统计表等6种表格。全县登记总人口325457人，总户数76710户，城镇人口7437人，农村人口318020人，男性159738人，女性165719人，男女性别比为96.39∶100。

第三次人口普查　1982年2月28日，中共中央、国务院发布《关于认真做好第三次全国人口普查工作的指示》和《第三次人口普查办法》等文件。普查目的主要是准确掌握全国人口构成及分布情况，普查对象仍为常住人口，与前两次不同，这次采用以1年为期，经本地为界的“时空分界法”来划分和确定常住人口和外住人口的界限；普查时间是1982年7月1日零时。普查项目共19项，其中按人填报13项，即姓名、与户主关系、性别、年龄、民族、文化、行业、职业、不在业人口状况、户口登记状况、婚姻状况、存活子女数和1981年生育情况；按户填报6项，即户的类别、住址编号、本户人数、1981年出生人数、1981年死亡人数、有常住户口已外出1年以上人数。全县登记总人口447362人，总户数105828户，城镇人口20615人，农村人口426747人，男性222519人，女性224843人，男女性别比为98.97∶100。

第四次人口普查 1989年5月9日，国务院发出《关于进行第四次全国人口普查的通知》，普查登记的标准时间为1990年7月1日零时。这次人口普查，为制定国民经济和社会发展十年规划以及第八个五年计划纲要，提供完备的人口资料。普查项目有21项，其中按人填报的有15项，即姓名、与户主关系、性别、年龄、民族、户口状况和性质、1985年7月1日常住地状况、迁来本地的原因、文化程度、行业、职业、不在业人口状况、婚姻状况、存活子女数和1989年1月1日以来的生育情况。按户填报的有6项，即本户编号、户别、本户人数、本户出生人数、本户死亡人数、本户户籍人口中离开本县、市一年以上人数。全县登记总人口447728人，男性211340，女性236388。

第五次人口普查 2000年1月28日，国务院发布《第五次全国人口普查办法》，决定普查登记的标准时间为2000年11月1日零时。本次人口普查，为评价20世纪90年代人口状况及经济、社会发展状况提供依据。普查表分为短表、长表、死亡人口调查表、暂住人口调查表四种表。普查对象为常住人口。短表中按人填报的项目包括姓名、与户主关系、性别、年龄、民族、户口登记状况、户口性质、是否识字、受教育程度；按户填报的项目包括户编号、户别、本户普查登记人数、本户户籍人口中外出不满半年数、本户户籍人口中外出半年以上人数、暂住本乡镇街道，离开户口登记地不满半年人数、本户1999－11－01—2000－10－31死亡人数等10项。长表按人填报项目包括姓名、与户主关系、性别、年龄、民族、户口登记状况、户口性质、出生地、何时来本乡镇街道居住、从何地来本乡镇街道居住、迁出地类型、迁移原因、五年前常住地、是否识字、受教育程度等25项；按户填报的项目有户编号、户别、本户普查登记数、本户户籍人口中外出不满半年人数、本户户籍人口中外出半年以上人数、暂住本乡镇街道、离开户口登记地不满半年人数、本户1999－11－01—2000－10－31出生人数、本户1999－11－01—2000－10－31死亡人数等24项。死亡人口调查表内容包括户编号、姓名、性别、出生时间、死亡时间、民族、受教育程度、婚姻状况。暂住人口调查表内容包括户编号、姓名、性别、年龄、常住户口登记地。全县登记总人口474908人，男性233098人，女性241810人。

第六次人口普查 2009年5月4日，国务院下发《关于开展第六次全国人口普查的通知》，人口普查的标准时间点是2010年11月1日零时。这次人口普查，调查我国人口在数量、结构、分布和居住环境等方面的变化情况。普查短表按户填项目包括户编号、户别、本户应登记人数等，按人填报的项目包括姓名、与户主关系、性别、出生年月、民族、普查时居住地、户口登记地、离开户口登记地时间、离开户口登记地原因、户口性质、是否识字、受教育程度。长表按户填项目包括户编号、户别、本户应登记人数、2009－11－01—2010－10－31出生人口和死亡人口等；按人填报项目包括姓名、与户主关系、性别、出生年月、民族、普查时居住地、户口登记地、离开户口登记地时间、离开户口登记地原因、户口登记地类型、户口性质、出生地、五年前常住地、是否识字、受教育程度、学业完成情况、工作情况、行业、职业等27项。死亡人口调查表项目包括户编号、姓名、性别、出生时间、死亡时间、民族、受教育程度、婚姻状况。全县登记总人口497437人，总户数157881户，城镇人口94511人，农村人口402926人，男性247971人，女性249466人，男女性别比为99.40∶100。

人口统计

人口统计是国家统计工作的一个重要组成部分，是国家各项统计的基础。户口登记机关和户口管理机关每年进行一次人口统计工作。

中华人民共和国成立初期，人口统计工作由民政部门负责，主要通过户口调查登记取得资料，进行综合分析，用精确的数字反映全县人口分布、构成及其发展变化，揭示人口规律，为社会主义建设事业提供人口资料。人口统计项目有总户数、总人口及其男、女人数，不分城镇人口和农村人口，每年统计上报一次。1950年，增加出生、死亡和迁出、迁入项目的统计。1953年4月，根据政务院《全国人口调查登记办法》和公安部《关于使用户口簿、册、表格、证件的通知》精神，按总户数、总人数、出生率、死亡率、增长率、年平均人口数等六个项目进行人口统计。

1956年起，根据国务院《关于建立经常户口登记制度的指示》，全县人口统计由公安机关负责，县城人口由户籍股负责，农村人口由各区公所负责统计上报，县公安局汇总上报，每年统计一次，农业人口与城市人口分开统计。1958年起，每年分别在6月底和12月底两次统计人口变动情况。1959年、1960年、1961年，进入生活困难时期，出生率明显下降，死亡率明显升高，人口自然增长率分别为1.49‰、－26.27‰、－31.35‰。1964年9月14日，县公安局印发《关于加强经常户口管理工作的意见》，严格农村人口统计工作，必须由区直接统计，不得交给生产队统计。固定区文书和大队会计分别负责区、大队的人口统计工作。

“文化大革命”初期，人口统计工作由县统计科(后为计划委员会)负责。1970年，县公安军管小组恢复人口统计工作。1973年，索镇派出所统计城镇人口，各人民公社统计农村人口，县公安局治安股汇总上报全县人口。1983年后，人口统计由派出所负责，年报表有三种，即人口数及其变动情况统计表、非农业人口增减情况统计表、未落常住户口人员统计表。1985年，增加集镇自理口粮统计表、城市人口迁移状况登记表。1986年，公安部人口统计表调整为人口数及其变动情况统计表、非农业人口增减情况统计表、未落常住户口人员统计表、县辖镇人口统计表、集镇自理口粮统计表。1987—1990年，人口自然增长较快，分别为11.16‰、8.51‰、10.87‰、8.42‰。

2002年，公安部统计报表调整为人口及其变动情况统计表、县辖镇人口及其变动情况统计表、非农业人口增减情况统计年报表、未落常住户口人员统计表、居民身份证统计年报表、人口信息管理系统建设情况年报表，省公安厅报表为非农业人口增减情况统计表第14 19 26栏明细表、省外迁入人员情况明细表、人口年龄统计报表、农业人口从事非农情况统计表、行政区划及其变动情况统计表。

2003年，公安部报表调整为5种，即人口及其变动情况统计表、非农业人口增减情况统计年报表、居民身份证统计年报表、人口信息管理系统建设情况年报表、暂住人口统计报表，另有省、市公安机关非农业人口增减情况统计表第12 16 23栏明细表、非农业人口与农业从事非农产业人口合成表、省外迁入人员情况明细表、农业人口从事非农情况统计表、人口变动情况审查报告表、行政区划及其变动情况统计表等。7月4日，果里镇、周家镇8个村庄划归张店区石桥街道办事处管辖。是年，人口机械增长率为－12.14‰。2005年，人口统计报表变更为人口及其变动情况统计表、行政区划及其变动情况统计表、省外迁入人员情况统计表、暂住人口统计报表、居民身份证统计年报表等。2006年增加未落常住户口人员统计表。

2010年12月13日，县公安局部署人口统计工作

2011年，索镇户口纳入街道办事处统计，全县非农业人口增加46078人，城镇化率28.10%。2013年，公安部统计报表调整为人口及其变动情况统计年报表、非农业人口增减情况统计年报表等，省

公安厅统计报表为省外迁入人员情况明细表、农村户口迁入城镇情况统计表、省外人口迁入省内城镇情况统计表、全省城镇和农村60岁以上人口统计表。2015年,深化户籍制度改革,推进农业转移人口市民化,对城乡属性进行调整,121个村(居)委会的174832人从乡村人口转为城镇人口,城镇化率63.38%。是年,填报人口及其变动情况统计年报表、城镇人口增减情况统计年报表、省外迁入人员情况明细表、未落常住户口人员统计表等,全县总人口502072人,总户数167646户,城镇人口318190人,农村人口183882人,男性249611人,女性252461人。

1949—2015年桓台县人口变动情况统计表

表5—4

年度	总户数	总人口	男	女	农业人口	非农业人口	出生	死亡	自然增长率‰	迁入	迁出	机械增长率‰
1949	69342	299992	145351	154641	294809	5120	7345					
1950	69542	300992	145836	155156	295855	5137	8791					
1951	69892	303997	147291	156706	298808	5189	8764					
1952	70252	307906	149175	158731	302650	5256	9690	4366	17.40			
1953	70616	311815	151078	160737	306492	5323	9810	4886	15.89			
1954	70979	318849	154486	164363	313405	5444	12549	4601	25.20			
1955	72927	321851	155990	165861	316355	5496	12185	4345	24.47			
1956	73330	327504	158678	168826	321902	5602	13303	5276	24.72			
1957	75113	334247	161950	172297	328520	5727	13070	4791	25.02			
1958	75551	322504	156256	166248	316988	5516	10783	4811	18.18			
1959	78367	336644	163106	173538	330884	5760	8177	7683	1.49		22592	
1960	79182	315617	152914	162703	310213	5404	3623	12190	−26.27			
1961	79538	306249	145312	160937	299189	7060	4282	14030	−31.35	6085	3570	8.09
1962	78384	308654	149793	158861	302068	6586	6620	4163	7.99			
1963	77498	317357	155470	161887	310270	7087	15123	3225	38.01	3410	3097	0.99
1964	76710	325457	159738	165719	318020	7437	13790	4189	29.87	4690	3320	4.26
1965	77253	333909	164112	169797	326131	7778	12895	3188	29.44	2948	4093	−3.47
1966	77845	344438	169344	175094	336345	8093	13102	3307	28.84	4428	7473	−8.97
1967		349800			343425	6375	13290	2858	30.05			
1968		359106			351887	7219	13646	3447	28.77			
1969	79601	369519	182066	187453	360361	9158	12066	2404	26.52			
1970	80630	381602	188795	192807	375718	5884	14515	2502	31.98			
1971	81155	389768	193368	196400	378598	11170	12973	2784	26.41			
1972	81912	397275	195962	201313	387846	9429	11626	2778	22.48			
1973	82884	404709	200055	204654	394827	9882	9956	2584	18.38			
1974	84841	410506	202498	208008	400494	10012	8277	2804	13.42			

续表 5—4

年度	总户数	总人口	男	女	农业人口	非农业人口	出生	死亡	自然增长率‰	迁入	迁出	机械增长率‰
1975	86125	417153	206521	210632	406364	10789	9594	2862	16.26	5044	5103	—0.14
1976	88691	423602	210333	213269	411929	11673	9178	2936	14.84	5663	5464	0.47
1977	90619	429588	213731	215875	417231	12357	8081	2976	11.96	6023	5170	1.99
1978	92237	431860	214880	216980	418029	13831	6981	2700	9.93	5618	7746	—4.94
1979	98915	434230	215777	218453	419419	14811	6462	2615	8.88	4537	6077	—3.55
1980	97135	436771	217190	219581	421213	15558	6111	3406	6.21	7322	7849	—1.21
1981	102365	441441	219635	221806	422634	18807	7949	2800	11.72	7500	8030	—1.20
1982	105828	447362	222519	224843	426747	20615	7880	2809	11.41	6958	6185	1.80
1983	107418	451805	224853	226952	430073	21732	6460	3088	7.50	4961	4420	1.20
1984	107720	451484	224772	226712	421350	30134	4596	3103	3.31	4564	5911	—2.98
1985	107516	452210	224966	227244	416798	35412	4385	3097	2.85	5054	5628	—1.27
1986	108911	454792	224714	230078	415757	29035	6235	3318	6.43			
1987	111042	458433	228896	229537	427363	31070	7814	2717	11.16	5102	6551	—3.17
1988	114367	462186	233690	228496	427389	34797	6948	3028	8.51	6089	6255	—0.36
1989	112765	466773	232991	233782	429707	37066	7844	2768	10.87	5531	6012	—1.03
1990	125134	470343	234837	235506	432288	38055	7115	3156	8.42	4996	4399	1.27
1991	126097	471666	235519	236147	432473	39193	5047	2933	4.48	4846	5667	—1.74
1992	128290	471366	235760	235606	430617	40749	4227	3159	2.26	7327	8750	—3.02
1993	130589	470412	235626	234786	426455	43957	4146	3134	2.14	8017	9546	—3.25
1994	135714	470837	235834	235003	413527	57310	5634	3221	5.12	10310	12277	—4.18
1995	139227	472580	236703	235877	411082	61498	5890	3126	5.85	7218	8630	—2.99
1996	142061	473757	237108	236649	410185	63572	6533	3501	6.40	5586	7722	—4.51
1997	143020	477014	238127	238887	410984	66030	6797	3176	7.61	4615	5318	—1.48
1998	144549	479225	239032	240193	411374	67851	6458	3089	7.04	3977	5382	—2.94
1999	146629	482683	240247	242436	413683	69000	6339	3125	6.68	5257	5375	—0.25
2000	150345	486179	241756	244423	414212	71967	6612	3422	6.58	5054	4827	0.45
2001	152087	487771	242605	245166	414217	73554	5988	3267	5.58	4740	5886	—2.35
2002	155543	488950	243363	245587	413610	75340	6156	3513	5.41	4032	5503	—3.01
2003	153491	484427	241580	242847	404695	79732	4784	3400	2.84	7074	12981	—12.14
2004	155300	487295	243280	244015	370935	116360	5141	3381	3.62	5554	4500	2.17
2005	156731	492522	246566	245956	402643	89879	5025	3377	3.36	7715	4135	7.30
2006	155880	494731	247633	247098	403350	91381	4281	3389	1.80	8167	6858	2.65
2007	155389	496699	248548	248151	406463	90236	3994	3431	1.13	8552	6858	3.41

续表 5—4

年度	总户数	总人口	男	女	农业人口	非农业人口	出生	死亡	自然增长率‰	迁入	迁出	机械增长率‰
2008	155252	496975	248222	248753	403527	93448	4685	3498	2.38	8206	9117	−1.86
2009	156345	496868	247786	249082	403008	93860	4073	3877	0.39	7258	7561	−0.61
2010	158136	497605	247762	249843	403714	93891	4837	4380	0.91	7035	6799	0.47
2011	159902	498770	248164	250606	358620	140150	4121	3113	2.02	5626	5469	0.32
2012	160577	498627	247862	250765	359241	139386	4574	3572	2.01	1796	2250	−0.91
2013	162077	499209	248096	251113	356130	143079	4727	3411	2.63	3037	3697	−1.32
2014	167490	501576	249348	252228	358239	143337	7293	4045	6.49	24731	25598	−1.67
2015	167646	502072	249611	252461	183882	318190	5367	3490	3.74	2275	3320	−2.08

户口证件

户口簿　中华人民共和国成立初期，桓台县居民申请结婚、就业、开业，需证明身份的，由所在地民政部门或设在城镇的公安派出所开具户籍证明。1951年7月16日，公安部公布实施《城市户口管理暂行条例》，全县普遍进行户口登记，建立户口登记簿册，治安股管理城区户口簿，民政科指导各区管理农村户口簿。1953年4月14日，公安部发出全国使用统一户口簿的通知。年底，全县统一更换户口簿。户口簿为32开，农村以生产队为单位订成一本，城镇户口簿一户一本。户口簿人口登记表分户主、姓名、别名、性别、年龄、籍贯、民族、宗教信仰、文化程度、婚姻状况、参加团体、有无政治权、职业业别、职别、服务处所、正式或寄宿、军属或烈属、本市其他住址、户口登记日期、户口注销日期、户口登记事项变更记载等栏目，封面为淡黄色硬纸包装。随后，对户口簿内容多次调整。

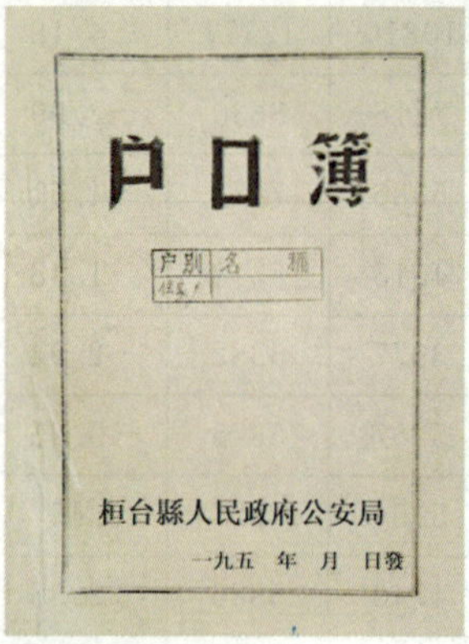

1953式户口簿

1981年7月16日，公安部改革户口登记簿、户口簿。桓台县城镇户口登记簿由一户一册改为一户一页，按单位装订成册，前边加上索引；农村户口登记簿按生产队装订成册。居民户口簿改为64开，一户一本。首页为本户名称、地址和发证机关，发证机关为桓台县公安局，盖"××人民公社管理委员会"章；第二页为住址变更登记；第三页至第十二页为常(寄)住人口登记表，栏目为户主或与户主关系、姓名、别名、性别、出生日期、地址、年龄、籍贯、民族、宗教信仰、成分、文化程度、职业、婚姻状况、工作单位、何时由何地迁来本市何时登记户口、注销户口日期及原因、户口登记事项变更更正记载等栏目；第十三页至第十四页为记事栏。1982年，换发户口簿工作结束，农村户口簿使用红色塑料皮，城镇户口簿使用绿色塑料皮。1983年3月后，农村户口簿由人民公社文书发放逐步改为由人民公社派出所发放，盖所在派出所户口专用章。

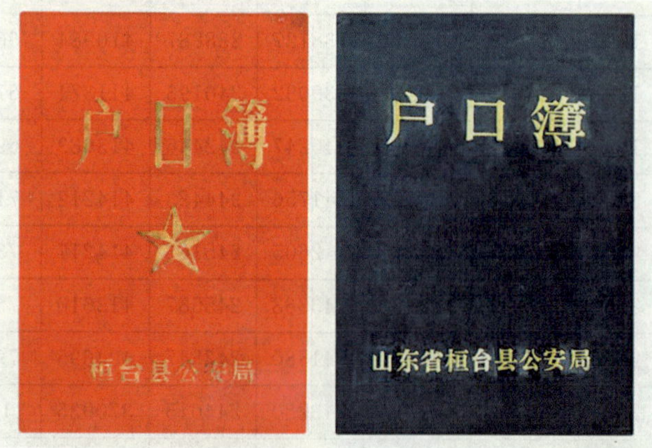

1982式户口簿

1992—1993年，县公安局为全县12万户居民集中换发户口簿。常(寄)住人口登记表变为8页，

1992式户口簿

增加居民证号码、兵役状况、本市其他住址栏目，内页增加注意事项和户口登记条例、居民身份证条例条文。1995年，全县实现计算机前台办公，开始换发微机打印的户口簿。户口簿为红色硬质塑料皮，内页为透明软质塑料袋活页，共8页。第一页印有注意事项，第二页印有户口性质、住址和县公安局章，第三页为住址变动登记，第四页至第九页为常(寄)住人口登记表。1997年6月，启用并换发公安部统一颜色、统一标准、统一规格的插页式居民户口簿和活页装订式集体户口簿。居民户口簿封皮为棕色，封面印有烫金国徽、“居民户口簿”和“中华人民共和国公安部制”中英文式样。内容增加常住人口登记索引表，共有10个插袋。第一个插袋为注意事项；第二个插袋内正面事项为户别、户主姓名、户号、住址，套印山东省公安厅户口专用章，背面为住址变动登记；第三个插袋为常住人口登记卡，每人一卡，每卡一个插袋。集体户口簿封面与居民户口簿相同，首页内容为集体户口簿单位名称、住址、户号，户号单独编排，不与居民户口统一编号；第二页上半部分为注意事项，下半部分套印山东省公安厅户口专用章，加盖户口

1995式(左)和1997式户口簿

登记机关专用章，承办人签章，签发日期；内装50张常住人口登记卡，每人一卡，上半部分是登记项目，下半部分是登记事项变更和更正记载，背面是空白。

2000年2月18日，在居民户口簿中增设一张《常住人口公民身份号码记录表》，表内设置家庭住址、家庭关系、姓名、性别、公民身份号码、备注、承办人签章等栏目。2006年，将计算机办理户口收费并到户籍管理证件工本费项目中，居民户口簿每本由5元提高到10元，城镇集体户口簿每本由20元提高至40元，农村集体户口簿每本由10元提高至30元。2013年1月4日，省公安厅下发《关于贯彻财综〔2012〕97号文件 免征部分户籍证件工本费有关问题的通知》。是年起，免收户口簿工本费(不含丢失、损坏补办户口簿收取的工本费)。2016年2月1日，市公安局印发《办理户口居民身份证便民利民十项措施的通知》，全县减免丢失、补办户口簿工本费。

居民身份证　中华人民共和国成立初期，中国公民没有身份证，多用单位介绍信证明身份。1985年9月6日，第六届全国人大常委会第十二次会议通过并公布身份证条例，决定在全国实行居民身份证制度。1986年11月，公安部公布《居民身份证条例实施细则》，建立居民身份证使用、管理制度。1987年7月10日，县政府印发《颁发居民身份证工作实施方案》，成立副县长郭洪江任组长，县政府办公室主任宋呈平、县公安局局长王庆伟任副组长的颁发居民身份证工作领导小组。8月，在耿桥镇试点，完成办证18574人，随后全县展开。经工作准备、宣传发动、组织照相、核对户口、填写常住人口登记表、编划居民身份证号、打印底卡等基础制证工作，至1988年，全县累计制作颁发居民身份证319453个。第一代身份证采用印刷和照相翻拍技术塑封而成，为聚酯薄膜密封、单页卡式，项目包括持证人标准人头相片以及网状花纹图案、姓名、性别、民族、出生年月日、住址五个登记项目和签发日期、有效期限、编号以及签发机关印章。其内容用手工填写，证件签发机关为县公安局。居民身份证15位编码，前6位为行政区划代码，第7至12位为两位数出生年份、月份、日期码，第13至15位为顺序码。1988年10

月1日，县公安局实施查验居民身份证证件制度，检查在桓人员随身携带居民身份证情况，督促及时办理居民身份证。

1992年2月28日，通过身份证资料查获索镇五里村犯罪分子张某，破获索镇建国村、唐山镇楼二村2起彩色电视机被盗案，案值5600元。9月18日，公安部印发《关于严禁买卖 转借居民身份证的通知》，县公安局开展正确使用居民身份证宣传工作，严格居民身份证使用、核查、查验制度，依法处理买卖、转让、出借、冒用、伪造和变造居民身份证违法行为。1993年1月，贯彻落实《公安部关于严格执行居民身份证 临时身份证发放范围规定的通知》，由公民常住户口所在地派出所受理申领、换领、补领居民身份证手续，对在异地投资开发、务工、经商、被聘受雇、出差旅游等人员丢失身份证的，一律由其常住户口所在地派出所补发身份证。

1996年1月1日起，启用防伪居民身份证。证件规格88厘米×60厘米，四角呈圆弧状。式样为具有透视全息图像的聚酯薄膜密封、持证人相片和登记内容一体化的单页卡式，证件系翻拍印制后塑封而成，正面主体颜色为红、绿二色，印有中华人民共和国国徽和证件名称，以及环状、网状花纹图案；背面为浅绿色，印有中华人民共和国版

第一代防伪居民身份证

图，证件项目不变，各项目使用铅印和电子计算机打印两类近似的字体。1997年7月，全县范围内开展居民身份证编号清理纠错工作。1998年，由于1988年签发的10年有效期居民身份证集中到期，迎来换证高峰，制证数量明显增加，全年制发身份证8.2万个，更正身份证重号、错号600个。1999年8月26日，国务院颁布《关于实行公民身份证号码制度的决定》，自10月1日起在全国建立和实行公民身份证号码制度，国家为每个公民从出生之日起编定唯一的、终身不变的身份代码。将“居民身份证号码”更名为“公民身份号码”，公民身份号码按照GB 11643—1999《公民身份证号码》国家标准编制，由18位数字组成：前6位为行政区划代码，第7至14位为出生日期码，第15至17位为顺序码，第18位为校验码。2000年5月1日，开始办理身份证快证业务，5个工作日内可取快证。

2001年6月13日，国务院批复同意逐步换发第二代居民身份证（以下简称二代证）。二代证采用非接触式IC卡技术和指纹自动识别技术制作，

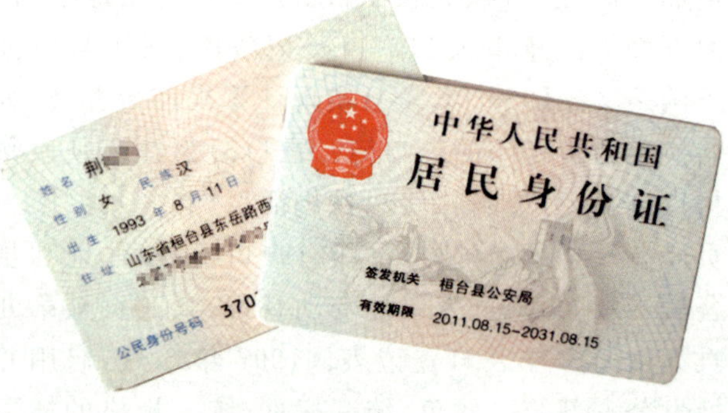

第二代居民身份证

证件内容包括视读信息和机读信息两部分。视读信息是指印制在证件表面的证件名称，持证人照片、姓名、性别、民族、出生日期、住址、公民身份号码、证件使用的截止日期和签发机关；机读信息存储在证件芯片内，包括视读信息内容、持证人指纹、芯片生产序列号、数字防伪信息及证件申领、换领、丢失补领记载。9月，按照省公安厅《关于做好军队和武警人员公民身份证编制工作的通知》要求，开始进行军队和武警人员公民身份证号码编制、核实工作。2002年，县公安局投资5万元，购置相关设备，建立居民身份证人像数码采集系统，提高办证质量。自此，居民身份证办理经历手抄、机械打印，发展到利用数码设备一次打印。

2003年6月28日，全国人民代表大会常务委员会颁布居民身份证法，于2004年1月1日起施行。发证范围扩大，现役人民解放军军人、人民武装警察可申领居民身份证；未满十六周岁的公民自愿申请居民身份证的，发给有效期五年的居民身份证。登记项目较之前增多，包括姓名、性别、

民族、出生日期、常住户口所在地住址、公民身份号码、本人相片、证件有效期限和签发机关。2005年10月，集中换发二代证，申领、换领二代证，每证20元，丢失补领或者损坏换领二代证，每证40元。是年，换发二代证1.8万个。2006年12月8日，公安部印发《关于集中开展纠正公民身份号码跨省重号工作的通知》，县公安局按照“谁编码、谁负责，谁出错、谁纠正”原则，认真核对公民常住人口登记表、公民身份号码顺序码登记表、居民户口簿、居民身份证和人口信息管理系统记载住处等户籍资料信息，为纠正号码人员出具“公民身份号码更正证明”，免费换发二代证。至2007年年底，全县换发二代证353989个。

2008年，开展换发二代证送满意服务活动，户籍民警放弃休息时间，采取延时工作制、错时工作制、接送服务、预约服务、上门服务等措施，方便特殊群体换证，换证15431个，换证数量居全市第二位。活动中，恢复户口5人，纠正年龄信息3条、其他信息483条。2009年8月，集中开展为90岁以上老人上门办理二代证、实施惠老和谐工程活动，户籍民警逐个通知90岁以上老人家庭，合理安排上门采集人像信息时间，上门办理二代证286张。2010年，开展换发二代证大会战，上门为80岁以上老人、行动不便群众、忙于工作的职工、在校学生办理二代证675张，节假日为群众办理二代证1474张。同时，完成跨省公民身份号码重号纠正工作任务，为外省4人更正身份证号码重号问题。

2011年10月29日，第十一届全国人民代表大会常务委员会第二十三次会议决定修改居民身份证法，2012年1月1日起起施行。公民申请领取、换领、补领居民身份证，应当登记指纹信息。国家决定换发新一代居民身份证，居民身份证有效期满、公民姓名变更或者证件严重损坏不能辨认的，公民应当换领新证；居民身份证登记项目出现错误的，公安机关应当及时更正，换发新证；领取新证时，必须交回原证。居民身份证丢失的，应当申请补领。依照居民身份证条例领取的居民身份证，自2013年1月1日起停止使用。2012年1月13日，公安部印发《为持第一代居民身份证公民换发第二代居民身份证工作方案》，要求为实现一代证向二代证平稳过渡，不影响人民群众日常工作和生活。县公安局将二代证换发工作列为户政工作“一号工程”，至年底，全县换发二代证25620个。2013年5月，省公安厅加快身份证制发速度，制证周期由法定的60日缩短为40日。6月27日，桓台县正式启用具备指纹采集功能的居民身份证管理系统，居民身份证登记指纹信息工作全面开展。2014年11月10日起，山东省开展跨市异地办理居民身份证工作。具有山东省常住人口，长期在省内异地居住或务工，因身份证件丢失、损坏需要补办、换领新的居民身份证的人员，可凭户口簿或居住证在务工地办理居民身份证。

2015年4月，居民身份证申领发放周期缩短为30日。6月，为解决居民对身份证照片不满意问题，县公安局投资10.6万元，购置“自助满意拍”设备，在全县11个派出所户籍室投入使用。7月，进一步缩短办证时限，居民身份证办证时限缩短到20天。2016年5月1日起，可在全市范围内跨派出所办理身份证。

临时居民身份证 1989年9月15日，公安部发布《临时居民身份证暂行规定》，居住在中华人民共和国境内的16周岁以上中国公民，应当领取居民身份证尚未领到证件的，居民身份证丢失、损毁尚未补领到证件的，可以根据需要申领临时身份证。1990年3月，县公安局开始办理临时居民身份证，申请人提交临时身份证申领登记表，并携带2张本人近期标准照片，到户籍科办理。是年，

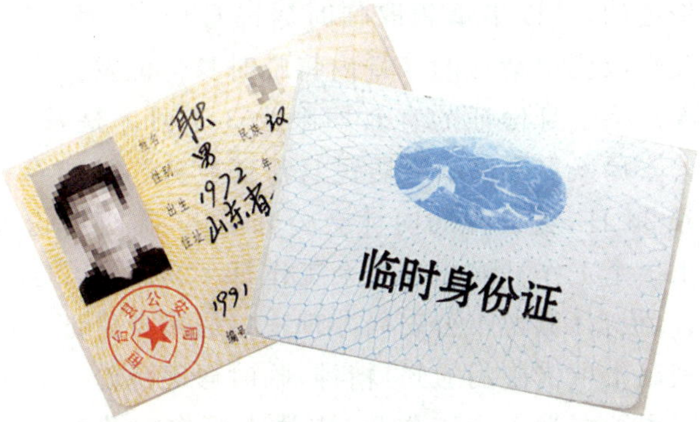

临时身份证

办理临时身份证288张。1993年1月，贯彻《公安部关于严格执行居民身份证 临时身份证发放范围规定的通知》，除常住户口待定人员和因居民身份证丢失、损坏，在办理某些权益事务时急需证明

身份的人员外，一律不发临时身份证。是年，全县启用新的临时身份证，证件塑封使用印有可显示荧光的长城烽火台图案的加密塑封套。证件背面右上角粘贴有天安门广场图案的全息胶片标志。发给尚待领取居民身份证或证件丢失、损坏待补领人员的临时身份证，有效期限为3个月，使用阿拉伯数字填写；发给常住户口待定人员的临时身份证，有效期限为1年，使用汉字填写。2000年，县公安局推出身份证快速制证业务，临时身份证制证业务暂停办理。

2005年10月1日，施行《中华人民共和国临时居民身份证管理办法》，《临时身份证管理暂行规定》同时废止。临时居民身份证式样为聚酯薄膜密封的单页卡式，证件采用国际通用标准尺寸，彩虹印刷，正面印有证件名称和长城图案，背面登

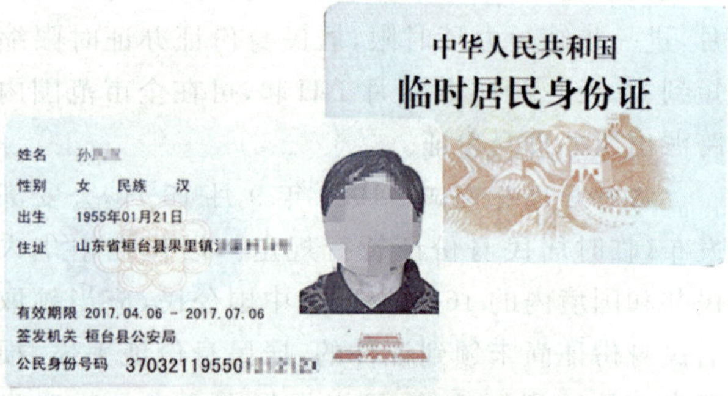

临时居民身份证

载公民本人黑白照片和身份项目。公民在申请领取、换领、补领居民身份证期间，急需使用居民身份证的，可以申请领取临时居民身份证。公安机关在收到申请后的3日内将临时身份证发给申领人。临时身份证的有效期限为3个月。是月，县公安局恢复办理临时居民身份证业务。2013年3月26日，县公安局向社会公开承诺，临时身份证由3个工作日缩短为2个工作日。2016年2月1日，根据《淄博市公安局办理户口居民身份证便民利民十项措施的通知》精神，临时居民身份证办理时限缩短为1个工作日，申请人可在申请办证的次日取证。

边境通行证　1975年1月21日，国务院、中央军委下发《关于边境地区安全保卫工作若干问题的规定（试行）》，划定边境管理区，内地公民进入边境管理区，必须经有关单位审查批准，持单位介绍信和2张一寸免冠照片，向常住户口所在地县级以上公安机关申领边境通行证。边境通行证由全国统一制发式样，省公安厅印制，县公安局治安股负责签发，签发边境通行证需加盖钢印后方可生效，用完后及时交回发证机关。

1977年3月8日，公安部发出《关于统一制发和启用〈中华人民共和国边境管理区通行证〉的通知》。边境通行证有汉、汉维、汉蒙、汉藏4种文字，有效期不超过3个月，需进入边境管理区的，经所在单位提出申请，由县公安局审查，发给边境管理区通行证。1984年1月1日，启用新版中华人民共和国边境管理区通行证（又称蓝证），规定凡申请去深圳特区的人员，须持有对方单位的函电和合同；集体单位和个体户要求去深圳特区从事长途贩运、推销农副产品等活动，一律不予办理边境通行证。县属单位派人去深圳执行公务，须经市政府批准，由县公安局签发边境管理区通行证，严格控制去深圳、珠海经济特区人员。10月12日，公安部发出《关于改进中华人民共和国边境管理区通行证签发 检验工作的通知》，改进证件签发程序。桓台县去边境从事地质勘察、承包工程、经商贸易、手工作业等活动，经批准或持有前往边境地单位签订的合同、委托协议书，县公安局签发边境通行证；集体组织出入边境管理区的人员，可采取"一证多人"的签证方法，允许多人随行；对经常出入的人员可签一年期，多次往返使用，从而放宽条件。

1985年6月1日起，启用新的边境管理区通行证（以下简称黄证），蓝证和黄证可同时使用。黄证取消印刷号码和罗马冠字，改变底纹和图案颜色，增加两处暗记；其他纸张、纸内水印、图案、底纹、文字、款式及签发填写要求等，均与蓝证相同。1989年3月4日，省公安厅转发公安部《关于转发广东省公安厅关于加强边防证件管理的意见的通知》，边境通行证仍由县级以上公安机关办理，未经省公安厅批准权力不得下放，原则上不再增设新的办证单位，特殊情况报省公安厅批准。是月，国务院颁布《关于深圳 珠海经济特区边境管理若干问题的规定》，对申请前往深圳、珠海经济特区洽谈业务、学术交流、开会、考察、探亲、接送港客、毕业分配等人员，须经主管部门（科局级）

领导同意；无工作单位人员须经乡镇人民政府同意，持对方县以上劳动部门有关证明；个体经商的除乡镇同意外，须经县工商局或财税局批准。7 月 3 日，省公安厅印发《关于加强边防证件管理的通知》。边境通行证的办理权限上收到市公安局签发，县公安局停止办理，并限定办证范围，对申办通行证人员面对面严格审查，逐人核对，取消多人一证。

1990 年 3 月 15 日起，县公安局恢复签发边境通行证，整顿边境通行证签发、检验和管理工作，严格办理制度，提高办证人员的识别假证能力和保密意识。6 月 26 日，公安部印发《关于启用新边境管理区通行证的通知》，自 7 月 1 日起，正式启用 1989 年版边境通行证，并重新公布边境管理区范围为新疆、甘肃、内蒙古、黑龙江、吉林、广东、广西、云南、西藏等 9 个省、自治区的 132 个地区、县（市）、旗和 11 条边境铁路线（站）。边境证须凭本人身份证办理，提供 1 张一寸近期免冠照片盖钢印，并随证同时使用，有效期一般不超过 3 个月，办理一次不超过一个月的延期，期满后交还签证机关。10 月 31 日，边境通行证收费标准由 4 元降为 2 元。1991 年，县公安局签发边境通行证 300 余张。

1992 年 6 月 27 日，公安部印发《关于启用新版中华人民共和国边境管理区通行证的通知》，7 月 5 日起，启用 1992 年版新证，对边境证的签发、验收采取简化办法。是年，县公安局办理边境通行证 700 余张。1999 年 9 月 4 日，公安部颁布实施

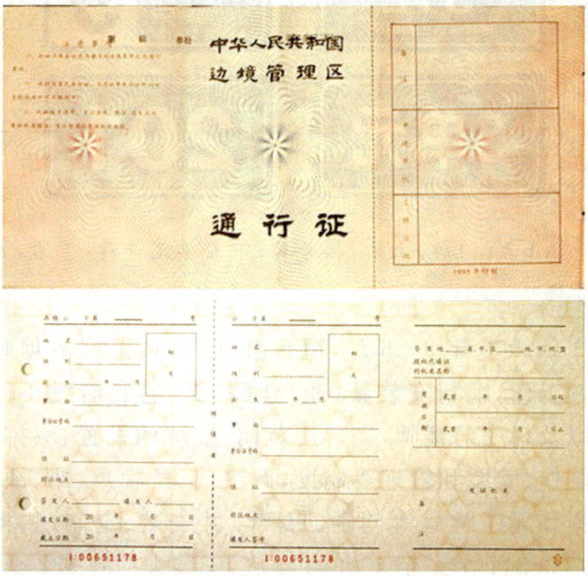

边境管理区通行证式样

《中华人民共和国边境管理区通行证管理办法》，系首部边境通行证法管理的规章。2003 年 8 月，公安部出台三十项便民利民服务措施后，县公安局将未使用的边境通行证和发票统一上缴市公安局，不再办理边境通行证。2009 年，根据工作需要，县公安局恢复办理边境通行证。2012 年 5 月 21 日，省公安厅下发《关于启用边境管理区通行证办证系统的通知》。7 月 1 日起，启用边境管理区通行证办证系统，实现边境通行证申领、审批、签发网上流转，并自动比对全国人口信息库、在逃人员库，办证信息与公安检查站互通。2014 年、2015 年，分别办理边境通行证 23 个、31 个。

门楼牌编划安装

门楼牌管理是国家赋予公安机关的行政管理职能，是户籍登记和管理的基础。1987 年 4 月，为适应经济建设和群众生活需求，县公安局联合城建、邮电、地名办等部门完成县城张北路、索镇大街、槐荫路、镇北大街、镇北二路、卫生路、镇南大街等 7 条主要街道的命名和路标、门牌的制作、安装工作，门牌颜色为蓝底白字，编排顺序为南北街由南向北，东西街由东向西，左侧编单号，右侧编双号，共设路标 32 个，订门牌 443 个。

1992 年，桓台县推行农村户口城市化管理。6 月 27 日，县公安局、县城乡建委、县地名办公室、县房管局联合下发《关于在全县城乡进行规划 编制路标 门牌工作的通知》。7 月，制定《农村路标门牌编划装订办法》，对农村路标、门牌的编划原则、方法、要求等作出具体规定。县公安局会同地名办，命名各乡镇、村的路街巷。以派出所干警和抽调人员为主，组成若干编划门牌小组，按照规定编划门牌。从入村的主要路口开始，以村中心路为轴，按照左单右双原则编划门牌。同时，印发门牌编划登记表、门牌户主编号登记表，每个编划小组边编划边填表，用油漆或粉笔在每户门口左上方标其编号。门牌编划后，根据门牌登记表，统一制作门牌。为确保装订质量，县公安局在周家镇试点。1993 年 3 月 6 日，在周家派出所召开装订门牌工作现场会。至 4 月底，全县完成门楼牌编制工作，命名街道 1792 条，绘制村庄平面图 342 份，装订大门牌 2352 个、小门牌 123685 个、大楼

牌159个、小楼牌234个及单元牌、户牌4475个。6月5日,《淄博日报》刊登桓台县农村户口实现门牌、户口本、村民居住方位图、统计表、常表五统一的做法。1999年5月19日,省公安厅印发《门楼牌编制管理规范化意见(试行)》,县公安局结合第五次全国人口普查前的户口整顿工作,对门楼牌查漏补缺,更换损坏或模糊不清的号牌,保持门、楼牌齐全。

随着经济社会发展,桓台县城乡发生巨大变化,城市规模逐年扩大,街道、居民生活小区建设等日渐完善,企业对外贸易交流逐年增多,门、楼牌编划工作更加重要。同时,为确保二代证换发工作顺利开展,2007年,县公安局大规模清理、编划、安装城乡门楼牌。7月19日,印发《桓台县公安局关于开展门楼牌清理编划安装工作的实施意见》。各派出所提供辖区平面方位图、村(居)及生活区基本情况,警区民警带领各单位户口协管员,进行细致严密的实地调查,结合实有人口入户核对工作,绘制辖区路街平面方位图、生活区平面方位图及村(居)民居住平面方位图。平面图绘制完毕,按编号原则进行编号。大、小门牌的号码按街道走向由南向北、由东向西或由路首向路尾方向编划,人面向路尾方向,左侧编单号,右侧编双号。封闭生活区从装订门牌的入口处由近及远、由前及后、由左及右的顺序编划;开放型(即多个出入口)生活区按由东向西或由南向北的顺序编划。单元牌号,楼房双向进出口的,一般由东向西或由南向北编划,也可由主要进口开始编划;有固定入口的,从入口处由近及远编划。门牌以内居住两户以上的都编划户牌号。楼房每个单元的每个楼层一个户牌起止号,由下而上,由左向右,单元每户编一个户号。九层以下楼房的户号,采用三位数编排,如:一层为101,102;二层为201,202;十层以上楼房的户号,采用四位数编排,如一层为0101,0102;十层为1001,1002;平房成排的编一个起止顺序号。农村户牌由东向西,由南向北,以中心路为界,按左单右双的原则编划。村庄较小的,从主要出入口按一个起止号顺序编划;村庄较大的,按自然地形分块编划,如1组1、2组1、3组1等。一层为经营场地、二层以上为居民住宅的楼房,一层沿街巷编排门牌号码,二层以上按住宅楼编排门牌号码。二层楼内户号,仍按二层楼编排。对沿街的空地或不定型正在建造的,根据城建部门的规划,留出适当空号,以备后用。如果所留空号不够用或两个门牌号之间又新增门头,需装订门牌的,编划为"1甲1,1甲2,……"等。编号完毕后,填入户主姓名或单位名称。街路巷名称严格按地名办命名的街路巷,未经命名的街路巷名称可在绘图时使用,不得用于户口登记。对于调查发现的由公安部门以外的单位和部门编划、制作、装订的门、楼牌,一律由派出所重新编划、制作、装订。对遗失、损坏或模糊不清的门、楼牌登记后,重新上报制作。全县各类门、楼牌,报市公安局统一制作。制作门、楼牌,严格按照市物价局、市财政局文件规定收费,大门牌(600毫米×400毫米)200元/个,中门牌(350毫米×240毫米)120元/个,小门牌、临时门牌、旁门牌(150毫米×90毫米)及居民用户10元/个,机关、团体、企事业单位60元/个,楼号牌(900毫米×500毫米)280元/个,楼房单元号牌(250毫米×130毫米)30元/个,楼房户号牌(100毫米×60毫米)3元/个,平房排号牌(500毫米×250毫米)100元/个,平房户号牌(100毫米×60毫米)3元/个。制作发放后,由警区民警配合并监督装订。是年,全县编划门楼牌124335个。

上左:门牌;上右:楼号牌;下左单元号牌;下右:户号牌

2008年3—6月,桓台县开展门、楼牌清理整顿工作,编制安装新(改)建路、街、巷和居民小区以及村庄门楼牌,完善规范门、楼牌的设置、编排、制作、安装和管理等制度,解决门、楼牌重、错、缺、损和无序跳号等问题。是年,共安装、定制门、楼牌38341个。至2009年年底,安装大门牌532个、小门牌81022个、中门牌187个、楼牌355个、单元牌964个、户牌8742个。2010年4月，按照《全市门楼牌清理整顿工作实施方案》要求，主要编划全县过境的G205国道、S321省道寿济路、S238省道高淄路及柳泉北路、工业街、少海路、兴桓路、果周路、起马路等11条连镇路两侧门楼牌。县公安局户政部门联合派出所，走访镇政府和当地群众，详细掌握各镇衔接点的具体位置，保证各派出所编划门、楼牌起止号的准确性和合理性。遵循“尊重历史、保持稳定、方便查找、便于管理”原则，统一采用“零点丈量法”，号码变化编划采用“一米一号”的办法。通过整顿，清理重号门楼牌12个，制作大门牌228个、中门牌127个、小门牌5343个、楼号牌384个、单元牌722个、户牌13179个。2011年，制作大门牌170个、中门牌46个、小门牌8468个、楼号牌327个、单元牌652个、户牌7352个。2012年起，取消门楼、牌行政事业性收费，所需费用由县财政保障。是年，县财政拨款50万元作为门、楼牌工作专项经费，县内主要道路两侧及纵深1000米门、楼牌实现全覆盖，制作大门牌225个、中门牌2个、小门牌2411个、楼号牌1446个、单元牌2028个、户号牌21138个、旁门牌1个。

监督改造工作

1950年10月10日，中共中央指示，对大多数反革命分子实行管制教育方针，促其弃旧图新。管制对象是历史上有反革命罪恶，尚不需逮捕法办，1949年后既无悔改表现，又未发现新的反革命活动，需要在一定时间内管制考察的反革命特务分子、反动党团骨干分子、反动会道门头子、坚持反动立场的地主、富农分子及坚持反动立场的蒋伪军政官吏等。1951年3月，省公安厅制定《关于管制反革命分子办法（草案）》。8月，县公安局结合镇反运动，管制309人。1952年6月27日，中央公安部发布《管制反革命分子暂行办法》。县公安局梳理镇反运动中暴露出来的反革命分子，管制182人。1953年，全县正式管制457人，计判管制者132人、立管制者325人。至1954年8月，公安机关和人民法院先后依法判处管制分子422人，计反革命特务分子4人、反动会道门头子128人、坚持反动立场的地主分子100人、反动党团骨干分子4人、蒋伪军政官吏124人、被反革命利用54人、叛徒8人。是年，依照《全国农业发展纲要（草案）》第四、五条规定精神，依靠基层治保组织，结合普选工作，对全县8689名地主、富农分子、反革命分子规划入社。首先对其中5104人规划入社，成为正式社员、改变成分的4884人，成为候补社员的72人，入社后继续管制生产的51人，未入社的97人。1957年，结合互助合作高潮和普选，全部规划入社。

1955年3月，按照省公安厅一年两次评审被管制分子的指示，管制工作贯彻执行政府管制、群众监督、思想教育和劳动改造相结合的原则。在各级党组织和政府的领导下，依靠基层治保组织和广大群众，评审全县425名被管制分子。撤销管制，改为正式社员，享有选举权的126人，缩短管制期的26人，延长管制期的37人，依法逮捕不思改造、继续从事反革命活动人员7人。整个评审工作，全面体现党的政策，分化瓦解打击敌人的现行破坏活动。

1963年，全县原有“四类分子”2723人，经过审查，纠正错划134人，漏划新管制568人，参加年终评审的“四类分子”共计3157人。召开各区公安特派员和大队治保主任会议，明确评审措施和政策界限。通过评审，摘掉“四类分子”帽子成为正式社员的33人，表现一般成为非正式社员的1536人，表现较差继续监督生产的1529人，有现行破坏活动依法管制的59人。为彻底消灭农村剥削阶级，在党组织领导下，公安机关依靠基层治保组织和广大群众，监督改造地主、富农、反革命、坏分子“四类分子”，全县设立“包夹”小组2091个，参加包夹者9204人，被包夹的“四类分子”3763人。对“四类分子”，政治上区别对待，经济上同工同酬，落实“三包一保证”的监管措施，即包监督劳动、包政治教育、包预防破坏，责令监督改造对象自己提出保证，定期检查汇报。对“四类分子”实行月考、季评、年升降的评审制度，坚持重证据、重调查研究、实事求是的原则，掌握正式社员、非正式社员和监督对象的标准，正确执行升、降、摘、戴。对10余年来一贯老实守法、改造成功的，经群众评议，报县公安局批准，摘掉地主、富农、反革命、坏分子帽子，恢复公民权利。对坚持反动立场，有破坏活动的，继续发动群众揭发斗争，继续实行管制劳动改造。

1967年，公安机关遭受“文化大革命”的冲击，农村基层治保组织工作弱化，对“四类分子”的监督管理受到影响。县公安军管小组组织群众，最大限度做好对“四类分子”的评审工作。1976年10月，粉碎江青反革命集团后，县公安局针对全县“四类分子”底数不清、法律手续不全、错管漏戴等现象严重的实际情况，组织专门力量，逐社逐队调查核实纠正。1977年12月，评审全县“四类分子”4053名，表现好的851人，占21%，表现一般的2553人，占63%，表现差的649人，占16%。对101名老实守法改造好的摘掉帽子，对坚持反动立场有破坏活动的78名不法分子，发动群众批判斗争。1979年2月，根据中央〔1979〕5号文件精神，给得到改造的“四类分子”摘掉帽子，给地主、富农子女定成分。县委成立由杜成祥任组长，郭丙亨、陈宁之、王维科、徐孝平、苗永守任副组长，张俊山、胡保华、高士厚、蔡温普、李华业、高爱华、孙宪法任成员的领导小组，下设办公室，县公安局副局长蔡温普任主任，张仲俊、孙宪法、祝兆贤任副主任。先在东镇大队试点，然后在全县展开。全县共有戴帽子的“四类分子”3482人，其中外流45人。按照中央指示，经过群众评议和逐级审查，县革委会批准给3302名“四类分子”摘掉帽子，占监管总数的96%，纠正错划错戴的112人，占监管总数的3.3%，没有改造好继续戴帽子监督改造的23人，占监管总数的0.7%。结合这次评审，给地主、富农出身的11301人定为社员成分，给地主、富农出身的社员子女12771人改为社员出身。

1970年，桓台县公安机关军管小组召开群众大会，为“四类分子”摘帽。左为治安组巩芳林，右为军管干部

1980年3月，通过对全县23名“四类分子”评审，摘掉帽子10人。1983年10月，县公安局贯彻落实中央办公厅〔1983〕54号文件精神，将全县仅有的13名“四类分子”摘掉帽子(对7名外流“四类分子”在档案材料中注明)。在各级党委、政府的领导下，公安机关依靠基层治保组织和广大人民群众，完成监督改造地主、富农、反革命、坏分子这项历史性任务。

第九节　出入境管理

中华人民共和国成立初期，出入境管理工作由县公安局治安股协助外事部门负责，主要签发管理出境证。1958年，政保股管理出入境人员。中共十一届三中全会后，随着对外开放和市场经济发展，入境及申请出境人员逐渐增多。1997年7月，县公安局成立出入境管理科。2007年2月，出入境管理科并入治安大队，改称出入境管理办公室。10月，经省公安厅综合考核，出入境管理办公室被评为全国公安机关出入境管理部门省级文明窗口。2008年4月，县公安局投资15万余元，建设出入境接待大厅，全面提升出入境管理服务水平。

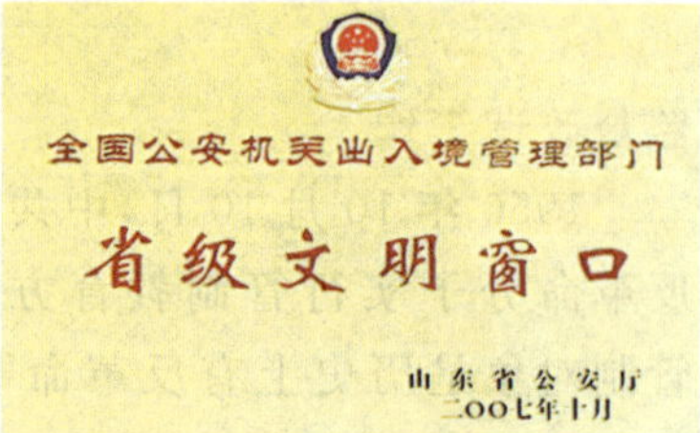

公民因私出国管理

1957年11月16日，国家出台公民因私事出入国境管理工作的规定，对受理公民因私申请出国和审批发证手续作出程序性规定。改革开放以前，严格控制公民因私出国，全县公民因私出国者极少。

20世纪80年代，县公安局受理公民因私出国申请。1990年1月1日，公民出入境事宜由淄博市公安局外事科直接受理。1993年4月，启用1992版因私护照。5月1日，启用新版出境登记卡。是年，为桓台县3名因私出国人员办理手续。1997年1月，省公安厅把公民因私出国旅游审批权下放到各地市后，县内组团出国旅游人数增加，前往新加坡、马来西亚、泰国人数较多。8月25日，按照省公安厅《关于规范公民因私出国(境)申请受理程序的规定》，县公安局出入境管理科开始受理辖区公民因私出国(境)申请。1998年，实施法定不批准出境人员通报备案制度，依法限制5种不批准出境人员出境。

2000年7月，按照公安部修订的《中华人民共和国普通护照审批 签发管理工作规范》，简化公民出国探亲访友、劳务、商务等申请材料。8月，启用1997版护照。2001年3月起，简化劳务人员办理护照手续，出国劳务人员不再办理因公护照，一律向公安机关申请因私普通护照。2002年2月起，根据公安部规定，公民申请出国免交境外邀请函，取消签发护照附发出境登记卡的做法，公安机关不再办理换发、补发出境登记卡手续。6月，县委组织部、县公安局、县人事局联合印发《关于对特殊身份人员实行登记备案制度的通知》，对国家公务员、金融、财税以及国有企事业单位管理人员等特殊身份人员实行登记备案工作。8月12日，实行按需申领护照制度，出国人数大幅增加，但对特殊身份登记备案人员申请出国的，仍进行必要控制。是月，出入境管理业务实现在公安专网上办公和信息传输。2003年4月，县公安局与县工商、教育、劳动等部门联合开展非法出入境中介机构清理整顿活动。

2006年3月，为加强对国家工作人员因私出国(境)管理，适应改革开放和经济发展的需要，县公安局印发《桓台县国家工作人员因私事出国(境)管理工作规定》。同时，制定非工作时间内为申请人提供出入境管理服务制度，保障申请人的合法权益，维护良好的出入境管理秩序。4月29日，全国人大常委会颁布护照法。县公安局依法规范护照的申请、签发和管理。7月25日，启用新的出入境管理信息系统。2007年3月，县公安局开展宣传《中国公民出国(境)旅游文明行为指南》活动，置于出入境受理大厅显要位置，供群众免费领取，提升出国旅游公民的文明素质。10月15日，公安部颁布《中华人民共和国普通护照和出入境通行证签发管理办法》，县公安局进一步提高受理护照申请工作效率。2008年，清理国家工作人员报备数据，涉及桓台的数据信息包括国家机关工作人员身份证重号586条、国家机关工作人员(不包括工商、税务、银行、邮政、电信部门)分类错误2010条、国家机关单位机构代码160条。通过清理，更正特殊身份人员信息230条，注销特殊身份人员信息135条，标注需删除数据198条，更正分类错误信息2010条，重新核实单位机构代码114个。2009年，出入境管理办公室配备高速扫描设备，实现对出入境受理材料高速扫描、自动识别、智能分割、后台上传等功能。在大厅设置LED大屏幕电子显示屏，滚动播放出入境法律法规、办证须知、办事程序以及收费标准等公开项目，向办证群众公布各类信息，为群众提供人性化服务。

2010年，桓台县申请出国证件人数倍增。出国劳务发展迅速，部分无资金、无资质的出国劳务中介组织和个人，非法从事出国劳务业务，骗取群众钱财。出入境管理办公室印发“特别提醒卡”5000张，宣传相关法律常识，70余人接受提醒后，先办理劳务手续再办理护照，减少盲目出国现象。2011年10月，开展电子普通护照签发测试工作。2012年年初，通知相关单位采集公章和负责人签名，落实国家工作人员报备制度，并及时做好撤销备案工作，采集单位公章93枚，负责人签名93个。3月15日，按照《电子护照签发准备工作验收标准》要求，接待大厅受理窗口配置高性能的台式双显卡电脑、音箱、指纹采集仪、高速扫描仪、固定

左为普通护照，右为电子护照

式条码枪、摄像头、有源USB集线器等设备，确保电子护照受理工作顺利开展。

随着出入境人数大幅增加，申请人同时申办

多种出入境证件或一家人同时申办出入境证件情况增多。2013 年 6 月，试行出入境证件邮寄便民服务工作方式。2014 年 4 月 1 日起，启用中国公民出入境证件申请表。6 月 10 日，县公安局召开全县 10 家涉外旅行社负责人座谈会，征求规范出入境管理服务工作的意见和建议。

2014 年 4 月，民警为群众办理出国手续

公民因私赴港澳台管理

1980 年前，有公民要求去香港与台湾亲属会面，由于香港对内地居民去港有诸多限制，一般不予批准。是年 4 月，桓台县唐山造纸厂合同工宋某，申请去香港探望姐姐，但因其单身且判过刑，其姐姐、姐夫又有历史问题，经向惠民地区公安局请示，未予批准。1982 年 5 月 9 日，中共中央办公厅转发中央对台工作领导小组《关于接待台湾同胞回来探亲参观及其在大陆亲属到港澳和国外会亲问题的规定》。桓台县到港澳会亲的，须持亲人信件，并有明确的会亲时间和地点，经本人所在单位审查后，由县公安局受理，报省公安厅审批。发给到港澳人员为期三个月的双程往来港澳通行证。1985 年 7 月 12 日，公安部下发《关于目前台湾同胞亲属去香港会亲存在的问题及今后从严掌握的意见》，省公安厅下发《关于从严控制台湾同胞亲属去香港会亲的通知》，县公安局从严掌握去港会亲人数，原则上只批准直系和近亲属，以及关系特别密切人员去港。会见台湾同胞，每次一般批准 1 人，最多去 2 人。1988 年 10 月 3 日，原籍桓台县田庄镇于铺村的台胞刘文茂返乡探亲时，申请将孤居在家的 80 岁父亲刘诚斋带到台湾定居。10 月 6 日，公安机关为其办理赴台手续。刘诚斋系淄博市第一位申请到台湾定居的公民。1996 年 8 月 1 日，启用大陆居民往来台湾通行证，大陆居民仍需经港赴台。1998 年 2 月 5 日起，对赴台探亲、探病、奔丧的申请人，报市公安局为其办理大陆居民往来台湾通行证的同时，签发 3 年有效的往来台湾签证。

香港回归祖国后，县公安局继续执行从严控制内地人员往来港澳地区的政策。1998 年 3 月，根据公安部《内地居民从事商务 培训 就业等非公务活动往来香港特别行政区暂行管理办法》的规定，县公安局受理县内相关居民赴港从事商业、培训等非公务活动申请，上报市公安局审核、省公安厅审批。

2000 年 1 月，县公安局开始受理赴澳门从事商务活动申请。2 月，简化内地居民赴港澳手续，取消申请赴港澳商务必须提交邀请函和企业注册资金、进出口额证明以及申请赴港澳探亲须提交邀请函的做法。5 月 20 日，公安部《中华人民共和国往来港澳通行证签注审批 签发管理工作规范》实施，启用 2000 版前往港澳通行证、往来港澳通行证和贴纸签注。此后，居民首次申请赴港澳由省公安厅签发证件和签注，再次赴港澳签注由市公安局签发。2002 年，全县公民因私赴港澳地区数量增多，事由以旅游、探亲、商务等居多。2006 年 4 月，贯彻公安部《往来港澳通行证和签注受理审批 签发管理工作规范》，启用 2005 版往来港澳签注，进一步简化签注的种类，将 14 种签注减少为 6 种。个人旅游、团队旅游在保留"三个月一次有效""三个月二次有效"签注的基础上，增加"一年一次有效"和"一年二次有效"签注，方便申请人自行选择出行时间。6 月，开展企事业单位港澳商务登记备案工作，拟派职工赴港澳商务活动的企事业单位提前登记备案。2008 年 12 月，山东省与台湾地区实现"三通"，桓台县居民可通过青岛直飞台北包机赴台。2009 年 4 月，为方便在香港就学、就业、培训的内地居民及其随行在港亲属临时赴澳门，按照公安部出入境管理局《关于为在香港

就学 就业 培训的内地居民及其随行在港亲属签发赴澳门个人旅游签注的通知》，此类人员可通过香港中国旅行社向广东省公安厅深圳出入境签证办事处申请，提交有效的往来港澳通行证和逗留签

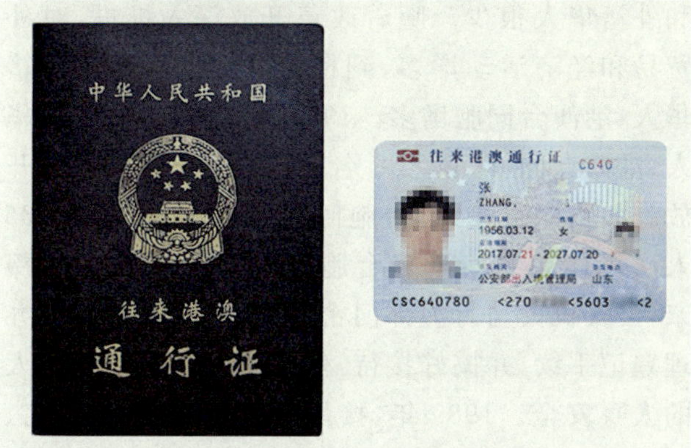

往来港澳通行证。左为 2000 版，右为 2014 版

注。6 月，取消内地居民遗失往来港澳通行证重新申请需登报声明的规定，由申请人提交遗失声明即可。同时，内地居民所持往来港澳通行证在香港或者澳门遗失或者损坏，可以通过香港或澳门中国旅行社向广东省公安厅深圳或者珠海出入境签证办事处申请出境通行证返回内地。2014 年 7 月，启用电子往来港澳通行证。9 月 15 日，启动 2014 版往来港澳通行证受理签发工作，同时停止受理 2000 版往来港澳通行证申请。2015 年 4 月 1 日，实施《往来港澳通行证 签注签发规范（试行）》，启动新版港澳通行证签注签发业务受理审核系统。12 月，实施《往来台湾通行证及签注签发管理工作规范》，合并探亲和居留签注，原居留签注申请人根据证件有效期灵活选择签注有效期；团队游签注有效期延长至 6 个月，为申办入台许可充分预留时间；赴台乘务签注可签发 1 至 3 年多次有效签注；增加其他类签注 1 年多次的适用情形，以便大陆居民赴台办理有关事务。同时，取消全部 6 项大陆证加注，可直接进行计算机信息系统审核的业务范围，限定允许代办情形，明确证件补换发、宣布作废、注销的业务规则。是年，全县申请办理港澳通行证人数达 2562 人次。

1997—2015 年桓台县公民因私出国（境）申请情况统计表

表 5—5　　　　单位：人

年度	合计	出国	去港澳	去台湾	年度	合计	出国	去港澳	去台湾
1997	46	34	12	0	2006	1113	759	350	4
1998	137	105	20	12	2007	1478	1159	314	5
1999	266	154	103	9	2008	1544	1176	356	12
2000	253	192	58	3	2009	1249	754	447	48
2001	258	187	64	7	2010	2112	1056	908	148
2002	507	387	116	4	2011	2684	1342	1163	179
2003	435				2012	3617	1664	1613	340
2004	1487				2013	4118	1964	1680	474
2005					2015	6811	3923	2562	326

法定不批准出境人员通报备案工作

1986 年 2 月 1 日，施行《中华人民共和国公民出境入境管理法》。该法第八条规定，有下列五种情形之一的，不批准出境：（一）刑事案件的被告人和公安机关或者人民检察院或者人民法院认定的犯罪嫌疑人；（二）人民法院通知有未了结民事案件不能离境的；（三）被判处刑罚正在服刑的；（四）正在被劳动教养的；（五）国务院有关主管机关认为出境后将对国家安全造成重大损失的。1998 年 5 月，公安部商最高人民法院、最高人民检察院、国家安全部和司法部同意，制定《关于实行对法定不批准出境人员通报备案制度的规定》，加强公民因

私事出境活动的审批管理，有效控制法定不批准出境人员办理出境手续。10月，市公安局协调市中级人民法院、市人民检察院、市国家安全局、市司法局等部门，报请市委政法委下发贯彻意见，对报备工作提出要求。据此，县公安局实施法定不批准出境人员通报备案制度，规定各警种于每月5日前，向出入境管理部门通报法定不批准出境人员情况，有限期地限制五种不准出境人员办理出境手续。是年，全县政法各部门之间、公安内部各警种之间、市县公安出入境管理部门之间报备工作协调机制逐步确立。1999年7月，开展法定不批准出境人员集中清理整顿活动，在刑警、治安、经侦、法制、出入境、各派出所等部门之间建立定期联系制度，确定专人负责报备信息的录入、传输、建档工作。

2000年，把报备工作纳入出入境管理基层基础工作之一。市委政法委下发《关于进一步加强报备工作的意见》，全市报备工作规范化、制度化。2002年4月，县公安局成立法定不准出境人员报备工作专项清理行动领导小组，做好对公安机关认定的犯罪嫌疑人等12类人不准出境人员的清理、登记及上报工作。限制出境期限1年（含1年）以下的，由县公安局审批，1年以上、5年以下的，报市公安局审批，5年以上的，报省公安厅审批。2007年，有效报备法定不批准出境人员328人。2008年11月，启用新式《法定不批准出境人员通知备案通知书》《内控人员通报备案通知书》，对于五种不批准出境人员填写《法定不批准出境人员通报备案通知书》，对于其他相关人员填写《内控人员通报备案通知书》。是年，专项清理法定不批准出境人员，更正法定不批准出境人员信息395条，注销信息87条。2009年，市公安局下发《关于进一步加强规范“两个备案”工作的通知》，有效报备法定不批准出境人员437人。2010年，落实监管对象通报制度，每月由派出所集中上报一次法定不批准出境人员信息，共报备289人。2012年，市公安局转发《法定不批准出境人员报备管控工作操作规范（试行）》，全县报备224人。2014年，报备229人，撤控7人，发现并制止法定不批准出境人员14人，收缴法定不批准出境人员护照1本。2015年，新增法定不批准出境人员253人，报备325人。

入境人员管理

20世纪80年代以前，因私到桓台县的外国人和外籍华人很少。随着改革开放深入推进，对外贸易和经济活动增多，到桓台县的外国人和外籍华人、港澳台同胞增多。1982年，到桓台县外籍华人、港澳台胞、华侨158名。1987年，台湾当局开放赴大陆探亲政策，台胞回县探亲、创业人员235人次。1988年，45名台胞和外国人到桓台县探亲，公安机关与有关部门密切配合，为外来人员办理登记手续，并搞好接待，保证回归台胞和外国人的人身安全。1989年，接待回归探亲台胞57名、外商5名及探亲的外籍人1名、外国人1名。

1990年后，县公安局充分发挥职能作用，保障中外合资、中外合作、外资企业在桓台发展。在三资企业及各村设置外国人联络员，外事工作延伸到基层。1991年，苏联社会科学院专家乌里扬诺夫到县访友，公安机关配合有关部门做好安全接待工作。4月，对县内境外人员专项调查，共有221人。是年，接待台胞19人次，接待回归和外国人35人次，依法处理到县从事非法传教活动的王某。1992年，邓小平视察南方重要谈话后，全县三资企业迅速发展，境外人员来往频繁，境外常住人员增多，接待回归台胞21人次，外国人3人次。从韩国回国探亲的陈福臻突然去世，县公安局配合县侨务办公室妥善处理后事。是年，抓获3名缅甸国入境拐卖妇女的犯罪分子。1993年，接待回归台胞26人次，华侨和外国人23人次。调查全县87家三资企业，掌握外商资信等情况。1994年，全县三资企业达到133家，投产60余家，主要有美国、韩国、日本、加拿大、菲律宾、奥地利、澳大利亚及中国港澳台地区到县投资，项目主要有服装、建材、化工、纺织、食品加工、酒店等。县公安局对三资企业中的入境人员及时纳入管理。1997年，市公安局召开外事业务交接后的第一次全市外事管理工作会议，确定桓台宾馆为涉外宾馆。1999年，县公安局将非法入境的韩国籍金某遣送出境。

2000年10月，省公安厅、省委统战部、省政府台湾事务办公室联合印发《关于转发公安部 中共中央统战部 国务院台办〈关于台湾居民来祖国大陆定居受理审批工作的通知〉》，由公安机关依法受理审批台湾居民回大陆定居的申请，对符合条件的定居申请，在规定时限内报省公安厅审批。2002年5月，组织开展“三非”外国人专项清理行动，集中清理非法入境、非法居留、非法就业外国人。接待到桓台技术指导、商务洽谈的外国人316人，接待香港、澳门、台湾回归探亲、工作考察的同胞410人。2003年，接待临时入境人员35人次，受理境外人员签注(加注)申请15人次。2006年5月，落实基层派出所对境外人员管理责任制。是年，办理境外人员临时住宿登记76人，常住境外人员12人。12月14日，将2名非法入境的缅甸籍女子遣送出境。2007年，办理境外人员临时住宿登记113人，常住境外人员16人，遣送出境1人。2008年5月16日，完成旅馆业治安管理系统采集境外人员临时住宿登记信息调试工作，辖区旅馆录入的外国人信息实时传输到市公安局信息中心。7月18日，县公安局在马桥镇召开外国人管理工作会议，推进实施旅馆业治安管理系统、强化外国人管理、严格外国人住宿登记等工作。是年，

2008年10月14日，举办外管民警培训班

办理临时住宿登记106人，常住境外人员13人，遣送出境1人，处罚非法居留1人。2009年3月，举办旅馆业培训班，掌握境外人员证件识别、临时住宿登记表填写及报送流程有关知识、旅馆业管理相关法律法规，各派出所外事民警及48家旅馆业主受训。10月，举办全县推广“境E通”系统暨外管联络员培训班，访涉外单位66家，安装“境E通”用户25家，对境外人员信息和申报临时住宿登记实行网络化管理，实现境外人员出入境证件网上预约申请。是年，办理临时住宿登记112人，常住境外人员15人，为52家涉外单位建立档案，处罚非法居留3人、非法雇用外国人单位1家。

2010年6月13日，日本高中生访中代表团一行100余人到桓台一中友好访问，县公安局做好安全保卫工作。是年，调整外管联络员20人，办理临时住宿登记327人次，常住境外人员28人，走访涉外单位11家，处罚非法居留1人。2011年，走访涉外企业27家、涉外学校4所、涉外宾馆3家，办理临时住宿登记385人次，常住境外人员29人。1月3日，香港人吴某酒后驾车至张田路顺河村路口撞死1人。4月12日，吴某被判处有期徒刑一年，缓刑一年。2012年7月11日，台胞王振铭回祖籍桓台县索镇兰柳村居住(2014年1月病逝)。8月，加拿大籍儿童毕伟恒的签证将于9月3日到期，其家长计划9月7日带其回加拿大。为避免非法居留问题，县公安局外管民警及时联系毕伟恒亲属，提醒其到市公安局出入境管理分局办理签证延期，使其顺利返回加拿大。是年，办理临时住宿登记403人，其中常住境外人员16人。2013年，推进“外管进社区”，出入境中队依托涉外协管队伍，多角度、深层次收集境外人员相关信息，及时发现和查处各类涉外案(事)件。7月下旬，俄罗斯马戏团到桓台县演出，入住淄博盛圆国际酒店，出入境部门做好境外人员的管理工作，登记境外人员171人次。是年，走访辖区涉外企业26家，开展证件到期提醒服务62人次，办理临时住宿登记861人次。2014年，走访涉外企业、旅行社68家，新增“境E通”用户3家，办理临时住宿登记783人次，其中常住境外人员68人次。2015年，走访涉外企业、宾馆、旅行社50余家，办理

2015年12月，民警到涉外宾馆防范宣传

临时住宿登记582人次。开展越南、缅甸等毗邻国家“三非”人员清理打击专项行动，做好临时到华外国人员住宿登记管理工作，排查消除来自境外的各类隐患，营造良好的涉外治安环境。

第十节　内部安全保卫

内保组织

中华人民共和国成立后，县公安局重视内部单位保卫工作，保障国民经济恢复和发展。1950年9月，县公安局设侦保股，负责案件侦察和内部单位安全保卫。是月23日，县公安局张店分局召开14个单位参加的保卫干部会议，掌握各单位保卫工作情况，成立张店保卫委员会，分局副局长任主任，推选副主任2名、委员2名，建立会议制度、汇报制度。12月23日，淄博专署公安处处长杨文英召开各县公安局局长会议，部署经济保卫工作，要求在工厂、企业成立保卫组织，审查工厂、财经、企业生产部门人员，建立档案制度，管制反动党团人员；建立安全制度，成立群众性安全组织；各大企业设立警卫武装；机关成立保卫组织，审查机关内部人员，建立防奸保密制度。1951年1月，县公安局局务会研究保卫工作计划，成立机关、企业、贸易部门保卫委员会，各机关支部设一名保卫员。因多数公安干部投入土改，保卫委员会暂未成立。1952年1月，在“三反”运动基础上，桓台县成立县委（含新华书店）、县政府（含银行、税务局、粮食局及粮食代办处）、县公安局、县供销社（含邮局、百货公司）、索镇酒厂5个保卫委员会，保卫委员35人，随后淄博专区联立师范学校（桓城）、康复第一医院成立保卫委员会，其他县属单位成立保卫小组，重点做好机关、粮库、仓房、货库等国家资财保卫及节日保卫，处理“三反”运动中暴露出来的问题。9月，县公安局设立保卫股，专门负责内部单位安全保卫工作。12月21日，县委批转《县公安局建立保卫组织工作计划（草案）》，首先充实并审查县直部门保卫人员，清洗县粮食局保卫员1名。1953年2月12日，县公安局召开内部单位保卫人员座谈会，重建正规保卫组织。10个县直厂企单位成立保卫委员会4个，设委员21名，成立安全小组10个，设安全员54名。其中，酒厂、粮食局成立1个保卫委员会，下设酒厂、粮食局2个保卫小组；税务局、邮电局成立1个保卫委员会，下设税务局2个、邮电局1个共3个保卫小组；县供销社、保险公司、新华书店成立1个保卫委员会；银行、保险公司、卫生院成立1个保卫委员会。1954年，为落实统购统销政策，确保粮食仓库、合作社安全，县供销社、粮食局及所属粮库设立专兼职干部12名。1955年5月，撤销保卫股，保卫业务归政保股。1956年，在经企内部单位设立保卫干部10名，计供销系统6名、采购局1名、手工业联社1名、酒厂1名、粮食局1名，新建治安保卫会10个、治安小组18个，追查事故委员会3个、小组5个。

1962年，根据惠民专署公安处《关于当前公安工作的意见》，县公安局督促重点单位加强值班力量建设，县直单位成立16个治保委员会、5个保卫小组。1963年，19个单位成立治保委员会，县供销社成立保卫科，县商业局各公司配备专职保卫干部，各区、人民公社确定一名干部兼管保卫工作，基本达到各行各业有专人负责保卫工作的要求。

“文化大革命”期间，部分保卫干部和治保人员惨遭揪斗和迫害，内部安全保卫工作遭受严重破坏。1973年6月，县公安局恢复建制后，整顿财贸企业单位保卫工作。1978年4月26日，县委批转县公安局党组《关于加强内保组织整顿和建设的请示报告》，按照中央〔1978〕4号文件要求，厂矿、企业、机关、学校成立内保组织，100人以上单位成立5～7人治保委员会，100人以下单位设立治保小组或保卫员。其中，县供销社、商业局、二轻局成立保卫科（股），索镇石油站、县化肥厂等17个单位配备专职保卫干部，广播局、电业局等35个单位配备兼职保卫干部。10月，索镇石油站保卫科被省委表彰为山东省公安司法战线先进集体。1979年11月25日，县公安局成立内保股，负责单位内部安全保卫工作。

1980年，内保股管辖57个单位，县供销社、索镇石油站、桓台一中、索镇酒厂、县化肥厂等10个大型、重点单位成立不少于3人的保卫科、股，15个中型单位配备专职干部，32个小型单位配备兼职保卫干部。1981年2月25日，县政府批转县公安局《内部安全防范工作条例》，各单位保卫科（股）或专兼职保卫干部受本单位和县公安局双重领导，建立健全岗位责任制，对预防和发生案件、事故作出奖惩规定。1982年，对厂企保卫干部和治保主任实行统一领导、统一计划、统一检查、统一行动、统一总结评比发奖。是年，新建保卫科（股）4个9人，总数达到11个32人，同时整建治保会103个412人、护厂队11个157人、门卫104人，管理全民职工9833人、集体职工4069人。1983年1月17日，县公安局对经文保部门实行分级管理，自2月1日起，县委、县政府、档案局、经委等27个重点单位安全保卫工作，由内保股直接管理，其他驻人民公社的县直单位由各公安派出所、公安特派员管理。1985年4月，淄博市人民政府制定《关于内部治安保卫工作暂行办法》。桓台县确定以乡镇企业为重点，成立安全保卫组织。4月22日，县公安局在耿桥乡试点组建乡镇企业保卫组织。5月10日，县乡镇企业局和县公安局联合下发《关于在乡镇企业中建立健全安全保卫组织的通知》，各乡镇经委成立3人组成的安全保卫科，经委下属各公司由一名副经理负责安全保卫工作，公司下属的100人以上的厂、队、站、车间设专职保卫干部，100人以下的设兼职保卫干部或安全保卫员1人。全县成立乡镇经委保卫科13个39人，下属公司及厂、队保卫科、股65个117人，专职保卫干部40人，兼职保卫干部57人。

1988年，全县厂企单位143个，列入重点管理23个，33个单位成立保卫科（股），14个单位配备专职保卫干部，农业银行和石油支公司成立经济民警小分队，厂企内部单位保卫干部127人，95%保卫干部着标志服，5个保卫科配备三轮摩托车，12个保卫科（股）装备54式或64式手枪，28个保卫科（股）配备强光电击器，有的购买照相机和勘查箱，提高保卫干部“自防、自卫、自主工作”能力。每月25日，召开全县保卫干部例会，学习文件，总结工作，部署任务。年底，表彰12个先进保卫科（股）和27名先进个人。索镇石油公司连续10年被省总公司命名为无刑事案件、无治安事件、无治安灾害事故、无职工犯罪“四无”先进油库。

1990年，县公安局保卫科管辖24个重点要害单位，18个单位设保卫科（股），5个单位配备专职保卫干部，3个单位成立经济民警小分队，共有保卫干部68人、经济民警队员38人，厂企单位成立义务巡逻队11支78人，专职巡逻队21支98人。基层保卫科（股）配备对讲机12部、保卫用枪14支、业务用枪32支、各种电击器48支、标志服68套，县水泥厂保卫科、淄博禽蛋制品厂保卫科、淄博第四棉纺厂保卫科、县农业银行保卫科、桓台第一中学保卫科受到市公安局表彰。1991年3月，经省公安厅批准，县水泥厂组建编制24人的经济民警分队，在全市经济民警比武中成绩名列前茅。11月，在县水泥厂、索镇酒厂、淄博第四棉纺厂试点基层保卫组织规范化建设工作。1992年6月，在县化肥厂召开基层保卫组织规范化建设现场会。是年，列管的24个单位中，经济民警小分队5个71人，保卫科20个，保卫干部68名，护厂队8个，队员64名，义务消防队12个，队员144名。1993年3月3日，为保障引黄济淄工程顺利进行，应市引黄指挥部要求，县公安局成立新城水库治安办公室，有2名干警和6名保安队员。是年，张田路拓宽，保卫科副科长巩昌驰在工地协调处理矛盾纠纷，维护施工秩序。10月15日，巩昌驰在张田路新城段执勤时，突遇交通事故，不幸因公殉职。

1993年10月19日，巩昌驰追悼会现场

1995年，落实内保单位责任、组织、制度、办公设施及保卫干部待遇，加强企业保卫组织的规范化建设。自1月起，内保干部每人每月岗位津贴30元。5月5日，县公安局调整全县经济文化保卫工作管理范围，保卫科统一管理县宾馆、县邮电局、索镇酒厂等30个县属重点企业、重点要害部位及跨两个派出所辖区的企业，派出所管理辖区内其他企业、事业和机关单位。12月，检查考核

30个内部单位保卫组织规范化建设情况，县自来水公司、工商银行桓台支行等14个单位获得60分以上，其他16个单位60分以下。1996年，内保系统开展“走千家门、进百家厂、送民警情、保一方平安”活动，2个单位和4名保卫干部受到市公安局表彰奖励，4个单位受到县综治委表彰。

2000年1月13日，县公安局撤销保卫科，成立经济犯罪侦查大队。根据形势变化，遵循“抓大放小，抓重放轻”和属地化管理原则，除金融部门外，其他内部单位保卫工作移交所在地派出所管理。2002年，人行桓台支行保卫科、桓台第一中学保卫科被市公安局记集体三等功，市商行桓台支行保卫科科长荆明、县供电公司保卫科科长张杰、通信公司桓台分公司保卫科科长冯平、王士祯纪念馆保卫科科长桑声明被记三等功，2个经济民警分队被评为全市甲级警队，2人被评为全市执勤能手，2人被评为全市擒敌能手。2004年12月1日，《企业事业单位内部治安保卫条例》施行，各派出所学习宣传条例精神，指导各单位建立健全保卫组织，并实行台账管理。博汇、东岳、金城、汇丰等大型企业成立保卫处、民办消防队和保安队，实施治安、消防一体化管理。2005年，县公安局局长吴佩林走访博汇、金城、东岳等亿元骨干企业，与企业家座谈沟通企业保卫组织建设、内部安全保卫、周边治安环境整治等事项，推动内部单位保卫组织正规化建设。

2006年4月，市公安局下发《治安保卫重点单位保卫机构 保卫人员备案规定》，对全市重点企业保卫组织备案管理。2009年11月，全县内保业务(文保除外)由经侦部门划归治安部门。2014年，按照市公安局要求，县公安局将全县一、二级治安保卫重点单位收归治安大队统一列管。2016年4月，全县重点单位专职保卫机构112个、兼职保卫机构111个，专职保卫人员608人，兼职保卫人员230人，聘用保安1125人。

内部防范

20世纪50年代初，县公安局对内部单位安全防范工作主要是开展人员政治审查、保密教育和重要部位防范措施落实。1950年11月18日，县委机关党总支召开县直主要机关党支部副书记会议，部署审查机关新成分工作。1951年1月，县公安局制定保卫工作计划，保卫工作除配合治安部门加强护路、护线、护矿、护仓外，主要做好机关、一般财经贸易部门的内部保卫工作，检查文件及收发人员、出入人员，重点审查要害部门的留用人员和新吸收人员，并配合做好驻军机关的安全保卫工作。至1955年，政治审查内部单位重点人员200余人，处理17人，解职3人，调离要害岗位3人，保证干部和职工队伍纯洁。每逢劳动节、国庆节、元旦、春节等重要节日，县委机关党总支或县公安局主持召开县直机关、企事业单位会议，安排部署节日期间的安全保卫工作。

1952年，在内部单位开展“三反”运动，查出贪污亿元(旧币)以上“老虎”20人，百万元以上千万元以下58人，百万元以下447人。运动中，保卫组织重点做好保卫首长、看管“老虎”、监视政治面目不清和成见分子等工作。针对“三反”运动出现的扩大化和逼供信问题，按照党的政策，随后甄别处理。1956—1958年，开展肃反运动，从内部单位挖出51名反革命分子和坏分子。在内部单位开展反破坏事故斗争，查清、处理1953—1955年内部单位发生的8起破坏事故、4起破坏嫌疑事故、4起重大责任事故。1957年，贯彻以防为主、积极追查方针，企业内部发生破坏事故1起，比上年6起下降83%，内部发生刑事案件24起，侦破18起。

1961年，解决内部单位交通事故高发问题，对经企、工厂交通运输人员，普遍进行一次政治审查，清理不纯分子51名。内部单位发生治安灾害事故19起，比上年36起下降47.2%；事故死亡7人，比上年13人下降46.2%，伤23人，比上年190人下降87.9%。1962年，县公安局督促重点单位充实值班力量。2月12日夜间，博兴县人纪某纠集3名流窜分子，越墙进入索镇酒厂，偷窃1辆小胶皮车、1辆自行车，被门卫当场发现，扭送公安机关。6月27日夜，县商业局一饲养员与本村一社员合伙偷窃储运科豆饼及其他物资，被巡逻人员查获。各单位对文电资料执行清理归档制度，实行橱锁保管，未发生失密问题。11月9日，中央发出“提高警惕，确保国家物资安全”的指示，县公安局召开各内部单位负责人会议传达贯彻。1963年，各单位制定保卫制度，中心门市部物资仓库、粮站等单位实行坐班站岗、流动巡逻、定期检查制度，落实物资保管、运输、发放、交接、验收责任制。酒厂、拖拉机修配厂、县供销社等单位建立会客制度，邮电局调离3名不适合要害岗位工作的人员。是年，全县收购黄叶339.5公万斤，比上年增加10倍多，县公安局审查和教育收购、加工、储运人员，清洗富农子弟且表现不好人员。1964年，对全县190个单位3963名职工调查摸底，确定调查对象187人、肃反对象21人。其中，确定为反革命杀人犯1人、坏分子4人，属于反革命阶级应予控制的31人，清理混入要害部位的不纯人员3人。

"文化大革命"期间，内部单位保卫工作基本处于瘫痪状态。1978年8月3日，县公安、人行、财政、商业、供销、卫生等部门下发《关于加强现金票证管理安全保卫工作的联合通知》，对职工进行敌情教育、"四防"(防火、防盗、防破坏、防事故)教育、同犯罪分子作斗争的基本知识教育，加强岗位责任制的落实，要求各单位和生产队过夜现金不超过15元。

1980年4月7日，县委召开全县经济文化保卫工作会议，确定经济文化保卫工作主要任务是侦查、调查和治安管理。1981年1月4日，召开县直各厂企单位负责人参加的现场会，落实自动报警器技术防范措施。1982年，在84个县直单位落实安全岗位责任制，占总数的87.5%，78个单位未发生案件和治安灾害事故。内部单位发案8起，破获7起，破获小案168起，挖出违法犯罪团伙3个。1983年1月30日，县公安局简报刊发索镇酒厂"狠抓综合治理，秩序明显好转"经验做法。

1985年3月23日，公安部印发《机关 团体企业 事业单位保卫组织工作细则(试行)》。1986年9月，省政府印发《关于实行企业 事业 机关 团体安全保卫责任制的暂行规定》。为推进以上规范性文件落实，县政府印发《关于内部治安保卫工作奖惩细则》，对拒不落实治安保卫工作责任，发生案件和重大以上治安灾害事故的，给予责任单位、单位负责人、直接责任人经济处罚，并明确要求企业过夜现金不得超过50元。县公安局组织新城昝家五金制修厂、桓台县建筑机械厂研制防盗安全门。11月15日，在县工商银行召开现场会，向各单位财务室、重要物资仓库推广安装防盗安全门62扇。是年，93个单位未发生刑事和治安案件，136个单位未出现职工违法犯罪问题。查破内部单位案件24起，缴获赃款及赃物折款11850元。1987年5月8日，在市公共汽车公司六队，干警针对一起司乘人员打架案例，宣讲治安管理处罚条例。6月30日，在县工商银行，针对一名职工违反交通管理规定，报复殴打他人被行政拘留的案例，剖析青年职工违法犯罪主客观原因，促进职工普法学习。是年，28个重点单位安装防盗报警器42台、手摇报警器18个，加固门窗182个，加高院墙3600米，安装铁线网2700米，购买保险柜160个、防盗提包27个，27个重点单位未发生刑事案件，保卫干部破获案件10起，抓获犯罪分子12人，缴获赃物折款3800元。

1988年12月3日夜，荆家镇粮所保险柜被撬盗现金15370元、粮票4150斤、油票200余公斤。12月6日，县委、县政府召开社会治安情况通报会，制定打、防、查工作措施，落实社会治安领导责任制。是年，内部单位发生刑事案件45起，破获33起，挖出违法犯罪团伙4个18人；发生治安案件21起，查处20起，行政拘留6人，警告4人，其他处理8人。1989年，受县政府委托，县公安局与50个县直单位签订治安保卫责任书，各单位又与下属单位、车间、科室签订安全责任合同。6月，在全县范围内开展"安全财会室"创建活动，各单位根据六条标准，完善规章制度，落实防范措施。县公安局牵头县财政局、四家银行进行验收，验收合格的，颁发财会室合格证，获得到银行办理经济往来业务资格，不合格的仅能办理交款业务。

1990年7月20日，县公安局、县经委、县文明办、县人保公司等四部门牵头制定治安安全单位十项标准，在全县机关、团体、企事业单位开展创建治安安全单位活动。11月6日，在县化肥厂召开现场会，推广县化肥厂、水泥厂创安活动经验做法。年底，检查验收128个内部单位开展创安活动情况，86个单位达标。1991年，按照市"四行""两局"《关于现金票据管理和提交款的规定》，提款千元以上须两人同行，万元以上须机动车或多人护送，预防路劫案件发生，确保国家集体财产安全。是年，内部单位发生刑事案件5起，比1990年11起下降54.5%。1992年，贯彻预防为主、确保重点、打击敌人、保障安全的内保方针，财务室全部安装防盗门窗，安装防范报警器21台，购买手持机36部，建立内部单位保卫通讯网络。

1994年8月17日，市政府颁布实施《淄博市企业保卫工作暂行办法》(简称《办法》)，首次以地方法规形式，明确全市行政区划内企业保卫工作的性质、地位、作用、职责、权限以及公安机关的监督指导职责。9月15日，县公安局下发贯彻意见，组织24个直管单位、191个列管单位保卫干部学习《办法》，制定实施《桓台县内部单位治安工作考核办法》《桓台县基层治保会规范化建设意见》。12月1日，召开县直单位贯彻《办法》现场会，索镇酒厂、县水泥厂、县化肥厂作典型发言。1995年，全县内保系统开展防盗窃、防诈骗、防破坏、保企业安全"三防一保"活动，企业保卫组织抓获违法犯罪分子2人，提供破案线索50条，在公安机关指导下调处治安纠纷165起，追缴赃款及赃物折款20余万元。1996年，县公安局保卫科侦破刑事案件16起，查处治安案件21起，收审3人，逮捕1人，治安处罚16人。企业保卫组织扭送违法犯罪嫌疑人11人，提供破案线索56条，调处纠纷27起。是年6月27日，县种子站发生特大盗窃案，被县综治委"一票否决"。1997年1月10日，全县保卫干部工作会议在县城市信用社召开。

2002年，县委、县政府等党政要害机关安装监控系统。2003年，在内部单位开展争创"双无单位"(无发案，无事故)活动，提高内部安全防范水平。2005年12月14日，县公安局召开28家内部单位分管保卫工作负责人和保卫科长会议，部署开展为期50天的严打整治集中行动。2006年1月6日，市委、市政府办公厅印发《淄博市企业事业治安保卫重点单位内部治安保卫工作规定》，县公安局认真贯彻，重点督促落实人员配备、装备配备、管理制度、检查制度和责任追究制度等，博汇、东岳、汇丰等大型企业成立保卫处。2007年7月25日，省公安厅厅长曲植凡带领参加全省"三基"工程建设现场会的各地市公安局局长，观摩山东汇丰石化集团有限公司内部治安保卫工作。

2010年，县公安局开展企业周边治安整治行动，每日21时至次日4时作为重点时段，加强治安巡逻盘查，预防盗抢案件发生。2月4日，马桥派出所现场抓获盗窃企业物资嫌疑人燕某、谢某。2011年，县公安局组织民警到山东东岳集团有限公司等单位进行法制教育专题宣讲活动5次。2013年6月9日，县公安局印发《保障项目建设突破年活动 服务经济社会发展实施意见》，加强项目驻地周边治安整治，开通重点项目报案"绿色通道"，严厉打击涉企犯罪。在全市重点项目成立跟踪服务队，由局领导和业务大队挂包，其他项目至少有1名民警挂靠，提前介入治安、消防、危爆物品管理等安全服务，从工程建设、投入运行等各个环节加强安全监管。2014—2015年，排查内部单位不稳定因素，稳控重点人员，查处多起因利益纠纷引发的堵门案件，保障单位正常秩序。

安全检查

中华人民共和国成立初期，桓台县内部单位保卫工作主要围绕防奸、防特、防火、防破坏"四防"工作展开，以县公安局指导系统、单位内部检查和各区自行组织检查为主，重点时期，全县统一安全大检查。1952年12月，为保卫统购统销工作，县公安局配合粮食等部门检查全县粮食重点部位，发现隐患，堵塞漏洞，防止反革命分子、治安危险分子趁机破坏。1953年11月7—9日，县公安局抽调6人，县保险公司抽调2人，干警祝兆贤任组长，检查全县10个财经单位，通过谈、看、查，发现部分单位缺乏必要的消防设施，部分仓库值班人员睡岗，在要害部位乱扔烟头，职工家属住仓库，一般物品和危险物品混放，门卫不认识临时工且允许人员随意进出等安全隐患，提出整建保卫组织和保卫制度的意见。

1962年，先后在春、夏、秋、冬季，发动群众开展4次以防火、防盗、防毒为中心的安全大检查。全县组织安全检查小组812个4493人，检查要害部位2377处，发现和处理安全隐患5100条。12月24日，县供销社、县公安局联合召开供销系统所属各部、区社主要负责人会议，贯彻中央关于"提高警惕，确保国家物资安全"的指示，部署开展安全保卫和安全检查。抽调20余名干部，利用20天时间，检查全县供销系统门市部62个、采购站7个、仓库15个、货场4个、酸菜厂5个，发现火险21条、盗险13条、其他隐患3条，立即督促整改。

田庄区各苇草场无人看管，查后确定专人管理。1963年11月1日，县供销社、县公安局部署黄烟、棉花安全保卫工作，建立安全检查和巡逻防护制度，黄烟、棉花收购、储存工作未发生大的安全问题。1964年，在春、夏、冬三季，县公安局配合县商业、供销、粮食等部门，组织三次安全大检查。全年发生治安灾害事故16起，比上年60起减少44起，损失折款2300元，比上年损失20910元减少18610元。1965年3月11—26日，县公安局联合县农林、卫生、供销等部门，组织572人，在全县24个人民公社、49个大队开展以防火、防盗、防毒为中心的安全大检查，检查饲养室305处、会计室235处、粮仓262处、工具保管室255处，发现安全隐患838条，当场帮助整改81条，其他限期整改。是年，组织1237人检查基层财贸单位523个、生产队537个，发现安全隐患2569条，计盗险2117条、火险261条、毒险115条、倒塌40条、霉烂46条，通知机关单位严加整改。

1973年12月下旬，县公安局会同县商业、粮食、财经等部门，以社直企事业单位为重点，开展防火、防盗、防霉大检查，在陈庄棉花加工厂、起风苇箔场等要害部位，发现整改火险116条、盗险66条。1977年，各人民公社每月组织一次安全大检查，县直有关部门联合组织检查数次或分片不定期抽查。1979年5月21—24日，县公安局联合县安办、工业、商业、供销等部门，以防火、防盗为重点，检查重点仓库、营业门市等要害部位，县石油分站、百货公司、陈庄供销社、制锨厂、轻机厂等单位被评为安全保卫工作先进单位。

1982年1月14日，开展以防火、防盗、防破坏、防爆炸为重点的安全大检查，13个人民公社和县直经委、商业、供销等10个系统组织412人，进行自查和条条检查。在自查基础上，从县公安局、县安办、县经委等10个系统抽调87名干部，分为7组，利用4天时间，重点抽查县、社直、队，查出不安全因素98条，计火险65条、盗险8条、事故隐患5条、制度不健全20条，当场整改66条，限期整改15条，提交有关部门或上级研究解决7条。1985年7月18—19日，县公安局组织60名干警，突击检查县直单位管钱管物重点部位，检查141个单位、203个部位，当场查封保险柜、抽屉29个，查处无人值班和超存现金单位62个。1989年3月29日夜，对内部单位和乡镇企业开展安全大检查，检查内部单位和要害部位259处，整改不安全因素56条，下发隐患通知书15份。

1990年，县公安局保卫科检查列管单位6次，组织保卫干部夜查30余次，发现安全隐患121条，下达隐患通知书12份。通过严格监督检查，各单位自觉落实防范措施，24个列管单位未发生案件和治安灾害事故。1991年，保卫科制定检查计划，对列管单位每月一次小型检查，每季度一次中型检查，半年和年终各一次大检查，全年组织150余人次，检查36次，发现安全隐患72条，下达隐患通知书38份。督促金融、供电、供水等涉及国计民生的重点单位，落实专门保卫力量，加强物资和办公、作业场所看管。1994年12月中旬，集中开展安全大检查，下发隐患通知书118份，整改隐患、纠正违章140余条，查封无证经营和防范措施不落实单位100余个。1998年2月28日，贯彻公安部《关于实施查岗工作 落实企事业单位安全防范措施的实施意见》，部署为期四个月的查岗统一行动，对党政首脑机关和涉及国计民生的重点要害部位，白天搞检查，夜间搞抽查，检查重点单位22个，发现安全隐患17条。

进入21世纪，全面实施社区警务战略，落实社区民警治安安全责任，对内部单位安全检查工作常态化。在重要节日或者治安问题突出时期，县公安局组织开展全县性的安全大检查。2011年，全县入室盗窃案件上升35.5%，内部单位发生保险柜被盗撬案件3起。为扭转被动局面，县公安局每月对23处机关、377处重点要害部位、72个

2016年3月，民警检查重点企业安全工作

重点单位检查一次，发现安全隐患 20 条，当场整改 12 条，下发隐患通知书 8 份。2012 年，按照“纵向到底、横向到边、全面覆盖、不留死角”的原则，结合内保系统“保要害、除隐患、强基础、促平安”专项排查整治行动，检查列管的 21 家治安保卫重点单位，制作检查笔录 252 份，发现安全隐患 22 条，下发治安隐患通知书 8 份。2013—2015 年，制作检查笔录 5554 份，发现安全隐患 1381 条，责令当场整改 1215 条，下发责令限期改正通知书 166 份，内部单位未发生有影响的重大案件。

金融保卫

中华人民共和国成立初期，县公安局将金融单位列为重点安全保卫单位。1951 年 1 月，根据淄博专署公安处安排，对人民银行索镇营业所工作人员进行政治审查。7 月 16 日，人民银行索镇营业所改称人民银行桓台支行（简称县人行），辖田庄营业所和 7 个流动组，县公安局全部列管。1953 年 2 月，县人行成立保卫小组，在县公安局指导下，领导本行安全保卫工作。1962 年，按照惠民专署公安处要求，县人行成立治保委员会，制定完善看守制度，实行工作人员白天轮流就餐，夜间在营业室就宿值班工作模式。

1978 年 12 月，县人行分建县建设银行，配备保卫干部。1980 年 4 月 7 日，全县经济文化保卫工作会议召开后，县人行配备专职保卫干部。6 月，县人行分建县农业银行，辖营业所 13 个，与信用社合署办公，配备两级保卫干部。1981 年 1 月，县人行安装自动报警器。2 月 25 日，建立内部单位保卫干部双重领导机制，桓台县各银行保卫组织或专兼职保卫干部在本单位和县公安局的领导下，建立健全岗位责任制，抓好值班备勤和安全保卫工作。1984 年 11 月，县人行分建县工商银行，同时配备保卫干部。1985 年 1 月 12 日凌晨，索镇五里村张某撬县人行金库门锁，被守库员开枪击伤，扭送公安机关。1988 年，各银行成立保卫科，县农行成立经济民警小分队。1988—1989 年，受当时条件限制，县建行夏庄储蓄所夜间将款账寄存在起风派出所，由派出所值班人员协助看管。

1994 年 2 月 22 日，公安部、中国人民银行联合印发《基层金融单位治安保卫工作暂行规定》。县公安局与县人行加强部门协商，指导基层银行机构安全保卫工作，督促落实安全防范措施。11 月 10 日，县公安局、县人行联合下发《关于对全县金融系统及邮政储蓄安全保卫检查的通知》，要求各行新建营业网点须征求本行保卫科意见，经县公安局、县人行保卫部门验收合格后方可发证营业。县公安局、县人行抽调各专业行、邮电局保卫科长，联合抽查全县 5 个专业行、1 个邮电局的 18 个营业网点及库房、枪支弹药，查出隐患 15 条，提出整改意见 20 条。11 月 16 日，查处桓台信用社发生的一起利用假存单诈骗案，挽回损失 9 万元。1995 年，银行系统金库、营业场所按照公安部发布的行业标准，确定各自风险等级和防护级别，实施相应的防范工程或安装安全技术防范措施。

1997 年，开展银行系统安全防范大检查，撤销 290 处不符合规定营业网点，实施 110 报警微机并网工程。是年，县人行、建行、邮政储蓄等单位安装自动报警系统。1998 年，全县银行营业网点与县 110 报警服务台全面联网。调整银行机构风险等级和防护级别，各银行机构加大对金库、营业大厅和网点的资金投入，落实守库、押运、值班、临柜等规章制度。3 月，对索镇信用社及县联社营业部全体职工以案释法，增强农信职工安全意识。1999 年，加大打击金融领域犯罪力度，维护国家正常金融秩序。4 月 2 日，县公安局保卫科接到中国银行桓台支行报警，保卫科迅速出击，抓获 3 名持假银行承兑汇票要求贴现犯罪嫌疑人，避免国家巨额财产损失。9 月 30 日，市公安局下发《关于加强金融系统及重点单位技防工程管理的通知》，银行单位安装使用技防产品须报县公安局主管部门和技防管理部门，所选用技防产品必须是经过公安部指定检测机构检验合格并经市公安局颁发准产证的产品，市外产品须持市公安局准销证。安装技防工程须由相应级别的单位施工，市外施工单位须经市公安局技防部门审验施工许可证。10 月，县公安局联合县人行集中开展打击信用卡犯罪恶意透支专项治理统一行动，调查梳理涉及全县工、农、中、建四个发卡银行的案件线索，刑事拘留 1 人，治安处罚 25 人，移送起诉 1 人，追缴损失 18 万元。

2000 年，全县银行系统安装有线报警装置。

县农村信用联社保卫科被市公安局记集体三等功。1月12日，根据县委、县政府集中清理基金会方案，原各镇基金会17945户股民到17处信用社置换存单或者兑付资金，县公安局抽调100人，维护置换点和资金押运安全，保障兑付工作顺利进行。

2000年1月12日，田庄派出所开展基金会维稳工作

2001年，检查辖区138家金融单位营业网点安全工作，达标率90%，对不合要求、存在隐患的督促整改。对全县11辆运钞车进行检查，换发免检证，审查和教育驾驶、押运人员，实现安全无事故。2002年1月、10月，进行两次金融系统安全检查，督促各银行单位开展安全达标验收活动，安装防弹玻璃30处560平方米，改装营业室10间，新购和改装运钞车辆5辆，配备防爆器材50套，全县138处营业网点和120处要害部位达标率94%，全县银行系统未发生刑事案件和治安事故。2006年9月22日，组织银行单位开展消防和突发事件处置演练。11月中旬，完成全县银行机构营业场所安全设施建设验收工作。

2007年1月27—29日，县公安局与县银监办事处联合检查全县7大商业银行、邮政储蓄的40家营业网点，发现整改安全隐患3条。3月13日，县公安局、县银监办事处召开全县金融安全保卫工作会议，县农村信用联社介绍内部保卫工作做法，中国银行桓台支行介绍树立风险管理理念的工作经验。5月31日，经侦大队联系县武警中队，为县农村信用联社押运员进行为期一周的队列和擒拿格斗训练。8月27日—9月1日，在市公安局经侦支队和有关金融专家指导下，全县114家银行网点和3家金库的安全防范设施建设顺利达标。2012年，开展银行业金融机构安全防范工作

2008年11月20日，县公安局指导金融单位进行防抢劫演练

专项整治行动，落实营业场所、金库、运钞车等安全保卫责任和防范措施，重点检查金融单位人防措施是否到位，物防设施是否配齐，技防措施是否正常运转，并检查自助银行、金库等要害部位和储户提款环节的安全防范，整改安全隐患3处。

2013年，对全县银行业金融网点定期摸底，每月更新一次新增和撤销数据，建立相关工作台账，将全县14家银行、122处营业网点在地图上标注。各银行营业场所物防、技防设施达标率100%，部分银行维护、更换老营业网点的防弹玻璃、视频监控，各营业网点均配备1名以上专职保安员，全县银行业保安人员255名。建立银行内部矛盾纠纷排查化解制度、教育培训制度、日常谈心制度，做到安全检查到位、预警宣传到位、应急演练到位。是年，银行保安人员预防群众被骗案件20余起。2014年1月14日，召开全县银行业安全保卫工作会议，会后成立两个检查组，每个检查组由1名治安大队民警、4名银行保卫干部组成，采取不打招呼方式，检查全县金融营业场所、自助设施、守库押运等重点部位，复查安全评估工作中发现的治安隐患整改情况。6月11日，中国农业发展银行桓台支行被市公安局记三等功，县农村信用联社监事长刘磊、县农村信用联社监察保卫部经理王峥、齐商银行桓台支行办公室主任成磊被记个人三等功。是年，建设银行桓台支行、齐商银行桓台支行等4家银行网点32路视频图像接入公安机关视频监控平台。2015年2月，县公安局对照《银行业金融机构安全评估办法》，检查各金融机构的视频监控、110报警联动等各类技防设施，以及营

业场所安全、金库安全、运钞安全、枪支弹药管理安全、案件防范能力、自助机具及自助银行防范能力、安全保卫基础工作等情况。9月6日—10月8日，按照淄博市公安局、中国银监会淄博监管分局《关于印发淄博市银行业金融机构安全评估工作实施方案的通知》和《淄博市银行业金融机构安全评估工作实施方案》要求，县公安局联合县银监办事处，抽调部分银行机构保卫负责人，全面评估县内14家金融机构119处营业网点、37处离行式自助设备安全情况，各银行均达到95分以上。12月，县公安局建成金融单位智能报警系统，接入9家金融网点和2个ATM室的128路视频监控和报警及环境控制信号。是月，该系统协助金融单位发现安全隐患5条。2015年12月12日—2016年1月25日，县公安局开展银行业金融机构安全评估暨安全大检查。2016年4月，全县银行业金融机构共有16家支行、121处营业网点、38处离行式网点、61台自助设备。

2016年1月，民警对金融单位枪支进行检查

校园保卫

1950年，县公安局把学校作为重点保卫对象，审查教员成分，清理不放心人员，保证教育路线正确贯彻实施。是年，审查发现教员队伍中国民党员33人、三青团员76人、青年服务社员7人、民众救国团员4人、中央社员1人、会道门12人，建议县教委批转文教科重点审查。1957年2月—1958年3月，全县完小、初小教员、教工996人分三期参加肃反运动，教师队伍进一步纯洁。20世纪60年代初、中期，县公安局落实学校安全措施，重点开展反"心战"活动和消防安全教育。

"文化大革命"期间，各学校教学工作遭受严重冲击，部分学校发生武斗问题，有的教师受到批斗和折磨。"文化大革命"结束后，教育工作走向正轨。对学校内部案件，公安机关快侦快破快处。1983年6月28日夜，马桥中学女生宿舍发生持刀强奸猥亵女生案件，造成恶劣社会影响，县公安局先后抓获犯罪分子杨丕波、金树峰，两人被判处死刑。1987年5月21日，县公安局公开处理桓台三中被劝退学生崔某偷窃财物、报复伤害老师案件，为全校师生上法制教育课，学校教学秩序明显转好。1988年，整顿高级中学保卫工作，桓台一中成立保卫科，桓台二中、三中、四中配备专职保卫人员，配发强光电筒、警棍等警械，保卫人员统一着装，学校驻地公安派出所和学校保卫人员共同做好校园内部及周边治安工作。1989年，城区派出所根据城镇中学保卫干部提供的线索，挖出一个以学生张某为首的8人盗窃团伙，侦破入室盗窃案件12起、盗窃自行车案件5起。老公安干部祝兆贤等人到校上法制教育课，受到师生欢迎。

1991年上半年，桓台县推进校改工作，桓台一中、桓台三中和城镇中学校改工地先后发生村民闹事及殴打民工案件。公安干警到校改工地昼夜值班，行政拘留5名闹事村民。经过规劝疏导和法制教育，工地秩序恢复正常，桓台三中新教学楼、

1996年，巡警大队设立"助学岗"

宿舍楼当年开工，当年投入使用。1997年，县公安局开展春季严打斗争，查处一批殴打师生、盗窃师生及学校财物案件，针对个别学校疏于防范，案件高发现状，县公安局帮助分析防范漏洞，协助成立由教职员工组成的护校队。1998年3月，集中整顿全县178处中小学治安秩序，查处扰乱正常教

学秩序案件13起，治安处罚16人，批评教育6人，帮助51处学校落实防范措施。11月，为增强学生消防意识，杜绝校园群死群伤事故，民警入校开展消防知识教育和消防疏散演练，在县实验中学和实验小学设立两处消防教育示范学校。

21世纪初，中小学校师生安全问题成为社会焦点。2000年10月20日，县公安局出台《关于整顿中小学校治安秩序的实施意见》，开展为期一个月的集中整顿，查处一批扰乱校园秩序、侵害师生人身安全的违法犯罪案件，取缔校园周边200米内的台球室、电子游戏机厅，派出所责任区民警与学校建立联系制度和法制辅导员制度。年内，每个派出所到辖区重点学校上一堂法制教育课，并加强对劣迹学生的帮教工作。2001年3月21日，国务院办公厅转发教育部、公安部《关于进一步加强学校安全保卫工作意见》，各派出所排查校园及周边治安环境，继续加强“助学岗”建设，严厉打击侵犯师生人身财产安全的违法犯罪活动，督促中小学校落实值班巡逻制度，配齐配足防护器材，消除消防安全和治安安全隐患。2004年，贯彻落实国务院、省政府关于切实加强中小学、幼儿园及少年儿童安全管理工作和开展专项整治行动的意见，在上学放学重点时段、重点地段加强治安巡逻，严防恶性事件发生。2005年，贯彻公安部《公安机关维护校园及周边治安秩序八条措施》，根据需要向学校、幼儿园派驻保安人员，派出民警到校园门口执勤，选派1名科长、1名派出所所长、2名副所长、10名政治指导员，担任校园法律辅导员，通过宣讲形式，增强师生法制观念、自保意识。

2006年10月，县公安局开展禁止刀具进校园活动，印发1500份通告，督促学生主动向学校交出管制刀具。唐山派出所以“师生安心、家长放心、社会满意”为工作目标，以基础防范、重点整治、破案打击为工作主线，持续不断整治校园治安及消防安全，发现整改治安隐患25条、消防隐患14条，处理违法人员14人。县政府确定12月为学校安全检查月，县公安局设立治安报警点，指导校园做好安全保卫工作。2007年，唐山派出所在桓台一中设立警务室，1名民警带领3名保安巡防队员负责校内及周边治安秩序整顿。果里派出所查处侵害师生财产安全、影响校园秩序案件6起，治安处罚7人，批评教育5人，挽回经济损失1万余元。2008年1月9日，荆家派出所民警走进荆四幼儿园，通过做游戏、模拟报警等方式，教会小朋

2008年1月，民警检查校车安全

友们正确使用110。2009年3月3日，县公安局打掉牛某等5人盗窃团伙，该团伙窜至桓台、博兴、邹平、高青等地，专门盗窃学校电脑、电视机等物资，作案40余起，案值10万余元。

2010年8月4日，县公安局召开校园安全保卫工作会议，下发《关于进一步加强学校幼儿园安全保卫工作的意见》。在中小学、幼儿园上学放学重点时段，各派出所、巡特警大队组织民警、教职工和安保人员在校园门口及重要路段执勤，并做到“三见”(见警察、见警车、见警灯)。督促教育部门、财政部门为学校、幼儿园安保人员配备必要的防卫器具。52名责任区民警联系全县223所学校、幼儿园，指导校园建立门卫查验制度、巡逻制度、外来人员登记制度及内部安全管理制度，做好安全防范、交通和消防安全教育工作，校园聘用保

2010年8月13日，县公安局集中指导学校保安使用防卫器材

安318名，安装监控探头1193个，设立治安岗亭或警务室37个，安装安全门453个，配备辣椒水、警棍、防割手套等防卫器具658件。开展“地毯式”安全检查，发现安全隐患50条，当场整改落实19条，下发治安安全隐患通知书31份，化解矛盾纠纷3起，稳控危险人物41人。2011年，县公安局到山东工业职业学院、渔洋中学等单位进行法制教育专题宣讲活动3次，增强在校师生的法律意识和防范意识。年初，提请县政府公布142所校园为三级治安保卫重点单位，因乡镇撤并待公布21所。县公安局将全县163所学校幼儿园的监督检查工作落实到每个派出所，派出所民警在各自辖区学校幼儿园担任法制辅导员。组织开展校园安保大检查，发现安全隐患123条，当场整改73条，下发责令限期整改治安隐患通知书50份，并向教育主管部门通报监督检查情况。组织开展以“防身、防火、防突发事件”为主题的应急演练183场，培训校园保安537人次。对有生存困难、确实没有整改安全隐患能力的学校、幼儿园，函告教育部门清理整顿。2012年，部署开展“护校安园”专项行动，与县委政法委、教体局3次联合检查校园安保工作，督促落实校园安全工作机制。

2013年2月26日，县公安局、县教体局、县交通局整顿校车，根据淄博市《办理校车及驾驶人审核审验工作规范》，审核审验校车及驾驶人身份。是年，继续深化“护校安园”专项行动，全县未发生侵害师生人身安全案件及涉校重大治安事故。2014年6月，县综治办、县公安局、县教体局成立“护校安园”行动领导小组，出动警力597人次，排查管控涉校涉园高危人员69人，摸排不安定因素13条。结合2010年部分乡镇撤并情况，提请县政府重新公布166所中小学、幼儿园为三级治安保卫重点单位。2015年，出动警力2415人次、警车776辆次，参与校园巡逻值守792次，整改校园安全隐患338条，下发限期整改隐患通知书88份。结合治安云信息采集大会战，采集、录入全县中小学校及幼儿园监控信息。

警卫工作

建局之初，县公安局即成立政卫队，职责之一为警卫首长和机关安全。中华人民共和国成立后，桓台县要人警卫任务较少，县公安局主要负责全县重要会议、重要活动的保卫工作。1951年10月1日，桓台县召开庆祝国庆节大会，县公安局安排武装人员四周警卫，侦保股4名干部、中队5名战士负责会场内部警卫，公安武装和民兵排列游行示威队伍，并维护游行秩序。11月19日，中国共产党桓台县第二次代表会议召开，侦保股3名干部及公安武装成立大会保卫股，禁止参会人员携带枪支进入会场，夜间成立流动小组，巡逻会场及驻地，巡视食堂和吃水井，防止坏分子破坏。代表入场时，1名公安干部带领1名战士检查代表证件，未带证者须由多名代表证明，方能入场。

1972年9月27日，罗马尼亚公路考察组途经桓台县，县公安军管小组根据地区公安机关军管会和县委指示，组织120余人，执行警卫任务。在张北公路索镇南1.5千米处，外宾乘坐的省人委机关汽车队14－00100号吉普车由北向南超车时，与由南向北行驶的14－03609号货车相撞，两车受损，外宾未受伤。地、县委高度重视，两级公安、交通部门共同勘查现场，认定货车司机刘某见到警卫车队后未及时避让，且两车相撞时未刹车，承担主要责任，被行政拘留。事后，县公安军管小组深刻检讨。1975年5月4—27日，外交部组织90国驻华使节分四批乘火车到胜利油田参观旅行，每批外宾100余人。根据上级关于“这次专列警卫任务按二级警卫方案执行”的指示，在县人武部、各人民公社、相关单位、护路员配合下，县公安局贯彻内紧外松原则，提前严密部署，完成张东铁路沿线警卫任务。8月25日，为做到中央领导及重要外宾专列、包车安全通过张东铁路，县公安局制定专列、包车警卫工作方案，部署张东铁路桓台段分级警卫工作。1980年4月25日，县公安局完善专列警卫实施方案，对张东铁路警卫工作细化分工，建立常态工作机制。1985年3月4日，中共中央政治局委员、全国人大常委会委员长彭真乘专列到祖籍桓台县视察。这是党和国家重要领导人首次到桓台视察，县公安局组织110名干警负责警卫工作，确保彭真在桓台活动安全。

20世纪90年代初，桓台县相继建成“吨粮县”“双千县”，上级领导纷至视察，各级农村、农业工作会议在桓台县召开，警卫任务繁重。1991年，县公安局参加重要会议保卫8次，计全国性2次、省级3次、县级3次，执行首长警卫任务5次，其中一级警卫1次、二级警卫2次、三级警卫2次。11月2日，中共中央政治局常委、国务院总理李鹏到桓台县视察，根据市公安局部署，县公安局组织180名干警，圆满完成警卫任务。1992年，县公安局制作铁路警卫路线示意图，市公安局警卫处给予肯定。1994年4月28日，中共中央政治局原常委宋平到起凤镇和淄博万祥集团股份有限公司视察，县公安局做好警卫工作。

1995年12月29日，市公安局印发《专列 包车路线线路警卫方案》，安排张东铁路桓台段警卫岗位及警力部署。1998年6月6日，中共中央政治局委员、省委书记吴官正到耿桥镇睦和村察看小麦生长情况，县公安局重点做好现场和交通警卫工作。1999年5月25日，越共中央政治局委员、越南社会主义共和国常务副总理阮晋勇率领越南党政代表团，在中央党校副校长杨春贵陪同下，考察桓台县农业、农村工作，县公安局冒雨完成警卫任务。6月23日，江泽民总书记乘专列视察黄河，往返经过桓台县，县公安局在张东铁路沿线部署警力，圆满完成一级警卫任务。

2000年6月30日，南非共产党中央政治局委员萨姆森·曼塔谢一行11人在中联部非洲局局长艾平陪同下，到桓台县索镇花园村、山东同济万鑫集团、山东东岳化工集团、山东万祥电器集团考察访问，县公安局做好警卫工作。

2003年4月，山东东岳集团有限公司被科技部确定为国家新材料产业化基地骨干企业，山东博汇集团有限公司等骨干企业崛起，桓台社会事业快速发展，上级领导和外宾到桓台县视察、考察、调研活动增多。2003—2007年，县公安局圆满完成全国人大常委会副委员长韩启德、全国政协原副主席王文元及全国政协副主席、全国工商联主席黄孟复视察警卫任务，王怀远、张高丽、韩寓群、李春亭、张玉台、梁步庭、孙淑义、李勇武、李建国、万钢等省部级领导40余人次保卫任务，做好马来西亚大使马吉德、俄罗斯联邦伊尔库茨克州布拉茨克市政府代表团、南非新堡代表团等外宾考察活动保卫工作。2006年11月2日，抽调50名民警配合市公安局高新区分局完成柬埔寨首相洪森到淄博考察警卫任务。

2008—2014年，中央领导密集到桓台视察调研，警卫任务繁重。2008年5月9日，中共中央政治局常委、中央书记处书记、国家副主席习近平在山东考察，经济青高速公路由寿光到济南。在市公安局统一领导下，县公安局83名警力参与警卫任务。8月4日，中共中央政治局委员、中央书记处书记、中组部部长李源潮到马桥镇调研新农村建设工作，县公安局做好警卫工作。11月3—4日，中共中央政治局常委、国务院副总理李克强调研桓台县落实实践科学发展观活动情况，先后到唐山镇田孟村试验田、黄家村及山东东岳集团有限公司、山东巨明机械有限公司、少海社区视察，并在桓台县文体中心大剧院出席会议，对学习实践科学发展观活动作出重要指示。在市公安局统一部署和相关区县公安局支持配合下，县公安局精心组织，抽调警力1355人次，顺利完成警卫任务。

2008年11月10日，市公安局在桓台县召开警卫工作点评会议

2009年，全面采集辖区主要警卫现场、警卫路线及相关桥梁、涵洞、路口、制高点等数据信息，制作1∶5000的桓台县GIS电子地图。3月16日，中共中央政治局委员、国务院副总理回良玉到山东巨明集团调研春季农业生产工作，县公安局抽调警力211人次，组织二级警卫。6月27日，中共中央政治局常委、国务院总理温家宝到山东东岳集团研究院调研，县公安局抽调警力361人次，圆满完成警卫任务。10月17日，中共中央总书记、国家主席胡锦涛到山东东岳集团研究院、山东东岳高分子材料有限公司调研。在上级公安机关直接指挥下，县公安局抽调警力275人次，确保首长绝对安全。11月24日，中共中央政治局原常委、

中央纪委原书记吴官正到山东东岳集团研究院调研，县公安局抽调警力268人次，做好警卫工作。是年11月，警卫业务由经侦部门移交治安部门。

2010年，县公安局探索新形势下警卫基层基础工作新思路。4月，在全市率先完成警卫基层基础三位一体规范化达标验收工作，承办全市警卫基层基础现场观摩会。2012年4月22日，中共中央政治局常委、中央纪委书记贺国强到果里镇后埠新村、山东东岳集团研究院、山东东岳高分子材料有限公司调研，县公安局292名警力，在其他公安分县局260名警力配合下，完成警卫任务。

2010年4月22日，全市警卫基层基础现场观摩会

中共十八大后，县公安局认真贯彻落实中央八条规定，创新完善警卫工作机制，夯实警卫基层基础，积极改进警卫方式。警卫效果上，在确保首长绝对安全前提下，保证首长更多接触群众、深入群众、体察民情；在警卫方式上，尽量缩短交通管制时间，少扰民或不扰民，减少对出行群众的影响，路面执勤民警一律着便衣，力求和当地人文、环境相协调，路线警卫形式和谐自然，实现“首长满意，群众满意，自己满意”的工作目标。2013年4月16日，中共中央政治局常委、全国人大常委会委员长张德江到唐山镇示范田调研，县公安局抽调警力200人次，完成一级警卫任务。5月14日，全国政协副主席、全国工商联主席、中国民间商会会长王钦敏到山东东岳集团有限公司、鸿嘉星城调研，县公安局做好警卫工作。2014年3月25日，全国人大常委会副委员长、民建中央主席陈昌智到山东东岳集团有限公司、山东海思堡服装服饰集团股份有限公司调研，县公安局完成警卫任务。

2014年8月15日，县公安局局长张京义（右二）陪同省厅警卫局领导在警卫指挥车上检查现场警卫情况

2016年3月起，采集、核实全县2处警卫住地、3处警卫现场、12条警卫路线的警卫基础信息，制定、修改三级五类常备警卫方案，采集、核对、标注执勤岗位1695个，制定、修改警卫常备方案49份。上半年，采集住地信息96条、现场信息85条、路线信息195条及50处制高点信息，警卫基层基础工作更加坚实。

1985—2015年桓台县主要警卫任务一览表

表5－6

姓　名	职　务	日　期	主要活动
彭　真	中共中央政治局委员、全国人大常委会委员长	1985年3月4日	视察桓台县
李　鹏	中共中央政治局常委、国务院总理	1991年11月2日	视察唐山镇水利站
孙孚凌	全国政协副主席	1993年4月25日	视察桓台县
王丙乾	全国人大常委会副委员长	1993年9月11日	视察桓台县
宋　平	中共中央政治局原常委	1994年4月28日	视察起凤镇、淄博万祥集团股份有限公司

续表 5-6

姓　名	职　务	日　期	主要活动
邓兆祥	全国政协副主席	1994 年 9 月 18 日	视察引黄济淄工程
吴官正	中共中央政治局委员、山东省委书记	1998 年 6 月 6 日	到山东万祥电器集团股份有限公司调研，到耿桥镇察看小麦生产情况
阮晋勇	越共中央政治局委员、越南副总理	1999 年 5 月 25 日	到唐山镇考察访问
江泽民	中共中央总书记、国家主席、中央军委主席	1999 年 6 月 23 日	专列经过桓台
吴官正	中共中央政治局委员、山东省委书记	2002 年 10 月 4 日	视察桓台县
王文元	全国政协原副主席	2006 年 12 月 16 日	视察桓台县博物馆
黄孟复	全国政协副主席、全国工商联主席	2007 年 10 月 11 日	视察山东东岳集团有限公司
习近平	中共中央政治局常委、中央书记处书记、国家副主席	2008 年 5 月 9 日	路经淄博
李源潮	中共中央政治局委员、中组部部长	2008 年 8 月 2 日	到马桥镇调研新农村建设情况
李克强	中共中央政治局常委、国务院副总理	2008 年 11 月 3—4 日	调研和指导深入学习实践科学发展观活动
回良玉	中共中央政治局委员、国务院副总理	2009 年 3 月 16 日	调研春季农业生产工作
温家宝	中共中央政治局常委、国务院总理	2009 年 6 月 27 日	到山东东岳集团有限公司调研
胡锦涛	中共中央总书记、国家主席、中央军委主席	2009 年 10 月 17 日	到山东东岳集团有限公司调研
吴官正	中共中央政治局原常委、中央纪委原书记	2009 年 11 月 24 日	到山东东岳集团有限公司调研
黄孟复	全国政协副主席、全国工商联主席	2010 年 5 月 7 日	视察淄博美中美木业有限公司
贺国强	中共中央政治局常委、中央纪委书记	2012 年 4 月 22 日	到果里镇后埠新村、山东东岳集团有限公司调研
张德江	中共中央政治局常委、全国人大常委会委员长	2013 年 4 月 16 日	到唐山镇示范田调研
王钦敏	全国政协副主席、全国工商联主席	2013 年 5 月 14 日	到山东东岳集团有限公司、鸿嘉星城调研
陈昌智	全国人大常委会副委员长、民建中央主席	2014 年 3 月 25 日	到山东东岳集团有限公司、山东海思堡服装服饰集团股份有限公司调研

征兵招飞政审

1955 年 7 月，《中华人民共和国兵役法》颁布，开始实行义务兵役制。1956 年 12 月 25 日，中国人民解放军总政治部、中央公安部作出关于保卫征集补充兵员指示，按照规定条件，严格政治审查，确保应征入伍人员成分绝对纯洁。1957 年 1 月 4 日，县公安局、县兵役局联合发布《关于保卫征兵工作的指示》，除由县统一组织力量参加登记站的政治审查外，依靠乡社基层组织调查掌握应征青年的政治情况，以乡党支部为主，吸收兵役治安保卫委员会，对应征青年系统审查。是年起，县公安局负责对应征青年政治审查工作。

1963 年 6 月 25 日，公安部、中国人民解放军总政治部印发《关于不得征收政治条件不好的人员入伍的通知》。县公安局对应征人员严格政治审查，确保入伍人员政治合格。1978 年 10 月 19 日，公安部、中国人民解放军总参谋部、总政治部联合颁布《关于征集兵员政治条件的规定》。在征兵工作中，加强党的领导，依靠群众，调查研究，了解家庭、社会关系，掌握本人政治态度和现实表现，征求基层治保会和学校意见，按照兵员政治条件，审查应征青年。1985年10月24日，国务院、中央军委发布《征兵工作条例》，应征公民的政治审查工作，由县、市公安部门和基层单位进行。县公安局根据县征兵办公室统一部署，由政保科牵头，从各派出所抽调专人，通过村居、单位、学校审查，派出所初审，周边派出所联审等程序，审查应征公民是否存在违法犯罪行为，是否符合政治条件，对政审不合格人员取消应征资格。1988年，征兵政审工作由10月改为3月进行。

1990年，征兵政审时间随征兵时间改在冬季进行。1992年8月，根据省公安厅指示，县公安局调查被征飞人员的政审材料，保证招收飞行员工作顺利完成。1994年，在冬季征兵工作中，索镇派出所发现一起冒充他人身份应征事件，向县征兵办公室汇报后，取消其应征资格。1996年，国务院办公厅、中央军委办公厅重申："公安部门对征集新兵的政治审查工作负主要责任。"10月30日，县公安局下发《关于做好征兵政审工作的意见》，全县公安机关从政治高度认识和做好征兵政审工作，严格执行征兵政审政策规定，加强廉政建设，遵守政审纪律。县公安局及各派出所均成立征兵政审工作班子，保卫科负责督查派出所征兵政审工作，参加政审的民警先培训后上岗，谁政审、谁签字，谁签字、谁负责，不经政审不得签字。工作中，严格实行村、乡、县三级政审和区域联审，预定批准入伍人员由县公安、司法、教育、工商、税务、综治等部门政治联审，县看守所、拘留所、企事业单位保卫部门核对名单，在全县范围内形成严密的审查网络，做到应征人员政治立场清楚、思想品质清楚、社会交往清楚、性格特点清楚、有无违法违纪清楚。对符合政治条件的应征公民，由县政府征兵办公室政审负责人在应征公民政治审查表内签署政治审查结论意见。

2000年，县公安局征兵政审工作要求严、标准高，接兵单位对新兵满意，县公安局在全市征兵政审工作会议上作典型发言。2001年9月5日，国务院、中央军委修改《征兵工作条例》。桓台县应征公民的政治审查工作，由县征兵办公室统一组织，县公安局具体负责，有关单位协助。县公安局改进思路，创新办法，实行"五防五查，三个结合"的联审新机制，确保兵员质量。2002年，县公安局选派经验丰富人员负责征兵政审工作，严格审查全应征对象，淘汰小龄青年14人、劣迹人员1人，全市复审中淘汰问题人员21人。2004年，公安部、总参谋部、总政治部颁发《征兵政治审查工作规定》。县公安局征兵政审工作坚持实事求是、客观公正、全面衡量、质量第一的原则，对应征青年的年龄、户籍、职业、政治面貌、宗教信仰、文化程度、现实表现及家庭主要成员和主要社会关系成员的政治情况进行审查。2006年11月，逐一审查全县冬季征兵体检合格人员。12月18日，完成征兵政审工作。在全市、全县联审中审查出劣迹人员9人、小龄人员34人。2007年3—4月，县公安局经侦大队及少海、索镇、陈庄、起凤、荆家、唐山、田庄派出所完成山东省海军招飞和滨州学院飞行技术专业学员的政审工作。在冬季征兵政审工作中，县公安局集中2天时间，组织政审人员逐章逐条学习领会征兵政审工作规定，掌握政策和工作程序，严格审查全县应征青年，完善落实三级政审制度，政审工作未发生任何问题。

2010—2014年，县公安局根据《征兵工作条例》，认真审查应征青年的基本情况、家庭主要成员、主要社会关系，排除政审不合格人员102人，未发生政治责任退兵事件。2011年6月、2012年6月、2013年6月分别对全市直招士官进行联审，圆满完成政审联审任务。2013年，冬季征兵改为夏秋季征兵，征兵政审时间随之改变。2015年，进一步加强对征兵政审工作的组织领导，先后对空军青少年航空学校学员和应征青年严格政审，无一政治退兵。

第十一节　非机动车管理

自行车管理

1951年起，县公安局治安股负责全县自行车登记、发牌工作，当时自行车牌照为红色，长方形，中间有"自行车牌照"字样，挂在自行车架子前方。1975年9月8日，惠民专署下发通知，以人民公社为单位管理自行车，由派出所、公安助理员、市管所组成管理机构，日常管理工作以市管所管理为主，公安、交通等单位配合，集中发放自行车牌照。10月12日，成立县革委会自行车牌照管理办公室，设在公安局，由县公安局、县工商局、县交通局、县财政局、县广播站等部门组成，于长远任主任，衣振山任副主任。各人民公社公安助理员配合工商所对本辖区自行车实施登记、挂牌和发证。1976年5月，桓台县组织110名脱产干部和350名民兵、治保主任，在主要路口和集市设卡，以检查自行车牌照为重点，查扣可疑物品。1977年，为加强自行车管理，在县政府及人民公社驻地、公共场所和重点集市设立看车员，自行车被盗案件比上年下降60%。1978年1月26日，公安部下发《关于自行车管理工作的通知》。8月1日，桓台县自行车管理由工商管理为主改为公安管理为主。县公安局治安股设自行车管理岗位，配车管员1人。各人民公社成立自行车管理站，对辖区自行车登记填表、发牌照、打钢印、编号码，年底前各人民公社完成自行车登记和发牌照工作，做到人、车、证三对头、三见面。是年，全县登记自行车62558辆。1979年，调整看车处布局，由15处减为14处，通过自行车管理查破盗车案件6起，缴获自行车6辆。

1980年，调整个别自行车管理混乱、工作质量差、问题较多的车管人员，统一组织车管员到集市和公路上查证验车，在县驻地和人民公社驻地增设看车处，加强对看车人员的教育，规范自行车管理。是年，提供自行车被盗线索19条，破案9起。1982年，自行车验证69700辆，通过登记、验证，提供破案线索27条，破获案件7起，抓获违法犯罪分子5人，缴获被盗自行车5辆，纠正错推错骑自行车57辆。1985年，全县专职车管员16人，履行全县117598辆自行车和335辆轻骑摩托车的登记、填表和发证验证职责。1987年，组织路查34次，查验自行车18067辆；迁出240辆，迁入694辆；为群众纠正错推错骑自行车622辆，捡拾12辆，破获盗车案件5起，抓获犯罪分子7人，缴获自行车4辆，提供破案线索5条。1988年，县公安局治安科完善自行车管理岗位责任制，2名车管员负责全县自行车日常管理工作，全县14个派出所各有1名车管员负责日常的验证、打钢印及路查工作。是年，全县新挂牌自行车22800辆，验证142500辆。1989年，全县自行车验证127082辆，验证率84%。

1990年5月30日，县公安局印发《关于开展自行车全车失窃保险的通知》，新购自行车落户或自行车年度审验时，办理自行车全车失窃保险，2年内新车保险金额每辆200元，保险费4元；2年外旧车保险金额每辆100元，保险费2元；400元以上特种车到保险公司验车投保。自行车失窃后，车主在24小时内向当地公安机关报案，公安机关立案一个月未侦破者，由公安机关出具证明材料，县保险公司依据条款赔偿。

1992年4月25日，县公安局下发《关于改进自行车查车的通知》，4月、10月，县公安局每年两次集中路查，其他时间，各派出所自行组织路查，

不同时期的自行车证

1—3月，自行车审验期间不路查。5月4日，县公安局、县商业局、县供销社联合下发《关于全面推广使用自行车安全锁的通知》，推广使用防撬、防扭、防砸，安全性能可靠的sm牌自行车防盗安全锁，最大限度防止自行车被盗。1994年5月，查验自行车15.6万辆、三轮车896辆，破获案件6起，提供破案线索21条，查送错推自行车240辆。1994年8月，县公安局五条措施加强车管队伍建设：进行纪律作风整顿，查思想，查工作，查纪律；车管员异地交流，2～3年调整一次；车管员由所在地派出所考勤、考绩、考核，并按政绩发放工资；县公安局与车管员重新签订责任状，凡私自开车、无证开车、酒后驾车而违章发生的伤亡事故，一切责任自负；实行辞退制度。1995年12月，县公安局成立自行车管理所，负责组织年度验证、登记打钢印、自行车看管收费和路查工作。1996年3月12

日，县公安局印发《关于对城镇机动车 自行车管理工作实行改革的实施意见》，全县机动车、自行车看管工作由县公安局直接领导，对看车人员实行公开招聘、择优录用、统一管理、统一安排，解决管理机制混乱、看管工作有章不循、随意提高收费标准及重收费、轻管理问题，减少盗抢机动车、自行车案件发生。

自行车牌照

2002年9月5日，县物价局、县财政局、县公安局联合下发《关于加强公共停车场治安管理规范机动车 非机动车看管费标准的通知》，明确非机动车看管收费标准分为白天(8时—20时)、夜间(20时—次日8时)、包月三种收费价格，即摩托车(包括各种二、三轮摩托车及电动自行车)白天每车次1元、夜间2元、包月30元，其中白天和夜间看管时每超过4小时加收1元；自行车白天每车次0.2元、夜间0.5元、包月15元；人力三轮车白天每车次0.5元、夜间0.8元，无包月价，看管费

2003年7月，车管员张俊林退休时，全体车管员合影

用上交县财政。2006年1月1日，取消非机动车辆年度审验工作，自行车管理所仅负责指导全县14个非机动车看管点的收费工作。8月，县公安局撤销自行车管理所，非机动车看管业务由治安大队指导。县公安局安排3名车管员负责城区13个自行车看车点的管理和收费工作，11名派出所车管员担任派出所保安巡防队队长，专职负责辖区巡防工作。

2013年8月，贯彻落实全市公安机关推行电动自行车实名登记服务工作现场会议精神，制定《桓台县公安局关于认真做好电动自行车实名登记服务工作的意见》，统一印制发放《致广大电动自行车车主的一封信》6万份、卡通宣传彩页1万份，培训民警32人、协勤30人，邀请技术人员到打码点现场服务，确保民警最短时间熟练操作打码机并能及时排除一般性故障。各派出所制定具体工作措施和进度计划，严格落实责任，民警、协勤人员冒着高温，自觉牺牲中午、晚上及周末休息时间，上门到企业、社区、村庄为群众登记打码12万余辆，缓解电动自行车被盗后难破案、破案后难追赃、追赃后难返还、涉案价值难鉴定、对犯罪嫌疑

2014年3月，为电动自行车打码

人难惩治等问题。2015年1月4日，县公安局出台《关于自行车管理员内退工作的意见》，为2014年12月31日前年满五十周岁的车管员办理内退手续，当年内退11人。2015年12月，内退4人，在职车管员2人。

2016年上半年，县公安局探索电动自行车信息化智能管理模式，调研推行索镇派出所“移动车卫士”智能追踪系统的可行性，与县移动、联通等公司联系对接，提高电动自行车“移动车卫士”安装率，适时在全县推广。

桓台县公安局自行车管理员情况一览表

表 5—7

姓 名	籍 贯	任职时间	姓 名	籍 贯	任职时间
徐 军	桓台索镇	1978.07—1998.09	王克坚	桓台果里	1980.09—2006.08
张 伟	桓台索镇	1978.08—1992.03	尹俊美	桓台马桥	1982.02—2006.08
刘春华(女)	桓台索镇	1978.08—1979.01	董献河	桓台索镇	1982.08—1994.08
曲庆海	桓台起凤	1978.08—1984.10	王克营	桓台果里	1984.03—2006.08
董献波	桓台荆家	1978.08—2006.08	张尔才	桓台果里	1984.03—1994.07
杨公臣	桓台马桥	1978.08—1984.05	刘志明	桓台马桥	1984.05—2006.08
张延祥	桓台马桥	1978.08—1982.02	宋振水	桓台起凤	1984.10—1993.05
甘发勇	桓台田庄	1978.08—1978.08	刘庆三	桓台索镇	1985.04—2006.08
郑保国	桓台唐山	1978.08—2008.05	张敬新	桓台唐山	1988.09—2014.01
王克河	桓台果里	1978.08—1980.09	张若精	桓台索镇	1988.10—
张尔金	桓台果里	1978.08—1984.12	张 健	桓台索镇	1992.05—2014.01
王兴目	桓台果里	1978.08—1984.03	张方户	桓台起凤	1993.05—2006.08
逯玉才	桓台索镇	1978.08—1989.11	张 新	桓台马桥	1994.03—1996.06
张俊林	桓台田庄	1978.08—2003.07	张广场	桓台索镇	1994.08—2006.08
李守江	桓台新城	1978.10—2006.08	石玉岗	桓台果里	1994.08—2006.08
贾爱生	桓台索镇	1979.01—1986.03	高延珠	桓台荆家	1996.01—2006.08
于 城	桓台唐山	1980.03—1989.11	张聿堂	桓台索镇	1996.01—2006.08

注:各镇自行车管理员信息截止到自行车管理所撤销,徐军信息截止到入警,其他民警身份人员信息未列入

治理自行车被盗问题专项行动

21世纪初,电动自行车广泛进入普通家庭,同时自行车管理工作逐步弱化,盗窃电动自行车案件逐年高发。

2007年2月28日,全国治理自行车被盗问题专项行动(以下简称专项行动)电视电话会议召开。3—7月,县公安局、县综治办、县建设局、县经贸委、县工商局、县质检局根据上级精神,在全县范围内开展专项行动。3月3日,县公安局制发专项行动工作方案,专项行动坚持党委、政府统一领导,贯彻打防结合、预防为主,专群结合、依靠群众,加强管理、重在治本的工作方针。打击的重点对象是盗窃自行车团伙,收赃、销赃场点业主,发现自行车窝赃而不报告的出租房主;整治的重点地区是非法交易自行车的旧货交易市场、废旧收购站(点)等场所,收赃销赃的自行车维修点,易发生自行车被盗案件的重点地区和场所,易作为窝赃场所的出租房屋、废旧仓库、施工工地;解决的重点问题是自行车生产、销售、运输、销毁、报废等各环节的规范管理问题,日常生活中自行车存放、看管等安全防范问题,对盗窃自行车等违法犯罪人员处罚的法律适用,加强对重点人员动态监控及教育等问题。

桓台县成立专项行动领导小组,县政府副县长蒲先农任组长,县公安局局长吴佩林任副组长,其他相关部门主要负责人为成员,办公室设在县公安局治安大队。县公安局指挥中心登记梳理、分析归纳2006—2007年自行车被盗案件,分析发案、销赃、非法交易活动的规律特点,提出预警措施,指导防范、打击、管理等工作。巡特警大队、各派出所强化路面巡查,布建查堵卡哨,形成全方位的查控网络。3月2日凌晨,少海派出所巡逻抓获2名盗窃电动自行车嫌疑人,破案10余起。3月5日夜,唐山派出所清查一废旧物品收购站时,发现

业主非法收购自行车线索，收缴被盗自行车4辆，对业主依法处理并取缔该收购站。3月7日，抓获盗窃自行车、摩托车犯罪嫌疑人2人，两人结伙先后窜至县城各小区及县医院等部位，撬盗储藏室作案60余起，盗窃电动自行车50余辆、自行车8辆、摩托车1辆，涉案价值6万余元。3月8日晚，民警在县医院外科楼前守候抓获盗窃犯罪嫌疑人1人，该嫌疑人从县城医院、网吧盗窃自行车3辆、摩托车2辆。至3月26日，县公安局摧毁盗窃自行车、机动车犯罪团伙4个，抓获涉车违法犯罪嫌疑人22人，破获盗窃机动车、摩托车案件50起，盗窃电动自行车案件54起，盗窃普通自行车案件127起，缴获被盗自行车33辆、电动自行车14辆、摩托车9辆、面包车1辆，取缔废旧收购点9处，捣毁非法自行车交易市场3家，查获可疑自行车37辆。3月28日，桓台县专项行动领导小组召开联席会议，通报专项行动进展情况。会后，公安机关公开巡逻与秘密巡逻相结合、徒步巡逻与驾车巡逻相结合，加大巡逻密度。4月初，现场抓获2名犯罪嫌疑人，由此打掉一个作案21起、案值5万余元的8人盗窃自行车犯罪团伙。

专项行动领导小组采取多种形式广泛宣传，动员社会力量参与专项斗争。印发1000份《关于严厉打击盗窃自行车等违法犯罪活动的通告》，教育市民不在非法交易市场购买自行车，不私下收购、买卖嫌疑自行车，动员检举、揭发违法犯罪线索，对有功人员重奖。同时，敦促违法犯罪分子限期到公安机关投案自首。4月14日，开展以“群防群治、护车安民”为主题的治理自行车被盗问题街头统一宣传活动，在博物馆广场设立宣传主会场，同时将查缴、扣押的47辆自行车、16辆摩托车集中退赃。少海、索镇派出所出动2辆宣传车，在城区主要街道、生活区、居委会，巡回播放宣传通告及自行车防盗基本常识，在居民集中、流动人口多的生活区、宿舍区，悬挂条幅、张贴标语70余条，分发宣传品1000余份，并现场讲解防盗知识。唐山、田庄派出所分别走进桓台一中、桓台二中，开展“群策群力打击偷车行为，同心同德缔造和谐家园”宣传活动，面向9000余名师生进行法制宣传。马桥派出所在山东博汇纸业有限公司设立咨询台，向职工现场讲解防盗知识。起凤、陈庄、周家派出所在集贸市场张贴标语、分发宣传品、设立咨询台，提醒群众停车落锁。邢家派出所动员超市、医院等单位安装技防设施，加强看护门前车辆。唐山派出所针对辖区企业多、职工自行车管理混乱、

2007年4月，专项行动宣传

被盗现象严重的问题，组织民警深入山东东岳集团有限公司、山东贵和集团有限公司、淄博北斗星集团公司等企业，协助落实自行车停放管理措施，并制作悬挂“请及时停车落锁”友情提示。果里派出所举办培训班，组织辖区废旧行业业主学习治安管理处罚法、废旧业治安管理办法等有关法律法规，堵塞管理漏洞。活动当天，专项行动办公室召开新闻通报会，发动人民群众支持、参与专项行动。行动中，抓获犯罪嫌疑人57人，破获案件381起，查缴自行车130辆，捣毁非法销售窝点24家，全县盗窃自行车案件同比下降26.7%。

2007年8月27日，全市专项行动现场会在桓

2007年8月27日，全市治理自行车机动车专项行动现场会

台县召开。2008年1月22日，治安大队被省公安厅等六厅局联合表彰为全省专项行动先进集体。

第十二节 保安服务

经营体制

1988 年 9 月，县公安局筹建淄博市保安服务公司桓台分公司（以下简称县保安公司），由宋振顺、赵仕诚负责。是月，淄博市保安服务公司批复成立桓台分公司，定为国营企业单位（正科级），独立核算，自负盈亏，隶属市保安服务公司和县公安局双重领导，业务上以市保安服务公司领导为主。主要任务是，依照国家法律法规，面向社会，提供有偿保安服务，协助公安机关维护治安秩序和预防犯罪。11 月，县保安公司正式成立，注册资本 30 万元，为全民所有制小型（一）企业。1990 年 4 月，市计划委员会下发《关于淄博市保安服务公司各区县分公司企业性质和规格的批复》，进一步确认以上情况。根据 5 月 22 日公安部下发的《关于进一步清理整顿保安服务公司的意见》，明确保安服务公司是担负治安防范任务的服务型企业，不是执法部门，不能行使公安机关权力。1991 年 6 月 10 日，省公安厅、省工商行政管理局联合下发《关于新建保安服务公司审批问题的通知》，县保安公司为桓台县境内唯一的合法保安服务公司。

2012 年 4 月，淄博市保安服务公司桓台分公司变更为淄博市桓台县保安服务公司，注册资本 110 万元，出资人为县公安局，系全民所有制企业。7 月，中国保安协会第四次会员代表大会作出部署，公安机关与所办保安服务企业脱钩改制。12 月 14 日，公安部下发《关于加快推进公安机关保安企业脱钩改制工作的通知》。2013 年，县公安局党委多次研究部署改制工作，制定脱钩改制工作方案，成立以局长张京义任组长、副政治委员马洪光任副组长的改制工作领导小组，成立专门办公室，负责改制工作的协调和落实。县公安局向县政府提交《关于淄博市桓台县保安服务公司脱钩改制的请示》，采取整体移交方式，依照法定程序，将县保安公司改制为县国资局出资的国有全民所有制企业。2014 年 2 月，县国资局委托审计机构全面审计、评估保安公司。公司召开职工代表大会，推选刘昌海担任公司法人代表。2014 年 12 月 8 日，县政府批复同意将县保安公司资产整体移交县金海公司，服务范围为门卫、巡逻、守护、安全检查、安全技术防范、安全风险评估及区域秩序维护，县公安局治安大队监管企业安全。

桓台保安大厦

保安业务

1989 年 8 月，县保安公司在有关派出所的配合下，组织新城昝家五金制修厂和桓台县建筑机械厂研制防盗安全门，经数月攻关，具有防撬防拨功能的安全门通过市公安局等有关部门鉴定，并批准生产。是年，部分单位和城区 200 余户居民安装防盗安全门，安装防盗安全门业务剧增。

1992 年 1 月，县保安公司新的领导班子根据公司发展情况，调整经营策略，改进经营方式，扩大服务范围，相继开办桓台县鲁乡建筑安装工程公司、桓台县公安局劳动服务公司、桓台县网架工程公司，招聘 500 余人，完成建安产值 430 万元。3 月，采取联营承包的办法，联营筹建保安器材厂，主要生产防盗门窗等产品，当年完成产值 45 万元。是年，公司实现利税 51 万元。1993 年 3 月，为适应改革开放新形势的需要，县保安公司成立保

1993 年 10 月，保安队员进行训练

安服务大队，制定《淄博市保安服务公司桓台分公司保安队员管理规定（试行）》，细化内务管理制度、岗位执勤制度等规章制度，使用招聘保安人员合同书、雇请保安人员合同书格式文本。是年，向17个单位派驻65名队员，抓获犯罪分子22人，破案27起，制止打架斗殴43起，调解民事纠纷32起，为群众办好事89件。年内，县保安公司为县公安局建设79米通讯铁塔一座，新上防伪原子刻章、汽车防盗抢报警器安装两项业务，鲁乡建筑安装工程公司资质由四级升为三级，公司实现利税47万元。1994年，县公安局加强对保安工作的领导，增配3名副经理，下设4个分公司，以保安业务

1994年9月，县保安公司召开班子会议

为龙头，多种经营综合发展，完成经营收入90余万元，实现利税30万元，并开工建设2500平方米保安大厦。以保安大队为龙头，狠抓队伍建设，招聘保安队员83名，向30个机关、企事业单位提供保安服务。保安队员抓获犯罪分子18人，协助破案25起，制止打架斗殴36起，调解民事纠纷41起，为群众做好事67起。是年，保安大队荣获全市

1994年，保安大队负责人查岗留影

保安队伍军训考核成绩第二名。1995年，保安大厦投入使用，保安公司上缴利润30万元，保安队员110人，做好人好事234件。

1996年，县保安公司新上身份证照相中心、通讯服务中心、消防器材服务中心，公司总收入131万余元，实现利税40.2万元；向34个单位派驻保安队员110名，为群众做好事69件，制止案件17起。在全市保安系统综合考核中，保安大队列第二名。1997年9月3日，全市保安工作会议在县保安公司召开。1998年11月30日，按照中央关于军队、武警、公安机关不再经商办企业的要求，县保安公司与保安业务无关的鲁乡建筑安装工程公司脱钩。1999年，保安市场向县外发展，保安队伍发展迅速。2001年7月，中国保安协会印发《保安人员着装管理规定》，县保安公司规范保安人员着装，统一着中宝灰色保安服和浅宝蓝色夏服衬衣。2002年，公司内部减员增效，项目实行承包经营，通过公开竞标，将照相门市、刻字门市承包给职工个人经营，服装门市划归保安大队经营。2003年，全县开展关于进一步清理非法保安组织、规范保安服务市场专项整治工作，清理非法保安组织，整顿保安穿着混乱、损害形象等问题。2004年，保安大队上岗队员190余人。2006年，县公安局全面推进保安巡防模式，各派出所、巡特警大队协勤全面实行保安录用制，政府花钱聘保安，缓解警力不足矛盾。建立考核奖惩机制和淘汰机制，形成队伍良性循环。

2010年1月1日，《保安服务管理条例》实施，县公安局推进保安队伍社会化、职业化、规范化管理。1月11—17日，制定《集中开展〈保安服务管理条例〉宣传活动实施方案》，成立宣传活动工作领导小组，向派出所发放《保安服务管理条例》宣传挂图。出动民警100余人次，走访社区、企业、银行、商场、公共娱乐等人员密集场所300余家，召开保安整训会议12场次，张贴宣传挂图26套，设置宣传台、咨询台30场次，悬挂宣传标语20余条，印发宣传明白纸1000余份。按照“单位招聘、使用，公安培训、监管”的基本要求，督促各学校、幼儿园配足配好专职保安人员，全县配备校园保安318人。2012年3月，娱乐场所与保安公司签订保安雇佣合同，配备保安员26名。

第六章　刑事侦查

刑侦大队民警合影。前排左起：张志豪、李麟、李沛源、李泉业、崔国峰、巩曰华、魏江、徐书连、于孝诚、李仁国、蔡光普、王克、张宇鹏；中排左起：韩兆亮、郑波、段然、陈之滨、刘体铸、魏振、巩向峰、岳大金、田海琳、王珂、田东明、王强、耿晓明、张文水；后排左起：荆晓洲、崔凯、高斌、张延杰、王胜军、王毅、郑龙海、沈云栋、马康、张琳、李馥伸、赵悦磊、张关键、于毅　　（2014年12月　摄）

刑警楼外景　　（2017年5月　摄）

中华人民共和国成立前后，桓台县公安局刑事犯罪侦查工作由侦察股、治安股分别负责。在镇反运动、肃反运动取得决定性胜利，国家政权日益巩固后，县公安局以治安股为主，重点打击凶杀、投毒、强奸、偷窃、抢劫、破坏生产等一般刑事犯罪。1959—1962年，国民经济和人民生活暂时困难时期，公安机关认真贯彻省委关于"保人、保畜、保治安"的指示，依法打击盗窃、诈骗和流窜犯罪，大力整顿社会治安，保护人民群众渡过难关。"文化大革命"期间，公安机关被"砸烂"，刑事侦查工作受到严重冲击。1973年6月，县公安局恢复建制，公安工作渐入正轨，刑侦工作不断加强。中共十一届三中全会后，根据治安形势需要，组建专门刑侦队伍，1979年10月，县委批复成立刑警队。1980年1月7日，正式组建刑警队，成为独立警种。刑侦部门充分发挥打击犯罪主力军作用，适时组织开展严打斗争和专项行动，为改革开放和经济建设创造稳定的社会治安环境。20世纪90年代，积极推进刑侦制度改革，发展刑事技术事业，加大装备投入，壮大刑警队伍。进入21世纪，充分利用信息化手段，实施精准打击，开展命案攻坚，有力震慑犯罪，暴力犯罪明显减少，人民群众对社会治安的满意度不断提升。

第一节 案件侦破

立 案

桓台县解放后，县公安局重点对股匪、散匪和偷盗、盗割电线、抢劫、放火、破坏等刑事案件立案侦查。20世纪50年代中后期，凶杀、纵火、盗窃等刑事犯罪案件增多。1955年，发生凶杀案件1起、纵火案件19起、抢劫案件2起、偷盗案件155起、破坏农林作物案件14起、破坏生产工具案件78起、毒害耕畜案件5起、强奸案件6起、毒害案件4起，其他案件69起，造成损失8712元。1956年，根据公安部规定，公安机关主要管辖凶杀、毒害、纵火、抢劫、盗窃（偷窃、绺窃）、侵吞公有财产、诈骗、破坏交通和公用设施、破坏水利、破坏农林作物、破坏生产工具、故意杀害（毒害）牲畜、投机倒把、走私、制贩毒品、私藏枪支、制贩军火、破坏金融管理、伪造图章证件、强奸、猥亵妇女、赌博等22类刑事案件。中、小城市和农村一般盗窃、诈骗等21类刑事案件的立案标准为损失财物折款15元以上（相当于城乡一个三口之家一个月的基本生活消费），重大盗窃、诈骗案件为150元以上，特别重大的盗窃、诈骗案件为3000元以上。

1965年12月1日，针对盗窃粮食案件立案标准较高，多数地区按粮食折价够15元的才能立案，不能如实反映盗粮情况，导致立案少、查破不力等问题，公安部印发《关于盗粮案件立案标准试行草案》，自1966年1月施行。该草案规定：一般盗窃粮食100市斤以上的应立案。有的虽然不够100市斤，但手段恶劣，或者造成生产、生活上严重后果的，也应立案。凡属群众性的瞒产私分、偷青偷场以及少量盗窃累计超过100市斤的不立案。

"文化大革命"开始后，公检法被"砸烂"，县公安军管小组负责立查杀人案件、反革命案件等有影响的案件，小的案件无暇顾及。1973年6月，县公安局复设后，按照公安部立案标准，对发生的大要案，先电话报告上级，待现场勘查后，再填写"大案卡片"的报告制度。1979年7月1日，刑事诉讼法第十三条规定："告诉才处理和其他不需要进行侦查的轻微的刑事案件，由人民法院直接受理，并可以进行调解。贪污罪、侵犯公民民主权利罪、渎职罪以及人民检察院认为需要自己直接受理的其他案件，由人民检察院立案侦查和决定是否提起公诉。第一、二款规定以外的其他案件的侦查，都由公安机关进行"。第六十一条规定："人民法院、人民检察院或者公安机关对于控告、检举和自首的材料，应当按照管辖范围，迅速进行审核，认为有犯罪事实需要追究刑事责任的时候，应当立案；认为没有犯罪事实，或者犯罪事实显著轻微，不需要追究刑事责任的时候，不予立案，并且将不立案的原因通知控告人。控告人如果不服，可以申请复议。"国家以法律形式对公安机关立案作出规定。12月24日，公安部下发《关于刑事侦查部门分管的刑事案件及其立案标准和管理制度的规定》，公安机关刑事侦查部门管辖杀人、伤害、抢劫、投毒、放火、爆炸、决水、强奸、流氓、抢夺、敲诈勒索、伪造国家货币、伪造有价证券、伪造票证、伪造公章(证件、印章)、投机倒把、走私、拐卖人口、制造贩运毒品、非法制造和贩运枪支弹药、制造贩卖假药、破坏生产等刑事案件;确定盗窃公私财物,城市折款25元、农村折款15元以上的,盗窃粮食100斤、粮票500斤、布票500尺以上的,盗窃自行车、耕畜的,都要立案,对于连续撬门破锁多户,盗窃财物折款达不到上述数额也要立案。根据案件严重程度,县公安局把案件分为一般、重大、特大三类,立案由县公安局局长批准。是年,县公安局立案侦查刑事案件87起。1984年9月1日起,执行公安部《关于修改盗窃案件标准的通知》,盗窃案件立案标准,农村由15元改为40元(包括物品折款),盗窃折款虽然不足立案数额,但盗窃粮食200斤以上、粮票500斤以上的,盗窃旧自行车、撬盗保险箱的,连续撬门破锁多处的,多次扒窃、结伙扒窃或使用刀刃等工具扒窃的,以及有其他比较严重情节的,均立案。是年,立案64起。1987年3月,公安部制定下发《关于公安机关办理刑事案件程序规定》,对立案、破案、撤案以及管辖等一系列办案程序作出详细规定。一般案件、重大案件由县公安局负责侦查,市公安局督促指导,并直接参与一部分重大案件的侦查工作,特别重大案件由市公安局负责侦查,省公安厅督导。

1990年,县公安局立刑事案件183起。1991年1月16日,公安部针对严重暴力案件一直没有统一立案标准的实际,印发《严重暴力案件立案标准》,界定严重暴力案件标准,明确立案的9种情形。4月10日,省高级人民法院、省人民检察院、省公安厅联合下发《关于提高盗窃罪数额标准的联合通知》。县公安局对盗窃案件立案标准重新规定,个人盗窃公私财物"数额较大"的起点提高为400元,"数额巨大"的起点提高为4000元;对于惯犯、流窜犯、刑满释放分子、解教人员、多次撬门破锁盗窃居民宿舍,盗窃特定目标(如保险柜)、特定款物(如救济救灾财物、公民个人为治病筹集的财物)造成严重后果的,盗窃外国人的财物造成恶劣影响的,盗窃数额虽然不到400元,仍可以盗窃罪追究刑事责任;对于初犯、偶犯、情节轻微,能主动坦白交代,确有悔改表现并积极退清赃款赃物的,即使盗窃数额达到或略高于400元,也可以不追究刑事责任,由公安机关依照有关法律法规给予处罚。12月30日,最高人民法院、最高人民检察院联合印发《关于修改盗窃犯罪数额标准的通知》,规定:"个人盗窃公私财物'数额较大',一般可以300—500元为标准;少数经济发展较快的地区,可以600元为标准。""各省、自治区、直辖市高级人民法院、人民检察院,可以根据本地区经济发展状况,并考虑社会治安状况,会同公安厅(局)和有关部门,参照本《通知》的规定,确定本地区执行的数额标准。"并指出:"盗窃数额是构成盗窃罪的重要标准,但不是定罪量刑的唯一标准。"是年,县公安局立刑事案件161起。1992年3月17日,公安部印发《关于修改盗窃案件立案统计办法的通知》,修改盗窃立案标准,规定盗窃数额在2000元以上的或虽不足2000元但情节或后果严重的,立为重大案件;盗窃数额在20000元以上的或虽不足20000元,但情节或后果特别严重的,立为特大案件。个人诈骗和抢夺公私财物的案件,参照上述立案标准执行。是年,省公安厅根据公安部《关于修改盗窃案件立案通知办法的通知》精神,重新规定盗窃案件立案标准,确定盗窃现金400元及盗窃财物折款400元,均立刑事案件。同时,对撬门破窗入室盗窃的,盗窃特定目标、特定款物的,盗窃外国人财物造成恶劣影响的,使用刀刃等工具或携带凶器盗窃的,明显是惯犯作案或一人多次作案的,不论盗窃财物多少,均立为刑事案件。1998年7月17日,根据最高人民法院、最高人民检察院、公安部《关于盗窃罪数额认定标准问题的规定》(法发〔1998〕3号)和最高人民法院《关于审理盗窃案件具体应用法律若干问题的解释》(法释〔1998〕4号)精神,结合山东省实际情况,县公安局执行省公安厅确定的个人盗窃公私财物价值一千元以上的为"数额较大",个人盗窃公私财物价值一万元以上的为"数额巨大",个人盗窃公私财物价值六万元以上的为"数额特别巨大"立案标准。

2000年,县公安局根据《公安部关于刑事案件如实立案的通知》精神,严格执行立案标准,稳准狠打击刑事犯罪。刑警大队、派出所、110报警服务台对于公民扭送、报案、控告、举报或者犯罪嫌疑人自首的,立即接待,如实登记。对不够立案标准的，也及时开展调查，并将调查处理结果告知当事人。各受案单位按时上报客观真实的受案、立案数据，统计部门及时准确客观真实的向上级部门填报受案、立案数据。案件侦破后，破案部门对犯罪嫌疑人供认的案件逐一调查，核查接受案件登记、接受案件回执、立案报告书等原始记录情况，做好对刑事案件如实立案工作，保证立案数据的真实性和准确性。

2013 年 4 月 4 日，最高人民法院、最高人民检察院发布《关于办理盗窃刑事案件适用法律若干问题的解释》，提高盗窃犯罪追诉数额标准，明确多次盗窃、入户盗窃、扒窃等概念的认定，并对累犯，组织、控制未成年人盗窃，在医院盗窃病人或其亲友财物等行为重点打击。其中规定："盗窃公私财物价值一千元至三千元以上、三万元至十万元以上、三十万元至五十万元以上的，应当分别认定为刑法第二百六十四条规定的'数额较大''数额巨大''数额特别巨大'。""二年内盗窃三次以上的，应当认定为'多次盗窃'；非法进入供他人家庭生活，与外界相对隔离的住所盗窃的，应当认定为'入户盗窃'；携带枪支、爆炸物、管制刀具等国家禁止个人携带的器械盗窃，或者为了实施违法犯罪携带其他足以危害他人人身安全的器械盗窃的，应当认定为'携带凶器盗窃'；在公共场所或者公共交通工具上盗窃他人随身携带的财物的，应当认定为'扒窃'"。是年，省高级人民法院、省人民检察院、省公安厅结合全省经济社会发展状况，联合下发《关于确定盗窃罪具体数额标准的通知》。桓台县执行盗窃罪的具体数额标准，盗窃公私财物价值二千元以上的，为"数额较大"；盗窃公私财物价值六万元以上的，为"数额巨大"；盗窃公私财物价值四十万元以上的，为"数额特别巨大"。

桓台县刑事案件立案标准明细表（1979 年）

表 6—1

案件类别	危害人身的	危害财物、牟取暴利的	其他情节
一般案件	伤害程度为一般情况的	盗窃、诈骗公私财物，城市折款 25 元，农村 15 元以上，粮食 100 市斤以上，粮票 500 市斤，布票 500 市尺以上	盗窃财物虽不足立案数额，但造成严重后果，撬盗保险柜，连续撬门破锁多户，或其作案手段恶劣的等
重大案件	杀人致死、重伤的，爆炸、放火、决水、投毒致人重伤、死亡，强奸妇女已遂或奸淫幼女，故意伤害致人死亡，连续残害妇女，拐卖人口情节、后果严重，使华侨、港澳台同胞、来华外国人遭受人身伤害	抢劫公私财物 100 元以上，爆炸、放火、决水、投毒损失财物 1000 元以上，毁坏粮食、棉花 1000 斤以上，盗窃、诈骗、抢夺公私财物 1000 元以上，粮票 1 万斤，布票 1 万尺以上，投机倒把牟利 5000 元以上，敲诈勒索 1000 元以上，破坏集体生产直接损失 1000 元以上	持械入室抢劫或致人重伤，毁坏大型机械，残害耕畜 3 头以上，使港澳台同胞、来华外国人财产损失较大
特别重大案件	一次杀死、杀伤数人或杀人碎尸，持枪杀人，持枪抢劫，持枪强奸妇女，爆炸、放火、决水、投毒致死数人，轮奸妇女或者在公众场合结伙侮辱摧残妇女，使外宾遭受人身伤害的	抢劫公私财物 1000 元以上，爆炸、放火、决水、投毒直接损失财物 1 万元以上，毁坏粮食、棉花 1 万斤以上，盗窃、诈骗、抢夺公私财物 1 万元以上，粮食 5000 斤以上，粮票 5 万斤，布票 5 万尺以上，投机倒把牟利 5000 元以上，使外宾财物损失较大的	爆炸、放火、决水、投毒致使中断交通、生产造成巨大损失，盗窃国家珍贵文物或盗窃财物中有国家绝密文件的，盗窃、抢劫、抢夺枪支，以印刷方法伪造国家货币的，跨越省、市、自治区的重大犯罪集团、外国人进行刑事犯罪情节严重的，省、市公安机关认为需要列为特别重大案件的

桓台县刑事案件立案标准明细表(1984 年)

表 6—2

案件类别	危害人身的	危害财物、牟取暴利的	其他情节
一般案件	伤害程度为一般情况的	盗窃、诈骗、抢夺财物折款 80 元(农村 40 元)以上,粮食 200 市斤、粮票 500 市斤以上,旧自行车 1 辆、耕畜 1 头	撬盗保险柜,连续撬门锁多个
重大案件	致人死亡的,强奸妇女已遂,奸淫幼女,拐卖妇女情节和后果严重的,连续发生残害妇女的。	抢劫财物百元以上,爆炸、放火、决水、投毒损失财物 1000 元、粮食 1000 斤、粮票 1 万斤,投机倒把牟利 5000 元以上,制造贩运鸦片	持械入室抢劫,残害耕畜 3 头
特别重大案件	杀死、炸死、烧死、淹死、毒死熟人,持枪杀人,持枪抢劫,持枪强奸妇女,杀人碎石、轮奸妇女。	抢劫财物 1000 元以上,爆炸、放火、决水、投毒毁坏财物 1 万元、粮食 1 万斤、盗窃、诈骗、抢夺财物 1 万元、粮票 5 万斤以上	以印刷方法伪造国家货币,盗窃、抢劫、抢夺枪支重大犯罪集团

桓台县严重暴力案件立案标准明细表(1991 年)

表 6—3

犯罪行为	立案标准
劫持	劫持飞机,劫持船舶,劫持火车、汽车的
枪案	持军用枪、猎枪、运动用枪(不含气枪)或仿制的上述枪支进行杀人、抢劫、强奸等犯罪的;抢劫军用枪支的;武装走私、贩毒的
爆炸放火	在公共交通工具、公共场所,或针对党政机关、水厂、电厂、铁路、公路、电台、电视台以及生产、存放剧毒、易燃、易爆物品的工厂、仓库进行爆炸、放火的;在其他部位、地点对特定对象爆炸、放火行凶,造成重大人员伤亡或重大经济损失的
伤害	驾驶机动车故意撞人、轧人的;或驾驶机动车船故意碰撞造成多人伤亡或重大经济损失的
劫持人质	以制造政治事端为目的劫持人质的;以要挟报复为目的劫持党政领导人、国家工作人员及其子女亲属的;或劫持人质对抗军警追捕的;持枪、持爆炸物品劫持人质的
盗窃特殊物品	为了实施危害公共安全的犯罪行为而盗窃枪支、爆炸物品、放射性和剧毒物品的(这些案件发生后,无论作案动机如何,均先按严重暴力案件进行立案并开展工作;破案查明不是以危害公共安全为目的的案件,再予以撤销)
投毒	对公众饮用的水源或食品故意投放有毒物质,危害公众生命安全的
伤害	出于犯罪的故意,利用易燃易爆气体或能造成人身严重伤害的化学制剂(如浓缩硫酸、硝酸等)以及放射性物品直接造成多人致伤、致残或死亡的
其他	其他行为应立为严重暴力案件的

刑事案件立案标准明细表(2013年)

表6—4

案件类别	危害人身的	危害财物、牟取暴利的	其他情节
一般案件	伤害程度为一般情况的	盗窃、抢夺财物折款2000元以上;诈骗6000元以上	二年内盗窃三次以上的;携带凶器盗窃的
重大案件	致人死亡的,强奸妇女已遂,奸淫幼女,拐卖妇女情节和后果严重的,连续发生残害妇女的	盗窃、抢夺财物折款6万元以上;诈骗8万元以上	入户抢劫的;持枪抢劫的;通过发送短信、拨打电话或者利用互联网、广播电视、报纸杂志等发布虚假信息,对不特定多数人实施诈骗的
特别重大案件	一次杀死数人、杀人碎尸、持枪杀人;使外宾遭受人身伤害;轮奸妇女或在公共场合结伙侮辱摧残妇女的;杀死、炸死、烧死、淹死、毒死熟人,持枪杀人,持枪抢劫,持枪强奸妇女,杀人碎尸、轮奸妇女	盗窃、抢夺财物折款40万元以上;诈骗50万元以上	以印刷方法伪造国家货币,盗窃、抢劫、抢夺枪支重大犯罪集团

1950—2015年桓台县刑事案件立案统计表

表6—5　　单位:起

年份	立案	年份	立案	年份	立案
1950	229	1980	105	1998	
1953	103	1981	84	1999	
1954	222	1982	113	2000	1274
1955	324	1983	79	2001	1285
1956	172	1984	64	2002	1276
1957	179	1985	80	2003	1517
1958	255	1986	69	2004	1594
1962	243	1987	69	2005	1734
1963	241	1988	147	2006	1378
1964	130	1989	184	2007	1184
1965	128	1990	183	2008	1126
1972	136	1991	161	2009	1064
1973	170	1992	122	2010	1822
1975	157	1993	211	2011	1267
1976	109	1994	307	2012	1106
1977	181	1995	255	2013	1240
1978	109	1996	258	2014	1060
1979	87	1997	324	2015	1077

破案

中华人民共和国成立后，为巩固人民民主专政政权，保卫土地改革、抗美援朝和镇反、肃反、统购统销运动，县公安局在县委、县政府的领导下，严厉打击各种刑事犯罪分子。1950年，刑事侦查主要任务是打击盗割电线、偷盗、抢劫等刑事犯罪活动，破获偷盗案件37起、抢劫案件4起、放毒案件1起、奸杀案件1起，抓获土匪6股41人，侦捕散匪67人，打掉割电线犯罪团伙1个。1951年，在打击反动会道门行动中，逮捕杀人犯6人。1953年，专项打击投机奸商破坏统购统销政策非法活动。1954年5月，侦破六区胡家庄胡淑英母女被害案，抓获犯罪分子李庆积。12月，打掉3个犯罪团伙，逮捕张恩某、王有某等10名惯偷分子，破获偷窃水车案件80余起。1954年1月—1955年6月，破案187起，计凶杀2起、纵火2起、毒害7起、抢劫1起、诈骗6起、偷盗145起、破坏交通1起、破坏农林作物3起、破坏生产工具19起、破坏金融1起。1955年6月，公安部印发罗瑞卿关于《全国刑事侦查会议情况的报告》和公安部刑事侦查会议《当前刑事侦查工作情况和今后意见》《关于贯彻执行一九五五年公安工作计划搜捕刑事犯罪分子的意见》《全国刑事侦查工作会议总结》等文件，县公安局认真学习贯彻，指导侦查破案工作。9月24日、11月15日，组织两次集中搜捕行动，抓获犯罪分子259人，其中刑事犯罪分子82人。12月案件发生率降到搜捕前的40%。全年逮捕427人，其中刑事犯罪分子161人，破案266起。

1956年8—9月，县公安局在原有5名刑侦干部基础上，又增加5名干部，组成3个工作组，分赴案件较多的3个区，依靠和发动群众，短时间内破获刑事案件139起，扭转刑事案件破案率低的被动局面。1957年，在全党忙于整风的时候，刑事案件急剧上升。县公安局调整刑侦力量，组织16名干部成立4个破案组，破获刑事案件106起，抓获作案成员103人。1958年，全国发动“大跃进”，县公安局侦查工作“大跃进”。8月，根据省、地公安机关统一部署，以打击现行破坏为重点，掀起破案高潮，要求新发案件一起，破获一起，不留积案。11月19日夜，里仁村李孙氏被犯罪分子掐死并抢去盛有衣物的包袱。13名干警冒雨奋战75小时，抓获抢劫杀人犯范立武。

20世纪60年代初期，国民经济比例失调，加上自然灾害，食品供应紧张，社会治安出现大量问题，盗窃、抢劫案件尤为突出，投机倒把犯罪不断发生。1961年，公安机关贯彻防、破、处、打方针，先后破获郭某等冒充国家干部盗窃牲畜案、赵经某等盗窃案、唐山军用电话线被割案、张太奎杀人案，社会秩序得以稳定。是年，破获刑事案件155起，逮捕杀人犯4人、偷盗犯21人、诈骗犯3人、盗割电线犯1人、投机倒把犯1人、其他23人。1962年，贯彻县抓大案、区抓一般、社队抓小案的方针，破获刑事案件149起，破案率65.4%，查获作案成员137人。1963年，重点打击投机倒把犯罪，破案322起。其中，案值1000～5000元222起，5000～10000元22起，1万元以上14起。1964年1月，破获以金宗朝为首的盗窃集团案，查获犯罪分子10人，破案68起。4月，贯彻省公安厅《关于同刑事犯罪作斗争 狠抓侦破案件的通知》精神，县公安局侦破刑事案件171起。12月，县委成立打击投机倒把领导专班，县公安局具体负责，梳理案件218起，案值1000～5000元173起，5000～10000元33起，1万元以上12起，总案值89万余元，涉及贩卖金银、大烟、票证、牲口、棉花、粮食、化肥、药材等。县公安局对45起5000元以上案件立案侦查，判刑2人，提请批准逮捕4人，刑事拘留7人。1965年，全国十四次公安会议和全省十五次公安会议相继召开，传达贯彻中央关于依靠群众专政、少捕、矛盾不上交的方针。是年，县公安局依靠群众就地处理案犯39人。如高王区陈桥大队陈同某，曾因偷盗被判刑5年，自1962年起，先后在高王、田庄、陈庄三区11个村庄偷窃作案98起。破案后，县公安局召开群众批斗大会，陈同某认罪伏法，将其交给群众就地监督改造。经改造，陈同某弃恶从善。

“文化大革命”初期，刑侦工作处于瘫痪状态，社会治安秩序失控。1968年7月30日，县公安军管小组召开侦破工作会议，传达全省侦破工作会议精神，总结成绩，分析问题，制定破案措施。9月2日，逮捕果里人民公社小官庄大队强奸犯张尔廷，自1959年起，张尔廷多次路劫、强奸，夜间串村、串户、砸门、跳墙，甚至采取持刀威胁、冒充生产队保卫员和公安人员等恶劣手段，强奸、抢劫作案 87 起。9 月 15 日，张尔廷被判处死刑。1973 年 8 月 8—14 日，全县公安会议召开，公安刑侦工作逐步恢复。1975 年 8 月 1 日，县公安局成立 3 个破案组，重点打击流窜惯犯、集团首犯主犯、窝赃销赃主要分子及教唆犯。经过摸底调查，挖出东镇、东辛两个大队 57 人盗窃团伙，逮捕 4 名首犯，治安处罚从犯，破获案件 193 起，缴获粮食 900 公斤、钢材 500 公斤、煤 12000 余公斤、煤票 7800 余公斤及其他物资一宗，县城驻地治安秩序明显好转。1977 年，组织破案战役，挖出犯罪集团 12 个，抓获作案成员 202 人，破案 790 起。放手发动群众，开展大揭发、大检举，从唐山人民公社晨光大队挖出 1 个 35 人偷盗集团，涉案 155 起；从陈庄人民公社黄郭大队挖出 1 个偷盗、流氓集团，该集团流窜于高青、桓台、淄博等地，偷盗柴油 500 余公斤、钢材 5000 余公斤、木材 13 立方米、粮食、农机零件等物资一宗，并有轮奸妇女、投机倒把等罪行，作案 200 余起。1979 年 9 月，相继破获索镇人民公社后毕大队代销点售货员张聿星被杀案、桓城人民公社徐家大队麻启军被杀案。是年，全县发生刑事案件 87 起，破现案 53 起，其中发大案 5 起，破 4 起。

20 世纪 80 年代初，县公安局全面贯彻依靠群众、抓住战机、积极侦破、及时破案的工作方针，以大要案为重点，集中兵力，快侦快破，刑事案件破案率迅速提升。1980 年 1 月，县公安局选配 15 名干警，组建刑警队。是年，发起 2 次破案战役，破案 97 起，其中大案 9 起，挖出犯罪团伙 10 个，查获犯罪分子 124 人，缴获赃款及赃物折款 10187 元。3 月 5 日，荆家人民公社荆二大队女青年荆某被杀害，当晚抓获杀人犯高臣奎。1981 年 9 月，发起破案战役，组织 34 名干警，分为 4 片 8 组，每组由一名副队长带领，重点突破 11 起案件；组织 26 名干警和公安助理员，大搞安全防范。经过攻坚，在周家、果里、索镇人民公社挖出 3 个盗窃团伙，破获案件 46 起，处理违法犯罪分子 28 人。12 月，开展以侦破反革命政治案件和刑事大案为主攻目标的破案战役，打掉 1 个盘踞在县驻地的抢劫、流氓、偷盗、走私、强奸、轮奸犯罪团伙，涉 30 余单位 113 人。1982 年春节前后，唐山、果里人民公社连续发生 4 起耕牛被盗案件，县公安局挖出以耿某、张某为首的盗窃耕牛团伙，缴获耕牛 5 头。5 月，田庄、荆家人民公社 17 户社员家中被盗，专案组奋战两昼夜，抓获犯罪分子李法某。

1983 年，根据中央部署，开展“三年为期，三个战役”的严厉打击严重刑事犯罪活动斗争，扭转社会治安被动局面。1986 年 11 月 11 日，公安部印发《关于提高刑事案件办案质量的通知》，县公安局按照要求，注重证据和调查研究，加强与县人民检察院、县人民法院配合，办案质量不断提高。1986 年 12 月至 1988 年 1 月，有人化名“龙帮”，向起凤镇起北村、耿桥乡睦和村的 2 个专业户投递恐吓信 15 封，敲诈勒索现金 1 万元。县公安局接报后，组织 30 余名干警，在零下十几度的气温下，昼夜守候，于 1988 年 1 月 21 日抓获犯罪分子徐某。2 月 10 日，县委、县政府号召各战线向公安机关学习。12 月，从荆家镇后刘村挖出以刘某为首的破坏电力设备团伙，破获案件 30 余起，案值 1 万余元。12 月 9 日夜，荆家镇东孙村孙某在家被 2 名蒙面持刀歹徒抢走现金 500 元，公安干警在该村将犯罪分子周某、孙某抓获。1989 年，桓台县治安形势严峻，杀人、强奸、抢劫、破坏电力设备、盗窃案件上升，团伙犯罪猖獗，青少年犯罪增加，公安机关实行专项斗争和专项治理相结合，集中打击与经常性打击相结合，先后破获马桥辛庄村杀人案、邢家东营贸易公司重大抢劫案。9 月 7 日下午，田庄烟草批发部女会计存款途中，犯罪分子用沙灰迷其眼睛，抢走现金 5148 元，田庄派出所和刑警队迅速出击，5 个小时后抓获作案分子王某。

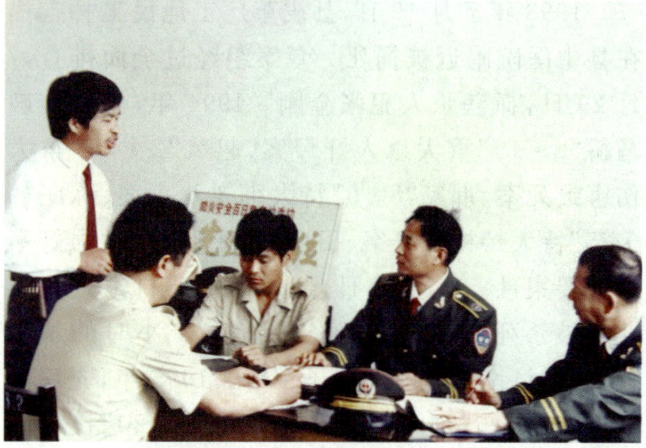

1990 年，刑警队、唐山派出所干警在研究案情

1990年，为遏制刑事案件多发势头，县公安局建立以刑警为骨干，各警种、各部门共同参与的大刑侦格局。5—12月，根据中央政法委统一部署，开展严打斗争，矛头对准团伙犯罪、杀人抢劫犯罪、流氓强奸伤害妇女犯罪、重大流窜犯罪及重新犯罪的刑释、解教分子。7月25日，索镇前毕村一名9岁男孩被害，犯罪分子以“飞虎队”名义敲诈死者家属，经过3昼夜侦查，县公安局抓获犯罪分子毕长春，毕长春将该男孩杀害后藏匿在自家地窖内。1992年1月7日，果里乡东店村李修成及妻、子3人遇害，县公安局组织40余名干警投入战斗，三天破案。2月下旬至3月上旬，5乡镇连续发生白天入室盗窃案件，侦破组一面侦查，一面发动派出所防范。经过两个多月的侦查、布控，于5月5日讲再次作案的犯罪分子魏复生抓获。3月27日，新城镇城东村12岁女学生刘某被奸杀，专案组奋战11昼夜，抓获犯罪分子王某，县委、县政府给刑警队及新城派出所各记功一次。

1992年4月，局领导和“3·27”杀人案专案组干警合影

1993年7月19日，县皮革厂工地民工林吉福在县中医院附近被捅死。专案组经过全面排查，7月29日，抓获杀人犯张金刚。1994年，先后侦破马桥“2·19”重大杀人奸尸案、起凤“2·26”重大伤害致死案、邢家“8·5”特大绑架儿童案、陈庄“9·25”特大持枪强奸案、田庄“11·24”重大强奸案等大要案件。3月18日，起凤镇傅庙村宋爱花及儿子被杀死焚尸。县公安局经过77小时的缜密侦查，在济南抓获犯罪分子王峰。1995年，先后破获侯庄“3·6”重大强奸案、唐山“11·20”投毒案等重大案件。4月22日，抓获犯罪分子于光泉，自1992年10月起，于光泉野外强奸作案23起。

1994年3月19日，抓获起凤镇傅庙村“3·18”杀人焚尸案嫌疑人王峰

1996年，全县治安形势严峻，发生杀人案13起、伤害案5起，致死13人、伤19人，比上年分别上升333%、67%、550%、533%。根据中央部署，5—7月，开展严打斗争，重点打击杀人、抢劫、强奸、涉车等重大刑事犯罪。8月13日，淄川区龙泉镇高某夫妇到侯庄镇官西村宋振刚家索要欠款失踪。8月20日，抓获犯罪嫌疑人宋振刚。宋振刚于8月13日将高升长夫妇骗至一废弃窑厂杀害。

1997年，县公安局实现侦审合一，刑侦基础业务建设有较大发展，打击犯罪能力进一步提高。先后破获“1·11”系列女出租车司机被抢劫强奸案、“4·8”伤害致死案、“5·15”张希珠杀人匿尸案、“7·23”李功祥杀人案、“9·13”系列摩托车被盗案等一批大案。1998年，全县治安出现反弹，杀人、抢劫、盗抢机动车等大要案件时有发生。根据省、市公安机关部署，全县开展“严打”集中行动，先后破获“3·3”出租车司机被杀案、“5·19”“5·21”“5·22”系列抢劫出租车司机案、“7·3”张荣效重大杀人案、“8·29”重大抢劫、盗窃案、“9·6”周某抢劫出租车司机案、“9·9”苏伟明杀人案、“12·15”系列撬盗保险门案件。1999年3月，马桥镇连续发生多起农用电力线被盗割案件，刑警大队与马桥派出所联合侦查，4月16日打掉一盗窃电力线团伙，抓获团伙成员7人，破案20余起。2000年，重点打击杀人、伤害、强奸等暴力犯罪，涉枪、涉车、涉爆犯罪、有组织犯罪、流窜犯罪，集中解决影响群众安全感的治安问题。先后破获杀人案6起、故意伤害致死案3起，破获发生在唐山、耿桥、邢家、田庄等镇的罗光友系列强奸女学生案及崔某城区系列抢劫案。城区机动车被盗严重，县公安局成立21人专案组，行程3万余千米，抓获盗车、销赃犯罪嫌疑人13人，追缴被盗机动车7辆。

根据中共中央部署，2001年4月—2002年12月，全县开展严打斗争，对爆炸、杀人、强奸、抢劫、绑架、涉枪等大要案件，实行领导挂牌督办制度。2001年6月28日，刑警大队通过侦查“6·15”起凤劳务市场民工周九平被伤害案件，抓获犯罪嫌疑人金铁范。6月4日，金铁范在吉林省图们市凉水镇一电子游戏厅内，用斧头杀死2人在逃。2003年，继续深化严打斗争，精心组织破案攻坚，先后侦破张秀某等持仿真枪抢劫、盗窃案，于利、王军劫杀出租司机案。2004年，刑侦部门以端正执法思想、提高办案质量为重点，不断夯实基础工作，提升侦查、控制和破案攻坚能力。8月4日，在马桥镇康杨村东玉米地内发现一具女尸。8月23日，抓获犯罪嫌疑人朱保国。8月3日夜间，朱保国在张店将其妻妹盛某杀死并驾车抛尸。

2005年，随着全县经济社会快速发展，外来人口大量增加，部分违法犯罪分子混杂其中，全县发生“两抢一盗”案件1363起，占刑事发案总数的78.6%。11月19日夜，淄博奥德美高分子材料公司办公室防盗窗被撬，被盗手提电脑一部，价值1.3万元，内存价值50万元的配方资料。12月14日，抓获犯罪嫌疑人王某。2006年，严厉打击黑恶势力犯罪，打掉恶势力团伙9个29人，破获案件100余起，缴获赃款及赃物折款100余万元。3月19日，打掉一盗窃犯罪团伙，4名团伙成员多次窜至山东国源电缆有限公司盗铜，案值10万余元。5月25日，打掉1个抢劫出租车犯罪团伙，5名团伙成员于5月22日、23日、24日夜间，将3辆张店出租车骗至荆家镇小清河附近，采用持刀威胁等手段，抢劫3名司机现金3000元、手机2部。

2007年，以打击“两抢一盗”犯罪为主线，推进“平安桓台”建设。1月7日，打掉以张其某、王宝某为首的18人冒充警察抢劫、盗窃犯罪团伙，该团伙先后窜至济南、潍坊、东营、滨州、淄博等地，作案60余起，案值100余万元。2008年，专项打击侵财犯罪，相继破获窦某特大系列入室盗窃案，李某、张某抢劫民工、出租车司机案。4月24日，破获以“丢包”为诱饵诈骗银行取款人系列案件30余起，抓获嫌疑人2人，案值10余万元。县内发生多起以退还汽车购置税为名实施的诈骗案件，县公安局历经1个月侦查，5月17日，从福建省抓获嫌疑人9人，破案10余起，案值20余万。2009年，对暴力性犯罪案件，闻警即动，先后侦破“3·20”故意杀人案、“5·5”特大绑架儿童案、“9·08”特大抢劫杀人案等有影响的案件。

2009年5月19日，县委、县政府召开侦破绑架儿童案表彰会

2010年前后，桓台县破坏电力设施案件频发。县公安局加大巡控和打击力度。6月，打掉董某等5人盗窃变压器铜芯犯罪团伙，破案12起，案值37万余元；10月，打掉毕某等盗窃变压器铜芯犯罪团伙，该团伙先后窜至淄博、济南、东营、滨州等地作案182起，案值500余万元。2011年，推行以案、人、物、证等信息为起点的主动进攻型侦查破案机制。以“打黑恶、反盗抢”安民行动为主线，组织系列专项行动，先后侦破省公安厅督办的“7·12”系列尾随单身妇女持刀抢劫案件，“8·21”系列斯太尔货车被盗案件。2012年春节前后，县城连续发生10余起撬盗储藏室案件，专案组抓获犯罪嫌疑人李某，破获同类案件100余起。2月25日夜，县内发生两起持枪抢劫案件，专案组打掉4人犯罪团伙，缴获钢珠枪1支、轿车1辆。同时，全面围剿入室盗窃犯罪，侦破1起系列爬楼入室盗窃案件、1起系列“搬家式”盗窃案件、1起系列盗窃商店案件。

2013年，组织开展破案攻坚会战。年初，索镇、唐山、果里、新城等镇发生31起“搬家式”盗窃闲宅案件，办案民警综合运用技战法，4月8日，抓获6名团伙成员，破案50余起，案值30余万元。2014年，对暴力和多发性犯罪发起凌厉攻势。1月23日，锦秋小区一名10岁男童被绑架。1月25日，抓获犯罪嫌疑人陈宏业，男童安全获救。春节

“2014·1·23”绑架案受害人家属送锦旗

前后，城区多次发生攀楼入室盗窃案件，3月15日，抓获8名入室盗窃嫌疑人，破案20余起。3月24日晚，马桥镇和城区分别发生汽车被盗案件，公安机关迅速反应，抓获3名盗窃汽车犯罪团伙成员，破案22起，案值150余万元。严密防范、严厉打击电信网络诈骗案件，经过4个月的缜密侦查，辗转湖南、福建、河南、河北等地，8月8日，成功抓获4名福建省安溪籍团伙成员，该团伙冒充公安、银行工作人员实施电话诈骗作案30余起，案值40余万元。是年，2起省公安厅督办案件、4起市公安局督办案件全部侦破。2015年，集中攻克暴力性案件，先后侦破赵某持刀抢劫案，许某、杨某系列抢劫劳务人员案，赵某抢劫女学生案、李某系列强奸案、葛某系列伤害妇女案等重大案件。年初，新城、唐山、马桥等镇发生多起盗割通信电缆案件，实行科技与传统手段相结合，抓获5名团伙成员，破案10起，案值30余万元。果里镇公路绿化带内白皮松连续被盗，7月6日，抓获犯罪嫌疑人2人，破同类案件30余起，案值40余万元。2016年，县公安局对多发性侵财犯罪展开攻势，全年盗抢刑事警情总量全面下降，社会治安持续稳定。

1950—2015年桓台县侦破刑事案件情况统计表

表6—6

年度	破案起数	抓获人数	拘留人数	逮捕人数	打掉团伙个数	团伙成员人数	挽回经济损失(万元)
1950	50	114			7	51	
1953	60	138					
1954	151			48			
1955	266	427	93	27			
1956	110		116	26			
1957	101		139				
1958	186		160				
1961	155						
1962	171	137	71	28			
1963	171	119		22			
1964	73	102		21			
1965	63						
1973	86		17	26			
1974			15	12			
1975	77		34	43			
1976	33		10	11			

续表 6—6

年度	破案起数	抓获人数	拘留人数	逮捕人数	打掉团伙个数	团伙成员人数	挽回经济损失(万元)
1977	105		16	54			
1978	69		12	27			
1979	53						
1980	97		17	22			
1981	76		123	25			
1982	387	227	29	40	9	49	2.8
1983	535	257	29	158	22	104	6
1984	192	149	77	66	5	45	3.1
1985	129	122	13	31	6		4.65
1986	305	207	39	19	14	89	5.8
1987	376	177	41	21			10.2
1988	321	241	52	39	21	110	10.5
1989	410	280	76	54	25	134	20.4
1990	354	202	72	19	14	68	20.3
1991	432	304	86	39	29	113	205.9
1992	766	493	42	11	26	107	110
1993	792	328	67	22	30	145	48.7
1994	843	338	72	150	34	148	167.7
1995	540	243	56		25	86	135.3
1996	1075	545	117		52	231	244.5
1997	568	296			26	95	172.3
1998	937	353			30	100	473.8
1999	914	365			31	142	560
2000	639	356			23	98	198
2001	951	374			27	117	467
2002	789	562			42	153	581.6
2003	648	301		102	26		125.2
2004	668	402	318	120	44	147	163.4
2005	639	414	338	127	52	166	169
2006	937	361	396	135	45	144	160
2007	1436	459	363	159	42	156	100
2008	1615	416	338	144	24	90	120
2009	652	299	223	128	17	90	110
2010	1093	447	374	161	25	105	400

续表 6—6

年度	破案起数	抓获人数	拘留人数	逮捕人数	打掉团伙个数	团伙成员人数	挽回经济损失(万元)
2011	1001	466	411	162	33	157	230
2012	1086	428	364	139	27	125	320
2013	733	447	359	173	24	107	1300
2014	901	521	413	151	29	143	300
2015	932	468	442	137	15	74	300

注:1981 年前破案数为破现案数

第二节　严厉打击刑事犯罪

严打斗争

1983 年“严打”　中共十一届三中全会后,全国政治安定、经济发展。但是受“文化大革命”及开放、搞活带来负面问题的影响,刑事案件逐年上升,流氓活动猖獗,重大案件迭出,严重威胁人民群众生命财产安全。1983 年上半年,桓台县连续发生侮辱、强奸妇女、结伙斗殴、持刀滋事等影响恶劣的案件。社会治安不正常现象,引起中央和各级党委高度重视,作出严厉打击严重刑事犯罪分子(以下简称“严打”)的重要部署。1983 年 8 月 4 日,省委召开地市公安局局长紧急会议,传达中央关于开展严打斗争的重要指示精神。8 月 5 日,惠民地委、地区公安处召开县公安局局长紧急会议落实。县公安局连夜研究贯彻意见,8 月 6 日上午向县委专题汇报。县委立即成立由 4 名书记、常委和公、检、法主要负责人组成的 7 人“严打”指挥部。8 月 6 日下午,县公安局召开紧急会议,传达中央和省、地、县委重要指示,贯彻中央提出的坚决打击、一网打尽方针。“严打”的对象是七种人:流氓团伙分子,流窜作案分子,杀人、放火、爆炸、投毒、贩毒、强奸、抢劫和重大盗窃等严重现行犯,拐卖妇女、儿童的人贩子和组织卖淫的鸨儿,反动会道门骨干分子,劳改逃跑犯、重新犯罪的劳改释放分子和解除劳教人员及其他通缉在案的人犯,书写反动标语、传单、挂钩信、匿名信的现行反革命分子,包括有现行破坏活动的林彪、江青反革命集团残余分子。8 月 7 日,县公安局召开全体干警会议,分析形势,统一思想,先后发起三次战役。

第一战役。1983 年 8 月 7 日,县公安局组织 80 名干警,突击整理 74 份材料,报惠民地区公安处批准收审 66 人,主要收捕浮在社会面上的犯罪分子。8 月 10 日凌晨,县“严打”指挥部负责人坐镇指挥,组织公安干警 125 人、武警 15 人、车管员 13 人、保卫干部 6 人、党政干部 27 人、治安积极分子 57 人,开展第一战役第一仗第一次集中行动,抓获犯罪分子 51 人。是日下午,县公安局总结经验教训,继续开展搜捕未获犯罪分子工作,各派出所报告乡镇党委、政府,发动基层组织和人民群众参战。9 月 21—25 日,开展第一仗第二次统一行动,重点打击现行破坏活动和团伙犯罪。两次统一行动,抓获犯罪分子 203 人,打掉犯罪集团 15 个 81 人,计杀人犯 1 人、强奸犯 14 人、抢劫犯 11 人、流氓犯 40 人、诈骗犯 10 人、盗窃犯 98 人、反动道首 1 人、其他刑事犯罪分子 28 人。期间,审结 196 人,提请批准逮捕 122 人,劳动教养 3 人,行政拘留 10 人,免刑 6 人,具结处理 33 人,转外地处理 22 人。破案 528 起,含大案 29 起。缴获赃款 9855 元、马车 4 辆、摩托车 4 辆、大牲畜 6 头、柴油机 12 台、电机 8 台、水泵 3 台、电焊机 2 台、鼓风机 3 台、电视机 4 部、收音机 17 部、录音机 5 部、自行车 11 辆、手表 13 只、粮食 1449 公斤、各类凶器 36 件及其他物资一宗。召开 3 次公判会,宣判罪犯 74 人,依法判处死刑 4 人,无期徒刑 1 人,有期徒刑 69 人。杨丕波、金树峰 1980 年结伙后,盗窃作案 10 余起,案值 2400 余元。1983 年 6 月 28 日夜,两人爬窗进入马桥高中女生宿舍,持刀强奸、猥亵女生 12 名,造成 2 人退学、6 人转学。县建筑公司张继林有工不做,盟誓结伙,进行绺窃活动,无故殴打他人，强奸轮奸妇女。西雅和村刘额芳多次奸淫年幼养女，手段残忍，情节恶劣。以上4人被依法判处死刑。9月21日，犯罪分子李某某、孙某某在双方父亲陪伴下投案自首，获得从轻处理。“严打”第一战役后，刑事案件明显减少，8月比7月下降40%，大案下降50%，9月比8月下降77.8%，大案下降50%，8—10月部分人民公社未发案。

1983年11月15日，在深入发动群众基础上，开展第一战役第二仗，挖出一批犯罪分子，并开展收缴管制刀具行动。侯庄人民公社西龙村张光金以迷信方法给妇女治病，实施强奸犯罪，被依法刑事拘留。1984年5月29日—6月9日，开展以打流窜、追逃犯、攻死角、挖团伙为重点的第一战役第三仗。抓获犯罪分子18人，其中逮捕15人，破案149起，含大案5起，缴获赃款44300元，柴油机、电机等赃物抵款9200余元。“严打”第一战役连打三仗，抓获犯罪分子300人，挖出犯罪团伙24个102人，逮捕204人，劳动教养6人。收到556件检举揭发信，302人到公安机关揭发犯罪，35名犯罪分子投案自首。1984年1—5月，全县发生刑事案件26起，比1983年同期下降近50%，打架斗殴、持刀伤人、偷摸哄抢等扰乱社会治安现象明显减少，交通、生产、工作、教学科研秩序回归正常。

第二战役。1984年8月，为巩固第一战役成果，县公安局总结前段经验教训，精心组织第二战役。9月10日夜，局长和两名副局长分片督战，带领干警、武警、企业保卫干部、乡镇干部、村治保干部和民兵计355名，开展以打击流窜犯罪为重点的第二战役第一仗第一次集中行动，清查重点要害部位及旅馆、饭店、车站、医院、桥梁、涵洞等104处，抓获犯罪分子19人。清查索镇旅馆102号房间时，查获昌乐县公安局通缉在逃的犯罪分子王伟某、王成某，当场收缴自制短枪1支、匕首2把、弹药一宗、蒋帮空飘传单1张。他们预谋夺取公安干警枪支、抢劫财物、逃亡东北或香港。

为保卫1984年国庆节安全，桓台县组织第二战役第一仗第二次行动，对流窜犯杀“回马枪”。9月14日，县委、县政府及各乡镇相继召开“严打”紧急会议，以宣传车、广播、黑板报、宣传栏、幻灯片等形式，充分宣传发动群众，收到55封检举揭发信，1名犯罪分子主动投案自首，3名群众扭送犯罪分子。9月15日，侯庄、索镇、耿桥、起凤、马桥、荆家、新城等乡镇分别召开千人揭发控诉犯罪分子大会。9月24日夜，搜捕流窜犯12人。第二战役第一仗两次行动，抓获犯罪分子31人，属七种打击对象18人，转捕5人，起诉4人，深挖余罪扩大案件线索53条，收缴赃款1600余元，缴获柴油机、自行车等物资一宗。抓获田庄镇大寨村盗窃分子吕某，破案19起，含大案1起。

1985年1月，县委召开两次政法工作会议，传达学习中央〔1984〕23号和中央政法委7号文件，统一参战干警思想，坚定严打斗争信心。1月21日凌晨，县公安局结合打流窜、追逃犯行动，组织干警110名、各级干部71名、治保人员256名，分13个巡逻组、13个清查组、20个堵截组，开展第二次战役第二仗统一行动。奋战五昼夜，查获犯罪分子和嫌疑分子35人，其中收审和逮捕17人，破案56起，缴获牛2头、电机1台、脱粒机1台、自行车4辆、收音机2台、录音机1台、铝线50公斤，其他物资一宗及部分现金。是日12时，县公安局组织60名干警，出动摩托车8辆、宣传车2辆、汽车8辆，把部分乡镇查获的13名犯罪分子集结在马桥，而后押解回局，徒步押到看守所。

1985年3月24月，为巩固和发展第一战役成果，顺利实现“两年见成效，三年好转的目标”，县公安局组织公安干警、县乡镇干部、保卫干部、治保干部共505人，在县“严打”指挥部和市公安局现场指挥下，开展以深挖犯罪为主要任务的第二战役第三仗第一次行动，连续六昼夜清查旅馆、车站、农田机房、门市部等部位344处，抓获犯罪分子11人，缴获赃物折款1700余元。3月26日夜，起凤镇清查组在东巩村查获犯罪分子王某，王某以卖超生孩子为名，骗取钱财。7月29日晚，按照市“严打”指挥部集中行动意见及市公安局关于打击处理播放淫秽录像和捅刀子伤人的犯罪分子的通告精神，组织干警、县乡镇干部、专职保卫干部和治保主任共495人，开展治安大清查和安全大检查，查获犯罪分子和嫌疑分子17人，逮捕6人，收容审查11人，缴获拖拉机1台、录像机1台、录像带3盘及其他物资一案。7月31日，组织60名干警，出动摩托车、警车、宣传车17辆，押解罪犯分子召开就地揭露现场会。9月21日晚，开展第二战役第四仗，244 名参战人员清查要害部位。9 月 22 日，集中抓捕 9 人，逮捕 4 人，劳动教养 1 人，收容审查 4 人，缴获柴油机、风琴、地排车、轮胎等物资一宗。12 月 16 日晚，组织以抓捕未归案分子为主的第二战役第五仗，抓获 9 人，逮捕 5 人，收容审查 4 人，缴获电视机等物资折款 5200 余元。

第三战役。1986 年 2 月，相继开展反盗窃、反流氓及打击重新犯罪的刑释、解教人员三次专项行动，揭开“严打”第三战役序幕。3 月，组织开展破案会战，以大案为主攻目标，抓大案，带小案。3 月 19 日，打掉齐某、朱某、刘某重大犯罪团伙，破获 1985 年 5 月 27 日夜索镇于家村委发生的值班员被砍伤、20 寸彩色电视机被抢案件，带破盗窃桓台一中、索镇中心粮店、县外贸公司、淄博皮革工业公司驻桓台收购站的 15 起案件。3 月 22 日，县公安局、索镇镇政府在建国村召开镇村干部、围城村民及学生代表参加的法制教育大会，就地揭露以上案件。4 月 21 日凌晨，县领导坐镇指挥，县公安局组织干警、保卫干部和治保主任共 365 人，开展以打击重大盗窃犯、强奸犯为主的第三战役第一仗。清查旅馆 15 处、招待所 3 处、马车店 10 处，检查重点单位、要害部位 253 处，抓获犯罪分子 25 人，其中逮捕 15 人、刑事拘留 1 人、收容审查 9 人，缴获现金 2000 元、电视机 6 台、收录机 4 台、自行车 6 辆、拖拉机斗 1 个、195 柴油机 2 台、电风扇 2 台及其他物资一宗，共折款 11000 余元。

7 月 14 日、17 日，省、市先后召开电视电话会议，部署开展反破坏社会治安秩序斗争，重点打击杀人犯、强奸犯、伤害犯、盗窃犯和寻衅滋事、聚众斗殴、捅刀子伤人、调戏侮辱妇女等严重扰乱社会治安犯罪。7 月 19 日，桓台县召开动员大会，成立县委书记魏光荣为指挥，县委副书记韩家华、副县长陈宁之、县委政法委书记蔡温普为副指挥，公、检、法、司部门主要负责人为成员的反破坏社会治安秩序斗争指挥部，各乡镇成立 5～7 人、各村企成立 3～5 人的领导小组，张贴行动《通告》700 余份，全县 80 多个放映队映前播放《通告》，各乡镇广播站每日 3 次广播《通告》，公、检、法、司部门负责人向县看守所在押犯人宣读《通告》，形成强大舆论氛围。至 7 月 29 日，排查犯罪嫌疑人 115 人，12 名犯罪分子投案自首。从县运输公司挖出 1 个盗窃团伙，该团伙盗窃公司现金 995 元，盗窃耿桥乡税务所 14 吋彩电 1 台，案值 4000 余元。

9 月 20 日凌晨，按照省委、市委统一部署，开展第三战役第二仗第一次统一行动，公安干警 90 名、保卫干部 25 名参战，各乡镇均成立清查组、巡逻组、堵截组。历时 3 昼夜，清查旅馆、招待所 19 处，检查重点单位 235 个，整改不安全因素 45 条，搜捕犯罪分子 28 人，挖出犯罪团伙 2 个，破获案件 55 起，缴获赃款 1.5 万元、赃物折款 1.5 万元。抓获邢家乡吉托村王某，破获 8 月 31 日夜吉托村副业办公室 1400 元现金被盗案件。马桥乡堵截组当场查获 3 名盗窃林木犯罪分子。是日上午，在县电影院门前召开退赃大会，退还赃款及赃物计 2 万余元。1987 年 1 月 12 日 23 时，桓台县组织以打击流窜犯为主的第二仗第二次行动，110 名干警、50 名保卫干部奋战 4 昼夜，搜捕违法犯罪分子 16 人，挖出盗窃和路劫犯罪团伙各 1 个，在索镇大集上抓获扒窃犯、流窜犯各 1 人，抓获唐山镇楼一村流窜犯张某，张某流窜于邹平、高青、桓台等地，盗窃彩色电视机、大牲畜、地排车、自行车等价值 5000 余元物品，1986 年 7 月炸毁本村一村干部住房后在逃。

根据党中央和省、地（市）委统一部署，桓台县开展的严打斗争，自 1983 年 8 月开始，历时 3 年 5 个月，共打 3 个战役 10 仗，组织 14 次集中行动，处理犯罪分子 657 人，摧毁犯罪团伙 56 个 211 人，破获刑事案件 842 起，缴获赃款及赃物折款 15 万余元，收到群众检举揭发犯罪线索 875 条，群众扭送犯罪分子 83 人，主动投案自首 129 人。1984 年 7 月，淄博市委、市政府召开严厉打击严重刑事犯罪活动表彰大会，县公安局刑警队、预审股、侯庄派出所、索镇派出所被表彰为先进集体，李翠芹、李庆勇、徐爱国、赵曰爱等 30 名干警被表彰为先进个人。1987 年 4 月 18 日，县委、县政府召开严打斗争表彰大会。全县 5 个单位、6 名个人被记功，37 个单位被评为先进集体，111 名干警被评为先进个人。其中，县公安局刑警队、索镇派出所及张奎清、田承金、李守和、庞曰文被记功，县公安局、治安科、起凤派出所等 14 个单位被表彰为先进集体，巩向波等 51 名干警被表彰为先进个人。

1996 年“严打” 1995 年前后，全国又一次出现犯罪高峰。1996年4月，中共中央做出“严打”重大部署，成为继1983年“严打”之后又一场声势浩大的全国性战役。

1996年5—7月，根据中共中央统一部署，桓台县开展历时3个月的严打斗争，重点打击杀人、抢劫、强奸及涉车等重大刑事犯罪。5月5日，第二次严打斗争动员大会在桓台宾馆召开，县委书记

1996年5月5日，“严打”集中统一行动，图为整装待发的公安民警、武警官兵

吴明君动员，并担任全县“严打”领导小组组长。当晚，开展第一次集中统一行动，县委副书记赵水清，县委常委、政法委书记杨树俊，县委常委、县公安局局长曹永振，副县长尹德喜亲临一线，机关科室抽调民警充实一线。唐山派出所打掉1个重大诈骗团伙、1个重大盗窃团伙，该诈骗团伙利用虚假广告，诈骗现金20余万元，该盗窃团伙盗窃作案21起，案值5000元；田庄派出所打掉1个以亲属为主要成员的盗窃团伙，1名成员投案自首；刑警大队、荆家派出所抓获重大盗窃犯罪分子刘某，破案50余起，案值4万余元，收缴防暴手枪1支；陈庄派出所抓获村霸荆某，破获敲诈勒索案件3起、寻衅滋事案件8起。第一次集中行动，抓获违法犯罪分子104人，提请批准逮捕3人，刑事拘留9人，收容审查69人，行政拘留23人。6月1日晚，组织第二次集中统一行动，县委书记吴明君、县长薛安胜、县委副书记赵水清、政法委书记杨树俊、副县长尹德喜、市公安局副局长李永江一线指导，县人大常委会主任魏光荣到14个派出所慰问参战民警。公、检、法、司部门出动1675人，主要负责人带队，分成10个战斗小组，全面清查和架网守候，市、县新闻单位随警报道。行动中，抓获违法犯罪分子17人，收容审查6人，刑事拘留7人，行政拘留4人，破获刑事案件45起，其中大案19起，缴获赃款及赃物折款3.85万元。

6月3日，县“严打”领导小组召开扩大会议，吴明君、薛安胜、赵水清等县领导、综治单位主要负责人，各镇分管政法副书记参加会议，县委常委、县公安局局长、县“严打”办主任曹永振通报第一战役情况和第二战役准备情况。县委要求，第二战役在继续破大案、追逃犯、打团伙的同时，对城区及周边村庄综合治理，开展打霸治乱专项斗争。县公安局成立曹永振任组长，王国新、岳端玉任副组长，刑警、巡警、治安、保卫部门及城区、索镇派出所主要负责人为成员的打霸治乱领导小组，抽调80名干警，成立3个战斗队，重点整治148个村庄、单位和121家公共场所，传唤116人，收容审查10人，刑事拘留6人，行政拘留26人，打掉恶势力团伙1个、盗窃团伙1个，破获刑事案件75起，查处治安案件67起，收缴赃款及赃物折款19240元。7月10日22时，桓台县组织“严打”第三次集中统一行动，抽调政法干警401人、党政干部310人、治安联防队员和治安积极分子1039人，集中抓捕，设卡堵截，治安清查。抓获犯罪嫌疑人18人，破获案件40起，提请批准逮捕1人，刑事拘留7人，收容审查10人，追回逃犯1人，清查场所部位873家(处)，查获无牌无证轿车2辆、摩托车16辆，缴获赃款及赃物折款21.5万元。

第二次严打斗争，全县共破刑事案件633起，其中大案164起，抓获犯罪嫌疑人282人，打掉团伙28个132人，收缴非法枪支1151支，收缴赃款及赃物折款84.7万元。群众检举揭发犯罪线索196条，扭送犯罪嫌疑人4人，主动投案9人。先后破获起凤“3·4”特大轮奸案、果里“3·25”特大杀人案、侯庄“8·20”特大杀人焚尸案、县种子站“6·27”特大盗窃案，协助杭州铁路公安处抓获何永峰，破获西安市1995年10月30日发生的枪杀2人、抢劫20万元的特大案件。斗争中，参战民警叫响“上前线，打头阵，当尖兵，立新功”口号，20余名离退休、退居二线老民警主动参战，4名年轻民警主动推迟婚期，17名民警带病坚持工作。县公安局、刑警大队、城区派出所、索镇派出所被市委、市政府表彰为严打斗争先进集体。

2001年"严打"　2001年4月2日，中共中央召开全国社会治安工作会议，部署开展第三次严打整治斗争，要求两年内社会治安明显好转。4月14日，全县社会治安工作会议召开。4月20日，县公安局召开严打整治斗争动员大会，确定2001年4月—2002年12月，以打黑除恶为重点，严厉打击有组织带黑社会性质犯罪、流氓恶势力犯罪，爆炸、杀人、抢劫、绑架等严重暴力犯罪，盗窃等严重影响群众安全的多发性犯罪等三类犯罪，分打黑除恶、治爆缉枪、打击经济犯罪三条战线进行。"严打"分三个阶段：

第一阶段。2001年4—5月，集中抓捕浮在社会面上和已经掌握的犯罪分子。4月26日晚，开展"严打"统一行动，市长张建国、市政府秘书长刘有先、县长王树武、市公安局副局长桑培伦等参加行动并慰问民警，当晚抓捕犯罪嫌疑人16人。第一阶段，抓获犯罪嫌疑人88人，其中杀人犯罪嫌疑人3人，打掉犯罪集团伙5个26人，破获案件212起，缴获赃款及赃物折款180余万元，收缴枪支58支、子弹3673发、雷管82枚。期间，组织警力对盗割农用电力线犯罪实施专项打击，刑警大队、果里派出所打掉1个6人犯罪团伙，自2000年冬起，该团伙窜至桓台、张店、周村、淄川等地，盗割电力线作案48起，案值8万余元。重点整治治安乱村马桥镇前金村，抓获扰乱企业秩序、机关办公秩序犯罪嫌疑人11人。5月12日，田庄派出所抓获寿光市公安局通缉在逃的抢劫杀人犯罪嫌疑人崔占某。1996年8月24日，崔占某伙同他人，在东营市黄河浮桥北勒死出租车司机吴某，抢走钱物一宗。2001年5月25日，县公安局抓获1999年9月11日在果里镇东店村杀人后在逃的犯罪嫌疑人练中某。

2001年，公捕大会

第二阶段。2001年6月—2002年6月，以打黑除恶专项斗争为龙头。2001年6月21日，县公安局抓获杀人犯罪嫌疑人张光洲，破获2000年4月12日索镇前毕村王立某被杀案、2000年11月11日耿桥镇耿桥村杀人未遂案、2001年2月10日索镇永和村崔爱兰被杀案。7月6日，组织开展百日破案会战，重点打击涉黑涉恶犯罪、严重暴力犯罪、多发性系列性犯罪、夏季多发性犯罪和追捕重大逃犯。打掉破坏电力设备犯罪团伙4个，破案142起。抓获盗窃机动车犯罪嫌疑人24人，破案40起，追缴被盗抢机动车52辆。通过架网守候、集中抓捕、亲属规劝、设卡堵截等措施，抓获在逃犯罪嫌疑人38人，其中杀人在逃犯罪嫌疑人7人。组织取缔非法生产烟花爆竹大型宣传活动，实行有奖举报制度，收缴枪支92支、子弹4181发、烟花爆竹成品及半成品60余万响，查破违反烟花爆竹安全管理规定案件98起，处罚120人。侦破市公安局督办的2起重大经济犯罪案件，为企业挽回损失50余万元。2002年年初，组织开展严打整治冬季行动，破获刑事案件98起，抓获犯罪嫌疑人48人，打掉犯罪团伙3个11人，缴获赃款及赃物折款80.68万元。针对51路公交车扒窃案件多发情况，组织警力，跟车上线，抓获2名河南籍扒窃犯罪嫌疑人。1月12日凌晨，起风镇华沟村宋云某被两名蒙面男子持刀劫走汽车1辆、手机1部及现金170元。1月16日，破获该案。3月5日，起风劳务市场务工人员霍某被杀死，次日抓获犯罪嫌疑人相瑞某。3月24日，果里镇姜坊村一汽修厂内发现带血迹的鲁VL1500号桑塔纳出租车，民警守候抓获"3·17"临朐县出租车司机遇害案件犯罪嫌疑人黄玉某和庞增某。

第三阶段。2002年7—12月，集中开展打击"两抢"、打击杀人、盗窃、抢劫机动车犯罪及网上追逃等专项行动。7月20日，破获高同金抢劫杀人案，打掉1个盘踞在马踏湖区专门抢劫外地游客犯罪团伙。8月1日晚，起风镇夏庄路口附近发生一起抢劫杀害出租车司机毕国某案件，8月2日上午，抓获犯罪嫌疑人高同全。8月14—16日，组织打击"两抢"专项集中统一行动，抓获犯罪嫌疑人11人，打掉1个抢劫、敲诈勒索恶势力犯罪团伙，破获刑事案件15起。9月15日，开展为期1个半月的"严打"秋季行动。破获果里镇系列麻醉抢劫案，抓获犯罪嫌疑人3人，破获案件11起。

追捕逃犯 32 人，破获盗窃机动车案件 85 起，追缴赃车 45 辆，破获“两抢”案件 50 起，抓获犯罪嫌疑人 41 人，破获盗割农用电力线案件 50 起。侦破经济犯罪案件 41 起，为企业挽回损失 442 万元。收缴枪支 12 支、子弹 25 发、手榴弹 1 枚，查处非法制贩运输烟花爆竹案件 53 起，查获烟花爆竹成品、半成品 150 余万响，打击处理涉爆违法犯罪人员 70 人。10 月 13 日夜，起风镇西巩村村民巩方某被杀死在村外博兴地界养鸡棚内。桓台、博兴警方携手破案。10 月 20 日、21 日，先后抓获为骗保而故意杀人的犯罪嫌疑人田兴颂、田茂涛。

2001 年 4 月—2002 年 12 月，全县公安机关破获刑事案件 1746 起，其中杀人案件 23 起，抓获犯罪嫌疑人 948 人，打掉犯罪团伙 66 个 257 人。经过“严打”，刑事案件上升势头得到遏制。

专项行动

20 世纪 80 年代，随着改革开放逐步深入，社会物质财富增加，人、财、物流动加剧，各类犯罪手段翻新。县公安局对高发案件集中优势兵力，实施阶段性集中打击，及时扭转被动局面。

1982 年，开展打击流氓、强奸犯罪集中行动，挖出 1 个 11 人流氓、路劫、诈骗、盗窃犯罪团伙，破案 20 余起，逮捕 6 人。1986 年 5—6 月，桓台县盗窃案件居高不下，县公安局开展反盗窃斗争，通过召开会议、张贴通告、出动宣传车等形式教育发动群众，收到举报线索 25 条，群众扭送 1 人，投案自首 15 人，挖出盗窃团伙 2 个 6 人，破案 67 起，缴获赃物折款 3500 元。1986 年 7 月 20 日—9 月 10 日，根据省委、省政府统一部署，开展反破坏社会治安秩序斗争。主动投案自首 54 人，群众扭送 34 人，挖出盗窃团伙 2 个 12 人，破案 55 起，缴获电视机 2 台、电机 3 台、收录机 6 部及其他物品一宗。

1987 年，县公安局先后开展反盗窃、反扒窃专项斗争，打击流氓犯罪专项斗争，打击刑释、解教人员重新犯罪专项斗争，挖团伙、端窝子、打流窜、破大案专项斗争，打击拐卖妇女、儿童专项斗争，打击盗窃、抢劫、强奸犯罪专项斗争及反盗窃专项斗争。以上斗争，抓获犯罪分子 97 人，打掉犯罪团伙 3 个，刑事拘留 21 人，逮捕 10 人，行政拘留 10 人，收容审查 3 人，劳动教养 2 人，批评教育 24 人，转外地处理 23 人，其他处理 4 人，追回赃款 7440 元、赃物折款 2670 元。1988 年，开展打击盗窃犯罪专项斗争，打流氓、反扒窃、挖团伙、破案件专项斗争。先后侦破“8·1”盗卖儿童案、曹某夫妇系列盗窃案，打掉韩某等 21 人盗抢团伙、张某等 4 人破坏电力设备犯罪团伙，查获违法犯罪分子 121 人，挖出犯罪团伙 4 个 71 人，逮捕 22 人，劳动教养 6 人，破获刑事案件 89 起，其中大案 5 起，收缴赃款及赃物折款 2.5 万元。1989 年 3—4 月，开展反凶杀伤害、反盗窃、反流窜、反团伙专项斗争。城区派出所挖出盗窃团伙 3 个 19 人，破案 30 余起；起风派出所挖出抢劫团伙 1 个 11 人，破案 3 起；周家派出所打掉破坏电力设备团伙 1 个 6 人，该团伙自称“夜袭队”，盗割电线 10 余次 2250 米。

1990 年 2 月下旬至 4 月底，开展反盗窃专项斗争，重点打击盗窃自行车、摩托车、破坏水电设施犯罪和团伙犯罪，开展 2 次集中打击行动，抓获犯罪分子 40 人，打掉犯罪团伙 7 个，破案 149 起，缴获自行车 49 辆、摩托车 4 辆、铝线 2 吨、现金 7000 元及电视机、收音机、录音机等物品一宗，挽回损失 7 万余元。1991 年 3 月，集中开展打击破坏农用水电设施和盗窃自行车、摩托车专项斗争，

1991 年 4 月，就地揭露犯罪行为

从城区、索镇打掉 1 个 7 人盗窃团伙，缴获自行车 80 余辆。10—12 月，开展反盗窃专项斗争，抓获犯罪分子 92 人，打掉犯罪团伙 12 个 43 人，缴获赃款及赃物折款 20.95 万元。1992 年 3 月 20 日，根据市公安局统一部署，开展打击盗窃犯罪专项斗争。至 5 月底，破案 197 起，其中盗窃案件 185 起，重大案件 35 起，抓获犯罪分子 86 人，摧毁犯罪团伙 5 个 21 人，缴获自行车 103 辆，追回赃款及赃物

折款13.7万元。7月15日，组织40天破案会战，破案69起，其中重特大案件13起，抓获违法犯罪分子26人，摧毁犯罪团伙4个17人，缴获赃款及赃物折款10.4万元。11—12月，开展破案竞赛活动，破案260起，其中重大特大案件50起，抓获犯罪分子130人，摧毁犯罪团伙15个65人。

1993年4月21日—5月20日，县公安局组织25人的社会治安综合治理工作组，政治委员李执福

1993年5月20日，陈桥社会治安综合治理工作组合影

带队，进驻荆家镇陈桥村，进行小区域治理。破获刑事案件140起，其中大案32起，打掉犯罪团伙1个，抓获犯罪分子18人，提请批准逮捕6人，收容审查6人，转治安处罚6人，查处治安案件76起，行政拘留5人，治安罚款和批评教育32人，抓获卖淫妇女8人、嫖客131人。经过1个月治理，陈桥村及周边村庄治安明显好转。7月10日，县政府

群众对陈桥治理工作表示满意

为陈桥村社会治安专项治理工作组记功。为解决索镇于家村及周边村庄治安管理混乱问题，县委、县政府研究决定，县公安局成立22人的社会治安专项治理工作组，副局长袭建忠带队，8月2日进驻于家村，从于家村及附近村庄挖出违法犯罪分子52人，刑事拘留3人，监视居住1人，行政拘留7人，其他行政处罚18人，破获刑事案件42起，其中大案2起，查处治安案件26起，缴获摩托车1辆、自行车6辆以及照相机等被盗物品一宗，价值1.5万余元。7月21日，开展为期70天的夏季治安整顿和破大案、挖团伙、打流窜、追逃犯专项斗争，破获刑事案件240起，其中大案44起，打掉犯罪团伙14个64人，抓获流窜犯34人，缴获赃款及赃物折款18万余元。1994年3—6月，开展破大案、挖团伙、打流窜百日专项斗争，破案314起，其中大案55起，抓获犯罪分子166人，打掉犯罪团伙17个86人，挽回经济损失93万元。12月，从刑警大队及城区、索镇派出所抽调30人，集中整治城区社会治安秩序，破获刑事案件91起，其中大案27起，抓获违法犯罪分子12人，缴获大头车、彩电、木兰、摩托车等物资一宗，价值10.4万元。1995年1—3月，县公安局发动春季攻势，侦破侯庄一带系列尾随妇女强奸、抢劫案，“2·21”田某抢劫案、“3·1”周家镇楼里村特大入室抢劫杀

1995年3月5日，县公安局局长徐洪本（中）、副局长伊若健（左）、周家派出所所长巩向波（右）分析周家镇楼里村“3·1”孙炳某被杀案案情

人案、“3·6”侯庄乡马王村邓某强奸杀人案等案件。8—9月，根据全县治安状况，开展破案会战，破获刑事案件131起，其中重特大案件40起，打掉团伙5个17人，缴获赃款及赃物折款70.3万元。田庄派出所、刑警大队在侦破“5·23”大庞村铝锅被盗案中，挖出以毕绪强、毕绪国为首的盗窃犯罪团伙，该团伙勾联河南淮阳及山东阳信籍流窜犯罪分子23人，以租赁房屋为据点，夜间驾驶

机动车，爬墙入院、撬门破锁，作案19起，案值11万元。1995年12月—1996年1月，开展冬季严打攻势，破获刑事案件100起，抓获犯罪分子18人，缴获赃款及赃物折款19.9万元。

1996年4月，开展以打击盗窃、强奸、抢劫、流窜犯罪为主要内容的春季严打专项斗争，破获刑事案件70起，抓获犯罪分子54人，其中逃犯5人。新城派出所在71路公交车上打掉1个5人车匪路霸团伙，该团伙自1994年起，多次在公共汽车上从事赌博诈骗和抢劫犯罪，案值1.2万元。1996年11月—1997年2月，开展冬季严打整治行动，破获"1·11"系列抢劫强奸女出租车司机案等一批有影响的案件，破案60起，其中重特大案件29起，抓获犯罪嫌疑人71人，查获犯罪团伙7个31人，缴获赃款及赃物折款13万元。3—5月，开展春季严打整治行动，重点打击暴力犯罪和黄赌毒违法犯罪，相继破获"4·8"伤害致死案、"5·15"张希珠杀人匿尸案。1997年12月—1998年2月，开展冬季治安整治行动。12月17日，抓获陈乐某、闫兆某，缴获枪支弹药等物品一宗，破获荆家镇东风印刷厂厂长被持枪抢劫2万元案件。行动中，破案104起，其中大案28起，抓获犯罪嫌疑人23人，缴获赃款及赃物折款20.62万元。

1998年8—10月，县公安局开展打击盗抢机动车犯罪专项斗争，破获"9·6"周某抢劫出租车司机案、"3·3"抢劫杀害出租车司机案等大案，抓获犯罪嫌疑人28人，破案70余起，缴获赃款及赃物折款16万元。8月29日，打掉王某盗窃团伙6人，破案20余起，其中盗窃汽车2起，盗割电力线5起，入室抢劫1起，案值20余万元。1999年春，刑事案件数量上升，3月25日至4月25日，开展春季严打专项行动，破案69起，其中重特大案件37起，抓获犯罪嫌疑人38人，打掉犯罪团伙3个，缴获赃款及赃物折款200余万元。4月13日晚，果里镇"君子乐园"舞厅附近，大众出租汽车一名司机被人捅成重伤。刑警大队与果里派出所连夜工作，抓获4名犯罪嫌疑人。2000年，先后开展打霸治乱、打击涉车犯罪、整顿企业周边秩序等专项斗争，破获杀人案件6起、故意伤害案件3起，破获系列强奸女学生案件。

2001—2002年，全国"严打"期间，县公安局根据全县刑事案件特点，有针对性地开展打击破坏电力设备犯罪、"两抢"犯罪、盗窃机动车犯罪专项行动及打黑除恶专项斗争，推动严打斗争深入开展。2003年，全县侵财犯罪案件占发案总数的84.1%，县公安局开展预防和打击盗窃犯罪专项斗争。2月，城区接连发生居民家中被盗案件。专案组在潍坊、章丘等地抓获彭某、鲁某等10余名湖南籍犯罪嫌疑人，破案30余起。9月，开展严打整治专项斗争，抓获犯罪嫌疑人32人，打掉犯罪团伙3个，破案71起，缴获赃款及赃物折款9万元。2003年12月—2004年3月，组织打击涉黑涉恶犯罪区域会战，打掉恶势力团伙6个33人，破获刑事案件20余起。1月3日，侦办于某雇佣他人伤害宗某、误伤孙某案件中，打掉田某等13人涉案犯罪团伙，缴获砍刀4把，该团伙结伙或交叉受雇他人伤害作案10余起。1月6日，打掉柳某、闫某等5人涉恶犯罪团伙，缴获砍刀2把、猎枪1支、子弹4发，该团伙利用绑架、殴打等手段，敲诈勒索作案10余起。2月26日，打掉1个5人沙霸团伙，该团伙为长期霸占博汇集团工地沙石料市场，雇佣10余男青年，持棍威胁，强行送料，打伤2人。4—5月，开展多发性侵财犯罪专项斗争，破案108起，抓获犯罪嫌疑人45人，挽回经济损失79万元。4月26日，打掉王某等7人犯罪团伙，该团伙先后窜至邹平县、桓台县等地，盗窃桑塔纳轿车、面包车作案7起，案值20余万元。

2005年1月、4月、12月，县公安局组织三次严打整治集中行动，破获刘某强奸案、系列盗窃摩托车案、高某被绑架案、"8·25"雇凶伤害案等有影响的案件，破案500余起，抓获犯罪嫌疑人140余人，其中逃犯30人，打掉犯罪团伙16个58人。2006年4月10日—7月19日，开展打击盗抢汽车犯罪"百日会战"专项行动，破案120起，抓获犯罪嫌疑人40人，查扣赃车14辆，缴获赃款及赃物折款30余万元。8月11日，打掉1个4人抢劫、轮奸、抢夺、盗窃犯罪团伙，破案70起，含盗窃汽车案件8起、抢劫及盗窃摩托车案件15起、轮奸妇女案件6起。9月20日，开展为期1个月的"破案件、追逃犯、打流窜"严打统一行动，破获刑事案件90余起，抓获犯罪分子40余人，其中逃犯8人，缴获赃款及赃物折款20余万元。2007年1月10

2006年10月，召开打击盗抢汽车犯罪退赃大会

日—2月10日，开展治安安全整治行动，重点打击严重暴力犯罪和黑恶霸痞犯罪，多发性、系列性侵财犯罪，各类流窜犯罪和重大在逃人员。1月23日凌晨，打掉1个4人犯罪团伙，该团伙驾车携梯，窜至桓台县唐山、邢家、荆家、起凤等镇，盗割通信电缆线作案6起，案值7万余元。3月，以“破现案、攻积案、追逃犯、打流窜、促防范”为主线，开展破案严打专项行动，破案46起，抓获犯罪嫌疑人17人、逃犯7人，打掉团伙2个8人。3月7日，打掉宗某等3人犯罪团伙，该团伙在桓台县城区撬防盗门、储藏室、盗窃电动自行车、摩托车等作案20余起，案值5万元。7月10日—9月30日，开展集中整治夏季治安秩序行动，破获刑事案件339起，抓获犯罪嫌疑人113人，打掉犯罪团伙12个52人，抓获逃犯17人，惩处霸痞4人。7月26日，打掉1个黑龙江籍5人盗窃变压器犯罪团伙，该团伙在桓台作案10余起，案值20余万元。

2008年1月24日，部署开展打盗抢、抓逃犯专项斗争。至4月底，抓获违法犯罪嫌疑人101人，破案298起，打掉团伙8个38人，抓获网上逃犯45人，缴获赃款及赃物折款50余万元。7—9月，开展为期70天的北京奥运安保破案会战，抓获违法犯罪嫌疑人177人，破获刑事案件785起，刑事拘留130人，提请批准逮捕56人，打掉犯罪团伙15个68人，缴获赃款及赃物折款80余万元。7月2日，抓获犯罪嫌疑人孔某，孔某在桓台县城区撬砸汽车玻璃，盗窃车内物品作案10余起，案值2万余元。11月1日，全县公安机关开展冬季严打整治集中行动。截至2009年1月20日，查获违法犯罪嫌疑人180人，破获各类案件554起，打掉犯罪团伙5个18人，抓获在逃人员46人，缴获赃款及赃物折款70余万元。2009年，组织开展侦控单位内部财物被盗案件专项行动、打击农村入室盗窃犯罪专项整治、打击商场诈骗集中行动以及打击“两抢一盗”等各类专项行动14次，破获侵财犯罪案件1237起，打掉侵财犯罪团伙7个36人。6月22日，抓获诈骗犯罪嫌疑人袁某和张某，两人伪造优惠券，窜至桓台各大超市，诈骗作案100余起，案值40余万元。为做好国庆60周年安保工作，8—9月，开展为期50天的打击“两抢一盗”犯罪专项行动。9月1日，打掉周某等4人持枪抢劫犯罪团伙，缴获钢珠枪1支，破案20余起。11—12月，开展工业园区治安秩序整治行动，破获盗抢骗企业案件11起，为企业挽回损失100余万元。11月1日，抓获内外勾结，多次盗窃东岳国际氟硅材料工业园物资的犯罪嫌疑人刘某、张某。

2010年4月13日—12月31日，组织开展打击防范“两抢一盗”犯罪大会战，集中打击街面“两抢”、入室盗窃、盗窃“三车”、盗窃车内物品、盗割电缆、盗扒货运车辆物资等犯罪。先后侦破“3·16”

设卡夜查

逯某特大盗窃手机店案、“4·7”李某特大抢劫古董案、路某系列盗窃汽车案、张某等系列入室盗窃案件。2010年11月—2011年2月，组织开展预防重大刑事案件百日行动，重点打击黑恶霸痞势力和杀人、爆炸、绑架等严重刑事犯罪、“两抢一盗”等多发性犯罪、流窜犯罪和毒品犯罪。2011年2月13日凌晨，桓台县汇雅工贸有限公司被盗价值10余万元的铝制模具，果里派出所、刑侦大队抓获犯罪嫌疑人章某、李某及掩饰隐瞒犯罪所得嫌疑人汪某、唐某，追回全部被盗物品。5月5

日—6月15日，集中打击整治“四车”犯罪，破获盗抢“四车”案件158起，抓获犯罪嫌疑人13人，打掉团伙2个7人，追捕涉车逃犯3人，查获盗抢车辆50辆。9月下旬起，开展为期1个月的信息技术破案会战，以目标案件为重点，以网上工作平台和信息管理系统为依托，以指纹、DNA、现场勘验等专业系统为支撑，充分整合警力及信息资源，实行网上作战。至10月31日，破获省公安厅督办案件2串(起)，抓获督捕逃犯3人，其中命案逃犯2人。2012年5—6月，开展打击“两抢一盗”攻坚大会战，全县分成四个战区，抓获犯罪嫌疑人83人，破获刑事案件940起。打掉系列盗窃淄博格尔齿轮有限公司物资犯罪7人团伙，侦破2串系列盗窃车内物品案。

2013年2—3月，开展打黑恶、除霸痞专项行动，打掉恶势力及霸痞违法团伙各4个，抓获涉案人员35人，提请批准逮捕1人，刑事拘留12人，取保候审3人，行政拘留10人，其他处理9人。3月10日晚，多名男子手持砍刀、棍棒，闯入建国小区张某家中打砸。3月26日破案，犯罪嫌疑人阎某等因未达到非法强揽工程、垄断进料目的，纠集社会闲散人员报复张某。8—10月，开展夏秋严打整治专项行动。8月23日夜间，果里镇连发3起持刀棍抢劫货车司机案件。刑侦大队、果里派出所成立专案组，仅3天打掉李某等4人犯罪团伙。组织开展“网上灭枪”专项行动，破案4起，抓获嫌疑人4人，缴获气枪3支、仿真枪2支。按照省、市打私办的统一部署，开展联合行动和专项整治，破获走私案件8起，抓获犯罪嫌疑人4人，案值30余万元。2014年，以“打侵财、创平安”专项行动为契机，保持对多发侵财性犯罪的凌厉攻势。组织开展对县城系列“两抢”和电动自行车被盗案件专项侦控行动。5月20日，抓获犯罪嫌疑人徐某，破获电动自行车被盗案件40余起，案值10万余元。是年，桓台县农用电力设施被盗和入室盗窃案件频发。8月1日，抓获嫌疑人卢某，卢某窜至荆家、田庄、唐山等镇盗窃机井房电力设施，作案100余起，案值2万余元。11月30日，抓获嫌疑人唐某、李某，两人结伙窜至桓台县田庄、唐山、果里、荆家等镇盗窃农灌变压器，作案20余起，案值13万元。2015年10月10日—2016年1月20日，根据市公安局统一部署，集中开展秋冬治安“百日会战”。相继破获王某等人系列盗窃电动自行车案、鲁某等人系列入室盗窃案、周某等人系列盗窃玉米等热点案件。会战期间，破获8起市公安局督办

退赃大会

案件，破案452起，刑事拘留356人，行政拘留395人，提请批准逮捕133人，移诉256人，打掉系列侵财犯罪团伙8个38人，缉捕逃犯91人。

【专记】

打击拐卖妇女儿童犯罪

中华人民共和国成立后，政府严厉惩治拐卖妇女儿童行为，经过多次集中打击，至20世纪60年代，拐卖人口现象杜绝。20世纪70年代末，拐卖人口犯罪再次出现，蔓延到10余省区，最后涉及全国。县公安局根据“预防—解救—宣传”工作策略，配合各地公安机关解救被拐卖妇女儿童。1983年5月，陕西省勉县公安机关破获一起系列贩卖儿童案，其中3名儿童被拐卖至桓台县，被拐卖儿童的父母变卖家产四处寻找，其中2名母亲因不堪打击而精神失常。5月15日，县委常委、副县长王维科召集唐山人民公社、果里人民公社党委负责人、妇联主任、派出所所长，研究解救方案，成功解救3名被拐卖儿童。

1983年“严打”期间，拐卖妇女儿童案件有所减少。随后几年，由于县内部分贫困男子无人愿嫁，或不能生育或重男轻女等思想作怪，使拐卖妇女儿童有了市场，逐渐衍变成“骗、逼、盗、抢、买、卖”妇女儿童一条龙犯罪模式。1987年10月10日，云南省巍山县人贩子吕明某、吕曲某、姚某持

伪造的政府证明信，带 2 名女青年到唐山镇巴王村“招亲”。经审查，1986 年 9 月起，吕明某等人先后 11 次伪造证件，以介绍对象为幌子，到田庄镇、唐山镇贩卖人口。是年，挖出拐卖妇女犯罪团伙 4 个 14 人，解救受害妇女 5 名。1988 年 4 月，省公安厅组织开展打击拐卖妇女儿童犯罪活动专项斗争。8 月 1 日，在侯庄乡东沙河村，1 名 3 岁男孩被以 4000 元价格出卖。侯庄派出所抓获从贵州省安龙县普坪乡海广村盗窃男孩的刘某，通知男孩父亲将其领回。

1991 年，在党中央、国务院高度重视下，公安部在全国重点地区部署大规模的打拐专项斗争。9 月，全国人大常委会审议通过《关于严惩拐卖 绑架妇女 儿童的犯罪分子的决定》，对刑法中的拐卖人口犯罪作重大修改与补充，加重对拐卖妇女、儿童犯罪的刑罚。省委召开“6·14”紧急会议，部署打击拐卖妇女儿童犯罪。县委、县政府成立“打拐”工作领导小组，县委政法委书记苏英华任组长，政法部门和共青团、妇联、民政等部门主要负责人任副组长。充分利用多种形式，宣传党中央、国务院和全国人大常委会决定，揭露拐卖人口犯罪的严重性，激发群众参与斗争的积极性。8 月 26 日晚，县委副书记王子林接到举报，唐山镇唐三村村民窦某有贩卖儿童嫌疑。县公安局连夜调查，打掉一个犯罪团伙。自 1990 年起，窦某与本村村民王某、刘某三次窜至山西，勾结原平县沿沟乡大营村间某，盗窃 3 个不满月婴儿到桓台县贩卖，共获赃款 13600 元。是月，县公安局打掉王会友、杨永登等 13 人犯罪团伙，该团伙先后从贵州省都匀市、独山县等地拐骗妇女 36 名，全部卖到桓台县，得赃款 14 余万元。办案中，田庄镇宗王村委收到一封由贵州发给王会友的电报，通知其到火车站接人。办案人员架网守候，在张店火车站抓获 2 名贩卖妇女犯罪分子，解救 1 名被拐卖妇女。1992 年 2 月 17 日，县公安局破获一起境内外勾结拐卖妇女案件，抓获缅甸籍王晓某、王秀某及云南籍赵某、陆某，该团伙将 2 名缅甸籍、2 名云南籍女青年骗到桓台县拐卖，获赃款 1.45 万元。专案组解救 4 名女青年后，送回原籍。至 1992 年 6 月，全县侦破拐卖妇女儿童案件 52 起，打掉团伙 6 个 113 人，含外省市 96 人、桓台县 17 人，收容审查 28 人，提起公诉 18 人。解救被拐卖妇女 118 名、儿童 7 名，将 38 名妇女、儿童送回原籍，妥善安置其他不愿回原籍的妇女和 7 名无法查清原籍的儿童。1992 年 6 月 30 日，全省打拐工作座谈会议在菏泽地区曹县召开，桓台县作典型发言。经过此次“打拐”专项斗争，桓台县贩卖妇女儿童犯罪得到遏制。

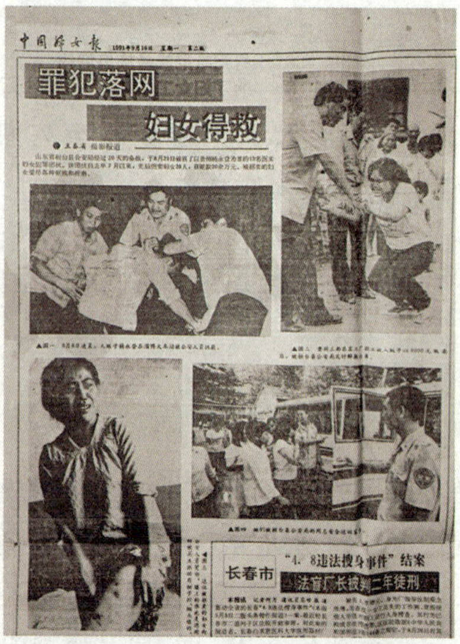
中国妇女报

罪犯落网

妇女得救

长春市

“4.8违法搜身事件”结案

法盲厂长被判二年徒刑

1991 年 9 月 16 日，《中国妇女报》刊发桓台县打拐事迹

1994 年 8 月 5 日，桓台县邢家乡郭店村刘某以送气球、玩扑克为诱饵，将本村 2 名 9 岁女孩骗到家中，用铁链、三角带捆绑在地道内 13 个小时，企图拐卖还债，公安干警及时将 2 名女孩救出。是年，打掉拐卖妇女儿童犯罪团伙 1 个 3 人，解救妇女 4 名。1995 年 2 月 11 日，索镇派出所根据线索，抓获犯罪嫌疑人孟某，解救出果里镇西义和村被盗卖的 1 名 1 岁男孩。8 月，根据群众举报，邢家派出所抓获拐卖妇女犯罪分子张某、刘某、耿某，张某将云南籍女青年李某、李小某拐骗到桓台县，以 4000 元价格将李某卖给耿某，先后以 2000 元、3000 元、1000 元价格将李小某卖给徐某、张某、郭某，都因李小某不堪忍受侮辱而跑回。耿某以

1995 年 2 月 11 日，解救儿童冬冬并送回亲人身边

5000元价格，将在其家中暂住的李小某卖给刘某，8月4日晚，刘某对李小某实施强奸未遂，李小某服毒自杀。是月，田庄派出所抓获拐卖妇女犯罪分子于某，于某将云南籍妇女王某和潍坊籍妇女张某骗到桓台，多次实施强奸，将她们分别拐卖。1996年1月，邢家派出所抓获拐卖妇女的云南籍王某夫妇，解救被拐卖妇女4名。1997年6月1日，刑警队在审理一起盗窃案时，发现犯罪嫌疑人田某系被拐卖妇女，以此打掉邓某、李某、张某、李小某拐卖妇女犯罪团伙，该团伙拐卖妇女13名。

进入20世纪，DNA技术被应用于“打拐”行动中。2009年5月20日，公安部研发“全国公安机关查找被拐卖/失踪儿童信息系统”和“全国公安机关查找被拐卖/失踪儿童DNA数据库”应用软件。按照公安部要求，县公安局刑警队、派出所规范相关人员信息录入和血样采集工作。2010年11月5日，抓获拐卖儿童犯罪嫌疑人姜某。姜某先后为索镇花园村徐某、果里镇陈斜村陈某、果里镇姜坊村董某介绍购买3名女婴。11月9日，抓获犯罪嫌疑人贾某。贾某伙同董某，由董某出资2.2万元，从一四川籍男子手中购买1名女婴。

“命案必破”行动

命案是指故意杀人、故意伤害致死和爆炸、投放危险物质、放火、抢劫、强奸、绑架致人死亡等八类案件，基本涵盖造成受害者死亡的刑事案件，是刑事犯罪中恶性程度高、危害性最严重的案件。

2004年6月1日，公安部提出“命案必破”目标，并拨专款300万元用于奖励和补助各地公安破获重大命案的民警。围绕“命案必破”目标，桓台县公安局坚持“命案必破”“命案可防”的工作理念，将命案侦防工作置于公安工作重要位置。2006—2016年，破获现行命案43起、积案4起，协破外地命案2起，抓获命案嫌疑人59人，连续11年命案全破，2015年实现命案零发案。

建立“五长必到”机制。抓住命案线索稍纵即逝特点，及时启动应对暴力犯罪预案，局长、分管副局长、刑侦大队长、刑侦中队长和派出所所长第一时间赶赴现场，为命案快侦快破提供组织保障。2006年12月19日23时许，马桥镇五庄村发生一起入室抢劫案件，造成一死一伤。县公安局局长吴佩林、副局长郭华、刑侦大队大队长金宗良迅速赶赴现场指挥，抽调民警成立专案组。12月31日，抓获犯罪嫌疑人张福军。

坚持传统手段和现代手段相结合。充分利用信息技术支撑破案的同时，坚持走访摸排、高危管控、阵地控制、蹲坑守候等传统侦查手段，搜寻破案线索。2007年4月28日15时，在果里镇后鲁村北绿化带内发现一具无名男尸。勘查确定系他杀，即成立专案组。经过摸排调查，确定被害人杨加亮和嫌疑人田广波、杨成华身份。5月18日，专案组赴吉林省抓获田广波。5月23日，杨成华投案自首。

2007年4月28日，“4·28”杀人案件专案组研判案情

注重视频监控信息应用。命案发生后，第一时间采取视频追踪措施，通过对图像资料的分析、研判，综合运用侦查手段锁定嫌疑人。2009年9月8日，索镇兰柳村村民李福某被杀死在索镇刘茅村生产路上一辆助残车内。通过视频跟踪技术，9月11日、13日，县公安局先后抓获抢劫杀人犯罪嫌疑人张灿辉、刘炳凤。2013年8月7日，桓台县兴桓路云涛小区一足疗保健店内，从业人员李某遇害。民警调取周边监控，分析确定嫌犯体貌特征及身份，并通过图像接力追踪，成功抓获犯罪嫌疑人张某。

广泛应用DNA技术。县公安局投入300余万元，购置现场生物检材提取仪等一批高科技设备，提升DNA技术服务实战效能。1999年8月26日，新城镇崔家村村民张志鑫5岁的儿子张胜杰被人溺死在家中水缸内，女儿张文婷被砍成重伤，犯罪嫌疑人马林在逃。2014年8月，对马林父母血样DNA比对，发现与2011年11月21日广东省佛山市南海区一起强奸案嫌疑人信息相似。县公安局民警赴广州调查。11月14日，抓获马林。

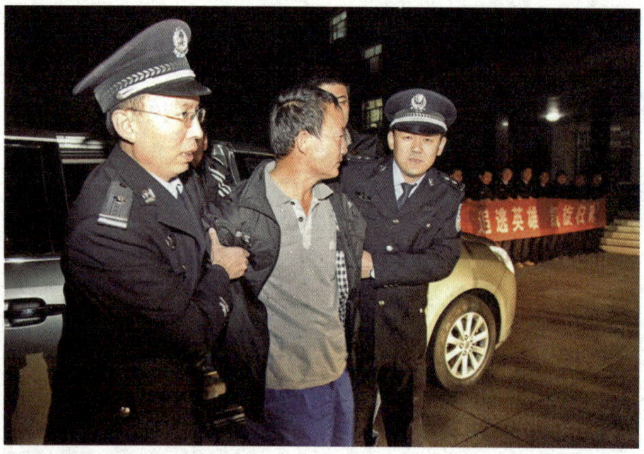

2014年11月19日，将杀人犯罪嫌疑人马林押回

充分发挥政策优势。县公安局利用命案嫌疑人家属及其社会关系开展法律攻势，规劝犯罪嫌疑人投案自首。2016年4月15日晚，果里镇东马村马某和妻子姜某某被杀死在家中。市县刑侦、技侦、网侦、情报等警种同步上案、合成作战，确定嫌疑人系李亮后，全面摸排其亲属、朋友及社会关系，展开法律和政策攻势。4月19日9时许，犯罪嫌疑人李亮投案自首。

打击流窜犯罪活动

流窜犯罪主要形成于20世纪50年代中后期。1957年，公安部制发的捕获犯罪成员统计表、作案成员分类统计表作案成员项目中，增加“游民分子”一项。是年12月，县公安局抓获2名流窜盗窃分子。1958年2月，省公安厅下发紧急通知，部署春节前搜捕逃犯工作。县公安局局长王友贵带8人去五区卫固、万盛等山区，副局长于文鹏带5人去六区田庄、唐山等重要集镇，协理员于仁善带5人去一区城关，二区公安特派员于孝起带3人去石桥、杨楼、王庄等张、桓结合部，治安股副股长王晋升在索镇，政保股副股长韩志诚带3人到七区起凤、夏庄、华沟湖区，四区公安特派员缪敬堂带3人到陈庄、岔河一带，全局干部分7个组搜捕。农历腊月二十八(2月16日)、二十九统一行动，除夕又搜查旅馆、小店、野外菜园屋、地窖、山洞、湖滨地区，查获9人，刑事拘留6人。7月3日，按照省公安厅要求，“淄博协作区”的淄博、邹平、临淄、桓台、博山、莱芜六地签署《淄博协作区关于清查来历不明分子 打击流窜犯罪及夏防保卫工作的意见》。各地行动时间不求统一，但行动前须转告友邻地区，以便加强协作。对罪恶重大者，解回原籍处理。在6个城乡结合地带成立联防小组，县公安局参与张店、邹平、桓台结合部，淄川、桓台、临淄、博山结合部的联防工作。是年，分两批清查来历不明分子。4—5月，排查来历不明人员145人，拘留审查64人，属历史反革命、刑事犯49人，其中有杀人罪恶和杀人嫌疑的22人；9—10月，排查来历不明人员39人，拘留审查15人。

1960年起，全国大部地区进入3年自然灾害期间，人口外流严重，社会秩序混乱。1962年7月底、8月初，索镇一带发生入户盗窃案件20余起，涉100余户。9—10月，县公安局开展打击流窜犯罪行动，通过治安清查等手段，破案553起，计大案5起、一般案件163起、小案385起，抓获流窜犯罪分子28人，计惯窃犯24人、惯骗犯3人、路劫犯1人。惯偷王某伙同他人流窜作案27起，1962年7—8月，在索镇作案10余起，偷盗80余户。流窜犯高某作案27次，偷盗衣物110件、布60尺、粮食181.5公斤、棉花25公斤、现金存单190元。通过打击流窜犯，年内全县刑事案件大幅下降。1963年，群众生活基本好转，但仍有游手好闲人员继续流窜在外，从事犯罪活动。县公安局根据省公安厅、惠民专署公安处指示，在友邻地区协作下，4月3日至5月31日，开展打击流窜犯罪活动，抓获犯罪分子60人。是年，抓获流窜犯97人。

“文化大革命”开始后，社会秩序混乱，流窜犯罪突出，人民生命财产受到侵害。1973年1月中、下旬，根据省革委会《关于严厉打击流窜犯罪活动的通知》，县公安机关集中打击惯犯、团伙首犯、教唆犯、流窜犯和窝赃销赃主要分子，清查车站、旅社、饭店、桥梁、涵洞等部位。4月，遵照上级关于整顿和巩固城乡治安秩序，保卫五一劳动节安全的指示，以城镇、铁路沿线工矿区为重点，从查破案件入手，深挖隐藏较深、活动狡猾的大犯、惯犯、诈骗犯、流氓犯、窝主和团伙犯，在查明情况、掌握材料基础上，进行第二次打击流窜犯罪活动。两次行动，拘捕罪犯24人，破案162起，缴获现金12809元、自行车15辆、手表23块、黄金6两、白银79两、电动机4部、棉布845尺、衣物154件、粮食1200余公斤及其他物资一宗。1975年国庆节前，根据全国铁路治安工作会议精神和六省一市协作会议的统一部署，集中打击通缉追捕的劳改犯，已批准逮捕、拘留尚未抓获的罪犯，有重大犯罪嫌疑、来历不明分子，外出作案的“四类”分子，刑释、解教分子，重大窝赃、销赃分子，有现行重大嫌疑、流窜犯罪活动分子。在县委领导下，组织治保人员、民兵、职工6553人，连续3次打击流窜犯罪行动，清查车站等犯罪分子易于藏身落脚之处6633处，抓获流窜犯34人，破案207起，缴获现金近1000元、手表6块、自行车5辆、收音机3部、粮票170余公斤、煤票1.6万公斤。

1977年1月25—31日，全省开展打击流窜犯统一行动。县委成立县委副书记邹显刚任组长的清查打击流窜犯领导小组，在前期调查摸底基础上，实行全党动员、全民动员，县公安、法院、武装、工商等有关部门紧密配合，集中收容14名流窜犯罪分子。4月底，根据全国第二次铁路治安工作会议精神，桓台县组织6640人，在重点路口设卡531处，清查县、社驻地、铁路沿线、车站和农村重点场所785处，集中收容流窜犯27人，破获案件163起。1978年5月6—8日，全省统一开展集中打击流窜犯罪活动。桓台县党政干部717人、公安干警24人、民兵及治安积极分子4645人参加清查行动，清查重点要害单位5635处，设卡379处。5月6日夜间，博兴县幸福人民公社傅园大队付某骑自行车，携带螺丝刀、扳手、撬杠、钳子等工具，先后在博兴、临淄、桓台三县边缘地带撬门破锁9起，行至前毕大队时被执勤民兵抓获。

经多次打击，流窜犯罪有所收敛，但因桓台县经济条件较好，且与淄博市接壤，成为流窜犯城乡跳跃的落脚点，系桓台治安一大隐患。1980年6月9日，县公安局在全县范围内摸排出流窜犯78人。在掌握情况基础上，开展打击流窜犯罪斗争，通过巡逻、追捕、堵截、守候，抓获35人。9月，县公安局成立打击流窜犯5人办公室。1981年9月15—22日，开展打击流窜犯罪斗争，查获流窜犯13人，计本省外地8人、本县5人，挖出团伙3个7人，破获大小案件50余起。

1982年，县公安局刑警队一名副队长、一名干警专司打流工作，摸排出流窜犯79人，长期在外30人，时出时归5人，在家44人，建立流窜犯档案57份。5次集中打击流窜犯罪，抓获34人。掌握流窜犯罪活动规律特点后，1983年，县公安局组织3人专班，具体负责对流窜犯的摸底和控制、打击、建档等工作，抓获流窜犯45人，破案23起，缴获现金705元、自行车2辆、电动车1台、衣物24件及其他物资一宗，建立流窜犯档案资料223份。1984年，按照全国侦查会议要求，县公安局成立10人刑侦机动队，设立堵截网点、营业点等，抓获流窜犯罪34人，破案22起，缴获赃款及赃物折款5687元。根据上级指示，9月10日，集中开展打击流窜犯统一行动，抓获流窜犯、流窜嫌疑分子和现行犯罪分子11人。1985年，为适应新形势需要，刑警队4人专职打击流窜犯工作，各乡镇以派出所为主，成立打击流窜犯指挥部，抓获流窜犯罪分子20人，破获刑事案件7起，缴获赃款和赃物折款2960元。1986年4月8日，查获荆家镇陈桥村流窜犯陈某，陈某从张店、桓台盗窃作案40余起，盗窃电视机2台、录音机3部、自行车1辆、缝纫机1台、衣服300余件，案值3500元。

20世纪80年代中后期，人员流动加剧，流窜犯罪突出，流窜犯城乡跳跃，甲地作案，乙地销赃。县公安局采取多种形式查缉流窜犯罪分子。1987年，在市公安局“打流”队协助下，利用两个月时间，在县城驻地和较大集镇打击流窜犯罪，抓获流窜犯66人，其中省外31人，破获案件72起，缴获现金4140元。1月12—16日，开展集中打击流窜犯统一行动，收捕违法犯罪分子16人，其中流窜犯3人。上半年，参战干警采取固定专人、靠上打流，集中时间、重点打流的办法，在大集、公共汽车及其他场所抓获流窜犯41人。1988年，县公安局成立打击流窜犯罪领导小组，打流队增加到5人，控制流窜犯的吃、住、行、销地点。1989年7月13—16日，集中开展打击流窜犯罪统一行动，抓捕犯罪分子8人，摧毁团伙2个，破大案4起，缴获赃款及赃物折款3400元。

1990年，刑侦大队与城区、索镇派出所成立打击流窜犯罪联防领导小组，全年抓获流窜犯69人，其中重大逃犯2人。5月11日夜，耿桥联防队抓获王全洲、王全良，自1989年11月起，两人携带自制专用工具，先后到桓台、青州、寿光、广饶等地，撬盗工厂财务室保险柜作案7起，盗窃现金21936元、国库券14650元、粮票5750公斤、债券150元，盗窃临淄大柳乡供销社门市部现金5790元、大柳乡税务所现金500元，其他盗窃作案14起。9月，物资交流会期间，抓获扒窃分子刘光太、刘玉海，均为邹平县公安局追捕的抢劫杀人犯。1991年，刑警队配合城区派出所，破获一起特大贩运、使用伪造货币案件，苗某、任某、王某合伙窜至东营、潍坊、滨州、济南等地沿途饭店、门市，以购物找钱的方式，用假币兑换真币。1992年，与周边公安机关建立打击流窜犯罪沟通协调机制。2月23日，侯庄乡、索镇连续发生4起持刀拦路抢劫案，获知博兴县公安局抓获2名流窜抢劫犯时，及时派员前往突审，破获以上抢劫案件。是年，抓获流窜犯罪分子47人，破案152起。1992年8月20日，全市打流工作会议在起凤派出所召开，探讨在新形势下，如何搞好打流工作问题，并建立全市警务合作机制。11月，抓获田庄镇赵某、庞某、崔某为首的12人抢劫、盗窃、强奸犯罪团伙，该团伙流窜于江苏、浙江、山东等地，作案36起，案值3万余元。1993年，组织开展破大案、挖团伙、抓流窜专项斗争，抓获流窜犯52人。4月7日凌晨，田庄派出所抓获犯罪分子刘某。刘某长期流窜于烟台、潍坊、济南、淄博、烟台等地，盗窃作案25起，案值2万余元。1994年3—6月，开展破大案、挖团伙、打流窜百日专项斗争，抓获流窜犯62人。是年，抓获流窜犯罪分子78人，破案132起。

1995年8月，挖出以索镇北王村高庆博为首的7人重大犯罪团伙，该团伙流窜于淄博及周边3个地市19个乡镇，盗窃作案39起，案值33万元。12月21日起，组织开展"打流反扒破大案"专项斗争。1996年1月2日，刑警大队组织协调全县打流力量，采取化妆侦查、跟车上线、定点守候、异地交流等措施，严密查控车站、广场、集贸市场、客运线路和重要车次，抓获流窜扒窃犯罪现行。1月27日，打掉以周某、吕某为首的盗窃团伙。该团伙先后在张店、索镇、耿桥等地作案12起，案值3.5万元。1998年3月8日凌晨，巡逻抓获嫌疑人尉某，尉某先后窜至青岛、淄博等地盗窃汽车、摩托车作案12起，案值10余万元。12月18日，打掉4人犯罪团伙，该团伙流窜于山东、河南、江苏、山西等地，盗窃作案50余起，案值近20万元。

2000—2001年，桓台县盗割农用电力线案件突出，公安机关加大巡逻、排查和控制销赃力度。2000年7月12日夜，打掉流窜于张店、临淄、淄川等地5人盗割电力线犯罪团伙，破案17起。2001年5月20日，打掉以黑龙江籍人员为主的流窜破坏电力设备团伙，破获潍坊市、桓台县盗割电力线案件10起，案值2万余元。2002年春节后，针对群众反映强烈的51路公交车扒窃问题，组织警力，跟车上线，抓获河南籍扒窃犯罪嫌疑人王某、程某。2003年，因爆发"非典"，全国各地加强流动人口管理，桓台县流窜犯罪案件明显下降。2004年，"非典"疫情过后，流窜犯罪案件反弹。公安机关发挥信息技术优势，拓展网上查证、网上摸排、网上追逃等打击和防范犯罪新战法，提高打击流窜犯罪工作水平。2月26日2时许，索镇家鹏网吧被盗电脑主机CPU、硬盘、内存条等。在专业人员协助下，3月8—9日，抓获犯罪嫌疑人李某、聂某等6人。该团伙先后窜至桓台、博兴、滨城等地盗窃电脑设备作案10余起，案值5万余元。5月9日，打掉1个重庆籍6人犯罪团伙，该团伙长期暂住在淄川区龙泉镇，包租车辆，窜至桓台、淄川等地盗窃变压器、水泵、电机等物品，作案29起，案值20余万元。2006年1月，打掉以吉林籍宋某、苏某为首的盗窃、抢劫犯罪团伙，该团伙采取挖洞入院、撬门破锁、蒙面持刀等手段，先后窜至张店、邹平、章丘等地作案60余起，案值60余万元。随着经济发展，交通越来越便利，全国范围内的流窜作案突出，且逐步向团伙性、专业化发展。公安机关实施科技强警战略，掌控犯罪分子活动轨迹，不断

公安民警对乘客进行反扒宣传

提升破案效能。2007年5—6月，桓台县连续发生撬盗保险柜案件，被定为厅督案件。刑侦大队成立专案组，摧毁一广西籍10人特大犯罪团伙，该团

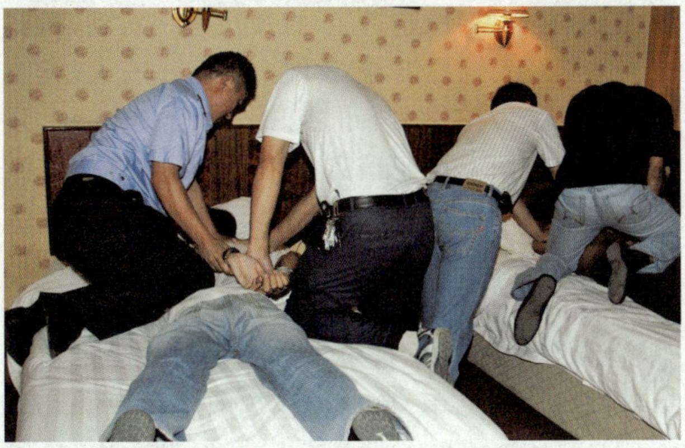

2007年9月，抓获“5·17”撬盗保险柜大案案犯

伙以家族、亲属或朋友关系为纽带，交叉组成4～5人的小团伙，常年乘飞机流窜于辽宁、吉林、河南、吉林、安徽、内蒙古、山东等省区，撬盗保险柜作案50余起，案值近200万元。

2008年2月，桓台县连续发生驾车抢夺老年妇

2008年11月，缴获盗抢柴油案作案工具

女金耳环案件。经侦查，县公安局打掉1个河南籍4人犯罪团伙，该团伙在淄博各区县及博兴等地，作案60余起，案值10万余元。是年，桓台县发生多起盗抢货车柴油案件。8月16日晚，专案组自潍坊抓获5名嫌疑人，破获潍坊、淄博、东营、济南、滨州等地盗抢货车柴油案件300余起，案值50余万元。

2010年1月，少海派出所巡逻抓获张绪某、孙兴某、郑恩某、张玉某4名盗窃犯罪嫌疑人。该团伙以夜色或者恶劣天气作掩护，流窜张店、周村、临淄、桓台等区县，选择城区及城郊沿街商铺、开放式居民小区作案，盗窃电动自行车、摩托车、高档暖气片、白酒等物品，作案60余起，案值15万余元。2011年3月起，县内连续发生村委办公室被盗案件。5月8日，破获该案，高某等人窜至桓台、周村、邹平等区县盗窃村委财物，作案120余起，案值100余万元。2012年7月，县公安局打掉1个湖南籍盗窃团伙，该团伙以影楼相机为主要盗窃目标，先后窜至滨州市、潍坊市、淄博市作案44起，案值21万元。12月11日，桓台县海圣春天小区、果里镇后埠新村接连发生5起入室盗窃案，专案组展开侦查。2013年3—5月，打掉江西宜春籍犯罪团伙，该团伙租用出租车，先后窜至福建、山东、山西、江苏、江西等地，技术开锁入室盗窃作案32起，案值50万元。2015年3月，果里、唐山、索镇等镇入室盗窃案件频发。4月3日，抓获新泰籍鲁某、巩某，两人结伙驾驶摩托车窜至桓台、淄川、周村、博山、邹平等地，盗窃作案30余起，案值8万余元。

1962—2015年桓台县公安局抓获流窜犯统计表

表6—7

年度	抓获人数	年度	抓获人数	年度	抓获人数	年度	抓获人数
1962	49	1982	34	1990	69	2008	159
1963	97	1983	45	1991	47	2009	83
1964	17	1986	41	1993	52	2012	134
1975	35	1987	66	1994	78	2013	121
1977	27	1988	65	2006	136	2014	146
1980	35	1989	57	2007	109	2015	84

网上追逃

20世纪50—80年代，公安机关主要通过亲友规劝、治安清查、日常巡逻、阵地布控、发布通缉令等形式开展追逃工作，逃犯抓获率低，追逃成本高。1996年，公安部改变“跟着在逃人员全国跑”的常规追逃模式，研发网上追逃CCIC系统，迅速推广应用。各级公安机关依托公安信息网络，将在逃犯罪嫌疑人信息资料录入全国在逃人员信息系统，与发现的可疑人员或犯罪嫌疑人信息比对，从中抓获逃犯。1999年5月，县公安局对全县所有在逃人员重新摸底排查，筛选确定网上逃犯，逐人搜集信息，层报省公安厅录入。7月，公安部在全国范围内开展为期3个月的全国第一次网上追逃专项斗争。县公安局投资2万余元，购置微机等设备，设立追逃信息工作站，成立追逃办公室，开展网上追逃，抓捕逃犯39人，含省级督捕逃犯2人、市级督捕逃犯21人、一般网上逃犯16人。

2000年，县公安局建立以刑警大队为龙头，以派出所、业务科室为依托，考核奖惩为动力的追逃运行机制。组织追逃行动10余次，抓获网上逃犯32人，其中投案自首8人。2001年6月，根据公安部《关于进一步做好上网追逃信息清理整顿工作的通知》精神，重新摸底调查1996年以来的逃犯信息，解决网上逃犯信息质量不高的问题。9—11月，公安部开展第二次网上追逃专项斗争，县公安局抓获在逃人员54人，其中杀人犯罪嫌疑人9人，破获杀人案件11起。2002年3月，根据公安部《关于对全国在逃人员有关撤销信息数据进行清理工作的通知》和市公安局《全市刑侦部门网上追逃考核办法》，开展清理网上逃犯信息工作。10月22日，省公安厅下发《关于进一步加强追逃工作的通知》，要求各地努力追回1/5网上逃犯。10月24日开始，县公安局集中开展网上追逃。12月20日，开展为期40天的“破案追逃”会战，抓获逃犯32人。2004年，县公安局通过系列专项行动，抓获逃犯86人。

2005年，县公安局贯彻落实公安部破案追逃新机制，明确追逃考核计分标准、战果认定等事项。将本局在网的40名逃犯及17名桓台籍外地上网逃犯名单发至各派出所，各派出所借助二代证换证优势，抓获一批网上逃犯。2006年，坚持本地和外地逃犯并重原则，在全面清剿辖区内外地上网逃犯的同时，对本地上网逃犯逐一落实责任单位、责任人，实行挂牌追捕。9月20日—10月20日，开展破案件、追逃犯、打流窜统一行动，抓获网上逃犯8人。是年，抓获网上逃犯156人，其中外省逃犯13人、本省外市逃犯15人。2007年，县公安局安装网上逃犯信息比对系统，坚持外出抓捕与本地控制相结合、上网追逃与函查协调相结合、集中抓捕与治安管理相结合，抓获网上逃犯238人，其中外省逃犯54人，包括1名外省命案逃犯。2008年11月1日—2009年1月20日，在冬季严打整治行动中，梳理桓台籍网上逃犯60人，桓台上网外籍逃犯44人，逐人建档，落实责任，抓获一批久抓未果的重大逃犯。2009年2月16日—3月16日，开展“猎鹰一号”追逃专项行动。7月，开展“猎鹰二号”追逃专项行动。9月25日—10月25日，开展“猎鹰三号”追逃专项行动。三次行动，抓获网上逃犯191人，含外省逃犯82人、本省外市逃犯52人、外省命案逃犯2人。

2010年，县公安局建立健全追逃责任机制和奖励机制，抓获网上逃犯185人，含外省逃犯47人、本省外市逃犯56人，利用自动比对报警系统抓获逃犯4人。是年，通过第六次人口普查户口整顿，抓获逃犯5人；通过开展流动人口和出租房屋集中清理整顿专项行动，抓获逃犯13人。2011年5月26日—12月15日，全国公安机关开展网上追逃专项督察“清网行动”，以“全国追逃、全警追逃”的决心和力度，缉捕在逃犯罪嫌疑人。县公安局成立清网行动工作领导小组，落实“捆绑考核”和“第一责任人”制度。对于命案逃犯，责任落

2011年11月20日，“清网行动”追逃小分队凯旋

实到党委成员、办案单位负责人和案件主办人。行动期间,抓获网上逃犯 207 人,其中“5·26”以前网上逃犯 76 人,清网率 90.5%。2012 年,组织开展缉捕重大逃犯攻坚行动,对目标逃犯落实专案追逃责任,各由一名副局长、逃犯户口所在地派出所所长、刑侦中队长离职专司追逃。11 月 1 日,在黑龙江省牡丹江市抓获潜逃 14 年的故意伤害致死逃犯许俊生。是年,抓获网上逃犯 59 人,含历年逃犯 4 人,外省逃犯 5 人、本省外市逃犯 13 人,利用自动比对报警系统抓获网上逃犯 6 人。2013 年,县公安局深化缉捕重大逃犯专项行动,抓获网上逃犯 259 人,含外省逃犯 8 人、本省外市逃犯 12 人。2014 年,县公安局结合重大逃犯追捕专项行动和红色指令追逃行动,加大警力、装备和经

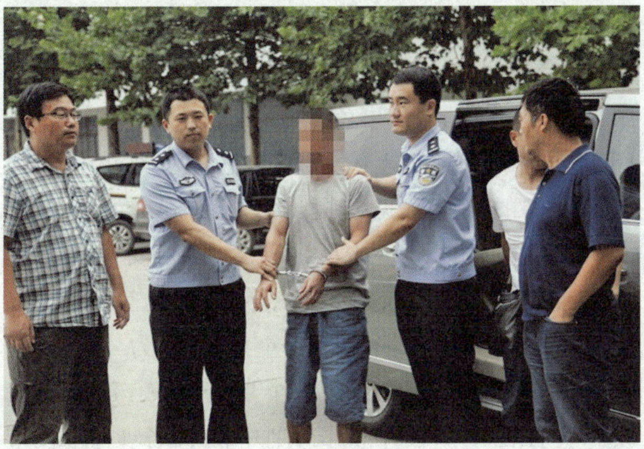

2014 年 8 月,抓获十年命案逃犯李洪德

费投入,抓获逃犯 186 人,其中外省逃犯 41 人、本省外市逃犯 56 人,追逃成绩列全市第一。8 月 13 日,在广州抓获 10 年命案逃犯李洪德。11 月 14 日,抓获潜逃 15 年的命案逃犯马林。10 月 24 日—12 月 5 日,根据省公安厅、市公安局统一部署,

2014 年 11 月 3 日,部署红色指令追逃比武竞赛活动

开展情报平台红色指令追逃比武活动,县公安局指挥中心牵头,各警种参与,抓获网上逃犯 53 人。

2015 年,县公安局梳理网上逃犯,分类建立台账,落实目标责任制,抓捕网上逃犯 149 人,其中历年逃犯 11 人。秋冬治“安百日会”战中,抓获逃犯 68 人。2016 年 1 月 8—26 日,县公安局开展红色指令追逃比武竞赛活动,强化网上网下情报综合运用、合成作战,抓获网上逃犯 11 人,比武成绩列全市第二位。在追逃工作中,落实公安部关于在逃人员“应上网,尽上网”的规定,强力推行网上逃犯必提 DNA 制度。至 4 月 15 日,抓获网上逃犯 41 人。

第三节 刑侦改革

刑侦机制改革

20 世纪 80 年代,县公安局解决侦查工作职责不清、奖惩不明问题,以改革警务制度为突破口,以完善工作机制为切入点,探索刑侦改革新思路。1987 年,刑警队实行分片承包责任制,分为 3 个破案组,1 个技术组,1 个机动组,每个破案组挂包 3~4 个乡镇,技术组、机动组密切配合。1992 年,县公安局对刑警队调整、整顿、改革,组建侦破组 2 个,分别负责全县南北两片刑事案件的侦破,技术员分配至侦破组,各组分管队长、侦查员、技术员、车辆、通讯工具配备齐全,使其成为独立作战实体,制定岗位目标和考核目标,增强两组竞争意识。1993 年 6 月 23 日,决定实行大队长领导下的探长制。刑警大队将全县划分为四个探区,第一探区辖城区及索镇、果里、侯庄等乡镇,办公地点设在索镇派出所;第二探区辖耿桥、起凤、邢家等乡镇,办公地点设在起凤派出所;第三探区辖新城、周家、田庄、唐山等乡镇,办公地点设在新城派出所;第四探区辖陈庄、马桥、荆家等乡镇,办公地点设在马桥派出所。每个探区设探组一个,每个探组设探长 1 人、配备探员 3 名,明确探组任务及探长职责、职权、待遇和奖惩措施。8 月,经过竞争上岗、双向选择,产生田茂亮、张元明、刘桂、徐文胜 4 名探长。同时,刑警大队设调度室和技术科。实施探长制后,一个月破案 111 起,抓获犯罪分子

51人，打掉犯罪团伙4个29人。1995年7月，探区制改为责任区中队制。

1997年6月，公安部在石家庄召开全国刑事侦查工作会议，提出改革侦查、预审分设的工作体制，实现侦审一体化。8月，县公安局将原预审科整建制合并到刑警大队，由刑侦部门对刑事案件统一行使立案、侦查、审讯、提请逮捕、移送起诉等职能并独立承担执法责任的刑事侦查工作新体制。刑侦民警由改革前的32名增加到51名，占全局警力的16%。大队设办公室、4个责任区中队、1个打流中队、1个经济侦查中队、1个技术中队。责任区中队实行目标责任制，年底破案总数、破大案数、处理人犯数、抓逃数达不到考核标准的，免去中队长职务，其他中队也有考核标准，完不成任务，同样免职；同时，建立激励竞争机制，对政绩突出的，优先晋升级别。建立派出所和刑警队办理刑事案件协作机制，派出所负责办理辖区内因果关系明显、案情简单、无需专业侦查手段和跨县、市进行侦查的五类案件，派出所和刑警队发生管辖争议的，由县公安局指定管辖。通过改革，理顺打击与防范的关系，压实所队侦查责任。11月，全市刑侦突破工作经验交流会在田庄派出所召开，县公安局刑警大队经验介绍。1998年，破获刑事案件937起，其中重特大案件320起，抓获犯罪嫌疑人361人，分别比1997年增加64.9%、60%和21.9%。

1999年，县公安局继续加强责任区中队建设，刑侦改革成效显著，在10月全省刑侦工作会议上，刑警大队被评为全省刑侦工作先进大队，2名民警被评为全省破案能手。11月1日，全市刑侦工作会议在桓台县召开，县公安局被评为全市刑侦工作改革先进集体，6名民警分别被评为全市追逃斗争先进个人、刑侦系统破案能手，全市刑侦系统中队长以上干部观摩刑警中队规范化建设情况。2000年7月，为解决侦审合一出现的多口报捕、把关不严等问题，刑警大队成立案审中队，负责案件审核把关、移送起诉工作。

为全面贯彻执行新修订的刑事诉讼法，提高公安机关刑事案件办案质量，根据公安部《公安机关办理刑事案件程序规定》《公安机关内部执法监督工作规范》，2014年2月，淄博市公安局印发《关于实行刑事案件"一个出口"对外工作机制的意见》，明确办案单位负责刑事案件的初查、立案、侦查取证和强制措施适用，法制部门负责部分强制措施审核、指导侦查取证工作、提请批准逮捕、移送审查起诉，统一向人民检察院提请移送相关材料，接收人民检察院制作的相关法律文书，实行刑事案件"一个出口"对外工作机制。5月，刑侦大队将案审业务全面移交给法制大队。

责任区中队建设

1995年7月，县公安局对探区刑侦队伍实行中队建制，探长改称中队长，探区改为刑警中队责任区。1996年1月12日，县公安局在城区、索镇、起凤、荆家、田庄5个中心派出所成立刑警中队，每个中队3名民警，一名副所长兼任中队长，名称为"桓台县公安局刑事警察大队××中队"，赋予派出所刑警中队刑事案件侦查权。1997年5月16日，淄博市公安局下发《关于进一步改革和加强刑侦工作的实施意见》，提出在各公安分县局刑警大队成立责任区刑警中队。8月，县公安局刑警大队结合辖区面积、人口数量、治安状况等因素，以3～4个派出所为一个单元，重新划分为4个破案责任区，每个责任区设立1个刑警中队，建制正股级。责任区中队设中队长、副中队长各1名，各带领1个侦查小组，每起案件的侦查、预审、提捕、移诉，原则上由一个侦查小组负责到底。责任区中队在辖区中心派出所设立办公地点，办公用房面积在50平方米以上，食宿、办公条件具备。

1999年3月，县公安局推进刑警责任区中队规范化建设，调整责任区划分，一中队辖区覆盖周

刑警中队正规化建设

家、唐山、新城，二中队辖区覆盖索镇、果里、侯庄，三中队覆盖荆家、陈庄、田庄、马桥，四中队覆盖耿桥、邢家、起凤。加强警力、装备、办公用房等软硬件建设，责任区刑警中队设中队长、政治指导员和副中队长各 1 人，政治指导员、副中队长各带一个侦查小组，负责抓捕、预审、提捕、移诉工作。遇大案，全中队民警共同参与，协同作战。4 个责任区中队均独门独院，200～400 平方米办公用房，水、电、暖、伙房、交通设备配套齐全；每个中队配备电话 1 部、微机 1 台、汽车 2 辆，中队长配备移动电话 1 部，民警每人 1 部寻呼机，设立食堂、休息室、审讯室、留置室，满足侦查破案、快速反应需要。同时制定完善责任区中队考勤、考核、财物管理、案件审核、错案追究制度。

2000 年年初，刑警大队二中队评为全省优秀责任区中队；2001 年，刑警大队二中队被评为全省优秀刑警中队；2002 年 6 月，被省公安厅记集体二等功；2003 年 8 月，被公安部评定为全国一级责任区刑警中队。随着治安形势变化、行政区划调整，责任区刑警中队也顺势调整和充实。2007 年 2 月，在机构改革中，责任区中队升格为副科级建制，中队长、指导员均为副科级干部。

2016 年 3 月，根据公安信息化发展形势，县公安局突出以视频侦查为重点的合成化作战模式，成立视频侦查中队。

第四节　刑事技术

刑事科学技术室建设

1984 年，县公安局刑警队设立三级技术点，具有痕检、照相、文检、法医、资料等岗位，技术员 7 人。1985 年，技术点有法医巩向波、王友红，技术员伊若健、金宗良、王春省、魏守敏、黄有宝、陈恒斌、边宗亮。1987 年，技术点配备价值 1.5 万元的器材，技术人员 9 名，含助理工程师 2 名。三级技术点取得全省抽查第一名的成绩。

技术员使用过的海鸥牌、珠江牌相机

1993 年，刑侦改革中，刑警队设立技术科，配备科长、副科长各 1 人，调整技术用房，新增部分器材。是年，从大中专毕业生中引进 1 名法医和 1 名微机员。1995 年，技术科改称刑警七中队。是年，投资 6 万元，购置 1 台浪潮 486 微机及部分技术器材。1999 年，购置多波段光源、比对显微镜、502 熏显柜等技术器材，提高犯罪现场痕迹物证的发现率、提取率和利用率。

2000 年，刑警七中队购置第一台柯达牌数码照相机。2004 年，投资 50 余万元，购置现场勘查车及一批刑事技术器材，并选派民警到大专院校深造学习。2006 年，更新刑警技术器材、微机及配套设备，刑警七中队被省公安厅评为二级刑事技术中队。2007 年 2 月，县公安局在机构改革中，将刑事技术室单列，成立正科级的刑事科学技术大队，下设痕检、法医、情报资料三个副科级中队。技术员中，高级职称 1 人，中级职称 4 人，初级职称 3 人，6 人获得鉴定人资格证书。投资 200 余万元，在县石油公司原址改建刑事科学技术大楼，购

2008 年 12 月 31 日，刑事科学技术室外景

置多功能现场勘查车，设立解剖室，购置尸体冰柜、解剖台、紫外成像、文件检验仪、多波段光源等较为先进的技术设备，为每个执法单位配置活体采集仪，实现现场采集违法犯罪嫌疑人指纹，配齐数码相机、金属探测器、笔记本电脑等设备，完成指纹查询远程工作站建设。建设刑事技术专业实验室、物证室。技术员每人一台电脑，实现现场照片数码化、现场勘查材料及检验鉴定报告制作电脑

2007 年 12 月 13 日，刑事科技技术室接受公安部等级评定实地考核

化、技术管理信息化。2008 年 4 月 17 日，刑事科学技术大队被评定为全国一级刑事科学技术室。

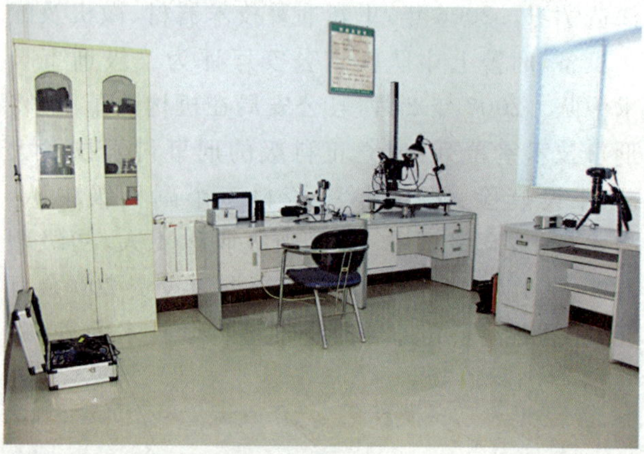

2008 年 12 月，刑事科学技术室一角

是年，设立高标准资料档案室和物证保管室，技术员在国家级、省级刊物上发表论文 6 篇。2009 年，技术员在国家级、部级刊物上发表论文 5 篇。是年起，在全省县级公安机关刑事科学技术实验室能力验证(盲测)考试中均取得“满意”级别成绩。

2011 年，投资 150 余万元，购置紫外观察照相系统、大型“脱胶”手印熏显柜、模糊图像处理系统、大空间“脱胶”手印熏显系统、莱卡立体显微镜等高精类设备。2012 年，投资 130 余万元，购置气质联用仪等仪器设备，用于常见毒物检验，更换一批存尸柜，进一步提升检验鉴定能力。技术员熟练运用模糊图像处理系统处理监控录像，最大化还原视频信息。2013 年，技术员在国家级刊物发表论文 2 篇，在省级刊物发表论文 1 篇。2014 年，在全市机关“创意警务”评选活动中，技术员张文水的个人创意《特色勘查箱》获一等奖，李麟的个人创意《“三维”现场还原》获优秀奖。是年，投入 200 余万元，购置现场生物检材提取仪、进口 DFO 熏显柜等仪器设备，提升检验提取鉴定能力。技术员在《山东警察学院学报》发表论文 7 篇，在中国人民公安大学出版社发表论文 6 篇。

现场勘查

20 世纪 50 年代初，桓台县刑事案件较少，部分案件现场没有勘查或者粗略勘查，勘查情况多记在笔记本上，没有形成专门的勘查笔录。遇到重大刑事案件，上级公安机关技术员勘查现场。1954 年 1 月 8 日，省公安厅、省法院联合下发《关于处理刑事犯罪案件的几项通知》，发生凶杀案件，公安、法院部门联合检查尸体、勘查现场。1955 年，刑事案件逐渐增多，县公安局重视现场勘查工作，配备技术员 2 名。培训公安特派员保护现场常识，要求勘查一般以上案件。是年，上级配发 120 照相机 1 台、放大机 1 台、勘查包 2 个。1956 年，现场勘查工作步入正轨。11 月 26 日晚，胡家庄发生一起水车被盗案，通过现场勘查，提取到犯罪分子鞋印和小胶皮车痕迹，抓获犯罪分子。1957 年，实行重大案件由局长参加勘查，一般案件由股长指定公安特派员或股员勘查制度，根据现场勘查情况，分析、研究和判断案情，确定是否立案。是年，勘查现场 50 次。1958 年 4 月，地委政法工作跃进会议后，县公安局制定刑侦技术工作计划，4—5 月，勘查现场 52 次，通过现场勘查，破案率由 2—3 月的 33.3%提高到 42.3%。

1963 年 7 月 19—21 日，县公安局召开刑侦技术工作传授专题报告会，2 名局领导、6 名股长、13 名干部、9 名区公安特派员及派出所干部接受刑事技术业务培训，治安股副股长薛廷森、技术员岳福云授课。通过此次培训，各区公安特派员基本掌握一般案件的现场勘查技术，学会制作现场勘查笔录、绘图。会后，向每名公安特派员、每个派出所配发 1 个勘查包，确定大案由县公安局勘查，一般案件由各区公安特派员、派出所勘查的工作机制，要求刑事案件全部勘查现场，85%以上采集痕迹物证，痕迹物证利用率分别达到 75%、65%以上。是年，县公安局购置 135 照相机 1 台，放大机 1 台，勘查现场 175 次，发挥作用 98 次，当场破案

22起，提供线索34条，指明方向42起，提取痕迹物证47件，初步设立犯罪分子的指纹、照片以及痕迹物证和刑事犯罪分子的材料档案。

1971年上半年，治安组侦查员武贞俊到省公安厅技术员训练班学习，下半年王庆伟到地区技术训练班学习，技术员共3人。1972年9—11月，组织治安、政保、派出所人员和公安助理员集中学习业务，老侦察员和技术员编写教材授课，系统学习现场勘查和侦查破案。培训结束，各公安助理员、

1976年12月，欢送技术员武贞俊（前排中）到曲阜县公安局工作留影

派出所配备简易勘查包。1979年，随着斗争形势的发展，犯罪分子作案手段越来越狡猾，公安机关依靠刑侦技术，获取确凿证据，准确打击犯罪。4月，省公安厅下发《刑事案件现场勘查规则（修订稿）》，县公安局着重做好现场保护和现场取证工作。是年，勘查现场33次，提取痕迹物证的28次，发挥作用的17次，直接破案4起。10月17日夜，耿桥人民公社耿桥大队社员耿庆龙家中被盗缝纫机配件1套、衣料一宗。通过现场勘查，提取到作案分子遗留在现场的赤足印和指纹、掌纹，调查发现西雅和大队徐某有作案嫌疑，通过比对指纹和掌纹，认定系徐某作案，当晚人赃俱获。

1980年1月，县公安局成立刑警队，技术员4人。全年发生现场案件64起，全部勘查，提取痕迹物证47次，提供侦查方向10次，认定破案33起。8月6日，唐山人民公社后七大队副业组木材被盗，从现场玻璃上提取到可疑指纹1枚，排查发现本大队织布厂负责人张某有嫌疑，经比对，认定张某作案。1982年，勘查现场86次，提取痕迹物证破案20起。11月12日夜，侯庄人民公社东沙大

1981年11月，欢送技术员耿毅（前排右四）到张店公安分局工作留影

队被盗马车脚2个，价值600元。技术员提取到留在马车辕杆上的指纹3枚，经比对，将作案分子周某和张某挖出。1983年，勘查现场137次，提取痕迹物证79件，破获案件45起。1985年10月21日，西莫王村发生一起盗窃彩电案件，技术员利用步伐追踪技术，仅用9小时破案。1987年，勘查现场204次，制作现场材料75份，利用痕迹直接破案23起。9月27日夜，桓台县电业局宿舍被盗现金1030元，技术员从现场遗留的水果刀上提取到指纹1枚，经调查鉴定，系某中学学生鞠某所留，在证据面前，鞠某低头认罪。

1990年，10个派出所购置照相机等取证设备，3个派出所购置放大机。1991年2月，技术员黄有宝到公安部学习痕迹检验鉴定业务。全年出现场149次，勘查率100%，制作现场材料57份，提取痕迹物证99件，出痕迹鉴定书7份，使用67件，直接破案20起。8月1日，县地毯厂一女工被拦路强奸，受害者将犯罪分子舌头咬下2厘米长的一块。调查发现嫌疑人高某舌头缺损，同时比对现场提取到的掌纹，认定犯罪。1992年，制定刑侦技术人员岗位目标，将技术人员分到破案组，全年勘查现场160次，制定现场材料130份，提取痕迹物证205件，提取率为95%，利用174件，直接破案28起，提供线索77条，出具鉴定书15份。5月2日晚，沈家村妇女成芹及其女儿沈云芝被杀死。技术员从现场提取到铁棍1根，确认是凶器，经指纹比对，认定犯罪分子是本村村民罗某。

1995年，勘查现场90次，提取痕迹物证163件，认定犯罪9起，否定犯罪52起，直接破案8起。1996年，勘查现场108次，勘查率100%，犯罪现

场痕迹的发现率、提取率、利用率分别达到95%、95%、77%。1998年，淄博市科学技术协会在桓台县召开刑事技术协会现场会。1999年4月29日晚，索镇东镇卫生室被盗药品一宗，经过勘查和指纹微机检索，发现暂住建国村王某的指纹与现场指纹相吻合。王某供认不讳，带破案件13起，案值1.5万元。

1999年至2000年年初，接报拦路强奸女学生案件9起，通过现场勘查，作出并案结论。侦查发现，唐山镇前七村罗某有重大作案嫌疑，技术员从其住处提取球鞋1双、沾有血迹大衣1件。经比对，认定9起强奸案均系罗某所为。2004年，现场勘查率100%，物证提取率和利用率分别为85%、17%。2005年，推动“侦勘一体化”，破解现场勘查与侦查脱节、证据获取固定难等难题。技术中队勘验现场685次，派出所勘验500次，痕迹提取率82%，利用痕迹串并案件42串310起。9月3日，荆家镇姬桥村一辆“五菱”面包车被盗。技术员现场提取到可疑指纹1枚，比中邹平县赵某的犯罪资料指纹。抓获赵某后，破获盗窃机动车案件6起，案值13万余元。

2006年12月19日23时30分，马桥镇五庄村商贸代理部经理杨洪亮被杀害，其子杨培财被打伤。通过勘查现场，分析应为熟人作案，嫌疑人身高约168厘米，体态较瘦，具有走路摇摆特征。以此，将嫌疑人杨成华纳入视线，从其住处提取到沾有血迹的衣服，通过比对受害人的DNA，得出认定结论，即侦破此案。是年，勘查现场611次，现场勘查率100%，痕迹物证提取率73%，检验鉴定率65.5%，出具认定鉴定书29份，直接破案16

2007年6月22日，举办治安案件现场勘验培训班

起，带破案件184起。2008年，应用现场勘查管理系统。落实“现场必须勘查、质量必须保证、鉴定必须准确”工作要求，勘查现场410次，现场勘查率100%，痕迹物证提取率81%，检验鉴定率82%，出具认定鉴定书21份，直接破案34起，带破案件189起。培训派出所技术员和刑警责任区中队DNA采集员，派出所技术员通过一个月实习，基本能够独立完成现场勘查工作，独立制作现场勘验检查卷宗。4月23日7时许，马桥镇高飞通讯门市被撬，被盗物品价值4.7万元。现场提取到可疑指纹1枚，通过远程查询系统，比中安丘市代某指纹，代某对犯罪事实供认不讳。2009年9月8日，索镇刘茅村东发生一起抢劫出租车案，技术员现场提取指纹3枚，经反复比对，比中嫌疑人张某。

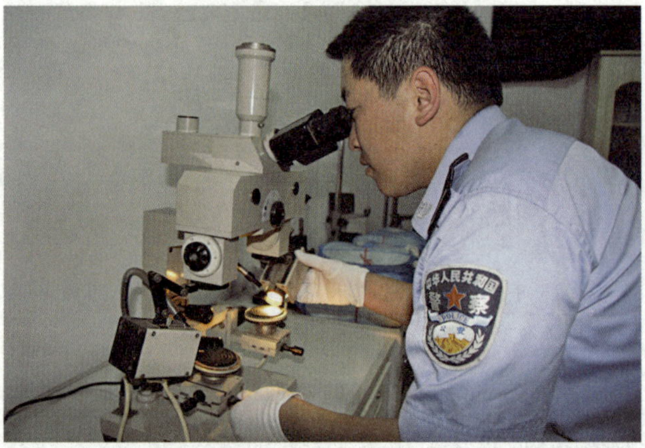
检材检验

2010年，省公安厅下发《山东省公安派出所现场勘验检查工作规定（试行）》，要求20人以上派出所设立2名技术员，10人以上派出所设立1名专职技术员和1名兼职技术员，5人以上派出所设立2名兼职技术员。技术大队集中培训派出所技术员，并分批到刑事科学技术大队实训。为派出所配备相应技术装备，指导派出所按标准建设技术室、信息室、采集室和物证室。2011年，严格落实“现场必勘”制度，提高小案现场痕迹物证提取率、检验率和信息录入率。是年，所有派出所安装足迹采集系统。2012年，推行“分组分片现场必勘”工作机制，举办派出所现场勘查技术员培训班4期，全县派出所技术员勘查、录入现场勘验信息387起，占勘查现场总数的48%。全局共勘查现场798次，出具各类鉴定文书43份，利用技术破获刑事案件175起。

2013年8月，少海派出所技术员王珂荣获全省小案现场勘查比武竞赛中一等奖。4月2日，技术员王毅参加全省公安刑侦视频工作经验交流会，介绍利用视频侦查破案经验。全局勘查并录入系统案件630起，串并案件56串444起，破获案件160起。2014年7月29日，新城镇张某在家中死亡，尸体高度腐败。技术人员采用磁粉刷显足迹的方式，成功显现并提取多枚嫌疑赤足足迹。吕某有重大作案嫌疑，但避重就轻不如实交代问题。技术员大胆创新，将A3纸张铺开成行，采集吕某行走足迹，摒弃传统的圆规三角尺测量比对，利用“photoshop图像处理”软件重叠技术比对，作出同一认定的鉴定结论。

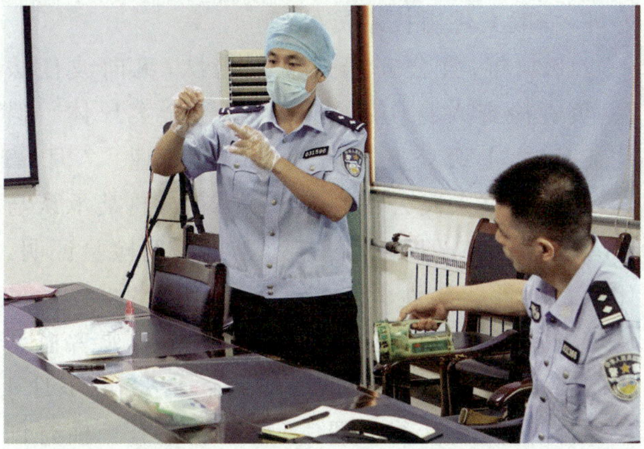

物证分析

2015年，勘查现场685次，痕迹提取率82%，利用痕迹串并案件42串310起。年初，多个小区刚交付的房屋墙体内电缆线被盗抽。技术人员通过检验比对足迹、指印、烟蒂等痕迹物证，从现场烟蒂中检出的DNA分型比中前科人员郝某，破获盗窃墙内电缆案件20起，案值10万余元。

2015年9月8日，勘查唐山镇盗窃玉米案现场

违法犯罪资料搜集

1957年1月28日，省高级人民法院、省人民检察院、省公安厅印发《关于开展罪犯十指指纹管理工作的联合通知》，对依法逮捕的反革命犯、其他刑事犯，24小时内捺印十指指纹，登记姓名卡片，建立指纹档案，省公安厅为全省指纹保管部门。4月19日，公安部三局下发通知，对依法刑事拘留的现行犯也应捺印指纹。6月14日，公安部下发《关于罪犯十指指纹管理办法的通知》。县公安局预审股负责对依法逮捕的反革命犯、其他刑事犯和依法刑事拘留的现行罪犯捺印十指指纹，登记姓名卡片。至1963年，预审股立指纹档案1000余份。“文化大革命”期间，指纹提取工作停止。

1979年11月16日，山东省公安局下发《关于恢复建立罪犯指纹档案管理的通知》，自1980年1月1日起，建立罪犯单指指纹档案管理工作，捺印范围扩大至依法逮捕、刑事拘留、拘役、管制的反革命犯和刑事犯，劳动教养、少年管教、强制劳动人员，收容审查的流窜犯罪分子和流窜嫌疑分子，抓获的现行犯罪分子，违反治安管理处罚条例而受到行政拘留人员，捺印任务分解至看守所、拘留所和刑事、治安办案部门及技术部门。1988年6月，县公安局制定《关于进行“违法犯罪信息系统”计算机管理的工作方案》。8月，建立犯罪信息资料库。1989年4月，县公安局购置1台浪潮0530型286计算机，设立微机室，利用计算机存储、录入、检索、查询违法犯罪资料信息。

1990年，县公安局配备2名专职资料员，各派出所健全资料工作岗位责任制，设置资料室，购置专用橱，提取指纹资料900份，分析指纹501份，制作照片400余份，制卡181份，信息表储存237份。6月5—9日，县公安局举办派出所资料信息员培训班。通过集体上课、分组讨论、模拟搜集、实地操作分析，掌握照相、指纹捺印、人像扫描等技术，提高情报资料信息收集能力。7月1日起，对行政处罚、收容审查、刑事拘留、逮捕人员，资料员收集资料并签字，加盖资料登记章。1992年3月28日，起凤烟站价值13742元的香烟被盗，技术员从现场提取到残缺指纹1枚，经反复比对资料系统指纹档案，认定系耿某作案，破案20余起。1993年4月3日，县公安局印发《关于做好违法犯罪信息资料工作的通知》，各单位搜集犯罪信息资料1009份，否定犯罪18人，认定犯罪1人。1995年，更新半自动指纹分析仪1台，收集犯罪信息资料1046份。1999年，犯罪情报资料实现微机化管理，通过查阅资料，获取线索13条，破案69起。

2005年，采集指纹3675份、DNA血样3521份，利用DNA、指纹比中嫌疑人51人，直接破案76起，带破案件150余起。2006年，采集指纹资料1493份，录入现场指纹36案108枚，直接认定犯罪嫌疑人9人，带破案件103起。2007年，采集指纹资料2779份，完成任务数的126.3%。充分发挥指纹远程工作站作用，利用指纹破案34起，完成任务数的117.2%。2008年，采集指纹资料3047份。2009年，采集指纹资料2661份，破获案件48起。

2010年，采集指纹资料3224份，破案59起，抓获嫌疑人16人。5月初，淄博冠伦板纸有限公司配电室被盗，在现场提取到多枚指纹。5月16日，巡逻查获可疑男子闫某，采集、比对其指纹信息，认定与淄博冠伦板纸有限公司被盗现场遗留指纹相同，由此打掉一个重大犯罪团伙。2013年，采集指纹2432份，录入足迹系统鞋印1839枚，采集DNA血样3366份，利用指纹直接破案45起，利用活体指纹采集仪直接认定犯罪嫌疑人8人。在全市公安机关“现场勘查生物检材提取”攻坚行动中，68起案件现场提取到生物检材，直接比中13起。通过跨区域协作平台，跨省录入115名嫌疑人信息，破获外省案件521起。2015年，采集指纹3675份，出具指纹鉴定书8份，采集DNA血样3521份，利用DNA、指纹认定嫌疑人51人，直接破案76起，带破案件150余起。

录入指纹

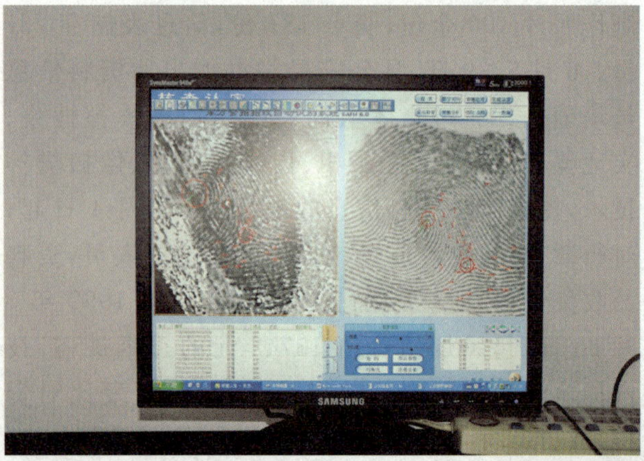

比对指纹

法医工作

20世纪50—70年代，辖区发生重大案件，需要法医处理的，县公安局邀请上级公安机关法医处理，一般案件由技术员处理。

1980年，县公安局成立刑警队，巩向波任法医，负责检查人身伤害情况和解剖命案尸体。遇复杂案件，上级公安机关法医协助处理。7月25日，办理新城人民公社赵某杀人案中，赵某承认与死者发生争执，但否认击打死者。解剖检验证明，死者系颅骨凹陷性骨折导致脑挫伤死亡，技术员从现场木棍提取到毛发及血迹，血型与死者血型相同，在证据面前赵某供认罪行。1983年4月1日，起凤人民公社穆某遇害，尸颈左侧有一横行创口，由于出刀时扩大创口而形成一定坡度，很难反映凶器宽度，法医借助两个6倍放大镜测量，发现宽度为2厘米，认定系大型水果刀所致，以物查人，及时抓获罪犯，从其家中搜出凶器。1985年，军医王有红转业，从事法医工作。1987年，法医检验尸体31具，认定案件3起。1月15日夜，邢家乡演马村青年妇女李某突然死亡，医院诊断为心肌梗塞致死。死者娘家人对死因存疑，要求尸检。经法医检验，死者脚趾有电烧伤痕迹，确认系杀人案件。经审查，死者之夫张某因喜新厌旧而杀妻。1986—1990年，法医检验尸体128具，均出具鉴定书，为侦查破案和平息民间纠纷发挥作用。

1991年，开始活体伤情鉴定工作，鉴定15起20人次；受理尸检28起，认定犯罪4起，出具鉴定书24份，法医物证检验6起。1992年，尸检56具，鉴定伤情70人，出具鉴定材料53份。1993年，案件、事故造成伤亡人员增多，县公安局设立法医鉴定中心，全年受理活体检验113次，出具鉴定书86份，检验报告27份；法医勘查现场72次，尸检60具，出具鉴定书43份、检验报告17份，受理物证检验13件。1994年1月6日，县公安局印发《关于对非刑事案件受伤人员统一进行法医鉴定的通知》，各派出所受理的治安案件、民事纠纷案件中的受伤人员，须经法医鉴定后方可查处。12月，田庄镇傅桥村付思华报称，其与本村郭思书发生争执，因正当防卫将郭思书杀死。法医根据现场血液喷迹，认定系伪装现场，在证据面前，付思华供认杀人犯罪事实。是年，受理活体检验142次，均出具鉴定书，法医勘查现场82次，尸检62具，出具鉴定书45份、检验报告17份。1995年，出具法医技术鉴定87份。

2000年1月，县公安局联合县卫生局发布《关于治安伤害案件指定就诊医院的意见》，定点医院以行政区划作为设置依据，各派出所受理的轻微伤害案件被侵害人，到驻地镇卫生院就诊。索镇分局、巡警大队查处的该类案件，被侵害人可就近到县人民医院、县中医院、县妇幼保健院、索镇卫生院就诊。县公安局参考指定医院的诊断证明，结合案件调查和身体检查情况，作出伤情鉴定结论。2005年5月11日，县公安局建立实施法医学人身伤情鉴定公开制度，案件当事人不服鉴定结论，可以申请重新鉴定。是年，出具伤情鉴定书、检验报告352份、尸体检验鉴定109份、DNA鉴定

法医采集检材

书43份。2006年9月30日，博汇公司职工岳忠臣死于单位宿舍楼下，初检发现其多处皮下淤血、骨折等伤情，侦查人员认为岳忠臣有被伤害致死可能，拟对同宿舍人员立案侦查。法医通过尸体解剖检验和实地勘查，结合调查访问情况，认定该案系酒后坠楼导致死亡的意外事故。

2007年，成立刑事科学技术大队法医中队。购置尸体冰柜、解剖台等先进设备，尸体检验150具，法医伤情及伤残鉴定245人次，制作各类法医鉴定书及报告书404余份。2008年4月28日，胶济铁路周村段发生重大伤亡事故，县公安局法医被抽调到善后处理工作小组，负责遇难遗体的甄别、分类、编号和提取DNA样本等工作，对10个尸包中的对8具尸体及5块尸块进行尸体检验、检材提取、指纹捺印，为事故善后处理和遗体辨认提供依据。10月8日，省公安厅为法医李仁国记二等功。2009年，不断加强法医毒化检验鉴定工作，保障检验鉴定的公正性、独立性、合法性，实现法医工作零上访的目标。6月，全市法医工作零上访现场会上，县公安局介绍经验。

法医门诊

2012年，县公安局建成DNA数据库，出具伤情检验鉴定300份，尸体检验鉴定180份，DNA检验案件94起，毒化检验案件7起，为案件审查起诉提供关键证据。2013年，尸体检验103具，活体检验275人次，出具鉴定书、检验报告378份，送检法医物证147案436次。8月18日晚，在马桥镇辛庄村村北发现一具男孩尸体。市、县两级刑事科学技术人员进行尸体检验，法医结合病理检验，确定系大面积皮下出血合并多脏器损伤致创伤性休克死亡，该结论为侦破案件指明方向。2015年，出具伤情鉴定书、检验报告352份，尸体检验鉴定109份，出具DNA鉴定书43份。

文检工作

1976年、1979年、1982年，县公安局政保股技术员伊若健三次到惠民地区公安局文检班学习，掌

1982年4月24日，伊若健（后排左二）在惠民地区公安学校文检专业毕业合影

握非正常书写文字检验、伪造票证检验、印章印文和邮戳检验文件专业知识。1976—1978年，鉴定4起反动标语案文字，认定作案人员。1982年3月20日，受周村警方委托，检验周村燃料商店发现的669张煤票真伪和嫌疑人王某家中铅字，认定煤票系用王某家中的铅字打印。至1983年，利用文检技术破案83起。1984年，刑警队设立文检岗位，黄有宝负责文检工作。3月5日晚，马桥乡前金村金宗龙收到恐吓信一封。经文字鉴定，系本村社员金某所为。1987年，出鉴定书15份。1991年，黄有宝到公安部学习文检技术，利用文检技术破案20余起，为审判机关提供文检鉴定结论33件。1995年，利用派出所搜集的字迹档案，通过文检技术破案2起，省公安厅转发该做法。

1995年7月，田庄派出所民警于孝诚到中国刑警学院学习文检业务。1997年8月，于孝诚到技术中队从事文检工作。2004年10月—2005年5月，唐山镇政府驻地及周边3个村庄42名私营企业主及富裕人员分别收到勒索3万元的敲诈信。文检技术员检验42封敲诈信后，认定系一人所为，根据文字特征，刻画犯罪分子40岁左右，初中文化程度。据此，专案组排查确定唐山镇古城村沈某某具有重大嫌疑，提取其字迹比对，认定敲诈信为沈某某所写。经传唤，沈某某供认不讳。

2005年10月，经侦大队受理起凤镇巩某控告田某利用合同诈骗一案。文检技术员于孝诚根据字迹特征，结合心理测试，认定签名系田某所写。2007年，受理文件检验18件次，出具文检鉴定书13份。2009年，受理文件检验10件次，出具文检鉴定书5份。2010年后，随着刑事技术全面兴起，文检逐渐被其他技术手段所代替。

心理生理测试

2001年6月26日—7月3日，县公安局刑警大队侦查员段秀毅参加清华同方测谎员培训班。培训结束后，从清华同方购置1套价值3.8万元的SPS4000型心理测试仪，开展心理测试工作。其工作原理为问及某事件时，根据测试对象的心率、血压、呼吸速率及皮电活性等指标相对于普通水平的变化，来表明是否正在说谎，以此判断供述的真实性。通过排除法，缩小侦查范围，确定侦查方向。7月5日，刑警大队侦办陈某抢包案时，使用心理测试仪，其生理指标反映强烈，可以认定作案，办案民警遂对其重点审查，顺利侦破案件。

2005年2月24日，桓台县张某到一饭店吃饭，将装有1.5万元现金的提包遗留在饭店内，5分钟后返回寻找未果。接案后，侦查人员初步分析确定2名饭店工作人员和3名顾客存在作案嫌疑，但无证据证实。经领导批准，对5名怀疑对象进行心理测试，测试结果为全部通过。侦查员决定扩大摸排范围，最后嫌疑落在饭店门卫王某身上。经正面接触，王某很快交代作案经过，并从其家中缴获赃款。2月26日，段秀毅参加全国公安机关心理测试技术专门业务与岗位培训班，进一步提升心理测试工作水平。2006年1月19日，猪龙河唐山段发现新城镇小石家村石某尸体，经现场勘查，确定系一起杀人案，死者之妻李桂华有作案嫌疑，但其拒不交代犯罪事实，通过心理测试，其嫌疑进一步上升，通过加大审讯力度，李桂华供认勾结奸夫杨修海杀害丈夫的犯罪事实。2月5日、2月10日夜，新城镇逯家村窑厂草苫子两次被放火烧毁。通过调查，确定3名嫌疑对象。结合现场取证情况，县公安局决定利用心理测试技术进一步甄别嫌疑人。2月14日，对以上3人分别进行心理测试，王希某没有通过测试。办案人员依法传唤王希某，王希某交代为报复而放火的犯罪事实。据其交代，提取到作案时穿的鞋子，与现场遗留的脚印比对吻合，案件告破。

自2001年起，县公安局每年利用心理测试技术参与办案20～30起，并多次应邀到周边地区协

进行心理生理测试

助办案。2010年后，较少应用心理测试技术，主要对个别案件进行辅助性技术测试，测试结果供侦查人员参考。

警犬工作

1961年6月，博兴县公安局治安股祝兆贤到省公安厅学习刑事技术和警犬训导业务。年底，祝兆贤带警犬“卧虎”返回桓台县公安局开展工作，后换警犬“虎”。1962年1月1日，携带警犬参加现场甄别，警犬直接确定犯罪分子，破获一起从博兴县盗窃15件衣服的案件。11月24日1时许，唐山区阎高大队五小队粮仓270斤小麦被盗，训犬员祝兆贤携“虎”赶赴现场。以犯罪分子所留的脚印为嗅源，根据“虎”的作业表现，确定黄某有重大嫌疑。黄某供认与徐某合伙作案的事实，并交出赃物。12月4日夜，唐山区后七里大队第六生产队会计室夜间被盗现金400余元，在有10余名怀疑对象但无直接证据情况下，根据现场条件，决定使用警犬“虎”鉴别，通过搜集嫌疑人的鞋子，用感染嗅气作嗅源鉴别，连续作业2次，确定张某有重大嫌疑，张某当即认罪，交出赃物。这是惠民地区首次使用警犬利用感染嗅气破案。1963年1月17日，惠民专署公安处转发该经验做法。2月5日，山东省公安厅三处转发该次使用警犬破案情况。1965年，县公安局配备警犬2只。“文化大革命”初期，由惠民地区公安处桓台刑侦技术点负责桓台及周边县的警犬应用工作。

1961年，祝兆贤与警犬“卧虎”合影

1985年，县公安局恢复警犬工作，时有警犬1只。1986年增加1只，警犬训练员2人。1987年，警犬出现场39次，实际应用22次，提供侦查方向17次，直接破案4次。2月6日夜，果里乡东马村张玉梅家中被盗现金2000元。训犬员陈恒斌带警犬“克海”赶赴现场，以张玉梅家门口西侧的蹬痕为嗅源进行追踪，警犬“克海”追到本村张某家中，传讯张某并作检验痕迹认定，仅用7小时破案。1988年，警犬出现场31次，实际应用29次，提供破案方向18次，直接认定犯罪3次，参加守候抓获犯罪分子2次。4月14日，田庄镇傅桥村王朋家中被盗现金1070元，刑警队使用警犬追踪，直接追到傅桥村王希某家。通过审讯，王希某供认作案过程，并交出赃款。5月31日，训犬员陈恒斌带警犬“克海”到新城镇王家村抓捕拐卖人口犯张乃某。6月1日零时许，发现抓捕目标后，警犬“克海”狂追过去，咬住张乃某裤腿，张乃某掏匕首时，“克海”咬住其手，张乃某束手就擒。是年，陈恒斌被评为淄博市最佳训犬员并荣立三等功。1989年，使用警犬提供破案方向的7起，认定犯罪和破案5起。1月18日夜，桓台县水泥厂设备仓库被犯罪分子撬门破锁，盗走铜瓦16块，价值2000余元，案发后训犬员带警犬赶赴现场，利用警犬追踪，为破案提供正确的方向。7月，陈恒斌再次被评为淄博市最佳训犬员并荣立三等功。

1985年，陈恒斌与警犬“克海”合影

1990年，市公安局配送县公安局训练幼犬1只，

警犬"克海"正在追踪

共有训练犬3只，繁殖犬1只。全年出现场23次，其中为外地出现场4次，发挥作用2次，直接破案2次，提供侦查方向11次，接受鉴别案件3起，其中认定1起，否定2起。1月8日，桓台县食品厂建筑工地被盗铁管一宗，使用警犬追踪，直接追到犯罪分子于某家中。1月14日，临淄区路山乡新型材料厂发生一起保险柜被盗案件，接到临淄警方求援电话后，技术员带领警犬赶到现场，通过警犬追踪，找到作案工具来源点，为破案提供方向。是年春，陈恒斌带警犬"克海"参加全省警犬业务比赛，荣获第二名。随后，警犬"克海"参加全省公安阅兵式和全市公安阅兵式表演。12月2日，警犬"克海"因肝、肾上火而死亡。1992年，县公安局2名训犬员训练选育的小犬正式投入使用。警犬出现场50次，提供破案方向20次。1993年，训犬员既当训练员，又当技术员，警犬出现场13次，为侦查提供方向9次。1994年，强化警犬训练，尽量多出现场，提高用犬意识和警犬实践能力。1997年7月，因犬种退化和环境变化，警犬使用率较低，按照市公安局要求，县公安局撤销警犬工作。

2006年，县公安局恢复警犬工作。从省公安厅警犬训练基地购买4只德国黑背牧羊犬，分别为"公牛""黑客""黑虎""莱西"，4条公犬年龄均为1岁，已通过基础科目训练。3月4日，4名协警前往省公安厅警犬训练基地接受集中培训，培训内容为人和犬的亲和训练和基础科目训练，基础科目分别为坐、卧、立、后退、叫、匍、握手、咬、钻火圈。6月6日，4名训犬员带犬在城区巡逻。2012年，全市大巡防启动仪式在桓台举行，警犬"莱西"进行钻火圈和扑咬表演。2014年，"公牛""黑客""黑虎""莱西"因年龄偏大不适应工作要求，县公安局从济南铁路局公安处购置4条1岁犬龄的德国黑背牧羊犬，分别为"闪电""狼牙""莱西""雪豹"（均为2013年4月28日生，父亲"巴顿"，母亲"路沙"）。4名训犬员从人犬亲和训练开始，训练坐、卧、立、靠、后退、翻滚、钻火圈、障碍跨越、扑咬等基础科目。历时8个月，训练合格并投入巡逻业务。2016年5月31日，3名训犬员到南京警犬训练基地参加培训，从公安部南京警犬研究所购置2条史宾格警犬，分别为缉毒犬"哈利"（2016年1月5日生，父亲兰晶柯，母亲芝优南），血迹追踪犬

训练警犬

"小七"（2016年1月15日生，父亲"民念呼"，母亲"银颜泰"）。9月30日，将"哈利""小七"带回，继续训练。

第五节　重大案例

王福彬破坏粮食政策案

1953年10月，中共中央制定关于粮食统购统销的政策。桓台县卫固村王福彬不遵守国家政策，抢购套购国家粮油，囤积居奇，哄抬物价，牟取暴利，进行投机倒把活动。

王福彬在卫固、索镇设有"复盛和""复太昌"油坊，雇工20余人。1951年，桓台县税务局到"复盛和"油坊查账，发现其偷税漏税7000余元，被人民政府扣押8个月，定为不法经营户。1953年，粮食统购统销政策实施后，王福彬在沾化县赊购豆饼40万斤，换小麦30万斤，偷运青岛高价出售，获取暴利。并在本县卫固、唐山、田庄、起凤等地

套购大豆70余万斤、豆饼15万斤、小麦45万斤，造成粮食市场一度混乱。当粮食部门供不应求时，其高价出售，并公开煽动、挑拨干群关系。除在本地非法经营外，窜至西安、宝鸡、天津、大同以及齐东、青城等地买空卖空，造成粮食市场混乱，致使统购统销政策无法落实，被群众称为粮油大奸商。

1953年10月，经淄博专署批准，县公安局将扰乱市场秩序、投机倒把、破坏粮食统购统销政策的粮油大奸商王福彬逮捕。经审理，该不择手段、坑害群众、投机经营、非法获利，罪行严重，经山东省高级人民法院核准，被依法判处死刑。1954年4月1日执行枪决。

牛旺坟地碎尸案

1960年8月1日清晨，博兴县田庄区牛旺大队牛家坟地发现一具碎尸。8时许，博兴县公安局副局长于文鹏接到报案后，立即带领刑侦技术员赶赴现场。

尸体躯干埋在坟地东南角，四周有铁锨铲土痕迹及踏倒的杂草，足迹杂乱。装尸块的麻袋破旧无标记，尸块系一躯干。根据现场勘查和尸检分析，确定埋尸处是移尸现场，第一现场可能在附近；碎尸目的可能是为了移尸，凶手不像是壮劳力；死者为男性，被害时间四天左右，无人寻找，可能是外地人。侦查人员认为找到第一现场是破案关键，找全尸体是确认死者年龄、相貌、身份的必要条件。

勘查工作由坟地中心向四周展开，经过仔细勘查，在坟地及附近陆续发现死者的下肢和头颅。尸体复原后，技术员认定死者30多岁，男性，身长1.7米以上，相貌无法辨认，头部是致命伤，死者极大可能系不备之时被钝器击中头部致死。

侦破组分头行动，技术员继续查找第一现场，侦查员深入坟地周围，发动群众排查失踪人员、外来人员和可疑人员。田庄大队治保人员通过走访，发现妇女张某家情况可疑，便向侦查员汇报。侦查员实地检查张某家，在门框中部和门扇上部各发现1枚模糊血手印，西屋地面墙根似用水冲刷过，墙壁上有多处刀刮痕迹，地上有一群忙碌的蚂蚁，技术员从蚂蚁群里夹起一粒高粱粒大小的暗红色颗粒，确定是细碎的肉末。仔细勘查发现，被冲刷过的墙根处仍存有血迹，同时从栏棚内搜出带血的小撅一张，从草垛里搜出沾满血迹的旧棉絮一团。侦查员由此断定张某家就是杀人碎尸的第一现场，即抓获张某和姘头胡某。经审讯，7月27日深夜，胡某图财害命，砸死住在张某家的小商贩荣敦生，与张某一起碎尸，7月28日晚抛尸于牛家坟地。

胡某在审理中因病身亡，张某被判处有期徒刑八年。

文庄村耕牛被毒死案

1977年9月23日9时许，田庄人民公社文庄大队报案，第五生产队饲养处发生耕牛中毒案件。接报后，县公安局派员勘查现场。

文庄大队第五生产队饲养处有耕牛6头、马2匹，往日牲畜食欲、饮水正常。9月22日下午，饲养员李某某发现部分耕牛口吐白沫，不吃草料。经兽医治疗，不见好转。9月23日凌晨，连死3头耕牛，其他耕牛也出现明显症状。县公安局技术员初步检验，认定耕牛系中毒死亡，遂提取牛的胃溶物、饲料高粱面及牛槽内剩余草料，到省公安厅作技术鉴定。同时，调查工作全面展开。期间，其他3头耕牛相继死亡。

正逢“三秋”大忙季节，6头耕牛全部死亡，社员情绪不安，要求县公安局迅速破案。调查发现，社员仇道某及儿子仇若某精神反常，仇若某幸灾乐祸，不时唱上几句。仇道某是被新任生产队长辞退的菸匠，仇若某是刚被撤换下来的生产队长。据其反常表现，办案人员分析二人有报复作案可能。经省公安局鉴定，送检物中均有砷类。社员反映，仇道某家中有信石（即砒霜原料），信石主要成分是硫化砷，大毒。

10月4日，在证据基础上，县公安局决定对仇道某就地审查，仇道某交待投毒致耕牛死亡的犯罪事实。仇道某因儿子仇若某被撤销队长职务，且因自己曾有盗窃生产队麻袋、炉条、鞭杆等行为，被新队长辞退生产队菸匠职务而心怀不满。9月21日下午，乘队长让其在饲养处干活和饲养员外出碾谷米之机，回家将信石砸碎后撒到两个牛槽内和盛高粱面的饲料缸内，导致6头耕牛死亡。

11月3日，仇道某被逮捕，后被法院依法判处有期徒刑二十年。

张继林流氓团伙案

1983年8月，县公安局组织开展“严打”第一战役第一仗，把张继林流氓团伙纳入工作视线。张继林，是年26岁，原籍博山区，系桓台县建筑公司工人。1980年7月，张继林因经常打架斗殴、扰乱治安秩序，被劳动教养二年。1982年6月解教后，张继林不思悔改，有工不做，继续作恶，成为索镇一霸，结成以其为首的流氓犯罪团伙。

8月12日，经惠民地区公安处批准，县公安局对张继林收容审查，并对其同伙展开追捕。县人民检察院、县人民法院提前介入，对该案依法审查、审理。

张继林打人成性，群众望而生畏、避之不及。1982年8月，张继林与同事高某闲谈，听着高某的话不顺耳，即对高某拳打脚踢。高某出院后，张继林继续追打，高某只好躲着走。张继林看着同事陈某不顺眼，二话不说，就将陈某打伤，并殴打劝解的同事。在索镇大街，先后有6人无缘无故被其殴打。部分社会不良青年向其靠拢，逐渐形成恶势力犯罪团伙。该团伙部分成员流氓成性，丧失人伦，个别人员甚至与同伙一起轮奸自己的亲姐妹。张继林先后强奸、奸污妇女5名，多次与2名妇女鬼混。11月，张继林与杨某、于某、宋某信、宋某祥等人，盟誓结伙，刀割手腕，以示忠诚。他们流窜于北镇、张店、沾化、博兴及桓台县新城、荆家、索镇等地，盗窃现金5000余元及其他物资一宗。

张继林及6名同伙被收容审查后，威胁办案干警，扬言事后报复。在对抗审查的同时，张继林在监室起哄闹事，不服看守管理，并向同监室犯罪分子传授作案方法，造成恶劣影响。法院依法判处张继林死刑，12月28日，张继林被执行死刑。

管庆山故意杀人案

1992年1月7日，桓台县果里乡东店村李修成及妻子赵彩英、儿子李永被杀死在家中。县公安局迅速调集警力，进行现场勘查和调查走访。

经调查，李修成承包村里窑场数年，民工大多来自平邑县。前几天，带队民工管庆山为结账一事与李修成发生争执，管庆山成为重点怀疑对象。县公安局立即派员前往平邑县搜捕，并将案情通报全省各地公安机关。1月8日早6时许，烟台港警方抓获管庆山。

管庆山系平邑县仲村镇东坝子村人，1991年年初被李修成雇佣到窑场烧砖，负责管理民工生产和生活，平时用款都是暂借款，在年终对账时，管庆山认为部分借条有假，即心怀不满，产生报复恶念。1月7日，去张店购买作案工具，当晚又返回李修成家，称对账目还有怀疑，李修成同意管庆山住下后继续对账。21时许，管庆山同李永在西头北屋看电视，趁李永不备，用刀刺向李永颈部，李修成夫妇从东头北屋赶到，管庆山将赵彩英、李修成刺倒，随后逃跑。当夜乘火车窜至烟台，准备逃往东北时被抓获。

1992年8月28日，管庆山被判处死刑。

陈同军强奸流氓案

20世纪90年代初，荆家镇陈桥村治安问题突出。根据县委安排，1993年4月21日，县公安局专案组进驻荆家镇陈桥村，治理其治安混乱局面。群众反映，村内有两霸，“一号街长”陈同军与“二号街长”陈同洲。其中，陈同军民愤最大。但是相关受害者害怕报复，敢怒不敢言。专案组获取确凿证据后，将陈同军等多人抓获。随后发动群众，检举揭发各类违法犯罪行为。

陈同军17岁走上违法犯罪道路。1987年12月和1988年6月，因盗窃、抢劫两次被逮捕，两次被免诉。1988年9月被劳动教养二年。1990年4月解教后仍不悔改，道德败坏，流氓成性，个别村干部利用其以暴制恶，助长其淫威。陈同军经常酒后寻衅滋事，侮辱妇女，轻则拳脚相加，重则刀棍殴打，且总以杀人相威胁，在村内横行霸道，耀武扬威，群众胆战心惊。陈同军先后强奸妇女6名，其中幼女1名，未遂2名，殴打无辜村民20余人，敲诈勒索现金物品1.4万余元。陈同军向陈某索要钱财，因未按照要求时间交钱，陈某被打得两次住院，最后只好流落他乡。

1993年5月20日，陈同军因涉嫌强奸罪、流氓罪，被依法逮捕。1994年1月27日，陈同军被执行死刑。

“3·18”特大杀人焚尸案

1994年3月18日4时许，起凤镇傅庙村张庆岭家发生一起火灾，张的妻子宋爱华和8岁儿子张志刚被烧死，两人颈部和面部都有伤痕。

县公安局组成专案组。干警两天访问2700余人，摸排筛选1万余人，排查出的嫌疑人被否定。经查，张庆岭家没有明显仇家，且宋爱华作风正派，附近村庄人员没有与其有深仇大恨之人。再次向张庆岭了解情况时，得知他承包的省建筑科学研究院工地上有一叫王峰的男子，3月16日请假未归。专案组接触王峰时，发现其面部左侧有几处伤痕，衣服上有血迹。经市公安局刑警支队化验，王峰衣服上血迹的血型与死者血型相同。干警到高青县青城镇成家村王峰家中搜查，在其住处搜出匕首1把，与现场鞋印特征相同的鞋子1双，且上面附有点状血迹。在证据面前，王犯交代强奸、杀人、抢劫、放火的犯罪事实。

王峰，曾因盗窃两次判刑。3月9日去张庆岭的建筑工地打工。王峰得知张庆岭长期包工，认为家中有钱，决计实施抢劫。3月17日深夜，王峰翻墙入院，撬窗入室，持刀将宋爱华强奸。在撕打中，宋爱华抓伤王峰脸部，王峰持刀朝宋爱华颈部连捅数刀，又朝被惊醒的张志刚猛刺一刀。随后，翻箱倒柜寻找钱财，未能如愿，便放火焚尸灭迹。

1997年1月29日，强奸、杀人、抢劫、放火犯王峰被判处死刑。

宋振刚故意杀人案

1996年8月13日，淄川区龙泉镇高升长夫妇到侯庄镇官西村宋振刚家索要欠款，数日不见踪影。县公安局立即展开调查。

经调查，4月5日，宋振刚以合伙承包某发泡剂厂为由，借高升长现金5.7万元，高多次催要未果。民警找到宋振刚，宋称8月13日高氏夫妇没有向其要账，一会又说高氏夫妇要过账，但坐公共汽车回家了，前后自相矛盾。8月20日，县公安局将涉嫌诈骗犯罪的宋振刚收容审查。宋振刚被提审时总是神色不定、编造谎言。8月27日再次提审，其又说高氏夫妇已于8月13日被他和一名出租车司机杀害，尸体在淄川一桥洞内。当宋被押上警车，令其指认现场时，终于耷拉下头，交代尸体在侯庄镇和果里镇交界的废窑场内。民警带其指认现场，获取罪证。随后，宋振刚彻底交代罪行。为逃避高氏夫妇催要欠款，宋振刚购买镐柄、汽油等作案工具。8月13日13时许，宋振刚以到索镇赵家村董某处要钱为名，把高升长、张秀美骗至窑场附近，残忍杀害。后移尸至凤鸣村窑场烟囱内撒上汽油焚尸，又把烧后的残骸遗骨抛入姜坊村石灰窑的废井中。

1997年1月29日，宋振刚被判处死刑。

张希珠故意杀人案

1997年5月15日，博兴县兴福镇兴四村赵瑞真在索镇大集上失踪。县公安局指令各派出所查找。

5月25日，索镇刘茅村村民反映，曾有两男子领一体貌特征与赵瑞真相似的妇女到过该村刘某家。传唤刘某，刘称5月15日晚，侯庄镇龙东村张希珠和索镇镇花园村高某曾带一妇女到其家中，想把她卖掉。5月26日凌晨，传唤张希珠。张供称赵瑞真当晚被淄川区洪山镇董瓦村的狱友张玉树领走。民警冒雨查询，张玉树已六年多下落不明。民警识破张希珠伎俩，经过斗智斗勇，张希珠交代已将赵瑞真掐死并埋到自家厕所内，民警将赵瑞真尸体挖出。

案件移交预审科审理。预审科之前审理张希珠盗窃案时，曾怀疑淄川区一爆玉米花人员在他家失踪情况反常。在与张针锋相对较量的同时，突然把从其床下秘密提取到的失踪人的玉米爆花机放到张希珠面前，张又交代1991年将狱友张玉树毒死并埋藏在家中，将其财物卖掉的犯罪事实。当日下午，张玉树的尸骨被挖出，一起埋尸六载的命案告破。

1997年12月25日，张希珠被判处死刑。

“3·17”系列强奸案

1999年3月17日6时许，唐山镇徐店村初中女学生张某，在上学途中被一男青年骗至一空房内强奸。接报案后，县公安局迅速开展现场勘查和访问工作，因现场被雨水冲刷，未能提取到有价值的痕迹物证。通过调查，该案特点与1998年10月15日、1999年2月24日唐山镇发生的2起强奸案相似，县公安局决定将3起案件并案侦查，成立侦破“3·17”系列强奸案专案组。

专案组对3起案件分析，确定以唐山镇为中心，逐步向周围乡镇延伸，展开调查排摸工作。历时9个多月，涉及6个乡镇，走访群众1万余人，先后摸排出重点嫌疑人12名，仍未找到真凶。

2000年2月28日前后，在耿桥、邢家等地又有3名女学生被强奸，专案组从不同现场提取到有价值的血迹、分泌物及鞋印。4月10日，唐山镇后七村罗光友被纳入侦查视线，经过外围工作，罗光友嫌疑上升。组织受害人对其照片进行辨认，一名受害人清晰的确认作案人员就是罗光友。

4月11日，专案组在传讯罗光友的同时，在其住处提取到一件沾有血迹蓝色棉大衣及一双白网球鞋。经鉴定，其大衣上发现3种血迹，与“3·17”系列强奸案中的3名受害人的血型相同，其网球鞋纹与“2·28”现场的鞋印特征相吻合。经过审讯，罗光友交待数年内连续作案31起，强奸31名女学生的犯罪事实。

2001年4月19日，强奸犯罗光友被判处死刑，执行枪决。

马林故意杀人案

1999年8月26日，桓台县新城镇崔家村发生一起杀人案，村民张志鑫的5岁儿子张胜杰被人溺死在家中水缸内，女儿张文婷被砍成重伤。民警迅速赶到现场展开侦查工作，询问苏醒后的受害人张文婷，确定其邻居马林有重大作案嫌疑，民警立即抓捕马林，但是马林作案后潜逃。民警对马林可能藏身落脚的建筑工地、桓台县和周边区县中小型旅馆、车站等进行全线布控，但是一直未查到马林下落。

此后15年间，公安机关始终咬定案件不放松，开展大量艰苦细致的工作。期间，采集马林父母和女儿的血样比对DNA信息库，未发现线索。

2014年8月初，市公安局刑侦支队重新比对马林父母血样DNA，发现与2011年11月21日广东省佛山市南海区一起强奸案件中嫌疑人信息相似，断定案件的嫌疑人很可能是马林。追逃组两次赴广州调查，在当地警方协助下，11月14日中午，将马林抓获。经审讯，马林对1999年8月26日故意杀人案件供认不讳，同时交代2011年11月21日在广东省佛山市强奸一女子的犯罪事实。

2015年11月24日，马林被判处死刑。

“2·10”特大杀人抢劫案

2001年2月10日8时，桓台县索镇永和村妇女崔爱兰在家中被人用蒜锤砸伤头部，经抢救无效死亡，家中部分财物被抢。县公安局成立专案组，定为“2·10”杀人抢劫案件。

2月17日晚，果里镇东边村某收购站发生一起抢劫案，刑警大队当晚将其中一名犯罪嫌疑人刘某某抓获。刘对作案事实供认不讳，并供出同伙果里镇龙北村张光洲。审查发现，张光洲一进入废旧收购站，就随手拿起称砣击打受害者，其就地取材的作案手段与“2·10”案件相似。进一步查证，张光洲曾在永和村租过房屋，两案中受害者反映的犯罪分子体貌特征与张光洲一致，遂将张光洲列为“2·10”案件重点嫌疑人，对两起案件并案侦查。

6月21日凌晨，根据线索，在张店某建筑工地宿舍内将张光洲抓获。经审讯，张交代2月10日抢劫杀人的犯罪事实。结合其他证据，加大审讯力度，张又供述2000年4月12日夜，窜至前毕村狱友王立洪住处，用斧头将其砸死，抢劫彩色电视机1台、现金100余元；2000年11月11日，以租车为名窜至耿桥村耿某某家中，将其10岁的女儿打昏塞入床下，抢劫青岛牌照相机1部。

2002年4月26日，张光洲被判处死刑。

“5·17”特大撬盗保险柜案件

2007年5月14日凌晨，桓台宏宝莱股份有限公司财务室保险柜被撬，被盗现金10万余元。5月17日夜，索镇花园纸业有限公司保险柜被撬，被盗现金7万余元。6月3日夜，淄博大桓九宝恩皮草有限公司财务室保险柜被撬，被盗人民币54024元、美元901元、欧元2300元，损失8万余元。民警认真梳理3起案件，对每起案发现场提取的痕迹、物证筛选比对，根据作案手法和相关信息，认定系一伙人所为，遂并案侦查。省公安厅定为“5·17”特大撬盗保险柜督办案件。县公安局迅速成立专案组。

专案组根据相关线索，逐渐扩大地域范围，开展外围调查和技术侦查、串案分析。经过两个月艰苦的外围侦查，案件取得突破性进展，民警顺线出击，8月20日在诸城大亚湾酒店和潍坊火车站附近一旅馆内将广西籍嫌疑人韦生某、李显某、林某、韦兴某、李某等5人抓获。根据线索，专案组乘胜追击，8月29日，南下广西、广东，日夜兼程，辗转二省六市，行程1万千米，在广西抓获团伙成员韦金某、韦某、杨某等人，在广东抓获农某。该团伙自2004年以来，结伙或交叉窜至辽宁、江苏、河南、吉林、内蒙古、广东、安徽、山东等地撬盗保险柜作案50余起，案值200余万元。

2008年11月4日，淄博市中级人民法院以盗窃罪判处韦生某无期徒刑，剥夺政治权利终身，并处罚金十万元；分别判处韦兴某、李显某、林某有期徒刑十五年，并处罚金八万元；判处其他7人有期徒刑十三年至三年，并处罚金六万元至三千元。

“5·5”特大绑架儿童案

2009年5月5日20时许，桓台县起风镇华沟村两名男童外出玩耍时被一驾驶蓝色雪弗兰轿车的男子带走。案件成为全县舆论焦点，县公安局专案组面临巨大压力。

5月12日早6许，一名儿童的父亲突然接到一陌生男子电话“你的孩子在我手里，必须交15万元赎金”。专案组决定实施引蛇出洞方案，让受害人家属先打2.1万元至嫌疑人指定的账户上，稳住绑匪，防止狗急跳墙伤害人质。同时，通过缜密侦查，锁定绑匪在银川市附近一带活动。专案组火速赶往银川，期间嫌疑人不断打电话催促赎金，经秘密调控发现嫌疑人转移至内蒙古巴彦淖尔一带活动，于是民警日夜兼程直奔巴彦淖尔。在嫌疑人多次电话威胁下，为了稳住嫌疑人，民警分几次往其卡里打入部分赎金，最后嫌疑人通知被绑架儿童家人到内蒙古乌彦淖尔五原县一宾馆内接孩子，民警火速赶到宾馆将被绑架10天的两名儿童成功解救。5月14日下午，民警侦查确定嫌疑人系德州市人，且已回到德州市。次日16时许，在德州市庆云县尚堂镇张拔供村抓获犯罪嫌疑人张某，将赃款追回。

2009年9月5日，张某被判处有期徒刑十二年。

闫某等人特大系列盗窃案

2010年5月中旬，淄博花园热电厂和淄博冠伦板纸厂连续发生3起电力设备被盗案，案值50余万元。县公安局迅速成立专案组。

专案组进行现场勘查，上述案件均为多人作案，作案手法十分相似，初步认定系同一伙人所为。因两企业均处于停产状态，厂内人员少，保卫力量薄弱，分析继续发案的可能性较大，遂组织警力对现场周边区域加强巡逻守候。5月15日22时许，巡逻民警在淄博花园热电厂北边东西公路上巡逻时，发现淄博花园热电厂与淄博冠伦板纸厂之间的南北公路上停放着一辆二轮摩托车和一辆机动三轮车，民警向前靠近时，一男子骑二轮摩托车仓皇逃离，民警将另一男子闫某当场抓获。据其交待，民警迅速出击，先后将其他成员吕洪某、毕金某、侯兴某、毕玉某、李加某、刘恒某、单红某等抓获归案。经调查，2007年9月—2008年12月，该团伙14名成员交叉结伙，先后窜到青岛、潍坊、滨州、东营、淄博等地20余家乡镇卫生院和企业卫生所盗窃药品，案值40余万元。2009年10月起，先后窜到河南、河北两省及山东省烟台、淄博等地盗窃变压器、电缆线等物品，作案70余起，案值70余万元。

2010年12月2日，淄博市中级人民法院以盗窃罪判处闫某无期徒刑，剥夺政治权利终身，并处罚金人民币十五万元；判处单红某有期徒刑十五年，并处罚金人民币十万元；判处吕洪某有期徒刑十二年，并处罚金人民币八万元；判处毕金某有期徒刑十一年，并处罚金人民币八万元；判处毕玉某有期徒刑十年，并处罚金人民币七万元；判处侯兴某有期徒刑十年，并处罚金人民币六万元；以掩饰、隐瞒犯罪所得罪判处李加某有期徒刑一年六个月，并处罚金人民币三万元；判处刘恒某拘役六个月，缓刑六个月，并处罚金人民币五千元。

毕某、艾某破坏电力设备案

2010年7月，桓台县连续发生农用变压器被盗案件，严重影响农民正常的生产秩序。市公安局副局长许文安、县公安局局长吴佩林先后召开案情分析会，迅速展开侦破工作。副局长郭华靠案指挥，抽调20余人成立专案组。以案发地索镇、田庄、唐山、果里、陈庄、邢家等派出所为主，每晚23时至次日凌晨3时，在重点发案区域开展巡逻蹲守。以桓台新城、邹平长山为重点，对附近的100余家废旧收购站点集中开展摸排登记，从销赃渠道搜集破案线索。对全市有过该类犯罪记录及近五年因该罪曾经在淄博服刑人员共80余人逐人摸排核查，密切掌握其活动情况。对全县在编的600余名电工逐人摸排，重点监控其中受过打击处理人员。分类整理、数据检索及DNA比对现场提取的鞋印、烟头等所有痕迹物证。争取县政府支持，拨款购买50套无线防盗报警装置用于技防建设，力争尽早抓获罪犯。

专案组对全县变压器房统一编号，专门绘制交通路线图和案发示意图。分析发现，10月起，犯罪分子作案频率明显加快，由原来的间隔二十几天、十几天作案一次变为间隔七八天、甚至四五天作案一次，而且逐渐缩短作案路线，案发地点距离县城越来越近，重复作案的次数越来越多。据此，专案组认为犯罪分子近期还有作案的可能。自10月28日晚上开始，以唐山镇西马村、古城村两个村庄的5处变压器房为重点，从刑侦大队、唐山派出所抽调20名民警布控。10月29日凌晨，蹲守民警将窜至古城村变压器房实施盗窃的犯罪嫌疑人毕某抓获。当日，抓获另一名犯罪嫌疑人艾某。经审查，自2005年起，该两名犯罪嫌疑人结伙窜至济南、东营、滨州及淄博的临淄、张店、周村、桓台等地，采取剪门锁或掏墙洞入室的手段，盗窃变压器作案169起，涉案价值500余万元。

2011年8月16日，淄博市中级人民法院依法判处毕某无期徒刑，剥夺政治权利终身，艾某无期徒刑，剥夺政治权利终身。

“4·15”故意杀人案

2016年4月15日23时许，桓台县果里镇东马村马祖学和妻子姜丽萍被人杀死在家中。当晚，县公安局成立指挥组，迅速启动命案侦破机制，市、县公安机关刑侦、技侦、网侦、情报等警种同步上案。

调查发现，果里镇东果里村李亮有重大作案嫌疑，当晚其驾驶一银灰色五菱面包车潜逃。专案组围绕李亮的行踪展开侦查，在不同区段、地域调取案发现场周围及嫌疑人逃跑沿线的监控录像，筛选捕捉嫌疑人的逃跑行踪；部署警力，在全县范围内分组划片，民警驾驶便车在嫌疑人出没的路段密切监控；摸排嫌疑人的亲属、朋友并宣传政策，全面布控重点落脚藏身之处。同时，印发《协查悬赏通报》4000余份，在全县及周边地区广泛张贴，发动群众举报破案线索。报请省公安厅在全省发布协查通报。4月19日，走投无路的犯罪嫌疑人李亮投案自首，对因感情纠纷杀死两人的犯罪事实供认不讳。

2016年12月23日，李亮因故意杀人罪被淄博市中级人民法院判处死刑，剥夺政治权利终身。2017年11月29日，李亮被执行死刑。

第七章 城管和食药环侦查

直属大队民警合影。前排左起：付敬锋、荆茂堂、李滨、徐海；后排左起：高欣、王克军、安涛、李鹏、曹阳 （2014年10月 摄）

直属大队办公楼 （2017年4月 摄）

2003年9月20日，桓台县公安局抽调民警进驻县城市管理行政执法局，配合城管执法。2006年8月23日，设立城市管理警察大队，2007年2月正式组建。2010年4月23日，成立环境保护警察大队，其职权由城市管理警察大队行使。是年12月14日，撤销城市管理警察大队和环境保护警察大队，筹建食药环侦查队伍。2011年3月，设立直属大队，内设办公室及4个中队，办公地点设在县城市管理行政执法局。直属大队负责食品药品、伪劣产品、医用器材犯罪及环境资源、伪造公文、证件、印章、妨害执行公务违法犯罪侦查工作，配合相关部门开展行政监管及联合执法。2013年11月，直属大队迁至寿济路15006号。2014年7月，县公安局投资40余万元，建成全市首个区县级联动执法指挥部。2015年4月，直属大队被省公安厅确定为食药环侦基础工作创新点。5月，建成一处食药环安全教育基地。2016年2月，被省环保厅、省公安厅联合表彰为全省公安环保联勤联动执法工作先进集体。

第一节　案件处理

立　案

2003年，县公安局成立城市管理警察队伍，主要配合县城市管理行政执法局现场执法，依据刑法、治安管理处罚法，查处阻碍或以暴力阻挠城市管理行政执法机关依法履行职责的违法犯罪行为。2011年5月6日，为加强国土资源管理，县公安局、国土资源局联合印发《桓台县公安局驻国土资源局民警联络室工作细则》。主要职责是调查、处理或协调公安有关部门调查、处理暴力阻碍国土管理工作人员依法执行职务的案件；初查审核国土部门移交的违反土地矿产法规构成犯罪的案件并做好移送工作；协助调处涉及土地矿产问题的治安纠纷和矛盾；协助国土部门执行重大执法活动；完成县公安局和县国土资源局交办的其他相关工作。是年，直属大队成立后，正式开展立案查处工作。刑事案件主要有污染环境案、非法处置进口的固体废物案、擅自进口固体废物案、非法捕捞水产品案、非法占用农用地案、非法采矿案、破坏性采矿，生产、销售假药案，生产、销售劣药案，生产、销售不符合安全标准的食品案，生产、销售有毒、有害食品案，生产、销售不符合标准的医用器材案，生产、销售伪劣产品案，妨害公务案，伪造、变造、买卖国家机关公文、证件、印章案；行政案件主要有非法制造、买卖、储存、运输、携带、使用、提供、处置危险物质案，阻碍执行职务案，伪造、变造、买卖公文、证件、证明文件、印章案。

2013年6月8日，最高人民法院、最高人民检察院出台《关于办理环境污染刑事案件适用法律若干问题的解释》，对有关环境污染犯罪的定罪量刑标准作出新的规定，进一步降低环境犯罪入刑的门槛。2014年4月24日，第十二届全国人民代表大会常务委员会第八次会议修订《中华人民共和国环境保护法》。根据新环保法第63条规定，县公安局对环境保护主管部门或者其他有关部门移送的，尚不构成犯罪的下列违法行为人员和其他直接责任人员，处十日以上十五日以下拘留；情节较轻的，处五日以上十日以下拘留：建设项目未依法进行环境影响评价，被责令停止建设，拒不执行的；违反法律规定，未取得排污许可证排放污染物，被责令停止排污，拒不执行的；通过暗管、渗井、渗坑、灌注或者篡改、伪造监测数据，或者不正常运行防治污染设施等逃避监管的方式违法排放污染物的。县公安局法制大队专门组织直属大队和各派出所相关民警学习法律规定，把握环境污染犯罪立案标准。11月18日，最高人民法院、最高人民检察院联合发布《关于办理危害药品安全刑事案件适用法律若干问题的解释》，进一步明确危害药品安全相关犯罪的定罪量刑标准，提出相关罪名的司法认定标准，统一新型疑难案件的法律适用意见。2015年4月24日，第十二届全国人民代表大会常务委员会第十四次会议修订食品安全法，2015年10月1日起施行。根据新食品安全法第123条规定，县公安局对下列严重违法行为的直接负责的主管人员和其他直接责任人员处五日以上十五日以下拘留：用非食品原料生产食品、在食品中添加食品添加剂以外的化学物质和其他可能危害人体健康的物质，或者用回收食品作为原料生产食品，或者经营上述食品；生产经营营养成分不符合食品安全标准的专供婴幼儿和其他特定人群的主辅食品；经营病死、毒死或者死因不明的禽、畜、兽、水产动物肉类，或者生产经营其制品；经营未按规定进行检疫或者检疫不合格的肉类，或者生产经营未经检验或者检验不合格的肉类制品；生产经营国家为防病等特殊需要明令禁止生产经营的食品；生产经营添加药品的食品。

2013—2015年直属大队立案统计表

表7—1　　单位：起

年度	刑事立案数	行政立案数
2013	12	6
2014	22	5
2015	15	15

城管执法

2003年9月，县公安局组建城市管理警察队伍后，围绕县委、县政府“城市化战略，环境立县战略”要求，配合县城市管理行政执法局（以下简称县城管局）开展执法活动，依法打击阻碍或暴力阻挠城市管理行政执法机关依法履行职责的行为。2008年5月26日—6月10日，每日17时30分至22时，配合县城管局检查治理县城41家露天烧烤经营行为、建筑施工单位夜间施工及露天卡拉OK噪音扰民行为。6月，县公安局抽调警力，配合县城管局拆除起凤镇少海路、起马路两侧5村49户村民的违法建筑物。是年，专项清理索镇赵家村、五里村部分村民的乱搭乱建行为及县城主次干道两侧门窗广告、乱贴乱画、异型广告牌、店外经营等行为，规范网通公司门前货运出租车市场，并设置隔离护栏，确保“创城”工作顺利进行。9月，与县城管局、县交通局联合执法，对柳泉路北段货车、拖拉机违法通行、货物散落、超载超限运输等违法行为开展为期半月的专项治理，处理违章车辆21辆。2009年，配合城管执法人员治理店外经营、市容市貌300余次，疏导商贩200余人次，清理户外落地广告牌156个，拆除违规、异型广告牌53个，拆除乱搭乱建26处。是年，中、高考期间，配合县城管局严格控制露天烧烤及噪声污染行为，责令部分油烟、噪声污染问题突出的经营业户停业整改，为居民和考生营造良好的生活、学习和休息环境。

2013年5月，县公安局与县城管局对施工噪音进行联合执法检查

2010—2011年，配合县城管局治理店外经营580余次，疏导商贩480人次，清理户外落地广告牌342个，拆除违规、异型广告牌79个，拆除乱搭乱建50处。2012年2月20日，会同县城管局集中清理信誉街、美食街5家违法广告牌。3月30日，县城管局、县公安局印发《关于建立城管公安联动执法工作机制的通知》，严厉打击各类城市管理违法犯罪行为。2013年5月8日，直属大队与县城管局执法大队联合整治城区内露天烧烤占道经营等违法行为。民警靠前工作，及时消除当事人对城管执法抵触情绪，确保城管执法工作顺利进行。11月6日，县城管局执法大队清理槐荫路“金地广告”占道经营时，店主江某手持壁纸刀、羊角锤阻碍执法，划伤一名城管工作人员。直属大队立案调查，对江某行政处罚。2014年2月25日，协助县城管局集中清理城区部分路段的占道经营、乱摆摊点等问题，清理占道经营20余处。5月16日，县城管局处置澳门风情园久久鲜面馆违规占用人行道的焊接棚房，工作人员遭到久久鲜面馆营业人员田某及亲戚徐某的殴打。经立案调查，对田某、徐某分别行政处罚。6月5日，县城管局治理信誉街“安徽正宗牛肉板面”占道经营行为，面馆从业人员张某、郭某及家人对工作人员辱骂、殴打、泼热水，造成3名执法人员受伤。直属大队立案侦查，将张某、郭某刑事拘留。张某被桓台县人民法院依法审判有期徒刑一年，缓刑二年；郭某转为行政拘留十日处罚。

案件办理

2011年，县公安局直属大队成立后，不断拓展执法新领域，依法打击社会反映强烈的污染环境、危害食品药品安全以及妨害执行公务等违法行为。是年，参加环保专项行动2次，查处倾倒废水案件4起，现场抓获违法人员5人，取缔废旧塑料清洗及溶解加工造粒点2处。2013年，开展打击环境污染违法犯罪专项整治行动。8月，开展夏秋严打整治行动，重点打击污染环境违法犯罪和涉食品药品安全犯罪。2014年，开展“打击食品药品环境犯罪深化年”活动，深入推进“打四黑除四害”工作。为保护人民群众舌尖上的安全，直属大队坚持先期取样、秘密送检、跟踪蹲守、捣窝清源，对县内食品领域违法犯罪行为开展专项整治，先后破获刘某、李某等6起生产销售有毒有害猪头肉案

2014年1月，调查生产“问题猪头肉”案

件，付某、张某等6起生产销售“问题豆芽”案件，张某等5人生产销售“病死羊”案件，查获有毒有害食品3吨、非法添加剂1.2万支，震慑生产销售不符合安全标准的食品犯罪。对生产销售假药违

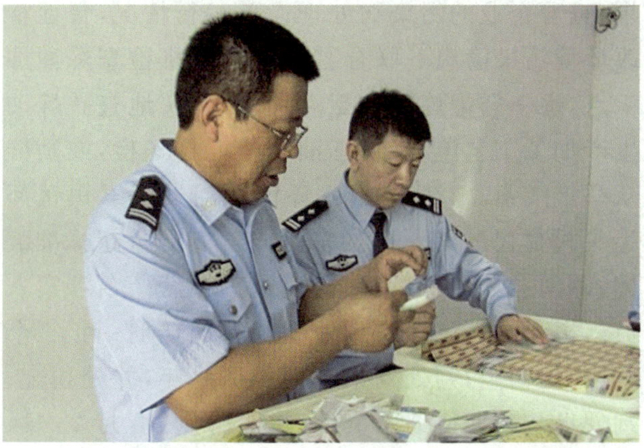

2014年5月，查处生产、销售假药案

法犯罪行为“零容忍”，坚持信息研判、深入摸排、寻轨追源、人赃并获，先后侦破4起生产销售假药案，其中穆某依托淘宝网店销售假药案件是全市食药环系统破获的首起利用网络销售假药案。是年，先后开展整治破坏大气污染源自动监控设施专项行动、打击美容机构药品犯罪专项行动、打击制售假冒法国葡萄酒等违法犯罪专项治理。

2015年，部署开展食药打假“利剑行动”“守护舌尖安全”整治行动，查处12起生产、销售不符合安全标准的食品案，严厉打击使用含铝泡打粉加工蒸包等早餐的违法行为。破获赵某生产、销售假“中华止咳平喘王胶囊”案，该案价值大，销售范围广，受害群众多。荆家镇里仁村徐某从马桥镇姚郭村罗某养猪场收购9头未经检疫且濒死的病猪，“急宰”后欲在市场销售，1月4日，将犯罪嫌疑人徐某、罗某刑事拘留。开展环境污染专项整治，立案7起，抓获犯罪嫌疑人13人。开展公共安全

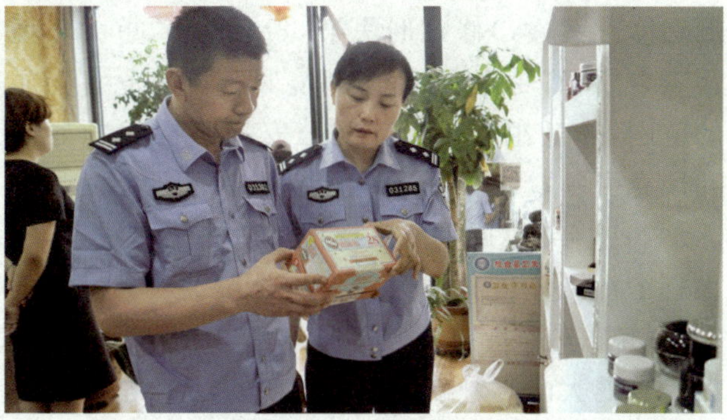

2015年7月，开展打击美容机构药品犯罪专项行动

大检查“打非治违”专项整治及秋冬治安“百日会战”，各派出所在直属大队指导下，破获非法储存危险物质案件6起，行政拘留7人。是年，相继开展小清河流域“清水”行动、全县空气异味综合整治、“利剑·Ⅱ号行动”、打击特种养殖毛皮动物胴体肉犯罪行动、集中排查整治非法排放、倾倒、处置危险废物违法犯罪专项行动、羊肉及其制品规范整治打击专项行动。2015年12月—2016年2月，省食品安全委员会办公室、公安厅、农业厅、海洋与渔业厅、林业厅、食品药品监督管理局、畜牧兽医局七部门联合组织在全省开展打击食品安全违法犯罪“清源”行动，县公安局与县相关执法部门联合开展排查摸底，对发现的线索有相应主管部门立案处理。2016年年初，公安部三局部署开展打假“利剑”行动和打击环境污染犯罪“清水蓝

天”行动，市公安局部署开展为期一年的打击农村地区制售假劣药违法犯罪专项整治。至4月15日，县公安局立刑事案件2起，破获2起，刑事拘留8人；查处行政案件1起，行政拘留2人。

2013—2015年直属大队破案情况统计表

表7—2

年度	刑事案件（起）	刑事拘留（人）	取保候审（人）	行政案件（起）	行政拘留（人）
2013	8	17	1	6	6
2014	15	23	8	5	5
2015	13	22	11	15	15

刑责治污

为加大对污染环境犯罪的惩治力度，2011年刑法修正案（八）修订刑法第338条，将“重大环境污染事故罪”变更为“污染环境罪”，扩大危害物质的范围，降低犯罪门槛。县公安局坚持问题导向和民意引领，严厉打击环境污染违法犯罪行为。

2013年，直属大队广泛搜集违法犯罪线索，加大打击污染环境犯罪力度和媒体曝光力度。4月8日，市公安局指定县公安局办理“3·8”污染环境案。直属大队赶赴新城镇案发现场，从一窑湾内提

“3·8”污染环境案现场

取样品，根据鉴定结果，依法立案查处，抓获3名用2万余吨赤泥废渣回填窑湾的犯罪嫌疑人。县人民法院对3人作出有罪判决。刘某承租索镇前毕村一厂院，在加工塑料颗粒过程中，对有毒废水未经处理，直接排入院内渗坑中。4月17日，县环保局从该渗坑内取样检测，挥发酚含量为1.11毫克/升，严重污染环境，即向公安机关移送。县公安局立案后，迅速展开调查，查清刘某涉嫌犯罪情况。县人民法院判处刘某有期徒刑一年，缓刑一年六个月，并处罚金一万元。2013年5月20日，宋某安排驾驶员耿某、押运员王某自找地方排放废盐酸，耿某联系伊某将废盐酸排放到果里镇楼里村村东南洼地内，导致0.5亩小麦绝产、1亩小麦减产、38株树木死亡。6月2日，县公安局立案侦查。县人民法院判处宋某、耿某、王某、伊某有期徒刑，并处罚金。

2014年3月7日，李某在果里镇吴磨村一院落内，将清洗油罐产生的有毒油水混合物排放到渗坑内，严重污染环境。4月1日，县公安局立案侦查。县人民法院判处李某有期徒刑一年，缓刑一年，并处罚金一万元。7月3日，立案侦查孙某污染环境案。临淄区东方易能医药化工有限公司业务员于某分5次将生产氨噻肟酸产生的140吨“母液”运至孙某经营的荆家镇东孙村一工厂内再加工，“母液”泄漏至工厂自备井内，严重污染地下水。县人民法院判处孙某有期徒刑一年，缓刑二年，并处罚金一万元；判处于某有期徒刑一年，缓刑一年六个月，并处罚金八千元。11月5日，立案侦查“10·24”污染环境案。刘某租用新城镇耿三里村一处厂房，从事土炼油并利用渗坑排放废液。桓台县人民法院依法判处刘某有期徒刑八个月，并处罚金三万元。

2015年，直属大队走访摸排县内涉污企业，逐一登记重点企业人员变动、污水处理资质证明、排污许可证，核实生产系统运作时间、废弃物处理效果，查看企业的污染物处理设备运行情况，督促整改环境污染隐患。联合县环保局摸排检查炼油加工点，逐一登记炼油加工点负责人，实地查看炼油生产加工工艺流程，对炼油废物取样送检，鼓励群众举报线索。3月20日，环保部门发现索镇镇河崖头村村民耿某承包的窑湾内含有严重超标准液体，即向县公安局移交，公安机关抓获7名涉案人员。桓台县人民法院判处耿某有期徒刑一年三个月，并处罚金；判处刘某有期徒刑一年，并处罚金；判处巩某有期徒刑六个月，并处罚金。5月25日、6月10日、9月10日，县公安局分别立案侦查金

某、刘某、牛某涉嫌污染环境案。3人分别租赁民宅实施原油脱水作业，将产生的废油、污泥排放在渗坑内。桓台县人民法院判处3人有期徒刑并处罚金。12月17日，联合县环保局走访县内危险废物排放企业，深入开展集中排查整治非法排放、倾倒、处置危险废物违法犯罪专项行动。

2015年12月，联合县环保局对危废企业进行检查

2016年1月6日，直属大队联合环保部门开展专项排查整治行动，检查全县产生危险废物企业。查阅企业危废管理台账、申报登记、转移联单、贮存场所、警示标志等内容，对未设置专门危废贮存场所、危废未分类贮存等不符合管理规定的问题，现场提出整改意见，告知法律后果，禁止非法排放、倾倒、处置危险废物及私设渗井、渗坑排放。3月18日晚，直属大队突击检查涉污企业5家，发现违法线索2条，当场整改问题3个。3月22日，部署开展空气质量整治专项行动。

【专记】

查处“3·8”环境污染案

2013年3月初，淄博市环保局接到举报，淄博国信机电科技有限公司厂区西北侧窑湾回填工程存在重大污染。淄博市环保局向淄博市公安局移交案件，淄博市公安局指定桓台县公安局管辖。4月8日，县公安局直属大队进行现场勘查并取样，根据鉴定结果，将案件定性为污染环境犯罪案件。案件侦破中，局长张京义靠前指挥，与办案民警一起汇总线索，研究案情，确定侦查思路，使案件得以快速侦破。2012年12月—2013年1月，巩某承接淄博国信机电科技有限公司厂区西北侧窑湾回填工程后，联系李某，将邹平乾利垃圾能源科技开发有限公司赤泥提炼后产生的2万余吨废渣运至窑湾回填；邹平乾利垃圾能源科技开发有限公司负责人刘某明知赤泥废渣不能随便处置情况，仍同意往外清运。2013年3月8日，经淄博市环保局检测该废渣中的渗滤液，总砷含量为3.69毫克/升，超标6.38倍；经省产品质量监督检验研究院检测，废渣中总砷含量为0.08毫克/升，pH值为11.69，确定该物质为腐蚀性、有害物质；该废渣土数量大且有腐蚀性，对周边环境造成严重污染。2014年4月，桓台县人民法院对巩某、李某、刘某作出有罪判决，邹平乾利垃圾能源科技开发有限公司被处罚金十万元。本案被公安部评为2013年度“十大污染环境案件”。

第二节　食药环防控体系建设

部门联动

2008年，县公安局城管大队配合县环保局关停违法企业5家，责令限期整改8家。5月，查处宗某违法运输、排放含酚废水案。宗某用罐车运输含酚废水排放到邹平县境内，宗某被行政拘留十日。2010年，城管大队配合县环保局监察大队，查处倾倒废水案件4起，现场查获违法人员5人，拆除违法小化工、小作坊企业3家。2011年5月6日，县公安局、国土资源局联合印发《桓台县公安局驻国土资源局民警联络室工作细则》，协助国土部门执行重大执法活动。是年，规范公安与行政执法部门联动执法，成立联动执法办公室，制定联席会议制度、执法办案协作制度、内务管理制度、联络员制度、执法风险评估制度、主动约谈制度、档案管理制度，建立联动执法办公室工作会议、日常学习、日常工作、联席会议、主动约谈登记工作台账。2012年2月21日，直属大队与县国土资源局执法队联合开展土地执法监察动态巡查行动，重点检查在建、新建项目，以及道路建设、配套设施用地情况，发现违法占用土地案件6起。

2013年6月25日，桓台县环境综合整治专项行动督察组对索镇东雅和村村东一院内现场检查，发现一非法土炼油窝点，遂依法取缔。2014年

1月23日，直属大队联合县工商局及黄河龙集团有限公司打假办，专项检查黄河龙“1948”酒销售情况，检查酒水批发及零售商店72家。2月25日，联合县环保局检查猪龙河桓台段涉污问题，实地论证设卡堵截、蹲点守候位置。4月16日，与县食药监局联合开展药品安全专项检查，检查诊所7家、药店12家。4月18日，县水务局、县公安局建立水利公安联动执法工作机制。4月29日，县食品药品监督管理局、县公安局建立联动执法工作机制。5月，联合县环保局突击检查热电公司、化工、造纸等排污企业，发现问题7处，采集水样6个，对1家企业下达限期整改隐患通知书。6月24—26日，会同县烟草专卖局检查城区及周边乡镇的烟草销售网点和商店，检查烟草经营店71家，查处违规经营户4家，查获违规香烟170余条。7—9月，联合县农业局举办农药经营人员培训班、荆家镇秋季农业技术培训班、荆家镇韭菜种植户培训班，讲授国家打击非法生产、销售、使用农药违法犯罪政策问题。9月26日，联合县质量技术监督局、县环保局检查涉污企业，实地查看企业污水、废渣处理设施运行状况及污染物处理情况，对重点部位取样检测。11月29日，县审计局、县公安局建立审计公安联动执法工作机制。

2015年1月22日，联合县农业局摸排检查可能销售“毒鼠强”的销售点。3月17日，直属大队大队长荆茂堂受邀为全县200余名农资经销网点负责人讲授依法经营常识。4月29日，联合县农业局集中检查农资经营市场，检查农资经营店5家，依法取缔1家销售高毒农药经销店。5月8日，直属大队为全县90多户生猪屠宰经营业户、经营单位及屠宰企业负责人讲授法律知识。5月12日，联合县工商局检查自行车经营市场，依法取缔销售假冒伪劣自行车营业点1家。6月8日，联合县烟草专卖局检查33家物流寄递企业，查看物流寄递公司营业执照、快递单据、承运货物登记台账，抽查包裹100余件。6月23日下午，联合县食药监局开展安全宣传活动，为群众答疑解惑24人次，发放宣传材料1000份。8月12日，联合县农业局突击检查14家农资经销店、3家蔬菜种植基地，下达责令整改通知书2份。9月8日，与县环保局协作配合，实地查看小清河桓台段污染现场，现场召开案情分析会。12月，开展产生危险废物企业专项整治行动，联合县环保局走访危险废物排放企业，查阅企业危险废物排放、倾倒和处置台账，发放《危险废物环境管理告知书》，督促3家问题突出企业现场整改，督促到期未续签危险废物处置合同的企业做好合同续签工作。至2015年年底，联动部门扩大到14个。

2015年5月8日，直属大队为生猪屠宰业户上法制教育课

2015年6月8日，会同县烟草专卖局检查物流寄递企业

2016年2月，配合县畜牧兽医局检查县内生鲜肉制品生产、加工主体，重点检查是否存在猪肉注水、着色以及非法添加等问题，并宣传食品安全的相关法律法规。3月3日，联合县环保局开展环境安全专项执法检查，重点检查10家开工复产企业，实地查看污染防治设施运行情况，督促企业严格落实主体责任，加强产后污染防治设施维护和管理，确保污染物正常排放。3月24日，配合县国土局开展联合执法检查活动，对1处非法占用农用地违法当事人下达《责令限期整改通知书》，责令限期自行拆除违法建设，恢复土地原状。4月15日，淄博市煤炭工业管理局、淄博市公安局建立煤炭公安联动执法工作机制，成立煤炭公安联动

执法领导小组，县公安局开展相关执法联动工作。

2016 年 3 月，联合农业部门部署农资打假工作

指挥平台

2014 年 7 月，县公安局投资 40 余万元，建成全市第一个区县级联动执法指挥平台，公安与食药监、环保、水务等部门信息资源互通，实现重点信息检索、数据检测监控、信息流转共享，为信息碰撞、综合研判、联动打击、预防管理创造条件。对有价值的举报线索或者现行危害较大的违法行为，直属大队提前介入，与其他行政执法机关联勤联动，同步调查取证，并现场查控，行政与刑事执法

2014 年 7 月，建成部门联动执法指挥部

活动实现无缝衔接。把全县环境监测系统、河流水库视频监控系统及“天网”工程中各镇（办）食药环重点区域视频监控 72 路数据接入联动执法指挥部，提高公安机关发现犯罪、打击犯罪的能力，涉食药环立体化社会治安防控体系初步形成。2015 年，预防、打击不法分子向县内主要河流偷排偷放污染物行为，直属大队报请县公安局、县政府同意，针对猪龙河等 5 条主要河流，在易发生污染物倾倒部位，安装 37 个河道监控探头。2016 年，协调县水务、环保、畜牧等部门，充实有关监控数据，将全县涉食药环领域的企业、个体经营户、美容机构及流通领域的物流寄递企业基本信息输入联动指挥部的视频监控平台。至 4 月，全县共有食品领域企业和个体经营者 2103 家，制药企业 1 家，涉药涉医经营企业、个体户 37 家，美容行业 204 家，物流寄递企业 33 家，涉环企业 47 家，基本实现“人、企、地、物、事”网格化管理。

食药环侦向派出所延伸

2013 年 11 月，直属大队改变警力紧张、工作触角多、基层基础薄弱现状，推动食药环侦由配合执法到主体办案、由部门移交到主动出击的深刻转变，探索实践食药环侦向派出所延伸工作，食药环侦专业警种和派出所优势互补，提升食药环侦工作效能。按照典型带动、分层推进、规范运行、全面提升的思路，选择果里派出所、索镇派出所作为试点派出所。直属大队负责指导派出所摸排食药环侦业务信息、办理相关案件，编写《派出所办理食药环案件流程指南》，规范接警、初查、立案、强制措施、侦查终结等环节的工作；派出所承担食药环案件举报受理、信息搜集、研判与报送、案件线索摸排、信息员物建及管理使用、工作台账与档案管理、重点单位和重点人员管控、犯罪嫌疑人协查和追缉、一般案件办理、宣传发动等食药环侦基础工作。同时，加强工作机制建设，建立完善内部执法办案协作机制、外部协作机制、阵地控制工作机制、重点企业（人员）管控工作机制、情报信息化机制、绩效考核机制、队伍管理机制。

2015 年 9 月，直属大队联合派出所宣传食品安全常识

派出所充分发挥对辖区人熟、地熟、情况熟的工作优势，主动搜集食药环违法犯罪情报和线索，实现食药环侦基础信息数据的全覆盖掌握。2014年，索镇派出所摸排使用工业松香加工肉类产品情况，发现违法犯罪线索，直属大队闻情介入，一举打掉6个生产“问题猪头肉”的黑作坊，净化县内肉类加工环境。2014年打击环境污染犯罪冬季专项行动中，新城派出所走访发现，有人利用耿三里村一废弃院落非法炼油，直属大队迅速联合环保部门赶赴现场。刘某租用该偏僻院落非法炼油，因构成环境污染犯罪被追究刑事责任。派出所介入食药环违法犯罪案件的防范侦办，辖区群众可以就近反映食药环领域违法犯罪线索。

2015年5月11日，县公安局出台《关于进一步加强公安食药环侦基层基础工作的意见》，对全县公安机关食药环侦基层基础工作提出指导性意见。5月22日，全市公安机关食药环侦工作向派出所延伸推进会在桓台县召开，省公安厅食药环侦总队总队长张月波、市公安局党委委员张少克出席会议并讲话。是月，直属大队在大队办公楼二楼建成一处食药环安全教育基地，主要通过实物展示食药环领域违法行为特征。各派出所组织辖区群众到基地参观学习，增强群众安全意识，发动群众主动同食药环违法犯罪行为作斗争。

2015年5月，食药环安全教育基地内景

第八章　网络安全保卫

网安大队民警合影。前排左起：王强、张璇、田岗、路全华、刘传统；后排左起：王超、王亚东、盖健、高成 （2014年12月 摄）

2014年2月，网安大队在全市公安机关网络舆情监控工作经验交流会上作典型发言

1994年2月28日，国务院发布施行《中华人民共和国计算机信息系统安全保护条例》，规定公安部门主管计算机信息系统安全保护工作。1996年，桓台县公安局成立计算机安全监察办公室，负责网吧场所安全检查和审核发放上网服务安全合格证件工作。2001年2月，成立计算机管理监察科。2003年11月，撤销计算机管理监察科，成立公共信息网络安全监察科，具体负责公共信息网络和国际互联网的监察工作，执行信息政策和技术规范，控制和掌握信息网络违法犯罪动态，承办计算机违法犯罪案件。2007年2月，撤销公共信息网络安全监察科，归建治安大队特行网监中队。2009年8月，成立科技网监大队，与指挥中心合署办公。2011年9月，科技网监大队更名为网络安全保卫大队，成为以网侦技术为主要手段，集情报信息、侦查打击、管理防范于一体的实战部门。2013年10月，网络安全保卫大队独立运行。2014年10月，先后建成侦控中心、电子物证检验鉴定实验室，互联网信息监控中心提档升级成为三级互联网监控中心。2016年，网络安全保卫大队被省公安厅评为全省公安机关网安工作成绩突出集体。

第一节　网络安全管理

网吧安全管理

1999年，桓台县出现营业性网吧。县公安局计算机安全监察办公室指导派出所摸底、列管、呈报辖区网吧，审核“互联网上网服务营业场所安全审核合格证”申请手续，报市公安局审批发证。同时，计算机安全监察办公室现场检查实名上网情况，培训网吧安全员，监督派出所开展网吧公共安全和消防管理。2001年4月3日，信息产业部、公安部、文化部、国家工商行政管理局联合颁布《互联网上网服务营业场所管理办法》。县公安局清理整顿网吧业，净化和规范网吧经营行为，全县网吧安装安全管理软件。2002年起，每年对网吧进行安全审核。2007年6月，治安大队特行网监中队查处未按规定使用实名上网管理系统、未按要求安装使用网络监控器，擅自停止实施安全技术措施的朝阳网吧。2008年3月12日，依法对在“百度贴吧”内侮辱他人的张某作出行政拘留三日的处罚。

2010年，县公安局与县文化局、县教体局、县工商局等部门联合执法2次，审核全县59家网吧并培训54名安全员。2011年4月，网上录入全县网吧地理位置。12月，开展集中检查网吧专项行动，立案查处5家不落实实名登记上网的网吧，分别给予警告并处三千元罚款的处罚。2012年9月，淄博市人民政府下发《关于同意淄博市公安局下放互联网上网服务营业场所安全审核权限的批复》，年度网吧安全审核工作由县公安局独立完成。2013年7月，网络安全保卫大队（以下简称网安大队）配合文化市场执法部门开展集中清查网吧行动，重点清查终端编号不对应及IP地址不对应的混乱现象，整顿网吧管理秩序。2014年1月，开展集中检查网吧专项行动，召开网吧业主及技术维护公司参加的网吧年审工作会议。3月，部署上网实名制工作。7月，开展暑期网吧安全管理专项整治行动，查处5家违规网吧，收缴公卡97张。

检查上网实名制落实情况

2014年，对违反管理的1家网吧给予警告处罚，18家网吧给予一千元罚款处罚。是年，全县网吧60家。随着网络高速发展，年底网吧行业管理政策发生调整，放开网吧申请审批限制，实现网吧行业自行升级。网安大队监督检查网吧落实实名登记上网、网吧日志留存，帮助网吧适应市场规律和规范发展。2015年7月，组织暑期网吧安全管理专项检查。是年，对14家违反管理规定的网吧给予警告处罚，13家网吧给予罚款一千元处罚。2016年1月，开展网吧年审工作，全县62家网吧中，参与年审50家，其他网吧逐步关停。

网络信息巡查

针对网络有害信息泛滥情况，县公安局采取技术手段，及时发现各类涉桓有害信息及敏感信息。2009年8月，购买军犬舆情监控系统，通过对互联网海量信息自动获取、筛选、提取、分类，实现对涉桓舆情的监测和热点事件专题追踪。9月，科技网监大队安排专人负责对互联网信息监控巡查。2010年4月，监控民警参加省市公安机关组织的互联网舆情导控业务培训班，提高对互联网舆情的发现、研判能力及信息编报能力。6月，巡查发现网民煽动辖区某企业职工罢工信息，通过信息上报、落地，成功预防一起集体罢工事件。同时，加强本地网络社区巡查管控，分级分类管理本地69个网络社区。2011年7月，按照公安部网络安全局《关于开展公安机关网安部门互联网信息监控中心等级化建设达标工作的通知》要求，科技网监大队设立互联网信息监控中心，并开展达标创建工作。经过1个多月的紧张施工，投资18万元，建成面积40平方米的互联网信息监控中心，设监控区、办公室、研判室，配备3名文职人员。10

互联网信息监控中心

月，监控中心正式投入使用。同时，加强软件建设，将各类资料分级分类建档管理，形成网络社区基础资料、桓台吧主版主基础资料、网站登记表、网络社区巡查台账、有害信息处置台账等27类基础台账。引导"淄博李刚姐"等网上热点事件，对发现的有害信息及时通报异地网安部门处置。2012年，针对涉众型经济犯罪多发实际，及时发现研判网上热点信息，为领导决策服务。是年，尝试性开展省公安厅约稿供稿工作，公安部采用舆情信息12条，部十一局采用13条，省公安厅采用17条。10月，被省公安厅列为县级信息直报点。2013年，在互联网巡查处置中，查处涉及黄、赌、毒等各类网上违法信息及违法栏目，先后上报40家违法栏目、400余条次违法信息、1080家违法网站，查处本地违法网站10家，对网站开办者给予警告处罚。是年，监控中心文职人员增加到5人。监控岗位民警被省公安厅抽调到公安部十一局参加以干代训学习，信息发现编辑能力得到提升。5月起，承担报送专项约稿任务。

2014年，报送舆情信息4297条，省公安厅采用666条，公安部十一局采用65条，公安部采用2条；报送情报信息1583条，省公安厅采用312条，公安部十一局采用9条；完成上级约稿22篇。在全省42个县级直报点中，考核成绩位居全省前列。是年，文职人员7人。2015年，报送舆情信息8384条，省公安厅采用2061条，公安部十一局采用134条，公安部采用53条；报送情报信息1504条条，省公安厅采用664条，公安部十一局采用4条。同时，公安部十一局、省公安厅网安总队多次下发约稿任务，在多起重大新闻事件中，接受公安部约稿，高质量完成任务，全年完成上级约稿100余篇。发挥网上工作优势，积极研判网上集体维权行为，及时准确预警，避免多起群体性事件发生。对网上散布不实谣言信息的网民，配合相关单位处理，删除不实言论，消除社会影响。2015年8月27日，市公安局党委书记、局长申延军批示："桓台网安情报工作及时有力"。

2009—2015年网安大队网络信息上报情况统计表

表8—1　　　　单位：条

年度	报送总数	部局采用	省厅采用	市局采用
2009	11			
2010	85			
2011	106	1	1	20
2012	612	25	17	136
2013	2014	135	126	192
2014	7857	84	1316	850
2015	11899	182	2871	491

【专记】

平息“警察田间抓人”网络舆情事件

2016年3月，县公安局在侦办一起聚众扰乱社会秩序案中，个别网民将一段“警察田间抓人”的视频上传网络，声称是桓台县公安局抓人并在田间殴打村民，瞬时该视频在各贴吧及微信朋友圈传播，引发网民高度关注，造成不良社会影响。舆情发生后，县公安局召集相关队室成立舆情事件应对小组，启动舆情处置工作预案。首先对传播的视频进行网上溯源，迅速查明该视频发生在河南漯河，该视频系当地钛白粉厂管道泄漏事件处置现场视频。网安大队利用“平安桓台”账号，及时在“桓台吧”内公布真相，教育网民不造谣、不信谣、不传谣。同时，通过“淄博警方”“淄博网警巡查执法”微信公众号公开辟谣，为桓台公安正名，迅速扭转网络舆情导向。3月20日，依法对虚构事实扰乱公共秩序的宋某某、李某某分别作出行政拘留五日、行政罚款二百元处罚，并将案件处理情况通过网络和媒体发布，贴吧、微信、微博网友主动删帖，舆情关注度降温并逐渐平息。负面舆情实现成功逆转，事件得以有效处置。

网络安全保护

随着各行各业普遍应用网络系统，县公安局对辖区内的重要信息系统进行安全等级保护。2001年，检测全县金融系统、党政机关部分计算机网络漏洞。2013年4月，检查全县15家重点政府网站安全工作。2014年始，对全县79家单位207个重要信息系统进行安全等级保护，测评二级系统3个、涉密系统5个，对关系到国计民生和单位重要信息的重点网站，及时通报安全漏洞和隐患，根据市公安局推送的漏洞报告，督促2家政府网站整改。随着无线上网的普及，网络安全与民众生活息息相关，2015年，按照《淄博市人民政府办公厅关于在全市非经营性互联网上网服务单位落实安全保护技术措施的通知》(淄政办字〔2015〕118号)要求，落实安全保护技术措施。至年底，投资200万元，安装非经营、无线上网场所审计设备473台，建成非经营安全保护技术措施平台。12月17日，全市公安机关非经营安全保护技术措施

网络安全检查

落实工作推进会在桓台县召开。平台建成后，利用非经营安全保护技术措施平台，协助抓获犯罪嫌疑人5人，破获案件50余起。2016年2月，根据公安部推送信息，对全县辖区内重点网站进行部级备案。

第二节　网络案件查处

案件侦查

2009年8月，县公安局成立科技网监大队，大队以专业、规范、实战、高效为目标，依靠网络技术服务侦查办案并培养网侦尖兵。9月11日，根据上级通报线索，抓获网上购买仿真枪人员付某，缴获仿真枪一支，对付某作出行政处罚。10月30日，抓获利用网络传播淫秽物品人员杨某，移交刑侦大队处理。2010年2月，根据线索举报，网监大队与果里派出所联合捣毁一家播淫秽物品的黑网吧。4月，网警开展服务部督菲律宾太阳城网站开设赌场案专案组工作，配合调查取证和抓捕嫌疑人。6月，从网吧抓获逃犯4人。2011年5月，公安部部署开展“清网行动”，网警通过互联网信息关联、碰撞，综合运用技战法，抓获网上逃犯24人，计本地网上逃犯14人、外市网上逃犯10人。同时发挥网上作战优势，配合刑侦大队、派出所抓获犯罪嫌疑人6人，破获案件6起，1名网警在“清网行动”中荣立三等功。2012年，网安大队配侦成效初显，抓获网上逃犯5人，其中命案逃犯1人、外地逃犯2人、外区县逃犯2人。协助湖北省十堰市公安局、辽宁省本溪市公安局、南京市公安局

六合分局、德州市公安局调查网络诈骗受害人及有关案件嫌疑人的相关情况，并及时反馈。2013年，主动开展网上侦查工作。3月，协助刑侦大队抓获一入室盗窃犯罪嫌疑人。全年抓获网上逃犯5人，其中本地3人、外地市2人。根据网上线索，查处赵某销售仿真枪案、王某非法携带弩案、田某散布谣言扰乱社会秩序案。

2014年，网安大队加强自侦工作，搜索网上线索。侦破罗某伪造事业单位印章案，刑事拘留3人，取保候审4人。侦破张某非法经营案件，刑事拘留1人，取保候审1人，扣押伪基站设备5套。受理“邢加菲”涉嫌开设赌场案、魏某被网络诈骗等系列案件，为受害人追回损失1.4万元。同时，继续做好配侦工作，配合侦办艾特高科电子有限公司串通投标案件、盈丰国际娱乐场开设赌场案、刘某等组织领导传销活动案等7起涉网案件。2015年，公安部组织开展为期半年的打击整治网络违法犯罪“净网行动”，重点打击攻击破坏、入侵控制网站、网银木马盗窃、网络诈骗等违法犯罪。经过10个月的艰苦工作，网安大队侦破全市首起利用网银木马病毒实施的非法控制计算机信息系统盗窃银行卡资金案件，抓获外省嫌疑人5人。及时总结技战法，为另外15起案件的受害人追回损失35万余元。该技战法在全市公安机关创意警

2015年4月，为市民挽回经济损失

务评比中荣获优秀奖，并被省公安厅网安总队推广。是年10月，淄博市公安局组织秋冬治安“百日会战”，网安大队发挥网上工作优势，抓获42人，其中网上逃犯21人、现案犯罪嫌疑人21人。11月19日，果里镇某网吧发生抢夺案，网安大队多个资源平台关联扩线，比对碰撞，结合其他侦查手段，迅速确定并抓获犯罪嫌疑人刘某、陈某，带破盗抢案件30余起。会战中，网安大队配合抓获犯罪嫌疑人66人，先后破获博汇集团设备被盗案、系列轿车被盗案、系列抢劫劳务市场民工案、山东工业职业学院学生被抢劫案、阿子查日入室盗窃案。“百城禁毒会战”中，抓获涉毒犯罪嫌疑人及网上逃犯20人。追逃行动中，抓获网上逃犯10人，配合抓获犯罪嫌疑人10人。为预防减少信息诈骗案件发生，网安大队根据接报诈骗警情及办案经验，整理网络电信“新型诈骗类型”及“常见信息诈骗类型”的典型案例，深入学校、企业、村庄

2015年12月，开展打击电信诈骗集中宣传活动

和社区开展宣讲活动，向市民发放印有防骗口诀的环保购物袋，提醒市民遇到网络电信诈骗，不轻信、不转账、不汇款、及时报警，受到市民欢迎。

2009—2015年网安大队破案情况统计表

表8—2

年度	主侦案件（起）	配侦案件（起）	抓获人数
2009年		2	1
2010年		3	4
2011年		6	30
2012年		9	5
2013年		14	5
2014年	2	37	40
2015年	1	126	87

电子数据勘查取证室

2014年7月，市公安局印发《关于加强网安基

层基础工作的意见》，推进电子数据取证工作向基层延伸。县公安局加强电子数据取证装备配备，落实工作场所，提升电子数据取证能力。县公安局到各地参观考察，了解不同品牌实验室设备的应用效果。通过招标，采购盘石软件（上海）公司和广州市高奈特网络科技有限公司的实验室设备。

网安实验室

11月23日，建成电子物证检验鉴定实验室。12月3—4日，盘石软件（上海）公司技术人员培训网安民警电子数据取证技术。实验室建成后，网安大队接收各单位送交的涉案检材，做好证据提取工作。2015年4月，侦破一起专案中，实验室运用电子数据取证技术提取到嫌疑人张某和马某涉案的关键证据，张某、马某分别被县人民法院判处有期徒刑四年。6月，为治安大队专案组侦办的某网站开设赌场案检验电脑、手机等38台，尽管案件重要嫌疑人林某拒不交代犯罪事实，实验室民警运用电子数据取证技术成功提取到关键证据，林某被县人民法院判处有期徒刑五年，并处罚金一百万元。7月9日，临淄公安分局在侦办部督案件山东文远建材公司被诈骗案中，抓获数名尼日利亚、尼日尔、加纳等国籍的嫌疑人，在对外籍嫌疑人手机进行电子数据取证时，发现5部手机无法采集信息或者采集信息不完整。实验室民警利用高奈特手机数据采集系统，成功采集出其中3部手机的电子数据信息，且信息完整、翔实。在秋冬治安“百日会战”行动中，实验室充分发挥电子数据取证工作优势，完成每台检材的取证工作，对5起案件中的5台电脑、21部手机、1块硬盘电子取证，保障案件顺利侦破。市公安局刑侦支队办理张某故意杀人案中，对1部涉案手机和1个电脑硬盘取证时遇到困难，要求协助取证。实验室克服多个技术难题，重新检验检材，出具检查记录。对临淄公安分局侦办的商某等人聚众扰乱社会秩序案中的1部手机以及县人民检察院侦办的2起案件中的4部手机取证，均取得较好效果。11月18日，公安部网络安全保卫局组织开展“7·24”专案电子数据取证会战，从全国抽调10名实验室技术骨干参加会战，县公安局实验室民警盖健自带设备赴京参战。11月19日—12月1日，盖健检验涉案台式电脑和笔记本电脑10余台、手机13部，勘验出各类电子数据30余万条，为梳理案情提供大量线索，高效完成会战任务，受到公安部网络安全保卫局通报表扬，被县公安局嘉奖。至2015

盖健参加公安部电子数据取证会战留影

年年底，实验室共检验各类电子检材196件，出具检验记录37份，为办案单位的案件侦查和诉讼工作提供有效技术支持。

2015年，实验室接到参加2015年度全国公安机关网安部门实验室能力验证评审活动的通知。实验室民警仔细研究评审考核标准，认真做好考核检材中电子数据的恢复、固定与提取，严格按照规范填写考核文书，最终保质保量完成能力验证任务。2016年2月27日，实验室通过2015年度全国公安机关网安部门实验室能力验证。是年，按照上级要求，电子物证检验鉴定实验室更名为电子数据勘查取证分析实验室。

【专记】

侦破系列网银木马盗窃案

2014年10月、12月，县公安局先后接到2起网络盗窃案件报案，受害人袁某点击“10086”发送的积分兑换短信后，银行卡被盗刷1.4万余元；受害人魏某点击QQ好友发送的“聚会照片”安装包后，银行卡被盗刷3.8万余元。接案后，网安大队充分发挥网安数据与技术优势，历时8个月，先后赴北京、上海、重庆、广西、广东、湖北、河北等地调查取证，成功抓获盗刷受害人银行卡的嫌疑人李某（河北省）、张某（河南省）、利用网络帮助犯罪嫌疑人掩饰隐瞒犯罪所得的嫌疑人王某（重庆市）、利用木马病毒植入受害人手机并盗取受害人银行卡信息的嫌疑人覃某（广西壮族自治区）、制作木马病毒并贩卖牟利的嫌疑人黄某（湖北省）等5人，破获网络盗窃案件200余起，为受害人挽回损失60余万元，缴获电话黑卡、身份证、银行卡、电脑等作案工具一宗。2015年12月17日，县人民法院判处李某有期徒刑五年，并处罚金二十万元；判处张某有期徒刑四年，并处罚金十五万元；判处王某有期徒刑三年，缓刑五年，并处罚金十一万元。2016年2月22日，判处覃某有期徒刑一年七个月，并处罚金一万元。3月18日，判处黄某有期徒刑一年六个月。

此案被公安部评为2015年打击整治网络违法犯罪“净网行动十大典型案例”。被省公安厅网安总队评为全省网安部门“十大精品主侦案件”。中央电视台《新闻直播间》《中国新闻》栏目，以及《人民公安报》《山东法制报》、新华网、人民网等主流媒体和门户网站宣传报道。

中央电视台报道网银木马盗窃案

第九章　禁毒工作

禁毒大队民警合影。左起：李冲、吴宗振、徐军、荆树峰、罗光明、张宾、崔亦芳

（2016年7月 摄）

桓台县禁毒教育基地 （2016年11月 摄）

清末至民国时期，政府对私种罂粟、开设烟馆、贩毒、吸毒等恶习流弊屡禁不止。中华人民共和国成立后，桓台县公安局对贩毒、吸毒现象多次取缔打击。禁毒职责先后归属治安股、刑警队。2004 年 9 月，县委、县政府成立禁毒委员会，办公室设在县公安局。2005 年 5 月，县公安局组织开展禁毒人民战争，全面打击、整治和预防涉毒问题。自 2006 年始，禁毒工作由刑侦大队五中队牵头，打击非法种植毒品原植物、管理易制毒化学品、查处吸毒人员和侦办毒品案件。2011 年 3 月，县编办批复成立县公安局禁毒大队，正科级建制，内设办公室及 3 个中队，均为副科级。2013 年 11 月，禁毒大队正式组建，组织、指导、协调全县禁毒工作，负责侦办涉毒违法犯罪案件、涉毒人员动态管控、易制毒化学品管理。2014 年 6 月起，县公安局相继参加全国公安机关“百城禁毒会战”、全省县级公安机关缉毒会战和全市公安机关秋冬治安“百日会战”，禁毒战果显著。同时，进一步完善禁毒宣传机制、对涉毒人员的动态管控机制，推动全民禁毒局面形成。2016 年 3 月，全县首次禁毒工作会议召开，对全县禁毒工作提出明确意见和要求。

第一节 案件处理

立 案

中华人民共和国成立初期，县公安局主要依据人民政府及上级公安机关文件，如山东省人民政府公安厅《处理违警案件暂行准则(草案)》《关于禁烟 禁种罂粟 没收毒品的指示》等，对涉毒案件立案查处，经过取缔、清理和打击，涉毒案件杜绝。1957 年治安管理处罚条例未对涉毒案件办理作出规定。20 世纪 60—70 年代，制造、贩卖、运输毒品案件增多，1979 年刑法将制造、贩卖、运输毒品行为入刑，县公安局依照刑法规定，立案查处涉毒刑事案件。1987 年 1 月 1 日，《中华人民共和国治安管理处罚条例》施行。县公安局依据条例第二十四条、第三十一条规定，对违反政府禁令，吸食鸦片、注射吗啡等毒品的行为，违反政府规定种植罂粟等毒品原植物的行为，非法运输、买卖、存放、使用罂粟壳的行为，立为行政案件查处；构成犯罪的，依法追究刑事责任。自 20 世纪 80 年代到 21 世纪初，桓台县境内吸食毒品案件较少，县公安局各派出所在每年 5—6 月立案查处非法种植罂粟行为，对种植 5 株以下的，多以批评教育为主。

1988 年 8 月 1 日，公安部根据法律规定，结合各地公安机关办理毒品案件情况，对毒品案件立案标准作出试行规定。县公安局依据该试行规定，对下列行为按性质分别立案：非法制造、贩卖、运输(含走私，下同)鸦片、海洛因、吗啡、大麻或其他毒品的，不论数量多少，原则上均立案；提供场所和毒品，容留他人吸食，从中牟利的，以贩卖毒品罪立案；制造、贩卖、运输假毒品的，以制造、贩卖、运输毒品罪立案；明知是毒品，非法携带、邮寄、托运的，以运输毒品罪立案；私种罂粟等毒品原植物二百五十株(相当于生鸦片一两)以上的，以制造毒品罪立案。符合下列条件之一的，立为重大案件：非法制造、贩卖、运输鸦片五百克以上，海洛因十克以上以及同等数量的假毒品的；境内外犯罪分子互相勾结，入出国境贩毒的；组织贩毒集团，长途贩运、倒卖毒品的；提供场所和毒品，容留他人吸食，从中牟利，屡教不改的；私种罂粟等毒品原植物二千五百株(相当于生鸦片十两)以上的。符合下列条件之一的，立为特别重大案件：非法制造、贩卖、运输鸦片五千克以上，海洛因五十克以上的；武装贩运、走私毒品的；制造、贩卖、运输毒品，并以暴力抗拒检查或拒捕的；组织或参与国际贩毒集团、制造、贩卖、运输毒品的；私种罂粟等毒品原植物二万五千株(相当于生鸦片一百两)以上的；以上所说毒品数量“以上”都连本数在内。

1990 年 12 月 28 日，第七届全国人民代表大会常务委员会第十七次会议通过《全国人民代表大会常务委员会关于禁毒的决定》，在提高刑罚、行政处罚标准的同时，对刑事、行政立案标准进一步具体化，如非法种植罂粟入刑标准修改为“种植罂粟五百株以上不满三千株或者其他毒品原植物数量大的”“经公安机关处理后又种植的”“抗拒铲除的”等。县公安局在执法实践中，重点依据《全国人民代表大会常务委员会关于禁毒的决定》，并结合刑法、治安管理处罚条例规定，对涉毒案件立案查处。1997年3月14日，第八届全国人民代表大会第五次会议修订刑法后，县公安局组织民警学习新刑法条文，掌握9类走私、贩卖、运输、制造毒品犯罪的特征和构成要件，及时受理案件，稳准狠打击涉毒犯罪。

2006年3月1日，实施《中华人民共和国治安管理处罚法》，该法对涉毒违法行为扩充、细化。县公安局结合开展禁毒人民战争，依法打击非法种植毒品原植物及持有、吸食、注射毒品等行为。通过法制宣传、阵地控制、逢嫌必检等措施，开辟案件线索来源，提高涉毒案件受理的数量，加大打击毒品违法犯罪力度，禁毒工作深入推进。

缉毒侦查

清末，随着英国入侵中国，鸦片烟毒开始流入桓台县，县内私种罂粟、贩卖毒品、开设烟馆、吸毒者较为普遍，至民国时期，一直禁而不绝。

中华人民共和国成立前后，县公安局加大对贩毒、吸毒行为的取缔打击力度。1949年2月，对桓城四关22所烟馆全部予以关闭。1950年2月，根据政务院《关于严禁鸦片 烟土的通令》，全国范围内禁烟禁毒斗争逐步展开。县公安局责令烟民交出全部毒品。1952年3—7月，中共中央发出系列禁毒指示。7月，县公安局打掉以任德亭（博兴县人）、卞文禄（桓台县特务分子）为首的往返济南、淄博的贩毒团伙。1953年1月28日，省政府下达《关于戒烟 禁种罂粟及收缴农村存毒的指示》。结合中央公安部指示，县公安局在配合民政、卫生部门戒烟的同时，开展禁种罂粟和收缴农村存毒工作。广泛宣传和清理，发动群众参与查禁活动，没收烟土、烟枪，教育处理有关人员，贩毒、吸毒等现象杜绝。1957年，贩毒、吸毒惯犯又开始活动。1958年夏，在起凤镇鱼龙村查破1起贩毒吸毒案，依法管制1名吸毒惯犯，判处1名贩毒者有期徒刑。

1962年冬至1963年春，县内贩卖毒品案件增多，犯罪人员主要是开除的国家干部、职工、反革命分子和刑事犯罪前科人员等，他们窜至甘肃、黑龙江、陕西三省，以及本省滨县、平度、临淄、博兴等县和本县起凤、高王、唐山、桓城、索镇等区，秘密在当地低价购买大烟，远路去甘肃及武汉、西安等地黑市高价出售。县公安局共查处贩毒案件7起，打掉以桓城区张桂某、高王区胡安某、起凤区孙学某为首的3个贩毒团伙。起凤区起凤人民公社穆家寨田家某贩毒10余斤，获利1万余元。1963年2月，打掉以蔡来某为首的冒充国家干部跨省流窜贩毒团伙，查获大烟3包、大烟样品2两、现金2900余元，刑事拘留5名贩毒人员，传讯2人，破案2起。该案团伙成员9人，从地域看，甘肃省3人，山东省平度县1人，滨县2人，临淄县1人，桓台县2人；从身份看，被开除和下放干部2人，群众2人，转业军人1人，投机商人4人。

20世纪70—80年代，桓台县零星出现吸毒贩毒违法犯罪，以收购贩卖大烟为主。20世纪90年代，吸贩毒违法犯罪活动在县内有抬头迹象，流行毒品种类主要以K粉（氯胺酮）、摇头丸为主，桓台县个别青年到张店“迪厅”吸食毒品。桓台县歌舞厅业虽然兴盛一时，但在公安机关高压下，没有出现明显的吸食毒品问题。个别乡镇卫生院工作人员利用职业便利，非法倒卖少量杜冷丁，县公安局及时专项整治。根据上级安排部署，2000年、2004年，县公安局开展2次严厉打击吸毒贩毒等社会丑恶现象专项行动，未发现涉毒违法犯罪活动线索。不久，随着冰毒等合成毒品制作流程日趋简易化，且价格低、获取渠道多，桓台县出现吸贩毒活动。2009年，县公安局办理一起盗窃案件时，获取涉毒犯罪线索，侦查发现，该案涉及人员多、犯罪区域广、案情重大，被省公安厅定为特大目标案件。10月15日，抓获团伙成员徐某（张店区人）、王某（张店区人）、李某（桓台县人）等8人。该团伙先后窜至青岛、重庆等地，贩卖毒品作案6起，贩卖冰毒400克，涉案价值40余万元。

2011年6月22日，国务院第160次常务会议通过《戒毒条例》，是年6月26日起施行。县公安局加大管控吸毒人员工作力度，对吸毒成瘾或吸毒成瘾严重人员，及时责令社区戒毒、强制隔离戒毒，为吸毒人员回归社会打好基础。桓台县先后查处275名吸毒人员，对25名吸毒成瘾人员作出强制隔离戒毒决定。

2013年12月27日，省公安厅下发《关于在违法犯罪嫌疑人中全面开展吸毒检测工作的通知》。2014年1月，县公安局组织基层派出所和禁毒等警

2014 年 1 月 14 日，民警接受吸毒检测视频辅导

种一线民警参与执法资格培训工作，133 名民警通过省公安厅吸毒检测考试，全部取得执法资格和培训合格证，人数位列全市第一。4 月 16 日，组织法制、治安、刑侦、巡特警大队和派出所 171 名民警参加全省公安机关吸毒成瘾认定视频培训，掌握吸毒成瘾认定的法律条文、程序规定、工作流程、执法标准和逢嫌必检的工作要求，经省级公安、卫生行政部门组织培训并考核合格，取得吸毒成瘾认定工作资格。6 月 4 日，组织国保、经侦、治安、刑侦大队及派出所 78 名民警参加省公安厅统一培训及考试，取得吸毒检测执法资格，为严格规范开展吸毒检测和吸毒成瘾认定工作打下基础。2014 年 9—10 月，县公安局开展吸毒违法案件专项执法检查，从吸毒人员查获、信息录入、战果延伸等 6 个环节，检查 23 起案件卷宗，细化办理吸毒违法案件执法流程，建立完善禁毒执法长效机制，多次与市、县公安法制部门对接，推进全县涉毒案件的规范办理工作。

在国内国际大环境影响下，禁毒形势日益严峻，网络成为贩毒人员的通讯工具，物流快递成为涉毒违法犯罪活动的新途径。桓台县新增吸毒人员数和复吸率不断升高，主要集中于 35 岁以下青年人群，他们大多交叉贩毒、以贩养吸。县公安局挖掘案件线索，查找零包贩毒窝点、网络，实现“大毒”“小毒”一起抓。2014 年 12 月，破获公安部目标案件原某等贩毒案，抓获贩卖毒品犯罪嫌疑人 27 人，其中逮捕 14 人，查获冰毒 500 克、麻古 100 粒、制式气枪 1 支，斩断山西长治流入淄博和广东东莞流入淄博两条贩毒路径。2014 年 10 月—2015 年 3 月，公安部组织“百城禁毒会战”，县公安局抓获毒品犯罪嫌疑人 110 人，查处新增吸毒人员 129 人，强制隔离戒毒 3 人，查缴冰毒 1000 克，战果位居全市第一名、全省第三序列 65 个县级公安机关第三名。其中，少海派出所位居全市“百城禁毒会战”派出所（第一序列）第一名，田庄派出所、新城派出所、唐山派出所、马桥派出所包揽全市“百城禁毒会战”派出所（第二序列）前四名。2015 年 10 月—2016 年 1 月，全市公安机关开展秋冬治安“百日会战”，县公安局破获毒品案件 18 起，抓获 33 名犯罪嫌疑人，查获吸毒人员 65 人（含新增吸毒人员 37 人），强制隔离戒毒吸毒成瘾人员 5 人，缴获毒品 200 克。

2009—2015 年桓台县公安局打击涉毒犯罪情况统计表

表 9－1

年度	立案数（起）	破案数（起）	抓获犯罪数（人）	查获吸毒数（人）
2009	1	8	8	10
2010	1	4	5	6
2011	1	7	2	8
2012	3	5	3	7
2013	3	30	15	19
2014	3	193	29	58
2015	32	340	100	180

【专记】

侦破原某等贩毒案

2014 年 1 月 10 日，县公安局接到匿名举报，新城镇昝家村村民昝某长期吸食、贩卖毒品。初查发现，昝某从张店上线处购买毒品。6 月 12 日，将昝某上线犯罪嫌疑人宋某、王某抓获，在他们随身携带的纸箱和住处缴获冰毒 156.98 克、自制“冰壶”6 个。经审讯，发现宋某、王某上线线索，随即赶赴山西长治，抓获正在毒品交易的犯罪嫌疑人原某、申某，分别收缴冰毒 119.16 克、179.39 克。经查，原某先后向宋某、王某贩卖冰毒 170 克，向申某贩卖冰毒 400 克；宋某、王某将冰毒贩卖给昝某、邵某、陈某等人。专案组顺线追踪，相继抓获昝某、邵某、陈某等人，从昝某身上缴获冰毒2.22克。通过深挖，专案组转赴广东省，12月10日，抓获贩毒嫌疑人张某。12月14日，专案组在张店将张某下线“小龙”抓获。切断两条外省毒源后，专案组转回本地战场，继续清剿吸贩毒网络的下线人员。2015年1月，抓获3名桓台籍吸贩毒人员。经过12个月的专案经营，涉及5层贩毒网络，跨山西、山东、广东3个省份的特大贩毒案告破，抓获犯罪嫌疑人27人，其中提请批准逮捕14人，缴获毒品500克、麻古100粒和制式气枪1支。2015年8月13日，淄博市中级人民法院依法判处原某无期徒刑、宋某有期徒刑十五年、王某有期徒刑十五年、邵某有期徒刑十五年、昝某等4人有期徒刑三年至一年。

2014年12月，远赴广东抓获毒犯

逢嫌必检

受国际毒潮泛滥和多种因素影响，毒品问题进入加速蔓延期，登记在册吸毒人数高速增长，大量隐性吸毒人员活跃于社会各个阶层，给社会治安、公共安全带来重大威胁，极易引发抢劫、盗窃、交通肇事、暴力杀人案件及自伤自残行为发生。按照省公安厅《关于在违法犯罪嫌疑人中全面开展吸毒检测工作的通知》，自2014年1月1日起，县公安局对带到公安机关办案场所的违法犯罪嫌疑人，在8小时内进行阿片类和苯丙胺类毒品现场吸毒检测。

县公安局把逢嫌必检作为吸毒人员动态管控的重要措施，纳入执法质量考评范围，列为禁毒执法“规定动作”。为办案单位配齐检测器材，加大督导力度，力争逢嫌必检执行率100%，并落实后续处置措施，进行成瘾认定，依法分类处置。

2014年1月15日2时许，县公安局抓获5名涉嫌盗窃的川籍青年。采用吗啡检测试剂对5人进行尿检，检测结果全部呈阳性。通过查询吸毒人员动态管控系统进行信息比对，其中4人有吸毒史、违反社区戒毒社区康复协议等情况，遂对4人强制隔离戒毒二年，另1人处以行政拘留十日。5月19日，马桥派出所调查处理罗某坤、王某清等殴打他人案过程中，经甲基安非他明试剂检测，发现罗某坤、王某清尿检呈阳性。经询问，二人供述吸食冰毒的违法事实。马桥派出所对二人殴打他人和吸毒行为分别处罚。

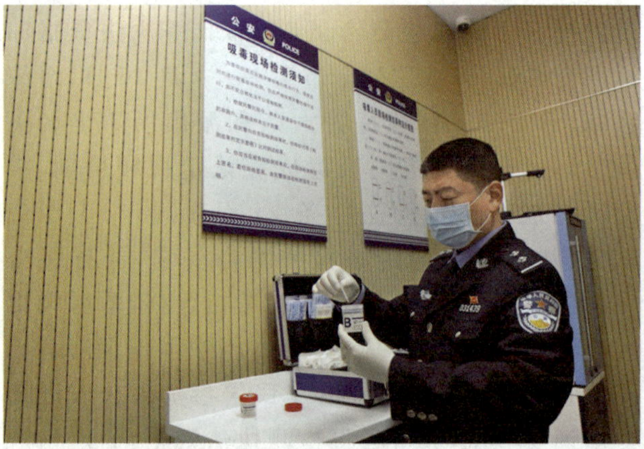

2016年，民警进行现场毒品检测

2014—2015年，县公安局执法办案系统录入到案违法犯罪嫌疑人1536名，上传吸毒现场检测报告书1213份，逢嫌必检执行率79%，查获吸毒人员238人次，决定强制隔离戒毒15人。

铲除毒品原植物

清末起，县域个别村民在田间地头、自家菜地或院落内种植罂粟，主要用途是食用罂粟嫩芽或用罂粟壳作为炖菜熬汤的调料，少有制作烟膏用于治病止痛者。1950年起，根据政务院《关于严禁鸦片 烟土的通令》，县公安局每年强行铲除罂粟等毒品原植物，县内种罂粟现场基本杜绝。

20世纪70年代，县内私种罂粟现场有所抬头。1973年1月，按照国务院《严禁私种罂粟和贩卖吸食鸦片等毒品的通知》精神，县公安军管小组组织人民公社、大队调查摸底种植罂粟和贩卖、吸食毒品情况，以加强治安管理。1988年，根据《中华人民共和国治安管理处罚条例》《公安部 卫生部关于严禁非法种植罂粟的通知》，县公安局、县卫生局联合开展严禁非法种植罂粟宣传活动，铲除非法种植的罂粟。1990 年，贯彻《省公安厅 卫生厅关于严禁私种罂粟的紧急通知》，制定查禁方案，在罂粟开花季节，逐片逐村检查，未发现大面积种植罂粟情况。

铲除罂粟

之后，每年五六月份罂粟成熟期，县公安局均下发打击整治非法种植罂粟的方案通知，组织各派出所开展禁种铲毒工作，民警深入田间地头、村宅前后、废弃厂房巡查，并向村民发放宣传资料，鼓励村民举报非法种植毒品原植物案件线索。2008 年 5 月 27 日，新城派出所民警巡逻至新盛村时，在耿某、胡某家中发现种有 26 株罂粟，分别对两人作出罚款处罚。2014 年 5 月，根据群众举报线索，查实起凤镇穆寨村村民陈某某种植罂粟 77 株、乌北村李某某种植罂粟 52 株，对其分别处以行政拘留十日、三日处罚。2016 年春，周边地市发现不同程度大面积非法种植罂粟情况。根据上级公安机关部署，5 月 31 日至 6 月中旬，县公安局组织开展非法种植罂粟踏查铲除专项行动。全县警民联合进村入户，拉网踏查，广泛宣传，依法打击，出动铲毒人数 8500 余人次，踏查面积 3 万余亩，铲除毒品原植物 500 余株。

截至 2016 年，桓台县未发现利用罂粟成熟果实制作鸦片的案例。

2001—2015 年桓台县公安局查处非法种植毒品原植物案件统计表

表 9－2

年度	查处案件起数	罚款人数	行政拘留人数	铲除株数
2001	38	39		154
2002	30	30		371
2003	18	18		47
2004	7	7		30
2007	10	9	1	499
2008	5	6		189
2009	4	4		349
2013	4		4	134
2014	4	3	1	328
2015	6	4	2	247

第二节　案件预防和管理

禁毒宣传

中华人民共和国成立前后，县公安局在关闭烟馆，打击吸毒贩毒违法犯罪的同时，开展全民禁毒宣传，收缴吸毒用具，广大群众意识到毒品的危害性，吸贩毒现象明显减少。此后，在涉毒问题严重时期，公安机关发动群众，通过公判会、批斗会等形式，动员群众抵制吸贩毒行为，检举揭发案件线索，始终没有造成毒品和毒品原植物泛滥。

进入 21 世纪，县公安局开展人民禁毒战争，从防范管理入手，采取全面宣传、重点整治措施，向毒品宣战。县公安局抓住每年“6·26”国际禁毒日时机，组织民警走上街头，深入社区、学校、商业门店、娱乐场所等人员聚集场所，广泛开展禁毒宣

2013 年 6 月，开展禁毒宣传进校园活动

传。同时，公开举报电话和信箱，广辟毒品案件线索来源。派出所开展毒品原植物“禁种”宣传，深入村庄、社区，发放禁毒宣传材料，集中开展典型案例警示教育。禁毒、治安部门整治公共娱乐场所毒品问题，对新开业及变更业主的娱乐场所，开展禁毒培训，签订责任书，发放警示牌，张贴宣传画，建立以行政部门依法管理为主，娱乐场所自律和全社会共同监督相结合的长效管理机制。县禁毒办联合教育部门，把毒品预防教育作为中小学、职业学校德育工作的重要内容，每学年必有一堂禁毒教育课，组织全体学生开展禁毒主题班会活动、撰写心得体会、观看禁毒影片，县公安局安排民警到场指导。2008 年 11 月 10 日，索镇派出所为世纪中学举办禁毒知识讲座，举行“手拉手远离毒品、心连心维护稳定”学生签名活动，宣读禁毒倡议书。2009 年 6 月 2 日，索镇派出所到辖区各学校开展“远离毒品、远离网瘾、共建书香桓台”签名活动，并开展以案释法教育，从源头做起，构筑全民禁毒社会体系。

2010 年 6 月 26 日，第 23 个国际禁毒日，以“依法禁毒，构建和谐”为主题，民警到桓台一中、少海社区和农村宣传毒品危害，发放禁毒宣传材料 2000 余份。2014 年 12 月 9 日，禁毒大队到桓台实验中学、渔阳中学举行毒品预防教育示范学校和禁毒宣传教育基地挂牌仪式，创建“无毒校园”。是年，县公安局成立惠民法治宣讲团，把禁毒教育作为宣讲内容，以幻灯片课件、宣传短片、微视频等形式，结合法律条文、精品案例、数据分析，

2013 年 11 月，宣讲禁毒知识

展示出禁毒预防宣讲内容，开展禁毒预防教育宣讲活动 23 场次，受教育 1.5 万人。同时，结合每月 10 日警民恳谈活动，到乡村集市、商场超市、主要街道，宣传毒品危害典型案例。

2015 年 6 月 26 日，第 28 个国际禁毒日，县公安局开展“青少年与合成毒品”主题禁毒教育宣传活动，到起风中学、唐山中学、鸿嘉星城作专题讲

2015 年 6 月，开展禁毒教育一堂课活动

座，受教育 2000 余人。少海公园 LED 城市大屏和鸿嘉星城大型广告屏连续 1 周滚动播出公益宣传片，各镇发放禁毒宣传材料 5000 份。10 月 16 日，济南骑友自行车俱乐部 11 名会员与市、县禁毒民警一起，在桓台博物馆广场开展禁毒公益宣传活动，悬挂“和谐社会、珍爱生命、远离毒品”宣传条幅，向群众发放宣传资料，讲解毒品知识和危害。11 月 27 日，省财政厅、省公安厅印发《山东省毒品违法犯罪举报奖励办法》。2016 年 1 月 28 日，县公安局、县财政局举办实施《山东省毒品违法犯罪举报奖励办法》新闻通气会，《鲁中晨报》《桓台大众》等主流媒体宣传报道。6 月 26 日，县公安局围绕“无毒青春，健康生活”宣传主题，以青少年毒品预防教育和群众举报奖励为宣传重点，通过悬挂禁毒宣传条幅、设置禁毒宣传展板、向群众发放禁毒宣传资料、现场解答群众咨询等多种形式，近距离向市民宣传禁毒知识，发放宣传材料 500 余份，现场解答群众咨询 100 余条。协调县委宣传部，在桓台人民公园、少海公园和鸿嘉星城等 3 处城市大屏连续滚动播出禁毒公益广告《无助篇》。与县教体局对接，在全县中小学校播放《致青春》(12～14 岁版、15～18 岁版)等学校毒品预防教育专题片，引导青少年群体牢固树立“珍爱生命，远离毒品”的思想观念。是年，在唐山派出所设立禁毒教育基地一处，组织辖区各单位职工及在校学生到基地接受禁毒教育。

桓台县禁毒教育基地内景

社区戒毒社区康复

2008年6月1日，《中华人民共和国禁毒法》施行。法律规定，公安机关可以责令吸毒成瘾人员接受社区戒毒，城市街道办事处、乡镇人民政府负责社区戒毒工作。2011年6月26日，《戒毒条例》对社区戒毒的执行机构、工作流程和管理措施作出详细规定。桓台县构建由政府统一领导，禁毒委员会组织、协调、指导，有关部门各负其责，社会力量广泛参与的戒毒工作体制。

2014年12月11日，县禁毒委员会全面部署社区戒毒社区康复工作，印发《关于成立社区戒毒社区康复机构的通知》《关于加强社区戒毒社区康复工作的实施意见》《关于转发〈禁毒工作责任制〉的通知》《关于转发〈山东省社区戒毒社区康复工作细则〉的通知》，各镇、街道办事处设立社区戒毒（康复）管理中心，明确管理中心主要职责，各镇、街道办事处分管稳定工作的负责人为管理中心负责人，组织实施吸毒人员监管、监督和帮扶工作。贯彻突出重点、示范带头的原则，在城区街道办事处、索镇成立2处高标准社区戒毒社区康复工作办公室，在桓台县实验中学建设1所毒品预防教育示范学校。2015年12月11日，省禁毒委员会副主任、省卫生和计划生育委员会副主任宋新强，省禁毒办常务副主任、省公安厅禁毒总队总队长邵浩浩到桓台督导禁毒工作，对社区戒毒社区康复工作给予充分肯定。至2016年4月，36名吸毒人员接受社区戒毒。

城区街道办事处社区戒毒社区康复工作办公室

易制毒化学品管理

20世纪90年代，K粉、麻古、冰毒、摇头丸等合成毒品泛滥，给社会造成严重危害，政府对易制毒化学品的管控工作摆上议事日程。2001年1月，公安部、国家经贸委等部门联合发出通知，对易制毒化学品的生产、经营、使用实行许可制度，由公安机关统一管理。2002年3月10日，易制毒化学品的办证权下放到县。2005年，桓台县有易制毒化学品企业1家，县公安局对企业生产、销售情况建立台账，实施严格监督。11月1日起，国家施行《易制毒化学品管理条例》，对易制毒化学品的生产、经营、购买、运输和进口、出口实行分类管理和许可制度。2006年4月21日，公安部部长办公会议通过《易制毒化学品购销和运输管理办法》，自10月1日起施行。是年，县公安局将易制毒化学品管理职责划归刑侦大队五中队，全县生产、经营、使用易制毒化学品企业52家，生产经营使用的易制毒化学品种类较多。2007年，县公安局宣传禁毒法、易制毒化学品管理条例、易制毒化学品购销和运输管理办法，在企业建立易制毒化学品专管员制度，在23家医院建立麻醉药品和精

2007年3月16日，易制毒化学品法律法规学习培训

神药品购买、使用月报备制度。2009 年 10 月，省公安厅联合山东新锐信息软件有限公司研发山东省易制毒化学品管理信息系统，全县易制毒化学品生产、经营、使用单位通过互联网平台办理相关审批业务。

2012 年 9—12 月，县公安局开展易制毒化学品专项整治行动。依据《易制毒化学品管理条例》，对全县 90 余家易制毒化学品经营、使用单位逐一检查，逐一建档，做到有登记、有记录，底数清、情况明，并落实专人专管。11 月 20 日，刑侦大队调查发现，淄博晶富皇净水材料有限公司非法购买易制毒化学品，县公安局依法处罚其法人代表，并责令企业停业整顿。2014 年 8—9 月，按照市公安局部署要求，开展溴代苯丙酮等易制毒化学

2013 年 12 月，检查易制毒企业

品大排查大管控工作，禁毒大队与县工商局企业注册科、县环保局监察大队、县安监局办公室对接，核实全县所有化工企业信息档案。组织各派出所对辖区内的化工生产、使用和经营公司，以及偏僻院落、废弃厂房（区）、养殖场等可疑区域，逐一梳理检查，检查企业 100 余家、偏僻区域 300 余处，未发现涉及溴代苯丙酮等重点化学品的生产使用经营情况。2015 年 2—3 月，实地查看全县所有企业，重点排查梳理生产经营困难、濒临破产、地处偏远、已经或者可能出租厂房设施的小型化工企业和废弃的厂房，同时全面检查易制毒化学品企业，重点对涉及醋酸酐等重点易制毒化学品的企业，完善监管制度，发放《致易制毒化学品企业告知书》，逐个签订易制毒化学品管理责任书，填写易制毒化学品专项整治行动排查登记表。8 月，县公安局抽调治安、消防、禁毒民警，梳理排查全县 42 家危化品企业、消防重点单位、易制毒化学品企业的基本情况、生产设施、安全管理、应急处置情况，健全完善各类备案登记台账，方便监管单位查看企业所用原材料目录及生产产品目录，加强涉危、涉爆、涉易制毒化学品监管及应急处理，提升对全县重点化工企业的数字化、网络化、智能化监管水平。10 月，禁毒大队确定 1 名民警为预警信息联络员，运用现有数据资源和警务云系统，分析研判、落地核查和实时预警重点地域到鲁人员和车辆轨迹信息。

2015 年 11 月 30 日，省公安厅把山东润格信息科技发展有限公司开发的易制毒化学品管理信息系统作为新的易制毒化学品管理信息系统。12 月 18 日 18 时，原系统进行切换，12 月 21 日 8 时 30 分，新系统正式上线运行。2016 年 1 月 14 日，县公安局举办易制毒化学品管理信息系统培训班，全县 100 余家易制毒化学品企业专管员参加培

2016 年 1 月 14 日，易制毒化学品管理信息系统培训

训。专管民警坚持管理与服务并重原则，实行第二、三类易制毒化学品购买运输“一网通”模式，依法从严核发购买、销售相关许可、备案证明，杜绝易制毒化学品进入非法渠道。对全县 118 家易制毒化学品企业实行“一企一档”管理，依法查处违法犯罪行为，堵塞管理漏洞，从源头上控制和压缩制毒犯罪空间。

第十章 预审和监管

县看守所民警合影。前排左起：于守德、任光辉、梁波、于光庆、金明、刘兆东、张玉深、鲁传武；二排左起：毕斌鹏、王书力、田茂水、何志刚、史纪德、许领章、张学建、蔡泳；三排左起：伊茂群、田茂强、荆树钢、车林杰、王向明、袁波、王树平、赵红军、朱艳文　　（2014年12月　摄）

县拘留所工作人员合影。前排左起：金宗庆、吕晓君、张双、陈永、罗洁、孟祥军；后排左起：张孝和、张彦华、刘思英、宗凯、魏连凡　　（2016年6月　摄）

民国34年(1945年)9月，桓台县公安局设立审讯及差犯管理岗位，负责审讯及羁押人犯工作。民国35年(1946年)1月，县公安局设三股，负责审讯和看守业务。民国37年(1948年)5月，三股改称审讯股。1951年，第一期镇压反革命运动结束后，在押犯人增多，为解决看守所拥挤和犯人坐吃闲饭问题，11月，桓台县成立劳改队。1954年，政务院和全国人大常委会分别颁布《中华人民共和国劳动改造条例》《中华人民共和国逮捕拘留条例》，预审、监管、劳改工作逐步规范，案件质量进一步提升，监管隐患明显减少。1957年，县公安局根据《中华人民共和国治安管理处罚条例》规定，在看守所设置拘留室，单独关押被行政拘留人员。"文化大革命"中，预审制度遭到破坏，实行侦查直接到审判工作模式，案件质量受到影响。1973年7月，预审工作恢复正常。1979年8月，公安部印发《看守所工作制度》，明确看守所主要任务是严密看管犯人，保证看守所安全，加强对犯人的政策、法制和形势教育，做好犯人的生活管理工作，密切配合审讯、审判工作。1992年1月起，看守所工作独立运行。1997年8月，县公安局推行刑侦改革，预审科并入刑警大队。2008年，新建看守所和拘留所投入使用，推行管教工作新模式。2012年3月，拘留所被评定为二级拘留所。2015年4月，看守所被评定为一级看守所。

第一节　预审工作

逮捕拘留

中华人民共和国成立前后，县公安局抓获人犯称为逮捕、侦捕或捕获。民国34年(1945年)8月，县公安局逮捕战犯35人。1950年10月14日，华东军政委员会发布《逮捕人犯暂行条例》。公安机关逮捕人犯时，出示逮捕证，逮捕证由县以上公安、司法机关主管人员签发。逮捕后立即(除特殊情况外，最迟不得超过二十四小时)将人犯通知或送附近公安、司法机关处理。是年，县公安局逮捕118人。1954年1月8日，省公安厅、省法院联合下发《关于处理刑事犯罪案件的几项通知》，公安机关对刑事案件负有侦察、逮捕、预审之责。县公安局对逮捕的人犯立即审讯，核对相关证据，及时作出处理意见。7月23日，逮捕刘某后，经审讯查对，其与杀人案件无关，及时释放。8月14日，公安部印发《关于逮捕及预审工作暂行条例(草案)》，县公安局统一逮捕报告书、逮捕搜查证、拘留证、释放证、审讯笔录、搜查笔录、扣押物品清单、对被捕人家属通知书格式。9月20日，宪法公布，任何公民非经人民法院决定或者人民检察院批准，不受逮捕。12月20日，全国人大常委会通过《中华人民共和国逮捕拘留条例》，经人民法院决定或者人民检察院批准逮捕的人犯由人民法院、人民检察院或者公安机关执行逮捕。公安机关要求逮捕人犯的时候，由人民检察院批准。公安机关对需要侦查的六种情形的人犯，可以先行拘留。拘留后的24小时内，把拘留的事实和理由通知本级人民检察院，人民检察院在接到通知后的四十八小时内批准逮捕或者不批准逮捕。逮捕、拘留后二十四小时内进行讯问。是年，因桓台县尚未设立人民检察院，逮捕证仍由县公安局签发，年内逮捕反革命犯53人、刑事犯305人。1955年1月30日，中央公安部发布《关于各级人民公安机关必须严格遵守宪法和法律的指示》。县公安局办理逮捕手续时，遵守内部审批制度，逮捕一般刑事犯罪分子，事先报请县委审批同意；逮捕反革命分子，事先报请地委和专署公安处审批同意。8月，县人民检察院成立，县公安局逮捕人犯时，报县人民检察院批准。9月24日、11月15日，县公安局两次集中提请批准逮捕犯罪分子259人，其他时间零星提请批准逮捕168人，其中反革命分子366人、刑事犯罪分子161人。1956年2月，公安部制定《关于逮捕反革命分子和各种刑事犯罪分子的政策界限的规定》。是年，提请批准逮捕案犯89人。1957年6月，整改仅凭县领导批示件，不凭拘留证、逮捕证而关押19名闹秋人员的错误做法。是年，刑事拘留反革命分子3人、刑事犯罪分子47人，提请批准逮捕历史反革命分子47人、阶级敌对分子26人，刑事犯罪分子187人。1958年1—10月，提请批准逮捕犯罪分子94人。

20世纪60年代初，国民经济和人民生活暂时困难，群众性治安问题较多。县公安局严格区分两类不同性质的矛盾，严格控制逮捕数量，重点打击影响稳定的盗窃、贪污、投机倒把等犯罪。1962年，提请批准逮捕54人，其中反动会道门5人、杀人犯4人、投毒犯3人、偷盗犯24人、诈骗犯2人、贪污犯5人、投机倒把犯5人、其他6人。1963年，刑事拘留135人，提请批准逮捕50人，其中偷盗犯27人、投机倒把犯9人、强奸犯4人、诈骗犯3人、杀人犯1人，其他6人。1965年，贯彻中央关于依靠群众专政、少捕、矛盾不上交方针，对可捕可不捕和罪该逮捕但绝大多数群众同意不捕的现行犯，采取矛盾不上交、发动群众、认真监督、就地改造的方法，就地处理案犯39人，通过回访17名较重案犯情况看，表现好的和较好的15人，不够好的2人。是年，提请批准逮捕9人，比上年少逮捕25人。

1967年3月，县公安局、县人民检察院、县人民法院合并成立桓台县革委会保卫部，设刑事审判组，负责案件审判工作。1968年2月，中国人民解放军对县公安局、县人民检察院、县人民法院统一军事管制。6月，通过机构整合，设审判组。县革委会行使逮捕、拘留批准权。

1973年6月，县公安局恢复建制。逮捕、拘留工作逐步恢复，拘留由县公安局负责人批准，逮捕需经县委审核后经惠民地区公安局审批。1978年6月，县人民检察院复设，逮捕权限恢复正常。1979年2月23日，新修订的《逮捕拘留条例》规定，人民法院决定或者人民检察院批准逮捕的人犯，由公安机关执行逮捕；公安机关拘留的人犯需要逮捕的，应当在拘留后三日内，把被拘留人的犯罪事实和证据材料通知本级人民检察院。在特殊情况下，拘留时间可以再延长四天，人民检察院应当在接到通知后的三天以内，批准逮捕或者不批准逮捕。该条例公布前，县公安局与县人民法院密切配合，清理1978年年底在押刑事拘留犯5人。2月23日后，新刑事拘留、提请批准逮捕12人，均在法定时间内转捕或起诉。3月27日，最高人民检察院、公安部发布《关于人民检察院逮捕拘留人犯由公安机关执行的通知》。县人民检察院在自办案件中，需要依法逮捕人犯时，按内部审批权限批准后，将批准逮捕决定书送给县公安局，由县公安局签发逮捕证并执行逮捕；县人民检察院在自办案件中，确需拘留的人犯，由县公安局签发拘留证，县人民检察院派员共同执行拘留。

1980年1月1日，刑法、刑事诉讼法实施。县公安局对罪该逮捕的人犯，提请县人民检察院批准后执行，从此取消内部由党委审核、上级公安机关审批制度。是年，刑事拘留人犯16人，通过预审，法定时间内移送检察院批准逮捕，转捕率100%，共逮捕人犯22人，另有收审转逮捕3人、直接报捕3人。1982年，刑事拘留29人，3天内审结28人，刑事拘留转逮捕25人，对批准逮捕的25名罪犯，及时移送起诉。1983年，“严打”开始后，根据从重从快原则，直接申请批准逮捕150人，被刑事拘留的28名犯罪分子转捕率100%。

1984年，预审科干警

1986年，刑事拘留案件31起38人，直捕案件21起26人，刑事拘留人员均报捕。1987年，直捕案件21起30人，刑事拘留案件27起40人，刑事拘留案件批捕39人。其中，杀人案3起3人，放火案2起2人，强奸案11起11人，抢劫案2起11人，伤害案3起3人，诈骗案3起3人，盗窃案17起27人，流氓案2起5人，交通肇事案5起5人。

1990年，预审科受理直捕案件14起19人、刑事拘留案件53起80人，移诉案件65起101人，报捕50起77人，批捕49起75人。其中，杀人案3起7人，抢劫案8起16人，强奸案12起13人，伤害案1起1人，放火案1起1人，破坏电力设备案7起15人，诈骗案2起2人，敲诈勒索案1起2人，盗窃案30起44人，交通肇事案3起3人。通过深挖余罪，逮捕5人。1991年，预审科受理刑事案件66案117人，刑事拘留报捕50案73人，批捕49案66人，移诉案件66案105人，转市公安局预审科处理5案21人。1992年,预审科受理刑事拘留案件47起52人,逮捕案件47起54人,移诉43案50人。1993年,预审科受理刑事拘留案件59起83人、直捕案件和收审转捕29起50人,涉杀人案3起3人,抢劫案10起18人,放火案2起2人,爆炸案1起1人,强奸案17起17人,奸淫幼女案3起3人,流氓案2起5人,盗窃案35起61人,破坏电力设备案2起4人,诈骗案2起2人,伤害案8起12人,交通肇事案2起2人,其他案件3起5人。通过审查,提请批准逮捕59起83人,深挖中提请批准逮捕14人。

1997年1月1日,刑事诉讼法(修正)施行,逮捕拘留条例废止。县公安局对被拘留的人,认为需要逮捕的,在拘留后3日以内,提请县人民检察院审查批准。特殊情况下,提请审查批准的时间可以延长1～4日;对于流窜作案、多次作案、结伙作案的重大嫌疑分子,提请审查批准的时间可以延长至30日。县人民检察院自接到县公安局提请批准逮捕书后的7日以内,作出批准逮捕或者不批准逮捕的决定。对犯罪嫌疑人逮捕后的侦查羁押期限不得超过二个月。案情复杂、期限届满不能终结的案件,经市人民检察院批准延长一个月。8月,县公安局实行刑侦改革,推行刑侦部门侦查、拘留、提请逮捕、移送起诉一体化新机制。

案件审理

民国34年(1945年)9月,县公安局重建后,审讯工作贯彻重证据、重调查研究、不轻信口供、严禁逼供信的方针,查清事实,阐明政策,指明出路,促其坦白交代。审讯人员分析口供和调查材料,得出正确结论,防止冤枉好人。预审终结,按罪行和情节轻重程度,结合认罪态度、群众要求、基层组织意见等,依照省政府命令及渤海区剿匪惩治暂行条例规定,定罪量刑,报送县锄奸委员会核准。凡处死刑者,呈渤海区锄奸委员会复核批准执行,布告群众。民国35年(1946年),局长宋鲁源带队搜索荆家庄苇地时,抓获特务头子伊允兰。经审讯,伊允兰供认打死荆家庄农会长李朋宵和家人,杀害解放军班长荆聿秋和夺取民兵枪20余支的罪行。伊允兰罪大恶极,呈请批准,押回荆家庄召开群众大会宣布枪决。民国36年(1947年)9月,抓获勾特资敌分子小王庄村村长胡象浩,在审问中供出窝特藏枪分子陈复旺,抓捕陈复旺审问,搜出长短枪各一支。依照省政府奖惩条例规定,呈请将两名勾特分子枪决。11月,县委组织七天军政攻势,抓获各种反革命分子118人。经审讯,处决罪大恶极的反共自卫团长张修庚、于守卓和叛变村长田淑潮等13名反革命分子。民国37年(1948年)3月17日,桓城解放,公安机关搜查时,抓获国民党军统特务荆良。初审时,荆良态度顽抗,要"杀身成仁"。经摆形势、讲政策、指明出路,荆良低头认罪,交代出潜伏在周村的军统特务赵崇德小组,遂对荆良宽大处理。8月,随着形势好转,公安人员调动频繁,审讯力量减弱。1949年5月,在押未决犯164人,内有解放桓城时搜捕的50人,绝大多数为反革命杀人犯、政治犯、血债累累的重刑犯。因不能及时审结,造成长期羁押,促成5月13日在押犯越狱逃跑事件。事件发生后,县公安局及时调整审讯人员,清理积案。

1946年6月10日,三股副股长李中一(右)和五股王正轩合影

1950年,预审人员按照惩治反革命条例和"首恶必办,胁从不问,立功受奖"的指示,采取审讯、调查和听取群众意见相结合的方式,在镇反运动中审结处理一批反革命案件。预审干部深入群众调查摸底,搜集材料,翻阅档案,讯问被管制分子,提审在押犯,组织犯人坦白运动。至1951年6月,抓捕反革命分子973人。1951年,镇反运动由放手发动群众转向适当收缩、谨慎从重的方针,集中力量处理积案。预审人员认真整理口供、证据材料,讨论处理意见,呈送上级审批。至1952年6月,审结案件951起,对5种反革命犯,判处死刑156人,管制129人,释放157人,羁押未决犯33人。

1955年,预审人员审理反革命案犯80人、刑事案犯337人，审结处理250人。通过预审，对侦查工作中存在的传讯代替逮捕、证据材料不足、主观判断较多、材料粗枝大叶等问题，及时提出，及时纠正。1956年，预审工作以保卫农业合作化运动为中心，以深入镇反、打击现行为重点，配合肃反运动，处理1955年积压案犯197人、新收案犯89人。经过深挖偷盗犯张连某案件，破获盗窃案70余起。在犯人中开展检举运动，搜集线索材料503份，由此破获民国36年(1947年)2名区干部、1名情报员被杀案。5月，省、地、县工作组对1955年250起镇反案件复查，查出处理不当案件19起。1957年，配合社会主义教育运动，梳理在押人员，根据案情性质，宣传典型案件，处理上年遗留案犯79人，当年受理260人，共计反革命犯123人、刑事犯216人，判处徒刑65人，释放49人。审理中，执行24小时内讯问和20天内宣布罪状的规定。1958年，为加强对敌斗争，大量减少狱押，本着先易后难、先近后远、先现案后积案原则，集中8名预审人员，3月1—12日，审结案件70起，其中67起诉至检察院，检察院驳回1起，其他3起因证据不足，停止预审而当即释放。通过审理，掌握有现实活动的反动会道门分子15人、反革命杀人犯5人。

1961年，预审工作配合对敌斗争，受理案犯101人，审结99人，达到随收随审随结案的要求。张太奎图财杀人案件证据确凿，报请最高人民法院核准，11月召开万人大会，将其处决。1962年，预审受理案犯220人，结案205人，提请批准逮捕54人，劳动教养6人，刑事拘留后转送原籍32人，收容2人，教育释放111人，在审15人。通过审讯，破获大案8起，够立案的案件80起，小案417起。1964年，预审部门配合法院，大张旗鼓处理典型案例，以震慑犯罪，教育群众。是年，受理案犯85人，其中提请批准逮捕35人，管制1人，劳动教养5人，刑事拘留后教育释放35人，转下年处理12人。

"文化大革命"中，审讯工作一度受到影响。军管后，预审人员坚守岗位，同犯罪活动作斗争。1973年，审理永安桥村王端章等反革命杀人集团案，呈请批准判处王端章、崔佃锐死刑，判处王端某有期徒刑十五年、王保某有期徒刑七年、王某管制三年。1974年，邢家人民公社黄家大队崔某在山西省临汾市运输公司赶马车，因涉历史杀人案被当地判处死刑押回原籍执行枪决。县公安局预审人员复核此案时，发现原认定事实存疑，即展开调查，查实系由刑讯逼供造成的冤案，即派员将材料和崔某退回临汾市公安局。临汾市公安局对协助查清一起错案表示感谢。

1979年，《中华人民共和国逮捕拘留条例》《中华人民共和国刑法》《中华人民共和国刑事诉讼法》颁布，县公安局选择张建忠、麻启宝两起杀人案件，按照新的法律规定进行审理。1980年，审结21起案件，半月内审结8起，1月内审结10起，1月外审结3起，平均21天审结1起案件。深挖余罪21起，缴获赃物折款1174元。1982年，加快预审进度，领导带领，分工负责，落实责任，专案专办，受理刑事案件46起57人，审结44起55人，未出现退查案件。通过预审，破获案件70余起，查获犯罪分子10人，缴获赃款500余元、赃物折款8000余元。1983年，受理案件130起181人，全部移送检察院，平均8.4天审结一起案件。通过深挖，扩大线索743条，破案254起，缴获赃款及赃物折款55220元。1985年，预审人员采取包审包查、一包到底的方法，认真撰写审讯提纲，制定审讯计划。全年收案33起35人，除1起案件因证据不足而撤销外，其余均在3日内报捕，批捕率100%，审结起诉28起31人，免诉1起1人，平均审结时间为28天，最短审结时间为7天。

1986年，预审部门受理案件52起64人，较上年案件数量增加57.6%。向检察院移诉48起57人，除1起1人免诉外，其余均被依法起诉。通过预审，挖出违法犯罪分子10人，逮捕1人，直诉5人，行政拘留3人，其他处理1人。1987年，审理案件做到犯罪事实清楚、证据确实充分、法律手续完备、犯罪性质和涉嫌罪名认定准确。在审理惯偷张某案件过程中，不但查清其盗窃罪行，还查清其爆炸他人房屋危害公共安全罪行，法院以两罪并罚判处有期徒刑十五年。在审理杀妻犯张峰时，起初其杀人动机不清，预审人员多次去北镇、邢家、果里等地，查清其为达到与少女边某结婚目的，生恶念杀妻的犯罪事实，使案件顺利起诉。是年，受理案件48起70人，除2案2人未审结外，其余均在法定时间内依法移诉，审理时间平均 29 天。通过预审，扩大犯罪线索 60 余条，缴获赃款及赃物折款 4000 余元。1988 年，案件审理工作坚持重证据、重调查研究和依法搜集证据原则，坚持从证据中找线索，从口供中找矛盾。严格执行“四不”结案政策，即犯罪事实不全部查清，不勉强结案；发现新线索未查清，不草率结案；赃款赃物来源去向不明，不马虎结案；应追究的人未处理，不单纯结案。从拘留到移诉，认真抓好“四关”，即案件定性准确关、法律手续完备关、赃款赃物处理移交清楚关、案卷整理规范关。是年，受理案件 58 起 94 人，通过深挖余罪，挖出违法犯罪分子 61 人，逮捕 1 人，直诉 4 人，免诉 8 人，其他处理 48 人，破获案件 78 起。1989 年，受理刑事案件 65 起 138 人，均在法定期限内依法起诉，无退查、延期案件。通过预审，挖出犯罪分子 46 人。

20 世纪 90 年代，预审部门严格执行《预审案件质量考评标准》，依法办案，文明办案，不枉不纵。1990 年，侦破的流窜犯罪、系列犯罪案件较多，如杨某盗窃案受害人 100 余人，刘某盗窃团伙犯罪涉及 9 个地市，预审科面对地区分散、涉及人员多、查证任务重等困难，集中人力打歼灭战，及时查清犯罪事实，抓紧消化在押人犯。在 8 月案件较多情况下，分案到组，责任到人，昼夜突击，一个月向检察院移诉 8 案 14 人，直诉 5 人。受理袁某盗窃案后，袁某交代赃物被一陌生人收去，办案人员从其交往过密人员入手，查清同伙及销赃事实，抓获同案犯及收赃犯 4 人。是年，预审科受理刑事案件 68 起 104 人，通过深挖余罪，查清线索 87 条，破案 87 起，挖出违法犯罪分子 34 人，逮捕 5 人，直诉 7 人，免诉 4 人，其他处理 18 人。1991 年，预审科突出做好复杂案件的证据审查工作。3 月 23 日，受理宋某盗窃案后，发现受害单位出具的被盗物品证明与罪犯交代数额不符，经反复核实，受害单位证明有误，依法为犯罪分子减少案值 2000 元的犯罪事实。10 月 19 日，审查王某等抢劫案，荣某和荣某某虽参与作案，但缺乏直接犯罪故意，亦未直接参与抢劫，依法不构成犯罪，作其他处理。是年，受理刑事案件 66 起 117 人，移诉案件 66 起 105 人，转市公安局预审科处理 5 起 21 人，撤案 1 起 1 人，查清线索 89 条，破案 89 起。在审理高某强奸案时，预审人员讲究审讯技巧和策略，高某交代另外 4 起强奸犯罪事实。

1992 年 7 月，预审人员在审理李文某伤害致死李兆某一案时，认定李文某行为属于正当防卫，不负刑事责任，依法撤案，将李文某释放。对案情复杂尤其是惯犯、“二进宫”、流窜犯、重大盗窃犯、抢劫犯、强奸犯、诈骗犯等，理清案件脉络，分析作案手段，挤清挤透，扩大线索，深挖违法犯罪分子 25 人，直诉 1 人，其他处理 24 人，扩大线索 52 条，破案 32 起，协助市公安局预审科办结杀人案 5 起、重大盗窃案 1 起。重大盗窃犯魏复生在交代中故意兜圈子，以假乱真，避重就轻，预审人员坚持查审并举，鉴别真伪，认定魏复生作案 84 起，涉及 9 个乡镇 63 个村，盗窃现金及物资折款 56000 元、存单金额 18900 元。是年，撤销案件 3 起 3 人，移诉 43 案 50 人。1993 年，预审工作坚持分案到组、集体讨论、互相配合、提高效率，3 日内审结 43 案 61 人，7 日内审结 16 案 22 人，全年移诉 88 起 133 人。深挖余罪线索 87 条，挖出违法犯罪分子 73 人，其中提请批准逮捕 14 人、直诉 14 人、免诉 4 人、其他处理 41 人。在对陈桥村综合治理中，群众揭发出强奸犯、流氓犯陈同军，因陈同军横行乡里，部分受害人顾虑重重，预审民警提前介入调查取证，耐心细致地做受害人、证人的工作，取证 30 余份，使陈同军受到法律严惩。

1994 年，根据省公安厅关于加强预审系统廉政建设十条规定，实行案件审理公开监督制约机制，防止人情案、关系案。是年，移诉案件 87 起 134 人，结案率 92.3%，无退查、延期和超期案件。随着盗窃、抢劫、诈骗、伤害案件增多，犯罪分子趋于团伙、流窜作案特点，预审部门更加注重深挖工作，深挖违法犯罪分子 64 人，提请批准逮捕 4 人，直诉 5 人，免诉 4 人，其他处理 51 人。1995 年，预审科和法制科审查起诉、直诉案件 88 起 115 人。1996 年，预审科和法制科审查起诉案件 65 案 88 人，依法撤案 3 起 3 人，无延期、无超期、无退查，

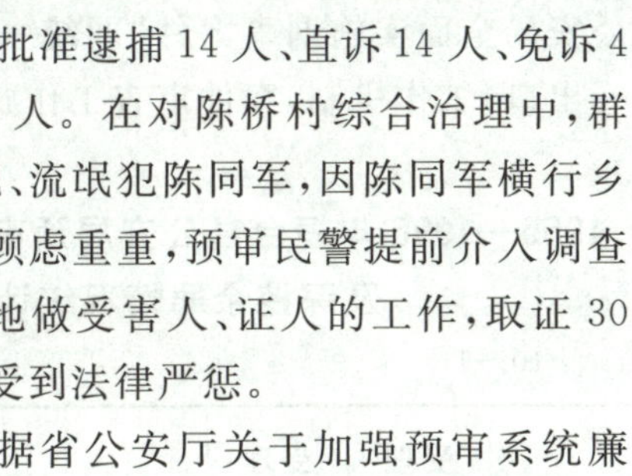

平均审结时间25天，深挖线索130条，挖出违法犯罪分子47人，其中提请批准逮捕5人、直诉15人、免诉9人、其他处理18人，破积案114起。5—7月，“严打”期间，预审科深挖线索148条，破积案125起，抓获违法犯罪分子51人。1997年5月，预审科审理张希珠杀害赵瑞真案件时，有村民反映淄川一做爆米花生意男子曾借住其家一段时间，后来不见踪影。结合张希珠作案特点，预审人员怀疑该情与其有关联，遂重新搜查其家，从床底下提取到失踪人张玉某的玉米爆花机，通过审讯，张希珠交代1991年杀害狱友张玉某的犯罪事实，从其院内挖出张玉某尸骨。6月1日，预审科审理王某盗窃案时，发现同案犯田某系新城镇见家村邓某从云南拐卖到桓台的重大线索。通过顺线追查、审调结合，打掉以邓某、张某为首的拐卖22名妇女犯罪团伙，逮捕案犯4人。是年8月，按照全省刑侦改革工作会议精神，预审科并入刑警大队，实行“侦审合一”。2000年7月，刑警大队成立案审中队，预审工作改称案件审查。2014年5月，县公安局全面实施刑事案件“两统一”（统一审核、统一出口）工作机制，案件审查工作归入法制大队。

1955—1996年桓台县公安局预审部门受理案件及深挖余罪情况统计表

表10—1

年度	受理案件（起）	受理人犯（人）	深挖（人）	破积案（起）	缴获款物（万元）
1955		417			
1956		208			
1957		260			
1962		220			
1963		205			
1964		85			
1979		17			
1980	21	22		21	0.12
1982	46	57	10	30	0.85
1983	130	181	84	254	5.55
1984		66		36	
1985	33	35	16	13	0.12
1986	52	64	10		
1987	48	70	10	56	0.4
1988	58	94	61	78	3.6
1989	65	138	46		5.7
1990	68	104	34	87	3.8
1991	66	117	28	89	2
1992	53	61	25	32	1.5
1993	89	135	73	57	5
1994	94	150	64	162	9
1995	88	115	75	45	8.7
1996	65	88	47	114	15

第二节　看守所

监所建设

清末，新城县沿用旧制，配典史官1名，又名四公，系司法监狱官，狱卒数人，监狱设在县衙右侧。民国初年，新城县沿用清制，继设典史员，后改典史员为管狱员，继用原监狱。民国17年（1928年），监狱由国民党桓台县公安局管理。民国28年（1939年），日军侵占桓城、索镇等地，日伪警务局继用原监狱，关押、残害劳动人民和革命者。

清末至民国桓台县看守所遗址

民国34年(1945年)8月,桓城解放,桓台县人民政府设看守所1处(原监狱)。民国35年(1946年),整修加固监房,容60余名犯人。后因政局不稳,差犯随时转移,每到一地即借用公房或民宅为临时监狱。民国37年(1948年)11月,县看守所迁至索镇东镇村北沟同兴油坊。1949年7

1948—1949年,县看守所遗址

月,县看守所迁至桓城庞家宅东侧一栋二层楼,楼上关押女犯,楼下关押男犯。1950年5月,看守所迁至东镇高家大院西北角一小院内,设所长和看守

1950—1954年,县看守所内景

员各1人。是月,县司法科在东镇村乌河以西成立看守所,主要关押自办案件犯罪分子和县公安局起诉的一般刑事犯。县公安局看守所主要关押反革命犯和未起诉的一般刑事犯。1951年,在镇反运动中,县看守所及各区临时看押场所有监室55间,羁押人犯最多时达到940余人。1952年12月,县人民法院将看守所及差犯移交县公安局。1954年春,在县公安局北侧新建看守所1处,秋天投入使用,狱内建大监室1排2个,单监室4间,仓库2间,犯人伙房1排4间,厕所1处,大门口处设看守值班室1间,岗楼1座,看守所三面围墙高10米,总面积1080平方米。监室安装玻璃大窗、铁棂子和纱窗,空气流通,光照充足。1955年,逮捕反革命犯较多,在押犯人数量超过监室容量,存在

1954—1986年,县看守所正门

安全隐患。11月,改建附近6间民房为监室。1958年11月,桓台县看守所与博兴县看守所合并,犯人被转押至博兴县看守所。1961年9月,桓台县看守所回原址复设。

1979年,全省第三次预审工作会议后,根据公安部《看守所工作制度》规定,县公安局适应实施“两法”需要,加强看守所正规化建设,配正副所长各1名、女看守兼卫生员及会计各1名,系股级单位,连续三年被惠民地区公安局(处)评为先进看守所。因看守所系旧建筑,存在诸多不安全因素,1982年3月24日,两名人犯撕破监室屋顶的苇箔,越狱逃跑,次日从潍坊市将两名逃犯抓获。1983年8月“严打”开始后,关押人犯较多,为避免发生脱逃事故,落实更换羁押室门、加固放风场和厕所坑道、增加岗哨等安全防范措施。对无天花板的监室,用2.5厘米厚的木板安装顶棚,并加固加高看守所大门。1984年,在镇北大街西首路北新建看守所1处,监室8间,设办公室、会计室、审讯室、值班室、卫生室、监控室、洗澡间、伙房、武警中队楼等配套设施,总面积4400平方米。1986年

1986—2008 年，县看守所正门

2008 年，新建的县看守所正门

10 月 15 日，看守所、武警中队搬迁。1988 年，看守所安装监控设施，配备具有报警、对讲等功能的 8701 型值勤机，完善武警干部值班室与内岗、外哨及看守值班的联络系统，并增设红外线报警和打击电网，提高看守工作安全系数。全年开机 175 次，417 小时，发现违反监规行为 93 次。5 月 17 日，全市监所设施改革现场会在桓台县召开。

1990 年 3 月，国务院发布《中华人民共和国看守所条例》，要求看守所单独设置。1992 年 1 月，看守所独立运行。1993 年 11 月，财政拨款增建监室 2 间。1997 年，公安部颁布《看守所等级评定办法》《看守所等级挂牌办法》。1998 年起，县看守所连续 3 年被省公安厅评定为三级看守所。1999 年，县政府拨款 15 万元，改造看守所审讯用房，县公安局充实 5 名民警。2001—2002 年，县看守所连续两年被评为二级看守所。2003 年 3 月，公安部修订《看守所等级评定办法》，县看守所硬件不达标，二级看守所被摘牌，成为不达标看守所。

2005 年 11 月，县公安局请示县政府新建看守所。是月 24 日，县人大常委会党组书记、副主任任德盈视察看守所，全面掌握看守所现状，推动县政府尽快上马新建工程。县政府高度重视，及时立项。2006 年 9 月，新看守所开工，位于淄东铁路以东、寿济路以南原县石油公司旧址，占地 80 亩，建筑面积 1.4 万平方米，总投资 2000 余万元，可容犯人 400 人，属中型看守所。2007 年，市委常委、县委书记陈勇，县领导吕永前、王树银、伊茂彦、赵霞、蒲先农，市公安局副局长顾国星等先后到新建看守所调研指导。2008 年 4 月，新看守所竣工，时为淄博市规模最大、设施最先进的县级看守所。县公安局多次勘查押解路线，完善搬迁方案，成立由吴佩林任总指挥的搬迁指挥部，下设协调组、提押组、押解组、警戒组、后勤保障组、宣传组、督察组、所内机动组、应急组，各组组长由一名局领导担任。4 月 25 日，县公安局抽调警力 217 人，半天时间，2 次转押，125 名在押人员被安全押解到新看守所。

看守所在搬迁基础上，以等级达标为契机，以规范管理为主线，改革勤务模式，规范工作程序，明确岗位职责，确保监所安全，争创全省一流监管场所。11 月 21 日，通过省公安厅等级验收考核，顺利达标三级看守所。2010 年起，县看守所不断加强硬件和机制建设，连续 4 年被评定为二级看守所。2012 年，投资 120 余万元，升级改造看守所监控系统，实现全时空、全覆盖、无死角监控，监控信息储存 30 天，160 个红外摄像头具备智能分析能力，对在押人员违规活动自动报警。

2013 年 10 月，县看守所提出争创全国一级看守所的工作目标。局长张京义参加“当一天看守所所长”活动，解决制约看守所建设的障碍性问题。是年，看守所监控系统与省公安厅网上督察系统、监管网上图像平台联网，上级业务部门能够实时网上检查，及时发现处理违规问题。2014 年，投入 140 余万元，设立民警活动室、浴室、图书室、休息室，建立“王渔洋廉政勤政”文化走廊，在“AB”门走廊建立警示墙、孝感墙，倡导民警上班认真工作，下班幸福生活。推行阳光警务，对外开放常态化，从人大代表、政协委员、政法委干部中聘请 6 名特邀监督员，接受他们到所巡查，10 家新闻媒体、100 余名社会人士先后到所参观采风。升

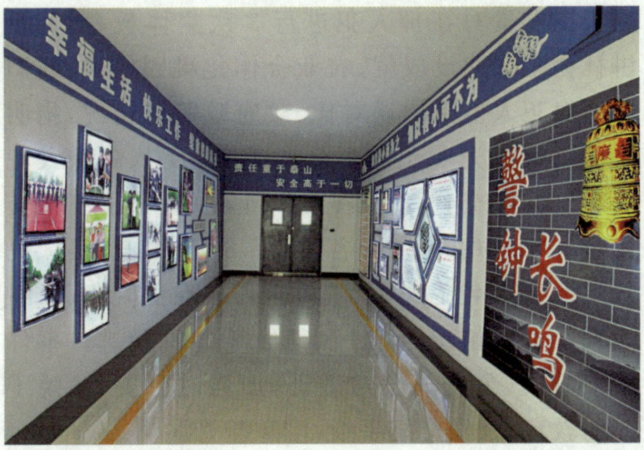

“AB”门文化长廊

级安全设施，设置 3 间单独关押室，开展应急演练，严格执行进出“AB”门证件查验登记制度。推行智能化服务，在接待大厅配备电子触摸屏，实行警务公开，在互联网上设置 QQ 邮箱，公布联络电话，推行办案提审及律师会见预约制度。连续 7 年监管综合考核全市第一名，连续 17 年无安全事故、无民警违纪。4 月，被评为全省看守所管理机制创新工作先进单位。6 月 17 日，桓台县法律援助中心看守所工作站挂牌成立。11 月 15 日，市公安局局长申延军到县看守所检查指导工作，提出精细化管理要求。2015 年 4 月 10 日，被公安部评定为全国一级看守所。4 月 22 日，被公安部监管局评为全国看守所“五化建设”(勤务模式科学化、执法行为规范化、管理工作精细化、监管手段信息化、设施保障标准化)工作达标单位。5 月 12 日，被公安部评为全国公安监管系统和武警看守执勤部队“三共”(共建、共管、共保)活动先进单位。

2008 年，县看守所新办公楼

在押人员管理

抗日战争时期，县公安局对抓获的汉奸、特务、恶霸及敌俘，在审讯后临时借地关押，视情随机处置或者押送上级处理。民国 34 年(1945 年)9 月，桓台县人民政府公安局重建后，看守制度逐步完善，由一名干部专管差犯和审讯工作，政卫队负责看押。民国 35 年(1946 年)2 月，三股配备看守干事一人，在政卫队配合下，根据《山东省各级公安局拘押差犯暂行条例》规定，收押和管理差犯。7 月，国民党进攻，秘书股、审讯股及政卫队 1 个排押解 100 余犯人北移至荆家庄，后过小清河，转至高苑县河西村，年底到达索镇北马家庄。民国 36 年(1947 年)，转移至邢家坡子，后至惠民县城附近，执行上级命令，处决 8 名重大犯罪分子。12 月，转移至博兴县王官庄。民国 37 年(1948 年)年初，返回桓台县。2 月，根据《渤海区看守工作规则》，规范看守工作职责、看守人员条件、看守员注意事项、收押犯人手续、接见及送饭注意事项、诊断、解手、服役应注意事项、释放犯人手续及转解犯人注意事项、提审员注意事项、监房设置注意事项、处决犯人注意事项等 10 个方面工作。6 月，渤海行署召开公安会议，取消牢头制(禁止设立室长)。县公安局审讯股虽未在差犯内部设立室长，但成立数个差犯小组，差犯小组长可在监狱内活动，留下重大安全隐患。1949 年 5 月 13 日，因工作人员未严格落实夜查、上锁、重犯戴刑具等看守规定，造成 26 名犯人(含死刑犯 12 人)夺枪越狱，其中差犯小组长 6 人。事件发生后，政卫队员当场开枪打伤抓回 1 人，专区公安局和县公安局 2 日内捕回 4 人。8 月 27 日，渤海行署发出通令，对县公安局局长蔡玉璋予以撤职处分，后续追究预审看守员的刑事责任。县公安局深刻吸取教训，按照工作规则要求，加强看守人员教育，严格落实监管制度，确保不再出现类似问题。镇反运动中，以上脱逃人员全部归案。

1951 年，省公安厅先后下发《押解工作规定》《看守所工作暂行规定》，县公安局及时组织学习贯彻。押解出发前，主管人与看守所所长将押送人犯数目、在押表现、特点、财物、卷宗、沿途应注意事项，当面详细交待，规定押解返回时间。1952 年 9 月 3 日，省政府公安处下发《犯人财物管理试行办法》，看守所进一步完善犯人财物登记保管制度。1953年3月23日，县公安局建立《看守工作手续与制度》，入狱时实行核实身份制度、检查衣物制度、报告领导制度，入狱后五天检查一次监室，两天检查一次刑具，每晚检查一次狱门，严格在押人员交流、提解、生产劳动、狱门看管等。11月，粉碎在押杀人犯王立仁等策划的抢枪越狱计划。1954年9月起，根据劳动改造条例，看守所主要看管羁押未决犯及余刑两年以下、不便送劳改队

1954—1986年，县看守所监区

执行的罪犯。1955年，审讯股贯彻省公安厅《看守工作细则（草案）》《看守员规则（草案）》《监所管理规则》《接见犯人规则》《押解工作细则（草案）》和上级有关管理规定，对差犯实行革命人道主义，坚持管制改造与教育相结合，落实规则制度，未发生安全事故。年底，在押反革命分子91人、敌对分子59人、特务犯2人、刑事犯45人。

1956年，民警队与预审、看守干部建立每月一次会议制度，经常性开展批评与自我批评，加强团结合作。每月对犯人进行一次严格的管制和经常性的教育，组织学习犯人课本，最大限度改变其反动立场。9月，贯彻全省政法会议精神，制定新的监狱制度，严格收工查禁违禁品、放工清查身份等程序性规定，厘清看守与武装责任，推行提讯与放工牌子制度，不定期抽查犯人刑具，压实看守干部开关狱门责任，杜绝刑讯逼供、体罚虐待犯人现象。年底，在押反革命犯50人、一般刑事犯29人。1957年6月13—15日，县公安局会同县人民检察院，全面检查监狱管理工作，局长、检察长召开预审股、民警队、看守所干部会议，听取汇报并提讯犯人，切实掌握情况。1958年3月，县公安局局长王友贵对在押人犯进行3次集体教育，着重讲社会主义建设成就、农业合作化巩固发展、新旧政府对犯人生活待遇对比、政府政策等情况，指明坦白是唯一光明出路。受此感召，反革命杀人犯高延丑彻底交代勾敌杀人罪行，中道分子王某交代自身问题并检举10名同伙。8月26日，县人民法院提审6名犯人，中午将犯人放在法院南屋，在无人看管的情况下，惯偷犯牛某趁机脱逃。事件发生后，县公安局总结教训，加强对公安、法院干部的教育，严格交接手续，堵塞监管漏洞。

1961年9月1日，重设桓台县看守所，与博兴县看守所交接在押人犯23人。1962年，根据山东省公安厅《看守工作制度（试行）》规定，继续执行阶级斗争与人道主义相结合的原则，提高警惕，严加看管，文明管理。2月12日，治安股提审流窜犯曹龙山时，曹提出上厕所，提审员未当面监视，曹趁机翻墙逃脱，县公安局组织警力将其抓回。3月，县公安局接最高人民法院、最高人民检察院、公安部关于没收和处理赃款赃物规定的通知，从看守所清理出自行车3辆、衣服18件、会道门旗1面、现金77.47元及其他物品一宗，上交县财政局。5月19日，再次清理出菜刀、蚊帐、旧留声机、衣服等物品。同时，全面整顿看守所，纠正犯人放风、提审、押解、收押和执行法律手续等方面存在的不规范及乱用犯人问题，发现并整改执行中央公安部看守制度中不到位的问题5个、不安全因素6条、收押不规范行为2条。1964年3月28日—4月9日，根据省公安厅文件精神和惠民专署公安处指示，向在押犯人宣读中央农村社会主义教育运动文件，让犯人了解形势和政策，邀请1956年免于刑事处分的反革命杀人犯孟某现身说法，在押偷盗犯金某因彻底交代问题被从宽处理，对犯人教育和震动很大，26人要求提讯交代或者补充交代问题。反动会道门头子王某交代自己的罪行，并检举15条会道门线索。结合本次活动，充实犯人思想档案。当时，关押案犯45人，其中反革命犯8人、刑事犯37人。

“文化大革命”期间，看守所管理工作受到冲击和破坏，一度出现刑讯逼供、乱关乱押问题。1973年11月15日，奉上级命令，县公安局局长胡保华向在押13名犯人宣读毛泽东和周恩来关于

废除法西斯式审查方式的重要指示，引起强烈反响，大多数犯人表示认罪服法，4 名犯人彻底交代罪行，4 名抗拒改造犯人转变态度。12 月 20 日，局党组出台《关于几项制度问题的试行规定》，强调废除法西斯式审讯、安全监管、犯人财物管理等事项。1974 年制定《看守所工作制度（草案）》，规范收押、看守、提审押解、劳动生活卫生、通信接见、财物保管和处理、犯人出所等事项。1979 年，县看守所健全完善《看守工作守则》《监规》及看守员岗位责任制、看守员二十四小时值班制度，坚决杜绝无证关押等违规行为。犯人入狱前，首先检查人身和物资，填写收押案犯登记表、犯人物资登记表，对犯人宣布监规，进行认罪服法和坦白从宽、抗拒从严的政策教育，根据案情分别关押。

1980 年，为保证安全，犯人餐具由铁铝陶瓷品改换成塑料制品。监室内安装广播，定时播放新闻时事，订有《大众日报》《人民日报》《法制报》《青年修养》《农业知识》等报刊，方便犯人学习和改造思想。1982 年，落实中央领导同志"要把看守所变成教育改造犯人改邪归正的坚强阵地"指示，对犯人宣讲法律政策 6 次，对个别犯人单独谈话教育。1983 年 8 月 10 日夜，抓获犯罪分子 51 人，看守所容纳不下，将部分犯人暂押在行政拘留所，抽调 4 名武警战士轮流值班。"严打"期间，副局长祝兆贤给犯人上 2 堂大课，党组成员、预审股长孙沐泽对犯人进行法制教育和监规教育。1984 年，县公安局制定《看守执勤联合方案实施细则》，成立由分管副局长任组长，预审股股长、看守所所长、县中队队长任副组长的重大情况处置领导小组，细化处置暴狱、逃跑、外部结伙劫狱等工作方案。

1986 年 1 月 11 日 3 时许，县看守所在押犯人见孝某、胡正某利用监室内挂衣架上的铁钉挖开监室窗户底框，掰弯铁棂，越狱逃跑。当日，将两犯抓回。1 月 20—23 日，县公安局整顿看守所，邀请离休干部张仲俊及 1949 年 5 月 13 日重大越狱事件责任人原预审股副股长任德和上教育课，预审科、看守所、中队深刻查摆原因，主动承担责任，全面检查漏洞，完善各项制度。1987 年，看守所落实岗位责任制。县公、检、法"三长"按时为犯人上法制课。8 月，看守所被评为全省看守所百日安全竞赛先进单位。1988 年，看守工作坚持依法管理、

1986—2008 年，县看守所监区

严格管理、科学管理、文明管理，县委和政法部门领导 7 次为犯人上法制课，在押人员深受教育，检举揭发案件线索 41 条。在全市两次百日安全竞赛活动中，县看守所均未出现事故，被市公安局评为百日安全竞赛无事故先进单位。1989 年 3 月 1 日，犯人周光某、王立某、张乃某策划控制看守员、抢夺武警战士枪支越狱逃跑，看守所发现异常情况后，采取果断措施，制止越狱事件发生。是年，看守所收押 333 人，在犯人增多情况下，落实干警承包监室责任制，先后两次开展安全百日竞赛活动，县看守所达到"无行凶、无暴狱、无脱逃、无自杀、无互殴、无中毒、无中暑"安全标准，被市公安局通报表彰，干警李业成、张秀云受到嘉奖。

1990 年 3 月 17 日，国务院发布看守所条例，明确看守所是羁押被逮捕、刑事拘留人犯的机关，被判处有期徒刑一年以下，或者余刑一年以下，不便送往劳动改造场所执行的罪犯，可以由看守所监管。是月 21 日下午，犯人劳动结束收监时，重大案犯田某乘值班人员送其他犯人入狱之机逃跑，看守所严肃整顿 7 天。7 月 17 日，将田某抓回后加刑四年。1991 年，贯彻武装警戒看管与教育相结合的工作方针，以开展看守所"安全无事故年"活动为契机，"严"字做文章，"实"字下功夫，"安"字看效果，未发生越狱逃跑、自杀、行凶、中毒等事故。是年，根据公安部、最高人民检察院、最高人民法院《关于坚决取缔"牢头狱霸" 维护看守所秩序的通知》精神，依法打击牢头狱霸。在押犯张秀某横行监室，自称"庭长"，任命"法警""检察干部"，"开庭审理"新人犯。在押犯王起某等 3 人称霸监室，并策划越狱逃跑。看守所查清事实后，

严肃处理以上犯人。1992年，县公安局、县人民检察院、武警中队成立打击牢头狱霸领导小组，惩治牢头狱霸王天某、王会某，处理其他2起违规行为。县看守所加强教育转化工作，犯人于光胜入狱后3次自杀未遂，经过管教细致工作，情绪逐步稳定，其他2名犯人也打消自杀念头。1993年，收押10名命案犯人，看守人员跟上教育，保障诉讼顺利进行。1994年，县看守所开展岗位练兵活动，看守员熟知犯人基本情况，熟知基本案情，熟知犯人表现，熟知犯人家庭成员及主要社会关系。是年，收押犯人433人，每监室日均关押超过13人，给监管工作带来压力。7月6日，5号监室犯人郭立某、毛吉某、孙福某、刘某预谋越狱，被及时制止。

1995年，县看守所关押原泰安市委副书记孙庆祥。全所民警文明执法、依法管理，促使孙庆祥主动配合审讯工作。省检察院致函对看守工作表示肯定和感谢。1996年，开展第二次严打斗争，在押人员剧增，通过加强监管，看守工作无事故。是年，看守制度改革，武警中队内转外，看守所增加民警16人。1998年9月12日，县看守所组织"防暴狱、防逃跑"实战演习。1999年，看守所规范律师会见制度，保障犯罪嫌疑人合法权益。

2000年，县看守所开展"三项教育"，增强民警责任意识和担当意识，树立严格、公正、文明执法理念，严格执行监管制度。2001年，在第三次全国"严打"中，看守所加强值班力量，确保24小时收押。2003年，防治"非典"期间，看守所购买防护用品，加强卫生管理，改善饮食条件，增强在押人员抵御疾病能力，同时对新收押人员严格体检，避免发生意外。2006年春节期间，县看守所与驻所检察室、武警中队密切配合，对监区、提审室、会见室等重点部位开展安全大检查，彻底清除安全隐患，重点监控7名命案嫌疑人及其他10名重点人员。同时，让在押人员给家中写一封信、发一张明信片、打一个电话、捎一句问候话，稳定其思想情绪。

2008年，县看守所全面推行质量管理体系，实现监管工作程序化、办公系统网络化。开展"无吵闹打斗、无牢头狱霸、无违反监规、无自缢自残，争创文明监室、争当文明在押人员"活动。管教民警发现在押人员林丰表现反常，通过上网比对和细致

值班民警在新监区巡视

教育，促其交代真名为林金，先后窜至济南、潍坊、淄博等地撬盗保险柜案件4起，涉案价值29万余元的犯罪事实。看守所搬迁后，看守所、驻所检察室和武警中队组织犯人脱逃事件处置演练，提高应对突发事件能力。是年，推行巡视和监控二岗合一、管教民警包监室和主协管制度。2009年，看守所深化人性化管教措施，尊重在押人员人格，维护其合法权利，激发其弃恶从善的愿望。把握在押人员入监、逮捕、起诉、审判、判决5个阶段心理、思想和情感的变化，每两周一次狱情分析会，跟进教育转化措施。

2011年，看守所推进管理机制创新，实行权利义务"双告知"制度，即在押人员入所时和入所后24小时，两次告知其合法权利、义务、各项管理规定、救济渠道、受虐报警器使用办法及驻所检察人员姓名、预约方式等，开展反"牢头狱霸"教育。健全完善监督制约机制，组织13次对外开放活动，接待各界人士142人，充分展示依法、严格、科学、文明管理和尊重、保障人权的良好形象。2012年，刑事诉讼法、监狱法相继修改，被判处有期徒刑的罪犯，在被交付执行前，剩余刑期在3个月以下的，由看守所代为执行。是年，县看守所深化勤务模式改革，通过监控、实地检查监内秩序和在押人员违规问题，倒查值班民警履行职责情况。严格落实"同一巡控组白天不能连续工作12小时，夜间不能连续工作超过6小时"的规定，民警按时交替值班。2013年，看守所建立安全风险评估制度，分级管理在押人员。推行心理干预机制，配备心理咨询师，制定心理辅导计划，设置在押人员心理咨询室、宣泄室，通过倾诉、宣泄等形式，缓解心理

对在押人员进行心理疏导

压力。2014 年，在监区走廊悬挂字画，图文并茂宣传孝文化，唤醒他们的良知和对社会、对家庭的责任感。6 月，通过上级检查验收，达到“完善岗位设置和勤务机制，实现勤务模式科学化；完善执法制度和执法体系，实现执法行为规范化；落实管理规定和管理制度，实现管理工作精细化；加强信息技术建设和实战应用，实现监管手段信息化；改善基础设施和装备条件，实现设施保障标准化”五化标准。2015 年，各级公安机关建立以“四不两直”（不发通知、不打招呼、不听汇报、不用陪同，直奔基层、直插场所）方式突击检查监所制度，及时发现并现场整改安全隐患。县公安局纪委书记张林平、市公安局副局长许文安和省公安厅副厅长王兆玉先后突击检查县看守所。同时，做到隐患排查“三到位”，即出入所必查制度落实到位、局领导夜查制度落实到位、建议征集制度落实到位；应急处突“三主动”，即主动完善处突方案、主动化解不安全因素、主动预防重点人员过激行为等多项措施。是年，县看守所率先在全市完成勤务模式改革

看守所值班人员监控在押人员活动情况

任务，建成数字化巡视、可视化监督、便民化网上预约服务等信息网络，连续 18 年实现监所管理和民警队伍“双安全”工作目标。

1953—2015 年桓台县看守所在押人员统计表

表 10—2　　　　单位：人

年度	当年收押数	年末在押数	年度	当年收押数	年末在押数
1953		53	1989	333	45
1955		197	1990	178	24
1956	89	79	1991	282	52
1957		225	1992	234	29
1962		37	1993	351	70
1963	177	22	1994	433	
1967	63		1995	199	
1968	62	29	1996	298	
1969	51		1997		
1971	49		1998		77
1972		23	1999		91
1973	29	14	2000	350	90
1974	27	25	2001	399	97
1975	55	44	2002	384	103
1976	26	21	2003	317	84
1977	80	15	2004	285	116
1978	39	16	2005	393	108
1979	15	16	2006	392	97
1980	38	8	2007	342	131
1981	53	9	2008	405	151
1982	62	23	2009	415	128
1983	438	34	2010	397	114
1984	154	35	2011	519	155
1985	87	12	2012	487	128
1986	101	23	2013	478	166
1987	177	26	2014	714	164
1988	262	42	2015	727	216

生活卫生

民国34年(1945年)9月,县公安局成立看守所,预防传染病,保障犯人正常饮食供应。民国37年(1948年)2月,落实《渤海区看守工作规则》要求,安排好犯人的起居、饮食,以利感化教育;犯人如发生疾病,立即报告带班人转报负责人处理。8月24日,渤海区行政公署下发通知,差犯生活费用全部供给,按一般工作人员的粮食标准供给粗粮,菜金及医药费按一般工作人员标准的1/2供给,自下年1月1日起,粗粮仍按额供给,菜金及医药费由各监所劳动生产自给。

1951年,落实省公安厅《看守所工作暂行规定》,犯人生活管理维持一定标准(每天吃饱和喝足开水)并注意清洁卫生,令犯人按时洗脚、洗衣、理发,防止传染病,在不串供、不泄密、不发生意外原则下,令其在所内适当劳动和室外活动,禁止故意损害犯人身体,禁止克扣囚粮,更不准不给饭吃、不给水喝、不准大小便、不准翻身、不准医病等虐待犯人行为发生。1952年2月3日,根据省公安厅、省卫生厅关于做好监狱春节防疾卫生工作的联合指示,审讯股与县卫生所共同研究制定看守所防疾卫生工作措施。8月5日,中央公安部、司法部、卫生部联合下发关于加强对犯人生活、卫生管理的指示。审讯股落实指示精神,定期开展灭虱、清洗扫除工作和犯人预防接种工作,保证犯人吃饱穿暖,县卫生所定期到所检查,每天保持1小时至1个半小时放风时间,犯人被服半月一洗、7天一晒,不断往监房喷射六六粉,虱子、跳蚤明显减少,每月检查整理一遍犯人伙房,对患肺病犯人张文英保外就医。1953年,县公安局《看守工作手续与制度》要求,在押人员做到每月理一次发、7天洗一次衣服被套、每天检查一次饭菜卫生、定期调剂饭菜,在监室及周边经常喷洒药物。1955年,看守所贯彻省公安厅《看守工作细则(草案)》和上级有关规定,对差犯实行革命人道主义,犯人按标准吃足定量,并适当增加副食品,逢年过节改善生活,遇病及时治疗,吃病号饭。监室内,犯人每天轮流清扫卫生,夏季定期喷洒药水,冬天按时晒衣服和被褥。1956年6月14日,省公安厅、省粮食厅发出《关于看守所在押犯人粮食供应问题的通知》,囚粮供应标准为每人每月28斤成品粮,食油和粮食品种搭配比例,均按当地一般居民定量标准供应。县公安局坚持阶级斗争与人道主义相结合的教育方针,解决犯人生活、卫生、医疗等管理方面的问题。

20世纪60年代初,生活困难时期,组织犯人自产蔬菜,调剂改善生活,照顾重病号,必要时三餐细粮,配备医疗工具和药品,一般病症第一时间治疗。1965年后,继续通过组织犯人生产等途径贴补生活。1972年3月20日,省革委会生产指挥部、中国人民解放军山东省公安机关军管会下发《关于看守所在押犯生活供给问题的联合通知》。4月1日起,桓台县执行在押犯每月9元伙食费标准,其中粮食每月30斤,供应比例为细粮25%、粗粮45%、薯类30%。吃病号饭者,每人每天补助1角5分。1973年8月8日,省公安厅、省革委会商业局联合下发《关于看守所在押犯补助用布 棉的通知》,对无家无业的流窜犯和家庭确无被服以及由于长期关押自带被服不能用的,由公安部门提出计划,商业部门按当地民用定量水平供应棉布,棉布指标在民用布中列支。

1979年,公安部制定《看守所工作制度》。县看守所经费专款专用,犯人粮油、副食按当地居民标准供给,犯人伙食单独管理,监室防火、防寒、防暑,犯人每日8小时睡眠,做好卫生防疫工作。1984年3月1日起,县看守所犯人每月伙食费提为14元,犯人给养费仍由县财政开支。桓台县认真执行《中华人民共和国看守所条例》《人犯收押管理制度》,人犯供给费由财政专项拨付;看守所经费开支单立账户,专款专用;按照在押人员生活标准,本着不超支、不节余原则,改善犯人生活,逢年过节让犯人吃上水饺、包子、月饼。1986年7月24日,省公安厅、省财政厅下发通知,县看守所犯人每月伙食费提高到17元,吃病号饭者,每天补助提高到5角。1991年7月23日,省公安厅、省财政厅联合印发《关于提高在押人犯和收审人员伙食费标准的通知》,自8月1日起,县看守所在押人犯伙食费标准为每人每月29元。1994年6月28日,伙食费统一提高到每人每月60元,吃病号饭者每人每天增加1.5元,元旦、春节、劳动节、国庆节每人每天增加1.5元,书报费、餐具费、理发用具等费用每人每月3元。

2006年，县看守所改善在押人员伙食，组织在押人员开展下军棋、象棋、打扑克牌等文娱活动，丰富生活，调节情绪。2008年，严格执行《在押人员一日生活规范》，从被褥叠放、洗漱秩序，到衣物、鞋子、餐具、用具摆放，均整齐划一、规范有序。投资10余万元，购置一辆囚车，保证在押人员外出看病安全。是年，根据市公安局通知精神，犯罪嫌疑人关押前须由办案单位带至指定医院常规体检，排除各类传染病后方可送押，办理收押手续时须由看守所医生现场检查把关，并做好详细记录。2009年，淄博市财政局下发《关于全市公安看守所在押人员伙食费标准及有关经费保障问题的通知》，伙食费每人每月120～180元、医疗费每人每月10元、衣被费每人每月10元、公杂费每人每月10元。县看守所执行在押人员每人每月给养费150元标准，其他参照标准执行，在押人员重大疾病住院费由县财政负担。监管民警照顾缺衣少食者，对病号勤过问、勤送药、勤送开水，缓解他们的抵触情绪，自觉接受管理、教育和改造。

2010年7月26日，县公安局规范犯罪嫌疑人、被告人入所体检工作。送押时，由看守所医生检查和问诊，并结合体检报告，填制在押人员健康检查登记表，提出是否收押建议。2011年，规范在押人员一日生活制度。按照严而不死、活而不乱原则，科学安排一日生活内容，保证学习、劳动、娱乐、休息时间。2012年4月，与县中医院建立“所院协作”机制，在看守所设置卫生室，配备3名医务人员，确保24小时值班医护，在中医院设置监护

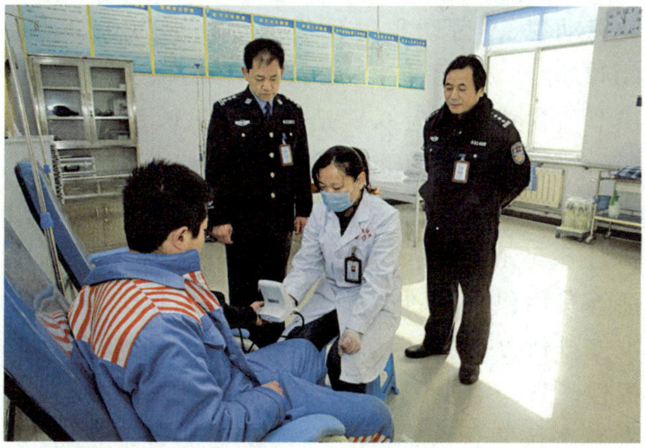

2016年1月，在押人员所内就医

病房，畅通就诊“绿色通道”，推进监所医疗卫生社会化，最大限度预防和减少在押人员病亡。2013年，在押人员过生日，看守所为其定制一个蛋糕，提供一碗长寿面。9月1日起，在押人员伙食费标准调整到每人每月200元。2014年，看守所开展监所文化建设，投资7万元，购买5000册图书，丰富在押人员业余文化生活；投资4万元，改造在押人员伙房炊具设施。2015年，探索推行“五位一体”

看守所民警检查食堂卫生

教育活动模式，即开展每月读一本好书，每周下一次棋，每天听一次轻音乐、做体操及编辑“室友”小报，开展“文明监室”创建活动。

第三节　劳改队

教育管理

1951年，第一期镇反运动结束后，在押犯人逐渐增多。为适应监管改造形势和镇反工作需要，11月，桓台县在索镇乌河西（今索镇新民村）成立劳改队，劳改场所由县政府租赁5户民宅改建而成。劳改队在县公安局领导下工作，劳改队设队长、管教干部、会计，当年投入劳动生产的犯人108人。

劳改队成立后，根据第一次全国劳改会议精神，对犯人实行军事管制，坚持强迫劳动、惩罚管制与思想改造相结合，劳动生产与政法教育相结合，劳动改造同政治思想教育相结合，使强迫劳动逐渐接近于自愿劳动，从而达到改造犯人成为新人的目的。劳改队在县公安中队密切配合下，组织犯人有计划地从事农业、工业、建设工程等生产，根据本县湖区盛产芦苇，且原料充足的有利条件，组织犯人编席打箔为主，木工、瓦工、扎烟包、洗做衣为辅。对有技术的犯人，动员他们传播技

术，组织生产竞赛，提高生产效率。根据罪犯的不同案别、性质、刑期长短、悔悟程度，实行分别对待政策。对反革命犯进行政策、前途及两条路线教育，使其认罪服法。对一般刑事犯与内部违纪犯，除政策与阶级教育外，教育其遵守政府法令，并根据不同对象开展前途教育。为保证劳动生产改造任务完成，利用大会、小会和个别谈话方式，消除犯人对政策的怀疑。劳改队制定考勤、奖惩、揭发和批评教育等制度，树立安心劳动改造的榜样。开展比劳动、比坦白、比思想、比改造、比遵守纪律活动和坦白检举运动，对经别人检举仍抗拒坦白或破坏坦白检举运动的分子加刑，彻底坦白自己的不加刑，先坦白又能检举他人的，适当减刑。

1952 年 2 月 3 日，根据省公安厅、省卫生厅关于做好监狱春节防疾卫生工作的联合通知，劳改队与县卫生所研究制定防疾卫生工作措施，杜绝传染病的流行。劳改队施行记工考勤、赏罚分明、分别对待政策，表扬表现好的 48 名犯人，批判消极怠工、思想不老实者，管制和打击越狱逃跑、造谣破坏分子。是年，劳改队生产盈利 1.371 亿元(1955 年 3 月前为旧币)，年底犯人 108 人。1953 年，加强对犯人的教育改造，每周 1～2 次集体教育，在犯人间开展表扬、批评与自我批评活动，为犯人建立壁报橱。1 月底，在押犯人 128 人。2 月 9 日，劳改队召开犯人大会，总结一年生产情况，在评比教育基础上，继续发动坦白检举运动，通过大会典型示范和奖惩实例，鼓励犯人坦白交代、立功赎罪，动员其制定工作计划，以利改造和生产任务完成。时有劳改犯 127 人(含女犯 16 人)，其中反革命犯 59 人、一般刑犯 62 人、内部违纪犯 6 人，以上判处死缓 1 人、无期徒刑 5 人、十年以上有期徒刑 14 人、六年以上有期徒刑 21 人、五年以下有期徒刑 86 人。3 月，对劳动表现和遵守纪律不好且报复对其批评人员的犯人宋开仕、郑建亭分别延长刑期三个月、二个月，对一名主要罪恶未交代的犯人重审，经过教育，犯人于文清彻底交代罪行。7 月，劳改犯 129 人，计反革命犯 52 人、刑事犯 77 人。9 月，劳改大队调去犯人 56 人，剩余犯人 73 人。12 月，通过管教，在押犯马提汉交代余罪，并起获其藏匿的 69 发子弹。年底，在押人犯 79 人，参加打箔者 32 人，扎烟包 18 人，洗做衣 5 人，推磨 5 人，伙房 4 人，编席 7 人，干零活 5 人，木工 3 人。是年，未发生犯人逃跑、死亡事故，劳改队打箔盈利 5731 万元，编席盈利 696.31 万元，木工盈利 407.7 万元，小工完成 10923.791 万元。

1954 年 1 月，劳改队开展劳改干部政治整训活动，学习第一次全国公安会议劳改工作决议、第四次全国公安会议劳改内容，进一步明确劳改工作方针，增强精打细算意识，深刻检讨工作中的问题，改进工作方式方法，完善 1954 劳改工作计划。为确保春节期间犯人思想稳定，杜绝不安全问题发生，劳改队慰问周边群众，发动监视劳改队周边坏分子破坏活动；掌握在押犯人思想情况，在春节期间召开犯人大会，帮助其认罪伏法；严格检查监所，及时更换磨坏的脚镣，修整不坚固的设施，迁移和拆除劳改队附近易燃物品，封存所有生产工具；同时增加看押力量，预防意外事故发生。3 月 30 日，在押犯人 104 人。7 月，接上级关于控制保外就医工作的通知，抽调 2 名干部走访检查劳改队 7 名保外就医罪犯情况，对 5 名痊愈不归罪犯提请解回改造，对 2 名继续就医重病犯，由相关医疗单位或医生出具证明，每月汇报一次病情，并联系当地治保会部署监管工作。之后，对病犯需要保外就医的，慎重办理，保外就医期间表现不好或者不服管制者，视情及时处理。

1956 年 9 月 10 日，省财政厅、省公安厅印发《关于犯人生活供给标准的规定》，适当提高对劳改队犯人的物资供应，按照公安部制定的标准，自 9 月 1 日起，特重体力劳动犯、重体力劳动犯、轻体力劳动犯、不劳动犯每日伙食费分别为 0.35 元、0.32 元、0.28 元、0.22 元，春节、元旦、劳动节、国庆节伙食费分别为 0.5 元、0.25 元、0.25 元、0.25 元，重病犯、轻病犯每日伙食补助费分别为 0.25 元、0.15 元，杂志费每犯每月 1.5 元，医药费每犯每月 0.5 元，细化日用品、烤火费、蚊帐、被服、生活等费用供应标准。劳改队根据以上规定，按标准安排伙食、供应生活用品，提高犯人劳动生产积极性。1957 年，带领罪犯学习犯人课本，每月对犯人一次认罪伏法、主动赎罪、改变反革命立场、重新做人的教育。1958 年上半年，建成一座小炼铁炉，犯人除正常的劳动外，投入炼铁生产。8 月，在押犯人 228 人，劳动改造表现好的占 50%，表现不好、拒不认罪的占 40%，表现一般的占 10%。从犯人思想动向看，有的暗骂政府，有的趁机逃跑被追回。11 月，桓台县公安局并入博兴县公安局，桓台县劳改队随之并入博兴县劳改队。1961 年 9 月，桓台县公安局恢复建制后，劳改队未复返，部分劳改干部回桓台安置工作。

脱逃事件处置

桓台县劳改队由县公安队和劳改干部负责监管。1952 年 5 月 1 日，劳改队带部分劳改犯到砖瓦窑厂做工。12 时，砖瓦窑厂清点就餐人数时，发现被判处三年徒刑的盗窃劳改犯逯永美逃脱，劳改队和公安队追捕未果。5 月 19 日，淄博专署公安处处长杨文英指示：继续侦缉，并追查责任和加强今后看管工作。5 月 24 日，县公安局副局长盖纯恭令劳改队抓紧缉捕并追查责任、改进工作。1953 年 7 月，劳改队因生产门路少，押解 56 人犯人到桓城修理临时监狱时，犯人王有某在夹道墙上留下“二行台”，为逃跑做准备，被看押武装人员发觉，立即报告劳改干部，劳改队即展开调查。是年 3 月，反革命犯陈湘某与反革命杀人犯郭汉某打苇箔时相识，两人策划在装窑或外出时，乘干部、武装不备，夺枪逃跑。4 月，陈湘某利用物资收买手段，拉拢反革命犯王有某。7 月，到桓城干工时，陈湘某授意王有某“找道”，做好一块去干工时逃跑的准备。在初查基础上，县公安局将策划者郭汉某、陈湘某及被拉拢人员共 7 人押回重审，避免一起夺枪暴动事件发生。1957 年 6 月 22 日 13 时 40 分，私造公章犯郭某在外劳动时逃脱。县公安局采取紧急措施，当日 21 时将其抓回。县公安局召开局务会，通过反思和研究，将未经局长批准不得使用犯人作为一项工作制度严格执行。

第四节　行政拘留

拘留所建设

1957 年 10 月 22 日，治安管理处罚条例公布施行，确定公安机关对违反治安管理人员实施拘留处罚，桓台县拘留工作逐步展开。受当时条件限制，尚无专门拘留场所和安排管理人员，在看守所内分室关押、统一看管。1982 年 3 月 25 日，县公安局向县委、县政府和惠民地区公安处请示，拟增设拘留所，彻底解决刑事犯罪在押人员和行政被拘人员混押问题。12 月，县公安局设行政拘留所，隶属治安股管理，办公室 1 间，拘留室 1 间，与

1986 年前，行政拘留所正门

看守所同院分别管理。成立之初，被拘人员自带被褥，无食堂，由干警外出购买食品，后经协调，饮食由看守所食堂负责。1986 年 10 月 15 日，行政拘留所搬迁后，与看守所在同一大院，看守所在西院，行政拘留所在东院，办公室 4 间，拘留室 14 间，约 200 平方米，院落 400 平方米，被拘留人员饮食和卫生防疫由看守所统一管理。1988 年 5 月，行政拘留所改称治安拘留所。1998 年，县公安局修建 5 号宿舍楼，拆除治安拘留所部分拘留室，剩办公室 1 间、拘留室 4 间，房屋面积约 75 平方米，院落面积 100 平方米。

2008 年搬迁前，拘留所正门

2002 年 7 月，实行治安拘留所、看守所负责人各负其责，两所民警混合编组 24 小时值班模式，治安拘留所不再隶属治安科。2005 年 9 月—2007 年 2 月，治安拘留所无负责人，由看守所副所长张英锋代管。2007 年 2 月，治安拘留所编制在治安大队，改称行政拘留所，业务管理沿旧制。5 月，根

据公安部监管局规定，行政拘留所更名为桓台县拘留所。2008年4月25日，由原石油公司3排平房宿舍改建的新拘留所投入使用，建筑面积594平方米。2011年3月30日，经县编委批准，拘留所升格为县公安局正科级直属机构。是月，拘留所业务独立，行政上仍由看守所管理。2012年3月13日，拘留所被评为全国二级拘留所，连续验收达标。2013年9月末，拘留所与看守所分离，直属县公安局领导，陈永任拘留所所长、张孝和任政治教导员。2014年2月14日，拘留所成立党支部，陈永任书记。11月，拘留所完成对监控设施的全面升级改造，安装47个摄像头进行全方位监控，可视监控及清晰度均达到100%。2015年1月，拘留所被省公安厅监管总队评为2014年度全省拘留所社会矛盾化解工作先进单位。6月，拘留所完成“三室一廊”(拘留室、活动室、阅览室、走廊)文化建设，在拘留区设置以社会主义核心价值观为主要内容的文化墙。10月，魏连凡被公安部监管局评为全国拘留所“三项重点工作”(规范执法、创新管理、化解矛盾工作)推进落实活动先进个人。

2016年，新拘留所正门

行政拘留管理

1957年10月，开展行政拘留业务后，看守所负责被拘人员的管理工作，与在押人犯同院分室关押，中队负责内卫，设立行政拘留登记簿，登记表格为收押案犯登记表。是年，拘留82人。1958年1—5月，拘留408人，系刑事、行政拘留混合登记。1958年11月，行政拘留工作合并到博兴县公安局。1961年9月，桓台县分设后，行政拘留工作模式依旧。1963年5月22日，在拘留室关押的流窜犯田家厚、沈希同组织5人企图越狱逃跑，并策划放火、盗窃、报复等行为。管理人员发现异常后，及时处理，避免一起脱逃事故。1980年9月—1982年3月，拘留室发生3起4人逃跑事件。县公安局认真反思后，决定单独设立拘留所，加强被拘留人员管理。

1982年12月，行政拘留所成立后，逐步建立收拘制度、教育管理制度、值班制度和被拘留人守则。因拘留所无女警，收拘女性被拘留人员时，县公安局临时抽调女警值班。1987年，行政拘留所修订《被拘留人员守则》及民警值班制度、被拘留人入所登记制度、财物登记管理制度、被拘留人学习教育制度。修建厕所和花池，经常拆洗被褥，改善拘留所条件，被评为全市先进拘留所。1988年，拘留所制定收拘工作十项注意，即无拘留通知书一律不收；问明情况逐人填写入所登记，所带物品妥善代管；必须进行所规和认错教育；进行人身和物品检查；必须做到男女分室；周六家属探视时所带食品和衣物，必须检查后交给被拘留人；完善被拘留人员提前解除审批制度；坚持劳动审批制度，不经领导批准不得带人外出劳动；建立健全财物管理制度，对工杂、被褥、伙食费都建立账目，做到日清月结，账钱分管；坚持回访制度。同时，总结学、谈、找、论、表、看“六字”教育法。学，学条例、学法律；谈，通过学习谈认识；找，对照问题找根源；论，论危害和后果；表，表改正的决心和态度；看，看其在所表现和出所后通过回访看行动，改变过去以劳代教的片面做法。推进教育转化工作，建立学习室和墙报，购置桌椅、书橱、图书，订阅《大众日报》《淄博日报》《山东法制报》《民主与法制报》。3月11日，在全省治安拘留所工作检查评比中，行政拘留所被评为先进拘留所。7月，建立被拘人员入所学习治安管理处罚条例，在所期间写检查书，出所时撰写教育体会制度。

1990年，治安拘留所贯彻公安部《治安拘留所管理办法(试行)》，进一步修订管理制度，采取3人以上上大课、3人以下个别谈话的管教模式，全年上大课69次，个别谈话860人次，办墙报2期，被拘人员写悔过书43份、学习体会42份、决心书62份、检查书72份。通过法制教育，被拘人员提供破案线索2条，破获盗窃案件3起。坚持回访制度，深入被拘人员单位或者发函了解被拘人员出所后情况，以改进教育方式，巩固教育效果。是年起，执行司法拘留人员。1994 年，治安拘留所贯彻教育和改造相结合的方针，坚持依法管理、文明管理，采取教育为主、劳动为辅的管理方法，出义务工 259 天 430 人次，为食堂工作 282 天 321 人次，节约资金 4328 元，全年无事故。

2008 年前，拘留所拘区

2002 年 7 月，治安拘留所、看守所民警混编值班后，常态化教育管理有所弱化，不够深入系统。2006 年 3 月，县公安局专项治理裁决拘留不执行问题，除法律规定 3 种情形外，执行率达到 98%以上。6 月 5 日，县公安局印发《关于行政拘留出所若干问题的规定》，细化规范提前解除行政拘留、请假离所、暂缓执行、其他出所及执法监督工作，将该项工作纳入执法质量考核评议范围。2009 年 2 月，拘留所首次调入女民警，并招聘辅警。2010 年 2 月 5 日，公安部发布《推行拘留所管理教育新模式的指导意见》，拘留所贯彻教育、感化、挽救的监管工作方针，推进人性化执法，全面对社会开放。7 月 21 日，首次举办“对外开放日”活动，人大代表、政协委员、社区居民代表及桓台大众报社、桓台县广播电视台、鲁中周刊等媒体记者一行 8 人参观、采访拘留所，查看对外办公室、家属会见室、提询室、谈话教育室、拘室、医务室、活动室、浴室等，与被拘人员交流，亲身感受拘留所通过规范化执法和人性化管理营造出的健康、和谐、文明的生活环境和教育转化氛围。次日，《淄博日报》报道《桓台县拘留所在全市率先对外开放》。7 月 28 日，全市拘留所管理教育新模式推进会在桓台县拘留所召开。8 月 2 日，《山东公安周刊》综合栏目

2015 年 6 月，开展对社会开放活动

报道《这里洒满人性的阳光 桓台市民代表参观拘留所见证人性执法》。2011 年 12 月 11 日，在全省拘留所长培训班上，所长史继德介绍管理教育新模式、教育工作社会化、勤务模式规范化工作经验。

2013 年 10 月 22 日，在全省拘留所所长培训班上，所长陈永作题为《健全制度 完善运行机制——探索拘留所勤务工作新模式》的典型发言。12 月 19 日，县公安局副局长荆树明为因非法上访被拘人员举办专题讲座，宣讲信访条例及有关政策，倾听被拘人员信访诉求，耐心答疑解惑，督促依法解决问题。2014 年 6 月 18 日，因临淄区拘留所重建，县拘留所代为执行拘留任务。6 月 25 日，为临淄区拘留所执行 8 名越南籍公民，7 月 26 日遣返出境。8 月，拘留所设反邪教转化工作室，专门教育转化邪教人员。截至 2015 年 10 月 2 日，代临淄区执行行政拘留 308 人、司法拘留 17 人。10 月 22 日，为市公安局高新区分局执行拘留任务。10 月 29 日，拘留所与县图书馆签订协议，在拘留所设立“图书流通站”，县图书馆提供 300 册书籍。

拘留所民警点评被拘人员表现情况

11月30日凌晨，省公安厅副厅长王兆玉、监管总队总队长孙刚一行，采取“四不两直”方式，突击检查拘留所。是年，拘留所收拘826人，年度拘留人

2015年11月30日，副厅长王兆玉夜查拘留所

数创历史之最，并实现队伍建设、监所管理双安全；拘留所业务考核连续8年全市第一名。2016年1月13日，县公安局、县人民法院召开联席会议，交流司法拘留执行问题。截至1月26日，为市公安局高新区分局执行行政拘留97人。至4月15日，年内执行行政拘留194人。

1957—2016年桓台县拘留所拘留人数统计表

表10—3

年度	拘留人数	年度	拘留人数
1957	82	1995	164
1966	35	1996	234
1967	48	1997	120
1976	8	1998	84
1977	5	1999	72
1978	17	2000	162
1979	7	2001	171
1980	57	2002	113
1981	67	2003	97
1982	103	2004	144
1983	115	2005	172
1984	28	2006	294
1985	40	2007	400
1986	41	2008	494
1987	52	2009	343

续表10—3

年度	拘留人数	年度	拘留人数
1988	93	2010	267
1989	79	2011	250
1990	77	2012	157
1991	81	2013	293
1992	294	2014	519
1993	146	2015	826
1994	234	2016	530

【专记】

管理教育新模式

2010年3月，桓台县拘留所推行拘留所管理教育新模式。工作核心以教育矫治违法人员为根本目标，实行处罚与教育相结合，充分体现拘留所执法管理的强制性、行政性、教育性、规范性和人文性。被拘人员统一着识别服，严格执行行为规范和一日生活制度，保证必要的拘室外活动时间。除个别人员需要严格管理外，被拘人员集体就餐，开展文明健康的文体活动，营造严格有序又宽松和谐的监管氛围。对被拘人员开展以法制、道德、

2015年5月，被拘人员学习第九套广播体操

行为养成为主要内容的知错、认错、改错教育。制定教育计划，采取集体教育与个别教育、所内教育与所外帮教相结合的多层次、多渠道、多形式教育方式。集体教育以课堂授课或多媒体电教为手段，每天播放教育系列片，每周不少于10个课时。开展经常性的个别谈话教育，及时掌握被拘人员思想动态，开展心理咨询和矫治，邀请社会组织和

单位共同参与对被拘人员的帮教工作。

2011 年 3 月 11 日，公安部监所管理局下发《关于深入推进拘留所收容教育所教育工作社会化的通知》。拘留所利用社会资源，形成所内教育和所外教育相结合，法制辅导员和社会力量相结合，专业团体和志愿者相结合的监所教育工作社会化新思路。成立由县综治办副主任任组长，县公安局、县人大常委会办公室、县政协办公室负责人任副组长，县妇联、共青团、卫生、文化、教育、司法行政等部门相关人员任成员的教育工作社会化领导小组，拘留所所长任办公室主任。下设宣传组、法制教育组、心理矫治组、思想引导组、健康组、亲情感化组等 6 个工作小组，每年各小组开展活动 12 次以上。聘请有关专家为教育辅导员，组建思想觉悟高、社会责任感强、专业知识丰富、有良好的沟通技巧、心智功能完善的社会志愿者队伍，作为拘留所教育的重要辅助力量。成员单位、教育辅导员和社会志愿者每月一次联席会议，通过法制辅导员进拘所、国学文化进拘区、开展自我教育、家属亲情规劝等措施，以报告会、演讲会、座谈会、咨询会、文艺联欢会等形式，感化被拘人员，达到教育人、改造人、挽救人的目的。李某某因扰乱办公秩序，先后三次被拘，对立情绪严重，拘留所邀请爱心健康门诊和山东工业职业学院的心理医生对其心理辅导，使其逐渐醒悟，表示不再上访。罗某因殴打他人被行政拘留，针对其性格桀骜不驯特点，开展菜单式法制教育、心理矫治、思想引导，使其从思想深处认识到错误，表示痛改前非。罗的父母送“法制教育学校，启迪人生课堂”锦旗以示感谢。

拘留所民警与在拘人员谈话

2014 年 2 月，公安部在全国拘留所深入推进规范执法、创新管理、化解矛盾“三项重点工作”，县拘留所制定一周活动计划和一日生活作息时间，安装音频广播系统，定时提醒被拘人员规范起床、打扫卫生、就餐、就寝、文体活动等行为，时刻保持拘室清洁规范，并配以轻松舒适的轻音乐，消除被拘人员生活枯燥乏味情绪。每天组织被拘人员训练队列，做第九套广播体操，每周开展个人交流感悟并撰写心得体会。劳动节、中秋节、国庆节等重要节日，举办乒乓球、羽毛球、象棋比赛，缓解思想压力。对被拘人员“五必谈”，即新入所必谈、拘留期满必谈、办案单位提询后必谈、家属会见后必谈、被拘人员情绪不稳定必谈。定期分析研判被拘人员思想动态，发现安全隐患，落实管控措施。针对被拘人员大多文化水平低、法律意识淡薄实际，定时组织观看“与法同行”专题教育片。制作应急管理培训、治安调解工作、治安管理处罚法、刑法、宪法、在押人员的权利和义务、法学基础知识等 7 本教案，对被拘人员大课教育。定期聘请国家二级心理咨询师荆树钢授课，使被拘人员释放压力，勇敢面对违法事实，主动接受教育管理。邀请律师、法官到所帮教，通过法制讲座、现场

心理咨询师荆树钢授课

提问和解答等方式，围绕被拘人员自身违法行为组织讨论。科学评估被拘人员安全风险，有针对性地采取管控措施，防止被拘人员死亡、自伤自残等安全事故。拘留所民警实行“查、看、问、听、访”五字工作法，创立个别谈话教育法、真情感化法、帮扶转化法、心结消化法、部门互助和社会协作等 5 个矛盾化解技战法，第一时间找准问题症结，精确制定矛盾化解策略、方案，全程跟踪化解。

随着涉毒被拘人员逐步增多，拘留所工作面临风险和挑战。涉毒人员进所后，一般经历中毒反应的兴奋期、适应监所管理的平稳期、处境改变的躁动期等三个阶段，多不服从管教，不遵守一日生活制度，甚至绝食和挑衅民警。民警及时对吸毒人员开展入所谈话教育，向其宣传禁毒知识和相关政策，使涉毒人员认识到毒品的社会危害性，增强行为约束力。对个别不服从管理的人员，实行加带械具等措施。心理咨询师与涉毒人员谈人生、聊家庭、讲责任，帮助他们重新树立正确的人生观、价值观，使其早日迷途知返。动员涉毒人员亲友到所实施亲情感化，同时从生活上给予关心爱护，促使涉毒人员热爱家庭、热爱生活。2015年，吸毒人员王某某被拘留，被拘时间恰与其定亲时间冲突，拘留所在核实基础上，按照请假出所程序为王某某办理请假手续，定亲活动结束后，王某某按时回所，承诺以后做个好公民。

第五节　收容审查和劳动教养

收容审查

20世纪60年代初，按照内务部、公安部《关于外流民工遣送工作中几个问题的通知》要求，对于流入城市、食宿无着的外流农民和城市中某些流浪街头、生活无着的人由收容遣送站收容。收容遣送站收容中发现的五类分子（地主、富农、反革命分子及其他坏分子、“右”派分子）和流窜犯罪分子交公安部门审查处理。

20世纪70年代中期，惠民地区公安局成立收容审查所，收容审查的对象是：有现行流窜犯罪活动，需要查清全部犯罪事实的；身份来历不明，形迹可疑，有重大流窜作案嫌疑的；越狱逃跑和通缉在案的嫌疑分子；为流窜犯销赃和充当窝主的；到处流窜作案的“四类分子”等。县公安局发现符合收容审查条件人员，报惠民地区公安局领导批准，并送地区收容审查所关押。1980年，对被批准收容审查人员在县看守所就地关押，在看守所人满时，借用拘留所收押。1983年8月7日，在“严打”第一战役第一仗第一次集中行动前，县公安局突击整理74名拟收容审查人员材料，惠民地区公安处批准收容审查66人。8月10日，抓获其中51人。随后，为方便“严打”工作，惠民地区公安处将收容审查审批权下放到县公安局，收容审查成为打击刑事犯罪的一项重要手段。是年，收容审查224人。

1984年1月1日起，收容须经县公安局负责人批准，收容后24小时内讯问。一般应在1个月内查清事实，案情复杂或跨省、地（市）作案的，可以延长1个月，如仍不能审查清楚而又有延长审查期限必要的，可以报省公安厅批准延长，但审查期限累计不得超过3个月；对不讲真实姓名、地址的人，审查期限不受此限，直至查清为止。1985年7月31日，公安部印发《关于严格控制使用收容审查手段的通知》，规定收审对象范围控制在有流窜作案嫌疑的或有犯罪行为又不讲真实姓名、住址、来历不明的人。对被收容审查人员，除有碍审查或者无法通知情形以外，24小时内把收审原因和收审处所通知被收容人员家属或所在单位，保证收审人员享有公民基本权利。县公安局全面检查收审工作，整改收审面过宽、收审期过长、收而不审和以收审代替侦查、以收审代替处罚等问题，严格控制使用收审手段。是年，收容审查37人。1992年3月，落实公安部《关于坚决纠正滥用收审手段的通知》精神，县公安局严格执行收审期限（包括报捕、报劳教、少教、收容教育的时间）和收审通知书向被收审人员当面宣读、告知诉讼权的规定。1996年6月12日，公安部印发《关于贯彻实施刑事诉讼法有关问题的通知》，要求各地抓紧做好取消收容审查的各项工作。县公安局按照公安部要求，年底前将收容审查人员全部“消化”处理，是年，收容审查174人。自1997年1月1日起，停止收容审查。

1980—1996年桓台县公安局收容审查人数统计表

表10—4

年度	收容审查人数	年度	收容审查人数
1980	12	1989	44
1981	0	1990	27
1982	69	1991	102

表 10—4

年度	收容审查人数	年度	收容审查人数
1983	224	1992	147
1984	77	1993	112
1985	37	1994	138
1986	7	1995	104
1987	57	1996	174
1988	71		

劳动教养

1957 年 8 月 1 日，全国人民代表大会常务委员会批准通过《国务院关于劳动教养问题的决定》，8 月 3 日，国务院公布施行。县公安局对下列四种人实行劳动教养：不务正业，有流氓行为或者有不追究刑事责任的盗窃、诈骗等行为，违反治安管理，屡教不改的；罪行轻微，不追究刑事责任的反革命分子、反社会主义的反动分子，受到机关、团体、企业、学校等单位的开除处分，无生活出路的；机关、团体、企业、学校等单位内，有劳动力，但长期拒绝劳动或者破坏纪律、妨害公共秩序，受到开除处分，无生活出路的；不服从工作分配和就业转业安置，或者不接受从事劳动生产的劝导，不断无理取闹、妨害公务、屡教不改的。对需要实行劳动教养的人，报地区劳动教养委员会批准执行。

1979 年 11 月 29 日，经第五届全国人民代表大会常务委员会第十二次会议批准，国务院公布《关于劳动教养补充规定》，确定劳动教养的期限一般为 1 至 3 年，必要时延长 1 年。1982 年 1 月 21 日，公安部发布国务院转发的《中华人民共和国劳动教养试行办法》。县公安局把家居农村而流窜到城市作案的人员及第十条规定的六种违法犯罪人员，作为教养重点对象，由刑警队具体承办。1983 年"严打"中，县公安局贯彻从重从快、一网打尽的方针，除对严重刑事犯罪分子移诉检察院外，对大多数轻微犯罪分子，采取劳动教养措施。1987 年，淄博市劳动教养委员会在劳教案件审批中，实行缓劳教期限的办法。县公安局对符合下列条件人员报请缓劳教：违法犯罪情节轻微，缓教后不至于再违法犯罪的；初犯，以往表现较好，属偶然失足的；违法犯罪后能主动坦白交代问题，认罪态度好，确有悔改表现的；基层单位提出缓教意见或经征求意见后同意缓教，并且确有条件管理教育缓教人员，不致于再违法犯罪，危害社会的。事后，调查被批准缓教人员表现情况，大多表现较好。1989 年 3 月，县公安局法制科成立后，负责审查劳动教养案件。重点把好事实证据关；把好政策、定性关；把好审批程序关，即先由承办人审查，再由承办单位主要负责人把关，再报分管局长审核，报市劳动教养委员会审批，对案情复杂或难以定性的案件，经集体讨论研究决定；把好申诉关，认真办理当事人的信访投诉，保证其申诉权利。

1995 年，省高级人民法院、省人民检察院、省公安厅、省司法厅联合下发《关于在集中整治农村社会治安斗争中办理劳动教养案件若干问题的意见》。按照文件要求，县公安局规范劳动教养办案程序，从重、从快打击违法犯罪分子。1997 年，根据《淄博市公安机关办理劳动教养案件暂行规定》，劳动教养案件审核工作实行"三定一包"（定人、定案、定时间、包质量）责任制，全面审核案件事实、证据、程序、定性、适用法律，提高案件质量，防止出现错案。1998 年，按照《淄博市公安机关办理劳动教养案件程序暂行规定》，县公安局加强对办理劳动教养案件的内部监督，实行三级审核制度，即办案单位法制员初审，法制部门复核，再呈报市公安局审查。随着社会治安形势变化，各种不够刑事处罚而治安处罚又明显偏轻的违法犯罪活动大量增加，国家多次修改和完善劳动教养的范围和对象。1999 年 3 月，县公安局印发《劳动教养的范围 条件和对象》，要求办案单位严格执行。7 月，县公安局下发《关于进一步做好劳动教养案件办理工作的通知》，分析 7 起劳动教养案件存在的问题，规范劳动教养案件办理工作。

2002 年 4 月 12 日，公安部制定《公安机关办理劳动教养案件规定》。对年满十六周岁、具有下列情形之一的，应当依法决定劳动教养：危害国家安全情节显著轻微，尚不够刑事处罚的；结伙杀人、抢劫、强奸、放火、绑架、爆炸或者拐卖妇女、儿童的犯罪团伙中，尚不够刑事处罚的；有强制猥亵、侮辱妇女，猥亵儿童，聚众淫乱，引诱未成年人聚众淫乱，非法拘禁，盗窃，诈骗，伪造、倒卖发票，倒卖车票、船票；伪造有价票证，倒卖伪造的有价票证，抢夺，聚众哄抢，敲诈勒索，招摇撞骗，伪造、变造、买卖国家机关公文、证件、印章，以及窝藏、转移、收购、销售赃物的违法犯罪行为，被依法判处刑罚执行期满后五年内又实施前述行为之一，或者被公安机关依法予以罚款、行政拘留、收容教养、劳动教养执行期满后三年内又实施前述行为之一，尚不够刑事处罚的。县公安局根据规定，加大对屡教不改人员的打击力度。唐山镇东周村村民耿某曾被判刑 2 次、行政拘留 4 次，仍不思悔改，酒后殴打多人并故意损毁他人财物，对其劳动教养一年六个月。5 月，根据市委政法委《会议纪要》和《淄博市公安局关于在各分县公安局设立聆询室的通知》，县公安局设立聆询室，对劳动教养案件实行聆询制度。

2005 年 9 月，公安部发布《关于进一步加强和改进劳动教养审批工作的实施意见》。按照意见要求，县公安局对符合劳动教养条件的违法犯罪人员，特别是对扰乱社会治安、影响人民群众安全感的违法犯罪人员，依法申报劳动教养，同时准确认定违法犯罪事实和性质，不以劳动教养替代刑事处罚和治安管理处罚；推行律师代理劳动教养案件制度，允许拟劳动教养的违法犯罪嫌疑人聘请律师；在作出劳动教养决定前，告知违法犯罪嫌疑人有申请聆询的权利，涉及国家秘密的案件及案情简单且违法犯罪嫌疑人承认违法犯罪事实、对裁决无异议的案件，可不实行聆询；缩短申报决定劳动教养的期限，一般按照一年至一年六个月掌握，其中对屡教不改、教育改造难度大的按照一年六个月至两年掌握，对确有悔改表现，且不投送场所执行不致发生社会危险性的，建议所外执行。2007 年 4 月 23 日，县公安局贯彻《关于印发山东省公安机关贯彻落实劳教审批制度五项改革措施三个文件的通知》，全面落实推行律师代理劳动教养案件、全面推行聆询制度、缩短劳动教养期限、扩大所外执行范围、强化监督工作等 5 项改革措施，进一步改进劳动教养审批工作。

2010 年 7 月，举办办理劳动教养案件培训班

2013 年 12 月 28 日，第十二届全国人民代表大会常务委员会第六次会议通过关于废止有关劳动教养法律规定的决定。劳动教养制度废止前，依法作出的劳动教养决定有效；劳动教养制度废止后，对正在被依法执行劳动教养的人员，解除劳动教养，剩余期限不再执行。是年，县公安局未申报劳动教养案件。

1962—2012 年桓台县公安局劳教人数统计表

表 10—5

年度	劳动教养人数	年度	劳动教养人数	年度	劳动教养人数	年度	劳动教养人数
1962	6	1987	5	1996	5	2005	4
1963	33	1988	8	1997	1	2006	7
1964	5	1989	8	1998	2	2007	14
1980	1	1990	2	1999	14	2008	18
1982	2	1991	1	2000	17	2009	16
1983	4	1992	1	2001	35	2010	37
1984	3	1993	4	2002	28	2011	9
1985	2	1994	9	2003	4	2012	6
1986	0	1995	2	2004	6		

第十一章　巡特警工作

巡特警大队民警合影。前排左起：毕宜明、曹孝连、齐廷新、荆德金、魏建国、王强、曹元征；后排左起：朱淑芳、宋振刚、牟际广、马承良、张玉海、周庆峰、张连成、王忠海 （2014年12月 摄）

巡特警大队办公楼 （2009年6月 摄）

1994 年 5 月 13 日，桓台县公安局成立巡警大队，招录新警 22 名，大中专毕业生分配 13 人。8 月，巡警大队正式组建，下设办公室、警务科及 3 个中队。10 月 11 日，首批巡警上岗巡逻。1997 年始，县公安局分批将巡警充实到其他警种。2003 年 8 月，保留巡警大队领导班子，配合其他部门开展专项行动等工作，索镇分局巡逻大队替代巡警大队执行城区巡逻任务。2006 年 1 月，面对街面“两抢”犯罪和盗窃车辆犯罪攀升的治安形势，县公安局重新组建巡警大队。3 月，更名为巡特警大队，下设办公室、3 个中队。2007 年 2 月，巡特警大队下设办公室、2 个中队，负责巡逻和反恐怖工作。巡特警大队采取步巡、自行车巡逻、机动车巡逻、摩托车巡逻、电瓶车巡逻、武装巡逻、带警犬巡逻、便衣巡逻、联合巡逻等巡逻模式，形成网格化巡防格局，城区街面案件逐年下降。2008 年，被省公安厅治安总队评为特级巡警大队。2009 年，巡特警大队下设办公室、3 个中队，强化巡逻、出警、反恐、防暴、处突、维稳等职能，有力维护全县社会稳定。

第一节　执法执勤

街面巡逻

1994 年 10 月 11 日，桓台县首批 11 名巡警经过培训合格，正式上岗。根据《城市人民警察巡逻规定》，依法履行十六项职责：维护警区内的治安秩序；预防和制止违反治安管理和犯罪行为；预防和制止犯罪行为；警戒突发性治安事件现场，疏导群众，维持秩序；参加处理非法集会、游行、示威活动；参加处置灾害事故，维持治安秩序，抢救人员和财物；维护交通秩序；制止妨碍国家工作人员依法执行职务的行为；接受公民报警；劝解、制止在公共场所发生的民间纠纷；制止精神病人、醉酒人的肇事行为；为行人指路，救助突然受伤、患病、遇险等处于无援状态的人，帮助遇到困难的残疾人、老人和儿童；受理拾遗物品，设法送还失主或送交拾物招领部门；巡察警区安全防范情况，提示沿街有关单位、居民消除隐患；纠察人民警察警容风纪；执行法律、法规规定由人民警察执行的其他任务。依法享有七项权利：盘查有违法犯罪嫌疑的人员，检查涉嫌车辆、物品；查验居民身份证；对现行犯罪人员、重大犯罪嫌疑人员或者在逃犯，可以依法先行拘留或者采取其他强制措施；纠正违反道路交通管理的行为；对违反治安管理的人，可以依照治安管理处罚条例的规定，执行处罚；在追捕、救护、抢险等紧急情况下，经出示证件，可以优先使用机关、团体和企业、事业单位以及公民个人的交通、通讯工具，用后应当及时归还，并支付适当费用，造成损坏的应当赔偿；行使法律、法规规定的其他职权。

巡警大队把城区划分为 3 个巡区、5 个巡段；以自行车巡逻、步行巡逻为主，机动车巡逻为辅，对城区可疑人、事、物、车辆公开盘查。以中队为单元，采取三班一运转工作模式，配备汽车 1 辆、三轮摩托车 3 辆，民警配备警棍 1 支、手铐 1 副、自行车 1 辆，两人为一巡组，配对讲机 1 部，设立 3 个驻勤点、1 个治安岗亭，重点巡逻主要道路、复杂场所、党政首脑机关、人员密集场所和易发案部位，城区交通、治安秩序明显好转，特别是索镇夜市治

1994 年 10 月 11 日，首批巡警上岗巡逻

安根本性好转。10 月 11 日 20 时许，执勤巡警接到报警，数名男青年在夜市吃饭不付饭费，并扬言抢东西。巡警赶到现场，对 4 名肇事人员批评教育，责令赔偿损失并赔礼道歉。事后，摊主送“为老百姓撑腰壮胆的好卫士”的感谢信。11 月 8 日，

桓台县召开公安指挥系统暨巡警体制建设新闻发布会，县委副书记薛安胜通报建立以指挥中心为龙头，以110报警服务为纽带，以巡警为骨干，以管防为基础的动态治安控制网络情况；县公安局局长徐洪本通报巡警勤务模式情况。11月13日2时，巡警牟际广、魏林、宋振刚拾到一个装有9800元现金的皮包，经一夜寻找，交还失主。11月26日21时许，4名歹徒携带砍刀、匕首等工具，窜至索镇夜市，打架斗殴，砸毁汽车，巡警迅速赶到，将其制服。是年，巡警大队抓获犯罪嫌疑人7人，制止打架斗殴30起，调解民事纠纷43起，清理迷信摊点24个，纠正交通违章1000余次，为群众做好事6000余件。

1995年2月16日凌晨，3名不法分子在G205国道义和村附近拦砸两辆外地拖拉机，对司机实施抢劫。接报后，6名巡警5分钟赶到现场，将3名抢劫犯罪嫌疑人当场抓获。7月，巡警大队采取三班二运转工作模式，扩大巡逻区域，将索镇派出所部分辖区列入巡逻范围，划定中心大街、张北路、兴桓路、槐荫路、镇府路等5条重点巡逻路线。7月8日1时，抓获2名盗窃摩托车犯罪嫌疑人。8月12日22时，抓获流窜盗窃嫌疑人孟某，破获盗窃案件4起，案值6000元。是年，抓获违法犯罪嫌疑人56人，制止打架斗殴184起，调解民事纠纷175起，查处治安案件206起，纠正交通违章5800次，清理摊点435个，为群众排忧解难1511件。1996年3月，巡警大队加强"助学岗"建设，在实验小学、城镇小学上学、放学时段，安排警力提前在学校门前指挥交通，确保学生安全通行。6月，在影院广场建设固定巡警执勤岗亭1个，县邮电局免费接通照明电，安装电话1部。10月15日23时许，巡警岗亭接到报案，执勤巡警迅速出击，抓获3名盗窃嫌疑人，并制止一起劫车犯罪案件发生。是年，巡警大队抓获违法犯罪人员457人，纠正交通违章4500次，为群众做好事1000余件，收到群众赠送锦旗16面、镜匾28块、感谢信47封，登报表扬26次。

1997年7月8日，市人大常委会副主任于润义（中）视察巡警岗亭

1998年3月3日，县公安局出台《关于巡警大队巡逻巡察的规定》，巡警大队依法处理巡逻巡察中发现的事实清楚、情节简单的治安案件，案情复杂、需多方查证的，移交主管派出所或相关警种处理。1999年4月28日，市公安局印发《关于强化巡警职能 改革警务工作的试行意见》，改革巡察方式，撤销执勤岗亭，把更多警力转向路面，实行动态巡察。赋予巡警执法办案权限，主要侦办出警、举报、巡察中发现和领导交办（不需现场勘查）的刑事案件、治安案件。4月12日20时30分，110机动队路面巡察时，抓获窜至云涛小区64号楼盗窃摩托车的犯罪嫌疑人马某。4月20日2时，巡警抓获盗窃储藏室的3名河南籍流窜犯罪嫌疑人，破获案件15起。6月3日，巡警大队经过3昼夜重点巡察和守候，打掉1个3人敲诈勒索犯罪团伙，该团伙多次拦截淄博东方皮革有限公司客户车辆，采取殴打、威胁的手段，强迫与货车利润分成，从中非法获利11700元。上半年，抓获犯罪嫌疑人17人，破获刑事案件61起，打掉犯罪团伙4个，查处治安案件53起，治安处罚79人。

2000年，巡警大队与多所学校共建，举办校园法制讲座，学校把巡警大队作为德育教育基地。5月8日，巡警在淄博东方皮革有限公司附近发现1辆交通事故摩托车，勘查发现该车防盗锁有撬盗痕迹，即迅速赶到医院盘问摩托车驾驶员董某，顺线打掉一个盗窃摩托车犯罪团伙。上半年，接处警500次，抓获违法犯罪嫌疑人16人，破获刑事案件31起，查处治安案件27起，治安处罚73人，救助危难群众90人次，为群众做好事200余件，收到锦旗镜匾12块、感谢信20余封。

2002年，随着巡警不断被调出，城区治安防范实行巡警大队与治安联防巡逻大队（由索镇分局管理，以下简称巡逻大队）并行模式，重点加强巡逻大队建设。在县综治办协调下，从县直各单位抽调106人，由民警带队，分为北辛、建国、云涛、锦秋4个巡区，每晚从局机关抽调20名民警，配合巡逻大队工作。3月31日，在耿桥供电所门口有人抢包，接警后，巡逻大队立即布控，不到10分钟，抓获犯罪嫌疑人。2004年，巡逻大队在巡警大队队址办公，统一食宿，统一服装，配备10辆两轮摩托车和照明工具、警械、对讲机等必要的工作用

2005年11月，治安联防巡逻大队人员列队

具，采取轮流上路巡逻的方式，对城区主干道实行24小时不间断巡逻。3月29日22时，巡逻队员在东外环发现一辆载满自行车的农用三轮车，遂严格盘查颜某（沾化县），查明颜某利用在辛店修理自行车之便收购赃车38辆的犯罪事实。10月28日23时，巡逻队员抓获预谋杀人并抢劫出租车的犯罪嫌疑人牛某、王某某，带破阳信县抢劫案2起。11月19日2时，巡逻队员在盘查王某、刘某、段某时，从其随身携带的旅行包内搜出断线钳、手电等可疑物品，经进一步审查，破获盗窃、抢劫案件20余起，案值4万余元。是年，巡逻大队抓获各类违法犯罪嫌疑人40人，刑事处理8人，治安处理22人，批评教育10人，破获刑事案件84起、治安案件10起，挽回经济损失8.4万元。

随着城区规模不断扩大，实有人口大幅增加，治安形势日趋复杂，“两抢一盗”案件高发，迫切需要专业化的巡逻力量。2006年1月，落实公安部关于清理治安联防队伍的要求，县公安局重新组建巡警大队，以巡警大队原班子为主，调入3名民警，在巡逻大队基础上，新招录40名保安巡防队员，巡逻警力达到60名，配备汽车2辆、电瓶车2辆、自行车40辆，分为2个区队，以自行车巡逻为主，其他巡逻方式为辅。巡逻重点为城区主要道路、开放型小区等易发案部位，推行全面控制、突出

2006年4月，自行车巡逻

重点、整体联动、科学用警的工作模式，城区刑事案件明显下降。是年2月，巡警大队购置4条警犬，经专业训练后，由训导员带犬巡逻。2007年，巡特警大队购置电瓶车4辆、摩托车4辆。电瓶车组在城区主要道路巡逻，摩托车组在次要道路和街巷小路巡逻，自行车组在开放式小区巡逻，机

2007年5月，巡警、武警联合巡逻

动车组交叉巡逻。2008年5月5日14时许，巡警巡至县城东外环路时，抓获抢劫犯罪嫌疑人陈某、郭某。是年，抓获违法犯罪嫌疑人62人，查获可疑车辆27辆，为群众做好事200余件。机动车被盗案件和路面“两抢”案件分别比2007年降低42%、61%。

2008年12月，巡特警大队实行出警巡逻工作模式，形成处警、巡逻、堵截、设卡联动机制。是年，抓获违法犯罪嫌疑人52人，破获刑事案件37起，预防盗车案件5起、盗窃储藏室案件10起、绑架案件1起，救助儿童3起。2010年9月2日20时15分，摩托车组在张北路遇到一被抢劫后哭啼的妇女，嫌疑人已向北逃窜，巡特警大队各巡区警

力分头追击，从玉米地内抓获犯罪嫌疑人李某。经审查，李某在张店趁机窜上受害人的轿车，持刀威胁，捆其手脚，劫持至博兴、桓台两县，从银行自动取款机上提走受害人4000元。是年，巡特警大队抓获违法犯罪嫌疑人73人，破获案件89起，查获被盗轿车1辆、摩托车4辆。2011年，警车组在城区主要路段、重点部位周边巡逻，随时接受群众报警；电瓶车组在中心大街、建设街、镇南大街、渔洋大街、兴桓路、张北路、东岳路、少海路等主要街道，分时段交替巡逻；自行车组在开放式小区巡逻；摩托车组负责槐荫路、工业街、外环路和学校周边的巡逻。各小组采取四班三运转工作模式，形成网格化巡逻布局。4月14日22时许，在县环保局北侧草坪发生一起群殴致人死亡案件，巡警第一时间抓获1名涉案人员，为迅速查明案情发挥关键作用。4月22日21时许，巡逻抓获抢包犯罪嫌疑人王某，破获盗窃、抢劫案件14起。9月26日—10月7日，在城区开展多警种联合巡逻，盘查可疑人员32人、可疑车辆15辆，当场调解纠纷3起。国庆节前后，联合巡逻时段未发生案件。是年，巡逻抓获违法犯罪嫌疑人92人，刑事拘留10人，提请批准逮捕4人，破获案件129起，抓获网上逃犯2人，查获被盗摩托车17辆。

2012年1月9日，县公安局部署"一打四防"专项行动，开展为期88天的多警种联合巡逻。7月10日21时30分许，机动车组巡至公安街、槐荫路路口，一形迹可疑男子驾车逃窜，通过无线联络，摩托车组和便衣组迅速将其包抄抓获，当场收缴假币一宗，该男子王某系一持有使用假币犯罪嫌疑人。9月24日—10月31日，县公安局启动一级巡防方案，巡警、武警和其他警种组合巡逻，最大限度投放警力，对城区24小时巡控。10月22日，在桓台县召开全市公安机关巡逻防控工作会议，推广桓台巡防经验做法。11月8日10时许，巡警在县电力公司附近抓获犯罪嫌疑人葛某、王某，两人在桓台县盗窃车内物品作案4起。是年，抓获违法犯罪嫌疑人36人，破获案件98起，抓获网上逃犯2人，查获被盗抢摩托车5辆。2012年12月25日—2013年2月24日，按照市公安局《滨莱高速公路淄博段恶劣天气交通安全应急预案》要求，巡警大队抽调警力与交警大队捆绑式巡逻，在滨莱高速公路桓台上路口至高青服务区路段，执行24小时不间断巡逻任务，实现两个月恶劣天气期间巡段无重大交通事故。2013年，巡特警大队实施"警灯闪烁"工程和三级巡防方案。在节假日和重点敏感时期，定人员、定车辆、定区域、定车速、定时段，在城区开展多警种联合巡逻。8月，巡特警大队组建便衣班，根据发案特点和规律，实行错时工作制，加大对案件高发地段、场所、部位的巡逻和守候力度，抓获一批违法犯罪嫌疑人。12月底，城区连续发生夜间爬楼入室盗窃案件，便衣班连续抓获流窜爬楼入室盗窃嫌疑人11人，破获案件30余起。是年，巡逻、守候抓获违法犯罪嫌疑人93人，破获案件109起，抓获网上逃犯1人，查获被盗抢摩托车5辆、汽车4辆。

2014年4月10日凌晨3时许，自行车组巡逻至槐荫路，查获2名可疑男子，破获爬楼入室案件8起。是年，抓获违法犯罪嫌疑人92人，刑事拘留26人，强制隔离戒毒9人，查获被盗机动车3辆、摩托车5辆。2015年2月28日21时许，巡警在

2012年，多警种联合巡逻启动仪式

2014年12月，现场抓获盗窃电动车嫌疑人

惠仟佳购物广场查获毒驾人员王某。4月，县公安局开展“对生命安全负责、向交通事故宣战”交巡警联合执法行动。巡逻区域向交通事故多发重点时段（夜间、凌晨）、重点路段（国省道、城区主要道路）延伸，发现交通违法行为，及时通报交警部门。在重大活动和敏感节点，与交警共同疏导交通、查处交通违法，每周开展一次交警、巡特警联合执法行动，不定期组织开展打击涉牌涉证、酒驾毒驾、“两抢一盗”等专项整治行动，净化辖区道路交通和治安环境。8月23日，巡逻抓获贩毒人员穆某，缴获冰毒150克。是年，抓获违法犯罪嫌疑人56人，刑事拘留28人，行政拘留8人，抓获网上逃犯3人，查获被盗摩托车2辆。

出　警

1996年11月14日，按照快速反应机制建设的部署要求，县公安局成立由16名巡警组成的110机动队，分为4个小队。机动队配备处警车1辆、对讲机5部、与110联网的程控电话3部，实行四班三运转的工作模式，24小时值班备勤，负责城区范围内的110接处警任务，做到第一时间接警、第一时间出警。机动队以民警形象超济南、内务管理超军营、快速反应超漳州为目标，认真履行有警必接、有难必帮、有险必抢、有灾必救的承诺，接警后城区中心地段5分钟到达现场，近郊10分钟内到达现场。12月23日22时14分，索镇建国村青年周某精神病发作，持刀将父亲杀死，对他人造成严重威胁。接警后，机动队迅速赶到现场，耐心规劝疏导，使周某主动放下菜刀，束手就擒。是年，接处警278起。1997年，巡警大队制定完善并严格执行110接处警的各项规章制度，着重提高110接处警的速度和质量。1月2日，110机动队将卫生小区3名煤气中毒人员及时送往医院，使其脱离生命危险。是年，共接处警1530起。1999年，根据市公安局《关于强化巡警职能　改革警务工作的执行意见》，110机动队在动态巡察中接警、出警，做到有警出警、无警巡察，以动制动、以快制快。2000年4月15日，孙某在农贸市场捅伤2人后逃跑，110机动队在送伤员至医院抢救的同时，启动处置预案，大队全体出击，2小时抓获孙某。针对淄博东方制革有限公司警情较多实际，6月，巡警大队大队长徐爱国带队整顿淄博东方制革有限公司治安情况，破获刑事案件3起，查处治安案件7起，行政拘留5人，挽回经济损失8万元。上半年，接处警500次。2001年，巡警大队民警已多数调至派出所和案件侦查部门，接处警业务交索镇分局。

2008年12月，县公安局推行扁平化指挥机制，巡特警大队承担城区中心大街以北、张北路以西区域的出警巡逻任务。现场处置纠纷类警情和

出警巡逻

求助类警情，对案件类警情在控制现场、初步取证基础上，向少海派出所移交。2009年1月4日22时许，指挥中心接到报警，有一无牌照桑塔纳轿车停在柳泉北路文体中心路段，车身已撞坏，4名醉酒男子拦截过往车辆。巡特警大队出警，将4人查获，移交交警大队处理，带破当晚20时许在马桥镇S238省道高淄路段发生的一起致人死亡交通肇事逃逸案件。9月7日21时40分许，接市公安局指挥中心指令，一名酒驾肇事逃逸者向桓台方向逃跑。巡特警大队立即展开堵截，在桓台夜市路口将肇事者抓获，移交张店交警大队。2012年8月7日4时35分，指挥中心接到报警，有人盗窃锦秋小区53号楼储藏室后逃窜，指令巡警处置，很快将嫌疑人陈某抓获，破获盗窃案件26起。2013年2月18日18时10分，一妇女在西镇公安小区2号楼楼下被一男子抢走手提包，内有现金7549元、手机1部。巡特警大队接警后，根据嫌疑人体貌特征，在桓台第一小学附近抓获犯罪嫌疑人赵某。2015年5月18日，巡特警大队接指挥中心指令，有人在万和小区某居民家中实施盗窃。执勤民警迅速赶到现场，从厨房门后将嫌疑人孔

某抓获。2016年3月16日16时许，根据指挥中心指令，在辖区某银行抓获在逃人员尹某。至2016年4月15日，巡特警大队出警10051起。

预防和处置突发事件

自成立之日起，巡警大队承担起参与处置突发性事件和抢险救灾的任务。1996年7月31日，由于连续降雨，小清河出现重大险情，巡警大队派出15名警力前往处置，负责大堤巡视、预警及维护抢险秩序工作。8月20日，巡警王旭东在抗洪现场因公负伤，荣立三等功。1997年11月2日，田庄镇胡西村发生一起围攻、扣留公安民警，要挟公安机关释放违法人员事件，当晚30名巡警和武警战士组成突击队，入村救出被困民警。巡警大队充分发挥集中备勤优势，先后参与处置“2004·6·28”海明化工厂被砸事件、“2006·4·27”冲击马桥派出所事件等群体性事件，发挥维稳处突尖刀作用。

2007年10—11月，全县农村“两委”换届，巡特警大队全体人员停止休假，合理分配警力，配合各派出所维护治安混乱、情况复杂村庄换届现场安全，震慑预谋捣乱人员，确保换届工作顺利。2009年9月20日、21日，全运会男排争夺9～12名决赛，巡特警大队派出60人次，完成赛事安保任务。2010年8月，巡特警大队参与全县小学幼儿园的安全保卫工作，负责对桓台县第一小学、实验幼儿园、实验学校、东方之子幼儿园的安全保卫，加大校园周边巡逻盘查力度，在上学、放学重点时间段派出警力在学校门前执勤，严防不法分子趁机伤害学生。9月19—26日，省运会期间，巡特警大队派出160人次，负责桓台体育馆赛场进出车辆车底安检，桓台体育馆、实验学校体育馆观众安检和场内安全保卫工作。

2011年4—6月，全县农村“两委”换届，巡特警大队派出警力415人次，配合各派出所做好村“两委”换届选举现场安保工作，震慑妄图扰乱会场秩序不法分子，确保换届顺利进行。2012年，群体性上访事件较多，巡特警大队先后派出警力1069人次，维护党政机关秩序。2015年年底，因万鑫集团有关公司不能兑现集资本息问题，导致多次发生存款人聚集上访事件，巡特警大队作为应急力量，及时配合治安大队和少海派出所，完成党政机关保卫任务。

反　恐

随着桓台县社会事业发展，各类大型文体活动增多。2009年4月，为做好反恐准备，县公安局投资23万元，购置5个安检门、2个防爆毯、1个防爆罐、1套车底检测仪，保障第十一届全运会、第二十二届省运会、全国第十届艺术节等重要活动在

重大赛事特警反恐安保

桓台县安全顺利举办。2012年，进一步完善反恐基层基础工作建设，广泛搜集涉恐重点人员信息，排查全县核设施和放射源基本情况，民用爆炸、剧毒等危险物品的生产、销售、运输、储存、使用、废弃处置等情况，掌握和排除安全隐患。2014年3月27日，适应反恐形势需要，巡特警大队牵头，成立武装巡逻小组，4名警力组成，持短枪、防暴枪各1支，24小时巡逻执勤，武装巡逻车辆安装3G视频传输系统，巡逻图像实时传送市公安局。2015年，落实党政机关、化学品行业、银行业、综合性医疗机构、大型商场反恐怖防范工作标准（试行），督促相关单位配备反恐设施，明确反恐怖工作要求。完善《处置爆炸威胁性案件预案》等10项预案，组织处置持刀暴徒砍杀群众事件等反恐演练2次，发放公民防范恐怖袭击宣传手册及光盘3500份。通过广泛宣传，增强群众反恐防恐意识，提高应对恐怖袭击的能力。

2016年，为应对严峻的反恐维稳形势，有效预防和处置暴恐突发事件，巡特警大队面向退伍军人、习武之人、辅警队员，招募和选拔突击队员。经过层层选拔和3个月训练，4月7日，县公安局20

2016 年 4 月 7 日，局长张京义向“剑锋”突击队授旗

人“剑锋”突击队正式成立。“剑锋”突击队紧贴警务实战化的训练要求，训练擒敌拳、一招制敌、警棍盾牌术等科目，在维稳处突和日常巡防中展现新风貌。

第二节　管理训练

制度建设

巡警大队成立后，针对队员普遍年轻，成分复杂，业务、政治素质参差不齐的状况，推行半军事化管理，租赁桓台家具实业公司房屋作为办公场所，设立宿舍和食堂，集体食宿，按时点名。制定值班制度、学习制度、训练制度、备勤制度、内务管理制度、请销假制度。为提升管理科学化水平，制定《桓台县公安局巡警大队全员考核办法》，对中队及民警工作实行量化考核，并由警务科具体落实，推进队伍管理、教育训练规范化、军事化。1997 年 4 月，巡警大队搬迁至原索镇派出所办公，大队落实从优待警政策，争取上级政策和财力支持，在原索镇派出所宿舍区建 2 座宿舍楼，一次性解决 32 名巡警住房问题。

2004 年，公安部下发三年内清理联防队员的通知后，县公安局谋划市场化运作的保安巡防模式。2006 年 1 月，采取政府出资，保安公司统一录用，公安机关使用的方式，重新组建巡警大队，办公地点设在人民公园北侧原锦秋警务区办公楼。确立“五个确保”工作目标，即确保落实各项安全防范措施，杜绝内部重大安全事故发生；确保 24 小时守护巡逻，城区违法犯罪活动稳中有降；确保各镇治安秩序明显改善，居民对社会治安满意率达 95%以上；确保令行禁止，发生突发事件，第一时间出动，依法妥善处理；确保队伍不发生违法违纪问题，教育管理培训更加规范。自此，巡警大队重新担负起城区巡防任务，重新制定落实各项规章制度，继续推行半军事化管理。

2006 年，巡警大队办公地点

2007 年，编印《巡特警大队制度汇编》，包括大队班子职责、中队长职责、巡防队员职责、训犬员职责、驾驶员职责、炊事员职责、巡逻管理规定、内务管理规定、奖惩办法等 16 项管理规章。内部管理上层层挂包，大队领导挂包中队，中队民警挂包班长，抓思想、促工作、保稳定。4 月 21 日，为最大限度发挥巡防效能，县公安局印发《巡防队考核办法》，将该考核办法细化成落实领导、落实考勤卫生学习制度、政治业务培训、巡逻抓获、表彰奖励等 8 个考核科目。上半年，巡特警大队为巡防队员缴纳五项保险。同时，加强警务保障、安全保障和工资保障建设，稳定巡防队伍。

2009 年，巡特警大队以启用新的办公楼为契

巡警队员在阅览室学习

机，推进“五小工程”建设，为民警及巡防队员提供全新的工作环境。制定严格的巡逻工作制度、巡逻备勤住宿制度、考核制度等规章制度，明确队长、民警、队员职责和任务分工，规范日常工作、生活、学习纪律及八小时以外的教育管理，做到警容严谨、行为规范、纪律严明、执勤文明，全面推进巡防队伍正规化建设。2011 年，建立网上督察模式，通过 GPS 全球定位系统，对各派出所、巡特警大队、机关联合巡逻车辆实行定时间、定区域、定车速、定停靠点监控，调查违规违纪行为。细化巡防队伍内部管理和绩效考核，对盘查的嫌疑人、嫌疑车辆实行登记备案制度，通过电话回访、现场督察等形式，检查是否存在巡逻工作不到位、盘查工作不规范等问题，监督检查结果和考核奖惩挂钩。奖罚分明，巡逻抓获后，协助破获一般案件每起奖励 100 元，重大案件每起奖励 150 元，特大案件每起奖励 300～800 元。是年，兑现 57 名巡防队员奖金 47850 元。维护巡防队员权益，对社会上的不实之词，及时核查、正名。对因公受伤人员，局领导登门慰问，落实医疗措施，全额报销费用。帮扶家庭出现重大变故的民警和队员，老队员张恩武的 9 岁女儿因重病住院，全局民警踊跃捐款 7 万余元，为其解决燃眉之急，更加坚定其从事巡防事业的信心。2012 年，巡防队员每月每人增加绩效工资 450 元，分为季奖、半年奖、年终奖。

2013 年，为巡防队员配备 25 部具有 GPS 定位和对讲功能的手机。修订巡防队员奖惩办法，通过巡逻抓获破案的，一般案件每起奖励 100～300 元，重大案件每起奖励 300～500 元，特大案件每起奖励 500～1000 元，好人好事每起 10～30 元，

2014 年 1 月，奖励优秀巡逻队员

巡逻抓获每人 50～1000 元。2014 年，根据形势发展和现实需求，修订《巡特警大队制度汇编》，结合作息特点和风险情况，根据工作实绩，提高队员奖励额度和生活补助标准，出勤率不断提高。2016 年，制定《桓台县辅警管理办法》，提升辅警队伍职业化、正规化、法制化管理水平。

教育训练

1994 年 4 月 21 日，淄博市人事局、淄博市公安局发布招考巡警简章。具有淄博市城镇户口的男性公民，报考巡警，须在以下范围：党政群机关、企事业单位的在职职工（不包括中、小学教师）；复员退伍军人；待业青年。报考条件为：坚持四项基本原则，拥护党的基本路线、方针、政策，在政治上与党中央保持一致；品德端正，作风正派，遵纪守法，服从组织分配；具有高中以上文化程度；年龄不超过 22 周岁（1972 年 1 月 1 日以后出生），党政群机关在职人员、复退军人年龄可放宽到 23 周岁（1971 年 1 月 1 日以后出生）；身高 1.7 米以上，双眼裸视力均在 5.0 以上，身体健康。全市统一招录巡警后，22 人分配到桓台县公安局巡警大队。

按照市公安局“先培训，后上岗”的要求，全市分两批培训巡警队员。1994 年 8 月 16 日—10 月 10 日，县公安局首批 11 名巡警参加在张店区南定镇民兵训练基地为期 70 天的封闭式军事化训练，第二批 11 名巡警参加在淄博矿务局组织的为期 70 天的封闭式军事化训练，训练内容为军事素质训练和公安业务知识培训，军事素质训练包括队列、擒敌拳、倒功、擒拿格斗等，公安业务知识培训内容包括宪法、刑法、刑事诉讼法、治安管理处罚条例、交通管理条例等。桓台巡警在军事训练、公安业务学习和卫生评化中连续夺得流动红旗，在结业综合考评中，综合成绩位列全市第一名。通过 70 天的训练，巡警政治素质、业务素质、军事素质和法律素养明显提升，迅速完成由“老百姓”向警察的转变，为上岗执勤打下坚实的基础。

巡警上岗后，大队坚持政治建警、素质强警、以制治警原则，保障政治学习、业务培训、体能训练、军事训练常态化。1995 年，针对巡警大队成分新、组建时间短的实际，修订学习制度、学习计划，

1994 年，巡警进行擒拿格斗训练

每天 1 小时体能、技能训练，2 小时业务学习，每周一次小结，每月一次汇总，通报各中队勤绩。7 月，16 名桓台巡警与高青巡警组成队列方队，在鲁中驾考中心接受出席全省巡警工作会议的各级领导检阅。是年，增加攀登、游泳、防暴等训练内容，巡警于昌有参加全省公安系统警体五项比赛，获个人第四名，被市公安局记三等功。

1996 年 8—9 月，全市巡警开展射击、爬绳、游泳、武装越野、田径等 8 个军体项目比武竞赛，县公安局巡警大队取得单杠引体向上团体第一名，7 名个人取得单项个人前六名，总分第四名。10 月，王凯、李波被市公安局评为“文明管理、优质服务十佳巡警”，巡警大队三中队被评为优胜中队。11 月，110 机动队加强现场处置业务学习，培训文明用语，保证规范处警。是年，于昌有参加全市运动会，取得 200 米、400 米、4×100 米、4×400 米第一名，被市公安局记三等功。1997 年，按照 110 接处警应具备的接警快、出警快、处警快的要求及妥善应对、处置群体性、突发性事件的需要，有针对性地增加配套对打、400 米障碍、110 接处警为主要内容的训练科目。1998 年，以射击、查缉战术、队列、擒敌拳和体能训练为主，年底通过市公安局考核验收。2000—2002 年，根据公安部 1999 年《关于开展巡警防暴队伍全员培训工作的通知》，巡警分四批参加市公安局组织的理论培训和军事体能训练，全部以优秀成绩结业。

2006 年 1 月，招聘保安巡防队员，重新组建巡警大队，重点加强新队员的教育培训工作。每日 2～3 小时，对巡防队员进行业务培训、队列训练、擒敌技术训练、政治思想和纪律作风教育。2007 年，开展思想练兵、业务练兵、作战练兵，民警每周不少于 2 次政治学习，巡防队员不少于 1 次学习，每日下午，全体民警和巡防队员定时开展体能训练。2008 年，坚持以训促战、战训合一，有计划、有步骤开展队列训练、体能训练、巡逻及盘查技巧训练、法律知识培训等活动，选出 25 名政治思想过硬、身体素质过硬的巡防队员，组成特警小组。2009 年，突出巡逻盘查技巧业务学习，每周定期集训。设立阅览室，巡警利用巡逻间隙或业余时间阅读各种书籍。

2011 年 10 月，巡特警大队王强参加全国实战教官比武，取得优异成绩，被公安部政治部评为全

巡警王强被公安部政治部评为全能警务实战教官

国全能实战教官。2012 年 10 月 22 日，全市公安机关党的十八大社会面安保巡防机制启动仪式在桓台举行，巡特警大队向与会领导汇报表演擒敌拳、警棍盾牌操、倒功、徒手攻防等实战技能，得到与会领导的肯定。2013 年 11 月 1 日，县公安局在县文化中心举行“抓五严创双优”集中宣传活动暨严打整治冬季攻势启动仪式，巡特警大队向参会的县领导汇报表演长棍术、警棍盾牌操、防暴队形等，展示平时训练成果。此后，到起凤镇、索镇、马桥镇、果里镇、田庄镇，向群众汇报表演。2014 年，大队调整训练计划，由每天一练改为每天 2 练，即早班前半小时训练队列、查缉战术和各种实战技能，下班前 1 小时训练体能。编制《巡特警工作手册》作为业务学习材料，内容包括 110 接处警应注意事项及特殊警情的处置方法，巡逻守候注意事项，盘查技巧及如何发现嫌疑人、嫌疑事、嫌疑物，查缉知识、查缉战术、急救知识等，提高巡警综合能力。2015 年 8 月，巡特警大队组织反暴处突演练，模拟处置持刀暴恐袭击事件，演练录像作为全

反恐演练

县公安机关反暴教材。10 月 17 日，县公安局在县文体中心举行秋冬治安大巡防启动仪式，巡特警大队进行军事训练汇报表演。10 月 17—22 日，巡特警大队开展送教下基层活动，对派出所民警和协警全员培训，增强基层派出所民警和辅警的配合作战能力。2016 年，“剑锋”突击队坚持每天一小训、每周两大训的训练模式，研究完善处突预案，全面提升反恐和维稳能力。

“剑锋”突击队在训练

第十二章　消防管理

消防大队干部合影　　（2016年12月　摄）

消防大队办公楼　　（2017年5月　摄）

1957 年 11 月，根据《消防监督条例》，桓台县公安局实施消防监督工作。治安股贯彻以防为主、以消为辅的消防工作方针，广泛发动群众，检查督促企业健全安全防火制度，定期组织防火检查。1979 年 11 月，成立消防股，专门开展消防监督业务，协助基层成立消防组织。1983 年 1 月，消防股归属武警支队消防大队编制，受消防大队和县公安局双重领导。1984 年 5 月 13 日，国务院公布《中华人民共和国消防条例》，消防工作贯彻预防为主、防消结合的方针，消防股注重消防设施建设和专兼职消防队伍建设，指导各单位落实安全防火措施，组织群众扑救火灾。1989 年 5 月，成立消防中队，专职灭火。1991 年 6 月，消防科改建为消防大队，在淄博市公安消防支队和县公安局领导下，开展消防监督和安全防火工作。1992 年，全市民办消防队建设工作会议推广桓台经验。1996 年，桓台县在全国部分省市民办消防队建设经验交流会上作典型发言。1998 年 9 月 1 日，《中华人民共和国消防法》施行，桓台县按照政府统一领导、部门依法监督、单位全面负责、公民积极参与原则，实行消防安全责任制，建立社会化消防工作网络。2006 年、2008 年，先后成立果里、马桥消防中队，专职灭火机构布局逐步合理。

第一节　消防保障

消防组织体系

中华人民共和国成立前，桓台县无专门消防组织及管理机构，大的工厂和作坊自备简易消防设施。遇到火灾，自救或邻里相助，从井、湾中取水灭火。

中华人民共和国成立后，县公安局协助规模较大单位成立不同形式的义务消防组织和专职消防人员。1957 年 11 月 26 日，桓台县成立防火保卫委员会，县公安局、县兵役局、县财政局负责人为正副主任，县供销社、县粮食局、县工业局、县商业局等单位负责人为委员。是月 30 日，《消防监督条例》颁布实施。县公安局治安股主管消防工作，发动群众，组织有关部门定期检查防火安全，协助建立安全防火制度，在要害部位和易燃易爆、原料产品集中的厂企单位实行安全防火责任制，行政领导分工负责和专人管理。各经企及农业社普遍组建消防干部队伍，重点单位组织专职消防队和义务消防队，落实防火措施，做好扑灭初起火灾的准备。

1961 年，贯彻全民办消防的工作方针，成立基层消防组织，起凤区鱼龙人民公社四大队以县供销社苇箔货场为重点，成立 18 个 54 人消防小组，经常对社员进行防火教育。各厂企义务消防队达到 18 个 151 人，各区、人民公社、大队都有主管或者兼管人员。百货大楼成立 43 人义务消防组织，下设抢救组、联络组、保卫组。是年，全县防火队伍 33 个，防火小组 36 个。

1979 年 10 月，惠民地区公安局批准县公安局设立专职消防机构。11 月 25 日，消防股正式成立，编制 3 人，潘德成任消防股副股长。消防股进行安全防火教育，协助企事业单位建立健全基层消防组织。1982 年，县政府成立由副县长王维科任主任的县防火委员会，办公室设在县公安局，祝兆贤任办公室主任，潘德成任办公室副主任，实行县、社两级消防监督管理。1983 年 1 月，消防编制转为武警现役。1984 年 10 月 1 日，《中华人民共和国消防条例》实施。12 月 24 日，全县消防工作会议召开，副县长耿爱亭部署学习、宣传、贯彻消防条例。1985 年年底，全县有 23 个消防重点单位，索镇石油分站成立专职消防队，配备消防队员 16 名，其他单位义务消防队（组）157 个，义务消防队员 2280 名，安全防火员 95 名。1988 年 1 月，13 个乡镇各配备一名专职消防监督员，属农民合同工身份，业务领导、指导关系隶属当地派出所和县公安局消防科，其他关系归当地乡镇政府。1989 年 5 月，县公安局成立消防中队。

1991 年 6 月，县公安局消防科改建为消防大队，直接领导消防中队工作，在各级党委和市消防分局（消防支队）领导下，贯彻预防为主、防消结合的方针，开展消防监督管理和安全防火、灭火工作。1998 年，按照江泽民总书记“隐患险于明火，防范胜于救灾，责任重于泰山”的消防工作要求，在县实验中学和实验小学设立 2 处消防教育示范点。3 月，县政府成立由分管副县长任主任的消防安全委员会，办公室设立在县公安消防大队。1999年4月5日，成立县妇女消防教育活动指导委员会，17个单位设立妇女消防组织。12月5日，县政府办公室印发《桓台县消防安全工作联席会议制度》，明确县计划委员会等20个行政部门、事业单位消防工作职责。

2002年3月，花园集团试点以"统一领导、网格管理、安全自查、隐患自除"为主要内容的社区消防建设。2006年7月，成立桓台县公安消防大队果里中队，主要负责果里镇、周家镇灭火和抢险

2016年5月，果里消防中队外景

救援任务，同时保卫汇丰石化集团有限公司消防安全。2007年，根据《全市消防监督工作实施意见》，构建政府统一领导、部门依法监管、单位全面负责、群众积极参与、中介规范服务的消防工作格局，全面提升消防工作社会化水平。

2010年7月，县消防大队成立马桥中队，中队占地面积14960平方米，营房面积2112平方米，辖

2016年5月，马桥消防中队外景

马桥镇、荆家镇、陈庄镇，主要担任马桥工业园区内石油化工重点单位的灭火救援工作。8月，县政府印发《桓台县构筑社会消防安全"防火墙"工程实施方案》，2010—2012年，在全县构筑社会消防安全"防火墙"，开展社会单位"四个能力"（检查消除火灾隐患能力，扑灭初期火灾能力，组织疏散逃生能力，消防宣传教育能力）建设达标活动。根据政府统一领导、部门依法监管、单位全面负责、公民积极参与的原则，前移火灾预防关口，提升火灾防控水平，确保火灾形势稳定。县政府成立新农村建设消防工作领导小组，制定《桓台县加强社会主义新农村建设消防工作指导意见》，将新农村建设消防安全工作纳入社会治安综合治理、"平安桓台"建设范畴和全县目标管理考核体系。2012年，消防大队推进消防工作网格化建设，以镇、街道办为单元，对辖区整体消防工作加强组织和督导；以社区、行政村为单元，参与日常检查巡查、集中排查整治工作。以消防大队为主体，加强重点单位和一般社会单位的消防工作；以派出所责任区为主体，加强对"九小场所"火灾隐患排查整治。通过构建网格管理，防止已经整改的各类火灾隐患出现反弹。2013年，按照"六位一体抓消防、三防四制保安全"的工作思路，调动一切积极力量参与消防工作，针对居民家庭火灾多发和商场市场密集状况，重点开展住宅小区消防安全达标建设和"防消联勤队"建设，分批次集中培训居民小区物业管理人员，督促居民小区配齐消防器材箱等设施，增强居民自防自救能力，夯实社会火灾防控基础。2015年5月，市政府办公厅出台《关于进一步推进消防工作社会化管理的意见》，各镇、街道成立由主要领导负责，综治办、安监办、公安派出所、工商所等部门负责人参加的消防安全委员会。各村（居）民委员会至少1名专（兼）职消防管理人员，承担本村（居）日常消防管理工作。各行业依法履行消防安全职责，抓好本单位消防安全工作。公安机关及其消防机构、发展改革等部门严格落实部门责任制。2016年，消防工作以预防和遏制重特大火灾尤其是群死群伤火灾为目标，全面抓好社会单位消防安全主体责任落实，实现无重大火灾目标。

民办消防队

中华人民共和国成立后，县公安局推进义务

消防组织建设。1956年，发展民办消防事业，在卫固区尹家乡胜利农业合作社试点义务消防队建设，社内设消防大队，大队长由合作社内保股股长兼任，9个生产队各设1个5人防火小组，全社消防人员51人，各组集中保管梯子、二齿等工具，发现火情，一面报告，一面灭火。9月，在全县300户以上合作社推广义务消防队建设。至1957年，全县组建义务消防队44个、义务消防组2个，义务和专职消防人员1000余人。1980年，消防股深入社队，有重点的帮建消防组织，8个单位成立285人的义务消防队伍。1985年，县石油公司成立专职消防队，157个单位成立义务消防队。1990年，消防大队加强消防安全教育，3次培训117名企业消防队员。

20世纪90年代初，随着桓台乡镇企业发展，石油化工、造纸、酿造、纺织、制革成为支柱产业，火灾数量呈上升趋势，重点企业布点分散，迫切需要建设民办消防队伍，解决消防部队警力不足问题。县委、县政府提出“大力发展民办消防队伍，积极推进消防工作社会化”的消防安全工作新思路，先后下发《关于在起凤镇等五乡镇建立民办消防队的通知》《关于进一步加强民办消防队伍建设的意见》。1992年8月，全县民办消防队试点联席会议召开，部署在起凤、田庄、马桥3个乡镇成立民办消防队。1993年，起凤、田庄、马桥、周家4乡镇成立民办消防队，队员75名，配备消防车4辆，由派出所实施消防、治安一体化管理，消防大队统一业务指导，定期举办民办消防队员培训班，有消防治安工作经验的公安干警和消防战士担任教练，传授业务知识和经验。日常遇有火灾，由消防大队统一调度指挥，本辖区火警须10分钟内赶到火场，外辖区火警第一时间赶赴火场。5月23日，全市农村防火工作经验交流会在起凤镇召开，会议推广桓台民办消防队建设经验做法。1994年5月21日，全市麦收保卫暨民办消防队建设工作会议在桓台县召开。副市长张守增、省公安厅消防局局长张铭德出席会议，县政府、县公安局介绍创办民办消防队经验。1995年，荆家镇成立民办消防队。至1996年，民办消防队扑灭火灾73起，挽回损失935万元。1996年7月，桓台县参加公安部在广州佛山召开的全国部分省市民办消防队建设经验交流会。会议播放桓台民办消防队专题片《立足实际 适应转变 大力加强民办消防队建设》。1999年，山东博汇集团有限公司、淄博汇丰石油化工有限公司相继成立企业专职消防队。

退役的民办消防队第一辆消防车

2004年9月，公安部部署在全国范围内清理联防队员和协警员队伍。2006年，桓台县由镇政府出资、派出所管理、消防大队指导的民办消防队逐步撤销。县委、县政府和县公安局、消防大队谋划增设消防中队和增建企业消防队。2006年年底，山东东岳集团有限公司成立集治安、保卫、消防任务于一体的消防队，投资100万元，购进一批消防装备，包括高喷消防车1辆，主要面向山东东岳氟硅材料产业园区开展灭火工作。2007年，山东省最大的瓦楞纸和箱板纸生产基地淄博永丰环保科技有限公司投资40余万元，购买消防车1辆，成立10余人公司消防队，抽调76名车间工人兼职消防队员，制订应急预案，加强消防演练，做到人人掌握灭火器材使用方法、扑救一般火灾常识、火灾逃生办法等基本常识，采取班会、讲座、参观、培训、演练、比赛等形式，提高干部职工自救与互救能力。10月，全市保安队伍推行消防职业资格证书制度，全县消防安全重点单位消防管理员、中控室监管员由消防安保队员担任。

2008年11—12月，为增强企业消防安保人员综合素质，提高处置初期险情和火灾事故的能力，消防大队帮助东岳消防队组织为期47天的消防专业技能强化培训。2009年11月，东岳消防队改建为东岳集团消防队，队员15人，5人1班，分3班运转，大部分队员为消防部队退伍战士，配备16米高喷消防车、25米高喷消防车、干粉消防车、多

用途消防救援洒水车各 1 辆。2010 年 6 月，在山东金诚石化集团有限公司油罐区，县安监局组织油

企业消防队

管火灾事故应急救援演习，东岳集团消防队与县消防大队相互配合，受到观摩及参演人员好评。2011 年 11 月，东岳集团消防队在园区门口东侧设立独立的消防队值班室及车库。10 月 18 日，淄博乾旭物业管理有限公司兼职消防队配备消防车 1 辆。年底，山东齐家家俬有限公司购入消防车 1 辆及部分消防器材，成立企业志愿消防队。2016 年年初，兰香园小区配置消防站，增加新型的多功能消防器材，提高小区内的消防能力。

消防装备

民国 37 年(1948 年)前，桓台县较大工厂灭火装备主要是水缸、水桶、沙子等简易设施设备。之后，县公安局指导全县重点农业生产合作社和较大企事业单位，购置防火桶、火钩子、梯子、泡沫灭火机及小型水龙压水机等小型消防器材，夏秋两季，麦收院场须配备足够数量的水池、水缸、水桶和机械防火帽等。1957 年年底，全县防火工具 202 件。1961 年年底，防火工具 300 余件。1985 年年底，全县各类消防器材 2812 件，含 60 马力牵引泵 1 台、22 马力消防机动泵 7 台、7～9 马力机动泵 15 台、100 千克泡沫灭火机 23 台、40 千克干粉灭火机 14 支、8 千克干粉灭火机 1058 支、4 千克干粉灭火机 831 支、二氧化碳灭火机 47 支、水龙带 3150 米、水枪 60 支、两节拉梯 5 架、室内外消防栓 78 个、水塔水池 671 个，水塔水池常年存水量 14091 立方米。陈庄、唐山、果里油棉加工厂和新城、荆家、周家棉花收购站都购置必要数量和适应性强的消防器材，基本达到水塔、水池、消防栓、机动泵等消防设施配套要求。果里油棉加工厂配备干粉灭火器 44 个、手提消防桶 50 支、防火锨 50 张、9 马力汽油消防泵 1 台、消防栓 5 个、水龙带 400 米、消防梯 1 架、水池 3 个，容水 450 立方米。

1989 年 5 月，县财政拨款 42 万元，为消防中队购进 3.6 吨东风牌消防车 2 辆。1990 年，开始在城区安装公共消防栓。1995 年 6 月 28 日，城区公用消防栓 4 个，距国家规定标准差 223 个。县公

1990 年、2014 年安装的消防栓(左起)

安局制定解决城区消防栓严重不足的意见，推进张北路、中心大街、兴桓路、建设街及锦秋生活区、云涛生活区和建筑商城消防栓建设。1997 年，消防大队新建执勤楼 1 栋，面积 1600 平方米；投资 55 万元，购买高压低泵泡沫消防车 1 辆。1998 年 4 月，会同县建委在城区主要街道安装公共消防栓 56 个，总数达到 108 个。

2001 年 9 月，消防大队筹资 70 万元，购买大型水罐消防车 2 辆。2004 年，配置 16 吨重型水灌消防车和屈臂 16 米高喷消防车各 1 辆。2007 年，投资 500 万元，建成果里消防站，配备举高喷射车、16 吨重型水罐车各 1 辆。2008 年 12 月，投资 120 万，购买 A 类泡沫车 1 辆，保障日常灭火救援工作需要。2009 年，投入 200 万余元，购买消防队员个人防护装置及应急救援装备。

2010 年 7 月，建设马桥消防队，购入 10 吨举高喷射消防车 1 辆及其他消防装备。9 月 28 日，消防大队购置一辆斯太尔王泡沫消防车。县政府选用手抬消防机动泵作为村庄灭火主力装备，并配备水带、水枪、消防斧、火钩等器材。起凤镇充分利用马踏湖及水塘、沟渠等天然水源建立消防取水码头。邢家镇东营村因地制宜研制专门用于

消防救灾的“土消防车”，配备消防水泵、水枪、水带等消防设施，既可用于村内绿化、又可扑救火灾。全县拥有消防水井 189 处，乡镇消火栓 68 个，农村手台机动泵 62 个。2011 年，县财政投入 300 万元，购置 25 米云梯消防车、消防员个人防护装备以及侦检、警戒、救生、破拆、堵漏、排烟、照明等各类灭火救援器材。2012 年，县政府投入 70 万元，购买各类灭火救援器材。2013 年，县政府投资 180 万元，购买城市主战消防车 1 辆；投资 43.3 万元，购买消防员个人防护装备以及各类灭火救援器

消防队员防护装备

材。2014 年，投资 132 万元，在城区主干道增补 100 个市政消防栓，维护原有消防栓，保障灭火救援需要。2015 年，全县新建市政消火栓 105 个，其中在唐山镇、起凤镇、果里镇建市政消火栓 12 个，解决农村地区火灾扑救水源不足问题，全县市政消火栓达到 385 个。投资 10 万元，保障消防队员个人防护装备的完整性。是年，执勤车辆 12 辆。2016 年 11 月，果里消防中队配备全市第一辆 72 米

72 米高喷消防车

高喷消防车；12 月，索镇消防中队配备一辆美国豪士科泡沫消防车，灭火能力显著提高。

宣传培训

中华人民共和国成立后，县公安局每年在夏、秋两季，通过发放传单、制定村民公约、召开社员会等形式开展防火教育，预防麦场、秋场火灾事故。1957 年，结合实施《消防监督条例》，全县 80%以上农户受到一次消防教育。起风区鱼龙乡利用黑板报、漫画、标语、喊话筒等形式进行宣传，重点处理苇草垛安全隐患。是年，该乡仅发生 1 起火灾。1958 年 1 月 25 日，桓台县人民委员会下发《关于加强消防工作的通知》，以经企、工厂和农业社为重点，在冬春开展群众性防火宣传运动。6 月 14 日，唐山乡团结农业社十四队两名儿童在家玩火被烧死。查明起因后，县公安局立即组织稿件，通报情况，宣传防火。

1961 年，全县户户订立防火公约，场场设立防火工具，召开各级防火会议 1645 次，把 1000 份宣传材料发至各单位、生产队。1976 年 1 月，县公安局联系县电影队，每次放映电影前，播放《消防常识》幻灯片。11 月，根据地区公安消防大队编写的《农村防火宣传教育提纲》，重点做好社员家庭防火、牲畜棚防火、柴草垛防火、工地工棚防火和粮食、棉花、黄菸防火宣传。

1980 年，向各社队及有关单位印发冬季防火宣传提纲 3000 份、麦季防火宣传提纲 3500 份，防火情况交流 8 期 400 份，县广播站广播宣传，达到家喻户晓。1980—1981 年，开展燃烧常识、火灾扑救、灭火机保养和使用训练，参训 145 人。1982—1983 年，进行 7 次棉花防火及扑救、水龙带的连接和操作训练，参训 1490 人。1984 年 10 月 1 日，消防条例实施，县公安局利用广播、黑板报、宣传栏、电影幻灯片、座谈会、讨论会进行宣传。1984—1985 年，开展干粉机保养和使用、机动车辆防火常识、水龙带连接训练 20 次，参训 2765 人。1987 年，举办消防业务培训班和技术操作演习 6 期，参训 579 人次。1988 年，消防大队会同县安办、县劳动局、县乡镇企业局等 8 个部门，举办安全消防知识培训班，各乡镇消防干警、厂企负责人和保卫干部 557 人参训。乡镇消防干警每月参加一次例会，点评培训消防业务。20 世纪 80 年代末，在不

同行业开展防火安全百日竞赛活动，把职工消防安全生产教育放在重要位置。

1990年，在经委系统举办消防知识、灭火演习对抗赛，抽调人员参加淄博市"火与法"电视大奖赛。是年，对企业义务消防队分期培训11次。1991年，培训二、三级消防重点单位防火员210人名，培训企业义务消防员3期117人，指导消防单位演练300人次。10月，会同县人保公司、县体委、县经委，举办首届以扑灭油池火灾、液化气火灾、水带连接、100米携带灭火器奔跑和消防知识答题为主要内容的消防体育运动会。1992年，公安部把11月9日定位"119"消防日，县领导和消防官兵走上街头，向群众普及消防知识，自此每年11月9日，全县开展消防宣传活动。1993年4月，对城区23个消防重点单位的52名消防管理人员进行换证培训。

1995年12月26日，县城银花大酒店发生火灾，是日县政府召开现场会议，利用电视、报刊宣传防火知识。1997年4月，县政府制定《关于在全县中小学校开展消防教育的意见》，提高中小学生乃至全社会的消防意识和消防水平。1998年，利用消防法颁布实施和"119"消防日时机，全县29个部门、单位在县城中心大街开展"消防法宣传一条街"活动，设立宣传站和咨询台，印发宣传材料4000份。消防大队巡回39个单位，重点对企业负责人进行以案释法教育。1999年起，每年"119"消防日确定一个活动主题，是年活动主题为"全面树立以人为本思想，切实加强安全生产教育"。1月，县政府召开宣传贯彻《淄博市消防管理条例》暨签订《1999年度消防安全管理责任书》大会。

2001年3月，向学生宣传消防知识

2003年，重点培训人员密集场所法定代表人、消防安全管理人员消防业务。2007年，举办各单位消防安全管理人员、重点行业从业人员消防安全培训班10期，参训6000余人，指导有关单位制定灭火预案55份，举行演练20场次。2008年5月13日，周家派出所社区民警深入各村开展防火宣传教育，向村民赠送农村火灾典型案例宣传漫画，发放消防常识读物。9月5日，唐山派出所到桓台一中、桓台二中，为师生讲授防火灭火知识和火场逃生自救常识。10月，投资10万元，在县消防大队院内建成消防科普教育基地，面积298平方米，陈列全县消防历史资料、实物、案例、图片、声像设施和供群众体验的火灾报警、逃生自救、灭火器使用等模拟训练设备。11月9日，消防日主题为"关注消防，珍爱生命，共享平安"，在博物馆广场设立宣传点，向群众发放消防知识宣传彩页500余份。2009年3月21日，在县博物馆广场举行桓台县消防志愿者授旗仪式暨十一运（桓台赛区）志愿者誓师大会。5月1日，新修订的消防法实施。县公安局印发《全县"消防法宣传月"活动实施方案》，以"人人遵守消防法、共同维护消防安全"为主题，广泛开展消防法宣传活动。5月7—8日，公安部利用公安视频会议系统，集中培训全国公安消防监督人员和公安派出所消防民警。5月20日，山东省宣传贯彻消防法"消防文艺百场巡回演出（桓台站）"在桓台县文体中心大剧院举行，组织全县消防重点单位、"九小场所"（消防安全重点单位以外的小学校及幼儿园、小医院、小商场、小餐饮场所、小旅馆、小歌舞娱乐场所、小网吧、小美容洗浴场所、小生产加工企业）、人员密集场所等行业职工1000余人参加活动。

2010年，举办民营企业法人代表消防知识学习班562期，重点工种培训班326期，参训人员9.63万人次。全县播放电视专题节目5期，开展镇村消防演练16次，受教育5000余人次；各村设置近200个固定消防宣传专栏，张贴《村民防火公约》1000余份，发放宣传资料1万余份。3月29日，全国中小学生安全教育日的主题是"加强疏散演练，确保学生平安"，各派出所到辖区中小学校开展防火安全教育，组织火灾逃生疏散演练，提高学生逃生技能。11月17日，国际大学生节，果里派出所走进山东工业职业学院，为学生介绍日常防火知识和自救常识，演示灭火器的操作使用方法。2011年，全面推进实施消防安全社会化“防火墙”工程，培训从业人员近千名。2014年，利用宾馆、酒店、商场的电子屏幕和户外LED屏幕，播出消防公益广告和消防知识，在人员密集场所开展“三提示”（提示公众所在场所火灾危险性，提示公众所在场所安全疏散路线，提示灭火、自救器材所在位置和使用方法）、消防二十条宣传等活动，推进消防宣传进社区、进学校、进企业、进农村、进家庭，消防大队开放消防站16次，接待中小学、幼儿园师生及单位员工1500余人。是年，“119”消防日活动主题为“找火灾隐患，保家庭平安”，向社会发放《家庭消防安全手册》11万册。2015年，消防大队走进民政、医疗、教育、文化、镇办、物业、商贸流通、人员密集型单位等部门、行业，培训消防报警、正确使用消防器材、扑救初期火灾、疏散逃生等

2015年11月，开展消防安全宣传进社区活动

技能，受训3.5万人。设立“桓台消防”公众微信平台，发布火灾事故案例和消防安全常识，实现消防安全微互动。2016年，推进消防宣传进机关、进学校、进社区、进家庭、进企业、进农村、进网站，发放《社区消防安全常识》3万份。在桓台电视台开辟消防公益广告栏目，多时段滚动播放消防公益广告。

第二节　消防执法

监督检查

中华人民共和国成立初期，每逢重大节日和夏收、秋收季节及冬季，县公安局联合县工业、商业、供销、银行等部门，对农业社、经企单位开展以防火为中心的安全大检查。1957年11月30日，消防监督条例实施的第一天，县防火保卫委员会成员单位抽调人员，检查棉花加工厂、百货仓库、木业社、索镇粮所第一分站的防火保卫工作，发现和整改部分火险隐患。

1961年，县公安局、县供销社20余人成立6个小组，检查县供销社苇箔货场2次，发现火险隐患26条。采取条块结合方式，检查27个重点单位、120个供销社门市部、350个生产大队重点仓库、饲养室各2～3次，发现火灾隐患154条。1962年年末、1963年年初，里仁大队、龙北大队、夏庄二大队饲养室、敞棚先后发生火灾，烧死部分牲口，烧毁部分饲料和房屋。县公安局出台生产队财物安全制度，开展专项检查，预防牲畜被烧死烧伤事故。20世纪60年代，桓台县棉花、黄烟种植业发展较快，县供销社、县公安局联合开展黄烟、棉花安全保卫工作，建立健全防火责任制、安全检查制度和巡逻防护制度，避免发生火灾事故。

20世纪70年代，以夏秋两季防火保卫和棉花安全保卫为抓手，加强消防监督检查。1978年，桓台县棉花获得丰收，县公安局、县工商局、县供销社、县社队企业管理局联合做好收购、加工、调运、储存等环节的防火工作，督促棉花经营单位做到思想、组织、措施三落实，实现无火灾事故目标。

20世纪80年代，桓台县粮棉、纺织、化工、塑料、工艺、百货、木业、造纸、印刷等行业迅速发展。县公安局联合县安全生产委员会办公室及工业、商业、供销等部门，检查要害部位防火情况。1980年，防火检查10余次，25个要害单位建立防火档案，健全岗位责任制，落实防范措施。重点整顿易燃易爆物品生产、储存、运输和使用单位，多次检查侯庄、桓城人民公社的化工厂及起凤、唐山人民公社的鞭炮生产作坊。1981年2月，消防股检查造纸厂4个、化工厂2个、公司物资仓库6个、其他企业12个，发现整改消防隐患41条。其中，检查消防器材229件，56件失去消防作用，现场帮助修复消防泵2台，指导增加警卫人员2名，调整不安全电器设备4件，增加消防器材15件，培训技术员35名。1982年8月18日，县公安局发出《关于加强消防工作　实行分级管理　严格消防监督的通

知》，自9月1日起，消防股除对全县消防业务实施监督外，具体负责县属机关企事业单位，各派出所和公安特派员负责社直单位。12月25日，周家人民公社荣家大队棉纺厂发生火灾，县公安局召开由各人民公社工办主任及有关单位负责人参加的现场会议。1981—1983年，检查田庄造纸厂、索镇酒厂、五金交电公司、人民剧场、荆家棉花站、桓台县木器厂等单位，发现火险隐患235条，现场责令整改112条，限期整改123条。1983年，县政府成立验收领导小组，围绕消防工作十项标准，对全县22个重点消防单位检查验收，评出满分单位1个，90分以上单位12个，80～90分单位7个，70～80分单位1个，70分以下不合格单位2个。1985年5月，消防科会同有关单位组成21人的安全检查团，检查21个单位，查出消防隐患47条。

1986年，县公安局印发《保卫农村经济建设认真做好农村消防工作的意见》，农村消防监督实行分级管理，消防科负责县属单位，各派出所负责乡镇企业和农村，各派出所一名干警兼职消防监督员或专职防火员。参加以棉花防火为重点的百日安全竞赛，县公安局被评为省、市两级先进单位。1987年，全县重点消防单位96个，其中县属单位18个、乡镇单位78个。安全检查136次，查出火险隐患312条，整改295条，全年未发生重大火灾事故。全省供销系统开展以防火为重点的百日安全无事故竞赛，县公安局被评为市级先进单位。1987年12月1日—1988年3月10日，全市商业系统开展以防火为重点的“四防”百日安全无事故竞赛，全县商业系统无火警、无火灾、无其他事故，县公安局被市政府表彰为竞赛活动先进单位。1988年，建立乡镇重点企事业单位防火档案58份。6月16日，全县发生火警21起，其中重大火灾1起，经过调查，批评教育18人，处罚35人。实行建筑设计、防火设计审核制，发放《建筑设计防火审核合格证》17个。是年，重点消防单位调整为20个，组织防火安全检查143次，发现整改火险隐患346条。按照十项标准，检查验收消防工作，90分以上单位16个，90分以下单位4个，以此评出消防先进单位7个。加强建筑防火审核和化学危险物品管理，无重大火灾事故发生。1988年12月1日—1989年2月10日，省商业厅、省公安厅、省保险公司联合开展防火百日安全竞赛活动，县公安局受到省、市两级表彰。1989年，对各消防重点单位检查验收，审核建筑项目16个。消防重点单位制订灭火预案，无火灾事故。

1991年，县公安局联合县商业局、县经委、县保险公司等13个单位开展防火百日安全竞赛活动。

1991年春节，桓台县防火百日安全竞赛检查组合影

1992年，整顿乡镇企业消防工作，对火险隐患较严重企业实行挂牌制度。1995年年初，县公安局20名民警，利用一周时间，开展以消防安全为主的安全大检查，消除火灾隐患12条，其中重大火险隐患4条。1995年3月25日，市公安局公布山东省石油集团桓台公司、山东索镇酒厂、淄博东方皮革有限公司、桓台宾馆为一级消防重点保卫单位，淄博第一油棉厂等25个单位为二级消防重点保卫单位，桓台县地毯厂等132个单位为三级消防重点保卫单位。7月，市政府发布实施《淄博市消除火险隐患监督管理规定》，对火险隐患的认定、火险隐患的监督整改和处罚作出明确规定。7—10月，开展公共娱乐场所消防安全专项治理活动。是年，市政府出台《淄博市火灾事故调查处理暂行规定》。1997年5月，市政府印发《淄博市消防设施监督管理规定》，对城市公共消防设施、建筑消防设施及消防产品监督管理作出规定。1998年，加强对防火重点单位的监督检查，全县无重大火灾事故，消防大队被评为全省“十佳消防大队”。1999年9月1日，县政府印发《关于认真落实消防责任制 加强消防工作的通知》，授权派出所日常管理43家消防重点单位。10—12月，在全县开展公共娱乐场所消防安全专项治理活动。

2000年4月，印发《桓台县公安局公安派出所消防行政处罚规则》《桓台县公安局公安派出所消防监督检查规则》，规范消防行政处罚案件办案程序。7月，开展公共娱乐场所专项治理，突击检查92个单位，发现火险隐患379条，发放《整改通知书》137份，停业整顿7家。是年，重新划分消防重点单位，确认49个重点单位，报市消防委员会备案并向社会公布。2002年，县政府召开消防会议4次，推进消防安全责任制的落实，开展对重点单位、公共场所消防安全专项治理，发放《整改通知书》358份，处罚31个单位和77名责任人。5月，会同县劳动、检察、纪委、建委等部门，专项检查易燃易爆化学物品、建筑消防设施、公共场所。7月，县公安局印发《关于对市文化局核准公告场所进行消防安全清理检查的通知》，利用3天时间，对不符合消防安全条件的23家公共娱乐场所、14家网吧作出停业处罚决定。对全县232个消防安全重点单位实行分级管理，消防大队管理62个，授权派出所管理170个。2003年，全面推行易燃易爆化学物品操作管理人员消防安全培训并持证上岗制度，组织开展"平安行动"消防安全夜查，检查192个单位，发现火险隐患80条，查处消防违法案件28起。7月，县政府下发《关于开展建筑工程消防验收专项治理活动的通知》，严禁建筑工程未经消防验收投入使用。利用"非典"期间各娱乐场所、宾馆饭店普遍关门歇业时机，督促整改消防隐患。2004年，专项整治劳动力密集型企业、商场、市场、宾馆、饭店、招待所、医院、学校、景点、车站、体育场馆、大型活动举办场所、公共娱乐场所、网吧、从事经营活动的地下空间、集体宿舍的火灾隐患。7月，开展"平安商场""平安场所""平安医院""平安学校"消防创建活动，为中华人民共和国成立55周年创造良好消防安全环境。

2001年3月6日，省消防总队总队长张铭德(左一)到索镇分局检查消防监督室工作

2005年，开展以易燃易爆化学物品行业、公共聚集场所、人员密集厂企为重点的三项整治活动，加大对化工场所的检查整治力度。根据省消防总队统一部署，推进单位消防安全"两个能力"建设，即单位迅速组织扑救初起火灾能力和及时引导人员疏散能力，从根本上预防重特大火灾尤其是群死群伤事故发生。2006年，贯彻落实《山东省公安派出所实施消防监督检查规定》，提高公安派出所消防民警实施消防监督检查的能力。2007年，开展成品油零售企业消防安全专项治理活动。是年，检查单位260家，整改消除火灾隐患300条，下发法律文书326份，责令22个单位停工、停产、停用、停业。办理行政案件34起，罚款26.8万元。2008年，在11个派出所设立消防监督室，依托警务室成立消防工作室。组织开展奥运会消防安全保卫攻坚战，开展围剿火灾隐患行动，检查单位385家，发现整改隐患287条，打通安全出口和疏散通道21处，处罚25家单位和个人，罚款7万余元。全年检查单位5350家，发现火灾隐患2015条，下发责令限期整改通知书456份，查处消防违法案件98起，罚款29.34万元。2009年，开展"两整治、一行动"(公众聚集场所、高层和地下建筑消防安全专项整治，公众聚集场所易燃可燃装修材料消防安全专项整治，"全警全力、平安全运"围剿火灾隐患一、二、三号行动)，排查重点单位122家、公众聚集场所55家、高层及地下建筑12家、九小场所725家，下发限期整改文书300份，张贴《消防安全专项整治工作通告》300余份。7—12月，消防大队干部耿庆功、战士倪文光援建玉树地震灾区。10月，第十一届全国运动会期间，检查桓台分赛场329次。全年检查单位4115个，发现隐患2766条，查处消防违法案件132起，责令停工、停产、停业65处，罚款33.63万元。

2010年，检查单位3969个，发现消防安全隐患2066条，查处消防违法案件97起，责令停工、停产、停业49处，罚款29万元。2011年5月，提请县政府挂牌督办4家重大火灾隐患单位，及时消除重大火灾隐患。9—12月,开展"清剿火患"战役,"地毯式"检查全县"九小场所"、村庄及社区消防安全情况,集中整治火灾隐患5000余条。在春节、圣诞节等重大节日,开展消防安全"零点行动"。是年,检查单位6000余个,整改火灾隐患7500条,处罚单位和个人158个,责令停产停业、停止使用、停止施工38家,临时查封51处。2012年,市政府下发《关于开展全市消防安全基层基础强化年活动的通知》,桓台县进一步深化"防火墙"工程建设,先后部署开展火灾隐患排查整治"回头看"、中共十八大消防安全保卫战、石油库消防安全专项检查、"除隐患、保平安"冬春专项行动。推进网格化消防监督和消防安全重点单位"户籍化"管理工作。检查单位5000余个,整改消除火灾隐患7200余条,处罚单位137个,停产停业、停止使用、停止施工23家,临时查封42处。2013年,开展消防安全大排查大整治活动、"十艺节"消防安全保卫活动、冬春"清剿火患"战役,检查单位4500余个,整改消除火灾隐患5200余条,处罚单位和个人125家,责令停产停业、停止使用、停止施工15家,临时查封22处。2014年1月,县公安局印发《全县今冬明春第二次"清剿火患"战役工作方案》,通过开展消防工作大汇报、监管职责大强化、火灾隐患大整改、消防负责人大约谈、消防知识大宣传、消防安全大培训、灭火救援大备战"七大活动",全县未发生较大以上死人火灾事故。全年检查单位3800余个,整改消除火灾隐患4200余条,停产停业、停止使用、停止施工3家,临时查封8处。

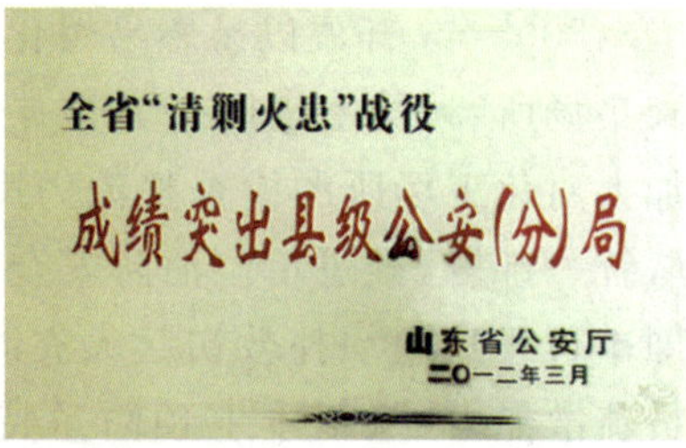

2015年3月,县公安局印发《集中开展消防安全"三项重点"专项治理活动方案》,以公众聚集场所、劳动密集型企业、"九小场所"为重点对象,开展电气线路、安全疏散、培训演练消防安全"三项重点"专项治理活动。省公安厅常务副厅长毕宝文两次到桓台县,检查指导市福利院、汇丰石化、泰宝公司消防工作。7月9日,全省"四化"(消防安全标准化、岗位责任化、监管流程化、基础信息化)建设现场会与会人员到市福利院观摩。年底,完成《桓台县2015—2030年消防专项规划(初步方案)》。全年检查单位、场所1282家,发现火灾隐患和违法行为989条,下发责令改正通知书518份、行政处罚决定书55份、临时查封决定书3份、重大火灾隐患通知书1份,罚款72万元。2016年年初,开展冬春火灾防控消防安全集中整治,检查单位472家,查找火灾隐患502处,整改隐患495条,处罚单位36家,罚款金额30万元。推进消防重点单位和社区"微型"消防站建设,部署在人员密集场所安装独立式感烟火灾探测报警器。县政府挂牌督办2家重大火灾隐患单位,定时、定责、定人销号管理。开展石油化工专项行动,指导东岳、汇丰、金诚等石化企业制作卡片式预案28份、"一企一册"12份。至2016年4月15日,全县危险化学品从业单位2413家、石油化工企业227家,其中具有重大危险源单元企业10家;高层建筑15幢,其中居住建筑5幢、公共建筑10幢;宾馆、饭店、商场、市场、公共娱乐场所等人员密集场所1256家,其中重点单位93家。

消防监督检查

"九小场所"监督管理

2005年10月24日,省公安厅印发《山东省公安派出所实施消防监督检查规定》,确定"九小场所"的概念、范围、标准,把对"九小场所"实施消防监督检查作为公安派出所重要职责,由公安派出所承办小商场、小餐饮场所、小旅馆、小歌舞娱乐场所、小网吧、小美容洗浴场所开业前的消防检查。2006年7月10日起,各派出所利用公安派出所消防监督执法系统,对"九小场所"的消防行政执法工作情况进行流转。2007年5月25日起，集中半个月时间，对全县人员密集“九小场所”开展消防安全专项整治行动，主要对象是小旅馆、小餐饮场所、小洗浴场所、小学校、小医院、小幼儿园及小歌舞娱乐场所。通过专项整治，完善“九小场所”台账资料，规范“九小场所”消防安全管理。2008年5月，县消防大队和各派出所向全县“九小场所”发放“九小场所”示范片2000套。该示范片是省消防总队结合消防安全标准化管理实际，精心组织拍摄的，主要反映“九小场所”消防安全标准化管理的内容、方法及组织实施要求，具有很强的指导性和教育性。2009年11月，根据《山东省公安派出所消防监督检查规定》，规范公安派出所消防监督执法和“九小场所”消防管理工作。

2010年，落实“九小场所”属地管理责任，列管“九小场所”1381个。2011年，县公安局印发《关于调整授权公安派出所监督管理“九小场所”的通知》，各派出所辖区“九小场所”四个能力建设达标率66%。2012年11月，进一步推动“九小场所”落实消防安全主体责任，在全县“九小场所”实行消防安全“户籍化”管理。建立包含建筑基本信息、管理人情况、消防安全制度、自查评估报告等内容的“九小场所”户籍档案。通过分类评定、户籍档案、报告备案、三色预警等措施，实现“九小场所”自我管理与派出所监管有机结合，预防和减少火灾事故发生。2013年3月，在全县实施“九小场所”消防安全标准化建设，督促小单位、小场所落实责任、完善制度、完备设施、加强培训、有序管理，建立完善消防安全标准化管理长效机制。6月，县消防大队指导少海派出所，以惠仟佳北侧沿街商业房为主，打造“九小场所”消防安全管理示范一条街，并向全县推广。2014年12月15日，双星连锁店桓台店发生火灾事故。次日，少海派出所召开辖区130余家“九小场所”负责人参加的现场会。2015年，在全县实施“九小场所”“四化”建设，从组织制度、场所设置、管理措施、培训演练、消防标识、防火巡查检查、档案建设等方面，规范“九小场所”标准化建设。

指导商场职工使用灭火器

重大事故与灭火救援

中华人民共和国成立初期，桓台县发生一般火灾，多由群众自救或者公安机关组织单位、义务消防队灭火，遇重大火灾，联系附近专业消防队救援。1974年6月28日，索镇酒厂原油池起火，损失价值8000余元。事故发生后，集中附近地区消防队消防车16辆，群众2000余人参与灭火，经过3小时奋战，扑灭火灾。经查，系该厂用烧油渣的设备改烧原油，烟囱冒火而引燃露天油池。县公安局认真总结火灾事故教训，研究落实防火措施。1976年1月12日，索镇麦秸货场发生火灾，县公安局联系张店消防队4辆消防车灭火。该火灾造成损失1000余元，救火中1人受伤。

1984年3月4日20时20分许，果里人民公社西埠大队社员李尚太承包的粉碎机房起火，李尚太及其妻、子、女等4人全被烧死。市武警支队、市公安局刑警大队和县公安局负责人带队赶到现场，通过勘查现场和调查访问，认定火灾系用火不慎所致。李尚太承包的粉碎机房位于村南果里通往周家的公路旁边，室内外堆满待粉碎的玉米秸和地瓜秧，发生火灾时，西南风5～6级，风助火势，烈火扑门，室内的人冲不出来，群众发现营救不及时，致使4人被烧死。1988年6月10日14时50分，周家乡太平村社会福利化工厂发生爆炸事故，系锅炉工回家割麦，厂长韩某安排残疾职工李某替班，李某用废柴油点炉时违章作业，致使炉内油火喷出，引起附近一油桶爆炸，烧毁厂房2间，李某被烧伤致死，直接经济损失1000余元。

1989年5月，消防中队成立后，按照现代化、正规化、军事化要求，坚持24小时战备执勤，闻警即动，第一时间控制消除灾情。战备等级分为经常性战备（在完成经常性执勤战斗任务时所保持的战斗准备状态)、二级战备(消防保卫任务繁重的重大节日、重大活动、恶劣气候或者发生重大自然灾害时进入的战备状态)和一级战备(在国家进入战争状态,全国或者部分地区处于紧急状态,国家发布戒严令,以及发生特别重大灾害时进入的战备状态)。是年,消防中队扑救火灾7起。1993—1994年,先后扑灭县塑料仓库、县有机化工厂、县宾馆娱乐中心等火灾。

灭火现场

1995年7月5日14时30分,山东凤宝家具有限公司发生重大火灾事故。消防大队接报后,指令中队赶赴火场的同时,报告市消防支队。支队调集一中队、七中队、高青消防大队和荆家、马桥、周家民办消防队的11辆消防车、62名消防官兵,在副支队长白文琦直接指挥下,历经2个多小时,扑灭大火,保住与火场毗邻的车间和成品库约价值800万元的财产。火灾烧毁厂房950平方米,烧毁各种成品、半成品老板桌、沙发等家具1068件及车间机电设备,直接经济损失48万元。起火直接原因是,聚酯漆车间空气压缩机上的自控开关打出火花外泄,引燃附近聚酯漆。事故暴露出该公司存在私建、私改厂房,降低耐火等级,用电设备不符合规定,消防用水严重不足等问题。经研究决定,在全县通报批评,责令公司停业整顿、负责人写出书面检查。

1996年12月26日,索镇中心大街银花大酒店电路故障引起火灾,消防中队及时灭火,抢救遇险人员12名。1997年2月19日,山东颖汇集团货场发生火灾,消防大队调集中队及各民办消防队灭火,在市及周边消防力量支援下,8小时扑灭大火。6月,建立119消防调度系统,实现灭火无线通讯指挥调度和计算机接派警。是年,扑救火灾116起,抢救和保护物资价值900万元。

1998年,淄博市成立119消防调度指挥中心,全市统一接处火警,县公安消防大队设立通讯联络室,24小时轮流值班。消防调度指挥中心接警后,问清灾害发生的特点、性质、类型,有无被困人员和燃烧爆炸、毒气泄漏,报警人的姓名、电话号码等信息,根据力量调度方案,及时调派执勤力量,并向值班首长报告。遇有消防安全重点单位和地区发生灾害事故,根据第一出动原则,调动灭火与抢险救援力量。同时通知供水、供电、供气、医疗、救护等部门到场协助,值班首长和值班员前往现场组织指挥。公安消防值勤中队各战斗班实行轮流值班制度,每接到指挥中心指令后,迅速出动,按照"救人第一"的原则,首先解救被困人员,疏散贵重物资和易燃易爆物品,必要时破拆建筑物,集中优势兵力灭火。是年,扑救火灾105起,抢救和保护物资价值1000万元。1999年6月15日,山东凤宝家具有限公司发生火灾,消防中队立即出警,扑灭大火,该事故造成直接经济损失25万元。是年,抢救和保护物资价值793万元。

2002年,消防大队针对现代火灾高、难、险、恶特点,改革战训工作。参加上级举办的培训班和灭火战术研讨会,提高基层指挥员的火场指挥和部队管理能力。6月11日,山东贵和集团成品库发生火灾,在市消防支队统一调度下,调集10个消防中队的29部消防车和220名官兵,与齐鲁石化公司、山东博汇集团消防队7部消防车共同参加灭火,历经18个小时战斗,扑灭大火,挽回损失1000余万元。2009年,县政府制定《桓台县消防应

抢险救援

急救援预案》。消防大队在县政府统一领导下，积极参加以抢救人员生命为主的危险化学品泄漏、道路交通事故、建筑坍塌、重大安全生产事故和群众遇险事件的救援等工作。

2011 年，修订完善应急救援预案 125 个，组织石油化工、高层建筑、地下建筑、人员密集场所四类 52 家单位参加实战演练，成功处置"5·28"宝源化工生产车间爆燃事故等灭火救援任务。是年，抢救遇险群众 56 人，挽回损失 5000 万元。2015 年 1 月 8 日 22 时 33 分，桓台县索镇祥森红木家具厂发生火灾，市消防调度指挥中心第一时间调集索镇中队、马桥中队、果里中队、石桥中队、傅山中队、北郊中队、特勤一中队、特勤二中队及战勤保障大队 22 辆消防车、110 名官兵处置，于 1 月 9 日 2 时 45 分将大火彻底扑灭，成功保住 4000 平方米成品仓库及价值 1200 余万元的红木家具。8 月 22 日 20 时 49 分，桓台县润兴化工科技有限公司己二腈电解装置滗析器爆炸起火。在省政府、省公安厅、省消防总队直接指挥下，及时调集充足力量和有效装备赶赴现场救援，经过近 5 个小时的奋战，于 8 月 23 日 1 时 39 分扑灭大火，后经不间断冷却和喷雾稀释，24 日 7 时排除险情。此次作战行动成功疏散企业员工和周边群众 600 余人，确保厂区内 1 套电解装置、1 套精馏装置及 16 个储量达 3000 吨化工原料储罐的安全。是年，抢救遇险群众 42 人，挽救火灾损失 9700 余万元。

扑救"8·22"大火

1956—1988 年桓台县火灾事故损失统计表

表 12—1

年度	起数	死亡（人）	受伤（人）	损失（元）	年度	起数	死亡（人）	受伤（人）	损失（元）
1956	26			3193	1976	24	1	2	27000
1957	66			12173	1977	22			33800
1958	71			15934	1978	27	2		17000
1960	32	4	11	30018	1980	10			23817
1961	8			1335	1981	12	1		18940
1962	7	1	2	52700	1982	6			12710
1963	43		4	24072	1983	14		1	7578
1964	10		1	1730	1984	13	4		18503
1966	65			17000	1985	8			4906
1967	38			11000	1986	14	1	2	26403
1968	13			7000	1987	17		1	22059
1971	33			8665	1988	12		1	75574
1972	46	1	15	14920	1989	7	1	5	16900
1973	33			8400	1990	5			6300
1974	8	1	3	12000	1991	11			200000
1975	12			6000					

1989—2015年桓台县消防队灭火救援概况一览表

表12－2

年度	出警灭火（次）	社会救援（次）	出动车辆（辆）	出动警力（人）	年度	出警灭火（次）	社会救援（次）	出动车辆（辆）	出动警力（人）
1989	7		7		2003	138	140	416	1512
1990	18	4	22	185	2004	217	84	535	2497
1991	23	11	54	210	2005	254		785	2647
1993	26	15	87	352	2006	393		756	2612
1994	19	46	126	759	2007	387		854	3195
1995	10				2008	377		952	3289
1996	15	79	205	968	2009	98	43	1026	3548
1997	116		323	2143	2010	49	184	1354	4892
1998	105		198	1532	2011	316	145	1295	4186
1999			351	2218	2012	337	132	989	3648
2000	196		384	2500	2013	446	96	1024	3968
2001	174	5	385	2436	2014	435	97	958	3689
2002	271		535	2497	2015	504	90	1188	4635

第三节　部队建设

机构建设

1979年11月，桓台县公安局成立消防股，负责消防宣传、防火检查、建立基层消防组织、协调灭火等工作。1983年1月，县公安局消防股归武警惠民支队消防大队编制，3名消防干部转为现役，受武警惠民支队消防大队及县公安局双重领导。10月，归武警淄博支队编制。1984年10月，消防股改称消防科。1989年5月，成立消防中队，编制15人，设中队长和政治指导员各1人。1991年6月，消防科改建为桓台县公安消防大队，受淄博市公安消防支队和县公安局双重领导。

2006年7月，桓台第二消防站果里中队正式投入执勤。2007年，桓台县消防大队官兵49人，计干部7人、现役官兵25人、合同制消防员14人、文职雇员3人。2010年7月，增设马桥中队，实有现役官兵及合同制消防员49人、文职雇员3人。2011年，实有现役消防官兵、合同制消防员62人，文职雇员4人。2012年，实有现役消防官兵、合同制消防员75人，文职雇员4人。根据《淄博市政府专职消防员招收管理办法》，制订完善政府专职消防员招收管理制度标准，落实社会保险和福利待遇等问题，专职消防员保障经费每人每年6.18万元。2015年，现役消防官兵33人、合同制消防员45人，文职雇员5人。

消防官兵

消防队伍管理

消防大队坚持政治建警，确保队伍忠诚。每

年制定思想教育大纲，广泛开展政治教育，提高官兵思想觉悟。利用电教室等网络文化阵地，阅读《我是特种兵》等红色书籍、观看《火蓝刀锋》等网络红色影片。加强队伍训练，树立“缺什么、补什么，干什么、练什么”思想，以抓好警务实战训练为突破口，坚持把日常训练作为提升队伍能力素质，促进部队持续发展的出发点，推进部队警务实战化建设水平。1991 年，成立桓台县公安消防大队后，制定每日训练科目，进行科学施训。1996 年 9 月，淄博市“胜练杯”首届消防文艺调演，桓台消防大队荣获优秀组织奖，同时获得创作一、二等奖，表演二、三等奖。

2003 年，组织理论学习 168 课时，开展全员练兵 336 课时，组织联合演练 16 次。2004 年，通过开展灭火演练，制定详细周密的训练计划，对辖区开展“六熟悉”(熟悉消防队责任区的交通道路、水源情况，熟悉责任区内重点单位的分类、数量及分布情况，熟悉责任区内主要火灾事故处置的对策及基本程序，熟悉责任区内重点单位建筑物使用及重点部位情况，熟悉重点单位内部的消防设施情况，熟悉重点单位的消防组织及其灭火救援任务分工情况)活动，定期组织考核评比。2005 年，从提升部队实战能力着手，结合辖区灭火救援对象和人员装备实际，加强高层供水测试等实战演练，将体能、技能、智能训练有机结合。2006 年 3 月，为加强党对消防工作的领导，落实支部建在连上的组织要求，消防大队成立党委，下设索镇、果里、马桥 3 个支部，党员 22 人。是年，本着“火怎么灭，兵就怎么练”的原则，制定一系列应用性训练科目，官兵智能、体能、技能有机结合，适时组织重点单位模拟实战演习，强化官兵的组织指挥和协同作战能力。2007 年，组织灭火演练 120 次。

2010 年，开展打造公安消防铁军活动，落实领导责任制和分工负责制，基层中队攻坚班组训练科目，因人施训，科学施训，提升部队灭大火、抢大险、救大灾、打恶仗的能力。以新修订的中国人民解放军内务条令、纪律条令、队列条令颁布实施为契机，强化教育培训、作风养成、细节关键、规范管理，狠抓部队正规化建设，严格治理思想松懈、作风松散等苗头性、倾向性问题，做到传统管理与现代管理相结合，严格管理与人性化管理相结合，逐

队列训练

步实现部队管理工作由结果控制向过程控制、由经验管理向科学管理转变。2011 年，深化执勤岗位练兵，开展大排查、大整治、大宣传、大培训、大练兵活动，掀起冬季练兵、春季练兵高潮，开展 5000 米跑、100 米负重跑、单杠引体向上、双杠臂屈伸、俯卧撑、仰卧起坐、多功能体能综合训练器械练习，进行佩戴空气呼吸器、多层建筑内攻操等消防技能训练。2012 年，推进警营文化建设，组织开展台球、乒乓球、投篮、象棋等丰富多彩的娱乐活动。3 月，消防大队被公安部消防局评为全国清剿火患战役成绩突出公安消防大队。2013 年，加强党风廉政建设，大队党委向大队全体干部家属寄发家庭助廉倡议书。严格警容风纪，规范车辆驾驶，组织开展队列比武，索镇中队获全市消防部队冬季执勤练兵竞赛第一名。2014 年，索镇中队获全市公安消防部队灭火救援实战化练兵第一名。加强警营文化建设，在各中队悬挂习近平总书记“听党指挥、能打胜仗、作风优良”的强军目标标语，开展“我的班长我的班”主题活动。

业务练兵

2015年，开展以强军实践为主题的大练兵活动。按照淄博市公安消防支队要求，开展实战化练兵活动，制定个人训练档案。各中队演练131次，含出水演练56次、夜间演练43次。2016年，桓台大队投资13万余元，改造索镇中队数码影院，提升警营文化建设水平。

桓台县消防大队负责人任职情况一览表

表12—3

职　务	姓　名	任职时间
大队长	王宗祥	1991.06—1994.08
	王长海	1994.08—1998.10
	李连杰	1998.10—2002.10
	陈立军	2002.10—2006.06
	肖红广	2006.06—2013.10
	崔玉岭	2013.10—2014.12
	张金勇	2014.12—2016.10
	张立圣	2016.10—
政治教导员	郭正忠	1991.06—1993.08
	殷第章	1993.08—1995.08
	陈立军	1999.09—2002.10
	孙玉山	2003.02—2004.06
	王国军	2004.12—2013.10
	肖红广	2013.10—2014.02
	崔玉岭	2014.12—2015.10
	张金勇	2016.10—2017.05
副大队长	范士宾	2001.09—2004.02
	赵增章	2004.07—2005.01
	赵　军	2005.02—2010.07
	丛春明	2010.10—2011.12
	贾　冰	2012.10—2015.09
副政治教导员	张金勇	2004.07—2010.07

第十三章　公安派出机构

公安分局和公安派出所作为县公安局的派出机构，在县公安局的领导下，贯彻公安工作路线、方针和政策，管理户口和基层治安等工作，惩治违法，打击犯罪，服务群众，防控安全事故，维护公共安全和国家安全。民国 35—36 年（1946—1947 年），桓台县公安局成立 5 个公安分局，在县公安局局长直接领导下开展除奸反特、保卫减租减息等工作。民国 37 年（1948 年），成立桓城和索镇派出所。1951 年 11 月，根据山东省人民政府公安厅《县属公安派出所工作条例（草案）》，各公安分局统一改称为公安派出所。随后，在不同历史时期，根据任务需要，对派出所进行裁撤、复设、新设。1983 年 6 月，实现一个人民公社一个派出所。1988 年，对公安派出所管理体制进行改革。各公安派出所在县公安局所在乡镇党委、政府领导下，加强规范化建设，提升软实力和硬实力，夯实公安工作根基，履行保一方平安的职责使命。2016 年 4 月，县公安局下设 13 个派出所。

第一节　公安分局

张店分局

民国 35 年（1946 年）6 月 7 日，张店解放。6 月 15 日，县公安局成立张店分局，副局长栋良山兼任分局局长，带干部于明、张子欣、边可升等 10 余人及 1 个武装排进驻张店，局址位于张店斜马路一资本家楼房。7 月，国民党大举进攻，张店分局转移。民国 36 年（1947 年）3 月 1 日，张店第二次解放，栋良山奉命带队返回张店，成立张店市公安局，栋良山任局长，受张店市人民政府管辖。8 月，国民党军队进攻张店，张店市公安局撤离。民国 37 年（1948 年）3 月 11 日，张店第三次解放，栋良山带领张店市公安局人员进驻张店，局址位于张店二马路公德顺（西一路橡胶厂址）。1950 年 5

1948 年 3 月，张店市公安局栋良山（右三）、樊树楠（右二）、于明（右五）等干部合影

月，张店市划入桓台县为第九区，张店市公安局改为桓台县公安局张店分局，樊树楠任县公安局副局长兼张店分局局长。11 月，张店划归周村市，改称张周市，张店分局归属张周市人民政府公安局领导，改称张周市公安局张店分局。

张店分局主要任务是清剿国民党残匪，维护当地治安秩序。撤离张店期间，封锁张店国民党部队及“还乡团”，打击向解放区渗透的敌特分子。

金岭分局

民国 35 年（1946 年）6 月中旬，为适应对敌斗争需要，县公安局成立金岭分局，刘玉信任分局长，局址位于金岭镇东西大街北侧一地主大院，金岭区委、区公所东邻，由前后院落组成。7 月，国民

2016 年，金岭分局旧址——金岭镇原毕庆山宅

党部队进攻，金岭分局转移。民国 36 年（1947 年）3 月，金岭镇二次解放，刘玉信带领 2 名干事及政卫队 1 个武装排重进金岭镇。8 月，国民党军队发动全面进攻，分局再次转移。民国 37 年（1948 年）3 月，复设金岭分局，吴英民、高云祥、李益三先后任局长。1951 年 11 月，改称金岭派出所。

金岭分局开展锄奸反特、清剿匪特和保卫减租减息运动，维护重点单位治安安全，实现全镇政

治逐步稳定、社会治安逐步好转。

岔河(荆家)分局

民国35年(1946年)6月中旬,为适应对敌斗争需要,县公安局成立岔河分局,罗茂德任副局长,带1个武装班,分局住金家庄一金姓地主房屋(后为后金大队供销点),主要负责四区、六区的锄奸反特和保卫减租减息运动。12月,斗争形势恶化,罗茂德受伤,高云祥任副局长,岔河分局工作重点转移至荆家庄地区,遂改称荆家分局,分局驻地荆家村村部(原亨利商行)。荆家分局成立民兵

2016年,荆家分局旧址——亨利商行(荆三村荆得利宅)

组织和自卫联防队,开展反奸诉苦、反特反霸斗争,保护公粮,保卫土改,与国民党"还乡团"及军队开展武装斗争,取得六保荆家庄的胜利。随着革命形势的发展,民国37年(1948年)3月,撤销荆家分局。

田庄分局

1964年1月,宋鲁源(前排右二)与田庄分局第一任分局长于明(前排右三)、代理分局长张亿万(后排右二)在张店合影

民国35年(1946年)6月中旬,县公安局成立田庄分局,于明任局长,配备2名干事及政卫队1个武装班16名队员,分局驻田庄村十字路口西100米路南田庄油坊(现田庄村委斜对过),主要负责清剿敌特、反"还乡团"和反伪化工作。民国37年(1948年)3月,桓台县解放后,田庄分局主要镇压反革命和维护社会治安。1951年11月,改称田庄派出所。

华沟分局

民国36年(1947年)7月,国民党发动进攻,为保卫胜利果实,县公安局成立华沟分局,蔡玉璋兼任局长,带领1名干事及政卫队1个武装班20余人,驻地在华沟村、傅庙村一带,主要开展清剿敌特,稳定桓台后方,保障与小清河以北解放区联

2016年,华沟分局驻地旧址——傅庙村张京庵宅

系工作。随着革命形势的发展,民国37年(1948年)3月,撤销华沟分局。

桓城分局

1949年2月,县公安局桓城派出所改称桓城公安分局,徐呈冉代理局长,分局驻城南村庞家宅,主要维护县城驻地安全(1950年5月后维护一区驻地安全),管制辖区敌伪党团军政警宪人员。1951年11月,复称桓城派出所。

索镇分局

为解决城区、索镇派出所辖区交叉,不便服务群众和治安管理问题,1997年1月29日,县政府决定,撤销城区派出所和索镇派出所,两所合并成立索镇分局(内部称索镇派出所),县公安局副局

长王国新兼任分局长，辖区包括桓台县城区和索镇。3月17日，城区派出所与索镇派出所正式合并；4月5日，索镇分局挂牌，下设办公室、户籍室及云涛、锦秋、建国、北辛、前毕5个警务区，局址位于云涛小区北侧原城区派出所。2001年6月，耿桥派出所并入索镇分局。2007年2月，撤销索镇分局，分设少海派出所、索镇派出所。

2000年3月，索镇分局正门

索镇分局推进警务区建设，开展系列城区治安专项治理行动，对重点村庄实行综合治理，试点暂住人口和租赁房屋管理新模式，公安基层基础、科技强警工作走在全局、全市前列。2000年12月，被省委政法委表彰为全省政法系统创人民满意活动先进单位；2001年6月，被省公安厅记集体二等功；2003年3月，被市委、市政府表彰为创人民满意活动先进集体；9月，被市委、市政府表彰为严打斗争先进集体；7月，被公安部命名为一级公安派出所；12月，被团省委、省公安厅命名为青年文明号；2004年2月，被市公安局记集体三等功；2006年1月，被市公安局记集体三等功；11月，被共青团中央、公安部命名为全国青年文明号，被公安部、国家老龄委命名为全国老年维权示范岗。

2000年3月10日，高新亭（二排中）视察索镇分局时与全体民警合影

第二节　公安派出所

新城派出所

民国37年（1948年）4月，县公安局设立桓城派出所，主要任务是维护县城驻地安全，所址位于城南村庞家宅。1949年2月，更名为桓城分局；1951年11月，复称桓城派出所；1952年9月，更名为城关派出所；1955年，迁至城南村老电影院对过一车门院内；12月，撤销城关派出所。1977年5月，复设桓城派出所，负责桓城人民公社治安管理；7月1日，正式挂牌成立，所址位于庞家宅；1978年3月，迁回城南村车门里原址，住北屋6间、西屋3间；1982年5月，更名为新城派出所；1989年10月，迁至新城镇城东村。

2016年，新城派出所旧址——车门里

新城派出所辖区东接唐山镇，西连邹平县，东南靠果里镇，北依马桥镇、田庄镇，面积44.45平方千米，有40个行政村，常住人口3.5万人。2016年4月，民警8人，辅警18人。

1992年1月，新城派出所干警和镇领导合影

新城派出所维护老县城驻地治安安全，加强公共场所、特种行业和人口管理，探索创新安全责任制、治安联防、技术防范、基层基础等警务模式，主动服务人民群众，有效维护辖区稳定。1992 年 3 月，被市公安局记集体三等功；1997 年 12 月，被省档案局评为档案工作先进单位；1998 年 5 月，被团省委、省公安厅命名为全省青年文明号；2008 年 2 月，被市政府表彰为全市公安机关“三基”工程建设先进集体；2015 年 2 月 5 日，被市公安局记集体三等功。

索镇派出所

民国 37 年（1948 年）4 月，索镇派出所成立，主要任务是保卫渤海区三地委、专署（清河地委、专署）驻地安全，所址位于索镇大街乌河桥东路北。1949 年 10 月，更名为直属镇派出所；1950 年 5 月，被撤销；1953 年 4 月，复设并更名为索镇派出所，所址位于老邮电局北侧（现永安街永安小区），负责维护县政府驻地安全；1954 年 11 月，撤销；1958 年 9 月，复设于县公安局院内；1960 年，迁至张北路、索镇大街路口东南侧（现百货大楼南门东侧）；1963 年，迁至索镇大街窑货栏子斜对过；1966 年，迁至露天电影院东北角（现永和街南首路西）；1969 年 3 月，被撤销；1972 年 3 月，复设于大众饭店院内（现桓台商厦址）；1973 年，迁至镇北大街乌河桥东 80 米路北；1983 年 9 月底，迁至镇北大街路北永和村、西镇村交界处。1988 年 10 月起，

1986 年 6 月，索镇派出所干警合影

索镇派出所主要承担索镇辖区保卫任务。1992 年 6 月，迁至原址对过。1997 年 3 月，与城区派出所合并成立索镇公安分局。2007 年 2 月，在原址复设索镇派出所，承担张北路以东、森美路以北县城和索镇区域治安保卫任务。

索镇派出所辖区北依起凤镇，东北与博兴县、东与临淄区接壤，南靠果里镇，西连唐山镇、城区街道办事处，面积 65 平方千米，有 43 个行政村，常住人口 6.7 万人。2016 年 4 月，民警 18 人，辅警 26 人。

索镇派出所圆满完成各个历史时期的治安保卫任务。2013 年起，全面推进民生警务工程建设，推行视频全覆盖向农村延伸、食药环侦向派出所延伸机制，利用物联网技术破解电动自行车被盗难题。1984 年、1985 年、1996 年三次被市委、市政

1989 年 3 月，索镇派出所干警和局、镇领导合影

府表彰为严打斗争先进单位；1985 年，被市委表彰为党内双先活动先进党支部；2007 年，被市委、市政府表彰为全市老年维权工作先进单位，被省综治委、团省委、省委政法委命名为省级优秀“青少年维权岗”；2008 年，被市公安局记集体三等功；2010 年，被省公安厅评为全省优秀公安基层单位；2012 年，被市政府表彰为全市爱民模范单位。

田庄派出所

1951 年 11 月，县公安局田庄分局改称田庄派出所；1952 年 11 月撤销田庄派出所。1977 年 5 月 1 日，复设田庄派出所，负责田庄人民公社治安管理；7 月 1 日，田庄派出所正式挂牌，所址位于原田庄花边厂；1993 年 9 月，迁至刘家村南新址。

田庄派出所辖区西连马桥镇，南靠新城镇，东接唐山镇，北依荆家镇，面积 51 平方千米，有 30 个行政村，常住人口 4.8 万人。2016 年 4 月，民警 8 人，辅警 15 人。

田庄派出所先后创出治安保险、民办消防队、农村110、安全文明共建、劳务市场治安管理等警务典型。1978年5月，被惠民地委、地革委表彰为公安战线先进集体；1985年7月，被市委、市政府表彰为文明单位；1998年1月，被省公安厅评为全省优秀派出所；2000年10月，被省公安厅评为“学题词、创满意”先进单位；2004年4月，被市委、市政府表彰为“五好政法单位”；2004年11月，被省公安厅命名为二级公安派出所；2005年5月，被省公安厅评为全省优秀公安基层单位；1989年、2015年、2016年先后三次被市公安局记集体三等功。1991年10月，所长刘承达被公安部评为全国颁发居民身份证先进工作者；2000年3月，所长胥涛被公安部评为全国优秀人民警察。

1989年，田庄派出所干警留影

2007年，复所30周年座谈会参会人员合影

金岭派出所

1951年11月，县公安局金岭分局改称金岭派出所，所址未变。1953年5月，七区及金岭镇划归淄川县。1954年1月，金岭派出所整建制移交给淄川县公安局。

金岭派出所根据地理位置特点，重点开展政治安全保卫工作，维护民族团结，查处反革命案件和刑事案件，保障金岭镇及周边地区社会稳定。

起凤派出所

1982年5月，起凤派出所成立，所址位于起凤人民公社原农机站职工宿舍（起凤镇西三村）；1988年5月，迁至原起凤人民公社办公楼旧址（起凤镇起北村）；1994年6月，迁至夏一村村西新址。

1990年，起凤派出所部分干警和联防队员合影

起凤派出所辖区北、东接博兴县，西连荆家镇，南靠索镇，面积56.2平方千米，有24个行政村，常住人口6.1万人。2016年4月，民警11人，辅警12人。

起凤派出所推进警民文明共建及民办消防队、治安联防队建设，狠抓基层基础工作，严格烟花爆竹管理，保障马踏湖湖区治安安全，化解矛盾

1991年，起凤派出所治安巡逻队

纠纷，保障社会事业健康发展，出色完成各时期公安工作任务。1985年7月、1987年6月，两次被市委、市政府命名为文明单位；1988年3月，被市委、市政府表彰为警民共建先进单位；1991年5月，被市公安局记集体三等功；1993年1月，被市委、市政府表彰为社会治安综合治理先进集体；2001年8月，被省公安厅表彰为国内安全保卫基层基础工作先进派出所；2002年5月，被市公安局记集体三等功；2012年12月，被公安部命名为一级公安派出所。

唐山派出所

1982年5月，唐山派出所成立，所址位于唐山人民公社大院内；1992年6月，迁至唐山镇中心街、兴唐路东北角新址。

唐山派出所辖区东接索镇，西连田庄镇、新城镇，南靠果里镇，北依原邢家镇，辖区面积43.6平方千米，有32个行政村，常住人口4万人。2016年4月，民警11人，辅警20人。

唐山派出所后院生活区

唐山派出所强化基层基础工作，坚持警务创新，在110向农村延伸、警务公开、视频监控全覆盖等方面进行有益的探索实践，加强社会治安防控，服务工业园区发展，努力建设平安和谐唐山。1993年3月、1999年2月，被市委、市政府命名为文明单位；1998年12月，被省公安厅评为全省公安派出所档案规范化先进单位；2000年5月，被市公安局记集体三等功；2007年3月，被省综治委表彰为全省预防青少年违法犯罪先进集体；2008年8月，被公安部命名为一级公安派出所；2013年3月，被团省委、省公安厅命名为全省青年文明号；2016年2月，被市公安局记集体三等功。

周家派出所

1982年5月，周家派出所成立，所址位于周家人民公社木器厂3间平房；1983年3月，迁至周家人民公社大院西南角5间平房；11月，再迁周家人民公社新址院内东南角5间平房，后增至10间；1992年5月，迁至周家乡阎家村南新址。

周家派出所辖区东邻原果里镇，南靠张店区，西邻邹平县，西南接周村区，西北接新城镇，东北接唐山镇，辖区面积28.9平方千米，有22个行政村，常住人口1.9万人。2010年10月，周家派出所辖区并入果里镇。2016年4月，民警7人，辅警14人。

1983年11月，周家派出所干警合影

周家派出所坚持队伍正规化建设，发展治安联防队伍，维护一方平安。1990年5月，被市委、市政府表彰为全市治安联防先进单位；1995年2月，所长巩向波被公安部评为全国优秀人民警察；1997年8月，周家镇被省社会治安综合治理委员会评为安全文明镇；2005年8月，周家派出所被市委、市政府表彰为全市政法系统先进集体；10月，被省公安厅命名为二级公安派出所；2006年5月，被省公安厅表彰为2005年度全省优秀公安基层单位；2009年2月，被市委、市政府表彰为全市治安安民工程建设先进集体。

马桥派出所

1982年5月，马桥派出所成立，所址位于马桥人民公社经委二楼；9 月，借用马桥人民公社农机站 5 间平房；1994 年 5 月，迁至马桥村东南角新址（马桥镇红辛路 667 号）。2013 年 9 月，原陈庄派出所并入马桥派出所。

马桥派出所辖区北越小清河与高青县接壤，西隔胜利河同邹平县相接，南邻新城镇，东接荆家、田庄镇，面积 77.3 平方千米，辖 52 个行政村，常住人口 5.3 万人。2016 年 4 月，民警 14 人，辅警 25 人。

马桥派出所服务油区和化工园区建设，探索民办消防队、人口管理和社区警务工作新思路，做

1998 年 10 月，马桥民办消防队

好各时期公安保卫工作。1988 年、1991 年、2007 年，三次被市委、市政府命名为文明单位；2001 年 11 月，被省公安厅评为人民满意派出所；2005 年 6 月，被省公安厅记集体二等功；2007 年 6 月，被省公安厅评为全省优秀公安基层单位；8 月，被省公安厅命名为二级公安派出所；2008 年 1 月，被市委、市政府表彰为“平安淄博”建设“十佳”公安队所；2009 年 1 月，被省公安厅评为全省公安机关“三基”工程建设工作先进集体；2009 年 12 月，被市委、市政府表彰为创建全国治安综合治理优秀市暨实施固本强基维稳工程先进单位；2013 年 1 月，被省公安厅评为全省优秀公安基层单位。

果里派出所

1982 年 5 月，果里派出所成立，位于果里人民公社大院；1995 年 4 月，迁至果里镇义和路 8 号。

果里派出所辖区东接临淄区，南靠张店区，西连原周家镇，北依唐山镇、索镇，面积 57.55 平方千米，有 43 个行政村，常住人口 5 万人。2016 年 4 月，民警 18 人，辅警 28 人。

果里派出所探索矛盾纠纷排查化解、治安志愿者等警务新模式，服务县经济开发区和高校建设，保障群众安居乐业。2006 年 8 月，被省公安厅

1995 年年初，果里派出所旧址

命名为二级派出所；2007 年 4 月，被市委、市政府表彰为全市社会治安防控工作先进集体；2008 年 2 月，被市政府表彰为全市公安机关“三基”工程建设先进集体；8 月，被团省委、省公安厅命名为全省青年文明号；2009 年 2 月，被市公安局记集体三等功；2011 年 1 月，被省公安厅评为全省优秀公安基层单位；2013 年 4 月，被省公安厅记集体二等功；2014 年 3 月，被省公安厅评为 2013 年度全省公安机关“齐鲁先锋警队”；2015 年 2 月，被省老龄委命名为敬老文明号。

陈庄派出所

1982 年 5 月，陈庄派出所成立，所址位于陈庄人民公社大院后院 3 间平房；1988 年，迁至陈庄乡政府新院内，办公用房 11 间；1991 年，派出所新建

2008 年，陈庄派出所外景

办公用房 8 间；1996 年 3 月，迁至耿焦路 21669 号。2013 年 9 月，陈庄派出所业务及人员并入马桥派出所。

陈庄派出所辖区东接田庄、荆家镇，西连邹平县，南靠新城镇，北依原马桥镇，辖区面积 32.4 平方千米，有 25 个行政村，常住人口 2.2 万余人。

陈庄派出所建所 31 年，加强治安防控体系建设，提升服务经济发展、维护社会稳定的能力。

2008 年 9 月，陈庄派出所民警合影

2009 年被命名为县级精神文明单位，2010 年被市公安局评为全市公安机关大练兵工作先进集体，2012 年被县政府评为推行六小警务工作先进集体。

侯庄派出所

1982 年 5 月，侯庄派出所成立，所址位于侯庄人民公社农机站院内；1984 年，迁至侯庄人民公社院内；1992 年，迁吴磨新村侯庄路南侧新址。2001 年 6 月，侯庄派出所并入果里派出所。

2001 年，侯庄派出所内景

侯庄派出所辖区东接临淄区，南靠张店区，西连原果里镇，北依索镇，面积 30.75 平方千米，有 20 个行政村，常住人口 2.45 万人。

侯庄派出所从加强农村治安防范工作入手，探索公安基层基础和服务群众工作思路，同时严厉打击刑事犯罪，维护辖区社会安定。1984 年 7 月，侯庄派出所被市委、市政府表彰为严打斗争先进单位；1998 年 12 月，被省公安厅评为全省公安派出所档案工作规范化先进单位；1999 年 2 月，被

1994 年，侯庄派出所干警合影

县委评为优秀基层党组织，4 月，被团市委、市公安局命名为青年文明号。

荆家派出所

1983 年 6 月，荆家派出所成立，所址位于荆家人民公社大院东南角平房；1993 年 6 月，迁至荆家镇政府斜对面新址。

荆家派出所建所初址

荆家派出所辖区北隔小清河与高青、博兴两县相望，东邻起凤镇，南靠田庄镇，西接马桥镇，面积 55.78 平方千米，有 29 个行政村，常住人口 4.6 万人。2016 年 4 月，民警 8 人，辅警 15 人。

1993 年 6 月，荆家派出所干警与淄博警校实习生合影

荆家派出所加强公安基层基础工作，强化严打整治斗争，开展小区域专项治理，有力维护辖区治安秩序。1999 年 7 月被市公安局记集体三等功；2010 年 1 月，民警金海军当选 2009“感动淄博”年度人物；2011 年、2012 年，连续两年被市公安局评为全市公安机关“四项建设”先进集体。

邢家派出所

1983 年 6 月，邢家派出所成立，所址位于邢家村天主教堂东边平房；1988 年 9 月，迁至乡政府后院平房；1992 年 12 月，迁至邢家镇郇家村北侧新址。

1988 年，邢家派出所干警合影

邢家派出所辖区北依起凤镇，东接索镇，南靠原唐山镇，西连田庄镇，面积 26.56 平方千米，有 18 个行政村，常住人口 2.05 万人。2016 年 4 月，民警 8 人，辅警 15 人。

邢家派出所紧紧围绕夯实基层基础这条主线，加强社区警务工作，优化巡逻模式，保障企业发展，公安工作取得显著成绩。1998 年 5 月，被市公安局记集体三等功，被团市委、市公安局命名为全市青年文明号；2006 年 6 月，被市委表彰为淄博市先进基层党组织；2008 年 8 月，被省公安厅命名为二级公安派出所；2016 年 4 月，被团市委评为淄博市五四红旗团支部。

1992 年 12 月，邢家派出所办公楼落成

耿桥派出所

1983 年 6 月，耿桥派出所成立，所址位于耿桥人民公社院内。2001 年 6 月，耿桥派出所合并至索镇公安分局。

2016 年，耿桥派出所旧址

耿桥派出所辖区北依起凤镇，东接博兴县，西连原邢家乡，南靠索镇，面积 26.47 平方千米，常住人口 2.7 万人。

耿桥派出所认真做好特种行业登记管理、发放居民身份证试点、派出所规范化建设工作，专职治安联防队工作取得显著成效，辖区治安持续稳定。1990 年 5 月，被淄博市委、市政府表彰为全市治安联防红旗单位；1999 年，被淄博市公安局命名为青少年维权岗，被县委、县政府命名为文明单位。

1990 年，耿桥派出所干警和联防队员合影

城区派出所

1988 年 7 月 30 日，城区派出所成立，主要负责县城驻地社会治安管理。筹建期间，租赁县食品公司 11 间平房；是年 10 月 1 日，对外办公，所址位于县商业宾馆三楼；1993 年 8 月，迁至云涛小区

1990 年，城区派出所干警合影

北侧新址。1997 年 3 月，城区派出所、索镇派出所人员与辖区合并，成立索镇公安分局。

城区派出所负责县直所有非农业人口（包括自理口粮人员）的迁出、迁入、出生、死亡等户口变动登记，负责张北公路以西（含张北公路，不含索镇镇直单位、村庄、行业、场所）至淄博第三棉纺厂，张北公路以东的北至县制革厂、东至桓台一中、南至县体育场的城区范围及索镇地域内的其他县直单位（县公安局保卫科管辖单位外）的治安管理工作。

城区派出所组织开展整治城区社会治安斗争，打掉一批严重危害社会治安的犯罪分子，有力维护县城驻地治安安全和社会稳定。1990 年 4 月、1993 年 4 月，两次被市公安局记集体三等功；1990 年 4 月、1996 年 9 月，两次被市委、市政府表彰为严打整治斗争先进集体；1995 年 2 月，被市委、市政府表彰为全市优秀基层政法单位。

少海派出所

2007 年 2 月，少海派出所成立，所址位于原索镇公安分局，辖区位于桓台县城张北路以西、森美路以南、寿济路以北、柳泉路以东的城区和索镇地域，面积 11.76 平方千米，辖少海、锦秋、云涛等 10 个居委会，索镇五里、赵家等 2 个行政村，常住人口 6.1 万人，流动人口 5.3 万人。2016 年 4 月，民警 22 名，辅警 31 名。

少海派出所深化社区警务模式，加强行业、场所治安管理和公共安全管理，全力维护机关信访秩序和党政机关内部安全，确保城区治安持续稳定。

2016 年，少海派出所正门

2009 年 2 月，被市公安局记集体三等功；2011 年 6 月，户籍室被省公安厅评为文明户籍窗口；2012 年

2011 年 10 月，少海派出所班子成员合影

1月、2014年2月、2016年1月，3次被省公安厅评为全省优秀公安基层单位；2012年6月，被省公安厅评为“清剿火患”战役先进集体；2013年2月，被市政府表彰为消防安全工作先进集体。

水利派出所

1988年7月30日，水利派出所成立，主要负责水利工程安全保卫工作，协调水利部门与地方派出所的关系，人员编制3人，所长由县公安局调配，其余2人由水利水产局调剂解决(工资待遇由水利水产局负责)，办公地点设在县水利水产局。水利派出所由桓台县公安局进行业务指导，县水利水产局实行行政管理。1992年，水利派出所下设2个治安办公室，共9人。2006年8月，撤销水利派出所。

1998年4月14日，水利派出所所长于国平(后排左一)和县水利局中层以上干部合影

水利派出所圆满完成引黄工程、抗旱防汛、河流治理等重点工程安全保卫任务，查处水利治安案件，处理水利纠纷，进行法制宣传，保障水利事业顺利进行。

油区派出所

1989年4月，油区派出所成立，与马桥派出所一套人马、合署办公，业务工作由马桥派出所承担，主要负责全县油区的社会治安管理、案件侦破和安全保卫等任务，打击涉油涉气案件，进行消防监督，治理油气管线安全问题。1994年5月，撤销油区派出所，其职能由马桥派出所和其他相关派出所根据地域管辖分担。

1989年，油区派出所揭牌留影

新城水库派出所

1993年3月，设立新城水库治安办公室，隶属新城派出所领导；是年8月，成立新城水库派出所，所长由公安局选派，其余人员由市引黄供水工程部从在编人员中选配，县公安局进行指导，所址位于新城水库工程处。

2016年4月，新城水库派出所外景

新城水库派出所负责维护新城水库库区、水库泵站厂区和部分明渠安全，协调处理库地矛盾纠纷，查处库区治安案件，配合水政部门查处行政案件，开展《中华人民共和国水法》《淄博市引黄供水管理办法》法律法规宣传，保障水库运行安全。

森源林场派出所

2002年3月，森源林场派出所成立，所址位于森源林场总部大院西侧平房，主要负责森源林场范围内除户籍管理以外的治安管理和消防管理工作。

森源林场派出所组建15人巡逻队，对森源林场下属邢家林场、田庄林场、新城林场、唐山林场6000亩速生林地和一个大型养鸡场进行治安巡逻，

2016年4月，森源林场派出所旧址

预防和整改火险隐患，协调相关派出所查处治安、刑事案件，打击危害林场及职工权益的各类违法犯罪。巡逻队先后抓获2名犯罪嫌疑人和14名盗窃林木违法人员。

2005年3月始，森源林场先后将田庄林场、唐山林场、新城林场转租给博汇集团。12月，森源林场派出所停止运转。2006年8月，撤销森源林场派出所。

博汇派出所

2003年12月26日，经县政府研究决定，成立博汇派出所，设所长、政治指导员各1名，所址位于博汇一期电厂办公楼2楼。

2016年4月，博汇派出所旧址

博汇派出所主要负责山东博汇纸业股份有限公司生产区、林区、生活区的治安管理、消防管理，协调处理有关矛盾纠纷。

2006年8月，撤销博汇派出所。

红莲湖派出所

2013年11月，红莲湖派出所成立，所址位于红莲湖二期西楼一楼，主要负责红莲湖公园及周边的安全保卫工作。2016年4月，民警5名（含返岗3名）。

红莲湖派出所指导红莲湖管理办公室保安人员值班巡逻，检查红莲湖园区设施安全，排查整改可能导致游客溺水、坠落、挤踏情况的不安全因素；建设图像监控平台，安装监控探头48个；制定安保预案，做好游客安全保卫工作，在重要节假日加强值班备勤，确保游客生命财物安全、湖区秩序良好。至2016年4月，红莲湖在各个假期接待游客超过40余万人次，未发生拥挤、踩踏事故。

2016年4月，红莲湖派出所外景

红莲湖派出所

谋划工作（右起张连起、胡锋）（2015年1月 摄）

视频监控（2016年8月 摄）

驾艇巡查（2016年12月 摄）

服务群众（2014年5月 摄）

步行巡逻（2015年5月 摄）

少海派出所

少海派出所民警合影。前排左起：王彦婷、成涛、赵新、巩震、刘兵、张伟、王鹏、周林、巩端乐、高姣；后排左起：胡斌、丁斌、王国伟、张刚、周旺达、金童、史磊、袁阁、王萍、张启国

（2016年6月 摄）

派出所院景 （2017年5月 摄）

安全宣传 （2015年1月 摄）

警民相约 （2008年1月 摄）

悉心指导 （2008年11月 摄）

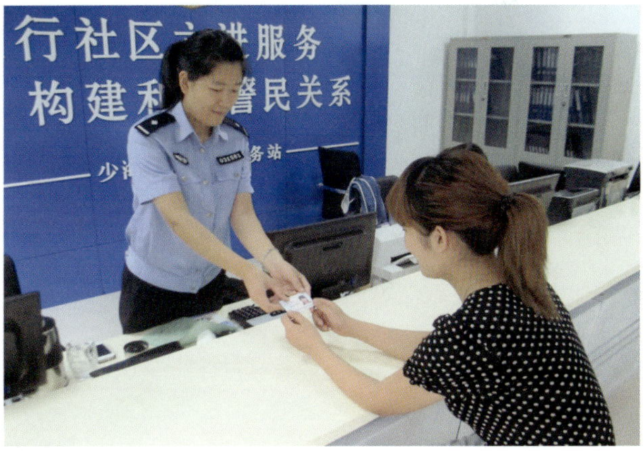

社区服务 （2013年6月 摄）

守护平安 （2014年12月 摄）

人赃俱获 （2015年3月 摄）

索镇派出所

索镇派出所民警合影。前排左起：孙晓雯、沈宁、李维良、王玉华、杨光成、赵学鹏、牛智君、孙云峰、伊惠冉、马俊杰；后排左起：伊茂群、张猛、王沛、王钰磊、许飞、王克波、王家强、夏侯微微、高腾

（2016年6月 摄）

派出所外景 （2017年5月 摄）

研判警情　　（2016年12月　摄）

快板说法　　（2014年6月　摄）

干警合影　　（1973年6月　摄）

干警合影　　（1985年5月　摄）

退还赃车　　（1994年8月　摄）

帮扶残孤　　（2014年3月　摄）

果里派出所

果里派出所民警合影。前排左起：张学东、蔺克新、毕海燕、金永、许磊、毛志军；后排左起：高艺真、吕世新、刘康、董文韬、高希勇、刘志刚、孙亚赛（2014年2月　摄）

派出所外景（2017年5月　摄）

学习中央精神　　（2014年10月　摄）

户籍业务前移　　（2015年5月　摄）

干警合影留念　　（1992年10月　摄）

学习楷模事迹　　（1997年5月　摄）

上门征求意见　　（2009年4月　摄）

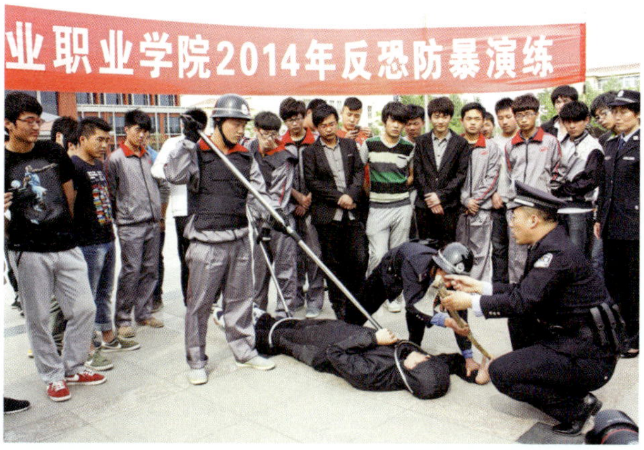

指导防暴演练　　（2014年4月　摄）

唐山派出所

唐山派出所民警合影。前排左起：刘茂虎、孙丰宁、张连祥、耿英华、伊茂苗；后排左起：公敬一、巩建平、王亭、曲照兴、朱先林、宋小雨 （2013年12月 摄）

派出所外景 （2017年5月 摄）

退赃大会　　（2014年2月　摄）

法律宣传　　（2014年1月　摄）

走访群众　　（1996年8月　摄）

创安活动　　（1997年3月　摄）

警营开放　　（2015年1月　摄）

视频监控　　（2015年9月　摄）

马桥派出所

马桥派出所民警合影。前排左起：刘波、张甜甜、张斐斐、刘丹、魏启海；后排左起：魏林、陈旭、王军辉、王伟、刘林、王振东、边强　　（2014年12月　摄）

派出所外景　　（2017年5月　摄）

网上交流 （2015年7月 摄）

防范宣传 （2016年10月 摄）

谋划工作 （1992年6月 摄）

油区巡查 （2004年4月 摄）

退还赃物 （2007年6月 摄）

警营开放 （2015年1月 摄）

田庄派出所

田庄派出所民警合影。前排左起：张英锋、巩汝山、巩道锋、王超；后排左起：王云侠、尹恒、王正刚、荆树春 （2015年1月 摄）

派出所外景 （2017年5月 摄）

讨论分析案件　　（2015年1月　摄）

讲解安全知识　　（2014年4月　摄）

集体立功合影　　（1989年　摄）

延伸报警服务　　（1996年　摄）

警民共建和谐　　（2000年　摄）

共商公安发展　　（2007年6月　摄）

起凤派出所

起凤派出所民警合影。前排左起：金海军、孙秀泽、伊茂锋、杜伟、皮文娟；后排左起：王峰、胡鹏、李阁、胡庆水、刘霄、徐腾跃　（2016年6月　摄）

派出所院景　（2017年8月　摄）

进行廉政教育　（2014年4月　摄）

慰问困难群众　（2014年1月　摄）

接受社会监督　（1990年　摄）

宣传法律知识　（1996年　摄）

上门办理证件　（2001年　摄）

湖区轻便巡逻　（2012年8月　摄）

新城派出所

新城派出所民警合影。左起：孙帅、张显慧、张亮、伊继亮、张永平、白露蕾、巩磊、刘垒

（2016年6月　摄）

派出所院景　（2017年8月　摄）

走访企业代表　（2015年5月　摄）

景区安全保卫　（2016年5月　摄）

密切联系群众　（1996年4月　摄）

管理五金市场　（2009年5月　摄）

高速入口执勤　（2016年4月　摄）

检查消防设施　（2016年12月　摄）

荆家派出所

荆家派出所民警合影。前排左起：许晋卿、刘书亮、杨青；后排左起：魏树照、王秀奎、左传波、巩建贤（2014年12月 摄）

派出所外景（2017年5月 摄）

警民在线恳谈　　（2015年12月　摄）

指导志愿服务　　（2014年8月　摄）

传授防火常识　　（2008年11月　摄）

巡逻集贸市场　　（2009年1月　摄）

争做爱民模范　　（2009年3月　摄）

护校安园行动　　（2013年11月　摄）

邢家派出所

邢家派出所民警合影。左起：罗鑫、史肖辉、付慧、左传东、刘献利、刘东记、张元明、李学

（2016年12月 摄）

派出所外景 （2017年5月 摄）

审阅案卷　　（2014年12月　摄）

热情服务　　（2014年12月　摄）

干警合影　　（1984年　摄）

义务巡逻　　（1997年　摄）

安全讲座　　（2009年9月　摄）

社区警务　　（2014年12月　摄）

周家派出所

周家派出所民警合影。左起：王宁、张亮、张连毅、邢延涛、丁乃勇、孙岗、逯娜

（2014年12月　摄）

派出所外景　（2014年3月　摄）

警民恳谈　　（2014年4月　摄）

群众工作　　（2014年5月　摄）

识别假币　　（2014年5月　摄）

指导演练　　（2014年10月　摄）

安全宣传　　（2014年10月　摄）

消防监督　　（2014年12月　摄）

新 城 水 库 派 出 所

派出所指导员高现亮（右）和水库保卫干部合影　　　　　　　　　　（2017年7月　摄）

巡护水库大坝　　　　　　　　　　（2016年6月　摄）

检查泵房安全　　　　　　　　　　（2017年7月　摄）

点评值班情况　　　　　　　　　　（2017年7月　摄）

检查危险部位　　　　　　　　　　（2017年7月　摄）

第十四章　交通管理

交警大队班子成员合影。左起：王东、吕修江、王涛、岳波、王新凯　　（2017年7月　摄）

交警大队办公楼　　（2017年5月　摄）

中华人民共和国成立后，桓台县道路交通管理工作由交通部门负责，桓台县公安局治安部门协助管理，发生重大交通事故，公安机关会同交通和监理部门勘查现场，认定事故责任，研究处理肇事人员，调解赔偿损失。麦秋两季，县公安局把维护交通秩序列入重要议事日程，抽调人员配合交通部门，整顿和维护交通秩序，保证麦收、秋收顺利进行。1986 年 10 月，国务院决定全国城乡道路交通由公安机关统一管理。1987 年 3 月，桓台县成立交通管理队，直属淄博市公安局交通警察大队领导。5 月，更名为桓台县交通警察队，升格为科级单位。1990 年 10 月，桓台交通警察队更名为桓台交通警察大队。1996 年 3 月，桓台交通警察大队更名为淄博市公安局交通警察支队桓台县大队。交警部门以刹违章、整秩序、压事故、保畅通为工作重点，按照“动态管控，重点整治”的原则，有针对性的开展专项治理活动，有效稳定交通秩序。进入 21 世纪，桓台交警大队在国道、省道连续开展创建“平安大道”和实施“畅通工程”活动，加强交通干线的交通、治安秩序管理，保持交通干线的安全畅通，促进经济社会发展，保障人民群众生命安全。

第一节　交通秩序管理

交通执勤

20 世纪 50 年代至 80 年代初，桓台县车流量较小，县公安局没有成立交警队伍，道路交通管理工作由交通部门负责。在重要活动、重要会议现场，县公安局治安股安排干警、民兵执勤，引导人、车绕行或者有序通过。1962 年 11 月 27 日，公安部印发《关于颁发“城市治安管理工作细则（试行草案）”的通知》。公安机关负有督促安全检查，教育、考核驾驶人员，调节交通流量，交通安全宣传和交通指挥等职责。县公安局主要负责重点时期调节交通流量，取缔道路障碍物，保障主要道路畅通。1971 年 9 月 20—24 日，县公安军管小组根据公安部、交通部《关于加强城市公路交通安全工作的几项措施》精神，配合交通部门整顿交通秩序，整改全县公路、桥梁交通安全隐患，预防交通安全事故。1972 年，县公安军管小组抽调治安股干部岳福云，专门配合县交通监理部门加强交通安全管理工作，取缔妨碍交通的堆物、作业和违章建筑，保持道路畅通。1984 年 10 月 1 日，县交通局成立交通运输管理队，管理城区道路秩序，并在索镇大街百货大楼路口设立执勤岗。1986 年起，要求机动车、马车、地排车、行人各行其道，非机动车不准与机动车争道，不准并排行驶，违者罚款。

1987 年，按照国务院关于道路交通管理体制改革指示精神，淄博市公安局成立桓台交通管理队。3 月 19 日，原桓台县交通监理站 7 人（含退休 2 人）、交通运输管理队 21 人、山东省 52 号检查站（耿桥）5 人组建桓台交通管理队。3 月 21 日交接完毕，下设秘书股、肇事处理股、执勤分队，在职干警 31 人，退休 2 人。执勤分队主要负责城区和县内主要道路交通秩序管理，设立 18 人执勤分队，分成 3 班，每班 6 人，干警轮流在百货大楼岗执勤 30 分钟，指挥交通，纠正违章，实施当场处罚。乡镇道路交通由公安派出所负责。

1987 年 8 月，报经县政府同意，按照“乡一镇二”原则，在六镇七乡招聘专职交通管理员，交通管理员的条件是政治思想好，热爱交通工作，初中以上文化程度，身高 1.70 米左右，23～25 岁男性青年。9 月，根据县政府《关于加强乡镇级交通管理的通知》，县公安局完成 19 名交通管理员的招聘工作，由乡镇政府、派出所与其签订合同，合同期 2 年。为便于工作，乡镇交通管理员与自行车管理员、农机管理员合并，组成“桓台县××乡（镇）交通车辆管理站”，派出所一名副所长具体抓

1988 年 6 月，县公安局领导及治安科、交警队负责人与各乡镇交通车辆管理站人员合影

交通管理工作，业务上受县交通警察队（以下简称交警队）领导，每月 26 日，县交警队召开交通管理员例会。9 月下旬至 11 月上旬，举办交通管理员培训班。交通管理员主要负责乡镇机动车及驾驶员的管理，宣传交通安全常识，消除各种路障，纠正各种违章，保护事故现场，处理小型事故，维护道路交通秩序。同时，规定村治保会管理本村交通工作，全县形成县、乡、村三级交通管理网络。1988 年，对重要路段和重点路口落实责任制，并集中治理。3 月 25 日，在全市公安基层基础工作会议上，桓台交警队作《招聘交通管理员 强化乡镇道路交通管理》典型发言。10 月，在全省道路交通三级管理现场会议上，桓台县作典型发言。11 月 29 日，在全市交通工作会议上，桓台交警队作《实行三级管理 加强乡镇道路交通安全工作》典型发言。是年，各乡镇迁移影响交通的农贸市场 20 余处，清除违章占路 2 万平方米，检查车辆 72126 台次，纠正违章 29867 人次。1989 年 3 月，县公安局研究制定道路交通管理员职责范围及奖勤罚懒、奖优罚劣等制度措施，交通管理员除车辆管理、安全教育等工作外，每周不少于三天检查和清除本乡镇路障，杜绝在公路上打场、晒粮、晒粪，禁止在公路上堆放柴草、垃圾和建筑材料，不准在公路上搭棚盖舍和非法占用路面。3 月 20—26 日，统一路面清障，耿桥、唐山、邢家、侯庄、陈庄 5 个乡镇路面无障碍，扣发其他乡镇道路交通员奖金。10 月 9 日，按照公安部《关于印发七省市公安交通管理局处长座谈会纪要的通知》精神，落实交通管理的领导体制“城市应‘条块结合，以条为主’，其他地区‘条块结合，以块为主’”的要求，市公安局印发《关于改变乡镇道路交通管理体制的通知》，桓台县乡镇交通管理体制由派出所领导改为交通警察队直接领导，乡镇交通管理员归交通警察队管理。

1989 年，成立起凤交警分队；1992 年，改称起凤中队

1990 年，以整秩序、压事故、保畅通为指导思想，重点整顿在城区不各行其道、乱闯信号、乱摆摊点、骑车带人等违章现象，在农村集市贸易、客运停车站点影响交通和占用道路打柴晒粮等问题，保障主干线道路安全畅通。1991 年 8 月，桓台交通警察大队（以下简称交警大队）面向社会征求建设性意见 200 条，有针对性的规划交通管理工作。1992 年，实行交警中队“三定”（定岗、定路、定责）、“五包”（包路段、包检查、包纠章、包秩序、包宣

1992 年，成立新城交警中队

1989 年，成立果里交警分队；1992 年，改称果里中队

1992 年，成立唐山交警中队

传)责任制,坚持两班制、交替巡逻、重点控制等措施,纠查违章 29561 次,吊扣驾驶证 350 个,查处无牌无证车辆 200 辆。1993 年,贯彻有违则纠、无违则巡、流动巡逻、以动制动方针,坚持夜查制度,落实高峰站点、低峰巡线措施,确保主要道路不失控。11 月,会同县交通、建委部门,建立出租汽车站 1 处,为 27 辆出租车解决无序停放问题。是年,查纠违章 15754 人次,其中非机动车不各行其道、不按信号通行 1279 人次。明确干警处罚权限,严格交通违章处罚程序,将处理交通违章信息输入微机。1994 年,改革城区道路交通秩序勤务,推行高峰站点、低峰巡线、以动为主、动静交替工作机制,完善大队机关干警早加班制度,城区道路交通管理任务落实到股、所、中队,具体到人,岗与岗、路段与路段之间开展比秩序、比管理、比服务、比规范"四比"活动。各乡镇中队利用警车喊话器,遵循静中看、动中喊、动中纠、静中处的原则,依法快纠快处,减少交通违章,提高车辆通行能力。加强对停车场的管理,健全停车场管理档案,整顿设施不配套、责任不落实等问题。加强违章扣证管理,规范申报、审批、上交违章驾驶证的时间,列入执勤干警目标责任考核,保证当天扣证当天交。将五十元以上罚款、吊扣驾驶证一个月以上六个月以下的案件处理情况输入微机。

1994 年,成立马桥交警中队

1995 年,实施高峰站点、低峰巡线、动静结合、区域管理工作法,适当延长工作时间,继续开展"四比"活动。1996 年,聘请执法监督员 30 名,发放禁酒令警示卡 70 张,纠正违章 800 人次。1997 年,以迎香港回归、中共十五大安全保卫为契机,整顿春运交通秩序、冬春季道路交通秩序和春游秩序,开展客运车辆交通安全及"讲文明、树新风"整顿道路交通秩序等系列活动。1998 年 7 月,把县直 134 个单位及索镇的社会化交通管理划归城区中队,在城区施行警区制改革,划分 5 个警区,每个警区 2 名民警,实行警长负责制,落实路段秩序、宣传教育、车辆管理承包责任制。1999 年,深化乡镇中队警务机制改革,基层中队实现"三高一优"(高效率、高节奏、高质量,优质服务)。开展"五小"车辆(轻便摩托、二轮摩托、三轮摩托、三轮农用车、四轮农用车)专项治理活动,整治影响城区交通环境、群众反映强烈的城标南路口、卫生街、夜市路口出租车乱停乱放问题。7 月,开展创建平安大道活动,警力重点投向 G205 国道山深线、S238 省道高淄路、S321 省道寿济路,清理乱搭乱建 2 处,查处公路治安案件 5 起,解决新城大集长期占用公路问题。是年,查纠交通违章 48800 起,批评教育 39000 人次,吊扣驾驶证 1504 个。

2000 年,逐步撤销城区岗楼、岗台,将城区交通秩序管理、轻微交通事故处理、车辆与驾驶员管理、交通安全宣传等工作下放到交警中队。2001 年,确定兴桓路为畅通工程示范路,交警大队与沿街 178 家单位和个体工商户签订交通安全责任书。是年,拆除违章建筑 65 间,清理马路市场占道 87 处,查纠违章 44855 起,吊扣驾驶证 2171 个,罚款 73.72 万元。2002 年,查纠无证驾驶、酒后驾驶、货车载人违章 1759 起,下发隐患通知书 154 份,纠正客车超员 81 起,吊扣驾驶证 834 个,罚款 42.66 万元。2003 年,采取集中整治与定点守候相结合的方式,建立管、防、巡动态管理机制,查处违章摊贩 156 处、乱停乱放车辆 349 辆,通过省"畅通工程"评审。早查与夜查相结合,集中整顿和日常管理相结合,各中队联合作战,在违章车辆集中的 G205 国道及 S238 省道高淄路、S321 省道寿济路,严查无牌无证、超员、超载等严重交通违章,查扣违章超载车辆 2382 辆、无牌无证车辆 123 辆。投资 10 万元,在交警大队违章办设置交通违章自动查询系统。2004 年,采取从大队机关抽调警力、路段承包、路段巡逻、流动电子警察抓拍、与个体经营户签订实施"畅通工程"交通安全责任书等方式,治理不各行其道、乱停车辆、非机动车、行人闯信号等交通违法行为。对出租车、公交车随意停车，影响交通秩序的违法行为，实施处罚和通报单位相结合，加强内部管理和教育。是年，警车装备流动“电子警察”，民警配备便携式“电子警察”和测速仪，对道路交通安全违法行为当场记录取证，处理交通违法行为 9192 人，吊扣、暂扣驾驶证 220 个，道路交通秩序明显好转。

2005 年，以创建“文明城市”为契机，整顿交通秩序。大队机关民警每日 7：30—8：30、16：30—17：30 配合城区一中队，对城区重点路口、路段和交通站点实施专项治理，路口行人和非机动车交通违法数量下降 60%左右。开展预防特大交通事故百日安全竞赛活动，每周两次凌晨集中行动，治

交警检查驾驶员证件

理违法运载劳务市场民工行为，同时排查全县 3 所高中、20 所初中、64 所小学、122 所幼儿园，调查接送学生机动车 57 辆，对不符合要求的车辆逐一下达整改或报废通知单，查扣 3 辆无手续和报废车辆。是年，查纠交通违法行为 40400 起，暂扣车辆 1723 辆。2007 年，实行实时警务和错时上路工作机制，加强源头管理和路面巡控，重点监控 S803 省道张北路、S321 省道寿济路及城区主要路口路段。先后开展严重交通违法行为专项治理活动、创建“平安畅通高速”暨超速行驶违法行为专项整治行动和夏季交通秩序集中整治行动、道路交通安全集中整治“决战 70 天”专项行动，查纠违法行为 66159 起，扣留无牌无证车辆 2162 辆、报废车 8 辆，查处超速行驶 12500 起、酒后驾车 13 起、占道行车 4725 起。2008 年，组织奥运安保道路交通安全攻坚战，集中整治酒后驾驶、涉牌涉证违法行为，查处交通违法行为 52008 起，查获被盗抢机动车 1 辆，没收假牌、套牌 56 面，行政拘留 6 人。2009 年，以“平安全运”百日攻坚集中行动为载体，开展严重违法行为集中整治、城区交通秩序治理、酒后驾车、涉牌涉证、超速、超限、校车和摩托车整治等系列专项治理行动，查处交通违法行为 278818 起，非现场执法 269674 起，现场执法 9144 起。其中，查处涉牌涉证严重交通违法行为 3123 起，没收假牌、套牌 34 面，查处酒后驾驶违法行为 85 起，行政拘留醉驾人员 15 名。

2010 年，围绕第 22 届省运会和亚青赛安保工作，开展春运交通安全整治、摩托车专项整治、酒后驾驶集中整治、公路客运交通安全集中整治、创建交通秩序示范公路活动、校园周边交通环境集中整治及涉牌涉证、大货车专项治理等整治行动，保持交通秩序整治严管氛围。深化“畅通安全行”主题活动，全体民警签订交通安全责任“军令状”，严格落实“包保责任制”，加大路面日巡夜查管控力度。启动 G205 国道桓台与博兴交界交通安全检查点，24 小时设点检查。是年，查处严重交通违法行为 11043 起，其中大货车超载 915 起、改型 15 起、闯禁区 6559 起、涉牌涉证 1324 起、酒后驾驶 360 起（含醉酒驾驶 15 起），行政拘留 12 人，没收假牌、套牌 39 面。2011 年，组织开展交通安全整治、摩托车专项整治、酒后驾驶集中整治、创建“文明城市”等系列专项整治行动，利用酒检、测速、电子警察等科技设备和法律法规手段，查纠酒后驾驶、无牌无证、使用套牌假牌、故意遮挡、污损号牌和驾驶拼装、报废机动车上路行驶等严重交通违法行为，现场执法 41035 起，非现场执法 160943 起。其中，查处无证驾驶 184 起、酒后驾驶 180 起、醉酒驾驶 2 起、超速 17264 起、超载 605 起、超员 8 起。2012 年，开展整治“三超一疲劳”（超速行驶、客车超员、货车超载，疲劳驾驶）、春运、创建文明交通示范公路、“护校安园”、摩托车、道路交通“七治”（治超、治疲、治假、治堵、治患、治酒、治占）、百日交通安全治理及重点车辆交通违法行为集中治理等专项行动，突出国道、省道、城区道路、校园周边，查处超速行驶 22831 起、大货车超载 632 起、无证驾驶 138 起、酒后驾驶 36 起，查扣无牌摩托车 272 辆。2013 年，坚持专项整治和长效管控相结合，发挥电视监控、电子警察、公路卡口、号牌自动识别系统等先进设备的作用，非现场执法

2012 年 10 月 29 日，交通指挥手势训练

85400 起，非现场执法率 72.2%。组织开展非法改装摩托车专项整治、“抓五严创双优”夏秋专项整治、“压事故保畅通”交通专项整治及重点车辆交通违法行为集中治理等系列专项行动，查处超速行驶 29727 起、大货车超载 266 起、无证驾驶 240 起、酒后驾驶 242 起、醉酒驾驶 1 起，查扣无牌摩托车 302 辆。2014 年，在国道、省道、外环路、城区道路、校园及景区周边路段，实施不分区域界限、中队联合作战机制，严格查纠“三超一疲劳”、涉牌涉证、酒后驾驶、未戴头盔、黄标车闯禁区等重

交警夜查酒后驾驶

点违法行为。成立由县委政法委牵头，公安、交通、公路、城管、安监、质监、交警等部门组成的联合执法小组，与“四车”专项整治行动合并，形成治理工作合力。是年，查处涉牌涉证违法行为 2084 起、超员驾驶 40 起、超载驾驶 696 起、酒后驾驶 442 起、醉酒驾驶 21 起、不戴头盔驾驶 689 起。联合行动中，暂扣超载超限车辆 434 辆、渣土车 55 辆、危化品车辆 26 辆、非法改装改型 45 辆、漏撒车辆 28 辆，查处大货车使用伪造牌证 6 起、准驾车型不符 3 起、危化品车辆无押运员 5 起、安全设施不全 256 起。

2015 年，以深化道路交通“平安行 · 你我他”行动为契机，组织开展整治“七类重点车辆(客车、货车、危化品运输车、校车、农村面包车、渣土车、低速载货汽车)、七种违法行为(超员、超速、超载、疲劳驾驶、酒驾、毒驾、涉牌涉证)”“向交通事故宣战”“打非治违”及危化品道路运输违法行为整治、秋冬治安“百日会战”等系列专项行动，加大重点路段、重点时段、重要节点对重点车辆、驾驶人的管控力度。交警、治安警、巡警等多警种配合，在 S294 省道果里段联合设立交通安全管理检查站，出动警力 598 人次，查处货车超载、涉牌涉证、酒后驾驶等重点违法行为 1680 起。与县交通部门联

2015 年 11 月 24 日，交警大队负责人王涛在恶劣天气指挥交通

合，在 G205 国道、S321 省道、S294 省道等重点路段设置定点执勤点 7 处，对危化品运输企业开出大额罚单 2 起。是年，查处交通违法行为 26.8 万余起，其中，超速行驶 60865 起、无证 636 起、酒后驾驶 325 起、醉酒驾驶 127 起、毒驾 1 起。2016 年，与县交通局成立联勤机动中队，在 G205 国道果里路口、前毕路口及劳务市场等重点路口路段设立流动执勤点，严查严处酒驾、醉驾、超载、涉牌涉证和违法载人等严重违法行为；多警种联合成立 9 支路查分队，除全市统一行动外，每周组织一次联合执法行动；联合县城管执法局，每晚开展夜查行动，加强对建筑工地、渣土消纳场等地段的巡逻管控，重点查处渣土车闯禁区、抛洒等违法行为。充分发挥执法服务站优势，精准查处车辆未审验、挪用号牌、伪造号牌等重点交通违法行为。

是年，查处交通违法行为27.6万起，其中现场执法9.2万起，非现场执法18.4万起。

交通宣传

1971年9月，县公安军管小组根据公安部、交通部《关于加强城市公路交通安全工作的几项措施》精神，配合交通部门举办驾驶员、公路养护员培训班，出动交通安全宣传车，向公路沿途村庄宣传交通知识。1972年，遵照公安部、交通部《关于加强城市和公路交通安全措施》的指示，配合县交通监理部门加强交通安全宣传工作。

1981年4月25日，县政府印发《关于加强县城交通 卫生 市场 绿化管理的通告》，要求各种车辆进入县城，一律停放在停车场内，不准鸣高音喇叭，不准在公路旁及人行道上随意搭棚设摊点、打场晒粮、堆物作业等。1987年，各乡镇交通管理员负责宣传交通法规和安全常识，各村治保会设立交通安全知识宣传栏，不定期向村民开展交通安全教育。1988年，以学习宣传新的全国道路交通管理条例为重点，在城区制挂宣传牌15处。1989年，交通管理员向村民宣传禁止在公路上打场、晒粮、晒粪、堆物等方面的法律法规和政策规定，配合路面清障行动，确保道路畅通。

1990年，与桓台电视台联合举办《交通与安全》电视栏目，每周播出1期。1992年，在中、小学校巡回展出交通事故展板、交通安全宣传栏，与桓台电视台联合举办《交通与安全》电视栏目百期回顾展。1993年，与县电台联合开办《祝您一路平安》栏目，与《桓台报》联合开办《交通纵横》栏目。12月，与县太平洋保险公司、县教育局、团县委联合举办中、小学生道路交通安全知识万人答卷和知识抢答赛。1994年，制定农民交通安全教育年实施意见，通过《交通与安全》《祝您一路平安》《交通纵横》等新闻栏目，扩大宣传覆盖面，制作15块交通安全宣传展板，组织宣传车，深入田间地头、集市商场，宣传交通法规。开展农民宣传周活动、农民交通安全知识竞赛活动、中小学生交通安全知识学习竞赛活动、交通安全百日竞赛、红绿灯交通安全文艺演出，受教育群众20余万人。

1996年，各交警中队与辖区35个单位结成警民联心共建单位，向驾驶员发放宣传材料5000份。

1996年10月，市交通安全文艺演出队到桓台县演出

1997年，交警大队与县直、镇安办签订交通安全责任书，各镇安办与辖区750个单位、12079名驾驶员签订责任书，开展创建交通安全村、安全学校、安全幼儿园、安全单位“四创”活动。4月1日，在影院广场举行“手拉手”交通安全万人签名活动。12月，开展“122”交通安全宣传活动。1998年4月，设立宣传站15处，悬挂横幅20条，发放《致全县人民的一封信》1万份。麦收期间，举办交通安全宣传展览17次，放映电影18场，出动宣传车16部，发放宣传材料6万份，受教育15万人次，减少道路事故发生。1999年5月，按照省公安厅交警总队《关于在全省开展交通安全进万家活动的通知》要求，开辟交通安全宣传一条街，通过电视节目、宣传车、悬挂横幅、发放明白纸、交通安全课等形式，扩大宣传效应。

发放交通安全明白纸

2003年，围绕“关爱生命、拒绝违章”宣传主题，抓好交通安全社区、交通安全村、交通安全企业、交通安全学校基础教育工作，创建西苑小区、羿景嘉园两个交通安全社区；向有车单位、学校、

农村宣传交通安全知识，发放通告 1.5 万份，悬挂横幅标语 20 余条，制作宣传展板 30 块、宣传栏 8 个，举办大型宣传活动 7 次，营造“保护生命，拒绝违章，文明交通，共建小康”舆论氛围。2004 年，以交通安全宣传进村、进学校、进企业、进社区、进家庭“五进”活动为载体，强化交通安全社会化管理工作。成立 6 个宣讲小组，到桓台长途汽车站、市公共汽车公司桓台分公司、县电业局、山东黄河龙集团有限公司及各中、小学校开展新法集中教育 22 次，在 200 人以上企业播放宣传片，制作 70 套可移动宣传挂图，放置于辖区企业、商场、酒店、车站和主要社区。购买 13 套影碟机和电视机，在各交警中队、违法处理办公室、车管分所等 13 个窗口单位建立可移动的电视宣教园地。开展交通安全宣传月送法下乡宣传活动，组织演出 6 场，放电影 22 场，受教育群众 8.5 万人。

2005 年，开展庆祝《中华人民共和国道路交通安全法》实施一周年和建设文明淄博、创建文明城市交通安全宣传活动，省道沿线安全村创建率 100%，边远村庄 80%。2006 年 6 月，开展以“安全发展”和“文明行车，文明走路”为主题的“交通安全月”活动，到重点企业、社区、学校上交通安全课 89 场，在新闻媒体开办专栏 17 个，在 1368 个村

交通安全进校园

庄、企业、学校、社区开辟交通安全宣传阵地，出动宣传车 980 台次，发放宣传资料 40 余万份，悬挂张贴标语 2000 余条。2007 年，推进交通安全教育社会化，以“十个一万”（联系万名重点驾驶人、培养万名优秀驾驶员、聘请万名交通安全员、聘请万名交通安全信息员、聘请万名义务监督员、培养万名小交警、送法进万家、设置万块固定交通安全宣传牌、建设万个电子监控点、配备万套移动警务终端）活动为载体，将“倡导文明行车走路，构建和谐交通环境”主题融入县委“我文明，桓台文明”活动中，开展群众喜闻乐见宣传活动 16 次。桓台电视台《交通与安全》栏目播放交通事故案例，曝光交通违法行为。制作 800 份“交通安全宣传大礼包”，在 S803 省道、S321 省道、S238 省道沿线 40 余村庄发放。以“四不四让”（不违反信号、不争道抢行、不乱停乱放、不随意变道，车辆让行人、转弯让直行、右转让左转、超车让对行）和“倡导文明行车走路，构建和谐交通环境”为内容，在主要路口路段设置固定温馨提示双面宣传牌 108 块。举办“驾协杯”钓鱼比赛、摄影家协会走进桓台交警摄影采风、“文明交通从我做起”优秀摄影作品巡展、重点驾驶人专项教育巡讲等特色活动，邀请电视台记者随警报道，营造“大交通、大宣传”氛围。30 余篇稿件在中央电视台、山东卫视播发。

2008 年，围绕“迎奥运，文明出行”宣传主题，在窗口单位、主要道路、社区及公共场所悬挂宣传条幅 435 条，制发交通安全宣传环保购物袋 1 万个，印制宣传材料 3.5 万份、宣传牌 70 面；联合县邮政局直邮奥运交通安全宣传信函 3 万封；交警大队指挥中心安装短信群发器，向 600 余名危化品车、校车、客运车驾驶人编发提示信息 3.1 万条；交通安全宣教队深入 15 所学校、4 家客运单位、5 家危化品运输单位、13 家化工企业及 20 余村庄开展宣传教育。2009 年，开展“迎国庆、保全运、降事故、促畅通”交通秩序集中整治活动，悬挂条幅 335 条，印发宣传材料 2 万份，利用手机短信播发交通安全提示信息 3.6 万条，客车张贴交通安全提示卡 500 余张，桓台绿圣林大酒店、金太洋花园酒店、聚美斋大酒店等餐饮单位在餐桌上摆放拒绝酒后驾驶警示牌 300 块。成立“珍爱生命，平安出行”交通安全宣讲团，走进县电业局、山东东岳集团有限公司、县长途汽车站等单位。在桓台县博物馆广场、齐鲁医院桓台分院广场、绿圣林大酒店集中开展以“珍爱生命，拒绝酒后驾驶”为主题的交通安全宣传展板巡展活动。在市级以上报刊、电视、广播等媒体上发表稿件 596 篇。11 月 23 日，在桓台县顺通驾校举行桓台交通安全宣传教育基地揭牌仪式。

2010年，结合实施文明交通行动计划，成立“迎省运，文明交通我参与”交通安全宣教队，制作大型交通安全宣传展板40块，与县邮政局联合开展迎省运交通安全宣传直邮信函活动；制发具有卡通、知识、趣味于一体的“文明交通行动计划宣传册”1万份；在各主要路口摆放“迎省运，文明交通我参与”及“畅通安全行”主题宣传口号便携式温馨提示牌56面。2011年3月，根据“科学管理、规范执法，深化宣传、和谐交通”工作思路，在县交通安全宣传教育基地举行“春风行动”启动仪式，发出“文明参与交通，构建和谐桓台”社会倡议。5月，举行交通安全摄影大赛，收到摄影作品532幅，15幅优秀作品在各报刊刊登。2012年1月8日，以“文明交通”为主题，在县长途汽车站举行春运交通安全启动仪式，深入3家客运企业、6家危化品企业、9个有车单位、11所学校宣传交通安全常识，开展“警营开放日”活动。8月20日，在山东长运企业集团有限公司桓台分公司举行“牵手平安行”暨“七治”专项行动集中宣传周启动仪式，倡导树立文明交通行为，摒弃交通陋习，抵制危险驾驶行为。结合“全国中小学生安全教育日”活动，成立10人交通安全宣教队，编写针对幼儿、中小学生等不同版本的宣讲教材10余万字，制作多媒体教学软件9个，在95所学校上交通安全课103次，把交通安全纳入全县中小学校教学范畴和中小学生综合评价指标体系。建立“桓台交警”官方微博，增强自主发布信息的能力和水平。

2013年，深化“一二三四五”(一个机关、二所学校、三个企业、四个社区、五个村庄)文明交通素质教育工程，结合开展“守护平安团圆路”爱民实践主题活动、“四德践行日”系列公益活动、安全生产月、“大排查、大教育、大整治”货车违法行为专项整治行动和“平安行，你我他”行动，进一步完善微博矩阵建设和网络媒体宣传阵地。3月，协调淄博市公交汽车公司和城区各银行、酒店、商场、社区及大中型企业，利用LED显示屏或影视播放设备加播交通安全宣传内容。12月，联合县文明办，组织各级文明单位192名志愿者，在城区24个路口开展文明交通劝导服务活动。2014年，以“防事故、保安全、保畅通”为核心，实现刊播交通安全公益广告制度化、常态化。6月，开展“小手拉大手，平安六加一”交通安全宣传教育活动，深入11所中小学校开展安全教育。8月，开展“智行淄博”APP和淄博公安交警微信公众服务平台宣传工作。9月，在果里镇中心小学举行“平安淄博，荧光童行”小学生交通安全反光衣公益发放活动。11月，为学生发放印有交通安全提示和“笑脸”卡通形象的反光贴，增强小学生交通安全意识。

2015年1月，向淄博建筑工程学校2000名师生发放“安全与青春同行”反光贴，开展交通安全讲堂活动。4月，在兴桓路开展“摩托车交通安全主题宣传月”活动，邀请交通志愿者开展文明交通劝导服务，向过路群众放发交通安全宣传材料。6月，在淄博市公交汽车公司桓台分公司举行爱心送考大型公益活动启动仪式，倡导为高考学生提供送考服务。7月，交警大队10名党员到兰香园社区开展教育、法律、政策宣传服务活动。是年，通过手机短信平台向重点驾驶人发布安全驾驶提示50万条。2016年1月，交警大队深入县长途汽车站、公交公司开展春运期间交通安全宣传活动。

交通设施

随着桓台县机动车辆的逐年增加，1980年，县交通部门投资2.99万元，在城区百货大楼路口设信号指挥灯、指挥台。1987年3月，县交通部门将以上设施移交给交通管理队。

1992年2月24日，交警大队规划交通设施工作，在索镇大街设置广告护栏，在G205国道城区段设置隔离桩，在兴桓路设置隔离梯，在章索路设置隔离栏、隔离梯，缓解人车混行问题。是年，漆划交通标线1万平方米，新设交通标志10个。1993

交通岗台

年，按照“向设施要警力，向设施要秩序”的要求，筹资 20 万元，西环线交通设施全部配套；新城镇投资 3.7 万元，在镇府路、章索路路口安装红绿灯指挥信号及配套设施；起凤镇投资 2.5 万元，在新建 5 千米道路安装反光交通标志；在兴桓路县委路口和张北路交通局路口安装信号指挥灯，在以上两个路口及百货大楼路口安装语言提示器，在百货大楼路口至县委路口安装人车分离护栏，在重要路口安装交通标志牌，市交警支队在桓台县重要路段划线。1994 年，城区更换铝合金岗楼，更新交通标志牌 19 块，在 G205 国道安装交通隔离栏 3600 米。1995 年，投资 24 万元，更新交通标线 3800 平方米。1998 年，新增交通标志牌 5 块，安装护栏 150 米，漆划交通标线 3 万平方米。

2000 年，在东岳路各重要路口安装交通信号灯。2001 年，新增交通标志牌 14 块，拆除违章建筑 65 间，清理马路市场 87 处，在交通事故多发地段、路口设置黄闪灯 4 处。2002 年，投资 70 万元，在 G205 国道桓台城标处、傅山路口处及 S238 省道 14.2 千米处、S321 省道 44.9 千米处等事故多发地段，设置黄闪灯。是年，在 G205 国道果里段设警务工作站，监控过往车辆。2003 年，结合创建“平安大道”“畅通工程”，增设交通标志牌 22 个，施划标线 66000 平方米；投资 40 万元，在 G205 国道桓台花园路口、S321 省道东岳路口新设置交通违章自动拍照系统。在 S238 省道建设新城警务工作站并投入使用。2004 年，交警大队筹措资金 50 余万元，在商城路口、镇南大街路口、地税局路口、南外环路口、新城新信路口新设 5 处红绿灯，改装东岳路口、五里路口、北斗星路口 3 处红绿灯，在唐华路口、王家店路口、唐山路口设置黄闪光灯 3 处。投资 400 余万元，安装启用道路交通电视监控系统、导航式“电子警察”系统。

2002 年，建设平安大道果里警务工作站

2005 年，道路交通监控系统二期工程投入使用，在 20 个路口安装监控探头，采取现场抓拍与指挥中心调度查纠相结合的方式，全年非现场处理违章 2.12 万起。投资 153 万元，增设交通信号灯 5 组、交通标志 39 面，除锈粉刷标志 170 面，重新施划标线。2007 年，调整、增设标志标牌 23 面，施划交通标线 1.02 万平方米，在新建道路 7 个路口设置交通信号灯。2008 年，投资 77.83 万元，在 S321 省道唐山路口设置交通信号灯 1 处，增设测速卡口 1 处，在 S238 省道设置安全警示灯 5 处，在少海路设置安全警示灯 2 处，增设交通标志标牌 12 面。2009 年，围绕十一届全运会保卫工作，新增 16 个路口交通信号灯，在县文体中心赛场周边道路增设 3 处交通信号灯和 6 处电视监控设备，在城区 12 个主要路口新增指路标志 36 面，保障全运会期间道路交通安全畅通。投资 41 万元，在 S238 省道红庙路口增设 1 处交通信号灯和电视监控设备，在 S238 省道红辛路口、祁家村路口增设 2 处交通警示灯。

2010 年，以第 22 届省运会交通安全保卫工作为抓手，全面排查桓台县文体中心周边道路交通设施建设情况，增建 7 处交通信号灯，增设限速、警示等各类交通标志、标牌 80 面。2011 年，全县增设交通信号灯 4 处、交通标志 17 个，施划交通标线 2000 平方米，在桓台一中门口安装 2 处太阳能爆闪警示灯。2012 年，根据路口交通流量，科学渠化部分路口交通标线，调整部分路口交通信号，

2012 年，在兴桓岗增加左转弯待转标线

在兴桓岗、东岳岗、网通岗增加左转弯待转标线，在文体中心岗路口东面增设左转车道1条，在城区少海路与渔洋街路口增设右转弯车道1条，提升路口通行率。全面排查校园周边交通安全设施，完善警示、限速等交通标志标牌40面。2013年，完善新建、改建、扩建道路交通设施，增设交通智能信号灯13处，安装中间隔离栏5600米，施划交通标线8400平方米，安装交通标志60余面；对全县5处交通事故易发、多发路段、路口安装仿真制式警车，发挥警示和预防交通事故作用；改造柳泉北路两个丁字路口，增设减速震荡带。2014年，建设张北路信誉楼路段和温州批发城路口交通基础设施，新上异型交通指挥系统1套、隔离护栏2000米、交通标志20余面、隔离桩50余根，施划交通标线3000平方米。在市级危险路段S238省道刘三里段、G205国道东西果里段和S321省道贵和路口新上测速卡口2处，红绿灯和监控设备1处，完成交通安全隐患排查整改工作。

2015年，在市政府挂牌督办的S238省道岔河桥路段、周荆路路口及泰山路与傅山路路口、泰山路与石化南路路口4处危险点段，新上红绿灯3处、测速卡口1处、监控设备2处、电子警察1处，设置交通标志12面，施化交通标线300平方米。拉网式排查全县27条客运班线、48条通行线路，新上红绿灯1处、爆闪警示灯1处，安装大型醒目提示牌4面，施划减速震荡线60平方米；投资700余万元，建设卡口3处、电子警察15处、视频监控8处、路口警示信号灯20处，在红绿灯路口安装电

县实验学校门口交通标志

子警察。至2015年，全县灯控路口104个，测速卡口21个，电子警察63个，视频监控133个。

事故处理

1972年10月1日，桓台县建立汽车肇事现场勘查报告制度，发生汽车肇事案件，电话报告地区军管会同时，县公安局会同交通部门及时赶赴现场，制作现场勘查记录，并报送地区军管会一份。现场勘查记录内容包括现场勘查笔录综合材料、会同有关部门研究处理的意见、汽车肇事现场平面图、方位照相、细目照相等。1977年，县公安局配合交通监理部门，妥善处理55起交通事故。1983年，县公安局协助交通监理部门处理交通事故69起，追究刑事责任1起，行政处罚3起。

1987年3月，桓台交通管理队肇事处理股6名干警分3班24小时倒班，配备偏三轮摩托车1辆，勘查工具主要是皮尺，使用统一的现场勘查笔录，死亡事故现场由市公安局交通警察大队负责勘查，交通管理队整理事故案卷材料及处理意见，报交通警察大队肇事处理科审核后处理，需追究驾驶员刑事责任的，报县公安局处理。乡镇交通管理员负责处理轻微交通事故。

2015年4月，肇事处理科办公楼外景

1991年，开展压事故、保安全活动，交通事故发生起数由建队时的179起降为72起，死亡人数由34人降为24人，受伤人数由74人降为44人，经济损失由90610元降为50430元，连续5年被评为市级交通安全先进单位。1992年1月10日，实施《道路交通事故处理办法》。7月6日21时许，G205国道城区段发生2死1伤重大交通死亡逃逸事故，县交警大队抓获逃逸犯罪嫌疑人刘某，刘某被判处有期徒刑四年。8月10日，公安部公布施行《道路交通事故处理程序》。根据程序规定，事故处理坚持“以事实为根据，以法律为准绳”“分清

责任”“以则论处”的原则，履行“处理事故现场，认定交通事故责任，处罚交通事故责任者，对损害赔偿进行调解”的职责。1994 年，规范交通肇事处理，制定交警中队、肇事处理股肇事处理规定，完善肇事值班制度，落实肇事处理责任制，严格外勤勘查、内勤处理、股长审核、大队把关的规范化肇事处理程序。组建处置交通肇事逃逸案应急突击队，中队联网，大队联片，肇事处理股协调，统一指挥。6 月 16 日，成立道路交通事故伤员急救中心。

1994 年 6 月 16 日，道路交通事故伤员急救中心揭牌

1995 年，根据《淄博市道路交通事故处理工作规范》，县交警大队肇事处理人员接到报案后，到现场时限为白天 10 分钟，夜间 15 分钟。责任认定期限为轻微事故 5 日、一般事故 7 日、重大特大事故 10 日，特殊情况不能超过《道路交通事故处理程序》规定时限。当事人申请重新认定责任的，20 日内作出责任重新认定书，并在 5 日内向当事人宣布。轻微事故适用简易程序当场调解处理；一般以上事故，赔偿调解时限为 20 日，两次调解未达成协议的，制作调解终结书，当事人持调解终结书向法院提起民事诉讼。是年，处罚重大交通事故肇事者 37 人，吊扣驾驶证 14 个，吊销驾驶证 33 个。1996 年 5 月 27 日 12 时 15 分，东营市利津县驾驶员赵某驾驶鲁 E40676 号拖挂车，沿 G205 国道由北向南行至 615.5 千米处，遇大雨紧急刹车，致使车辆横滑，挂车驶向左侧，与由南向北行驶的淄博公共汽车公司桓台分公司驾驶员王某驾驶的鲁 C93568 号 51 路小客车相撞，致使 7 人死亡 14 人受伤。11 月，判处赵某有期徒刑七年。1998 年，将轻微事故处理权和一般事故现场勘查、调查取证职能下放到交警中队。11 月 20 日，实行交通事故责任公开认定和调解制度。1999 年 10 月 1 日，市交警支队将重大交通事故现场勘查权下放到县交警大队，死亡事故现场由县公安局法医负责勘查，特大事故、涉外事故及其他有影响的事故现场由市交警支队肇事处理科负责勘查。

2000 年 12 月 22 日，县交警大队撤销肇事处理科，设立事故勘查科、事故审理科、事故调解处理科。事故勘查科负责交通事故接处警、现场勘查、痕迹物证鉴定、调查取证、事故初期安排、制作事故案卷、提出事故责任认定及损害赔偿意见，适用简易程序处理相关事故，综合、分析、统计全县交通事故情况。是年，推行案件回访制度。2001 年，交警大队班子集体研究重大交通事故处理决定。2002 年，发放肇事处理明白卡 2200 份，用简易程序处理交通事故 620 起，抢险处警 1890 起，抢险车辆出动 3800 台次，由于抢救及时，20 人脱

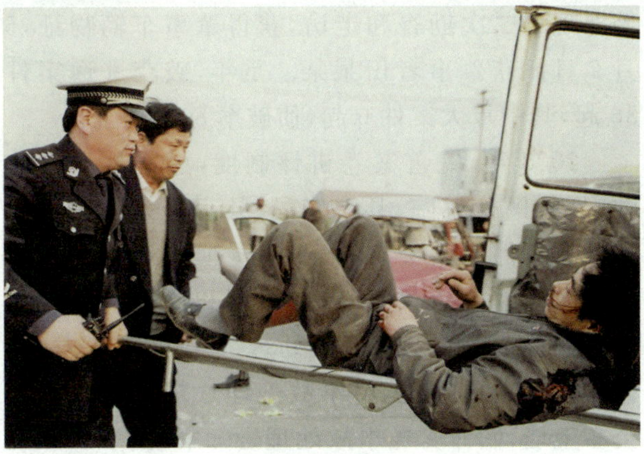

抢救交通事故受伤人员

离生命危险。2003 年，事故处理工作按照三权分离、互相监督、公正执法、服务群众的工作思路，严格贯彻《山东省道路交通事故处理工作规范》，层层签订道路交通事故处理人员目标责任书，落实错案责任追究制，加大考核督查制度；进一步落实乡镇交警中队处理交通事故工作规范，实行中队民警处置交通事故记分制。2004 年 5 月，道路交通安全法实施。对机动车第三者责任强制保险作出强制性规定，道路交通事故社会救助基金先行垫付部分或全部抢救费用。

2005 年，交警大队指挥中心、事故勘查科、案件审理科、调解处理科及各中队形成“五位一体”的交通事故接处警联动机制，80% 事故适用简易程序。县人民法院在事故勘查科设立交通事故立

案联系点，由立案庭直接受理交通事故案件。开展道路交通事故专项治理活动，集中攻坚肇事逃逸案件、上访复核的案件、疑难案件，抽调精干力量，先后赴安徽、河北、山西、天津及本省各地办案，行程2万千米。是年，全县发生肇事逃逸案件25起，侦破23起。2007年1月，撤销事故勘查科、事故审理科、事故调解处理科，设立事故处理科。推进执法规范化建设，落实交通案件主办人制度和三级审核制度，确定4组现场勘查民警，每组2人，接警时自行确定一名案件主办人。案卷由民警、科长、分管副大队长三层把关，严格遵守事故执法程序。制定《交通肇事逃逸案件侦破预案》，提出“四快”工作要求，即赶赴现场快、施救措施快、现场勘查快、案件侦破快，最大限度保障群众合法权益。4月29日晚，宫荆路李家村口发生一起死亡逃逸案。次日6时许，科长带领办案民警对现场二次勘查和走访，获得肇事车辆物证，5月2日抓获肇事者田某某。是年，破获逃逸案件36起，其中重大案件6起，侦破率80%以上。

2008年，完善案卷讲评制度，建立县人民法院、县人民检察院、县公安局、县交警大队交通肇事逃逸案件联席会议制度，完善侦破道路交通事故逃逸案件应急预案、查纠机制和逃逸事故现场复核制度，提高交通事故处理效率和办案质量。落实便民利民措施，将事故处理法规及赔偿标准公布上墙，制作交通事故处理告知书，当事人知晓交通事故处理程序、事故处理中的利益风险及享有的权利和义务；实行办案预约制度，制作发放警民联系卡；3家律师事务所在事故处理科门厅设立律师公开栏；交警、物价定损部门、保险公司拆检中心建立协作制度，在事故车辆定损、拆检等方面，快速办理，缩短办理时限。2008—2014年，侦破逃逸事故154起，其中重大逃逸事故47起。2009年1月1日，《道路交通事故处理程序规定》《道路交通事故处理工作规范》颁布实施。事故处理科实行每周例会讲评案例制度，重点学习法规变化情况，进一步规范扣押物品清单的使用、事故双方自行协商程序的适用及现场勘查工作。

2010年9月6日，县人民法院、县司法局、县交警大队联合印发《关于建立道路交通事故纠纷多元化调解机制的实施意见（试行）》，司法、行政及社会力量协调联动，力争把矛盾纠纷化解在诉讼之前，对进入诉讼程序的案件优先适用调解方式结案。9月27日，桓台县法官便民工作站在事故处理科挂牌成立，公示工作站职责、工作人员及办公电话、十大诉讼风险和财产保全等制度。11月

2010年9月27日，桓台县法官便民工作站挂牌成立

8日19时许，宋某无驾驶资格驾驶严重超载的鲁E06698号－EB038挂号重型罐式半挂车沿205国道由北向南行驶至耿焦路口时，遇高某驾驶的鲁C02712号中型普通客车由北往南行驶至事故地点右转弯，重型罐式半挂车与中型普通客车右侧面相撞，致中型普通客车翻至205国道路西侧沟内，客车8人当场死亡，5人经送医院抢救无效死亡，8人受伤，两车不同程序损坏，造成特大道路交通事故。高某和宋某各负事故同等责任。2011年3月2日，淄博市中级人民法院分别判处宋某、高某、大货车车主赵某有期徒刑六年、六年、五年。是年，事故处理科执法办案区、办公区、生活区和服务区四区分离，执法办案区安装录音录像设备和防护措施，达到正规化建设和一等事故处理岗位的硬性要求和标准。5月1日，醉驾入刑，事故处理科开始办理醉驾案件，对血液酒精含量大于等于80毫克/100毫升的驾车人员刑事立案。是年，办理醉驾案件17起。9月3日，交警大队和县司法局成立道路交通事故纠纷人民调解委员会，聘用人民调解员3名，至2015年，成功调解道路交通事故案件360余起。2012年，交警大队办理醉驾案件32起。6月，淄博市仲裁委员会派员入驻事故处理科，至2015年，调解道路交通事故案件2100余起，涉及金额5721余万元。

2013年，事故处理科执法案卷达到规范化制

作要求，通过省公安厅一等事故处理岗位验收评定。2014 年，破获逃逸案件 14 起，6 起死亡案件全部破获，处理伤人案件 7 起、醉驾案件 39 起，缉捕网上逃犯 2 人，刑事拘留 5 人，行政拘留 1 人。是年，开展道路交通事故社会救助基金工作，对符合《山东省道路交通事故社会救助基金管理暂行办法》第十八条规定的三种垫付情形之一的，受理当事人或代理人的申请。9 月 29 日 22 时，荣某无二轮摩托车驾驶资格，醉酒驾驶鲁 C6N151 号二轮摩托车行至索镇中心大街柳泉路口，将驾驶电动自行车的徐某撞伤。因肇事者所驾机动车无交通事故强制责任险，徐某伤势严重，当事人家属申请办理社会救助基金相关手续。该案系桓台交警大队首次开展救助基金工作。是年，救助 22 人，救助资金 58.8 万元。2015 年，救助 26 人，救助资金 109 万元。是年，事故处理科共侦破逃逸案件 19 起，其中 4 起死亡逃逸案件，1 起重伤逃逸案件。同时，办理醉驾案件 53 起。12 月 15 日 17 时 23 分许，刘某驾驶电动自行车在 S238 省道五庄村附近被一机动车撞伤致死，机动车逃逸。在现场没有

事故处理科民警分析案情

线索的情况下，专案组查看大量社会监控、治安卡口，锁定肇事车系未注册登记的观光车，通过车辆售出记录，往返惠民、临朐和张店，调查走访转卖人，历时一个月，在高青县抓获嫌疑人沈某。

第二节　车辆和驾驶员管理

车辆管理

1964 年 4 月 14 日，县公安局对进入运输市场的胶轮马车、人力车、三轮车，各机关、学校、企业自货运输的车辆，人民公社生产队参加副业运输的车辆实行登记发证制度。1972 年，县公安机关配合惠民地区交通监理部门做好全县机动车辆年审工作。1975 年，桓台县车辆监理站成立。1977 年，县公安局抽调一名干部常驻车辆监理站，配合交通部门搞好车辆管理，组织 3 次车辆安全大检查，圆满完成车辆年审工作。

1987 年 3 月，机动车辆检审工作划归公安机关，全县机动车 6700 余辆。1988 年，县交警队成立车辆管理分所（以下简称车管分所），挂牌落户 1086 辆，年审车辆 3173 辆，年审驾驶员 3454 名，挂发牌照 4000 余面，全县机动车 7468 辆。是年，采用眼看、手摸、耳听、锤敲方法，人工检测机动车 2071 辆。

1992 年 4 月，在索镇赵家村东开工建设 961 平方米的车管分所办工楼。5 月，投资 51 万元，在车管分所办公楼南侧新建机动车自动化检测线 1 处，建筑面积 651 平方米。10 月 15 日竣工使用，告别人工检测方法。是年，审验机动车 5406 辆。

机动车自动化检测线

1993 年，清理、收缴报废车辆。1994 年，车辆落户、档案管理微机化。1996 年 5 月，根据省公安厅规定，机动车初次注册登记须交验车辆所有者证明、机动车来历凭证、车辆控购证明、车辆购置附加费证、保险单，并留存发动机、车架拓印号。1997 年，组织上门服务 17 次，为 5438 辆机动车办理落户手续，审验车辆 13993 辆。1998 年，将“五小”车辆（二轮摩托车、三轮摩托车、三轮汽车、四轮低速汽车、拖拉机）挂牌、落户、年审及驾驶员培训职能下放到交警中队。10 月，开展安装后雾灯

工作。1999 年 2 月，启用车管微机应用程序。

2000 年，公安部建立被盗抢机动车核查库，并与桓台县机动车检测线微机联网。2001 年 1 月，公安部颁布《中华人民共和国机动车登记办法》。车管分所全面规范车辆登记工作，实行按车牌号尾数对应月份进行年审办法，年审时间变计划分配为周期循环。同时，在车辆年审时，增加对汽车尾气排放的检测。2002 年，对新注册登记和年度审验汽车，通过喷砂技术将车辆发动机号、车架号标注于玻璃上，预防套牌、挪用号牌和走私、盗抢等涉车违法犯罪行为。2003 年，落实公安部 30 条便民利民服务措施，机动车注册登记核发机动车号牌由车管所按照顺序向车主发放改为通过计算机公开自动选择号牌号码，并允许车主从 2 个号码中选择 1 个。车管分所在业务大厅设立政务公开栏，公开办事程序、时限、收费标准。推行上门服务和“流动车管所”下乡服务，全年上门服务 24 次，办理“五小”机动车落户 312 辆。2004 年，在车管、驾管及年审服务大厅推出“一站式服务、一条龙服务”的工作模式。严格管理大吨小标车辆，通过年审，查出超长、超宽、超高车辆 520 辆，责令限期整改后再年审。5 月 1 日，道路交通安全法颁布实施，落实《机动车登记规定》(公安部 72 号令)，车管分所使用计算机登记系统办理机动车登记，数据库完整、准确记录登记内容、办理过程和经办人员信息，实时将登记内容传送到全国公安交通管理信息系统。是年，办理“五小”车辆注册登记 6208 辆，汽车注册登记 975 辆。

2005 年，按照山东省道路运输危险化学品安全专项整治方案要求，对全县 208 辆上路行驶的危险化学品运输车辆粘贴或喷涂危险化学品反光警示标志，罐体后部安装告示牌，车辆配备防护人员和施救设备，有条件的安装行驶记录仪、GPS 卫星定位系统，此类车辆年度检验必须上线检测。是年，完成农用车和上路拖拉机及驾驶员档案的移交工作，接收由农机部门清理出的拖拉机、变型运输机档案 594 份。2007 年 1 月，按照公安部《关于加强机动车安全防护装置和车身反光标识等管理工作的紧急通知》要求，在办理车辆注册登记和核发检验合格标志时，根据相关技术标准严格查验车辆。对未按规定安装、粘贴侧面及后下部防护装置、车身反光标识，或者安装、粘贴质量不符合要求的货车和挂车，以及未按规定配置三角警告牌的汽车，不予办理注册登记和核发检验合格标志。7 月，落实公安部《服务群众十六项措施》，所有机动车号牌号码实行计算机公开自动选号，推行机动车号牌号码“5 选 1”“6 选 1”的模式。机动车报废后，机动车所有人可以申请继续使用原机动车号牌号码。9 月 1 日，开始实施国家标准《机动车运行安全技术条件》(GB 7258—2004)第二号修改单，对校车重新做出技术规定(包括核载人数、车辆外观、安全带等)。10 月 1 日起，实施《中华人民共和国公共安全行业标准》GA－802 机动车类型术语和定义，把校车定位非营运车辆。11 月 5 日，推行小型汽车九二式号牌自编选号模式。2008 年 10 月 1 日，落实公安部新的《机动车登记规定》《机动车登记工作规范》，调整机动车登记业务岗位，取消业务领导岗、牌证管理岗和嫌疑车辆调查岗，增加机动车查验岗。规定机动车应到机动车安全技术检验机构接受安全技术检验，取得合格证明后申请注册登记。2009 年 1 月 1 日起，对新注册登记的机动车核发新固封装置，对使用旧固封装置的机动车，在办理定期检验或需要更换号牌业务时，统一换发新固封装置。3 月，开展汽车行驶记录设备安装工作，深入有车单位逐车核对，1182 辆车辆安装行驶记录仪。是月，设立绿色通道，办理汽车、摩托车下乡落户业务，对符合条件的 912 辆下乡汽车，车管分所出具审查通过证明书，到各镇财政所领取补贴。是年，清理注销“三小”机动车档案 9215 份。

车管民警细致查验车辆

2010 年，完善全县 130 辆校车、274 辆客运车辆、347 辆危化品运输车辆和 503 名重点驾驶人的电子台账，并跟踪监管，定期排查摸底，及时更新“三车”台账。对全县校车及驾驶人逐一核查安全检验和运营资质，发现不合格校车 10 辆。2011 年，推广应用重点车辆及驾驶人监管平台。2 月 26 日，桓台县第一家摩托车带牌销售点桓台长城机动车服务站挂牌成立，全年办理摩托车落户 763 辆。10 月，交警大队成立果里交通管理服务站。车管分所新业务大厅投入使用，车驾管业务窗口由

车管分所新业务大厅

6 个增至 15 个，保存机动车档案 8.9 万份，驾驶员档案 3.9 万份。2012 年 4 月 9 日，机动车查验信息系统投入使用，启用 PDA 对机动车外检，针对 PDA 业务程序，适时调整业务流程和岗位设置。7 月，在桓台巨明二手车交易市场新上一条 10 吨以上大型机动车检测线，缓解车管分所检车压力。9 月，公安部再次修改《机动车登记规定》，设定公安机关对校车交通安全管理的职责权限，允许除大型载客汽车、校车以外的机动车向登记地车辆管理所申请委托核发检验合格标志。全年审验机动车 33220 辆。

2013 年，对桓台巨明检测站、检测线硬件设施升级配强，每天开放 120 辆审车计划，允许群众通过互联网、电话等方式预约检车。大型客车、校车外的机动车在全省范围内异地检验，无须办理委托检验手续。全年审验机动车 59087 辆。5 月 1 日，商务部、国家发展和改革委员会、公安部、环境保护部联合发布施行《机动车强制报废标准规定》。规定已注册机动车应当强制报废的四种情形：达到规定使用年限的；经修理和调整仍不符合机动车安全技术国家标准对在用车有关要求的；经修理和调整或者采用控制技术后，向大气排放污染物或者噪声仍不符合国家标准对在用车有关要求的；在检验有效期届满后连续 3 个机动车检验周期内未取得机动车检验合格标志的。2014 年 9 月 1 日，试行 6 年以内在用非营运轿车（含大型轿车）、非营运小型和微型载客汽车免予上线检验。10 月，开展黄标车治理工作。至年底，淘汰黄标车 210 辆。2015 年，县财政局、县交通运输局、县财贸局、县交警大队组成黄标车淘汰治理联合办公室，每周五在车管分所联合办公。年底，全县 5904 辆黄标车淘汰完毕。是年 5 月 1 日，机动车检测工作从车管分所分离。

驾驶员管理

1971 年 6 月 7 日，中国人民解放军惠民地区公安机关军管会印发《机动车辆驾驶员必须遵守下列规定》《非机动车辆必须遵守下列规定》《骑自行车必须遵守下列规定》《行人必须遵守下列规定》《少年儿童要认真遵守下列规定》等 5 项制度，对道路交通安全主体提出具体要求，骑自行车不准行驶人行道，14 岁以下儿童不准在马路上骑自行车等。1972 年 3 月，公安部、交通部颁布《城市和公路交通管理条例》，驾驶人员经地区公安、农机、监理部门考试合格，颁发驾驶证，杜绝无证行车。是年，利用年审之际，以人民公社为单位，从交通规则、机械常识、操作技术等方面，结合车辆肇事典型案例，加强对驾驶员政治思想、组织纪律、工作纪律方面的安全教育。拖拉机驾驶员经公安机关、农机、监理部门检验考试合格后，发给牌照和行车证、驾驶证。1974 年 10 月，根据省交通厅《山东省机动车驾驶员考核办法》，桓台县驾驶员需到惠民地区监理所学习驾驶执照，汽车、大货车 6 个月，大客车 9 个月，拖拉机 4 个月，摩托车 2 个月。驾驶员审验每年一次，年审合格的，由县监理站加盖公章。对犯有错误未结案或已失去驾驶员资格的，暂时收回或缴销驾驶证。

1987 年，全县机动车驾驶员 8100 人，交警队负责管理县直部门机动车驾驶员，乡镇交通车辆管理站负责管理本乡镇驾驶员。二轮和柴油三轮车驾驶员由县交警队培训，其他机动车驾驶员由市公安局驾驶员培训中心（湖田）培训。1988 年，年审驾驶员 3454 名。根据《全国道路交通管理条

例》规定，举办各类机动车驾驶员培训班5期，培训1207人。1991年7月，办理增驾大货车培训业务。1992年，举办违章驾驶员学习班12期200人，举办轻便车、简易车、摩托车、小型车、增驾车培训班25期1416人，合格率90%。1994年，驾驶员培训合格率87%，为社会输送大批合格驾驶人才。1995年，对吊扣驾驶证1个月以上、6个月以下者信息输入微机，当年输入违章驾驶员信息859条，其中县内518条。是年，举办“五小”车辆驾驶员培训班28期，培训驾驶员382人，培训增驾大型货车驾驶员135人，合格率55%。1997年，培训驾驶员4142名，换证2526个，审验驾驶员19420名。

1996年度桓台县机动车驾驶员审验动员大会

2002年，为大型企业举办汽车驾驶员培训班4期112人。2003年，推行上门服务和“流动车管所”下乡服务，为乡镇、大型单位4000余名驾驶员查体、年审、签章。年审“五小”车辆驾驶员10361人、汽车驾驶员17329人，核发“五小”车辆驾驶证3248本，培训汽车驾驶员2352人。2004年10月1日，实施《机动车驾驶证申领和使用办法》《机动

对重点驾驶员进行现场警示教育

车驾驶证业务工作规范》，机动车及驾驶人信息数据库全国联网。制定《驾驶员考试工作规范》，对理论、场地驾驶、道路驾驶3个科目考试成绩实行学员和考试员双签名制度，并存入驾驶员档案。全年核发“五小”车辆驾驶证3775本，审验汽车驾驶员17496人，审验“五小”车辆驾驶员9247人。

2005年，车管分所改造业务大厅，设立业务咨询台、屏幕电子显示屏、触摸查询系统、意见簿和投诉箱，安装排队叫号系统和等候椅，设立警务公开栏，提高车管业务透明度。加大对驾驶员报名程序的审核力度，严把报名体检关，全年体检25540人，取消资格58人，核发“五小”车辆驾驶证471本，补换驾驶证5852人。2007年，落实山东省公安交警部门服务群众二十项措施，对因服兵役、出国（境）等原因，无法按期提交身体条件证明或者换领驾驶证的，可以向车管分所提出延期申请，提交机动车驾驶人服兵役、出国（境）的相关证明，延期期限为2年。在驾驶证副证上打印相关的提示语，签注提交身体条件证明时间或换领驾驶证时间，如“请于每年的×月提交身体条件证明”“请于×年×月×日前申请换领新驾驶证”“请于×年×月×日前办理准驾车型降级和驾驶证换证手续”等，提醒驾驶人按时办理相关业务。2008年3月，集中整顿机动车驾驶人考试、发证工作，建立和完善机动车驾驶人考试监督制约机制。根据公安部《驾驶证申领和使用规定》，严格审查，严格培训，严格考试，凡进必训，凡证必考，合格发证，全年5636人补换驾驶证，1608人初学申领驾驶证。2009年1月1日起，外地驾驶证转入换证业务下放至县车管分所。是年，补换驾驶证11227人，初学申领驾驶证2289人。

2010年，推进车管业务规范化建设，推行八种窗口服务措施：开放式服务、业务一条龙服务、微笑服务、咨询服务、承诺服务、引导服务、领导接待服务、便民设施服务，继续开展延时服务、限时服务、预约服务、上门服务等，最大限度方便群众。全年补换驾驶证26283本，驾驶员体检5250人，办理驾驶人初学申领驾驶证760个，受理增驾申请1260人。2011年，推行“网上车管所”受理驾管业务。10月，汽车驾驶人科目一考试业务下放至车管分所，每周安排1天考试，考试人数140人，

考生通过互联网预约。全年办理补换驾驶证10859本，初学申领驾驶证561人。2012年，大型客车、牵引车、城市公交车、中型客车、大型货车驾驶人每个记分周期结束后三十日内，到交警部门接受审验。但在一个记分周期内没有记分记录的，

2011年7月21日，交警与驾驶人在线交流

免予本记分周期的审验。补换驾驶证10420本，驾驶员体检26068人，初学申领驾驶证102人。2013年，全面推行一窗式综合服务模式，全年补换驾驶证12364本，驾驶员体检20715人，初学申领驾驶证1591人。9—10月，按照公安部《加强机动车驾驶人管理指导意见》《关于进一步严格大中型客货车检验及驾驶人审验工作的通知》及省公安厅要求，安排340名有交通违法记分的大中型客货驾驶人到县交通安全宣传教育基地学习。2014年，补换驾驶证17243本，初学申领驾驶证229人。4月，驾驶人满分学习业务下放至县车管分所，方便群众就近接受满分学习和考试，计分满12分的驾驶员随到随学。是月，市交警支队下放驾驶员安全驾驶信用证明工作权限，由县交警大队为

对驾驶员进行安全教育培训

符合条件的驾驶员办理驾驶信用证明工作，至2015年年底，办理3050份。

机动车驾驶员协会

1997年10月29日，桓台县成立机动车驾驶员协会（以下简称驾协）。聘请市交警支队支队长张以坤等6人为顾问，县政府副县长孙元亮为名誉会长，选举县交警大队大队长杨存营为会长，设4名副会长、1名秘书长、2名副秘书长。驾协最高权力机构是会员代表大会，会员代表大会闭会期间由县驾协常务理事会负责日常业务，严格按照《桓台县机动车驾驶员协会章程》履行职责。驾协设综合服务处、宣传教育处、会员注册登记处、财务管理处、法律咨询处。贯彻社会化管理方针，驾协贯彻一套班子、两个牌子、安办管理、驾协服务、管服并举、中队为主原则，组建5个乡镇工作委员会（以下简称工委会），聘请13个乡镇分管领导为

1997年10月29日，机动车驾驶员协会挂牌

工委会顾问。驾协选派常务理事，担任乡镇工委会主任。每个乡镇工委会聘请2～3名工作人员，负责日常工作，其工资待遇由驾协负责。1998年，贯彻管理方便、就近联片原则，在乡镇以100个会员为基数，设立58个驾协工作站，选派政治和业务素质高、热心为会员服务的优秀会员担任站长。站长以义务服务为主，驾协适当补助。在城区以城区中队管区为依托，设立4个驾协服务区，按系统、行业、区域、隶属关系，吸收28个会员单位，各单位分管车辆负责人负责此项工作，保证会员按时参加各项活动。驾协成立后，扩大安全宣传辐射面，机动车挂牌率达到90%以上，机动车和驾驶员年审率逐年上升，违章率明显下降。

在驾协会员服从协会管理、遵守协会章程、接

受协会教育、按时缴纳会费前提下，协会无偿提供法律服务，维护会员合法权益。贯彻取之于民、用之于民、以会养会、自我发展原则，会费用于协会建设、宣教活动、办公经费、培训学习费用和奖励优秀会员。财务管理处定期向常务理事会报告资金管理情况，民政部门负责财务审计。驾协先后举办"驾协杯"县直机关运动会、"驾协杯"长跑友谊赛、评选"十佳会员"等活动，驾驶员入会率97.2%。1998年12月，驾协被省社团和民办非企业单位办公室评为社团宣传工作先进单位。1999年8月，全市驾协工作现场会在桓台县召开。12月，被省民政厅、省社团管理办公室评为山东省先进社会团体、社会宣传工作先进单位。

2001年，驾协工作由职能服务型转向业务信息服务型，由直接管理型转向间接管理型，通过发送驾协文件信息、学习资料等形式，宣传交通法规和政策。确立重点突出、普遍服务、分级管理的工作思路，各工委会、工作站上门通报安全形势、事故情况、劳务信息、车辆信息、年审信息等，对职业驾驶员实行重点服务，对所有会员提供普遍服务；对汽车驾驶员、"五小"车辆驾驶员实行等级管理，提供不同层次信息服务。2002年1月，驾协被市民间组织管理局评为民间管理工作先进单位。

驾协完善服务网络和保障机制，帮助会员办理正常的年检年审、车辆落户、报废补牌补证等车管业务。与保险公司、县人民医院、县中医院、县石油公司建成联谊单位，为会员办理保险优先赔付、会员医疗急救优惠、燃油优惠等。会员因交通事故住院和平时医疗、体检可以得到10%的优惠。与县中医院联合成立驾协急救中心，建成绿色抢救通道，保证会员发生交通事故和患病时可以得到及时救治。驾协与县石油公司协商，在全县设立会员优惠加油站3家。聘请县护航律师事务所2名律师作为法律顾问，为会员提供业务咨询和法律服务、协助会员处理交通事故、办理保险索赔、监督民警执法程序等。2007年7月，马桥镇一驾驶员在栖霞市发生交通事故，驾协接到车主求助电话后，立即安排有关人员赶赴栖霞协助处理。经与栖霞警方协商，先缴纳部分押金，并保证督促车主尽快付清其余押金后，提出被暂扣车辆，为车主减少损失。驾协先后协助会员处理交通事故40余起，为会员挽回损失20多万元。对因交通事故致残，造成家庭生活困难的会员，驾协采取慰问措施，想方设法为其解决困难。2010年3月，驾协被省民政厅评为山东省先进社会组织。

2010年，按照形势任务要求，驾协工作停止。

桓台交警大队（交警队）负责人任职情况一览表

表14－1

职　务	姓　名	籍　贯	任职时间
大队长（队长）	吕明昌	山东桓台	1989.01—1991.05
	张其明	山东莒县	1991.11—1993.05
	肖永刚	山东章丘	1993.06—1995.05
	杨存营	山东梁山	1995.05—2006.08
	陈廷信	山东博山	2006.08—2011.06
	李周生	山东济南	2011.06—2014.11
政治教导员	刘洪坤	山东桓台	1995.06—2003.04
	张兆军	山东淄川	2006.08—2011.06
	岳　波	四川南江	2013.08—
副大队长（副队长）	吕明昌	山东桓台	1987.09—1988.12
	刘洪坤	山东桓台	1989.01—1995.05
	孙启金	山东淄川	1995.10—2000.05

续表 14—1

职　务	姓　名	籍　贯	任职时间
副大队长（副队长）	盖东河	山东广饶	1996.04—1999.04
	刘进军	山东胶州	2000.05—2008.06
	田成佐	山东临淄	2000.05—2006.08
	吕修江	山东桓台	2000.05—
	陈汉军	山东新泰	2002.11—2011.06
	王　东	山东周村	2006.08—
	吕高启	山东滕州	2006.12—2014.01
	李　明	山东淄川	2011.06—2013.09
副政治教导员（副政治指导员）	李友丰	桓台果里	1989.01—1991.10
	孝力强	山东滨州	1991.11—1993.05
	杨存营	山东梁山	1993.06—1995.05
	王新凯	山东莱芜	2003.09—

桓台交通管理队人员构成一览表(1987.03)

表 14—2

来源单位	工作人员
桓台县监理站	吕明昌　田秀精　张经江　杨　进　杨承荣　杨明惠(退休)　李德让(退休)
52 号检查站	庞维喜　魏修田　高　永　刘　军　黄明顺
桓台县交通运输管理队	刘洪坤　李友丰　张士华　吴宗敏　袁立群　李茂银　耿佃才　荆延文　巩曰明　张海生　盖东河　向　明　丁　浩　张　涛　王瑞祥　李文太　张树宝　伊善光　李　强　李　明　何　俊

桓台交警大队人员一览表(2016.04)

表 14—3

部　门	职　务	姓　名
大队领导	主持工作	王　涛
	政治教导员	岳　波
	副大队长	吕修江
	副政治教导员	王新凯
	副大队长	王　东
办公室	主　任	陈庆永
		魏玉兵　耿　玥　赵华栋
宣传科	科　长	张树宝
		滕修龙

续表 14－3

部门	职务	姓名
财务科		丁　浩　张　靖
交管科	科　长	孔晓辉
		李　强　高　慧
事故处理科	科　长	张明华
		巩曰明　付　梁　刘　涛　李　锋　张仲伟　张春涛　魏　梅　甘　军　史　锋　张　波　李光伟　高　建
法制科	科　长	刘　军
		张　涛
车管分所	所　长	陈振国
	政治指导员	安　兵
	副所长	耿佃才　胡永吉（市局挂职）　吴宗敏（马桥中队副队长）
		蒋延刚　薛丽丽　郭　敏　李　颖　李茂银　赵金义　黄明顺　孔祥兴
一中队	队　长	于钧波
	副队长	宗　力
		邵　杰　戴　亮
二中队	队　长	任振华
		田淑涛　鲍冰泽
果里中队	队　长	张海生
		王有军　王大强　卢　晨　邢兆建　何　俊
唐山中队	队　长	祝学迎
	副队长	牟维国（新城中队副队长）　戴维靖（事故处理科副科长）
		伊善光
起凤中队	队　长	张经南
	政治指导员	王培沛
		巩振波　伊善利
新城中队	队　长	张洪义
	政治指导员	李　明
	副队长	高　勇（唐山中队副队长）　常德超（市局挂职）
		杨贤英
马桥中队	队　长	宋作伟
	副队长	孙　峰（二中队副队长）
		宋业金　巩本波
交通安全办公室		王瑞祥　袁立群　杨承荣

第十五章 武装警察

省武警总队司令员李苏鸣（前排中）和县武警中队干部、战士合影　　（2016年3月　摄）

县武警中队办公楼　　（2017年5月　摄）

民国30年(1941年)4月，桓台县公安局组建政治保卫队，主要任务是锄奸和打击投降分子。民国34年(1945年)9月，以武工队为基础，重建政治保卫队，主要任务是战斗、警卫、看押和逮捕工作。1951年5月，根据第一次全国公安会议《整顿各级人民公安武装方案》，政治保卫队改编为中国人民公安部队，改称桓台县武装公安队。1952年11月，桓台县武装公安队整编为中国人民解放军山东省桓台县公安队，属军队序列。1955年8月，改称中国人民武装警察山东省桓台县部队，归县公安局领导。1958年11月，改编为中国人民武装警察山东省博兴县部队。1961年9月，恢复成立中国人民武装警察山东省桓台县部队。1962年1月，受武警部队上级和县公安局双重领导。1963年1月，改称中国人民公安部队山东省桓台县中队。1966年7月，整编为中国人民解放军山东省桓台县中队，归县武装部领导。1967年7月，县中队奉调阳信县，利津县中队调驻桓台，属惠民军分区，由县武装部领导。1975年12月，移交县公安局，改称桓台县武装民警中队。1980年，改称中国人民武装警察惠民地区支队桓台县中队，归属惠民地区武装警察部队和县公安局领导。1983年10月，随行政区划调整，改称中国人民武装警察部队淄博市支队桓台县中队，主要担负县看守所武装警戒，协助公安机关处置突发事件和维护社会治安等任务。中队先后被总队、支队表彰为基层建设标兵中队、正规化执勤一级中队、14个班荣立集体三等功，36名个人荣立三等功。2015年3月，被公安部评为“三共”活动先进单位。

第一节　政治保卫队

建制设置

民国30年(1941年)4月，县公安局成立后，清河区党委调清西专署特务队王毓森带20余人，桓台县五区区中队寇於璞带10余人，成立以王毓森(化名刘海)为队长，寇於璞(化名刘敏)为政治指导员，王毓树、邹大志为副队长的政卫队，对外称长桓短枪队，主要任务是锄奸和打击投降分子。10月，县公安局局长王应声(原名王建华，化名克欣)不断到清河区党委诬告政卫队不服从指挥，清河区党委陆续将寇於璞、王毓森调到清河区党校学习，王应声兼任队长，王斌接任政治指导员。11月，桓台县抗日斗争形势恶化，政卫队副队长王毓树、邹大志叛变投敌。民国31年(1942年)1月，政卫队随境内武装力量改编为长桓军政工作团，王斌调回清河行署公安局。

民国34年(1945年)9月，县公安局重建，整编武工队及全县各地锄奸武装小组，成立近60人的政卫队，随后规模有所扩大，主要任务是在局长直接指挥下，负责战斗、警卫县党政部门安全、看押及逮捕人犯等工作，韩干任队长，于明任政治指导员，王占魁任副队长。民国35年(1946年)1月，政卫队下设两个排，一排长王振祥，二排长张宇桐。6月，增设三排，排长高延洪。是月，从政卫队抽调部分兵力参与张店、金岭、岔河、田庄公安分局剿匪反特工作。7月，抽调一个排的兵力，掩护秘书股、审讯股、看守所向后方转移，剩余40余人编为武工队，韩干兼任队长。民国36年(1947年)1月，韩干牺牲于路山战斗。2月，在金岭镇伏击敌人战斗中，王占魁负伤牺牲。3月，王振祥接任队长，王正轩、金茂增任副队长。8月，国民党重点进攻山东解放区，县委成立对敌斗争指挥部，政卫队被改编为县大队一中队，王振祥任队长，李中一任政治指导员，金茂增任副队长，柴裕禄任副政治指导员。民国37年(1948年)2月，柴裕禄牺牲

1980年春节，桓台县公安局政卫队部分老战士合影。前排右起高延洪、高子安，右五起高云祥、刘淑均、高瑞峰；二排右一尹克选，右四起任德和、张方俭，右八张宇桐；三排右起杨华三、李庆佑、张亿万、赵卫滨、王正轩，右七于中川；四排右起高云峰、李志典，右四起张庆湘、刘淑武、孟献友

于陈桥战斗。桓台县解放后，政卫队归建。1949年2月，政卫队改设两个排，一排长曲棉学，二排长邓均基，后复设三排，排长魏其宾。5月，周云翠任队长，徐呈冉任副政治指导员。

1950年，第一次全国公安会议制定《整顿各级人民公安武装方案》，各地公安武装整编为中国人民公安部队。1951年5月，政卫队改称桓台县武装公安队，无队长，政治指导员曲棉学，归县公安局领导，有武装警察60余人。1952年11月，公安队改编为中国人民解放军山东省桓台县公安队，归县武装部领导。

武装勤务

民国30年(1941年)4月，政卫队成立后，出现伤亡减员，由县锄奸委员会或者县委设法补充员额，武装经费由县公安局呈请县抗日民主政府解决。根据山东省战时工作推行委员会公布的《县级公安局组织细则》的规定，在公安局局长的直接领导下，负责战斗、警卫、看押、逮捕工作。在当时背景下，政卫锄奸反特，搜集敌伪情报，取缔敌伪乡村组织，适时打击敌伪力量。7月，政卫队在曹家营与敌便衣队遭遇，通过穷追猛打，迫敌钻进高粱地，击毙敌便衣队队员1人，缴获匣枪1支、自行车10余辆。民国31年(1942年)1月，为坚持抗战，保存革命力量，中共清河区委决定撤销长桓县、区政权和武装建制，组建长桓军政工作团，政卫队编入军政工作团，在长桓西部边境大小埠头、丰乐村、勾营、大阎等村组织小型武装，隐蔽开展游击活动，伺机打击敌人。民国32年(1943年)2月28日，长桓军政工作团开进桓台内地，镇压汉奸，打击敌人，扩大影响。是年6月，清河行署公安局政卫队政治指导员王毓森重返桓台县，在桓台西部开展武装斗争。民国33年(1944年)8月，宋鲁源组建武工队，同日伪坚决斗争。

民国34年(1945年)8月，抗日战争结束后，国民党加紧反共，抢夺抗战胜利果实，收编伪二十四旅为三十五纵队，网罗警宪人员、地主恶霸、土匪、反动会道门、封建势力，组成武装匪特、"还乡团"，捕杀中共党、政、军、群干部和积极分子，破坏人民民主政权，扰乱解放区秩序。9月，县公安局在武工队基础上，整合部分锄奸力量，组建政卫队。政卫队加强县委、县政府机关保卫和犯人看押的同时，与国民党匪特展开针锋相对的武装斗争。11月，县委统一组织县大队、县公安局政卫队等武装力量，清剿武装匪特，限制国民党向胶济线北侧发展渗透。民国35年(1946年)1月，政卫队队长韩干带领小分队，采取流动和驻剿两种形式，一个月内清剿一、四区30多个村庄，有力震慑敌人，巩固政权。2月，县委组织政卫队等力量清剿匪特，抓获国民党派往华北地区特务张俊山及蒲台县特务队队长陈书训等匪首。3月，政卫队一个排的便衣武装，在曹村、潘庄一带，组织民兵，建立10村联防，封锁、控制、减少张店国民党特务活动。是月，博兴、桓台、临淄3县成立剿匪指挥部，抽调3县政卫队等武装，从麻大湖、锦秋湖芦苇荡中，捉捕散匪10余人。7月，国民党进占桓台县，县委以政卫队为主，成立武工队，开展反蚕食斗争，韩干奉命带队插入张店周围，打击敌人，保卫政权，扩大影响，在湖田西张益公路上，抓获7名国民党士兵，缴获冲锋枪2支、卡宾枪1支、免栓步枪4支。12月，政卫队袭击驻五里村的国民党地方武装，俘敌54人。在政卫队沉重打击下，驻四宝山国民党部队一个连被挤走，国民党第八军司令部被迫严令所属各部不得三五人带枪出市，驻张店、金岭特务部队不敢出据点骚扰。民国36年(1947年)1月13日，宋鲁源和韩干带领政卫队埋伏在路家庄，计划消灭到路家庄大集掠夺财物的国民党徐振中一部。在敌情有变情况下，韩干带领一分队和手枪班抢先占领路山制高点，与一个连的敌人展开战斗。在消灭敌人20余人后，两连敌人赶到

韩干牺牲地：路家山东南麓、临淄区凤凰镇山庄村南、原"霹雳把树"坟地

增援，宋鲁源带领二分队与敌人一个连发生激烈战斗，在山上的韩干等腹背受敌，班长孟宪波、张经文等中弹牺牲，韩干指挥并掩护部队撤退中，腿部受伤，在打死打伤敌10余人后，摔碎二十响匣枪，用最后一颗手榴弹与敌人同归于尽。4月，山东省公安总局局长杜明，组织桓台、淄川、临淄、益寿四县剿匪指挥部，宋鲁源任指挥，调集四县公安武装480余人，清剿盘踞在桓台、淄川、临淄、益寿四县边沿山区的淄川惯匪杨大山、益都残匪蔡正德等5股匪特。6月，政卫队袭击金岭匪特据点，歼灭匪特30余人，缴获美式步枪7支，隽家山敌人被迫逃窜。9月，政卫队在军屯庄俘国民党1个班，缴获美式冲锋枪2支、卡宾枪6支、步枪4支。10月初，驻张店国民党“还乡团”配合蒋军到王庄抢粮，政卫队伏击毙伤“还乡团”耿斗孙部10余人，缴获步枪9支。11月14日，县委书记李晓光、县长相子正、县公安局局长宋鲁源在荆家学校召开剿匪动员会议，发起7天军政攻势。县大队、政卫队兵分三路，向胡家庄、田庄、吕埠村之敌发动进

政卫队1947—1948年驻地——傅庙村张京序宅

攻，歼灭“还乡团”骨干分子和血债累累的反共自卫团200余人。11月20日，县大队、政卫队伏击黄家、吉托国民党地方武装，毙敌20余人。是日晚，宋鲁源带领政卫队占领唐山敌据点，活捉反共自卫团及伪职人员85人，解救被抓群众数十人。民国37年(1948年)2月7日，副政治指导员柴裕禄和1名班长、2名战士在高王战斗中牺牲。是月，国民党军队及“还乡团”扫荡楼子、前后埠、于堤等村，政卫队配合县大队反击毙敌60余人。3月17日，政卫队、县大队配合主力部队向桓城守敌发起攻击，次日解放桓城。此后，在剿灭桓台县

柴裕禄牺牲地：高王村西南、孝妇河“胡保章”拐角头东畔

境内残匪的同时，政卫队主要任务是逮捕、看押、押送人犯，负责看守所的警卫及执行临时勤务。

第二节　县中队

军事训练

20世纪50年代初，桓台县公安队(以下统称中队)主要训练稍息、立正、卧倒、起立等队列和实弹射击。1952年11月，中队改属中国人民解放军序列后，学习《中国人民解放军队列条令(草案)》。对照条令规定，40%时间训练队列、射击、投弹、刺杀、武打等军事科目。1955—1966年，中队根据上级训练计划、教训指导教材，结合业务实际，编写训练教材，每周六召开训练员会议，总结训练优缺点，布置下周训练内容。首先训练小队干部，再按教材逐级贯彻训练，主要训练逮捕、押解、应用技术。同时，注重射击训练，将射击技术较强和技术较弱的战士组成小组，互教互学，提高全队射击水平，实弹射击成绩优秀率保持在50%以上。“文化大革命”期间，训练工作受到影响。

20世纪70年代中后期，改变“看押执勤重要、训练无关紧要”的错误认识，恢复正常训练，苦练杀敌本领，加强射击训练和手榴弹投掷训练。1976年10月29日，中队训练手榴弹实弹科目，投实弹36枚；根据地区训练计划，训练实弹射击，耗用子弹214发、信号弹3发，全队总成绩合格。

20世纪80年代，中队突出以执勤和处突为中心的军事训练工作，主要以队列、擒敌拳、射击、战

术等训练科目为主，提高官兵“平时多流汗，战时少流血”的训练自觉性，叫响“武艺练不精，不算合格兵”的练兵口号，在年度训练考核中，均取得理想

1983年12月，中队战士在训练队列

成绩。1990—1991年，8人被支队评为擒拿能手，9人被总队、支队评为“四会”（会讲、会做、会教、会做思想工作）教练员。1992年，中队增设录像教学。1998年增加哨兵防袭击、反劫持等反恐训练和处置群体性治安事件、武装押解、武装拘捕、武装追捕以及防卫棍术操、警棍盾牌术等专勤专训科目。在训练中实行小场地、小时间、小教员、小群体和小情况“五小”练兵方法，杜绝训练方法简单和粗暴现象的发生。是年，被支队评为军事训练先进单位。

2003—2006年，围绕总队、支队部署的年度训练计划，按照提高能力保中心的要求，严格落实规定科目、训练内容和受训率，坚持按纲施训，依法治训，干部跟班作业，各项训练成绩优异，训练成果得到支队认可。2007年，军事训练以单兵训练为主，重点为专勤训练、擒敌术、刺杀、防卫棍、警棍

2007年，中队战士在体能训练

盾牌术、枪械操作与射击、战术等。训练形式由中队统一组织，支队每季度统一进行军事考核。是年，组织老兵对新战士传、帮、带，采取一对一法，提高擒敌技能。2008年，中队采取科学带兵、科学练兵，实行“五小”做法，被支队评为军事工作优秀单位。2009年，树立“练为战”的思想，从难从严，严抠细训，注重效果，较好地做到训练“四落实”（落实人员、内容、时间、质量）。在支队组织的勤务轮换军事考核中，获总分第二名；一人在总队反恐比武中取得优异成绩。7月21日，中队联合县看守所实战演练应急预案。

2010年，围绕安全执勤、正规执勤目标，重点开展以“三班四哨”（编班、领班、值班，上哨、站哨、换哨、下哨）、哨兵反袭击、执勤目标反恐怖等为主的专勤专训，以擒敌术、刺杀、防卫棍、警棍盾牌术、枪械操作与射击、战术等科目为主的单兵训练。制作“优秀哨位”锦旗，开展“四优”（优秀哨位、优秀领班员、优秀哨兵、优秀值班员）月评活动，激发哨兵执勤工作热情。是年，中队被支队评为军事工作优秀单位。2011年，以训练管理正规有序、训练改革稳步推进、训练保障能力提升、训练质量明显提高、军事人才不断涌现、部队能力明显增强为目标，强化“练为战”思想，开展模拟化、分类化的实兵、实景、实情训练，提高部队信息化条件下执勤、处突和反恐作战能力。2012年，严格落实《军事训练大纲》，坚持按纲施训、科学组训、以考促训，贯彻任务牵引、贴近实际、创新训法、提高能力、确保质量原则，继续开展“五小”练兵活动。结合勤训轮换、军事比武，重点抓好基础科目、技能科目训练，提高官兵遂行任务能力。是年，在支队军事技能大比武中，获总分第三名。2013年，对照军事训练考核大纲，规范训练动作，改进训练方法。8月，支队在中队召开“中队长日”活动，规范10人应急班拉练和方案演练程序。2014年，中队以听党指挥、能打胜仗、作风优良的强军目标为统领，坚持按纲施训、依法治训，从实战需要出发，从难从严训练原则，突出官兵基础训练，重点开展以维稳处突、擒敌术、枪械操作及射击、战术训练、体能训练为主要内容的技能性科目训练，提高中队官兵执行任务能力。2015年，中队定期召开军事训练分析会，围绕《军事训练“八落

实"标准》,按照人员、内容、时间、质量、弹药、摩托小时、教练员、场地 8 项内容,将训练指标数字化、具体化、标准化。中队把实施细则和量化表制成展板,粘贴在训练场馆,该做法在支队推广。是年,结合"八场五室"(队列训练场、擒敌术训练场、投弹训练场、勤务训练场、战术训练场、器械训练场、400 米障碍训练场、三人协作攀登训练场,指挥训练室、网络教室、多媒体教室、训练器材室、训练教材室)建设标准,争取 5 万元财政资金,修整完善 400 米障碍训练场、器械训练场、三人协作攀登训练场、战术训练场等场地,增设训练模拟岗楼、射击预习训练靶、防暴投掷窗口靶、洞口靶等训练设施。在支队组织的勤训轮换集训中,中队获总评第一名;在支队军事会操中,中队获第二名。

2015 年,中队战士在刺杀训练

队伍建设

1952 年 11 月,中队进入中国人民解放军序列后,实行志愿兵役制。根据条令规定,利用 30%的时间,学习党的政策,进行中国人民解放军光荣传统教育。1953 年,定期召开班长会议,制订和落实学习计划。4 月,开展文化政治时事教育。1955 年,由志愿兵役制改为义务兵役制,按照中国人民解放军条令和公安人员八大纪律十项注意开展政治思想教育。1956 年,县公安局党组加强对中队的领导,邀请县长参加中队整训活动,开展肃反运动,11 名警士被提拔为副小队长、小队长及县公安局、县人民检察院文书。1958 年,中队开展整风运动,邀请县委宣传部长和县公安局副局长开展社会主义思想教育。成立文化教育小组,随同局机关上课,提高干部战士的文化水平。9 月,组织战士学习逮捕、押解、看守和消防知识、现场保护等内容,提高工作质量。1962 年 1 月,按照中央和军委各总部、公安部要求,中队实施双重领导,以接受武警部队上级领导机关领导为主,党团建设、干部管理均遵照中国人民解放军规定,同时接受县公安局领导。3 月底前,向武警部队上级移交党团关系。1966 年,列入中国人民解放军序列,归县武装部领导,按部队规定管理。

1975 年 12 月,中队由县武装部移交县公安局领导,时有干部 2 人、战士 15 人,其人员录用、退役、待遇仍同中国人民解放军。1976 年,中队加强路线教育,深揭猛批江青反革命集团,参加批判会和声讨游行大会 20 余次,写批判稿 110 余篇。开展向人民群众学习活动,助农劳动 80 余人次。开展向"南京路上好八连"学习活动,打造坚强战斗集体。1977 年,邀请花园大队党支部书记马成凯作忆苦思甜报告,在自我教育中开展"三查"活动,即查继续革命觉悟树的牢不牢,查革命干劲高不高,查艰苦奋斗作风好不好。是年,150 余人次到农场和附近生产队参加劳动。1978 年,根据附近联中要求,选派业务骨干崔洪文担任校外辅导员,向学生开展阶级教育、传统教育、革命英雄主义教育。

中共十一届三中全会以后,中队始终坚持党对武警部队绝对领导,紧紧围绕部队革命化、正规化、现代化建设目标,加强党支部建设和官兵政治思想教育。中队政治教育工作以开设政治课为主,辅之以读报、收听广播、看电视、电影、教唱革命歌曲,把国际国内形势作为对全体官兵政治教育

1982 年 11 月 16 日,县公安局领导和退役战士合影

的必修课。与县电影院、县农机局技校、索镇第一粮店开展警民共建活动,为学生和职工上军事法

制课21次。为政法部门培训治安联防队、经济民警、法警180人次，为县制革厂等企业培训青工1200余人。1988—1991年，围绕培养有理想、有道德、有文化、有纪律的革命军人这个目标，保证部队政治上、思想上、行动上同党中央保持一致，保持紧张作风和必胜信念，成功制止多起犯人自杀事件。部队涌现出市级优秀党员1人、优秀团员4人、学雷锋标兵1人，立三等功3人，受嘉奖43人次。1991—1998年，组织开展以爱国主义教育为主的"四个教育"和法纪教育，培养官兵树立革命人生观、价值观、令行禁止和法制观念。为唐山镇兴旺村一对残疾夫妇捐款300余元，购买1只羊、1头猪，并资助其子女上学。重大节日走访驻地烈军属、"五保户"（农村地区实行保吃、保穿、保医、保住、保葬或保教的符合供养条件的老人、残疾人和未成年人），经常上街开展爱民助民活动，省、市、县三级电视台专题报道。

2000—2002年，开展"永远做党和人民的忠诚卫士"为主题的教育活动，把学雷锋、做好事融入政治教育之中，激发官兵爱党、爱国、爱民热情。2003—2004年，中队支部班子团结，官兵关系融洽，双拥共建工作突出。中队建设实现"三无"（无行政责任亡人事故、无执勤事故、无刑事案件），被总队评为基层先进中队。2006年，获支队国庆歌咏比赛第一名。省武警总队政治委员冯金安到中队调研，充分肯定官兵参与部队建设的积极性和取得的成绩。2007年，中队建设思想过硬的理论骨干队伍，开展群众性的思想互助活动，组织全体战士参加支队士兵学历教育和中队周末读书学习班。是年，中队获支队歌咏比赛第一名，获支队第

2007年，中队训练间隙进行政治学习

二届军事体操运动会团体第三名。2008年，通过排练文艺节目、读书演讲、卡拉OK等比赛活动，丰富官兵业余生活，陶冶思想情操。9月，建成面积70余平方米荣誉室，全面回顾中队建设成就，展示中队光辉历程和官兵昂扬向上的精神面貌，起到存史、资政、育人的作用。2009年，以典型引导带动，开展学习英模人物、先进个人活动，通过典型发言、撰写感想等方式，让官兵感到忠诚卫士有血有肉、就在身边，学得去、做得到，方向明、热情高。运用"三互"（互帮、互管、互学习）等有效载体，利用国庆文艺会演、板报墙报、小广播、"三个半小时"（早上半小时听广播，下午半小时读报、晚上半小时看新闻）、体会交流、警营小报、演讲比赛等灵活形式，开展丰富多样的文体活动。7月，中队与派出所交流大走访活动、构建和谐警民关系经验做法，共同提升拥政爱民水平。是年，获支队第四届军事运动会最佳道德风尚奖。

2010年，开展"深入培育当代革命军人核心价值观，永远做党和人民忠诚卫士"主题教育活动，激发官兵忠诚于党、热爱人民、报效祖国、献身使命、崇尚荣誉的政治热情。以专题教育、随机教育培树官兵革命人生观、价值观、令行禁止和法制观念，打牢官兵思想基础。4月21日，武警总部政治部干部部长谢新义到中队调研新形势下武警部队队伍建设情况。是年，被支队党委评为先进基层党组织。2011年，打造"活动有场所、教育有场地、娱乐有氛围"文化建设格局，发挥荣誉室、网络学习室、游艺室、体育活动室、图书阅览室的作用，开展科教娱乐活动，提高官兵文化生活质量，获支队"庆八一，铸忠诚"文艺晚会二等奖。2012年，以宣传贯彻中共十八大精神为主线，按照走在前列要求，把培育当代革命军人核心价值观、培养党和人民忠诚卫士融入全过程，发挥"三个半小时"、板报、墙报、小广播、手抄报的作用，采取专家辅导、制作"口袋书"、饭前提问、训练间隙评论、知识竞赛等方法，在中队掀起学习贯彻十八大精神热潮，确保部队绝对忠诚、绝对纯洁、绝对可靠，为加快现代化武装力量建设，高标准实现"两个确保"（确保以执勤处置突发事件为中心的各项任务圆满完成，确保部队内部高度稳定和集中统一）提供精神动力和思想保证。满足官兵精神文化需求，以寓

教于乐为目的，成立文化特色小分队，投资 8054 元，购买架子鼓、电吉他、电贝斯等声乐器材，邀请专业声乐老师辅导。7 月 31 日，举办警民联欢会。

2012 年 7 月，举办警民联欢会

是年，中队党支部被总队党委评为先进基层党组织。2013 年，中队打造独具特色警营文化格局，充分发挥官兵特长爱好，成立电声乐队、轮滑队、快板队等特色文化小分队，定期开展排练演出活动和足球、篮球、乒乓球等体育比赛活动，获中国体彩“鸿嘉星城杯”桓台第三届全民健身运动会跳大绳比赛成人组第一名。2014 年，增强政治教育针对性，不断打牢理想信念基础。开展“读书伴我成长”活动，坚持人手一本书，日读三五页，同时利用文化共建活动，邀请地方老师指导警营文化建设。2015 年，全队官兵贯彻落实习近平主席指示精神，以密切内部关系为切入点，狠抓经常性思想工作、营区政治环境建设、文体活动和拥政爱民工作，持续强化党性教育，不断打牢官兵做忠诚卫士的思想根基。

2016 年，中队政治指导员和战士在阅览室学习

战备执勤

1952 年 11 月，公安队归属武装部后，主要任务是看守监狱并协助公安机关逮捕、押送犯人。1953 年 3 月，中队落实执勤负责制，定期检查犯人数目，每晚 3 次检查狱门，同时加强巡逻，防止坏分子破坏。1956 年，中队与预审股制定看守制度，每月一次检讨会议，是年未出现犯人逃跑问题和违反政策现象。1958 年，中队制定平常与加强时期的看守方案，明确任务性质和执勤范围、兵力使用、哨兵位置及特别守则，细化领班员职责、哨兵职责和使用武器规定。提高战士政治警惕性，制止犯人逃跑事件 5 起。“文化大革命”期间，中队排除各种干扰，坚持做好战备执勤工作，较好完成看守执勤和其他任务。1976 年，执行逮捕、押解、游乡批斗等任务 110 余人次，无任何事故。

“文化大革命”结束后，中队加强执勤制度建设，严肃执勤纪律，确保监所安全。1977 年，规定上岗“四不准”，即不准擅离职守，不准随便会客，不准乱摆弄武器，不准打闹开玩笑，保证任务完成。是年，参与处决 3 名罪犯，100 余人次执行逮捕、押解、游乡任务，均无违纪。1983 年，第一次严打斗争，中队干部带队参加每一战役的抓捕、押解、公审、看押等任务，战士放弃休假、探亲机会，投入勤务。20 世纪 80 年代末，建立完善 11 项执勤制度和规定，加强对哨兵教育管理，制止 3 起犯人自杀事件，拒收犯人家属馈送 7 次。配合刑侦、治安、预审、派出所等警种及法院等部门执行抓捕、追逃、处突、抢险、巡逻、公审公判等任务。

1983 年，中队战士在站岗执勤

1990 年 8 月 16 日，县轴承厂 7 号宿舍楼附近出现塌方。接到抢险电话后，中队立即组织 14 名战士组成抢险突击队，不到 10 分钟赶到现场，冒

雨奋战8个小时，排除威胁该宿舍楼83户职工生命财产安全的重大险情。1991、1992、1994年，内卫执勤工作突出，被支队评为执勤先进单位。1996年7月，参与马桥小清河抢险救灾，受到群众

1996年7月，武警战士参加小清河抢险

赞誉。1997—2002年，中队先后出动兵力276人次，协助公安机关追捕、武装押解、设卡堵截和公审公判等临时勤务45次，参与处置胡西村村民妨碍民警执行职务事件，解救被违法人员扣押的3名民警，圆满完成上级交给的各项任务，被支队评为执勤先进单位。2007年，中队将战备执勤工作摆在中心位置，突出安全值勤的重要地位。是年，出动兵力76人次，协助公安机关追捕、武装押解、设卡堵截和公审公判等勤务25次。

2008年4月，中队营房由县公安局后院搬迁至张东铁路以东、寿济路以南新址，执勤条件明显

2008年4月25日，中队执行看守所搬迁警戒任务

改善。4月28日，胶济铁路淄博市周村至王村间发生火车相撞的特大交通事故，中队出动兵力担负抢救伤员、疏散旅客、搬运尸体、看护行李、封控

2008年，中队参加“4·28”胶济铁路特大事故应急救援

警戒、警卫首长、疏导交通等任务，抢救伤员45人，搬运尸体16具，清理收缴散落行李、证件、文件、首饰等400余件，完成事故抢险救灾任务，受到中央领导高度评价。是年，出动兵力74人次，执行战备勤务25次。在奥运会、残奥会期间，每天在县城参加武装巡逻，被支队评为正规化执勤一级单位。2009年，中队加强对巡逻哨兵监控全程跟踪系统的研发和应用，根据人员和任务变化情况，及时修订执勤方案，完善“四防”（人防、物防、技防、联防）一体化建设，提升现代化条件下执勤能力，确保执勤任务安全。5月12日，武警部队副司令员刘红军视察中队办公楼、训练场和看守所门禁系统，现场查看在监区A门值班的武警战士执勤情况。6—7月，中队部分官兵执行省运会淄博赛区安全保卫任务，参勤官兵发扬不怕疲劳、连续作战优良作风，出色完成安保任务。8月27日，十一届全国人大常委会第十次会议通过《中华人民共和国武装警察法》，对武装警察的任务、职责、义务和权利等予以明确和规范，中队主要承担看守所外围武装警戒，协助公安、检察、审判机关依法执行逮捕、追捕、押解、押运任务及其他相关重要紧急警务。10月15日，武警部队司令员吴双战上将视察中队建设，充分肯定中队执勤工作。是年，出动兵力90人次，协助公安机关武装押解、设卡堵截和公审公判等临时勤务50次。

2010年，在监墙外围安装监控探头和报警装置，监控探头达到16个，保证哨兵观察无障碍，处置无盲点。县“两会”期间，中队完成会议现场保卫任务。是年，中队出动兵力80人次，完成临时

勤务 40 余次。2011 年，根据总队部署，结合执勤减员增效改革试点，协调改善“四防”一体化建设，在执勤哨位上配备指纹查勤系统，在围墙控制区外营区内安装红外、激光等自动报警装置，做到对报警位置快速准确定位，实现哨位报警装置与中队营区和目标单位报警装置一体化。投资 6 万元，设置监区大门隔离检查区；投资 12 万余元，增设智能语音警告系统，完成“电子哨兵”系统升级，确保目标和部队自身安全。是年，出动兵力 80 余人次，完成临时性勤务 20 余次。2012 年，增添强光探照灯 2 盏，保证哨兵夜间执勤观察无障碍。针对部分执勤设施老化锈蚀情况，投资 6000 元，更换监区蛇腹形刀刺丝网等设施，提高执勤安全系数。5 月，针对中队位置偏远、官兵巡逻不便等实际困难，县财政投资 19.42 万元，购置巡逻车 2 辆，参与城区巡逻，有效震慑犯罪。是年，出动兵力

2014 年 3 月，“两会”安保武警巡逻执勤

120 余人次，完成以中共十八大安保、“两会”安保、武装押解、设卡堵截、涉日维稳等为主要内容的临时性勤务 40 余次。2013 年，中队坚持依法执勤、文明执勤，协助县公安局执行武装押解、设卡堵截、重大活动安保等临时性任务 17 次，出动兵力 62 人次。与县看守所开展执勤隐患大排查、大整改、大治理活动，整改监区提审通道监控画面不能资源共享、哨兵游动跟踪系统监控探头损坏、三级网监控设施老化等安全隐患 3 条。每月定期与县看守所开展执勤形势分析研究、执勤方案联合演练，不断提升两警密切协同作战的能力，杜绝各类执勤事故发生。

2014 年，中队被总队列为哨位“三化”（网络传输光纤化、视频监控高清化、系统平台智能化）改造工程试点单位。针对监区 AB 门存在的安全隐患，按照《武警山东总队执勤工作规范》要求，投资 12762 元，改进完善 AB 门。落实资金 44 万余元，翻新涂装各哨位，数字智能化升级作战勤务值班室及各哨位监控系统。协助县公安局完成各类临

2016 年 5 月，战士在哨位执勤

时性勤务 39 次，出动兵力 170 余人次。2015 年，以从严治勤为切入点，狠抓执勤制度的落实。规范监区门哨管理流程，建设集人脸识别、指纹识别、身份证件识别、金属探测仪等为一体的三识别、一探测安防系统，在支队“中队长日”活动会上演示推广。5 月，中队被公安部评为“三共”活动先进单位，中队长张进学立三等功。7 月，争取执勤设施建设专项资金，改造中队作战勤务值班室，使兵器室与值班室联通，并配备高清摄像头。整改警戒区划定不科学、警戒线（标识）不明显、监墙周界自动报警不灵敏、断电报警装置不完善等执勤隐患 15 条。12 月，中队被总队列为养犬助勤试点单位，投资 5 万余元，建造便携式犬舍 3 个，固定犬舍 5 间，购买 3 只德国牧羊犬，探索犬防建设，形成“五防一体化”（人防、物防、技防、联防、犬防）工作格局。是年，中队协助县公安局各警种、县看守所完成临时性勤务 63 次，出动兵力 230 余人次。

后勤工作

1952 年 11 月，中队武器、装备和后勤、待遇均执行中国人民解放军有关条令，实行志愿兵供给制，利用 30% 的时间生产。1954 年，干部实行薪金制，战士仍实行供给制，按照服役年限每月发给津贴。1958 年，县公安局机关和中队一起成立生产委员会，种植试验田 2 亩、菜园 3 亩，是年两季

粮食亩产 600 公斤。院内种菜园约一亩半，植树 150 棵，成活率 70%，积肥 50 万余公斤，节约经费 70%，中队银行存款明显增长。同时，开展爱国卫生运动和除“四害”（老鼠、麻雀、苍蝇、蚊子）活动，达到内务“五洁”（洁路、洁水、洁圈、洁厨、洁厕）单位标准。1962 年 1 月，中队实施双重领导，干部福利待遇按照解放军办法办理，后勤供应参照解放军供应标准和制度执行。7 月 1 日起，部队用粮纳入军粮计划。是年，自换夏装开始，改着陆军服装，帽徽不变。1975 年 12 月 24 日，县武装部将中队移交县公安局后，武器装备仍属于中国人民解放军之列，军队代管后勤供应。1976 年，中队发扬军队搞生产的优良传统，重视农副生产，粮食全年产量达到 3422 公斤，平均亩产 760 公斤，蔬菜全年收入 5000 公斤，贴补官兵生活，减轻国家和人民负担。

1983 年 1 月 1 日起，中队后勤供应由武警部队负责，战士每人每月粮食定量 22.5 公斤，粗、细

1983 年 12 月，中队营房

粮供应比例为粗粮 25%、细粮 45%、大米 30%。1988 年，中队搬迁（公安街 512 号）后，发扬艰苦奋斗革命精神，自己动手改善生活环境，建起水泥篮球场及队列、擒敌、军体、战术训练场，设有攀登器、打击沙袋、击打平台、木桩林等设施的综合训练场，建立党员活动室、荣誉室、军人俱乐部等文娱活动场所，受到总队、支队和县领导表扬，支队组织各中队参观学习。1995 年 9 月 15 日，为确保中队规范化建设达标，即达到“人均一分地，三人一头猪”的要求，县政府研究确定为中队租赁耿桥镇姜庙村南 4 亩土地，用以养猪、种植蔬菜、大棚菜等经济作物，为部队生活和后勤提供保障。租期 5 年，租赁费每年每亩 500 元，由县财政支付，新建房屋 3 间（包括仓库）、猪棚 4 间，购置塑料大棚和 12 头小猪、菜种及部分办公设施，所需资金由县财政拨款 1.5 万元包干使用，在支队率先实现“人均一分地、三人一头猪”的目标。

2007 年 7 月，中队战士在养猪场工作

2000 年，根据市政府办公厅文件规定，县政府每年拨付中队 5 万元的预算补助经费。2002 年，中队实现肉菜自给，达到生产、生活、文体、执勤训练“四配套”，被总队评为后勤建设先进单位和先进食堂。2003 年，中队推行物资集中采购制度，继续实行经费包干管理责任制，严格审批权限。是年，被总队后勤部评为先进食堂。2004—2007 年，为改善生活条件，提高中队伙食质量，落实分餐制度，调剂伙食花样，满足官兵不同口味的需要。筹集资金 1.5 万元，装修宿舍楼和餐厅，安装空调，改善官兵生活环境。2006 年，县公安局为中队开工建设办公楼一栋。2007 年 7 月，根据《淄博市人民政府办公厅关于做好支持武警部队建设有关工作的通知》，中队经费补助标准由原来的每年 5 万元预算增加至 15 万元。

2008 年 3 月 17 日，武警部队副司令员何映华到中队调研新营房建设工作，对营房正规化建设给予充分肯定。4 月 25 日，中队搬迁至张东铁路以东、寿济公路以南县石油公司旧址，新营房为 4 层楼，建筑面积 3200 平方米，食堂面积 300 平方米，部队后勤保障功能齐全。是年，中队被总队评为后勤建设先进单位。2009 年，投资 6 万元，建设反恐障碍场、战术综合训练场、投弹场等训练设

施。县公安局根据驻地治安形势和中队需要，投资600多万元，建设资源共享的室内射击馆、室内搏击馆及塑胶跑道等在内的综合训练场。中队落实支委集体理财和经费民主公开等制度，坚持经费管理规范化和开支情况透明化。保证饭菜两天不重样、周有小会餐，不断提高饭菜质量。是年，县财政拨款31万元，用于中队装修、添置文体设施、更换炊事设施等后勤保障建设。

中队战士伙食

2010年，根据支队后勤精细化管理现场会议精神，培训司务长、炊事员4人次。合理制定食谱，保证官兵吃饱、吃好、吃出营养。投资5万元，购置库室家具、接待室沙发、茶几、电视机、空调，建成室内综合训练馆。中队后勤保障工作满意率达到100%，走在支队前列。2011年，适应建设现代化后勤要求，运用科技兴后新理念，大胆创新提高后勤保障层次和水平，投资7万余元，更新炊事设备、卫生医疗设备，配备电磁炉灶、多功能电烤箱、食品保鲜柜、电饭煲、网络电子秤和伙食管理电子触摸查询器，实现后勤建设跨越式发展。是年，中队食堂被总队后勤部评为先进食堂。2012年，申请县政府补助30万元，修缮营房、添置家具。2013年，县中队实行社会化保障机制，改善官兵生活条件，早餐每人一个鸡蛋、一杯牛奶，午餐吃上新鲜水果。中队成立经济民主小组，依据官兵意见，制定合理食谱，满足不同地域官兵的饮食习惯，后勤保障工作继续走在支队前列。2014年，中队腌制小咸菜4种、大缸咸菜6缸，丰富早餐咸菜品种，提高官兵对伙食满意度。本着以兵为本、安全节约、低碳环保、利于生活的原则，严格落实支队现代警营饮食文化暨后勤精细化管理要求。3月7日，武警山东总队司令员李苏鸣到中队检查指导工作，对中队规范化、标准化、现代化建设工作给予充分肯定。2015年，开展伙食管理规范年活动，规范食品采购、验收、检疫、加工、制作、留样等流程。与县中医院签订对口支援协议，定期邀请医生为官兵免费体检，确保官兵身体健康。

2016年4月，武警中队食堂、餐厅外景

桓台县中队历任主官一览表

表15—1

中队长	任职时间	政治指导员	任职时间
曹立同	1955.08—1956.04	周文明	1955.08—1956.04
张希山	1956.04—1961.10	朱金源	1956.04—1961.10
徐成斌	1961.10—1966.07	石于廷	1961.10—1966.07
王兴义	1975.12—1977.08	庄春兴	1975.12—1980.02
钟读俊	1977.08—1980.02	钟读俊	1982.02—1984.12
高宗友(副)	1980.02—1982.03	崔洪文(副)	1984.12—1985.11
王春松(副)	1984.06—1985.07	王春松	1985.11—1989.10

续表 15－1

中队长	任职时间	政治指导员	任职时间
刘宝仓	1985.11—1989.10	王明祥	1989.10—1996.03
孙国永	1989.10—1996.03	耿延伟	1996.03—1999.12
宫国栋	1996.03—1998.02	孟庆东	1999.12—2002.02
孙维海	1998.02—1998.12	于长庆	2002.02—2003.01
孟庆东	1998.12—1999.12	王晓刚	2003.01—2003.08
胡广东	1999.12—2001.01	杨　建	2003.08—2007.06
杨　华	2001.01—2004.01	宫振波	2007.06—2010.04
王　涛	2004.01—2005.07	董效岗	2010.04—2012.08
荆汉中	2005.07—2007.01	谢红新	2012.08—2013.06
杜华强	2007.01—2007.06	李明伟	2013.06—2015.02
郑瑞东	2007.06—2013.04	尹圣杰	2015.02—
孔祥泽	2013.04—2014.02		
田　勇	2014.02—2015.06		
张进学	2015.06—		

注：归属中国人民解放军管理期间，中队主官未列

第十六章 公安法制

法制大队工作人员合影。前排左起：侯文娟、耿欣、段秀毅、赵岩、田宜锋、王信水、宗福山；后排左起：朱蕾、胡静、张倩倩、刘继磊、董运芳、荆忠 （2016年9月 摄）

执法办案中心接待大厅 （2017年8月 摄）

中华人民共和国成立初，桓台县公安局执行《中国人民政治协商会议共同纲领》《中华人民共和国宪法》《关于镇压反革命活动的指示》《中华人民共和国逮捕拘留条例》《中华人民共和国治安管理处罚条例》及其他法令和政策，打击反革命分子和刑事犯罪活动。“文化大革命”期间，公安法制遭到全面破坏。中共十一届三中全会后，公安机关按照党中央“健全社会主义民主，加强社会主义法制”的目标要求，贯彻有法可依、有法必依、执法必严、违法必究十六字方针，进一步规范社会管理和案件办理工作。1989 年 3 月，县公安局成立法制科，加强内部执法监督，严格审核审批各类案件，做好行政复议和应诉工作，强化执法业务培训，进一步提高案件质量。2013 年 9 月，法制部门实行大队建制改革。

法制工作中，创新实行法制员制度、执法单位负责人办案示范制度等系列举措，深入推进全县公安机关执法规范化建设。县公安局先后被评为全市“五五”普法依法治理先进集体、全省公安机关实施执法规范化建设三年规划工作先进集体、全省公安机关执法示范单位。2010 年，法制室被公安部评为组织推动执法质量考评工作成绩突出集体。

第一节 法制教育

法制培训

中华人民共和国成立后，县公安局重视法制培训工作，经常性组织干部学习政策和法律知识，确保法律贯彻实施。1950 年 7 月 23 日，中央人民政府政务院和最高人民法院联合发布《关于镇压反革命活动的指示》。县公安局专门组织培训，结合实施《中国人民政治协商会议共同纲领》，实行“首恶者必办、胁从者不问、立功者受奖”的镇压与宽大相结合政策。1956 年，培训干部业务知识，正确理解和贯彻国家方针政策，树立实事求是、调查研究、依法办案的工作作风，注重人证、物证，预防和减少错捕、长期羁押等违规办案问题。5 月，省、地工作组到县复查 1955 年镇反案件。针对存在的问题，县公安局深刻总结，全体干部端正学习和工作态度，进一步领会贯彻毛泽东提出的“提高警惕，肃清一切暗藏的特务分子，防止偏差，不冤枉一个好人”的方针和彭真提出的“事实是根据，法律是准绳”原则，学习罗瑞卿 4 月 5 日公安厅局长会议上的报告，重点把握逮捕反革命分子及其他犯罪分子政策界限，准确领会中共中央关于处理反革命分子和各种犯罪分子自首问题的指示。1957 年 3 月 18 日，县公安局制定上半年公安工作计划，全体公安人员学习法律、政策，在逮捕、拘留、预审等方面严格遵守法律规定，更准确的打击敌人，更好的保护人民。针对麦收期间，县、社、村存在的乱绑、乱扣、乱打和私立公堂等问题，公安机关坚决反对、积极抵制并依法处理。10 月 22 日，治安管理处罚条例发布实施。12 月，组织治安股、各区公安特派员学习《中华人民共和国治安管理处罚条例》《山东省公安厅关于治安管理处罚条例手续的通知》《关于执行治安管理处罚条例几个疑难问题的解答意见》，掌握处罚对象、处罚幅度及法律文书的使用规定。

“文化大革命”中，公安法制遭到践踏。1972 年 12 月 18 日，毛泽东作出废除反西斯式审查方式的批示。当日，周恩来作出指示，彻底清查法西斯式审查方式。1973 年 11 月 15 日，县公安局局长胡保华向在押人犯宣读毛泽东重要批示和周恩来指示，维护在押人员合法权益。同时，公安机关内部加强学习，提高执行政策自觉性。1978 年 3 月 5 日，五届全国人大一次会议通过新宪法。县公安局组织干警学习宪法条文，准确领会宪法精神，要求办理案件不得牵连当事人无辜家属，对地富反坏和反动资本家的子女，重在本人政治表现，不得采取歧视政策。贯彻有反必肃、有错必纠方针，坚持实事求是、分清是非轻重原则，重证据，重调查研究，严禁逼供信，严禁非法查抄住宅、检扣信件、抓人关人、私设公堂、侵犯人权。平反错案，昭雪冤案，同时绝不允许证据确凿的坏分子乘机翻案。1979 年 10 月，惠民地区公安处在桓台县试点“两法”实施工作，县公安局组织 11 人的“两法”试点工作组，选择索镇人民公社后毕大队张建忠盗窃杀人案、桓城人民公社徐家大队麻启宝杀人案，通过预审、起诉办案活动的具体实践，总结经验，找出问题，提高依法办案自觉性。

1980年8月，县公安局举办2期“两法”学习班，每期7天，副局长宋振顺辅导。参训人员系统学习“两法”，深刻理解实施“两法”的意义，增强严格执法的自觉性。1982年12月，县公安局组织“两法”知识考试，除1人补考及格外，其余都在85分以上，部分干部满分。1987年1月1日，施行新的治安管理处罚条例。是月1—9日，县公安局举办治安管理处罚条例学习班，治安科全体干部及各派出所所长、内勤参加，对法律条文和《关于没收和处理违反治安管理所得财物和使用工具的暂行规定》《关于治安管理处罚中担保人和保证金的暂行规定》逐条逐项学习讨论，讨论制定实施新治安管理处罚条例的暂行规定。

1990年10月1日，施行行政诉讼法。县公安局开展宣传培训活动，组织干部参加全市公安机关行政诉讼法知识竞赛。1991年，开展第二个五年法制宣传教育，全县公安干部学习宪法、行政诉讼法、国旗法、集会游行示威法、人民警察条例等法律、法规，局领导着重学习马克思主义国家学说、社会主义法制理论和宪法学理论。各单位负责人任普法宣讲员，利用法律橱窗、板报、图片、展览、法律咨询、法律知识竞赛、座谈会、讨论会等形式，使干部受到具体生动的法律知识教育。每学完一部法律、法规，组织一次单项考试，把考试成绩作为能否胜任现职及提拔使用、评定政绩、评选先进的条件。1992年8月，举办2期“两法”及治安管理处罚条例学习班，提高干警执法水平和办案能力。1994年5月12日，《中华人民共和国国家赔偿法》公布。12月6—9日，县公安局举办国家赔偿法学习班，局长、政治委员部署，法制科科长梁俊红授课，293人参加培训，224人参加考试，平均分97分。在全县二五普法电视大奖赛中，县公安局荣获一等奖。1999年10月1日，施行行政复议法，县公安局组织宣传学习活动。

2001年4月，对民警实行行政、刑事执法任职资格考评制度，223名民警取得资格证书。2004年9月10日，举办派出所消防民警培训班，结合对重点消防单位抽样监督检查、建立重点单位消防档案、确定消防监督人员工作量、正确使用新的法律文书等业务，学习领会《消防监督检查规定》条文和解释。培训结束后，与会民警实地监督检查1家企业、1家宾馆、1个网吧。2005年11月29日—12月2日，县公安局举行规范执法行为法律知识培训暨经验交流会，山东省大地人律师事务所主任崔冠军为民警作法律知识讲座，本局4名具有丰富执法经验的民警担任教员，分别从刑事执法、行政执法、执法考评、法律文书制作等四个方面授课，现场观摩优质案卷。

2006年3月1日，治安管理处罚法施行。1月10—11日，县公安局举办治安管理处罚法条文和解释培训班，122名一线民警参训。2007年4—7月，开展基本法律知识考试、执法办案卷宗考评、信访工作考查“三考”工作，举办业务理论和专门岗位知识培训班23期，全警参加以人民警察法、刑法、刑事诉讼法、治安管理处罚法、人民警察使用警械和武器条例以及社会主义法治理念为主要内容的基本法律知识考试。2009年，县公安局执法质量服务队深入基层，开展巡回执法讲座12期，培训民警400余人次。

2009年3月，举办行政案件办理规范培训班

2010年4月14日，县公安局举办《公安机关人民警察现场制止违法犯罪行为操作规程》培训班，各单位法制员参加培训。2011年，依托法制室网站，研发应用网上培训系统，设置法制学堂、执法须知、法制园地等专栏，供民警自学、自训、自测，为民警提供最新法律法规18部，组织网上考试3次；组织法制员执法规范化培训班3起，举办“在执法各环节如何做当事人工作”讨论会2次，参加基本级执法资格考试民警360余名。制定《阳光执法手册》《常用执法手册》《社区常见矛盾纠纷处置规范》《小规模群体性事件处置规范》《派

出所常见警情处置规范》，界定警种职权及岗位职责，规范执法办案、行政管理流程。2012 年，组织法制员培训 3 次、新刑事诉讼法全员培训 2 次，组织科所队长、法制员、法制民警参加市公安局执法培训。法制室 1 名民警参加全市行政听证主持人培训，1 名民警参加全省新刑事诉讼法培训。组织 40 余名民警到县人民法院旁听案件庭审，强化证据意识、程序意识。2013 年 12 日，举办贯彻《办理行政案件程序规定》培训班。2014 年 4 月 29 日，县公安局以规范刑事案件办理为主题，各办案单位法制员及办案民警 80 余人集中学习《公安部关于对 2013 年舆情反映个案进行核查情况的通报》《公安机关办理刑事案件程序规定》《桓台县公安局刑事案件个案考评标准》。2015 年，组织办案民警旁听刑事、行政审判庭审 3 次，组织相关法律业务培训 4 次，培训民警 300 余人次，4 名民警通过高级执法资格考试。2016 年 4 月 12 日，县公安局举办电子卷宗制作培训班，各执法单位法制员及办案民警掌握电子卷宗制作要领。

2013 年 11 月，组织民警旁听刑事案件庭审

法制宣传

1951 年 5 月 10 日，桓台县集中逮捕一批反动道首后，组织力量广泛宣传，教育群众认清会道门反动本质，理解和支持政府命令。1956 年，全国公安机关开展政治攻势。5 月 23 日，县公安局召开区公安特派员会议专门部署。各区利用喊话筒、黑板报、广播等形式，依照省公安厅下发的宣传提纲，宣传镇压与宽大相结合的政策，提高人民群众的阶级觉悟。通过深入发动群众，掌握敌人活动规律，及时发现敌人，破案率明显提高。9 月，根据公安部部署，县公安局确定部分典型案件，体现党的坦白从宽、抗拒从严政策，选择起凤区胜利乡波扎店村郑希元投案坦白投敌杀人案、陈庄区陈桥村陈公举投案坦白杀人资敌案、乌河区兰柳树村李春田坦白杀害农会干部案、石桥乡西店子村孙立申投案坦白杀死民兵及村干部案、崔楼区城关北村郝涛坦白杀害税务干部案、乌河区刘家茅托村反革命分子刘兆森投案坦白检举他人案、乌河区刘家茅托村反动会道门分子刘士德坦白检举揭发他人案等 7 起从轻处理案件及崔楼区永富庄孙传珠、乌河区崔茅村惯偷犯崔凤武等 2 起从严处理案件，印发宣传材料。1958 年 9 月 23—28 日，公安机关押解一批犯罪分子在全县 13 个人民公社 80% 大队现场揭露犯罪事实，印发宣传材料 1 万份，教育群众 20 余万人。

1962 年，结合形势任务，由上而下，由干部到群众，开展社会主义风尚和法制教育，正确区分两类不同性质矛盾，改造小偷小摸行为，弘扬守法光荣、违法可耻的社会风尚。1963 年，结合社会主义教育运动，对群众普遍开展阶级、形势和法制教育，明确阶级立场，划清是非界限，抵制各类歪风邪气。对办理的反革命案件和刑事案件，就地召开群众大会，镇压敌人，教育群众。

1977 年 12 月 13 日，县委批转《中共桓台县公安局党组关于搞好安全预防工作的几点意见》。全县开展社会主义法制教育，有计划、有组织的向广大群众，特别是青少年、在校学生开展遵纪守法、热爱社会主义、热爱集体的共产主义风尚教育，利用一切机会、场所，深揭狠批江青反革命集团破坏社会主义法制、破坏安全制度、煽动无政府主义的罪行。同时，做好一般违法犯罪分子的教育改造工作，减少犯罪，稳定城乡社会治安秩序。1979 年，组织宣传宪法、刑法、刑事诉讼法和中央有关文件、铁道部公安局通告，提高群众遵纪守法的自觉性，自觉维护铁路治安秩序。

1980 年，县公安局与团县委、县妇联、县教育局召开联席会议，采取学校、家庭、社会三结合的方法，有重点地落实违法青少年的法制教育工作。县公安局与索镇人民公社、索镇派出所密切配合，对桓台一中、索镇一联中、索镇二联中、建国小学、北辛小学、县轴承厂的青少年开展法制宣传教育。

1982年，加强对97名违法青少年的帮教工作，协调社队、单位，采取“一帮一”“二帮一”，师傅带徒弟，成立帮教小组，落实帮教措施，15名公安干部参加帮教。通过帮教，20名违法青少年转好。1983年，成立青少年帮教小组33个192人，对66名违法青少年落实日常法制宣传教育等帮教措施，转好32人，一般23人。1984年，确定违法青少年281名，普遍成立帮教小组，田庄镇9名帮教对象无一重新违法犯罪。1985年，召开法制宣传教育会40余场次，出黑板报15期，制作法制宣传栏90个，订阅法制报480余份，受教育群众1.2万人，成立帮教小组19个38人。1986年，遵循晓之以理、动之以情、导之以行、持之以恒的原则，成立帮教小组395个756人，帮教对象353人，停止违法犯罪190人，改好27人。同时，做好“两劳”(劳动改造、劳动教养)人员安置接茬、帮助教育工作。结合典型案例，公开处理，以案释法。1988年8月2日，唐山镇西马村荣氏三兄弟寻衅滋事造成较坏影响。9月6日，唐山镇党委、政府在西马村召开法制教育大会，唐山派出所公开处理案件，对荣氏兄弟三人分别做出行政拘留、罚款处罚并责令赔偿损失，镇党委书记通报社会治安形势，指出违法犯罪行为危害性，鼓励群众敢于同违法犯罪行为作斗争。县公安局调研员祝兆贤要求，一手抓打击、一手抓防范。9月，县城镇中学聘请祝兆贤为法

1990年6月，祝兆贤到城镇中学上法制课

制教育校外辅导员。10月13日，县城镇中学召开法制教育大会，祝兆贤结合毕业于该校的4名违法犯罪分子情况，分析青少年违法犯罪原因、特点，开展学法、知法、守法教育。会后，学生纷纷摆表现、论危害、定措施、表决心，与贯彻执行《中学生日常行为规范》有机结合。至20世纪90年代初，祝兆贤等先后到县直、镇直单位、企业、中小学、村庄上法制课157场次，被10余家单位聘为法制教育辅导员。

1994年10月，县公安局在耿桥、新城、起凤、周家、田庄等乡镇及城区，举办轻微违法人员学习班，对“大法不犯、小法常犯”的200余名轻微违法人员集中帮教，矫正不良行为。1995年7月，全市社会治安大防范经验交流会上，耿桥派出所作《我们是怎样教育和挽救轻微违法人员的》典型发言。

2001—2005年，县公安局开展“四五”普法工作，基层单位通过讲案学法、送法上门、案件公开审理等法制宣传教育活动，对社会治安秩序不稳定、社会风气不良的重点村、重点单位，加大法制宣传教育力度，张贴宣传标语39条，发放宣传材料7500余份，悬挂横幅24条，制作宣传图板60余幅，出动宣传车37辆，到全县300余个村庄和主要街道巡回宣传。部分领导干部、民警义务担任辖区学校的兼职法制校长、法制教师、校外治安辅导员，为师生上法制课32次，受教育学生1.2万余人次。2006—2010年，开展“五五”普法工作，通过上法制课、组织职工讨论、以案释法等方式，深入企业开展法律培训，为辖区多家大中型企业职工上法制宣传课20场次，发放宣传材料5000余份，受教育职工2万余人。

2011年11月，县公安局被市委、市政府表彰为2006—2011年全市普法依法治理工作先进单位。2012年3月6日，县公安局在县博物馆广场开展“严厉打击违法犯罪、保障妇女儿童合法权益”宣传活动，解答问题20余个，发放传单1000余

2012年3月，开展保障妇女儿童权益法制宣传

份。3月中旬，法制室分6期培训东岳集团员工，每期接受法制教育800余人。5月，应邀参加桓台县基本公共卫生服务项目培训会议，作查处非法行医案件注意事项法制讲座；应邀参加荆家镇创新农村社会管理培训班，为荆家镇各村“两委”成员上法制课。2013年，利用网络、微博、微信、QQ群等新媒体，进行灵活多样的法制宣传。组织民警走进商场、大型集市、学校、企业、村庄、社区，通过散发宣传单、面对面宣传等形式，开展常用法律知识和防范技巧宣传教育活动，提高群众法治意识和自我防范能力。是年，县公安局被市法治建设工作领导小组评为法治城市创建活动先进单位。2014年，县公安局成立惠民法治宣讲团，到桓台一中、山东工业职业学院等单位开展法制教育；联合县妇联、桓台电视台开展反家庭暴力法教育。2016年4月11—17日，县公安局开展法制教育宣传周活动，贯彻谁执法、谁普法的原则，各警种重点向青少年、老年人、妇女及流动人口，宣传安全生产、食品安全、消防安全、交通秩序、环境卫生等涉及民本民生的法律法规，解决涉法涉诉案件及矛盾纠纷等各类问题，为全县社会和谐稳定营造良好的法治氛围。

第二节　执法监督

案件审核

法制科成立前，根据治安管理处罚条例，派出所对公民处五十元以下罚款及警告案件自行裁决；对公民处五十元以上罚款或拘留案件，由治安科审核；刑事案件由预审科审核。1989年，法制科成立后，案件审核范围为对刑事案件提请逮捕和移诉，对劳动教养和少年管教案件提出处理意见，治安案件仍由治安科负责审核。1990年，法制科履行执法监督、检查、指导职能，提高案件质量。坚持“五审查一汇报”。“五审查”即审查案件主要事实、主要情节是否清楚，审查基本证据是否确凿可靠，审查调查取证法律文书是否齐全合法，审查适用法律条款是否准确，审查定性是否恰当、是否需要补充调查、是否需要提请逮捕、是否提请复议、复核、是否作其他处理；“一汇报”即及时向领导汇报。是年，审核刑事案件28起、46人，提请逮捕10案、10人，直诉4案、4人，劳动教养2案、2人，撤销收审案件作其他处理9案、23人，追加刑期1人。1991年，受理案件29起、52人，通过审核，提请逮捕16起、36人，批捕率100%，直诉7起、7人，劳动教养1案、1人，少管1案、1人，撤销收审2案、5人。1992年5月，成立副局长袭建忠为组长的执法监督检查指导小组，检查派出所及刑警队、预审科办理的刑事案件情况。是年，受理案件30起、38人，提请检察院批捕11起、14人，批捕率100%，呈报劳动教养案件5起、5人，无复议案件。1993年，法制科案件审核范围为收容审查、劳动教养、交通肇事、行政复议、诉讼案件及局领导交办的疑难复杂案件，共受理案件43起、62人，其中提请批捕25起、41人，直诉4起、4人，劳动教养4起、4人，行政拘留1起、1人，调解2起，解除收审3起、5人，撤销监视居住1起、1人，复议1起、1人，退查3起、3人，待处1起、1人，依法对8案、9人作升格和降格处理。1994年，采取以案释法、集体通案和个人负责制。受理案件51起、96人，其中劳动教养4起、9人，复议案件1起、1人，刑事案件25起、57人。1999年6月11日，公安部发布《公安机关内部执法监督工作规定》《公安机关人民警察执法过错责任追究规定》，县公安局制定《案件审核暂行规定》《内部执法责任追究规定》，落实治安案件由执法单位法制员审核，刑事疑难案件由法制科审核及公开办理治安案件等执法监督措施。法制部门审核范围包括：对公民处五十元以上罚款或拘留，对法人或其他组织处二千元以上罚款，没收违法所得、没收非法财物、责令停产停业的治安案件或虽未达到上述条件，但争议较大，可能引起行政复议或提起行政诉讼的治安案件；保卫科办理的刑事案件及刑警大队把握不准的疑难案件；劳动教养案件。是年，审核治安案件123起、123人，变更处罚意见11起、11人。

2004年11月30日，县公安局下发《关于实行执法办案质量个案评判制度的通知》，12月1日起，实施执法办案质量个案评判制度。法制科评判各办案单位报送审核的刑事、行政案件及月度报送检查的案卷，提出评判意见及分数，评判结果存入执法单位执法档案。2006年，治安管理处罚法施行后，法制部门案件审核范围随之调整，包括：行政案件（派出所自裁以外所有行政案件），刑事案件取保候审、监视居住、逮捕、撤案等，劳动教养，收容教育，行政复议、行政诉讼、国家赔偿。2007年1月6—21日，3名法制民警参加市公安局网上办案培训班，学习网上办案流程及审核应用。2月1日，淄博市公安局执法管理综合信息系统正式启用。此后，县公安局各执法单位受理的非涉密行政、刑事案件通过该系统运行。4月30日，县公安局下发《关于网上办案审核审批工作的若干意见》，根据案件审核审批流程，具有案件审核审批权限的人员包括法制员、办案单位负责人、法制民警、法制科负责人、分管局领导五个层次的民警，各环节的审核审批人员严格按照工作权限履行职责，未按程序审核的案件，一律不予审批，不予考评，确保所有案件纳入监督视野。案件审核审批工作重点审查违法犯罪嫌疑人的基本情况，

应用网上执法办案系统审核案件

案件事实是否清楚，证据是否确实充分，案件定性是否准确，适用法律、法规、规章是否正确，办案程序是否合法，拟处理意见是否适当。2008年下半年，在明确案件主办人是执法第一责任人基础上，紧密依托网上执法办案系统，推出执法问责“捆绑联动”考核机制，把执法责任拓展至案件协办人，强化案件办理初始环节的协办责任。按照办案流程，把案件主办人、法制员、办案单位负责人、法制民警、法制科负责人、分管局领导六个审核层次的执法责任贯通起来，做到谁审批、谁负责。2009年，案件审核严格把好证据关、定性关、适用法律关与量罚关，确保每一起案件事实清楚、证据确实、定性准确、程序合法。通过审核，发现处罚不当案件36起，案件定性错误17起，违规使用取保候审、监视居住等刑事强制措施4起，发现应当申请办理劳动教养的犯罪嫌疑人、违法嫌疑人12人，没有发生行政复议被撤销、行政败诉、国家赔偿和涉法进京上访案件。

2011年，实行案件审核联系点制度，“捆绑”考核法制民警与联系点的执法质量工作，实行一案负责到底。案件审核时，没有同步录音录像资料的，一律不予审批。2012年，按照《同步录音录像审查操作要点》要求，审核行政案件同步录音录像73份、刑事案件同步录音录像25份。2014年5月，刑侦大队案审中队并入法制大队，实行刑事案件一个出口，全面审核报捕和移诉案件。是年，移送审查起诉刑事案件412起，未发生被监督立案、移诉案件被决定不起诉、判决无罪情况。2015年，启动秋冬治安“百日会战”法制保障机制，全天候审批行政和刑事案件，在严把质量的同时，快审、快拘、快捕、快诉，审核行政拘留288人，提请批准逮捕109人，移送审查起诉177人。2016年上半年，法制部门随警作战，对6起重大复杂案件进行执法指导。主动加强与市公安局及县人民检察院、法院业务沟通，召开联席会议3次。

2001—2015年桓台县公安局案件审核统计表

表16—1　　单位：起

年度	行政案件	刑事案件	年度	行政案件	刑事案件
2001	463	254	2011	256	357
2002	458	264	2012	191	550
2007	702	414	2013	322	436
2008	700	394	2014	415	395
2009	579	439	2015	411	537
2010	752	489			

2006—2015年桓台县公安局优质案件统计表

表16—2　　单位：起

年度	优质案件数	年度	优质案件数
2006	225	2011	81
2007	130	2012	31

续表 16－2

年度	优质案件数	年度	优质案件数
2008	226	2013	29
2009	207	2014	17
2010	148	2015	96

执法质量评议

2000 年 5 月，根据《山东省县级公安机关执法质量评议考核暂行办法》，县公安局开始评议考核刑事执法、行政执法和执法监督等公安执法活动质量，印发《执法质量评议考核办法》，成立局长任组长的执法质量考核评议领导小组，采取平时考核与季度考核相结合的方法，依照各个执法项目考评内容和标准评分，通过检查、考评，及时发现整改执法问题。是年，市公安局抽取县公安局刑事案件 50 卷、行政案件 20 卷，考核评议成绩为优秀。2001 年，对行政案件季检查变为月检查，法制科逐一阅卷，逐案填写治安（行政）案件个案登记表，从案件定性、案件事实、案件证据、案件程序、案件处罚、材料制作及其他等七个方面列明问题，并通报优质案卷。制定案件主办人制度，每月通报案件主办人执法情况。10 月 10 日，公安部施行《公安机关执法质量考核评议规定》，考核评议内容包括刑事执法情况、行政执法情况、行政管理情况、办理行政复议、行政诉讼、国家赔偿案件以及控告申诉案件情况及内部执法监督和民警执法违法情况。11 月 18 日，省公安厅印发《山东省公安机关执法质量考核评议实施细则（试行）》，执法质量考评工作进一步规范化、制度化。是年，县公安局法制部门审核行政案件 463 起 478 人，刑事案件 254 起 298 人，经市公安局执法质量评议考核，成绩为优秀。2003 年 9 月，县公安局组织开展案卷展评活动，展评案卷 50 余个。

2005 年，县公安局深化主办人制度，考核案件主办人执法质量、业务能力和法律素质并建立档案。县公安局出台未结案件督办制度、重大复杂疑难案件研究制度、法律文书管理使用规定、重大执法事项报备制度，进一步强化案件审核和执法监督。2007 年，建立经济犯罪案件告知回访制度。2009 年年初，县公安局制定执法办案单位负责人办案示范制度，执法办案单位负责人每年办理案件不少于 2 起，案件类型以多发性、常见案件为主，重点选择办理信访、投诉案件。3 月 16 日，经侦大队实施集体议案制，及时商议受案、立案、拘留、逮捕、起诉等办案环节发现的疑难问题，必要时邀请法制及检、法部门相关专家参加，力争做到定性准确，能拘就能捕、能捕就能诉。

2005 年度执法质量考核先进单位受到表彰

2007 年 7 月，组织优质案卷点评活动

2010 年，细化量化执法质量考评，加大执法质量在绩效考核工作中的权重，量化、细化、分解案件的办案质量、办案程序合法性、办案复议率、诉讼率等指标，兑现奖惩，实行重大执法质量问题“一票否决”制。对执法质量考评中发现的问题，通过案例点评、预警通报、责令整改等形式督促改正。5 月 26 日，县公安局出台《关于快速查结治安案件的暂行规定》，对案情简单、事实清楚、证据确凿、嫌疑人在两人以下，及时到案且供认不讳的治安案件，应在接受案件后一日内办结；对违法事实较为复杂，证据查证难度较大，嫌疑人在两人以上的治安案件，在接受案件后一个月内办结，因特殊原因超过规定期限未办结的疑难案件，仍继续调

查取证，待案件调查终结后尽快处理。在提高办案效率的同时，保证办案质量和执法效果。监督室、法制室负责监督、检查治安案件及时办理情况。县公安局连续10年保持复议、诉讼零撤销、零变更、零败诉。2011年12月14日，印发《桓台县公安局取保候审保证金管理办法》，保证金由警务保障室负责管理，建立、健全收取、退还和没收保证金台账。法制室负责监督各办案单位执行取保候审工作。2012年11月13日，县公安局印发《关于进一步规范案例点评工作的通知》，结合部门、警种执法特点，点评具有典型性和指导性的案例。2013年年初，解决打击处理弱化问题，到办案单位调研，找出症结所在，强化执法质量评议和责任追究。是年，县公安局裁决行政案件数量比上年增加4.5倍。2014年10月，县公安局推行行政案件"三个一"制度，简易案件一天办结，复杂案件一周办结，疑难案件一个月办结，实行首接告知，及时调查取证，集体探讨疑难案件，注重内外监督，抓牢案件质量。2016年3月1日，公安部修订《公安机关执法质量考核评议规定》。县公安局对执法质量考评内容相应作出修改，主要包括接处警执法情况、办理案件情况、实施行政许可和登记备案等行政管理情况、执法监督救济情况、执法办案场所和监管场所建设与管理情况、涉案财物管理和涉案人员随身财物代为保管以及物证保管情况、执法安全情况、执法办案信息系统应用管理情况及其他需要考核评议的内容。

开展执法质量考评

警务公开

20世纪50—90年代，县公安局经常选择典型案例，以召开千人、万人批斗大会，现场处理或者发布案情通告、媒体宣传等形式，对案件公开处理，教育群众，震慑违法犯罪。

1999年4月5日，县公安局下发《关于推行警务公开制度的实施意见》，规定除涉及国家秘密、个人隐私和法律规定不宜公开的事项外，凡是依法可以公开的警务活动都要公开。具体内容包括：刑警、巡警、纪检督察、派出所、治安、户籍、法制、110报警服务台等部门的职责任务、办事程序、有关规定、收费标准、罚没款项目标准及收缴方式，刑事、治安案件的立案范围、标准和办案程序、期限以及受理上诉、申诉的范围、期限、查处结果，治安管理的范围、规定要求、标准条件和办事程序、期限，部分治安案件的调处过程，法律服务的范围、规定要求、服务程序和标准，公安机关的禁令、纪律、制度和民警违法违纪行为的举报、控告的途径、方法及有关处理决定等。各单位按照规范—公开—公正—满意的基本思路，扎实稳妥进行。治安科以案件公开审理为切入点，制定《治安案件公开审理暂行规定》，在调查案情基础上，当事人面对面坐在一起处理问题，必要时邀请村干部、群众代表、人大代表、政协委员参加，增加案件查处工作透明度，确保当事人心悦诚服。治安案件公开审理制度在起凤派出所和索镇分局先行试点。4月15日，治安案件公开审理现场会在索镇分局召开，县人大常委会、县委政法委及市、县公安

1999年4月15日，召开治安案件公开审理观摩现场会

局领导现场观摩2起治安案件公开审理。在总结完善基础上，推行庭审式、上门式、宣传栏式三种公开审理方式。4月18日，起凤劳务市场发生一起殴打民工案件，起凤派出所在劳务市场公开审

理，参加群众百余人，引起强烈反响。1999 年 8 月 26 日，县公安局召开警务公开经验交流会，观摩唐山派出所警务公开工作，听取 7 个单位和个人的典型发言。会上，把《治安案件公开审理暂行规定》修订为《治安案件公开处理暂行办法》。4—8 月，全县治安案件公开处理 166 起，占案件总数的 80%，复议案件数量下降 87.5%。11 月，治安案件公开处理的经验做法在《山东公安法制建设》《山东治安管理》刊载推广。是年，公开处理治安案件 397 起，占立查案件总数的 80%。

2000 年 1 月，县公安局下发《关于进一步深化警务公开工作的实施意见》，把警务公开工作作为创满意活动的根本性措施和公安工作的突破口，扩大警务公开的范围：凡属涉及人民群众切身利益的警务活动，除国家机密、警务工作秘密、个人隐私和法律规定不宜公开的内容外，一律向社会公开，接受群众监督。在各派出所、索镇分局建设规范的治安案件公开审理室，制作统一的警务公开展板、服务卡、警务公开栏。5 月，县公安局修订《治安行政案件公开处理规定》，出台公开审理操作规程，对审理前的准备、调查辩论、公开调处等程序作具体规定，增加可操作性，成为指导基层派出所办案的重要规范性文件，“阳光作业”赢得群众满意。11 月，公安部办公厅推广桓台警务公开的经验做法。是年，公开处理治安案件 438 起，占全部案件的 88.8%。2006 年，县公安局把深化警务公开工作纳入“双基”工作总体规划中，构建上下联动、密切配合、齐抓共管、整体推进的工作格局，各业务窗口作为警务公开的重点单位，各部门职责范围、工作程序、收费标准、服务承诺等作为警务公开的重点内容。各基层单位设置警务公开栏，印发明白纸，印制民警服务手册和警民联系卡，对重要警务、治安状况通过新闻媒体及短信平台及时发布。以庭审式、上门式、宣传栏式三种模式公开处理的治安案件占全部治安行政案件的 92%。通过推行警务公开，行风评议位次前移，未发生行政诉讼案件。10 月 19 日，全市警务公开工作经验交流会在桓台县召开。

2004 年，索镇分局公开审理治安案件

2008 年 5 月 1 日起，随着《中华人民共和国政府信息公开条例》实施，县公安局充分利用互联网新媒体，依法主动公开办事流程、警务活动、人员招聘等信息，依照申请公开案件办理、政策依据等信息。2014 年，在桓台吧开通“平安桓台”账号，建设网上公安局。2015 年，开通“平安桓台”微信公众号。警务公开工作全面转型推进。

法制员

1994 年，县公安局创新推行法制员制度，聘任熟悉法律、业务水平较高的干部担任法制员，负责本单位执法监督，参与疑难案件研究，为领导决策服务。随后，根据人事调整情况，及时调整法制员。1996 年，法制员制度逐步完善，法制员以业务熟练的所队副职为主，办案程序中增加法制员审核案卷环节，案件承办人在向所队长呈请审批前，法制员审核案件质量，提出审核意见并附审核笔录，对不符合规定的案件，退回办案人员整改和继续办理。1999 年 3 月，县公安局下发《关于调整充实法制员的通知》，32 名法制员全部由中层干部担任。为使法制员制度常态化，县公安局先后出台《法制员职责》《法制员考核办法》《法制员审核案件暂行规定》，法制员监督由事后监督向事前监督、事中监督延伸，并承担组织本单位民警业务学习任务。县公安局印制治安案件审核表、刑事案件审批表等表格，每案一式两份，一份随卷，一份交法制科备查。法制、警务督察等部门不定期督导法制员工作，未经法制员审核的案件，县公安局不予审批，树立法制员工作权威。每月 25 日召开法制员例会，共同研究疑难案件，通过短期法制培训，使法制员掌握最新法制动态。8 月 19—20 日，县公安局举办法律知识竞赛，全体法制员作为各单位主力参赛。9 月 2 日，举行行政案件展评活动，法制员对口阅卷，在全局巡展优质案件。

2000年3月，按照《淄博市公安局关于进一步加强严格执法的规定》，重申法制员的职责范围，在业务上接受法制部门的指导，审核把关本单位行政案件、刑事案件，无法制员审核意见，领导不得审批。8月22日，法制员会议完善《法制员工作制度》《法制员工作细则》《法制员工作规则》《法制员考核细则》等规章制度，规范法制员工作程序，落实法制员一级执法责任人的执法责任制。2001年，把法制员教育培训工作纳入法制民警教育培训和三年岗位练兵活动计划，在法制员和法制民警中开展业务技能大比武活动。2002年7月2—20日，24名法制员参加在鲁中机动车驾驶员教考中心举办的全市公安法制民警、法制员培训班。11月26日，组织5名法制员参加全市公安法制系统岗位练兵比武竞赛，取得较好成绩。2003年，全局执法单位配备26名专兼职法制员。在暂住人口、租赁房屋、娱乐服务场所集中清理整治专项行动前，对法制员系统培训，并为法制员发产《暂住人口 租赁房屋集中清理整顿法律法规汇编》《娱乐服务场所集中清理整治专项行动相关文件及适用法律法规汇编》等教材。在专项行动中，法制员审核案件87起，无一起行政复议、行政诉讼案件。2000—2003年，全局法制员共审核刑事案件2300余起、治安行政案件3875起，发现和纠正不当执法问题260个，纠正错案12起，案件审核率100%。2004年12月，县公安局实行执法质量个案评判制度，法制员及时总结本单位执法问题和薄弱环节，加强对办案工作的日常监督和指导。2009年，县公安局建立法制员个人工作档案，内容包括法制员基本情况、任职时间、奖励和处分情况、学习和培训情况、工作考核情况等，作为推荐提拔的重要依据。

2007年7月，举办法制员培训班

2010年，按照《山东省公安机关法制员工作规定（实行）》，县公安局在承担刑事和行政执法办案任务的执法勤务机构和少海派出所派驻专职法制员，农村派出所由教导员兼任法制员。县公安局聘任专职法制员6人、兼职法制员28人，并颁发聘任证书。法制员分设在12个派出所、8个治安中队、7个刑警中队、3个经侦中队及国保、巡特警、城管大队，均由熟悉法律知识和业务经验丰富的民警担任，平均年龄34岁，均为大专以上文化程度，其中20人担任副科级以上领导职务。制定法制员考核管理制度，规范管理和使用法制员，16名法制员被提拔到科级领导岗位。是年，省公安厅下发《法制督导员工作暂行规定》，县公安局任命各执法单位政治教导员为法制督导员，法制督导员加强学习，熟悉掌握上级和本级公安机关执法规范化建设和法制工作的部署，定期开展督导工作。2014年，县公安局制定《优秀法制员考核标准》，列入单项业务考核，年底表彰优秀法制员。

2012年9月，开展法制员业务技能比武竞赛活动

办案场所

桓台县解放前后，县公安局及派出机构办案场所设置不规范，硬件设施不到位，部分干警执法安全意识淡薄，案件审理和嫌疑人看管多在办公室或值班室进行，甚至外借场所办案，多次发生被审查人员跳楼、自杀、脱逃等事件。1999年，刑侦中队独院办公后，开始设立专门审理室，配备审讯椅等设施。2004年10月1日，实施《公安机关适

用继续盘问规定》，各派出所逐步建立盘问室，继续盘问工作多在盘问室进行。

2010 年 6 月 7 日，省公安厅制定《山东省公安派出所用房设置规范（试行）》。是月中旬，县公安局通过实地查看、问卷调查、召开座谈会等形式，专题调研执法办案场所规范化建设问题。7 月 5 日，组织法制室、各派出所主要负责人到寿光市公安局考察学习执法办案场所建设。在调研、考察基础上，制定《桓台县公安局执法办案场所建设意见》，统一规划执法办案场所。投资 500 余万元，完成各办案单位办案区建设。办案区设置在办案单位一楼，并在一楼门厅加装隔离门，办案与办公区域分离。在办案区设置询问室、讯问室、检查室、候问室、案情分析室、醒酒室、辨认室、物证保管室、信息采集室等，安装具有身份识别功能的防盗门，加装不锈钢护栏及中空夹心铝合金窗扇，软包处理 1.8 米以下墙体，配置吸顶式日光灯及防触电式电源插座，为各办案单位统一购置 22 把审讯椅。每间询（讯）问室配置公安网电脑 1 台、打印机 1 台、办公桌椅 2 套，安装感应开关、报警器、

审讯室

应急灯、电子表、音箱（播放权利义务告知）、电子监控设施和声音采集器，实现办案全程录音录像，内墙分别悬挂《询问室制度》《讯问室制度》。针对询（讯）问信息的保密性和监督的实时性，根据分工范围和业务权限，对应用端分级授权。

2011 年，县公安局规范办案场所使用工作，制定《执法办案场所管理使用规定》《执法办案场所试听资料管理使用办法》《行政案件同步录音录像审查操作要点》，定期检查执法办案场所安全。设立人身安全检查登记表、约束室登记表、物证登记

2011 年 4 月，建成执法监督中心，对办案场所网上巡查

表、调处纠纷登记表等执法台账。各执法办案单位建立定期安全检查制度，及时向警务督察部门报备。规范同步录音录像的制作和保存，2010—2012 年，县公安局共制作保存接处警同步录音录像资料 18721 份，刑事案件同步录音录像 1322 份，行政案件同步录音录像 2567 份，执法办案场所未发生执法事故和民警被投诉事项。2012 年，县公安局被省公安厅命名为全省执法规范化建设达标示范单位。2013 年，部分办案单位升级改造办案区，县公安局投资 60 余万元，为刑侦大队新建一处办案区。是年，制定《办理行政案件同步录音录像操作指引》，规范民警在办案区的言行。加强对刑事案件同步录音录像管理，审核刑事案件前详细登记同步录音录像制作情况，对无同步录音录像案件，一律不予审批。

2014 年，县公安局贯彻公安部“四个一律”规定，即违法犯罪嫌疑人被带至公安机关后，一律直接带入办案区，严禁违反规定带出办案区讯问询问；进入办案区后，一律先人身检查和信息采集；违法犯罪嫌疑人在办案区内，一律要有人负责看管；在办案区内开展执法活动，一律要有视频监控并记录。4 月 23 日，修改办案区执法台账，整合人身安全检查、信息采集、随身携带涉案财物等台账，统一为 1 个综合登记表，规范登记进出办案区的当事人、证人等人员信息。4 月 29 日，开展“四个一律”专项检查，发现问题 6 处，办案单位及时整改。7 月，县公安局为 13 个办案区购置 17 台应急电源设备，办案区断电时，可紧急为询问室、讯问室 4 台电脑及同步录音录像监控设施提供半小

时应急电源。8月5日，县公安局出台《规范执法“四个必须”》，即必须按程序办案，先有文书后办案，不得先办案后补办文书；必须在办案地点办案并同步录音录像；必须有两名以上民警看管违法犯罪嫌疑人；必须接受警务督察部门的监督检查。2015年，县公安局谋划建设执法办案管理中心。2016年4月，开工建设。该中心投资600万元，建筑面积1500平方米，34个功能用房，下设现场执法视音频管理中心、受案立案监督管理中心、办案

执法办案管理中心外景

中心、涉案财物管理中心、执法查询管理中心等5个分中心，涵盖接处警、受立案、案件办理、涉案财物管理、执法公开等执法全流程，通过对刑事执法各流程阶段监督管理功能的优化整合，形成集中办案、集约管理的刑事执法办案新机制。管理中心具有服务实战、监督管理、教育培训三大功能。各业务大队集中办理案件，管理中心统一负责安全检查、信息采集、台账登记，统一登记保管随身物品、涉案财物，统一存储管理同步录音录像、现场执法视音频资料。12月5日，该中心投入使用。

第三节　法律救济

纠正冤假错案

1952年8月，县公安局办案中发现，六区牛旺牛如让被控告勾敌杀人案系错案，即将牛如让释放。1953年5月，通过进一步审查牛如让案件，查清牛如某为报复而诬告牛如让事实，在该村召开村民大会，对牛如某进行揭发批判，对牛如让当众宣告无罪。6月，县公安局根据中央“反四错”活动部署，对牛如某实行管制，并向牛如让道歉，同时处理办案人员。

1955年，桓台县开展第二期镇压反革命运动。在批判“右”倾基础上，出现重打击数量、不重案件质量倾向，存在搜集案件材料粗枝大叶及案件处理偏重、过重、事实不清等问题。年底自查发现错捕17人、可捕可不捕29名。1956年5月16日，省委、地委工作组13人复查桓台县1955年度镇反案件，抽调县人民法院、县公安局6人，制定复查计划，统一学习政策，以最高人民法院副院长高克林对1955年全国审判工作总结讲话和相关政策为标准。通过个人阅卷、提出意见、小组讨论，将出入较大案件提交领导小组审核，共复查已结104起反革命案件、26起地富破坏案件、120起刑事案件及65起未结案件。复查发现，处理偏重18起、过重40起、事实不清41起、错案19起、不应判刑69起、偏轻1起。主要表现在对被敌人威胁利诱的、曾有罪恶但悔改的、违法行为已被处理但有现行错误言行或轻微违法行为的、借贷关系不明等涉案人员，过度采取逮捕措施甚至判刑，造成错捕、错判。县委和公安、法院根据复查结果，落实以事实为根据、以法律为准绳原则，及时纠正错案。对1954年前的案件，由县公安局、县人民法院开展自查自纠。1956年后，县政法部、县公安局、县人民法院定期开展案件复查和纠正错案活动。

1967年1月23日，中共中央、国务院发出《关于无产阶级文化大革命中加强公安工作的若干规定》，即“公安六条”。实践中，桓台公安机关把投写反革命匿名信，秘密和公开张贴、散发反革命传单，写反动标语，喊反动口号，攻击党的领袖及对“中央文革小组”不满的人以“现行反革命”治罪，由此导致部分冤假错案发生。

1979年2月，县公安局根据中共中央〔1978〕78号文件精神，集中10名骨干力量，复查1966—1978年的政治案件和部分申诉案件。其中，公安自办案件61起，县委交办案件83起，申诉案件27起。从案件性质看，属于反对江青反革命集团的1起，胡言乱语的2起，有反革命言论、口号、损害领袖形象的27起，张贴、散发反革命标语、传单的17起，反动会道门、反革命集团案件12起，历史反革命案件37起，“四清”运动中的案件48起，1966年

前、1978年后申诉案件21起，1966—1978年期间的申诉案件6起。从处理情况看，逮捕释放2人，刑事拘留释放6人，戴帽117人，定性不戴帽41人，批判斗争5人。县公安局贯彻有反必肃、有错必纠方针，坚持实事求是、全错全纠、部分错部分纠、不错不纠的原则，按照先急后缓、先易后难的方法，成熟一批，研究一批，呈报一批。县公安局召集有关人员，座谈回忆，提供线索，反复调查、核对，做到认定有据、否定有理、纠正有凭。对每起案件，坚持集体研究，具体分析，依据政策和法律，作出正确结论。原是干部、职工的，县公安局与原单位党组织共同开展平反工作。如耿桥人民公社原小学老师张振纲，“四清”运动中被定为历史反革命，戴上帽子，开除回家，复查发现原定其系三青团区分部委员和参加山东“特教”问题，仅凭似是而非的零星材料，没有真凭实据，复查中即作出纠正。桓城人民公社昝家大队周光汉，因书写反革命传单被拘留，政治上、经济上都受到影响，复查认定系冤案，召开会议宣布彻底平反，并报县委批准，补助80元。

此次复查工作坚持实事求是，凡需要纠正的案件都报县委审批。至1979年6月初，复查工作基本结束，共复查案件171起。属于全错全平的27人，部分错部分平的46人，不错不平的98人。针对工作中的遗留问题及其他申诉案件，县公安局留3人继续复查，进一步落实党的政策。

1980年3月，复查为刘少奇鸣不平而遭受打击的7起案件，为3名受到批判处理造成影响的人员平反，对4名作案时因年幼或其他原因而没有受到处理、未造成影响的人员作出书面结论。4月，纠正2起错案。冤假错案平反纠正后，县公安局协同有关部门做好善后处理工作，落实党和国家政策，使被平反人员彻底放下思想包袱，重新走上工作岗位，投身社会主义建设事业中。

复议诉讼

中华人民共和国成立后，公安复议工作主要通过当事人的来信来访及在执法检查、清理积案中发现问题后进行，依据法律和政策，作出维持意见或者纠正处理结论。

1986年9月5日，第六届全国人大常委会第十七次会议通过新的治安管理处罚条例，规定：被裁决受治安管理处罚的人或者被侵害人不服公安机关裁决的，可以向上一级公安机关提出申诉；不服上一级公安机关裁决的，可以在接到通知后五日内向当地人民法院提起诉讼。1987年1月1日该条例施行后，公安行政复议案件逐渐增多，并出现行政诉讼案件。1990年之前，治安案件的受理申诉和应诉工作均由治安部门承办。

1990年10月1日，行政诉讼法实施。第十一条规定，人民法院受理公民、法人和其他组织对下列具体行政行为不服提起诉讼：对拘留、罚款、吊销许可证和执照、责令停产停业、没收财物等行政处罚不服的；对限制人身自由或者对财产的查封、扣押、冻结等行政强制措施不服的；认为行政机关侵犯法律规定的经营自主权的；认为符合法定条件申请行政机关颁发许可证和执照，行政机关拒绝颁发或者不予答复的；申请行政机关履行保护人身权、财产权的法定职责，行政机关拒绝履行或者不予答复的；认为行政机关没有依法发给抚恤金的；认为行政机关违法要求履行义务的；认为行政机关侵犯其他人身权、财产权的。除前款规定外，人民法院受理法律、法规规定可以提起诉讼的其他行政案件。根据全国公安法制工作会议精神，县公安局治安科将治安案件的申诉和应诉工作移交法制科承办，法制科指导办案部门做好应诉工作。法制科收到人民法院应诉通知书后，立即报告局长，同时根据案件情况确定诉讼代理人及代理权限，诉讼代理人由法制科民警和被诉具体行政行为办理部门的干警共同担任。1991年1月1日，《行政复议条例》实施，将治安申诉案件和劳动教养申诉案件统一称为行政复议案件。

1992—1994年，县公安局依法办理复议案件，做好当事人的教育疏导工作，避免行政诉讼案件发生。1997年4月，市公安局出台《淄博市公安机关办理行政复议 应诉案件暂行规定》，县公安局从源头上防范行政复议、行政诉讼案件。1998年6月9日，索镇马家村村民任某夫妇因故与同村村民王某姐弟殴打。任某对索镇分局作出的处罚决定不服，向县公安局提起行政复议。经过调查，县公安局决定维持。1999年10月1日，《中华人民共和国行政复议法》实施。公民、法人或者其他组织认为公安机关具体行政行为侵犯其合法权益的，可以自知道该具体行政行为之日起60日内提出行政复议申请。案件当事人对县公安局的具体行政行为不服的，可以向县政府或市公安局申请行政复议；对派出所的具体行政行为不服的，可以向县政府或县公安局申请复议。是年，惠民县清河镇西梅村村民梅某对刑警大队刑事拘留、收取涉案资金不服，向县人民法院提起行政诉讼。经过审理，县人民法院撤销县公安局限制梅某人身自由的具体行政行为，判决返还梅某资金。

2000年5月15日，县公安局通报2起行政复议案件维持与撤销的原因及经验教训，各办案单位引以为戒。2001年，县公安局使用市公安局统一印制的行政复议8种法律文书，进一步规范内部审批手续。2002年11月2日，公安部发布《公安机关办理行政复议案件程序规定》。按照规定要求，对县公安局具体行政行为不服的，向市公安局或县政府申请行政复议；对公安派出所具体行政行为不服的，向县公安局申请行政复议。2003年6月，县公安局下发《关于加强行政复议诉讼国家赔偿工作的意见》，督促执法单位和案件主办人严格执法，减少和杜绝执法漏洞与过错。法制部门加大对行政复议、行政诉讼和国家赔偿案件的指导力度，督促案件主办人撰写行政复议答复书、行政诉讼答辩状、国家赔偿答复书，监督案件主办人总结行政复议、行政诉讼、国家赔偿案件心得体会，从实战角度理解把握法制要求，为提高执法质量打牢基础。2009年11月4日，县公安局3名民警组队代表桓台县参加全市行政复议法电视知识竞赛，获二等奖。

2010年10月，省公安厅印发《山东省公安机关行政复议用语规范(试行)》，县公安局认真贯彻执行。2012年5月1日，县公安局适用公安部统一印发的公安行政复议法律文书。2013年5月21日，市政府下发《关于开展集中行政复议工作通知》，6月1日起，除海关、金融、国税等实行垂直领导的行政机关和国家安全机关外，不再受理行政复议案件，改由市政府行政复议委员会办公室集中受理。2014年11月1日，第十二届全国人民代表大会常务委员会第十一次会议修改行政诉讼法，2015年5月1日起施行。县公安局组织2次行政诉讼法集中培训，进一步提高民警执法水平。2015年7月7日，落实市公安局《关于进一步加强公安机关负责人行政诉讼出庭应诉的规定》，规范县公安局负责人出庭应诉工作。8月14日，县公安局办理新法规定的“被诉行政机关负责人应当出

2015年8月14日，县公安局负责人首次出庭应诉

庭应诉”的第一起行政诉讼案件，副局长姜恒泉出庭应诉，同法制大队、派出所民警一同参与庭前证据交换、法庭调查、法庭辩论全过程。法制大队、派出所部分民警旁听庭审。2016年上半年，行政诉讼10起，副局长姜恒泉、朱久爱、张秀光分别出庭应诉。

1993—2015年桓台县公安局行政复议行政诉讼案件统计表

表16－3　　　　单位：起

年度	行政复议	行政诉讼	年度	行政复议	行政诉讼
1993	1	0	2005	5	0
1994	1	0	2006	10	3
1995	0	1	2007	5	1
1996	0	0	2008	3	1
1997	0	1	2009	1	1
1998	3	7	2010	1	1
1999	1	4	2011	2	1
2000	2	0	2012	2	2
2001	3	0	2013	2	0
2002	3	1	2014	4	0
2003	6	7	2015	1	2
2004	3	4			

第十七章　警务保障

警务保障室民警合影。左起：王晓琳、任秋萍、李翠芹、徐天慈、胡茂营、刘春征、石向斐

（2014年12月 摄）

桓台县公安局成立之初，设干事1人，兼职后勤保障工作。民国34年(1945年)，公安局重建后，相继由文书、四股、五股、秘书室、秘书股、秘书科负责后勤保障工作。1989年3月，行政科成立，负责后勤保障和财务工作。1995年12月，增设财务审计科。2007年2月，行政科、财务审计科合并为警务保障科。2008年6月，警务保障科更名为警务保障室。战争年代，局机关无固定办公场所。1950年后，办公场所相对固定，但办公设施简陋、交通工具匮乏。随着经济发展，政府加大对公安机关的财政投入力度，县公安局办公用房、业务用房功能分区逐步合理，警用车辆、武器、警械、办公设施等装备日趋现代化，民警居住条件得到改善，经费管理更加规范，综合保障能力不断提升。

第一节　警用装备

武　器

县公安局成立初期，所配用的长短枪、冲锋枪、机枪等武器弹药，除少数是上级配发、个人捐献外，多系从敌人手中缴获。

1951年10月，县公安局机关、派出机构、公安员和公安队共配手枪12支、子弹36发，匣枪20支、子弹166发，长枪50支、子弹2107发，冲锋枪3支、子弹472发，机枪3挺、子弹410发，手榴弹150枚。1953年7月26日，县公安局机关共有长短枪81支，计匣枪29支、手枪42支、长枪10支、子弹982发。其中，外借手枪9支(县政府2支、银行5支、百货组1支、五区区长1支)、子弹45发。公安队配备长枪33支、冲锋枪3支、机枪2挺、匣枪2支、手榴弹56枚、刺刀8把、子弹2588发。1962年，进入战备状态，全局干部普遍保养武器，收集准备子弹，基本做到人不离枪、枪不离身，以应对突发事件。

1978年始，惠民地区公安局逐渐向县公安局拨配新式短枪。1983年8月，开展严厉打击严重刑事犯罪斗争，执勤民警全部配发枪支。1984年，全局共有51、54、59、64、77式短枪119支，按规定配备子弹，同时将原配用的旧式武器弹药全部上交。

1999年，县公安局统一保管枪支。2006年9月，各派出所陆续配发防暴枪。2011年，上级公安机关配发9毫米转轮手枪。至2016年4月，县公安局配有54、64、77式手枪、9毫米转轮手枪、79式轻型冲锋枪、38毫米防暴枪、18.4毫米防暴枪等类型枪支。

2008年9月，武器展示

警　械

县公安局成立初期，警械主要是绑绳。解放后，配备警绳、手铐、脚镣。1951年10月，手铐59副，脚镣17副。1952年，因镇反需要，配备大量警械。1953年，看守所配备手铐329副，脚镣125副。1983年7月19日，惠民地区公安处首次给县公安局配发大电警棍5根、小电警棍1根、普通电警棍1根、手铐1副、警笛2个、警绳2根。县公安局根据《人民警察使用武器和警械的规定》和省公安厅、惠民地区公安处的指示，结合本局实际情况，将所有警械交治安股保存管理。使用时，需经局领导批准，由专人使用保管，不得随便使用和乱放。使用人员根据《人民警察佩带枪支 警棍 手铐 警绳 警笛的暂行办法》，规范佩带使用警械。1984年，刑警队根据工作需要，购置铜质手铐12副、大电警棍6根，由本队保管使用。1988年后，县公安局陆续配发防弹背心、防弹头盔、防暴盾牌、防暴头盔、防暴服、阻车路障、夜视仪、抓捕网等装备，提高应急处突能力。各派出所根据工作需要，自行购置手铐、警棍、强光电筒等警械。2002年，县公安局投入3万余元，购置钢盔、盾牌、警棍等警械 200 余件。2003 年，各派出所相继设立警械装备室。

2006 年 7 月 24 日，公安部印发《单警装备配备标准》。2007 年 3 月，根据《淄博市公安局关于公安单警装备及一线实战单位装备配备标准实施方案》，县公安局进一步加强和规范一线实战单位装备配备，逐步实现配备标准化、规范化，提高整体战斗力和个人防护能力。2008 年，建成应急装备库，储备防暴服、防弹衣、防刺背心等应急装备物

警械室

资 6 大类 500 余件套。是年 7 月 16 日，举办单警装备使用培训班。8 月 26 日，省公安厅制定《单警装备管理规定》，单警装备按照统一佩带、严格管理、先训后用、依法使用的原则管理和使用，并采取集中存放、个人使用、适量储备的管理模式。9 月 6 日，县公安局在县博物馆广场举行单警装备发

2008 年 9 月 6 日，县公安局举行单警装备配发仪式

放仪式，向基层民警发放 241 套单警装备，每套单警装备含伸缩警棍、手铐、催泪喷射器、强光手电、急救包、多功能腰带、防割手套、警用装备包、警用制式刀具、对讲机各 1 件(部)。2009 年，投入 17 万元，购置一批防刺服、防刺靴、防化服、防毒面具等装备，配发到基层所队。2011 年，利用转移支付资金，更新充实防弹头盔、防暴头盔、防暴盾牌 255 件。10—11 月，各派出所升级改造警用装备室，达到规范化标准。2014 年，配合校园安保和反恐工作需要，投入 11 万余元，为基层购置新型法式盾牌、抓捕器、防暴腰叉等警械装备。

服　装

战争年代，县公安局干部、战士服装来源不一，上级统一发放单衣，棉衣多由县公安局自行购置棉花、布料缝制，样式与部队相同。执行任务时，视情着军装或便装，除侦察股、侦察队外，其他在编人员和公安分局、公安派出所干部着八路军和中国人民解放军制式服装。中华人民共和国成立后，警服制式多次变化，并随着国家经济的发展，渐趋规范化、正规化。

“五〇”式　1950 年年初，全国统一人民警察服装制式。5 月 1 日，县公安局配发“五〇”式夏服。“五〇”式制式警服分干部警服、普通男警服和普通女警服 3 种(不含武装警察服装)。普通人员警服同军装，干部春、夏、秋装为米黄色，冬装为墨绿色，均由平纹棉布制作，款式为中山式。春、夏、秋季戴米黄色大檐帽，冬季戴黑绿色带耳扇的棉帽，帽徽为铜质黄边红五角星，中间内嵌凸形“公安”字样。领章为铜质绿底黄边，右标“人民警察”字样，左标警种及编号，按警种分别缀钉冠以“治”“户”“交”“消”字首加码。胸章为漂白布质长方形(3.5×7.5 厘米)白底红边，内嵌印仿宋体“人民警察”字样。至 1954 年，取消领章标志。

“五五”式　1956 年 5 月 2 日，派出所干部更换“五五”式警服，机关干部不再配发警服。当时，桓台县无派出所。1958 年 9 月，索镇派出所复设后，干部配发“五五”式警服。夏装面料均为斜纹布，上衣为白色，下裤为藏青色，冬装衣裤均为藏青色。警服的裤(裙)两侧均镶嵌布质正红色牙线。男警帽檐为隔电纸质，喷黑色漆，帽檐上针缀黑色皮质风带(女警帽无风带)，帽墙箍草绿色丝质带。均配发底、面为皮质六眼黑色皮鞋及腰带、雨衣等。腰带为咖啡色线质，带扣为长方形，上面浮雕五角星，为铜质加镀克罗米。雨衣均为藏青

色。帽徽铜质凸圆形，中心镶嵌国旗，旗周雕金色齿轮和麦穗，外镶金色光芒；胸章与“五〇”式基本相同，正面字样改为“中国人民警察”，背面分别印有部别、姓名、年度佩用及编号等。

“五九”式　1959年10月1日，索镇派出所干部改换“五九”式警服，分男女两种，其上衣下装面料、颜色不变。取消原警服前襟左右侧边处、袖口接头（含大衣袖口接头）处和男、女警夏装、冬装（含大衣）上衣领边、大衣前襟、口袋盖处正红色牙线及男警帽墙箍草绿色丝质带和冬帽檐。警服裤、裙两侧宽、窄正红色牙线统改为2毫米红经条。男警服，上衣小立方领，4只平暗口袋，西式裤；夏、冬季分别戴白色帽罩平顶大檐帽和藏青色栽绒帽。女警服夏装，上衣大翻领，下侧两只平暗口袋，西式裤或裙，戴白色帽罩无檐软帽；冬装与男警冬装相同。帽徽与“五五”式相同。恢复领章，为斜长方形红色塑料质，上嵌合金质黄色五角星金盾形符号，中心为国旗图案。取消“中国人民警察”布质胸章。

“六五”式　1966年9月1日，索镇派出所干部更换“六五”式警服，机关少部分人着装。上衣为草绿色，下装为藏蓝色，无红色裤线条。男警服上衣立领，4个口袋，四季服饰相同；夏、冬季分别戴草绿色解放帽和栽绒帽。女警服夏装上衣小翻领，下摆两只平口袋，戴帽与男警相同，取消原女警服中列宁装上衣和下装的裙子。原大檐帽、女无檐帽、蓝栽绒帽均予废除。帽徽铝质圆形，中心为国旗，旗周雕金色麦穗和齿轮；领章与“五九”式相同，1967年改为全红色平绒质地。

“七一”式　1972年5月1日起，县公安机关只有治安组配发少量公用警服。1973年6月，县公安局治安股配发5身公用警服，其制式与“六五”式基本相同，夏装、冬装上下衣裤及帽、大衣、雨衣、棉手套的布（棉）质面料均为藏蓝色；夏季戴藏蓝色套白色镶蓝色边沿线条帽罩大檐帽，帽檐为隔电纸质喷黑色漆，帽墙前配黑色光面牛皮质装饰带，帽带左右两端钉缀氧化铝黄色五星圆形帽钉，附缀黑色松紧防风带，警帽面料为藏青色涤棉混纺布质。1974年5月1日，根据省公安厅关于户籍、治安、刑事、外事四个警种着装的指示，夏服改为上白下蓝警服，男、女警分别戴蓝色大檐帽和无檐帽，均套白色镶蓝色边沿线的帽罩。1975年3月26日，女警夏服增发裙服，裙服为上白下蓝颜色。除帽徽改为铝质圆形、国徽凸体图案外，领章与“六五”式相同。1978年，男警夏、冬季分别戴大檐帽和栽绒帽；女警夏、冬季分别戴无檐软帽和栽绒帽，下装配发裤、裙两种。大檐帽、无檐软帽顶边沿镶红边线。标志符号不变。1979年5月，县公安局除治安股外，派出所全体人员及预审股、看守所4人着警服。1980年，预审股、刑警队、看守所、消防股着装。1981年2月17日，根据公安部、财政部联合通知，县公安局全体干部着装。

“八三”式　1985年5月1日，全县公安机关干部分批换着“八三”式警服，男、女警服（不含武警、消防警）上下装改为橄榄色；男警服上衣立领、上下4个暗兜；女警服上衣为小翻领，单排扣，前襟下方两个暗兜；夏警服为米黄色（交警为白色）小翻领制式长、短袖衬衣。警服面料质地分涤棉织品和毛料两种，夏服、大檐帽面料分为凡尔丁和的确良，冬服、栽绒帽面料分为马裤呢和涤卡，大衣面料分为橄榄色呢和涤卡。行政18级和副局长以上各发呢大衣1件、冬装1套及毛涤混纺料夏装1套。男、女警服上衣、大衣袖口均镶两道金黄色7毫米宽袖线带，肩部镶配黄色（交警夏上衣为红色）布边的肩袢。下装男、女裤（裙）两边均镶2.5毫米宽红色牙线。男、女警夏、冬季分别均戴马鞍型大檐帽和栽绒帽。交警和其他警种分别配发白色和橄榄色大檐纱帽。大檐帽标有帽墙线，帽墙周镶两道黄色尼龙宽带，帽墙、帽瓦与帽顶间均镶红色牙线条，帽檐上配装黑色牛皮质装饰带，帽墙两侧各缀金黄色铝质五角星圆形帽钉（大小与衬衣扣相同）及松紧防风带。上衣及口袋扣为铝质圆形镀金色克罗米，内嵌凸形盾牌与五角星图案。1988年3月，执勤交警和警犬训练员配发白色尼龙手套，交警另配白色武装带，其余干警均配发绿绒手套。帽徽为铝质金黄色橄榄枝衬托着蓝色盾牌，盾牌上浮雕国徽，国徽下镶刻金色盾长城图案。领章仍为正红色平绒斜长方形。肩章（警种符号）为布质长条形，周镶黄边，中心钉铝质盾形符号，蓝底黄边中间嵌凸形红五星（地方公安机关警种标志）或其他图形，以区分警种。6月，为便于执行勤务，便于人民群众识别和监督公安干部，开始佩戴臂章和警号。臂章为布质绣丝织品，盾形，内为蓝底，周围白、红边，上方印有一大四小红五星，中间印有白色“公安”字样，偏下标有“POLICE”6个英文字母，下方为长城（黄色）图案，佩于上衣的左臂上方。警号为铝质长方形，红底标7位数，前2位金黄色数字系省、自治区、直辖市代码，后5位银白色数字分别为地区（市、区、县）与人民警察个人编号。佩于上衣左胸口袋盖压线上方居中。

“八九”式　1990年5月起，全县公安干部换着八九式警服（不含武警、消防警）。男警大衣和长短袖衬衣制式与“八三”式基本相同，上、下装颜色不变。夏装上衣为小立翻领，内配白色衬衫和织有“公安”字母标志的枣红色领带、领带夹。男警上单衣左右胸两只明兜，下摆两只平盖口袋；女警上衣下摆两只平盖口袋，下装有裤、裙两种。长短袖制式衬衣，均为小翻领，男警衬衣上方两只明兜，女警衬衣下摆两只平口袋。男、女警服单衣面料为纯化纤布，上衣的袖线、肩袢与“八三”式相同。下装取消裤（裙）侧红色牙线。夏、冬季分别戴大檐帽和栽绒帽，大檐帽取消黑色牛皮质装饰带，更换为金黄色丝织装饰带。女警戴（交警为白色）短筒檐帽，佩戴图案相同的小型帽徽。男警冬装为中山装式，上衣立翻领，两胸为倒山字形明兜，下摆两只暗兜。女警冬装为列宁装式，上衣关领，下摆两只斜盖平口袋，由双排扣改为单排扣。男、女警冬服面料均采用纯化纤仿毛马裤呢，棉衣面料为橄榄色塔夫绸，内絮平绒片。制式单衣、冬服、棉衣，均分为25个型号制作。1992年，警号改为硬塑料蓝底银白色数字代码、编号。7月1日，人民警察警衔条例颁布后，肩章（警种符号）改为橄榄色底的丝织面长条硬牌，上缀铝质金黄色盾牌，中间镶凸形红五星。取消领花，在衣领口两侧佩戴人民警察警衔等级标志。10月起，配发绒里大衣，面料为仿毛华达呢，内衬白色涤纶滚球绒胆及橄榄色斜纹绸，大衣领套深棕色纯毛栽绒，其他与“八三”式相同。1993年5月，男、女警换着“八九”式长、短袖制式衬衣，分为开领和立领两种。男警长、短袖衬衣均为上方两只明贴兜，颜色均为潜橄榄色。领带改为藏青色。帽徽、肩章、领花、臂章、警号与“八三”式相同，领章改为领花，为铝质倒人字形，金黄色橄榄枝托红色盾牌，内嵌凸形红五星图案。臂章为盾形，比“八三”式略大，正面深藏青底金黄色丝绣边，顶端为“中华人民共和国”7个金黄色字样；第二层中间镶蓝边红五星，红星两侧为银白色“公安”字样；第三层绣有白色飘带风标“POLICE”英语字母；第四层绣有白色小盾形，内下端为金黄色长城图案；最下层为托起的金黄色橄榄枝。

“九九”式　2000年12月1日，全县公安民警换着“九九”式警服。男、女警冬常服、春秋常服、茄克服、多功能服、单裤的颜色均改为国际上流行的藏蓝色；男、女警衬衣分为制式衬衣和内衬衣。制式衬衣分长、短袖，绣有领花和袖口“POLICE”字样，配有臂章、肩袢、金属扣等，用于夏季外穿；内穿衬衣无领花、臂章、肩袢等，纽扣采用普通塑料制式扣，穿着常服和夹克服时在内穿用。衬衣颜色分为3种，高级警官穿着白色衬衣，交警穿着浅蓝色衬衣，普通民警穿着铁灰色衬衣，后统一为浅蓝色衬衣。夹克服分两种，交、巡警执勤时穿着执勤服，款式较短，上衣和裤子配有扎系外腰带的扣袢；其他警种穿着普通夹克服。多功能服也分两种，交、巡警穿着带反光条的，普通民警穿着无反光条的。警帽分男警大檐帽和女警翻沿帽，男警大檐帽颜色为藏蓝色，交警上套白色帽罩，帽檐上方有银灰色饰带。女警翻沿帽，交警为白色，普通警察为藏蓝色，女翻沿帽质地为毛毡料。高级警官、交警领带颜色为蓝色，其他警种领带颜色为银灰色，后统一为蓝色。帽徽为铝质银色橄榄枝衬托着银色盾牌，盾牌上嵌国徽，国徽下镶刻长城图案，橄榄枝下为刻有“警察、POLICE”英语字母的飘带风标。帽徽分大、小两种，男警大檐帽为大帽徽，男警便帽与女警翻沿帽配小帽徽。胸徽为铝质长方形黑色底，刻有省区或警种字样，佩戴于右胸上衣口袋盖压线上方居中。警号为铝质长方形，镀克罗米的6位数字，佩于左胸上衣口袋盖压线上方局中。领花为铝质银色倒人字形橄榄枝衬托着盾牌，缀钉在小翻领上。警衔标志是有银色橄榄枝、银色四角星、银色横杠、银色折杠，按不同衔级缀钉在蓝色肩章上而组成的，缀钉位置按肩章反面的标记孔自行缀钉，缀钉平齐端正后，在肩背面用银色开口销固定各种警衔标志。

交通工具

战争年代，县公安局交通工具主要是缴获的自行车，但是数量较少，仅限于侦察队、通讯员执行紧急公务时使用，武工队、政卫队执行一般作战任务和其他人员执行一般公务，以步行为主。民国36年(1947年)4月，清剿匪特杨大山部时，缴获马车1辆、马2匹，成为县公安局转移期间运输后勤设施、粮食及文件资料的主要交通工具。

1949年，干部办理公务，近的步行，远的骑公用或个人自行车。1950年年初，县公安局机关配备公用自行车3辆，局长1辆，公务员1辆，各股公用1辆。年底，有公用自行车8辆，除局长和公务员每人固定一辆外，其他分至各股自行管理。1951年10月，机关自行车11辆。1953年，自行车10辆。1958年11月，桓台、博兴合县，带去自行车5辆。1961年9月，分县时，带回自行车3辆。是年，购置自行车4辆。1962年，机关有公、私自行车19辆，其中破损5辆，因战备需要，全部修好。1973年后，大量购置自行车。1985年，公用自行车74辆。

1966年，县政府拨付匈牙利产旧二轮摩托车1辆，是县公安局最早的摩托车。随后，专署公安处拨付三轮摩托车1辆。1978年，惠民地区公安局增拨三轮摩托车1辆。1980年1月，刑警队、治安股各购置三轮摩托车1辆。年底，县公安局购置天津产轻型客车1辆。1983年上半年，刑警队购置带警灯三轮摩托车1辆。8月，县公安局购置三轮摩托车4辆、勘查车1辆、轻型货车1辆。是年，惠民地区公安处拨付二轮摩托车2辆。1984年，淄博市公安局拨付解放牌汽车1辆。1985年，县公安局购置罗马牌汽车1辆，刑警队和治安科各购置三轮摩托车1辆，公安部拨付二轮摩托车3辆、三轮摩托车2辆。汽车由秘书科统一管理，其他车辆由科所队保管使用。1988年，城区派出所成立，购置三轮摩托车1辆。是年，装备囚车3辆、轻型客车2辆、吉普车1辆，购置轿车1辆。年底，县公安局汽车12辆，二轮、三轮摩托车32辆(机关18辆、派出所14辆)。1989年，装备吉普车4辆、囚车3辆、轻型客车1辆、轿车1辆。3月14日，警车开始挂配白底红字“GA”专用车牌。

20世纪90年代，公安业务车辆逐步增多。1990年，装备轻型客车4辆、上海轿车3辆、轻型货车1辆、摩托车9辆，均分配给基层科所队。1991年，投资120万元，为每个派出所配备警车1～2辆，摩托车3～5辆，为马桥派出所配备消防车1辆。1992年，购置汽车14辆、摩托车11辆。是年，县公安局制定《机关车辆及驾驶员管理规定》，实行用车申请制度。1993年上半年，购置机动车15辆，其中摩托车5辆。是年，开展驾驶员无违纪年活动。1994年，投资11万元，购买消防车2辆，配发给起凤派出所和田庄派出所。购置机动车27辆，其中三轮摩托车8辆，实现干警无重大交通事故。1996年，统一警车外观标识，涂装上白下蓝色，警车继续悬挂“GA”专用车牌。7月，县公安局行政用车悬挂“鲁O”专段民用牌照。1996年，修订《机关车辆管理办法》，制定《驾驶员管理规定》，严格限制车辆使用范围和行驶路线，规范值班车辆安排和车辆维修保养。1997年，为各派出所和巡警大队购置110专用处警车15辆。1999年，修订《桓台县公安局车辆管理规定》，对警用车辆的购置、落户、使用、出售等做出详细规定。

2000年3月30日，加强公车管理，制定《关于公车私用问题的有关规定》。10月12日，修订《关于警车及驾驶员的管理规定》。11月6日，省公安厅印发《山东省公安厅关于违反警用车辆管理规定的处理办法(试行)的通知》，县公安局及时组织民警学习，抓好贯彻落实。2001年6月，开展警车、警灯、警报器和非法定标志牌专项治理活动，在对全县警用车辆摸清底数基础上，组织驾驶员学习相关规定，模范遵守交通法规，严肃工作纪律，正确使用警车、警灯、警报器，非民警身份驾驶员考试合格后，局纪委与其签订合同并发聘用证。2002年，投资57万元，购买面包车、依维柯警车23辆，配发到各基层派出所，更换110处警车，方便侦查办案。

2004年，根据公安部《关于加强和规范全国公安机关2004式警车外观标识涂装管理工作的通知》，按照油漆统一、样板统一、同车型喷涂统一的要求，启动警车外观制式涂装工作。“2004式”警车以藏蓝色和白色为基本色调，辅以黄色，外观由专用的图形、车徽、编号、汉字“警察”和英文“POLICE”以及部门简称组成。藏蓝色代表严肃、

2004 式警车

庄重、安全，白色代表廉洁和清明。“专用图形”由车身四周的藏蓝色底边、向前伸展的藏蓝色弧线和车尾的双色（黄色和藏蓝色）直线条组成，象征警车出动如利剑出鞘，体现公安机关雷厉风行的作风。位于前车门中央的“车徽”，由盾牌、五星、长城和橄榄枝组成，象征人民警察是中华人民共和国的卫士，进一步强化警车的职能特点。“编号”由 4 位阿拉伯数字组成，分别喷涂于车身两边和车顶，既利于地面识别，又便于空中值勤的警用直升机识别调度警车。汉字“警察”和英文“POLICE”位于车头，加强警车的正面识别效果，适应国际化发展的要求，方便在华外国人士识别警车，及时向警车报警和求助。是年，为巡逻大队配备警用摩托车 13 辆。

2005 年，投资 590 万元，为基层所队购买警车 50 辆。2007 年，共有小型车辆 165 辆。4 月 23 日，修订《桓台县公安局警用车辆管理规定》。5 月 28 日，修订《桓台县公安局车辆及驾驶员管理制度》。2008 年 9 月，购置 13 辆处警专用车，在县博物馆广场举行车辆配发仪式，更换 110 出警车。

2010 年 1 月，投资 52.2 万元，购置悦达起亚轿车 6 辆，分别配备到指挥中心、法制室、警务保障室、监督室、经侦大队、索镇派出所。是年，84 辆警车外观标示不符合公安部《2004 式警车外观制式标准》，统一喷涂与整改，完成 118 辆鲁警号牌车和 65 辆鲁 O 号牌车的建档工作。11 月 5 日，制定《桓台县公安局违反警车管理规定责任追究暂行办法》。2011 年 6 月 14 日，在县博物馆广场举行流动警务车辆配发仪式，充分利用中央和省转移支付资金，一次性投入 400 余万元，集中购置 33 辆警务用车，其中 3 辆外观新颖、装备齐全、智能操控，集报警求助、警情前期处置、巡查执勤、服务

2011 年 6 月 14 日，举行流动警务车配发仪式

群众等功能于一体的流动警务车。7 月，投资 60 余万元，全局警用车辆安装 GPS“巡逻鹰”卫星定位监控系统。2008—2011 年，县公安局共筹措资金 1000 余万元，增配车辆 110 辆。

2013 年 12 月，按照“鲁 O”牌照车辆清理专项工作的要求，将全局 98 辆“鲁 O”车辆换发为地方号牌。2014 年 3 月，投资 40 万元，改装 1 辆通讯指挥车，配备 3G 无线网络视频服务系统、图像采

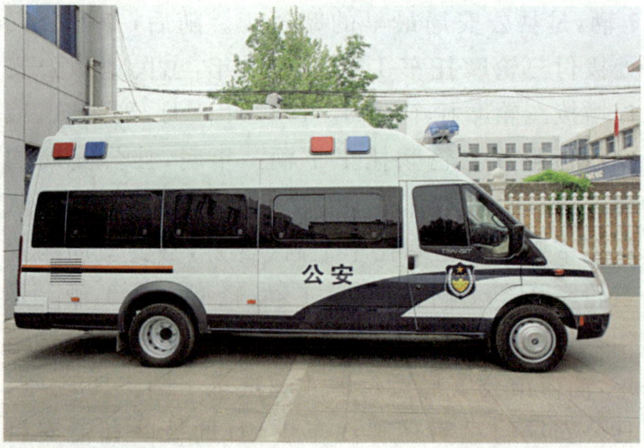

应急通讯车

集处理系统、警示系统、配电系统等一系列高科技通讯指挥装备，具有供电照明，现场视频采集、传输、处理、显示，无线移动数据通信等功能，多次完成应急处突和演练、比武任务。7 月，投入 3 万元，为 20 辆出警、巡逻车购置高清行车记录仪。行车记录仪统一安装在车辆后视镜一侧，集数码照相、同步摄像、现场录音等功能于一体，可通过视频图像记录车辆出警、巡逻时间、路线和道路及车辆内部实况影像。2015 年，投入 60 万元，为少海、索镇

派出所新购置全顺出警车各 1 辆，为巡特警大队增配运警车 1 辆，为看守所购置货车 1 辆。2016 年 4 月 15 日，全局共有汽车 206 辆、摩托车 6 辆、电瓶车 25 辆、自行车 24 辆。

第二节　基础建设

办公场所

战争年代，处于对敌武装斗争的需要，县公安局无固定住处，随形势而迁居，多暂住民房、教堂、庙宇等。民国 35 年(1946 年)7 月，县公安局分为前方、后方两部分，后方向小清河沿岸、黄河以北转移，多借住民宅。民国 37 年(1948 年)4 月，进驻城里庞家宅，条件简陋。5 月，渤海区三专区公安局重建，办公地点在索镇东镇村高家宅。11 月，

1983 年 12 月，清河专区公安局旧址——东镇村高家宅外景

县公安局迁驻索镇同兴油坊。1949 年 7 月，县公安局迁回庞家宅。

1950 年 5 月，县公安局迁至索镇东镇村清朝一高姓地主大院，修整、改造原住房。1953 年 7 月，县公安局共有楼房 3 间、瓦房 22 间、草房 24 间、其他房子 11 间。1954 年，在东镇村修建看守所一处，办公室 7 间。1975 年，在看守所前建平房 11 间，做预审办公室用。1976 年，索镇派出所在东镇村拆旧房盖新房 5 间。1977 年，成立火车站警卫队，征用铁路东侧东辛村土地 1300 平方米，建设平房 5 间。

1979 年，县公安局迁至张北公路以西原县委招待所。因房间小且多系单间，不宜办公和居住，遂拆除旧房 30 间，重建 30 间，其余维修使用。看守所、预审股、武警中队仍在原处。1981 年，县政府把看守所大院划拨给县干休所。1983 年 5 月，索镇派出所在镇北大街征西镇村、永和村非耕地 3.3 亩，建房 36 间，造价 13 万元。1984 年，县公安局拆除旧房 9 间、车库 2 间，建住房 13 间。是年 7 月，财政拨款 17 万，在局机关西北侧征用西镇村土地 12 亩新建 524.5 平方米看守所及 1450 平方米公安中队、预审科业务楼，1986 年 3 月启用。

1987 年 10 月，在县公安局西侧新建四层办公大楼，建筑面积 2678 平方米，造价 47 万余元，1988 年 5 月启用。是年 3 月，县我警队在县公安局西侧开工建设三层办公楼，建筑面积 1560 平方米，1989 年 4 月启用。1988 年 7 月 30 日，设立城区派出所，筹建期间，租赁县食品公司 11 间平房。10 月 1 日，城区派出所对外办公，办公地点设在原县商业宾馆三楼。

1991 年，投资 200 余万元，在 4 个派出所进行硬件建设试点。1992 年，投资 600 余万元，10 个派出所完成硬件建设任务，全县 14 个派出所硬件基本达标，均用面积 900 余平方米。是年，申请建设城区派出所办公楼，投入 40 万元，建筑面积 800 平方米。1993 年 8 月，城区派出所办公楼投入使用。1997 年 3 月，索镇派出所与城区派出所合并成立索镇公安分局，迁至城区派出所办公，原索镇派出所办公楼交由巡警大队使用。是年，县公安局拆除前院南侧围墙，新建门洞楼一座，面积 1200 平方米，总投资 85 万元。

2001 年，征用原耿桥供电所办公楼，建设索镇分局宫家警务室，建筑面积 1225 平方米。2006 年始，各级政府加大对公安基础设施建设投入，全县公安机关加快业务技术用房建设步伐。9 月 16 日，在原县石油公司院内开工建设看守所，占地面积 5 万平方米，建筑面积 1.4 万平方米，总投资 2000 余万元，属中型看守所。2007 年 2 月，原宫家警务室交刑侦大队责任区二中队办公使用。2008 年 4 月 25 日，新看守所投入启用。6 月 10 日，在县公安局主楼附楼改建综合楼，改善会务接待条件；在原看守所改建巡特警办公楼。2009 年 4 月 27 日，巡特警办公楼投入使用，建筑面积 600 平方米。是年，改建刑事技术大楼、刑侦治安业务大楼。

县公安局会议室

2010年,进行派出所用房规范化建设。周家派出所、起凤派出所、新城派出所分别投资7万元、13万元和8万元,新建占地面积80平方米、100平方米、70平方米的户政大厅。2013年10月,经侦大队与刑侦二中队对换办公场所,刑侦二中队到原看守所平房办公。2015年,县政府投资盘活原建国大厦,改建为公安指挥信息中心,大楼地上10层,地下1层,占地面积3333平方米,建筑面积9700平方米。至2016年4月,公安信息指挥中心的消防、弱电、空调、装修工程及地下停车场、电梯、变压器招标完成,装修改造工作全面展开。

桓台县公安局办公场所变动一览表

表17—1

时间	驻地	房屋类型	建筑面积(平方米)
1945.09—1945.09	桓台县邢家坡子天主教堂	砖瓦房	8300
1945.09—1946.07	桓城原日伪公安局	砖瓦房	6670
1946.07—1946.11	桓台县荆家庄张启通宅	砖瓦房	500
1946.11—1947.01	高青县河西村民房3个院	土坯房	860
1947.01—1947.03	桓台县马家庄油坊(后为铁厂)	砖坯房	2900
1947.03—1947.08	桓台县邢家坡子天主教堂	砖瓦房	8300
1947.08—1947.12	惠民县城附近村庄	土坯房	800
1947.12—1948.02	博兴县城西李官庄民房3个院	土坯房	800
1948.02—1948.04	桓台县起凤村魏凡平宅2个院	土坯房	800
1948.04—1948.11	桓城庞家宅	砖瓦房、二层楼房	11000
1948.11—1949.07	桓台县索镇同兴油坊(东镇村北)	砖坯房	4100
1949.07—1950.05	桓城庞家宅	砖瓦房、二层楼房	11000
1950.05—1979.10	桓台县东镇村高家大院	砖瓦房	14300
1979.10—1988.05	桓台县原干部招待所	砖瓦房	12800
1988.05—2017.09	桓台县索镇公安街512号	楼房	11600

注:1988年5月以后办公场所面积含主楼、南楼、北楼、巡特警楼、原看守所办公楼、原拘留所办公室等

宿舍

战争年代,县公安局无固定住所,干部、战士多借用民房或者露天住宿。中华人民共和国成立初期,受条件限制,局级干部住套间,1间办公室,1间宿舍;个别带家属的局级干部住平房宿舍2～3间;股级干部1间,办公室、宿舍混用;一般干部多住集体宿舍。1953年7月,局机关有床44张、公用被褥15套。1979年,县公安局搬迁后,利用原址,安排部分干警及家属居住,年轻干警就近租房居住。1988年5月,县公安局改造旧址平房,安排部分干部家属居住,未婚干部住武警楼顶层集体宿舍,已婚年轻干部住单间宿舍。

20世纪90年代初,各派出所建设干警宿舍,基本满足已婚干警需求。其中,田庄派出所建100

平方米宿舍6套，城区派出所建80平方米宿舍10套，索镇派出所建2居室40平方米平房宿舍12套。1991年5月15日，县财政拨款60万元，县公安局和县人民检察院、县人民法院在原公安局院内开工建设沿街40户5层宿舍楼1栋，建筑面积3280平方米，造价77.12万元，其中公安局25户。是年12月15日，该宿舍楼竣工。1992年10月1日，在1号楼北侧，建设2号宿舍楼，建筑面积3700平方米，共40户。1993年3月27日，2号楼竣工。1994年4月25日，县财政拨款20万元，其余自筹，在原公安局院内建3号、4号宿舍楼，3号楼40户3280平方米，4号楼20户2000平方米。5

公安小区

月，投资70万元，在宿舍区安装100千伏安变压器1台。1995年5月31日，3号、4号宿舍楼竣工。1996年，在原公安局院内建5号宿舍楼，解决59名民警住房问题。1997年，以集资建房方式，在原索镇派出所旧址建巡警大队宿舍楼2栋4层32户，建筑面积3146平方米。1998年12月，停止福利分房，实行住房货币化分配政策。

巡警宿舍楼

2001年3月30日，县公安局在羿景嘉园小区团购商品楼4栋。实行工龄加职务计分办法，确定选房顺序，工龄每年1分，副县级30分，正科级22分，副科级16分，正股级10分，副股级9分，其他民警8分。6月，县公安局将县人民检察院原办公楼拆除，建6号宿舍楼，建筑面积1010平方米，10套对内出售，2套对外出售。2002年3月20日，6号宿舍楼竣工。6月，按民警标准工资的25%发放住房补贴。7月，为民警宿舍楼办理个人房权证。2010年，县公安局民警在鸿嘉星城小区团购商品楼4栋，改善住宿条件。

食　堂

建局之初，因形势而居无定所，无专门食堂，多由区、乡安排就餐，或者向群众打借条，借用面粉和干粮。民国34年(1945年)9月，县公安局重建后，随着队伍扩大，后勤保障逐步完善，由炊事员负责伙食工作。1949年2月，设司务长1名，炊事班长1名，炊事员数名，与政卫队共用1个食堂。1950年5月，迁至索镇东镇村后，县公安局建立食堂，餐厅2间，司务长1名，炊事员1～2名，组织干警种菜园，成立生活管理委员会，每周六中午召开专题会议，研究食堂等生活问题。1951年10月，食堂有大锅8口、风箱8个、石磨1个、驴1头。1953年，食堂有风箱4个、瓮15个、锅9个。1956年以前，实行供给制，干警免费就餐；是年，实行工资制后，干警购买饭票就餐。1957年，县公安局种2亩试验田、3亩菜园，改善生活条件。各派出所成立后，干警多在区、人民公社、乡镇政府食堂就餐。1988年5月，县公安局搬入新址后，食堂停办。

20世纪90年代初，结合派出所规范化建设，多数农村派出所建立小食堂。1996年3月，县公安局在保安公司附楼筹办机关食堂，面积544平方米，8个餐厅。10月，对外承包，成立警官招待所，同时解决民警就餐问题。县公安局向承包方提供机关食堂固定资产，承包方改造装修一楼食堂大厅，方便民警就餐。2001年，警官招待所停办，机关民警自行解决就餐问题。2009年，在综合楼一楼建设机关食堂，配备和面机、馒头机、电蒸笼、电冰箱、消毒柜等设备，设有操作间、接待室，大餐厅1个，小餐厅2个，可容纳90人同时就餐。

2016年4月，食堂管理员1名，炊事员4名。

县分安局餐厅

第三节 财务管理

经费管理

县公安局成立初期，经费由县抗日民主政府解决，机关干事管理。民国34年（1945年）9月，县公安局重建后，每年向县政府报预算，年终进行决算；财务支出由局长签字，先后由文书、会计负责管理经费；局长另有“特殊经费”，主要用于情报工作；形势稳定期间，县政府每月发放一次津贴。国共“拉锯战”期间，县公安局机关转移至高苑、惠民、博兴等地，因无充足资金，通过行署公安局解决就餐问题或向群众打借条，加盖县公安局章或局长章，群众以此向当地县政府、区公所报销费用。

1950年10月11日，县公安局会计张冠英（右）和后勤人员魏凡泉（左）、收发人员祝兆贤（中）合影

政权稳定后，继续执行经费预决算和局长签字支出的经费制度。1952年11月，县公安局建立财务制度，由秘书股管理财务，会计、庶务按时公布账目及供给标准。贯彻不铺张、不浪费原则，在标准范围内处理公务费用，但需履行必要手续，经局务会研究或者局长核准。是年，经费收3.8954亿元（旧币），支3.8772亿元。1957年1月5日，制定行政管理制度、经费开支制度，各股如维修自行车，损失在3元以上的，经局长或者办公会批准报销，3元以下的，由秘书股长批准报销，因私事损坏的，由个人承担维修费用；大的购置、修建项目由局务会或者局长批准，一般经费开支由局务会或者秘书股股长批准，秘书股股长对会计、生活账一月一次检查。

1973年12月20日，县公安局修订财经管理制度。5元以下业务开支由会计审查决定，5～30元业务开支由秘书股长审批，30～50元业务开支由局长审批，50～100元业务开支由局领导集体研究审批；100元以上大型开支，由县公安局研究后造预算，报县财政局审批。因公外出借款，50元以下由秘书股负责人审批，50元以上由局领导审批，出发回局后，会计督催结算账目。

1980年2月3日，再次修订财经管理制度。办公用品、工作消耗品由秘书股统一购置；如需单独购置，先造计划，报秘书股审查同意，否则，一律不予报销。报销差旅费，须先经本股、所、队负责人签字。1984年3月，财经管理制度规定，因公借款一律经局长批准；派出所办公费按照每人每月两元标准包干使用，一季一报，单据送会计审查报销；差旅费、夜餐费由内勤登记填表，各股、所、队主要负责人签字，于每月三日前送秘书股审查后统一报销；各派出所到局开会办事及因公出发需住宿者，由个人联系旅馆、招待所住宿，个人结算，持单据报销；工作人员出差，每人每天补助伙食费1.8元，到一、二类地区的，每人每天补助交通工具费1.8元，到三类地区的，每人每天补助2.3元，到四类地区的，每人每天补助2.8元；车辆维修及购置配件、业务器材、印刷品等一律造预算，经批准后方可实施，车辆用油按比例分配。1986年，差旅费开支规定，因公出驻地乡、镇，确不能回单位或回家住宿就餐的，县内出差每人每天补助1.5元，出差时间不足一天的，误餐补助费标准为早餐0.3元、午晚餐各0.6元；县外出差，每人每天补助2.5元，出差时间不足一天的，误餐补助费标准为早餐 0.5 元、午晚餐各 1 元。1987 年，开展“双增双节”（增产节约，增收节支）运动，加强财务管理，节约经费开支，杜绝铺张浪费。

1992 年 7 月 11 日，出台《桓台县公安局财务管理规定》，户籍科、治安科、刑警队、拘留所、外事科行政性收费纳入县公安局会计账务管理，分设专户核算，不得自存、自支。业务开支，100 元以内由单位主要负责人批准，100～1000 元由分管局领导批准，1000 元以上由局党委研究批准后，从专户账目中开支。各派出所建立“三栏式”账簿和出纳账各 1 本，兼职会计管理“三栏式”账簿，兼职出纳员管理出纳账簿。7 月起，通宵加班的，发夜餐费 1.8 元。8 月起，调整出发费标准，在县内每人每天补助 3 元，早餐 0.6 元，午晚餐各 1.2 元；到县外市内每人每天补助 6 元，早餐 1 元，午晚餐各 2.5 元；到其他一般地区每人每天补助 8 元，早餐 2 元，午晚餐各 3 元；到特区每人每天补助 14 元。

1993 年 2 月 16 日，市公安局印发《关于加强派出所经费管理规范化的实施细则》，派出所经费收入和支出纳入会计账务处理，设置资金收入账总户，规范记账凭证、登记账簿及对账、结账、会计交接等工作。1994 年，县公安局下发《关于加强派出所经费规范化管理的补充规定》，各派出所兼职会计、出纳员必须由公安干部担任，各派出所经费来源正当，开支有据，账款分管，账目清楚。是年，县委、县政府作出《关于进一步加强政法工作的决定》，政法系统收缴的罚没收入实行收支两条线，原则上用于补充办案所需费用；按照省政府〔1994〕7 号文件执行征收社会治安费，落实从二、三产业销售收入总额中提取千分之一，弥补政法系统经费不足的规定。1996 年，出台《关于派出所经费规范化管理考核标准》，保证账务处理及时准确。是年，根据全县清理预算外资金会议精神和有关文件规定，出台《关于对行政事业性收费和罚没收入实行预算和收支两条线管理的规定》，各基层单位的行政事业性收费由县公安局一并交县财政，正常性经费支出由县公安局统一办理申拨手续。1997 年，受县财力影响，公安经费缺口较大，县公安局统一管理收费，严禁私设小金库，进一步压缩经费开支，无预算的项目不予保障；巡警大队经费开支、民警差旅费、车辆燃修费实行包干制，电话费实行基数控制，抓好节电节水工作；统一管理基层派出所账目，开支 1000 元以下由所长批准，1000 元以上由分管局领导批准，5000 元以上由局领导集体研究决定。

1998—2003 年，县财政局向县公安局委派会计。1998—1999 年，实行人头经费制度，公用经费每人每年 680 元，车辆燃修费每车每年 6000 元。在经费严重不足情况下，开展增收节支活动，规范行政性收费和罚没款收费票据管理，继续实行经费指标控制和包干制。1998 年 6 月，根据《关于全县党政机关及事业单位领导干部配置使用移动电话和住宅电话的通知》，公费支付副县级干部、在职局党委成员、刑警大队、巡警大队、治安科、索镇分局正职的住宅话费。2000 年下半年开始，县公安局基层单位经费采取集中管理、分户核算、定期报账的核算方式，经费支出权限同前。

规范化管理会计凭证

2005 年 2 月，省财政厅、省公安厅联合下发《关于建立县级公安机关公用经费保障机制的意见》，桓台县按照民警人均 2 万元标准执行公安公用经费。9 月，省财政厅转发财政部《关于进一步做好公安派出所经费保障工作的通知》，凡公安派出所经费尚在乡镇保障的地方，自 2006 年预算年度起，将公安派出所经费列入县财政预算予以保障。2006 年 2 月，县公安局修订财务管理制度，规范公用经费、行政性收费、罚没款收入、收费票据管理，严禁私设“小金库”，加强财务监督与管理，杜绝乱收乱支现象。2009 年，中共中央办公厅、国务院办公厅印发《关于加强政法经费保障工作的意见》，公安机关人员经费和日常运行公用经费由同级财政负担。办案（业务）经费、业务装备经费和业务基础设施建设经费由中央、省级和同级财政分区域按责任负担。是年，向县公安局下拨第一笔中央和省级公安转移支付资金 606 万元经费，全县公安机关办案业务经费和业务装备保障水平明显提高，经费状况明显改善。

2010 年，落实市财政局《关于规范商业企业发票管理 严格行政事业单位办公用品采购报销制度的意见》，严格办公用品采购报销制度，单据由经办人、科室负责人、分管财务领导签字，不准报销没有具体品名、未附商品明细资料、未注明事由的发票。符合政府采购目录及额度要求的，通过政府采购；符合国库集中支付条件的，通过国库集中支付程序付款。2013 年，县公安局依据《行政单位财务规则》《行政单位会计制度》等规定，修订财务管理制度，进一步明确收入管理、支出管理、票据管理、专项资金、固定资产、财务监督等方面的管理规定，体现日常财务支出的计划性和规范性。局机关一次性支出 10000 元以上的，须事先书面请示并经局长同意；局机关一次性支出 10000 元以下，看守所、派出所一次性支出 5000 元以上的，须事先书面请示并经分管财务的局领导同意；看守所、派出所一次性支出 2000 元以下的由所长、政治教导员双签字报销；一次性支出 2000 元以上的还须由分管财务的局领导审核签字报销。报销流程为：单位经办人签字—单位主要负责人签字（看守所、派出所双签）—警务保障室初审—局长（局机关 1 万元以上）或分管财务局领导签字—警务保障室分管财务负责人审核—报销。警务保障室统一安排办理全局机动车商业保险的政府采购和局机关车辆维修、燃油供应、办公用品的购置。

2014 年，印发《桓台县公安局差旅费管理办法》，加强对出差活动和经费报销的内控管理。2015 年 1 月 1 日，贯彻落实中央八项规定精神和《山东省党政机关国内公务接待管理办法》《淄博市党政机关国内公务接待管理办法》及相关补充规定，严格执行公务接待标准，客人 10 人以内的，陪餐人数不超过 3 人；客人 10 人以上的，陪餐人数不超过客人数量的 1/3。严格控制工作人员用餐人数，一律凭票安排工作餐或份饭，标准不超过 30 元/人。1 月 10 日，落实财政部、公安部《公安机关财务管理办法》，进一步规范公安机关的财务收支活动，加强财务管理和监督，提高经费使用效益，保障公安机关依法履行职能。2016 年 4 月 1 日，实行购买公务机票需优先购买财政部通过政府采购方式确定的航空公司航班优惠机票制度，规范公务机票购买行为，提高财政资金使用效益。

1988—2015 年桓台县公安局经费使用情况一览表

表 17—2 单位：万元

年度	财政拨款	预算外资金	其他来源	经费总计	年度	财政拨款	预算外资金	其他来源	经费总计
1988	21.9		18.8	40.7	2002	694.1	417.5	61.1	1172.7
1989	45.4		2.9	48.3	2003	829.6	46.8	4.2	880.5
1990	53.7		2.2	55.8	2004	1060.6	47.1	86.3	1194
1991	58.8			58.8	2005	1377	48.8	72.4	1498.2
1992	63.8			63.8	2006	196.7	26.6	338.7	562
1993	109.1		433.3	542.4	2007	2740.7		198.3	2939
1994	130.8			130.8	2008	3859.9		878.8	4738.7
1995	144.4		146.9	291.3	2009	3449.2	18.27	590.8	4058.3
1996	318.6	101.8	3.9	424.3	2010	4399.2	1972.31	15.9	6387.3
1997	341.5		3.6	345.1	2011	5091.3	1598.21	38.7	6728.1
1998	316.8	96.4	68.1	481.3	2012	5754.1	1807.2	9.3	7570.5
1999	344.2	61.3	25.5	431	2013	7176.8		0.9	7177.6
2000	418.9	43.8	23.2	485.9	2014	7303.3		91.2	7394.5
2001	585.9	71.2	28.7	685.8	2015	10078.2		79.9	10158.1

1971—2016年桓台县公安局民警平均月收入一览表

表17—3　　　　单位:元

年度	工资	年度	工资	年度	工资	年度	工资
1971	40	1993	327	2001	1173	2009	3461
1980	54	1994	443	2002	1220	2010	3573
1987	129	1995	450	2003	1450	2011	3636
1988	139	1996	663	2004	1438	2012	3456
1989	112	1997	669	2005	1439	2013	3472
1990	208	1998	741	2006	1825	2014	3892
1991	221	1999	841	2007	2911	2015	4753
1992	285	2000	866	2008	3062	2016	4668

注:以上数据包括工资、津贴、补贴调整后的补发部分

涉案财物管理

1952年5月20日,华东公安部发布《华东各级公安机关处理科罚及没收财物暂行办法》。根据该办法,县公安局预审结束后,反革命犯及其他刑事罪犯的赃物、证物连同案犯一并移交法院判处;对反革命案件经判决没收的财物,违法案件经判定没收的赃物,违禁品及违警、违章没收的物品,公告无主认领的捡拾捞获物,均及时交县级财政部门处理,将违警、违章罚款及时交县金库作为财政收入。经判决、判定应予发还的财物,立即通知事主认领,不得拖延或调换。案犯财物尚未决定没收或者经裁判没收尚未交财政部门,须随同案犯移交法院判处。尚未移交前,由承办单位填具册据,指定专人妥为保管,如有盗失、变换及疏于检查、保管不当,致使物品遭受损失或损坏者,对有关人员以贪污渎职论处。县公安局规定,涉案财物由各业务股内勤统一保管。1957年10月22日,治安管理处罚条例公布施行,对实施违反治安管理行为的用具,必须没收的,应当没收;由于违反治安管理行为所得的财物,应当没收;上述用具和财物,除违禁品外,退还原主。县公安局规定,对违反治安管理行为人缴纳的罚款、没收的财物,统一使用省公安厅印制的罚款收据、没收物品收据,及时将罚款和没收财物交当地国库,一律不得私下罚款及私自扣押、没收、调换违反治安管理行为人的财物。1973年12月20日,县公安局修订财经管理制度,对查获的赃物,固定专人统一管理,除需退还失主的赃物,由办案单位办理退还手续附卷外,其余赃物随卷移交法院。建立、健全登记、保管、移交手续,不准挪用赃物;不准以次充好,交换赃物;不准私自变价购买赃物。1980年,根据刑事诉讼法规定,对于扣押的物品、文件,开列清单,妥善保管或者封存,不得使用和损毁,经查明与案件无关的,迅速退还原主。2月3日,县公安局规定,凡不呈捕的案犯赃物,结案时一并研究,除需要退还失主的赃物外,将决定没收的赃物上缴财政。

1995年5月26日,县公安局印发《关于严格依法办案的规定》,治安案件罚没款和赃物一律交县公安局,杜绝打白条现象;处理刑事案件,对依法不予刑事追究的,不得乱扣、乱罚。1997年8月1日,县公安局规定,各单位按规定收取的罚款、没收款、赃款、作价处理款,每月5日前上交县公安局,统一上交县财政,不得坐支、拖欠和挪用。赃物处理规定,各单位依法处理的赃物要根据实物名称、数量、价值入账,县公安局根据数量情况,不定期与财政、物价部门联系,依法作价处理。1999年1月3日,公安部下发《关于切实加强公安机关收费和罚没收入管理的通知》,县公安局清理整顿收费、罚没财物和银行开设账户情况。5月1日起,为贯彻落实行政处罚法及《罚款决定与罚款收缴分离实施办法》,按照县政府和市公安局通知要求,实行罚缴分离制度,在公安机关行政处罚决定书上提示"到期不缴纳罚款的,每日按罚款的百分

之三加处罚款”，当事人自收到行政处罚决定书十五日内，到指定的中国农业银行桓台支行缴纳罚款，银行收受的罚款直接上交国库。民警依法当场收缴罚款的，出具财政部门统一制发的罚款收据，并在二日内将罚款缴至指定银行。

2003 年，县公安局开展坚决制止“三乱”问题专项治理，严禁借执行公务乱收费、乱罚款、乱摊派。同时，与审计部门配合，落实行政性收费和罚没收入“收支两条线”管理规定。2004 年 6—9 月，开展“两个违规”（违反规定收取、挪用取保候审保证金，违反规定扣押、没收、挪用机动车）专项治理，逐项清理随意扣押、查封、冻结、没收财产，违反规定长期扣押办案保证金和暂扣款物问题，建立健全赃款赃物登记入账制度、赃款赃物专人专库管理制度、大型贵重赃款赃物上报财务科备案制度。

2010 年，开展警车和涉案车辆违规问题专项治理工作。制定《涉案车辆处置规定》《涉案车辆保管规定》，所有涉案车辆停放在起凤派出所停车场，并严格扣押、退还、移交等法律手续。2011 年，开展涉案财物管理问题专项治理工作。制定《涉案财物管理规定（试行）》《涉案财物集中保管制度》《涉案无主财物管理规定》《涉密暨涉及个人隐私涉案财物管理规定》《涉案财物报督察备案规定》。对所有涉案财物，填写涉案财物案件登记台账，统一存放在涉案物品保管中心和涉案车辆停车场。印发《涉案资金账户管理暂行办法》，警务保障室负责涉案资金银行专户的管理和核算，委托齐商银行代为收取和保管涉案资金，报经中国人民银行桓台支行批准，设立涉案资金账户，支取时须开具转账支票，不得支取现金。

2013 年 6—11 月，对取保候审突出问题进行专项督察，重点检查收取、返还、没收保证金问题。2014 年，开展执法检查“回头看”活动，对涉案财物环节重点排查，通报和纠正执法中存在的问题。2016 年 4 月，开工建设新的涉案财物管理中心。

涉案车辆保管中心

涉案财物管理中心

第十八章　警务监督

警务督察大队民警合影。左起：王涛、贾玉红、黄有宝、徐锋、宗学英、张昆、崔晶

（2014年12月 摄）

现场督察

（2017年5月 摄）

中华人民共和国成立后，桓台县公安局建立信访监督制度，及时受理群众来信来访。1988 年，建立公安业务经费审计制度。1992 年 1 月，增设监察科，根据《中华人民共和国行政监察法》规定的职责、权力和程序开展内部监察工作。1997 年 6 月 20 日，国务院发布实施《公安机关督察条例》。7 月，县公安局设立警务督察队，围绕公安中心工作和重大警务部署，监督和检查公安机关及其人民警察依法履行职责、行使职权和遵守纪律的情况，确保各项工作任务顺利完成。2007 年 2 月，警务督察队改称警务督察科。2008 年 6 月，改称监督室。根据公安部部署，先后组织开展警车和涉案车辆专项治理、清网行动、取保候审专项治理等重要警务督察活动。2013 年 9 月，实行队建制，设立警务督察大队，下辖 2 个中队。2014—2016 年，警务督察大队被省公安厅确定为省级督察联络点，工作做法多次被省公安厅转发。

第一节　信访工作

来信来访

1952 年，县公安局建立信访工作制度。信访工作由秘书股具体负责，未设专职信访干部，文书接待群众来信来访，视情送交秘书股长处理或送局长批办。1953 年，收到来信 132 件，接待来访 3 件。其中，反映反革命问题 53 件，刑事犯罪案件与治安案件 40 件，乡村干部、党团员不纯洁、品质恶劣等违法乱纪案件 35 件，县区干部工作态度简单粗暴、官僚主义等 6 件，建议乡公安员供给问题 1 件。秘书股根据局长指示，组织力量查证，查结 116 件，逮捕反革命分子 2 人，管制 7 人，加刑 1 人，大会揭发处理 3 人，告发与事实不符销案 20 人，转有关部门处理 10 人，刑事与治安问题大会揭发、坦白检查 6 人，教育不作处理 7 人，转县人民法院、县监委会处理 18 人。乡村干部、党团员中，逮捕 2 人，撤职 4 人，大会作检查处理及个别教育 14 人，不作处理 2 人，转县监委会、县人武部、县民政局等部门处理 13 人；县区干部中，批评教育 3 人，不作处理 2 人，转县人武部处理 1 人。

1955 年，县公安局收到来信来访 168 件，县委、县政府转来 24 件。其中，反映反革命问题 120 件，检举、揭发阶级敌对分子 20 件、刑事犯罪分子 52 件。查处 58 件，逮捕 14 人，管制 5 人，批评教育 5 人，不作处理 28 人，转外地处理 6 人。1956 年，县公安局收到来信 59 件，县人民委员会转来 23 件，县委转来 4 件，县人民检察院转来 2 件，县人民法院转来 6 件，大众日报社转来 6 件，外地转来 33 件，上级公安机关转来 3 件，共 136 件。由于主管信访人员一年 3 次调换，工作未作详细交接，致使信访工作混乱，有的信件未登记处理，办理工作迟缓。至 12 月中旬，仅查处 13 件。在县人民委员会的检查督促下，局领导组织 8 名干部分工负责，10 余天查结 62 件，其余 61 件继续查处。同时，制定登记、拟办、汇报、催办等规章制度，重建收转登记簿，规定一般问题由秘书股长批办，重大问题由局长批办，工作人员每月向局领导汇报一次情况，重大问题随时汇报。1958 年，为适应信访形势需要，县公安局改进信访工作，第二季度把第一季度积压的 22 起人民来信及 1957 年积压的 23 起群众来信处理完毕。在此基础上，随来信随查处，秘书股除督促相关股查处信件外，组织力量或本股派员处理有关信件，及时将结果报告局领导。对信访案件，做到件件有交待，案案有下落，及时研究，迅速查处，实事求是，保证质量。

1963 年，县公安局根据惠民专署公安处《各县公安局秘书会议纪要》关于信访工作的指示，建立严格的信访事项登记批办制度。来信来访由秘书股统一登记，交局长批办，确定专人查处，收到较好效果。是年，收到来信 35 件，县委转办 10 件，省公安厅和省检察院各转办 1 件。其中，检举坏分子 5 件，赌博、巫婆活动 7 件，投机倒把线索 1 件，公安干部和治保干部违法乱纪案件各 1 件，控诉强奸 5 件、诈骗 1 件，基层干部违法乱纪 11 件，要求破案 6 件，寻亲找友 4 件，询问户口等问题 2 件，查找赃物 1 件，反映失密 1 件，申诉管制不当 1 件。经调查，查结 25 件，计县委转办 5 件、省公安厅和省人民检察院各转办 1 件、县公安局接收 18 件，同时查结 1962 年积件 4 件。根据人民来信，查破陈庄区前金大队第六生产队两次被盗粮食案，逮捕盗窃分子金茂某，搜出被盗粮食 2000 余厅，经公开处理，受到群众称赞。1964年上半年，受理信访24件，处理16件，并处理年前积案17件。北京海军部队干部马体清请求协查失散23年的侄女，信访人员为其找到亲人后，他来信感谢说："你们为人民服务的热情，使我深受感动，我一定在党的领导下，把我的一切精力献给海军事业。"

1979年，县公安局结合落实中央5号文件，查处信访案件114件，查结率80%。1980年，受理信访案件80起，查结处理64起，查结率80%。周家人民公社沈家大队沈希某长期无理上访，纠缠、拦截、辱骂各级领导、干部和信访接待人员，并携带硝铵炸药3斤、导火索1.32米进京，扬言与中央联合接待站接待员同归于尽。6月2日，县公安局将沈希某逮捕法办。1982年，公安部发布《各级公安机关信访工作细则(草案)》，县公安局由政治协理员牵头，采取重点突击和固定专人落实责任的办法，查结信访案件33件，查结率75%。12月，秘书股设专职信访干部1名，贯彻分级负责、归口管理、疏导教育、依法解决的原则，采取转办结合、领导包案、专项治理、联合接访等方法，认真解决群众来信来访问题。1983年，抽调2名干部专抓信访工作，其中一名党组成员靠上抓。排查涉及干部、教师、医务人员等人员的历史积案142件，收到检举大队、小队干部问题的信件51件。经调查核实，依照党的政策，查结历史积案42件、检举信38件。凡属冤假错案，予以平反，不留尾巴。1984年，受理申诉案件62件，接待来访62人次，查结32件，转外地处理20件，查结率83.9%。1985年，受理来信来访52件，查结43件。

1986年，县公安局受理来信来访31件，接待来访42人次，查结38件。1987年，受理人民来信42件，接待来访48人次，查结38件。5月17日，荆家镇孙忠林反映其弟孙忠俊(原生产队保管员)于1983年1月1日给社员发口粮时，被社员殴打致伤。荆家派出所调解处理，对方同意承担医疗费20元，但孙忠俊拒不接受。根据局领导指示，荆家派出所多次调查取证，重新调解，最终对方承担住院费、医疗费等150元，信访案件办结。针对上访事项增多情况，信访民警呈报信访信息，局党委及时研究措施，信访数量逐渐平稳。1988年，受理人民来信26件，接待来访人员36人次，查结24件。1989年4月，县公安局制定《信访工作程序及制度》，规范信访事项登记、拟办、呈阅、交办、转办、催办、总结等流程，推动信访事项解决。是年，受理人民来信45件，接待来访62人次，查结41件。

1990年，县公安局受理人民来信40件，接待来访62人次，查结35件，查结率87.5%。向上级提供重要信访信息17条，提交信访报告10件。是年，基本实现无越级上访、无集体上访、无进京上访的"三无"目标。1991年，收到人民来信38件，接待来访48人次，查结34件，查结率89.5%，向领导提供信息11条，专题报告10件。1992年，为配合党的十四大、淄博琉璃节、国庆节期间的安全保卫工作，县公安局疏导上访老户。是年，收到人民来信37件，接待来访46人次，办结34件，办结率89.2%，信访工作实现"三无"目标。1994年，县公安局提出信访工作"由上访变为下访"，各级领导干部主动深入基层解决信访问题。是年，受理人民来信34件，接待来访53人次，查处30件，结案率88.2%，为领导提供信息18条，向上级写专题报告12件，预防越级上访事件12起。

随着社会发展，全民法律意识和自我保护意识进一步增强。1995年6月，县公安局在指挥中心增设信访科，配备科长1人、民警1人。是年，受理人民来信27件，接待人民来访48人次，查处25件，办结率92.8%，预防越级上访事件8起。1996年，信访科受理人民来信40件，接待来访68起126人次，查结38件，结案率95%，为领导提供重要决策信息5条，预防越级上访事件4起。1994年11月19日，纯梁油田职工位某(女)不慎跌入马桥引黄水渠死亡，在现场勘查、调查结束，死者父母无异议，尸体已经处理的情况下，死者父母又多次上访，控告其女被人害死。县公安局通过复查案件、实地试验，1996年8月17日，维持原作出的不慎落水的调查意见。8月27日，对胜利油田在马桥坠井死亡的实习学生夏明星父母上访一案作出书面答复，认定"夏明星之死，排除他杀，是不慎落入井中溺水死亡"。

1997年，信访科收到群众来信18件，其中上级转来5件，局领导直接收到4件，其他部门交来

3件，群众寄来和带信来访的6件，接待来访27批次52人次，含5人以上集体访2起。通过工作，实现香港回归及中共十五大期间全县无越级上访、无进京上访、无群体性治安事件目标。3月17日，陈庄镇陈三村村民李某夫妇信访控告本村村民李某因宅基地问题砸坏其拖拉机、屋门玻璃。政治委员徐洪本带领信访科和治安科民警，亲临现场，会同陈庄派出所民警、陈三村村主任、治保主任，就地解决问题。1998年，受理来信来访152件次，计群众来信38件、来访114次，查结率95%以上。被县委、县政府信访局评为信访工作先进单位。1999年上半年，收到来信60件，其中上级转18件，县人民检察院转31件，接待上访11件。从反映问题看，检举村企负责人经济问题49件，公安机关办案不公正、不及时8件，其他3件。按照国庆50周年、澳门回归安全保卫任务需要及上级要求，9月24日，县公安局在各派出所设立兼职信访员，负责接待信访群众，答复信访问题，一批信访事项在基层得到预防和化解。

2003年11月，信访科成为县公安局直属科室，配备科长1人、民警1人。是年，开展重复上访和信访积案专项治理，对信访积案，重新听取信访人的陈述，严格执行法律政策，解决实际问题，稳定信访人情绪。2005年3月24日，对

因错误执法、违法违纪、作风粗暴、责任心不强引发上访问题的责任单位和责任人，依法依纪追究责任，从根本上减少涉法上访问题的发生；同时坚持信访工作重心下移，夯实信访基层基础，开展信访创“三无”（无到省进京上访、无越级集体上访、无信访积案）活动。是年，规范局领导接访制度，每月安排局领导下访一次，局领导公开接访日为每周周三，局长每月拿出一天时间接待上访群众，所有班子成员轮流接访，科室队负责人陪访。

2006年，县公安局信访工作实行“一把手”负责制，所有信访案件，实行定任务、定措施、定具体承办人、定办结时限，领导包案，责任倒查的“四定一包一查究”责任制，对交办、督办的案件，责任单位按时限结案。7—9月，对结息访案件和非正常上访案件专项治理，结服市公安局交办案件2起。11月，复查周某、周某某被打案件，召开案情分析会议，从刑警大队抽调警力，重新侦查，查清事实，追加犯罪嫌疑人1名，该起上访案件罢访息诉。

2008年，出台《桓台县公安局办理信访事项工作规定》《信访信息沟通制度》《信访案件点评制度》。每个基层单位确定1名民警兼职信访联络员，负责本单位信访事项的登记、办理和信息收集反馈工作。局长与中层单位逐一签订信访工作责任书，落实信访问题第一责任。建立信访案件责任倒查追究制度，对信访案件逐案评析，对信访隐患苗头提前排查调处，通过落实责任，民警信访意识普遍增强。是年，信访部门接待群众来访咨询261人次，办理县领导大接访交办信访事项23件、涉法上访案件30件，办结率100%，结服率95%以上。奥运会、重大节日、重大活动期间未出现进京到省涉法上访，未出现涉法集体访和异常访。2009年1月4日，建立信访信息沟通制度，基层所队发现当事人扬言上访、可能上访的6种情形，第一时间报告县公安局信访办公室，提前预警预防，把握信访工作主动权。是年，信访部门接待群众来访、咨询241人次，办理信访事项31件。

2010年，信访室接待群众来访咨询278人次，办结县领导交办信访事项10件，上级转办7件。2011年，重大节日、重大活动期间，未出现进京到省涉法上访，未出现涉法集体访和异常访。12月20日，省公安厅印发《山东省公安信访事项终结工作实施细则》。县公安局进一步规范信访事项办理，保障信访人的合法权益。2012年，桓台县非法

2012年9月21日，局长吴佩林在信访室接访

吸收公众存款案件集中爆发，存款人信访案件剧增。县公安局对该类案件快立、快侦、快破，维护信访人员利益，稳定信访人员情绪。是年，信访室接待群众来访咨询480人次，办理上级交办信访事项16件。

2013年12月17日，县公安局在唐山检察室举行许某信访事项听证会，法制大队主持，县人大代表、政协委员15人参加。许某陈述其信访事项和诉求，唐山派出所通报案件立案、调查、处理等情况。听证人员表示，唐山派出所依法调查处理，不存在偏差和包庇问题，该信访事项不符合法律法规，也不符合常理，不应支持。是年，信访部门接待群众来访、咨询280批次，县信访局交办12件，市公安局交办6件，办结率100%。2014年5月，针对信访案件增多实际，县公安局出台《涉法涉诉信访案件源头预防工作规定》《信访工作责任追究暂行办法》，强化预警预防，促进规范执法。7月，投资7.8万元，建立远程视频接访系统。是年，信访部门接待群众来访465批次、774人次，县信访局交办8件，市公安局交办10件，通过网上信访办案系统接收上级转办件80件，处理中央巡视组交办件7件，党的群众路线教育实践活动督导组交办件2件，年内办结率95%。2015年，信访部门接待来访群众378批次，705人次。公安部、省公安厅通过信访办案系统分别交办5件、32件，信访案件年内办结率96%。

2013年12月17日，举行许某信访事项听证会

2016年上半年，接待来访群众123批次、186人次，上级公安机关通过公安信访信息管理二期系统交办33件，办理领导批办件3件，初信初访案件办结率95%，上级交办信访事项办结率100%。3—4月，中央巡视组对山东省开展巡视工作“回头看”期间，交办信访案件12件，涉及信访人员16人。县公安局认真研究，逐件落实承办领导、承办单位和承办责任人，在规定时限内全部办结。

专项治理

1998年3月，公安部首次在全国公安机关开展重点信访问题专项治理。县公安局落实局长接访日制度、局长阅批人民来信制度、局长包案制度、定期分析通报信访情况制度，参加县委政法委组织的政法机关联合接访活动，局长阅信、接访占信访总量80%，8起上访老户问题基本得到解决。2000年3月21日—10月31日，根据公安部统一部署，开展重点信访问题专项治理，治理重点是民警执法不公、徇私枉法、乱扣乱罚及群众反复写信上访等六类问题。对排查出的15起重点信访案件，逐起落实“三定一包”责任制，即定包案领导、定承办单位、定承办人，一包到底，限期查处，全部查结。2001年12月，开展重点信访问题集中整治活动，梳理信访案件特别是进京到部去省上访案件及上级公安机关交办案件，逐起落实“三定一包”责任制，对信访人反映的问题重新调查处理，促其息诉罢访或者放弃无理要求。2003年5月18日—8月12日，集中开展开门接访活动，以“人人受到局长接待，件件得到依法处理”为目标，每周二、三固定为局长接访日，实行定任务、定包案领导、定具体承办人、定办结时限及包调查、包处理、包疏导教育、包息诉罢访的“四定四包”责任制。期间，接待群众来访86人次，处理信访问题32件，停访息诉30件。2004年，开展集中处理涉法上访和信访突出问题专项治理活动，采取领导办案督办，部门警种齐抓共管，省公安厅、市公安局交办的11起信访案件全部办结。

2007年4—7月，县公安局开展“三考”工作，其中一项为全面考查2007年受理及之前尚未停访息诉案件的办理情况，重点是进京赴省的涉法信访案件。5月，制定《信访事项专项治理活动实施方案》。通过专项治理，结服22起信访案件，预防一批矛盾纠纷和涉公安问题，妥善解决一批疑难复杂信访案件，实现“定纷止争、息事宁人”的目标。2008年，开展重信重访专项治理，成立局长挂帅的领导小组，局长、政治委员靠案攻坚，处理积压信访事项，预防初信初访。在处理果里镇侯庄村韩某等人集体访事项中，局长组织协调，政治委员带领工作组在果里镇连续工作20余天，对全部有理的，建议相关单位全部解决，部分有理的部分

2008年12月，信访室民警“下访”

解决，无理的做好疏导和解释工作，赢得韩某等人的理解，久拖三年的越级集体上访事项圆满解决。2009年4月20日—7月31日，开展以排查化解信访积案为主要内容的百日攻坚集中行动，市公安局交办重点案件2起，全部结服；上级转来人民来信5件，全部办结息访。到县公安局涉法来访5件。其中，重复访3件，结服1件，不予受理1件，未结服1件；初访2件，结服2件；结服率91.7%。县领导接访转办19件，全部办结。

2010年4—9月，贯彻省公安厅关于集中清理信访积案和“平安省运”部署要求，开展信访积案“清仓见底”活动，处结云南籍民工陈庆勇群访案等4起上级交办信访案件。事后，陈庆勇在给局长的感谢信中写道：“非常感谢你们为我们讨回了公道，你们把我们外地打工者当亲人的善举，我们永远不会忘记，为当初对你们的不信任表示道歉！”2012年5月中旬到8月底，开展以全面清理化解现存信访事项为主要内容的“百日会战”行动。市公安局转办信访事项11件，县公安局落实领导班子成员责任，抽调精干人员，限时全部办结。2013年4月，开展进京非访问题专项整治行动，排查出进京上访问题35项，一一提出化解建议，向县委、县政府专题汇报化解稳控方案，成功化解4项。同时，依法查处非法上访扰乱社会秩序案件，行政拘留9人，警告1人，训诫12人。

第二节　审计监督

内部审计

1988年，县公安局建立审计制度，抽调人员自查公安业务经费使用情况。1991年3月，对1990年的治安、户籍、车管等行政事业性收费和罚没收入情况审计检查。7月，对1990年1月—1991年6月全县公安系统行政性收费和罚没收入情况专项审计，督促有关单位限期纠正存在的坐支、截留、拖延上交财政资金及乱收费、乱罚款、乱摊派问题。是年，开展公安业务经费审计。1992年10月，公安部颁布《公安内部审计工作规定》，县级公安机关审计机构或审计人员对本机关和直属单位以及所辖基层所、队实行审计监督。县公安局制定落实意见，确定专兼职人员，加强内部审计，维护财经纪律，提高经费使用效益。1993年上半年，审计上年度县公安局业务费收支情况。经审计，公安业务费管理情况基本良好，手续制度比较健全，账目处理比较清楚，没有扩大开支范围及违犯财经纪律现象。对隐蔽领域招待费单据不规范等问题提出处理建议。1995年11月13日—12月6日，对14个派出所1995年度财物情况进行全面审计，审计检查金额174万元，其中罚没款15万元、行政性收费19万元、财政拨款及其他收入14万元。通过审计，各派出所公安业务费管理制度比较完善，账账相符，无违法违纪问题。

1996年3月13日，县公安局成立审计室，财务科长刘献浩兼任主任，主要负责对各科所队和保安公司职业点经费收支和经济效益进行审计。8月，市公安局审计县公安局1995年7月—1996年6月公安业务费情况，费用管理使用和账务处理符合规定，无挤占挪用、挥霍浪费等问题。1997年8月1日，县公安局建立离任审计制度，由局纪委、监察科、财务科和审计室负责落实。主要审计科所队主要负责人及经管财务、物资民警因工作调动、提拔、辞(免)职或离(退)休等，离任前审计其任期内的经济责任、廉洁情况。10—11月，审计室审计检查索镇分局、各派出所及看守所的经费收支情况，审计金额172.78万元，结果全局通报，

并考核评分。10月29日，清理看守所原出纳员刘仕成生前经管现金情况。1998年4月，县公安局成立由纪委书记、监察科科长、审计室主任、会计组成的离任审计小组，对田庄派出所、邢家派出所、起凤派出所、马桥派出所和看守所、刑警大队主要负责人进行离任审计。1999年8月18—27日，对13个基层派出所上半年经费特别是行政性收费和罚没款情况进行审计检查，纠正个别单位存在的财务管理不规范问题。是年，开展以治乱为重点的清查工作，清理“小金库”“账外账”。

2000年9月，按照国家发展计划委员会、公安部、监察部、国务院纠风办《关于开展全国公安机关收费专项检查的通知》要求，专项检查全县公安机关收费情况。2001年年初，政工、审计部门，从制定年度计划入手，以第一经济责任人，特别是直接管钱管物和拟提拔晋升的领导干部为重点，加大领导干部任期经济责任审计力度。2002年5—7月，审计全县公安机关固定资产、办公设备情况，并形成审计调查报告。2003年5月，成立内部审计委员会，明确审计室和审计人员职责，健全内部审计制度。11月，成立财务审计科。2007年2月，审计工作归口警务保障科，设立审计岗位。4月，审计监督公用经费最低保障标准的目标落实情况。2009年6月，审计全县公安机关2008年1月—2009年6月涉案财物情况，检查行政收费268万元、罚没收入182万元、扣押款物157万元、保证金222万元，财务管理比较规范。

2010年7月，对上年度经费保障情况进行审计检查。2011年，开展“审计整改年”活动。梳理自2008年起各级公安审计部门和国家审计机关审计中发现的重大问题并督促整改。6月，审计业务归监督室。6—11月，审计检查2010年度涉案财物，包括行政事业性收费、罚没收入、扣押款物、保证金情况，审计金额1780余万元。2012年，开展“审计整改年回头看”活动，对上年度全县公安机关行政性收费、罚没收、扣押财物以及保证金等情况进行审计检查。5月，对上年度中央和省级转移支付专项资金到位、管理和使用情况进行审计检查，审计金额834万元。8月，专项审计检查2011年12月31日截止时的县公安局所有固定资产情况、2011年度重大勤务保障经费的拨付、管理和使用情况。2012年8月1日，审计室被省公安厅评为全省公安机关“审计整改年活动”先进集体。

2013年5月，对刑侦部门涉案财物情况进行审计检查，审计金额700余万元。5—6月，对2012年度中央和省级转移支付专项资金到位、管理和使用情况进行专项审计，审计金额843万元。7月，对2011年1月—2013年5月保证金情况进行审计检查，并专项审计2012年特费使用和管理情况。11月，对1—10月“三公经费”（财政拨款、支出安排的出国、出境费，车辆购置及运行费，公务接待费）情况进行审计检查，审计金额408万元。2014年5月，对治安部门涉案财物情况审计检查，审计金额240余万元。6月，对上年度中央和省级转移支付资金情况进行审计检查，审计金额919万余元。7月，审计公安特费情况。10月，出台《桓台县公安局厉行节约反对浪费专项审计工作方案》，对各基层单位公用经费支出情况进行审计。2015年8月，对上年度公安特费和信息化项目建设费用情况进行审计检查，审计公安特费140余万元，信息化工程项目建设费用500余万元。是年，市公安局审计处专项审计桓台县看守所经费情况，审计金额250余万元；县公安局配合市公安局审计处审计县交警大队涉案财物情况。2016年1月，专项审计检查桓台县警察协会2014—2015年财务收支情况。

2015年1月，对县看守所专项审计

外部审计

1988年9月，县审计局对县公安局1987年1月—1988年8月财务收支情况进行报送审计，加强公安业务费的管理，维护财经法纪。

1994 年 9 月，县审计事务所对新民建筑公司承建的法医门诊基建工程进行专项审计，工程预算 77355 元，审计核减 14272 元，实际工程决算总值 63083 元。1997 年 4 月，配合县审计局审计荆家派出所罚没收入情况。1998 年 5 月，配合县审计局审计全县公安机关 1996—1997 年行政性收费和罚没收入情况。2013 年 3 月，审计部门调研公安机关土地、房屋产权管理情况。9 月，市审计局对原局长吴佩林任期经济责任进行审计。

第三节　警务督察

现场督察

1997 年 6 月 20 日，《公安机关督察条例》实施。7 月，县公安局设立警务督察队，配备队长 1 名、队员 2 名。9 月，市公安局在淄博警校对督察民警进行为期一个月的业务培训。10 月 1 日，警务督察队正式持证上岗。10 月 24 日，学习贯彻《公安机关警务督察队工作规定》，警务督察工作有力开展。10 月 27 日—11 月 20 日，警务督察队专项督察各派出所 110 处警室、户籍室及机关民警上班情况、会议纪律、夜间值班备勤、警车管理等情况，向 10 名违反警容风纪人员提出督察建议，现场纠正 2 名违纪人员并通报单位，在曝光台曝光 61 名迟到、早退人员，收缴 2 幅外借警车车牌。

1998 年，警务督察队现场督察民警履行职责、行使职权、遵守纪律和开展“为人民服务，树公安新风”活动等事项，向 6 名违反枪支使用管理规定民警、18 名上班迟到民警提出批评或督察建议，大会通报 5 名违反警容风纪民警，通报批评 5 个违反行动纪律单位。是年，制定《桓台县公安局督察细则》，实行单位、民警违法违纪累计计分制，民警年内累计 20 分者离岗学习，单位累计 30 分者给予黄牌警告并整顿。1999 年，警务督察工作以重大警务活动为重点，重点督察县“两会”、中共十五大、国庆五十周年等重大活动安保情况；同时，对警务公开、创满意活动、“情系民心”等活动措施落实情况，实施现场督察，保障各项重大警务部署落实和各项活动顺利开展。

2000 年，把办理群众举报投诉作为警务督察工作重点。3—6 月，明察暗访全县公安机关基层“窗口”单位的文明服务、文明执勤、工作秩序、警容风纪、日常管理等情况，查处群众反映强烈的“冷、硬、横、推”问题 27 件。9 月，全局开展“三项教育”活动，督察队与政工部门、“三项教育”办公室配合，加大督察力度，重点解决群众不满意的问题。同时，以实施《公安机关人民警察内务条令》和换发新警服为契机，加大对着装、警械管理使用情况的督察力度。2001 年，督察、法制、治安、刑侦等部门联合，采取跟踪督察、阅卷调查、案件倒查等方式，对刑事、治安案件立案问题，办案程序、留置和羁押措施实施督察，纠正越权办案、定性不准、超期羁押等问题。11 个派出所留置室安装视频监控设施，达到通风、卫生、采光、安全等基本条件，年内向督察部门报备 44 名被留置人员，督察人员随时现场督察，未出现被留置人员伤亡、逃跑及超范围、超时限留置问题。2001 年 6 月 13—30 日，局纪委、监察科、督察队、行政科联合开展警车、警灯、警报器和非法定标志牌专项治理活动，教育整顿驾驶员，加强警用车辆管理，遏制违规现象发生。

2002 年，制定《警务督察队职责》《警务督察实施细则》《实施留置　传唤　拘传措施备案规定》等督察制度，督察工作走上制度化、规范化轨道。加大对督察装备建设的投入，保障完成督察任务。10 月，全市警务督察工作会议在桓台县召开，对县公安局警务督察工作给予充分肯定。2003 年，结合开展“贯彻十六大，全面建小康，公安怎么办”和“淄博在鲁中率先崛起，淄博公安怎么办”大讨论活动，了解民警主动服务企业情况，检查是否存在到企业和基层单位吃、拿、卡、要、报及乱检查、乱收费、乱罚款、乱摊派问题。同时，开展坚决制止“三乱”问题专项治理，严禁借执行公务乱收费、乱罚款、乱摊派。与审计部门配合，落实行政性收费和罚没收入“收支两条线”管理规定，严禁设立账外账，坚决取消“小金库”。严格执行“五条禁令”，防止民警在酒、车、枪、赌方面违纪，开展督察 21 次。2004 年，加强对职务违法违纪问题的治理，重点整治查处“黄、赌、毒”等案件以罚款为目的，侦办案件以收取保证金为目的，在赃车、赃款、赃物管理以罚代刑，办案重实体、轻程序等问题。2005年，县公安局开展创无违纪、无投诉、无涉法上访单位活动，推进“三项治理”“两个违规”专项治理，集中开展监管场所专项整顿。结合全省公安机关“规范执法行为，促进执法公正”专项整改活动，自查行政许可法贯彻实施情况。

2006年，开展对民警自用车辆专项调查治理，清理违规购买车辆问题2件。开展清理公安民警从事或参与营利性活动和经营或参与经营娱乐性场所活动，预防民警违法违纪问题发生。2007年，按照“警务跟着警情走，督察跟着警务走”的工作要求，围绕中共十七大和各级“两会”安全保卫工作、“三基”工程建设等中心工作，任命20名执法执勤单位负责人为警务督察联络员，现场督察集中整治夏季治安秩序行动、治爆缉枪专项行动、“三基”工程建设。9月28—29日，局长、政治委员带队，暗访全县12个派出所110值班备勤和治安巡逻制度落实情况。集中一月时间，督察机关民警上下班情况14次，初步解决上下班纪律稀拉松问题；根据公安部修订的《警车管理规定》《警用车辆管理卡制度》及《全市公安机关“迎接奥运盛会整肃警容风纪 规范执法服务”专项督察方案》的部署，强化警用车辆管理使用情况督察，收缴“鲁O”牌照2副、公安警车号牌1副，收回警车3辆；清理民用车牌4副，收缴警灯、警报器1套。适时启动维权机制，维护民警权益和公安机关执法权威。是年，查处阻碍民警执行公务案件2起，刑事拘留1人，行政拘留3人，罚款1人，查处不实投诉2起。同时，组织开展《公安机关督察条例》颁布实施十周年纪念活动。

2007年11月23日，全市公安机关警用车辆督察工作座谈会在桓台县公安局召开

2008年，督察全国、全省“两会”安保和奥运安保及公务用枪管理、违规穿着警服和佩带警用标志、严打整治行动情况，现场督察“4·28”胶济铁路特大事故善后处理、新建看守所搬迁安全保卫工作。9月20日，完成中央电视台《激情广场》走进桓台大型演出节目现场保卫工作督察任务。2009年，围绕全运会安保等重大警务部署开展现场督察81次，发现问题23件，提出督察建议3条，下发督察通知书8份，现场责令整改15件，建督察卷宗23个。针对传唤、继续盘问、拘留、逮捕及监视居住等限制人身自由的强制措施的使用情况及候问室、审讯室、拘留所、看守所安全问题，开展为期两个月的集中督察，被采取强制措施犯罪嫌疑人有外伤、有严重疾病发作等明显症状17人，被羁押犯罪嫌疑人依法临时出所82人，被采取监视居住措施28人，提出督察建议3条。

2010年，警务督察大队开展对集中整治执法过程中涉案人员非正常死亡、学校（幼儿园）安全保卫工作、警民恳谈、刑事立案、联合巡逻、出警巡逻、信访案件清仓见底等警务活动的现场专项督察。2011年，现场督察社会治安冬季行动和打击防范“两抢一盗”犯罪大会战等行动开展情况，专项督察“六小警务”工作情况。投资150万元，建成50平方米网上督察信息中心，全面接入音、视频，完成“金盾二期”网上督察信息系统建设任务。2012年，现场督察中共十八大消防安全保卫战、公务用枪安全大检查等活动18次，检查单位32个、民警42人、业务用车38辆、台账114本，查处侵害民警执法权益案件2起。2013年，对全国、全省“两会”及重大节日安保工作、“两保一创”大走访活动、学校（幼儿园）安全保卫工作、刑事行政执法、110接处警等活动现场督察160次，发现整改问题90件。2014年9月，县公安局在全省督察工作交流会上作典型发言。

2015年，警务督察大队开展专项督察57项，协助基层单位整改各类问题179个，下发督察通知书63份。制定《桓台县公安局维护民警权益补偿办法》，受理民警维权案件50起，查处妨害民警依法执行职务案件9起，刑事拘留8人，行政拘留1人，发放慰问金1500元。是年，省公安厅警务评议系统运行，县公安局整改不满意评议事项65件，

2015 年 10 月，督察督导重大活动到位情况

整改率 100%，实现解决问题落地有声、立行立改的工作要求。开展核查检举控告工作，受理举报投诉 79 件，纠正执法问题 5 类 13 件。2016 年上半年，开展重点专项督察 27 项，受理举报投诉 37 件，受理民警维权案件 6 起，查处妨害民警依法执行职务案件 3 起，发放慰问金 1500 元。

专项督察

2004 年 6—9 月，公安部开展"两个违规"（违反规定收取、挪用取保候审保证金，违反规定扣押、没收、挪用机动车）专项治理，解决伤害群众感情、侵犯群众利益问题。县公安局加强组织领导，排查各类案件 1326 起，逐项清理随意扣押、查封、冻结、没收财产，随意责令停业整顿、吊扣证照及违反规定长期扣押办案保证金和暂扣款物问题，建立健全赃款赃物登记入账制度、赃款赃物专人专库管理制度、大型贵重赃款赃物备案制度。

2010 年 2—11 月，开展公安机关警车和涉案车辆违规问题专项治理。县公安局成立由县长助理、局长吴佩林任组长，党委成员、中层单位主要负责人为成员的警车和涉案车辆违规问题专项治理工作领导小组，局长为第一责任人，政治委员为第一承办人，基层所队"一把手"是具体经办人，逐级签订"两车"治理责任书。活动期间，召开局党委会专题研究 5 次，召开领导小组会议 15 次，召开视频调度会 7 次，局领导专门批示 10 次，局主要领导督导检查 6 次。组织民警及专职驾驶员学习《中华人民共和国道路交通安全法》《警车管理规定》《公安部"五条禁令"》及"两个严禁""七个一律""七个一批""三个坚决"等规定，印成宣传材料。组织专项培训 2 次、警示教育会 3 次，受教育民警 340 人。制定《全县公安机关警车和涉案车辆违规问题专项治理工作实施方案》《违反警车管理规定责任追究暂行办法》《涉案车辆处置规定》《涉案车辆保管规定》《新购置车辆报督察部门备案规定》等 8 个专项管理规定。投入 110 万元，在起凤派出所设立 1 处涉案车辆停车场，14 辆出警车安装 GPS 定位系统，对 49 辆外观标识陈旧、破损的警车重新喷涂 。登记在册警车 122 辆，按照"一车一档"要求，建立户籍式档案，包括汽车 118 辆（含送社会保养厂拆解报废 6 辆，提档转地方牌照 1 辆）、警用摩托车 4 辆，登记报备涉案车辆 83 辆，台账齐全，手续完备，处置合法。通过督察，责令现场整改非警务人员驾车行为 2 人次。

2010 年 12 月 28 日，公安部"两车"专项治理小组到桓台县考核验收

2010 年 3 月 16 日，县公安局制定《全县公安机关集中整治执法过程中涉案人员非正常死亡问题实施方案》，各派出所、看守所及国保、经侦、治安、刑警大队自查办案场所设置是否安全、规范，安全防范设施是否到位、合格，规章制度是否落实。8 月，投资 500 余万元，建设、改造基层执法办案场所，达到互不干扰、设置有序、统一标准、安全有效的要求。制定《执法办案场所视听资料管理使用办法》，各执法场所电子监控平台 24 小时运行，相关音频、视频信号与县公安局联网，局领导调看、查阅分管业务单位执法办案场所视听资料，督察、法制部门对执法行为施行网上动态监督。2011 年，制定《执法办案场所管理使用规定》，建立执法办案场所向警务督察部门报备制度。

2011 年 5 月 26 日—12 月 15 日，全国公安机

关开展网上追逃专项督察“清网行动”。县公安局设立50万元专项追逃资金，兑现追逃奖励8.1万元，嘉奖12人。7月1日起，实行清网行动“一日一报一督导”制度，开展现场督察14次，出动督察警力126人次，落实逃犯布控措施298项，核查案件203起，检查“一逃一档”221个，核查网上在逃人员信息405条，发现问题52处，发放督察文书13件。9月1日，开展“清网安民”集中追逃专项行动，在山西省吕梁市抓获在逃9年故意杀人逃犯张甩打，在黑龙江省牡丹江市抓获潜逃14年故意伤害致死逃犯许俊生。县公安局印发省高级人民法院、省人民检察院、省公安厅《关于敦促在逃犯罪嫌疑人投案自首的通告》1000份，52名网上逃犯主动投案自首，其中行动前逃犯31名。“清网行动”中，县公安局抓获207名逃犯（含外地抓获14名）；抓获行动前网上逃犯76人（行动前总数84人），下降率90.5%；5月26日后上网逃犯136人，抓获117人，抓捕率86.1%。

2013年6—11月，公安部部署开展取保候审突出问题专项督察，全面清理2011年1月—2013年5月采取取保候审强制措施的所有刑事案件。县公安局成立局长、督察长张京义任组长，其他党委成员和各单位主要负责人任成员的领导小组，制定活动实施方案和量化考核方案，逐案逐人查纠，填写取保候审人员情况登记表和取保候审突出问题台账、取保候审人员情况台账、取保候审执行工作台账，做到案件清、人员清、账目清、问题清、流程清。经排查，2011年1月1日—2013年5月31日，全局办理取保候审案件497起855人，收取保证金459.2万元，返还保证金408.6万元，没收保证金5000元。法制部门对取保候审人员案卷逐人逐案审核，排查逾期未解除取保28人、保证金未及时返还13人、取保候审人员未纳入管理22人，查纠整改取保候审适用对象不符合条件等7个方面的问题。

2013年8月，组织审核取保候审案卷工作

2014年3—7月，根据公安部部署，组织开展执法检查“回头看”活动，围绕自上年起办理的行政、刑事案件和涉法涉诉案件，抓住接处警、受立案、调查取证、涉案财物管理和窗口服务等执法办案关键环节、重点领域，以“回头看”的方式，梳理、排查、剖析群众反映强烈的执法突出问题。以经侦、治安、刑侦大队及派出所作为清理排查的重点单位，围绕接处警、受立案、未办结案件、涉案财物及执法办案场所，对未处理警情、未受立案件、未办结案件、涉案财物逐一梳理，建立基础台账。梳理警情19297起、行政案件1587起、刑事案件1862起，排查执法问题5300余个，补立行政、刑事案件1216起，整改其他执法问题2700个。

2015年4—12月，公安部部署立案突出问题专项治理工作。县公安局以全面清理、及时补立、完善机制、严格奖惩为工作目标，按照刑事警情处理要清、受立案情况要清、自查问题整改台账要清、数据统计上报要清的要求，清理1—4月110刑事警情445起、非110刑事警情369起、不按规定受案71件、未及时立案16件、未及时处理或移交31件，整改各类问题118件，补立各类案件532起，查纠、通报未及时如实立案问题31起，落实诫勉谈话、黄牌警告等责任追究等4人。针对暴露出来的问题，制定《全县公安机关如实立案监督检查及责任追究制度》《全县公安机关立案突出问题专项治理工作责任追究办法（暂行）》，进一步明确受立案管辖和责任，刑事、治安案件受立案标准、程序，刑事、治安案件流转的衔接，防止因标准不清造成案件漏立。

第十九章 党建工作

局党委研究部署党建工作　　（2015年7月　摄）

县公安局党建中心　　（2017年8月　摄）

自建局始，在党的领导下，桓台县公安局组织带领全体公安干部和战士，夺取对日作战、除奸反特、保卫抗战成果、镇压反革命、巩固人民民主政权的重大胜利。在社会主义建设时期，县公安局党组织不断加强自身建设，加强队伍管理，公安机关战斗力不断提升。“文化大革命”期间，公安机关党组织不能正常发挥作用，公安工作一度偏离正确路线。中共十一届三中全会后，县公安局经过拨乱反正，正本清源，确立马克思列宁主义思想路线和组织路线，党的建设走上健康发展的轨道。新的历史时期，县公安局党委充分发挥党在公安事业中的坚强领导核心作用，正确贯彻执行党的路线、方针、政策，进一步完善民主集中制和党内组织生活制度，坚持从严治党、政治建警，增强党组织的创造力、凝聚力和战斗力，为有效履行重大职责使命提供强有力的保证。中共十八大后，县公安局大力完善思想建设、组织建设、作风建设、反腐倡廉建设、制度建设“五位一体”的党建体系，以党建带队建，桓台公安事业蓬勃发展。

第一节 思想建设

政治教育

抗日战争时期，尤其是宋鲁源主持桓台县公安工作后，把对党的忠诚教育作为考验干部，提升战斗力的重要手段，培养出韩干、王占魁等一批具有牺牲奉献精神的骨干力量，为夺取战斗胜利提供重要保证。民国34年(1945年)10月，县公安局成立党支部。党支部围绕敌我斗争形势，组织党员开展政治理论学习，培养优良作风，坚定必胜信念，鼓舞战斗士气，团结带领群众，为全国彻底解放而奋斗。韩干、王占魁、柴裕禄等党员骨干前赴后继，为夺取革命胜利、保护群众安全壮烈牺牲。民国37年(1948年)秋，全体党员参加地委举办的整党训练班，提高无产阶级觉悟，保持革命热情，增强执行政策、遵守纪律的自觉性。

中华人民共和国成立后，县公安局党组织在县委的直接领导下，紧紧围绕党的中心任务，培养党员积极向上的良好思想作风，服务社会主义建设。针对党员思想上和工作中出现的问题，采取集体谈话、个别谈心等形式的思想教育，使党员在工作、学习和贯彻执行党的路线、方针、政策、决议方面起到模范带头作用。1952—1953年，结合“三反”运动开展整党活动，每个党员受到深刻的阶级教育。1954年，分为3个学习小组，重点学习农村工作指南、党在过渡时期的总路线、公安手册等，股级干部事先备课，确定中心议题，每周一次学习，半月一次讨论，一月一次测验。针对少数党员干部思想混乱、不团结情况，召开党员干部大会，开展批评与自我批评。同时，整训问题较多的劳改队干部。1955年，在审干运动中，因党支部部分成员有历史“包袱”，只抓业务，不问政治，党员出现许多思想问题，不团结和违法违纪现象不断发生。12月27日，王茂盛任局长，调整党支部，制定支部工作计划，定期召开支部委员会、党小组会和党员大会，组织政治学习和制度学习，开展批评与自我批评，提高党员政治觉悟，增强组织纪律性，逐渐克服各种错误思想。1956年4月，贯彻全省公安政工会议精神，改选机关党支部，排查干部思想，开展分工教育，两周一次组织生活会，检查思想和工作。在县委和局党组领导下，党支部在学习、工作、立功创模活动和肃反运动中，发挥核心保证和战斗堡垒作用。11月，党支部组织学习党的八大文件，使每个党员干部更加明确党的七大以来政治路线、组织路线和勤俭建国的方针等重大原则问题，主动克服主观主义、官僚主义，提高社会主义觉悟和工作热情。1957年11月9日，根据县委组织部指示，党支部对党团干部分析排队，有针对性的做好思想政治工作。全局党员33名、团员23名、非党团干部2名，工作积极、能开展批评与自我批评的党员20名、团员9名，工作一般、基本上能开展批评与自我批评及斗争性较差的党员8名、团员11名、群众1名，工作消极、政治上疲沓、革命意志衰退的党员5名、团员3名、群众1名。

1958年11月，桓台县公安局合并到博兴县公安局后，博兴县公安局党支部坚持每日2小时整风学习，每周抽出2～4小时学习政策业务、党政干部三大纪律八项注意和公安人员八大纪律十项注意。同时，加强党内民主生活，开展批评与自我批评，增强党内团结。1961年9月，桓台县公安局恢复建制，局党组加强对党支部的思想领导，对党员干部中出现的纪律松弛、工作松垮、不负责任等问题，通过半月一次支部会、一周一次党小组会，沟通党员思想，活跃民主氛围，机关工作出现新气象。1962年6月，于仁善任副政治教导员，专门从事党的建设工作和政治工作，不断提高干警阶级觉悟，保证党的路线、方针、政策和国家法律、法令的贯彻执行，保障公安任务正确完成。1963年，每月一次党课教育，开展"做一个好的共产党员"学习活动，机关19名党员充分发挥模范带头作用，公安工作出现起色。2月，根据中共中央和省委组织工作会议提出的"党委管党"和"重新教育党员"的指示，党支部组织党员接受再教育，提高政治素质，纯洁党的组织，提高战斗力。1964—1965年，党支部领导党员干警学习《实践论》《矛盾论》《正确处理人民内部矛盾》等3篇著作和《毛泽东选集》，提倡读、想、记、议、写五字学习法，教育干警用一分为二的观点、实践的观点、群众的观点、阶级斗争的观点和彻底革命的观点，解决问题，推动工作。1966年2月，党支部组织党员学习焦裕禄不为名、不为利、不怕苦、不怕死，一心为革命，一心为人民的无产阶级革命精神。

"文化大革命"期间，公安队伍受到严重冲击，党员政治思想教育中断，党员干部思想混乱。1973年7月，县公安局党的核心小组成立后，党组织学习活动逐步恢复。1976年10月6日，党员干警参加全县人民欢庆粉碎江青反革命集团的集会声讨活动。随后，通过进一步学习文件和讨论，认清江青反革命集团篡党夺权的反革命罪行。

中共十一届三中全会后，县公安局党组和党支部组织党员干警学习马克思列宁主义、毛泽东思想的有关论述及中共十一届三中全会文件，引导党员干警认清形势，保持政治上的清醒和坚定。1979年年底，局党组领导党员干警开展"实践是检验真理的唯一标准"大讨论，进一步解放思想、拨乱反正，党员干警从极"左"思潮中解脱出来，沿着正确的思想路线前进。1980年，局党组和党支部组织党员学习《关于党内政治生活的若干准则》，精心对照检查，整改不符合准则要求的事项。1983年，局党组贯彻县委《关于端正党风 改进工作的决定》，组织党员干警重新学习党章及《关于党内政治生活的若干准则》，增强组织纪律性和革命团结，进一步树立为人民服务的思想，自觉同党中央在政治上保持一致。1985年，开展整党活动，机关6个党支部60名党员从思想上、组织上、工作上检查与形势任务不相适应问题，统一思想认识，增强党性观念，涌现出先进党支部3个、模范党员8名、先进单位6个、先进工作者36名。1986年，县公安局开展党性教育，纠正脱离群众等不正之风问题，改善警民关系。1987年，开展坚持四项基本原则、反对资产阶级自由化的教育及两个基本点的教育、职业道德教育、反对官僚主义的教育，公安工作保持正确的政治方向。4—8月，全局党员参加"新时期共产党员如何发挥先锋模范作用"大讨论。徐洪本任大讨论指导小组组长，巩曰龙任副组长，讨论内容分为5个大专题、22个小专题。1988年，组织党员学习中共十三大文件，加强社会主义初级阶段党的基本路线教育、宗旨教育、职业道德教育和反腐蚀教育，并举行学习中共十三大文件百题竞赛活动。1989年，北京春夏之交政治风波后，对全体干警开展坚持四项基本原则教育，全体干警旗帜鲜明，恪尽职守，坚决反对资产阶级自由化，坚决拥护中国共产党的领导。

1991年，开展社会主义思想教育和反和平演变教育，增强党员干警理想信念、党性观念和反和

1991年7月1日，政工科长伊茂盛带领新党员宣誓

平演变的自觉性。中共十四大召开后，组织党员干警学习贯彻邓小平建设有中国特色社会主义理论、江泽民重要讲话和系列会议精神，系统学习社会主义市场经济理论和《邓小平选集》第三卷，加

强党员干警的理想、信念、宗旨和职业道德教育。1995年11月，组织开展社会主义思想教育活动及树立正确的世界观、人生观，争做勤政为民模范教育活动。1997年春节过后，开展以邓小平建设有中国特色社会主义理论和党章为内容的“两学”月活动。11—12月，局党委组织党员民警学习中共十五大精神，开展集中教育培训活动，全面理解社会主义初级阶段的科学性和实践意义，清醒认识社会主义初级阶段的主要矛盾，毫不动摇的坚持“一个中心，两个基本点”(以经济建设为中心，坚持四项基本原则，坚持改革开放)的路线。

进入21世纪，根据党中央统一部署，县公安局党委组织系列教育活动，教育广大党员时刻保持党的先进性和纯洁性，首先从思想上解决党员队伍中存在的不适应社会发展、不符合党员要求、

2004年，组织民警重温入党誓词

不适合公安执法需要的重大问题。2002年，局党委理论学习中心组以学习贯彻中共十六大精神为主线，以全面改进党的思想建设和学风为动力，根据四个专题安排，系统学习江泽民总书记“七一”重要讲话、各级经济会议精神、世界贸易组织基本知识、《公民道德建设实施纲要》及中共十六大精神，完整把握政治形势、经济形势、道德体系，运用理论指导实践，提升公安机关保障经济社会健康发展的能力和水平。2004年，针对队伍中存在的群众观念薄弱问题，开展共产党员“十带头”活动，即带头努力学习、带头讲政治、带头求真务实、带头爱岗敬业、带头维护党和群众利益、带头遵纪守法、带头搞好团结、带头维护稳定、带头移风易俗、带头遵守社会公德，通过思想发动、组织学习、召开专题民主生活会、整改评议，党员民警的先锋模范作用进一步加强。

2006年，局党委中心组深入学习贯彻落实科学发展观、加强党的执政能力建设和先进性建设、构建社会主义和谐社会等战略思想，围绕加强党的先进性建设、以科学发展观统领公安工作、争创创新型公安机关、创建和谐桓台4个专题，参加读书会、学习经验交流会、专题理论报告会、县中心组理论学习专题辅导报告会，结合队伍正规化建设年活动，完善学习制度和各项工作制度，不断提高政治理论水平、领导水平和科学决策能力。2008年10月—2009年2月，开展深入学习实践科学发展观活动，解决人民群众反映强烈的突出问题。2009年3—9月，深入开展“五看”活动，即看学习实践活动确定的为民所办的实事是否办到位、看整改方案确定的整改事项是否落实到位、看体制机制是否健全完善和落实到位、看为保持经济平稳较快发展创造安定社会秩序是否取得实效、看实施固本强基维稳工程所承担的责任是否落实并取得预期效果，办实事，解难题，巩固扩大学习实践活动成果。2010年“七一”前夕，各党支部集中一周时间，采取重温誓词、回顾党的成就、学习党史和党的方针政策、领导干部上党课等形式，使党员受到一次党性教育。在全局党员队伍中开展争当破案能手、调解专家、追逃尖兵、服务明星、岗位标兵“五争当”活动，推动公安工作全面进步。

2011年，深入贯彻落实中共十七届四中全会精神，根据中共中央提出的“建设马克思主义学习型政党，提高全党思想政治水平”的部署，在全局推进建设学习型公安机关活动。制定《2011年民警理论学习安排意见》，加强政治理论学习。2013年，组织党员民警学习贯彻中共十八大会议精神，开展“忠诚、为民、公正、廉洁”人民警察核心价值观主题讨论实践活动，结合学习刘金国先进事迹，提升党员民警思想政治水平。2014年3月，开展党的群众路线教育实践活动，通过深入查摆，以解决“四风”(形式主义、官僚主义、享乐主义、奢靡之风)陋习为重点，夯实为人民服务、为经济建设服务的思想基

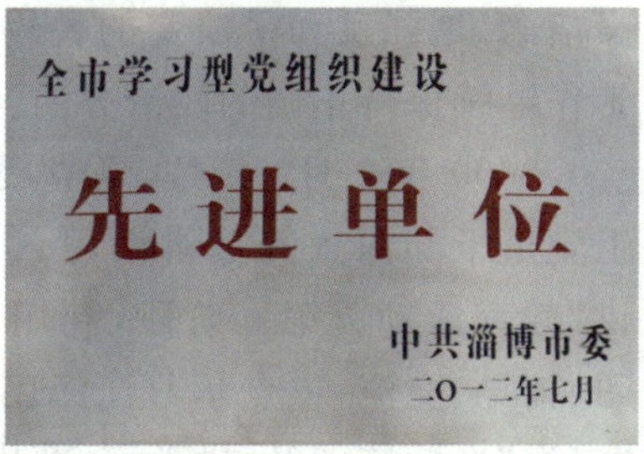

础，提高服务意识、能力和水平。

专题教育

1977年6月1—6日，根据县委安排，县公安局党的核心小组组织51名干警开展为期六天的整党整风，以毛泽东《论十大关系》和中央领导重要讲话为武器，以深入揭批江青反革命集团为动力，以揭矛盾、找差距、放包袱、肃流毒为内容，进行全面而深刻的党的基本路线教育，进一步划清正确路线和错误路线、社会主义道路和资本主义道路的界限，恢复党的理论联系实际、密切联系群众、批评与自我批评三大优良作风，调动党员干警的社会主义积极性。1982年8月，根据县委指示，进行党性、党风、党纪教育，重点是共产主义理想信念教育，党的路线、方针、政策教育，反对资本主义思想腐蚀教育，党的基本知识教育。采取专题教育上大课与分组讨论相结合的方式，听取县委宣传部、组织部、党校、纪检委负责人授课。1991年5—6月，开展社会主义思想教育。进行社会主义信念教育，解决信仰什么、为什么目标奋斗问题；进行党的宗旨教育，解决依靠什么、为什么人服务问题；进行纪律作风教育，解决怎样严守党纪政纪、树立公安干警良好形象问题；进行社会主义民主法制教育，解决法制观念淡薄、不能依法办案问题。正确处理国家、集体、个人三者利益关系，引导党员干警树立全局观念和爱国主义、集体主义思想，澄清党员干警错误思想认识，坚定社会主义信念，增强反和平演变的警惕性和自觉性，公安工作继续保持正确的政治方向。

2000年2月—5月，局党委班子和副科级以上党员干部深入开展讲学习、讲政治、讲正气"三讲"教育活动。第一阶段，利用3周时间，集中学习、辅导、交流，重点学习江泽民"七一"重要讲话、"三讲"专题摘编及《讲学习 讲政治 讲正气教育读本》。第二阶段，利用4周时间，查摆党性党风方面存在的突出问题，撰写思想剖析材料，全局民警对局党委班子和个人进行满意度民主测评，对县公安局党委班子成员和副县级干部进行民主评议。第三阶段，利用2周时间，局党委班子开展谈心活动，召开专题民主生活会，对照党风廉政建设和领导干部选拔任用等相关规定，开展自我批评。第四阶段，利用2周时间，针对查摆出的突出问题和干部、群众提出的意见，研究制定整改方案，并公开接受群众监督。通过"三讲"教育活动，解决不实事求是、不深入群众、墨守陈规、执法不严等问题，提高党员干部政治理论水平，增强廉洁自律意识、服务群众意识、干事创业意识。2001年2月—4月，深入开展"三个代表"重要思想学习教育活动，坚持政治建警、正面教育、条块结合、依靠群众、边学边改边建等5项原则。集中学习阶段，利用2周时间，组织"代表先进社会生产力发展要求""代表先进文化前进方向""代表最广大人民的根本利益"3个专题学习。对照检查阶段，利用3周时间，开展批评与自我批评，查摆整改群众反映强烈的问题和不足。整改提高阶段，利用4周时间，针对群众反映的少数民警作风粗暴、效率不高、执法不公等问题，制定整改方案，建立长效机制。通过学习教育活动，实现民警思想作风、工作作风明显改进，解决群众反映强烈的突出问题见到成效，维护稳定工作进一步加强的工作目标。2005年1月始，利用半年时间，开展以实践"三个代表"重要思想为主要内容的保持共产党员先进性教育活动，解决党的意识和政治观念、理想信念弱

2005年2月17日，召开保持共产党员先进性教育活动动员大会

化，大局观念和服务意识不强，执法不公、执法不严，纪律涣散、作风漂浮，党风廉政建设抓落实不够，创新能力不强，精神状态不佳，基层党组织软弱和党建工作不力等问题。1月21日—2月17日为准备阶段，成立局党委书记秦志博任组长的活动领导小组，制定实施方案。2月17日—3月18日为学习动员阶段，以《保持共产党员先进性教

育读本》为基本学习教材，重点学习党章、党内监督和党员纪律处分条例、党员权利保障条例及胡锦涛在“三个代表”重要思想理论研讨会上的讲话、王树武在县级领导班子先进性教育党课上的“共产党员天职就是服务”讲话。举办4期党员学习班，各支部组织学习心得交流会，每人集中学习不少于50学时，党员领导干部读书笔记、心得体会不少于3万字，普通党员不少于2万字。邀请县委副书记张善忠为局机关党员上“永葆共产党员先进性”党课。3月19日—4月29日为分析评议阶段，开展“千家单位、万户家庭”走访活动、“结穷亲、解民忧、受教育、促发展”主题实践活动，召开座谈会8个，设置意见箱3个，个别访谈1340人，发放征求意见信560封，收回556封，征求意见建议6类、72条。针对群众意见，深入找问题，重点找原因，关键查主观，每名党员撰写3000字左右党性分析材料，实行党员互审、支部审阅、分级审阅，保证材料质量。开展3539人次谈心活动，召开民主生活会、支部评议会，党员向局党委提出7条意见和建议，局党委确定班子建设、队伍建设、治安防范、严打整治、户籍改革等9个需要解决的具体问题。5月8日至6月8日为整改提高阶段，结合学习胡锦涛视察山东时的讲话，每名党员确定整改措施，局党委和各支部制定整改方案，实行分级审阅，向党员、群众公布，进一步修订完善，立足解决突出问题，落实保持共产党员先进性要求，建立“党员长期受教育、永葆先进性”长效机制。

2008年10月—2009年2月，开展深入学习实践科学发展观活动，全局党员牢牢把握“党员干部受教育、科学发展上水平、人民群众得实惠”的总要求，围绕“以科学发展观为统领，创品牌、争一流，推动公安工作又好又快发展”的活动主题，以“规范执法行为，打造亲民公安”为实践载体，进一步解放思想、实事求是、改革创新，增强贯彻落实科学发展观的自觉性和坚定性。在学习调研、分析检查、整改落实三个阶段，组织党员民警观看公安部《光荣与使命》专题片，开展“进村入户大走访、问计求策促平安”专项活动，开展创党员民警示范岗，争当五项岗位能手（破案能手、防范能手、执法能手、服务能手、户籍能手），创群众满意单位，争建“五民”（亲民、便民、利民、安民、护民）先进

2008年10月16日，召开学习实践科学发展观活动动员会

党支部的“双创双争”活动，召开两次党委会、一次专题民主生活会、一次党委扩大会议、三个不同层次的座谈会，明确公安工作新形势、党委政府新要求、人民群众新期待，以推进执法规范化建设为抓手，在提高侦查破案能力、提高执法公信力等十个方面实现突破，转变不适应、不符合科学发展观的思想观念，解决人民群众反映强烈的突出问题，提高公安工作改革创新、科学发展的能力，构建充满活力、富有效率、有利于公安工作科学发展的体制机制。2010年5—12月，深入开展创先争优活动，以“做和谐使者，当维稳先锋”为主题，以争创忠诚卫士、维稳先锋、惠民模范、执法标兵、党建示范等“五个争创”为载体，以成立党组织和党员提诺、党组织审诺、公开承诺、日常工作践诺、上评下议评诺等“五诺”机制为抓手，提高公安工作效能。

2014年3月，在全局开展党的群众路线教育实践活动，坚持问题导向，聚焦“四风”陋习，重点解决局党委班子和领导干部、局直单位、基层派出所、服务窗口存在的53类涉及形式主义、官僚主义、享乐主义、奢靡之风的问题，吃透为民、务实、清廉活动内容，把握“照镜子、正衣冠、洗洗澡、治治病”总要求，明确警民关系和谐目标，突出公安机关特色。期间，党委书记张京义为全体民警上“学党史、明方向、强信念”专题党课，党委班子成员和领导干部以身作则，党员民警深化理论学习，狠抓问题整改。出台《领导干部联系群众工作实施意见》《便民利民十项服务举措》等规章制度，发放征求意见信1600余封，征求各类意见建议253条，召开18场民主生活会。开展缅怀革命先烈、

重温入党誓词及厉行节约、反对浪费等主题教育活动，在全县公安机关营造风清气正的政治生态，民警的执法思想进一步端正，队伍凝聚力进一步增强，群众的安全感满意度进一步提升。

2015 年，根据中央和各级党委部署，局党委开展“三严三实”（严以修身、严以用权、严以律己，谋事要实、创业要实、做人要实）专题教育。6 月 3 日，党委书记张京义以“坚持三严三实，争做优秀党员干部”为题，为全体党员民警上党课。县公安局开展“严以修身、严以律己、严以用权”三个专题的学习研讨，认真查摆“不严不实”的突出问题。组织召开党委专题民主生活会和支部专题组织生活会，广泛开展批评与自我批评。创新活动载体，开展“解放思想、艰苦创业”大讨论、“一所一队一标杆”“四比双争”等主题实践活动，召开以“向您报告，请您评议”为主题的企业评警会，向社会征求意见和建议 158 条。加强改进公安队伍建设。

第二节　组织建设

机关党组织建设

桓台县抗日民主政府公安局成立后，因机构不健全，未成立党的组织，党员干部受长桓县委直接领导。民国 34 年（1945 年）9 月，桓台县人民政府公安局成立。10 月，根据对敌斗争需要，为加强党对公安工作的领导，县委在县公安局成立党支部，副局长栋良山任书记，中层主要负责人任委员。支部委员按照《党章》规定由选举产生，负责党员思想教育，宣传党的性质、党员的义务和权利及党员在对敌斗争中的作用；培养入党对象，吸收新党员，提高党的战斗力。新党员需由 2 名正式党员介绍，入党人申请，支部大会通过，上级党委批准。候补期一般为一年，特殊情况为半年或 3 个月。民国 36 年（1947 年）3 月，干部股股长蔡玉璋任党支部书记。民国 37 年（1948 年）5 月，蔡玉璋调渤海区三专区公安局工作，秘书尹克选任副书记，主持党支部工作。1949 年 8 月，代理局长宋振起任党支部书记。

中华人民共和国成立后，县委继设公安机关党支部，宋振起任书记，尹克选任副书记。党支部充分发挥战斗堡垒作用，完成巩固新生政权和保卫恢复战争创伤、发展生产、土地改革、抗美援朝、镇反、“三反”“五反”、统购统销、农业互助合作化及党的总路线、总方针、总任务等中心任务。党支部注重对党员的培养和对党员骨干的提拔重用，经常不断与党员谈话，提高阶级觉悟，培养骨干领导力量。1951 年 9 月，宋振起离任，副局长盖纯恭任党支部书记。1952 年，支部成员为盖纯恭、尹克选、高云祥、杨华三、刘玉信、李益三、熊家珂。12 月，尹克选离任。1953 年 7 月，盖纯恭离任；9 月，副局长王世彪任党支部书记。1955 年 3 月，王世彪外出学习后，党支部未开支委会议和党员大会，没有发展党员，支部制度未能很好落实。12 月，王茂盛任党支部书记，增补党支部委员 4 名，制定党支部工作计划，两周一次支委会和党小组会，每月一次党员大会，为 4 名党员举行入党仪式，研究 6 名入党对象，党的组织生活恢复正常。

1956 年 4 月，县公安局成立党组，王茂盛任书记。在党内整顿基础上，对全体干部排队，计划发展党员 7 名，含团员 6 名、群众 1 名。5 月，发展 3 名。7 月，机关党支部改选，于仁善任书记，王友贵任副书记。8 月，发展党员 2 名，党员转正 2 名。9 月，王茂盛离任，王友贵任党组书记。1958 年 4 月 13 日，制定政治工作实施计划（草案），加强党支部的集体领导，执行党章规定，严格组织生活，每月召开一次支部大会，两周召开一次党小组会，总结思想和工作，检查执行县委和党组决议情况。1958 年 11 月，桓台县并入博兴县，桓台县公安局党组织亦并入博兴县公安局党组织。

1961 年 9 月，县公安局恢复建制，继设党组，王友贵继任党组书记，机关设党支部，于仁善继任党支部书记，党支部受局党组和县直属机关党委领导。1962 年 6 月，局党组撤销，有党员 28 人。1963 年 12 月，县公安局党支部党员 26 人（含县肃反办公室 6 人）。1964 年 3 月，局党组恢复，王友贵继任书记，党员 27 人。1966 年 2 月，王友贵离任。3 月，县委决定，由曹继杰、崔曰惠、蔡温普、张宝德、张仲俊组成局党组，曹继杰任党组书记。5 月，崔曰惠任党支部书记。“文化大革命”开始后，县公安局党组织处于瘫痪状态。县公、检、法部门合并后，1969 年 12 月，成立桓台县公安机关临时党支部，蔡温普任书记，巩昌经、王瑞之任副书记。1970年10月，成立桓台县公安机关党支部，蔡温普任书记，金树瑨、陈乐亭任副书记。1972年6月，胡保华任桓台县公安机关党支部书记，蔡温普、程美山任副书记。

1973年6月，县公安局恢复建制。6月28日，经县直机关党委同意，王钦德、王恩然、王新京、李子林、赵仕诚、郑佐文、李守和组成中共桓台县公安机关支部委员会，王钦德任书记，王恩然任副书记。7月23日，县委成立县公安局党的核心小组，胡保华任组长，王钦德、蔡温普任副组长，王恩然、薛廷森、孙沐泽、张宝德任成员。1975年6月，王钦德离任。1977年4月，中共桓台县公安机关支部委员会改称中共桓台县公安局支部委员会，李兴俭任书记，田承贵任副书记，逯玉厚、郑佐文、徐祥祝、胡树茂、梁俊红任成员。5月，胡保华离任，陈宁之任县公安局党的核心小组组长，蔡温普、李兴俭、张仲俊任副组长，王恩然、薛廷森、于长远、孙沐泽任成员。1977年11月1日，县委将县公安局党的核心小组改为党组，陈宁之任书记，蔡温普、李兴俭、张仲俊任副书记。1978年6月，王恩然任党组副书记。1980年2月3日，局党组印发《关于党政职权分工和几项制度的规定》，每季度召开一次生活会，每年终召开一次民主生活会。4月，陈宁之离任，蔡温普任党组书记。12月，王恩然离任。1981年10月，张仲俊离休，宋振顺任党组副书记。1984年4月，李兴俭退居二线。

1984年5月，撤销中共桓台县公安局支部委员会，成立基层各党支部，时有党员114名。6月，王庆伟任党组书记。12月，撤销局党组，成立中国共产党桓台县公安局委员会，王庆伟任书记，祝兆贤任副书记，袭建忠、宋振顺、伊茂盛任委员。1986年2月，蔡温普兼任县公安局党委副书记。4月20日，成立中共桓台县公安局纪律检查委员会，宋振顺兼任纪委书记。是年，全局党员119人。1987年3月，蔡温普离任，徐洪本任县公安局党委副书记。5月，祝兆贤退居二线。是年，党员124名。1988年5月，13个农村派出所53名党员关系下放到乡镇党委管理。县公安局党委下设6个党支部，局机关党员95名，含预备党员3名、离退休党员3名、城区派出所党员12名。1991年5月，王庆伟离任。7月，徐洪本任党委书记。1992年2月，党员103名。1993年3月，李执福任党委副书记，时有党支部7个，党员99人。1994年12月，全局党员113名。1995年5月，县委常委曹永振兼任县公安局党委书记，徐洪本改任副书记，李执福离任。局党委出台《关于加强班子自身建设的若干规定》，对党委班子思想建设、议事制度、工作作风、工作规则、廉政建设、民主集中、严格执法、开拓创新等作出规定。6月，请示县委组织部，成立中共桓台县公安局机关总支部委员会，其日常工作由政工部门负责，时有党支部8个，党员114名。1996年10月，曹永振离任，伊若健任党委书记，11月，王国新任党委副书记。1997年，设11个党支部，正式党员175人，预备党员13人，是年发展新党员12人。1998年8月，伊若健离任，秦志博任党委书记，徐洪本退居二线，肖永刚任党委副书记，党员260人。

2000年1月，王国新退居二线。2001年2月，李黎英任党委副书记。2003年4月，肖永刚离任，罗光友任党委副书记。12月，吴英亮任党委副书记。2004年2月，设12个党支部，党员263人。2005年11月，秦志博、吴英亮离任，吴佩林任党委书记。2006年7月，李黎英提前离岗，郭华任党委副书记。2011年4月，县公安局党委建立党务公开制度，尊重和保障党员群众的知情权、参与权和监督权。2013年2月，吴佩林、罗光友离任，张京义任公安局党委书记。7月，白向强任党委副书记，郭华离任。8月，陈恒斌任党委副书记。10月，徐军任机关党总支书记。2014年2月，陈恒斌提前离岗。4月，徐军提前离岗。

基层党支部建设

1984年5月，县公安局机关设秘书、刑警、治安、政保、预审5个党支部，基层13个派出所各设1个党支部，直属县公安局党组领导。1988年5月，13个派出所党支部归属所在乡镇党委领导。1989年，设城区派出所党支部。各党支部下设12个党小组。是年，局党委制定《桓台县公安局机关各支部六项活动制度》，完善"三会一课"制度、党员联系群众制度、定期报告工作制度、党内评比制度、支部成员岗位责任制、民主评议党员制度。

1992年2月，局党委设立保安公司党支部。上半年，各党支部改选，局机关有政保、治安、预审、秘书、刑警、保安公司、城区派出所等7个党支部，政保支部设政保、政工2个党小组，治安支部设治安、保卫、户籍3个党小组，预审支部设预审、看守、法制3个党小组，秘书支部设秘书、行政、史志办3个党小组，刑警支部设2个党小组。1994年，设立巡警大队党支部。1995年5月，设立离退休干部党支部。1996年3月，根据人事调整情况，改选各支部，设政保科、治安科、指挥中心、刑警大队、巡警大队、行政科、预审科、看守所、城区派出所、保安公司、老干部科等11个党支部。1997年，调整党支部，设政工科、指挥中心、看守所、索镇分局、老干部、保安公司、政保科、治安科、刑警大队、行政科、巡警大队等11个党支部。

2004年2月，根据机构改革情况，各支部改选，设政治处、指挥中心、刑警大队、治安大队、经侦大队、国内安全保卫大队、索镇分局、看守所、巡警大队、行政科、保安公司、离退休干部等12个党支部。2007年3月，因机构改革和中层干部调整，设指挥中心、政治处（含警务督察科党员）、警务保障科、刑侦大队、经侦大队、治安大队、国保大队（含法制科党员）、巡逻特警大队（含城管大队党员）、看守所（含拘留所党员）、保安公司、老干、少海派出所等11个党支部。2009年，各支部开展创建先进基层党组织、争做优秀共产党员及基层党组织"六个好"（班子队伍好、机制制度好、阵地建设好、活动开展情况好、作风纪律好、效能业绩好）活动。2013年，围绕"强组织、增活力，创先争优迎十八大"主题，组织开展"基层组织建设年"活动。贯彻坚持标准、保证质量、改善结构、慎重发展方针，重视从基层一线青年民警中发展党员，严格实行公示和票决制，确保新党员质量，年内发展党员2名。2014年2月，因人事调整，局党委对支部改选，共有指挥中心、政工室、警务督察大队、法制大队、警务保障室、国内安全保卫大队、经济犯罪侦查大队、治安警察大队、刑事侦查大队、看守所、巡特警大队、直属大队、网络安全保卫大队、拘留所、禁毒大队、保安公司、离退休干部等18个党支部。

2000年1月，表彰先进党支部

1945—2016年桓台县公安局党组织负责人任职表

表19—1

组织名称	职 务	姓 名	任职时间
县公安局党支部	书 记	栋良山	1945.10—1947.03
		蔡玉璋	1947.03—1948.05
		宋振起	1949.08—1949.09
	副书记	尹克选	1948.05—1949.09

续表 19—1

组织名称	职务	姓名	任职时间
县公安机关党支部	书记	宋振起	1949.10—1951.09
		盖纯恭	1951.09—1953.07
		王世彪	1953.09—1955.03
		王茂盛	1955.12—1956.04
	副书记	尹克选	1949.09—1952.12
县公安局党组	书记	王茂盛	1956.04—1956.09
		王友贵	1956.09—1958.11
			1961.09—1962.06
			1964.03—1966.02
		曹继杰	1966.03—1967.03
	成员	刘玉信	1956.04—1956.08
		王友贵	1956.04—1956.09
		于文鹏	1956.07—1958.11
		于仁善	1956.07—1958.11
			1964.03—1966.05
		陈仲奎	1961.09—1962.06
		曹继杰	1961.09—1966.02
		崔曰惠	1966.03—1967.03
		蔡温普	1966.03—1967.03
		张仲俊	1966.03—1967.03
		张宝德	1966.03—1967.03
县公安局党的核心小组	组长	胡保华	1973.07—1977.05
		陈宁之	1977.05—1977.11
	副组长	蔡温普	1973.07—1977.11
		王钦德	1973.07—1975.06
		李兴俭	1977.05—1977.11
		张仲俊	1977.05—1977.11
	成员	张宝德	1973.07—1975.08
		薛廷森	1973.07—1977.11
		孙沐泽	1973.07—1977.11
		王恩然	1973.07—1977.11
		于长远	1975.05—1977.09
县公安局党组	书记	陈宁之	1977.11—1980.04
		蔡温普	1980.04—1984.04

续表 19—1

组织名称	职 务	姓 名	任职时间
县公安局党组	书 记	王庆伟	1984.04—1984.12
	副书记	李兴俭	1977.11—1984.04
		张仲俊	1977.11—1981.10
		蔡温普	1977.01—1980.04
		王恩然	1978.06—1980.12
		宋振顺	1981.10—1984.12
	成 员	孙沐泽	1977.11—1984.05
		田承贵	1978.06—1980.12
		祝兆贤	1978.06—1984.05
		巩子肖	1978.06—1984.05
		逯玉厚	1978.06—1984.05
		宋振顺	1979.01—1981.10
		荣若富	1981.05—1984.05
		袭建忠	1981.10—1984.05
		王庆伟	1983.10—1984.04
		伊茂盛	1984.06—1984.12
县公安局党委	书 记	王庆伟	1984.12—1991.05
		徐洪本	1991.07—1995.05
		曹永振	1995.05—1996.10
		伊若健	1996.11—1998.08
		秦志博	1998.08—2005.11
		吴佩林	2005.11—2013.02
		张京义	2013.02—
	副书记	祝兆贤	1984.12—1987.05
		蔡温普	1986.02—1987.03
		徐洪本	1987.03—1991.07 1995.05—1998.08
		伊若健	1996.04—1996.11
		李执福	1993.03—1995.05
		王国新	1996.11—2000.01
		肖永刚	1998.08—2003.04
		李黎英(女)	2001.02—2006.07
		罗光友	2003.04—2013.02
		吴英亮	2003.12—2005.11

续表 19－1

组织名称	职　务	姓　名	任职时间
县公安局党委	副书记	郭　华	2006.07—2013.07
		白向强	2013.07—
		陈恒斌	2013.08—2014.02
	委　员	袭建忠	1984.12—1995.05
		伊茂盛	1984.12—1995.12
		宋振顺	1984.12—1987.03
		巩曰龙	1987.03—1991.05
		王国新	1987.03—1996.11
		付汉光	1987.03—1991.05
		李执福	1991.04—1993.03
		伊若健	1991.05—1996.04
		安乃平	1993.04—1994.12
		甘明新	1994.12—2000.08
		李黎英(女)	1995.05—2001.02
		张鲁闽	1995.05—2000.08
		王纪庆	1995.05—1996.10
		王玉华	1997.03—2007.02
		荆　宁	1997.05—1999.03
		吴英亮	1998.12—2003.12
		岳端玉	2000.01—2006.07
		孙仕秀	2000.01—2006.07
		金宗良	2000.09—2007.02
		胥　涛	2001.02—2007.02
		荆树明	2004.02—2014.02
		陈恒斌	2004.02—2013.08
		刘西军	2005.11—2013.03
		姚　鸣	2006.09—2008.12
		姜恒泉	2007.09—
		马洪光	2007.09—
		张秀光	2008.08—
		张林平	2008.08—
		周焕诚	2008.08—2013.08
		李四海	2009.09—2011.05
		荆　春	2010.05—2012.04

续表 19—1

组织名称	职　务	姓　名	任职时间
县公安局党委	委　员	王亚玮	2011.12—2013.07
		朱久爱	2013.08—
		王功训	2013.08—
		高　涛	2013.08—
		王旭东	2014.11—
		赵　岩(女)	2014.11—
		肖红广	2014.12—

1956—2016 年桓台县公安局机关党支部主要负责人任职表

表 19—2

组织名称	职　务	姓　名	任职时间
县公安机关党支部	书　记	于仁善	1956.07—1957.05
		刘志瑞	1957.05—1958.11
		于仁善	1962.06—1966.05
		崔曰惠	1966.05—1967.03
		王钦德	1973.07—1975.06
	副书记	王友贵	1956.04—1958.11 1961.09—1966.02
		崔曰惠	1966.03—1966.05
		王恩然	1973.07—1977.04
县公安局机关党支部	书　记	李兴俭	1977.04—1984.05
	副书记	田承贵	1977.04—1980.12
		荣若富	1979.12—1984.05
		伊茂盛	1981.01—1984.05
县公安局机关党总支	书　记	徐　军	2013.10—2014.04

第三节　作风建设

纪律作风整顿

县公安局成立后，为完成各个时期所肩负的繁重任务，根据毛泽东“加强纪律性，革命无不胜”的教导，针对公安工作分散、联系范围广、接触阴暗面多的特点，以不同形式和方法，经常对干部、战士进行组织纪律和作风教育。民国 36 年(1947 年)12 月，以“三查(查阶级、查工作、查斗志)、三整(整顿思想、整顿组织、整顿作风)”为内容进行整党整风，激发对敌斗争积极性。1949 年 5 月 13 日晚，看守所发生越狱事件后，县公安局党支部按照渤海行署公安局通报要求，组织全体公安干部座谈讨论，找出和平时期麻痹大意、麻木不仁、官僚主义、遇事惊慌、保命怕死、敌我不分、不负责任、不能贯彻执行上级指示、不能落实管理制度等问题，开展批评与自我批评，吸取教训，提高警惕，增强工作责任感和组织纪律性。

1950年7月1—18日，遵照中共中央关于全党全军开展整风运动的指示，党支部组织党员学习文件、总结工作、对照检查和开展批评与自我批评，克服居功自傲、命令主义、官僚主义等不良作风。1951年春，随着镇压反革命运动的开始，内部清理整顿干部、战士中存在的统治人民的权威思想、蛮横无理的思想作风和组织纪律不严等问题。7月3日，发生政卫队执勤人员随意抓扣20余名闹事伤病员事件。根据王云生专员的指示，县公安局整顿全体干部、战士，确定事件主要原因是无组织无纪律、骄傲自满、要特权，全体干部、战士深刻吸取教训，增强组织纪律性。1952年，县公安局在“三反”运动和整党基础上，制定7个月的干部工作计划，以党支部为主，严肃党团生活，开展批评与自我批评，加强干部的纪律教育，解决领导干部的官僚主义作风、强迫命令问题，扭转以单纯业务为主的观点。1953年2—4月，组织干部学习公安部部长罗瑞卿和华东公安部在公安系统开展反官僚主义、反命令主义、反违法乱纪斗争的报告，贯彻边反、边防、边改的方针，排查出领导干部布置工作满足于会议形式、缺乏深入的具体检查指导帮助、计划不能落实等问题。针对有的干部工作粗枝大叶、工作不负责任、不依照规定办案、甚至违法乱纪问题，根据性质分别处理。

1955年1月15—21日，县公安局根据第六次全国公安会议和第十次全省公安会议精神，召开县、区公安干部会议，在总结工作基础上，开展自上而下的检查和自下而上的批评。重点揭发批判骄傲自满、轻敌麻痹思想、领导官僚主义、工作简单粗糙、政策界限不清、错捕好人、个人主义、腐化堕落、不安心工作、失泄密等错误思想行为，全县公安干部明确政策界限，增强敌情观念、法制观念和工作责任感。1957年5月，贯彻中共中央《关于整风运动的指示》，参加全县开展的反对官僚主义、宗派主义和主观主义为内容的整风运动。1958年1月，在整风基础上，转入反右派斗争。5月，经过鸣放辩论、批判斗争，县公安局3人被划成右派分子，2人被划成反党反社会主义分子，2人被划成重点批判分子，先后被调离公安机关。8月16日，全国第九次公安会议通过《关于公安人员八大纪律十项注意的决议》，县公安局深入开展纪律教育运动，每个干部熟知八大纪律十项注意的内容、精神与实质，进一步密切公安人员与人民群众关系，不断巩固加强无产阶级专政。

1961年9月，县公安局复设后，由于纪律不够严格，部分干部出现违反纪律现象和麻痹大意倾向。11月，党支部严格组织生活和学习、教育、纪律制度，整顿干部队伍，提高干部遵守纪律的自觉性，违法乱纪、违反政策现象明显减少。1963年，县公安局开展增产节约和“五反”运动。针对检举揭发出的阶级观念淡薄、立场模糊、违反政策纪律、任意挪用公款等问题，坚持政治挂帅，开展忆苦思甜运动，加强政策学习教育，重温三大纪律八项注意和公安人员八大纪律十项注意，坚持评比制度，激发干警的无产阶级感情。

1977年6月，建设思想红、干劲大、纪律好、作风硬的公安队伍，制定《桓台县公安局干警十项守则》，全体干警互相监督，共同遵守，并作为开展社会主义劳动竞赛的评比条件。7月，局党组针对“散乱差”等问题，组织全体干警集中整顿20余天，对存在的官僚主义、忽视思想政治工作、闹不团结和2名干部违法乱纪等问题，通过大会批评帮助。1978年5月23—27日，局党组举办以整顿思想、整顿纪律、整顿机关为主要内容的干警学习班，系统学习宪法和省、地、县委负责同志讲话精神，人人查学习、查思想、查纪律、查作风、查工作、查贡献、找差距，对照宪法进行总结，制定改进措施，增强学法、守法、执法自觉性。8月10—12日，继续整顿思想、整顿纪律、整顿机关，解决组织纪律松弛、党性原则不强、组织观念淡薄、不能认真执行政策、不热爱本职工作及在办案中刑讯逼供、乱绑乱拷、随意扣押审查等问题。1979年7月，刑法、刑事诉讼法公布后，组织干警分期分批学习，提高执行法律的自觉性，严格落实“有法可依、有法必依、执法必严、违法必究”十六字方针。

1983年1月，制定《公安人员十不准》，禁止违规办案、随意鸣枪、酒后驾车、要特权、刁难群众等行为。组织干警学习《中共中央关于整党的决定》、新宪法第二章“公民的基本权利和义务”以及上级公安机关领导讲话精神，抓整纪刹风教育。10月，结合一名干部违法犯罪事实，召开全体干警会议，开展警示教育。对公安干部普遍考察，将2

名不适合做公安工作的干部调离公安机关，追查处理2名干部违纪案件。通过政治学习和警示教育，全局面貌焕然一新。1984年3月17—18日，根据市公安局部署，继续开展整纪刹风教育，全局129名干部向党组织递交保证书、军令状。1984年12月到1986年春节前，县公安局结合整党，贯彻从严治警方针，狠抓党风、警风、警容风纪检查整顿，纠正个别干部的违法乱纪苗头。1985年3月，根据县委部署，建立“一把手”负总责的党风责任制，在全局党员中进行端正党风、增强党性、遵守党纪教育整顿，严格执行民主集中制和集体领导原则，勇于开展批评和自我批评。

1986年3月26日，根据县委指示，制定《关于实现党风根本好转的规划》，“五一”前刑警队、政保科、治安科及索镇、起凤、田庄、新城、马桥派出所等8个支部实现党风好转，“七一”前秘书科、预审科及耿桥、荆家、陈庄、周家、果里、侯庄、唐山、邢家派出所等10个支部实现党风根本好转。局党委每月一次分析党风警风状况，组织上实行党委包支部、支部包党小组、党小组包党员，行政上实行局长包科长、科长包干警。1987年6月9日，县公安局出台《认真转变作风的九条规定》，全体干警开展学习并严格对照执行。1988年1月，落实省公安厅《关于严禁以公安干警身份出面处理非公安业务范围工作的通知》，严禁公安干警出面收取提留、统筹费、催缴公粮、税款、追要计划生育罚款等不属于公安机关职责范围的工作。

1990年2月6日，局党委部署以端正思想、整顿作风、加强纪律为主要内容的思想纪律作风整顿。9月，贯彻落实国务院关于纠正行业不正之风的电话会议精神，在全局查摆出10种行业不正之风，研究制定整改措施。1991年2月，集中两周时间，以统一思想、转变作风、提高效率为主要内容，进行思想纪律作风整顿，查出6种带有行业特点的不正之风，重点解决干警在思想、纪律、作风等方面存在的问题。同时，结合一起案例，教育整顿合同制干警。1992年3月5日，公安部作出关于坚决制止公安干警刑讯逼供的决定，县公安局立即传达，并加强日常教育和监督。1993年7月下旬，全局进行纪律作风整顿，重点查摆思想防线不牢、法制观念淡薄、特权思想、不严格依法办事、纪律松弛、无证及酒后驾车等6个方面的问题，制定多项整改措施，严防违纪现象发生。1995年4—6月，按照市委政法委部署要求，开展“三条禁令”（绝对禁止政法干警接受案件当事人请吃喝、送钱物，绝对禁止对告状求助群众采取冷漠、生硬、蛮横、推诿等官老爷作风，绝对禁止政法干警打人骂人、刑讯逼供等违法乱纪行为）集中学习教育和监督检查评比活动。4月20日，按照中纪委关于治理乱收费的系列指示及县纪委部署要求，全面检查1994年行政性事业性收费及罚款情况，责成相关单位整改问题。5月26日，出台《关于严格依法办案的规定》，对违反规定的一律视为违纪处理，追究负责人的领导责任，并取消评选先进资格。

1996年2—3月，局党委开展以制止刑讯逼供等违法违纪问题为主要内容的专项教育整顿。4月3日，省公安厅发布禁酒令，严禁在工作时间和工作日中午饮酒，严禁值班、备勤和执行公务时饮酒，严禁携带枪支、警械、机密文件和驾驶车辆时饮酒，严禁到发案单位和与案件处理有直接利害关系的人员饮酒，严禁与来公安机关办理审批手续的人员饮酒，严禁到可能影响公正执行职务的各种场合饮酒，严禁与社会上有劣迹的人饮酒，严禁在正常接待中不文明饮酒，严禁在任何时间、任何场合酗酒。全局人人签订责任书，采取检查、抽查和微服私访等形式，先后警诫4名违令人员。1997年2月，集中2天时间，在果里派出所封闭式整顿中层干部，摆问题、查根源、论危害、定措施，开展批评与自我批评。12月，县公安局开展乱收费、乱罚款、乱摊派问题集中治理活动。1998年2月，开展思想作风整顿，确定“六个杜绝”的具体目标，即杜绝刑讯逼供，杜绝自卫枪支出问题，杜绝重大违法违纪，杜绝“三乱”现象，杜绝贪污、腐化经济犯罪案件发生，杜绝重大交通责任事故。1999年1月26日，为确保中层干部竞争上岗、民警优化组合工作顺利实施，印发《关于严格几项纪律规定的通知》。9月28日，省公安厅出台《山东省公安机关及其人民警察违反枪支和爆炸物品管理规定责任追究制度》，县公安局及时组织民警学习并加大监督检查力度，杜绝违法违纪问题发生。

2000年5月19日，局党委开展以制止刑讯逼供、滥用枪支和滥用强制措施为主要内容的“三项治理”活动，通过学习教育，自查自纠、边整边改，建章立制、巩固成果、检查验收三个阶段工作，专项治理整顿工作取得实效。6 月 1 日，《公安机关人民警察内务条令》颁布施行，组织全局民警学习并对照落实。6 月 20—30 日，县纠风办组织全县个体工商户、私营企业评议 11 个职能部门的行风，县公安局优秀率 54%，良好率 27%，一般率 16%，较差率 3%，综合评议得分 401 分，在受评部门中位居第三名。评议结束后，县公安局整治乱收费、乱罚款、乱摊派问题。2001 年 3 月 12 日，公安部召开电视电话会议，集中开展“三项治理”专项教育整顿活动。3 月 13—23 日，各单位每天集中 1 小时时间，学习上级公安机关领导讲话精神和刑法、刑事诉讼法、人民警察法、公安机关办理刑事案件程序规定等法律法规，结合上级公安机关通报的反面教材，深刻认识“三项治理”专项教育整顿活动的必要性，人人写出保证书。3 月 24—31 日，对办理的案件回头看，开展自查自纠。2002—2003 年，坚持不懈加强“三项治理”教育整顿和督察工作，狠抓责任制度、管理措施、监督制度落实，杜绝违规问题发生，被省公安厅评为“三项治理”先进单位。2003 年 1 月 22 日，公安部发布“五条禁令”（严禁违反枪支管理使用规定，违者予以纪律处分，造成严重后果的，予以辞退或者开除；严禁携带枪支饮酒，违者予以辞退，造成严重后果的，予以开除；严禁酒后驾驶机动车，违者予以辞退，造成严重后果的，予以开除；严禁在工作时间饮酒，违者予以纪律处分，造成严重后果的，予以辞退或者开除；严禁参与赌博，违者予以辞退，

2003 年，县公安局对中层干部进行落实“五条禁令”集中教育整顿

情节严重的，予以开除）。县公安局制定贯彻落实“五条禁令”八项措施，组织民警逐条学习禁令内容，写出心得体会和决心书，在显要位置悬挂摆放警示牌，层层签订警令责任状，并邀请家属和社会监督，加强内部督察。

2005 年 10 月 1 日—2006 年 1 月 10 日，以“正警风、树形象，保平安、创满意”为主题，开展迎接民主评议政风行风和百日行风建设竞赛活动。3 月 14 日，开展集中清理公安民警从事、参与或变相参与营利性活动和经营或参与经营娱乐性场所活动，未发现民警违规问题。2006 年 8—11 月，开展“三项排查”和“三个专项治理”活动。“三项排查”工作的重点是：排查、整治常见多发问题，重点解决基层公安机关和民警中存在的特权思想、特权作风，“冷硬横推”“吃拿卡要”等问题；排查、整治顽症痼疾，重点解决刑讯逼供、滥用枪支警械、滥用强制措施问题，违反规定扣押、查封、冻结、没收财产和违反规定责令停业、吊扣执照问题，乱收滥罚、插手经济纠纷、公路“三乱”等问题；排查、整治职务犯罪，重点解决执法犯法、贪赃枉法、索贿受贿等犯罪问题。“三个专项治理”工作的重点：开展对商业贿赂的专项治理，配合、支持有关部门，突出查办大案要案，对性质恶劣、情节严重、涉案范围广、影响面大的商业贿赂案件，依法从严惩处，在公安系统内部重点解决个别民警违反规定参与经商办企业、参与经营娱乐场所、参与矿产投资入股等问题，以及在行政审批、政府采购等过程中的商业贿赂行为；开展对盗抢机动车过户、上牌的专项治理，切实解决少数地方公安机关和民警利用职权，为盗抢机动车过户、上牌，甚至直接参与销赃、买赃等问题；开展对涉黑涉恶和涉毒涉赌的专项治理，严肃查处为黑恶势力充当“保护伞”和参与贩毒、赌博的公安民警。县公安局对 3 年内的信访投诉事项、执法监督情况归纳为 7 类、17 个问题，各警种、各部门开展自查自纠，逐人签订目标责任书，接受荣辱观教育。县公安局落实纪委负责人约谈中层单位负责人制度、中层单位负责人与民警谈心制度，完善重大案件集体议案制度、涉案财物管理制度、轻伤害案件由法制部门统一出口制度，公开岗位职责、工作程序、收费标准、服务承诺，开展打黑除恶专项斗争。通过排查、治

理，未发现民警涉黑、涉恶、涉毒、涉赌问题和重大违纪线索。对个别民警存在的服务态度不端正、执法不规范等问题，责令相关单位和责任民警制定整改措施并跟踪监督执行。10月19日，全市公安机关“三项排查”“三个专项治理”经验交流会在桓台县召开，县公安局作交流发言。

2007年4月23日，组织开展“坚持执法为民、反对特权思想、树立良好警风”教育活动。9—12月，组织开展“三查三评（查制度、查服务、查落实，评部门、评窗口、评典型）促效能”主题实践活动。9月30日，为进一步规范窗口服务行为，在派出所、看守所、拘留所、刑侦大队、治安大队、巡特警大队、110报警服务台等一线窗口单位实行作风效能建设“一票否决”制度。10月13日，政治委员罗光友带领相关警种负责人走进县人民广播电台“政

2007年10月13日，县公安局首次参加政风行风热线活动

风行风热线”直播节目。2008年6—7月，开展以“整顿违反规定办理取保候审，整顿监管场所安全隐患，规范道路交通技术监控设备的设置、使用和管理，规范公务枪支弹药的保管、领取和使用”为主要内容的“两整顿两规范”专项治理，预防违法违纪问题发生。2009年1月，开展“五条禁令”回头看活动，组织民警与家属签订监督责任书。12月，全县政风行风评议，县公安局荣获综合类和执法类第一名。

2010年3—12月，根据公安部统一部署，开展执法过程中涉案人员非正常死亡问题集中整治活动。2011年4—11月，公安部开展公安机关涉案财物管理问题专项治理工作。县公安局排查清理行政、刑事案件4376起，排查涉案资金43笔，总额60.61万元，排查保证金232.33万，排查涉案物品1402宗。投资60余万元，按照防火、防盗、防腐等标准，建成涉案物品保管中心和大型物品、涉案车辆停车场，配备微机、保险柜、冰箱、除湿器等功能设施，安装监控探头，保管涉案物品6大类、240余件物品，做到专人管理、手续完备、保管措施到位。同时，开设涉案保证金和其他涉案资金管理账户。5月18日—11月30日，开展以治理执法执纪隐患问题及排查整改民警利用职务职权便利和影响以权谋私、经商办企业为主要内容的“一治六查”集中教育整顿活动。活动历经学习教育、动员宣传，调查摸底、集中整治，制定措施、建章立制，检查考评、总结验收等4个阶段。县公安局开展执法执纪隐患问题专项治理，通过自查和集中检查等形式，重点解决不按规定立案、调查及违规采取强制措施、违规办案、存在执法安全隐患、违反禁令等问题；组织纪委、督察、政工、法制、警务保障部门人员，深入办案单位、案件当事人、基层群众排查民警涉黄、涉赌、涉毒及充当黑恶势力“保护伞”问题，排查违规经商办企业问题，排查参与或者变相参与经营休闲娱乐场所问题，排查影响公正执行公务的经营活动问题，排查违规办理驾驶员考试、号牌发放、消除违章记录等问题，排查利用职权插手经济纠纷问题。对排查出的执法执纪隐患问题和其他违规苗头，进行集中整治，进一步改进民警工作作风。8—12月，开展治理和规范涉企收费减轻企业负担专项活动。2012年2月10日，制定《桓台县公安局转变作风 提高效能服务全县发展环境若干意见》，营造安全稳定的社会治安环境、严格公正的执法管理环境和便捷高效的创业服务环境。2013年2—4月，开展厉行勤俭节约、反对铺张浪费专项行动，规范领导干部操办婚丧喜庆事宜，狠刹奢靡之风，杜绝公款浪费问题。2—12月，开展“比作风、比效能、比贡献、争一流”活动，从严治庸、治懒、治散、治奢，掀起服务发展、维护发展、推动发展的热潮。4月21日—12月31日，开展“改进作风年”活动，弘扬理论联系实际、密切联系群众、批评与自我批评的优良作风，勤俭节约、艰苦奋斗、令行禁止的优良传统。9月，公安部出台三项纪律，即决不允许面对群众危难不勇为，决不允许酗酒滋事，决不允许进夜总会

娱乐。违反规定的，一律先予禁闭，并视情给予纪律处分。造成严重后果或者恶劣影响的，一律给予开除处分，并视情追究有关领导责任。隐瞒不报、包庇袒护的，从严处理。构成犯罪的，依法追究刑事责任。县公安局及时传达学习，要求人人熟知熟记并自觉遵守，纪检、督察部门到娱乐场所进行检查。2014 年 1 月，先后开展办公用房集中清理、腾退活动，严肃整治“会所中的歪风”活动，规范公务用车管理活动，杜绝办公室超标、出入私人会所、公车私用等问题。3 月，深化“庸懒散”专项治理活动，解决损害群众利益问题，形成党员民警转作风、群众得实惠的良好氛围。2015 年，按照县纪委部署要求，春节、劳动节、端午节、中秋节、国庆节等节日期间，分别组织开展“四风”问题明察暗访，未发现公车私用、公款买送节礼、送礼金、公款吃喝、公款旅游等问题。8 月 28 日，各办案单位自查自纠 2012 年以来的涉案财物管理工作。

无违纪年活动

1991 年 3 月 6 日，局党委部署开展争创“无违纪年”活动。成立党委书记、局长王庆伟任组长，党委副书记、政治委员徐洪本及副政治委员巩曰龙任副组长，其他党委委员任成员的领导小组。第一季度，学习文件；第二季度，开展以提高干警思想觉悟为主要内容的社会主义思想和党规、党法、反和平演变教育活动；第三季度，开展以提高干警业务素质为主要内容的岗位练兵活动；第四季度，总结表彰活动开展情况。局党委坚持不懈地加强纪律作风整顿，推行“两公开一监督”活动，加强干警队伍的组织建设，坚持一级抓一级、一级包一级、层层包干负责的警风承包责任制，严格奖惩。是年，全局干警未发生违纪违法问题。1993 年，深化“无违纪年”活动，组织党员干警学习党规党纪，人人签订无违纪目标责任书。1994 年，为确保“无违纪年”活动扎实有效，实行领导分工，责任到人；层层签订无违纪目标责任书；建档

立卡，加强监督；严格奖惩制度，奖优罚劣。1995 年 3 月 23 日，召开机关全体干警和派出所正副职会议。会上，徐洪本代表思想作风整顿领导小组反馈中层班子思想作风整顿情况，对发现的问题制定相应的措施。

1997 年 5 月 17 日，县公安局部署开展争创“连续无违纪单位”活动，连续年度划分为五年、十年、十五年、二十年、二十五年、三十年六个档次。6 月 6 日，举行“连续无违纪单位”授牌仪式，市公安局党委委员、纪委书记窦学平，县委常委、政法委书记杨树俊，县人大常委会副主任郝子敏，县政协副主席马英庆，县纪委副书记宋丰船为 18 个“连续无违纪单位”授牌，其中田庄派出所连续 20 年

1997 年 6 月，向“连续无违纪单位”授牌

无违纪。7 月 16 日，县公安局出台《关于缴纳无违纪保证金的暂行规定》。从一般民警到局长，缴纳 200～600 元的保证金，视其违法违纪情节按不同比例扣罚，并追究连带责任，先后扣罚局领导和民警 10 人次保证金 850 元。同时，在局办公楼门厅设立曝光台和违纪警示牌。1998 年 10 月 12 日，出台《关于改变无违纪保证金管理办法的决定》，退还民警向财务科缴纳的无违纪保证金，被扣罚的民警将罚款上交局纪委，不及时上交的从当月工资中扣除。1999 年 9 月 14 日，授予政工科、政保科、治安科、陈庄派出所、邢家派出所、耿桥派出所“连续十五年无违纪单位”牌匾，授予行政科、保安公司“连续十年无违纪单位”牌匾。

2002 年，对各单位实行红旗、蓝旗、黄旗警示，月内未出现违法违纪现象的挂红旗，出现违法违纪苗头且查证属实的挂蓝旗警示，月内发生违法违纪行为且查证属实或者收到县级以上通报批

评、县公安局两次以上通报批评或在社会上造成不良影响的挂黄旗警示。对受到蓝旗、黄旗警示的单位主要负责人、责任民警按规定处理并通报。2003年5月9日，部署开展创建无违纪单位、无违纪公安机关活动。2004年3月23日，县公安局被市公安局评为2003年度全市公安系统无违纪先进单位。2006年2月，县公安局26个基层单位被市公安局评为2005年“三无”（无违纪、无投诉属实、无涉法上访）单位，1个派出所因被投诉查实、1个业务大队因发生涉法上访问题被列为未达标单位。2007年4月5日，市公安局通报2006年度“三无”单位，县公安局受到表彰。7月7日，田庄派出所召开建（复）所30周年暨连续30年无违纪座谈会，市公安局纪委、执法执纪监督员等有关方面人员参加座谈会，总结无违纪工作经验。

2009年6—12月，县公安局开展创建“无违纪科所队”活动，分学习动员阶段、查摆剖析阶段、整改建制阶段、总结提高阶段四个阶段进行，主要查摆整改作风建设、执法办案、警务纪律等三个方面的问题。2011年6—12月，开展“四无”创建活动，当年无被重要新闻媒体曝光造成负面影响的案（事）件，无因执法不当引发的群体性事件和重大民转刑案件，无民警受到党纪政纪警纪处分特别是被追究刑事责任的问题，无辅助人员因违法违规被追究刑事责任或辞退的问题。2012年起，县公安局每年组织各单位以及全体民警层层签订无违纪、无投诉、无涉法上访目标责任书及无违纪目标责任书、“五条禁令”责任状、落实公安部三项纪律责任状，并严格对照责任书抓好落实。

开展无违纪年活动，盯紧重点人、重点事、重点岗位、重点问题，加强教育、管理和监督，及时预防和发现解决违纪苗头。2003—2016年，全局未发生民警受到党纪、政纪和刑事处分情况。

第四节　反腐倡廉建设

预防腐败工作

战争年代，在残酷紧张的环境中，县公安局要求干部、战士遵守三大纪律八项注意。中华人民共和国成立后，个别干部贪图安逸，甚至出现腐败苗头。1950年，整风运动中，党支部组织党员查摆少数人居功自傲、贪污腐化、思想堕落、违法乱纪问题，给队伍敲响警钟。1952年1月，县公安局开展“三反”运动，教育干部抵制腐败，基本解决贪污、浪费问题。1953年11月24日，中共中央作出《关于审查干部的决定》，清除混入党内的一切反革命分子、阶级异己分子、蜕化堕落分子。1954年，审干运动中，县公安局同各种腐化堕落行为作坚决斗争。1958年3月3日，中共中央发布《关于开展反浪费反保守运动的指示》。县公安局通过学习文件，大鸣大放，揭发批判浪费现象。

1963年3月1日，中共中央发布《关于厉行增产节约和反对贪污盗窃 反对投机倒把 反对铺张浪费 反对分散主义 反对官僚主义运动的指示》。4月，县直单位开展“五反”运动，县公安局贯彻说服教育、洗手洗澡、轻装上阵、团结对敌方针，揭发各类问题113条。针对少数干部下乡工作时多吃多占，甚至吃饭不给票等问题，与社会人员吃喝问题，挪用公款、贪污囚粮问题，调查研究少、制度落实过问少问题，开展忆苦思甜活动，利用6天时间集中“洗澡”，个人检查，逐个帮助，敞开思想，畅所欲言，以理服人，放下包袱，全局干部交回款物994.91元。1965年7月28日—9月1日，县公安局18名干部参加惠民地区公安“四清”（清政治、清经济、清组织、清思想）会议，通过学习谈话、领导带头，集体“梳辫子”、个人写小结，交代大小问题130件，计敌我不分24件、违反政策46件、贪污及挪用公款22件、多吃多占24件、其他14件。

1980年，县公安局贯彻中共中央、国务院《关于节约非生产性开支 反对浪费的通知》，精简会议，压缩开支，严禁公款请客送礼，严禁乱发奖金。1981年11月13日，县委发出《关于坚决纠正干部中吃请受贿 搞“关系学” 拉“关系户” 走后门 徇私舞弊等不正之风的通知》，县公安局严格落实接待制度，严肃财经纪律，倡导艰苦奋斗作风。1988年8月15日，局党委部署开展“争创廉洁机关、争做清廉警察”活动，确定争创廉洁机关的6条主要标准和争做清廉干警的5条主要标准。廉洁机关6条主要标准是：坚持四项基本原则；领导班子团结民主、纪律严明；文明服务，清正廉洁，不滥用权力；办事效率高，职责分明；实事求是，严格执行政策法律，做到有错必纠，重证据；实行政务公开。清廉干警5条主要标准是：政治素质好，严于律己，有较强的组织观念；秉公执法；遵守职业道德，不以权谋私；警容严整，仪表端正；服从组织领导，组织纪律性强。1989年8月20日—1990年1月31日，在全局开展以反贪污、反受贿为主要内容的反腐败斗争，重点对象是违法乱纪的党员干部。9月，县公安局制定《关于惩治腐败 保持廉洁的几项规定》，实行政务公开，狠刹吃喝风，严格依法办案，依规处理赃款、赃物和罚款，严格车辆管理，加强监督检查，户口农转非实行个人申请、群众评议、张榜公布"三榜定案"，堵塞腐败漏洞。

20世纪90年代初，县公安局定期开展党风检查和党风评议活动，接受社会监督，签订责任书，学习《人民警察行为规范》，提高党员、干警拒腐防变能力和遵纪守法自觉性。1993年8月，党中央作出深入开展反腐败斗争的重大决策。9月14日，全体干警、联防队队长、企业保卫科科长共300余人参加公安工作会议。会议以"强化反腐措施、促进队伍建设"为主题，把反腐败斗争作为队伍建设的突破口，突出抓领导、抓教育培训、抓制度建设、抓案件查处、抓公司及工作联系点整顿等五方面的工作。1994年5月15日，局党委制定《关于1994年反腐败工作实施意见》，明确反腐败工作的指导思想、具体任务和具体措施。各基层单位召开廉洁自律民主生活会，广泛征求干警意见，总结经验教训，提出整改措施。6月12日，省公安厅印发《关于今年下半年抓好反腐败几项工作的通知》，县公安局认真抓好领导干部廉洁自律、查处违法违纪案件、清理整顿公安经济实体以及执法大检查等工作。

1995年8月，公安部纪委出台《关于对人民警察接受可能影响公正执行公务的宴请和参加用公款支付的营业性娱乐场所活动的处理办法》，县公安局狠刹用公款"吃喝玩乐"歪风。11月，聘请38名各界代表为执法执纪监督员。1996年6月29日，在党员干部中开展"学条规、守纪律、树形象"教育活动，学习党章和领导干部廉洁自律相关文件规定，举办党纪法规知识竞赛，强化对党员干部的党纪政纪条规教育。1997年2月，组织学习《中国共产党纪律处分条例(试行)》。8月，贯彻落实《山东省公安机关领导干部一岗双责规定》，压实局党委成员、科所队班子成员反腐倡廉责任。9月14日，局党委贯彻部党委《关于1997年全国公安机关反腐败和党风廉政建设工作意见》，从狠刹公款吃喝玩乐歪风、严格执行禁酒令、杜绝刑讯逼供、不准越权插手经济纠纷、严禁乱收乱罚、严禁滥用职权、严禁参与非警务活动、严禁从事第二职业、加强证照户口管理、贯彻《公安机关督察条例》等10个方面落实。1998年2月5日，开展民警职务犯罪问题专项治理，以派出所、刑警大队、巡警大队、治安科和看守所、拘留所为重点，专项治理刑讯逼供致人死亡、滥用枪支警械致人死亡和贪赃枉法包庇私放罪犯等3个问题。1999年7月13日，局党委制定《关于建立领导干部廉政档案的实施意见》，建立中层正职以上干部廉政档案，廉政档案含本人基本情况、廉政制度执行情况、违法违纪处理情况、群众信访检举及控告情况、民主生活会自查自纠情况、廉政询问情况、廉洁勤政典型事迹材料等，廉政档案由局纪委负责管理。

进入21世纪，县公安局党委把反腐倡廉工作紧紧抓在手上，根据党中央、国务院《关于实行党风廉政建设责任制的规定》，成立党风廉政建设和反腐败工作领导小组，制定年度《全县公安机关党风廉政建设和反腐败工作意见》，每年召开一次党风廉政建设工作会议，形成以落实责任制为总抓手，党委书记负总责，党委成员各负其责，纪委组织协调，各基层单位主管，全局上下分工负责、互相配合的党风廉政建设和反腐败工作运行机制。依托执法执纪监督员监督、群众监督、党内监督、纪委监督、行政监督、制度监督、法律监督，抵制各种腐败行为对公安队伍的侵蚀。对发现的苗头性问题，局纪委和党支部跟进谈话、走访、警示教育等措施，避免衍变成大问题。2005年起，每半年开展一次述职述廉和评职评廉活动。2006年10月，建立对党员领导干部和普通党员诫勉谈话、函询制度。2007年8月28日，组织全局民警分批观看《祸起特权思想》警示教育片。2008年2月28日，局班子成员及中层干部到市反腐倡廉警示教育基地——鲁中监狱开展警示教育活动。是年起，局纪委建立对中层干部和新提拔的科级干部进行廉政谈话制度。通过谈话，发现和解决苗头性问题，

2008 年 2 月 28 日，县公安局中层以上负责人到鲁中监狱接受警示教育

并起到教育警示作用。2009 年，把领导班子、领导干部廉洁勤政情况，纳入政绩考核和干部日常考察考核，层层签订党风廉政建设和“一岗双责”目标责任书、无违纪目标责任书。12 月 31 日，组织

2009 年 11 月 16 日，新任副科级干部接受廉政谈话

副科级以上干部集体收看警示教育片《欲之祸》。2011 年 3 月 24 日，为推进惩治和预防腐败体系建设，制定《桓台县公安局进一步深化廉政风险防范管理工作的意见》，层层签订廉政风险点防范责任书，各基层单位和民警查找在思想道德、岗位职责及机制体制方面存在的风险点，并制定相应的防范整改措施。2012 年 9 月，组织学习《山东省公安机关从严治警十条铁规》，并抓好贯彻执行。

2013 年 1 月 15 日，县委办公室、县政府办公室出台《关于进一步规范领导干部操办婚丧喜庆事宜的暂行规定》，县公安局及时转发学习，年内 4 人次向县纪委以及派驻纪检组事前报备、事后报告。3 月 22 日，县纪委、县委组织部印发《关于对县直部门重点岗位实行重点监管工作的意见》，经侦大队、治安大队被列为重点岗位，日常接受重点检查，大队长每年向县纪委述廉述责，5 年以内轮岗。5 月 13 日，开展廉政风险点排查和风险评估，确定国保大队、经侦大队、治安大队、刑侦大队及看守所、各派出所为一级风险单位，巡特警大队、直属大队及法制室、警务保障室为二级风险单位，指挥中心、政工室、监督室为三级风险单位，每名民警按照行使、参与行使、较少行使执法办案、行政处罚、行政审批、人事管理、装财管理、政府采购等事宜，合理确定岗位人员风险等级。通过分级管理、动态监控，防止不廉洁行为发生。5 月 14 日，中层以上干部到县廉政教育基地——唐山监察

2013 年 5 月 14 日，县公安局中层以上干部到县廉政教育基地接受廉政教育

室接受廉政教育。7 月，贯彻落实县纪委《关于禁止党员领导干部违规操办和参与子女升学宴请活动的通知》，全局民警拥护并自觉遵守。10 月 11 日，为树立清风正气，县公安局出台《干部管理“三个严禁”纪律规定》，即严禁以汇报工作为名，越级到局领导办公室游说干部人事问题；严禁以节假日看望领导为名，向局领导送礼金、礼物或者有价证券；严禁动用个人社会关系，干扰局党委的人事和干部管理工作。2014 年 4 月 25 日，县委调整县反腐败协调小组成员，县公安局局长张京义任协调小组副组长。5 月 18 日，按照县纪委、县监察局要求，局党委制定《桓台县公安局落实“三重一大”制度实施意见》，年内向县纪委派出二组报备重大问题决策、重要干部任免、重大项目投资、决策大额费用等“三重一大”事项 13 件次。8 月 2 日，县纪委、县委组织部、宣传部组织科级党员干部德廉知识测试，全局 210 名副科级以上干部参加测试

并全部合格。9月17日，市局党委委员、纪委书记曲卫东为全局党员民警上廉政党课。10月，开展“增强党性、严守纪律、廉洁从政”专题教育活动，查理想信念、查领导作风、查工作状态、查机关秩序、查执法执纪，加强民警党性修养，恪守从政道德，保持共产党人政治本色。是年，开展廉政文化“清风行动”、改进作风“除锈行动”、惩治违纪“铁腕行动”，强化警示教育、制度执行、监督预警、纠风治理和案件查办工作，约谈民警26人。

2015年，出台《中共桓台县公安局委员会关于加强党风廉政建设党委主体责任的实施意见》《中共桓台县公安局纪委关于落实党风廉政建设监督责任的实施意见》，将党风廉政建设工作任务层层细化分解。制定《关于加强重点岗位人员监督管理的意见》，确定指挥中心机要岗位、政工室组织人事管理岗位等22个重点岗位。4—7月，组织开展弘扬王渔洋廉政文化，加强廉洁从警教育活动，邀请县文化出版局副局长陈艳华作专题讲座。6月3日，全局民警集体观看公安机关反腐倡廉警示教育片《手莫伸(四)(五)》《民警违法违纪警示录(二)》。7月22日，荆家派出所民警杨青荣获全市公安机关警营廉政勤政故事演讲比赛二等奖。

杨青廉政勤政故事演讲

8月17日，开展公款存放中的利益冲突和利益输送问题专项清理活动，调查摸排领导干部配偶、子女及其配偶以及其他直系亲属在金融机构从业任职情况。12月，组织党员民警学习新修订的《中国共产党廉洁自律准则》《中国共产党纪律处分条例》。是年，领导干部向县纪委报备婚庆事宜5人次；县公安局向县纪委及派出纪检组报备“三重一大”事项18件次；受理办结投诉案件31起44人次，查办民警违规违纪案件1起1人，诫勉谈话1人，约谈7人。党风廉政建设“两个责任”落实情况位居全市公安机关优秀等次。2016年2月，开展党纪法规教育，组织民警集中学习《习近平关于严明党的纪律和政治规矩论述摘编》《中国共产党廉洁自律准则》《中国共产党纪律处分条例》《守纪律 讲规矩 廉洁自律条例规定选编》。3月29日，制定《桓台县公安局党风廉政建设主体责任清单》，包括党委领导班子集体责任清单、党委领导班子主要负责人责任清单、党委领导班子其他成员责任清单以及局直各单位党风廉政建设责任清单，层层签订党风廉政建设责任书，人人签订廉洁从警承诺书。3—12月，根据县纪委、县妇联统一部署，开展“廉洁齐家树清风”活动。

查处违纪案件

县公安局对违法乱纪行为，贯彻从严治警、预防为主，惩前毖后、治病救人方针，及时调查处理。

1949年5月13日，发生犯人越狱事件，局长被撤职，预审股副股长和看守员被关押。20世纪50年代，1名干部因利用封建迷信手段看病，1名干部因私自结婚，2名干部与成分不好人员结婚，都被开除党籍政籍、清洗回家；对因生活作风问题造成影响的，轻者处分，重者清洗回家；对玩忽职守、刑讯逼供及受贿的，分别给予法办、撤职及其他处分。1951年，为做好镇反运动，县公安局开展内部整顿，重点查治包庇坏人、特权思想、纪律不严等问题，法办、清洗干部、战士、工勤16人。发生“7·3事件”，县公安局代理局长受处分，政卫队长被判刑一年六个月，一名排长被撤职。1954—1955年，因政治工作弱化，14名干部违纪，清洗回家1名，开除党籍1名，行政撤职1名，行政记过1名，其他反省。1958年，反右派斗争中，清洗一般干部7人。1950—1958年，处理干警50人，含清洗20人、法办8人、开除党籍政籍2人、开除政籍团籍1人、开除党籍2人、判刑1人、撤职3人、其他处理13人。随后，落实党的政策，13人作复职离退休处理，为党员恢复党籍。

1961—1966年，县公安局加强干警教育管理，通过开展“五反”运动和“四清”运动，有效预防腐败等违法乱纪行为发生。

"文化大革命"结束后，县公安局整顿队伍。1978—1988年，重点查处干部违反计划生育政策、交通肇事、徇私舞弊和作风问题，召开全体干警会议揭发批判。共处理干部11人，计中层干部4人，一般干部7人。其中，开除党籍政籍并判刑2人，开除党籍并调离公安机关1人，留党察看1人，党内严重警告并调离公安机关1人，党内严重警告1人，行政记大过1人，其他处理4人。

1990—1995年，重点查处贪污受贿、违规办案、交通肇事问题，处理干部16人、合同制消防员1人。其中，贪污受贿犯罪2人，违规办案3人，交通肇事7人，其他5人；被开除党籍政籍并判刑2人，行政拘留并辞退1人，行政记大过1人，行政记过1人，行政记过并延期晋升警衔1人，行政记大过并免职、调离岗位1人，行政记大过并延长党员预备期、延期晋升警衔、吊销摩托车驾驶执照1人，行政警告5人，延期转正1人，其他处理3人。

1996—1999年，少数民警办案过程中存在刑讯逼供问题，局纪委先后处理涉案民警10人。同时户籍工作中5人违纪，其他主要涉及违反禁酒令、泄密、擅离职守、不按规定出警等问题。依照《执法执纪连带责任制规定》，对相关领导连带问责。经纪律检查，共处理民警34人、实习学员1人、协勤1人。其中，免予刑事处罚、留党察看并免职1人，党内警告1人，行政警告4人，行政记大过2人，免职2人，其他处理26人。

2000—2002年，违纪行为主要在违规办案和交通肇事方面。留党察看两年1人，行政警告3人。对错误办案，引发国家赔偿问题的，实行责任倒查，追偿部分赔偿费用，给予通报批评，并追究领导连带责任。

2003—2016年，县公安局深入推进反腐倡廉建设、执法规范化建设，严格执行"五条禁令"等内部管理制度，构建起完善的预防体系，民警违纪行为明显减少，轻微违纪行为主要表现在培训学习不认真、履行职责不到位、与社会人员交往不当、考试作弊、公车私用等方面。经纪律检查，共处理民警32人，协警1人。其中，诫勉谈话2人，警示提醒1人，通报批评、责令写出书面检查30人。

纪检机构设置

公安纪检部门主要任务是维护党的章程和其他党内法规，检查党的路线、方针、政策和决议在公安机关的执行情况，协助党委加强党风建设和组织协调反腐败工作；负责对党员民警开展遵守纪律教育，作出维护党的纪律的决定，监督党员领导干部行使权力，查处党组织和党员民警违反党纪案件，受理党员民警的控告和申诉，保障党员民警的权利。

县公安局成立后，长期未设纪律检查机构。民国35年(1946年)1月始，纪检工作由一股兼管。是年8月增设干部股为二股，负责干部的思想教育和管理。民国37年(1948年)5月，撤销二股，纪检工作由秘书室兼管。1950年，秘书室设助理秘书，专管人事和纪律检查工作。1953年4月，增设政治协理室，政治协理员兼管纪律检查。1962年6月，县公安局副政治教导员主管纪检工作，政治协理员协助。1973年6月，县公安局恢复建制，秘书股负责处理违纪案件。1977年7月，复设副政治教导员职位。1979年10月，恢复政治协理室，政治协理室协助副政治教导员处理违纪案件。1984年8月，政治协理室改称政工科，内设纪检干部1人。1986年4月20日，中共桓台县公安局纪律检查委员会成立，副政治委员宋振顺兼任纪委书记，伊茂盛、胡树茂、伊若健、李业成任委员，胡树茂具体负责纪检工作。1988年，县公安局召开公安政治纪检工作会议。1992年1月，县公

1988年，召开全县公安系统政治纪检工作会议

安局设监察科，胡树茂任科长，行使纪检和行政监察职能。

2003年11月20日，根据《桓台县公安局职能

配置内设机构和人员编制规定》，政治处负责组织实施全县公安机关的思想、纪律、作风建设；信访科（监察科）负责接待人民来信来访，查办本局立案的信访及控诉案件，监督检查公安机关贯彻执行国家法律、法规、政策以及决定、命令、计划和规章制度的情况，对民警进行遵纪守法、廉洁勤政教育，受理对监察对象违法违纪行为的检举、控告及监察对象不服行政处分的申诉，调查处理民警违反法律、法规及违反政纪的行为；督察队负责检查督导全县公安机关及人民警察履行职责、执行公务和遵纪守法情况，负责办理本局行政首长和上级督察部门交办的督察事项。2006 年 8 月 23 日，根据《桓台县机构编制委员会关于县公安局机构设置及领导职数配备的批复》，县公安局机关设置警务督察科等 5 个内设机构。2007 年 2 月，正式实行机构改革，纪检、监察、督察、信访合署办公，纪检工作在纪委书记领导下，日常工作由警务督察科负责。2008 年 6 月、2011 年 3 月，警务督察科先后更名为监督室、警务督察大队，仍负责纪委日常工作。

第五节　制度建设

民主集中制度

1952 年 11 月 16 日，县公安局制定《桓台县人民政府公安局几项制度》，首项制度即民主制度。对原则性重要问题，通过充分发扬民主的会议，解决处理与研究执行，必要时或不能及时通过会议处理时，可由首长直接决定。局长作为首长，行使处理本局事务和集中领导的权力，并为全体干部人员所服从。1958 年，制定党支部工作规定。规定指出，必须加强党支部集体领导，严格组织生活。1962 年 1 月 5 日，局党组制定《关于进一步做好政治工作的意见》，吸收积极分子参加集体领导，凡对某个时期公安工作方针政策的贯彻、全年度工作计划、总结、报告及逮捕处理、提拔调动、处理干警、解决重大问题，必须经党组（局务会）研究决定，分头办理，充分发挥集体领导的作用，领导骨干必须搞好政治团结，进行同志式的交谈。

1973 年 12 月 20 日，县公安局党的核心小组制定党的会议制度，每月月底一次核心小组例会，主要研究贯彻党的路线、方针、政策方面的重大原则问题和思想政治工作。1980 年 2 月 3 日，局党组下发《关于党政职权分工和几项制度的规定》，进一步明确党组会、局长办公会、局务会、内勤办公会等会议制度和其他内部管理制度。规定党组会议由书记或副书记主持，主要讨论研究公安机关的重大问题。每季度召开一次党组生活会，开展谈心和批评与自我批评，互帮互助，增强团结。年终召开一次民主会，开展小整风，发动全体干警评议党组贯彻路线、方针、政策情况、工作思想、团结、作风情况，提出批评和意见。对下列问题，随时召开会议研究：党的路线、方针、政策的执行，党委和上级业务部门召开的重要会议和指示的贯彻落实，一个时期的工作意见和总结；公安机关的机构设置调整及人员调动、干部提拔、执行纪律、表扬奖励等重大问题；分析干警思想情况，研究政治思想工作意见、措施和干警政治、业务训练计划安排；其他重大事项。

1988 年 7 月，局党委制定《党委议事规则》，议事范围包括党委制度、意见的制定，重要请示报告，研究上级重要指示的贯彻落实方案和下级请示、报告及党员的重要建议，编制、人事、奖惩、发展党员等 9 个方面的内容。议事人员除党委委员外，参会人员可扩大到纪委委员、有关支部书记、党员干部等。议事程序分为提前通知、议程议项讨论、表决、形成决议，表决实行少数服从多数原则，对形不成决议的意见，宣布下次党委会再议，多次讨论争议仍然很大的，可请示上级裁决或者由书记作出明确决定，并承担决定意见所形成的责任，书记和委员不得专断。对党委会议形成的决议，各委员不论赞成与否，都应积极贯彻执行，不得散布不负责任的言论。执行中，根据实际情况，可以提出修改意见，但未作出新的决议前，不准另搞一套。11 月，局党委根据中共十三大精神，在全面总结建局以来党建工作经验教训的基础上，制定加强党建工作的七项制度。其中涉及民主集中制度三项，除议事制度外，有集体领导和个人分工负责制度，明确党委的主要任务，坚持民主集中制原则，重大问题都由党委会民主讨论决定，反对和克服一言堂和极端民主化作风或者党委包揽一切事务的现象，党委经常听取支部和党员群众的意见，党委实行集体领导和个人负责相结合的制度。民主协商对话制度，机关各方面代表就各自所遇到的有关党建以及思想政治工作方面的问题，通过一定的形式和途径推心置腹的交流，以求得正确认识或关注、理解，使贯彻执行党的路线、方针、政策成为干警的自觉行动。民主协商对话每半年一次，由局党委负责召集。

1992年，局党委建立"两公开一监督"制度。对重大事项公开办事制度、公开办事结果、依靠群众监督，营造民主决策、办事公道、干警信服的良好工作氛围。1995年5月24日，局党委制定《关于加强班子自身建设的若干规定》。党委班子精诚团结，真诚相待，增强班子的凝聚力、向心力、战斗力；以身作则，当好排头兵；坚持党委议事制度；转变工作作风，深入基层，大兴调查研究之风；严格执行党委工作规则，对重大问题，必须集体研究；坚持集体领导，分工负责。

2006年4月，局党委按照省、市、县委关于弘扬求真务实精神，坚持和完善学习制度，加强干部政治理论学习的要求，制定《桓台县公安局党委中心组2006年理论学习的安排意见》。自此，每年组织党委中心组理论学习，党委成员互相沟通意见，达成创业共识，增强班子团结。2009年，建立党内"双评"制度（民主测评支部，民主评议党员），以此为主线开展党建工作。每名党员填写民主测评支部表，测评支部年度工作。每名党员逐一汇报本人思想工作情况及参与党内事务和各项活动情况，在肯定每名党员成绩的前提下，开展批评和自我批评，组织全体党员及群众代表填写民主评议党员表。

2006年11月3日，党委中心组理论学习

2011年4月，贯彻落实中共中央办公厅《关于党的基层组织实行党务公开的意见》，制定《关于在全县公安机关党的基层组织实行党务公开的实施方案》，县公安局党委和各支部制定党务公开目录，把党员、群众关心并要求公开的热点问题，除涉密事项外，全部公开，尊重和保障党员群众的知情权、参与权和监督权，增强党组织的凝聚力和战斗力。围绕建设"党心工程""民心工程""阳光工程"，将党务公开作为一项经常性、机制性工作抓实抓好。

2013年2月，局党委制定《桓台县公安局党委中心组学习制度》，明确党委中心组及扩大的中心组人员组成，党委中心组的学习内容、学习时间、方式和方法、学习要求以及学习考核。2014年4月，局党委制定《桓台县公安局党委会议事程序》，对贯彻落实上级重大决策部署的意见和措施的提出、涉及民警利益的重大问题及有关党的组织建设事项，特别是对公安工作中的"三重一大"（重大问题决策、重要干部任免、重大项目投资、大额资金使用）事项，按照启动、准备、汇报、审议和执行等五个程序，实行党委协商议事。

组织生活制度

民国34年（1945年）10月，县公安局设立党支部，随后因战争环境恶劣，党支部会议很难定期召开。桓台县解放后，党的组织生活逐步正常。每半月一次支委会，十天一次党小组会。支委会主要是研究学习、党员培养及检查工作，小组会主要是检查前段学习情况及工作态度，开展批评与自我批评。

20世纪50年代，党支部建立学习制度，支部下设学习委员会，成立3个学习小组。除听取报告外，坚持每周4次中心（即党的中心工作）学习、2次业务学习、1次形势学习。以股级以上领导为主备课，集中阅读，提出问题，深入小组开展讨论，重点发问，普遍测验，外出党员须先向政治协理室或者学习委员会报告出发期限，由政治协理室或者学习委员会指定学习资料，带资料自学，回局后报告自学收获、学习进度。通过学习，党员干部明确党的中心工作和公安工作的发展方向，确保总路线、总任务和计划供应工作的实施。

1961 年 9 月，县公安局复设后，局党组和党支部建立个别谈心制度，领导者与被领导者之间平均每半个月一次个别谈话，除了政治、经济、敌我斗争形势及组织纪律和政策教育外，了解党员的政治思想、工作作风和实际困难，根据党员的工作态度和工作水平，实行教育与解决实际问题相结合，争取县政府的支持，解决困难干部的家庭生活问题，密切上下关系，鼓舞干部士气，调动工作积极性。1962 年 1 月 7 日，制定实施《桓台县公安局党组关于进一步做好政治工作的意见》，严格组织生活，搞好思想领导，发扬党内民主，促进党群关系，活跃公安机关民主生活，半月一次支部会，一月一次支部党员大会（包括上党课），一周一次小组生活会，主要研究某一时期党内外思想状况和存在的问题，解决干警实际问题，自上而下建立正常的同志式关系，上级和下级谈心交朋友，上下思想统一、行动一致、心情舒畅，坚决防止和反对自由主义或不团结倾向。

1977 年，县公安局制定《机关工作十项制度》，党支部恢复“三会一课”制度，按时进行党的组织活动。每个党员每月向党小组或支部汇报一次思想情况，有重大问题及时汇报，汇报内容有执行权利义务情况、模范作用带头情况、贯彻上级党的指示情况、个人看书学习情况等。党小组每月向支部汇报一次工作情况，主要汇报每个党员的思想情况、党员发展对象的培养情况、党小组对党支部和上级党委决议的落实情况。支部对党员提出要求，做到“五带头”“五自觉”，即带头看书学习，自觉坚持四项基本原则；带头做到双五条，自觉遵守三大纪律八项注意和有关规章制度；带头发扬党的三大优良作风，自觉反对自由主义；带头搞好革命团结，自觉开展谈心活动；带头事事起模范作用，自觉做到走一处、红一处。是年，落实派出所政治指导员制度，各所配备政治指导员，根据公安部《公安派出所政治指导员暂行工作细则（试行草案）》，政治指导员是党和上级公安机关派到公安派出所进行党的工作和政治工作的人员，以毛泽东思想为指导，进行思想政治工作和党支部工作，保证党的方针、政策和国家法律、法令的贯彻执行，保证派出所各项任务正确完成。通过配备政治指导员，派出所逐步规范组织生活制度。

1988 年 11 月，局党委制定七项制度，其中组织生活制度有四项。学习制度：星期一为学习日，学习时间不少于半天，每月至少学习四次，主要利用党小组活动时间，学习党的方针、政策，党刊、报纸上的有关文章，上级规定的学习内容及公安业务知识等。民主生活会制度和领导干部参加双重组织生活制度：民主生活会以党小组为单位，每季度召开一次，党委、支部成员除参加所在小组的组织生活外，每半年必须单独召开一次生活会，过好双重组织生活。党务工作责任制：党务工作实行目标责任制，党委目标由党委书记、副书记负责，支部目标由支部书记负责，党员对自己制定的目标负责，党委和支部设立党务工作责任制展板，公开党委和支部目标，党委成员、支部成员、党员目标，接受群众监督，每季度考核一次，奖先罚后。定期向党员报告工作制度：党委每半年一次向党员报告工作。

1990 年，局党委进一步强化党建工作，完善党的各项制度，制定《各支部六项活动制度》。“三会一课”制度：支部大会、支委会、党小组会每月召开一次，党课每季度上一次。党员联系群众制度：在党课及其他有关活动中，吸收有入党请求的群众或其他群众参加，共同学习上级党组织的政策规定。支部定期、不定期召开群众座谈会，征求群众意见和建议，不断改进工作。定期报告工作制度：支部每半年向党员汇报一次工作，各党小组每半年向支部汇报一次工作，党员每半年向党小组汇报一次思想、工作情况。党内评比制度：年终，支

1991 年 7 月 1 日，县公安局原党组副书记张仲俊（左）给全局党员干警上党课

部组织全体党员评选年度优秀党员，召开党员表彰会议，号召全体党员向他们学习。支部成员岗位责任制：支部书记主持党支部日常工作，并明确支部书记、组织委员、宣传委员以及纪检委员职责。民主评议党员制度：支部每半年组织一次党员评议活动，支部和党小组每半年召开一次民主生活会，开展批评和自我批评，发现和整改工作的缺点和错误。

2001年8月6日，县公安局出台《派出所队伍建设实施细则》，明确派出所所长、政治指导员、警长、内勤、责任区民警职责，其中政治指导员主管全所队伍建设工作和党支部日常工作，主持召开支委会、民主生活会，做好民警一人一事的思想政治工作，县公安局每季度召开一次政治指导员例会，每月汇报一次思想政治工作；实施谈心汇报制度，把思想政治工作内容具体化、制度化、常态化；加强党支部建设，坚持“三会一课”制度，每半年召开一次支部民主生活会，每季度上一次党课，每季度召开一次支委会，每周安排半天或者一个晚上政治、业务学习，建立学习园地，开展学习交流。

2007年，局党委制定《“三会一课”控制程序》《党支部民主生会控制程序》《民主评议党员控制程序》《党员教育控制程序》《入党积极分子培养教育控制程序》《党费收缴控制程序》《发展党员控制程序》《党员组织关系接转控制程序》《理论学习中心组学习控制程序》等9个控制程序，进一步规范、完善党内组织生活和党员教育管理等相关工作，使“三会一课”、民主评议党员、党员教育管理、党费收缴、理论学习中心组日常学习等党建工作有章可循。

2010年3月，局党委贯彻落实中共十七届四中全会精神，按照《中共中央关于加强和改进新形势下党的建设若干重大问题的决定》提出的“建设马克思主义学习型政党，提高全党思想政治水平”的部署要求，制定下发《关于推进学习型党组织建设的实施意见》，围绕建设高素质公安队伍目标要求，通过整合学习资源、健全学习制度、创新学习机制，在全县公安机关各级党组织中营造终身学习、全员学习、全过程学习的浓厚氛围。2011年8月，《淄博公安警务规范》正式运行，修订组织生活7项制度，县公安局参照执行。党员组织生活制度，党员组织生活采取党小组或支部会的形式，每季度召开一次，主要是党员汇报思想、工作情况，开展批评与自我批评；党员领导干部双重组织生活制度，党员领导干部既要参加所在单位党支部、党小组的组织生活会，又要参加党委民主生活会；“三会一课”制度，支部大会每季度召开一次，党支部委员会、党小组会每月召开一次，党课至少半年一次；党员思想汇报制度，党员定期向党组织汇报自己的思想、工作情况，密切党员同党组织的关系，加强对党员的管理和监督；学习制度，党支部定期安排党员学习，提高党员政治素质和法律、业务、科学、文化素质；民主生活会制度，一般每半年召开一次，主要是交流思想、开展批评与自我批评，查摆问题，制定落实整改意见。2012年，为抓好党员的经常性学习教育，制定《桓台县公安局2012年度党员学习教育培训制度》，内容涵盖组织制度、学习制度、研讨制度、自学制度、考核制度以及建档制度。

2014年5月23日，县公安局党委书记张京义给党员上党课

第二十章　政治工作

政工室工作人员合影。前排左起：吴燕、姜晓丽、崔爱荣、毕春香、甘学静、任晓一、王艳艳、曹译文；后排左起：成娜、张广场、胡正学、王功训、荆敏、魏光水、何培、刘东朋　　　　（2015年1月　摄）

一级民警训练基地　　　　（2009年8月　摄）

政治工作是公安工作的生命线，是完成各项业务工作的重要保证。桓台县公安局成立后，将思想政治工作置于公安工作和队伍建设的重要位置，围绕党的中心任务，通过政治理论学习、作风教育、专题教育、评先创优、立功创模等活动，教育引导民警坚定理想信念，永葆忠诚本色，热爱公安事业，勤勉爱岗敬业，推动全县公安工作和队伍建设持续健康发展。同时，通过各种形式的志愿服务、爱民走访、警民恳谈、爱心帮扶活动，深化和谐警民关系建设，提升群众满意度，树立公安机关和人民警察的良好形象。

民国34年（1945年）12月，县公安局确定一名干事，负责人事工作。随后增设二股，负责干部的思想教育和管理。1950年，秘书室设助理秘书专管人事工作。1951年11月，成立人事股。1953年4月，增设政治协理室，负责政治、业务学习及组织人事、纪检等工作。1962年6月，撤销政治协理室，政治工作由秘书股负责。1967年3月，受“文化大革命”冲击，正常的政治工作制度受到破坏。1980年1月，正式恢复政治协理室，各项政治工作逐渐得到恢复。1984年8月起，政治协理室先后改称政工科、政治处、政工室，公安队伍正规化建设不断加强和完善，保障桓台公安事业不断取得新发展。

第一节　队伍建设

思想教育

县公安局成立后，不定期对公安人员进行忠诚教育和前途教育，树立必胜信心。民国35年（1946年），县公安局10天召开1次政治会议，利用民主形式座谈，检查各股工作优缺点，了解干部能力，提高工作热情。是年冬，根据渤海区党委公安会议精神，多次组织干部参加政治时事学习，认清时局，树立为保卫政权建设、人民解放事业长期奋斗的思想，顺利完成各项战斗任务。

1949年元旦过后，组织干部学习和讨论新华社《将革命进行到底》新年献词。2月14日，根据中共中央和华东局部署，渤海区党委下发关于抽调干部南下的通知。在思想发动、自愿报名基础上，根据工作需要和身体状况，批准县公安局局长张祥及通讯员牟良鸿、审讯股干事刘兴忠、侦察股内勤孙思美南下。3月8日，张祥等自索镇五里庄出发，踏上新的征程。此前县公安局原副局长栋良山，之后原局长蔡玉璋相继南下。其中，刘兴忠历任舟山地区公安处治安科科长、舟山渔场公安分局局长等职务，孙思美历任上海市公安局局长机要秘书、派出所所长、厂长、上海轻工业专科学校总务科长等职务。他们响应党的号召，扎根异乡，为社会主义革命和建设做出贡献。

1950年8月，根据淄博专署公安局指示，县公安局组织学习中央历次发布的有关时局文件，教育每一名干部澄清混乱思想，克服太平麻痹倾向，既要紧张又要镇静的开展工作。1952年12月，县公安局制定《1952年12月至1953年6月干部工作计划》，加强干部政治思想与组织纪律教育，通过各种学习及布置、检查、总结工作，提高干部的政治素质和业务水平。1953年，除参加镇反工作的干部外，机关干部每日清晨保持2个小时政治学习，主要学习《中华人民共和国婚姻法》《中共中央关于农业生产互助合作的决议（草案）》等文件，并有步骤地进行测验。局务会设立机关学习中心小组，每周集中学习一次政策时事。1955年，审干运动中，部分干部思想混乱，不安心工作，甚至要求转业，出现思想不统一和不团结、不稳定的问题，县公安局深入分析研究，对干部思想排队，调整组织和人员，通过党团活动和个别谈话等方式，基本解决干部的思想问题。对于个别思想比较混乱，特别是有问题的干部，局务会和党支部安排各股积极分子靠上疏导和教育。是年，组织学习《关于农业合作化问题的决议》《发展国民经济的第一个五年计划》及有关镇压反革命的文件，提高干部政治理论水平，涌现出曹继杰、祝兆贤、伊允强、岳福云等学习刻苦，于文鹏、韩志诚、张仲俊、薛廷森等积极肯干的干部。

1956年，肃反运动中，公安干部出现两种思想倾向，有历史问题的人怕被追责，整日惴惴不安；有的积极分子认为工资改革方案不公平，闹待遇、闹提拔。针对两种思想，局务会和党支部组织学习相关政策及文件，促使有问题的干部消除顾虑，讲清问题，放下包袱；对闹情绪的干部讲明工资改革的目的和意义，批判要待遇的错误思想，端正其工作态度，重新焕发革命积极性。是年，提拔局级干部2名、股级干部5名，输送干部4名，发展党员5名。1957年，组织学习中共八大、全国第八次公安会议文件和毛泽东关于正确处理人民内部矛盾问题的报告，明确人民内部矛盾、敌我矛盾的界限和对敌斗争的方向。结合整风运动，揭批官僚主义、个人主义，无组织、无纪律，不安心工作和政治上衰退现象。1958年6月，学习中共八大二次会议文件，强调理论联系实际，开展批评与自我批评，与不符合总路线要求的现象展开辩论。开设展览室，交流学习心得，转变思想作风。机构整编中，做好12名下放干部的思想工作，使其明确整编机构、减少人员对建设社会主义的重要意义，同时帮助其解决具体困难，达到走者轻松愉快、留者安心工作的目的。

1958年11月—1961年8月，与博兴县公安局合并期间，制订学习毛泽东著作计划，掀起学习热潮，干部政治理论水平有了提高。开展评比树标兵活动，围绕每月、每季度工作任务，全体干部开展“比、学、赶、超”竞赛。

1962年，生活困难时期，部分干部家在灾区，思想负担较重。县公安局教育干部树立战胜困难的信心，防止解甲归田问题发生。派出所所长刘乐温，家中连年受灾，缺乏劳动力，房子基本倒光，生活困难，仍坚持工作。进入战备状态后，县公安局召开5次干部大会，进行形势教育和战备动员，加强对敌斗争，警惕地富反坏分子破坏，维护社会治安，从思想上、行动上做好应对国民党反攻大陆准备。6月，于仁善任副政治教导员，组织干部学习《刘少奇论共产党员修养》《农村人民公社60条》《中共中央十中全会公报》等文件，明确党的性质、任务及组织原则，树立革命人生观，做名副其实的共产党员。1963年，确定2名党支部委员抓学习，通过每周两个半天的政治理论学习，克服少数干部被暂时生活困难所迷惑导致政治上糊涂的思想，坚定围绕大政方针，继续做好公安工作的信心。3月，干警响应毛主席“向雷锋同志学习”的号召，进一步提高社会主义觉悟，树立全心全意为人民服务的思想。1964年2月29日，开展向解放军学习的活动，学习军队政治工作经验。1965年，为适应战备需要，制定实现公安机关革命化的学习计划，把《毛泽东著作》作为必修课，树立一分为二观点，认清斗争新形势，提高革命自觉性。11月21日，县公安局在关于贯彻全省公安“四清”会议、实现公安机关革命化决议的意见中，强调学习党的方针、政策，坚持群众工作路线，深入调查研究，避免主观片面和以感情代替政策问题。

“文化大革命”中，公安机关政治思想工作被扭曲，偏离正确轨道。1977年7月，县公安局恢复政治工作制度，桓城派出所、田庄派出所配备政治指导员。1978年，中共十一届三中全会后，全局干警学习全会文件和马克思列宁主义、毛泽东思想的有关论述，联系思想实际，开展大讨论活动，认清形势，明确任务，为保卫四化建设贡献力量。11月8日，开展学大庆、学大寨、学雷锋、学硬骨头六连、学东莱派出所、学诸暨运动，赛学习、赛工作、赛作风、赛贡献，围绕党性强、觉悟高、纪律好、作风硬、思想红、技术精，打造人民喜爱、敌人惧怕的战斗队伍。1979年年底，组织干警开展真理标准大讨论，澄清模糊认识，端正思想路线。

1980年，组织干警学习中共十一届五中全会、五届人大三次会议文件、叶剑英国庆三十周年讲话、党中央关于整顿党风的文件及《关于党内政治生活的若干准则》，35名干部参加县直机关党员训练班，进一步提高思想觉悟，加深对党的方针、路线、政策的理解，提高遵法、守法、执法、依法办案的政策观念，坚定做好公安工作的信心和决心。1983年，局党组组织干警学习中共十二大精神及《为人民服务》《纪念白求恩》《共产党员在民族战争中的地位》《邓小平文选》《中共中央关于整党的决定》等文件，学习张海迪先进事迹。主抓三个方面的教育，开展三大活动，即抓职业道德、职业责任、职业纪律的教育，开展树立革命人生观、全心全意为人民服务、学英模创英模的活动；抓整纪刹风教育，开展制止违法乱纪的活动；抓五讲四美三热爱教育，开展学雷锋做好事、爱民月和文明礼貌活动。1984年，2个单位被评为市级文明单位，1个单位被评为县级文明单位。

1985年，加强基层派出所政治思想工作，派出所政治指导员由3名增为8名。1986年，开展“开展优质服务，争当文明警察”和创建文明单位活动。两年内，建成市、县两级文明单位 7 个。1987 年，开展坚持以经济建设为中心、坚持四项基本原则、坚持改革开放、反对资产阶级自由化、遵守职业道德和反对官僚主义教育。1988 年，重点学习中共十三大文件，加强社会主义初级阶段党的基本路线教育、人民警察宗旨教育和反腐蚀教育。1989 年，针对北京春夏之交政治风波，组织干警学习党中央和国务院有关指示精神，全局干警与党中央保持高度一致。是年，开展学习英雄梁学章、英模祝兆贤活动，做好公安保卫工作。

1990 年，开展“评优树先”活动，总结、学习 10 名干警的先进事迹，激发广大干警学先进、赶先进、争上游、奋发向上的工作热情。开展“学党章、正党风、做模范、多奉献”教育活动，引导干警严守纪律，埋头苦干，争做模范，多做奉献。县委刊物《新风赞》和《淄博日报》多次报道干警事迹。1993 年，贯彻落实中共十四大精神，组织学习《邓小平文选》第三卷及邓小平建设有中国特色社会主义理论，提高执行党的基本路线的自觉性。5 月，召开全县公安政治工作研讨会，总结政治思想工作的

1993 年 5 月 4 日，县公安局政治工作研讨会人员合影

经验教训，提出加强政治思想工作的六条措施。1994 年，组织干警系统学习社会主义市场经济理论，集中两年时间，在全体干警中实施“换脑”工程，进一步解放思想，增强为市场经济服务意识。1995—1996 年，开展向巩向波、胡安富及孔繁森、王廷江、韩素云、吴天祥、李国安、朱彦夫、程广泉等英雄模范、先进人物学习活动，教育干警立足本职岗位，比思想、比信念、比工作、比奉献。在资助困难企业职工、支援灾区奉献爱心、为小清河干流治理工程捐款活动中，全局民警捐款 3 万余元。1996 年 10 月 18 日，部署开展“为党增光、为国出力、为民造福”活动，教育民警把“三为”作为政治准则，增强攻坚破难、再创一流意识。开展评执法、评服务、评形象，争创文明单位、争创文明岗位、争当文明警察“三评三争”活动，促进公安队伍建设和各项业务工作。

1997 年，贯彻江泽民总书记“严格执法、热情服务”题词精神，讲学习、讲正气、讲奉献，增强法制观念和群众观念，确保作风过硬、政治合格。开展为人民服务、树公安新风活动，提升公安队伍整体形象。1998 年，长江、松花江、嫩江流域遭受特大洪涝灾害，全局民警、职工、离退休干部响应号召，捐款 39525.5 元。1999 年，以“争创人民满意单位和民警”活动为主线，开展人民警察形象大讨论、换位思维大讨论、严格执法大讨论、让人民满意大讨论、公安机关为什么要特别强调宗旨观念和服务意识大讨论，每名民警在本单位民警会上演讲，增强组织观念、公仆意识。

2000 年 9 月，开展全心全意为人民服务的宗旨教育、实事求是的思想路线教育和严格、公正、文明执法的执法教育“三项教育”活动。县公安局坚持边学边改、边查边改、边改边建的原则，“三项教育”取得明显成效。活动期间，组织民警到工厂、下矿井、进工地体验生活，进行换位思考；赴焦裕禄纪念馆、孔繁森纪念馆，接受群众理念教育；组

2000 年 9 月，组织民警参观孔繁森纪念馆

织观看《生死抉择》《忠诚的道路》《刘金国事迹》《胡长清大案警示录》，吸取经验教训；坚持开门评警，收集意见建议 396 条，群众满意、基本满意率 93%；按照不低于 5%的标准，对 16 名民警分离培训，局党委和各单位靠上工作，促其深入反思、查找问题，取得满意效果。省公安厅党委委员、政治部主任姜永梅现场指导“三项教育”工作。

2000年9月7日，省公安厅政治部主任姜永梅为全局民警作辅导报告

2001年，围绕严打整治斗争，强化民警组织纪律观念和法制意识，提高民警执法办案水平，落实从优待警措施，维护民警合法权益。2002年，组织全局民警深入学习“三个代表”重要思想、中共十五届六中全会及中共十六大等会议精神。2003年，组织开展“贯彻十六大，全面建小康，公安怎么办”和“淄博在鲁中率先崛起，公安怎么办”大讨论活动，全体民警围绕“实践三个代表、认清历史使命，加强队伍建设、公正执法为民，改革公安工作、服务小康社会”活动目标，更新思想观念，创新工作方式，提升工作水平。2004年，组织观看任长霞事迹报告团实况录像，掀起学习任长霞先进事迹的热潮。组织学习《中共中央关于进一步加强和改进公安工作的决定》，听取市公安局宣讲团关于第二十次全国公安会议精神宣讲报告，增强新世纪、新阶段政治责任和社会责任意识。4—10月，开展为民、务实、清廉教育活动，剖析和解决不思进取、作风漂浮、好大喜功、随心所欲、追逐名利、欺上瞒下、患得患失、贪图享受、以权谋私、脱离群众等10个方面的问题，教育民警立警为公、执法为民，牢固树立科学发展观和正确政绩观，求真务实、艰苦创业，严于律己、廉洁奉公，自觉当好人民公仆。

2006年4月，开展“知荣辱、树新风、促和谐”主题教育和道德实践活动，加强公安廉政文化建设，增强全警爱国主义、集体主义、社会主义思想观念。6—12月，开展社会主义法治理念教育，举办“依法治国、执法为民、公平正义、服务大局、党的领导”五个专题“社会主义法治理念在我心中”演讲比赛。2007年2月，以“爱岗敬业树形象”为载体，组织中层以上干部到淄博蠕墨铸铁有限公司、山东东岳集团有限公司等企业生产一线，接受教育，体验生活。9月，开展认真专业务实作风效能建设活动，倡树清廉务实、奋发进取、热情服务、争创一流的机关作风。2008年，开展继续解放思想大讨论活动，邀请市公安局赴川抗震救灾事迹报告团作报告，两名民警获全市公安机关继续解放思想大讨论演讲比赛三等奖。2009年，组织民警学习礼仪知识，强化职业道德教育。

2010年1月，县公安局被市委宣传部和市委讲师团联合命名为理论宣教研究基地。2011年，开展“增强群众观念、强化法治意识、整顿纪律作风”专题教育和“发扬传统、坚定信念、坚持执法为民、树立良好警风”主题教育实践活动。对照先进

2011年3月，组织女民警到西柏坡接受红色教育

孟祥民，找准差距，履职尽责，创先争优。2012年，开展“忠诚、为民、公正、廉洁”人民警察核心价值观教育实践活动，争创“齐鲁先锋警队”、争当“齐鲁先锋警员”活动及窗口单位道德领域突出问题专项教育，推进民警职业道德建设，解决理想信念缺失、宗旨意识淡薄、工作作风飘浮、精神状态低迷等问题。在十八大安保、“两抢一盗”攻坚大会战、打击经济犯罪破案大会战和反日游行维稳安保等中心工作中，启动战时思想政治工作机制，收集先进事迹，提振民警士气。2013年，开展“三比一争”（比作风、比效能、比贡献，争创一流）活动、“为何从警、如何做警、为谁用警”大讨论活动，深化创先争优和宗旨观念。2014年，开展“一所一队一标杆”创建活动，用身边榜样的力量感召人、激励人。2015年，开展以“坚定信念、铸牢警魂”为主

2013 年 8 月 2 日，举办道德讲堂

题的忠诚教育，组织民警参观王渔洋廉政教育基地、黑铁山抗日武装起义遗址、淄博警察博物馆，开展“祭扫烈士陵园，缅怀革命先烈”活动，参与民警 600 余人次。4—6 月，开展“学宪法、学党章”活动，在省公安厅“双学”考试中，358 名民警通过测验。开展“秉公执法、人民公安为人民”主题教育活动，培育民警职业道德，坚定理想信念，增强宗旨意识，推动桓台公安工作科学发展。

业务培训

建局之初，县公安局干部、战士多出身贫寒，文化程度较低，部分人员不识字。除选派业务骨干到鲁南抗大、清河区党校学习公安保卫业务和基本文化知识外，多利用战斗间隙组织学习文化。民国 34 年(1945 年)冬，渤海行署公安局举办公安干部训练班，县公安局部分业务骨干及五区村干部于赞修、相修棣，侦察队班长杜所文等受训。结业后，于赞修、相修棣分任一区、五区副公安员。1949 年前后，部分中层干部参加上级举办的为期 1～6 个月的公安干部训练班。

中华人民共和国成立后，为适应任务需要，县公安局不断组织干部学习业务和文化，安排业务骨干到山东政法干部学校轮训。1951 年，部分文化水平低的干部参加县学(县委党校)文化班。1952 年 11 月，文盲和不满高小文化程度的干部，离职参加速成识字班，高小文化程度干部主要学习理论，辅以文化补习。新调入干部在清河干校参加公安干部培训班，接受为期 1～3 个月的培训。1953 年，每周 2 天，学习上级指示、通报、公安手册等，对照工作进行讨论，定期测验。搭配干部参加工作组、破案组，以师带徒办法，进行业务指导。1955 年，党支部制定学习计划，政治协理室具体负责，学委会贯彻执行，严格学习、测验制度。根据政治文化水平，分为理论、初中、高小三个小组，分别参加县政府统一组织的学习活动。1956 年，机关干部继续分高小、初中两个文化组，通过测验，初中组平均 64.9 分，高小组 63 分，3 人从高小组升入初中组。业务上主要学习罗瑞卿部长的系列讲话、逮捕反革命分子及其他刑事犯罪分子政策界限规定及人民公安业务参考资料等。驻村工作小组组长管理外出干部和公安特派员学习资料，来机关开会时，抽出时间测验。机关干部学习 6 小时即抽出 2 小时测验、口答和讨论，测试成绩平均 70.9 分。1957 年，设立 4 个学习小组，政治协理室巡回辅导和测验不能参加机关学习的工作组，工作组回机关时汇报学习情况。1958 年 4 月 4 日，省公安厅作出《关于政法跃进指示(草案)》。为实现跃进目标，县公安局组织干部参加文化和政治理论学习，测验成绩均在 75 分以上。区公安特派员和工作组干部，通过当地区委、宣教部门适当安排学习。1957—1958 年，县公发局选派刘志瑞、陈瑞林等业务骨干到山东省公安学校进修。

1962 年，教育干部带着问题学，急学先用，活学活用，学用结合，立竿见影，提倡认真读书，独立思考，大胆争辩。树立专业思想，每周五至周六 7:30—9:30 学习业务。上半年，根据专署公安处党组意见，县公安局 7 名干部参加地委训练班，4 名干部参加县委训练班，其中副局长 1 名、股长 6 名、公安特派员 4 名。通过训练，业务水平、思想觉悟有了很大提高。1963 年，组织干部学习党中央和公安部制定的各项细则和工作条例，以及各地先进经验。为普及业务教育，2 月、7 月，抽出时间进行专门技术传授和现场练习，收到良好效果。

1966 年，“文化大革命”开始后，公安机关的业务、文化学习曾一度停止，一批业务骨干被调出，影响公安工作质量。1972 年，县公安军管小组按照第十五次全国公安会议要求，针对老干部少、新干部多、业务不熟、工作被动的局面，狠抓干部业务知识学习。

1976 年 7 月，技术员王庆伟、武贞俊参加省公安厅在泰安举办的步法追踪学习班，而后王庆伟、武贞俊向干部传授步法追踪技术，在破获徐斜大队试验队系列被盗案等案件中发挥关键作用。1978年，组织公安助理员和机关干警20余人分批参加惠民地区公安局在孤岛举办的公安业务轮训班。1979年12月，在桓城旅馆举办24名新警公安业务学习班，局领导和各股负责人编写教材，轮流讲课，历时一个月。

1983年春，县公安局副政治教导员李兴俭组织10名以工代干青年干警，集中时间学习政治、文化、业务知识，聘请桓台一中语文老师辅导，在惠民地区公安处统考中均取得较好成绩，依据成绩

1983年，部分所长参加惠民地区派出所所长训练班期间合影

靠定警察级别。1984年，8名派出所所长和政治指导员参加市公安局举办的业务培训班，9名干警参加电大、夜大、函大学习。1985年，5名干警参加县红校高中文化补习班，6名干警参加法律自学考试。1986年6月，全警参加普法学习。是年，22名科所队负责人到淄博警校受训，派出所干警分3批接受轮训。1987年，16人自修大学，3人到淄博警校中专班脱产学习，1人到县委党校中专班学习，

1988年7月1日，部分干警参加县委党校初中文化补习班毕业合影

1人到电大学习，77人参加第三期县委党校初中补习班。1988年，13人参加法律专业自学考试，拿到54门单科结业证书，其中2人大专毕业。通过学习，干警的文化知识层次得到全面提高。

20世纪90年代，随着公安工作正规化、专业化、法制化进程加快，县公安局开展全员业务学习和岗位练兵活动。1990—1992年，举办公安业务短期培训班44期，培训1100余人次，4人到外地参加专业培训，30人参加公安管理专业和法律专业自修考试。1992年5月、11月，14个派出所所长分两期参加全市公安派出所所长岗位培训班，每期两个半月。1993年4月30日，县公安局印发《关于开展岗位练兵活动的实施意见》，各警种采取请进来、走出去，集中授课、分散学习等方法组织培训。通过考核，评出岗位练兵先进单位2个、标兵22人，市公安局表彰先进单位1个、标兵6人。1995年，县公安局确定为规范化建设年和教育素质年，以颁布实施人民警察法为契机，各警种开展形式多样的专题培训和业务讲座，部分干警参加公安部、省、市公安机关组织的竞赛活动。

1996年7月17日，为改善公安队伍文化知识结构，省公安专科学校在县公安局开办公安保卫专业专业证书班。通过文化考试和资格审查，录取99人。经过一年学习，80余人取得大专学历。10—11月，指挥中心7名民警分2期参加全市公安指挥中心业务培训班，掌握指挥中心运行情况和接警处警、指挥调度、信息处理、快速反应等专业知识。1997年5月11日，县公安局在县职业中专举办第一期计算机培训班，局领导和中层干部43人参加培训，时间3个月，利用晚上及星期天进行。是年，先后举办出入境业务和人口统计计算机管理培训班，以适应新业务需要。1998年5月，各警种相继举办专业培训班，每期2天，125名一线民警参加培训。是年，全局民警参加全国公安机关基本素质考试，99名副科级以上民警参加全省普法考试和全省党规党纪理论考试，均取得较好成绩。

1999—2000年，坚持“向教育要素质，向素质要警力、要战斗力”的指导思想，按照省公安厅关于两年时间对民警普遍轮训一遍的要求，开展全员培训工作。1999年6月，举办2期民警综合素

质教育培训班，部分中层干部和业务骨干讲授政治理论、法律知识、国内安全保卫、刑事侦查、治安管理和查缉战术等业务。是年，按照“干什么、学什么、练什么、精什么”的原则，举办培训班11期，培训357人。2001年6月1日，县公安局被省公安厅评为教育培训工作先进公安局。2002年，组织WTO知识培训、计算机应用技能培训、法律法规知识培训等业务培训班11次，参训320人，94.3%的45岁以下民警取得计算机应用合格证书。2003年，按照“干什么、练什么、缺什么、补什么”的原则，开展理论练兵、思想练兵、作风练兵、法律练兵、业务练兵、技能练兵、科技练兵、体能练兵，45岁以下民警参加理论笔试和体能测试，组织30期2070人次的业务培训和考试。2004年春节后，采取“政工部门搭台，业务部门唱戏”的办法，法制、政保、刑侦、治安等警种先后举办400余人次的专业培训，邀请上级业务专家授课，举行“端正执法思想，规范办案程序”岗位练兵知识竞赛。

2004年，组织“端正执法思想，规范办案程序”练兵活动

5月，贯彻全警参与、重在基层，立足岗位、注重实效的原则，围绕基本知识、基本技能、基本体能、专业知识和业务技能，开展大练兵活动。6月下旬，举办基层一线实战技能训练班。9月26日，82名民警参加全市公安机关大练兵汇报表演活动，被市公安局通报表扬。

2005年4—5月，51名中层干部分6期参加全市公安科技培训班，学习派出所管理系统、金盾工程等业务。10—11月，举办11期科技强警培训班，200余名参训人员提高信息采集、录入、查询、使用能力。2006年10月，举办实战技能培训班，124名40周岁以下民警分3期参加培训，全部通过考核。2007年1月，按照《淄博市公安局执法管理综合信息系统实施方案》《桓台县公安局执法管理综合信息系统培训计划》要求，212名45岁以下民警参加执法管理系统及相关知识培训。10月，开展熟记百条岗位法规、掌握十项岗位技能、练就一个岗位特长的“百十一”苦练基本功活动，县公安局获全市公安机关深化大练兵、苦练基本功比武竞赛团体第四名。是年，18名领导干部参加全市公安机关局长、政治委员、副局长、副政治委员和基层所队长首次任职培训，36名民警参加县直机关第一期党员干部培训班、县科级干部学习城市化战略调训班。

2008年，继续开展苦练基本功活动，每名民警每年不少于15个工作日的集中训练。2009年，围绕公安信息化、执法规范化、警务实战化建设，各业务系统进行一次专门知识培训。5月21—30日，吴佩林参加第六期全国县级公安局局长“学习实践科学发展观、推动公安工作上新水平”专题培训班，被评为“优秀学员”。6月，7名基层所队长参加全市公安机关第七期“战训合一、轮训轮值”暨第二期基层所队领导干部训练班，团队成绩优秀。是月，桓台县民警训练基地建成并投入使用，配备培训室、学员宿舍、综合训练馆、室外塑胶训练场，其中室内射击馆投资近400万元，建有自动调节靶距的25米标准射击靶道，安装自动报靶系统。

2009年8月，民警训练基地室内射击馆内景

2010年，县公安局以业务系统应用为核心，举办4期培训班。5—6月，举办基层一线民警警务实战化轮训班，213名45周岁以下民警分5期接受文秘、刑侦、法制、治安等6个岗位和110接处

警、实战技能、单警装备、手枪应用射击、应急能力等10个方面的培训。2011年3月，举办派出所青年民警培训班，62名民警分3期参加110接处警、群众工作法和实战技能等专题培训，参训民警交流经验，培训教官现场评分。9月，举办“战训合一、轮训轮值”警务实战暨警衔晋升培训班。是月，对新招聘的60名交通巡逻协勤员进行为期5天的组织纪律、安全保密、队列礼仪、业务工作岗前培训。2012年2月，举办警务实战基础技能暨反恐知识培训班，12名派出所民警和12名巡防队员学习徒手攻防技能、钢叉及催泪喷射器使用、警棍使用、手铐使用与搜身带离、盘查战术、车辆查控战术、反恐知识。是年，举办业务培训班6期232人，参加市级以上培训16期89人。2013年10月28—29日，50名民警参加市公安局野外训练基地（沂源）第21期武装野外大轮训活动。2014年6月20日，市公安局开展“送教上门”活动。市公安局指挥中心情报信息室主任孙向国、信访处副处长杜明法、直属分局三大队副大队长李绪金、法制支队副支队长高涛为全局民警讲授情报主导警务、预防信访问题、办理污染环境案件、解决执法问题等知识。2015年1—2月，县公安局与浙江大学合办两期桓台县公安系统领导干部思维创新专题培训班，50名中层以上领导干部听取专家关于信息化侦查的创新与发展、警务战略选择与科学决策、公安干部心理管理与压力调适、应对网络舆情与危机管控措施、博弈论与行政执法策略、国内宏观经济形势、国际军事动态与中国周边安全环境、中国文化与中国梦等专业报告，

2015年1月22日，参加浙江大学桓台县公安系统领导干部创新思维专题培训班

提升指挥决策能力。7月25日，举办讯问策略与方法培训班，邀请中国刑事警察学院刑侦系预审教研室主任、副教授王峥授课。是年，5名局党委委员参加全省市县公安局领导班子成员首任培训班，1名局党委委员参加全国公安政工调研干部培训班。2016年1月6日，县公安局民警训练基地通过全省一级县级民警训练基地复核。2月18—19日，举办第一期全员培训班，邀请省委党校副校长魏恩政、中国孔子研究院院长杨朝明、寿光市公安局情报大队大队长许冠正、滨州市公安局滨城分局视频侦查大队大队长孙绍生，分别以十八届五中全会精神解读、成人之“道”与为政之“德”、县级公安机关视频建设应用与实践探索、打造视频侦查专业队伍为题进行专题讲座。

【专记】

司法考试

20世纪90年代至21世纪初，通过自学自考，4名民警通过律师资格考试，3名民警通过司法资格考试。2010年5月5日，市公安局出台《鼓励在职民警参加国家司法考试暂行规定》，给予参加司法考试民警不少于15天脱产学习待遇。2011年，县公安局2名民警通过国家司法考试。

2013年，县公安局把司法考试作为提高民警素质的重要举措，成立国家司法考试培训工作领导小组，具体负责参考人员的日常学习管理、培训计划制定、后勤保障等工作；协调国内知名司考培训机构北京万国司法考试培训学校进行专题讲座、系统授课和课题辅导。自5月31日起，利用工作日18：00—21：30和周末时间集中培训，组织3次60天集中脱产学习。同时，安排5名民警分别参加省公安厅、市公安局司法考试培训班。是年，11名民警通过考试。

2014年，县公安局将司法考试通过人数及通过率作为绩效考核的直接加分项目，同时将司法考试培训纳入年度教育训练计划，年初筹划，组织报名，集中培训。是年，10名民警通过考试，通过人数列全省县级公安局第三名、全市公安机关区（县）公安局第二名，被省公安厅评为2014年度全省公安机关司法考试工作优秀组织单位，1名民警

被省公安厅记个人二等功，1名民警被评为组织司法考试工作突出个人。

2015年，精心组织、科学筹划，通过召开经验交流会、考前集中封闭培训等多种形式，全面推进国家司法考试工作。各单位克服警力不足、工作任务重等困难，动员民警参加司法考试培训，为参训人员提供学习条件。是年，14名民警通过国家司法考试，通过人数位列全省县级公安局第一名，县公安局被省公安厅评为2015年度全省公安机关司法考试工作优秀组织单位并记集体三等功，两名民警分别被省公安厅记二等功和三等功。至2015年，县公安局共有44名民警取得国家司法考试资格证书。

桓台县公安局通过国家司法（律师资格）考试人员一览表

表20—1

年度	名　单
1994	张秀光
1996	赵学鹏
1998	赵　岩（女）
2000	陈　永
2002	胡　静（女）
2010	王向明　董运芳
2011	刘继磊　侯文娟（女）
2013	田振华　金　童　刘　博　曹　阳　胡正学　李　冲　王家强　高现亮　宋小雨（女）　孙亚赛（女）　成　娜（女）
2014	王国伟　黄　峰　史肖辉　李馥伸　王　珂　张显慧　张志豪　马　康　石向斐（女）　崔　晶（女）
2015	曲照兴　赵悦磊　段秀毅　胡　鹏　王　亭　巩端乐　王　克　孙长科　王　超　公敬一　王　涛　周善永　罗　鑫（女）　逯　娜（女）

比武练兵活动

20世纪90年代起，县公安局开展业务练兵活动，增强干警学习业务的积极性。刑警队训犬员陈恒斌刻苦训练警犬“克海”，在实战中多次发挥作用，1990年4月12日，荣获全省警犬业务技术比赛第二名。1991年，全市公安机关治安系统开展比武竞赛，起凤派出所郭华获一等奖第一名。1993年11月，县公安局组织户籍岗位练兵活动，共同科目考核政治理论、人民警察职业道德、时事政治，业务考核常用法律法规、岗位业务和基本技能。通过笔试和竞答，新城派出所获一等奖。1994年4月，郭华获全市公安练兵考核刑侦组第一名，刘思英获政保组第三名，张修森、毕春香获户籍组并列第四名。10月，陈永获全县公安治安岗位比武竞赛个人第一名，田庄派出所获团体第一名；毕春香获户籍岗位个人第一名，索镇派出所获团体第一名。11月，张修森、姜恒泉、王沛参加全省公安机关岗位练兵比武活动，分获户政系统内勤岗位第二名、预审系统预审岗位第七名、通信系统有线岗位第九名，分别被评为全省公安系统岗位练兵标兵、被市公安局记三等功。1999年7月5日，全局开展法律法规知识竞赛活动，唐山派出所获集体一等奖，徐华获个人一等奖。

1993年，开展业务练兵活动

2000年9月24日，陈永、赵学鹏、曹阳代表桓台县参加市政府组织的行政复议法知识竞赛，获一等奖。2004年10月，各警种参加全市公安大练兵比武，多人取得优异成绩。2005年9月，56人参加首届淄博公安运动会，夺得门球比赛第一名，象棋比赛团体第七名，射击比赛男子团体第八名，11人夺得14个奖项。2006年2—3月，县公安局组织治安管理处罚法专项知识学习竞赛，陈永、崔国峰、沈云栋、伊茂锋获个人一等奖；荆家派出所获集体一等奖。7月13日，118人参加治安管理处罚法知识竞赛，户籍科、唐山派出所分列机关和派出所组第一名，伊茂锋获个人第一名。9月，第二届淄博公安(大比武)运动会,县公安局代表队总分列 16 支代表队第七名,获体育运动道德风尚奖。在团体项目中,获老年门球第二名、4×100 米接力女子青年组第二名、治安管理处罚法竞赛团体第三名、拔河比赛第三名。个人项目中,许磊获

2006 年 9 月,县公安局参加第二届淄博公安(大比武)运动会人员合影

男子青年组铅球第一名并破纪录,张连城、王强分获男子俯卧撑前两名,魏守敏、成立三分别破中年男子组 100 米、铅球纪录,崔亦芳破女子青年组铅球纪录。

2008 年,宗学英、任秋萍参加全市公安机关装备财务岗位技能大练兵,分获装备岗位、财务岗位第二名;任秋萍参加全省公安机关警务保障岗位比武竞赛,获第三名;邹毅参加全省公安科技管理系统岗位技能练兵,获个人第四名、团体第二名。2009 年 4 月 23 日,全县公安机关 110 接处警技能测试赛,新城派出所巩道锋获第一名。6 月,张修森、毕春香等 7 人参加全市公安机关第六期"战训合一、轮训轮值"暨第一期基层所队领导干部培训班,考试成绩团体第一名。9 月,刘华、侯文娟、石向斐、巩磊获《淄博公安警务规范》百题问答知识竞赛一等奖。11 月 4 日,耿晓明、曹阳、刘楠楠组队代表桓台县参加全市行政复议法电视知识竞赛,获团体二等奖,石向斐代表市公安局参赛,获团体特等奖。是月,"全球通"杯第四届淄博公安(警体)运动会在桓台县民警训练基地举行,桓台县公安局代表队获总分第一名。2010 年,县公安局 22 名民警参加全市公安机关岗位业务技能比武竞赛,经过专业技能考核、基础理论考试、评委评议等三个环节的选拔,左传东、毕宜明分获专业

2009 年 11 月,县公安局参加第四届淄博公安(警体)运动会人员合影

组第一名,被评为全市公安机关岗位成才标兵,立三等功;李文博、孙长科、李沛源等 16 人被评为全市公安机关岗位业务能手,受嘉奖。12 月,县直机关岗位练兵技能比武,李文博、牟建伟被评为公文写作岗位明星,李屹被评为英语应用岗位明星,庞胜滔、王胜、金宗庆被评为机动车驾驶岗位明星。是年,50 人次参加全市公安机关季度、年度体能擂台赛,崔爱荣、毕宜明、巩向峰、王强等 4 人 6 次获年度(季)度"擂台之星",9 人次获第二名,6 人次获第三名。

2011 年,巡特警大队王强参加公安部警务实战教官技能比武竞赛,获二等奖,被命名为全国公安机关全能警务实战教官;王强、毕宜明参加全省公安机关警务实战教官技能比武,获团体第二名,各被命名为全省公安机关警务实战标兵教官;市公安局组织警务实战教官技能比武竞赛,县公安局获枪支使用操作单项团体第一名、4 米高墙越障单项团体第二名,王强、毕宜明分获枪支使用操作个人成绩第一、第三名。全县党政机关工作人员岗位练兵技能比武中,县公安局获总成绩第一名,李文博、赵悦磊、庞胜滔等 12 人被评为桓台县机关岗位明星。全市公安机关体能擂台赛中,县公安局 10 人 22 次获年(季)度"擂台之星",18 人次获第二名,8 人次获第三名。全市公安机关岗位业务技能比武竞赛中,耿晓明、王珂分获专业组第一名,李文博、史肖辉、张璇、侯文娟分获专业组第二、第三名。郑波参加全市公安机关案(事)例教学比武竞赛,"110 现场取证及证据管理(413 工作法)"课题获三等奖。2012 年,全市公安机关岗位

业务技能比武竞赛活动，县公安局指挥中心、网安大队分获团体成绩第一名，李文博获指挥中心岗位第一名，张璇获网安岗位第二名，郭伟娟、孙亚赛分获户政岗位第二名、第三名。市公安局举行案(事)例教学比武，尹恒、路全华获三等奖。全市公安机关警务实战技能竞赛中，成娜获女子抓捕技能第一名，高腾获女子抓捕技能第二名、200米障碍第二名，毕宜明、杨凯分获男子抓捕技能第二名、第三名，周旺达获男子200米障碍第三名。市公安局组织拘留所条例知识竞赛，县拘留所获团体第一名，史继德获个人第一名。史继德参加全省拘留所条例知识竞赛，获个人笔试成绩第三名、答辩成绩第六名。全市公安机关第一届警体(五项全能)练兵擂台赛，毕宜明、崔爱荣、陈永获“擂台之星”。全市公安机关体能练兵擂台赛，陈永、崔爱荣、毕宜明获得全能“擂台之星”，毕海燕等15人获第一名，17人获第二名，14人获第三名。县公安局组织21名民警参加全市公安机关“活力警营·警体活动周”警体项目、达标抽测项目、擂台赛项目训练，获团体第一名。

2013年，市公安局组织全市公安机关法制员业务技能比武竞赛，县公安局获团体总分第一名，3名民警代表市公安局参加全省公安机关法制员业务技能比武竞赛，获团体三等奖，刘继磊、侯文娟分获笔试第二名、第四名，获个人优胜奖，曹阳获最佳风采奖。全市公安法制岗位练兵中，县公安局获团体第一名，耿晓明获个人第二名。11月，刘继磊参加全国公安机关法制员业务技能竞赛总决赛，获团体一等奖(第一名)、个人二等奖，被省公安厅记二等功。12月，全市公安机关案(事)例教学比武竞赛，郑波的“派出所对利益诉求型小规模群体性事件的处置”课题获一等奖，尹恒的“视频导向成功侦破系列入室盗窃案”课题获二等奖。

2013年11月26日，刘继磊(左)参加全国法制员比武竞赛活动

2013年12月，民警参加全市公安机关案(事)例教学比武竞赛

2014年9月，全省公安经侦系统案例讲评比赛，刘华获一等奖、第三名。10月，国保大队庞允凤等5人代表山东参加全国县级公安国保大队业务技能比武竞赛，获集体一等奖，庞允凤被省公安厅记二等功。

2014年10月28日，民警参加全国县级公安国保大队业务技能比武竞赛

12月，市公安局组织全市社区民警比武竞赛，县公安局34人进入全市前140名，12人进入全市前40名，4人被评为全市“双十佳社区民警”，28人被评为全市优秀社区民警。是月，市公安局组织“创意警务”评选活动，县公安局5个项目获奖，其中张文水的“特色勘查箱”荣获一等奖。2015年11月25日，刘继磊代表市公安局参加全市宪法和公共法律知识竞赛，获团体第二名、个人第一名。11月25日，全市密码业务岗位练兵竞赛中，周春获个人第二名。是年，全市社区民警比武竞赛，3人被评为全市“双十佳社区民警”。

1996—2015 年桓台县公安局业务比武练兵集体获奖项目一览表(部厅前六、市县前三)

表 20—2

年度	参赛单位	比赛项目	成绩	组织单位
1996	县公安局	全市公安机关计算机应用比武竞赛	第一名	市公安局
2004	县公安局	全市公安机关行政许可法知识竞赛	第二名	市公安局
2009	县公安局	第四届淄博公安(警体)运动会	第一名	市公安局
2009	县公安局	《淄博公安警务规范》百题问答知识竞赛	一等奖	市公安局
2009	县公安局	淄博市行政复议法知识竞赛	一等奖	市政府
2013	县公安局	全市公安机关法制员业务技能比武竞赛	第一名	市公安局
2013	法制大队	全市公安法制业务技能比武竞赛	第一名	市公安局
2013	经侦大队	全市公安经侦业务技能比武竞赛	第一名	市公安局
2014	国保大队	全市县级公安国保大队业务技能比武竞赛	第一名	市公安局
2014	国保大队	全省县级公安国保大队业务技能比武竞赛	第六名	省公安厅
2014	国保大队	全国县级公安国保大队业务技能比武竞赛	一等奖	公安部
2014	看守所	全市看守所民警岗位练兵活动比武竞赛	一等奖	市公安局

1987—2015 年桓台县公安局业务比武练兵个人获奖项目一览表(部厅前十、市县前三)

表 20—3

年度	参赛人员	比赛项目	成绩	组织单位
1987	魏建国	法律知识竞赛	三等奖	全国总工会
1990	陈恒斌	山东省警犬业务技术比赛	第二名	省公安厅
1991	郭　华	全市治安民警比武竞赛	第一名	市公安局
1994	郭　华	全市刑侦岗位练兵	第一名	市公安局
1994	张修森	全省公安机关岗位练兵比武户籍内勤岗位	第二名	省公安厅
1994	姜恒泉	全省公安机关岗位练兵比武预审岗位	第七名	省公安厅
1994	王　沛	全省公安机关岗位练兵比武通信有线岗位	第九名	省公安厅
1996	张学东	全市巡警大比武单项竞赛	第一名	市公安局
1996	张学东	全市巡警大比武单项竞赛	第二名	市公安局
1997	陈之滨	擒敌对打比赛	第三名	市公安局
2000	徐　惠	全市公安档案岗位练兵比赛微机操作	第二名	市公安局
2000	段　然	全市公安档案岗位练兵比赛笔试	第三名	市公安局
2004	田　岗	全省公安机关经侦系统大练兵比武竞赛	第五名	省公安厅
2006	李　波	全市公安机关领导骨干苦练基本功综合比武竞赛	第三名	市公安局
2006	高　成	全市公安机关计算机应用比武竞赛个人	第一名	市公安局
2006	赵学鹏	全市公安机关治安管理处罚法竞赛个人	第二名	市公安局
2007	齐廷新	深化大练兵苦练基本功百条岗位法规知识竞赛	第一名	市公安局
2008	石向斐(女)	市直部门法律进机关学法用法知识竞赛	一等奖	市直机关工委

续表 20—3

年度	参赛人员	比赛项目	成绩	组织单位
2008	任秋萍(女)	全省公安机关警务保障岗位比武竞赛	第三名	省公安厅
2008	邹　毅	全省公安机关科技岗位比武竞赛	第四名	省公安厅
2010	左传东	全市公安机关刑侦岗位业务技能比武竞赛	第一名	市公安局
2010	毕宜明	全市公安机关派出所岗位业务技能比武竞赛	第一名	市公安局
2010	金　永	全市公安机关手枪应用射击比赛 50 米慢射	第三名	市公安局
2010	陈　永	全市公安机关手枪应用射击比赛运动后速射	第一名	市公安局
2011	毕宜明	警务实战教官技能比武总成绩第四名	第四名	省公安厅
2011	王　强	全省公安机关警务实战教官技能比武教学训练法	第一名	省公安厅
2011	王　强	全市公安机关警务实战教官比武枪支使用操作	第一名	市公安局
2011	王　强	全国公安机关警务实战教官技能比武	二等奖	公安部
2011	李文博	全县党政机关岗位练兵技能比武公文写作	第一名	县委、县政府
2011	耿晓明	全县党政机关岗位练兵技能比武法律法规	第三名	县委、县政府
2011	赵悦磊	全县党政机关岗位练兵技能比武计算机办公应用	第一名	县委、县政府
2011	庞胜滔	全县党政机关岗位练兵技能比武机动车驾驶	第一名	县委、县政府
2011	刘东朋	全县党政机关岗位练兵技能比武机动车驾驶	第二名	县委、县政府
2011	耿晓明	全市公安机关法制岗位业务技能比武竞赛	第一名	市公安局
2011	王　珂	全市公安机关派出所刑事技术岗位业务技能比武竞赛	第一名	市公安局
2012	李文博	全市公安机关指挥中心岗位业务技能比武竞赛	第一名	市公安局
2012	郭伟娟(女)	全市公安机关户籍岗位业务技能比武竞赛	第二名	市公安局
2012	孙亚赛(女)	全市公安机关户籍岗位业务技能比武竞赛	第三名	市公安局
2012	路全华	全市公安机关案(事)例教学比武	三等奖	市公安局
2012	尹　恒	全市公安机关案(事)例教学比武	三等奖	市公安局
2013	刘继磊	全省公安机关法制员业务技能比武竞赛笔试	第二名	省公安厅
2013	侯文娟(女)	全省公安机关法制员业务技能比武竞赛笔试	第四名	省公安厅
2013	周　春(女)	全市公安机关机要密码比武竞赛	第二名	市公安局
2013	耿晓明	全市公安法制业务技能比武竞赛	第二名	市公安厅
2013	曹　阳	全市公安机关警务实战大比武直属岗位	第一名	市公安厅
2013	王　亭	全市公安机关警务实战大比武经侦岗位	第二名	市公安厅
2013	王　亭	全省经侦业务技能比武竞赛	第五名	省公安厅
2013	郑　波	全市公安机关案(事)例教学比武竞赛	一等奖	市公安局
2013	尹　恒	全市公安机关案(事)例教学比武竞赛	二等奖	市公安局
2013	刘继磊	全国公安机关法制员业务技能竞赛	二等奖	公安部
2013	王　珂	全省公安机关派出所刑事技术员比武竞赛	一等奖	省公安厅
2014	高　成	全省公安信通部门业务技能比武竞赛团体	第五名	省公安厅

续表 20—3

年度	参赛人员	比赛项目	成绩	组织单位
2014	丁　斌	全市社区民警比武竞赛城区组	第二名	市公安局
2014	史肖辉	全市社区民警比武竞赛农村组	第二名	市公安局
2014	刘　华	全省公安经侦系统案例讲评	第三名	省公安厅
2015	孙志博	全省公安经侦系统案例讲评	三等奖	省公安厅
2015	刘继磊	淄博市宪法和法律公共知识电视竞赛决赛	二等奖	市委、市政府

立功创模

立功创模活动是公安政治工作的重要组成部分，起到弘扬正气、鼓舞士气、激励斗志的作用，保障和推动公安业务工作开展。

战争年代，在打击日军、锄奸反特、消灭国民党反动派及残渣余孽等斗争中，县公安局开展立功受奖活动。民国 34 年(1945 年)，武工队奇袭日军石桥教练飞机场，伏击张店、石桥日军，郭正财、王占魁、高延洪机智勇敢，立下功劳。8 月，3 人被渤海军区第六军分区授予战斗英雄称号。根据《渤海区公安英烈传》记载，系全区 42 县仅有的 3 名战斗英雄。民国 36 年(1947 年)3 月，武工队击退国民党七十三军一个团，反击追敌八里，保卫群众生命财产安全，取得系列胜利。武工队荣立集体二等功，王振祥荣立一等功，王正轩、高延洪、孙连才荣立二等功，孟献之、成加文荣立三等功。

中华人民共和国成立后，公安机关保卫党的中心工作和人民生命财产安全，打击反革命分子和刑事犯罪分子，做出积极贡献。1956 年，县公安局开展立功创模活动，第一季度评选出二等功、三等功各 1 名，优秀工作者 4 名。于文鹏侦破唐山反标案和破坏电线案成绩突出，被惠民专署公安处记二等功。崔曰惠在侦破胡宝善案件和镇反运动中表现突出，被惠民专署公安处记三等功。1957 年 4 月，公安部将立功创模运动改为先进工作者运动，公安干部、人民警察、技术人员、勤杂人员参加，每年年终评选一次。1961 年 12 月，通过民主评选，局长王友贵、股长韩志诚、崔曰惠及技术员薛廷森、公安特派员王晋升、炊事员周庆广被评为先进工作者，政保股、起凤区被评为先进单位。1962 年，开展“五好”(政治思想好，工作好，学习好，执行政策、遵守纪律好，团结联系群众好)干警评选活动。预审股长崔曰惠埋头苦干，带病工作，年内受理案犯 220 名，审结 205 名，纠正错案 1 起；技术员岳福云对工作认真负责，全县发生大案 11 起，参加勘侦并当即破案 5 起；治安股长张仲俊立场坚定，扎实肯干，夏收期间处理小偷小摸、整顿大队秩序的工作经验被惠民专署公安处、省公安厅通报推广；唐山区公安特派员赵仕诚雷厉风行，昼夜苦干，全区发生案件 31 起，破案 29 起；县清特办公室于涛(教员)坚持原则，任劳任怨，工作积极。7 月，张仲俊、崔曰惠、赵仕诚、岳福云、于涛及政保股副股长张宝德、勤杂周庆广被评为“五好”干警。年终，在半年评比基础上，评出“五好”干警 10 名。1963 年 12 月，公安部政治工作会议通过《公安系统四好单位 五好干警运动试行办法》。“四好”单位条件为政治思想好、完成任务好、执行政策好、纪律作风好；“五好”干警条件为思想好、工作好、学习好、纪律好、身体好。县公安局表彰运动中涌现出来的 10 名积极分子。

20 世纪 70 年代，治安股干警梁俊红在文书、档案、信访接待和文件打印岗位上做出不平凡的成绩。面对造反派的威胁，梁俊红坚持原则，按照党的政策办事；接待来访人员时，先后识破并抓获 2 名诈骗犯罪分子；重新整理和鉴定档案室保管的公检法数万册文书、业务档案及“四清”档案、敌伪组织和个人档案，档案工作进入先进行列。1978 年 5 月，县公安局 10 人出席惠民地区公安战线“双代会”(先进集体、先进工作者代表)，地革委授予县公安局锦旗一面，梁俊红等 13 人(含保卫干部 3 人)被表彰为先进工作者。10 月，梁俊红、刘丙炎、庄春兴、宗立成出席全省公安司法战线“先代会”，梁俊红、刘丙炎被省委表彰为先进工作者，县武警中队、索镇石油站保卫科被表彰为先进集体。

1978 年 10 月，梁俊红（左一）、刘丙炎（左二）、庄春兴（左三）、宗立成（左四）参加山东省公安司法战线先进集体、先进工作者代表会议时在省直机关第一招待所门前留影

1979 年 3 月，梁俊红出席团省委表彰大会，被评为新长征突击手。

侯庄人民公社公安特派员王在山对党忠诚，积极工作，依法办案，治安保卫工作成绩突出，连续 14 次被评为地、县、社先进工作者，被县委、县革委通报表扬，被省公安厅记三等功。1981 年 8 月 2 日，桓台县召开表彰公安干警、治安干部、治安积极分子大会，19 名公安干警、43 名大队治保主

1981 年 8 月 2 日，桓台县召开表彰公安干警、治保干部、治安积极分子大会

任、4 名厂企专职保卫干部被评为先进个人，王在山作典型发言。1982 年 5 月，王在山参加全省公安战线表彰大会，被省公安厅评为先进工作者。

1983 年 5 月，惠民地区公安战线召开立功授奖大会，刑警队被评为先进集体，岳端宝、王在山被评为先进工作者，张奎清被省公安厅记三等功。在第一次“严打”中，全局干警日夜奋战，取得一个阶段又一个阶段的胜利。1984 年 7 月，刑警队、侯庄派出所、索镇派出所和 30 名干警受到淄博市委、市政府表彰。1985 年 5 月，市委、市政府召开先进集体、先进个人表彰大会，索镇派出所被命名为文明单位、被表彰为先进集体，田庄派出所被命名为文明单位，王国新被表彰为“五四”活动积极分子，祝兆贤被表彰为先进工作者。

1987 年 2 月 28 日下午，刑警队侦察员张善亮办案途中遇一重大流窜盗窃犯，急追中，犯罪分子走投无路，转身拔出匕首，张善亮勇敢将其擒获，缴获现金 1000 元、匕首 1 把。8 月 17 日，市公安局为张善亮记三等功。张善亮对待工作精益求精、认真负责，无私无畏、不怕牺牲，甘于奉献、乐于助人，冒雨救出被雷电击伤的群众，局党委开展向张善亮学习的活动。9 月 5 日，省公安厅为张善亮记二等功。1988 年 4 月 26 日，张善亮因“建设淄博立志立功”竞赛活动成绩突出，被市委、市政府记二等功。1995 年 5 月 8 日，侯鑫铁矿塌方，侯庄派出所所长张善亮不怕危险，果断下井救出被埋矿工边希波，该事迹被列入“淄博市百件好事”。1996 年 4 月，张善亮立三等功。

巩向波转业到县公安局后，继承和发扬军队的光荣传统和优良作风，在法医、刑警队副队长、派出所所长、刑警大队副大队长等岗位上，忠于职守，锐意进取，无私奉献，多次受到上级表彰奖励。1995 年 2 月，被公安部评为全国优秀人民警察。1996 年 5 月，被省政府表彰为全省模范军转干部。县公安局开展向巩向波学习的活动。

1990 年 1 月 23 日，邢家乡郇家村两名小学生在柴垛中玩火被困，邢家派出所干警胥涛冒着生命危险，连续三次冲进火海，救出孙丰学，抱出孙荣刚遗体。胥涛被省公安厅记二等功，胥涛将 300 元奖金捐给灾区。担任田庄派出所所长期间，胥涛灵活处置多起复杂矛盾纠纷，热心为党委、政府、村庄、企业和群众解决困难，工作成绩突出，县公安局和县委政法委先后开展向胥涛学习的活动。

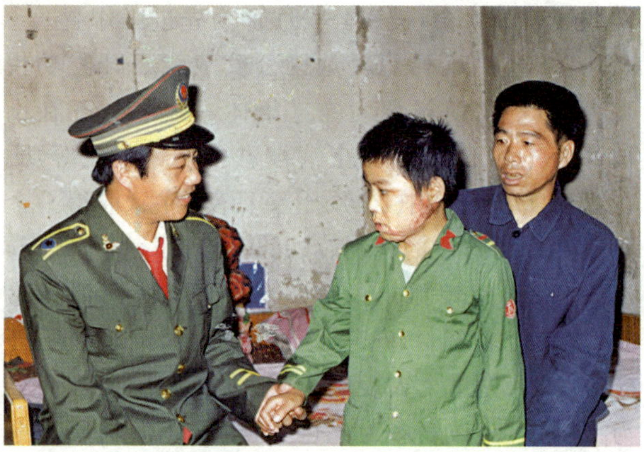
胥涛看望获救儿童孙丰学

2000年3月，胥涛被公安部评为全国优秀人民警察。

1997年6月29日，县公安局在邢家镇举行“庆七一·迎港归”功模代表座谈会。42名功模代表结合工作经历和成长过程，回顾、畅谈中国共产党76年的丰功伟绩和对香港回归祖国的自豪之情，一致表示当好排头兵，争取再立功。1998年1月8日，县人大常委会授予伊若健、张秀云、胥涛、郭法玉等“十佳人民干警”称号。5月19日，县公安局作出向省级青年文明号新城派出所和全省优秀青年民警郭华学习的决定。新城派出所打击犯罪、服务群众、保障经济建设成绩突出，赢得社会各界信赖，在镇人大代表对镇直部门工作评议中连续3年获第一名。郭华在派出所和刑侦一线，干一行，爱一行，精一行，业务娴熟，勇于进取，破获多起大要案件，1996年，被市委、市政府表彰为严打斗争先进个人，1996年、1997年，连续被评为全县政法系统“十佳民警”，他带领的刑警二中队被评为全市公安系统文明岗位。

进入21世纪，县公安局更加注重以立功创模活动牵引队伍建设，多项工作走在全省乃至全国前列。2001年3月，被公安部评为全国优秀公安局。6月30日，被县政府记集体三等功。全县公安机关以此为动力，立警为公，执法为民，涌现出一批先进集体和先进人物。索镇分局承担县城驻地和索镇治安保卫任务，严格场所行业监管，规范实有人口管理，推进技防设施建设，推行警务公开，严厉打击刑事犯罪，保持城区持续稳定。先后被省委政法委评为全省政法系统创人民满意活动先进单位，被省公安厅记集体二等功，被公安部命名为一级派出所，被团中央、公安部命名为全国青年文明号。荆茂堂扎根基层，在各个岗位忠诚履职，彰显亲民、爱民、安民、护民情怀，被省政府表彰为执法为民先进个人并记一等功。

公安老干部退休不退志，始终关注、关心和支持公安工作，为公安事业助力助威。1987年，原副局长祝兆贤退居二线后，关注青少年的健康成长，被多所学校聘为法制辅导员。1989年10月，被省公安厅记二等功，他将奖金捐献给局工会；1993年1月，被市公安局评为全市“十佳民警”。他组织革命传统教育报告团，到基层派出所巡讲。1996年“严打”期间，带领部分老干部到一线帮助工作。2009年，联合几名老干部，汇编《桓台县人民警察实名录（1941年4月—2009年9月）》，填补桓台公安史资料空白，被县委、县政府表彰为文史资料征集工作先进个人，记三等功。组建离退休干部门球队、太极健身队，丰富老干部生活。2014年9月，祝兆贤被省委组织部、省委老干部局评为全省“五好”离退休干部党员。

2014年9月，祝兆贤（右）被评为全省“五好”离退休干部党员

协警常年工作在基层一线，为维护社会稳定作出重要贡献。1986年起，张恩武先后担任火车站警卫队队长、派出所联防队队长、巡特警大队便衣班班长，抓获违法犯罪嫌疑人1200余名，多次被评为全市“十佳巡逻队员”。2016年1月，张恩武当选2015“感动淄博”年度人物。2月26日，市公安局号召全市公安机关协警队员向张恩武学习。

2014年，以创建高效警务、人民满意警队为目标，县公安局开展争创一流业绩、争做标兵能手活动，设置110服务之星、窗口服务能手、优秀社区民警、办案能手、优秀法制员、服务基层标兵等6个奖项，通过量化考核、调查问卷，推选半年、全年标兵，给予嘉奖奖励。2014—2015年，涌现出32名单项考核第一名的标兵能手及全国优秀法制员刘继磊等一批先进典型，经侦执法、食药环侦、网络侦查、监管创新等工作走在全市、全省、全国前列。2017年5月，县公安局再次被公安部评为全国优秀公安局。

至2016年4月，县公安局80个单位、352人受到记功奖励。

1978—2017年桓台县公安系统获省部级集体荣誉一览表

表20－4

单 位	获奖项目	授奖单位	授予时间
县武警中队	全省公安司法战线先进集体	省委	1978.10
索镇石油站保卫科	全省公安司法战线先进集体	省委	1978.10
县公安局	全国优秀公安局	公安部	2001.03
索镇派出所	全国青年文明号	团中央、公安部	2006.11
索镇派出所	全国老年维权示范岗	公安部、国家老龄委	2006.11
法制室	组织推动执法质量考评工作成绩突出集体	公安部	2011.10
看守所	全国公安监管系统“三共”活动成绩突出单位	公安部	2015.05
县公安局	全国优秀公安局	公安部	2017.05

1978—2015年桓台县公安局获市厅级集体荣誉一览表

表20－5

单 位	获奖项目	授奖单位	授予时间
县公安局	公安战线先进单位	惠民地委、地革委	1978.09
县公安局	国庆保卫先进单位	市委、市政府	1984.10
县公安局	文明单位	市委、市政府	1986
县公安局	全省供销系统百日安全竞赛活动先进单位	省公安厅等3部门	1986
县公安局	三二一工程先进单位	省公安厅	1987.07
县公安局	百日安全竞赛活动先进单位	市政府	1988.04
县公安局	颁发居民身份证优胜单位	市政府	1988.03
县公安局	百日安全竞赛活动先进单位	省公安厅等3部门	1989
县公安局	百日安全竞赛先进集体	省公安厅	1990
县公安局	百日安全竞赛优胜单位	市委	1990
县公安局	全市治安联防先进单位	市委、市政府	1990
县公安局	百日安全竞赛先进集体	市委	1991
县公安局	社会主义思想教育先进单位	市委、市政府	1991
县公安局	治安联防先进集体	市委、市政府	1991.08
县公安局	社会治安综合治理先进集体	市委、市政府	1991
县公安局	机关档案工作省级先进单位	省档案局	1992.11

续表 20—5

单　位	获奖项目	授奖单位	授予时间
县公安局	档案工作先进单位	省公安厅	1992.11
县公安局	社会治安综合治理先进单位	市委、市政府	1993.01
县公安局	机关档案工作省级先进单位	省档案局	1993.11
县公安局	档案工作先进单位	省公安厅	1993.11
县公安局	全省优秀公安局	省公安厅	1993.04
县公安局	社会治安综合治理先进集体	市委、市政府	1994.02
县公安局	严打斗争先进集体	市委、市政府	1996.09
县公安局	文明单位	市委、市政府	1997.03
县公安局	县级人口统计先进单位	省公安厅	1998.10
县公安局	全省优秀公安局	省公安厅	1999.03
县公安局	全市维护社会稳定先进单位	市委、市政府	2000.01
县公安局	县级人口统计工作先进单位	省公安厅	2000.05
县公安局	山东省公安机关档案工作规范化单位	省公安厅	2000.05
县公安局	全省保护电力设施暨"反窃电"集中整治活动先进集体	省公安厅、省电力集团公司	2001.03
县公安局	全省公安全员培训先进集体	省公安厅	2001.06
县公安局	(1996—2000)全民普法依法治理先进单位	市委、市人大常委会、市政府	2001.08
县公安局	文明单位	市委、市政府	2002.03
县公安局	社会治安综合治理先进集体	市委、市政府	2003.02
县公安局	创人民满意活动先进集体	市委、市政府	2003.03
局党委	全市防治"非典"工作先进基层党组织	市委	2003.06
县公安局	全市信访工作先进单位	市委、市政府	2004.02
县公安局	全市社会治安防控工作先进集体	市委、市政府	2007.04
县公安局	全省科技强警示范县(市、区)建设工作先进集体	省公安厅、省科技厅	2007.11
县公安局	全市维护稳定工作先进单位	市委、市政府	2008.01
县公安局	全市公安机关"三基"工程建设先进集体	市政府	2008.02
县公安局	全市认真专业务实作风效能建设示范单位	市委、市政府	2008.02
县公安局	平安淄博建设先进集体	市委、市政府	2009.01
县公安局	全市治安安民工程建设先进集体	市委、市政府	2009.02
县公安局	全省公安报刊宣传工作县级公安机关标兵单位	省公安厅	2009.11
县公安局	创建全国社会治安综合治理优秀市暨实施固本强基维稳工程先进单位	市委、市政府	2009.12
县公安局	全省治安防控工作先进单位	省公安厅	2010.06
县公安局	全市社会治安综合治理先进单位	市委、市政府	2011.01
县公安局	全市人口和计划生育工作先进集体	市委、市政府	2011.04

续表 20—5

单 位	获奖项目	授奖单位	授予时间
县公安局	2011年度全省治安打防控工作先进单位	省公安厅	2011.07
县公安局	全省公安教育训练工作先进集体	省公安厅	2011.08
县公安局	2006—2011全市普法依法治理工作先进单位	市委、市政府	2011.11
县公安局	全省优秀公安局	省公安厅	2012.01
县公安局	全市实施固本强基维稳工程先进集体	市委、市政府	2012.02
县公安局	全省公安机关“清剿火患”战役先进集体	省公安厅	2012.03
县公安局	全省治安打防控工作先进单位	省公安厅	2012.05
局党委	淄博先锋基层党组织	市委	2012.06
局党委	全市学习型党组织建设先进单位	市委	2012.07
县公安局	省级文明单位	省精神文明建设委员会	2012.12
县公安局	全省公安机关东西合作素质强警行动先进集体	省公安厅	2012.12
县公安局	群众满意度调查排名成绩突出集体	省公安厅	2013.01
县公安局	全省公安机关贯彻实施执法规范化建设三年规划工作先进集体	省公安厅	2013.03
县公安局	创建全国社会管理综合治理优秀市先进集体	市委、市政府	2013.07
县公安局	全市环境综合整治专项行动先进集体	市委、市政府	2014.01
县公安局	全市四个专项行动先进集体	市委、市政府	2014.01
县公安局	全省公安机关组织民警参加司法考试成绩突出集体	省公安厅	2014.01
县公安局	全市维护稳定工作先进集体	市委、市政府	2014.02
县公安局	全省公安机关执法示范单位	省公安厅	2014.11
县公安局	全省公安机关司法考试工作优秀组织单位	省公安厅	2014.11
县公安局	全省优秀公安局	省公安厅	2015.02
县公安局	全省公安机关组织民警参加司法考试成绩突出集体	省公安厅	2015.02
县公安局	全市优秀政法单位	市委、市政府	2015.05

1978—2016年桓台县公安基层单位获市厅级集体荣誉一览表

表 20—6

单 位	获奖项目	授奖单位	授予时间
田庄派出所	公安战线先进集体	惠民地委、地革委	1978.05
刑警队	公安战线先进集体	省公安厅	1982.04
索镇派出所	严打斗争先进集体	市委、市政府	1984.07
侯庄派出所	严打斗争先进集体	市委、市政府	1984.07
刑警队	严打斗争先进集体	市委、市政府	1984.07
预审股	严打斗争先进集体	市委、市政府	1984.07

续表 20－6

单　位	获奖项目	授奖单位	授予时间
索镇派出所	党内“双先”活动先进党支部	市委	1985
索镇派出所	文明单位	市委、市政府	1985.07
田庄派出所	文明单位	市委、市政府	1985.07
起风派出所	文明单位	市委、市政府	1985.07
索镇派出所	严打斗争先进集体	市委、市政府	1985.08
刑警队	党内“双先”活动先进党支部	市委	1987
起风派出所	文明单位	市委、市政府	1987.06
马桥派出所	文明单位	市委、市政府	1988.03
起风派出所	警民共建先进单位	市委、市政府	1988.03
城区派出所	严打整治斗争先进集体	市委、市政府	1990.04
耿桥派出所	全市治安联防红旗单位	市委、市政府	1990.05
周家派出所	全市治安联防红旗单位	市委、市政府	1990.05
马桥派出所	文明单位	市委、市政府	1991.11
刑警队	社会治安综合治理先进集体	市委、市政府	1992.12
治安科	社会治安综合治理先进集体	市委、市政府	1992.12
起风派出所	社会治安综合治理先进集体	市委、市政府	1993.01
户籍科	全省人口统计先进单位	省公安厅	1993.03
唐山派出所	文明单位	市委、市政府	1993.03
交警大队	社会治安综合治理先进集体	市委、市政府	1994.02
预审科	全省预审系统十佳先进单位	省公安厅	1994.06
交警大队	文明单位	市委、市政府	1994
交警大队	机关档案工作省级先进单位	省档案局	1994.11
城区派出所	优秀基层政法单位	市委、市政府	1995.02
交警大队	青年文明号	团省委、省公安厅	1995.04
交警大队	全省文明服务示范单位	团省委、省公安厅	1995.05
户籍科	全省人口统计先进单位	省公安厅	1995.05
交警大队	先进党员活动室	省委组织部	1995.12
户籍科	全省人口统计先进单位	省公安厅	1996.05
起风派出所	全省公安派出所档案工作规范化先进单位	省公安厅	1996.06
索镇派出所	严打斗争先进集体	市委、市政府	1996.09
城区派出所	严打斗争先进集体	市委、市政府	1996.09
刑警大队	严打斗争先进集体	市委、市政府	1996.09
交警大队	市级文明单位	市委、市政府	1997
果里派出所	档案工作先进单位	省档案局	1997.12

续表 20－6

单　位	获奖项目	授奖单位	授予时间
马桥派出所	档案工作先进单位	省档案局	1997.12
索镇派出所	档案工作先进单位	省档案局	1997.12
新城派出所	档案工作先进单位	省档案局	1997.12
周家派出所	档案工作先进单位	省档案局	1997.12
户籍科	全省人口统计先进单位	省公安厅	1998.01
田庄派出所	全省优秀派出所	省公安厅	1998.01
新城派出所	青年文明号	团省委、省公安厅	1998.05
刑警大队	侦破“5·21”系列抢劫出租车专案组先进集体	市委、市政府	1998.07
刑警大队	严打斗争先进集体	市委、市政府	1998.07
刑警大队	侦破“3·3”抢劫杀害出租车司机案专案组先进集体	市委、市政府	1998.07
侯庄派出所	全省公安派出所档案工作规范化单位	省公安厅	1999.01
马桥派出所	全省公安派出所档案工作规范化单位	省公安厅	1999.01
唐山派出所	全省公安派出所档案工作规范化单位	省公安厅	1999.01
田庄派出所	全省公安派出所档案工作规范化单位	省公安厅	1999.01
新城派出所	全省公安派出所档案工作规范化单位	省公安厅	1999.01
荆家派出所	全省公安派出所档案工作规范化单位	省公安厅	1999.01
邢家派出所	全省公安派出所档案工作规范化单位	省公安厅	1999.01
唐山派出所	文明单位	市委、市政府	1999.02
周家派出所	全省公安派出所档案工作规范化单位	省公安厅	1999.09
果里派出所	全省公安派出所档案工作规范化单位	省公安厅	1999.09
耿桥派出所	全省公安派出所档案工作规范化单位	省公安厅	1999.09
陈庄派出所	全省公安派出所档案工作规范化单位	省公安厅	1999.09
起凤派出所	全省公安派出所档案工作规范化单位	省公安厅	1999.09
索镇分局	全省公安派出所档案工作规范化单位	省公安厅	1999.09
刑警大队	全省公安机关刑侦系统先进大队	省公安厅	1999.10
交警大队	机关档案工作规范化目标管理省级先进单位	省档案局	2000
交警大队	全市维护社会稳定先进单位	市委、市政府	2000
户籍科	全省人口统计先进单位	省公安厅	2000.05
田庄派出所	“学题词、创满意”活动先进单位	省公安厅	2000.10
索镇派出所	全省政法系统创人民满意活动先进单位	省委政法委	2000.12
刑警二中队	全省优秀刑警中队	省公安厅	2001
起凤派出所	国内安全保卫基层基础工作先进派出所	省公安厅	2001.08
马桥派出所	人民满意派出所	省公安厅	2001.11
经侦大队	全省先进警队	省公安厅	2002.02

续表 20－6

单　位	获奖项目	授奖单位	授予时间
户籍科	全省人口统计先进单位	省公安厅	2003.01
治安科	防治“非典”工作先进基层党组织	市委	2003.01
索镇分局	创人民满意活动先进集体	市委、市政府	2003.03
经侦大队	严打整治斗争先进集体	市委、市政府	2003.09
索镇分局	严打整治斗争先进集体	市委、市政府	2003.09
刑警大队	严打整治斗争先进集体	市委、市政府	2003.09
索镇分局	全省人口基本信息清理纠错工作先进单位	省公安厅	2003.12
索镇分局	全省青年文明号	团省委、省公安厅	2003.12
交警大队	“五好”政法单位	市委、市政府	2004.04
田庄派出所	“五好”政法单位	市委、市政府	2004.04
交警城区中队	平安建设先进单位	市政府	2004
经侦大队	全市公安机关执法为民先进集体	市政府	2005.02
田庄派出所	全省优秀公安基层单位	省公安厅	2005.04
国保大队	全市政法系统先进集体	市委、市政府	2005.08
周家派出所	全市政法系统先进集体	市委、市政府	2005.08
果里派出所	全市政法系统先进集体	市委、市政府	2005.08
交警一中队	全市政法系统先进集体	市委、市政府	2005.08
交警大队	全市创建文明城市工作先进单位	市委、市政府	2005.10
治安大队	平安淄博建设先进单位	市委	2006.01
周家派出所	全省优秀公安基层单位	省公安厅	2006.05
交警勘查科	全省优秀公安基层单位	省公安厅	2006.05
户籍科	全省人口统计先进单位	省公安厅	2006
唐山派出所	全市青少年维权岗	市委	2006
索镇派出所	全市消防安全先进集体	市政府	2006
交警大队	文明单位	市委、市政府	2007
户政科	全省人口统计先进单位	省公安厅	2007.02
唐山派出所	全省预防青少年违法犯罪先进集体	省综治委	2007.03
果里派出所	全市社会治安防控工作先进集体	市委、市政府	2007.04
巡特警大队	全市社会治安防控工作先进集体	市委、市政府	2007.04
马桥派出所	全省公安系统优秀基层单位	省公安厅	2007.05
索镇派出所	全市老年维权工作先进单位	市委、市政府	2007.05
出入境管理室	全省公安机关出入境文明窗口	省公安厅	2007.11
交警大队	全省安全生产工作先进单位	省政府安全委员会	2008.01
马桥派出所	平安淄博建设十佳公安所队	市委、市政府	2008.01

续表 20—6

单　位	获奖项目	授奖单位	授予时间
治安大队	全省治理自行车被盗问题专项行动先进集体	省公安厅等 7 部门	2008.01
新城派出所	全市公安机关“三基”工程建设先进集体	市政府	2008.02
果里派出所	全市公安机关“三基”工程建设先进集体	市政府	2008.02
法制科	优秀妇女维权岗	省综治委、省妇联、省公安厅	2008.03
交警大队	市级文明单位	市委、市政府	2008.03
刑侦大队	全省优秀公安基层单位	省公安厅	2008.05
看守所	全省公安监管场所深挖犯罪工作先进集体	省公安厅	2008.07
果里派出所	省级青年文明号	团省委、省公安厅	2008.08
马桥派出所	全省公安机关“三基”工程建设先进集体	省公安厅	2009.01
索镇派出所	全市政法系统 2008 年度平安淄博建设先进集体	市委、市政府	2009.01
索镇派出所	全市消防安全工作先进集体	市政府	2009.01
交警大队	全市创建全国文明城市工作先进单位	市委、市政府	2009.03
经侦大队	全省优秀公安基层单位	省公安厅	2009.05
治安大队	全市治安安民工程建设先进集体	市委、市政府	2009.06
周家派出所	全市治安安民工程建设先进集体	市委、市政府	2009.06
交警果里中队	全省公安机关“两室一廊一院”建设优秀基层单位	省公安厅	2009.11
马桥派出所	创建全国社会治安综合治理优秀市暨实施固本强基维稳工程先进单位	市委、市政府	2009.12
索镇派出所	全省优秀公安基层单位	省公安厅	2010.01
县看守所	文明单位	市委、市政府	2010.03
110 报警服务台	110 接处警规范化建设工作先进集体	省公安厅	2010.03
户政中队	巾帼文明岗	省妇联	2010.05
县拘留所	全国推行拘留所管理教育新模式先进单位	公安部监所管理局	2010.10
果里派出所	全省优秀公安基层单位	省公安厅	2011.01
经侦大队	全省公安经侦系统先进集体	省公安厅	2011.03
少海派出所	全省公安机关文明户籍窗口	省公安厅	2011.06
刑侦党支部	全省政法系统先进基层党组织	省委政法委	2011.06
起凤派出所	和谐警民关系建设暨“大走访”开门评警先进集体	省公安厅	2011.07
老干党支部	全省先进离退休干部党支部	省委组织部、老干局	2011.08
政工室	全省公安教育训练工作先进集体	省公安厅	2011.08
交警大队	“创城”先进集体	市委、市政府	2011.12
少海派出所	全省优秀公安基层单位	省公安厅	2012.01
警务保障室	全省公安机关警务保障工作先进集体	省公安厅	2012.02
马桥派出所	全省公安机关最具特色的“小警务”所队	省公安厅	2012.02

续表 20－6

单　位	获奖项目	授奖单位	授予时间
果里派出所	全市消防安全工作先进集体	市政府	2012.02
经侦大队	打击侵犯知识产权和制售伪劣商品犯罪“亮剑行动”先进集体	省公安厅	2012.02
索镇户籍室	省级文明户籍窗口	省公安厅	2012.03
交警大队	全市创建全国文明城市工作先进单位	市委、市政府	2012.03
刑侦大队	文明单位	市委、市政府	2012.04
索镇派出所	全市爱民模范单位	市政府	2012.04
少海派出所	全省公安机关“清剿火患”战役先进集体	省公安厅	2012.06
审计室	全省公安机关“审计整改年”活动先进集体	省公安厅	2012.08
果里派出所	全市消防安全工作先进集体	市政府	2013.01
马桥派出所	全省优秀公安基层单位	省公安厅	2013.01
果里派出所	青年文明号(2011—2012 年度继续认定)	团省委、省公安厅	2013.01
唐山派出所	青年文明号(2011—2012 年度新命名)	团省委、省公安厅	2013.01
经侦大队	严厉打击经济犯罪“破案会战”先进集体	省公安厅	2013.01
少海派出所	全市消防安全工作先进集体	市政府	2013.02
果里派出所	山东省五四红旗团支部	团省委	2013.04
果里派出所	省级文明户籍窗口	省公安厅	2013.05
果里派出所	齐鲁先锋警队	省公安厅	2013.06
少海派出所	全省优秀公安基层单位	省公安厅	2014.02
果里派出所	“齐鲁先锋警队”	省公安厅	2014.03
县看守所	全省看守所管理机制创新工作先进单位	省公安厅	2014.04
国保大队	全国县级国保大队业务技能比武竞赛成绩优秀单位	公安部国内安全保卫局	2014.10
治安大队	全省优秀公安基层单位	省公安厅	2015.02
经侦大队	打击发票违法犯罪活动成绩突出单位	省国税局、省地税局、省公安厅	2015.02
经侦大队	公安机关“十大精品案件”办案单位	省国税局、省地税局、省公安厅	2015.02
直属大队	全省打击食品安全违法犯罪“百日行动”先进集体	省食安办、省公安厅	2015.05
治安大队	全市优秀政法单位	市委、市政府	2015.05
禁毒大队	全省公安机关百城禁毒会战先进集体	省公安厅	2015.07
果里派出所	第二届山东省敬老文明号	省老龄工作委员会	2015.10
少海派出所	全省优秀公安基层单位	省公安厅	2016.01
直属大队	全省环保公安联勤联动执法工作先进集体	省环保厅、省公安厅	2016.03

1978—2016年桓台县公安系统个人获省部级荣誉一览表

表20—7

姓　名	表彰奖项	授予单位	授予时间
梁俊红(女)	山东省公安司法战线先进工作者	省委	1978.10
刘丙炎	山东省公安司法战线先进工作者	省委	1978.10
段淑武	全国颁发居民身份证先进工作者	公安部	1991.09
刘承达	全国颁发居民身份证先进工作者	公安部	1991.09
岳端玉	全国颁发居民身份证先进工作者	公安部	1991.09
徐洪本	社会治安综合治理先进个人	省委、省政府	1992.12
张建国	社会治安综合治理先进个人	省委、省政府	1992.12
巩向波	全国优秀人民警察	公安部	1995.02
巩向波	优秀军转干部	省政府	1996.05
胥　涛	全国优秀人民警察	公安部	2000.03
荆茂堂	执法为民先进个人	省政府	2004.05
张秀光	东西合作素质强警行动成绩突出个人	公安部	2012.08
刘继磊	全国公安机关成绩突出法制员	公安部	2013.11
侯文娟(女)	全国公安机关成绩突出法制员	公安部	2013.11

1945—2016年桓台县公安系统个人获市厅师级荣誉一览表

表20—8

姓　名	表彰奖项	授予单位	授予时间
王占魁	战斗英雄	渤海军区第六军分区	1945.08
郭正财	战斗英雄	渤海军区第六军分区	1945.08
高延洪	战斗英雄	渤海军区第六军分区	1945.08
张宝德	五好干警	省公安厅	1964.06
巩子肖	公安司法战线先进工作者	惠民地委、地革委	1978.05
郭法玉	公安司法战线先进工作者	惠民地委、地革委	1978.05
李守和	公安司法战线先进工作者	惠民地委、地革委	1978.05
梁俊红(女)	公安司法战线先进工作者	惠民地委、地革委	1978.05
刘丙炎	公安司法战线先进工作者	惠民地委、地革委	1978.05
逯玉厚	公安司法战线先进工作者	惠民地委、地革委	1978.05
王庆伟	公安司法战线先进工作者	惠民地委、地革委	1978.05
伊茂盛	公安司法战线先进工作者	惠民地委、地革委	1978.05
岳端宝	公安司法战线先进工作者	惠民地委、地革委	1978.05
赵仕诚	公安司法战线先进工作者	惠民地委、地革委	1978.05
梁俊红(女)	新长征青年突击手	团省委	1979.03

续表 20－8

姓　名	表彰奖项	授予单位	授予时间
王在山	先进工作者	省公安厅	1982.06
边和喜	严打斗争先进个人	市委、市政府	1984.07
蔡之普	严打斗争先进个人	市委、市政府	1984.07
巩向波	严打斗争先进个人	市委、市政府	1984.07
巩子肖	严打斗争先进个人	市委、市政府	1984.07
郭法玉	严打斗争先进个人	市委、市政府	1984.07
胡建坤	严打斗争先进个人	市委、市政府	1984.07
李翠芹(女)	严打斗争先进个人	市委、市政府	1984.07
李黎英(女)	严打斗争先进个人	市委、市政府	1984.07
李庆勇	严打斗争先进个人	市委、市政府	1984.07
李守和	严打斗争先进个人	市委、市政府	1984.07
李业成	严打斗争先进个人	市委、市政府	1984.07
刘　军	严打斗争先进个人	市委、市政府	1984.07
刘汝茂	严打斗争先进个人	市委、市政府	1984.07
逯玉厚	严打斗争先进个人	市委、市政府	1984.07
庞曰文	严打斗争先进个人	市委、市政府	1984.07
荣若祥	严打斗争先进个人	市委、市政府	1984.07
荣佑勤	严打斗争先进个人	市委、市政府	1984.07
王长木	严打斗争先进个人	市委、市政府	1984.07
王国新	严打斗争先进个人	市委、市政府	1984.07
王　沛	严打斗争先进个人	市委、市政府	1984.07
王玉安	严打斗争先进个人	市委、市政府	1984.07
王在山	严打斗争先进个人	市委、市政府	1984.07
王仲德	严打斗争先进个人	市委、市政府	1984.07
徐爱国	严打斗争先进个人	市委、市政府	1984.07
伊茂盛	严打斗争先进个人	市委、市政府	1984.07
伊善堂	严打斗争先进个人	市委、市政府	1984.07
岳端宝	严打斗争先进个人	市委、市政府	1984.07
张奎清	严打斗争先进个人	市委、市政府	1984.07
张聿营	严打斗争先进个人	市委、市政府	1984.07
赵仕诚	严打斗争先进个人	市委、市政府	1984.07
赵曰爱	严打斗争先进个人	市委、市政府	1984.07
祝兆贤	精神文明建设先进工作者	省文明委	1985
孙沐泽	优秀共产党员	市委	1985.04

续表 20－8

姓　名	表彰奖项	授予单位	授予时间
王国新	五四活动积极分子	市委、市政府	1985.05
逯玉厚	保卫十三大先进工作者	省公安厅	1987.12
伊茂胜	先进工作者	市委、市政府	1987.05
宋振顺	人口抽样调查先进工作者	市政府	1989.05
任登武	全省公安史志工作先进个人	省公安厅	1989.11
殷佃臣	第四次人口普查工作先进个人	省人口普查领导小组	1990.12
王春省	全省优秀通讯员	省公安厅	1991.04
段淑武	先进工作者	市委、市政府	1991.09
岳端玉	先进工作者	市委、市政府	1991.09
刘承达	先进工作者	市委、市政府	1991.09
崔洪美	颁发居民身份证先进工作者	省公安厅等3部门	1991.12
巩昌驰	颁发居民身份证先进工作者	省公安厅等3部门	1991.12
李崇银	颁发居民身份证先进工作者	省公安厅等3部门	1991.12
刘丙炎	颁发居民身份证先进工作者	省公安厅等3部门	1991.12
刘秉文	颁发居民身份证先进工作者	省公安厅等3部门	1991.12
田茂坤	颁发居民身份证先进工作者	省公安厅等3部门	1991.12
吴云友	颁发居民身份证先进工作者	省公安厅等3部门	1991.12
伊善堂	颁发居民身份证先进工作者	省公安厅等3部门	1991.12
张光远	颁发居民身份证先进工作者	省公安厅等3部门	1991.12
张　进	颁发居民身份证先进工作者	省公安厅等3部门	1991.12
朱久爱	颁发居民身份证先进工作者	省公安厅等3部门	1991.12
金宗良	打击经济犯罪先进个人	市委、市政府	1992
徐洪本	职业道德教育先进个人	省文明办、省总工会	1992.12
杨云凤(女)	职业道德教育先进个人	省文明办、省总工会	1992.12
伊茂盛	职业道德教育先进个人	省文明办、省总工会	1992.12
岳端宝	职业道德教育先进个人	省文明办、省总工会	1992.12
成　军	社会治安综合治理先进个人	市委、市政府	1992.12
郭法玉	社会治安综合治理先进个人	市委、市政府	1992.12
胡安富	社会治安综合治理先进个人	市委、市政府	1992.12
王玉华	社会治安综合治理先进个人	市委、市政府	1992.12
张修森	全省公安系统岗位练兵标兵	省公安厅	1995.02
姜恒泉	全省公安系统岗位练兵标兵	省公安厅	1995.02
王　沛	全省公安系统岗位练兵标兵	省公安厅	1995.02
郭法玉	优秀基层政法工作先进个人	市委、市政府	1995.05

续表 20—8

姓　名	表彰奖项	授予单位	授予时间
田承金	优秀基层政法工作先进个人	市委、市政府	1995.05
王　沛	优秀基层政法工作先进个人	市委、市政府	1995.05
徐文胜	优秀基层政法工作先进个人	市委、市政府	1995.05
毕春香(女)	全省公安系统岗位练兵先进个人	省公安厅	1996.03
成　军	全省公安系统岗位练兵先进个人	省公安厅	1996.03
文士钊	全省公安系统岗位练兵先进个人	省公安厅	1996.03
姜恒泉	全省公安系统岗位练兵先进个人	省公安厅	1996.03
宋丰乾	全省公安系统岗位练兵先进个人	省公安厅	1996.03
陈　永	全省公安系统岗位练兵先进个人	省公安厅	1996.03
张修森	全省公安系统岗位练兵先进个人	省公安厅	1996.03
丁　浩	全省公安系统岗位练兵先进个人	省公安厅	1996.03
陈恒斌	优秀青年干警	省公安厅、团省委	1996.05
赵　岩(女)	全市档案系统先进工作者	市委、市政府	1996.06
伊若健	严打斗争先进个人	市委、市政府	1996.10
王玉安	严打斗争先进个人	市委、市政府	1996.10
陈　林	严打斗争先进个人	市委、市政府	1996.10
郭　华	严打斗争先进个人	市委、市政府	1996.10
姜恒泉	严打斗争先进个人	市委、市政府	1996.10
曹效连	十五大安全保卫先进个人	市委、市政府	1997.11
巩本鑫	十五大安全保卫先进个人	市委、市政府	1997.11
荆树明	十五大安全保卫先进个人	市委、市政府	1997.11
罗光友	十五大安全保卫先进个人	市委、市政府	1997.11
马洪光	十五大安全保卫先进个人	市委、市政府	1997.11
张孝和	十五大安全保卫先进个人	市委、市政府	1997.11
朱玉坤	十五大安全保卫先进个人	市委、市政府	1997.11
郭　华	优秀青年民警	省公安厅、团省委	1998.05
巩曰华	严打斗争先进个人	市委、市政府	1998.07
刘兆东	严打斗争先进个人	市委、市政府	1998.07
庞允凤	严打斗争先进个人	市委、市政府	1998.07
徐书连	严打斗争先进个人	市委、市政府	1998.07
刘　桂	优秀青年民警	省公安厅、团省委	1999.04
王玉华	公安部一报一刊发行工作先进个人	省公安厅	1999.08
金　永	全省公安机关刑侦系统破案能手	省公安厅	1999.10
刘洪坤	优秀党员教育工作者	省委宣传部	1999.12

续表 20—8

姓　名	表彰奖项	授予单位	授予时间
成立三	全市社会治安综合治理先进个人	市委、市政府	2000.01
荆树明	全市社会治安综合治理先进个人	市委、市政府	2000.01
刘　斌	全市社会治安综合治理先进个人	市委、市政府	2000.01
刘洪坤	档案管理先进工作者	省档案局	2000.01
陈庆永	档案管理先进工作者	省档案局	2000.01
李　鹏	人民满意政法干警	省委政法委	2000.07
田宜锋	全省公安机关国内安全保卫基层基础工作先进个人	省公安厅	2001.08
李新玉(女)	全省人口统计工作先进个人	省公安厅	2001.11
金宗良	全省严打工作先进个人	省综治委	2001.12
刘丽丽(女)	全省公安 110 报警服务先进个人	省公安厅	2002.01
付　梁	山东省创建"平安大道"工作先进个人	省公安厅	2002.01
胡　静(女)	全省人口信息管理系统建设先进个人	省公安厅	2002.02
魏启海	全省人口统计工作先进个人	省公安厅	2002.02
刘　波	全省公安机关"三项教育"活动先进个人	省公安厅	2002.02
李新玉(女)	全省第五次人口普查先进个人	省第五次人口普查领导小组、省统计局	2002.04
于　军	2002 年全省追逃工作先进个人	省公安厅	2003.01
吕修江	全省创满意活动先进个人	省委政法委	2003.02
刘　军	2002 年度创人民满意活动先进个人	市委、市政府	2003.03
王　涛	全省铁路护路工作先进个人	省综治委	2003.08
张玉新	全省优秀派出所民警	省公安厅	2003.10
李新玉(女)	全省人口基本信息清理纠错工作先进个人	省公安厅	2003.12
田茂水	全省公安机关追逃工作先进个人	省公安厅	2004.02
高　涛	优秀青年民警	市委、市政府	2004.04
刘　兵	全市优秀共产党员	市委	2004.06
张秀光	全省执法工作先进个人	省公安厅	2004.12
崔爱荣(女)	全省人口统计工作先进工作者	省公安厅	2004.12
刘　军	2003 年度全省创建平安大道先进个人	省公安厅	2004
田　岗	全省公安机关大练兵比武竞赛标兵	省公安厅	2005.01
张连祥	全市公安机关执法为民先进个人	市政府	2005.02
田宜锋	全市公安机关执法为民先进个人	市政府	2005.02
伊继亮	全省严打整治工作先进个人	省公安厅	2005.03
刘　兵	全省优秀人民警察	省公安厅	2005.05
高　涛	全省优秀人民警察	省公安厅	2005.05

续表 20－8

姓　名	表彰奖项	授予单位	授予时间
王业盛	全市政法系统先进个人	市委、市政府	2005.08
荆茂堂	“全省我最喜爱的十佳人民警察”提名奖	省公安厅	2005.08
巩道锋	全省优秀公安派出所民警	省公安厅	2005.10
张元明	全省优秀公安派出所所长	省公安厅	2005.10
张秀光	全省公正执法标兵	省委政法委、省人事厅	2005.12
杨存营	全省公正执法标兵	省委政法委、省人事厅	2005.12
荆　敏(女)	全市公安系统十佳民警	市政府	2006.01
赵学鹏	全省公安机关治安管理处罚法学习标兵	省公安厅	2006.01
李　鹏	平安淄博建设先进个人	市委、市政府	2006.01
陈汉军	平安淄博建设先进个人	市委、市政府	2006.01
张连祥	全市政法系统公正执法标兵	市委	2006.01
牟际广	全省追逃工作先进个人	省公安厅	2006.02
毕春香(女)	山东省维护妇女儿童权益先进个人	省妇联等 8 部门	2006.02
陈同旺	全市消防安全先进个人	市政府	2006.02
李新玉(女)	全市人口与计划生育工作先进个人	市政府	2006.02
罗光友	全省公安机关“金盾工程”建设先进个人	省公安厅	2006.03
郭　华	全省优秀人民警察	省公安厅	2006.05
吕修江	全省优秀人民警察	省公安厅	2006.05
杨存营	公正执法标兵	省委政法委、省人事厅	2006.05
毕海燕(女)	全省国保系统苦练基本功比武竞赛标兵	省公安厅	2006.10
张连祥	淄博市优秀青年卫士	市委、市政府	2006.12
赵　岩(女)	山东省优秀女警官	省公安厅	2007.01
陈汉军	全省预防特大道路交通事故“决战 70 天”专项行动先进个人	省公安厅	2007.01
陈庆豪	整治油气田及输油气管道生产治安秩序专项行动先进个人	省公安厅等 12 部门	2007.04
张玉新	全市社会治安防控工作先进个人	市委、市政府	2007.04
许晋卿	全市社会治安防控工作先进个人	市委、市政府	2007.04
高　欣(女)	全市社会治安防控工作先进个人	市委、市政府	2007.04
李仁国	全省优秀人民警察	省公安厅	2007.05
戴维靖	全省优秀人民警察	省公安厅	2007.05
李　滨	全省公安机关基层标兵	省公安厅	2007.05
刘书玉	全省公安机关基层标兵	省公安厅	2007.05
张　璇(女)	全省公安机关基层标兵	省公安厅	2007.05

续表 20—8

姓　名	表彰奖项	授予单位	授予时间
陈　永	全省公安机关基层标兵	省公安厅	2007.05
张英锋	全省公安机关基层标兵	省公安厅	2007.05
张　昆	全省公安机关基层标兵	省公安厅	2007.05
赵学鹏	全省公安机关法制系统业务能手	省公安厅	2007.05
马洪光	全省公安机关防范和处理邪教犯罪工作先进个人	省公安厅	2007.07
王　强	全省警务实战教官训练班优秀学员	省公安厅	2007.09
张海生	全省道路交通秩序集中整治活动先进个人	省公安厅	2007.11
张恩武	平安淄博建设“十佳巡防队员”	市委、市政府	2008.01
巩汝山	平安淄博建设“十佳公安民警”	市委、市政府	2008.01
田宜锋	全市维护稳定工作先进个人	市委、市政府	2008.01
吕修江	全市维护稳定工作先进个人	市委、市政府	2008.01
左传波	全省公安机关派出所消防工作先进个人	省公安厅	2008.01
安　兵	全省创建“平安畅通县区”工作先进个人	省公安厅	2008.01
姜恒泉	全市玉米秸秆全面禁烧和转化利用工作先进个人	市政府	2008.02
张海生	全省道路交通秩序集中整治行动先进个人	省公安厅	2008.02
赵华栋	全市公安机关三基工程建设先进个人	市政府	2008.02
许晋卿	整治油气田及输油气管道生产治安秩序专项行动先进个人	省公安厅等12部门	2008.03
乔珊珊(女)	全省集中换发二代证工作先进个人	省公安厅	2008.04
巩曰兵	全市规范化行政执法先进个人	市政府	2008.05
王　鹏	全市规范化行政执法先进个人	市政府	2008.05
荆茂堂	全省公安机关治爆缉枪专项行动先进个人	省公安厅	2008.05
王旭东	全省公安机关基层标兵	省公安厅	2008.05
荆树钢	全省公安机关基层标兵	省公安厅	2008.05
魏启海	全省公安机关基层标兵	省公安厅	2008.05
曹元征	全省公安机关基层标兵	省公安厅	2008.05
金　永	全省优秀人民警察	省公安厅	2008.05
蔺克新	贯彻落实“八条措施”工作先进个人	省公安厅	2008.06
李仁国	“4・28”胶济铁路抢险救援工作先进个人	省公安厅	2008.10
陈同旺	全省公安系统奥运安保工作先进个人	省公安厅	2008.10
刘　波	全省公安机关“三基”工程建设先进个人	省公安厅	2009.01
王忠海	全省公安机关“三基”工程建设先进个人	省公安厅	2009.01
魏　江	全省公安机关“三基”工程建设先进个人	省公安厅	2009.01
高　成	全省公安机关“三基”工程建设先进个人	省公安厅	2009.01

续表 20—8

姓　名	表彰奖项	授予单位	授予时间
刘献利	平安淄博建设先进个人	市委、市政府	2009.01
刘茂虎	平安淄博建设先进个人	市委、市政府	2009.01
王功训	平安山东建设先进个人	省综治委、省人社厅	2009.02
边　强	全市治安安民工程先进个人	市委、市政府	2009.02
王信水	全市治安安民工程先进个人	市委、市政府	2009.02
罗光友	全市治安安民工程先进个人	市委、市政府	2009.02
荆茂堂	全市治安安民工程先进个人	市委、市政府	2009.02
常桂勇	全市治安安民工程先进个人	市委、市政府	2009.02
周善永	全市治安安民工程先进个人	市委、市政府	2009.02
巩道锋	全市治安安民工程先进个人	市委、市政府	2009.02
付敬锋	全市治安安民工程先进个人	市委、市政府	2009.02
崔国峰	全市治安安民工程先进个人	市委、市政府	2009.02
吴宗振	全市治安安民工程先进个人	市委、市政府	2009.02
赵光生	全市治安安民工程先进个人	市委、市政府	2009.02
周庆峰	全市治安安民工程先进个人	市委、市政府	2009.02
张连毅	全市治安安民工程先进个人	市委、市政府	2009.02
魏光水	全市治安安民工程先进个人	市委、市政府	2009.02
任秋萍(女)	全省公安机关“百十一”练兵活动先进个人	省公安厅	2009.02
任秋萍(女)	全省公安机关岗位业务能手	省公安厅	2009.02
邹　毅	全省公安机关岗位业务能手	省公安厅	2009.02
毕海燕(女)	全省公安机关岗位业务能手	省公安厅	2009.02
路全华	全省公安机关宣传工作先进个人	省公安厅	2009.03
陈廷信	全市安全生产先进个人	市委、市政府	2009.03
陈廷信	全市创建全国文明城市工作先进个人	市委、市政府	2009.03
朱久爱	全省优秀人民警察	省公安厅	2009.05
毕春香(女)	全省公安机关换发第二代居民身份证工作先进个人	省公安厅	2009.09
赵学鹏	全国公安机关行政复议应诉工作先进个人	公安部政治部	2009.07
杜　伟	全省公安报刊宣传工作先进个人	省公安厅	2009.11
伊茂锋	全省公安机关全运安保工作先进个人	省公安厅	2009.12
吴佩林	创建全国社会治安综合治理优秀市暨实施固本强基维稳工程先进个人	市委、市政府	2009.12
姜恒泉	创建全国社会治安综合治理优秀市暨实施固本强基维稳工程先进个人	市委、市政府	2009.12
陈廷信	全市创建全国社会治安综合治理优秀市先进个人	市委、市政府	2009.12

续表 20－8

姓 名	表彰奖项	授予单位	授予时间
耿佃才	全市深度治理大气污染改善环境质量工作先进个人	市政府	2009
张连祥	全省优秀人民警察	省公安厅	2010.01
金 永	平安山东建设先进个人	省综治委、省人社厅	2010.01
金海军	全省优秀人民警察	省公安厅	2010.02
杜 伟	全省公安新闻宣传工作先进个人	省公安厅	2010.04
徐 锋	全省公安机关大走访活动先进个人	省公安厅	2010.04
张秀光	全省公安机关优秀政工干部	省公安厅	2010.04
金海军	山东青年五四奖章	团省委、省青联	2010.04
邢延涛	全市信访工作目标管理考核优秀个人	市委、市政府	2010.12
李 滨	全市社会治安综合治理先进个人	市委、市政府	2011.01
赵 岩(女)	全省公安机关执法规范化建设先进个人	省公安厅	2011.01
荆德金	全省优秀人民警察	省公安厅	2011.01
崔国峰	打击防范“两抢一盗”犯罪大会战先进个人	省公安厅	2011.01
罗光明	集中整治执法过程中涉案人员非正常死亡问题工作先进个人	省公安厅	2011.02
高 涛	消防工作先进个人	市政府	2011.02
李翠芹(女)	全省公安转移支付资金使用管理工作先进个人	省公安厅	2011.03
付 慧(女)	全省公安机关世博安保工作先进个人	省公安厅	2011.03
刘思英	全省公安机关信访工作先进个人	省公安厅	2011.04
成 涛	全省公安机关优秀军队转业干部	省公安厅	2011.07
王 强	全国公安机关全能警务实战教官	公安部政治部	2011.10
李周生	“创城”先进个人	市政府	2011.12
张海生	全省公安机关春运道路交通管理工作先进个人	省公安厅	2011
郭 华	全省政法系统先进个人	省委政法委	2012.01
李泉业	网上追逃专项督察“清网行动”先进个人	省公安厅	2012.01
王旭东	全省优秀公安基层所(队)长	省公安厅	2012.01
巩汝山	全省优秀人民警察	省公安厅	2012.01
吴佩林	全省优秀公安局长	省公安厅	2012.01
吴佩林	全市实施固本强基维稳工程先进工作者	市委、市政府	2012.02
荆德金	实施固本强基维稳工程先进工作者	市委、市政府	2012.02
王家军	全市消防安全工作先进个人	市政府	2012.02
孙丰宁	旅馆业清理整治专项行动先进个人	省公安厅	2012.02
崔 凯	“打黑恶、反盗抢”安民行动先进个人	省公安厅	2012.02
罗光友	全市消防安全工作先进个人	市政府	2012.02

续表 20—8

姓　名	表彰奖项	授予单位	授予时间
张海生	全省公安机关春运道路交通管理工作先进个人	省公安厅	2012.02
王　东	“畅通安全行”主题活动暨预防重特大道路交通事故工作先进个人	省公安厅	2012.03
毕海燕(女)	全省公安机关国内安全保卫工作先进个人	省公安厅	2012.04
王旭东	全市爱民模范民警	市政府	2012.04
张　璇(女)	全省公安机关网络安全保卫基层基础建设先进个人	省公安厅	2012.05
张秀光	报刊宣传发行工作先进个人	人民公安报社	2012.06
张连城	全省公安机关监管系统深挖犯罪工作先进个人	省公安厅	2012.06
周焕诚	全省公安机关“清剿火患”战役先进个人	省公安厅	2012.06
于素珍(女)	全省公安机关为民服务创先争优服务标兵	省公安厅	2012.06
甘学静(女)	全省公安机关落实民警加班补贴工作先进个人	省公安厅	2012.06
耿英华(女)	“三访三评”暨“深化小警务、五访创满意”大走访活动先进个人	省公安厅	2012.08
毕春香(女)	全省公安机关警营文化建设先进个人	省公安厅	2012.12
田海琳(女)	全省公安刑事科学技术工作先进个人	省公安厅	2012.12
李俊杰	严厉打击经济犯罪“破案会战”先进个人	省公安厅	2013.01
金　永	全省优秀公安基层所(队)长	省公安厅	2013.01
张海生	全省优秀公安基层所(队)长	省公安厅	2013.01
李翠芹(女)	全省优秀警务保障室主任	省公安厅	2013.01
高　涛	全省优秀派出所长	省公安厅	2013.01
徐　锋	全省优秀人民警察	省公安厅	2013.01
牛智君	全省优秀人民警察	省公安厅	2013.01
于光庆	全省优秀特(巡)警大队长	省公安厅	2013.01
王家军	全市消防安全工作先进个人	市政府	2013.02
徐　华	全省缉枪治爆专项行动成绩突出个人	省公安厅	2013.03
金海军	全省公安机关学雷锋活动成绩突出个人	省公安厅	2013.03
崔　凯	“两保一创”大走访活动先进个人	省公安厅	2013.04
李　滨	“打四黑除四害”专项行动先进个人	省公安厅	2013.06
姜恒泉	创建全国社会管理综合治理优秀市突出贡献个人	市委、市政府	2013.07
张京义	创建全国社会管理综合治理优秀市先进个人	市委、市政府	2013.07
史继德	全国拘留所社会矛盾化解工作先进个人	公安部监所管理局	2013.09
陈庆豪	公安系统第十届中国艺术节安保工作先进个人	省公安厅	2013.12
肖红广	全市四个专项行动先进个人	市委、市政府	2014.01
于孝诚	全省优秀人民警察	省公安厅	2014.02

续表 20—8

姓 名	表彰奖项	授予单位	授予时间
张玉新	全省优秀人民警察	省公安厅	2014.02
张明华	全省优秀人民警察	省公安厅	2014.02
刘体铸	全省优秀刑事侦查中队长	省公安厅	2014.02
王 坤	全省优秀治安管理中队长	省公安厅	2014.02
王家军	全市消防安全工作先进个人	市公安局	2014.02
张京义	全市维护稳定工作先进个人	市委、市政府	2014.02
张连祥	全省公安机关“齐鲁先锋警员”	省公安厅	2014.03
毕斌鹏	全省看守所管理机制创新工作先进个人	省公安厅	2014.04
乔珊珊(女)	全省优秀户籍员	省公安厅	2014.04
田 岗	集中打击整治网络违法犯罪专项行动成绩突出个人	省公安厅	2014.05
崔 凯	破案攻坚能手	省公安厅	2014.05
徐 华	2013 年缉枪治爆专项行动成绩突出个人	省公安厅	2014.07
王 萍(女)	“社区六进”工作成绩突出个人	省公安厅	2014.07
许 磊	“社区六进”工作成绩突出个人	省公安厅	2014.07
祝兆贤	全省“五好”离退休干部党员	省委组织部、省老干局	2014.09
庞允凤	全国县级国保大队业务技能比武竞赛优秀个人	公安部国内安全保卫局	2014.10
巩曰兵	全国县级国保大队业务技能比武竞赛优秀个人	公安部国内安全保卫局	2014.10
宋振慧	全国县级国保大队业务技能比武竞赛优秀个人	公安部国内安全保卫局	2014.10
张 晋	全国县级国保大队业务技能比武竞赛优秀个人	公安部国内安全保卫局	2014.10
李俊杰	山东公安科技进步奖(应用技术类三等奖)	省公安厅	2014.12
刘 蒙	全市模范军队转业干部	市委、市政府	2015.02
张京义	全省优秀公安局长	省公安厅	2015.02
巩 震	全省优秀人民警察	省公安厅	2015.02
庞允凤	全省优秀人民警察	省公安厅	2015.02
荆树峰	全省优秀禁毒大队长	省公安厅	2015.02
李 鹏	全省优秀经济犯罪侦查大队长	省公安厅	2015.02
于光庆	全省优秀看守所长	省公安厅	2015.02
张连祥	全省优秀派出所长	省公安厅	2015.02
王功训	全省优秀政工室主任	省公安厅	2015.02
刘攀峰	全省优秀治安管理中队长	省公安厅	2015.02
崔玉玲	全省优秀消防大队长	省公安厅	2015.02
魏 江	全省公安机关“齐鲁先锋警员”	省公安厅	2015.02
崔爱荣(女)	组织民警参加司法考试成绩突出个人	省公安厅	2015.02
任秋萍(女)	山东省女职工建功立业标兵	省总工会	2015.03

续表 20—8

姓　名	表彰奖项	授予单位	授予时间
陈之滨	系列安民行动成绩突出个人	省公安厅	2015.04
张林平	全市优秀政法干警	市委、市政府	2015.05
刘　兵	全市优秀政法干警	市委、市政府	2015.05
宋振慧	国保网上斗争工作成绩突出个人	省公安厅	2015.05
尹　恒	全省公安机关百城禁毒会战先进个人	省公安厅	2015.07
魏连凡	全国拘留所“三项重点工作”推进落实活动先进个人	公安部监所管理局	2015.10
杨光成	“三大活动”安保工作先进个人	省公安厅	2015.12
卢　晨	全省公安机关对生命安全负责向交通事故宣战工作先进个人	省公安厅	2015.12
陈　永	全省优秀拘留所长	省公安厅	2016.01
田　岗	全省优秀网络安全保卫大队长	省公安厅	2016.01
荆树峰	全省优秀禁毒大队长	省公安厅	2016.01
刘　波	全省优秀派出所长	省公安厅	2016.01
李泉业	全省优秀人民警察	省公安厅	2016.01
牟建伟	全省优秀人民警察	省公安厅	2016.01
王培沛	全省优秀人民警察	省公安厅	2016.01
刘　华	打击黄金票专项行动先进个人	省国税局、省公安厅	2016.03
耿晓明	全省公安机关系列安民行动成绩突出个人	省公安厅	2016.04

1947—2015年桓台县公安系统获集体二等功一览表

表 20—9

单　位	授奖机关	时　间	单　位	授奖机关	授予时间
县公安局	县委、县政府	1947.03	马桥派出所	省公安厅	2005.06
刑警队	市委、市政府	1988.04	刑侦大队	省公安厅	2010.04
县公安局	市委、市政府	1994.03	少海派出所	省公安厅	2011.06
县公安局	市委、市政府	1995.03	县公安局	省公安厅	2013.01
索镇分局	省公安厅	2001.06	果里派出所	省公安厅	2013.04
刑警二中队	省公安厅	2002.06	县看守所	省公安厅	2014.05

1947—2015年桓台县公安系统个人获一等功一览表

表 20—10

姓　名	授奖机关	时　间	姓　名	授奖机关	授予时间
王振祥	县委、县政府	1947.03	肖永刚	团省委	1993.09
段淑武	市委、市政府	1991.04	荆茂堂	省政府	2004.05
岳端玉	市委、市政府	1991.04			

1947—2015 年桓台县公安系统个人获二等功一览表

表 20—11

姓　名	授奖机关	时　间	姓　名	授奖机关	授予时间
宋鲁源	县委	1947.03	金宗良	省公安厅	2007.05
高延洪	县委	1947.03	刘　桂	省公安厅	2008.02
孙连才	县委	1947.03	张海生	省公安厅	2008.02
王正轩	县委	1947.03	李仁国	省公安厅	2008.11
王正轩	县委、县政府	1948.03	王功训	省综治委、省人事厅	2009.02
高延洪	县委	1948.08	刘西军	市政府	2009.02
于文鹏	惠民专署公安处	1956.07	巩汝山	省公安厅	2009.03
张善亮	省公安厅	1987.09	伊茂锋	省公安厅	2009.12
张善亮	市委、市政府	1988.03	金　永	省综治委、省人社厅	2010.01
祝兆贤	省公安厅	1989.10	周焕诚	省公安厅	2010.04
胥　涛	省公安厅	1990.05	吴佩林	市委、市政府	2010.12
巩曰明	团省委	1993.12	王业盛	省公安厅	2011.06
李翠芹(女)	团省委	1995.04	朱久爱	省公安厅	2011.12
郭法玉	省公安厅	1996.06	罗光友	市政府	2012.02
王国新	省公安厅	1998.07	李周生	市委、市政府	2012.03
郭法玉	省公安厅	1999.08	高　涛	省公安厅	2012.04
吕修江	省公安厅	2000.03	张连祥	省公安厅	2013.04
荆茂堂	省公安厅	2000.07	刘继磊	省公安厅	2013.11
刘　军	市委、市政府	2003.07	陈庆豪	省公安厅等三部门	2013.12
蔡光普	市委、市政府	2003.07	张秀光	省公安厅	2014.01
金宗良	市委政法委	2003.09	荆德金	省公安厅	2014.05
孙仕秀	省公安厅	2004.03	刘继磊	省公安厅	2014.05
田宜锋	市政府	2005.02	刘　蒙	市委、市政府	2015.02
张秀光	省政法委、省人事厅	2005.12	庞允凤	省公安厅	2015.02
杨存营	省政法委、省人事厅	2005.12	刘　华	省公安厅	2015.03
姜恒泉	省公安厅	2006.03	白向强	省公安厅	2015.12

1983—2016 年桓台县公安系统获集体三等功一览表

表 20—12

单　位	授奖机关	授予时间
刑警队	省公安厅	1983
刑警队	市公安局	1987
刑警队　田庄派出所　治安科	市公安局	1989

续表 20—12

单　位	授奖机关	授予时间
城区派出所	市公安局	1990
刑警队　马桥派出所　起凤派出所	市公安局	1991
新城派出所　果里交警中队	市公安局	1992
县公安局　城区派出所　车管分所	市公安局	1993
县公安局　周家派出所　交警城区一中队	市公安局	1994
县公安局	市委、市政府	1994
预审科	市公安局	1995
县公安局	市委、市政府	1995
预审科	市公安局	1997
邢家派出所	市公安局	1998
荆家派出所　刑警大队	市公安局	1999
政保科　唐山派出所	市公安局	2000
经侦大队	市公安局	2001
县公安局	县政府	2001
起凤派出所	市公安局	2002
田庄派出所　治安科	市公安局	2003
治安大队　索镇派出所	市公安局	2004
治安大队　交警大队现场勘查科	市公安局	2005
刑警大队　索镇派出所　刑事科学技术室	市公安局	2006
政治处　索镇派出所　刑事科学技术室　交警大队一中队	市公安局	2007
县看守所　经侦大队	市公安局	2008
刑侦大队	县委	2009
果里派出所　少海派出所　事故处理科	市公安局	2009
马桥派出所	市公安局	2010
刑侦大队	市公安局	2011
国保大队　刑侦大队　警务保障室	市公安局	2012
县看守所　指挥中心　果里交警中队	市公安局	2013
法制大队　治安大队	市公安局	2014
田庄派出所　新城派出所　指挥中心	市公安局	2015
县公安局	省公安厅	2015
法制大队　网安大队　直属大队　县看守所　唐山派出所　田庄派出所	市公安局	2016

1947—2016 年桓台县公安系统个人获三等功一览表

表 20—13

姓　名	授奖机关	授予时间
孟献之　成加文　王正轩	县委、县政府	1947
崔曰惠	惠民专署公安处	1956
王在山	省公安厅	1981
张奎清	省公安厅	1982
张聿营	市公安局	1983
边和喜	省公安厅	1984
金宗良　孙沐泽　张聿林	市公安局	1985
李庆勇　伊善堂	市公安局	1986
巩向波　王春省	市公安局	1987
陈恒斌　孔祥礼	市公安局	1988
刘承达　巩向波	市公安局	1989
胥　涛　陈恒斌	市委、市政府	1990
祝兆贤	市精神文明建设委员会	1990
李庆勇　郭法玉	市公安局	1990
殷佃臣	市委、市政府	1991
李翠芹(女)　崔洪美　李崇银　刘丙炎　刘秉文　吴云友　张光远　张　进　张　晋　张元明　朱久爱	市公安局	1991
郭修业	市委、市政府	1992
李执福　田承金	市公安局	1992
伊若健　黄有宝　巩向波　吕修江	市公安局	1993
李守和　王有红　伊茂盛	市公安局	1994
李业成　岳端玉　郑建洲　张修森　姜恒泉　王　沛　肖永刚	市公安局	1995
王玉华　伊若健　张善亮　刘国良　于昌有　姜恒泉	市公安局	1996
郑建洲　齐廷新	县委、县政府	1996
于昌有　李　鹏　齐廷新　孙仕秀　刘国良　王　平	市公安局	1997
郭　华　荆茂堂　李翠芹(女)　陈　林　孟秀玲(女)　魏守敏　孔祥兴　耿佃才　吕修江	市公安局	1998
刘　桂　史继德　张林平　陈同旺　陈恒斌　徐文胜　岳端宝　孔晓辉	市公安局	1999
刘进军	市政府	2000
巩曰华　李黎英(女)　宋丰乾　徐　锋　徐书连　张银恒　王　凯	市公安局	2000
吴英亮　荆树明　马洪光　张连祥　于孝诚　王功训　张秀光　戴维靖　耿佃才	市公安局	2001
于　洋　李　波　魏建国　刘　波　孟秀玲(女)　郑建洲　张秀云(女)　陈同旺　刘　兵　杨存营　戴维靖	市公安局	2002

续表 20—13

姓　名	授奖机关	授予时间
王有军	省委、省政府	2003
秦志博　刘进军	市委、市政府	2003
陈同旺　荆茂堂　王树福　刘进军	市委政法委	2003
肖永刚　孙仕秀　陈恒斌　成立三　高　涛　庞允凤　王旭东　周焕诚　陈庆永　李　强	市公安局	2003
王家军　王　沛　王玉峰　张玉新　朱久爱　田茂亮　巩曰明　张海生	市公安局	2004
常德超	省公安厅	2004
金宗庆	县政府	2004
田茂水　田　岗　毕海燕(女)　巩道锋　左传东　崔国峰　刘进军　温清涛	市公安局	2005
高　涛	市人事局、市公安局	2005
张连起　荆德金　魏启海　文士钊　孙云峰　马承良　田海琳(女)　吕修江	市公安局	2006
于光庆	省委政法委、省综治委	2007
孙丰宁	省综治委	2007
胡　锋　黄　峰　徐　军　王　坤　沈　宁(女)　伊茂锋	市公安局	2007
刘西军	市政府	2008
牛智君　牟际广　王德山　王　鹏　魏　江　张　伟　赵学鹏　杨承荣	市公安局	2008
陈　永　崔爱荣(女)　丁乃勇　高　涛　巩道锋　李新玉(女)　刘　桂　罗光明　田茂水　张连祥　张林平　张元明　周庆峰　朱久爱	县委、县政府	2008
姜恒泉	市政府	2009
徐　锋　任秋萍(女)　胡茂营　张玉海　金　永　魏　林　刘茂虎　李向利	市公安局	2009
刘东朋	市委组织部、市老干局、市人事局	2009
朱久爱　沈云栋　王旭东	县委、县政府	2009
庞允凤　梁　波　蔺克新　付敬锋　徐天慈　毕宜明　左传东　安　兵　赵　岩(女)　贾玉红(女)　田海琳(女)	市公安局	2010
姜恒泉　陈庆豪	市人社局、市体育局	2010
陈庆豪　邢延涛	市人社局等5部门	2010
伊继亮　常桂勇　王振东　伊茂苗　张　亮　刘体铸　刘继磊　李泉业　毕宜明　王　强　耿晓明　王　珂　陈汉军	市公安局	2011
郭　华	省委政法委	2012
田文东　巩曰兵　刘书亮　张　宾　王亚东　荆　春　刘东峰　李茂银　伊学艳(女)　刘丽丽(女)　王艳霞(女)	市公安局	2012

续表 20—13

姓　名	授奖机关	授予时间
张京义	省委政法委、省人社局	2013
张孝和　左传波　毛志军　李俊杰　巩　震　李　滨　崔　凯　尹　恒　王　强　宗福山　曹　阳　李文博　张明华　孔晓辉　耿英华(女)　段　然(女)	市公安局	2013
张秀光	省公安厅	2014
刘　华	市委、市政府	2014
王家军	市政府	2014
杨光成　张永平　刘　华　边　强　巩建平　刘　兵　岳大金　史肖辉　李新玉(女)　陈庆永　周文强	市公安局	2014
崔爱荣(女)	省公安厅	2015
牟建伟　许　磊　陈　旭　伊惠冉　巩曰兵　赵成刚　宋振慧　张　晋　李沛源　吴宗振　张　璇(女)　张明华	市公安局	2015
史肖辉　赵新星　甘学静(女)　王胜军　荆树峰　尹　恒　张　亮　陈之滨　成　涛　姚素娟(女)　孔晓辉	市公安局	2016

1997—2016 年桓台县公安基层单位等级评定一览表

表 20—14

单　位	评定事项	评定机关	评定时间
局档案室	一级档案室	省档案局	1997
县看守所	三级看守所	省公安厅	1999.04
县看守所	三级看守所	省公安厅	2000.03
县看守所	二级看守所	省公安厅	2001.02
县看守所	二级看守所	省公安厅	2003.02
索镇分局	一级公安派出所	公安部	2003.07
刑警二中队	一级责任区刑警队	公安部	2003.08
唐山派出所	二级公安派出所	省公安厅	2003.08
田庄派出所	三级公安派出所	市公安局	2003.08
果里派出所	三级公安派出所	市公安局	2003.08
起凤派出所	三级公安派出所	市公安局	2003.08
马桥派出所	三级公安派出所	市公安局	2003.08
周家派出所	三级公安派出所	市公安局	2003.08
田庄派出所	二级公安派出所	省公安厅	2004.11
周家派出所	二级公安派出所	省公安厅	2005.10
索镇派出所	科技强警一级派出所	市公安局	2005.12
果里派出所	二级公安派出所	省公安厅	2006.08

续表 20—14

单　位	评定事项	评定机关	评定时间
局档案室	一级档案室	省公安厅	2006.09
新城派出所	三级公安派出所	市公安局	2006.11
陈庄派出所	三级公安派出所	市公安局	2006.11
田庄派出所	科技强警二级派出所	市公安局	2006.12
马桥派出所	科技强警二级派出所	市公安局	2006.12
指挥中心机要室	三级机要室	公安部	2007.05
马桥派出所	二级公安派出所	省公安厅	2007.08
刑事科学技术室	全国一级刑事科学技术室	公安部	2008.04
唐山派出所	一级公安派出所	公安部	2008.08
邢家派出所	二级公安派出所	省公安厅	2008.08
少海派出所	科技强警一级示范派出所	市公安局	2008.10
马桥派出所	科技强警一级示范派出所	市公安局	2008.10
田庄派出所	科技强警二级示范派出所	市公安局	2008.10
果里派出所	科技强警二级示范派出所	市公安局	2008.10
唐山派出所	科技强警二级示范派出所	市公安局	2008.10
县看守所	二级看守所	省公安厅	2009.02
巡特警大队	山东省特级巡警大队	省公安厅治安总队	2009.05
民警训练基地	县级公安局一级训练基地	省公安厅政治部	2010.12
唐山郑家警务室	一级警务室	省公安厅	2011.04
县拘留所	二级拘留所	省公安厅	2012.03
马桥金诚警务室	一级警务室	省公安厅	2012.08
起凤派出所	一级公安派出所	公安部	2012.12
指挥中心机要室	二级机要室	公安部	2012.02
经侦大队	县级公安机关一级经侦大队	公安部经侦局	2014.07
县看守所	2014 年度一级看守所	公安部	2015.04
指挥中心机要室	一级机要室	公安部	2015.12
民警训练基地	一级基地	省公安厅	2016.01

从优待警

中华人民共和国成立后，党委、政府和县公安局努力解决干警工作、生活中的困难，及时消除干警后顾之忧。1958 年起，干部的父母或配偶在异地者，按国家规定每年给予 2～3 周探亲假，往返路费原则上自理，确有困难不能自理者，单位适当补助。1959 年 6 月起，干部婚丧嫁娶，按国家规定给予假日 3 天，工资照发。干部骑私车上下班者，每人每月发给私车补助费 1.5 元，乘汽车上下班的干部给予报销乘车费的 70%。

20 世纪 60 年代初，生活困难时期，县公安局种植小麦 20 余亩，并在办公大院空闲地内种植萝卜、菠菜、白菜等蔬菜，每年收获粮、菜 4 万余斤，添补干警生活。1961 年，为 25 名干部解决煤 1.2 万斤，救济 7 名生活困难干部 155 元，为 2 名干部解决布 21 尺、棉花 4 斤，为 5 名年老体弱有病干部解决30%～50%细粮问题。1962年，根据干部家庭受灾情况，与人事部门研究，救济11名干部310元，为20名家在灾区干部解决煤2万斤。1963—1964年，向15名家庭困难干部发放救济款640元。1964年6月，看守所干部杨延华家中房子受到暴雨冲击而有倒塌危险，加之妻子有病，县公安局发放50元救济款，批准其回家修缮房屋，协调医院为其妻子治病。

1971年起，每年冬季，向每名干部发放取暖费9元。1978年，取暖费改为12元。是年起，每人发放防暑费2元或发实物。1980年3月起，根据工作需要，夜间加班超过24点者，发夜餐补助费0.3元，后改为0.4元、0.8元。4月28日，省政府规定，凡25岁以上，女干部不违反计划生育者，可增加产假4周。1981年，技术员、法医补助费每人每月7元。3月，修改每年一次的探亲假规定，探望配偶假期为30天，探望父母假期为20天，往返费用在月标准工资30%以内的由本人自理，超出部分由单位负担。1982年起，年满25岁的干部婚假改为15天。1984年7月起，看守所、行政拘留所工作人员，每人每月岗位补贴9元。独生子女入托，按国家规定报销管理费。1984年11月，男警每人每月书报费4元，女警每人每月5元。大专以上毕业生，工作年满20年以上者，每人每月增补1元。1985年，降温费增至6元。1989年10月1日起，县公安局侦察、治安、交通、看守等执勤岗位津贴每人每天1元，其他岗位每人每天8角。

1991年8月13日，省委、省政府发出《关于工作人员休假问题的通知》。县公安局在确保完成工作任务，不另增加人员编制和定员的前提下，安排干部年休假。干警工作年限满5年不满15年的，每年休假10天；工作年限满15年及其以上的，每年休假14天。休假期包括公休日（星期天），但不包括法定的节假日和国家规定的探亲假、产假等，休假期内工资保险福利待遇不变。1993—1995年，县公安局筹资建设4栋134户宿舍楼。1995年7月1日起，交警大队从事路面执勤的交通警察每人每月享受防毒、防尘津贴60元。1996年3月，县公安局与县人民医院共建县人民医院第一门诊部，公安民警、保安公司职工及直系亲属就诊，只收药费和治疗费。"严打"期间，联系太平洋保险公司为306名民警免费办理人身意外伤害保险。是年，各派出所建起"五小工程"，改善民警办公和生活条件。1997年起，每年为全局民警办理人身意外伤害保险。设立民警心理健康咨询室，开展以"放松身心，快乐工作，幸福生活"为主题的心理健康推进月活动；畅通民警因病治疗"绿色通道"，每年组织民警健康体检，建立民

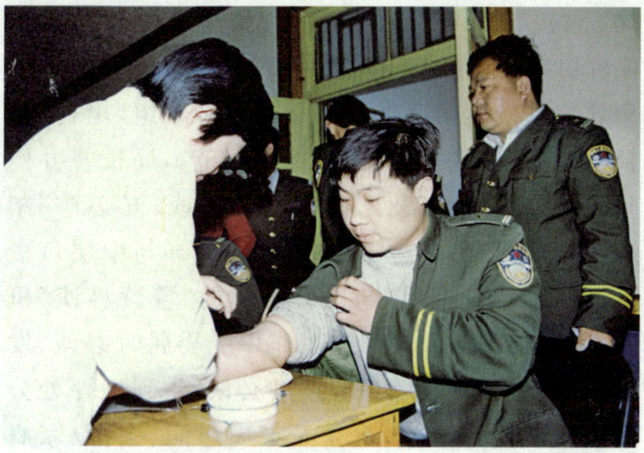

1997年5月，组织民警查体

警健康档案，定期走访、帮扶生活困难和生病民警。1998年，60名民警搬入5号宿舍楼，42户巡警宿舍楼顺利竣工，举办卫生健康知识讲座，民警每月增加生活补贴30元。

2002年，解决120名民警住房和宿舍区集中供暖问题，走访慰问民警35人次。是年6月，法医人员健康补贴调整为每人每月90元，痕迹鉴定人员每人每月60元。2004年7月，省委、省政府批准，人民警察特殊岗位津贴调整为每人每月150元。2006年，县公安局机构改革，除1个治安派出所为副科级外，其他单位均为正科级，逐步提高民警政治待遇。2008年5月，县公安局印发《民警带

2007年2月25日，局领导走访牺牲民警巩昌驰遗属

薪休假实施方案》，累计工作已满1年不满10年的，年休假5天；已满10年不满20年的，年休假10天；已满20年的，年休假15天。休假期不包括公休日和法定节假日。

2010年，人力资源和社会保障部、公安部、国家公务员局发布《公安机关执法勤务机构人民警察警员职务套改方案》。县公安局对符合条件的167名民警进行警员职务套改，其中高套30人。保障民警带薪休假，休假率95%以上；成立由主要领导挂帅的维护民警执法权益领导小组，出台《桓台县公安局维护民警权益工作规范》，局长督办侵犯民警合法权益案件。推行"四必谈、五必访"制度，实行党委书记与党委成员、局领导与中层负责人、所队室"一把手"与民警之间的"警营恳谈"机制，民警出现重大失误或工作中受委屈时必谈、发现违纪苗头必谈、思想有波动必谈、受到批评处分或表彰奖励必谈；在民警及亲属患病、去世、家庭遭遇特殊困难、职位岗位调整或长期出差在外时，必定家访，送去组织关怀。2012年6月，省公安厅实施"鹊桥工程"，县公安局协调人事和编制部门，先后帮助11名民警解决夫妻两地分居问题，跨区县调动5名，跨地市调动5名，跨省调动1名。

2013年3月4日，县公安局邀请齐鲁医院桓台分院内科医师曹洋为机关民警做专题健康辅导讲座，详细讲解民警职业病与职业伤害的预防控制、传染病防治知识、个人卫生、常见病、肠道传染病预防、呼吸道传染病的预防等健康教育知识。10月，省公安厅印发《山东省公安民警互助金管理使用暂行办法》，在编公安民警和职工每人每年自愿缴纳500元专项资金，用于补助因公牺牲、伤残、患重大疾病在职在编公安民警和职工。因公牺牲的，发放抚恤补助金60万元；被评定为革命烈士的，发放抚恤补助金100万元；因公伤残被民政部门评定伤残等级的，发放因公伤残康复补助金2万～10万元；身患35种重大疾病之一的，发放重大疾病治疗补助金2万～30万元。全局民警和职工自愿缴纳互助金。是年，举行为期三个月的"幸福大讨论"，开展"我身边的幸福小事"主题征文活动，邀请专家开展"心理健康走基层"活动，改善机关食堂条件和民警装备，保证民警身心健康，民警幸福感满意度测评指数列全市第一位、全省第九位。2014年，统筹制定休假计划，民警休假率97%。为离退休干部和民警80岁以上父母送去蛋糕和生日祝福。组织开展"十佳好警嫂"评选

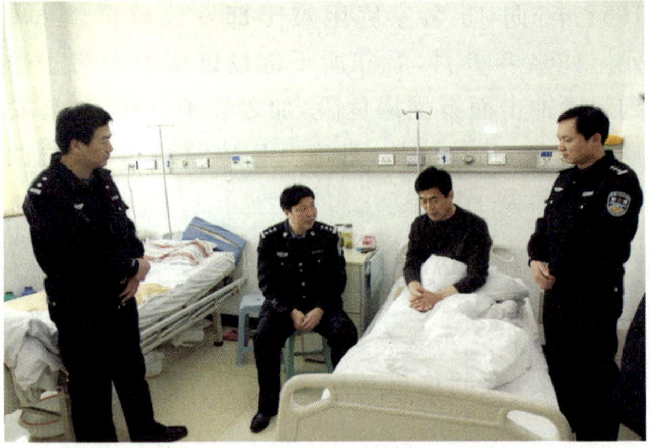

2014年2月13日，局领导慰问患病民警

活动。2015年，局党委以培养人作为政治工作的根本目标，坚持对民警最大的关心是帮助其成长进步、最优厚的待遇是丰富其知识积累的爱警理念，搭建民警进步的阶梯，涌现出一批在全省、全市叫得响的人才。23名符合职务职级并行条件的民警晋升职级。2016年，落实深化公安改革中提高民警职业保障、工资待遇等方面制度规定，新警衔津贴标准调整到位。组织女民警到潭溪山举行登山比赛，缓解工作压力。

第二节　人事管理

干部录用

民国30年(1945年)4月，县委社会部部长张东峰兼任县公安局局长，配备公安干事1人，组建公安政治保卫队，王毓淼任队长，寇於璞任政治指导员。任命一区、二区、三区、新四区锄奸干事为公安特派员。5月，张东峰失踪。7月，清河区党委调临淄县的区公安特派员王应声任桓台县公安局局长。秋，清河区党委将王毓淼、寇於璞调离，王应声兼任政卫队队长，清河行署公安局王斌调任政治指导员。桓台抗日斗争进入艰苦阶段时，王应声及一区、三区公安特派员投敌，公安干事和新四区公安特派员妥协，王斌调回行署公安局，全县公安干部仅剩二区公安特派员于明坚持工作。民国33年(1944年)7月，渤海区党委任命蒲台县

公安局侦察股长宋鲁源任桓台县抗日民主政府公安局副局长。8月，宋鲁源到任后，组建武工队，调博兴县公安局韩干、蒲台县公安局王占魁等到武工队工作，韩干任队长。在与日伪斗争中，培养出一批对党忠诚、具有坚强战斗力的干部。

民国34年(1945年)9月，以武工队为主，重建桓台县公安局，抽调各区锄奸武装成立政卫队，韩干任队长，于明任政治指导员，王占魁任副队长，郭正财任侦察队队长，赵锦堂任局部文书，吴玉山负责审讯兼管差犯。10月，渤海行署公安局从利津县公安局调栋良山任桓台县公安局副局长兼一股股长，栋良山回辛桥庄老家，动员李中一、温桂卿参加公安工作。12月，渤海行署公安局调长山县公安局蔡玉璋任县公安局一股副股长兼干部干事。民国35年(1946年)1月，渤海行署公安局派尹克选任县公安局文书，苏华任三区公安员。随后，不断提拔表现好的政卫队、侦察队战士及村干部担任公安干事，毕兴华任一区公安员，提拔村干部于赞修任一区副公安员，村干部张经祥任二区副公安员，提拔侦察队员罗茂德任四区副公安员，于明任五区公安员，提拔村干部相修棣任五区副公安员。1949年年初，全局干部27人，以本县及周边博兴、临淄等县革命骨干及上级调配人员为主。

20世纪50年代初，部分部队干部转业，战士退伍后充实到县公安局，并从县委、县政府机关单位、企业、教师队伍中调入一批干部。1951年，县公安局干部39人。1952年11月，机构整编时期，从农村新吸收7名干部，从勤杂人员中提拔1名干部，以上人员充实到派出所6名、区公安员2名，县委机关1名干部调任治安股办事员，干部达到68名。1956年3月、4月、5月，经区委考察，县委组织部批准，县公安局分三批录用荆聿箴等7名干部，含师范生1人、初中生3人、高小生3人，均为共青团员。1961年9月，县公安局复设，干部25名，其中在岗23人，量少质弱，不能适应正常工作需要，根据中央“政法部门不能削弱而需加强”的指示精神，局党组向县委请示增加编制，于仁善、缪敬堂、荆聿箴归队。1962年，为把公安队伍搞精、搞纯、搞强，县委整编公安队伍，退职回乡生产2名，调出2名，辞退1名，调入5名。

“文化大革命”期间，县公检法部门合并办公，公安干部调整频繁。1970年10月，全县精简干部，原公安干部仅留6名。1971年，第十五次全国公安会议后，重建公安队伍，从党政机关调入7名，从文教系统调入3名，从工业系统调入3名，从商业系统调入1名，退伍战士3名，从农村干部中提拔1名。1973年，结束军管后，整顿公安队伍，1名不胜任工作的干部被调离公安机关，8名老公安干部归队，一批素质高的企业职工被充实到公安机关。1977年，恢复田庄、桓城派出所设置，干部自县内调剂，局长胡保华调县人民法院，县人民法院院长陈宁之、副院长张仲俊分别调任县公安局局长、副局长，县土产公司干部李兴俭调任县公安局副局长，荆家人民公社干部巩子肖调任县公安局股长，桓城人民公社干部刘修双调任索镇派出所副所长、荆向敏调任桓城派出所政治指导员，陈庄人民公社干部刘乐温调任桓城派出所所长，田庄人民公社干部刘承达调任田庄派出所政治指导员、毕永茂调任县公安局会计，邢家人民公社干部王国新调入县公安局。1979年11月2日，中央组织部、公安部、民政部、国家劳动总局下发《关于户籍 刑事 治安民警改为干部的通知》，县公安局以工代干人员逐步调至户籍、刑事、治安岗位接受锻炼。是年11—12月，为适应施行“两法”的需要，调入县公安局24人。

1980年7月，山东省人民警察学校毕业生金宗良分配到县公安局工作。1982年3月21日，根据省编委、省公安厅规定，各人民公社公安特派员纳入公安局编制。6月15日，公安部颁发《关于公安机关吸收新干警工作的暂行规定》，新干警主要从人民警察学校的毕业生，复员、转业的武装、边防、消防民警，解放军干部、战士和在职职工，国家分配的大专毕业生和研究生中吸收，并按照“先审查后录用”的原则，按照规定条件进行政治审查、体格检查和文化考试，进行目测和智力测验，择优录取，确保质量。是年，桓台县从部队转业干部中吸收26人、其他党政机关中吸收8人，省警校毕业生分配1人，充实公安机关。1982—1983年，县公安局16名以工代干人员分批转为干部。1984年，淄博市人民警察学校毕业生姜恒泉、刘桂、黄有宝、刘昌法、张元明、边宗亮等6人到县公安局工作。

1993年8月12日，省人事厅、省公安厅联合转发人事部、公安部《关于按照吸收录用干部程序录用人民警察的通知》，录用人民警察坚持公开、平等、竞争、择优录用原则，采取考试、考核相结合的方法，严格政治审查和体格检查。考核合格者须报上级公安机关审核同意，同级人事部门批准录用。县公安局录用人民警察，一律按此规定和程序办理，在编制范围内招收录用。1994年1月31日，省委组织部、省人事厅、省公安厅联合下发《关于公安机关补充人员有关问题的通知》，强调公安机关人员补充要在编制定员和国家下达年度增人计划内进行，主要来源为公安院校毕业生和部队转业军官以及党政机关中适合从事公安工作的国家干部，不准再搞“以工代警”。7月，经县委、县政府批准，通过严格政审、文化和体能考试，面向社会公开招考巡警22人，分配大中专毕业生13人。1997年后，县公安局录用的部队转业干部和非公安院校毕业生，须参加公安专业培训。1999年9月7日，市人事局、市公安局下发《关于录用人民警察有关问题的意见》，各区县公安局录用人民警察，由市公安局审核，报省公安厅复核，报市人事局审批。1999—2003年，因超编问题，县公安局未批量录用民警。

2002年，实行干部分流离岗制度。7月，年底前满52岁周岁的7名正科级干部、26名副科级干部、17名科员级干部提前离岗，不享受月考勤奖和年终一次性奖金，其他工资福利待遇与在职人员相同，到达退休年龄，办理退休手续。为缓解警力不足问题，12月，县公安局招录工勤10人，从事非执法岗位工作。2003年11月，《中共中央关于进一步加强和改进公安工作的决定》和第二十次全国公安会议精神确定，新招录公安民警，一律由省级公安机关和人事部门组织统一考试。2004年，由外地公安机关调入2人，录用山东公安专科学校毕业生2人，军转干3人。2005—2011年，录用人民警察136人，计接收转业干部32人，招录警察学院毕业生74人，其他院校毕业生30人。2014年10月，取消干部提前离岗制度，15名2010年8月后提前离岗的民警返岗。2015年3月，17名2010年8月前提前离岗的民警返岗。2012—2016年，因超编，县公安局未招录民警，从外地公安机关调入9人。2016年4月，全局民警380人。

1941—2016年桓台县公安局在职人员统计表

表20—15　　单位：人

年度	编制	干部	工勤	年度	编制	干部	工勤	年度	编制	干部	工勤
1941		11		1974	49	55	1	1996		298	5
1945		9		1975	50	53	1	1997		304	17
1946		22		1976		62	1	1998		323	2
1947		13		1977		66	1	1999		323	
1948		16		1978		82	1	2000		322	
1949		27	1	1979		79	1	2001		315	1
1950		32	1	1980		77	1	2002	168	271	1
1951	55	39	4	1981	110	80	11	2003	169	267	11
1952	70	68	3	1982	145	100	16	2004		262	11
1953		68	3	1983	145	122	6	2005		264	10
1954		43	2	1984		132		2006	314	270	11
1955	40	43	2	1985		144		2007	314	259	11
1956	45	40	2	1986	150	166		2008	248	298	10
1957		54	2	1987	150	179	1	2009	258	320	10

续表 20—15

年度	编制	干部	工勤	年度	编制	干部	工勤	年度	编制	干部	工勤
1958	34	53	2	1988		188		2010	280	348	10
1961	37	32	2	1989		200		2011	280	368	10
1962	32	30	1	1990		209	6	2012	300	373	10
1963	32	30	2	1991				2013	300	354	9
1964	32	30	2	1992		227		2014	300	368	10
1965	32	28	1	1993	200			2015	305	383	10
1966	32	29	1	1994		293		2016	305	380	10
1973	49	52	1	1995							

注：数据包括区公安助理员、公安特派员及派出所人员，不包括 1950 年张店公安分局人员、2002 年后离岗人员。2016 年数据截至 4 月 15 日

干部选拔任用

民国 30 年(1941 年)4 月，根据山东省战时工作推行委员会命令，县公安局局长由社会部部长兼任，后由清河区党委任命。10 月 1 日，山东省战时工作推行委员会发布《县公安局组织细则》，县公安局局长由县行政委员会推荐人选，呈请行政区公安局委任，并呈报省公安处备案；各股股长由县公安局局长推荐，呈请专员区公安局委任，并呈报主任区公安局备案；区公安特派员由县公安局局长委派，并呈报专员区公安局备案；干事由县公安局局长委派。县公安局成立后，未及配齐干部，因形势恶化，即被撤销组织。民国 33 年(1944 年)8 月，经渤海区党委研究决定，渤海行署公安局局长李震任命宋鲁源为桓台县公安局副局长。

1950 年 4 月 25 日，渤海行署公安局任命益寿县公安局局长黄友声任桓台县公安局局长，因故未到任，宋振起继续代理局长。5 月，淄博工矿特区公安局与清河专区公安局合并，组建淄博专署公安处后，公安干部任免审批，以党管干部、分口管理、分级管理为原则，提调县公安局正、副局长，均由地委管理，局长由专署公安处任命，副局长由地委批准、县委任命，提拔股级干部须报专署公安处同意，由县委任命，向专署公安处备案。1952 年 11 月 30 日，淄博专署公安处下发《关于干部管理暂行规定》。县公安局股长、公安分局局长、派出所所长、劳改中队中队长、政治指导员级干部由专署公安处主管，县公安局局长、副局长由地委主管、专署公安处兼管，县公安局主管干事级以下干部(包括区公安员)，兼管股长、公安分局局长、派出所所长、劳改中队中队长、政治指导员。其中，提调县公安局局长，由县委研究通过，报请地委、省公安厅批准，始能公布；提调县公安局股长、公安分局局长、派出所所长、劳改中队中队长、政治指导员，经局务会研究，提请县委讨论通过，报专署公安处批准，始能公布；专署公安处与县委意见不统一时，由地委最后决定。干事级以下干部，经局务会研究通过，县委批准，即可公布。

1955 年，为适应国家大规模经济建设和公安保卫工作任务完成需要，根据上级指示，县公安局一方面保持领导骨干的满员，同时又完成党所分配的领导干部上送、输出任务，按照德才兼备原则，培养与提拔干部，进行干部排队，制定后补名单，有计划地培养、提拔干部。在审干运动中，1 名副局长、2 名股长、1 名看守所长、3 名公安特派员因历史问题，逐步调离公安机关。通过考察，从干部队伍中提拔历史清白、素质较高人员担任以上领导职务。1956 年，为适应形势发展与任务需要，制定 1956—1962 年提拔干部规划。是年，根据上级关于《公安干部缺额由当地党委解决的指示》，县公安局与组织部研究录取人员条件，经调查、谈话，县委分配提拔干部指标 3 次 7 人。

1963 年，公安部政治部制定《关于公安机关协助党委考察了解干部的试行办法》，完善公安干部管理体制。1965 年 3 月 30 日，惠民地委组织部、

惠民专署公安处党组联合下发《关于加强公安干部管理的意见》，专署公安处党组负责考察县公安局副局长、副政治教导员、股长、派出所所长、政治协理员，并向主管党委提出对以上干部的任免、调动建议，地方党委在任免、调动这些干部时，应征求、考虑专署公安处的意见。如系县公安局提名，应在呈报党委前征求专署公安处的意见，连同专署公安处的意见一并报党委，党委决定后，县公安局向专署公安处备案。县公安局副局长、副政治教导员调出公安部门时，应报地委组织部审查批准。期间，县公安局局长、政治教导员的任免，仍需地委、省公安厅批准。

1966年，“文化大革命”开始后，公安干部管理体制受到冲击。1973年5月，县公安军管小组撤出，重建县公安局，胡保华归队，任局长（7月公布任职），县委调周家人民公社党委副书记王钦德任副局长。是年起，县公安局局长、副局长、股长、副股长由县委任命。

按照中央和中央组织部文件要求，1981年8月23日，省委组织部、省公安厅出台《关于公安机关协助党委管理和考察公安保卫干部的意见》。县公安局局长、政治教导员由省公安厅协同地委管理和考察，任免、调动应事先征得省公安厅同意，按地委决定执行；县公安局副局长、副政治教导员及派出所所长、政治指导员由地区公安处协同县委管理和考察，任免、调动以上人员职务，亦照上述原则办理；派出所副所长、副政治指导员及公安特派员由县公安局管理和考察。经省编委、省公安厅批准，1982年5月，县公安局在起凤、陈庄、马桥、周家、唐山、果里、侯庄人民公社增设公安派出所，县委组织部从县公安局机关和公安特派员中选调10人任派出所正副所长、政治指导员。是年，共提拔股、队、所长14名。1984年9月，干部管理权限下放，由原来的下管两级改为下管一级。县公安局正、副局长或相应职务干部任免，经县委常委研究批准，正、副股级干部任免由县公安局党组决定。1985年4月20日，省公安厅印发《关于协助党委加强对公安机关领导干部考核管理的意见》。市公安局协同县委考核管理县公安局正副局长、政治委员。市公安局对协管干部，在深入考核的基础上，经常向县委反映情况，主动向县委提出任免、调动、奖惩、交流建议；县委决定任免、调动、奖惩、交流公安干部时，事先征求市公安局的意见，待县委决定公布后，由县公安局填写干部任免呈报表、干部调动登记表或其他材料报市公安局。其中新任职的报送干部履历表及考察材料、档案副本。1988年9月29日，市委第35次常委会议作出关于“公安派出所正所级干部选配副科级干部担任”的决定。12月17日，经县委批准，县公安局21名派出所所长、政治指导员晋升为副科级。1990年5月，中央组织部、公安部党委发出《关于加强公安机关领导干部管理工作有关问题的通知》，公安机关领导干部继续实行双重领导、以地方党委为主的体制。公安机关仍实行协助地方党委下管一级的制度。县委在任免、调动、处分县公安局领导干部时，事先征求市公安局党委的意见，然后做出决定。

1992年1月10日，全市公安会议召开。会议指出，坚持实行条块结合，下管一级的公安干部管理体制，县委任免、调动、处分县公安局领导干部，事先征求并尊重市公安局党委的意见。对公安机关中德才兼备，符合四化标准的领导干部，大胆提拔任用，继续执行县公安局符合条件的局长、政治委员享受副县级领导待遇的规定。1月13—15日，县公安局调整充实基层领导班子，提拔基层干部43名。其中，被直接提拔为正职8名，副职晋升正职8名，提为副职27名，同等职务调整14名，副科级干部调整11名，晋升为正股级侦察员4名，继续担任原职务22名，免去职务6名。8月，徐洪本被提拔为副县级干部，公布24名正副股级侦察员和8名科员，18名干部变动职务。是年，共提拔副科级以上干部24名，配齐派出所政治指导员，解决部分老干部的政治待遇问题。

1993年8月16日，县公安局在刑警大队实行探长负责制，取消大队副职，选举任命4名探长；在城区、索镇派出所实行警长负责制，取消派出所副职，分别选举任命3名警长。1994年，按照“四化”标准和德才兼备的原则，选拔推荐37名副科级干部，调整充实中层领导班子。1996年，对全局中层干部实行聘任制，科级干部由县委组织部和县委政法委共同考察，县委政法委提出意见，县委组织部研究后报县委审批。1998年7月6日，县公安局出台《关于在全局实行聘(任)用制的实施方案》,除55岁以上男性民警、50岁以上女性民警及因公负伤、长期生病人员外,全部参加聘任,派出所不再设置副职,原副职参加警长聘任。局领导聘任中层正职和巡警、刑警、分局副职,中层正职聘任其他中层副职、正副中队长、办公室主任,派出所所长聘任警长,机关单位中层正职聘任民警,业务大队中队长、办公室主任及派出所警长聘任民警。1999年3月,县公安局组织实施聘任制,通过竞争上岗和双向选择,中层岗位113人、民警194人参加优化组合,3名民警下岗培训。9月20日,县委组织部下发《关于进一步加强镇公安 信访 计生 民政干部队伍管理的意见》,由一般干部竞争上岗的公安派出所所长、政治指导员一年内不享受副科级干部待遇,自明确副科级职级起任职不满三年的,一般不予调整;因工作需要调整的,所在镇党委和县公安局必须向县委组织部写出调整报告,经研究同意后,再作调整。

2000年后,民警被提拔担任副科级以上领导职务的,试用期一般为一年,如有特殊情况,可延长半年,试用期只能延长一次。2003年11月,第二十次全国公安会议召开后,根据《中共中央关于进一步加强和改进公安工作的决定》和会议精神,县委任免县公安局党政正职领导干部,事先要征得市公安局党委同意。县公安局内设机构领导干部由县公安局任免,按照干部管理权限应当由县委组织部审批的,由县公安局提名呈报。2006年,《公安部关于县级公安机关机构设置的指导意见》规定,担任县级公安机关正职应具有政法、公安工作经验,副职一般应具有在公安机关基层所队领导岗位任职3年以上经历;建立县级公安机关内设机构领导干部从有基层所队工作经历的人员中选拔的制度。4月12日,全县公安会议召开,县委出台《关于进一步加强和改进公安工作的实施意见》,对全县公安机关体制性、机制性、保障性问题作出重大决策,整合后的内设机构和镇建制派出所均升格为正科级,新城水库派出所为副科级。为做好公安干部配备问题,县委组织部印发《关于县公安局副科级领导职务竞争上岗实施方案》,对56个副科级领导职位实行竞争上岗,选拔调整19名科级干部。2007年1月1日,《公安机关组织管理条例》实施。根据条例规定,县公安局正职领导职务的提名,应当事先征得市公安局的同意,副职领导职务的任免,应当事先征求市公安局的意见。县公安局内设机构警官职务、警员职务的任免,由县公安局按照干部管理权限决定或者报批。2008年8月,县委从县公安局选拔6名正科级和19名副科级领导干部,调整22名民警岗位。2009年9月,通过竞争上岗,选拔重用52名副科级干部,民主推荐7名正科级干部。2013年9月,县公安局选拔28名正科级干部,重用1名正科级干部。11月,选拔93名副科级干部,调整24名科级干部岗位。2014年,县公安局选拔重用干部6名。

2009年8月,竞争上岗笔试现场

2009年8月,竞争上岗面试现场

2016年4月,县公安局有副县级领导干部2名,正科级领导干部43名,副科级领导干部123名,主任科员40名(含副科职19名),副主任科员33名。

警衔管理

警衔是区分警察等级、表明警察身份的称号

和标志，是国家给予警察的荣誉。对警察实行警衔制，是中国警察管理体制改革的一个重要内容。

1956 年，公安部启动警衔评定工作。7 月，县公安局成立警衔办公室，副局长王友贵任主任，深入政治动员，开展警衔教育训练，考察了解干部，呈请授予警衔报告。9 月，公安部暂停授衔工作。

1992 年 7 月 1 日，第七届全国人大常委会第二十六次会议通过《中华人民共和国人民警察警衔条例》（以下简称警衔条例），并颁布实施。人民警察警衔设五等十三级：总警监、副总警监，一级警监、二级警监、三级警监，一级警督、二级警督、三级警督，一级警司、二级警司、三级警司，一级警员、二级警员。担任专业技术职务的人民警察的警衔，在警衔前冠以“专业技术”。担任行政职务的

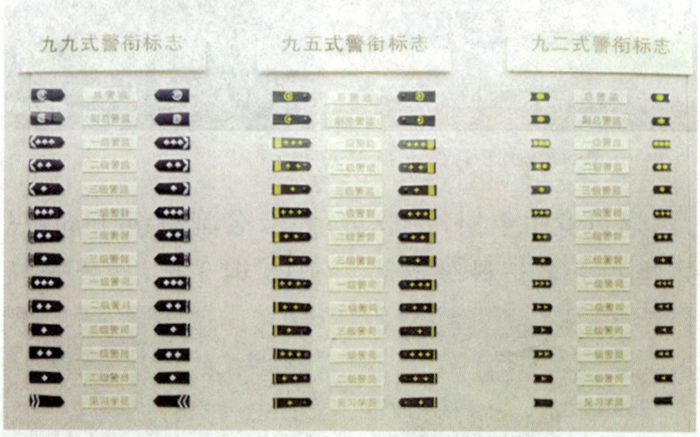

警衔标志

人民警察实行职务等级编制警衔。部级正职：总警监；部级副职：副总警监；厅（局）级正职：一级警监至二级警监；厅（局）级副职：二级警监至三级警监；处（局）级正职：三级警监至二级警督；处（局）级副职：一级警督至三级警督；科（局）级正职：一级警督至一级警司；科（局）级副职：二级警督至二级警司；科员（警长）职：三级警督至三级警司；办事员（警员）职：一级警司至二级警员。担任专业技术职务的人民警察实行职务等级编制警衔。高级专业技术职务：一级警监至二级警督；中级专业技术职务：一级警督至二级警司；初级业技术职务：三级警督至一级警员。

人民警察警衔按照人民警察职务等级编制警衔授予。首次授予人民警察警衔，总警监、副总警监、一级警监、二级警监由国务院总理批准授予；三级警监、警督由公安部部长批准授予；警司由省、自治区、直辖市公安厅（局）厅（局）长批准授予；警员由省、自治区、直辖市公安厅（局）政治部主任批准授予。二级警督以下的人民警察，在其职务等级编制警衔幅度内，根据期限和条件晋级。二级警员至一级警司，每晋升一级为三年；一级警司至一级警督，每晋升一级为四年。一级警督以上的人民警察的警衔晋级，在职务等级编制警衔幅度内，根据其德才表现和工作实绩实行选升。警司晋升警督，警督晋升警监，经相应的人民警察院校培训合格后，方可晋升。人民警察离休、退休的，其警衔予以保留，但不得佩带标志。

1992 年 9 月 1 日，县公安局召开学习实施警衔条例动员大会。9—10 月，208 名干警参加 3 期授衔前培训班，每期 10 天左右，采取集中授课辅导与分组学习讨论、训练相结合的方式，学习警衔条例、人民警察内务条令、警容风纪管理办法等规章制度，进行队列训练。9 月 12 日，国务院发布《人

1992 年 9 月，县公安局干警进行授衔前队列训练

民警察警衔标志式样和佩带方法》，橄榄色警衔标志佩带在干警领章上。

1993 年 3 月 16 日，县公安局在桓台宾馆举行

1993 年 3 月 16 日，县公安局授衔仪式

警察授衔仪式，县委书记吴明君，市公安局党委书记、副局长梁文兴，县委副书记、县长李奎封，县委副书记薛安胜，县人大常委会主任魏光荣，县委常委、县人武部长盖荣智，县委常委、县纪委书记高素贞，副县长尹德喜，县政协副主席张方仲，市公安局政治处副主任王子芝出席授衔仪式，首次授衔民警208名。根据警衔条例和首次评定授予人民警察警衔标准，中华人民共和国公安部公衔令字〔1992〕第76号命令批准，授予一级警督2名、二级警督30名、三级警督40名；山东省公安厅鲁公衔令字〔1992〕第26号命令批准，授予一级警司40名、二级警司46名、三级警司29名；山东省公安厅政治部鲁公政治衔令字第22号命令批准，授予一级警员13名、二级警员8名。

1995年5月16日，国务院修订《人民警察警衔标志式样和佩带方法》，警衔标志佩带在民警肩章上。是月，按照警衔条例和公安部“逢晋必训，先训后升”要求，县公安局首批一级警司晋升三级警督民警在山东省淄博人民警察学校接受培训。2000年8月18日，国务院第二次修订《人民警察警衔标志式样和佩带方法》，新的警衔标志佩带在肩章上，担任行政职务人民警察的肩章版面为藏蓝色，担任专业技术职务的人民警察的肩章版面为蓝灰色。着常服、执勤服时，佩带硬肩章；着作训服、制式衬衣时，佩带扣式软肩章；着多功能服时，佩带套式软肩章。2011年8月，省公安厅印发《山东省公安机关人民警察训练工作规范（试行）》，警衔晋升训练实行按警种和业务工作性质分班，跨衔级晋升训练时间不少于30天，衔级内晋升训练时间不少于15天。9月16—30日，县公安局在民警训练基地举办第一期警司衔级内警衔晋升培训班。

至2016年8月，全县公安机关授衔民警人数共379人。其中，一级警督83人，二级警督132人，三级警督43人，一级警司71人，二级警司48人，三级警司2人。

1993年桓台县公安局第一次授衔人员名单

表20－16

衔　称	名　单
一级警督	徐洪本　祝兆贤
二级警督	袭建忠　宋振顺　李兴俭　伊茂盛　张奎清　田承金　巩向尧　王在山　李庆勇　张光远　荣若富　逯玉厚　赵仕诚　徐学录　孙沐泽　郑佐文　任登武　巩子肖　巩芳林　胡安富　刘法树　刘承达　王仲德　王玉安　庞曰文　荆向敏　卢　起　刘丙文　蔡之普　刘汝茂
三级警督	王国新　伊若健　成　军　岳端玉　胡树茂　张守柱　李业成　徐统敏　殷佃臣　舒乐远　刘　军　王怀秋　孔祥礼　毕永茂　刘明良　胡正森　荆　斌　牛建国　白玉玺　张善法　李　旭　边和喜　王钦甫　付汉光　于国平　郭法玉　李守和　刘丙炎　张善亮　田晨湖　张聿林　岳端宝　田茂坤　崔洪美　尹佃佩　任德敏　金震田　孙树伟　巩向波　梁俊红（女）
一级警司	孙仕秀　王　沛　王玉华　巩昌驰　段淑武　刘献浩　王　平　胡瑞国　金宗良　王有红　崔佃华　郑建兴　王树福　刘仕成　孟繁禄　胡建坤　张　平　李守平　伊丕连　伊善堂　田家湖　张鲁闽　徐爱国　于洪志　胥　涛　巩崇文　荣若祥　巩曰珩　张丙益　荣佑勤　庞维来　王传敏　李　明　张振平　吴云友　郭修业　王长木　杨长荣　田颜承　杨云凤（女）
二级警司	王世亮　巩本鑫　魏守敏　田茂亮　张元明　马明正　田宜锋　王春省　陈恒斌　徐文胜　黄有宝　刘　桂　张孝和　文士钊　张方舜　李海刚　魏建国　姜恒泉　陈同旺　荆树明　刘思英　马洪光　陈　林　郑建洲　徐　军　张奎友　史继德　许领章　罗光明　梁　波　朱久爱　张修森　宋丰乾　李崇银　曹效连　吴英亮　张　进　宗　凯　赵洪军　宗学生　孟秀玲（女）　王淑香（女）　李黎英（女）　张秀云（女）　李翠芹（女）　毕春香（女）

表 20－16

衔　称	名　单
三级警司	王同生　魏光水　李　鹏　徐书连　王信水　巩昌国　巩曰华　胡茂营　齐廷新　荆茂堂　刘　斌　陈　永　郭　华　孟祥军　张　伟　张玉海　张学建　蔡玉川　张林平　窦钦才　荣庆禄　王玉峰　于光庆　金　明　周焕诚　魏连凡　张玉深　巩建平　宗学英(女)
一级警员	刘书亮　荆树钢　荆德金　张秀光　李　波　张连毅　于青峰　孟　君　王克军　李　滨　王家军　高现亮　赵　岩(女)
二级警员	荆树峰　巩曰兵　张银恒　王业盛　伊茂锋　王　凯　王树平　贾玉红(女)

桓台县公安局警衔津贴变化情况一览表

表 20－17

时　间	一级警督	二级警督	三级警督	一级警司	二级警司	三级警司	一级警员	二级警员	批准文号
1999.10	124	118	112	106	100	94	89	84	人发〔2000〕61 号
2001.01	145	138	131	124	117	110	104	98	人发〔2002〕25 号
2001.10	162	154	146	138	130	122	115	108	人发〔2002〕25 号
2003.07	174	165	156	147	138	129	121	113	国人部发〔2003〕64 号
2006.07	235	223	211	199	187	175	165	155	国人部发〔2006〕79 号
2015.01	1250	1100	960	860	760	660	610	560	人社部发〔2016〕11 号

专业职称评定

1997 年 1 月，省公安厅下发《关于全省公安机关刑事 侦察 法医技术专业人员开展技术资格评审工作的通知》《关于认真做好全省公安系统专业技术职务资格评审工作的通知》，县级公安机关中级技术资格比例逐步达到专业技术人员的 30%。9 月，市公安局成立专业技术职务资格评审领导小组，对评审标准和破格使用条件作出说明。县公安局共有专业技术人员 18 人，计工程技术人员 14 人、法医技术人员 4 人，经过评审，巩向波晋升副主任法医资格，确认黄有宝、陈恒斌工程师任职资格，王有红主检法医师任职资格。

1998 年，省公安厅下发《关于认真做好 1998 年度专业技术资格评审工作的通知》。金宗良、张振平、王沛取得工程师专业技术资格，徐书连、于孝诚、路全华、田海琳、庞允凤、李仁国、王胜军通过市公安局工程、法医技术职务初级委员会评审。是年，全局专业技术人员 23 人。1999 年 9 月，张秀云、魏守敏、王胜军、伊学艳、高成、张璇、刘丽丽通过工程技术系列或卫生技术系列专业技术职务资格评审。2004 年 8 月，徐书连、李仁国通过评审，分别取得刑侦工程、法医专业中级职务资格。2005 年，于孝诚、王胜军通过评审，分别取得文件检验、法医中级技术资格。2011 年，邹毅通过计算机与软件中级专业技术资格。2012 年 11 月，李仁国通过评审，取得副主任法医师资格。12 月，于毅、

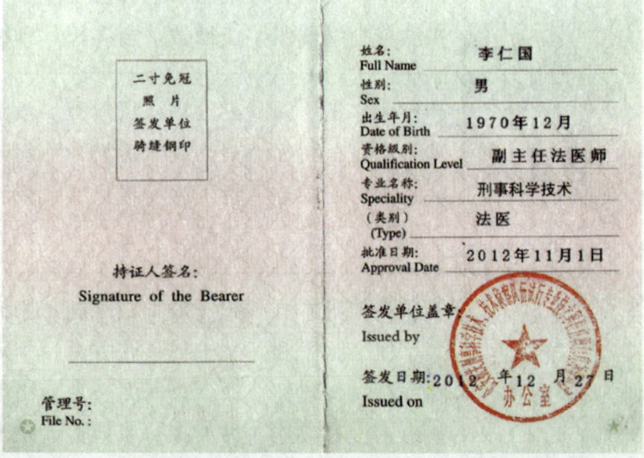
二寸免冠
照片
签发单位
骑缝钢印

持证人签名:
Signature of the Bearer

管理号:
File No.:

姓名: 李仁国
Full Name
性别: 男
Sex
出生年月: 1970年12月
Date of Birth
资格级别: 副主任法医师
Qualification Level
专业名称: 刑事科学技术
Speciality
(类别) 法医
(Type)
批准日期: 2012年11月1日
Approval Date
签发单位盖章:
Issued by
签发日期: 2012 年 12 月 27 日
Issued on

李仁国职称证书

张宇鹏、李麟、魏振通过评审，分别取得法医、痕迹检验中级专业技术资格。2014 年 8 月，徐书连通过评审，取得痕迹检验中级专业技术资格。2015 年 10 月，刘传统、王亚东取得计算机技术与软件初级专业技术资格。2016 年，张文水、李沛源、盖健、王超取得初级专业技术资格。是年 9 月，全局专业技术人员中，高级职称 1 名，中级职称 7 名，初级职称 10 名。

老干部管理服务

机构设置　1964 年 6 月，胡建章退休，系县公安局首位退休干部。至 1984 年，离退休干部工作先后由秘书股、政治协理室负责。1984 年 5 月，由政工科负责，胡树茂、杨云凤为老干部工作人员，时有离休人员 6 名，退休干部 6 名。

1995 年 5 月，局党委设立离退休干部支部委员会，杨云凤任支部书记，于守德、祝兆贤任支部委员。12 月，县公安局设老干部科，科长杨云凤，时有离休人员 8 名、退休干部 9 名。2003 年 12 月，撤销老干科，老干部工作并入政治处，吴成彬为老干部工作人员，时有离退休人员 59 名，其中离休 7 名。2004 年 7 月，刘波任离退休干部党支部书记，副书记吴成彬、祝兆贤，委员徐洪本、袭建忠、伊茂盛、赵仕诚。2007 年 3 月，徐锋任老干党支部书记，副书记祝兆贤、徐洪本，委员袭建忠、伊茂盛、赵仕诚、刘东朋，老干部工作人员刘东朋，时有离退休人员 63 名，其中离休 6 名。2013 年 10 月，徐洪本任老干党支部书记，副书记魏光水、甘明新，委员袭建忠、赵仕诚、张奎清、刘东朋，老干部工作人员刘东朋。2016 年 4 月 15 日，有离退休人员 86 人，其中离休 5 人。

活动场所　1988 年 10 月，县公安局设调研员办公室，位于县公安局办公楼二楼（2 间），同时为离退休干部活动地点。1995 年 5 月，撤销调研员办公室，离退休干部联络、活动地点改为办公楼二楼西首老干科。2001 年 4 月，在保安公司二楼西首 60 平方米大厅设立老干部党支部办公室，同时也为离退休干部活动室，购置简易健身器 1 架、棋牌桌 2 张、椅子 10 把、书报橱 1 个，配备象棋、麻将、扑克、书报等，配置 7 座面包车一辆。2006 年 1 月，购置一辆 12 座中巴警车，取代 7 座面包车。2010 年 1 月，购置一辆东风风行中巴便车取代警式中巴车。2013 年 3 月，县公安局投资 30 余万元，改造原警官接待处为“党员之家”，作为老干部

党员之家

办公和活动场所，2014 年 4 月投入使用。“党员之家”面积 400 平方米，设有党支部办公室、阅览室、文娱室、展览室、门球队室、钓鱼队室、太极功夫室、戏曲练唱室、值班卫生管理室，各室制度及宣传园地设施齐全，配备台球桌 1 台、台球 1 副、乒乓球桌 1 张、阅览桌 1 张、会议桌 1 张、办公桌 2 张、棋牌桌 4 张、椅子 30 把、书报橱 2 个、报架 2 个、立式空调 2 台、挂式空调 4 台。“党员之家”配备卫生设施值班员 1 名。

主要活动　1964 年 6 月起，局党组（党委）对离退休干部坚持政治思想教育，要求“离岗不离党，退休不褪色”。落实党和政府对离退休干部的

1998 年，组织老干部游览大明湖

政治、经济待遇，不落人，不漏项；每年春节走访慰问离退休干部，重阳节期间或召开老干座谈会，或组织参观游览，或登门慰问探望；每年为离退休干部查体，及时掌握老同志的健康状况，局领导探望、慰问患重病者，帮助离世老干部遗属处理后事。

1988年9月，离休干部祝兆贤被县实验中学聘为校外法制辅导员。1993年6月，祝兆贤主持组建县公安局离退休干部门球队，带动全县门球事业发展，门球队员巩子肖、荆斌均为县门协副主席。7月，组建离退休干部太极健身队。在不同层次的比赛中，老干部荣获奖杯、证书50余件，成为县公安局老干部工作的亮点。9月，离休干部张仲俊、祝兆贤、孙沐泽等组成"革命传统教育报告团"，到基层派出所巡讲。1994年12月，退休干部荆彬当选离退休干部象棋队队长，每年11月或12月，邀请县人大、县政协象棋队举办友谊赛。1995年4月，退休干部赵仕诚组织钓鱼队，钓鱼队员徐洪本为县钓鱼协会副主席。12月始，离退休干部党支部坚持"三会一课"制度，学习党的路线方针政策，保持党员先进性。

老干部参加政治学习

2000年，祝兆贤被市体委评为社会体育指导员，被县教体局聘为太极协会副会长。2004年秋，离退休干部党支部聘请专业教师吕文英教授太极拳、太极剑、太极刀、太极球和气功等，健身队伍发展到50余人。2007年，荣获桓台县秋季全民健身比赛第一名，并参加迎奥运、庆国庆60周年、县运动会等多个公益活动展演。2008年汶川地震、2013年雅安地震后，离退休干部祝兆贤、韩家新、袭建忠、伊茂盛、赵仕诚、卢起、巩芳林等在第一时间向灾区捐款，掀起老干部向灾区捐款热潮。2009年1月，祝兆贤、伊茂盛、甘明新、赵仕诚等编撰《桓台县公安民警实名录》，录入县公安局成立以来每名公安民警的简历及工作调动走向，以此向建国60周年献礼。11月，退休干部胡树茂为离退休干部象棋队队长，多次组织年度邀请赛。

老干部参加第三届"康乐杯"门球比赛

2011年年底，县公安局机关和各派出所邀请祝兆贤、伊茂盛、赵仕诚等老干部上党课。2013年3月，甘明新组建老干部戏曲弹唱队。2014年6月，离退休干部党支部举办庆"七一"趣味运动会，老干部们兴致勃勃表演节目。2015年4月，县公安局在老干部中开展纪念抗日战争胜利70周年系列活动，祝兆贤撰写《做警察爱岗敬业 离休后牢记本色》，甘明新撰写《铁警铮剑》，张奎清撰写《炸药"落网"记》征文，并在"党员之家"展览。2016年4月，离退休干部党支部开展"两学一做"活动。

2000—2016年桓台县公安局老干部工作受表彰奖励情况一览表

表20—18

单位/个人	荣誉称号	授予机关	时间
祝兆贤	社会体育指导员	市体委	2000
老干部门球队	百队门球活动大赛第一名		2001.05
老干部门球队	全省门球大赛荣誉奖		2001.05

续表 20－18

单位/个人	荣誉称号	授予机关	时间
县公安局	全市老干部亲情服务工作先进单位	市委组织部、市委老干部局、市人事局	2007.03
老干党支部	全市离退休干部先进党支部	市委组织部、市委老干部局、市人事局	2007.06
县公安局	淄博市老年维权岗	市老龄办、市中级人民法院、市公安局、市司法局	2008.09
刘东朋	全市老干部工作先进个人、三等功	市委组织部、市委老干部局、市人事局	2009.05
甘明新	编纂公安史志工作先进个人	淄博市公安局	2009.09
老干党支部	淄博市离退休干部党建工作示范点	淄博市委组织部、市委老干部局	2009.11
老干党支部	全市离退休干部先进党支部	市委组织部、市委老干部局、市人事局	2010.05
县公安局	全市尊老敬老先进集体	市委组织部、市委老干部局	2011.02
县公安局	全市离退休干部先进党支部	市委组织部、市委老干部局	2011.06
老干党支部	全省先进离退休干部党支部	省委组织部、省委老干部局	2011.08
祝兆贤	山东省“五好”离退休干部党员	省委组织部、省委老干部局	2014.07

辅助人员管理

为加快公安人事制度改革，解放非执法岗位警力资源，2008 年 9 月，县公安局面向社会公开招聘 30 名文职人员，实现社会化选人和契约化用人。县公安局按照招聘条件(具备全日制大专以上学历，有相应的计算机、语言表达和组织协调能力等)，在县纪委、县人事局全程监督下，遵循“公开平等、竞争择优”原则，对报名人员进行资格审查、笔试、面试、体检、政审，最终录用；文职人员工资不低于桓台县最低工资标准并加奖金，缴纳养老、医疗、工伤、失业和生育保险，文职人员工资和保险待遇纳入县财政预算。28 名文职人员被分配到机关科队室，从事技术保障、行政事务类工作，2 名被安排到少海派出所、索镇派出所从事事务性、保障性工作；把替换出的民警充实到一线执法岗位，一线警力百分比提高 9.4%。

政工室负责对文职人员统一管理，与各用人单位签订责任书，实行“谁使用，谁负责”“用管结合，规范管理”，文职人员在民警指挥和监督下开展工作。聘用期 2 年，期满后，根据其能力、作风及考核情况，结合岗位需要，择优办理续聘手续，考核不合格者，不再续聘。各用人单位组织文职人员学习并掌握法律、法规及相关政策规定，加强职责任务、纪律作风、业务技能、安全防护知识、职业道德、执勤礼仪和群众工作法等方面的培训。研发文职人员管理系统，结合《文职人员管理使用办法》《文职人员考核细则》《女文职人员哺乳规定》等制度，将文职人员的日常管理和业务考核管理细分为考勤管理、薪酬管理、工作日志和考核管理等项目，表彰优秀文职人员。同时，各派出所根据工作需要，自行招聘辅助人员，工资待遇由各派出所所在镇财政负责，派出所管理使用，县公安局统一缴纳社会保险。

2008 年 9 月，测试文职人员理论知识

为进一步盘活警力资源，2011 年 9 月，县公安局招聘 60 名交通巡逻协警，30 名被充实到巡逻特警大队，从事城区巡逻防控工作，提高见警率和管事率；30 名被分配到县交警大队，负责维护城区道路交通秩序，宣传道路交通安全知识。交通巡逻协警的工资、待遇及管理使用等均参照文职人员执行。2016 年 4 月，全局文职 70 人，协警 335 人。

2011年9月，交巡警协勤上岗前军训

第三节　宣　传

宣传阵地

中华人民共和国成立后，县公安局秘书部门负责通讯报道工作。1990年9月—1994年4月，政工科负责通讯报道工作。县公安局发动全警总结推介中心工作，同时各基层单位聘请文字工作者担任通讯员，每年召开全县公安通讯报道工作会议，聘请专家授课，涌现出一批以省级优秀通讯员王春省为代表的通讯报道工作骨干。1992年3月25日，在唐山镇召开全县公安系统通讯报道总结表彰会议，表彰8个先进集体、12名信息员、5名

1992年3月25日，县公安局召开公安信息宣传工作总结表彰会

通讯员。是年，向各类报刊投稿件30篇，采用18篇，摄影20幅，采用13幅，向电台、电视台投稿件52篇，采用36篇。1994年4月—1999年4月，主要由秘书科、指挥中心负责宣传工作。1999年4月，设立宣传科，更新照相、摄像设备，在各所设立兼职信息报道员。2007年2月，撤销宣传科，宣传业务合并到政工部门。2010年7月，指挥中心设

2008年2月28日，县公安局举办新闻业务报道培训班

立宣传室，为股级机构，宣传工作由政工部门实际负责；2011年3月，宣传室升格为副科级机构。

县公安局与各级新闻媒体加强互动，适时邀请记者随警作战，召开新闻通气会，争取媒体对公安工作的理解和支持。1996年1月—1997年1月，与桓台电视台合办《警界传真》栏目；2011年7月—2012年7月，与县广播电台合办《桓台警务报道》栏目，宣传公安工作和民警典型事迹。2014年8月—2015年1月，与《鲁中晨报》合办《走进基层派出所》栏目，与《桓台大众》合办《桓台警方》栏目，重点推介公安亮点、特色工作。2014年9月—2015年3月，与县广播电台合办《桓台警方在线》栏目，通过警方公告、警界动态、防范常识、政策法规、大案传真等题材，形成良好的舆论氛围。2014年12月—2015年12月，与大众网合办“桓台警方在线”栏目，发挥主流网络媒体优势，宣传公安工作正能量，营造和谐警民关系。

警务报道

抗日战争和解放战争时期，县公安局多通过《群众报》《渤海日报》等党委机关报宣传县公安局战绩，提振民众参与抗战、打击国民党反动势力的士气。民国35年(1946年)11月5日，县公安局局长宋鲁源在《渤海日报》发表《活跃在桓台边缘区的武工队》的文章，报道武工队自7月15日成立后，打击蒋军、清剿匪特取得的战果。11月11日，宋鲁源在《渤海日报》发表《桓台县公安局一年工作争取蒋特伪匪一千四百人 缴获大批武器 打

击蒋伪特活动》文章，总结县公安局一年来的工作。民国36年(1947年)3月28日，县委在《渤海日报》发表《英勇坚持边沿斗争》的文章，报道桓台县公安局、武工队坚持边沿斗争，取得优异成绩，荣膺二等功的事迹。

20世纪50年代，公安工作主要围绕镇压反革命、取缔反动会道门、保卫统购统销、肃反、打击刑事犯罪等展开，宣传方式以现场发动和内部通报为主。1962年，以保卫集体经济、保卫农业生产为中心，围绕加强对敌斗争、整顿社会秩序，组织宣传队伍，深入开展防火、防盗、防毒宣传，同时采取召开群众大会、张贴标语等形式宣传相关政策，受教育群众覆盖率高，效果明显。1978年春节期间，县公安局联合县广播局做好冬季防火广播宣传节目，反复宣传地区公安消防大队编印的《冬季防火宣传提纲》和《中小学生冬季防火教育讲话》，提高人民群众预防火灾事故的警惕性。

1987年，县公安局开展身份证办理工作，局领导在桓台电视台发表电视讲话，进行宣传发动。3月23—29日，县防火委员会集中开展防火宣传周活动。3月24日，县防火委员会办公室主任祝兆贤发表广播讲话，强调防火宣传与本单位实际情况相结合，与促进安全生产、提高经济效益相结合，与增产节约、增收节支运动相结合，与安全防范、法制宣传教育相结合，与宣传火灾案例追查火灾事故相结合，充分利用广播、黑板报、宣传栏、宣传车、电影幻灯、召开会议、上消防知识课等多种形式进行宣传，最大限度预防和减少火灾事故的发生。1988年，通讯报道工作实现突破，干警拍摄的照片多次在《香港画报》《山东公安》《淄博日报》《大众日报》并获奖，3名干警撰写的新闻稿件分别被《大众日报》《山东公安》《电子报》采用。是年，县公安局被市公安局评为宣传报道先进单位。

1991年，桓台县专职治安联防队建设得到上级和社会充分肯定，山东电视台、淄博电视台和《法制日报》《山东法制报》《淄博日报》相继报道。1993年，县公安局推行农村户口城市化管理，桓台电视台、淄博电视台、山东电视台及《淄博日报》《法制日报》相继报道经验做法，全国20批同行到桓台学习交流。1994年3月，开展破大案、挖团伙、打流窜百日专项斗争，县公安局发动声势浩大的宣传攻势，期间召开党团干部会等各种会议382场次，发表电视讲话1次，印发宣传提纲2000份，张贴标语条幅5000余条，出专版5期，出黑板报、宣传栏587块，出动宣传车180辆次，召开就地揭露、退赃大会10次，鼓舞干部群众参与斗争的热情。4月19日，在桓台影院门前召开百日专项斗争退赃大会，淄博电视台、淄博晚报、淄博人民广播电台、桓台电视台、桓台广播电台、桓台报社等多家新闻媒体现场采访报道。11月8日，召开全县公安指挥系统暨巡警体制建设新闻发布会，县委副书记薛安胜、县公安局局长徐洪本分别通报建立以指挥中心为龙头，以110报警服务台为纽带，以巡警为骨干，以“三管”(管暂住人口、公共场所、特种行业)、“三防”(人防、物防、技防)为基础的动态治安防控网络情况和指挥系统、巡警体制运行情况，向社会推介新机制、新警种、新服务。

1995年9月，县公安局开展“学赶济南交警”活动和“文明管理、优质服务”活动，总结典型做法，在各级主流媒体发稿145篇。9月30日，局长曹永振在桓台电视台发表电视讲话，介绍110报警求助电话的任务、作用和正确使用方法。10月，全县统一制作110报警提示牌9100多张，在学校、居民区、单位办公楼、公用电话亭及宾馆客房、商场等公共场所广为张贴、张挂。1996年5月25日，举办“严打”成果展示会和收缴枪支展览会，制作展板20块，市、县主要媒体采访报道，县委宣传部组织14辆宣传车到各镇巡回宣传。公安基层单位向《淄博公安报》投稿，全年发稿72篇。10月10日，印发《关于认真贯彻执行枪支管理法的通告》8000份，出动宣传车30辆，开展拉网式清理收缴枪支弹药专项行动。1997年，确定每年1月10日为“110宣传日”。是年，县公安局周密部署110宣传周活动，县委、县政府及局领导走上街头，发放110宣传提纲8000份，在生活小区、电话亭、出租车、公交车张贴110报警提示卡1000张，在城区主要街道和路口设置110广告灯箱6个，出动宣传车35辆，制作条幅50条。各派出所开展110进校园、进企业、进村庄活动，召开110座谈会。《人民日报》《法制日报》《新华每日电讯》《大众日报》宣传报道，《山东公安》杂志以《“乡村110”扬威吨粮县》为题专题报道。

进入21世纪，县公安局坚持网络媒体和传统媒体相结合，深入报道警务工作新举措、新成就。

2007年4月4日，淄博日报社高级编辑孙丰深与民警交流警务宣传工作

2008年，县公安局构建标准化管理体系，推动公安工作和队伍建设水平整体提升，《人民公安报》《人民网》《山东法制报》《淄博日报》相继报道。2010年，县拘留所推行管理教育新模式，7月21日举行首次开放日活动，省、市、县媒体和群众代表到所采访、参观。8月2日，《淄博日报》法制栏目刊出《桓台县拘留所在全市率先对外开放》。8月3日，《山东法制报》三版以《这里洒满人性阳光》为题全景式报道。《桓台大众》《淄博鲁中周刊》及桓台人民广播电台、桓台电视台、淄博时空、齐鲁法制网从不同侧面报道。11月30日，县人大常委会刊物《桓台大众》第62期《让阳光照进高墙深处》，介绍拘留所工作。

2013年，县公安局完善警察公共关系机制建设，多元化传播公安正能量，打造群众满意警务新品牌。组建惠民法治宣讲团，深入企事业单位、村居，开展上门送法律、送平安活动，受教育5万余人。建立“警务广场”，搭建参警议警、警务协商、警民恳谈、惠民宣讲的敞开式警务主题平台，常态化开展公共安全知识宣传，并接受群众监督评议。开展民警赶大集活动，通过自编自演的“快板说法”“情景剧演绎”等群众喜闻乐见的形式，向群众宣传防信息诈骗知识。2014年5月5日，马桥派出所自筹资金，创办月刊《马桥警讯》，每刊发行9000份，设有《警事要闻》《综合警讯》《以案说法》《以案说防》等栏目，宣传派出所各项工作，回应社会各界关注的治安热点问题。5月17日，中央电视台综合频道、新闻频道《朝闻天下》栏目播出《警民联手 构筑防盗骗防控体系》，宣传报道县公安局创新防盗骗宣传形式，增强群众防范意识的做法。

2014年5月17日，央视综合频道《朝闻天下》栏目宣传公安工作

是年，中央电视台及《人民公安报》《山东法制报》《大众日报》《淄博日报》集中报道县公安局扎实推进视频监控全覆盖向农村延伸，打造城乡技防一体化格局，提高视频监控系统服务实战效能的做法。2016年1月26日，人民公安报以《新常态下看桓台如何打造活力警队》为题，整版报道县公安局队伍建设工作情况，宣传“对民警最大的关心是帮助其成长进步，最优厚的待遇是丰富其知识积累”的爱警理念，培育创新型、专业型、实干型、复合型人才的做法。

专题宣传

20世纪50—80年代，公安机关对重要案件的宣传，主要通过发放宣传提纲、张贴标语、悬挂横幅及出黑板报、广播、宣传车，召开群众大会、公判批斗大会、罪行揭露大会等形式，以案释法，弘扬法律，为维护治安稳定奠定群众基础。

1950—1951年，桓台县开展取缔反动会道门行动，县公安局通过印发张贴通告等形式，揭露反动会道门本质，宣传取缔工作的重大意义，争取人民群众理解支持。1957年8—9月，为配合农村社会主义宣传教育运动，打击地主、富农、反革命分子和各种刑事犯罪分子的现行破坏活动，绘制放火、偷盗、诈骗等5类案件7幅漫画，组成宣传组，到各集镇和合作社，利用早晚时间，穿插政策教育，开展宣传活动。

1961年11月20日，县人民法院、县人民检察院、县公安局发出联合通知，书面公布张太奎持刀杀人灭口案、张文长流窜盗窃案两起案件情况，由各区、人民公社、大队组织讨论，教育群众，震慑犯罪，掀起检举揭发坏人、坏事的运动高潮。1964年，县公安局结合查处反动圣贤道复辟案件，印发宣传提纲，历数反动会道门复辟活动的八大罪状，深刻揭露他们为反动阶级服务，企图推翻共产党的领导、搞垮社会主义制度的反革命本质。各区、人民公社、大队组织社员集中学习，加强对反动道首的监督改造，保卫各项中心工作顺利进行。

1977年，桓台县批斗处理查获的反革命分子和刑事犯罪分子，全年召开万人公判批斗大会17场，押解42名典型案犯在全县各大队巡回游斗，召开大型批斗会103场，印发布告、宣传提纲6.3万份，受教育群众120余万人次。

1980年，公安部印发《关于宣传报道刑事犯罪案例需要注意的几个问题的通知》，县公安局在宣传报道中，注意选题、选角度，保守国家秘密和警务工作秘密，突出预防和教育效果。1982年，社会治安出现很多问题，县公安局通过公开处理案件的形式，增强震慑性宣传效果。1月10日，发布1号通告，对偷窃物资、哄抢瓜果的建国大队5人、学生2人、工人1人公开处理。6月25日，发布2号通告，对荆家34人赌博团伙公开处理。12月4日，发布3号通告，对陈庄人民公社西史大队部分社员哄抢油田物资案件公开处理。1983年1月，县轴承厂发生一起借闹洞房为名实施的污辱摧残妇女案件，社会影响恶劣。1月22日，县委在轴承厂召开大会，县直机关、各大企业主要负责人、相关管理人员200余人，以及轴承厂280名职工参加会议，对案件公开处理，取得较好法律宣传效果。2月，索镇派出所在索镇蔬菜小市场打掉一个赌博团伙。县公安局印发1000份通告，发至各社队、县直各单位，县广播站连续播放通告内容，提高干部群众抵制赌博活动的自觉性。

1983—1987年，第一次"严打"中，把宣传工作贯彻斗争始终，选择典型案例就地揭露，落实"坦白从宽，抗拒从严"政策，部分犯罪分子投案自首。1986年7月，开展反破坏社会治安秩序斗争，县公安局印发3700份省政法四部门通告、3000份县公安局通告、1300份市委宣传部、市政法四部门《宣传提纲》，发至各厂企单位、各个村庄。每个乡镇一台宣传车，广播省、市、县《通告》录音，全县80多个电影队放映前首先宣传《通告》。县广播站、乡镇放大站、村大喇叭，每日坚持广播宣传《通告》，全县出黑板报1500块，制作宣传栏150个，张贴标语1.3万余条，形成舆论攻势，54名违法犯罪分子主动投案自首。1988年上半年，《淄博日报》举办昆仑杯新闻摄影赛，刑警队技术员王春省拍摄的《勇擒盗贼》《一把祭祖的香火》分获一、二等奖。

1991年8月21日，县公安局打掉以杨永登为首的13名拐卖妇女犯罪团伙，《法制日报》《中国妇女报》及省、市电视台报道这次"打拐"专项斗争。王春省现场摄影作品《勇擒罪犯》荣获新华社"建设杯"新闻摄影大赛特等奖，摄影作品《打击拐卖妇女》荣获法制日报社新闻摄影大赛一等奖，摄影作品《儿子回来了》荣获人民日报社青岛杯摄影比赛优秀奖。1993年4月，县公安局成立工作组，整顿荆家镇陈桥村治安秩序，王春省摄影作品《除暴安良》，在6月12日《人民日报》一版刊发。1994年1月，该组照片荣获万特杯全国公安新闻摄影大赛一等奖。1995年2月11日，索镇派出所仅用8小时破获孟某拐卖儿童案，及时解救年仅1岁3个月的被拐卖儿童冬冬，将其安全送回家，社会反响强烈。当晚，山东电视台《今日报道》栏目播出，中央电视台及《人民日报》《中国妇女报》《人民公安报》《大众日报》《经济日报》及时报道，赢得良好社会效果。王春省拍摄的该组新闻照片荣获经济日报"运神杯"全国新闻大赛一等奖、1995年度公安部"金盾文化工程"金盾新闻奖二等奖。

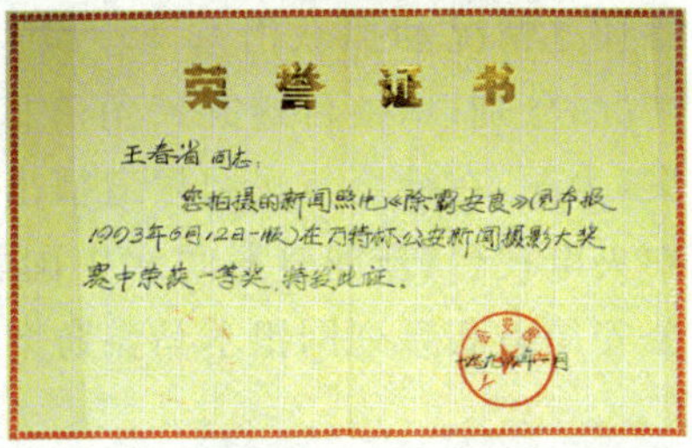
荣誉证书
王春省同志：
您拍摄的新闻照片《除暴安良》(见今报1993年6月12日一版)在万特杯公安新闻摄影大奖赛中荣获一等奖，特发此证。

证书
《冬冬回家了》(组片)
荣获1995年度公安部"金盾文化工程"金盾新闻奖二等奖。

21世纪初，人民群众对社会治安问题更加关注。公安机关在侦破每一起重大案件的同时，根据案件对社会治安的影响力，有选择的公开报道，击穿各类谣言，挽回社会影响。2009 年 5 月 5 日，华沟村发生 2 名儿童被绑架案，在流言四起情况下，县公安局专案组顶住压力，10 天后侦破案件，2 名儿童安全获救，各大新闻媒体给予极大关注，纷纷在头版大篇幅宣传报道。公安工作赢得群众赞誉，华沟村 200 余村民敲锣打鼓、举着横幅、抬着牌匾、带着锦旗向公安机关表示感谢。

2013—2015 年，县公安局先后召开 20 次新闻通气会及 7 次退赃大会，通报 2013 年“8・23”系列抢劫案、2014 年“1・23”绑架儿童案及系列夜间爬楼入室盗窃案等有影响的案件，集中报道“打侵财，创平安”专项行动、秋冬治安“百日会战”、打击“盗抢骗”犯罪专项行动取得的战果，表达公安机关打击犯罪、保护群众生命财产安全的决心。加强主流媒体宣传，不断提升公开报道质量。2014—2015 年，中央电视台先后 3 次采访 2012 年“8・2”故意杀人案、2014 年系列盗窃机井房设备案侦办情况和抓获潜逃 15 年命案在逃人员马林情况，分别以《桓台谜案》《角落日记》《小村里的血案》为题，在社会与法制频道播出。2015 年 10 月，中央电视台《新闻直播间》《中国新闻》栏目报道县公安局破获系列网银木马盗窃案情况。

人物通讯

县公安局围绕各个时期公安中心工作，宣传典型人物，发挥内聚警心、外树形象的作用。

民国 35 年(1946 年)，在县委、县政府领导下，县公安局组织武装力量，对国民党军队开展反蚕食斗争，涌现出一批战斗模范。8 月 28 日《渤海日报》、9 月 12 日《大众日报》分别刊发记者陶沙稿件《活跃在胶济路旁的游击小组》《第五天》，宣传政卫队副队长王占魁及高延洪、韩振东、张宪周、张景文五人战斗小组伏击国民党部队的英雄事迹。民国 36 年(1947 年)2 月 19 日，沈和在《渤海日报》发表文章《模范排长王振祥》，报道政卫队排长王振祥的先进事迹。以上报道鼓舞人心，树立粉碎敌人进攻的信心。

20 世纪 50—80 年代，除上级统一对外宣传公安重大典型人物外，多以内部通报表彰和举办事迹报告会为主。1978 年 7 月 10 日，秘书股副股长梁俊红参加惠民地区“双先”报告团，在惠民地区各县和地直机关巡回报告事迹。1982 年 5 月 20 日，惠民地区公安处通报侯庄人民公社公安特派员王在山先进事迹，号召各级公安机关向他学习。

20 世纪 80 年代末、90 年代初，公安机关涌现出一批严格执法、勇擒歹徒、严格管理、服务群众的先进人物。县公安局通过淄博电视台播出《女警察》专题片，桓台报刊发《平平淡淡才是真》等一批稿件，专题报道公安队伍中涌现出的先进事迹。

淄博公安报

魂系城区

1993—1999 年，县公安局发挥《淄博公安报》在本地发行量大，接近群众实际优势，采风报道公安先进人物，先后重点报道全市“十佳民警”、原城区派出所所长胡安富，二等功臣、邢家派出所所长胥涛的事迹。1979 年，张秀云参加公安工作后，一直在看守所工作，爱岗敬业，默默无闻，被誉为“高墙深处敬业人”。1997 年 5 月张秀云参加全县英模座谈会，其事迹被省、市新闻媒体广泛报道。

随着社区警务战略的深入实施，广大民警扎根基层，推进和谐警民关系建设，为群众做了大量好事、实事，涌现许多感人事迹。荆家派出所社区民警金海军，先后救助群众 360 余人次，帮扶留守老人 20 余人，救助 78 岁流浪老人董玉良，使其晚年有了归宿，被群众称为“咱老百姓的贴心民警”。县公安局培树这一重大典型，其事迹被《人民公安报》《大众日报》及山东电视台等媒体报道，金海军先后被评为第二届淄博市道德模范、全省优秀人民警察，当选 2009“感动淄博”年度人物，荣获 2010 年度“山东青年五四奖章”，被市文明委命名为敬老志愿服务模范人物。

2014 年春节，局领导走访中了解到民警王玉峰累倒在工作岗位上后，其妻子陈兰芳悉心照料 10 年，事迹十分感人，遂组织宣传。2015 年 1 月 7 日，人民公安报社《动态清样》发表《桓台警嫂陈兰芳十载不离不弃呵护植物人丈夫创造奇迹——0.05%的希望变成了 100%的现实》。省委书记姜异康，副省长、省公安厅厅长徐珠宝及人民公安报社主编刘敬怀等批示肯定。《人民日报》《光明日报》《法制日报》《人民公安报》《大众日报》及山东电视台集中报道陈兰芳事迹。2月5日，陈兰芳当选2014“感动淄博”年度人物。10月8日，陈兰芳被公安部和全国妇联授予“好警嫂”称号。

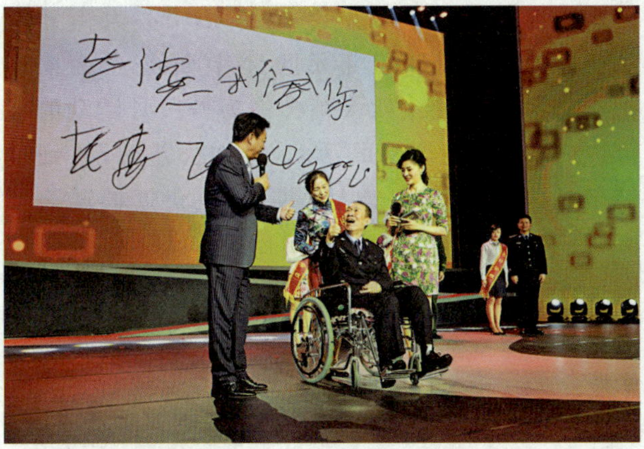

2015年10月8日，陈兰芳(左二)参加公安部、全国妇联“好警嫂”颁奖晚会

第四节　和谐警民关系建设

爱民月活动

县公安局自成立起，坚持从群众中来，到群众中去，在战斗和工作间隙，为群众做好事，保持人民子弟兵的本色，赢得群众拥护和支持。1958年8月16日，全国第九次公安会议通过《关于公安人员八大纪律十项注意的决议》，规定每年年终的一个月(或春节期间)作为公安人员的爱民月。爱民月期间，检查遵守纪律情况，克服缺点，改进作风，开展为群众办好事、帮助群众劳动生产的持久的革命竞赛。同时，定期召开警民座谈会向群众报告工作，使运动与经常性工作相结合。除“文化大革命”期间受到影响外，在每年的爱民月中，县公安局开展形式多样的爱民活动。

1959—1961年，并县期间，博兴县公安局安排部署爱民月活动，针对自然灾害频繁、人民生活困难情况，安排干警走访和帮助困难户。1961年12月27日，在桓台县政法干部会议上，县公安局部署爱民月活动，这是桓台县公安局开展的第一个爱民月活动。1962年1—2月，破大小案件172起，其中刑事案件109起，春节前抓捕流窜犯16人，春节期间仅发生1起小偷小摸案件，并及时破案，同时办好事1099件，召开警民座谈会1次。针对灾情，机关干部和区公安特派员走访困难户852户，联系解决粮食42斤、菜1100斤、煤3100斤、衣服6件，请医生14人16次。桓城区公安特派员刘希俭为6户困难户解决煤900斤。城南村“五保户”魏明商生病无人照顾、无钱请医生，刘希俭将仅有的3元钱捐出，又向爱人要了4元，向区委书记借8元，为其支付药费。索镇派出所刘修双到汽车站为群众办好事，帮助群众10人次。副局长曹继杰带领股长韩志诚、副股长蔡温普等慰问机关驻地“五保户”、烈军属68户，为病人请医生2次。1962年爱民月活动中，帮助困难户11户，请医治病4人次，扶老携幼54人次，寻亲友1人次，宣传教育2000人次。张宝德连夜破获食品门市部被盗案，受到商业职工好评；张仲俊在街上遇到一走失小男孩，为孩子找到家门。孙传久向党委反映情况，为8个困难户解决现金100余元、粮食300余斤。

1973年，公安机关恢复建制后，在当年爱民月活动期间，局领导带领清扫街道，帮助困难群众。1977年，爱民月活动期间，学习东莱派出所，发扬公安机关讲路线、讲政策、守纪律、爱人民优良传统，为群众大办好事。打击流窜犯罪，为群众欢度春节创造良好治安环境。春节期间，局党组成员带队到机关驻地单位及大队走访，召开座谈会，广泛征求意见。各股、所抽出部分人员轮流到汽车站、影院等公共场所维持秩序，扶老携幼，清扫街道。1978年，爱民月活动期间，县公安局和派出所召开警民座谈会，派出所向群众报告工作，听取群众意见，接受群众监督。副局长张仲俊、索镇派出所所长孙沐泽带病整顿社会治安秩序。

1981年1月，局领导主持开展警民座谈会报告工作。期间，全县发案5起，全部破获，并破积案1起，将缴获的赃物全部退还失主。1982年新年及春节期间，开展爱民月、文明礼貌月和学英模、立功创模、做好事活动，召开警民座谈会8次，做好事318件，公安机关自身改变“脏乱差”现象，形成文明办案、礼貌待人的良好风气。1983年，县公安局爱民月活动的重点是整顿纪律作风、密切警民关系，组织全体干警开展职业责任、职业道德、职业纪律教育，县公安局梳理人民来信来访，做到件件有结果。重新制定“公安干警十不准”等遵纪爱民公约，每名干警对照整改。5名局领导带队，走访机关、村庄等48个单位，群众提出表扬意见20条、建设性意见34条、批评意见8条。1984年1月30—31日，3名局领导带队，到12个人民公社走访慰问23名大队治保主任及其家属。各派出所和县中队广泛征求意见，召开座谈会27次，参加群众400余人，提出表扬意见16条、建设性意见15条、批评意见5条。1月，发生刑事案件7起，全部破获。部分干警到汽车站、电影院执勤，帮助旅客装卸行李190余次，扶老携幼30余次，组织干警到索镇医院清扫卫生，运走8吨垃圾，为9名病人理发。田庄派出所副所长王怀秋走乡串户给16名烈军属理发。2月8日夜，邹平县长山人民公社3名社员要求协助寻找亲人，值班的内保股长赵仕诚患感冒，仍与岳端宝领着3人到侯庄人民公社官西大队找到亲人。

1984年12月，局党组制定爱民月活动意见。春节前，各派出所召开警民座谈会，走访慰问老治保主任155名，提请县委批准对其中21名生活困难人员发放救济款，派员到车站、集市和拥挤场所维护秩序，田庄派出所2名干警为“五保户”义务理发、挑水。局领导分组走访县直单位，征求意见51条；中队每天两人到车站等公共场所维持秩序；机关各股、队到影院、集市、公共汽车上巡逻执勤，52名机关干警到公共场所大扫除，清扫路面1500米，清除垃圾3吨多。1985年，爱民月期间，干警到车站、集市维持秩序，扶老携幼42人次，帮助群众寻亲觅友9次，救死扶伤2次，义务理发45人次，义务修车89人次，退还赃物53件、赃款2300余元。新城派出所庞维来放弃休息时间，4次到电影院、购销公司，帮助修理三轮车；孙树伟在桓城大集遇到一迷路儿童，到市场管理所向群众广播，帮助小孩找到父亲。各科所队收到群众感谢信9封，登报表扬2次，召开座谈会12场次，举行报告会4场，收到群众建设性意见20条。

1990年，爱民月活动结合创建卫生城，组织干警义务劳动，照顾孤寡老人40户，开展法律咨询服务30余次，为群众办好事227件，收到表扬感谢信82封、锦旗9面。索镇派出所副政治指导员伊善堂将走失男童送回临淄区高阳乡槐树务村家中，《淄博日报》进行报道。1991年，爱民月活动以召开群众座谈会、向群众报告工作、法律咨询、公益活动、维护秩序、上法制教育课、走访有关单位等形式展开，从群众实际需要出发，帮助群众排忧解难。科室抽调5名干警，在索镇中心大街开展法律咨询活动。1993年元旦、春节期间，县公安局把学习宣传中共十四大精神作为爱民月活动的重点内容，开展岗位爱民活动，参加公益劳动，到索镇敬老院慰问14名老人。期间，抓获犯罪分子35名，破获自行车被盗案件56起。1994年，爱民月活动期间，索镇派出所9名干警，抬着柑橘慰问敬老院15位老人，田家湖将50元先进工作者奖金捐献给敬老院，毕春香、胡静给老人整被、扫床、洗脸、梳头。县公安局召开各界人士代表座谈会，20余名机关干警，利用索镇大集，在县工商银行前设立法律咨询、信访接待站，来访和咨询者满意而归。1995年，爱民月活动期间，全局干警响应县委关于捐资助学的号召，捐款4140.50元。巡警大队和荆家派出所帮助2起事故受伤者脱困，并送医院治疗。

1996年12月—1997年1月，县公安局开展“为人民服务、树公安新风”暨爱民月活动，落实公安落“七条要求”。全县公安机关大力转变工作作风，改进服务水平，出台便民、利民、为民系列措施。

1996年12月24日，县公安局在索镇大街举行“为人民服务，树公安新风”宣传活动

1998年，县公安局把爱民月活动纳入“讲文明、树新风”活动的总体部署中。各派出所召开人大代表、政协委员、群众代表座谈会，走访困难企业、困难群众、敬老院、军烈属、“五保户”。元旦期间，起

凤派出所户籍员朱淑芳两次坐公共汽车回所为群众办理紧急户口手续。1999 年，爱民月活动以“队伍正规化、服务规范化”为主题，结合创建人民满意所队活动，集中做好窗口单位规范服务达标工作，清理、督办户口遗留问题，走访下岗职工、失学儿童、烈军属、“五保户”老人，开展青年志愿者服务日活动，慰问生活困难民警，看望公安英烈家属和离退休老干部，自下而上开展开门评警活动，组织警民共建、警民联谊活动，开展清廉过节教育。

2004 年，省公安厅把 1 月 10 日作为“爱民统一活动日”。县公安局组织开展警营开放日活动，110 指挥大厅、110 机动队向社会开放；走访人大代表、政协委员，汇报公安工作和队伍建设情况，及时回应意见和建议；做好春节安全保卫工作。2006 年，爱民月活动以坚持执法为民、建设平安桓台、共创和谐社会为主题，通过抓民警素质、抓安全防范、抓侦查破案，掀起爱民实践活动热潮。发动民警为困难群众捐款，各警种、各部门和基层单位开展“一帮一”“多帮一”等帮困扶贫活动，走访慰问特困户、孤寡老人。田庄派出所依托田庄大集，开展送法下乡活动，设立法律咨询站，向群众宣传 110 和法律常识，解答 27 个问题；警区民警走访老治安主任和治安积极分子，送去春节慰问品。2007 年，爱民月活动以体察民情民意、促进警

2007 年 1 月 10 日，爱民月启动仪式

民和谐为主题展开，开展大走访及“献爱心、送温暖”活动，走访各界群众、人大代表、政协委员。组织“送法”服务队，走进企业、村居。2008 年，围绕“立足本职、关注民生、服务群众”主题，开展 110 宣传日、警营开放日、新春送温暖等实践载体活动，走访慰问贫困户、“五保户”和不能回家过年的外地民工，为群众欢度春节做好安全保卫工作。2009 年，爱民月期间，开展新春送温暖爱民实践活动。局领导走访离休老干部、病休民警及因公牺牲民警家属，为结对帮扶单位唐山镇石店村村民送去 200 余册畜禽养殖技术书籍，走访慰问 2 户特

2009 年 1 月，向石店村赠书

困户。户政部门落实上门办证制度，为年老体弱、行动不便居民办理户口手续。马桥派出所走访孤寡老人、困难户 25 人，确定帮扶对象 3 人，捐款 3000 余元。

2010 年，爱民月期间，派出所民警走进校园，与师生互动交流，传授安全防范知识。刑警一中队走访 4 名困难学生家庭，送去慰问品。少海派出所走访 3 名去世民警遗属，了解生活情况，力所能及提供帮助。索镇派出所走访帮扶对象张怡琳，送去新衣，解决家庭困难。荆家派出所走访特困户伊文雅。陈庄派出所民警到镇敬老院看望孤寡老人，帮忙打扫院内积雪。2011 年，爱民月期间，各所队开展大走访、送温暖活动，周家派出所慰问生活困难退职武警荣敦守，户政部门上街宣传户籍政策，介绍新生儿落户、户口迁移、申领二代证等户籍业务知识。2012 年，爱民月期间，依托创满意、大走访活动，在县博物馆广场设立咨询台，向群众发放宣传材料和征求意见信，现场解答群众咨询问题 120 余件。果里派出所 21 名民警与辖区贫困家庭、孤寡老人、上访户等结成“一对一”帮扶。2013 年，县公安局开展学雷锋系列志愿服务活动，学雷锋志愿服务金盾分队在山东汇丰石化集团有限公司举办以“送法进企业，和谐警民情”为主题的法律知识宣讲会，讲解常见违法犯罪、防范“盗抢骗”、外来务工人员维权、常见户籍业务办理等常识，发放法制宣传材料 130 份，解答

法律和户籍业务问题5个。2014年，爱民月期间，结合开展党的群众路线教育实践活动，为群众解决实际困难20余件。少海派出所上门为病人采集二代证照片，解决居民刘凤芝因迁移证丢失导致的25年有人无户问题。2015年，爱民月活动以送安全为主题，开展护校安园活动，在学生上学、放学期间，加强治安巡逻，清缴校园内的管制刀具等危险品，排查校园内部及周边火灾隐患。果里派出所女警走进山东工业职业学院，为工商管理系700余名女生作以“关注女大学生安全，防范人身伤害”为主题的报告会。到企事业单位，讲解灭火器和水龙带使用方法。向群众宣传食品安全法，排查馒头加工店、农村集市、流动摊点是否存在无证无照经营食品、制售假冒伪劣、过期变质、“三无”(无厂名、无厂址、无生产日期)食品等不合格食品违法行为。按照公交车辆“一车一检”要求，索镇派出所重点检查公交车自动灭火装置情况、安装高清晰监控探头情况、开展公交车安全演练情况，评估公交司机的思想状态、防范意识、防范技能，并反馈给公交运营部门。2016年，爱民月活动以保民生、保安全为主题展开，在深入推进秋冬治安“百日会战”，严厉打击刑事犯罪的同时，开展矛盾纠纷排查化解活动，“平安桓台”官方微信平台及时发布电信网络诈骗预警知识，对危险化学品开展拉网式大检查，集中整治治安乱点、交通堵点和隐患盲点，排查打击食药环领域违法犯罪，确保冬季和春节期间全县治安稳定。

创满意工作

县公安局始终贯彻党的群众路线，以人民群众满意做为公安工作的出发点和落脚点。1978年10月22日，县公安局部署开展学雷锋、学东莱、学硬骨头六连的群众运动，发扬公安机关好传统、好作风，为人民办好事。各派出所设置意见箱，定期向群众报告工作。1982年2月27日，中共中央办公厅转发中宣部《关于深入开展“五讲四美”活动的报告》，确定每年3月为全民文明礼貌月。县公安局开展学英模、创英模、做好事活动，发动干警争做好人好事，争当文明警察。1983年3月1日，4名局领导带领150名干警，清扫3条主要街道3000米，各派出所分别清扫门前街道，清除垃圾20余吨，受到群众欢迎。3月4—6日，机关干警在大街、集市上设立法律咨询站，解答群众咨询56人次。1986年3月，索镇派出所以争创优质服务为重点，以争当文明警察为目标，制定接待制度，接待群众时，一起身、二让座、三倒水、四问事，做到四个同样对待，即生人和熟人同样对待，群众和领导同样对待，工作日和非工作日同样对待，分外和分内同样对待。

1990年，帮助“五保户”老大娘

1990年，贯彻落实中共十三届六中全会精神，重点解决影响警民关系的突出问题，开展“学雷锋、见行动”活动。通过上门办好事、改善服务态度、积极侦破案件，为人民群众排忧解难。1991年9月3日，局党委贯彻市委“深化满意在淄博，广泛开展十文明活动”指示精神，集中开展以“改善服务态度，提高服务质量”为主要内容的优质服务月活动。全体干警以良好的精神状态、优质的服务，做好第二届中国淄博陶瓷琉璃艺术节和国庆节安全保卫工作。1992年，制定《关于充分发挥职能作用 为“外向带动战略”保驾护航的意见》。全县公安机关解放思想，更新观念，增强经济意识，坚持既依法管理、又方便群众、服务经济建设的原则，简化企业刻制印章手续和边境通行证办理手续，交警大队协助“三资企业”办理车辆落户手续；归口管理外商，保障人身安全；与厂企建立联系制度，保护机关、企事业单位的正常工作和生产秩序，抽调人员组成防暴队，做好应对处置突发事件的准备；开展企业周边区域治理，为企业深化改革构筑安全屏障；认真查处涉外案件；贯彻预防为主、防消结合的工作方针，提高消防队伍的战斗力，保障经济发展和人民群众生命财产安全。1993年3月，制定《关于充分发挥职能作用 为“百亿县”建设保驾护航的意见》。全县公安机关围绕“百亿县”建设，增强中心意识、服务意识、职能意识及改革意识，依法打击犯罪活动，强化治安防范措施，妥善处置工农纠纷，创造良好的社会治安环境；开展调查摸底，严厉打击影响企业发展的违法犯罪行为，打击侵犯农民切身利益的盗窃、破坏农用水电设备犯罪，严惩地霸、路霸、市霸。1994 年 3 月，针对群众来信来访，县公安局下发《关于进一步密切警民关系的紧急通知》，贯彻执行公安部、省公安厅关于公安干警不得从事职责以外工作的规定，严格遵守职业道德规范和公安纪律，严禁公安干警打骂、体罚群众，进一步巩固和加强同人民群众的血肉联系。6 月 21 日 10 时，周家镇李王村西一外地妇女不慎落入深 19 米、直径 0.4 米井中，生命危在旦夕。局领导闻讯后，立即组织 20 余名干警，经过 6 小时的奋力抢救，联防队员闫超下井将其救出，周家派出所干警捐款 1390 元为其支付医药费。此事赢得群众赞誉，各大媒体纷纷报道。

1995 年，江泽民总书记为济南交警题词“严格执法、热情服务”。县公安局制定《关于开展“文明管理 优质服务”活动的实施方案》，出台 36 项具体措施，制发 3.7 万张警民联系卡，悬挂 1 万个报警提示牌。户籍科开展争创文明户籍室活动，政保科牵头召开台属代表座谈会，部分派出所设立警民联系箱，设置便民打气筒，巡特警大队设立“维护治安、服务群众”便民服务站。党员干部开展“联三户”（联系贫困户、示范户、信访户）活动，机关党员为困难户捐款 2150 元。1996 年，以深化“文明管理、优质服务”活动为主线，使用 20 条文明用语、杜绝 15 条服务忌语，向“四难”（门难进、脸难看、话难听、事难办）现象开刀，与文明握手。各单位警官值班台接待群众 6.5 万人次，为群众解难释疑 3.6 万人次，受理报警 4300 人次，接受求助 5248 人次，主动上门服务 2600 人次，收到群众感谢信 634 封、镜匾 361 块，群众登门致谢 1750 人次，群众举报线索 398 条。3 月，巡警大队在 2 个学校门口设立“助学岗”，风雨无阻护送学生过马路，受到学校、学生和家长的赞誉。7 月 31 日，小清河出现重大险情，190 名警力迅速赶到现场，堵住缺口，保护人民群众生命财产安全。1997 年，开展“讲文明、树新风”活动，贯彻公安部提出的“十条要求”，兑现“文明管理、优质服务”36 条服务承诺，开展“三评三争”（评执法、评服务、评形象，争创文明单位、争创文明岗位、争创文明警察）系列文明服务活动，开展为党争光、为国出力、为民造福大讨论。部署开门评警工作，主要评议履行职责、严格执法、热情服务、为警清廉、警容仪表等情况，评议票按照工作对象或者辖区总户数的 60%发放，及时掌握基层民警服务水平，有针对性的改进工作。

1998 年，市公安局部署开展创建人民满意所队活动，县公安局各基层单位按照人民满意派出所标准、人民满意车管所标准、人民满意刑警队标准、人民满意巡警队标准、人民满意交警队标准、人民满意消防队标准，加强宗旨教育、作风教育、干警培训和各项业务工作。索镇分局确定扶贫村、户，马桥派出所设立法律咨询站，田庄派出所到企业、学校上法制课，荆家派出所发布案情通报，侯庄派出所为在外流浪多年的残疾妇女李冬叶恢复户口。1999 年，深入开展争创人民满意单位和民警活动，全面推行警务公开，以公开促公正，以公正求满意。户籍科贯彻公开政策、限时办结、主动服务、简化程序、集中办理的工作原则，提高服务群众水平。各户籍窗口购买触摸屏，办事群众根据提示轻触屏幕，即知悉办理户口应知事项。

2001 年，户籍窗口安装触摸屏

新城派出所开展“四个一”工程，即每个警区至少建一处警民联系点，建一处普法基地，帮扶一家困难企业，每个民警每月至少为老百姓办一件实事。是年 3 月，县人大常委会组织县镇两级人大代表，考察评议全县公安工作，提出 18 条意见和建议。县公安局成立局长秦志博任组长的整改工作领导小组，政治委员、副局长根据分工，与相关单位“一把手”具体负责，制定和落实整改措施，并反馈整改结果。

2000年，全县公安机关开展创人民满意活动。9月，县公安局召开服务经济建设座谈会，向企业负责人征求对公安工作的意见，从企业不满意的地方改起。在“三项教育”中，通过局领导座谈问卷、纪委暗访调查、寄发征求意见信、召开群众座谈会等形式，征求社会各界的意见和建议，并整改问题、改进工作，赢得群众信任和满意。10月，田庄派出所被省公安厅评为“学题词、创满意”先进单位。2001年2月，8个基层单位被县政法委评为创人民满意活动先进单位。11月，马桥派出所被省公安厅评为人民满意派出所。2002年，以人民满意为最高标准，深入开展以“进百家门、认百家人、知百家事、解百家忧、送民警情、保一方安”为主要内容的情系民心活动，派出所民警、刑警责任区民警人均走访不少于100户，局党委委员、中层干部每人不少于30户，机关民警每人不少于10～50户。根据企业和群众需求，出台《优化发展环境服务经济建设的若干规定》《提高行政管理效率服务经济建设18条措施》。2004年，贯彻落实《公安部30条便民利民措施》和全县发展环境建设会议精神，制定《关于贯彻落实全县发展环境建设会议意见》，成立优化治安环境工作领导小组，加大法制宣传力度，依法打击影响发展环境的违法犯罪行为，调处各类矛盾纠纷，化解不安定因素，保障良好的发展环境。

2006年，开展争创人民群众满意公安局、优秀执法服务单位，争做人民群众满意民警活动。2007年，以平安建设为抓手，出台系列安民措施，开展相约警务室、警营开放日等活动，加强与群众沟通。开展打击黑恶霸痞势力专项行动，对浮在社会面上的霸痞势力进行一次全面打击，打掉涉黑涉恶犯罪团伙9个。是年，县公安局被县委、县政府表彰为人民群众满意岗位。2008年，围绕保障和改善民生，简化办事程序，转变工作作风。各警种推出紧急服务和延时服务，对行动不便的孤寡老人、残疾人等实行预约登记、上门服务等措施。局长吴佩林挂包唐山镇石店村，多方筹措资金15万元，帮助石店村打一眼深水井，解决村民吃水难的问题。对重点工程和企业，实行民警派驻制度。是年，县公安局被县委、县政府表彰为争

2008年6月4日，为石店村供水管理站揭牌

创人民群众满意服务机关先进单位。2009年，开展大走访爱民实践活动和“走进村居（企业），深入群众，服务民生”大走访活动，走访群众3400余户，收到意见、建议36条，并全部落实。索镇派出所开展公安民警劳动换位体验活动，18名民警进企业、上街头、到工厂、入农田，与一线工人、农民群众近距离接触、深层次交流，进一步增强民警的使命感、责任感。是年，全省行政区划县级公安局群众满意率排名第八，满意及基本满意率96.66%。是年，县公安局再次被县委、县政府表彰为争创人民群众满意服务机关先进单位。

2010年，每季度开展一次群众安全感和满意度测评。通过警民恳谈、“大手拉小手、警心暖童心”“六小警务”惠民生等形式，构建“警爱民、民拥警，警安民、民助警，警民和谐一家亲”的警民关系。起凤镇鱼二村巩文智、巩文慧姐妹俩同时考上山东大学，但是家境贫寒，学费没有着落，政工室民警捐款5000元，资助姐妹俩入学。在市社情民意调查中，辖区群众对社会治安满意度位居八个测评项目第一。2011年，户政部门开展创建文明

服务窗口使用群众满意评价器

户籍窗口活动，以亮身份、亮承诺、亮形象、亮服务、亮标准“五亮”措施，打造阳光户政，落实户口审批期限制度、首问责任制、开辟绿色通道、开通户政服务热线、实行延时办公、急事急办等六项制度。经侦大队实施信息预警、警企联系、打击侵犯知识产权犯罪、规范经济案件办理、推行案件告知回访等八项制度，提升服务经济发展能力。2012年，开展“五访(上门访、重点访、请进访、在线访、电话访)创满意”“学雷锋·送温暖”“三访三评”(访问民情、访察民意、访排民忧，评议工作、评查问题、评选先进)深化大走访、“两保一创”(保平安、保稳定、创满意)大走访、党员干部直接联系群众、劳动换位体验活动，为人民群众排忧解难。是年，310名民警党员走访群众1500余户，帮助困难群众18户。在省公安厅群众安全感满意度测评中，列全省县级公安机关第一名，立集体二等功。

2013年5月10日，举行第一期网上警民恳谈活动，局长张京义与网友在线交流，现场处理14个问题。针对110报警人、信访人、案件当事人、窗口办事群众，开展以服务态度、警容风纪、出警速度、现场处置、办事效率为内容的警务回访活动，发现和整改工作薄弱环节，最大限度化解不和谐因素。开展迎评议、创满意工作、“优化服务、满意升级”“大讨论、大走访、创满意”活动，回应群众意见和建议，群众满意度列全市第二位。2014年，建立以满意度为导向的绩效考核机制，48小时内电话回访110报警人，对群众不满意警情，由处警单位负责人牵头整改或登门解释。开展“民警赶大集”活动，通过法律咨询、以案释法、防范宣传、现场办证等方式，打造亲民警务新品牌。深化警务进企业、进村居模式，继续推进警务前移。以社区警务室为平台，提供上门登记备案、办证预约、送证上门、连心结对、扶贫帮困等便民服务。出台《户籍服务窗口十项便民举措》，涵盖公开办证程序、完善便民措施、精简申报材料、推行延时服务、落实一次性告知以及规范接待用语等方面，提升窗口服务形象。在市、县满意度调查中，“社会治安”项在桓台县6个受测项目中均位列第一。2015年，开展“优化服务、满意升级”和“保平安创满意”主题实践活动，利用惠民法治宣讲、“平安桓台”微信等平台，以快板说法、微电影、宣传展板等形式，宣传防盗、防骗、防抢常识。制定公安机关服务项目建设意见，向社会公开七项承诺，窗口单位落实“优化服务、满意升级”活动十条举措，落实见警察、见警车、见警灯“三见”要求，实施巡逻进社区、进村庄、进学校、进企业“四进”措施。开展“代表、委员进警营”“警营一日行”“我讲警察故事”等活动，邀请群众代表与民警同出警、同走访，引导群众参与社会治安治理；推进警民、警校、警企共建，96名基层民警担任法制副校长、村主任助理，开展消防、危管、网管等警务活动进企业、进学校、进社区，在合作共赢中获得群众认同。

【专记】

警民恳谈

2010年，市公安局将每月的10日定为“警民恳谈日”。1月5日，县公安局部署开展警民恳谈活动。首次活动，以派出所为单位，参会民警80余名，参加群众320余人，当场答复问题124个，收到意见建议17条，承诺解决16条，移交办理1条。局长吴佩林先后参加新城、少海、果里、索镇派出所警民恳谈活动。市公安局党委副书记、副局长于洪德参加果里、索镇派出所警民恳谈会。2月10日，局党委成员分头参加各派出所警民恳谈活动，刑侦大队在桓台温州商品批发城广场举行集中退赃暨警民恳谈会，26名受害人领回被盗的摩托车、电动车或得到赔款，并对打击、防范犯罪工作提出意见。4月9日，召开警民恳谈活动推进会，通过观看警民恳谈视频资料，听取基层民警恳

2010年1月8日，局长吴佩林(中)参加首次警民恳谈活动

谈体会，点评和规范恳谈活动。5月10日，开展第五次警民恳谈活动，中层以上干部参加恳谈，收到意见和建议89条，当场解决问题67个，承诺解决10个，移交问题12个。10月10日，荆家派出所在荆一村村委举行警民恳谈活动，针对村民孙成东反映的户口情况，户籍民警与社区民警入户调查，最短时间内为其恢复已注销21年的户口。11月10日，少海派出所在县博物馆广场举行警民恳谈活动，邀请县执法局、县工商局参加，共同解答群众关心的焦点问题。

2011年1月10日，县公安局在县博物馆广场举行爱民月、“110宣传日”暨警民恳谈周年纪念启动仪式。县委常委、政法委书记赵霞等大班子领导出席活动。各警种设立咨询台，发放宣传材料5000份，解答群众咨询120个。4月10日，结合村“两委”换届选举，警民恳谈会突出农村稳定主题，向群众宣讲村民委员会组织法等法律法规。5月10日，一网吧业主在警民恳谈会上提出，网吧普遍存在自行车和手机被盗现象。恳谈结束后，督促各网吧落实实名登记制，完善技防措施，加强周边巡逻布控，减少此类案件发生。是年，组织警民恳谈活动11次122场，参与民警524人次，参加群众6200余人次，征求意见建议164条。2012年2月10日，果里派出所结合艺考安全保卫工作，在山东工业职业学院体育馆举行警民恳谈活动会，发放慧眼识别违规录取通知书、招考期间防骗知识提醒等宣传材料，为各地考生提供面对面服务。活动中，考生将捡拾的多个身份证、报考证交给民警，民警及时还给失主。5月10日，政治委员罗光友到果里派出所和周家派出所参加警民恳谈，倾听

2013年5月10日，张京义参加网上警民恳谈活动

群众对社会治安、派出所执法的看法。2013年7月10日，县公益电影文化下乡宣传队到新城镇城东村开展送电影下乡活动，新城派出所借机开展警民恳谈活动，结合夏季治安防范特点，向群众宣传防盗、防骗、防抢常识，提醒群众落实少年儿童防溺水措施。8月10日，各派出所结合电动自行车实名登记打码工作，走进村委，走进企业，向群众发放《致全县广大电动自行车车主的一封信》，宣传打码工作的意义和方式，介绍防范电动自行车被盗常识。12月10日，针对电信诈骗案件多发情况，唐山派出所开展以“陌生来电莫轻信”为主题的警民恳谈活动，通报电信诈骗案件特点，教育群众增强防范意识。是年，组织警民恳谈12次141场。

2014年1月10日，市政府党组成员、市公安局局长丁冠勇等到山东泰宝集团有限公司参加淄博公安走进企业警民恳谈会。丁冠勇听取企业代

2014年1月10日，淄博公安走进企业警民恳谈会在山东泰宝集团有限公司举行

表、职工代表发言，通报公安机关打击犯罪、优化服务、提高群众满意度等工作开展情况，解答与会代表提出的问题。3月10日，局长张京义参加索镇派出所警民恳谈活动，民警通过说快板形式，把集市防偷、家庭防盗、电信防骗理念传递给广大群众。4月10日，县公安局统一开展“民警赶大集，警民来恳谈”活动，8个派出所走进人流集中的乡镇大集、文化广场开展恳谈。9月12日，围绕党的群众路线教育实践活动、村委换届、防范电信诈骗、企业防火防护安全等宣传主题，举办恳谈活动12场，参与群众2000余人。政治委员白向强及市公安局监管支队领导参加县看守所开放日暨警民

恳谈活动。是年，开展134场恳谈活动，参与民警780人次，参加群众25478人。

2015年1月10日，县公安局围绕“110，与您携手共创平安”主题，在县博物馆广场举行集中恳谈与宣传活动，设立业务咨询点，与群众面对面交流，征求意见和建议。自2月起，每月确定一个活动主题，相关警种牵头负责。2月10日，治安大队以“民意警务”为主题，开展迎春送福活动，发放《社会治安状况调查问卷》，发现和改进治安管理工作中的薄弱环节。4月10日，以“出入有境，服务无境，欢乐互动，出入境与您有约”为主题，邀请涉外企业代表参加恳谈活动，通过PPT向参会人员宣传相关法律法规以及便民利民措施。5月10日，围绕“打击经济犯罪识假防骗，共创平安”主题，与群众现场互动，传授识别假洗衣粉、假烟、假食用油等日常生活用品办法，解答群众关心的“打假”问题。7月10日，以“珍爱生命，拒绝毒品”为主题，少海派出所借助人民公园百姓大舞台，循环播放禁毒宣传片和防范电信诈骗宣传片，发放宣传禁毒购物袋和防范电信诈骗鼠标垫400余件，受教育群众800余人。9月10日，以“关注食药环安全”为主题，局长张京义、政治委员白向强出席活动。

2016年1月10日，市政府党组成员、市公安局局长申延军到天齐汽车博览园参加淄博公安走进企业警民恳谈会。县委常委、政法委书记李向东，

2016年1月10日，市公安局局长申延军到桓台参加警民恳谈会

县公安局局长张京义、政治委员白向强，有关警种负责人，县政协、纪委、教育、医疗、镇村等有关单位负责人及部分企业家代表参加活动。张京义通报服务经济社会发展、打造平安桓台情况，与会代表从携手共建平安、创新公安工作等方面座谈交流，从加强矛盾纠纷排查化解、加大打击电信诈骗犯罪力度、强化校园周边环境整治等方面提出意见和建议。申延军要求有关警种尽快梳理，认真研究，出台措施，推动落实，围绕党委、政府和上级公安机关工作部署，主动适应经济社会发展新常态，提升社会治安防控和服务群众能力水平。

安全文明共建

1983下半年，县公安局起凤派出所落实社会治安综合治理安全预防措施，开展警民共建文明单位活动。在加强自身文明建设的同时，与华沟村结对共建文明单位，派出所协助村委宣传党的路线、方针、政策和法律、法规，为村民订阅《中国法制报》400余份，开展“五好”文明家庭创建活动，分析村内不安全因素，对游手好闲、小偷小摸人员，在法制教育基础上，介绍到各建筑队或企业劳动，督促他们自食其力、改造思想，其工资实行年终总算，帮助积累发展资金，彻底改掉好吃懒做恶习。通过一年多的实践，以上人员精神面貌出现很大变化，全村仅发生一般案件3起，村民经济收入增多，开创家庭和睦、邻里团结、治安好转的新局面，被县委、县政府命名为文明共建单位。

1985年，县公安局总结推广起凤派出所警民共建经验，13个派出所各设一个共建点。共建单位制定联防措施、文明公约和各种规章制度，加强联系，互相监督，互相促进，共同提高。田庄派出所与曙光村结对后，协助村委组建治安巡逻队，定期开展法制宣传，村内治安秩序良好，未发生任何

1990年，县公安局巩日龙（后排右三）、李庆勇（后排右四）等桓台县参加全市军警地共建座谈会人员合影

案件。警民共建文明活动中，起凤、索镇、田庄三个派出所被命名为市级文明单位，侯庄、周家、新城、马桥 4 个派出所被命名为县级文明单位，祝兆贤被市委、市政府表彰为文明建设先进工作者。1988 年 3 月，起凤派出所被市委、市政府表彰为警民共建先进单位。

1997 年，县公安局以中共十四届六中全会精神为指针，按照桓台县《一九九七年政法工作意见》要求，开展创建"安全文明小区、安全文明单位、安全文明村"活动。制定《关于在全县创建安全文明小区（村 单位）活动的实施意见》，提出安全文明标准。各镇制发实施意见，成立领导小组，创造性开展评选十星级文明户、遵纪守法户等活动。田庄镇把发生违法犯罪案件作为精神文明建设"一票否决"事项，从净化社会风气，提高群众素质入手，发动群众力量，聚集基层智慧，以精神文明建设促进社会治安工作，以良好治安保障精神文明建设。各村成立法制夜校，宣传法律，加强道德教育；开展评选好村民、好媳妇、好妯娌及"十星级文明户"等系列竞赛活动；完善村规民约，坚持文明治村、依法治村。3 月 5 日，县公安局在田庄镇召开基层基础规范化建设现场会，交流创建安全文明活动的经验做法。4 月 24 日，田庄镇在大庞村召开创建安全文明村现场会，县公安局副政治委员岳端玉、镇党委副书记宋修文、张波及公安机关相关负责人出席会议，大庞村、高楼村、旬北村分别介绍创建安全文明村的做法，参会人员实地观摩大庞村创安活动情况。邢家派出所提出深化措施、加大力度、狠抓落实、全面推进、一步到位的工作思路，明确目标，严格考核，创安活动有声有色。县公安局出台《关于在公安生活区创建安全文明小区的实施意见》，组织全局民警和家属围绕无刑事案件、无治安灾害事故、无邻里纠纷目标，开展争创遵纪守法户活动，评选文明户、好警嫂、好媳妇、好婆婆，聘用 4 名老民警为警卫人员，对小区住宅楼昼夜看护，每栋楼设楼长 1 名，警卫人员、楼长每月一次例会，齐心协力，打造一流安全文明小区。7 月 10—18 日，县委政法委、县综治办牵头，组织公检法司分管领导，以案件少、上访少、治安灾害事故少、安全系数高、群众满意为标准，对各镇推荐的安全文明创建单位打分初验。10

1997 年 7 月 19 日，桓台县召开城区安全文明创建活动动员大会

月，县综治委在邢家镇召开创建活动现场会。县委政法委、索镇分局组织锦秋小区居委会等到张店、淄川区参观学习，加强安全文明小区创建，落实楼群门卫管理责任制。10 月 29 日，索镇分局在全市城区安全文明创建会议上作典型发言。

进入 21 世纪，随着社会治安综合治理和社区警务战略深入实施，村居制定居民文明公约，平安建设、普法教育和精神文明建设等各个方面深度融合，公安机关通过警民恳谈、警务公开、社会治安"一票否决"等形式，把尊重法制、遵守法律、推行法治作为社会主义精神文明建设的重要内容，全县社会治安逐步好转。

第五节　人民团体

工　会

组织概况　1985 年 10 月，县公安局成立工会，副政治委员宋振顺兼任工会主席，胡树茂、李业成任副主席，张善法、伊若健等 5 人任委员。1988 年 5 月—1999 年 9 月，胡树茂任工会主席。2001 年 2 月 28 日，报请县总工会批准，吴成彬任工会主席，郑建洲任组织委员，刘献浩任生活委员，杨云凤任女工委员，于守德任学习委员。2013 年 3 月，吴成彬离岗。10 月，选举张元明任工会主席，毕春香任女工委员。2014 年 4 月，张元明离岗，工会工作由政工室负责。

主要活动　县公安局工会主要任务是协助党委，维护民警权益，建设警营文化。1985 年，工会

组建乒乓球队，4名干警参加全市公安机关比赛活动，取得较好成绩。1986年，组建篮球队，入围全县男篮甲级球队。1987年，获全县篮球甲级联赛第三名。是年，30余名干警参加全市公安系统歌咏比赛，获团体第三名。1988年11月，组织干警参加全市公安系统业余文艺演出，荣获组织奖1个、演出奖2个，女高音独唱节目获最佳演出奖。

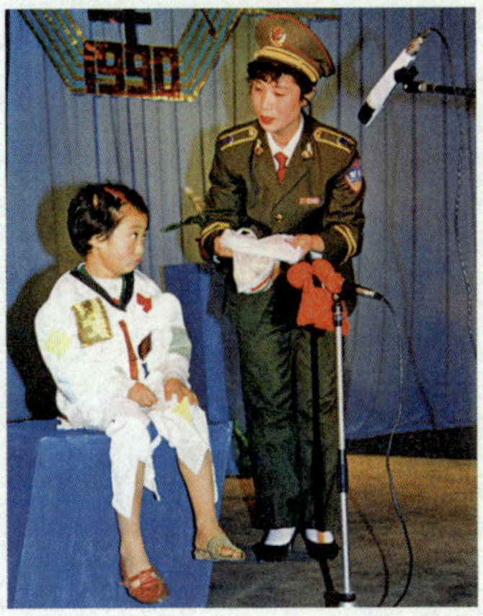

《金盾情》剧照

1990年，县公安局组建文艺队，参加市公安系统第四届文艺汇演，获一等奖1个、二等奖1个，干警杨云凤主演的小品《金盾情》获特别奖。

1991年，组织春季篮球联赛、庆"七一"乒乓球赛，丰富干警生活。1992年，组织干警参加县直机关工委"建双千，奔小康"趣味比赛。6月，编制大型组歌《警民并肩奔小康》，在县直机关、企业巡回演出。1993年，组织庆"七一"文艺汇演，10个单位分获一、二、三等奖和组织奖；参加市公安局文艺汇演，获一等奖2个、二等奖1个；组建合唱团，获桓台县纪念毛泽东诞辰100周年文艺汇演一等奖。1994年5月，组织干警参加市公安局文艺汇演，多个节目分获一、二、三等奖；男篮获全县篮球赛亚军。1995年，举办庆"七一"歌咏大赛，9个单位分获一、二、三等奖。1996年，在县宣传部举办的"花园杯"九五计划知识大赛中，县公安局代表队获一等奖。1997年，举办"庆七一·迎港归"大型文艺汇演，观众千余人。

2001—2006年，先后举办庆"五一"篮球赛、国庆象棋友谊赛、乒乓球比赛，鼓励民警参加文学创作、书法绘画、舞蹈演唱、棋类和田径等文体活动，参加全市公安系统首届美术、摄影、书法（硬笔）大赛。2007年6月，举办"党在心中"文艺晚会。9月，举行警容警姿及广播体操比赛。2008年4月，参加"庆五一·迎奥运"县直机关第八届职工运动会，获团体第二名。2009年4月，参加县直机关工委庆"五一"广播体操比赛，获第二名。2009年9月，县公安局合唱团获全县"唱红歌、庆华诞、促发展"歌咏比赛一等奖。

2010年4月，工会组织民警参加县直机关工委、教体局、文体中心联合举办的迎省运、庆"五一"乒乓球、羽毛球比赛，5人分获前八名。7月，获"新华医疗杯"全市公安民警首届摄影大赛优秀组织奖，6名民警分获三等奖和优秀奖。2011年4月，举办"发扬传统、坚定信念、执法为民"书法美术摄影大赛，26件民警作品获奖。11月，民警李屹获全市"建设机关文化，塑造机关精神"演讲比赛二等奖。2012年4月，经侦大队被市总工会评为工人先锋号。2013年5月，参加县第三届全民健身运动会，获拔河、跳大绳两个团体项目第一名。2014年4月，获县直机关庆"五一"运动会团体第一名。是年，开展"送温暖工程"活动，慰问因病住院、因公负伤民警。2015年5月，男子篮球队获全市公安系统男子篮球比赛第四名。是月，4名民警参加桓台县第三届全民运动会乒乓球赛，获团体第三名。7月31日，县公安局举行第八套广播体操比赛，邢家派出所、巡特警大队分获派出所、机关组第一名。

2015年7月31日，组织广播体操比赛

共青团

组织概况　中华人民共和国成立前夕，县公安局设中国新民主主义青年团组织，政卫队副政治指导员徐呈冉任团支部书记。

1949年10月，团县委在桓城召开建团经验交流会，团组织公开活动。按照《团章》规定，青年加入团组织，申请人写入团申请书，一至二名团员介绍，团支部大会通过，上级团委批准。1950年，张连传、祝兆贤、张仲俊、巩昌经等青年加入团组织。1952年1月21日，桓台县第一次团代会后，县公安局团支部积极发展团员。是月，团支部换届改选，经党支部批准，祝兆贤任团支部书记，团支部设组织委员、宣传委员、文艺委员、保密委员，下设多个团小组，团员30余名(含公安队)。3月，张连传接任团支部书记。6月，曹继杰任团支部书记。1953年7月，巩昌经任团支部书记。1956年，朱云智任团支部书记。

1957年5月，中国新民主主义青年团改称中国共产主义青年团，县公安局共青团支部有团员20余名。1962年1月，县公安局恢复团组织，韩志诚任书记，团员7名。1966年，“文化大革命”开始后，团组织停止活动。1971年，部分团员充实公安机关，恢复团组织，有团员6名，武祯俊任团支部书记。1974年，王庆伟任团支部书记。1977年，沙占峰任团支部书记。1981年5月，刘丙炎任团支部书记，团员5名。1984年5月，伊若健任团支部书记。1985年12月，金宗良任团支部书记。1986年11月，撤销县公安局团支部，成立团总支，下设机关团支部、刑警队团支部、派出所团支部，伊若健任团总支书记，刘昌法任团总支副书记，姜恒泉、刘桂、魏建国分任团支部书记。1988年6月，13个乡镇派出所的团组织关系移交各乡镇管理。

1994年5月，经团县委批准，成立县公安局团委，辖团支部6个，团员68名，李翠芹任团委书记。1999年6月，毕春香任团委书记。2000年9月，刘波任团委书记。2007年2月，路全华负责团委工作。2012年1月，胡正学负责团委工作。2013年10月，刘博任团委书记。2016年4月，县公安局有团支部11个。

主要活动 县公安局成立团支部后，围绕各个时期的中心任务，引导团员在工作、学习中发挥带头作用。1951年，团支部带领团员青年投入镇反运动。1952年，团员参加“三反”运动和文化理论学习。1953年，团员参加党支部、局务会组织的学习婚姻法和中央关于农业互助合作决议等活动。1956年，在党组织的领导下，整顿团支部，制定会议和学习制度。11月，党支部组织22名团员学习党的八大文件，明确七大以来党的政治路线、组织路线和勤俭建国的方针。1957年，团支部带领23名团员在完成各项工作任务的同时，参加机关组织的文化、政治学习、体育锻炼、帮助农忙、增产节约等活动，涌现出许多好人好事。响应毛泽东主席“三好”(身体好，学习好，工作好)指示，带领群众参加各种锻炼，涌现出朱允智、向修学、王德中等一批积极分子。麦收期间，团员帮助群众收割麦子78.8亩，锄麦苗10亩。在增产节约活动中，节约经费210元。1958年，制定团支部工作计划，加强制度建设，对团员进行“兴无灭资”思想政治教育，参加整风、政治理论和文化学习、劳动、体育锻炼、卫生工作等活动。

1962年，团支部严格组织生活，半月一次支委会，一月一次支部大会，七天一次小组会，团员以保卫生产自救为中心，在学习、机关生产、“爱民月”活动、争做“五好”干警比赛中，起到带头作用。1963年，团支部带领团员和青年参加“五反”运动和“四好”“五好”学雷锋等活动，揭发阶级观念淡化、阶级立场不明等问题，团员青年受到教育。

1977年，按照县委要求，团支部带领团员青年，认真学习《毛泽东选集(第五卷)》，用毛泽东思想武装头脑。1978年，团员刘丙炎、岳端宝出席地区公安战线表彰大会。1979年，青年干警梁俊红被团省委授予青年突击手标兵称号。

1980年，团支部组织团员青年学习中共十一届三中全会文件及党中央工作会议系列指示，对团员青年进行坚持四项基本原则教育、革命传统和共产主义理想教育，开展实践是检验真理的唯一标准大讨论。通过学习张志新烈士和解放军英雄事迹，团员受到深刻教育。是年，团员张秀云、刘丙炎和王春省、王传敏、张秀森分别被团县委评为模范团员和青年突击手。1981年3月，团员青年参加全县植树造林活动。1982年3月，团员青年到车站、影院等公共场所维持秩序、扶老携幼、清扫街道、美化环境，王沛等被团县委评为模范团员。1983年，团支部开展向张海迪学习活动。“严打”中，全局团员和青年干警昼夜奋战，破获一批案件。1984年，县公安局结合整党活动，对团员青年进行爱国主义和共产主义思想教育。团员青年自觉抵制精神污染和不正之风，发扬公安机关光荣传统。1985年，团员青年在局党组、党支部、团支部的领导下，开展争做优秀青年干警的活动。刘昌法、李翠芹被团县委评为模范团员，金宗良、徐军、罗光明、姜恒泉被县政府表彰为先进工作者，金宗良被市公安局记三等功。1986 年，团员干警不怕牺牲，冲锋在前，投身“严打”第三次战役，为维护社会秩序稳定做出贡献。1988 年 12 月，组织团员开展向公安一级英模梁学章学习活动。

1994 年，8 名青年干警在省、市公安机关组织的岗位练兵考核中受到表彰。1995 年，局团委组织青年民警开展“燃文明之火、铸青春警魂”为主要内容的创建青年文明号和优秀青年民警竞赛活动，巡警大队、马桥派出所被命名为全市公安系统青年文明号。1996 年 6 月，新城派出所所长陈恒斌被省公安厅、团省委评为优秀青年民警。1998 年，新城派出所被团省委、省公安厅联合命名为青年文明号，郭华被评为优秀青年民警。1999 年，索镇分局、侯庄派出所被市青年文明号组委会命名为青年文明号，张连毅、魏启海被评为市级优秀青年民警。侯庄派出所所长刘桂被省公安厅、团省委评为全省公安系统优秀青年民警。

2004 年 9 月，82 名青年民警参加全市公安机关大练兵汇报演练，组成手枪徒步方队接受省市领导的检阅。2006 年，团员和青年民警按照深化大练兵活动的部署要求，顽强拼搏，刻苦训练，表现出良好的精神风貌。索镇派出所被团中央、公安部联合命名为全国青年文明号。2007 年，王旭东

2007 年 5 月 15 日，对青年民警进行法治理念教育

当选“桓台县十大杰出青年”。2008 年，团员青年参加奥运会、残奥会安保各项工作，多名青年民警主动推迟婚期。青年民警缴纳“特殊团费”，各青年文明号和青少年维权岗单位捐款 2350 元，援助汶川地震灾区。是年，果里派出所被团省委、省公安厅命名为青年文明号。2009 年，青年民警报名参加桓台县志愿者协会，开展各类志愿服务活动。是年，王旭东、崔凯被市人事局、团市委、市综治委联合授予淄博市优秀青年卫士称号，田海琳被团市委、市青联授予淄博优秀青年称号，杨光成当选“桓台县十大杰出青年”。

2010 年，举行青年民警忠诚奉献教育报告会，引导团员和青年民警立足岗位，敬业奉献。是年，金海军获第 14 届“山东青年五四奖章”，耿晓明被评为争创淄博市优秀共青团员活动先进个人。

2010 年 3 月 10 日，青年民警参加团代会

2011 年，唐山派出所被市青年文明号活动组委会命名为全市青年文明号，刘继磊被团县委评为青年岗位能手。2012 年，市公安局团委印发《致全市公安机关青年民警的倡议书》，县公安局青年民警响应号召，开展捐献造血干细胞、植树造林、帮扶困难群众、看望留守儿童等志愿服务活动，践行“奉献、友爱、互助、进步”的志愿精神，积极奉献爱心。

2013 年 5 月 2 日，青年民警座谈会

2013 年 9 月，刘博参加共青团淄博市第十四次代表大会。是年，果里派出所团支部被团省委评为山东省五四红旗团支部。2014 年 3 月，共青团桓台县第十九次代表大会召开，10 名团员和青年民警参会。团委书记刘博当选共青团桓台县第十九

届委员会委员、常委。是年，局团委被团市委评为2013年度淄博市五四红旗团委，刘继磊当选“桓台县十大杰出青年”。2015年，局团委开展创先争优活动，组织青年民警到企业换位体验，增强职业意识和事业心，保持工作激情。是年，局团委被团县委评为桓台县红旗团委，刘博被评为2014年度桓台县优秀青年工作者。2016年4月，邢家派出所团支部被团市委评为淄博市五四红旗团支部，刘博被团市委评为淄博市优秀共青团干部。

妇委会

组织概况 1990年前，县公安局女警较少，妇女工作受县妇联直接领导。1990年8月30日，县妇联决定，成立桓台县公、检、法、司系统妇委会，孟秀玲任主任。1994年4月20日，李黎英任县公、检、法、司系统妇委会主任。1998年3月—2014年5月，毕春香任桓台县公、检、法、司系统妇委会主任，2009年12月—2013年9月，赵岩具体负责县公、检、法、司系统妇委会工作。

随着县公安局女警人数增多，1994年5月24日，成立桓台县公安系统妇委会，杨云凤任主任。2003年12月—2007年2月，徐慧任主任。2007年2月—2013年9月，甘学静具体负责公安系统妇委会工作。2013年9月，毕春香任县公安系统女工主任。

主要活动 县公安系统妇女组织先后开展维护妇女儿童权益活动、“四五”普法活动、“双学双比”“巾帼建功”竞赛活动，争当淄博市“十佳女警官”、淄博市“优秀女警官”活动，争当“三八红旗手”“五好文明家庭”活动，庆“三八”学雷锋献爱心活动，争创“巾帼文明岗”“优秀妇女维权岗”等活动。

争创“巾帼文明岗”

每年3月8日，组织女警开展趣味文体活动或者外出休养、参观。

2001年3月7日，县公安局户籍科科长孟秀玲被表彰为第六届淄博市“巾帼十杰”，县公安局妇委会被市妇联评为“三八”红旗集体。2006年1月21日，荆敏被市政府表彰为全市公安系统“十佳民警”。2月，毕春香被省妇联等八部门评为全省维护妇女儿童权益先进个人。2007年，赵岩被省公安厅评为优秀女警官。2008年3月，法制科被省综治委、省妇联、省公安厅命名为妇女维权岗。2009年3月，举行女警事迹报告会，开展“比业务、练技能，争做优秀女民警”活动，调动女警做好本职工作的积极性。2009—2010年，组织开展“大手拉小手”“女警一帮一”活动，各警种女警立足岗位，帮教问题少年，开展校园安全教育，结对帮扶困难户，树立女警良好形象。2010年3月，耿英华被市委政法委、市妇联评为全市“十佳女警官”。2011年3月，贾玉红被市妇联、市公安局联合表彰为“巾帼建功十大标兵”。2014年，户政中队创新户籍110工作机制，优化窗口服务，缩短办理时限，提高工作效率和服务水平，赢得群众满意。2015年5月，户政中队被省妇联命名为省巾帼文明岗。

2009年3月6日，举办女警事迹报告会

2016年4月15日，全局女警68人，女职工4人（不含辅警），先后获省级优秀妇女维权岗1个、市级优秀妇女维权岗3个、省级巾帼文明岗1个、市级巾帼文明岗1个、县级巾帼文明岗7个，49人次分别受到市、县妇联组织表彰奖励，25人次立功。

第二十一章 公安人物

县公安局功模座谈会合影　　（1997年6月　摄）

全国优秀人民警察巩向波

全国优秀人民警察胥涛

自建局起，桓台县公安局组织带领干部、战士及工勤、协勤人员，认真贯彻执行党的路线、方针、政策，忠实履行维护民族独立、保卫国家政权、巩固党的执政地位、服务经济建设、保护人民群众、惩治违法犯罪的神圣职责，为维护全县政治稳定、社会安定，保卫改革开放和社会主义现代化建设事业顺利进行做出重要贡献，涌现出一批政治素质高、业务能力强的领导干部和事迹突出、可歌可泣的英模人物。

按照"生不立传"原则，人物传收录著名革命烈士、战斗英雄、受过省部级以上表彰的公安干部、担任过县公安局副职以上领导干部及有重要影响的人物。人物简介，收录省部级英模人物、全省优秀公安局长、全省优秀人民警察、全省优秀公安所（队）长、二等功以上荣誉荣立者、全国公安机关业务系统先进个人及其他有影响的在世人物。人物表，收录县公安局革命英烈，市级以上党代表、人大代表、政协委员，县级以上劳动模范（含劳动奖章获得者）、人民警察荣誉证章获得者。

第一节　人物传

著名烈士和英雄模范

罗茂祥（1923—1945）　桓台县田庄镇宗王村人。自幼随父兄在一区邢家村给地主护坟。1938年到母舅国民党二十四旅特务营营长赵淑武处当传令兵。1945年2月，罗茂祥不满赵淑武投日及军阀作风，携带武器投奔共产党领导下的邹长县公安局。8月任邹长县六区公安队队长，随后到桓台县公安局工作，受命到麻大湖侦察伪军动向。9月被任命为桓台县公安局公安分队队长，负责剿灭麻大湖一带伪军。罗茂祥带领公安分队俘虏伪二十四旅参谋长齐子良、特务队长伊云兰等30余人，起获伪二十四旅在麻大湖插存的步枪1500余支、机枪30余挺、迫击炮2门。11月20日，到穆家寨执行起枪任务，在起凤桥以西遇伪二十四旅特务魏超、金子恒等人伏击而受伤被俘，在张店被赵淑武杀害。

韩　干（1917.02—1947.01）　原名张亿武，淄博市张店区卫固镇东尹村人。1938年3月参加革命，8月加入中国共产党。是年，张亿武奉命到二区一带开展敌后抗日工作，其父兄被日伪抓去，在老官庄其岳父家中商议解救事宜时，遭日伪奸细告密被捕。在日军卫固据点地窖内受折磨28天，始终没有变节屈敌。被组织营救后，向党组织申请改名为韩干，即还要跟党干革命。随即，韩干任中共长桓临益四边县委警卫班长。1940年5月任桓台县特务队政治指导员。1941年年底，调清河专署政卫队工作。1942年年底，韩干任博兴县公安局政卫队队长，他深入虎穴击毙小清河金家渡日伪据点特务队队长傅保安，歼灭殷家庄日伪据点特务队，智取广饶县申盟亭日伪据点，带队奔袭北镇夺枪。1944年8月任桓台县公安武工队队长，宋鲁源指挥的战斗多由韩干率队主攻，先后取得夜袭罗家斜沟、夜袭古城、夜袭卫固日伪据点、迫降日伪黄家据点伪军缴械投降等战斗的胜利。1945年7月任桓台县公安局政卫队队长，1946年9月兼任桓台县武工队队长，带队坚持边沿反伪化斗争，摧毁国民党政权，阻击国民党进攻。1947年1月13日，在临淄路山战斗中，遭遇强敌夹击，果断掩护部队撤退，腿部受伤后，拉响手榴弹，与敌人同归于尽。

王占魁（1916—1947）　又名王占奎，东营市东营区史口镇南王村人。1939年参加革命，历任清河军区独立团战士、班长。1942年2月参加广（饶）、博（兴）、蒲（台）三边行政委员会公安武装特务队。1944年春调蒲台县公安局，在袭击蒲台县玉皇堂据点伪军战斗中，王占魁连发7枪打死7个敌人，成为远近闻名的神枪手。8月调桓台县公安武工队，任短枪班班长，在县公安局组织的多次战斗中，王占魁多负责打头阵。1945年7月中旬，王占魁受命化妆侦察石桥日军飞机场敌情，摸清日军机枪所在地和警戒情况。7月20日冒雨袭击飞机场，王占魁夺取日军长枪4支。7月31日，参加伏击张店到石桥日军战斗，作为机枪手，压制日军火力，击毙日军多名，取得战斗胜利。8月初，在南吕庄伏击日军战斗中，王占魁打死日军小队长，缴获手枪1支、军刀1把。8月下旬被渤海军区第六军分区授予战斗英雄荣誉称号,9月任桓台县公安局政卫队副队长,是月加入中国共产党。1946年7月兼任桓台县武工队副队长。1947年2月,在夜袭金岭战斗中负伤,救治无效牺牲于侯庄村。

柴裕禄(1926.06—1948.02) 张店区卫固镇太平村人。1938年加入村儿童团,后参加民兵组织。1944年春参加长桓县大队。9月任县公安武工队侦察班班长,他机智勇敢、无私无畏,圆满完成历次侦察任务,设计处死叛徒肖可法。1945年9月任县公安局侦察队班长,是月加入中国共产党。1946年秋天,柴裕禄到焦宋庄小学执行任务时,闯进敌人屋内,夺取1支冲锋枪,扔出1颗手榴弹,安全撤出战斗。1947年1月13日路山战斗中,柴裕禄身负重伤,坚持向敌人射击,掩护战友突围,后被战友抬下火线。8月任政卫队副政治指导员兼机枪班班长,在田庄伏击战、赵家围剿战中,柴裕禄带领机枪班发挥重要作用。1948年2月5日,在陈桥战斗中,柴裕禄带队追击敌人,遭遇强敌后壮烈牺牲。

高延洪(1922.03—2008.03) 淄博市张店区石桥镇北营村人。1940年秋入伍,历任八路军山东纵队一旅战士、八路军115师青年队战士,因病回家治疗。1942年参加长桓县大队。1944年2月25日参加夜袭朱庆云伪军大队机枪班战斗。8月任桓台县公安武工队队员。高延洪机智勇敢,在北石桥大集夺枪、洪沟夺枪、东埠岭夺炸药等战斗中发挥关键作用。1945年7月夜袭卫固据点战斗中,高延洪任爆破组组长,炸毁伪警察所炮楼和北炮楼,出色完成任务,战后被任命为武工队短枪班班长。袭击日军飞机场战斗中,高延洪打掉敌人岗哨,并掩护战友撤退。张桓路伏击日军战斗中,高延洪用手榴弹炸死日军小队长金池。8月下旬被渤海军区第六军分区授予战斗英雄荣誉称号。1946年6月加入中国共产党,任桓台县公安局政卫队三排排长。9月带领3名战士伪装成国民党还乡团,在湖田以西张益公路上,尾随、袭击国民党小部队,缴获冲锋枪2支、卡宾枪1支、兔栓步枪4支。1947年3月被县委记二等功。4月,奔袭文登村剿匪战斗中,高延洪腿部受伤。1948年8月被县委记二等功。10月因伤复员。1951年任村党支部委员。1971年至1983年,任村治安主任、调解主任。2008年3月去世。

郭正财(1919.09—1980.12) 淄博市张店区中埠镇郭家庄人。1943年6月参加桓台县二区区中队,8月加入中国共产党,任桓台县县长、县大队大队长、县公安局局长相子正警卫员,1944年8月任桓台县公安武工队班长。1945年7月20日,在袭击石桥日军飞机场战斗中,郭正财夺获扫射机枪1挺。7月31日张桓路伏击日军战斗中,郭正财与敌人展开肉搏战,又缴获机枪1挺。8月下旬被渤海军区第六军分区授予战斗英雄荣誉称号。9月任桓台县公安局侦察队队长,抓获叛徒原局长王应声。1947年3月到张店市公安局工作。1948年4月任高青县公安局政保股股长。1949年10月任益寿县公安局审讯股股长。1950年春辞职回家务农。1958年4月到金岭铁矿工作。1975年8月退休。1980年12月去世。

王振祥(1925—1970) 山东省东营市东营区史口镇杨家村人,中共党员。抗日战争时期在利津县从事党的地下工作,为党提供情报和军火,掩护革命干部。1944年秋参加桓台县公安武工队。1945年9月任桓台县公安局政卫队一班班长。1946年1月任桓台县公安局政卫队一排排长。王振祥爱护战士,他经常用家里捎来的钱买鸡蛋、白糖给伤病员吃,为伤病员端尿盆,精心照料,赢得战士尊敬。王振祥作战勇敢,1947年1月他带领20余名战士在张店一带活动,恰遇国民党一个团的部队到解放区抢粮,为了保护老百姓的利益,不顾兵力悬殊,当晚与敌激战,毙伤敌40余人,将敌人击退。在桓台县选模大会上,王振祥被选为战斗模范,被县评功委员会评为一等功。1947年3月王振祥任县公安局政卫队队长。1948

年 5 月到渤海区三专区公安局工作。1950 年 5 月到博兴县公安局工作。1953 年复员后回家务农。随后，在博兴、张店等地做小生意谋生。1970 年 9 月去世。

段淑武（1950.06—1999.10）　桓台县田庄镇史家村人。1966 年在田庄人民公社史家村卫生室工作。1968 年 3 月入伍，10 月加入中国共产党。历任战士、班长、政治指导员。1982 年 2 月到桓台县公安局工作，1989 年 9 月取得北京人文大学大专学历，1998 年 11 月晋升二级警督警衔。历任内保股内勤，户籍科副科长，法制科副科长，唐山派出所政治指导员，保卫科科长，看守所副所长。1999 年 10 月去世。

在颁发居民身份证过程中，段淑武精心组织，抓好宣传发动、调查摸底及试点工作，深入乡镇加强指导，把好质量关和进度关，桓台县被淄博市评为 3 个优胜单位之一。1991 年 4 月，段淑武被市委、市政府记一等功，9 月被公安部评为全国颁发居民身份证先进工作者。

局长　政治委员

张东峰　原名张正桐，生卒年月不详，淄博市张店区四宝山镇江西道村人。1939 年 4 月参加革命，是月加入中国共产党，负责党内保卫工作。1940 年 11 月任中共长桓临益四县边区委员会委员、社会部长。1941 年 2 月任中共长桓县委委员、社会部部长，4 月兼任桓台县抗日民主政府公安局局长，负责组建县公安局，带领政卫队和各区公安员开展锄奸反特斗争。5 月，日寇推行第二次“治安强化运动”后，在临淄失踪。

王应声（1919—1945）　原名王建华，化名克欣，淄博市临淄区孙娄乡王家庄人，后迁居张店区中埠镇张家村。1939 年在桓台一区区委工作，是年加入中国共产党。1940 年冬到鲁南抗大学习，1941 年春到临淄县任区公安特派员。1941 年 7 月任桓台县抗日民主政府公安局局长。1942 年 2 月叛变投敌，带领日伪特务，破坏中共地下组织，捕杀共产党员和革命群众，出卖县委书记李本荣，给桓台县抗战事业造成重大损失。1945 年 8 月被逮捕，11 月（一说 1946 年 2 月）被县委、县政府执行死刑。

相子正（1915.11—1994.03）　原名相志浩，淄博市临淄区闻韶办事处相家庄人。1938 年 3 月参加革命，历任八路军山东纵队三支队十团班长、副排长，10 月加入中国共产党。1939 年 3 月任长桓独立营连长，8 月任长桓县大队副大队长，1940 年 1 月任中共长桓临益四县边区委员会委员、长桓县大队大队长，8 月兼任桓台县参议会副参议长，1941 年 2 月任中共长桓县委委员、县大队大队长、县参议会副参议长，12 月任中共长桓县委委员、县大队大队长。1942 年 1 月任长桓军政工作团团长。

1943 年 6 月任中共桓台县委委员、桓台县抗日民主政府县长、县大队大队长兼县公安局局长。期间，主要主持东游击区的工作，与西游击区相互配合，开展锄奸反特斗争，寻机打击日伪人员，桓台县抗战形势逐步好转。

1944 年 7 月任县委委员、县抗日民主政府县长、县大队大队长。1945 年 8 月任县委委员、县人民政府县长、县大队大队长。1949 年 3 月起历任渤海区三专区副专员、清河专署副专员。1950 年 5 月任省民政厅民政处副处长，1952 年 10 月任民政处处长。1953 年 4 月任省政府办公厅副主任（未到职，在省选委会工作）。1954 年 4 月任大连建筑工程公司经理。1956 年 4 月任冶金工业部第九建筑总公司副经理。1957 年 2 月到青岛休养，8 月任冶金工业部青岛建筑工程学校校长。1958 年 9 月任青岛冶金工业专科学校校长。1960 年 5 月任山东省千佛山疗养院党委书记、院长。1962 年 1 月任山东省卫生学校校长。1964 年 5 月任山东省中医学院副院长（1965 年 8 月至 1966 年 8 月在日照县参加社教工作）。1967 年 5 月任山东省中医学院革委会主任，12 月任山东省中医学院革委会副主任。1978 年 8 月任山东省中医学院顾问。1983 年 10 月离休。1994 年 3 月去世。

宋鲁源(1918.12—1993.11) 曾用名宋汶泉,化名魏群英,山东省寿光市侯镇西岔河村人,初中文化。1938年8月参加革命,任八路军鲁东抗日游击队第八支队第十五大队文书,12月负责寿光县动委会青年工作,1939年1月加入中国共产党,1940年1月任临淄青救会副会长。1940年4月任清河区党委电台政治指导员,1941年9月任中共垦区工委宣传部部长。1942年6月调清河行署公安局,从事锄奸工作。1943年1月任广、博、蒲三边地区公安特派员、特务大队大队长、工委委员,1944年3月任蒲台县公安局侦察股长。

1944年7月任桓台县抗日民主政府公安局副局长兼县大队政治指导员,组建公安武装工作队和4个地下武装小组,开展情报战、策反战、卧底战,惩治死心塌地的汉奸特务,震慑教育争取中间派。与日伪展开坚决斗争,先后指挥古城战斗、东埠岭夺取炸药战斗、奇袭石桥飞机场战斗、张桓路伏击日军战斗、卫固战斗、迫降黄家伪军战斗,取得全胜,体现出高超的指挥艺术。1945年11月任中共桓台县委委员、桓台县人民政府公安局局长,宋鲁源以武工队为基础,组建并逐步完善县公安局内设机构,组织县、区公安干部,发动群众剿匪、反特、锄奸,封锁限制张店国民党部队活动。在国民党发动全面进攻和重点进攻期间,协助李晓光、相子正指挥军事,先后任桓台、张店联合反特剿匪指挥部指挥,益临桓淄四县剿匪指挥部指挥,桓台县对敌斗争指挥部副指挥,取得二区、五区边沿反伪化斗争,县内清剿、四县剿匪、七天军政攻势的重大胜利。1947年被县委记二等功。1948年3月,桓城解放后,县公安局捕获国民党军统特务荆良。宋鲁源审讯中摆形势、讲政策、指出路,使荆良转变"誓死成仁"的对抗态度,交代出潜伏在周村的国民党军统少将赵崇德小组,宋鲁源立即组织抓捕小分队,将该潜伏小组8名特务一网打尽。

1948年5月任渤海区三专区公安局副局长、三地委社会部副部长,12月任渤海区三专区公安局局长、三地委社会部副部长。1949年6月任清河专区公安局局长、清河地委社会部副部长。1950年5月任德州专署公安处处长,9月兼地委纪检会委员。1953年8月任德州专署副专员兼公安处处长。1954年5月,相应祖国号召,参加经济建设,转任鞍山钢铁公司大石桥镁矿副矿长。1955年6月任大石桥镁矿矿长。1956年6月当选鞍山市委候补委员,9月任大孤山铁矿矿长。1957年8月任鞍山钢铁公司矿山部副主任。1958年9月任大孤山铁矿矿长、党委书记。1959年2月任鞍山钢铁公司炼铁厂厂长,8月当选鞍山市委委员,9月任鞍山钢铁公司炼铁厂党委书记。1960年7月任鞍山钢铁公司副经理。1961年3月兼任弓长岭铁矿党委书记。1962年1月参加中共中央工作扩大会议。1963年4月任甘肃省委委员、中国白银有色金属公司经理、党委书记。1970年7月任一机部兰州石油化工机器厂革委会主任。1971年8月任兰州石油化工机器厂党委书记。1974年12月病休,1982年7月离休。1993年11月去世。

张　祥(1916.02—1983.07) 原名张养根,江苏省丹阳市司徒镇松园村人,初中文化。1939年7月参加革命,任新四军江南挺进纵队六支队十七大队三中队战士,9月加入中国共产党,12月任新四军江南指挥部军法处警卫排班长。1940年4月任新四军江南指挥部副官处招待所所长兼军法处干事。1941年2月起历任新四军一师二旅六团政治处特派干事、东台独立团特派员、一师二旅五团特派员、一师二旅四团一营特派员、一师政治保卫部特派干事。1945年1月任新四军苏浙军区三纵九支队特派员,9月任新四军华中军区政治部警卫营营长兼政治教导员。1947年2月起历任华东野战军七纵保卫部科长、特务营政治教导员、六十一团一营政治教导员。1948年3月参加渤海军区"三查三整"案件审查工作。

1948年5月任桓台县公安局局长。他政治坚定,秉性耿直,积极学习地方工作经验,组织对县内国民党员、三青团员登记管制,清剿国民党特务、残匪,稳定全县形势。

1949年2月响应党中央号召，报名南下。8月任华东革命大学三部七班班部主任，12月任浙江省宁海县副县长兼公安局局长。1950年7月任浙江省高级人民法院台州分院副院长。1952年7月任台州专署公安处科长。1952年12月任苏北新人农场第二指挥部科长，1953年10月任苏北新人农场一分场副场长，1955年3月任苏北建设农场专门法庭副庭长。1956年9月任黑龙江省嫩江劳改分局科长，1957年10月任嫩江县三岗农场副场长，1958年3月任嫩江县七星泡农场副场长。1964年10月任泰来县六三农场副政治委员，1969年7月任六三农场一大队党支部书记，1970年9月任六三农场三大队党支部书记。1972年8月任泰来县新生医院副政治委员。1977年6月任六三农场顾问。1980年12月退休。1983年7月去世。

蔡玉璋(1918.02—2012.01)　高青县田镇小高家村人。1940年任本村抗日村长、乡长。1941年1月加入中国共产党，7月任高青县三区公安特派员。1944年10月任高青县二区公安特派员。1945年9月到长山县公安局武工队工作。

1945年12月到桓台县公安局工作，历任侦察股副股长兼干部干事，一股股长兼二股股长，二股股长，二股股长兼华沟分局局长。在桓台县公安局任职期间，协助宋鲁源抓队伍管理和党的建设工作，保障桓台县与小清河以北根据地联络通道安全畅通，负责重大案件侦察办理，在破获周村军统特务潜伏案中表现突出。1948年5月任渤海区三专区公安局侦察科副科长。1949年2月任桓台县公安局副局长，3月任局长。期间，蔡玉璋把工作重点放到公安队伍建设和案件审理上，公安工作逐步正规。

1949年8月任清河专区公安局侦察科科长。1950年1月南下，先后在上海华东革命大学学习，在福建省开展土改工作。1951年12月任福建省公安厅集训队政治指导员，1953年9月任福建省公安厅组织科长。1954年5月起先后到华东局审干委员会、福建省审干委员会办公室工作。1957年1月任福州贮木场党委书记。1958年11月起历任福建林学院党委办公室主任、组织部长、宣传部长、监察委员会主任。1970年3月任福建林科所党总支部副书记。1973年4月任厦门经济植物研究所党总支部书记。1975年11月任福州贮木场党委书记。1979年12月任福建省林业厅办公室主任、省林业产业基础工会主席。1983年离休，享受副厅级待遇。2012年1月去世。

宋振起(1919.12—1987.02)　山东省博兴县博兴镇西三里村人，初中文化。1940年2月加入中国共产党，在博兴县从事党的地下工作。1944年2月任博兴县公安局侦察员，7月在渤海行署公安局训练班学习，12月任博兴县公安局统调干事。1945年8月任博兴县二区区委委员、区公安特派员，1946年2月任博兴县公安局侦察干事，7月任侦察股副股长。1947年5月任渤海行署公安局训练队副中队长，1948年2月任渤海行署公安局审讯科干事，12月任羊口市公安局局长。1949年6月任渤海区三专区公安局治安科科长(未正式公布职务)。

1949年8月任桓台县县委委员、县公安局副局长、代理局长。期间，宋振起主持取缔反动会道门工作，并兼任桓台县镇反领导小组军事法庭庭长，全身心扑入到材料审查、逮捕、判刑及指导各区军事法庭工作中去，为镇压历史反革命，维护全县政治稳定作出积极贡献。

1951年9月离任，11月任淄博专署公安处劳改科副科长。1956年8月任淄博专区劳改大队大队长。1956年9月到山东省公安厅劳改局工业处工作，1958年5月任省公安厅劳改局工业处处长，1960年3月任省公安厅劳改局技术研究所所长。1966年10月，受“文化大革命”冲击，被免去职务。1970年2月任济南军区山东生产建设兵团二师八团副团长，1975年9月任济南市化学纤维厂革委会核心领导小组组长、厂长，1979年7月任济南市化学纤维厂党委书记。1981年1月任济南市纺织工业局副局长、党委委员。1983年2月离休，8月享受厅局级待遇。1987年2月去世。

盖纯恭(1922.08—1995.07) 山东省东营市东营区辛店镇辛店村人,高小文化。1943年3月参加村农会工作。1945年8月任广饶县公安局班长,12月加入中国共产党。1946年11月任广饶县公安局干事。1948年11月任广饶县公安局股长。1949年4月起历任渤海区三专区公安局侦察队队长、清河专区公安局侦察队队长。1950年5月任长山县公安局治安股股长。

1951年11月任桓台县公安局副局长。1952年7月任县委委员、县政府党组成员、县公安局局长。在县委领导下,继续组织开展镇反运动。同时,加强对社会面的治安管理和基层治保组织建设,进一步规范公安机关内设机构和派出机构设置,公安工作迈向正规。

1953年7月离任,8月任淄博市公安局(隶属淄博工矿特区公安处)副局长。1955年7月任淄博市(地级市)公安局治安科科长。1956年3月任政保科科长,7月任副局长兼政保科科长。1957年8月任中共博山区委常委、博山公安分局局长、党组书记。1961年1月到博山区博城人民公社工作。1980年5月任博山区计划生育办公室主任。1985年6月离休,10月享受县处级待遇。1989年1月享受厅局级待遇。1995年7月去世。

王茂盛(1923.05—1988.10) 山东省青州市阳河镇沈家村人,初中文化。1940年1月参加革命,在寿光县五区抗日动委会工作,3月到鲁南抗大学习,6月加入中国共产党。1941年1月任中共山东分局社会部审讯科科员。1942年6月任鲁中军区公安局公安队政治指导员,12月被俘,被日军拉往东北煤矿做苦力。1944年3月到益都县武委会工作,8月任益都县公安局审讯股股长。1948年6月任渤海区三专区公安局公安干部训练班政治指导员。1950年5月任齐东县公安局秘书,后任代理局长。1953年3月任惠民专署公安处秘书。

1955年12月任桓台县县委委员、县公安局局长、党组书记。1956年5月任县委委员、县政法部部长、县公安局局长。在任期间,王茂盛严格队伍管理,解决公安干部思想作风和纪律作风松懈问题,经常深入基层,掌握社会情况,组织开展破案会战,办案中贯彻“坦白从宽、抗拒从严”政策,桓台县社会治安全面好转。

1956年9月任县委委员、县政法部部长,1956年11月至1958年3月兼任第四工委(陈庄)书记。1958年9月任县委委员、县人民检察院检察长。1958年11月任博兴县人民检察院检察长,12月任中共博兴县委组织部部长。1960年7月任博兴县陈庄人民公社党委书记。1961年5月任博兴县陈庄区委书记。1961年9月任桓台县委委员、陈庄区委书记。1966年10月,下放劳动锻炼。1972年2月任高青县化肥厂党支部书记。1973年3月到高青县委负责落实政策工作,11月任高青县委党校校长。1979年3月任高青县纪委副书记,1980年9月任中共高青县委委员、纪委副书记。1985年1月离休,享受厅局级待遇。1988年10月去世。

王友贵(1928.10—2014.07) 山东省沾化县冯家镇药王庄人。1946年3月任吕王庄民兵队长。1947年2月加入中国共产党,7月任支前排长。1948年5月到海滨县党校学习,7月任沾化县李家区曹家沟乡乡长,9月任沾化县李家区公安员。1953年2月任沾化县公安局治安股股长。1955年5月任沾化县公安局副局长。

1955年12月任桓台县人民委员会党组成员、县公安局副局长。1956年9月任县人民委员会党组成员、县公安局党组书记、局长。王友贵对群众有深厚感情,原则性很强,严格管理队伍,狠抓侦查破案,建立打击流窜犯罪新机制,全县社会治安秩序进入历史上最好时期之一。1958年11月任博兴县委政法部副部长。1959年4月任博兴县公安局局长。1960年1月任博兴县委政法部副部长兼公安局局长。1961年9月复任桓台县公安局党组书记、局长。1962年7月任县人民委员会党组成员、县公安局党组书记、局长。王友贵恢复县公安局各项制度建设，并以身作则，严格遵守，具有较高威望。大力整顿灾区治安秩序，全县治安持续稳定。

1966年2月任广饶县公安局局长，1967年6月任广饶县委常委、县公安局局长，1969年9月任广饶县革委会核心领导小组成员、公安机关领导小组组长，1971年4月任广饶县革委会委员、县公安机关领导小组组长，1973年7月任广饶县公安局局长，1978年4月任广饶县委常委、县公安局局长。1979年7月任沾化县委常委、县公安局局长。1984年3月任沾化县委常委、纪委书记。1990年11月离休。2014年7月去世。

胡保华（1927.11—2005.03）　又名胡宝华，桓台县马桥镇后金村人，大专文化。1945年8月任岔河区后金村小学教员。1947年1月任桓台县四区联防中心学校校长。1948年4月任后金村小学教员，8月任岔河区公所文书、民政助理。1949年10月加入中国共产党。1951年6月任县政府民政科科员，1953年4月任县人事科副科长，1954年10月任县人事科科长。1955年12月任县人民法院院长。1958年12月任中共博兴县委政研室副主任。1959年9月任博兴县城郊人民公社党委副书记，1960年7月任博兴县委政法部副部长。1961年9月任桓台县政法部副部长兼县人民法院党组书记、院长。1962年6月任县人民委员会办公室主任，1964年3月任县人民委员会党组成员、办公室主任。1965年8月任县人民委员会党组成员、县人民法院院长、党组书记。

1967年3月到县公安军管小组工作。1970年10月任县农业局局长，1971年5月任县农业局革命领导小组组长，9月任县革委会生产指挥部党的核心领导小组成员、县农业局领导小组组长，1972年3月任县革委会生产指挥部党的核心领导小组成员、县农业局局长。1972年5月任县公安机关党支部书记。1973年1月任县委委员、县公安机关党支部书记，7月任县委委员、县公安局局长、党的核心小组组长。胡保华政治坚定，在“文化大革命”中教育干警依法办案，保铁路畅通，保治安稳定，尽心尽力做好公安工作。

1977年5月任县委委员、县人民法院院长、党的核心小组组长，11月任县委委员、县人民法院院长、党组书记。1984年6月任县人民法院调研员。1985年6月离休。2005年3月去世。中共桓台县第三、四届委员会委员。

陈宁之（1936.03—2001.11）　原名陈学之，桓台县荆家镇陈桥村人，大专文化。1953年3月参加工作，任荆家镇陈桥村小学民办教师。1954年4月起历任桓台县马桥供销社营业员、会计，崔楼区供销社文书。1955年8月加入中国共产党。1958年12月任桓城人民公社秘书，1963年1月起历任周家人民公社副主任、侯庄人民公社党委副书记。1966年10月起到县委组织部、县委办公室工作。

1970年9月任桓台县公安机关审判组组长。1973年6月任县人民法院副院长、党的核心小组副组长。1975年5月任县人民法院院长、党的核心小组组长。1977年5月任县公安局局长、党的核心小组组长，11月任县公安局局长、党组书记。1978年3月任县委常委、县公安局局长。任职期间，陈宁之大力整顿干警思想、整顿作风纪律、整顿机关学习，确保干警政治方向正确。同时，认真贯彻中央文件精神，落实为“四类分子”摘帽政策，开展平凡冤假错案工作。

1979年11月任县委常委。1980年2月任县委常委、宣传部长。1984年3月任桓台县副县长。1987年2月起历任县人大常委会副主任，县人大常委会党组副书记、副主任。1990年12月，被省委、省人大常委会、省政府表彰为全省普法先进个人。1994年5月任调研员。1996年4月退休。2001年11月去世。桓台县第八、九届人民代表大会代表。

李执福（1951.12—2016.01）　淄博市张店区石桥镇南石桥村人。1972年2月参加工作，任淄博市公安局张店分局经保科干警。1984年4月任淄博市公安局刑警大队一中队副中队长，12月加入中国共产党，1985年3月任淄博市公安局刑警大队一中队队长、副科级侦察员。1987年2月被市公安局记三等功，12月被省公安厅评为山东公安战线严打斗争先进个人。1990年4月被省总工会授予富民兴鲁劳动奖章。

1991年4月任桓台县公安局副局长（挂职）。1993年3月任桓台县公安局政治委员、党委副书记。1994年2月晋升一级警督警衔。1996年2月任县公安局政治委员、党委副书记、副县级侦察员。任职期间，先后分管刑侦工作和队伍建设工作，具有大局观念，业务能力强，善于解决复杂治安问题，依法妥善处理村民扰乱济化桓台分厂生产秩序案件，进驻陈桥村、于家村进行社会治安专项整治，开展打击拐卖妇女儿童专项行动，组织侦破毕长春绑架杀人案、管庆山故意杀人案、城东村少女刘某被奸杀案、张金刚故意杀人案等多起有影响的大要案件，经常携带被褥和干警一起吃住在案件现场，直到案件侦破。他大力推动警务制度改革，推行探长负责制和警长负责制，倡导岗位练兵，提高桓台公安队伍战斗力。

1996年9月任淄博市公安局高新区分局副局长。1998年7月取得山东政法管理干部学院大专学历，8月任高青县政府党组成员、县公安局党委书记、局长、副县级侦察员。2000年1月被市委、市政府表彰为淄博市社会治安综合治理先进个人。2003年1月当选高青县委候补委员。2003年4月任淄博市公安局巡警支队副支队长。2007年11月提前离岗。2012年1月退休。2016年1月去世。中国共产党高青县第十一次代表会议代表，中国共产党淄博市第九次代表会议代表。

副局长 副政治教导员 副政治委员

栋良山（1912.01—1989.04） 原名袁崇栋，又名栋梁山，桓台县马桥镇辛桥村人。1938年12月参加革命，任辛桥村抗日救国委员会组织委员。1939年1月任长桓边区东平乡抗日救国委员会组织委员，5月任中共长桓边区办事处区委组织干事，10月加入中国共产党。1941年5月任山东省垦区中心区公安特派员。1942年5月任垦区六区公安特派员，11月任垦区三区公安特派员兼区副政治指导员。1943年9月任利津县公安局三股股长。1945年7月任利津县公安局一股股长。

1945年10月任桓台县公安局副局长。1946年1月兼任一股股长，6月兼任张店公安分局局长。1947年3月任张店市公安局局长。在桓台县公安局任职期间，栋良山协助局长宋鲁源组建公安队伍和内设机构，动员李中一、温桂卿等在家养伤的八路军、新四军战士参加公安工作；针对国民党还乡团及特务的进攻、破坏，栋良山带领6人侦察小组，活动于陈桥、姬桥、高王、北岭、东孙、岔河、黄郭一带，夜间监视主要路口，抓捕特务分子，争取特务地下线2名，发动群众反奸诉苦，肃清一批窝特和代特催款分子，使国民党特务难以立足。主持张店公安工作期间，任桓台县对敌斗争委员会委员，为保卫张店三进三出，作战20余次，直至最后解放。

1948年6月到渤海区党校学习，任党支部副书记，12月加入华东局首批南下干部大队，到华东局党校学习。1949年5月任浙江省衢州地区常山县县委委员、副县长。1949年10月任常山县县长、县人大常委会主席。1950年6月任常山县县长、县人大常委会主席、县人民法院院长。1951年11月任衢县县长。1952年5月任衢州专员公署民政科长。1953年5月到中央政法干校学习，任班党支部副书记。1954年8月任浙江省高级人民法院刑庭庭长。1955年2月任浙江省高级人民法院审判委员会委员、刑庭庭长。1956年4月任浙江省高级人民法院党组成员、审判委员会委员、刑庭庭长。1960年4月任浙江省北湖农牧场场长、党委副书记。1962年10月任台州专署法院院长。1963年7月任台州专署政法党组成员、法院院长。1968年4月受到“文化大革命”冲击，下放劳动。1972年4月退休。1981年3月离休。1983年2月享受地专级政治、生活待遇。1989年4月去世。

樊树楠（1921.10—2014.08） 山东省高青县花沟镇樊林村人。1940年8月参加革命，任高苑县人民政府四科科员。1941年1月任高苑县二区青救会会长，3月加入中国共产党，6月任清河区清西地委远征队组长，9月任清西地委鲁迅宣传队

队员。1942年1月任邹平县三区区委宣传科科长，6月被日军逮捕，8月被组织营救出狱，到清西地委学习，11月到清河区党委城工部从事地下工作。1944年2月任周村武工队队长。1946年1月任胶济大队四中队队长，6月任胶济大队组织干事，9月任张店武工队队长。1948年1月任桓台县大队三中队队长，3月任张店市公安局政卫队队长。1949年1月任张店市公安局治安股股长，5月任张店市公安局副局长。

1950年5月任桓台县公安局副局长兼张店分局局长。期间主持张店分局工作，重点加强行业管理、基层治保组织建设、重点人员管制工作，保障张店的稳定和发展。

1950年11月任张周市公安局张店分局局长。1952年4月到张周市公安局工作。1953年5月任淄博市劳改队管教股股长。1956年7月任淄博市公安局劳改大队副大队长。1959年7月任市公安局治安科副科长，1961年9月任治安科科长，1962年12月任预审科科长（1969年4月至10月在新华制药厂下放劳动）。1973年6月任市公安局强劳所所长。1975年5月任市公安局五科科长。1980年2月任市公安局经济文化保卫处三科科长。1983年3月离休。1985年6月享受县处级待遇。1991年荣获人民警察一级金盾荣誉奖章。2014年8月去世。

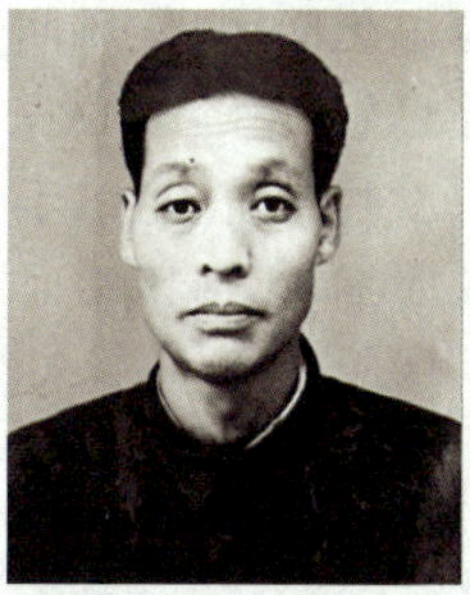

刘玉信（1911.10—1978.04）　淄博市张店区卫固镇卫固村人，高小文化。1945年2月加入中国共产党，7月参加革命，任桓台县铁山区救国会小组长。1946年2月任铁山区公安员，6月任桓台县公安局金岭分局局长，7月因国民党军队进犯，撤出金岭镇，兼任铁山区公安员。1947年3月，继任县公安局金岭分局局长。刘玉信常年战斗在对敌斗争最前沿，带领群众开展惩奸复仇运动和治安护村运动，沉重打击张延贵、毕子久、梁乐三等国民党股匪。1948年3月到渤海行署公安局学习，12月任三专区公安局工作队队员。1949年3月起历任桓台县公安局田庄分局局长，审讯股股长。1950年8月任治安股股长，具体从事镇压反革命、管制反革命分子、集中取缔反动会道门、查处会道门暴动事件和现行案件侦查工作，建立健全乡村和机关、企业、学校治安保卫组织。他常年带病坚持工作，完成各项繁重任务。1953年7月任县公安局副局长。先后组织开展打击破坏统购统销政策非法活动，打击反动会道门二贯道、古天圣道行动，保卫农业合作化运动。

1956年8月任桓台县民政科科长。1957年7月任县民政局局长。1959年3月任田镇人民公社主任。1961年9月任桓台县起凤区区长。1963年8月任县民政科副科长。1971年10月退休。1978年4月去世。

王世彪（1920.11—2002.05）　山东省莱芜市莱城区和庄乡横顶村人。1940年4月加入中国共产党。1944年参加革命，任莱芜县常庄区抗联会青年委员。1945年8月任章历县一区公安员。1946年7月任章历县公安局政卫队副班长。1947年3月任章历县七区公安员。1948年5月任章历县公安局政卫队副政治指导员兼看守所所长。1948年8月任章历县公安局刁镇分局副局长，1949年1月任章历县公安局白云区老僧口分局局长，1949年8月到渤海区党校学习，1950年1月任章历县公安局治安股股长（1953年2月至7月在山东省驻津追捕外逃办公室工作）。

1953年9月任桓台县公安局副局长，主持全县公安工作。他注重调查研究，深入联系群众，及时处理人民来信来访问题，他重视干警的政治学习和业务学习，采取以师带徒学习法，提高干警业务水平，保障党的政策得到贯彻执行和中心工作顺利进行。1955年3月到中央人民公安学院武汉分院学习。1956年2月到惠民专署公安处工作（原职未免）。

1956年5月任沾化县公安局副局长。1958年12月任沾化县人民检察院副检察长。1965年4月任垦利县人民检察院检察长。1971年7月到垦利县公安机关工作，1973年4月任垦利县公安局副局长。1978年5月退休。1980年10月离休，享受副县级待遇。离休后，回本村长期从事义务调解工作。1986年4月被中共莱芜市委表彰为优秀共产党员，1989年4月被中共莱芜市委、莱芜市人民政府表彰为老干部工作先进个人。2002年5月去世。

于文鹏（1923.07—2011.09）　桓台县田庄镇李寨村人。1948年4月参加革命，任李寨乡主席，7月加入中国共产党，12月到清河地委党训班学习。1949年4月到桓台县公安局工作。历任田庄分局办事员，侦察股侦察员、副股长，政保股副股长、股长。1956年7月任县公安局副局长。1958年3月到山东政法学院学习，11月任博兴县公安局副局长。1961年9月任桓台县公安局副局长。于文鹏积极肯干，能力突出，先后侦破多起重大案件，被惠民地区公安处记二等功。任局领导职务后，长期分管业务工作，遇到重大案件，骑自行车或者步行第一时间赶到，组织警力及时侦破，部署打击流窜犯罪活动和封建迷信活动，维护全县社会稳定。

1962年5月任桓台县民政科副科长，1963年8月任县交通科副科长。1971年5月任县交通邮政局革命领导小组副组长。1972年3月任县革委会交通局副局长。1979年3月任县交通局局长。1980年8月退居二线。1982年4月离休，享受副县级待遇。2011年9月去世。

刘志瑞（1928.08—1988.02）　山东省滨州市滨城区里则镇刘宝家村人，初中文化。1945年7月任滨县里则区堰头乡青救会主任。1946年5月任滨县里则区堰头乡联防队长，是月加入中国共产党。1947年1月任滨县公安局侦察员。1947年4月到渤海公安干校学习，1947年9月任渤海行署公安局二科侦察员。1950年5月任惠民专署公安处侦察科干事。

1954年12月任桓台县公安局治安股股长。1956年7月任县公安局副局长。刘志瑞作风务实，重视公安基层基础工作，开展农业社保卫组织建设，解决乡与乡交界地带治安问题，全县社会治安持续好转。1958年11月任博兴县公安局副局长，1959年11月兼任索镇派出所所长。

1960年4月任惠民专署张北地方铁路局人保科科长。1962年5月任张北地方铁路公安局副局长。1975年7月任济南铁路局张东临管处安全检查组副组长。1976年3月任青岛铁路分局张店车务段业务室业务员。1985年任张店车务段调研员。1988年2月去世。

于仁善（1918.07—1997.07）　山东省莱阳市石河头乡波起港村人，高小文化。1945年5月加入中国共产党，是月入伍。1946年2月任中共莱阳县磊山区委组织干事，1947年2月任磊山区中队副队长，1948年7月任富山区中队副队长，1949年1月任望山区中队副队长，11月任莱阳县警卫连副连长。1950年3月再次入伍，任中国人民解放某部副连长、连长。1952年6月任山东省部队转业干部速成中学二分校十六队学员。1956年7月任桓台县公安局政治协理员。1958年11月任索镇机械厂党支部书记，1960年1月任惠民专区王旺工程修配厂党支部书记。

1962年6月任桓台县公安局副政治教导员。于仁善长期分管县公安局政治工作，学习军队政治工作经验，注重调查分析干警思想问题、作风问题和工作方法问题，善于做干警思想工作，关心灾区干警生活问题，想方设法争取款物救济，组织干警种粮种菜贴补生活，机构整编时期、生活困难时期干警队伍保持稳定。

1966年11月任桓台县手工业联社副政治教导员，后任农俱厂党支部书记、县经委二轻局政治教导员。1981年10月离休，享受副县级待遇。1997年7月去世。

崔曰惠（1923.09—2017.02）　山东省惠民县魏集镇东王村人，高小文化。1945年10月到渤海行署公安局训练班学习，1946年2月任渤海行署公安局炊事员，1946年5月任渤海行署公安局三

科看守员，1948年8月任渤海行署公安局三科调查员，9月到渤海行署公安局训练班学习，12月加入中国共产党。

1949年1月到桓台县公安局工作，历任治安股干事，审讯股干事，金岭派出所副所长、所长，一区治安员，城关派出所所长，索镇派出所所长。1959年4月任博兴县公安局看守所所长，1961年4月任博兴县公安局预审股股长。1961年9月起历任桓台县公安局预审股股长，政治协理员。1966年3月任县公安局副政治教导员兼预审股股长。1967年3月，受到"文化大革命"冲击。崔曰惠常年战斗在艰苦环境中，经常加班加点，犯了严重胃病，组织上批准他休息，他病未痊愈又投入工作，在侦破胡宝善重大盗窃案和镇反运动中表现突出，被惠民专署公安处记三等功，并被多次评为先进工作者、"五好"干警，是县公安局有名的"老黄牛"。

1971年8月任县饮食服务公司党支部书记、革命领导小组组长。1974年1月任县商业局副局长。1975年8月任县供销合作社副主任。1978年7月退休。1982年11月离休。2017年2月去世。

王恩然(1940.04—2009.06) 山东省东营市东营区史口镇北一村人，高中文化。1956年4月任博兴县史口区委书记。1957年10月任博兴县小营工委办事员。1958年9月任博兴县委收发员，12月加入中国共产党。1961年9月任桓台县委办公室机要员。1964年1月任桓台县夏庄人民公社秘书。1965年6月任惠民地区四清工作队队员、政治指导员。1966年7月任陈庄人民公社党委副书记。1972年2月任桓台县战备办公室副主任。

1973年7月任桓台县公安局秘书股股长。1974年1月任县公安局副局长兼秘书股股长。1977年6月任县公安局副局长。1978年6月任县公安局党组副书记、副局长。面对"砸烂公检法"留给公安机关的"乱摊子"，王恩然协助县公安局党组织和局长分析队伍现状及面临的形势，请调老公安干部归队，调入部分青年骨干，组织政治学习和业务学习，同时加强内部制度建设，制定党的会议制度，公安政治思想工作和业务工作逐步回到正确轨道。

1980年12月任县司法局副局长，1981年10月任县司法局党组副书记、副局长，1989年3月任县司法局副科级调研员，1993年4月起任县司法局正科级调研员、主任科员。2000年4月退休。2009年6月去世。

于长远(1939.06—2008.01) 山东省邹平县孙镇镇孙镇村人，大专文化。1964年8月到惠民地区党校学习，11月到齐河县社教工作队工作。1965年9月到广饶县社教工作队工作。

1966年7月任桓台县耿桥人民公社公安助理员，1970年11月加入中国共产党。1975年5月任桓台县公安局副局长。主要分管治安和政保工作，任县委整顿铁路社会治安秩序领导小组办公室主任及打击城乡资本主义活动、取缔反动会道门领导小组办公室主任等职务，具体负责铁路治安和打击反动会道门工作，从东镇村挖出一个特大盗窃犯罪团伙，路社联防工作走在地区前列。

1977年9月任陈庄人民公社党委副书记，1978年12月任陈庄人民公社党委副书记、革委会副主任，1980年5月任陈庄人民公社党委副书记。1981年8月任邹平县城关人民公社党委副书记。1984年6月任邹平县税务局副局长。1993年5月任邹平县工商局副科级调研员，11月任正科级调研员。2000年7月退休。2008年1月去世。

李兴俭(1937.12—2013.04) 桓台县新城镇城东村人，高小文化。1956年1月入伍，1957年7月加入中国共产党，历任战士、班长、连长、参谋、干事、连政治指导员、科长、营长。1976年4月任桓台县土产公司副经理。

1977年5月任县公安局党的核心小组副组长、副局长，7月任县公安局党的核心小组副组长、副政治教导员，11月任县公安局党组副书记、副政治教导员。李兴俭长期协助局长分管队伍建设等工作，组织干警认真学习中共十一届三中全会精神，把干警从左的思潮中摆脱出来。他注重党内作风建设和警示教育，规范政治生活制度，增强干警群众观念，贯彻从严治警方针，大力整顿干警队伍，调出2名不适合公安工作人员，保证公安队伍纯洁。1984年4月任副局级调研员，1993年4月任正科级调研员，1994年1月晋升一级警督警衔。1998年4月退休。2013年4月去世。

张仲俊（1928.10—1995.10）　桓台县唐山镇楼二村人，高小文化。1949年2月参加革命，1955年3月加入中国共产党，历任桓台县公安队战士、班长、司务上士。1955年9月任桓台县公安局办事员，1956年3月任政治协理室干事，1957年2月任起凤区公安特派员。1960年7月任博兴县公安局治安股副股长。1961年9月起历任桓台县公安局治安股副股长，政治协理员，治安股股长。他总结出处理小偷小摸问题的经验做法，被专署公安处、省公安厅通报推广。侦查破案中，认真分析问题，善于发动群众，依靠群众寻找破案线索。被县公安局评为“五好”干警。

1970年11月任桓台县铁厂党支部副书记。1973年6月任县人民法院副院长、党的核心小组副组长。1977年5月任桓台县公安局党的核心小组副组长、副局长，11月任县公安局党组副书记、副局长。张仲俊长期分管侦查工作，每年组织一次声势浩大的破案会战，与参战干警一起吃住，经常风餐露宿，日夜奋战，有时夜间吃块糖充饥。他坚持办案原则，不为人情所动，依法惩处各类犯罪分子，不法人员无不怕他。1981年10月，张仲俊离休。1991年荣获人民警察二级金盾荣誉奖章。1995年10月去世。

薛廷森（1929.10—2011.02）　淄博市临淄区金岭镇金岭东村人，初中文化。1953年2月到淄博行政干校学习，5月到桓台县公安局工作，1956年7月加入中国共产党。历任治安股技术员（1958年11月任博兴县公安局治安股技术员）、副

股长。1965年9月任无棣县公安局治安股股长兼八里人民公社党委副书记，1966年7月任惠民专署公安处驻桓台技术点组长。1968年8月到桓台县公安机关工作，受到冲击。1969年8月任桓台县公安机关侦破组组长。1973年7月任县公安局政保股股长。1977年10月任县公安局副局长。1978年8月退休。在25年的公安工作中，薛廷森主要从事技术工作，并成长为领导干部。他作风扎实，办事认真，专注于现场勘查和案件调查，成为惠民地区公安系统首屈一指的技术能手，是全局公认的“老黄牛”式、业务精通类好干部，多次被公推为先进工作者。

退休后回原籍从事义务调解和民政工作。1989年10月被市委、市政府表彰为老干部服务工作先进个人，1991年10月被市委、市政府表彰为继续发挥作用先进个人。2011年2月去世。

宋振顺（1935.05—2001.01）　桓台县田庄镇东埠村人，大专学历。1955年8月入伍，1956年4月加入中国共产党，1957年8月毕业于石家庄铁道兵学校。历任铁道兵某部排长、副政治指导员、保卫干事、政治指导员、保卫股长。

1978年9月到桓台县公安局工作。1979年1月任县公安局副局长。1981年10月任县公安局党组副书记、副局长。1984年5月任县公安局党组副书记、副政治教导员，12月任县公安局副政治教导员。1986年2月任县公安局副政治委员，4月兼纪委书记。他加强干警纪律作风建设和党性教育、警示教育，培养干警依法办案意识，组织学习法律知识，查处干警违法乱纪案件，实现警风根本性好转。1987年5月任副科级调研员，坚持调查研究工作，任县公安局人口抽样调查工作领导小组办公室主任，1989年5月被市政府表彰为人口抽样调查先进工作者。1989年10月任县保安公司经理，白手起家，艰苦创业，2年多时间公司经营步入正轨，公司收入20余万元。1993年4月任

正科级调研员，7月晋升为一级警督警衔。1996年4月退休。2001年1月去世。

王国新（1946.08—2011.11）　桓台县果里镇前鲁村人。1966年1月加入中国共产党，1968年3月入伍。1971年10月任邢家人民公社团委书记。1976年11月到桓台县公安机关工作，1995年7月取得桓台县成人中等学校中专学历，1997年3月晋升一级警督警衔。历任邢家人民公社公安助理员，索镇人民公社公安助理员、公安特派员，索镇派出所所长。1987年3月任县公安局副局长。1993年3月任县公安局副局长、正科级侦察员。1996年11月任县公安局党委副书记、副局长、正科级侦察员。1997年3月任县公安局党委副书记、副局长、索镇分局局长。1998年12月任县公安局党委副书记、副局长、正科级侦察员。2000年1月任主任科员。2002年7月提前离岗。2009年2月退休。2011年11月去世。桓台县第十四届人民代表大会代表。

王国新参加公安工作30余年，严于律己，敬业为民，扎实工作，成长为一名优秀的领导干部。尤其是任局领导后，长期分管治安工作，对发生的突发事件，他善于分析，提出对策，按照依法、稳妥的原则，及时化解矛盾，先后牵头处置19起群体性事件。他多次带队整治油田治安秩序，惩处一批盗窃油气违法分子。他推行的专职治安联防队模式在全市推广，道路交通三级管理模式在全省推广，民办消防队模式和农村户口城市化管理经验在全国推广。先后被县政府记功3次，被市公安局记三等功1次，1998年7月被省公安厅记二等功。

重要历史人物

王毓淼（1919.09—2012.12）　化名刘海。淄博市张店区石桥镇南石村人。1938年3月参加抗日游击队第十二梯队十二支队。1939年3月参加长桓县大队，9月加入中国共产党。1940年1月任桓台县二区区中队队长。1941年1月任清西专署特务队队长。

1941年4月任桓台县公安局政卫队队长，开展反特锄奸工作，与敌伪进行军事斗争。1941年10月到清河区委党校教导队学习。1942年9月任清河行署公安局政卫队政治指导员。1943年6月奉清河军区司令员杨国夫和清河行署公安局局长李震命令，回桓台县开展敌后斗争，任桓台县大队政治指导员，主要在于家营、董家庄、太平官庄一带活动，先后取得郝家园突围战、夜袭日商组合社、夜袭周村伪军朱庆云大队机枪班、郝家园伏击战的胜利，建立桓台县游击西区，与东区相互配合，促进桓台县抗日形势好转。

1944年6月任渤海行署公安局侦察队队长。1946年2月任渤海军区特务团特派员、股长。1947年9月任华野十纵二十八师八十二团一营政治教导员，1949年3月任华野十兵团二十八军八十二师政治部保卫科长，11月任八十二师二四四团政治处主任，1950年6月任二四四团副政治委员。1951年2月任中国人民解放军军事学院上级速成系学员。1952年8月起历任中国人民解放军南京步兵学校战术教研室学员、主任。1956年2月任中国人民解放军重庆步兵学校训练部副部长，1959年1月任重庆步兵学校（后改为成都军区步兵学校）训练部部长，1965年3月任成都军区步兵学校副校长。1969年12月任四川省绵阳军分区副司令员。1980年2月离休，行政12级。2012年12月去世。荣获三级独立自由勋章、三级解放勋章、独立功勋荣誉章。

第二节　人物简介

省部级先进个人

梁俊红　女，1953年11月出生，山东省惠民县魏集镇谭梁许村人。1969年1月参加工作，任黄河农场职工。1970年1月任桓台县青龙山水泥厂化验员。1973年8月到桓台县公安局工作，1976

年5月加入中国共产党，1992年4月取得山东大学大专学历，1995年1月晋升二级警督警衔。历任秘书股内勤、副股长，索镇派出所副所长、副政治指导员、政治指导员（1988.12副科级），城区派出所政治指导员，法制科科长，索镇分局办公室主任、副政治教导员兼办公室主任、副政治教导员。2003年12月提前离岗。2008年11月退休。桓台县第八、第十次妇代会代表，桓台县第九次团代会代表，中国共产党桓台县第四次代表会议代表。

梁俊红对工作认真负责……（事迹详见第二十章“立功创模”条目）。1978年10月被省委表彰为山东省公安司法战线先进工作者。

刘丙炎 1952年11月出生，桓台县索镇刘茅村人。1970年1月参加工作，任桓台县印刷厂职工。1976年7月到桓台县公安局工作，1980年6月加入中国共产党，1985年9月至1987年9月在淄博师范干部班学习，取得中专学历，2010年1月晋升一级警督警衔。历任治安股干警，索镇派出所干警，邢家派出所副所长、所长（1988.12副科级），保卫科科长，县看守所政治指导员（1996年1月至1998年2月挂职淄博特种泵阀有限公司党支部副书记），县保安公司党支部书记，经侦大队副科级侦察员。2003年3月提前离岗。2012年11月退休。中国共产党桓台县第八次代表会议代表。

刘丙炎任索镇派出所内勤期间，创新户籍管理制度，建立辖区常住人口档案，规范迁出、迁入、出生、死亡四项变动手续。在派出所人手少、工作量大的情况下，他不分内外，经常加班加点帮助外勤工作。其他干警家住农村，他每年主动替值夜班200余个。1978年10月被省委表彰为山东省公安司法战线先进工作者。

刘承达 1941年4月出生，桓台县荆家镇前刘村人，初中文化。1959年12月入伍，1969年11月加入中国共产党，历任中国人民解放军某部排长、连长。1976年3月任田庄人民公社公安助理员，1977年6月起历任田庄派出所政治指导员、所长（1988.12副科级）。1992年8月被授予二级警督警衔。1992年10月任指挥中心（筹建）负责人。1994年5月任副科级侦察员。2001年5月退休。

1987年至1988年开展颁发居民身份证工作。刘承达积极协调镇党委、政府和辖区村庄、企业，发动群众广泛参与，抽调基层精干人员组成颁发居民身份证办公室，严格审查每一个证件质量，取得办证率高、质量高、效率高的成绩。1991年9月被公安部评为颁发居民身份证先进工作者。

岳端玉 1956年6月出生，桓台县果里镇郝园村人。1974年9月桓台县耿桥人民公社姜庙大队知青组长。1975年12月任北镇棉纺厂职工，是月加入中国共产党。1983年6月到桓台县公安局工作，1990年9月取得山东公安专科学校大专学历，2001年2月晋升一级警督警衔。历任索镇派出所干警、副所长，城区派出所政治指导员（1988.12副科级），刑警队政治指导员、刑警大队政治教导员。1995年5月任县公安局副政治委员。2000年1月任县公安局副局长，7月任县公安局副局长、正科级侦察员。2006年8月提前离岗。2015年3月返岗任县公安局果里派出所主任科员。

1987年至1988年任索镇颁发居民身份证办公室副主任。他筹集工作经费，联系通讯设备，严把质量关，办证效率高，顺利完成工作任务，索镇被县政府评为先进单位。筹建城区派出所后，带领干警全面掌握辖区底数，组建专职治安联防队，积极开展严打斗争，派出所工作迅速步入正轨，各项工作走在全局前列。1991年4月，岳端玉被市委、市政府表彰为励志立功先进个人并记一等功，9月被公安部评为颁发居民身份证先进工作者。

徐洪本 1943年4月出生，山东省昌邑市奎聚街道办事处徐家郡水村人，中专学历。1963年8月参加工作，任菏泽地区畜牧场职工，11月任菏泽地区农业局办事员。1965年5月加入中国共产党。1966年7月任菏泽地区农校团委书记,9月任菏泽地委农村工作部干事,12月任菏泽地区农业局干事。1970年12月任桓台县委组织部纪检干事。1979年5月任县纪律检查委员会委员。1984年4月任县纪律检查委员会副书记。

1987年3月任桓台县公安局党委副书记、政治委员。1991年7月任县公安局局长、政治委员、党委书记。1992年8月任县公安局党委书记、局长、政治委员、副县级侦察员,是月被授予一级警督警衔。1993年3月任县公安局党委书记、局长、副县级侦察员。1995年5月任县公安局政治委员、党委副书记、副县级侦察员。1998年9月任副县级侦察员。2003年4月退休。政协桓台县第九届委员会委员,淄博市第十届人民代表大会代表。

1991年至1992年组织全县公安机关开展严打整治斗争,先后指挥侦破管庆山特大杀人案等有影响的大案;开展声势浩大的围剿拐卖妇女儿童战役,摧毁犯罪团伙5个,查获团伙成员113人,解救妇女121人、儿童7人,在全省"打拐"工作会议上介绍经验。致力于治安防范网络建设,在13个乡镇和城区、油区组建15支专职治安巡逻队,较大内部单位和乡镇企业建立联防组织,各建筑公司、分公司、工区成立保卫科,334个村设立专职巡逻队员,16个较大农贸市场配备治安员。治安联防队抓获违法犯罪分子403人,三分之二村庄未发生刑事案件,省综治委推广桓台经验。1992年12月被省委、省政府表彰为社会治安综合治理先进个人。

张建国 1969年9月出生,桓台县新城镇城南村人,初中文化。1989年到新城治安联防队工作,后任队长。1995年1月到新城镇电影院工作。1996年1月到新城镇金泰轧辊厂工作。2007年7月加入中国共产党。2011年4月任新城镇城南村党支部书记。

张建国任新城治安联防队队长后,认真钻研擒敌本领,掌握犯罪心理,提高盘查、抓捕工作能力。1991年至1992年,带领联防队员抓获违法犯罪分子83人,协破刑事案件187起,协处治安案件85起,制止违法犯罪29起,其中抓获特大盗窃犯魏某、特大诈骗犯宋某,多次临危不惧制服罪犯,救助危难群众3人,为群众办好事319件。1992年12月被省委、省政府表彰为社会治安综合治理先进个人。

巩向波 1948年12月出生,桓台县起凤镇夏四村人,大专文化。1966年5月参加工作,任起凤区鱼龙卫生所医生。1969年4月入伍,任福建省某部卫生员,1970年4月加入中国共产党。1971年5月到福建军医大学学习,1974年10月取得大专学历,任福建军区某部卫生员。

1979年10月转业到桓台县公安局工作,1994年8月晋升二级警督警衔,1998年3月取得副主任法医师任职资格。历任治安股法医,刑警队副队长,周家派出所政治指导员、所长,刑警大队副大队长、副科级侦察员。2003年3月提前离岗。2008年12月退休。中国共产党桓台县第八次代表会议代表。

巩向波热爱公安事业……(事迹详见第二十章"立功创模"条目)。1995年2月被公安部评为全国优秀人民警察。1996年5月被省委、省政府表彰为全省模范军队转业干部。

胥　涛 1956年9月生,桓台县起凤镇辛泉村人。1976年入伍,任辽宁省本溪市某部战士。1981年2月任山西省第一监狱第三劳改支队中队长。1987年10月加入中国共产党。1988年7月任桓台县人民法院邢家法庭审判员。

1989年12月到桓台县公安局工作,1991年7月取得中国科学院大专学历,2003年12月晋升一级警督警衔。历任邢家派出所科员、政治指导员、所长,田庄派出所所长。2001年2月任县公安局党委委员、纪委书记。2003年12月任党委委员、纪委书记、正科级侦察员。2007年2月提前离岗。2015年3月返岗任红莲湖派出所主任科员。

胥涛对人民群众怀有深厚感情……（事迹详见第二十章“立功创模”条目）。1990年5月被省公安厅记二等功，2000年3月被公安部评为全国优秀人民警察。

荆茂堂 1967年5月出生，桓台县唐山镇吉托村人。1988年7月到桓台县公安局工作，1991年9月加入中国共产党，1998年12月取得省委党校大学学历，2008年7月晋升一级警督警衔。历任城区派出所办事员、科员、副所长，荆家派出所政治指导员（1995年5月至1996年12月挂职陈庄镇党委副书记）、所长，起凤派出所所长，果里派出所政治教导员、所长，直属大队大队长。中国共产党桓台县第八次代表会议代表。

荆茂堂对工作认真负责……（事迹详见第二十章“立功创模”条目）。2000年7月被省公安厅记二等功，2004年5月被省政府表彰为执法为民先进个人并记一等功。

张秀光 1968年9月出生，桓台县唐山镇楼二村人。1990年7月到桓台县公安局工作，1994年1月加入中国共产党，2000年10月取得中国人民公安大学大学学历，2011年7月晋升一级警督警衔。历任起凤派出所办事员、科员、副所长，法制科副科长，刑警大队办公室主任，法制科科长、法制科科长兼水利派出所所长。2007年2月任县公安局政治处主任。2008年6月任县公安局政工室主任，8月任县公安局党委委员、政工室主任。2013年8月任县公安局副局长、政工室主任，9月任县公安局副局长、主任科员。

张秀光任法制科科长期间，不断完善内部执法监督机制，深化案件主办人制度，建立部门联席会议制度、执法信息通报制度、案件倒查和回访制度。全局执法质量评议连年优秀。2005年12月被省政法委、省人事厅评为公正执法标兵并记二等功。2010年至2012年，根据东西合作素质强警行动计划，张秀光负责桓台县公安局与乌恰县公安局人员和警务交流协作，协调支援对方大批警用装备。2012年8月被公安部评为实施东西合作素质强警行动计划成绩突出个人。2013年，张秀光精选国内知名培训机构，制定分段多类型培训计划，组织民警参加司法考试培训，11人通过考试。2014年1月被省公安厅评为全省公安机关组织民警参加司法考试成绩突出个人并记二等功。

刘继磊 1986年3月出生，山东省邹城市峄山镇唐店村人。2008年6月到桓台县公安局工作，2008年8月取得中国人民大学大学学历，2010年6月加入中国共产党，2015年7月晋升一级警司警衔。历任周家派出所科员、法制大队二中队中队长。

刘继磊悉心钻研业务，努力提高办案质量，很快成为公安工作拔尖人才，先后获得全省公安机关法制员业务技能比武竞赛笔试第二名、全国公安机关法制员业务技能竞赛团体第一名、个人二等奖，2013年11月被公安部评为全国公安机关成绩突出法制员，2014年5月被省公安厅记二等功，2015年6月被选拔为齐鲁公安英才标兵型人才。

侯文娟 女，1983年2月出生，淄博市博山区山头镇河南西村人，山东理工大学大学学历。2005年6月加入中国共产党，11月参加工作，任淄博市博山区劳动保障局干部。2006年11月到桓台县公安局工作，2013年11月晋升一级警司警衔。历任马桥派出所科员，新城派出所科员，法制室科员，法制大队办公室主任。

侯文娟认真学习法律知识，加强对公安业务工作的研究，围绕执法办案写出多篇有价值的调研文章，精心指导基层执法实践，连续三年被评为全县机关岗位明星，2011年取得法律硕士学位并通过国家司法考试，2013年7月被省公安厅评为全省公安机关法制员业务技能比武竞赛笔试成绩优秀个人，11月被公安部评为全国公安机关成绩突出法制员。

全省优秀公安局长

吴佩林　1959年9月出生，山东省文登市侯家镇寨颜家村人。1975年11月参加工作，任淄博市交通局办事员。1979年1月任淄博市公安局淄川分局秘书股干警，9月任刑警队侦查员。1985年8月加入中国共产党，1987年4月被市公安局记三等功。1988年4月任淄博市公安局淄川分局西关派出所副所长。1989年6月任南关派出所副所长。1991年4月任二里派出所副所长，12月任昆仑派出所所长(1992.08副科级)。1994年3月被市公安局记三等功。1995年12月任刑警大队政治教导员。1996年4月任淄博市公安局巡警支队直属大队大队长。1998年7月取得山东公安专科学校大专学历。2000年1月被市公安局记三等功，2003年6月任巡警支队三大队大队长。

2005年11月任桓台县公安局局长、党委书记、副调研员。2008年1月任县长助理、县政府党组成员、县公安局党委书记、局长、副调研员。2012年1月任县政府党组成员、县公安局党委书记、局长、督察长、副调研员。2013年1月晋升三级警监警衔，2月任淄博市公安局高新区分局党委书记、局长、督察长。淄博市第十三届、十四届人民代表大会代表，中国共产党淄博市第十一次代表会议代表。

吴佩林任桓台县公安局局长期间，推动县级公安机关机构改革，提高公安民警政治待遇，新建看守所、拘留所、民警训练基地、刑事技术大楼，规范派出所用房建设，推进科技强警建设，全县公安机关软实力和硬实力有了较大提高，内部单位安全保卫、扁平化指挥体系建设、打防控一体化建设、执法质量评议、岗位练兵等多项工作迈入全省、全市前列。加强和谐警民关系建设，深化大走访活动，为群众解决大批困难问题，群众安全感和对公安工作的满意度明显提升。2010年12月因省运会安保工作突出被市委、市政府记二等功。2012年1月县公安局被省公安厅评为全省优秀公安局，吴佩林被评为全省优秀公安局长。

张京义　1965年4月出生，淄博市张店区石桥镇王南村人。1983年7月参加工作，任淄博市公安局张店分局马尚派出所干警。1987年9月加入中国共产党，12月任张店分局政工科干警。1988年4月被市公安局记三等功。1989年1月任政治协理员，1990年3月任团委书记，11月任政治协理员、团委书记。1992年12月任房镇派出所政治指导员(1993.03副科级)。1994年2月任马尚派出所所长，3月被市公安局记三等功。1996年3月任贾庄派出所所长，6月取得中央党校大学学历。1999年6月任潘庄派出所所长，12月被省政府表彰为山东省优秀青年民警。2000年11月任张店分局党委委员、纪检书记。2001年7月任张店分局党委委员、纪检书记、正科级侦察员。2002年6月被省公安厅记二等功，9月任张店分局副局长、纪检书记、正科级侦察员。2003年12月任张店分局副局长、正科级侦察员。2005年7月晋升一级警督警衔，2006年1月任张店分局党委副书记、副局长、正科级侦察员，12月被市政府表彰为全市安全生产先进个人。2008年1月任淄博市公安局临淄分局政治委员、党委副书记。2012年3月被市委、市政府表彰为创建全国文明城市工作先进个人并记二等功，2013年1月被省委政法委、省人力资源和社会保障局评为十八大安保维稳工作先进个人并记三等功。

2013年2月，张京义任桓台县公安局党委书记、督察长、副县级侦察员，3月任县公安局党委书记、局长、督察长、副县级侦察员。2017年1月任桓台县副县长、县公安局党委书记、局长、督察长。中国共产党淄博市第十二次代表会议代表，桓台县第十七届人民代表大会代表。

张京义任桓台县公安局局长后，以务实作风，努力破解制约公安发展的机制性问题。他践行现代警务理念，大力推行警务创新，公安工作全面进步。以实施“万名治安志愿者工程”和视频监控全覆盖工程为龙头，打击和预防效果显著；以实施案管中心模式、食药环侦联动模式为重点，推进刑责治安、刑责治污、刑责治非；以110报警服务台和户籍110办公室为主要平台，各警种、各窗口全面提升社会管理效能，群众满意度稳步提高；以社区民警比武竞赛和司法考试为契机，培养和发现一批优秀民警。2015年2月县公安局被省公安厅评为全省优秀公安局，张京义被评为全省优秀公安局长。

全省优秀人民警察

郭　华　1968年2月出生，桓台县荆家镇荆二村人。1989年7月到桓台县公安局工作，1993年3月加入中国共产党，2002年12月取得省委党校大学学历，2010年9月晋升一级警督警衔。历任起凤派出所办事员、科员，刑警大队探员、二中队队长、副大队长兼二中队队长(1998.04副科级)，索镇分局政治教导员、索镇派出所所长。2006年7月任县公安局党委副书记、索镇派出所所长，8月任党委副书记、副局长、主任科员。2013年2月任淄博市公安局淄川分局政治委员、党委副书记。

郭华认真钻研业务，先后荣获全市公安系统治安业务、刑侦业务比武竞赛第一名……(事迹详见第二十章“立功创模”条目)。2005年1月被省公安厅评为全省优秀人民警察。

高　涛　1972年10月12日出生，桓台县果里镇急公村人。1994年7月到桓台县公安局工作，1999年11月加入中国共产党，2004年12月取得省委党校大学学历，2016年2月晋升一级警督警衔。历任田庄派出所办事员，治安科办事员、科员、副科长、治安大队一中队队长，刑侦大队副大队长，唐山派出所副所长(主持工作)、所长。2013年8月任县公安局党委委员、唐山派出所所长，9月任县公安局党委委员、治安大队大队长。

高涛主持唐山派出所工作期间，以身作则，任劳任怨，加强内部管理，充分调动民警工作积极性、主动性，营造“心往一处想、劲往一处使”良好氛围。带领民警严格规范执法，踏踏实实开展打击和防范工作，连年取得镇基层站所行风评议第一名，业务考核全局第一名。2012年4月被省公安厅记二等功，2013年1月被省公安厅评为全省优秀派出所长。

刘　兵　1971年7月出生，桓台县索镇东逯村人。1992年7月到桓台县公安局工作，1996年6月加入中国共产党，2008年7月取得山东广播电视大学大学学历，2013年9月晋升一级警督警衔。历任荆家派出所办事员、科员，刑警大队科员、一中队政治指导员、四中队队长、三中队科员，刑侦大队副大队长兼二中队中队长，经侦大队副大队长兼二中队中队长，少海派出所所长。

刘兵任刑警大队四中队队长期间，按照“抓软件、促硬件”工作思路，加强中队基层基础规范化建设，运用激励机制，协助解决民警后顾之忧，激发民警工作热情，破获一大批刑事案件。2005年5月被省公安厅评为全省优秀人民警察。

吕修江　1967年3月9日出生，桓台县田庄镇大寨村人。1985年11月任淄博交警大队张店中队干警。1988年11月任桓台县公安交通警察队科员。1994年9月任桓台交警大队肇事处理股副股长，11月加入中国共产党。1996年4月任肇事处理股股长。2000年5月任副大队长，2007年12月任副大队长、主任科员，是月取得省委党校大学学历。2009年12月晋升一级警督警衔。

吕修江长期从事或者分管交通肇事处理工作，不断创新思维，推行交通事故公开认定制度、案件主办人制度，以调查取证和侦破肇事逃逸案件为重点，以当事人满意为标准，兼顾交通事故损害赔偿，严格遵守处理程序，慎定交通事故责任，预防上访和诉讼案件发生。2000年3月被省公安厅记二等功，2007年5月被省公安厅评为全省优秀人民警察。

李仁国　1970年12月出生，桓台县果里镇侯庄村人。1993年7月到桓台县公安局工作，1999年6月加入中国共产党，2001年10月取得中国人民公安大学大学学历，2008年9月晋升二级警督警衔。历任刑警队法医、刑警大队七中队副中队长，刑事科学技术大队一中队队长、副大队长。

李仁国长期从事法医工作，每年鉴定尸体50—150具，经常冒着刺鼻的尸腥臭味，仔细寻找犯罪痕迹物证，准确鉴定致死原因，为侦查破案和排除犯罪提供重要依据。2007年5月被省公安厅评为全省优秀人民警察。

戴维靖　1977年2月出生，山东省沂南县苏村镇张家庄子人。1999年6月参加工作，历任桓台交警大队城区中队办事员、科员。2002年5月任城区中队副中队长。2006年6月加入中国共产党，7月任事故处理科副科长。2010年6月晋升三级警督警衔，12月取得省委党校大学学历。

戴维靖业务工作突出，2004年赴京参加全国公安系统大练兵活动，受到党和国家领导人检阅。在事故处理岗位上，严格规范执法，经常主动放弃假日和轮休时间，每周工作90个小时以上，每月接警30余起，依法及时查处每起案件。2007年5月被省公安厅评为全省优秀人民警察。

金　永　1972年6月出生，桓台县马桥镇后金村人。1994年7月到桓台县公安局工作，1999年6月加入中国共产党，2008年12月取得中央党校大学学历，2013年9月晋升一级警督警衔。历任刑警大队办事员、科员、二中队副队长、队长、副大队长，索镇派出所副所长（主持工作）、所长，果里派出所所长。桓台县第十七届人民代表大会代表。

金永主持索镇派出所工作期间，持之以恒抓好村级巡逻队伍建设，整顿校园周边秩序，整治索镇夜市等治安乱点，突出警务室建设和流动人口管理，及时侦破系列盗窃储藏室、系列爬楼入室盗窃案件。2008年5月被省公安厅评为全省优秀人民警察，2010年1月被省综治委、省人力资源和社会保障厅表彰为平安山东建设先进个人并记二等功，2013年1月被省公安厅评为全省优秀公安基层所（队）长。

朱久爱　1964年12月出生，淄博市临淄区朱台镇槐务西村人。1986年7月到桓台县公安局工作，1992年7月加入中国共产党，12月取得山东公安专科学校大专学历，2007年9月晋升一级警督警衔。历任新城派出所干警、副所长、政治指导员（1995年6月至1997年3月挂职侯庄镇党委副书记），索镇分局副局长，巡警大队副大队长，经侦大队副大队长，陈庄派出所所长，刑侦大队大队长。2013年8月任县公安局党委委员、主任科员。2014年11月任县公安局副局长、主任科员。

朱久爱任刑侦大队大队长期间，发生重大刑事案件，都亲临现场，领导侦破工作，实现命案全破目标。2008年组织开展打击“两抢一盗”犯罪，破案1130起，打掉团伙19个。同时，打掉恶势力犯罪团伙5个，抓获团伙成员35人。2009年2月被省公安厅评为全省优秀人民警察。2011年组织开展“打黑恶，反盗抢”安民行动，参加“清网行动”，取得丰硕战果，12月被省公安厅记二等功。

张连祥　1970年12月出生，桓台县索镇前毕村人。1992年7月到桓台县公安局工作，1996年8月加入中国共产党，2003年12月取得中央党校大学学历，2013年9月晋升一级警督警衔。历任果里派出所办事员、科员、副所长，唐山派出所副所长，刑警大队三中队副队长、队长、二中队队长、副大队长、副大队长兼二中队队长，唐山派出所所长。

张连祥从事刑侦工作16年，参与破获刑事案件2800余起，其中大要案件600余起，抓获犯罪嫌疑人1300余人。在侦破命案、打黑除恶、缉捕逃犯等方面作出优异成绩。2010年1月被省公安厅评为全省优秀人民警察，2013年4月被省公安厅记二等功。2013年9月任唐山派出所所长后，深化“打侵财、创平安”活动，破获侵财类刑事案件210起，打掉一个重大电信诈骗犯罪团伙，为群众挽回经济损失150万元。同时，对公共安全实施精细化管理，群众安全感和满意度持续提升。2015年2月被省公安厅评为全省优秀派出所长。

金海军　1969年11月出生，桓台县马桥镇后金村人。1986年10月入伍，1990年2月任桓台县教委职工，1993年10月加入中国共产党。1994年7月到桓台县公安局工作，1998年7月取得山东政法管理干部学院大专学历，2009年2月晋升二级警督警衔。历任巡警大队办事员、办公室副主任、机动队政治指导员、机动队队长，索镇派出所科员、正股级侦察员，荆家派出所科员、副主任科员，起凤派出所副主任科员、副所长。

金海军对群众怀有深厚感情……（事迹详见第二十章“人物通讯”条目）。2010年2月被省公安厅评为全省优秀人民警察。

荆德金　1967年3月出生，桓台县荆家镇荆四村人。1990年7月到桓台县公安局工作，1993年4月加入中国共产党，1998年6月取得山东政法干部函授大学大学学历，2011年7月晋升一级警督警衔。历任起凤派出所办事员、科员，预审科副科长，刑侦大队四中队队长、五中队队长，经侦大队公司企业中队队长，治安大队副大队长兼一中队队长，马桥派出所副所长（主持工作）、所长，巡特警大队大队长。

荆德金主持马桥派出所工作期间，加强村庄巡逻队伍和企业保安队伍建设，2010年辖区刑事案件和可防性案件同比分别下降11%、15%。2011年1月被省公安厅评为全省优秀人民警察。2013年9月任巡特警大队大队长后，发展壮大城区巡逻队伍，落实巡防队员保障措施，推行巡区责任制，对巡逻路线实施定位监督，提升巡逻效能。2014年5月被省公安厅记二等功。

巩汝山　1970年9月出生，桓台县起凤镇鱼三村人，山东公安专科学校大专学历。1995年7月到桓台县公安局工作，2001年12月加入中国共产党，2014年7月晋升一级警督警衔。历任刑警大队四中队科员，预审科科员，刑警大队二中队科员，新城派出所警长，索镇派出所警长，刑侦大队副大队长，田庄派出所所长。

2008年，巩汝山带领分管中队民警，破获案件680起，抓获嫌疑人150人，其中逃犯52人，摧毁黑恶势力犯罪团伙1个，打掉村霸2个。2009年3月被省公安厅记个人二等功。2011年，巩汝山分析研判犯罪规律特点，创新实施各类技战法，破获案件500余起，抓获嫌疑人120余名。2012年1月被省公安厅评为全省优秀人民警察。

徐　锋　1970年7月出生，桓台县荆家镇里仁村人。1992年7月到桓台县公安局工作，1996年5月加入中国共产党，2002年12月取得省委党校大学学历，2013年9月晋升一级警督警衔。历任马桥派出所办事员，指挥中心秘书科办事员、科员、科长、副主任兼秘书科科长，政治处副主任、政工室副主任，警务督察大队大队长。

徐锋任政工室副主任期间，开设公安微博，搭建服务群众新桥梁，实行网上评警，践行民生警务新理念。推行互动式教育培训模式，把实战案例转化为教学素材，提升教育培训效果。开展“好书漂流、书香警营”活动，丰富警营文化内涵。成立心理健康辅导工作站，保障民警身心健康。2013年1月，徐锋被省公安厅评为全省优秀人民警察。

牛智君　1971年9月出生，桓台县田庄镇牛旺村人。1993年7月到桓台县公安局工作，1995年11月加入中国共产党，2003年12月取得省委党校大学学历，2014年7月晋升一级警督警衔。历任新城派出所办事员、副所长、警长，索镇分局警长、案件侦查中队中队长，果里派出所副所长、副政治教导员，索镇派出所副政治教导员、政治教导员。

牛智君主持索镇派出所队伍建设工作期间，以身作则，示范引领，在全所打造干事创业氛围。建立派出所窗口首接责任制、领导坐班制、上门回访制，把群众要求办的每一件事情落到实处。任3所中小学校“法制副校长”，举办法律和安全知识讲座30余场次，受到师生欢迎。2013年1月被省公安厅评为全省优秀人民警察。

于孝诚　1970年2月出生，桓台县索镇睦和村人。1992年7月到桓台县公安局工作，1997年9月加入中国共产党，2004年12月取得省委党校大学学历，2009年9月晋升二级警督警衔。历任田庄派出所办事员、科员，政保科科员，刑警大队科员、七中队政治指导员，刑事科学技术大队二中队队长、副大队长。

于孝诚创新“分案分组分功能”工作模式，从案件性质、案发区域、痕迹物证入手，深度研判预警，衔接预防和打击工作，凸显刑事技术实战作用。勘查现场细致入微，利用痕迹物证直接破获大小案件2000余起。2014年2月被省公安厅评为全省优秀人民警察。

张玉新　1972年4月出生，桓台县马桥镇祁家村人。1993年7月到桓台县公安局工作，1996年11月加入中国共产党，2003年6月取得山东大学大专学历，2014年7月晋升一级警督警衔。历任索镇派出所办事员，田庄派出所副所长、警长，指挥中心副主任，网安大队政治教导员。

张玉新任指挥中心副主任期间，制定公文处理、信息处理、会务接待、保密工作、110接处警、值班备勤等10余部规范性文件，形成完整的机关工作制度体系。牵头实施扁平化指挥，组织重大活动安保、重要信息研判、重要会务接待、重要事项协调、重要文稿撰写等工作，实现机关工作有序运转。2014年2月，张玉新被省公安厅评为全省优秀人民警察。

张明华　1969年4月出生，淄博市临淄区朱台镇宁王南村人。1991年7月参加工作，历任桓台交警大队办事员、科员。1998年5月任事故处理科副科长，6月加入中国共产党。2000年5月任马桥中队副中队长，2001年1月任事故审理科副科长，2004年4月任事故处理科科长(2007.01副科级)，2008年7月晋升二级警督警衔，2009年12月取得中央党校大学学历。

张明华严格规范交通肇事案件办理工作，实行“阳光”作业，确立“以处罚为中心，以侦破逃逸案件和调查取证为重点，强化交通事故调查”的工作模式。2013年，侦破重大交通事故逃逸案件10起，重大事故结案率100%，交通肇事处理科被省公安厅评为一等事故处理岗位。2014年2月被省公安厅评为全省优秀人民警察。

巩　震　1968年11月出生，桓台县起凤镇鱼一村人。1985年12月参加工作，任桓台县轴承厂职工，1986年10月入伍。1991年1月到桓台县公安局工作，1997年7月加入中国共产党，2003年12月取得省委党校大学学历，2007年4月晋升二级警督警衔。历任刑警队办事员，刑警大队科员，索镇分局科员，陈庄派出所警长，邢家派出所副所长，巡特警大队一中队队长，少海派出所副所长。

巩震任少海派出所副所长后，负责维护信访秩序工作。他准确把握依法处置非访问题的政策界限，掌握处置信访问题工作技巧，提高群众工作能力，维护县党政机关正常工作秩序。同时，扎实做好分管的防范、反恐和110处警工作，实现县城秩序平稳。2015年2月被省公安厅评为全省优秀人民警察。

庞允凤　1971年5月出生，桓台县田庄镇小庞村人。1993年7月到桓台县公安局工作，2001年7月加入中国共产党，2007年2月取得山东大学大专学历，2015年2月晋升一级警督警衔。历任刑警队办事员，刑警大队办事员、科员，起凤派出所警长，政保科副科长，国保大队一中队队长、政治教导员。

庞允凤积极探索新时期国保工作新思路，认真钻研国保业务，成为全省国保系统业务能手和指导型人才，打击邪教工作取得系列战果。带队参加全国县级国保大队业务技能比武竞赛，荣获一等奖。2015年2月被省公安厅评为全省优秀人民警察、记二等功。

李泉业　1976年3月出生，桓台县果里镇李王村人。1996年7月到桓台县公安局工作，2002年11月加入中国共产党，2007年12月取得山东大学大专学历，2013年8月晋升二级警督警衔。历任巡警大队办事员、科员，治安科、治安大队护路办公室主任，少海派出所科员、副所长，刑侦大队四中队队长、副大队长。

2015年，李泉业负责合成作战工作，组织技战法总结交流、信息化手段破案比武竞赛活动，充分利用各类社会信息和业务平台资源，发挥跨区域办案协作机制优势，深入开展情报信息研判，有效服务和参与实战，抓获犯罪嫌疑人142人，成功侦破刑事案件298起。2016年1月，李泉业被省公安厅评为全省优秀人民警察。

牟建伟　1977年3月出生，桓台县索镇永安桥村人。2005年12月参加工作，任高青县公安局黑里寨派出所见习民警，2006年8月任高青县公安局指挥中心科员，2008年6月加入中国共产党，2009年1月取得山东理工大学大学学历，7月任高青县公安局政工室科员。2009年11月任桓台县公安局唐山派出所科员，2012年12月晋升一级警司警衔，2013年11月任治安大队办公室科员。

牟建伟到治安大队工作后，苦练文秘岗位基本功，围绕全县治安管理特点，认真开展调查研究，为领导决策提供参考，25篇材料被山东公安简报、淄博公安简报、市政法委简报刊用。2016年1月被省公安厅评为全省优秀人民警察。

王培沛　1985年2月出生，山东省文登市米山镇草场村人。2006年4月参加工作，任淄博交警支队桓台大队一中队科员，2006年6月取得中国人民公安大学大学学历，2010年12月加入中国共产党。2011年7月任淄博交警支队桓台大队办公室科员，2013年4月晋升一级警司警衔，7月任起凤中队政治指导员。

王培沛到起凤中队工作后，深入辖区中小学校上交通安全课，受教育学生4000余人，荆家中学被评为市级交通安全示范学校。参加对大货车、危险物品车、渣土车的专项整治行动，不怕酷暑和疲劳，查处重点交通违法行为2000余起。2016年1月，王培沛被省公安厅评为全省优秀人民警察。

全省优秀公安所(队)长

张元明　1963年1月出生，山东省济阳县新市镇韩杜村人。1984年7月到桓台县公安局工作，1987年1月加入中国共产党，1998年7月取得山东省政法管理干部学院大专学历，2007年9月晋升一级警督警衔。历任刑警队干警、副队长，刑警大队探长，索镇派出所政治指导员，索镇分局副局长，周家派出所所长，县看守所所长，县公安局工会主席。2014 年 2 月提前离岗，10 月返岗任警务保障室主任科员。2015 年 3 月任邢家派出所主任科员。

张元明任周家派出所所长期间，坚持以打开路，打防结合，突出群防群治，重点加强联防队伍建设，刑事案件发案率逐渐下降，人民群众满意度逐步提升。推进派出所正规化建设，优化派出所工作环境，提高民警工作效能。2005 年 10 月周家派出所被省公安厅评为二级公安派出所，张元明被评为全省优秀公安派出所所长。

王旭东　1973 年 7 月出生，桓台县田庄镇宗王村人。1990 年 12 月入伍，1993 年 10 月加入中国共产党，12 月任桓台县市政管理处职工。1994 年 7 月到桓台县公安局工作，2001 年 7 月取得山东省政法管理干部学院大学学历，2013 年 9 月晋升一级警督警衔。历任巡警大队办事员、三中队副队长（1997 年 3 月至 1998 年 1 月在中国人民警官大学学习），指挥中心秘书科科员，政工科副科长，政工科副科长兼宣传科科长，刑警大队办公室主任，刑警大队办公室主任兼团委副书记，博汇派出所政治指导员，起凤派出所副所长（主持工作）、所长，指挥中心主任。2014 年 11 月任党委委员、指挥中心主任。桓台县第十七届人民代表大会代表。

王旭东主持起凤派出所工作期间，以身作则，敬业爱民，倡导扎根基层，为群众办实事。加强派出所正规化建设，改善办公办案条件。深化群防群治，组建湖区自行车巡逻队，可防性案件数量稳步下降。对辖区发生的“5·5”绑架案等有影响的案件，全部组织侦破，赢得群众赞誉。2012 年 1 月被省公安厅评为全省优秀公安基层所（队）长，4 月被市政府表彰为全市爱民模范民警。

李翠芹　女，1964 年 3 月出生，桓台县唐山镇薛庙村人。1982 年 7 月到桓台县公安局工作，1989 年 6 月加入中国共产党，2003 年 12 月取得省委党校大学学历，2007 年 4 月晋升一级警督警衔。历任预审科干警，秘书股干警、秘书科干警，政工科科员，团委书记，政工科副科长兼团委书

记，田庄派出所政治指导员，警务保障科科长、警务保障室主任，战训大队政治教导员。

李翠芹任县公安局团委书记期间，组织开展“燃文明之火、铸青春警魂”创建青年文明号和优秀青年民警竞赛活动，青年民警比学赶帮超，在各个岗位上发挥重要作用。1996 年 1 月被团省委记“青春立功”二等功。2007 年任警务保障科科长后，践行“规范管理、保障有力、服务到位”理念，完善应急保障、涉案物品资金管理、公用车辆管理三项机制，资金优先保障基层、保障实战，提高资金使用效益。2013 年 1 月被省公安厅评为全省优秀警务保障室主任。

于光庆　1967 年 5 月出生，桓台县田庄镇高楼村人。1988 年 7 月到桓台县公安局工作，1991 年 7 月加入中国共产党，2003 年 12 月取得省委党校大学学历，2009 年 7 月晋升一级警督警衔。历任陈庄派出所办事员、科员、副所长、政治指导员（1995 年 5 月至 1998 年 3 月挂职果里镇党委副书记），邢家派出所政治指导员、所长，巡逻特警大队大队长，县看守所所长。

于光庆任巡特警大队大队长期间，推行巡区化经营、网格化布警、时空化布防、扁平化指挥新机制，实现保安巡防力量对城区全覆盖，2011 年至 2012 年，巡逻抓获犯罪嫌疑人 103 人。2013 年 1 月被省公安厅评为全省优秀特（巡）警大队长。2013 年 9 月任县看守所所长后，推行人性化管理，打造监区文化品牌，关心在押人员身心健康；实行精细化管理，推行阳光警务，增强抵御风险能力。同时，实行信息化管理和正规化保障，实现监区安全无事故、民警无违纪。2015 年 2 月被省公安厅评为全省优秀看守所长。

张海生　1964 年 8 月出生，桓台县唐山镇楼一村人。1981 年 12 月参加工作，历任桓台县轴承厂、桓台县交通局交通运输管理队职工。1987 年 3 月任桓台交通管理队干警。1988 年 10 月到烟

台公安干部中等专业学校学习。1990 年 6 月任桓台交警大队城区中队科员，1992 年 5 月任车管分所科员，1996 年 5 月任车管分所副所长。1997 年 4 月加入中国共产党。1998 年 11 月任新城中队队长，2000 年 5 月任车管分所所长。2003 年 12 月取得省委党校大学学历。2007 年 1 月任果里中队队长，是月晋升二级警督警衔。

张海生任果里中队队长后，带头上路执勤，业务考核、比武竞赛在支队名列前茅，被评为全市交警系统执勤标兵。推行“正常巡查、错时突查，源头管理、综合治理”勤务模式，整治路口劳务市场及大货车违规通行、集体穿行行为，实现开发区内交通线路安全和辖区交通要道安全。2008 年 2 月被省公安厅记二等功，2013 年 1 月被省公安厅评为优秀交通警察中队长。

王　坤　1971 年 9 月出生，桓台县马桥镇五庄村人。1990 年 10 月任桓台县轴承厂职工。1994 年 7 月到桓台县公安局工作，1996 年 10 月加入中国共产党，2002 年 12 月取得省委党校大学学历，2009 年 9 月晋升二级警督警衔。历任巡警大队办事员、三中队副队长、一中队队长，指挥中心信息通讯科科长，侯庄派出所警长，果里派出所警长，唐山派出所科员，治安大队科员、副主任科员、四中队队长。

2013 年，王坤牵头开展电动自行车实名登记服务工作，全县完成电动自行车打码登记 12 万余辆，完成数量居全市第一。负责动态监控系统规划和建设工作，视频监控提供破案线索 300 余条，破获现案 110 余起。2014 年 2 月被省公安厅评为全省优秀治安管理中队长。

刘体铸　1976 年 12 月出生，桓台县索镇建国村人。1994 年 7 月到桓台县公安局工作，2000 年 7 月加入中国共产党，2006 年 12 月取得中央党校大学学历，2011 年 7 月晋升二级警督警衔。历任巡警大队办事员，保卫科科员，马桥派出所科员、

警长，刑侦大队科员、三中队副政治指导员、三中队政治指导员、二中队队长。

2013 年，刘体铸加强中队民警队伍管理，强化业务考核和规范办案，破获刑事案件 350 起。工作中，加班加点，长时间靠在案子上，侦破农村系列入室盗窃案等一批有影响的案件。2014 年 2 月被省公安厅评为全省优秀刑事侦查中队长。

王功训　1970 年 3 月出生，山东省青州市东夏镇王木匠村人。1993 年 7 月到桓台县公安局工作，1997 年 12 月加入中国共产党，2002 年 12 月取得省委党校大学学历，2014 年 7 月晋升一级警督警衔。历任城区派出所办事员、科员，索镇分局科员，马桥派出所副所长、警长，索镇派出所警长、治安联防巡逻大队大队长，新城派出所副所长（主持工作）、所长。2013 年 8 月任县公安局党委委员、新城派出所所长，9 月任县公安局党委委员、政工室主任。桓台县第十六届、十七届人民代表大队代表。

王功训主持新城派出所工作期间，开展打霸治痞行动，整顿淄博五金市场。坚持法制教育和法律手段相结合，维护新城水库施工秩序。2009 年 2 月被省综治委、省人事厅表彰为平安山东建设先进个人并记二等功。任政工室主任后，建立“三级家访谈心”机制，思想教育工作有的放矢。开展 10 类明星评选活动，增强民警荣誉感。实施素质强警、文化育警工程，探索民警疗养和高端进修机制，民警幸福感、满意度位居全省前列。2015 年 2 月被省公安厅评为全省优秀政工室主任。

荆树峰　1969 年 10 月出生，桓台县荆家镇荆三村人。1991 年 7 月到桓台县公安局工作，1994 年 12 月取得山东公安专科学校大专学历，1996 年 7 月加入中国共产党，2012 年 7 月晋升一级

警督警衔。历任城区派出所办事员、科员、副所长，政保科副科长，邢家派出所科员、警长，经侦大队内保侦查中队队长，陈庄派出所副所长（主持工作）、所长，禁毒大队大队长。

荆树峰任禁毒大队大队长后，带领民警破获1起公安部毒品目标案件，抓获犯罪嫌疑人27人，缴获毒品550克。在“百城禁毒会战”中，带领民警赴广东、湖南、山西等地，抓获犯罪嫌疑人110名，查获冰毒1000余克，查处吸毒人员129人，成绩位列全省公安机关第三序列第三名、全市第一名。2015年2月、2016年1月两次被省公安厅评为全省优秀禁毒大队长。

李　鹏　1967年9月出生，桓台县果里镇东果里村人，山东公安专科学校大专学历。1990年7月到桓台县公安局工作，1996年10月加入中国共产党，2010年9月晋升一级警督警衔。历任刑警队办事员，刑警大队科员、五中队队长、六中队队长、副大队长，经侦大队副大队长，唐山派出所副所长（主持工作），刑侦大队政治教导员，经侦大队大队长。

李鹏任经侦大队大队长后，组织开展打击发票违法犯罪、打击传销违法犯罪专项行动，其中对2起案件发起全国集群战役并成功收网。先后破获经济犯罪案件148起，抓获犯罪嫌疑人280人。组织研发案件管理系统，提高规范执法水平，在全省公安经侦系统推广。2015年2月被省公安厅评为全省优秀经侦大队长。

刘攀峰　1975年11月出生，桓台县新城镇刘三里村人。1996年8月到桓台县公安局工作，2002年7月加入中国共产党，2006年12月取得省委党校大学学历，2013年8月晋升二级警督警衔。历任巡警大队办事员，刑警大队办事员、科员、三中队副队长，周家派出所科员、警长、副主任科员，治安大队三中队队长。

刘攀峰到治安大队任职后，准确把握治安类刑事案件立案追诉标准，先后查处1起涉及40余人的寻衅滋事案、1起部督网络赌博案及多起扰乱社会秩序、销售伪劣产品案件，主办、协办案件20余起，刑事拘留80余人，取保候审7人，行政处罚13人。2015年2月被省公安厅评为全省优秀治安管理中队长。

陈　永　1968年4月出生，桓台县马桥镇马桥村人。1988年7月到桓台县公安局工作，1995年5月加入中国共产党，1992年10月取得山东大学大专学历，2009年7月晋升一级警督。历任荆家派出所办事员，看守所办事员、科员，城区派出所科员，果里派出所副所长，法制科副科长，索镇分局副局长、索镇派出所副所长，田庄派出所副所长（主持工作），治安警察大队政治教导员，县拘留所所长。

陈永任县拘留所所长后，对拘留所进行升级改造，消除各类安全隐患。深化向社会开放活动，实施人性化管理，保障被拘人员合法权益，增强执行效果。加强被拘人员思想改造、法制教育和警示教育，化解矛盾纠纷222起。2016年1月被省公安厅评为全省优秀拘留所长。

田　岗　1972年6月出生，桓台县索镇五里村人。1993年7月到桓台县公安局工作，1999年11月加入中国共产党，2002年12月取得省委党校大学学历，2014年7月晋升一级警督警衔。历任刑警队办事员，刑警大队办事员、科员，陈庄派出所警长，经侦大队税侦中队政治指导员，马桥派出所副所长，指挥中心副主任兼科技网监大队副大队长，网安大队大队长。

田岗任网安大队大队长后，建设三级电子物证检验鉴定实验室、四级互联网信息监控中心，建成二级网安大队，指挥破获1起公安部督办网银木马盗窃案，入选公安部“净网行动”十大典型案例，带领大队协破案件200余起，抓获嫌疑人68人。加强网上巡查，及时处置各类有害信息，服务现实维稳斗争。2016年1月被省公安厅评为全省优秀网络安全保卫大队长。

刘 波 1973年4月出生，桓台县新城镇城北村人。1995年7月到桓台县公安局工作，1999年6月加入中国共产党，2002年12月取得省委党校大学学历，2012年7月晋升二级警督警衔。历任唐山派出所办事员，政工科办事员、科员、副科长、副科长兼团委书记，政治处副主任兼团委书记，唐山派出所副政治教导员，荆家派出所副所长（主持工作）、所长，马桥派出所所长。

刘波任马桥派出所所长后，打造“智慧·平安马桥”，实现视频监控村村全覆盖，2015年利用视频技术破案43起。应用智能巡检管理系统，建立54个巡逻打更点，增强巡防工作效果。搭建警务广场，创办《马桥警讯》，拓宽安全宣传、法制教育和警民联系渠道。坚持以打开路，带头严格执法，全镇治安平稳。2016年1月被省公安厅评为全省优秀派出所长。

二等功以上荣立者

王正轩 1923年2月出生，淄博市张店区石桥镇小庄村人。1943年8月参加革命，在安徽省凤台县政府工作。1944年3月在新四军淮南军区政治部保卫部工作。1945年8月到桓台县公安局工作，1947年3月加入中国共产党。历任政卫队战士、侦察员，司务长、统计干事，政卫队组长、副队长，石桥区公安员，四股副股长，秘书室秘书，审讯股股长，治安股股长。1949年11月任清河专区公安局内勤。1950年5月任德州专署公安处保卫干事，10月任德州城关公安分局副局长，1951年2月任德州专署公安处治安科干事，1952年任德州专署公安处治安科科长，1953年3月任德州专署公安处秘书科科长。1956年3月任省公安厅民警处秘书科科长。1958年7月被划成右派，下放山东五一农场劳动。1960年4月任惠民生建煤矿办公室干部。1964年7月任湖田劳改队干部。1974年10月退休。1983年2月离休。1995年2月落实政策，按照1953年3月起正县处级干部、1987年9月起厅局级干部对待，2015年9月起享受副省级医疗待遇。

1946年10月，王正轩奉命随武工队到桓台县二区、五区开展边沿斗争，在封锁敌人据点、搜捕国民党特务、摧毁敌伪村政权的斗争中，表现机智勇敢，较好完成战斗任务。1947年1月任游击小组组长，带领一个班在前方打击敌人，3月被县委记二等功。8月国民党发动重点进攻后，王正轩领导二区联防工作。1948年3月张店解放后，完成接收和审讯俘虏任务，被县委、县政府记二等功。

张善亮 1949年10月出生，桓台县马桥镇祁家村人。1966年8月加入中国共产党。1968年4月入伍，历任某部战士、司务长、副政治指导员、政治指导员、营长、股长、机关党委副书记、正营职管理员。1984年4月任山东淄博陶瓷公司淄川陶瓷厂保卫科副科长。1985年4月到桓台县公安局工作，1994年2月晋升为二级警督警衔，2004年12月取得省委党校大学学历。历任刑警队干警，侯庄派出所所长，荆家派出所所长，索镇分局副科级侦察员，县保安公司保安大队大队长。2003年3月提前离岗。2009年10月退休。

张善亮吃苦耐劳，不怕牺牲……（事迹详见第二十章“立功创模”条目）。1987年9月被省公安厅记二等功，1988年3月被市委、市政府记二等功。

祝兆贤 1933年6月出生，淄博市张店区卫固镇卫固村人，高中文化。1949年2月参加革命，1976年5月加入中国共产党，1992年8月被授予一级警督警衔。历任桓台县公安局短枪班战士，金岭分局战士，侦察队队员，秘书股内勤（1952年3月至1953年9月任淄博专署公安处博山民改工作队队员），侦察股内勤，治安股内勤（1958年11

月至1961年6月任博兴县公安局治安股内勤，1961年6月至12月在省公安厅警犬训练场学习)、技术员。1966年7月任惠民地区公安处桓台刑侦技术点技术员，1968年8月在桓台县公安机关工作。1973年6月起，历任县公安局治安股技术员、股长，刑警队政治指导员。1981年10月任县公安局副局长。1984年12月任县公安局党委副书记、副局长。1987年5月任副科级调研员，1989年6月任正科级调研员。1993年8月离休。

退居二线后，祝兆贤仍然为公安工作和社会治安工作奋斗不止……（事迹详见第二十章“立功创模”条目）。1989年10月被省公安厅记二等功。2014年9月被省委组织部、省委老干部局评为全省“五好”离退休干部党员。

肖永刚　1959年3月出生，山东省章丘市普集镇肖家村人。1976年8月任周村区王村下乡知青。1978年7月任淄博市公安局交通民警大队张店中队干警，1982年9月任张店中队副队长，10月加入中国共产党。1983年7月任周村车管分所所长，1984年6月任周村中队副队长，1985年5月任队长。1987年9月任周村交警大队副队长，1989年1月任大队长。1992年7月中国人民警官大学毕业。1993年6月任桓台交警大队大队长，1995年4月被市公安局记三等功。1996年1月任博山交警大队大队长，1996年7月被市公安局记三等功，1997年3月被市公安局记三等功，4月被市总工会授予振兴淄博劳动奖章，7月被省公安厅记二等功，1998年4月被市政府表彰为先进工作者。

1998年8月任桓台县公安局政治委员、党委副书记。2002年2月任桓台县公安局政治委员、党委副书记、副县级侦察员，2003年3月被市公安局记三等功。

2003年4月任市交警支队副支队长，2005年12月取得中央党校大学学历。2013年6月任淄博市公安局警官培训基地主任，是月晋升三级警监警衔。中国共产党周村区第六次代表会议代表，中国共产党桓台县第八次代表会议代表，博山区第十四届人民代表大会代表。

肖永刚对工作高度负责，创新意识强。任桓台交警大队大队长后，一手抓交通宣传，一手抓勤务，实现主要道路不失控，交通秩序良好工作目标。1993年9月被团省委记“青春立功”一等功。

巩曰明　1963年11月6日出生，桓台县起凤镇鱼二村人。1979年6月参加工作，历任博兴县文化局京剧团、博兴县五鲁中学、桓台县化肥厂、桓台县交通局交通运输管理队职工。1987年3月任桓台交通管理队干警，1989年12月任桓台县交通警察队果里分队副队长，1990年5月加入中国共产党。1991年9月到烟台公安干部中等专业学校学习。1993年7月任桓台交警大队城区中队政治指导员，1994年9月任唐山中队队长，1996年6月任桓台车管分所所长，2000年5月任果里中队队长、副主任科员。2002年7月取得山东工程学院大学学历。2004年5月任交管科科长、副主任科员，2007年1月任新城中队队长，2013年7月任事故处理科主任科员，是月晋升一级警督警衔。

巩曰明工作认真细致、勤勤恳恳，交管工作成绩显著。1993年，带领中队干警强化流动巡查和夜查，城区交通规范有序，没有发生重大交通事故。多次参加警卫执勤任务，实现警卫目标绝对安全。是年12月被团省委记“青春立功”二等功。

郭法玉　1949年2月出生，桓台县田庄镇傅桥村人。1969年4月入伍，历任福建省军区某部战士、班长、排长、副政治指导员，1971年4月加入中国共产党。1982年3月到桓台县公安局工作，1988年7月取得淄博市职工学校高中学历，2001年2月晋升一级警督警衔。历任唐山人民公社公安特派员，治安股干警，周家派出所副所长、所长(1988.12副科级)，治安科负责人、科长，治安科科长、正科级侦察员(2001.02)，县保安公司经理。

2007 年 2 月提前离岗。2009 年 2 月退休。

郭法玉主持治安科工作 9 年，主抓治安联防队伍建设和基层治保组织建设，大力整顿公共场所、特种行业，严厉打击卖淫嫖娼违法行为，深入开展收缴枪支行动，清理整顿烟花爆竹市场，依法查处各类群体性事件。工作中，他坚持原则，依法办案，思路清晰，雷厉风行，全身心投入维护全县治安稳定工作。1996 年 6 月、1999 年 8 月先后被省公安厅记二等功。

蔡光普　1975 年 11 月出生，桓台县马桥镇祁家村人。1998 年 7 月到桓台县公安局工作，2002 年 12 月加入中国共产党，2003 年 12 月取得省委党校大学学历，2015 年 6 月晋升二级警督警衔。历任刑警大队二中队办事员、科员，索镇派出所副所长，刑侦大队副大队长。

2003 年防治“非典”行动中，……（事迹详见第五章“抗击‘非典’”条目）。7 月被市委、市政府记全市防治“非典”工作二等功。

刘　军　1965 年 2 月出生，山东省邹平县长山镇后尉村人。1982 年 7 月参加工作，历任桓台县第五毛巾厂、桓台县交通局职工。1987 年 3 月起历任桓台交通管理队干警，桓台县交通警察队科员，桓台交警大队科员。1996 年 5 月任桓台交警大队新城中队副队长，11 月任起凤中队副队长。1998 年 6 月加入中国共产党，11 月任起凤中队政治指导员。2000 年 5 月任城区中队队长。2003 年 12 月取得省委党校大学学历。2004 年 12 月任果里中队队长。2007 年 1 月任交管科科长，是月晋升二级警督警衔。2013 年 7 月任法制科科长。

2003 年防治“非典”行动中，刘军不怕牺牲，在危险和困难面前挺身而出，坚持昼夜在外地车辆留验检查站执勤，防止输入性病例。7 月被市委、市政府记全市防治“非典”工作二等功。

金宗良　1956 年 3 月出生，桓台县马桥镇前金村人，山东省人民警察学校中专学历。1975 年

10 月任马桥供销社职工。1980 年 7 月到桓台县公安局工作，1985 年 5 月加入中国共产党，2002 年 8 月晋升一级警督警衔。历任刑警队干警、副队长，果里派出所政治指导员、所长，刑警大队大队长。2000 年 9 月任县公安局党委委员、刑警大队大队长。2007 年 2 月任刑侦大队教导员。2008 年 8 月提前离岗。2015 年 3 月返岗任红莲湖派出所主任科员。2016 年 3 月退休。

2001 年至 2002 年，金宗良带领刑警大队全体民警投身第三次全国“严打”战役，侦破张光洲抢劫杀人案、黄玉军抢劫杀害出租车司机案、田兴颂杀人案等 23 起杀人案，破获刑事案件 1700 余起，抓获犯罪嫌疑人 900 余人，打掉犯罪团伙 66 个。2003 年 9 月，金宗良被市委政法委表彰为全市严打整治斗争先进个人并记二等功。2006 年，组织开展打黑除恶专项行动，打掉涉黑涉恶犯罪团伙 9 个，抓获团伙成员 29 人，破案 100 余起，缴获赃款及赃物折款 100 余万元。2007 年 5 月，金宗良被省公安厅记二等功。

孙仕秀　1954 年 3 月出生，桓台县起凤镇乌河北村人。1972 年 12 月入伍，先后任战士、班长、文书、代理参谋，1974 年 12 月加入中国共产党。1987 年 1 月任农业银行桓台支行纪检员。

1989 年 12 月到桓台县公安局工作，1994 年 12 月取得省委党校大专学历，2002 年 5 月晋升一级警督警衔。历任秘书科科员、科长，指挥中心主任，索镇派出所所长，索镇分局副政治教导员、政治教导员、局长。2000 年 1 月任县公安局副局长、索镇分局局长。2005 年 9 月任县公安局副局长、主任科员。2006 年 8 月提前离岗。2014 年 3 月退休。桓台县第十五届人民代表大会代表。

孙仕秀严于律己，从严治警，任索镇分局领导职务后，推行等级化考核，加强队伍正规化建设和基层基础工作规范化建设，在户籍窗口推行“一站式”服务，建立警民联系点 14 处，与 8 名失学儿童

结成资助对子，群众满意度提升。全市派出所规范化建设现场会推广该做法。2003 年 3 月被省公安厅记二等功。

田宜锋　1965 年 2 月出生，桓台县起凤镇夏二村人。1986 年 7 月到桓台县公安局工作，1994 年 11 月加入中国共产党，2006 年 12 月取得中央党校大学学历，2008 年 9 月晋升一级警督警衔。历任刑警队干警、刑警大队调度室副主任、办公室副主任、办公室主任，马桥派出所政治指导员（2000.07 副科级）、所长，索镇派出所负责人，少海派出所所长，国保大队大队长，法制大队政治教导员。

田宜锋任马桥派出所所长后，以人民满意为目标，加强专职治安巡逻队建设，配强巡逻队装备，重点巡逻企业周边和易发案村庄、交通要道，降低案件发案率。服务辖区经济建设，上门为企业职工宣讲法律知识，提供政策咨询服务，推出上门办证、上门送证等系列便民利民措施。2005 年 4 月被市政府表彰为全市执法为民先进个人并记二等功。

杨存营　1959 年 2 月出生，山东省梁山县徐集镇李庄村人。1978 年 12 月入伍，历任战士、排长、助理员、理论教员，1982 年 3 月加入中国共产党。1988 年 9 月任市交警支队科员。1992 年 2 月任桓台交警大队车管分所所长，10 月任副科级侦察员。1993 年 9 月任桓台交警大队副政治教导员，1995 年 6 月任大队长。2003 年 6 月晋升一级警督警衔，2005 年 12 月取得省委党校大学学历。2006 年 8 月任市交警支队干警培训基地主任，2009 年 6 月任基地政治委员、副调研员。2013 年 7 月任市交警支队副调研员。

2005 年，杨存营组织开展“规范执法行为，促进执法公正”专项整改活动，落实重大、疑难案件集体研究制度和案件主办人制度，建立交通事故接处警联动机制，积极适用简易程序处理交通事故，侦破 23 起肇事逃逸案件。开展大队长公开接访活动，接待来访人员 63 人，认真解决群众信访问题，改进交通管理工作。12 月被省委政法委、省人事厅评为公正执法标兵并记二等功。

姜恒泉　1963 年 3 月出生，淄博市张店区石桥镇小庄村人。1984 年 7 月到桓台县公安局工作，1988 年 9 月加入中国共产党，1996 年 9 月取得山东省政法管理干部学院大学学历，2006 年 3 月晋升一级警督警衔。历任预审科干警、副科长、科长，刑侦大队副大队长（1998.04 副科级），经侦大队副大队长，治安大队政治教导员，果里派出所所长。2007 年 9 月任县公安局党委委员、果里派出所所长，10 月任副局长、主任科员。

姜恒泉任治安大队教导员期间，加强民警队伍管理的同时，牵头处置群体性事件和涉众型矛盾纠纷。积极为各级领导当好参谋，坚持秉公办案，依法稳妥处理，先后任故意损毁海明化工厂财物案等多个案事件专案组组长，均取得良好执法效果和社会效果，为维护全县大局稳定做出贡献。2006 年 3 月被省公安厅记二等功。

刘　桂　1963 年 10 月出生，淄博市淄川区太和镇东玉村人。1984 年 7 月到桓台县公安局工作，1988 年 3 月加入中国共产党，1997 年 12 月取得山东公安专科学校大专学历，2007 年 9 月晋升一级警督警衔。历任刑警队干警、刑警大队新城侦探组探长，果里派出所政治指导员，侯庄派出所所长，法制科科长，邢家派出所政治指导员，耿桥派出所所长，索镇分局副局长、索镇派出所副所长，马桥派出所负责人、所长，经侦大队大队长，治安大队政治教导员。

2007 年，刘桂探索和改革马桥派出所警务模式，推行农村警务“分类规范、分级管理”，辖区监管对象和暂住人员无一违法犯罪，“九小场所”未发生刑事案件。妥善处置 25 起涉企、涉村干部矛盾纠纷，实现无违纪、无投诉、无涉法上访目标。2008 年 2 月被省公安厅记二等功。

刘西军 1960年3月出生，山东省临沂市兰山区南坊镇大朱下村人。1978年3月参加工作，任大朱下小学民办教师。1979年11月入伍，1982年8月加入中国共产党。历任淄博市公安局人民武装警察大队战士、班长、代理副中队长、副政治指导员、政治指导员、队长、副营职参谋、股长、大队长。1992年6月取得山东公安专科学校大专学历。1998年12月任日照市武警支队参谋长。2002年2月任日照市武警支队副支队长。2003年12月任临沂市武警支队副支队长。2005年11月任桓台县公安局副局长、主任科员，2009年11月晋升一级警督警衔。2010年5月任县公安局副局长、网安大队政治教导员。2013年3月任县公安局副局长、主任科员。2014年2月提前离岗。2015年3月返岗任新城水库派出所主任科员。

2008年，刘西军分管消防工作期间，在各派出所设立消防监督室，依托警务区成立消防工作室，延伸消防工作触角，严格“九小场所”消防监督。组织各派出所全面开展消防进校园、进社区、进村庄、进单位、进机关活动，增强全民消防意识。组织开展奥运安保消防攻坚战，全县消防形势平稳。2009年2月被市政府表彰为全市消防安全工作先进个人并记二等功。

伊茂锋 1969年1月出生，桓台县新城镇邢家村人。1991年1月到桓台县公安局工作，1995年4月加入中国共产党，2003年12月取得省委党校大学学历，2013年9月晋升一级警督警衔。历任周家派出所办事员、科员、副政治指导员，唐山派出所警长，治安大队副大队长，起凤派出所所长。

2009年第十一届全国运动会期间，伊茂锋具体负责桓台比赛场馆、比赛现场、火炬传递安保工作。他认真开展全运会安保风险评估，协调做好安保配套设施建设工作，制定安保工作方案和各类突发事件应急预案，组织专项治安整治行动，全运会排球测试赛、足球比赛和火炬传递万无一失。2009年12月被省公安厅评为全省公安机关全运安保工作先进个人并记二等功。

周焕诚 1966年2月出生，桓台县荆家镇王明村人。1988年7月到桓台县公安局工作，1990年3月加入中国共产党，2001年12月取得省委党校大学学历，2009年7月晋升一级警督警衔。历任马桥派出所办事员、科员、副所长，耿桥派出所副所长、政治指导员、所长，果里派出所所长(2005.09正科级)，经侦大队大队长。2008年8月任县公安局党委委员、少海派出所所长。2013年7月任淄博市公安局综合考核处处长。

2009年，周焕诚加强应急力量和应急装备建设，及时妥善处理各类群访、非访事项，做好县政府驻地维稳工作。完善城区治安防控体系建设，整合城区各派出所和业务大队情报信息资源，提升整体打防控能力。对重点内部单位实行民警挂包责任制，有效预防和减少案件发生。2010年4月被省公安厅记二等功。

王业盛 1969年11月出生，淄博市张店区石桥镇小官村人。1991年7月到桓台县公安局工作，1997年12月加入中国共产党，2006年12月取得中央党校大学学历，2013年9月晋升一级警督警衔。历任新城派出所办事员，刑警大队办事员、科员、一中队副队长，马桥派出所科员、警长，经侦大队副大队长，经侦大队副大队长、主任科员(2013.09)。

王业盛到经侦大队工作后，把严格、依法、规范、廉洁办案作为自己的信条，创新实施案件告知回访制度，在全省公安经侦系统推广。4年内办理经济犯罪案件130余起，无一信访投诉，案件数量和质量在大队名列前茅。2011年6月被省公安厅记二等功。

罗光友 1964年12月出生，淄博市淄川区昆仑镇大昆仑村人。1984年7月到淄博市公安局工作，任二处侦察科侦察员。1985年5月任四科侦

察员。1988年5月任张店分局体育场派出所副所长（下派）。1990年6月任出入境管理科科员。1992年12月加入中国共产党。1994年2月任副科级侦察员，1995年3月任出入境管理科副科长，5月任临淄分局副局长（挂职），1997年5月任出入境管理科副科长。1997年10月任团委书记，是月被市政府表彰为十五大安全保卫工作先进个人。

2003年4月任桓台县公安局政治委员、党委副书记，9月取得中国人民大学研究生学历。2006年8月任县公安局政治委员、党委副书记、副调研员，是月晋升一级警督警衔。

2013年2月任淄博市公安局博山分局党委书记、局长、督察长。11月任博山分局党委书记、局长、督察长，博山区政府党组成员。

2011年全面推进实施消防安全社会化“防火墙”工程过程中，罗光友高度重视消防宣传工作，组织宣传、消防部门及各派出所进行全方位、立体化宣传，增强各界社会消防安全意识。同时，组织各派出所消防民警开展大练兵活动，加大对消防工作的考核力度，推进全县消防工作扎实开展。2012年2月被市政府表彰为全市消防安全工作先进个人并记二等功。

李周生　1959年6月出生，山东省济南市历城区人。1976年8月任下乡知青，1978年7月任淄博市公安局交警大队张店中队干警，1984年6月任临淄中队副队长，1985年5月任车管所检验组副组长。1986年8月加入中国共产党。1987年9月任市交警支队交管科副科长，1988年1月被市公安局记三等功。1991年6月取得中国人民警官大学大专学历。1992年7月任淄川大队大队长。1995年4月被市公安局记三等功。1995年6月任市交警支队车管所所长。1997年9月任鲁中机动车驾驶员教考中心副主任、市交警支队车管所所长。1999年4月任鲁中机动车驾驶员教考中心副主任、培训科科长。2000年9月晋升一级警督警衔。2001年4月任市交警支队副支队长级侦察员、培训科科长。2006年5月任市交警支队副支队长级侦察员、沂源大队大队长。2011年6月任市交警支队副支队长级侦察员、桓台大队大队长，2014年12月任市交警支队副支队长级侦察员。

2011年，李周生带领桓台交警大队，实施“文明交通行动计划”，营造浓厚主题宣传氛围，动员全民参与文明交通管理。落实交通安全主体责任，开展畅通安全行活动，查处交通违法行为20万起，全县未发生重大以上交通事故。2012年3月被市委、市政府表彰为创建全国文明城市先进个人并记二等功。

陈庆豪　1975年1月出生，桓台县索镇小辛庄村人。1994年7月到桓台县公安局工作，1998年11月加入中国共产党，2006年12月取得中央党校大学学历，2011年7月晋升二级警督警衔。历任巡警大队办事员，督察队副队长，起凤派出所警长，督察队副队长，治安大队科员、一中队副队长、队长、副大队长。

2013年全国第十届艺术节安保工作中，陈庆豪调研基础情况，充分评估场馆、住地安全风险情况，制定安保工作方案，组织执勤民警严格安检，落实安全配套设施。4场演出均无因执勤方式不当引发的投诉问题、因安保不到位引发的安全问题，演职人员、在场观众和上级领导对安保工作给予充分肯定。2013年12月被省人社局、省公安厅、省公务员局记二等功。

刘　蒙　1981年8月出生，临沂市河东区汤河镇旦彰街村人。2000年12月入伍，历任中国人民解放军某部战士、学员、参谋，2005年6月加入中国共产党。2008年1月转业到桓台县公安局工作，2012年7月取得中国人民公安大学大学学历，2014年1月晋升一级警司警衔。历任果里派出所科员，治安警察大队一中队科员。

到公安机关工作后，刘蒙扑下身子学习公安业务，在打击犯罪中冲锋在前，先后抓获犯罪嫌疑人55人、上网逃犯20人，查处行政案件160起，处罚违法人员210人，化解矛盾纠纷325起。在侦破“8·23”系列抢劫案、“7·4”非法制造、买卖枪支案中发挥重要作用。2015年2月被市委、市政府表彰为全市模范军队转业干部，记二等功。

刘　华　1975年2月生，桓台县马桥镇康杨村人。1994年7月到桓台县公安局工作，1998年5月加入中国共产党，2002年12月取得省委党校大学学历，2015年7月晋升一级警督警衔。历任巡警大队办事员，刑警大队办事员、科员、六中队政治指导员、一中队政治指导员，陈庄派出所副政治教导员，副政治教导员、主任科员（2013.09），经侦大队副大队长、主任科员。

刘华严格执法，秉公办案，吃苦耐劳，无私奉献。2014年，主办部督樊某系列串通投标案，行程2万多公里，在外工作100余天，抓获犯罪嫌疑人22人，案值7500万元。该案荣获全省公安经侦系统案例讲评一等奖。是年，刘华主办案件20起，抓获犯罪嫌疑人36人。2015年3月被省公安厅记二等功。

白向强　1969年1月出生，淄博市淄川区黑旺镇蓼坞村人。1990年7月任山东省淄博人民警察学校学生处办事员。1993年7月任山东省淄博人民警察学校政治处科员。1994年12月加入中国共产党。1998年2月被市公安局记三等功，6月任山东省淄博人民警察学校团委副书记，2003年5月、2004年2月分别被市公安局记三等功。2005年2月任山东省淄博人民警察学校团委书记，2006年3月任淄博人民警察训练基地团委书记。2006年11月任淄博市公安局组织人事处副处长（列第一位）、主任科员，2007年7月取得山东政法学院大学学历，2008年6月被市委表彰为优秀共产党员，12月被市委、市政府表彰为淄博市抗震救灾模范（享受市劳模待遇）。2009年9月任淄博市公安局机关党委副书记，2010年4月晋升一级警督警衔。2013年7月任桓台县公安局政治委员、党委副书记、副县级侦察员。

白向强重视民警政治思想工作，以锤头精神引领过硬队伍，组织开展业务培训、高端进修和比武竞赛活动，培养高素质业务人才。2015年，在任务繁重、警力不足情况下，动员民警报考国家司法考试，抽出时间进行集中封闭培训，14名民警通过国家司法考试，通过人数列全省县级公安机关之首。2015年12月被省公安厅记二等功。

全国公安机关业务工作先进个人

赵学鹏　1970年8月出生，桓台县田庄镇西埠村人。1993年7月到桓台县公安局工作，1996年4月加入中国共产党，2008年6月取得山东大学大学学历，2014年7月晋升一级警督警衔。历任起凤派出所办事员、科员，经侦大队科员，法制科副科长、副科长兼行政复议办公室主任、副科长，法制室副主任，索镇派出所所长。

赵学鹏牵头完成县公安局各执法办案场所规范化改造，编辑《公安机关法定职权及办案实务》等25种执法资料，创办《法制园地》等内部刊物，主持法制网站的建立和维护，推行基层民警到法制部门以干代训制度，得到上级公安机关肯定。经其审核的3000余起行政、刑事案件无一复议被撤销、行政败诉、国家赔偿。2009年7月被公安部政治部评为全国公安机关行政复议应诉工作先进个人。

王　强　1972年4月出生，桓台县荆家镇荆四村人。1991年12月入伍，1993年9月加入中国共产党，历任武警河北省邢台某部战士、班长、排长、副中队长、中队长、参谋。2002年9月转业到桓台县公安局工作，2007年12月取得省委党校大学学历，2013年9月晋升为二级警督警衔。历任新城派出所科员，巡特警大队一中队副政治指导员、政治指导员、队长。

王强到公安机关工作后，坚持警体技能、体能训练，结合警务实战，创新警务训练教材，被省、市、县公安机关聘为兼职警务实战教官，执教武器警械使用和徒手防卫与控制，先后执教 40 个班次、2500 余名学员、500 课时。在省公安厅验收中，所教科目成绩名列前茅。2011 年 10 月荣获全国公安机关首届警务实战教官技能比武二等奖，12 月被公安部政治部授予警务实战全能教官称号。

史继德　1965 年 2 月出生，淄博市张店区房镇镇曹营村人。1985 年 7 月到桓台县公安局工作，1989 年 4 月加入中国共产党，2004 年 12 月取得省委党校大学学历，2013 年 9 月晋升一级警督警衔。历任新城派出所干警、副所长，唐山派出所副所长，索镇派出所警长、副所长，索镇分局警长，经侦大队内保侦查中队队长，起凤派出所科员，县看守所科员，治安大队拘留所所长，县拘留所所长，县拘留所主任科员，县看守所主任科员。

史纪德主持拘留所工作后，创新监管工作机制，推行管理教育新模式，贯彻教育、感化、挽救的监管工作方针，推进人性化执法。对在拘人员开展法制教育，耐心分析被拘留原因，教育被拘人员在法律框架内处理问题，把拘留所打造成化解社会矛盾纠纷的重要阵地。2013 年 9 月被公安部监所管理局授予全国拘留所社会矛盾化解工作先进个人。

魏连凡　1968 年 10 月出生，桓台县起凤镇起北村人。1989 年 7 月到桓台县公安局工作，1996 年 4 月加入中国共产党，1998 年 7 月取得山东省政法管理干部学院大专学历，2013 年 9 月晋升一级警督警衔。历任马桥派出所办事员、科员，耿桥派出所警长，索镇分局警长，新城派出所警长，新城水库派出所政治指导员、主任科员，县拘留所副所长、主任科员。

2014 年，按照公安部在全国拘留所深入推进规范执法、创新管理、化解矛盾“三项重点工作”部署要求，魏连凡从人性化管理入手，丰富在拘人员文体活动内容，定期进行法制教育和心理舒压，分类落实管理措施，创立个别谈话教育法、真情感化法、帮扶转化法、心结消化法、部门互助和社会协作法等 5 个化解矛盾技战法，收到良好效果。2015 年 10 月被公安部监管局评为全国拘留所“三项重点工作”推进落实活动先进个人。

优秀女警

荆　敏　女，1974 年 5 月出生，桓台县荆家镇荆二村人。1993 年 7 月到桓台县公安局工作，1997 年 12 月加入中国共产党，2003 年 12 月取得省委党校大学学历，2010 年 7 月晋升二级警督警衔。历任城区派出所办事员、科员，索镇分局科员、户籍室主任，治安大队科员、办公室副主任，邢家派出所副政治教导员，战训大队副大队长。桓台县第十一次党代会代表。

荆敏把群众满意作为工作目标。在户籍室开展“我为公安添光彩”活动，印发便民须知、便民服务卡，配备便民设施，工作日延长至晚上 8 点，双休日正常上班，对残疾人和老年人推行上门服务，让群众感受到亲人般的温暖。2006 年 1 月，荆敏被市政府表彰为全市公安系统“十佳民警”。2009 年 2 月被市人事局、市公安局联合表彰为全市公安系统“十佳民警”。

赵　岩　女，1968 年 11 月出生，桓台县新城镇新立村人。1990 年 7 月到桓台县公安局工作，1995 年 8 月加入中国共产党，2007 年 1 月取得山东省政法管理干部学院大学学历，2011 年 7 月晋升一级警督警衔。历任治安科办事员，秘书科办事员、科员，指挥中心档案资料科副科长、秘书科副科长，法制科副科长，唐山派出所政治指导员，法制科科长、法制室主任、法制大队大队长。2014 年 11 月任县公安局党委委员、法制大队大队长。

赵岩注重学习，以优异成绩通过全国律师资格考试。结合犯罪特点和执法难点，撰写10余篇有高度、有深度的调研文章，指导基层执法办案。任唐山派出所政治指导员期间，抓好队伍建设的同时，与民警一起加班加点，并为他们提供法律指导服务。任法制科科长后，大力解决基层执法问题，成功办结多起疑难复杂涉法上访案件，执法质量连年保持优秀等次。2007年3月被省妇联、省公安厅联合表彰为山东省优秀女警官，2011年1月被省公安厅评为全省公安机关执法规范化建设先进个人。

优秀协勤

张恩武　1963年12月出生，桓台县索镇李贾村人，高中文化。1986年12月参加工作，任桓台县铁路警卫队队员。1987年12月任桓台县医院保卫科保卫员。1989年7月起历任桓台县公安局城区派出所、索镇分局、少海派出所巡防队员。2006年7月加入中国共产党。2013年12月任巡特警大队班长。

张恩武热爱公安事业……（事迹详见第二十章“立功创模”条目）。2008年1月被市委、市政府表彰为2007年度平安淄博建设“十佳巡防队员”。2015年6月被淄博文明网评为2015年度“淄博好人榜”敬业奉献人物，2016年2月当选2015“感动淄博”年度人物。

优秀警嫂

陈兰芳　女，1967年3月出生，桓台县果里镇吴磨村人，县公安局民警王玉峰之妻。1989年7月参加工作，任周家乡中学教师，2002年6月取得曲阜师范大学大学学历，7月任桓台县世纪中学教师。2004年4月28日，王玉峰累倒在工作岗位上，大面积脑溢血，几次生命垂危，陈兰芳不离不弃悉心照料，使其身体逐步好转。陈兰芳赢得社会尊重，成为警嫂楷模。2014年5月荣获淄博“最美家庭”、山东省“五好文明”家庭荣誉称号，8月被评为“淄博好人”，10月当选全省善行义举四德榜“榜上有名”先模人物。当选2014“感动淄博”年度人物、2014年度淄博市教育新闻人物。2015年10月被公安部、全国妇联授予“好警嫂”荣誉称号。

第三节　人物名录

桓台县公安局革命烈士英名录

表21－1

姓　名	性别	籍　贯	生卒年月	牺牲时职务	牺牲地点	备注
杨永训	男	张店区四宝山镇万盛村	1924—1941	班长	桓台县	
付相民	男	张店区卫固镇傅山村	1921—1942	战士	长山县麻营村	
董洪乾	男	张店区湖田镇下湖田村	1925—1944	战士	下湖田村	
姚洪德	男	张店区湖田镇南焦宋村	1923—1944	战士	榆林村	
高继广	男	张店区石桥镇南营村	1903—1944	战士	桓台县东巴王村	
马立忠	男	张店区湖田镇南焦宋村	1925—1945	战士	万盛村	
罗茂祥	男	桓台县田庄镇宗王村	1923—1945	分队长	张店	
曹维贡	男	张店区石桥镇南营村	1924—1945	战士	桓台县	病故追烈

续表 21—1

姓　名	性别	籍　贯	生卒年月	牺牲时职务	牺牲地点	备注
魏其庚	男	张店区石桥镇王庄村	1917—1946	战士	桓台县杨家庄	
杜所文	男	桓台县果里镇楼里村	1922.04—1946.04	通信员	桓台县东刘村	
高华普	男	桓台县索镇东镇村	1929.10—1946.04	战士	桓台县孟家庄东	
孙士伟	男	张店区湖田镇东张村	1920.07—1946.06	班长	长山县院上村	
于赞修	男	张店区房镇镇于营村	1909—1946.06	副公安员	长山县	
李朋宵	男	桓台县荆家镇荆四村	1921—1946.08	情报员	桓台县荆家庄	
毕宝成	男	桓台县索镇前毕村	1922.04—1946.09	战士	桓台县崔家茅托	
韩　干	男	张店区卫固镇东尹坞村	1917.02—1947.01	队长	临淄县路山	
张经文	男	桓台县果里镇面窝村	1918.07—1947.01	班长	临淄县路山	
孟宪波	男	张店区洪沟村	1926—1947.01	班长	临淄县路山	
王占魁	男	东营区史口镇南王村	1916—1947.02	副队长	桓台县侯庄村	
孟凡梓	男	张店区洪沟村	1929—1947	战士	寿光县	
刘丙星	男	桓台县荆家镇里仁村	1917—1947	情报员	桓台县北岭村	
庞志国	男	张店区石桥镇王庄村	1927—1947	战士	桓台县果子里	
王树喜	男	张店区四宝山镇尚庄	1903—1947	战士	尚庄	
索正福	男	张店区四宝山镇榆林村	1924—1947.12	战士	桓台县睦和村	
曲秀堂	男	高青县花沟镇东口村	1918.04—1947.07	战士	桓台县姚郭村	
刘成武	男	张店区湖田镇店子村	1910—1947.08	情报员	店子村	
李志训	男	桓台县果里镇老官庄村	1929—1947.09	战士	桓台县桓城	
张丕训	男	张店区乔庄	1926—1947.12	战士	桓台县	
李兴福	男	张店区石桥镇韩庙村	1922.05—1947.12	战士	桓台县果子里	
王树范	男	张店区石桥镇韩庙村	1922—1947.12	司务长	韩庙村	
乔同法	男	桓台县果里镇东义和村	1929—1947.12	战士	桓台县义和村	
田成勤	男	张店区石桥镇韩庙村	1922—1947.12	班长	桓台县义和村	
杨公新	男	张店区卫固镇人和村	1927—1947.12	通信员	桓台县姜庙村	
柴裕禄	男	张店区卫固镇太平村	1926.06—1948.02	副指导员	桓台县高王村	
鲁守诚	男	张店区石桥镇南营村	1918—1948.02	班长	桓台县高王村	
张洪祥	男	张店区马尚镇九级村	1927—1948.02	战士	桓台县高王村	
任某某	男	不详	？—1948.02	战士	桓台县高王村	身份不详
孙守业	男	张店区洪沟村	1926—1948.04	副班长	潍县	
王玉芝	男	临淄区南王镇王寨西村	1913.04—？	炊事员		失踪追烈
刘承祯	男	张店区石桥镇东吕村	1931—1950.01	战士	张周市	
耿丙俊	男	桓台县果里镇王斜村	1914.11—1952.06	战士	桓台县索镇	
巩昌驰	男	桓台县起凤镇东巩村	1952.05—1993.10	副科长	桓台县新城镇	因公牺牲
刘国良	男	张店区	1973.01—1997.03	副队长	桓台县	因公牺牲

1983—2016年桓台县公安局市级以上党代表、人大代表名录

表21—2

姓　名	类　别	当选时间
蔡温普	中国共产党淄博市第五次代表会议代表	1983.10
王在山	淄博市第八届人民代表大会代表	1984.04
蔡温普	淄博市第八届人民代表大会代表	1987.03
徐洪本	淄博市第十届人民代表大会代表	1993.03
张秀云	中国共产党淄博市第八次代表会议代表	1998.09
秦志博	中国共产党淄博市第九次代表会议代表	2003.01
吴佩林	淄博市第十三届人民代表大会代表	2008.01

1995—2016年桓台县公安局县级以上劳模名录

表21—3

姓　名	奖　项	授予单位	授予时间
胡安富	淄博市劳动模范	市政府	1995.05
胥　涛	桓台县劳动模范	县政府	1999.02
刘丙炎	享受市级劳动模范待遇	市总工会	2000.05
秦志博	桓台县劳动模范	县政府	2002.04
陈同旺	振兴淄博劳动奖章	市总工会	2005.04
蔡光普	富民强县劳动奖章	县总工会	2008.04
刘　桂	桓台县劳动模范	县政府	2008.04
梁俊红	享受市级劳动模范待遇	市总工会	2008.12
罗光友	富民强县劳动奖章	县总工会	2009.02
吴佩林	振兴淄博劳动奖章	市总工会	2009.05
刘　桂	振兴淄博劳动奖章	市总工会	2011.04
朱久爱	富民强县劳动奖章	县总工会	2011.04
蔡光普	桓台县劳动模范	县政府	2011.04
吴佩林	享受市级劳动模范待遇	市委、市政府	2012.02
巩曰华	富民强县劳动奖章	县总工会	2012.04
王功训	富民强县劳动奖章	县总工会	2012.04
郭　华	享受县级劳动模范待遇	县委	2013.07
刘西军	享受县级劳动模范待遇	县委	2013.07
姜恒泉	享受县级劳动模范待遇	县委	2013.07
于光庆	享受县级劳动模范待遇	县委	2013.07
高　涛	享受县级劳动模范待遇	县委	2013.07
姜恒泉	享受市级劳动模范待遇	市委、市政府	2013.07

续表 21－3

姓　名	奖　　项	授予单位	授予时间
王旭东	享受市级劳动模范待遇	市政府	2014.04
张　亮	振兴淄博劳动奖章	市总工会	2015.04
田　岗	富民强县劳动奖章	县总工会	2015.04
巩汝山	富民强县劳动奖章	县总工会	2016.04

1991—2015 年桓台县公安局人民警察荣誉证章获得者名录

表 21－4

姓　名	证章类别	授予单位	授予时间
樊树楠	人民警察一级金盾荣誉证章	公安部	1991.07
刘兴忠	人民警察一级金盾荣誉证章	公安部	1991.07
邢玉荣	人民警察二级金盾荣誉证章	公安部	1991.07
任德河	人民警察二级金盾荣誉证章	公安部	1991.07
赵曰爱	人民警察二级金盾荣誉证章	公安部	1991.07
王希龙	人民警察二级金盾荣誉证章	公安部	1991.07
韩家新	人民警察二级金盾荣誉证章	公安部	1991.07
刘乐温	人民警察二级金盾荣誉证章	公安部	1991.07
张仲俊	人民警察二级金盾荣誉证章	公安部	1991.07
刘俊禄	人民警察蓝盾荣誉证章	公安部	1991.07
赵仕祺	人民警察蓝盾荣誉证章	公安部	1991.07
肖鸣瑞	人民警察蓝盾荣誉证章	公安部	1991.07
张秀云(女)	公安基层工作银盾荣誉奖章	省公安厅	2007.07
魏建国	公安基层工作银盾荣誉奖章	省公安厅	2007.07
史继德	公安基层工作银盾荣誉奖章	省公安厅	2009.07
荆茂堂	公安基层工作银盾荣誉奖章	省公安厅	2010.03
徐　军	公安基层工作银盾荣誉奖章	省公安厅	2010.03
张　伟	公安基层工作银盾荣誉奖章	省公安厅	2011.03
金　明	公安基层工作银盾荣誉奖章	省公安厅	2011.03
宗　凯	公安基层工作银盾荣誉奖章	省公安厅	2011.03
荆树钢	公安基层工作银盾荣誉奖章	省公安厅	2011.03
王家军	公安基层工作银盾荣誉奖章	省公安厅	2011.03
周焕诚	公安基层工作银盾荣誉奖章	省公安厅	2011.03
张孝和	公安基层工作银盾荣誉奖章	省公安厅	2011.03
张玉海	公安基层工作银盾荣誉奖章	省公安厅	2011.03
梁　波	公安基层工作银盾荣誉奖章	省公安厅	2012.05

续表 21—4

姓　名	证章类别	授予单位	授予时间
巩建平	公安基层工作银盾荣誉奖章	省公安厅	2012.05
贾玉红(女)	公安基层工作银盾荣誉奖章	省公安厅	2012.05
魏连凡	公安基层工作银盾荣誉奖章	省公安厅	2012.05
巩曰兵	公安基层工作银盾荣誉奖章	省公安厅	2013.12
曹元征	公安基层工作银盾荣誉奖章	省公安厅	2013.12
王功训	公安基层工作银盾荣誉奖章	省公安厅	2014.08
牛智君	公安基层工作银盾荣誉奖章	省公安厅	2014.08
许领章	公安基层工作银盾荣誉奖章	省公安厅	2014.08
孟祥军	公安基层工作银盾荣誉奖章	省公安厅	2014.08
于光庆	公安基层工作银盾荣誉奖章	省公安厅	2015.04
张学建	公安基层工作银盾荣誉奖章	省公安厅	2015.04
赵红军	公安基层工作银盾荣誉奖章	省公安厅	2015.04

附录

1928—2016年桓台县区划

（节选自桓台县志）

1928年桓台县废约制，置区、乡。全县分4区、136乡、12镇，305村。

一区（驻崔楼） 辖新城镇、唐山镇、三合镇、田家镇，巴里乡、马家乡、三合乡、孔万乡、毕城乡、薛家乡、三一乡、毛家乡、荣刘乡、李寨乡、两庞乡、大寨乡、宗王乡、高楼乡、政权乡、牛旺乡、三民乡、胡家乡、五合乡、乔家乡、西祝乡、三义乡、楼郝乡、绍兴乡、镇南乡、四合乡、双合乡、阎苇乡、周家乡、永辛乡、李王乡、聂辛乡、富贵乡、韩存乡、前王乡、后王乡、旬召乡、辕固乡、文家乡、三埠乡、邢家乡、东南乡、昝家乡、共合乡、两贾乡，计49乡（镇）。

二区（驻北石桥） 辖石桥镇、曹村镇、张店镇、车站镇，兴隆乡、曹营乡、葵丘乡、魏家乡、王家乡、民政乡、西林乡、四坊乡、两营乡、升平乡、马公乡、花阴乡、镇北乡、杜科乡、辛曹乡、张韩乡、临郑乡、新民乡、冶里乡、甘鲁乡、中和乡、顺和乡、双孟乡、维新乡、新华乡、大同乡、贾家乡、咸宁乡、王舍乡、迎仙乡、老官乡、潘家乡、龙凤乡，计37乡（镇）。

三区（驻索镇） 辖东索镇、西索镇、起凤镇，镇西乡、平民乡、河北乡、民权乡、茅托乡、镇东乡、太和乡、永安乡、巩家乡、夏庄乡、鱼龙乡、彨水乡、太平乡、和平乡、棘托乡、居仁乡、睦和乡、谦益乡、五权乡、安太乡、大有乡、贾邢乡、静安乡、楼村乡、居敬乡，计28乡（镇）。

四区（驻荆家） 辖岔河镇、荆家乡、高王乡、关史乡、傅家乡、陈姬乡、黄郭乡、西史乡、陈家乡、姚郭乡、宗崔乡、东孙乡、里仁乡、北岭乡、金家乡、联五乡、马车乡、西孙乡、康杨乡、北营乡、董家乡、西辛乡、张龙乡、五马乡、辛桥乡、三薛乡、潘孟乡、木佛乡、刘家乡、华沟乡、锦秋乡、崔家乡、大园乡、明德乡，计34乡（镇）。

1939年10月，长桓临益四县边区行政联防办事处辖一、二、三区和长山县九区及临淄、益都部分村庄。陈庄以西乡村划归北邹长县管辖。

1940年4月，桓台县抗日民主政府辖一、二、三区，北四区和五区。一区包括解家营、石桥、周家庄、郝家园一带；二区包括北岭、榆林、曹村、尚庄、南营、北营、王庄一带；三区包括索镇、耿桥、前毕、后毕、前七里、后七里、崔茅、张茅、刘茅一带；北四区包括老官庄、四坊、龙凤、后鲁庄一带；五区（原长山县九区并入桓台县后，改称五区）包括卫固、冶里、太平庄、万胜、侯庄、沙河、傅村、马王一带。至1941年5月，先后撤销三区、北四区。在湖田、金岭一带建立新四区。是年底，抗日斗争形势恶化，撤销县、区、乡建制。

1943年6月，复置一、五区和新四区。1944年7月，复置二区。1945年9月，陈庄以西乡、村复归本县辖。一区分为一、六区，三区分为三、八区。时分一、二、三、四、五、六、七、八区。1947年10月，各区由数字排列改为以区驻地为名，即一区改称崔楼区，二区改称石桥区，三区改称乌河区，四区改称岔河区，五区改称铁山区，六区改称田庄区，七区改称金岭区，八区改称滨湖区。1948年5月，索镇由乡级升为区级镇。

1949—2016年，境内行政区划有10次大的变动。

1.1950年5月，张店划入境内，为九区。原8个区改以序数命名。崔楼区改称一区，石桥区改称二区，乌河区改称三区，岔河区改称四区，铁山区改称五区，高楼区改称六区，金岭区改称七区，滨湖区改称八区。同年11月，九区划归张周市。1954年1月，七区划归淄川县。11月，索镇由三区划出建为直属镇。1955年9月，辖7个区，复以区驻地为名。

2.1956年11月，小清河南岸岔河桥以东12村从齐东县划归桓台县。是月，撤区并乡。全县分1镇：索镇；38乡：城关、西毕、沈家、洼子、石桥、潘庄、果里、店子、东毕、张桥、七里、耿桥、赵家、高王、北营、木佛、孙桥、北岭、陈家、马桥、万盛、卫固、江西、官庄、傅村、辕文、傅桥、田庄、胡家、唐山、大旬、起凤、刘家、夏庄、鱼龙、演马、诸葛、杨楼。

3.1958年9月，成立人民公社，全县分为12个卫星人民公社，即：起凤（卫星第一）、索镇（卫星第二）、卫固（卫星第三）、江西道（卫星第四）、果里（卫星第五）、石桥（卫星第六）、唐山（卫星第七）、桓城（卫星第八）、诸葛（卫星第九）、田庄（卫星第十）、陈庄（卫星第十一）、高王（卫星第十二）。

4.1958年11月，桓台并入博兴县。江西道、石桥两人民公社和卫固人民公社的部分村庄划归淄博市张店区。12月，又将9个卫星人民公社合并为湖滨、索镇、唐山、桓城、田庄、陈庄、高王7个人民公社。社名由序数排列改以人民公社驻地为名。

5.1961年9月，建区分社。全县分7个区、38个人民公社：

索镇区辖侯庄、南王、索镇、张桥、东毕、耿桥6个人民公社。

唐山区辖唐山、西毕、店子、楼子、果里5个人民公社。

桓城区辖城关、邢家、洼子、周家、沈家5个人民公社。

田庄区辖傅桥、田庄、大寨、吕埠、诸葛、郭店6个人民公社。

高王区辖高王、里仁、孙桥、王明、刘家5个人民公社。

陈庄区辖北营、马桥、金家、黄郭、前陈、木佛6个人民公社。

起凤区辖夏庄、华沟、鱼龙、起凤、吉托5个人民公社。

6.1966年7月，撤区并社。全县分索镇、耿桥、起凤、邢家、田庄、傅桥、荆家、刘家、马桥、陈庄、桓城、周家、唐山、果里、侯庄15个人民公社。1970年10月，撤销刘家、傅桥两人民公社建制，并将其所辖村庄分别划归荆家、田庄、陈庄、桓城4个人民公社管辖。

7.1984年4月，改人民公社为乡镇建制。全县分索镇、新城、田庄、起凤、唐山、荆家6镇；耿桥、侯庄、果里、周家、邢家、陈庄、马桥7乡。1987年，全县设6镇7乡，343个行政村（324个自然村）。

1991年10月13日，撤销马桥乡，设立马桥镇；1994年5月30日，撤销周家乡，设立周家镇；1994年6月7日，撤销果里乡，设立果里镇；1994年12月29日，撤销陈庄乡，设立陈庄镇；1995年9月27日，撤销邢家乡、侯庄乡，设立邢家镇、侯庄镇。1997年，设立唐山镇幸福小区、陈庄镇城区、耿桥镇北城区、田庄镇建苑4个居民委员会。

8.2001年3月27日，耿桥镇并入索镇，侯庄镇并入果里镇。4月，设立城区街道办事处，辖云涛、锦秋、宝发、东城4个居民委员会。2002年，全县设11镇、1个城区街道办事处，343个村民委员会（含324个自然村）、8个居民委员会。

9.2003年7月4日，山东省政府批复同意，将果里镇阎高村、小官村、韩庙村、刘斜村、罗斜村、甘家村和周家镇杨楼村、郭家村共8个村划归张店区石桥街道办事处管辖。

10.2010年11月6日，周家镇并入果里镇，邢家镇并入唐山镇，陈庄镇并入马桥镇。

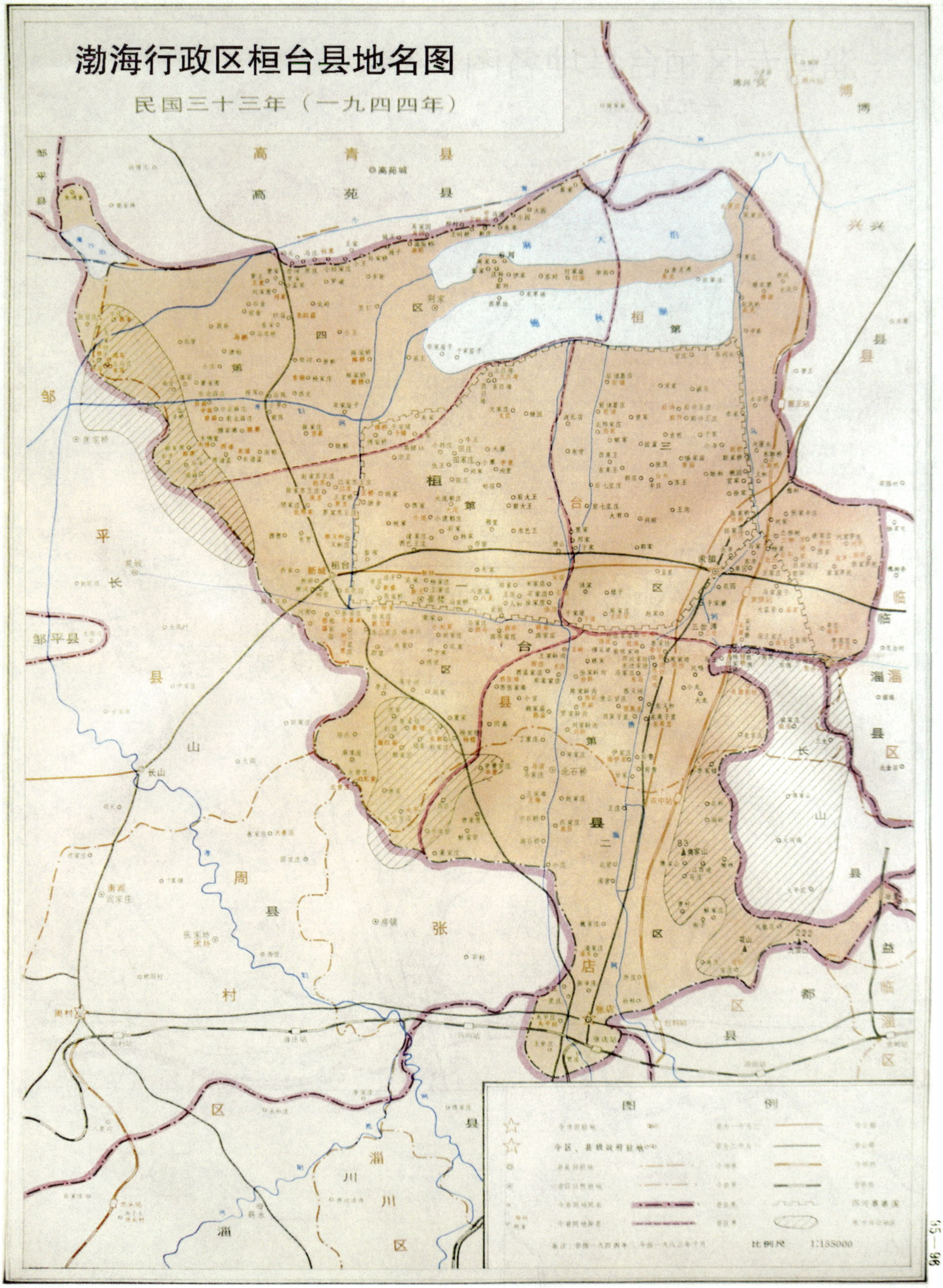
渤海行政区桓台县地名图
民国三十三年（一九四四年）
高青县
高苑县
高苑城
邹平县
长山县
长山
周村
张店
桓台
新城
索镇
北石桥
图 例
比例尺 1:155000

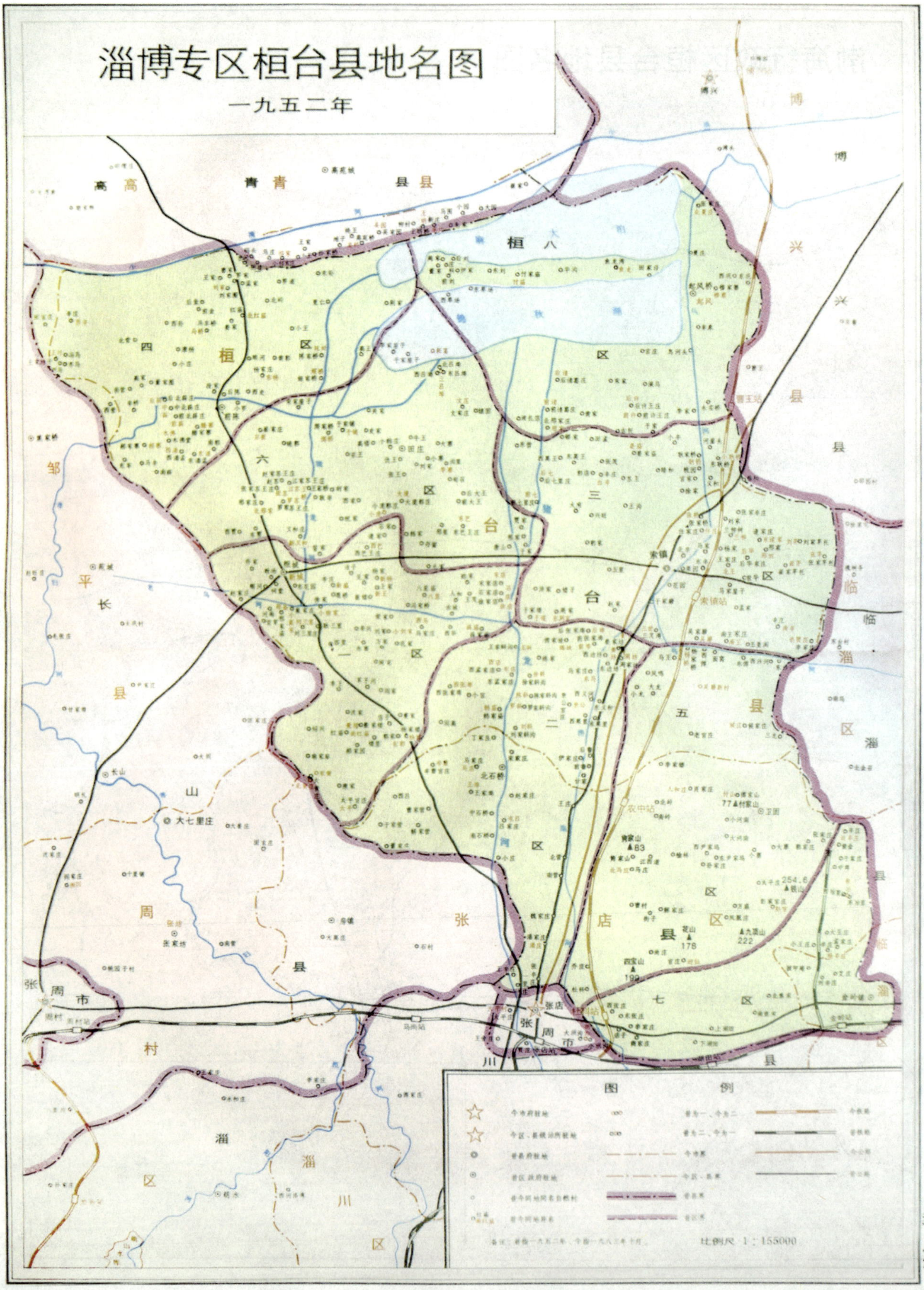
淄博专区桓台县地名图
一九五二年
大七里庄
索镇
张店
图
例
比例尺 1：155000

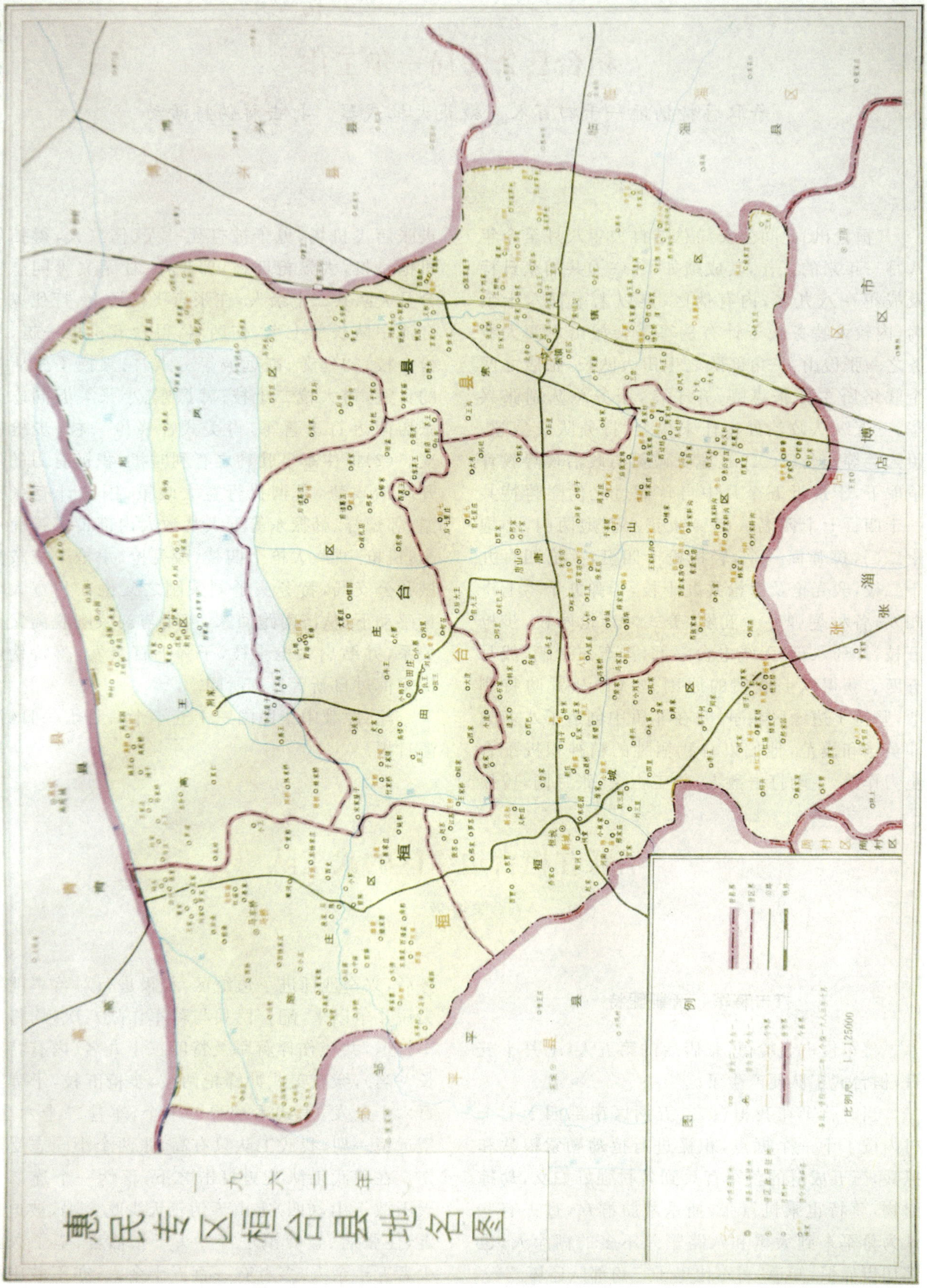

惠民专区桓台县地名图
一九六二年
图例
比例尺 1:125000

桓台县公安局一年工作

争取蒋特伪匪一千四百人　缴获大批武器　打击蒋伪特活动

宋鲁源

〔桓台讯〕此间公安局总结自去年八月至今年八月一年来的工作，其成绩如下：(一)共捕获日特及战犯一八九名，内有伪区、连以上军官六十余名，内较大特务头子计有伪军委会派出之四大特务之一张俊山，三角部队之生田大队长，张店之两个联络所主任张惠卿、齐子良，服务总队副张兴华，三五纵队政治处主任宋锡会、特务队长魏超、伊云兰等八名。(二)在宽大政策与政治攻势教育争取下，于最近五个月中自首悔过之伪匪蒋特共一千四百七十四名。(三)缴获八五炮两门，小炮十二门，掷弹筒一个，轻机枪十四挺，大枪四百九十二枝，驳壳枪及手枪共九十枝，子弹九千零七十四发，各种炮弹一一五发，美式冲锋枪两枝，步枪五枝，炸药八箱，无线电台一部，洋车三十辆，战马五匹。获得以上成绩的原因是：(1)抓紧防特剿匪，坚持了边缘区斗争，并在斗争中创造了八名战斗英雄和模范，他们以自我牺牲的精神积极配合主力作战，主动打击敌人，如王占奎、张月同，曾摸进张店飞机场，鬼子被打死一人、伤二人，得扫射机枪一挺，大盖枪四枝；郭正才、杜绍文等同志集合县大队共二十余人，在张店飞机场上，打死鬼子金池中队长等七名，伤两名，得六五机枪一挺，步枪一枝；初廷芳、高远波等三人，白天摸了张店站的日寇，得大枪二十枝；韩振东、小张等五同志到张店附近打击蒋军，得美式冲锋枪一枝，步枪四支。(2)抓住军事胜利之有利时机，积极有力的展开政治攻势，贯彻执行宽大政策，因此计有张玉温、郭德祥、韩振东等五人从敌人内部带掷弹筒一个，机枪一挺、大枪十四枝、驳壳枪、手枪十三枝投诚我公安局，特务头子刘荣刚之父也在我宽大政策感动下，从济南跑回家，声明与刘荣刚脱离父子关系，并缴出大枪十枝，子弹七百余发，蒋特伪匪回家悔过自新者日有所闻。

注：原载中华民国三十五年十一月十一日《渤海日报》

活跃在桓台边缘区的武工队

宋鲁源

打击蒋军　清剿匪特

蒋军侵占金岭镇、张店后的第五天(七月十五日)桓台武工队便产生了。

当时蒋军在我桓台二、五两区南部四十七个村内按了十一个据点，积极进行抢劫勒索粮款和抓兵，三五成群的蒋军官兵到各村强奸妇女，劫掠财物，蒋特也乘机嚣张，捕杀威胁群众，过去有些认为蒋军来到大概和八路军差不多的糊涂人，也都切齿痛恨，知道“蒋军比鬼子三角部队还坏。”

武工队接受了坚持边缘区保卫群众的光荣任务后，兴奋地插进了边缘区，积极进行对蒋军匪特尖锐斗争以来，配合民兵与蒋军作战八次，均将蒋军打退，共毙伤俘蒋军及特匪三十九名(内有特务长一名)，缴获美式冲锋枪两枝，步枪五枝，子弹三百六十余发，美式手榴弹二十个，军毯二十六套，望远镜一架，我武工队只有高、张两个小同志受轻伤。在我武工队英勇打击之下，蒋伪一个连二十天不敢下山，(四)宝山蒋伪三天少吃无喝，被迫撤走，住张店、金岭镇之特务头子张伯言、毕子久虽少者五十余人，多者有一百五十余人，亦不敢出据点骚扰。蒋八军司令部，亦被迫严令禁止所部“不允许三五人带枪出市”，我们之武工队又经常出现于张店、金岭镇及其他附近和铁路上，被迫资助蒋军的十七个村子也自动停止“办公”，六个伪政权被我们全部摧垮，金岭镇之伪镇长亦早逃之夭夭。

特匪在我内地之北大湖破坏犯扰，武工队即抓紧边缘区斗争之空隙，突然进行三昼夜清剿，打垮了荆林选等三股特匪，俘特务头子伊云兰等三人，得长短枪十二枝，法币九十七万九千元。提高了群众及干部的情绪，促进了土地改革运动的开始，并乘胜开展政治攻势，争取匪特开始回头改过。

高度的胜利信心和艰苦作风

武工队每个同志都深刻体验了美式蒋军不但不可怕，并且有了充分的夺取美式武器武装自己的信心，他们经常兴奋地说：“我们要全部换上美式武器了。”他们为了保卫人民不肯留在解放区的内地过安逸生活，而且时时刻刻在边缘区里坚持着斗争，中秋节时调他们回来过节，他们不高兴，高、张两同志受伤时坚决不下火线，送他们去驻医院时高同志说：我伤轻不离开队，伤口未痊愈即回到边缘区斗争岗位上。他对同志们说：“一住院倒享福，但我总感觉不如在边缘打仗为人民服务痛快。”

他们没有保命思想，他们胜不骄，败不馁，他们昼夜出发工作，甚至一天战斗两次，有些同志鞋子破了赤足爬山，从不叫苦，不埋怨，老是兴奋的为人民工作着、战斗着；在北大湖清剿特务时，拂晓下水搜苇滩，也不感到艰苦；军分区驻首长传令嘉奖后，鼓舞了他们斗争的意志，不骄不傲互相鼓励着。

老百姓的爱戴

“只要我们爱护老百姓，老百姓就一定爱戴我们，”他们每人都懂得这一真理，蒋军向各村要麦子，武工队就保卫老百姓省下麦子，并经常卸铁轨、割电线，过好日子，蒋伪军被打的不敢过山，群众不被害，老百姓从心眼里热爱着他们，常常说：“你们在这里我们沾了很多光。”据点附近的老百姓对我们通知说：“你们常常来，我们就能省下很多东西。”郭家庄子、老官庄等村安慰劳务工队时说：“主力受辛苦该慰劳，你们在此受辛苦俺也愿意慰劳你。”武工队每到一村群众即团团围上来，“看看美式枪！”并且说：“只要你们在我们啥也不怕，”“鬼子八年来撵不出你们去，这些‘顽八蛋’白想那一口！”某庄老百姓指着我们武工队的同志说：“顽八军里就找不出这么一个兵！”

当高班长带两个同志到张店附近某村时，村内驻着蒋军，三三两两的老百姓便给高同志送消息。王队副带一个短枪小组驻某村，顽军亦到了该村驻下，老百姓老的给送信，少的也去告诉我们同志：“不要动，不要紧！”老大娘在门口上看着蒋军的动静，同志们感动地说：“我们和老百姓一条心，老百姓就和我们一条心，坚持蒋战区游击战一定要胜利的。”

注：原载中华民国三十五年十一月五日《渤海日报》

一九五〇年侦察工作综合报告

一、敌情

（一）一年来发现的有番号及无番号之组织阴谋、目的、活动规律、特点、方式、方法等情况。

1. 国军跃进政治部。（专处布置的侦察）

2. 股匪（张传道股、李崇第股、伊茂哲股、张贵良股、李太恒股、田淑侦股，该六股已破获。崔佃武股、国洪位股、张士荣股、薛可春股、桓二区割电线股）十一股。

3. 阴谋—“国军跃进政治部”是以散发谣言、反动标语等破坏。伊茂哲股是准备夺取我干部或战士之枪支后，以备扩大其反动组织武装。割电线主要是切断我干线破坏我交通联络问题。其他大部是以偷盗、敲诈或者抢劫解决其经费与自肥问题。

4. 目的—以偷盗或抢劫、割电线等作为活动资本，来破坏我社会治安与建设，与发动其群众来反对我们，主要是抓住群众落后情绪来破坏我中心及一切工作。

5. 规律—大部是联络伪顽人员，住在伪顽人员或破鞋家，以夜聚明散的方式进行其活动。

6. 特点—多数在区或区、县的结合地带、庄头或者看坟等地方作事，或者在我工作薄弱地区、群众麻痹地区、民兵、自卫团尚未组织起来的地区进行作案活动。

7. 方式、方法—伪装我工作人员、公安武装、民兵、自卫团、行路客商，以看房子、抓差、借火吃烟、烤火等为名，进宅后将人集中或全部绑起。有时打包头、装腔（学外区口音）等抢劫。这些分子多数是在我工矿部门中干工、有时伪装商贩掩护其匪特面目。

（二）侦察案件线索问题：

1. 对崔佃武股匪，现积极追查地址进行侦捕。

2. 薛可春组是曹佃生。

3.“医学社”王洛九（逃跑）。

4.“袁先党”吴东峰（逃跑）。

5. 桓二区王庄一代之割电线案。王世忠、王能仁、郎凤林、魏番。

6. 桓台六区巴王庄抢劫案线索耿向法。

（三）全年发生之重大案及事件—全年发生案件二百二十九起（割电线二十一、抢劫二十六、放火十一、毒杀一、暗杀二、仇杀一、偷抢二、破坏七、奸杀一、偷盗一百五十七）。

二、侦察工作进行情形

（一）在肃匪反奸斗争上进行的工作是：

1. 对侦察员普遍进行了树立长期隐蔽斗争的思想教育。

2. 研究与整理了秘密侦察力量，并有计划的今后发展敌情人员，开辟隐蔽斗争。

3. 分清轻重缓急，掌握重点专案侦察，集中力量突破重点案件。

4. 召开了保卫会议，布置了保卫工作。在各机关及各企业部门中以副支书为保卫委员，在本单位中进行保密教育，建立各种保密制度，纯洁其内部。

5. 有计划的与文教部门研究、审查成分复杂与有政治背景的教员，从中发现问题。

（二）破案收获：

1. 全年破获重大案件六起（即六股），捕获五十一人（内有四人漏网），侦捕星零散匪（包括侦捕之重大刑事犯进网法外的、及偷窃犯在内）六十七人。共计全年侦捕一百一十八人。（包括破获偷盗案三十七、抢劫四、放毒一、奸杀一、仇杀一，捕的人数在内）

2. 缴获—短枪五支（匣枪二、短枪二、地把一）、大枪四支、假手枪（木的）三支，短枪弹四十二发、大枪弹二百二十三发，手榴弹六个，刀子三把，小土枪六支，电线三捆二百余斤，布匹八百余尺，大烟五两，牛驴各一，胶皮车一辆，洋车三辆，小车一辆，黄叶百余斤，被服七十余件，零星物资未计在内。

三、一年来侦察力量建设情形

（一）侦察干部方面——转业来侦察干事一、侦察员五，侦察员逃跑一、洗刷二。增加了股长一、干事二、侦察员二。在侦察干部中一般达到了普遍教育，在工作上初步的向隐蔽方面发展。

（二）全年发展了秘密侦察力量二百九十名。后经整理审查洗刷了一百名（党员乡干部作为情报者七十名，乡村公安员称情报者十一名，民兵五名，农民九名，小商贩三名，区通信员一名，荣军一名），其余一百九十名大部是农民，同此即移交于各分局及各区治安员领导。县局从中研究出保卫员二十六人，……

四、工作上的主要检讨

（一）对敌情人员方面的建立与使用不大胆。

（二）不善于研究分析一些有关政治性的材料。

（三）事务忙乱。有时在运用侦察力量上平均使用，在某一工作上前紧后松，因此致使在侦察工作上分散精力。

五、今后的意见

（一）将侦察工作向着隐蔽的敌人方面开展。把所有现存的案件加以研究分析，分清轻重缓急进行工作。

（二）找出一定可能的机会，召开侦察会议，使侦察干部提高一步。

（三）有计划的在薄弱地区发展培养一定特情人员，破获一定重大案件。

（四）加强材料工作，力求精确，从分析研究材料中发现问题。

（五）依靠上级的具体指导与自己的钻研加强侦察工作。

（六）加强请示报告制度。

桓台县人民政府公安局侦保股

一九五一年一月八日

桓台县人民委员会关于加强消防工作的通知

各乡(镇)人民委员会、县直各行政、经企、事业单位、桓台第一、二中学:

年末,我县的消防工作,由于党政领导重视、在各部门的支持下作了不少的工作。消防组织进一步的充实了力量,各经、企、厂以及农业社的消防组织都有不同程度的加强,有不少单位、农业社建立了专营或兼营消防工作的干部,这些消防力量,经过了不少的教育对这方面的知识都有不同程度的提高,自去冬到今年12月底统计,在农业社及经企仓库建立了消防队44个、组2个,共义务消防队员2018名,建立了不同程度的一些消防工具,这些消防组织更起过不少作用,如我县六、五区,直属镇九个村的农户用火不慎而引起火,但由组织带领群众赶赴火场,将火灾能够及时的加以控制,在灭火战术上效果很大。同时结合当地发生的火灾实例向广大群众进行贯彻"以防为重,以消为辅的"方针,还进行了消防监督工作,对工厂、企业仓库以及农业社的要害部位进行防火检查工作,通过检查发现和堵塞了很多火险,保卫了人民资财不受意外灾害损失。

年末,在消防工作方面虽有不少成绩,但存有一些问题,据我县不完全统计,发生火灾66起,损失物资折款12173元,其中农业社用火不慎27起,损失6402元,群众不慎失火15起,损失1115元,反革命与坏分子纵火8起,损失1477元,儿童玩火10起,损失达2539元,其中群众4起,损失954元,农业社6起损失1595元,经企部门不慎失火4起损失640元。从上述发生火灾情况来看是十分严重的,这笔巨款如用于生产可买大牛120余头,买新式水车可买120余架。因此,必须引起我们的高度警惕和重视。

我县发生火灾的严重,主要是我们对火灾危害性以及消防工作在保卫社会主义建设和人民生命财产安全的认识不足,领导上还存有大意麻痹思想,对广大人民群众深入广泛宣传教育工作不够而造成的。

为了加强消防工作,根据国务院的指示精神和我县的具体情况,在党政统一领导和有关部门的支持下,结合当前社会主义教育运动的高潮,今冬明春在经济、企业、厂以及农业社为重点广泛深入的开展八次群众性的防火宣传运动。通过运动把消防工作纳入各个方面的生产管理计划之内,建立建全防火制度,进一步打下今后经常性的消防工作稳固基础。为此,提出如下几点意见:

一、宣传工作是为了杜绝火灾的发生,必须加强贯彻国务院"以防为主,以消为辅"的方针,结合当地发生的火灾实例进行广泛深入的普遍展开宣传教育工作。如七区华沟村在57年12月30日白天有三四个四、五岁的小孩靠近群众的住宅和供销社的草垛玩火取暖而造成火灾,即达损失折款1200元。再如麦前四区黄郭庄成见分子耿延寿(已捕)将我农业社仓库纵火烧掉,里面正个过麦所需用的东西全部烧毁,计达损失500余元。再如索镇的红星社员徐文彬做饭用火不慎而造成火灾,烧掉南屋三间、东西一部分,损失200余元。当前年关来临,经企、厂物资以及农业社柴草大有集中,与小孩放鞭炮也会造成火灾事故的发生。为了避免火灾的发生还必须利用黑板报、喊话筒、广播、漫画、标语、电影等不同形式的进行宣传。同时结合当地发生的火灾事实要追查责任者,按情节轻重适当处理,如果是查明反革命与坏分子纵火要依法严惩,进行一系列的广泛深入的宣传,达到人人防、处处防,达到逐社逐户安全,使其成为广大群众在日常生活中自觉的行动。

二、检查工作主要是在宣传教育的基础上,经企厂等较大的单位检查之重点是:易燃物品的仓房与爆炸物品和贵重物资存放处,电线破裂现象,炉灶、烟筒设备、消防器材安置适当,对火源地带加以细致的检查。农业社检查重点是:如棉油加工处、牲口棚以及牲口饲料,柴草垛的大小距离适当,大型农具作物与大型装付业经济作物等易燃物品和防火设备等情况。对农户检查是:炉灶、烟道、取暖等火源地带都要进行检查,随检查随指导的妥善办法加以改进。

三、组织工作的建设，各经企厂较大的单位，以及农业社在原有建立起来的基础，为了纯洁其组织必须加强整顿工作，以达巩固。未建立起来的，可根据各单位的大小不同情况可在旧历年前全部建立起来。消防队员的条件：政治可靠的、热爱此项工作的、身体强壮的青年来组成，可以治保组织为骨干力量。300户以上的农业社可设立义务消防队员50～60人组成一个大队，下设分队或组班，300户以下的20～30人组成队或组。经、企、厂等大单位根据情况酌情建立。其组织健全后要经常的向广大职工进行监督防火检查预防教育工作，并制定防火公约。适当的建立不同的防火工具，一旦发生火灾，要按其组织日常所分的工带动群众赶赴火场进行扑灭，特别注意的火灾扑灭后可保护好现场，立即报公安机关人员进行现场勘查、作出结论，便利侦破。另外在扑灭火灾的同时，要注意现场的可疑人物。火灾扑灭结束后，要总结扑救中的经验教训汇报公安机关推广全员，以达此项工作随着社会主义建设而迅速的加强。

为保障国家的财产与人民生命财产不受意外的损失，今后对消防工作的领导问题、各经、企、厂以及农业社，必须有专营或兼营、有领导负责包干把握这一工作，县公安局有领导的具体指导，来认真的执行国务院与上级部门对加强消防工作的指示，和我县的具体情况。由于年关来临，经、企、厂以及农业社物资堆放大有集中，到处有着火灾的威胁，因此提出以上意见，望各单位认真贯彻执行，并于58年2月10号前写出全面总结回报县公安局，以达便利指示，以达消防工作的进行、加强和提高。

1958年1月25日

关于加强社、队企业登记管理和刻铸公章、制做招牌的通知

各公社革委、各公社工商所：

近查有些队办企业的招牌、公章与登记核准的企业名称不符，不标明经济性质，不挂营业证照，混淆国营企业和队办企业的界限，有的甚至冒充国营企业招揽非本单位经营项目，有的携带大宗空白公章信笺外出，随便使用，有的采购员盲目进城携带巨额现金，或信汇自带，异地提取现金，被骗被盗，使集体经济遭受严重损失。据此，为了加强企业登记管理，对于社、队企业刻铸公章和使用管理，招牌制做等事项特作通知如下：

一、企业刻铸公章应持营业证照，由公社革委介绍，经县公安局验证批准，方可刻铸。经营印章刻铸的单位，应根据县公安局批准的印模式样刻铸，否则不予刻铸。

二、企业经过登记核准颁发营业证照后，始可对外经营，制作招牌必须与营业证照和公章的名称完全一致。营业证应悬挂于营业室（办公室）的正面醒目处。

三、各公社公安员和工商所对队办企业及已刻铸的企业公章和招牌是否已核准登记。其公章、招牌是否符合规定，要进行一次查核，凡不符合规定者，即行销毁。对未办登记的企业，进行查核处理。

四、对省革委（1972）鲁革发198号文件的贯彻执行情况进行一次检查，坚决制止社、队企业采购人员盲目进城，不准计划外乱采购和携带现金采购物品。

企业的公章应由政治上可靠的人员专人保管，严格管理，不准携带加盖公章的空白信笺外出。

以上希贯彻执行。

桓台县公安局

桓台县革命委员会工商行政管理局

一九七三年八月十七日

关于开展“文明管理、优质服务”活动的实施方案

为弘扬“忠诚、勤政、高效、开拓”的淄博公安精神，强化公安机关的服务功能，进一步转变工作作风，提高服务质量，密切警民关系，树立良好形象，全力为桓台的经济发展提供优质服务，经局党委研究，在全县公安机关广泛开展“文明管理、优质服务”活动。为使活动开展地扎扎实实，卓有成效，特制定实施方案。

一、目的意义

开展“文明管理、优质服务”活动的目的在于强化广大干警的服务意识和全局观念，使广大干警牢记全心全意为人民服务的宗旨，进一步转变工作作风，改进工作方式，不断提高执法水平和服务质量，真正树立起廉洁勤政、无私奉献的公仆形象。要充分认识到，开展“文明管理、优质服务”活动，是经济发展的需要，是深化公安改革的需要，是加强公安工作和公安队伍建设的需要，是密切警民关系，树立人民警察良好形象的需要。

二、具体措施

(一)全体干警

1.语言要文明。在与群众接触时，必须使用规范化文明用语，并提倡使用普通话。

2.办事要文明。群众上门办事，要热情接待，端水让座，认真办理。

3.直接与群众打交道，服务性较强的警种和单位，可实行弹性工作制，为基层和群众提供优质服务。

4.进一步简化办事程序，能一次办完的决不让群众跑第二趟。单位和群众上门办事，要坚持高效率、快节奏，大事小事认真办，一切事情依法办，能办的事情马上办。

5.对单位和群众急需或特殊要办的事情，要急事急办，特事特办，有的可电话预约，上门服务。

6.继续推行“两公开、一监督”制度，凡是能公开的办事程序和办理结果，都要向群众公开。

7.“窗口”单位要进一步建立健全各项办事制度，明确办事程序和办理时限，公开办公电话和民警姓名、编号，为群众提供服务和接受监督。

8.坚决杜绝“三乱”现象。不准随意向企业要钱物；不准巧立名目乱收费；不准超标准收费。干警公务来往一律在干警食堂就餐。不准利用公款大吃大喝，不准到单位吃卡拿要。

9.建立案件通报制度，及时通报群众关心的“热点”案件查处情况。

10.各派出所门前要设立明显标志，在辖区居民区、单位办公楼公用电话亭及其他公共场所选设报警提示牌。

11.继续从社会各界聘请执法执纪监督员，设立监督电话，接受社会监督，确保依法行政。

(二)刑事侦察

12.实行昼夜24小时值班备勤，随时处置各类刑事案件。

13.及时侦破诈骗案件，为企业挽回经济损失。对报复企业领导人和农村基层干部的案件，要快侦快攻；对发生的危害大，影响大的严重暴力犯罪，要严厉打击。

14.对涉车犯罪、车匪路霸和扒窃犯罪等群众关心的社会治安“热点”，要因地制宜，专项打击，增强群众安全感。

15.严格依法办案，不准刑讯逼供；不准徇私枉法，不办人情案；不准以罚代刑，降格处理案件。

(三)治安管理工作

16.对治安案件要快查快结，及时向当事人和群众通报处理结果。

17.规范办案程序，实行期限办案制度。

18.对申请开业的公共场所和特种行业，经审查符合条件的，要立即办理证件。对群众上门办理刻公章，爆炸物品购运证等有关手续，随到随办。

19.对枪支弹药、管制刀具、爆炸危险物严管严查，对散失在社会上的集中清理收缴，进一步消除社会隐患。

20.对治保会和治安联防队要加强业务培训，实行规范化管理，服务群众，维护治安。

（四）户政管理

21.在全县14处派出所开展争创“文明户籍室”活动，规范户籍管理业务，提高服务质量。

22.凡申办临时居民身份证的，只要理由正当，手续齐全，做到随到随办。

23.实行双休日为群众办理户口制度。

24.从市外引进的人才，需要迁移户口的，只要县人才交流中心同意引进，随到随办准迁和落户手续。

25.简化边境通行证办理手续，对前往边境管理地区的人员，经本单位同意，户口所在地派出所审查同意，可随时到县局办理。

（五）巡警

26.执勤要文明。执行勤务干警要着装整齐，警容严整。在纠正违章时，要态度和蔼，说话和气，先敬礼，后处理。

27.所有巡逻车辆实行招手报警，所有干警无论上下班，都要积极主动接受群众报警求助，多为群众办好事，办实事。

（六）经文保工作

28.加强对机关、企事业单位和学校特别是困难企业的安全保卫工作，落实安全保卫责任制，搞好内部安全保卫工作。

29.对发生在内部单位的案件要快侦快破快处理。

30.对内部单位的保卫干部和保卫组织要加强管理，落实群防群治措施，提高单位自防能力。

31.与各派出所配合，整顿企业周边地区社会治安秩序，严厉打击各种违法犯罪，解决工农纠纷，为企业创造良好的社会治安环境。

（七）出入境管理

32.要依法保护外商合法权益，为三资企业发展创造良好的治安秩序，对来我县投资的外商，积极协助办理和补办各种签证。

33.对回国探亲的华侨和港、澳、台同胞，要热情接待及时拜访，并主动为其办理临时户口登记。对出国探亲、旅游者，热情接待，积极协助办理各种签证。

（八）消防监督工作

34.严格执行消防法规，深入开展监督检查，及时消除火险隐患。广泛开展消防宣传，普及消防安全知识，增强全民消防意识。

35.主动帮助单位成立群众性义务消防队伍；指导经济发达的乡镇建立民办消防队；督促防火重点单位建立专职消防队。并加强业务指导和岗位培训，提高其自防自救能力。

36.简化建筑防火审核手续，缩短批复时间，缩短《消防设施安装许可证》的办理时间。危险物品准运证，随到随办。

三、组织领导

为切实搞好“文明管理、优质服务”活动，县局成立由局长曹永振任组长，政治委员徐洪本、副政治委员岳端玉、党委委员、政工科长伊茂盛任副组长，孙仕秀、成军、郭法玉、孟秀玲、吴英亮、刘丙炎、巩向尧、胡安富为成员的领导小组。领导小组下设办公室，办公室设在政工科，由岳端玉同志兼任办公室主任。从政工科、指挥中心抽调3名同志专门负责情况搜集上报工作。各科所队要有1名同志负责情况搜集，好经验好做法每周一前报政工科。

四、监督检查

各警种、各单位要将新年春节期间的爱民月活动与文明管理、优质服务结合起来，要将学济南交警与文明管理、优质服务结合起来，不要摆花架子。要将标语口号上墙，文明用语和服务忌语上墙。县局领导将采取多种形式检查各单位的活动开展情况。一是抽查；二是召开执法执纪监督员座谈会了解情况；三是采取问卷的形式向广大群众了解情况；四是干警之间互相监督。发现服务态度不好的，要批评教育；服务态度恶劣造成不良影响的，要通报批评或进行纪律处分。

五、总结评比

为促进整个活动的健康发展，每季度进行一次总结评比。评比内容参照具体措施中的规定落实情况和检查情况，对好的单位和个人予以表彰奖励。

桓台县公安局

一九九五年十月十三日

中共桓台县委
关于进一步加强和改进公安工作的实施意见

（2006 年 4 月 11 日）

为认真贯彻落实《中共淄博市委关于进一步加强和改进公安工作的意见》，现结合全县公安工作实际，就进一步加强和改进全县公安工作，特制定如下实施意见。

一、充分认识新形势下进一步加强和改进公安工作的极端重要性

公安机关是人民民主专政的重要工具，是武装性质的国家治安行政力量和刑事司法力量，肩负着打击敌人、保护人民、惩治犯罪、服务群众、维护国家安全和社会稳定的重要使命。新世纪新阶段，公安机关担负着巩固共产党执政地位、维护国家长治久安、保护人民安居乐业的重大政治和社会责任。近年来，全县公安机关和广大公安民警以邓小平理论和“三个代表”重要思想为指导，以服务经济建设为中心，以科学发展观统领公安工作全局，充分发挥职能作用，有力地维护了全县社会稳定，为促进全县改革开放和经济社会发展做出了重要贡献。实践证明，公安工作是巩固国家政权的重要工作，只能加强，不能削弱；全县公安队伍是一支政治坚定、忠于职守、勇于奉献、有坚强战斗力的队伍，必须给予更大的关心和爱护。

当前，全县经济处于历史最好发展时期，社会安定，但影响稳定的因素仍然不少，有些方面的问题还比较突出。我国正处于人民内部矛盾凸显期、刑事犯罪高发期、对敌斗争复杂期，公安机关肩负的任务日益艰巨繁重。要牢固树立科学发展观和正确政绩观，从改革发展稳定的全局和政权建设的高度，充分认识加强公安工作的极端重要性，高度重视、充分发挥公安机关人民民主专政工具和维护稳定专门力量的重要作用，进一步加强和改进公安工作，为加快建设绿色、开放、现代化的新桓台而努力奋斗。

二、全力做好维护稳定工作

维护稳定是党委、政府的重要职责。各级各部门要居安思危，增强忧患意识和政权意识，深刻认识新形势下对敌斗争的极端复杂性、维护社会稳定的极端艰巨性和巩固党的执政地位的极端重要性，组织和动员社会各方面的力量，综合运用各种手段，全力做好维护社会稳定工作。

维护国家安全和社会稳定，是公安机关在新世纪新阶段的总任务。公安机关要高度警惕境内外敌对势力的动向，增强预见性、敏感性，提高发现、控制和处理能力，牢牢把握工作主动权。要保持主动进攻态势，严密防范和严厉打击“法轮功”等邪教组织的破坏活动。绝不允许危害国家安全和社会稳定的人员形成组织，绝不允许危害国家安全和社会稳定的活动形成气候。要认真研究把握对敌斗争的规律特点，善于运用法律武器，讲究政策策略，提高斗争艺术。

要高度重视和认真做好群体性事件的预防和处置工作，把预防化解社会矛盾作为维护稳定的重要任务来抓。要进一步建立健全矛盾纠纷排查调处工作机制，在党委、政府的统一领导下，最大限度地把矛盾纠纷化解在基层、解决在萌芽状态，努力从源头上缓解社会冲突，减少社会对抗，预防和减少群体性事件的发生。处置群体性事件，要坚持依法办事，坚持按政策办事，坚决维护群众的合法权益，坚决维护社会稳定。要正确区分两类不同性质的矛盾，对参与群体性事件的大多数群众，立足于教育疏导，坚持“慎用警力、慎用警械、慎用强制措施”的原则，避免因处置不当而激化矛盾。对策划、组织、指挥闹事的违法犯罪分子，对借机打砸抢烧的犯罪分子，要选择适当时机，依法严厉打击。全县公安机关要在县委、县政府的领导下，在有关部门的配合下，努力建立起一套统一指挥、反应灵敏、协调有序、运转高效的预警和应急机制，不断提高预警处置和应对能力。对群体性事件要切实做到发现得早、化解得了、控制得住、处置得好。

三、全面推进“平安桓台”建设

全县各级各部门、各单位要认真贯彻县委、县政府关于建设“平安桓台”的决定，坚持“打防结合、预防为主”的方针，齐抓共管，建立健全社会治安决策目标、执行责任、考核监督体系，加快“平安桓台”建设。公安机关作为建设“平安桓台”的生力军，要充分发挥职能作用，积极投入，大力推进“平安桓台”建设。

始终保持对刑事犯罪活动的高压态势，提高打击的针对性、主动性和实效性，确保全县社会治安大局的持续稳定。要以严重暴力犯罪、流窜犯罪、有组织犯罪和严重影响群众安全感的入室盗窃、抢劫抢夺等多发性犯罪为重点，坚持露头就打，决不能使其形成气候。要深入开展创建“无黑恶势力县”活动，确保我县无黑恶势力犯罪。要积极探索深化严打斗争的有效形式，把集中统一行动与日常打击、防范犯罪有机结合起来，在日常工作中充分体现“严打”精神，增强打击力度，提高打击效能。

深入开展整顿和规范市场经济秩序工作，严厉打击经济犯罪活动，维护良好有序的市场经济秩序。有关部门要密切合作，建立健全防范和打击经济犯罪的预警机制、综合防控机制和办案协作机制，提高防范和打击经济犯罪的整体水平。通过有效打击经济犯罪，积极推进社会信用体系的建立，打造“诚信桓台”。

落实社会治安综合治理，维护良好的社会治安秩序。县委政法委要继续加大组织领导和协调力度，推动社会治安综合治理措施落实。要坚持重心下移、责任下移，抓基层、抓基础、抓队伍，夯实治安工作的根基，要按照人防抓落实、物防抓巩固、技防抓提高的要求，大力加强治安防控体系建设，形成打防管控配套联动，人技物防三位一体，全方位、立体化的治安防控格局，切实提高对社会治安的整体驾驭控制能力。要依法严格治安管理，及时消除和减少治安隐患。加强安全管理和监督，坚决遏制重特大火灾、爆炸等恶性事故的发生。要加强对治安乱点和突出治安问题的整治，保持良好社会治安秩序。

公安基层工作是整个公安工作的根基。全县公安机关要牢固树立固本强基、面向基层的思想，从政策、体制、机制、待遇、经费、装备等方面，推进警力下沉，工作重心下移。要进一步精简机构，减少层次，科学配置警力，使警力向一线实战单位倾斜。要切实做到警力下沉、保障有力、班子加强、素质提高、管理规范，全面提升公安工作和公安队伍建设的水平。要积极实施社区警务战略，建立起与新型社区管理机制相适应的社区警务机制。

四、牢固树立执法为民思想

公安机关的基本工作是执法工作，人民警察的基本行为是执法行为。公安机关贯彻“三个代表”重要思想，就是要坚持立警为公、执法为民。广大民警要进一步端正执法思想，转变执法观念，打牢执法为民的思想基础。牢固树立严格依法履行职责的观念、法律面前人人平等的观念、尊重和保障人权的观念，强化证据意识、程序意识、权限意识和自觉接受监督的意识，严格依法行使权力、履行职责。要注重把执法的社会效益和经济效益结合起来，把有情办案、无情执法贯穿于执法的全过程。

严格、公正、文明执法是公安工作的总要求。要坚持对法律负责与对党负责、对人民负责、对自己负责的一致性，规范执法行为，提高执法质量，全面履行公安机关的法定职责，确保法律的严格实施。要从人民群众反映突出的问题改起，坚决杜绝发生伤害群众感情、漠视群众疾苦、侵害群众利益的行为。要从最基本的环节、最细微的地方做起，切实做到在所有的公安工作和执法行为上充分体现公平和正义。

人民警察来自人民。对人民群众怀有深厚感情是做好一切公安工作的基础。要从增进同人民群众的感情入手，深入开展宗旨意识和群众观念的教育，真正把人民群众的呼声作为第一信号，把人民群众的需要作为第一选择，把人民群众的利益作为第一考虑，把人民群众的满意作为第一标准，积极适应经济社会发展要求，增强为经济建设服务的主动性、自觉性。要从人民群众最关心、最急需的事情着手，抓好各项便民利民、服务发展措施的落实。要进一步改进公安行政管理工作，全面实施“提速”工程，提高服务群众、服务发展的整体水平。

实行专门工作与群众路线相结合，是我国公

安工作的特色和优势。要积极适应建立完善社会主义市场经济的新形势，不断探索专门工作与群众路线相结合的新路子，积极推广各种有效形式，进一步完善群防群治工作机制，打牢公安工作的群众基础。要大力加强法制宣传教育，引导群众自觉维护正常的社会秩序，勇于同违法犯罪行为作斗争，积极支持公安机关的工作。

五、努力建设高素质的公安队伍

在全部公安工作中，队伍建设是根本和保证。要按照建设过硬班子、纯洁公安队伍、树立良好警风、提高执法水平的基本思路，坚持从严治警，抓好公安队伍的正规化建设。要根据公安机关的性质、任务和工作特点，依据人民警察法等法律法规，在公安机关组织机构、勤务机制、管理方式、教育训练、监督制约、警务保障等方面实现标准化、程序化、法制化和科学化，使公安机关指挥畅通、内务规范、工作高效、保障有力。

要大力加强思想政治建设，用邓小平理论和“三个代表”重要思想武装民警的头脑，以科学发展观统领公安工作和队伍建设，确保公安队伍始终保持忠于党、忠于祖国、忠于人民、忠于法律的政治本色。努力提高公安机关维护国家安全和社会稳定的能力、驾驭社会治安局势的能力、处置群体性事件的能力、服务经济社会发展的能力，切实提高队伍的执法水平和正规化建设水平。

按照政治坚定、开拓创新、团结协调、廉洁勤政和想干事、能干事、干成事的要求，加强公安机关领导班子建设，选好配强公安机关的科所队长。按照建立公开、平等、竞争、择优的用人机制的要求，深化公安机关人事制度改革，适当增加公安机关主任科员、副主任科员等非领导职务的配备职数。进一步推进和规范公安机关干部交流工作。

严格内部管理，加强养成教育。以《公安机关内务条令》和公安部“五条禁令”为准则，按照“人要精神，物要整洁，说话要和气，办事要公道”的要求，规范警容风纪和民警的执法行为，树立公安队伍良好的职业风范。建立健全监督制约机制，严肃查处违法违纪案件，全面推进党风廉政建设。加强公安宣传工作，大力宣传表彰先进典型。坚持正面宣传，主动引导社会舆论，维护公安机关的良好形象。

根据市委文件要求，县公安局局长、政治委员级别明确为副县级，县公安局领导班子副职明确为正科级实职。整合县局内设机构，成立指挥中心、政治处、警务监督科、法制科、警务保障科5个科(处)，建制级别均为正科级。县局设国内安全保卫大队、经济犯罪侦查大队、治安警察大队、刑事侦查大队、巡逻特警大队、城市管理警察大队、看守所、刑事科学技术大队8个直属机构，建制级别均为正科级。根据全县公安基层中队工作任务重、条件艰苦、职级低的实际，将8个直属机构的基层中队(室、所)建制规格调整为副科级。整合全县派出所，鉴于城区和索镇人口多、治安形势复杂，为加强治安管理，恢复城区派出所职能，将城区派出所更名为少海派出所。把索镇、少海(原城区)、果里、唐山、马桥、田庄、起凤、新城、荆家、邢家、周家、陈庄等12个派出所建制级别调整为正科级；将水库派出所建制级别调整为副科级。撤销博汇、森源、水利3个专业派出所。县公安局内设机构、派出机构和直属机构的干部配备，由县公安局党委进行严格考核，提出使用意见，呈报县委严格按照干部管理权限和组织程序任免。

六、进一步加强党对公安工作的领导

公安工作必须置于党的绝对领导之下，在新的历史时期，要牢固确立“三个代表”重要思想在公安工作中的指导地位，用“三个代表”重要思想统领公安工作，指导公安队伍建设，确保党对公安工作的方针政策得到全面贯彻落实。从县委、县政府到各镇党委、政府要经常听取公安工作的汇报，帮助解决工作中存在的困难和问题，支持公安机关严格依法履行职责。

落实全县公安机关公用经费保障机制。按照省财政厅、公安厅《关于建立县级公安机关公用经费保障机制的意见》，将县公安局的经费保障纳入二类标准予以财政预算。在2006年前落实好省核保障标准，并随着全县经济的发展和财力的增加，以及公安工作的实际需要，逐步提高保障水平。公安派出所的经费，列入县财政预算，镇财政同时也给予一定保障。全县公安机关的交通、侦查、防暴等各类装备按照标准逐步配备到位。将看守所进行搬迁；看守所、派出所、刑警责任区中队基础设施建设列入全县经济社会发展规划，所需支出要根据财力情况，统筹安排，尽力予以保障。

认真落实从优待警措施。建立公安民警年体检制度和公安民警因公伤亡保险制度，落实民警因公负伤快速救治制度，所需经费列入全县财政预算。落实民警的各项工资津贴补贴待遇，按照公安机关标准，足额保障民警工资。

努力解决警力不足的问题。从2006年起，每年为全县公安机关增加30名民警，列入地方公安编制。巩固完善对城区的治安巡逻，在原有20名专职巡逻队员基础上再从社会上招录40名巡逻队员，使总人数达到60人，加强城区治安巡逻防范。

大力实施科技强警战略。要关心、支持公安科技工作，切实加大资金投入，为实施科技强警战略提供有力保障。公安机关要坚持统一领导、统一规划，以需求为导向，以应用为核心，加快“金盾工程”建设的步伐，带动和促进公安工作的现代化、正规化建设。

桓台县公安局扁平式指挥体系建设意见（试行）

为健全社会治安防控体系，扎实推进治安安民工程，进一步提高联动水平和应急处置能力，有效维护社会稳定，根据我县治安状况和公安工作实际，县局决定抓紧抓好110扁平式指挥体系建设，具体实施意见如下：

一、指挥平台建设

（一）队伍平台建设。建设扁平式指挥体系的基础是搭建好指挥中心的指挥平台。指挥中心设立指挥长岗位，实行指挥长岗位负责制。选拔政治坚定、业务能力强、善于组织协调的同志担任指挥长职务，适当提高指挥长行政职务级别。在目前警力比较紧张的情况下，设立常班指挥长一名，负责日常对参加扁平式指挥联动勤务的人员到位情况进行调度、点名和紧急警情指挥，或者协助领导或根据领导授权调度处置重大紧急警情，同时承担机要等其他重要工作任务。日常8小时之外的指挥长由县局确定的其他符合条件的民警轮流担任。

（二）业务平台建设。在指挥中心指挥调度室，应将GIS电子地图投入使用，通过GPS定位，科学调度有关人员、车辆从事出警、巡逻、堵截、设卡等任务。在重点部位的监控和现代化的指挥大厅到位后，由文职人员实行24小时监控，体现出警的及时性和主动性。

（三）制度平台建设。根据扁平式指挥的要求，建立健全出警（巡逻）人员职责、出警（巡逻）工作制度、指挥调度人员职责、指挥调度工作制度、点名制度、信息研判制度、责任追究制度等相关的规章制度和工作台账。

二、勤务平台建设

（一）勤务范围。根据当前辖区治安实际和人员配置状况，率先在城区试点，随后向城区周边及全县其他镇推行。

（二）勤务装备。实行一级接警、一级处警，有警处警、无警巡逻的工作制度，在城区，每天少海派出所、索镇派出所、巡特警大队各安排警车1辆，每车警力不少于3人，须民警带队，警容严整，佩戴单警装备，携带录音、录像、工具包等收集证据所需物品，防暴枪、警棍、警绳等武器警械，交通标志牌、救生器械和灭火设备等工具，安装GPS卫星定位终端，携带350兆无线对讲。另外，巡特警大队固定2辆摩托车各2名保安队员携带350兆无线对讲，在中心大街和张北路城区路段巡逻接应，以上无线对讲机，由指挥中心统一编号。果里、唐山、邢家等郊区派出所以及新城派出所也要参照上述标准要求明确固定一辆出警巡逻车，随时接受指挥中心下达的设卡堵截等指令。

（三）巡区划分。参加扁平式指挥勤务的人员车辆巡区范围为：在城区，索镇派出所人员车辆负责张北路以东城区范围，巡特警大队人员车辆负责张北路以西、中心大街以北城区范围，少海派出所负责张北路以西、中心大街以南城区范围，巡特警大队2辆摩托车分别负责城区张北路和索镇大街。巡逻重点按照城区联合防控要求，进行研判和确定。农村派出所一般以辖区为界划分巡区，同时兼顾就近处警原则。

本规定巡区划分仅适用于扁平式指挥勤务。

（四）排班点名。各单位自行对参加勤务的人员排班派警，实行24小时勤务。指挥中心负责每天三次点名，由带队人员负责答道呼应。点名不到的，参加执勤车辆未经请示自行回所、脱离巡区的，按照脱岗处理。

（五）出警分工。发生一般110警情，按照属地管辖原则，由指挥调度人员直接呼叫派出所参加勤务人员处置；属于派出所110值班室接警的，参加勤务人员接到本所指令后，在赶往现场的同时，报告指挥中心；以上警情处置完毕后回所反馈或按辖区业务管辖交接后，继续参加勤务。属于正在发生的“两抢”及其他现行暴力案件，需要所有执勤人员集体参战的，按照就近处警原则，首先由指挥调度人员根据警情，通知最近执勤人员前去处置，同时调集其他执勤人员、车辆，分别参加协助处置、分工堵截等任务；属于派出所110值班室直接接警的，派出所在先期处置的同时，可以先向指挥中心报告，由指挥中心统一处置。必要时，根据业务管辖原则，指挥中心调集其他警力最快赶往处置。

（六）设卡堵截。参加勤务人员在巡逻过程中，根据需要可在巡区堵截点、重要路口或案件高发区域停歇。出现紧急警情有设卡堵截必要时，指挥中心除调集参加勤务人员参与外，根据警情需要，调集有关所队参战，有关所队应安排本单位备勤人员（或其他民警）第一时间出警。指挥调度人员和参战人员应通过无线对讲时刻保持联系，所有参战人员要把现场状况、嫌疑人员车辆特征、警情变化情况及时报告指挥中心，由指挥中心及时调整设卡堵截地点和路线，及时通报参战人员。

三、组织平台建设

（一）加强工作领导。为加强对扁平式指挥工作的领导，县局成立由政治委员罗光友任组长，副政治委员荆树明、副局长姜恒泉，党委委员、指挥中心主任张林平，党委委员、少海派出所所长周焕诚任副组长，指挥中心分管主任、监督室主任、各派出所所长、刑侦、治安、巡特警大队大队长为成员的领导小组。领导小组设办公室，由姜恒泉同志兼任办公室主任，办公室成员从指挥中心、监督室、警务保障室及有关所队抽调分管负责同志组成。领导小组和办公室负责对扁平式指挥进行协调指导，及时总结运行情况，在全县范围内逐步推行扁平式指挥体系。

（二）加强督导督察。领导小组成员要不定时对扁平式指挥工作进行检查指导，并深入一线进行现场督导，及时协助解决工作中的困难和问题。办公室组成人员要经常性的到一线掌握了解人员到位情况、指令落实情况、联动处置情况，并提出相关合理化建议。监督室要把扁平式指挥和联动情况列入督察内容，及时发现和纠正工作中的问题和偏差。

（三）加强信息研判。扁平式指挥和联动信息研判工作要与全县或部分地区的发案信息研判工作有机结合，每周一次总结研判，深刻分析工作中遇到的体制性、机制性等困难和问题，提出合理化建议，及时提请领导小组对工作方案进行调整加强，确保扁平式指挥出实效。

（四）及时总结表彰。要及时总结扁平式指挥和联动工作成果，进一步完善工作制度和运行模式。对工作中涌现出的典型事例和先进个人，要认真总结，及时进行表彰奖励。

本意见自2008年12月15日起试行。

桓台县公安局保障项目建设突破年活动服务经济社会发展实施意见

为深入贯彻2月18日县委常委扩大会议和4月1日全局民警会议精神，进一步提升公安机关服务经济社会发展效能，全力保障“项目建设突破年”各项工作深入推进，经县局研究决定，特制定如下二十条意见：

一、进一步完善治安防控体系建设，为项目建设打造平安稳定环境

1. 积极参与、推动重大项目稳定风险评估。制定出台《桓台县公安局重大事项社会稳定风险评估实施意见》，对与群众利益密切相关的重大警务活动、重大决策部署，先期进行风险评估，防范、化解和降低社会风险。积极参与涉及全县经济社会发展的重大决策、重大项目、重大活动的社会稳定风险评估，研究提出化解矛盾、消除隐患、降低风险的预案和对策，为党委、政府科学决策提供参考依据。

2. 突出抓好应急处突机制建设。有针对性地完善各项应急工作预案，县局成立100人的重大项目安全保卫应急机动队。治安大队牵头成立专门工作组（名单见附件1），保证哪里有问题就第一时间赶到哪里解决。各派出所也要成立由一名副职带队的处突工作小组，随时应对解决影响正常施工的治安问题，对可能引发规模性冲突的，各派出所所长牵头负责调处化解，积极预防群体性案事件发生。

3. 加强项目驻地周边治安整治。根据项目进展情况、不同时期治安状况及施工单位请求，巡特警大队及各派出所建立常态性治安巡防工作机制，有效震慑各类违法行为。必要时，县局组织警力集中开展重大项目周边治安整治行动。

4. 每月召开一次专项研判会议。在广泛征求重大项目建设单位对治安工作的意见、建议的基础上，通报、分析与重大项目有关的违法犯罪动态及特点，梳理发现治安管理工作以及警企协调配合工作中存在的不衔接问题及建设单位经营管理中存在的治安安全漏洞，协助企业强化人防、物防、技防措施，强化职工法制教育，指导做好安全防范工作。

5. 强化日常安全监管。对涉危涉爆、学校、医院等重点单位，组织开展拉网式安全大检查，压实安全管理责任，严防案件、事故发生．切实加大对青少年等重点人群的保护力度，坚决防止发生恶性案件。切实加强治安、消防安全监管，及时消除安全隐患，严防重大安全事故发生。

二、进一步强化打击违法犯罪职能，为项目建设清除治安安全障碍

6. 开通重点项目报案“绿色通道”。对破坏经济发展环境类案件，县局主要负责人亲自过问，依法保护企业合法权益。向重点项目建设单位公布刑侦、经侦、治安部门及辖区派出所报警服务电话及项目联络人，发生涉及重点项目建设的案件，有关警种单位要迅速反应，在第一时间内赶赴案发现场，优先办理，快侦快结，坚决依法查处，把给项目建设带来的损失降到最低。

7. 深入开展打霸治痞行动。严厉打击各类危害项目建设的霸痞犯罪，对沙霸、石霸、运霸、地霸、路霸等垄断行业经营、干扰正常经济秩序的黑恶势力坚持露头就打，打早打小，注重深挖细查，坚决打掉保护伞，切断利益链，根除黑恶犯罪的生存空间和滋生土壤。

8. 严厉打击涉企犯罪。对破坏“三电”设施、敲诈勒索和盗抢企业财物、侵害企业法人代表及职工人身安全、破坏企业生产设备、故意扰乱企业生产秩序、聚众打砸企业生产设施、诈骗企业财物等犯罪，受案单位负责同志亲自到场、亲自督办，及时查处，限期破案。

9. 严厉打击各类经济犯罪。把非法集资、非法吸收公众存款等涉众型经济犯罪作为打击经济犯罪的重中之重，坚持破案与维稳并重，在强化案件侦办，尽可能挽回企业、群众经济损失的同时，加强不安定因素排查和重点人稳控，防止发生群体性事件．巩固、完善经侦部门与16个行政执法部门联动执法机制，不断提升打击经济犯罪的能力和水平。组织开展打击侵犯知识产权和制售伪劣商品犯罪专项行动，依法保护知识产权和企业品牌，维护市场经济秩序。

10. 深化生态安全联动执法机制建设。紧紧围绕生态文明建设，进一步完善公安与环保、城管、国土、水利、食药监等部门联动执法机制，并逐步扩大联动执法的部门和范围，加强信息沟通和执法协作，严厉打击环境污染、危害食品卫生安全、破坏生态资源等违法犯罪活动，形成常态长效的联动执法机制．组织开展打击环境污染违法犯罪专项行动，以查处非法排放有毒有害物或危险废物，非法制造买卖储存运输使用毒害性、放射性、腐蚀性物质为重点，集中查处一批大要案件，确保取得最佳的社会效果和法律效果。

11. 严厉打击食品药品犯罪。深化“打四黑除四害”“打击食品犯罪保卫餐桌安全”等专项行动，坚持主动出击，集中突破一批群众反映强烈、社会影响恶劣的案件，坚决取缔一批“黑工厂”“黑作坊”“黑窝点”“黑市场”，坚决铲除食品、药品犯罪滋生土壤，营造良好的食品药品安全生产环境。

三、进一步改进服务方式，为项目建设提供零距离服务

12. 建立重大项目民警挂靠制度。列入全市重点的项目，建立跟踪服务队，由局领导和业务大队挂包（挂包情况见附件2），其他项目至少有1名民警挂靠，落实安全保障服务措施和工作责任，倾力为重大项目建设保驾护航。

13. 大力推动警务工作前移。在深入推进“警务六进社区”工作过程中，延伸开展“警务六进企业”工作，整合打造“警务双进”工作品牌。积极整合大型企业安保资源，推动建成企业安保中心，协调容纳相关部门工作职能，既安全监管企业，又高效服务企业。选派重点企业治安向导员，主动为企业提供贴近式服务，及时排查化解矛盾纠纷，强化治安、消防安全监督管理，加强周边治安秩序整治，实现就近接受报案、就近开展侦查、就近宣传教育，零距离服务重大项目建设。

14. 全面推行警务公开。对包括涉及重大项目建设方面的相关服务事项和内容全部公开，对办理时限、流程、规定等全部上墙、上公开栏予以公布，向社会公开案件管理、追诉标准、办案规程、当事人权利义务等工作内容，公开举报投诉方式，主动接受社会各界对公安执法工作的监督。

15. 加快户籍管理制度改革。在深入调研的基础上，主动与有关部门对接，以制定优秀农民工落户城镇政策为突破口，有序放开落户限制，打造新型户籍管理模式，为全县推进城镇化建设创造条件。以马桥镇作为试点，探讨出台一批具有突破性的政策和措施，积累经验，闯出路子，推动面上工作开展，力争走在全市乃至全省前列。

16. 对需公安机关审批的项目实行特事特办，优先办理。推行即到即办和告知服务，到公安机关办理申请、审批等事项，手续齐全合法的，一次性办好，手续不全的，一次性告知。户口迁入由15个工作日缩短为10个工作日，缩短二代证办理流程，简化领取程序，临时身份证由3个工作日缩短为2个工作日。进一步缩短相关许可证办结时限，民爆、剧毒、放射性等物资使用单位实行审批、审核预约办理工作制。

17. 积极协调办理相关事项。重点项目建设单位在办理不属于县级公安机关管辖范围、审批事项的治安、户政、出入境等业务时，主动协助沟通联系上级公安机关和有关部门，争取尽快妥善办理。

18. 加强企业治安安全措施跟进服务。提前介入消防、危爆物品管理等安全服务，从工程建设、投入运行等各个环节加强安全监管，主动做好安全生产的咨询服务工作，及时掌握项目进展，跟踪服务，确保工程施工与治安消防安全设施同规划、同建设、同施工，实现安全生产防患于未然。

四、进一步严明工作纪律，确保服务项目建设工作不打折扣、到位执行

19. 推行首问责任制。对于办事人来电、来信或者来人咨询、办理业务，第一位接待的人员为首问责任人，不按规定履行首问责任被投诉的，追究首问责任人责任。

20. 严格服务纪律要求。不滥用职权，不徇私枉法，不办关系案、人情案，不以办案为名，插手市场经营活动、企业经济纠纷，不得接受企事业的馈赠、礼品和娱乐性消费、占用相关单位交通、通信工具，干扰重大项目正常的的建设施工。对不认真履行服务经济社会发展职能的“不作为”“乱作为”“慢作为”等行为，依法、依纪从严处理相关责任单位和责任人。

桓台县公安局

2013年6月9日

在全省公安政治工作调研座谈会上的发言

桓台县公安局局长　张京义

（2014年12月31日）

近年来，特别是2013年以来，我局党委始终以培养人作为政治工作的根本目标，坚持对民警最大的关心是帮助其成长进步、最优厚的待遇是丰富其知识积累的爱警理念，按照“务实、担当、创新、争优”工作总要求，强力构建大教育大培训工作格局，取得丰硕成果。

一、搭建现代公安教育训练平台，推进教育训练保障标准化

我局现有在职民警368人，在连续三年没有新警指标，民警总数下降5%，主要业务数据总量上升92%，本届政府财政供养人员总量不增的条件下，我局把教育训练工作置于突出发展的位置，坚持向教育要素质，向素质要警力，做到警员减少、警务效能反增，适应了维护社会稳定大局的需要。

一是着力建设一级训练基地。投资1100万元，建成占地50余亩，建筑面积3200平方米，集警务实战训练馆、自动报靶射击馆、多媒体教室、体育场、模拟搜索抓捕训练场、200米障碍跑道等一体的县级一级民警训练基地，并被确定为全国警体达标工作调研联系点。依托训练基地，认真落实民警和文职上岗前必训，职务、警衔晋升前必训，基层一线民警每年实战必训，严肃培训纪律，严格培训标准，培训成绩纳入绩效考评。今年3月，中国前卫体协副主席兼秘书长孙杭南前来训练基地检查，在查看硬件设施、查阅警体档案、观看防暴演练后，由衷评价：桓台公安一流的训练成绩，来自科学练兵、全面练兵、全员练兵。

二是专门组建教育训练警种。根据需要，结合公安部、省公安厅关于在县级公安机关成立战训大队的要求，争取党政和编办支持，在全市率先成立了正科级编制的战训大队，2013年年底大队正式组建，教育训练工作实现了专人抓、系统抓，大队5名民警积极研究和应对基层民警实战需求，统筹规划各类教学培训、比武竞赛、警体训练和基地管理，教育训练走上规范运行快车道。

二是大力培养一流教官队伍。坚持优秀教官和优秀民警一体化思路，24名兼职教官都是全国、全省、全市业务比武竞赛业务能手，他们经验丰富、理论深厚、都来自基层一线，其中2名省级兼职教官、2名市级兼职教官，多人被评为全国、全省、全市标兵教官。巡特警大队民警王强是公安部全能警务实战教官，是省厅特聘兼职教官队伍中唯一一名来自基层一线的民警，今年17次被抽调执行部、厅及市局培训任务，全省公安防暴队形、盾牌操、长棍术演练教材都由王强根据实践编写的。我局认真落实兼职教官课题研究经费，保障了教学工作顺利开展。

二、搭建创先争优风采展示平台，推进教育训练对象全警化

树立人人皆可成才、人人尽展其才的人才培养观，积极营造全警参与、专业发展的生动局面，扎实保障了公安业务顺利开展，并为公安事业长远发展储备了大量人才。

一是以专业培训促进岗位练兵。我局公安政法院校毕业民警仅占60%左右，民警法律素质参差不齐，少数民警能力水平与岗位需求还有一段差距。为此，我们提出了打造学习型警队、建设专业化队伍、培养权威性人才的目标，要求每警确定一个专业发展方向，通过专业集训和日常训练，一批业务标兵脱颖而出。1名民警荣获全国公安机关法制员业务技能比武团体第1名、个人二等奖，2名民警被公安部评为成绩突出法制员。今年10月，国保大队代表山东参战，又荣获全国县级国保大队业务技能比武竞赛一等奖。在近日全市社区民警比武竞赛活动中，我局4名民警被评为全市“双十佳社区民警”，12名民警进入前40名，获奖人数位居各分县局第二位，获奖率位居第一位。

通过岗位练兵活动，在全局范围内营造了唯旗是夺、逢战必胜的竞争竞赛氛围。

二是以高端培训拓展知识面。采取请进来、走出去的办法，组织民警参加高端培训，年内共邀请8名专家前来授课，选派3名优秀民警到北京大学参加素质能力提升培训班，近期拟选派20～30名业务骨干到浙江大学进修培训，汲取前沿执法理念。在警力极为紧张情况下，鼓励民警参加各类自学考试，近两年21名民警通过国家司法考试，通过数和通过率在全省公安机关名列前茅，连续两年被省厅评为司法考试工作优秀组织单位。截至目前，我局民警通过司考数达到30人，占实有警力的8.55%，远远高出全省平均水平。通过司法考试，民警提升了法律素养，增强了处理复杂案件和群众工作的能力。2014年，我局被评为全省公安机关执法示范单位。

三是以创新思维增强训练活力。我们着重启发民警开放思维，推动重点领域工作突破。坚持开展年度优秀技战法评选活动，民警信息化应用意识明显增强。经侦大队一个技战法应用案例被评为全省公安经侦系统2014年案例讲评比赛一等奖，刑侦大队两个技战法应用案例囊括全市公安案事例教学比武竞赛前两名；在侦办一起部督网络赌博案件中，主办民警经过三个月的潜心研究，提炼了一套可行的技战法，破解了作案人和赃款流转分离后的追逃和追赃难题，得到了公安部治安局领导的充分肯定。积极开展创意警务活动，我局两个项目荣获2014年度山东公安科学技术进步三等奖，其中经侦案件动态管理系统的建设应用做法在全省经侦系统执法规范化建设会议上推广；《特色勘查箱》个人创意被市局评为一等奖。系列成效，展现了我局民警履职尽责、昂扬向上的精神风貌。

三、搭建人尽其才成长进步平台，推进教育训练成果导向化

在教育训练中涌现出来的业务能手有能力、有魄力，是公安机关不可多得的人才，我们精心培养，大胆使用，通过示范效应，弘扬了公安队伍正能量。

一是盘活了岗位选择安置。在尊重能力、尊重意愿基础上，推行民警岗位双向选择，对业务指导性比较强的岗位和热门岗位，我们合理设置门槛，打消了部分民警的攀比念头。如，新的法制民警和法制员岗位，一律从通过司考的民警中使用，通过司考人员已占全局法制民警和法制员总数的60%以上。前几年社招民警、外地民警数量较多，受专业、环境等客观条件的限制，10余名民警不适应原岗位，工作中产生畏难情绪，在自由选择受训专业方向和教育训练中，组织上发现了他们的特长，有针对性地调整工作岗位，让他们找准自己的价值坐标，避免了价值错位、认知偏差，他们工作热情高涨，在新的岗位上迅速成长，有的成为专业领军人物。

二是盘活了人才提拔机制。把教育培训和竞争竞赛的成果作为选人用人的重要依据，倡导先成材、再上台，有作为才有地位的用人理念，在提拔使用干部过程中，不比资历比能力，结合比武竞赛成绩与业务考核成绩，大胆提拔使用又红又专的实干型人才。2013年年底，提拔重用正科级干部29人，副科级干部93人，其中“70后”86人，“80后”16人，12名全国、全省、全市比武竞赛前三名获得者全部被提拔，其中4名“85后”民警因练兵成绩和工作实绩突出，被优先提拔使用。通过不拘一格、任人唯贤，放手使用优秀青年人才，给他们提供了施展才华的广阔舞台，推动了公安事业承前启后、继往开来。

三是盘活了警力资源配置。在公安编制吃紧的情况下，我们着力做好文职辅警这篇文章，主要从高等院校汉语言文学、文秘管理、计算机技术应用等专业毕业生中招聘，重点培养文秘内勤人员，文职与民警同训同赛，在2014年专业练兵比武活动中，5名文职成绩进入全局前20名，经过悉心培养，有的完全具备了非执法执勤和非涉密岗位业务能力，经过实践也顺利担当起了相关民警岗位职责。在现有30名文职人员基础上，近日又争取县政府新增30个列入财政保障的文职人员编制。通过全面梳理可置换岗位和对文职精心培训，2015年力争置换出20名民警充实到执法执勤岗位，对有作为的优秀文职落实奖励措施，增强他们的职业自豪感、认同感和归属感。

主要撰稿人名单

章　目	撰稿人
总　述	张玉新
公安大事记	张玉新　张晓芳
第一章　机构沿革	甘学静　曹译文　张玉新
第二章　指挥决策	张玉新　伊学艳　李文博　赵新星　徐菁忆　李　丽　周　春　陈　鹏　王　凯　邹　毅　张晓芳　王　潇
第三章　国内安全保卫	刘金花　巩曰兵　宋振慧　张玉新
第四章　经济犯罪侦查	于素珍
第五章　治安管理	陈庆豪　姚素娟　王家军　徐　华　王　坤　孙长科　乔珊珊　丁　凯　孟　军　路兴凯　张玉新　王克军　徐腾跃
第六章　刑事侦查	段　然　王小菁　王　毅　罗怀梁　张延杰　郑　波　郑龙海　田丽华　张玉新
第七章　城管和食药环侦查	高　欣
第八章　网络安全保卫	张　璇
第九章　禁毒工作	崔亦芳
第十章　预审和监管	王信水　任光辉　魏连凡　梁俊红　侯文娟
第十一章　巡特警工作	张玉海
第十二章　消防管理	侯国栋　张　博　陶光星　李　凯　宫玉昌
第十三章　公安派出机构	张永平　王　沛　巩道锋　杜　伟　张连毅　张甜甜　宋小雨　高艺真　巩建贤　付　慧　王彦婷　张玉海　张连起
第十四章　交通管理	魏玉兵　滕修龙　郭　敏　魏　梅　高　慧　巩秀成
第十五章　武装警察	汪　政　张玉新
第十六章　公安法制	侯文娟
第十七章　警务保障	李翠芹　石向斐
第十八章　警务监督	张　昆　王　涛　宗学英
第十九章　党建工作	贾玉红　甘学静　刘　博　张玉新
第二十章　政治工作	毕春香　甘学静　崔爱荣　荆　敏　曹译文　刘　博　刘东鹏　王艳艳
第二十一章　公安人物	崔爱荣　张玉新

索 引

说 明

1. 本索引采用主题分析方法、按标引词第一字的汉语拼音字母顺序排列(阿拉伯数字在汉语拼音字母前)。同音字按声调、首字相同者按第二音序排列、依此类推。
2. 标引词后的阿拉伯数字表示内容所在页码。同一标引词多次出现的,在其后标注不同的页码。
3. 章用黑体字标明。
4. 序、凡例、机构全称与简称对照表、总述、大事记、附录、主要撰稿人名单、后记、专记、图片等不作索引。

0~9

A

B

C

D

E

F

G

T

W

X

后记

桓台县公安局修志工作始于1982年2月，主要是按照山东省公安厅和惠民地区公安处要求，征集、整理抗日战争和解放战争时期公安保卫工作历史资料。1983年12月，完成历史资料长编和六个专题的历史资料汇编一、二册。1983—1989年，先后为《桓台县志》《淄博市志》供稿。2003—2005年，完成为《桓台县志(1988—2002)》《淄博市公安志》供稿任务。2016年4月，县公安局成立75周年之际，决定编纂第一部《桓台县公安志》。经过全局上下努力，2017年11月，定稿付梓。

县公安局党委对编纂《桓台县公安志》工作高度重视，党委书记、局长张京义动员部署，政治委员、党委副书记白向强为修志工作解决人力、物力、财力问题，党委委员、纪委书记张林平，党委委员、指挥中心主任王旭东对志稿认真审核把关，其他党委成员根据分工，对各基层单位供稿工作督导和把关。各派出所、局直各单位及交警、消防、武警、林业公安部门按照任务分解要求，广泛发动全警，主动开展组稿工作，确保修志工作顺利进行。

修志工作得到各地各级各部门的广泛支持。市公安局史志办主任单联国、副主任常德功及县地方史志办主任董杰多次到局指导，协助制定志书篇目，解决大量技术问题。县委组织部、县地方史志办、县人事局、县档案馆、县民政局为志书编纂提供大量资料。外调过程中，山东、江苏、黑龙江等地监狱管理局，江苏省公安厅、江苏省委老干部局，滨州市公安局、博兴县公安局及各本市各公安分县局，各地、各有关单位档案馆(室)都给予了大力支持，协助查清大量历史人物和历史事件情况。

修志工作得到全局民警包括离退休干部的积极参与。各单位民警提供大量历史资料，认真核实各类数据，确保志书内容确凿可靠。政工室副主任甘学静积极协调各地公安政工部门和县组织、人事部门，刑侦大队办公室主任段然随时为外调工作提供大数据支持，政工宣传部门协助处理大批照片资料。同时，徐洪本、祝兆贤、王正轩、巩昌经、伊茂盛、赵仕诚、李庆勇等离退休老干部及已逝老干部子女宋鹏伟、张海波、刘威等提供大量照片资料和事件、人物线索，丰富志书内容。

县公安局成立临时机构史志办，负责志书的章节设计、征稿组稿、修改审核、编辑编纂工作。志书编纂实行任务分解制度，各个部门提供基础资料，落实撰稿人负责制。史志办组织专人与县公安局档案室资料进行核对、充实，对欠缺和不明部分，由史志办统一外调。史志办工作人员赴浙江、江苏、黑龙江及省内各市，调查到民国33年(1944年)以来县公安局所有正副职领导及部分中层、基层干部的人事档案材料，查清了南下公安干部的基本情况，填补桓台公安历史研究的多处空白。在此基础上，对志稿的体例、事实、资料的完整性和客观性进行审核并通稿。形成初稿后，广泛征求编纂委员会成员及全体民警、离退休人员意见，在进一步补充、修改、完善基础上，组织人员内部评议。2017年9月，召开市公安局史志办、县地方史志办、县保密局等单位负责人和专家参加的志稿评审会，提请《桓台县公安志》编纂委员会通过，最后报请市公安局史志办、县地方史志办审批定稿。

《桓台县公安志》以记载人民公安机关的历史与现状为主，遵循实事求是、秉公直书、继承传统、力求创新、史志结合、远近兼顾和人事并重的原则，生动展现了桓台公安机关75年的光辉历史和工作中的经验教训。对重大事件、重要案件以专记和典型案例形式，适当采用纪实手法，以增强可读性。志书收录了自建局起1004名公安干部、工勤（含交警大队、武警中队、消防大队干部155人）的任职和岗位变动情况（隐蔽部门除外），成为该书的一大特色。

《桓台县公安志》按计划编纂完成并出版发行，是各级、各部门和社会各界、全体民警及出版单位、承印单位高度重视、大力支持的结果，是集体智慧的结晶。在此谨向所有指导、参与、支持、协助编纂工作的单位和个人，表示衷心的感谢。由于时间仓促和编者水平有限，错误和纰漏在所难免，敬请读者批评指正。

编　者

2017年11月